中国劳动统计年鉴

CHINA LABOUR STATISTICAL YEARBOOK

1998

国家统计局人口和社会科技统计司
劳动和社会保障部规划财务司 编

COMPILED BY
DEPARTMENT OF POPULATION, SOCIAL,
SCIENCE AND TECHNOLOGY STATISTICS
STATE STATISTICAL BUREAU, P.R.C

DEPARTMENT OF PLANNING AND FINANCE
MINISTRY OF LABOUR AND SOCIAL SECURITY, P.R.C

中国统计出版社

CHINA STATISTICAL PUBLISHING HOUSE

(京)新登字 041 号

图书在版编目(CIP)数据

中国劳动统计年鉴 1998: 中、英对照/国家统计局人口和社会科技统计司,劳动和社会保障部规划财务司编.
－北京:中国统计出版社,1998.10
ISBN 7－5037－2860－4

I.中…
II.①国… ②劳…
III.劳动经济－统计资料－中国－年鉴－1998－汉、英
IV.F249.2－54

中国版本图书馆 CIP 数据核字(98)第 26501 号

中国统计出版社出版
Published by China Statistical Publishing House
(中国·北京三里河月坛南街 75 号 100826)
(75 Yuetan Nanjie, Sanlihe, Beijing 100826, P.R.China)
新华书店经销
科伦克三莱印务有限公司印刷
*
787×1092 毫米 16 开 本 40 印张 90 万字
1998 年 11 月第 1 版 1998 年 11 月北京第 1 次印刷
印数: 1－1200 册
定价: 130.00 元

编委会和编辑部工作人员

编委会人员

主　编：张为民

副主编：陈　刚　赵锡铭　宋长青

编辑委员（以姓氏笔划为序）：

宋长青　李慧民　张为民　张志斌　陈　刚　陈群洲

周笃池　明瑞锋　赵锡铭　宫少军　梁尔卫　蒙德华

编辑部工作人员

总 编 辑：李慧民

副总编辑：蒙德华

编辑工作人员（以姓氏笔划为序）：

王文铎　王玉斌　王振麒　冯　丰　冯晓静　边卫华

刘泽波　安建新　陈林枫　陈　峰　杨建春　郑晓光

张景春　孟灿文　徐玉平　徐雪兰　高莉敏　郭秀英

黄华波

编 辑 说 明

《中国劳动统计年鉴—1998》是一部全面反映中华人民共和国劳动经济情况的资料性年刊。本刊收集了1997年全国和各省、自治区、直辖市及香港特别行政区的各项劳动统计数据，主要指标还编有历年统计数据。

全书共分为13个部分：1. 综合；2. 就业与失业；3. 全部职工人数和工资；4. 国有经济单位职工人数和工资；5. 城镇集体经济单位职工人数和工资；6. 其他各种经济单位职工人数和工资；7. 城乡私营企业、个体和乡镇企业从业人员；8. 劳动、工资、社会保险制度改革；9. 安全生产；10. 保险福利；11. 技工学校和工时利用；12. 工会工作；13. 香港资料。书末还附有国外有关资料和主要指标解释。

参与本书编辑并提供资料的单位除国家统计局、劳动和社会保障部外，还有国家工商行政管理局和全国总工会。

本书资料的取得形式主要有国家和部门的报表统计、行政记录和抽样调查。全国劳动力、从业人员等资料是运用有关资料推算的，有的资料分项相加不等于总计。望读者使用时予以注意。

恳请广大读者对本书提出宝贵意见。

PREFACE

China Labour Statistical Yearbook 1998 is an annual statistics publication, which is comprehensively reported the labour economic situations for 1997 and some main indicators series for historically years at nation and provinces, autonomous regions and municipalities levels and parts of cities and Hong Kong Special Administrative Region in People's Republic of China.

The book is organized into 13 parts, which are: 1. Comprehensiveness; 2. Employment and Unemployment; 3. Formal Employees and Wages; 4. Formal Employees and Wages in State-owned Units; 5. Formal Employees and Wages in Urban Collective-owned Units; 6. Formal Employees and Wages in Other Ownership Units; 7. Employees in Private Enterprises and Individuals Both in Urban and Rural Areas, Employees in Township and Village Enterprises; 8. Reform in Labour Force, Wages and Social Insurance System; 9. Occupational Injuries; 10. Social Insurance and Welfare Funds; 11. Vocational Schools and Hours of Work; 12. Trade union Works; 13. Indicators of Hong Kong. In addition, Indicators of Other Countries and Explanatory Notes for Major Indicators are Provided in the end of the book.

Besides State Statistical Bureau and Ministry of Labour and Social Security, State Administration for Industry and Commerce and All-China Federation of Trade Unions also participate in the compiling work of this book.

Data resources of this book mainly come from state and departments reporting system, adminstration records and sampling surveys. Since the information of labour resources and employees for the whole country are calculated according to relavant data, they are not equal to the addresults of all subitems.

目　　录

一、综　合

二、就业与失业

三、全部职工人数和工资

四、国有经济单位职工人数和工资

五、城镇集体经济单位职工人数和工资

六、其他各种经济单位职工人数和工资

七、城乡私营企业、个体和乡镇企业从业人员

八、劳动、工资、社会保险制度改革

九、安全生产

十、保险福利

十一、技工学校和工时利用

十二、工会工作

十三、香港资料

附录一、国外有关资料

附录二、主要统计指标解释

CONTENTS

Part I Comprehensiveness

Part II Employment and Unemployment

Part III Formal Employees and Wages

Part IV Formal Employees and Wages in State－owned Units

Part V Formal Employees and Wages in Urban Collective－owned Units

Part VI Formal Employees and Wages in Other Ownership Units

Part VII Employees in Private Enterprises and Individuals Both in Urban and Rural Areas, Employees in Township and Village Enterprises

Part VIII Reform in Labor Force, Wages and Social Insurance System

Part IX Occupational Injuries

Part X Social Insurance and Welfare Funds

Part XI Vocational Schools and Hours of Work

Part XII Trade Union Works

Part XIII Indicators of Hong Kong

Appendix I Indicators of Other Countries

Appendix II Explanatory Notes for Major Indicators

人口及劳动力情况
POPULATION AND LABOUR FORCE

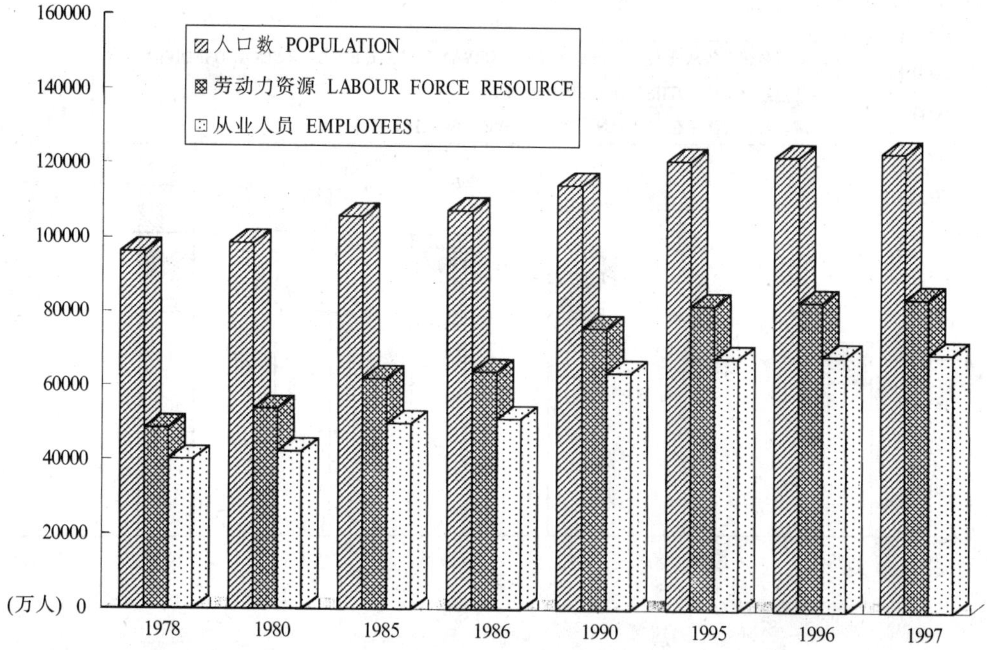

从业人员产业构成
COMPOSITION OF EMPLOYEES BY INDUSTRY

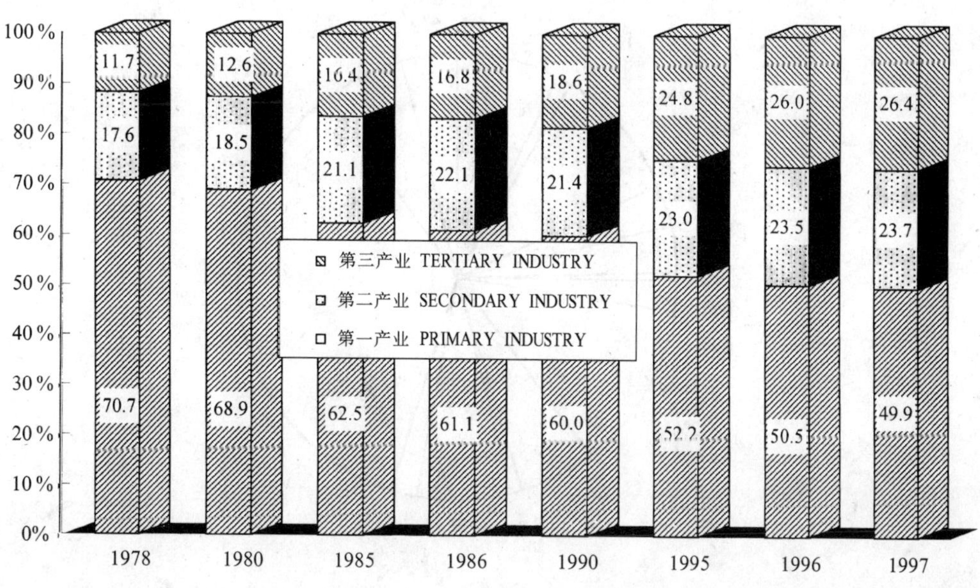

城镇从业人员经济类型构成
COMPOSITION OF URBAN EMPLOYEES BY OWNERSHIP

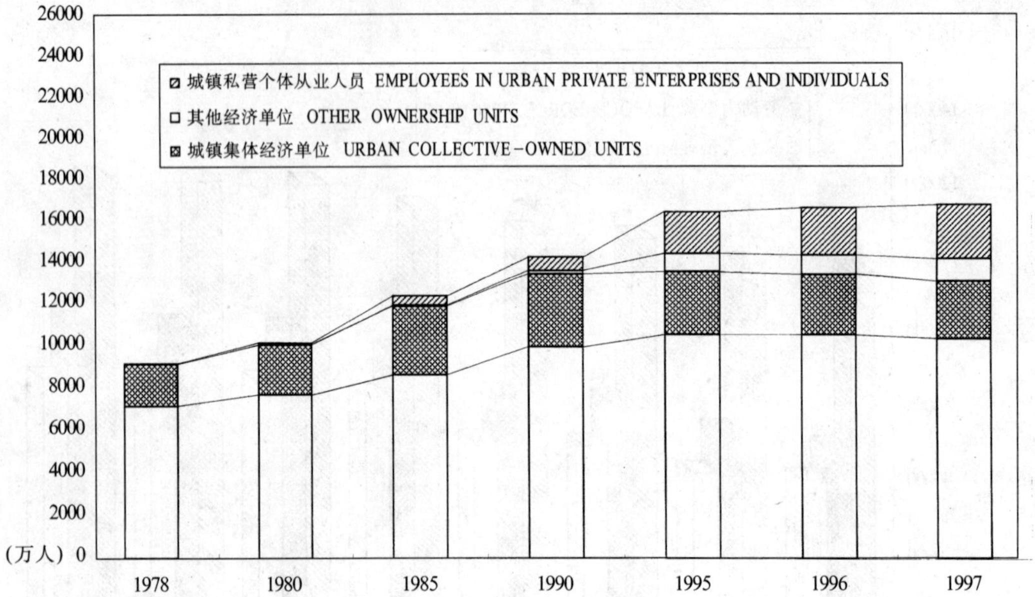

1997年全部职工行业构成
COMPOSITION OF FORMAL EMPLOYEES BY SECTOR (1997)

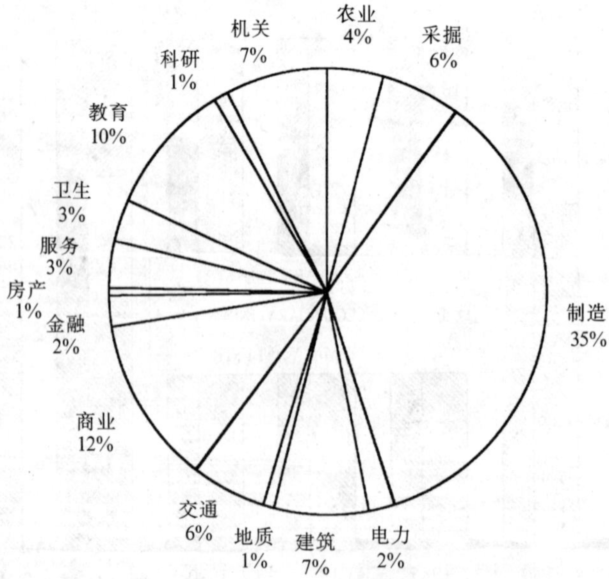

1997年分行业女职工占全部职工比重
PROPORTION OF FEMALE FORMAL EMPLOYEES BY SECTOR (1997)

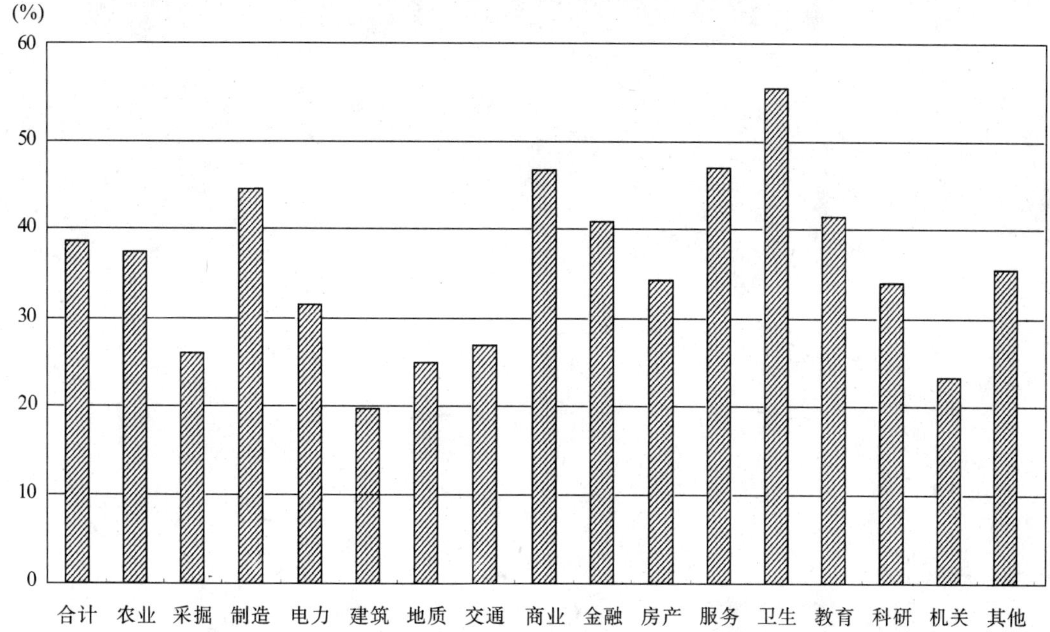

职工平均工资增长情况
INCREASE RATE OF FORMAL EMPLOYEES WAGE

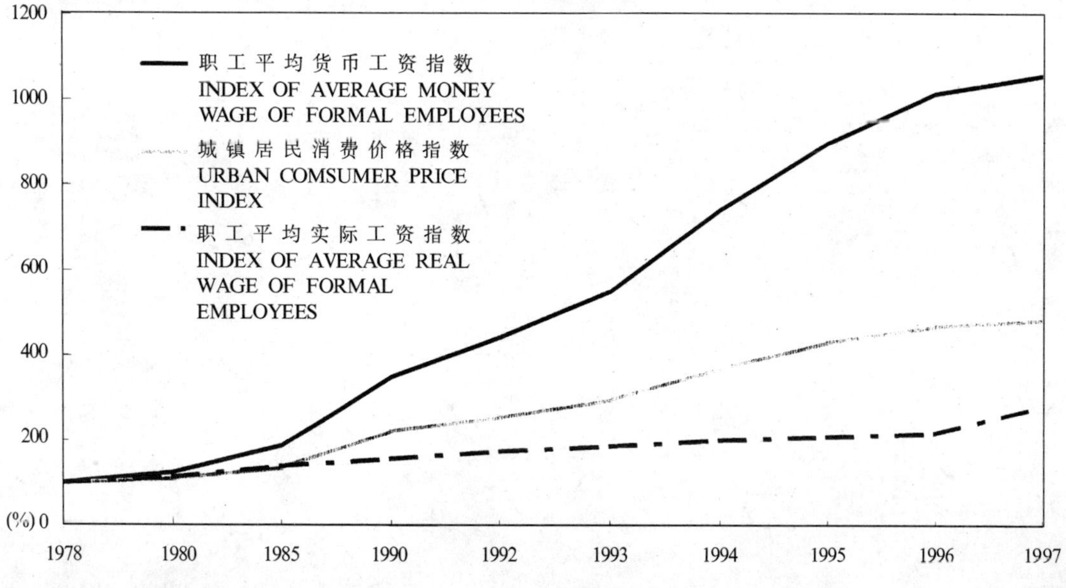

一、综　合

Comprehensiveness

1－1 全国劳动统计主要指标

MAIN INDICATORS OF NATIONAL LABOR STATISTICS

指　　标	Item	1996	1997	1997年比上年增长 % Increase Rate (1996=100)
一、总人口(万人)	**Total Population (10 000)**	**122389**	**123626**	**1.0**
二、经济活动人口(万人)	**Economically Active Population(10 000)**	**69665**	**70580**	**1.3**
三、全国从业人员年末人数(万人)	**Total Employees(End of Year, 10 000)**	**68850**	**69600**	**1.1**
1.城镇从业人员年末人数	Urban Employees	19815	20207	2.0
(1)全部职工	Total Formal Employees	14845.3	14668.4	－1.2
国有经济单位	State－owned Units	10949.4	10765.9	－1.7
城镇集体经济单位	Urban Collective－owned Units	2954.2	2817.0	－4.6
其他经济单位	Other Ownership Units	941.7	1085.5	15.2
(2)其他从业人员	Others	375.8	367.8	－2.7
(3)城镇私营和个体从业人员	Employees in Urban Private Enterprises and Individuals	2328.8	2669.0	14.6
2.乡村从业人员年末人数	Rural Employees	49035	49393	0.7
四、职工工资总额 (亿元)	**Total Wage Bill of Formal Employees (100 million yuan)**	**9080.0**	**9405.3**	**3.6**
国有经济单位	State－owned Units	6792.7	7211.0	6.2
城镇集体经济单位	Urban Collective－owned Units	1241.0	1253.4	1.0
其他经济单位	Other Ownership Units	761.4	940.8	23.6
工资总额中:	Of Which:			
1.奖金和计件超额工资	Bonuses, Piece Rate and Above－Quota Payment	1401.9	1466.3	4.6
国有经济单位	State－owned Units	1095.4	1133.1	3.4
城镇集体经济单位	Urban Collective－owned Units	154.8	152.4	－1.6
其他经济单位	Other Ownership Units	151.7	180.8	19.2
2.津贴和补贴	Subsidies and Allowance	1911.4	2100.9	9.9
国有经济单位	State－owned Units	1623.6	1796.7	10.7
城镇集体经济单位	Urban Collective－owned Units	195.5	195.4	－0.1
其他经济单位	Other Ownership Units	92.3	108.9	18.0
五、职工平均工资 (元)	**Average Wages (yuan)**	**6210**	**6470**	**4.2**
国有经济单位	State－owned Units	6280	6747	7.4
城镇集体经济单位	Urban Collective－owned Units	4302	4512	4.9
其他经济单位	Other Ownership Units	8261	8789	6.4
六、城镇新就业人数 (万人)	**New Urban Employees (10 000)**	**705**	**710**	**0.7**
七、城镇失业人员年末人数 (调查数) (万人)	**Urban Unemployment (Surveyed) (10 000)**	**815**	**980**	**20.2**
八、城镇失业人员年末人数 (登记数) (万人)	**Urban Unemployment (Registered) (10 000)**	**552.8**	**570.0**	**3.1**
九、全部离休、退休和退职人数 (万人)	**Number of Retirees (10 000)**	**3211.6**	**3350.7**	**4.3**
十、全部保险福利费用 (亿元)	**Insurance and Welfare Funds of Total Employees (100 million yuan)**	**2725.3**	**3043.5**	**11.7**

注: 城镇失业人员(调查数)的范围是指设区的市的区、不设区的市的街道、镇的居委会。

a) Urban area for urban unemployees(survey data): Those districts in the cities which set up districts, those neighbourhood committees in the cities which not set up districts.

1－2 人口数及构成

（年末数）

POPULATION AND COMPOSITION

(End of Year)

年份 Year	总人口（万人）Total Population (10 000 persons)	按性别分 Grouped by Sex				按城乡分 Grouped by Residence			
		男 Male		女 Female		市镇总人口数 Urban		乡村总人口数 Rural	
		人口数 Population	比重(%) Proportion	人口数 Population	比重(%) Proportion	人口数 Population	比重(%) Proportion	人口数 Population	比重(%) Proportion
1949	54167	28145	51.96	26022	48.04	5765	10.6	48402	89.4
1950	55196	28669	59.94	26527	48.06	6169	11.2	49027	88.8
1951	56300	29231	51.92	27069	48.08	6632	11.8	49668	88.2
1952	57482	29833	51.90	27649	48.10	7163	12.5	50319	87.5
1953	58796	30468	51.82	28328	48.18	7826	13.3	50970	86.7
1954	60266	31242	51.84	29024	48.16	8249	13.7	52017	86.3
1955	61465	31809	51.75	29656	48.25	8285	13.5	53180	86.5
1956	62828	32536	51.79	30292	48.21	9185	14.6	53643	85.4
1957	64653	33469	51.77	31184	48.23	9949	15.4	54704	84.6
1958	65994	34195	51.82	31799	48.18	10721	16.2	55273	83.8
1959	67207	34890	51.91	32317	48.09	12371	18.4	54836	81.6
1960	66207	34283	51.78	31924	48.22	13073	19.7	53134	80.3
1961	65859	33880	51.44	31979	48.56	12707	19.3	53152	80.7
1962	67295	34517	51.29	32778	48.71	11659	17.3	55636	82.7
1963	69172	35533	51.37	33639	48.63	11646	16.8	57526	83.2
1964	70499	36142	51.27	34357	48.73	12950	10.4	57549	81.6
1965	72538	37128	51.18	35410	48.82	13045	18.0	59493	82.0
1966	74542	38189	51.23	36353	48.77	13313	17.9	61229	82.1
1967	76368	39115	51.22	37253	48.78	13548	17.7	62820	82.3
1968	78534	40226	51.22	38308	48.78	13838	17.6	64696	82.4
1969	80671	41289	51.18	39382	48.82	14117	17.5	66554	82.5
1970	82992	42686	51.43	40306	48.57	14424	17.4	68568	82.6
1971	85229	43819	51.41	41410	48.59	14711	17.3	70518	82.7
1972	87177	44813	51.40	42364	48.60	14935	17.1	72242	82.9
1973	89211	45876	51.42	43335	48.58	15345	17.2	73866	82.8
1974	90859	46727	51.43	44132	48.57	15595	17.2	75264	82.8
1975	92420	47564	51.47	44856	48.53	16030	17.3	76390	82.7
1976	93717	48257	51.49	45460	48.51	16341	17.4	77376	82.6
1977	94974	48908	51.50	46066	48.50	16669	17.6	78305	82.4
1978	96259	49567	51.49	46692	48.51	17245	17.9	79014	82.1
1979	97542	50192	51.46	47350	48.54	18495	19.0	79047	81.0
1980	98705	50785	51.45	47920	48.55	19140	19.4	79565	80.6
1981	100072	51519	51.48	48553	48.52	20171	20.2	79901	79.8
1982	101654	52352	51.50	49302	48.50	21480	21.1	80174	78.9
1983	103008	53152	51.60	49856	48.40	22274	21.6	80734	78.4
1984	104357	53848	51.60	50509	48.40	24017	23.0	80340	77.0
1985	105851	54725	51.70	51126	48.30	25094	23.7	80757	76.3
1986	107507	55581	51.70	51926	48.30	26366	24.5	81141	75.5
1987	109300	56290	51.50	53010	48.50	27674	25.3	81626	74.7
1988	111026	57201	51.52	53825	48.48	28661	25.8	82365	74.2
1989	112704	58099	51.55	54605	48.45	29540	26.2	83164	73.8
1990	114333	58904	51.52	55429	48.48	30191	26.4	84142	73.6
1991	115823	59146	51.51	56351	48.49	30546	26.4	85277	73.6
1992	117171	59811	51.05	57360	48.95	32372	27.6	84799	72.4
1993	118517	60472	51.02	58045	48.98	33351	28.1	85166	71.9
1994	119850	61246	51.10	58604	48.90	34301	28.6	85549	71.4
1995	121121	61803	51.03	59318	48.97	35174	29.0	85947	71.0
1996	122389	62200	50.82	60189	49.18	35950	29.4	86439	70.6
1997	123626	63131	51.07	60495	48.93	36989	29.9	86637	70.1

1-3 国内生产总值、指数及构成

GROSS DOMESTIC PRODUCT, INDEX AND COMPOSITION

年 份 Year	国内生产总值 Gross Domestic Product	第一产业 Primary Industry	第二产业 Secondary Industry	第三产业 Tertiary Industry
一、绝对数(亿元) Value (100 million yuan)				
1978	3624.1	1018.4	1745.2	860.5
1980	4517.8	1359.4	2192.0	966.4
1985	8964.4	2541.6	3866.6	2556.2
1986	10202.2	2763.9	4492.7	2945.6
1987	11962.5	3204.3	5251.6	3506.9
1988	14928.3	3831.0	6587.2	4510.1
1989	16909.2	4228.0	7278.0	5403.2
1990	18547.9	5017.0	7717.4	5813.5
1991	21617.8	5288.6	9102.2	7227.0
1992	26638.1	5800.0	11699.5	9138.6
1993	34634.4	6882.1	16428.5	11323.8
1994	46759.4	9457.2	22372.2	14930.0
1995	58478.1	11993.0	28537.9	17947.2
1996	68593.8	13884.2	33612.9	21096.7
1997	74772.4	13968.8	36770.3	24033.3
二、指数 Index (1978=100)				
1978	100.0	100.0	100.0	100.0
1980	116.0	104.6	122.9	114.2
1985	192.9	155.4	197.9	231.9
1986	210.0	160.5	218.2	260.0
1987	234.3	168.1	248.1	297.4
1988	260.7	172.3	284.5	336.7
1989	271.3	177.6	294.8	354.8
1990	281.7	190.7	304.1	363.0
1991	307.6	195.2	346.3	395.0
1992	351.4	204.4	419.5	444.0
1993	398.8	214.0	502.8	491.3
1994	449.3	222.6	595.2	538.3
1995	496.5	233.7	677.7	583.4
1996	544.2	245.6	759.7	628.9
1997	592.0	254.2	841.9	681.0
三、构成 Composition (%)				
1978	100.0	28.1	48.2	23.7
1980	100.0	30.1	48.5	21.4
1985	100.0	28.4	43.1	28.5
1986	100.0	27.1	44.0	28.9
1987	100.0	26.8	43.9	29.3
1988	100.0	25.7	44.1	30.2
1989	100.0	25.0	43.0	32.0
1990	100.0	27.1	41.6	31.3
1991	100.0	24.5	42.1	33.4
1992	100.0	21.8	43.9	34.3
1993	100.0	19.9	47.4	32.7
1994	100.0	20.2	47.9	31.9
1995	100.0	20.5	48.8	30.7
1996	100.0	20.2	49.0	30.8
1997	100.0	18.7	49.2	32.1

1-4 社会劳动生产率、职工平均工资和城镇居民消费价格指数

SOCIAL LABOR PRODUCTIVITY, AVERAGE WAGES AND URBAN CONSUMER PRICE INDEX

年份 Year	社会劳动生产率指数 Index of Social Labor Productivity	国有工业劳动生产率指数 Index of Productivity in State-owned Industry	职工平均工资指数 Index of Average Wages		城镇居民消费价格指数 Urban Consumer Price Index
			货币工资指数 Money Wages	实际工资指数 Real Wages	
一、以上年为100					
last year=100					
1979	105.4	106.4	108.6	106.7	101.9
1980	104.9	102.0	114.1	106.1	107.5
1981	101.2	98.2	101.3	98.9	102.5
1982	105.2	102.3	103.4	101.5	102.0
1983	108.0	107.6	103.5	101.4	102.0
1984	110.1	107.8	117.9	114.7	102.7
1985	108.8	108.0	117.9	105.3	111.9
1986	105.0	101.7	115.8	108.3	107.0
1987	107.9	107.9	109.8	101.0	108.8
1988	107.6	108.3	119.7	99.2	120.7
1989	101.5	101.7	110.8	95.2	116.3
1990	102.6	101.7	110.6	109.2	101.3
1991	104.2	105.9	109.3	104.0	105.1
1992	110.3	111.7	115.9	106.7	108.6
1993	110.6	105.6	124.3	107.1	116.1
1994	109.5	107.4	134.6	107.7	125.0
1995	107.5	104.8	121.2	103.8	116.8
1996	108.4	106.1	112.9	103.8	108.8
1997	107.6	111.9	104.2	101.1	103.1
二、以1978年为100					
1978=100					
1979	105.4	106.4	108.6	106.7	101.9
1980	110.6	108.5	123.9	113.2	109.5
1981	112.0	106.5	125.5	111.9	112.2
1982	117.7	108.9	129.8	113.5	114.4
1983	127.2	117.2	134.3	115.1	116.7
1984	140.0	126.3	158.4	132.0	119.9
1985	152.3	136.4	186.7	139.0	134.2
1986	159.9	138.7	216.1	150.4	143.6
1987	172.6	149.7	237.2	151.9	156.2
1988	185.8	162.1	284.1	150.7	188.5
1989	188.6	164.9	314.6	143.5	219.2
1990	197.8	167.7	348.0	156.7	222.0
1991	206.1	177.6	380.5	162.9	233.6
1992	222.9	198.4	440.8	173.8	253.7
1993	250.5	227.6	548.1	186.1	294.5
1994	274.3	244.4	737.9	200.4	368.1
1995	294.9	256.1	894.3	208.0	430.0
1996	319.6	271.7	1009.7	215.9	467.8
1997	343.9	304.0	1052.2	218.3	482.3
1979-1980	105.2	104.2	111.3	106.4	104.6
1981-1985	106.6	104.7	108.5	104.2	104.2
1986-1990	104.9	104.2	113.3	102.6	110.8
1981-1990	105.7	104.5	110.9	103.3	107.3
1991-1995	108.3	107.6	120.8	105.8	114.1
1979-1997	106.8	106.0	113.4	104.2	109.0

1－5 城乡劳动力资源配置情况

LABOR FORCE RESOURCES AND DISTRIBUTION

(1997)

单位: 万人 (10 000 persons)

项　目	Item	合 计 Total	城 镇 Urban	乡 村 Rural
一、年末人口数	**Population**	**123626**	**36989**	**86637**
二、16岁以上全部人口数	**Population Above 16**	**89650**	**29169**	**60481**
#不计入劳动力资源的人数	Not in Labour Force Resources	5080	1529	3551
三、年末劳动力资源总数	**Labor Force Resources**	**84570**	**27640**	**56930**
四、经济活动人口	**Economically Active Population**	**70580**	**21187**	**49393**
(一)从业人员	Employees	69600	20207	.49393
1.按就业身份分组	Grouped by Employees Status			
(1)全部职工	Formal Employees	14668	14668	
(2)私营业主	Employer	204	133	71
(3)个体户主	Self－employed Persons	2851	1024	1827
(4)私营企业和个体从业人员	Employees in Private Enterprises and Individuals	6791	2669	4122
(5)乡镇企业从业人员	Employees in Township and Village Enterprises	9158		9158
(6)农村劳动力	Rural Labour Force	34215		34215
(7)其他	Other Employees	1713		
2.按经济类型分组	Grouped by Ownership			
(1)国有经济	State－Owned	11044	11044	
(2)集体经济	Urban Collective－Owned	46256	2883	43373
(3)私营经济	Private Enterprises	1349	750	600
(4)个体经济	Individuals	5442	1919	3522
(5)联营经济	Joint Owned	43	43	
(6)股份制经济	Share Holding	468	468	
(7)外商投资经济	Foreign Funded	300	300	
(8)港、澳、台投资经济	Overseas Chinese from Hongkong, Macao and Taiwan Funded	281	281	
(9)其他经济	Other Units	18	18	
3.按国民经济行业分组	Grouped by Sector			
(1)农、林、牧、渔业	Farming, Forestry, Animal Husbandry and Fishery	33095	661	32434
(2)采掘业	Mining and Quarrying	868	868	
(3)制造业	Manufacturing	9612	5581	4032
(4)电力、煤气及水的生产和供应业	Electricity, Gas and Water Production and Supply	283	283	
(5)建 筑 业	Construction	3449	1076	2373
(6)地质勘查业、水利管理业	Geological Prospecting, Water Conservancy	129	129	
(7)交通运输、仓储业及邮电通信业	Transport, Storage and Communications	2062	1004	1058
(8)批发和零售贸易、餐饮业	Wholesale and Retail Trade, Restaurants	4795	3414	1382
(9)金融、保险业	Financial Intermediation and Insurance	308	308	
(10)房地产业	Real Estate Activities	87	87	
(11)社会服务业	Social Services	810	810	
(12)卫生、体育和社会福利业	Health Care, Sporting and Social Welfare	471	471	
(13)教育、文化艺术和广播电影电视业	Education, Culture and Art, Radio, Film and Television	1557	1557	
(14)科学研究和综合技术服务业	Scientific Research and Polytechnical Services	186	186	
(15)国家机关、政党机关和社会团体	Government Agencies, Party Agencies and Social Organizations	1093	1093	
(16)其他行业	Others	4862	178	4684
(二)失业人员	Unemployees	980	980	
五、非经济活动人口	**Noneconomically Active Population**	**13990**	**6453**	**7537**
#16岁以上在校学生	Students Aged 16 and Over	2880		
家务劳动者	Housework Labourers	10820		

1－6 城镇新就业人数

(年末数)

NEW URBAN EMPLOYEES

(End of Year)

单位: 万人 (10 000 persons)

年份 Year	合计 Total	按就业人员的主要来源分组 Grouped by Major Employees Source				按就业人员去向分组 Grouped by Employees Whereabouts			
		城镇 Urban	乡村 Rural	大学、中专、技校毕业生 Graduates from Universities, Secondary Tehchnical Schools and Vocational Schools	其他 Others	国有经济单位 State-Owned Units	城镇集体经济单位 Urban Collective-Owned Units	其他各种经济单位 Other Ownership Units	从事个体劳动 Urban Individual laborers
1978	544.4	274.9	148.4	37.7	83.4	392.0	152.4		
1979	902.6	688.5	70.8	33.4	109.9	567.5	318.1		17.0
1980	900.0	622.5	127.4	80.0	70.1	572.2	278.0		49.8
1981	820.0	534.3	92.0	107.9	85.8	521.0	267.1		31.9
1982	665.0	408.1	66.0	117.4	73.5	409.3	222.3		33.4
1983	628.3	406.5	68.2	93.4	60.2	373.7	170.6		84.0
1984	721.5	449.7	123.0	81.7	67.1	415.6	197.3		108.6
1985	813.6	502.3	150.2	88.5	72.6	499.1	203.8		110.7
1986	793.1	431.6	166.5	99.3	95.7	536.3	223.8		33.0
1987	799.1	411.7	166.8	117.1	103.5	499.4	214.0		85.7
1988	844.3	422.6	159.9	130.8	131.0	492.2	263.2		88.9
1989	619.8	276.6	120.0	145.2	78.0	391.3	191.5		37.0
1990	785.0	340.0	118.0	168.0	159.0	475.0	235.0	35.0	40.0
1991	760.0	295.0	140.0	173.0	157.0	363.0	272.0	70.0	60.0
1992	736.0	296.6	160.0	187.1	92.3	366.9	218.2	77.5	73.4
1993	705.0	292.0	185.0	193.0	35.0	310.0	202.0	98.0	95.0
1994	715.0	284.0	195.0	198.0	38.0	294.0	181.0	115.0	125.0
1995	721.0	270.0	220.0	210.0	20.0	260.0	170.0	155.0	135.0
1996	705.0	258.0	210.0	207.0	30.0	243.0	155.0	167.0	140.0
1997	710.0	260.0	190.0	225.0	35.0	226.0	128.0	192.0	164.0

1－7 城镇失业人数及失业率(年末登记数)

URBAN UNEMPLOYEES AND UNEMPLOYMENT RATE

(Registered, End of Year)

年份 Year	城镇失业人数(万人) Urban Unemployees (10 000 Persons)	#失业青年 Youth	失业青年占城镇失业人数(%) Unemployees Youth as Percentage of Urban Unemployees(%)	失业率(%) Unemployment Rate (%)
1978	530.0	249.1	47.0	5.3
1979	567.6	258.2	45.5	5.4
1980	541.5	382.5	70.6	4.9
1981	439.5	343.0	78.0	3.8
1982	379.4	293.8	77.4	3.2
1983	271.4	222.0	81.8	2.3
1984	235.7	195.9	83.1	1.9
1985	238.5	196.9	82.6	1.8
1986	264.4	209.3	79.2	2.0
1987	276.6	235.1	85.0	2.0
1988	296.2	245.3	82.8	2.0
1989	377.9	309.0	81.8	2.6
1990	383.2	312.7	81.6	2.5
1991	352.2	288.4	81.9	2.3
1992	363.9	299.8	82.9	2.3
1993	420.1	331.9	79.0	2.6
1994	476.4	301.0	63.2	2.8
1995	519.6	310.2	59.7	2.9
1996	552.8			3.0
1997	570.0			3.1

1-8 全国从业人员年末人数

NUMBER OF EMPLOYEES

(End of Year)

单位：万人　　(10 000 persons)

年份 Year	从业人员 Employees		城镇从业人员 Urban Employees	乡村从业人员 Rural Employees	按三次产业分 Grouped by Industry			构成(以合计为100) Percentage(total=100)		
	合计 Total	占人口 % Percentage of Total Population			第一产业 Primary Industry	第二产业 Secondary Industry	第三产业 Tertiary Industry	第一产业 Primary Industry	第二产业 Secondary Industry	第三产业 Tertiary Industry
1952	20729	36.1	2486	18243	17317	1531	1881	83.5	7.4	9.1
1953	21364	36.3	2754	18610	17747	1715	1902	83.1	8.0	8.9
1954	21832	36.2	2744	19088	18151	1882	1799	83.1	8.6	8.2
1955	22328	36.3	2802	19526	18592	1913	1823	83.3	8.6	8.2
1956	23018	36.6	2993	20025	18544	2468	2006	80.6	10.7	8.7
1957	23771	36.8	3205	20566	19309	2142	2320	81.2	9.0	9.8
1958	26600	40.3	5300	21300	15490	7076	4034	58.2	26.6	15.2
1959	26173	38.9	5389	20784	16271	5402	4500	62.2	20.6	17.2
1960	25880	39.1	6119	19761	17016	4112	4752	65.7	15.9	18.4
1961	25590	38.9	5336	20254	19747	2856	2987	77.2	11.2	11.7
1962	25910	38.5	4537	21373	21276	2059	2575	82.1	7.9	9.9
1963	26640	38.5	4603	22037	21966	2038	2636	82.5	7.7	9.9
1964	27736	39.3	4828	22908	22801	2183	2752	82.2	7.9	9.9
1965	28670	39.5	5136	23534	23396	2408	2866	81.6	8.4	10.0
1966	29805	40.0	5354	24451	24297	2600	2908	81.5	8.7	9.8
1967	30814	40.3	5446	25368	25165	2661	2988	81.7	8.6	9.7
1968	31915	40.6	5630	26285	26063	2743	3109	81.7	8.6	9.7
1969	33225	41.2	5825	27400	27117	3030	3078	81.6	9.1	9.3
1970	34432	41.5	6312	28120	27811	3518	3103	80.8	10.2	9.0
1971	35620	41.8	6868	28752	28397	3990	3233	79.7	11.2	9.1
1972	35854	41.1	7200	28654	28283	4276	3295	78.9	11.9	9.2
1973	36652	41.1	7388	29264	28857	4492	3303	78.7	12.3	9.0
1974	37369	41.1	7687	29682	29218	4712	3439	78.2	12.6	9.2
1975	38168	41.3	8222	29946	29456	5152	3560	77.2	13.5	9.3
1976	38834	41.4	8692	30142	29443	5611	3780	75.8	14.4	9.7
1977	39377	41.5	9127	30250	29340	5831	4206	74.5	14.8	10.7
1978	40152	41.7	9514	30638	28318	6945	4890	70.7	17.6	11.7
1979	41024	42.1	9999	31025	28634	7214	5177	69.9	17.9	12.2
1980	42361	42.9	10525	31836	29122	7707	5532	68.9	18.5	12.6
1981	43725	43.7	11053	32672	29777	8003	5945	68.2	18.6	13.2
1982	45295	44.6	11428	33867	30859	8346	6090	68.3	18.7	13.0
1983	46436	45.1	11746	34690	31151	8679	6606	67.2	19.0	13.8
1984	48197	46.2	12229	35968	30868	9590	7739	64.2	20.2	15.6
1985	49873	47.1	12808	37065	31130	10384	8359	62.5	21.1	16.4
1986	51282	47.7	13292	37990	31254	11216	8811	61.1	22.1	16.8
1987	52783	48.3	13783	39000	31663	11726	9395	60.1	22.5	17.4
1988	54334	48.9	14267	40067	32249	12152	9933	59.5	22.6	17.9
1989	55329	49.1	14390	40939	33225	11976	10129	60.2	21.9	17.9
1990	63909	55.9	16616	47293	38428	13654	11828	60.0	21.4	18.6
1991	64799	55.9	16977	47822	38685	13867	12247	59.7	21.4	18.9
1992	65554	55.9	17241	48313	38349	14226	12979	58.5	21.7	19.8
1993	66373	56.0	17589	48784	37434	14868	14071	56.4	22.4	21.2
1994	67199	56.1	18413	48786	36489	15254	15456	54.3	22.7	23.0
1995	67947	56.1	19093	48854	35468	15628	16851	52.2	23.0	24.8
1996	68850	56.3	19815	49035	34769	16180	17901	50.5	23.5	26.0
1997	69600	56.3	20207	49393	34730	16495	18375	49.9	23.7	26.4

注：1990年以后从业人员数字系根据1990年人口普查数推算。(下同)

a) Figures after 1990 are caculated according to the 1990 Population Census.(Same as below)

1-9 分地区分行业从业人员年末人数

EMPLOYEES BY SECTOR AND REGION

单位:万人　　(End of Year)　　(10 000 persons)

年份 地区 Year Region	合计 Total	农、林、牧、渔业 Farming, Forestry, Animal Husbandry and Fishery	采掘业 Mining and Quarrying	制造业 Manufac-turing	电力、煤气及水的生产和供应业 Electricity, Gas and Water Production and Supply	建筑业 Constr-uction	地质勘查业、水利管理业 Geological Prospect-ing, Water Conserva-ncy	交通运输、仓储及邮电通信业 Transport, Storage and Commu-nications
1978	40152	28318	652	5332	107	854	178	750
1979	41024	28634	670	5516	112	916	185	781
1980	42361	29122	697	5899	118	993	188	805
1981	43725	29777	728	6122	125	1028	188	844
1982	45295	30859	747	6329	128	1142	191	878
1983	46436	31151	758	6508	131	1282	193	936
1984	48197	30868	767	7029	134	1660	197	1122
1985	49873	31130	795	7412	142	2035	197	1279
1986	51282	31254	809	8019	152	2236	197	1376
1987	52783	31663	819	8359	164	2384	200	1453
1988	54334	32249	832	8652	177	2491	204	1521
1989	55329	33225	842	8547	180	2407	199	1522
1990	63909	34117	882	8624	192	2424	197	1566
1991	64799	34956	905	8839	203	2482	199	1617
1992	65554	34795	898	9106	215	2660	202	1674
1993	66373	33966	932	9295	240	3050	144	1688
1994	67199	33386	915	9613	246	3188	139	1864
1995	67947	33018	932	9803	258	3322	135	1942
1996	68850	32909	902	9763	273	3408	129	2013
1997	69600	33095	868	9612	283	3449	129	2062
北京 Beijing	660.8	70.7	4.1	170.6	4.2	73.4	1.6	30.9
天津 Tianjin	491.6	81.1	9.7	182.9	3.2	29.7	3.0	30.1
河北 Hebei	3415.0	1634.0	44.4	641.3	14.2	240.3	9.3	131.3
山西 Shanxi	1483.2	637.8	68.2	265.2	11.0	79.2	3.6	80.7
内蒙古 Inner Mongolia	1050.3	544.7	40.8	119.8	8.2	44.6	4.2	40.8
辽宁 Liaoning	2063.3	663.9	54.4	522.8	20.2	127.9	8.0	101.0
吉林 Jilin	1237.3	551.7	51.0	208.2	9.0	47.4	3.6	51.5
黑龙江 Heilongjiang	1658.6	653.2	132.6	286.6	14.7	77.7	6.5	71.2
上海 Shanghai	770.2	77.4	0.1	313.8	7.2	31.3	1.2	34.7
江苏 Jiangsu	3745.5	1559.9	26.3	896.9	13.3	282.5	6.4	149.2
浙江 Zhejiang	2700.3	1114.5	4.4	672.0	8.8	150.0	2.3	94.9
安徽 Anhui	3321.7	1979.3	37.7	344.8	8.1	163.5	4.9	88.6
福建 Fujian	1613.4	783.1	8.5	280.5	7.1	102.6	2.1	58.4
江西 Jiangxi	2077.7	1121.3	28.0	256.0	9.1	77.2	4.2	49.3
山东 Shandong	4707.0	2510.5	72.7	751.2	18.9	315.2	5.1	149.7
河南 Henan	5017.0	2914.7	58.4	608.2	19.7	324.4	6.0	150.4
湖北 Hubei	2708.7	1317.7	16.9	427.1	13.2	132.9	8.9	103.0
湖南 Hunan	3590.7	2116.4	27.7	402.2	10.6	141.2	6.5	94.2
广东 Guangdong	3784.3	1527.7	11.8	752.0	18.0	265.1	5.2	134.4
广西 Guangxi	2452.4	1609.0	10.0	167.7	7.6	95.7	3.3	56.4
海南 Hainan	330.9	202.5	2.6	20.3	2.3	13.2	0.6	12.2
重庆 Zhongqing	1689.9	966.9	15.8	182.2	5.3	87.7	1.2	38.4
四川 Sichuan	4617.6	2872.4	38.1	428.9	15.0	234.7	7.1	85.7
贵州 Guizhou	1927.1	1388.5	13.1	128.4	5.0	46.1	2.1	30.4
云南 Yunnan	2247.6	1678.1	14.2	131.6	7.0	67.3	3.5	53.3
西藏 Tibet	120.3	91.4	0.6	2.7	0.5	2.1	0.3	4.0
陕西 Shaanxi	1811.9	1052.7	22.5	214.1	8.2	94.4	4.9	61.6
甘肃 Gansu	1185.9	689.2	18.6	118.7	5.5	53.6	4.6	34.3
青海 Qinghai	235.4	141.2	3.2	24.7	1.4	10.5	2.7	8.9
宁夏 Ningxia	260.4	151.3	7.6	27.0	1.8	12.8	1.7	9.6
新疆 Xinjiang	690.7	392.4	23.6	64.0	5.2	25.0	4.5	22.5

1－9 续表1 continued

单位: 万人 (10 000 persons)

年份 地区 Year Region	批发和零售贸易、餐饮业 Wholesale and Retail Trade, Restaurants	金融、保险业 Financial Intermediation and Insurance	房地产业 Real Estate Activities	社会服务业 Social Services	卫生、体育和社会福利业 Health Care, Sporting and Social Welfare	教育、文化艺术和广播电影电视业 Education, Culture and Arts, Radio, Film and Television	科学研究和综合技术服务业 Scientific Research and Polytechnical Services	国家机关、政党机关和社会团体 Government Agencies, Party Agencies and Social Organizations	其他 Others
1978	1140	76	31	179	363	1093	92	467	521
1979	1232	86	34	210	386	1131	100	505	527
1980	1363	99	37	276	389	1147	113	527	588
1981	1491	107	38	305	375	1095	127	556	819
1982	1576	113	38	322	399	1128	132	611	702
1983	1732	117	37	367	415	1151	133	646	879
1984	1994	127	36	439	435	1204	137	743	1305
1985	2306	138	36	401	467	1273	144	799	1319
1986	2413	152	38	466	482	1324	152	873	1338
1987	2576	170	39	501	496	1375	158	925	1502
1988	2743	194	42	534	508	1403	161	971	1655
1989	2770	205	43	550	518	1426	165	1022	1709
1990	2839	218	44	594	536	1457	173	1079	1798
1991	2998	234	48	604	553	1497	179	1136	1910
1992	3209	248	54	643	565	1520	183	1148	2313
1993	3459	270	66	543	416	1210	173	1030	3740
1994	3921	264	74	626	434	1436	178	1033	4155
1995	4292	276	80	703	444	1476	182	1042	4484
1996	4511	292	84	747	458	1513	183	1093	4563
1997	4795	308	87	810	471	1557	186	1093	4862
北　京 Beijing	79.9	7.5	7.4	53.8	13.8	43.1	30.3	33.1	36.3
天　津 Tianjin	61.2	4.0	2.3	16.9	7.6	19.7	6.3	12.4	21.5
河　北 Hebei	262.3	15.9	2.4	28.0	19.7	84.0	5.3	63.2	219.3
山　西 Shanxi	123.1	9.2	0.9	17.8	12.9	45.4	4.4	41.3	82.5
内蒙古 Inner Mongolia	94.7	8.0	1.1	19.2	10.7	37.9	3.1	29.7	43.2
辽　宁 Liaoning	252.0	16.2	7.7	55.5	24.0	62.1	10.0	43.8	93.8
吉　林 Jilin	145.3	9.8	3.1	29.0	14.6	44.4	5.3	25.1	38.2
黑龙江 Heilongjiang	201.8	11.8	4.0	45.5	18.4	53.7	5.6	38.7	36.7
上　海 Shanghai	107.4	6.3	7.3	38.4	15.4	33.1	10.5	13.8	72.4
江　苏 Jiangsu	272.1	15.9	5.4	38.3	28.9	84.6	8.9	43.8	313.0
浙　江 Zhejiang	225.9	13.9	3.6	30.4	19.6	49.1	4.6	33.7	272.6
安　徽 Anhui	222.1	9.8	2.0	33.3	16.1	63.8	4.1	39.5	304.4
福　建 Fujian	120.6	8.0	2.4	19.6	11.0	45.5	2.6	27.5	133.9
江　西 Jiangxi	138.6	8.1	1.6	23.2	12.9	47.2	3.5	34.1	263.3
山　东 Shandong	335.1	20.8	4.4	39.7	31.9	111.5	6.8	78.3	255.3
河　南 Henan	321.7	20.5	3.8	38.2	28.4	100.2	7.5	76.7	338.2
湖　北 Hubei	268.5	14.9	3.6	40.9	26.3	73.8	7.9	55.4	197.8
湖　南 Hunan	263.6	14.0	2.1	37.7	21.9	72.3	5.4	52.1	322.8
广　东 Guangdong	371.7	27.2	10.1	65.8	30.8	91.3	7.2	66.1	399.9
广　西 Guangxi	123.0	8.9	1.7	17.6	13.5	60.4	3.6	35.4	238.7
海　南 Hainan	28.3	2.6	1.3	8.0	3.2	9.4	1.4	7.8	15.4
重　庆 Zhongqing	110.4	4.9	1.4	14.2	8.8	32.0	4.7	19.6	196.7
四　川 Sichuan	232.8	14.9	2.5	28.8	25.0	83.4	10.7	57.2	480.3
贵　州 Guizhou	68.1	5.1	1.2	10.5	8.9	35.2	2.2	26.9	155.4
云　南 Yunnan	87.5	7.4	1.0	14.0	12.0	47.2	6.1	37.2	80.5
西　藏 Tibet	5.1	0.6	…	1.2	1.4	3.0	0.2	4.9	2.2
陕　西 Shaanxi	116.0	8.6	1.1	17.2	12.2	48.9	9.8	37.1	102.4
甘　肃 Gansu	66.1	5.3	0.6	10.1	7.6	28.5	3.0	22.7	117.8
青　海 Qinghai	14.0	1.6	0.1	3.3	2.3	6.7	0.9	6.3	7.5
宁　夏 Ningxia	16.6	1.8	0.3	2.7	2.3	7.8	0.9	6.5	9.7
新　疆 Xinjiang	60.3	4.9	0.5	11.2	8.8	31.5	2.8	23.4	10.4

1－10 分地区分行业城镇从业人员年末人数
URBAN EMPLOYEES BY SECTOR AND REGION

(1997)

单位: 万人　　　　(10 000 persons)

地　区　Region	合 计 Total	农、林、牧、渔业 Farming, Forestry, Animal Husbandry andFishery	采掘业 Mining and Quarrying	制造业 Manufac-turing	电力、煤气及水的生产和供应业 Electricity, Gas and Water Production and Supply	建筑业 Constru-ction	地质勘查业、水利管理业 Geological Prospect-ing, Water Conserva-ncy	交通运输、仓储及邮电通信业 Transport, Storage and Commu-nication
全国总计　National	**20207.0**	**661.0**	**867.6**	**5580.5**	**283.3**	**1076.2**	**129.0**	**1004.1**
北　京　Beijing	499.6	5.4	4.1	131.2	4.2	62.6	1.6	21.7
天　津　Tianjin	318.8	1.7	9.7	133.9	3.2	20.0	3.0	20.6
河　北　Hebei	801.7	13.7	44.4	261.1	14.2	52.2	9.3	42.2
山　西　Shanxi	519.1	4.8	68.2	145.4	11.0	34.2	3.6	28.8
内蒙古　Inner Mongolia	445.0	32.6	40.8	103.5	8.2	26.3	4.2	30.2
辽　宁　Liaoning	1141.8	39.6	54.4	438.9	20.2	78.4	8.0	67.9
吉　林　Jilin	621.2	30.1	51.0	188.0	9.0	30.7	3.6	39.9
黑龙江　Heilongjiang	970.6	74.2	132.6	253.7	14.7	59.5	6.5	57.7
上　海　Shanghai	527.7	4.7	0.1	212.2	7.2	23.5	1.2	30.7
江　苏　Jiangsu	995.1	27.4	26.3	406.0	13.3	41.6	6.4	57.9
浙　江　Zhejiang	600.7	7.9	4.4	223.8	8.8	47.3	2.3	30.9
安　徽　Anhui	646.9	14.5	37.7	188.2	8.1	34.2	4.9	39.3
福　建　Fujian	432.1	11.7	8.5	154.7	7.1	29.6	2.1	23.2
江　西　Jiangxi	527.3	31.9	28.0	158.5	9.1	22.6	4.2	29.5
山　东　Shandong	1118.3	13.0	72.7	401.9	18.9	42.9	5.1	48.3
河　南　Henan	1001.8	12.0	58.4	296.5	19.7	70.9	6.0	52.1
湖　北　Hubei	925.2	51.7	16.9	296.5	13.2	42.8	8.9	61.3
湖　南　Hunan	815.9	42.3	27.7	225.2	10.6	37.2	6.5	52.9
广　东　Guangdong	1156.5	25.5	11.8	377.9	18.0	76.6	5.2	61.7
广　西　Guangxi	420.1	19.1	10.0	106.2	7.6	21.9	3.3	26.7
海　南　Hainan	121.1	33.8	2.6	14.3	2.3	5.6	0.6	6.0
重　庆　Chongqing	369.0	4.3	15.8	126.1	5.3	21.9	1.2	23.5
四　川　Sichuan	794.0	12.8	38.1	245.1	15.0	63.9	7.1	39.4
贵　州　Guizhou	281.2	6.0	13.1	76.6	5.0	23.7	2.1	15.3
云　南　Yunnan	363.6	24.5	14.2	81.9	7.0	23.7	3.5	21.8
西　藏　Tibet	22.4	1.1	0.6	1.3	0.5	1.1	0.3	2.0
陕　西　Shaanxi	469.8	7.0	22.5	149.5	8.2	29.9	4.9	29.7
甘　肃　Gansu	285.5	9.1	18.6	86.2	5.5	17.0	4.6	16.5
青　海　Qinghai	74.0	3.0	3.2	18.7	1.4	7.1	2.7	5.1
宁　夏　Ningxia	83.7	5.9	7.6	21.7	1.8	6.0	1.7	4.3
新　疆　Xinjiang	355.8	89.6	23.6	55.9	5.2	21.2	4.5	16.8

1－10 续表1 continued

单位: 万人 (10 000 persons)

地 区 Region	批发和零售贸易、餐饮业 Wholesale and Retail Trade, Restaurants	金融、保险业 Financial Intermediation and Insurance	房地产业 Real Estate Activities	社会服务业 Social Services	卫生、体育和社会福利业 Health Care, Sporting and Social Welfare	教育、文化艺术和广播电影电视业 Education, Culture and Arts, Radio, Film and Television	科学研究和综合技术服务业 Scientific Research and Polytechnical Services	国家机关、政党机关和社会团体 Government Agencies, Party Agencies and Social Organizations	其 他 Others
全国总计 National	**3413.8**	**308.2**	**86.9**	**810.0**	**471.1**	**1556.7**	**185.8**	**1093.1**	**177.9**
北 京 Beijing	72.6	7.5	7.4	53.8	13.8	43.1	30.3	33.1	7.2
天 津 Tianjin	52.5	4.0	2.3	16.9	7.6	19.7	6.3	12.4	4.9
河 北 Hebei	140.1	15.9	2.4	28.0	19.7	84.0	5.3	63.2	5.8
山 西 Shanxi	85.6	9.2	0.9	17.8	12.9	45.4	4.4	41.3	5.6
内蒙古 Inner Mongolia	83.5	8.0	1.1	19.2	10.7	37.9	3.1	29.7	6.1
辽 宁 Liaoning	209.3	16.2	7.7	55.5	24.0	62.1	10.0	43.8	5.8
吉 林 Jilin	131.1	9.8	3.1	29.0	14.6	44.4	5.3	25.1	6.3
黑龙江 Heilongjiang	183.4	11.8	4.0	45.5	18.4	53.7	5.6	38.7	10.5
上 海 Shanghai	102.2	6.3	7.3	38.4	15.4	33.1	10.5	13.8	21.1
江 苏 Jiangsu	181.9	15.9	5.4	38.3	28.9	84.6	8.9	43.8	8.4
浙 江 Zhejiang	117.2	13.9	3.6	30.4	19.6	49.1	4.6	33.7	3.2
安 徽 Anhui	148.4	9.8	2.0	33.3	16.1	63.8	4.1	39.5	3.3
福 建 Fujian	73.4	8.0	2.4	19.6	11.0	45.5	2.6	27.5	5.0
江 西 Jiangxi	109.0	8.1	1.6	23.2	12.9	47.2	3.5	34.1	3.7
山 东 Shandong	209.6	20.8	4.4	39.7	31.9	111.5	6.8	78.3	12.6
河 南 Henan	199.0	20.5	3.8	38.2	28.4	100.2	7.5	76.7	11.9
湖 北 Hubei	205.4	14.9	3.6	40.9	26.3	73.8	7.9	55.4	5.8
湖 南 Hunan	200.7	14.0	2.1	37.7	21.9	72.3	5.4	52.1	7.3
广 东 Guangdong	266.3	27.2	10.1	65.8	30.8	91.3	7.2	66.1	14.9
广 西 Guangxi	80.8	8.9	1.7	17.6	13.5	60.4	3.6	35.4	3.4
海 南 Hainan	20.8	2.6	1.3	8.0	3.2	9.4	1.4	7.8	1.5
重 庆 Chongqing	84.1	4.9	1.4	14.2	8.8	32.0	4.7	19.6	1.4
四 川 Sichuan	145.4	14.9	2.5	28.8	25.0	83.4	10.7	57.2	4.7
贵 州 Guizhou	46.5	5.1	1.2	10.5	8.9	35.2	2.2	26.9	2.8
云 南 Yunnan	60.6	7.4	1.0	14.0	12.0	47.2	6.1	37.2	1.7
西 藏 Tibet	4.1	0.6	…	1.2	1.4	3.0	0.2	4.9	0.2
陕 西 Shaanxi	78.3	8.6	1.1	17.2	12.2	48.9	9.8	37.1	4.8
甘 肃 Gansu	47.8	5.3	0.6	10.1	7.6	28.5	3.0	22.7	2.6
青 海 Qinghai	11.0	1.6	0.1	3.3	2.3	6.7	0.9	6.3	0.6
宁 夏 Ningxia	11.6	1.8	0.3	2.7	2.3	7.8	0.9	6.5	0.9
新 疆 Xinjiang	52.0	4.9	0.5	11.2	8.8	31.5	2.8	23.4	4.1

1－11 分地区分经济类型城镇从业人员年末人数及构成

URBAN EMPLOYEES AND COMPOSITION BY OWNERSHIP AND REGION

(1997)

单位:万人 (10 000 persons)

地区 Region		合计 Total	国有经济单位 State-owned Units	城镇集体经济单位 Urban Collective-owned Units	其他经济单位 Other Ownership Units	私营企业个体 Private Enterprises, Individuals	构成(以合计为100) Composition(Total=100) 国有经济单位 State-owned Units	城镇集体经济单位 Urban Collective-owned Units	其他各种经济单位 Other Ownership Units	私营企业个体 Private Enterprises, Individuals
全国总计	**National**	**20207.0**	**11044.2**	**2882.7**	**1109.4**	**2669.0**	**62.4**	**16.3**	**6.3**	**15.1**
北京	Beijing	499.6	354.7	68.5	54.3	22.0	71.0	13.7	10.9	4.4
天津	Tianjin	318.8	196.2	58.2	35.8	28.5	61.6	18.3	11.2	8.9
河北	Hebei	801.7	545.8	113.1	33.4	109.3	68.1	14.1	4.2	13.6
山西	Shanxi	519.1	376.2	83.9	9.4	49.7	72.5	16.2	1.8	9.6
内蒙古	Inner Mongolia	445.0	297.7	59.8	12.6	74.9	66.9	13.4	2.8	16.8
辽宁	Liaoning	1141.8	661.6	262.8	62.2	155.2	57.9	23.0	5.4	13.6
吉林	Jilin	621.2	382.2	100.9	24.9	113.2	61.5	16.2	4.0	18.2
黑龙江	Heilongjiang	970.6	625.3	158.7	31.1	155.4	64.4	16.4	3.2	16.0
上海	Shanghai	527.7	308.2	79.5	79.3	60.7	58.4	15.1	15.0	11.5
江苏	Jiangsu	995.1	584.5	242.4	78.1	90.1	58.7	24.4	7.8	9.1
浙江	Zhejiang	600.7	290.5	147.1	54.0	109.1	48.4	24.5	9.0	18.2
安徽	Anhui	646.9	367.7	121.3	30.1	127.7	56.8	18.8	4.7	19.7
福建	Fujian	432.1	221.7	55.6	88.2	66.5	51.3	12.9	20.4	15.4
江西	Jiangxi	527.3	343.1	68.5	7.9	107.9	65.1	13.0	1.5	20.5
山东	Shandong	1118.3	690.4	193.6	82.6	151.7	61.7	17.3	7.4	13.6
河南	Henan	1001.8	615.3	191.7	62.2	132.6	61.4	19.1	6.2	13.2
湖北	Hubei	925.2	573.1	127.8	49.0	175.3	61.9	13.8	5.3	18.9
湖南	Hunan	815.9	486.6	113.2	15.8	200.3	59.6	13.9	1.9	24.5
广东	Guangdong	1156.5	556.6	181.4	174.7	243.8	48.1	15.7	15.1	21.1
广西	Guangxi	420.1	294.2	43.7	16.9	65.3	70.0	10.4	4.0	15.5
海南	Hainan	121.1	87.7	8.3	8.1	17.1	72.4	6.8	6.7	14.1
重庆	Chongqing	369.0	215.3	62.2	16.8	74.6	58.4	16.9	4.6	20.2
四川	Sichuan	794.0	518.2	132.5	44.7	98.6	65.3	16.7	5.6	12.4
贵州	Guizhou	281.2	203.0	31.9	5.6	40.6	72.2	11.3	2.0	14.4
云南	Yunnan	363.6	270.7	42.0	9.7	41.2	74.4	11.6	2.7	11.3
西藏	Tibet	22.4	17.0	1.2	0.1	4.1	75.9	5.4	0.4	18.3
陕西	Shaanxi	469.8	345.0	53.1	9.0	62.7	73.4	11.3	1.9	13.3
甘肃	Gansu	285.5	214.0	36.0	3.5	32.1	74.9	12.6	1.2	11.2
青海	Qinghai	74.0	56.5	7.6	0.8	9.1	76.4	10.3	1.1	12.3
宁夏	Ningxia	83.7	63.0	8.7	3.6	8.5	75.2	10.4	4.3	10.1
新疆	Xinjiang	355.8	282.0	27.5	5.0	41.3	79.3	7.7	1.4	11.6

1-12 分地区分行业城镇女性从业人员年末人数
URBAN FEMALE EMPLOYEES BY SECTOR AND REGION

(1997)

单位:万人 (10 000 persons)

地区 Region	合计 Total	农、林、牧、渔业 Farming, Forestry, Animal Husbandry and Fishery	采掘业 Mining and Quarrying	制造业 Manufacturing	电力、煤气及水的生产和供应业 Electricity, Gas and Water Production and Supply	建筑业 Construction	地质勘查业、水利管理业 Geological Prospecting, Water Conservancy	交通运输、仓储及邮电通信业 Transport, Storage and Communication
全国总计 National	**5824.8**	**238.4**	**222.5**	**2286.3**	**90.3**	**203.6**	**32.6**	**232.1**
北京 Beijing	184.1	2.0	0.8	53.3	1.5	9.0	0.3	6.5
天津 Tianjin	122.8	0.6	3.2	60.4	1.0	4.8	1.1	5.0
河北 Hebei	260.6	3.9	8.5	99.4	4.3	9.0	2.3	8.9
山西 Shanxi	161.8	1.2	13.3	52.6	3.4	7.0	0.8	5.7
内蒙古 Inner Mongolia	143.3	11.8	11.5	41.5	2.7	6.6	1.3	6.9
辽宁 Liaoning	411.9	13.8	15.9	186.9	6.1	23.5	1.8	16.8
吉林 Jilin	205.0	7.5	15.6	78.0	2.7	7.6	0.9	8.5
黑龙江 Heilongjiang	313.1	24.9	35.8	105.5	4.4	16.4	1.6	12.8
上海 Shanghai	194.6	1.3		85.0	2.0	4.6	0.2	7.4
江苏 Jiangsu	368.0	10.8	7.3	181.2	3.6	7.3	1.3	14.6
浙江 Zhejiang	193.8	2.5	1.0	86.7	2.3	4.4	0.5	7.2
安徽 Anhui	191.6	5.2	9.2	76.7	2.4	6.4	1.2	7.7
福建 Fujian	149.8	4.5	2.1	74.8	2.3	4.2	0.4	4.6
江西 Jiangxi	157.0	12.0	7.0	60.2	3.1	4.7	1.1	6.4
山东 Shandong	374.2	3.8	18.4	171.4	5.7	7.0	1.2	10.3
河南 Henan	320.9	3.6	13.0	120.9	6.4	9.8	1.5	12.0
湖北 Hubei	302.6	20.9	5.1	121.1	4.5	10.0	2.7	13.1
湖南 Hunan	237.3	16.1	6.9	84.4	3.7	6.4	1.7	10.0
广东 Guangdong	374.7	9.8	2.5	166.8	5.7	8.9	1.1	15.2
广西 Guangxi	133.2	7.4	2.4	40.4	2.5	3.6	0.7	5.7
海南 Hainan	41.4	14.8	0.8	5.6	0.9	0.8	0.2	1.4
重庆 Chongqing	110.2	1.0	4.0	48.9	1.9	4.3	0.3	6.0
四川 Sichuan	254.8	3.1	10.7	95.5	5.3	11.9	2.0	10.4
贵州 Guizhou	81.3	1.7	2.8	27.3	1.7	4.0	0.6	3.6
云南 Yunnan	116.4	9.4	4.1	31.3	2.4	4.0	0.9	5.6
西藏 Tibet	6.2	0.3	0.2	0.3	0.2	0.4	0.1	0.6
陕西 Shaanxi	146.8	1.8	4.9	57.9	2.7	6.1	1.2	6.7
甘肃 Gansu	87.7	2.7	4.9	32.9	1.9	3.2	1.1	4.8
青海 Qinghai	23.5	0.9	0.7	7.3	0.5	1.5	0.8	1.4
宁夏 Ningxia	27.4	2.3	2.0	8.3	0.7	1.1	0.4	1.1
新疆 Xinjiang	128.9	36.6	8.0	23.8	1.9	4.9	1.3	4.9

1－12 续表1 continued

单位: 万人 (10 000 persons)

地区 Region	批发和零售贸易、餐饮业 Wholesale and Retail Trade, Restaurants	金融、保险业 Financial Intermediation and Insurance	房地产业 Real Estate Activities	社会服务业 Social Services	卫生、体育和社会福利业 Health Care, Sporting and Social Welfare	教育、文化艺术和广播电影电视业 Education, Culture and Arts, Radio, Film and Television	科学研究和综合技术服务业 Scientific Research and Polytechnical Services	国家机关、政党机关和社会团体 Government Agencies, Party Agencies and Social Organizations	其他 Others
全国总计 National	**841.2**	**128.1**	**30.4**	**230.4**	**265.6**	**650.3**	**62.7**	**257.9**	**52.4**
北京 Beijing	28.7	3.8	2.6	20.3	8.7	22.6	10.8	10.8	2.3
天津 Tianjin	16.2	1.8	0.8	5.3	4.8	10.7	2.1	3.4	1.7
河北 Hebei	36.4	6.3	0.9	8.4	11.1	43.1	1.8	15.2	1.2
山西 Shanxi	23.8	3.9	0.3	6.4	7.5	21.8	1.6	10.7	1.6
内蒙古 Inner Mongolia	19.6	3.4	0.4	4.4	6.0	17.0	1.1	7.7	1.3
辽宁 Liaoning	57.3	6.7	2.6	18.8	14.6	31.7	3.4	10.7	1.1
吉林 Jilin	30.4	4.3	0.9	8.1	8.8	21.8	1.8	6.1	2.0
黑龙江 Heilongjiang	41.2	4.8	1.4	13.2	11.1	25.6	1.8	9.5	3.2
上海 Shanghai	30.5	3.0	2.6	12.8	9.9	17.3	3.6	3.7	10.6
江苏 Jiangsu	59.2	6.3	1.9	12.4	15.5	32.9	2.8	8.0	2.7
浙江 Zhejiang	28.5	6.3	1.2	9.4	11.4	22.6	1.4	7.4	0.9
安徽 Anhui	32.3	3.9	0.7	7.4	8.2	20.0	1.3	8.4	0.6
福建 Fujian	14.4	3.1	0.8	5.5	6.0	19.3	0.8	5.8	1.2
江西 Jiangxi	23.5	3.2	0.6	4.0	6.7	15.8	1.2	7.1	0.4
山东 Shandong	54.6	8.1	1.6	10.8	17.4	41.1	2.1	16.0	4.6
河南 Henan	54.3	9.0	1.3	10.5	15.4	39.5	2.5	17.7	3.4
湖北 Hubei	49.2	6.3	1.5	10.5	14.4	27.1	2.7	13.0	0.6
湖南 Hunan	38.4	6.0	0.8	7.2	12.0	28.4	1.9	11.8	1.6
广东 Guangdong	53.0	11.2	3.5	16.8	17.6	40.6	2.3	15.6	4.1
广西 Guangxi	18.2	3.6	0.6	5.4	7.9	24.1	1.2	8.6	0.9
海南 Hainan	4.8	0.9	0.4	2.6	1.7	3.3	0.6	2.0	0.4
重庆 Chongqing	15.6	2.1	0.5	3.1	4.6	12.0	1.5	4.4	0.1
四川 Sichuan	37.9	6.3	0.9	7.3	12.9	31.7	3.6	14.2	1.1
贵州 Guizhou	9.9	2.1	0.4	2.3	4.8	12.1	0.8	6.6	0.7
云南 Yunnan	14.9	2.8	0.4	4.4	7.2	18.0	1.9	8.4	0.6
西藏 Tibet	0.4	0.2	…	0.3	0.7	1.0	0.1	1.4	…
陕西 Shaanxi	19.4	3.4	0.4	4.6	6.5	18.3	3.3	8.5	0.9
甘肃 Gansu	12.1	1.9	0.2	3.1	4.0	8.3	1.0	5.1	0.5
青海 Qinghai	2.8	0.7	…	0.9	1.3	2.6	0.3	1.6	0.2
宁夏 Ningxia	3.2	0.7	0.1	0.9	1.3	3.0	0.3	1.8	0.2
新疆 Xinjiang	10.6	2.0	0.2	3.3	5.5	16.7	1.0	6.6	1.5

注: 此表未包括城镇私营和个体人数。

a) Exluded those employees in private and individuals.

1-13 分经济类型职工年末人数及构成
FORMAL EMPLOYEES AND COMPOSITION BY OWNERSHIP

(End of Year)

单位:万人 (10 000 persons)

年 份 Yesr	合 计 Total	国有经济单位 State-owned Units	城镇集体经济单位 Urban Collective-owned Units	其他经济单位 Other Ownership Units	构成(以合计为100) Composition(Total=100)		
					国有经济单位 State-owned Units	城镇集体经济单位 Urban Collective-owned Units	其他各种经济单位 Other Ownership Units
1952	1603	1580	23		98.6	1.4	
1953	1856	1826	30		98.4	1.6	
1954	2002	1881	121		94.0	6.0	
1955	2162	1908	254		88.3	11.7	
1956	2977	2423	554		81.4	18.6	
1957	3101	2451	650		79.0	21.0	
1958	5194	4532	662		87.3	12.7	
1959	5275	4561	714		86.5	13.5	
1960	5969	5044	925		84.5	15.5	
1961	5171	4171	1000		80.7	19.3	
1962	4321	3309	1012		76.6	23.4	
1963	4372	3293	1079		75.3	24.7	
1964	4601	3465	1136		75.3	24.7	
1965	4965	3738	1227		75.3	24.7	
1966	5198	3934	1264		75.7	24.3	
1967	5305	4006	1299		75.5	24.5	
1968	5504	4170	1334		75.8	24.2	
1969	5714	4335	1379		75.9	24.1	
1970	6216	4792	1424		77.1	22.9	
1971	6787	5318	1469		78.4	21.6	
1972	7134	5610	1524		78.6	21.4	
1973	7337	5758	1579		78.5	21.5	
1974	7651	6007	1644		78.5	21.5	
1975	8198	6426	1772		78.4	21.6	
1976	8673	6860	1813		79.1	20.9	
1977	9112	7196	1916		79.0	21.0	
1978	9499	7451	2048		78.4	21.6	
1979	9967	7693	2274		77.2	22.8	
1980	10444	8019	2425		76.8	23.2	
1981	10940	8372	2568		76.5	23.5	
1982	11281	8630	2651		76.5	23.5	
1983	11515	8771	2744		76.2	23.8	
1984	11890	8637	3216	37	72.6	27.0	0.3
1985	12358	8990	3324	44	72.7	26.9	0.4
1986	12809	9333	3421	55	72.9	26.7	0.4
1987	13214	9654	3488	72	73.1	26.4	0.5
1988	13608	9984	3527	97	73.4	25.9	0.7
1989	13742	10108	3502	132	73.5	25.5	1.0
1990	14059	10346	3549	164	73.6	25.2	1.2
1991	14508	10664	3628	216	73.5	25.0	1.5
1992	14792	10889	3621	282	73.6	24.5	1.9
1993	14849	10920	3393	536	73.5	22.9	3.6
1994	14849	10890	3211	747	73.3	21.6	5.0
1995	14908	10955	3076	877	73.5	20.6	5.9
1996	14845	10949	2954	942	73.8	19.9	6.3
1997	14668	10766	2817	1085	73.4	19.2	7.4

1-14 分地区分行业职工年末人数
FORMAL EMPLOYEES BY SECTOR AND REGION

(End of Year)

单位: 万人 (10 000 persons)

年份 地区 Year Region	合计 Total	农、林、牧、渔业 Farming, Forestry, Animal Husbandry and Fishery	采掘业 Mining and Quarrying	制造业 Manufacturing	电力、煤气及水的生产和供应业 Electricity, Gas and Water Production and Supply	建筑业 Construction	地质勘查业、水利管理业 Geological Prospecting, Water Conservancy	交通运输、仓储及邮电通信业 Transport, Storage and Communications
1979	9967	799	670	3754	112	682	185	699
1980	10444	788	697	3947	118	710	188	714
1981	10940	797	728	4130	125	730	188	741
1982	11281	797	747	4240	128	762	191	761
1983	11515	801	758	4316	131	798	193	771
1984	11890	787	767	4442	134	845	197	793
1985	12358	777	795	4620	142	900	197	823
1986	12809	784	809	4820	152	922	197	846
1987	13214	792	819	4988	164	946	200	860
1988	13608	789	832	5149	177	955	204	874
1989	13742	782	842	5206	180	900	199	874
1990	14059	780	882	5304	192	896	197	895
1991	14508	769	905	5443	203	940	199	916
1992	14792	758	898	5508	215	995	202	921
1993	14849	708	925	5469	232	1153	144	826
1994	14849	680	904	5434	244	1072	137	835
1995	14908	660	914	5439	257	1053	134	824
1996	14845	617	886	5293	272	1035	128	830
1997	14668	612	851	5083	282	1004	128	824
北 京 Beijing	465.3	5.4	4.1	127.1	4.2	60.8	1.6	21.0
天 津 Tianjin	281.3	1.7	9.0	128.0	3.2	18.4	3.0	18.2
河 北 Hebei	676.7	12.3	44.0	236.5	14.2	49.9	9.2	35.8
山 西 Shanxi	455.9	4.6	67.9	138.2	10.9	29.0	3.6	25.0
内蒙古 Inner Mongolia	363.9	31.6	39.9	92.4	8.2	25.0	4.2	23.4
辽 宁 Liaoning	969.4	37.6	53.9	411.7	20.0	74.9	7.9	55.5
吉 林 Jilin	500.9	21.3	50.0	174.6	9.0	29.1	3.6	28.8
黑龙江 Heilongjiang	797.0	60.8	132.1	233.5	14.6	57.2	6.5	44.7
上 海 Shanghai	435.3	4.0	0.1	189.2	7.1	21.0	1.1	28.6
江 苏 Jiangsu	893.7	26.6	26.2	386.4	13.2	39.2	6.3	53.8
浙 江 Zhejiang	482.3	7.5	4.2	182.8	8.7	45.1	2.2	27.4
安 徽 Anhui	502.6	13.8	37.1	168.1	8.1	32.1	4.9	28.5
福 建 Fujian	357.7	11.0	8.2	140.9	7.1	27.8	2.1	17.8
江 西 Jiangxi	409.4	29.6	26.5	135.8	9.1	21.1	4.1	22.8
山 东 Shandong	937.6	12.0	72.5	370.0	18.8	37.6	5.1	40.7
河 南 Henan	841.3	11.2	57.7	274.0	19.7	62.2	5.9	41.4
湖 北 Hubei	735.4	47.5	15.6	267.6	13.1	38.5	8.8	46.7
湖 南 Hunan	597.5	37.6	26.8	194.3	10.4	33.5	6.5	33.8
广 东 Guangdong	897.3	24.4	10.9	324.8	17.8	72.8	5.2	55.3
广 西 Guangxi	340.0	18.4	9.5	96.7	7.6	20.2	3.3	20.8
海 南 Hainan	102.6	33.1	2.2	12.9	2.3	4.9	0.6	4.9
重 庆 Zhongqing	289.3	4.1	15.5	113.1	5.2	19.8	1.2	20.3
四 川 Sichuan	681.6	12.4	37.4	228.4	14.9	60.4	7.0	34.2
贵 州 Guizhou	232.8	5.5	12.5	68.9	5.0	22.3	2.1	12.3
云 南 Yunnan	313.7	23.4	13.6	75.4	6.9	22.5	3.5	19.4
西 藏 Tibet	16.7	0.8	0.5	1.1	0.5	1.0	0.3	1.8
陕 西 Shaanxi	396.2	6.7	22.0	139.8	8.1	27.6	4.9	23.9
甘 肃 Gansu	246.7	9.0	18.1	81.8	5.5	16.2	4.5	15.0
青 海 Qinghai	63.7	3.0	3.1	17.2	1.4	6.9	2.7	4.2
宁 夏 Ningxia	73.9	5.6	7.6	20.4	1.8	5.7	1.7	3.6
新 疆 Xinjiang	310.7	89.2	22.1	50.9	5.2	20.5	4.5	14.3

1－14 续表1 continued

单位: 万人 (10 000 persons)

年份 地区 Year Region	批发和零售贸易、餐饮业 Wholesale and Retail Trade, Restaurants	金融、保险业 Financial Intermediation and Insurance	房地产业 Real Estate Activities	社会服务业 Social Services	卫生、体育和社会福利业 Health Care, Sporting and Social Welfare	教育、文化艺术和广播电影电视业 Education, Culture and Arts, Radio, Film and Television	科学研究和综合技术服务业 Scientific Research and Polytechnical Services	国家机关、政党机关和社会团体 Government Agencies, Party Agencies and Social Organizations	其他 Others
1979	1161	75	34	191	269	769	100	468	
1980	1239	89	37	218	287	817	105	490	
1981	1337	97	38	239	302	857	111	520	
1982	1388	102	38	253	311	868	118	577	
1983	1424	106	37	268	322	878	121	591	
1984	1454	115	36	276	335	915	125	669	
1985	1518	126	36	271	342	962	131	718	
1986	1544	138	38	289	354	1008	137	770	
1987	1578	154	39	304	365	1059	142	805	
1988	1643	174	42	318	375	1091	144	843	
1989	1675	184	43	327	382	1117	147	885	
1990	1715	195	44	344	392	1143	152	929	
1991	1786	208	48	369	410	1181	156	974	
1992	1844	223	54	386	421	1212	159	996	
1993	1796	239	66	422	416	1205	166	1030	55
1994	1833	261	72	447	428	1249	174	1017	63
1995	1828	273	77	449	438	1291	178	1027	66
1996	1807	288	82	458	451	1345	176	1075	103
1997	1774	298	84	480	464	1403	179	1080	125
北京 Beijing	55.4	7.4	6.9	48.5	13.5	42.2	28.7	32.5	6.2
天津 Tianjin	33.1	3.7	2.2	11.9	7.4	19.1	6.0	11.9	4.4
河北 Hebei	75.6	15.5	2.4	17.6	19.6	71.9	5.3	63.0	3.8
山西 Shanxi	51.9	8.6	0.9	12.3	12.8	40.3	4.4	40.8	4.7
内蒙古 Inner Mongolia	40.6	8.0	1.1	8.8	10.6	34.1	3.1	29.5	3.2
辽宁 Liaoning	109.9	16.0	7.4	37.5	23.6	58.0	9.7	42.9	3.0
吉林 Jilin	65.6	9.3	3.1	16.7	14.6	40.7	5.3	24.8	4.3
黑龙江 Heilongjiang	87.8	11.2	4.0	26.9	18.4	48.8	5.5	38.3	7.0
上海 Shanghai	54.5	6.0	6.3	29.8	14.4	31.5	9.8	12.9	19.0
江苏 Jiangsu	123.7	15.6	5.3	26.4	28.4	83.7	8.7	43.3	7.1
浙江 Zhejiang	62.1	13.4	3.4	18.5	19.1	47.8	4.4	33.0	2.6
安徽 Anhui	69.6	9.5	2.0	15.2	15.8	53.2	4.1	39.0	1.8
福建 Fujian	34.2	7.8	2.3	11.0	10.9	43.1	2.6	27.1	3.8
江西 Jiangxi	50.3	8.0	1.6	7.9	12.7	41.4	3.5	33.9	1.2
山东 Shandong	115.0	19.8	4.3	23.7	31.6	92.4	6.7	77.6	10.0
河南 Henan	118.7	20.1	3.7	21.9	28.2	84.3	7.5	75.9	9.0
湖北 Hubei	102.1	14.6	3.6	20.6	26.2	65.9	7.8	55.0	1.9
湖南 Hunan	78.1	12.8	2.1	13.9	21.7	64.8	5.3	51.6	4.2
广东 Guangdong	118.0	27.0	9.8	36.3	30.3	82.5	7.1	65.8	9.3
广西 Guangxi	38.4	8.6	1.6	9.8	13.4	50.8	3.5	34.7	2.5
海南 Hainan	10.9	2.6	1.3	5.0	3.1	8.9	1.4	7.7	0.9
重庆 Zhongqing	33.6	4.8	1.4	6.6	8.7	30.5	4.6	19.3	0.3
四川 Sichuan	84.2	13.8	2.4	14.3	24.6	77.2	10.6	56.7	2.9
贵州 Guizhou	22.8	5.0	1.1	4.6	8.6	31.5	2.1	26.4	2.1
云南 Yunnan	34.5	7.3	0.9	8.3	11.8	44.7	3.9	36.2	1.3
西藏 Tibet	1.1	0.6		0.6	1.2	2.4	0.2	4.5	0.1
陕西 Shaanxi	41.9	7.9	1.1	9.3	12.1	41.6	9.7	36.8	2.5
甘肃 Gansu	25.6	5.2	0.6	6.3	7.6	24.7	3.0	22.5	1.2
青海 Qinghai	5.6	1.5	0.1	1.8	2.3	6.2	0.9	6.2	0.5
宁夏 Ningxia	6.0	1.8	0.3	1.7	2.3	7.7	0.9	6.4	0.5
新疆 Xinjiang	23.0	4.9	0.5	6.5	8.7	31.0	2.7	23.3	3.3

1－15 分行业职工年末人数

(国有经济单位)

FORMAL EMPLOYEES BY SECTOR

(State－owned Units, End of Year)

单位: 万人 (10 000 persons)

年份 Year	合计 Total	农、林、牧、渔业 Farming, Forestry, Animal Husbandry and Fishery	采掘业 Mining and Quarrying	制造业 Manufac－turing	电力、煤气及水的生产和供应业 Electricity, Gas and Water Production and Supply	建筑业 Constr－uction	地质勘查业、水利管理业 Geological Prospect－ing, Water Conserva－ncy	交通运输、仓储及邮电通信业 Transport, Storage and Commu－nications
1978	7451	774	588	2449	102	447	177	465
1980	8019	740	621	2601	112	475	187	498
1985	8990	726	706	2975	134	545	196	585
1986	9333	736	715	3096	144	557	196	604
1987	9654	744	722	3209	155	566	200	618
1988	9983	743	735	3327	167	568	204	636
1989	10109	736	757	3344	172	541	199	640
1990	10346	737	786	3395	183	538	194	660
1991	10664	727	797	3482	193	557	196	682
1992	10889	717	792	3526	203	577	199	693
1993	10920	672	834	3444	220	663	142	664
1994	10890	653	820	3321	230	629	135	677
1995	10955	634	834	3326	237	605	132	677
1996	10949	592	809	3218	250	595	126	684
1997	10766	588	772	3011	257	577	125	681

1－15 续表1 continued

单位: 万人 (10 000 persons)

年份 Year	批发和零售贸易、餐饮业 Wholesale and Retail Trade, Restau－rants	金融、保险业 Financial Intermedi－ation and Insurance	房地产业 Real Estate Activi－ties	社会服务业 Social Services	卫生、体育和社会福利业 Health Care, Sporting and Social Welfare	教育、文化艺术和广播电影电视业 Education, Culture and Arts, Radio, Film and Television	科学研究和综合技术服务业 Scientific Research and Polytec－hnical Services	国家机关、政党机关和社会团体 Government Agencies, Party Age－ncies and Social Org－anizations	其他 Others
1978	907	42	28	107	183	674	91	417	
1980	1005	63	33	130	217	757	104	476	
1985	800	93	32	181	272	925	129	691	
1986	824	101	34	193	283	973	135	742	
1987	851	113	34	203	296	1025	140	778	
1988	900	128	37	214	306	1059	142	817	
1989	923	136	38	221	314	1086	144	859	
1990	947	145	40	236	323	1112	148	903	
1991	993	154	43	251	340	1151	151	946	
1992	1037	166	48	269	356	1183	153	969	
1993	1014	182	55	293	356	1180	153	1014	34
1994	1054	196	59	308	368	1227	165	1007	40
1995	1061	203	61	315	379	1265	167	1019	42
1996	1055	208	63	329	390	1322	166	1068	74
1997	1037	210	64	345	402	1362	167	1074	95

1-16 分行业职工年末人数

(城镇集体经济单位)

FORMAL EMPLOYEES BY SECTOR

(Urban Collective-owned Units, End of Year)

单位: 万人 (10 000 persons)

年份 Year	合计 Total	农、林、牧、渔业 Farming, Forestry, Animal Husbandry and Fishery	采掘业 Mining and Quarrying	制造业 Manufac-turing	电力、煤气及水的生产和供应业 Electricity, Gasand Water Production and Supply	建筑业 Constr-uction	地质勘查业、水利管理业 Geological Prospect-ing, Water Conserva-ncy	交通运输、仓储及邮电通信业 Transport, Storage and Commu-nications
1978	2048	56	64	1146	5	176	0.5	204
1980	2425	48	76	1346	6	235	1.0	216
1985	3324	51	89	1608	8	354	1.0	237
1986	3421	48	93	1680	8	364	0.7	241
1987	3488	47	96	1724	8	379	0.3	241
1988	3527	45	96	1745	9	385	0.2	237
1989	3502	45	84	1754	7	357	0.4	232
1990	3549	42	95	1773	8	357	3.3	232
1991	3628	41	107	1782	9	380	3.4	232
1992	3621	39	105	1747	10	414	3.2	226
1993	3393	34	89	1595	8	479	2.0	154
1994	3211	24	81	1515	9	427	2.0	149
1995	3076	23	77	1417	9	427	1.9	138
1996	2954	22	72	1346	11	412	2.1	134
1997	2817	20	72	1244	11	393	3.0	125

1-16 续表1 continued

单位: 万人 (10 000 persons)

年份 Year	批发和零售贸易、餐饮业 Wholesale and Retail Trade, Restau-rants	金融、保险业 Financial Intermedi-ation and Insurance	房地产业 Real Estate Activi-ties	社会服务业 Social Services	卫生、体育和社会福利业 Health Care, Sporting and Social Welfare	教育、文化艺术和广播电影电视业 Education, Culture and Arts, Radio, Film and Television	科学研究和综合技术服务业 Scientific Research and Polytec-hnical Services	国家机关、政党机关和社会团体 Government Agencies, Party Age-ncies and Social Org-anizations	其他 Others
1978	172	23	3	59	64	62	0.6	13	
1980	234	26	4	88	70	60	0.8	14	
1985	716	33	4	87	70	37	1.5	27	
1986	718	37	4	91	71	35	1.9	28	
1987	722	41	5	93	69	34	2.0	27	
1988	738	45	4	94	69	32	2.2	26	
1989	748	49	4	94	68	32	2.5	26	
1990	762	51	4	93	69	32	3.0	26	
1991	786	54	5	98	70	30	4.0	28	
1992	796	57	4	96	65	28	5.0	27	
1993	744	55	5	101	60	24	9.0	15	20
1994	716	62	6	102	59	21	7.4	9	22
1995	693	67	6	94	59	26	7.6	8	23
1996	667	73	7	86	60	22	7.4	7	27
1997	637	76	7	87	62	40	7.5	6	27

1－17 分行业职工年末人数

(其他经济单位)

FORMAL EMPLOYEES BY SECTOR

(Other Ownership Units, End of Year)

单位: 万人 (10 000 persons)

年份 Year	合 计 Total	农、林、牧、渔业 Farming, Forestry, Animal Husbandry and Fishery	采掘业 Mining and Quarrying	制造业 Manufac－turing	电力、煤气及水的生产和供应业 Electricity, Gas and Water Production and Supply	建筑业 Constr－uction	地质勘查业、水利管理业 Geological Prospect－ing, Water Conserva－ncy	交通运输、仓储及邮电通信业 Transport, torage and Commu－nications
1984	36.7			33.1		0.5		0.9
1985	43.7	0.2		36.8		0.6		0.9
1986	55.3	0.2		45.6		0.6		0.9
1987	71.9	0.5		58.3		0.8		1.5
1988	96.7	0.6	1.0	77.0	1.0	1.3		1.0
1989	131.7	0.7	1.0	108.0	1.0	1.5		1.6
1990	163.8	1.1	1.0	135.0	1.0	1.6	0.04	1.6
1991	216.0	1.4	1.0	180.0	1.0	2.7	0.09	2.0
1992	281.8	1.5	1.0	236.0	2.0	4.1	0.10	2.4
1993	535.7	2.2	2.1	429.5	4.0	10.6	0.03	7.7
1994	747.4	2.6	3.2	598.1	5.9	16.3	0.05	9.0
1995	877.0	3.2	4.0	696.0	10.2	21.0	0.08	9.7
1996	941.7	3.9	4.3	728.4	10.7	28.2	0.05	11.8
1997	1085.5	4.1	6.8	826.7	13.8	33.7	0.05	17.1

1－17 续表1 continued

单位: 万人 (10 000 persons)

年份 Year	批发和零售贸易、餐饮业 Wholesale and Retail Trade, Restaurants	金融、保险业 Financial Intermedi－ation and Insurance	房地产业 Real Estate Activi－ties	社会服务业 Social Services	卫生、体育和社会福利业 Health Care, Sporting and Social Welfare	教育、文化艺术和广播电影电视业 Education, Culture and Arts, Radio, Film and Television	科学研究和综合技术服务业 Scientific Research and Polytechnical Services	其他 Others
1984	2.1			0.3				
1985	2.3			2.9				
1986	2.6			5.2				
1987	3.8			7.5				
1988	4.4	0.08		10.6			0.04	
1989	4.9	0.12		12.6			0.19	
1990	6.0	0.05	0.51	15.0	0.05	0.26	0.20	
1991	7.5	0.05	0.79	18.8	0.13	0.38	0.51	
1992	11.0	0.03	1.43	21.1	0.11	0.71	0.86	
1993	38.1	1.87	6.25	28.2	0.15	0.58	3.14	0.26
1994	62.9	2.30	7.22	36.6	0.37	0.66	1.41	0.75
1995	74.4	3.80	9.32	39.7	0.41	0.89	2.90	1.40
1996	85.0	7.72	11.21	44.1	0.51	1.15	3.24	1.43
1997	100.1	12.50	12.80	48.9	0.54	1.25	4.60	2.59

1-18 分经济类型女职工年末人数
FEMALE FORMAL EMPLOYEES BY OWNERSHIP
(End of Year)

年 份 Year	合 计 Total	国有经济单位 State-owned Units	城镇集体经济单位 Urban Collective-owned Units	其 他 经济单位 Other Ownership Units
一、年末人数(万人) Figuers(10 000 persons)				
1978	3128	2126	1002	
1980	3698	2473	1225	
1985	4500	2910	1570	20
1986	4688	3057	1605	26
1987	4869	3203	1631	35
1988	5036	3339	1649	48
1989	5137	3422	1648	67
1990	5294	3540	1670	84
1991	5483	3679	1691	113
1992	5586	3781	1658	147
1993	5542	3838	1449	255
1994	5646	3868	1420	358
1995	5755	3957	1373	424
1996	5745	3982	1316	447
1997	5687	3927	1247	513
二、女职工占职工(%) Proportion (total formal employees=100)				
1978	32.9	28.5	48.9	
1980	35.4	30.8	50.5	
1985	36.4	32.4	47.2	45.5
1986	36.6	32.8	46.9	47.3
1987	36.8	33.2	46.8	48.6
1988	37.0	33.4	46.8	49.5
1989	37.4	33.9	47.1	50.8
1990	37.7	34.2	47.1	51.2
1991	37.8	34.5	46.6	52.3
1992	37.8	34.7	45.8	52.1
1993	37.3	35.1	42.7	47.6
1994	38.0	35.5	44.2	47.9
1995	38.6	36.1	44.6	48.3
1996	38.7	36.4	44.5	47.5
1997	38.8	36.5	44.3	47.2
三、指数(以上年为100) Index (last year=100)				
1979	109.0	107.7	111.8	
1980	108.5	108.0	109.4	
1985	104.0	105.2	101.9	111.1
1986	104.2	105.1	102.2	130.0
1987	103.9	104.8	101.6	134.6
1988	103.4	104.2	101.1	137.1
1989	102.0	102.5	99.9	139.6
1990	103.1	103.4	101.3	125.4
1991	103.6	103.9	101.3	134.5
1992	101.9	102.8	98.0	130.1
1993	99.2	101.5	87.4	173.5
1994	101.9	100.8	98.0	140.4
1995	101.9	102.3	96.7	118.4
1996	99.8	100.6	95.8	105.4
1997	99.0	98.6	94.8	114.8

1－19 分行业女职工年末人数

FEMALE FORMAL EMPLOYEES BY SECTOR

(End of Year)

单位: 万人 (10 000 persons)

年份 Year	合计 Total	农、林、牧、渔业 Farming, Forestry, Animal Husbandry and Fishery	采掘业 Mining and Quarrying	制造业 Manufacturing	电力、煤气及水的生产和供应业 Electricity, Gasand Water Production and Supply	建筑业 Construction	地质勘查业、水利管理业 Geological Prospecting, Water Conservancy	交通运输、仓储及邮电通信业 Transport, Storage and Communications
1978	3128	295	134	1416	41	138	29	127
1980	3698	285	158	1666	49	176	31	153
1985	4500	287	189	1998	58	204	33	175
1986	4688	289	198	2090	61	204	35	180
1987	4869	294	206	2174	63	205	36	183
1988	5036	293	213	2251	66	203	37	186
1989	5137	292	217	2287	67	199	36	187
1990	5294	292	223	2352	69	199	36	192
1991	5483	288	229	2417	70	205	35	199
1992	5586	280	231	2439	71	209	35	203
1993	5542	264	229	2418	71	204	35	209
1994	5646	254	226	2426	75	201	34	217
1995	5755	248	237	2458	81	204	33	218
1996	5745	232	231	2365	86	205	32	224
1997	5687	231	221	2263	90	201	32	227

1－19 续表1 continued

单位: 万人 (10 000 persons)

年份 Year	批发和零售贸易、餐饮业 Wholesale and Retail Trade, Restaurants	金融、保险业 Financial Intermediation and Insurance	房地产业 Real Estate Activities	社会服务业 Social Services	卫生、体育和社会福利业 Health Care, Sporting and Social Welfare	教育、文化艺术和广播电影电视业 Education, Culture and Arts, Radio, Film and Television	科学研究和综合技术服务业 Scientific Research and Polytechnical Services	国家机关、政党机关和社会团体 Government Agencies, Party Agencies and Social Organizations	其他 Others
1978	385	16		85	116	251	29	65	
1980	496	26		118	141	284	36	79	
1985	678	42		141	177	335	46	136	
1986	699	47		149	184	354	48	149	
1987	722	52		156	192	378	49	158	
1988	756	61		165	198	391	50	166	
1989	777	66		171	203	406	51	179	
1990	807	70	14	166	210	422	52	191	
1991	845	76	16	175	221	445	54	207	
1992	874	83	17	182	227	465	55	215	
1993	799	92	22	191	226	476	56	233	20
1994	840	103	24	207	235	495	59	227	23
1995	847	109	26	209	244	522	60	232	25
1996	846	118	28	216	253	559	60	251	39
1997	830	123	29	224	261	591	61	252	51

1－20 分细行业女职工占全部职工比重
PROPORTION OF FEMALE FORMAL EMPLOYEES BY SECTOR

(1997)

以全部职工为100 　　(Total Formal Employees＝100)

项　目	Item	合计 Total	国有经济单位 State－owned Units	城镇集体单位 Urban Collective－owned Units	其他经济单位 Other Ownership Units
全国总计	**National Total**	**38.8**	**36.5**	**44.3**	**47.3**
按企、事业和机关分组	**Grouped by Enterprises, Institutions and Organizations**				
企业	Enterprises	39.6	36.6	44.3	47.3
事业	Institutions	41.6	41.4	43.9	43.5
机关	Organizations	23.1	23.1	33.9	
按国民经济行业分组	**Grouped by Sector**				
农、林、牧、渔业	**Farming, Forestry, Animal Husbandry and Fishery**	**37.7**	**37.8**	**33.0**	**38.0**
农业	Farming	40.9	40.8	51.3	40.2
林业	Forestry	38.2	38.2	44.2	31.8
畜牧业	Animal Husbandry	38.8	38.7	35.6	43.7
渔业	Fishery	29.0	29.8	25.2	15.2
农、林、牧、渔服务业	Services	28.2	28.7	24.0	37.7
采掘业	**Mining and Quarrying**	**25.9**	**24.4**	**42.6**	**24.0**
制造业	**Manufacturing**	**44.5**	**40.3**	**52.0**	**48.7**
电力、煤气及水的生产和供应业	**Electricity, Gas and Water Production and Supply**	**31.8**	**31.9**	**32.6**	**29.5**
建筑业	**Construction**	**20.0**	**21.1**	**18.7**	**16.0**
土木工程建筑业	Civil Engineering	19.4	20.8	17.6	16.1
线路、管道和设备安装业	Circuit Pipelines and Equipment Installation	24.8	23.1	28.9	19.5
装修装饰业	Buildings Completion	19.9	22.3	22.1	13.5
地质勘查业、水利管理业	**Geological Prospecting, Water Conservancy**	**25.3**	**25.0**	**37.3**	**24.2**
地质勘查业	Geological Prospecting	26.3	25.7	51.9	14.3
水利管理业	Water Conservancy	24.2	24.3	20.3	33.5
交通运输、仓储及邮电通信业	**Transport, Storage and Communications**	**27.5**	**26.9**	**31.0**	**28.3**
铁路运输业	Transport via Railways	23.1	22.4	58.3	31.7
公路运输业	Transport via Highways	28.8	29.0	28.5	25.7
管道运输业	Transport via Pipelines	32.3	32.3	32.7	30.5
水上运输业	Water Transport	21.2	15.6	27.5	20.3
航空运输业	Air Transport	31.6	32.3		26.6
交通运输辅助业	Supporting and Auxiliary Transport Activities	25.8	24.9	30.9	23.2
其他交通运输业	Other Transports	42.2	27.0	51.0	26.9
仓储业	Storage	34.8	34.6	40.7	24.9
邮电通信业	Postal and Telecommunications	36.6	35.8	54.2	51.6
批发和零售贸易、餐饮业	**Wholesale and Retail Trade, Restaurants**	**46.8**	**45.4**	**47.5**	**56.4**
食品、饮料、烟草和家庭用品批发业	Wholesale of Food, Beverages, Tobacco and Household Goods	43.6	42.1	47.0	50.7
能源、材料和机械电子设备批发业	Wholesale Energy, Materials and Electronic Equipment	38.4	36.2	45.0	38.6
其他批发业	Other Wholesale	41.5	42.1	41.0	44.6
零售业	Retail	52.1	53.4	48.9	63.6
商业经纪与代理业	Commercial Brokerages and Agencies	38.7	38.1	48.7	36.4
餐饮业	Restaurants	58.4	57.3	61.9	56.1
金融、保险业	**Financial Intermediation and Insurance**	**41.3**	**40.4**	**42.5**	**49.7**

1－20 续表1 continued

以全部职工为100 (Total Formal Employees＝100)

项目	Item	合计 Total	国有经济单位 State－owned Units	城镇集体单位 Urban Collective－owned Units	其他经济单位 Other Ownership Units
金融业	Financial Intermediation	41.8	41.0	42.5	50.6
保险业	Insurance	35.0	34.0	41.4	44.3
房地产业	**Real Estate Activities**	**35.1**	**35.6**	**35.7**	**32.4**
房地产开发与经营业	Real Estate Development and Operation	34.5	34.9	35.6	33.0
房地产管理业	Real Estate Managment	35.6	36.1	34.9	29.3
房地产代理与经纪业	Real Estate Brokerages and Agencies	39.6	39.3	42.7	38.4
社会服务业	**Social Services**	**46.7**	**45.9**	**49.8**	**46.6**
公共服务业	Public Facilities Services	44.2	44.6	46.1	25.2
居民服务业	Residential Services	49.9	48.5	51.2	51.2
旅馆业	Hotels	56.4	56.0	63.6	52.5
租赁服务业	Renting Services	40.1	36.0	48.4	33.2
旅游业	Tourism	46.0	44.8	57.1	45.7
娱乐服务业	Recreational Services	51.9	49.7	53.5	52.6
信息、咨询服务业	Information and Consultancy Services	38.2	37.4	39.1	41.0
计算机应用服务业	Computer Application Services	36.0	36.8	34.3	36.2
其他社会服务业	Other Social Services	31.4	25.5	40.1	37.4
卫生、体育和社会福利业	**Health Care, Sporting and Social Welfare**	**56.3**	**57.2**	**49.9**	**52.1**
卫生	Health Care	57.1	58.3	49.9	55.3
体育	Sporting	34.0	33.5	51.3	48.6
社会福利保障业	Social Welfare	44.0	43.2	52.6	53.8
教育、文化艺术和广播电影电视业	**Education, Culture and Arts, Radio, Film and Television**	**42.1**	**42.1**	**43.2**	**44.8**
教育	Education	42.5	42.4	43.7	47.3
#普通高等学校	Institutes of Higher Education	38.9	38.9	52.8	27.8
普通中学	Secondary Schools	37.3	37.3	35.1	53.0
小学校	Primary Schools	45.8	46.0	40.8	54.6
文化艺术业	Culture and Arts	40.6	40.6	40.3	37.5
广播电影电视业	Radio, Film and Television	34.3	34.2	36.9	49.4
科学研究和综合技术服务业	**Scientific Research and Polytechnical Services**	**34.0**	**34.1**	**33.2**	**34.2**
科学研究业	Scientific Research	35.0	35.0	35.8	31.2
自然科学研究	Natural Science Research	34.8	34.9	33.1	26.4
社会科学研究	Social Science Research	35.5	35.5	49.2	
其他科学研究	Other Science Research	35.5	35.4	41.4	37.0
综合技术服务业	Polytechnical Services	33.1	33.1	33.1	34.2
#气象	Atmosphere	34.5	34.4	31.8	50.0
地震	Seismology	27.9	27.9	28.6	
测绘	Surveying and Mapping	29.5	29.5	29.4	100.0
技术监督	Technology Supervisor	32.2	32.1	38.4	29.3
海洋环境	Sea and Ocean Environments	18.8	18.8		25.0
环境保护	Environmental Protection	38.4	38.3	42.4	27.6
技术推广和科技交流服务业	Technology Promotion and Exchange Services	34.4	34.2	33.1	40.6
工程设计业	Engineering Design	32.9	32.8	36.2	32.6
其他综合技术服务业	Other Polytechnical Services	33.1	33.5	30.9	33.5
国家机关、政党机关和社会团体	**Government Agencies, Party Agencies and Social Organizations**	**23.4**	**23.3**	**36.5**	
#国家机关	Government Agencies	23.1	23.0	30.3	
政党机关	Party Agencies	21.2	21.2	39.5	
其他行业	**Others**	**41.1**	**40.0**	**45.2**	**40.9**
#企业管理机构	Enterprise Management Organizations	35.7	33.2	41.7	42.4

1－21 分行业城镇私营和个体从业人员年末人数

EMPLOYEES IN URBAN PRIVATE ENTERPRISES AND INDIVIDUALS BY SECTOR

(End of Year)

单位: 万人 (10 000 persons)

年份 Year	合计 Total	农、林、牧、渔业 Farming, Forestry, Animal Husbandry and Fishery	采掘业 Mining and Quarrying	制造业 Manufac－turing	电力、煤气及水的生产和供应业 Electricity, Gasand Water Production and Supply	建筑业 Constr－uction	地质勘查业、水利管理业 Geological Prospecting, Water Conservancy
1978	15.0			3.0		1.0	
1980	81.4	0.2		9.5		0.4	
1985	450.1	1.9		51.4		5.1	
1986	483.1	1.9		60.0		5.1	
1987	568.8	1.7		74.3		6.5	
1988	659.3	4.2		90.3		9.7	
1989	648.2	2.6		84.5		4.9	
1990	670.5	0.6		91.3		4.6	
1991	759.5	0.4		128.0		7.8	0.1
1992	837.9			129.6		5.9	
1993	1115.7		6.7	167.3	8.1	10.8	
1994	1557.4	5.4		271.8		17.9	
1995	2045.0	13.4	10.2	339.0		28.1	
1996	2328.8	17.7	10.3	400.1		33.9	
1997	2669.0	31.8	10.8	450.6		38.8	

1－21 续表1 continued

单位: 万人 (10 000 persons)

年份 Year	交通运输、仓储及邮电通信业 Transport, Storage and Commu－nications	批发和零售贸易、餐饮业 Wholesale and Retail Trade, Restaurants	社会服务业 Social Services	卫生、体育和社会福利业 Health Care, Sporting and Social Welfare	教育、文化艺术和广播电影电视业 Education, Culture and Arts, Radio, Film and Television	科学研究和综合技术服务业 Scientific Research and Polyte－chnical Services	其他 Others
1978	1.0	9.0	1.0				
1980	0.8	57.1	13.0	0.4			
1985	22.3	325.0	40.9	2.8	0.7		
1986	24.4	336.7	50.6	3.1	1.2	0.1	
1987	30.6	390.7	58.6	4.0	2.3	0.1	
1988	39.5	442.9	65.6	4.1	2.8	0.2	
1989	34.1	443.1	71.7	3.9	3.1	0.3	
1990	36.4	431.2	94.3	7.0	3.9	1.2	
1991	46.1	489.0	78.2	4.2	4.9	0.8	
1992	47.5	550.7	90.9			2.7	10.6
1993	62.3	714.9	120.8		5.0	7.0	12.8
1994	95.7	973.5	167.2				26.0
1995	111.0	1265.8	241.9				35.6
1996	131.8	1419.1	274.5				41.4
1997	153.6	1617.7	315.7				50.1

1-22 分行业乡村从业人员年末人数
RURAL EMPLOYEES BY SECTOR

(End of Year)

单位: 万人 (10 000 persons)

年份 Year	合 计 Total	农、林、牧、渔业 Farming, Forestry, Animal Husbandry and Fishery	制造业 Manufac-turing	建筑业 Construc-tion	交通运输、仓储及邮电通信业 Transport, Storage and Communication	批发和零售贸易、餐饮业 Wholesale and Retail Trade, Restaurants
1978	30638	27488	1734	230	80	52
1980	31836	28334	1942	283	90	67
1985	37065	30351	2741	1130	434	463
1986	37990	30468	3139	1309	506	532
1987	39000	30870	3297	1431	562	607
1988	40067	31456	3413	1526	607	657
1989	40939	32441	3256	1502	614	652
1990	47293	33336	3229	1523	635	693
1991	47822	34186	3268	1534	655	723
1992	48313	34037	3468	1659	706	814
1993	48784	33258	3659	1887	800	949
1994	48786	32690	3849	2057	908	1084
1995	48854	32335	3971	2204	983	1170
1996	49035	32261	4019	2304	1028	1262
1997	49393	32434	4032	2373	1058	1382

1-22 续表1 continued

单位: 万人 (10 000 persons)

年份 Year	金融、保险业 Financial Intermedi-ation and Insurance	社会服务业 Social Services	卫生、体育和社会福利业 Health Care, Sporting and Social Welfare	教育、文化艺术和广播电影电视业 Education, Culture and Arts Radio, Film and Television	科学研究和综合技术服务业 Scientific Research and Polytechnical Services	国家机关、政党机关和社会团体 Government Agencies, Party Agencies and Social Organizations	其 他 Others
1978	11	12	116	357		37	521
1980	10	45	102	330	8	37	588
1985	12	89	122	310	13	81	1319
1986	14	126	125	315	15	103	1338
1987	16	138	127	314	16	120	1502
1988	20	150	129	309	17	128	1655
1989	21	151	132	306	18	137	1709
1990	23	156	137	310	20	150	1798
1991	26	157	139	311	22	162	1910
1992	25	166	144	308	21	152	2302
1993	32						3671
1994							4065
1995							4380
1996							4416
1997							4684

1－23 分地区分行业乡村从业人员年末人数

RURAL EMPLOYEES BY SECTOR AND REGION

(1997)

单位：万人 (10 000 persons)

地 区 Region	合 计 Total	农、林、牧、渔业 Farming, Forestry, Animal Husbandry and Fishery	制造业 Manufacturing	建筑业 Construction	交通运输、仓储及邮电通信业 Transport, Storage and Communication	批发和零售贸易、餐饮业 Wholesale and Retail Trade, Restaurants	其 他 Others
全国总计 National	**49393.0**	**32434.2**	**4031.7**	**2372.7**	**1057.8**	**1381.5**	**4683.9**
北 京 Beijing	161.2	65.3	39.4	10.8	9.2	7.3	29.1
天 津 Tianjin	173.0	79.4	49.0	9.7	9.5	8.7	16.6
河 北 Hebei	2613.4	1620.3	380.2	188.1	89.1	122.2	213.5
山 西 Shanxi	964.0	633.0	119.8	45.0	51.9	37.5	76.9
内蒙古 Inner Mongolia	605.4	512.1	16.3	18.3	10.6	11.2	37.1
辽 宁 Liaoning	921.5	624.3	83.9	49.5	33.1	42.7	88.0
吉 林 Jilin	616.2	521.6	20.2	16.7	11.6	14.2	31.9
黑龙江 Heilongjiang	688.1	579.0	32.9	18.2	13.5	18.4	26.2
上 海 Shanghai	242.6	72.7	101.6	7.8	4.0	5.2	51.3
江 苏 Jiangsu	2750.4	1532.5	490.9	240.9	91.3	90.2	304.6
浙 江 Zhejiang	2099.6	1106.6	448.2	102.7	64.0	108.7	269.4
安 徽 Anhui	2674.8	1964.8	156.6	129.3	49.3	73.7	301.1
福 建 Fujian	1181.4	771.4	125.8	73.0	35.2	47.2	128.9
江 西 Jiangxi	1550.5	1089.4	97.5	54.6	19.8	29.6	259.6
山 东 Shandong	3588.7	2497.5	349.3	272.3	101.4	125.5	242.7
河 南 Henan	4015.2	2902.7	311.7	253.5	98.3	122.7	326.3
湖 北 Hubei	1783.5	1266.0	130.6	90.1	41.7	63.1	192.0
湖 南 Hunan	2774.7	2074.1	177.0	104.0	41.3	62.9	315.5
广 东 Guangdong	2627.8	1502.2	374.1	188.5	72.7	105.4	385.0
广 西 Guangxi	2032.3	1589.9	61.5	73.8	29.7	42.2	235.3
海 南 Hainan	209.7	168.7	6.0	7.6	6.2	7.5	13.9
重 庆 Chongqing	1320.9	962.6	56.1	65.8	14.9	26.3	195.3
四 川 Sichuan	3823.6	2859.6	183.8	170.8	46.3	87.4	475.6
贵 州 Guizhou	1646.0	1382.5	51.8	22.4	15.1	21.6	152.6
云 南 Yunnan	1884.0	1653.6	49.7	43.6	31.5	26.9	78.8
西 藏 Tibet	97.8	90.3	1.4	1.0	2.0	1.0	2.0
陕 西 Shaanxi	1342.1	1045.7	64.6	64.5	31.9	37.7	97.6
甘 肃 Gansu	900.4	680.1	32.5	36.6	17.8	18.3	115.2
青 海 Qinghai	161.4	138.2	6.0	3.4	3.8	3.0	6.9
宁 夏 Ningxia	176.6	145.4	5.3	6.8	5.3	5.0	8.8
新 疆 Xinjiang	334.9	302.8	8.1	3.8	5.7	8.3	6.3

1－24 分行业职工用工情况

TYPE OF FORMAL EMPLOYEES BY SECTOR

(1997)

单位：万人 (10 000 persons)

项　目	Item	全部职工 Total Formal Employees			国有经济单位职工 State－owned Units		
		合同制职工 Contractual Formal Employees	长期职工 Long-term Formal Employees	临时职工 Temporary Formal Employees	合同制职工 Contractual Formal Employees	长期职工 Long-term Formal Employees	临时职工 Temporary Formal Employees
总　计	**Total**	**7708.3**	**13748.8**	**919.7**	**5557.2**	**10291.3**	**474.6**
按企业、事业、机关分组	**Grouped by Enterprises, Institutions and Organizations**						
1.企业	Enterprises	7218.2	10117.8	769.5	5094.5	6798.6	332.5
#地方	Local				3619.2	4936.2	267.1
2.事业	Institutions	375.7	2605.7	125.9	349.6	2474.0	118.0
#地方	Local				299.1	2225.6	90.2
3.机关	Organizations	114.3	1025.2	24.2	113.0	1018.7	24.1
#地方	Local				108.6	963.4	21.3
按国民经济行业分组	**Grouped by Sector**						
农、林、牧、渔业	Farming, Forestry, Animal Husbandry and Fishery	236.8	585.4	26.5	228.1	564.3	23.7
采掘业	Mining and Quarrying	618.9	815.7	35.1	580.4	749.0	23.0
制造业	Manufacturing	3570.6	4769.9	312.6	2318.8	2906.0	105.4
电力、煤气及水的生产和供应业	Electricity, Gas and Water Production and Supply	218.3	273.7	8.2	199.6	250.8	6.1
建筑业	Construction	534.8	770.4	233.1	376.7	477.8	98.9
地质勘查业、水利管理业	Geological Prospecting, Water Conservancy	43.4	122.6	5.5	42.1	119.8	5.2
交通运输、仓储及邮电通信业	Transport, Storage and Communications	592.2	794.4	29.5	515.4	660.7	20.8
批发和零售贸易、餐饮业	Wholesale and Retail Trade, Restaurants	1130.2	1695.8	77.9	695.3	999.4	37.2
金融、保险业	Financial Intermediation and Insurance	100.1	287.8	10.3	51.7	202.6	7.4
房地产业	Real Estate Activities	35.7	77.1	6.5	24.5	59.4	4.1
社会服务业	Social Services	235.7	422.4	57.9	168.6	310.4	34.4
卫生、体育和社会福利业	Health Care, Sporting and Social Welfare	77.7	445.9	18.4	66.1	386.6	15.6
教育、文化艺术和广播电影电视业	Education, Culture and Arts, Radio, Film and Television	114.2	1357.5	45.5	108.2	1317.6	43.8
科学研究和综合技术服务业	Scientific Research and Polytechnical Services	31.6	171.7	7.3	27.0	161.3	5.6
国家机关、政党机关和社会团体	Government Agencies, Party Agencies and Social Organizations	113.4	1046.4	33.0	112.5	1040.9	32.9
其他行业	Others	54.6	112.0	12.5	42.2	84.5	10.6

1-25 分地区合同制职工年末人数
CONTRACTUAL EMPLOYEES BY REGION

(End of Year)

地　区 Region	年末人数(万人) Contractual Employees (10 000 persons)					
	1992	1993	1994	1995	1996	1997
全国总计 National	**2541.5**	**3122.5**	**3839.2**	**6096.2**	**7579.9**	**7708.3**
北　京 Beijing	76.8	83.6	94.1	172.0	224.6	241.9
天　津 Tianjin	27.1	31.4	40.4	106.3	163.0	174.9
河　北 Hebei	139.7	184.0	242.5	356.2	400.6	400.0
山　西 Shanxi	70.0	82.9	110.9	220.2	249.2	249.1
内蒙古 Inner Mongolia	53.3	57.5	62.8	76.7	131.9	151.4
辽　宁 Liaoning	189.8	246.4	338.5	423.0	554.7	579.5
吉　林 Jilin	65.5	80.4	109.6	188.2	236.6	244.9
黑龙江 Heilongjiang	115.8	132.8	146.1	162.5	267.1	279.9
上　海 Shanghai	156.4	217.1	237.8	299.8	327.7	294.3
江　苏 Jiangsu	236.7	284.4	337.8	606.2	646.6	643.0
浙　江 Zhejiang	97.6	122.2	132.3	218.1	259.6	268.6
安　徽 Anhui	51.9	62.1	70.5	136.3	225.8	253.2
福　建 Fujian	38.2	45.5	76.2	113.5	122.7	126.9
江　西 Jiangxi	48.4	59.7	70.8	113.7	156.9	163.9
山　东 Shandong	235.8	281.0	377.5	490.6	554.4	566.9
河　南 Henan	62.9	218.3	267.9	393.7	452.4	457.1
湖　北 Hubei	105.5	115.6	144.4	314.1	396.5	352.5
湖　南 Hunan	109.8	124.4	133.6	176.6	246.4	251.9
广　东 Guangdong	137.0	170.1	198.5	396.1	444.8	450.6
广　西 Guangxi	47.0	60.6	69.0	90.0	139.8	143.1
海　南 Hainan	27.7	28.7	34.1	54.9	59.6	61.1
重　庆 Chongqing						156.5
四　川 Sichuan	118.3	173.7	218.3	483.6	563.1	389.5
贵　州 Guizhou	29.3	36.3	42.3	53.1	87.4	95.7
云　南 Yunnan	42.4	38.4	52.2	92.6	145.7	152.9
西　藏 Tibet	1.6	1.8	1.9	2.6	2.4	2.6
陕　西 Shaanxi	61.4	78.8	108.2	163.8	208.0	222.5
甘　肃 Gansu	41.5	44.1	52.0	92.6	134.9	135.3
青　海 Qinghai	8.1	8.6	9.5	12.4	27.4	29.3
宁　夏 Ningxia	10.5	12.5	13.5	26.2	35.8	38.4
新　疆 Xinjiang	35.5	39.6	46.0	60.6	114.1	131.0

1－25 续表1 continued

地 区 Region	合同制职工占职工总数(%) Percentage of Formal Employees (%)					
	1992	1993	1994	1995	1996	1997
全国总计 National	**17.2**	**21.0**	**25.9**	**40.9**	**51.1**	**52.6**
北 京 Beijing	16.1	18.0	19.7	36.5	48.8	52.0
天 津 Tianjin	9.2	10.7	13.8	36.7	57.4	62.2
河 北 Hebei	20.3	26.1	34.7	51.0	57.5	59.1
山 西 Shanxi	15.1	17.9	23.8	47.5	53.6	54.6
内蒙古 Inner Mongolia	13.6	14.7	16.2	20.0	34.7	41.6
辽 宁 Liaoning	18.2	24.0	32.8	41.1	55.6	59.8
吉 林 Jilin	12.1	14.7	20.7	36.2	46.1	48.9
黑龙江 Heilongjiang	13.2	15.4	17.1	19.5	32.8	35.1
上 海 Shanghai	30.6	44.1	49.7	63.7	71.8	67.6
江 苏 Jiangsu	26.2	31.0	37.1	66.2	71.4	71.9
浙 江 Zhejiang	19.9	24.3	26.4	43.7	52.4	55.7
安 徽 Anhui	10.2	12.5	14.8	27.1	44.9	50.4
福 建 Fujian	11.2	13.2	21.6	33.0	35.0	35.5
江 西 Jiangxi	11.8	14.5	17.1	27.6	38.1	40.0
山 东 Shandong	28.1	32.8	43.3	53.5	59.6	60.5
河 南 Henan	21.8	28.3	33.9	48.3	53.7	54.3
湖 北 Hubei	14.1	15.6	19.5	42.3	53.7	47.9
湖 南 Hunan	18.9	21.1	22.6	29.6	41.3	42.2
广 东 Guangdong	16.0	19.3	22.6	43.4	49.2	50.2
广 西 Guangxi	14.1	17.6	20.2	26.2	40.6	42.1
海 南 Hainan	24.8	28.1	31.1	51.4	57.9	59.5
重 庆 Chongqing						54.1
四 川 Sichuan	12.0	17.6	22.1	48.8	57.0	57.2
贵 州 Guizhou	12.4	16.5	18.3	23.4	37.7	41.1
云 南 Yunnan	13.8	12.4	16.7	29.7	46.2	48.7
西 藏 Tibet	9.5	10.5	11.9	16.0	14.5	15.3
陕 西 Shaanxi	15.6	19.8	27.6	41.5	52.3	56.1
甘 肃 Gansu	16.5	17.1	20.5	37.0	53.6	54.8
青 海 Qinghai	11.9	13.0	14.5	18.8	41.8	45.9
宁 夏 Ningxia	14.6	17.3	18.7	35.7	49.3	52.0
新 疆 Xinjiang	11.2	12.5	14.8	19.4	36.4	42.2

1－26 分地区合同制职工年末人数

(国有经济单位)

CONTRACTUAL EMPLOYEES BY REGION

(State－owned Units, End of Year)

地 区	Region	年末人数(万人) Contractual Employees (10 000 persons)					
		1992	1993	1994	1995	1996	1997
全国总计	**National**	**2058.5**	**2396.0**	**2853.2**	**4396.3**	**5548.9**	**5557.2**
北京	Beijing	57.4	60.0	64.3	122.6	163.3	177.5
天津	Tianjin	23.4	25.1	27.6	73.3	110.3	120.8
河北	Hebei	112.8	146.5	188.6	271.9	314.6	313.6
山西	Shanxi	62.4	72.1	97.2	186.8	210.7	209.2
内蒙古	Inner Mongolia	49.3	51.4	54.6	64.6	113.4	125.5
辽宁	Liaoning	171.7	194.6	240.6	295.0	393.4	391.4
吉林	Jilin	60.0	69.6	89.9	151.2	187.3	189.3
黑龙江	Heilongjiang	109.8	118.1	128.9	139.1	230.2	238.1
上海	Shanghai	131.5	155.3	169.1	197.4	215.0	198.0
江苏	Jiangsu	141.0	166.0	188.4	347.5	372.4	375.7
浙江	Zhejiang	63.2	74.1	79.8	126.2	147.4	147.2
安徽	Anhui	45.5	51.5	57.4	103.7	166.4	169.5
福建	Fujian	25.5	28.8	46.5	68.6	73.6	73.1
江西	Jiangxi	43.6	52.4	60.4	96.4	134.1	138.0
山东	Shandong	160.8	191.4	242.4	328.8	373.8	375.2
河南	Henan	144.8	182.3	219.3	311.0	351.6	343.2
湖北	Hubei	88.4	94.1	115.1	231.8	289.8	248.5
湖南	Hunan	97.0	105.0	114.7	145.5	205.7	204.5
广东	Guangdong	100.7	112.9	129.7	230.4	269.1	268.6
广西	Guangxi	40.6	50.2	56.7	71.8	113.3	115.9
海南	Hainan	25.7	25.8	29.6	48.4	51.1	51.8
重庆	Chongqing						116.3
四川	Sichuan	106.3	143.0	170.4	350.8	411.9	275.6
贵州	Guizhou	24.4	30.0	36.4	45.7	76.3	80.8
云南	Yunnan	35.8	38.4	42.1	76.9	121.7	124.9
西藏	Tibet	1.5	1.8	1.8	2.5	2.4	2.5
陕西	Shaanxi	54.8	66.9	95.5	144.8	179.6	192.3
甘肃	Gansu	34.3	36.8	44.9	78.0	113.3	114.0
青海	Qinghai	7.7	8.1	8.8	11.7	25.5	27.5
宁夏	Ningxia	9.3	10.7	11.5	22.6	30.4	31.4
新疆	Xinjiang	29.3	33.1	39.1	51.3	101.4	117.2

1－26 续表1 continued

地　区　Region	占职工总数(%) Percentage of Formal Employees (%)					
	1992	1993	1994	1995	1996	1997
全国总计 National	**18.9**	**21.9**	**26.2**	**40.1**	**50.7**	**51.6**
北　京 Beijing	15.5	16.6	17.4	34.2	46.8	50.9
天　津 Tianjin	11.0	12.2	13.7	37.2	56.8	63.0
河　北 Hebei	21.4	27.2	35.4	50.8	58.4	59.0
山　西 Shanxi	17.4	20.0	26.8	50.5	56.6	57.4
内蒙古 Inner Mongolia	16.3	17.1	18.1	21.4	37.5	43.0
辽　宁 Liaoning	24.9	28.7	35.9	42.9	58.9	60.1
吉　林 Jilin	15.8	18.2	23.4	39.1	48.5	50.4
黑龙江 Heilongjiang	17.1	18.3	19.9	21.9	37.2	39.2
上　海 Shanghai	33.2	43.8	49.9	60.9	68.8	67.6
江　苏 Jiangsu	25.1	28.8	33.0	60.3	64.7	65.1
浙　江 Zhejiang	21.2	24.7	27.1	42.8	50.8	51.6
安　徽 Anhui	13.1	14.4	16.2	28.5	45.4	48.0
福　建 Fujian	11.4	13.1	21.3	31.6	33.8	33.9
江　西 Jiangxi	13.5	16.0	18.4	29.0	39.9	41.3
山　东 Shandong	26.6	30.9	30.2	50.6	56.5	56.4
河　南 Henan	25.3	30.4	36.3	50.4	55.0	56.9
湖　北 Hubei	15.9	16.8	20.5	40.7	51.2	44.4
湖　南 Hunan	21.6	23.1	24.9	31.2	43.6	43.4
广　东 Guangdong	18.0	19.9	23.5	42.0	48.8	49.3
广　西 Guangxi	14.7	17.4	20.2	25.4	39.8	41.3
海　南 Hainan	25.8	28.6	31.0	52.2	58.3	59.9
重　庆 Chongqing						55.1
四　川 Sichuan	14.3	19.3	23.4	47.7	56.1	54.4
贵　州 Guizhou	12.6	16.2	18.7	23.6	38.8	41.2
云　南 Yunnan	13.7	14.7	16.0	29.3	45.6	47.1
西　藏 Tibet	9.6	11.2	11.9	16.5	15.3	15.9
陕　西 Shaanxi	16.8	20.5	29.2	43.5	53.4	57.4
甘　肃 Gansu	16.8	17.6	21.5	37.0	54.0	54.8
青　海 Qinghai	13.5	14.3	15.6	20.5	44.6	49.7
宁　夏 Ningxia	15.5	17.6	19.0	36.7	49.4	50.9
新　疆 Xinjiang	10.5	12.0	14.1	18.4	36.1	42.1

1-27 分地区分经济类型合同制职工年末人数

CONTRACTUAL EMPLOYEES BY OWNERSHIP AND REGION

(1997)

地 区	Region	年末人数(万人) Total (10 000 persons)	国有经济单位 State-owned Units	城镇集体经济单位 Urban Collective-owned Units	其他经济单位 Other Ownership Units	占职工总数(%) Proportion (Total=100)	工 国经济单位 State-owned Units	城镇集体经济单位 Urban Collective-owned Units	其他经济单位 Other Ownership Units
全国总计	**National**	**7708.3**	**5557.2**	**1423.7**	**727.4**	**52.6**	**51.6**	**50.5**	**67.0**
北京	Beijing	241.9	177.5	31.4	33.1	52.0	50.9	48.2	64.1
天津	Tianjin	174.9	120.8	31.1	23.0	62.2	63.0	56.3	66.7
河北	Hebei	400.0	313.6	63.5	22.8	59.1	59.0	56.6	69.0
山西	Shanxi	249.1	209.2	34.3	5.6	54.6	57.4	41.7	60.5
内蒙古	Inner Mongolia	151.4	125.5	18.2	7.8	41.6	43.0	30.7	61.8
辽宁	Liaoning	579.5	391.4	139.4	48.8	59.8	60.1	54.2	79.8
吉林	Jilin	244.9	189.3	38.1	17.5	48.9	50.4	38.1	70.5
黑龙江	Heilongjiang	279.9	238.1	28.7	13.1	35.1	39.2	18.2	42.4
上海	Shanghai	294.3	198.0	48.2	48.2	67.6	67.6	67.6	67.6
江苏	Jiangsu	643.0	375.7	197.1	70.2	71.9	65.1	82.3	91.6
浙江	Zhejiang	268.6	147.2	82.6	38.7	55.7	51.6	57.2	73.5
安徽	Anhui	253.2	169.5	62.3	21.3	50.4	48.0	52.1	71.5
福建	Fujian	126.9	73.1	16.0	37.7	35.5	33.9	29.2	43.2
江西	Jiangxi	163.9	138.0	21.4	4.4	40.0	41.3	31.7	57.1
山东	Shandong	566.9	375.2	130.3	61.3	60.5	56.4	68.3	75.6
河南	Henan	457.1	343.2	72.0	41.9	54.3	56.9	40.7	67.9
湖北	Hubei	352.5	248.5	71.6	32.4	47.9	44.4	56.6	66.3
湖南	Hunan	251.9	204.5	38.2	9.2	42.2	43.4	34.6	59.7
广东	Guangdong	450.6	268.6	82.2	99.8	50.2	49.3	45.8	57.6
广西	Guangxi	143.1	115.9	17.5	9.7	42.1	41.3	41.1	58.3
海南	Hainan	61.1	51.8	3.8	5.5	59.5	59.9	45.6	69.9
重庆	Chongqing	156.5	116.3	27.8	12.4	54.1	55.1	45.0	74.8
四川	Sichuan	389.5	275.6	76.0	38.0	57.2	54.4	58.0	85.6
贵州	Guizhou	95.7	80.8	11.8	3.2	41.1	41.2	37.7	58.7
云南	Yunnan	152.9	124.9	21.4	6.6	48.7	47.1	54.6	69.1
西藏	Tibet	2.6	2.5	…	0.1	15.3	15.9	2.0	63.0
陕西	Shaanxi	222.5	192.3	23.1	7.1	56.1	57.4	44.0	81.4
甘肃	Gansu	135.3	114.0	18.9	2.4	54.8	54.8	53.6	71.7
青海	Qinghai	29.3	27.5	1.2	0.5	45.9	49.7	16.0	66.2
宁夏	Ningxia	38.4	31.4	4.6	2.4	52.0	50.9	53.5	66.1
新疆	Xinjiang	131.0	117.2	11.0	2.8	42.2	42.1	40.6	56.7

1-28 分地区城镇单位使用的农村劳动力年末人数

RURAL EMPLOYEES IN URBAN UNITS BY REGION

(1997)

地区 Region		年末人数(万人) Total (10 000 persons)	国有经济单位 State-owned Units	城镇集体经济单位 Urban Collective-owned Units	其他经济单位 Other Ownership Units	占职工总数(%) Proportion (Total=100)	国有经济单位 State-owned Units	城镇集体经济单位 Urban Collective-owned Units	其他经济单位 Other Ownership Units
全国总计	**National**	**1152.7**	**594.7**	**349.0**	**209.1**	**7.7**	**5.4**	**12.1**	**18.8**
北京	Beijing	57.9	35.1	14.1	8.7	12.1	9.9	20.6	16.1
天津	Tianjin	9.9	4.7	1.4	3.8	3.4	2.4	2.5	10.7
河北	Hebei	79.8	49.0	24.1	6.6	11.5	9.0	21.4	19.8
山西	Shanxi	43.8	32.8	10.0	1.1	9.3	8.7	11.9	11.3
内蒙古	Inner Mongolia	14.8	10.1	3.5	1.1	4.0	3.4	5.9	9.0
辽宁	Liaoning	28.2	15.3	7.0	5.9	2.9	2.3	2.7	9.4
吉林	Jilin	9.4	6.6	1.7	1.1	1.8	1.7	1.7	4.2
黑龙江	Heilongjiang	11.9	9.2	2.2	0.5	1.5	1.5	1.4	1.5
上海	Shanghai	19.1	8.8	4.8	5.6	4.1	2.8	6.1	7.0
江苏	Jiangsu	87.5	35.1	39.9	12.6	9.7	6.0	16.5	16.1
浙江	Zhejiang	82.1	23.6	45.1	13.4	16.7	8.1	30.6	24.9
安徽	Anhui	35.3	22.9	10.6	1.9	6.8	6.2	8.7	6.2
福建	Fujian	61.1	15.5	7.9	37.7	16.7	7.0	14.2	42.7
江西	Jiangxi	15.5	9.8	4.9	0.8	3.7	2.9	7.2	9.6
山东	Shandong	107.0	54.9	29.7	22.3	11.1	8.0	15.4	27.0
河南	Henan	71.4	37.2	28.0	6.1	8.2	6.1	14.6	9.9
湖北	Hubei	30.6	17.2	10.1	3.3	4.1	3.0	7.9	6.7
湖南	Hunan	30.4	20.5	8.5	1.4	4.9	4.2	7.5	9.0
广东	Guangdong	140.8	41.4	36.9	62.4	15.4	7.4	20.4	35.7
广西	Guangxi	22.5	16.5	4.2	1.8	6.3	5.6	9.6	10.6
海南	Hainan	3.0	1.5	0.4	1.1	2.9	1.7	5.2	13.5
重庆	Chongqing	20.6	11.1	8.2	1.3	7.0	5.1	13.2	7.9
四川	Sichuan	55.4	32.2	18.9	4.3	8.0	6.2	14.3	9.5
贵州	Guizhou	20.6	15.8	4.3	0.5	8.6	7.8	13.5	8.5
云南	Yunnan	33.1	24.4	7.3	1.4	10.3	9.0	17.4	14.4
西藏	Tibet	1.5	1.2	0.2	…	8.0	7.2	19.9	6.2
陕西	Shaanxi	20.3	14.8	4.8	0.7	5.0	4.3	9.0	7.8
甘肃	Gansu	15.7	10.6	4.5	0.6	6.2	5.0	12.6	17.4
青海	Qinghai	2.8	2.2	0.5	0.1	4.3	4.0	6.3	7.4
宁夏	Ningxia	4.2	2.3	1.3	0.6	5.6	3.6	14.8	17.5
新疆	Xinjiang	16.6	12.4	3.7	0.4	5.3	4.4	13.5	8.0

1－29 分经济类型职工工资总额及指数

TOTAL WAGE BILL AND INDEXES OF FORMAL EMPLOYEES BY OWNERSHIP

年份 Year	工资总额（亿元）Total Wage Bill (100 million yuan)				指数（以上年为100）Index (last year=100)			
	合计 Total	国有经济单位 State-owned Units	城镇集体经济单位 Urban Collective-owned Units	其他经济单位 Other Ownership Units	合计 Total	国有经济单位 State-owned Units	城镇集体经济单位 Urban Collective-owned Units	其他经济单位 Other Ownership Units
1952	68.3	67.5	0.8					
1953	90.0	88.9	1.1		131.8	131.7	137.5	
1954	98.8	95.3	3.5		109.8	107.2	318.2	
1955	108.8	100.3	8.5		110.1	105.2	242.9	
1956	158.6	136.5	22.1		145.8	136.1	260.0	
1957	190.8	156.4	34.4		120.3	114.6	155.7	
1958	210.8	180.0	30.8		110.5	115.1	89.5	
1959	263.1	233.5	29.6		124.8	129.7	96.1	
1960	296.7	263.2	33.5		112.8	112.7	113.2	
1961	280.7	244.1	36.6		94.6	92.7	109.3	
1962	254.3	213.6	40.7		90.6	87.5	111.2	
1963	249.9	211.1	38.8		98.3	98.8	95.3	
1964	263.7	224.0	39.7		105.5	106.1	102.3	
1965	282.3	235.3	47.0		107.1	105.0	118.4	
1966	296.3	243.6	52.7		105.0	103.5	112.1	
1967	308.3	250.0	58.3		104.0	102.6	110.6	
1968	312.0	254.0	58.0		101.2	101.6	99.5	
1969	322.6	263.0	59.6		103.4	103.5	102.8	
1970	334.3	277.5	56.8		103.6	105.5	95.3	
1971	364.0	302.0	62.0		108.9	108.8	109.2	
1972	409.6	340.0	69.6		112.5	112.6	112.3	
1973	429.1	353.3	75.8		104.8	103.9	108.9	
1974	441.9	370.9	71.0		103.0	105.0	93.7	
1975	463.5	386.1	77.4		104.9	104.1	109.0	
1976	489.2	406.1	83.1		105.5	105.2	107.4	
1977	514.8	425.7	89.1		105.2	104.8	107.2	
1978	568.9	468.7	100.2		110.5	110.1	112.5	
1979	646.7	529.5	117.2		113.7	113.0	117.0	
1980	772.4	627.9	144.5		119.4	118.6	123.3	
1981	820.0	660.4	159.6		106.2	105.2	110.4	
1982	882.0	708.9	173.1		107.6	107.3	108.5	
1983	934.6	748.1	186.5		106.0	105.5	107.7	
1984	1133.4	875.8	254.0	3.6	121.3	117.1	136.2	
1985	1383.0	1064.8	312.3	5.9	122.0	121.6	123.0	163.9
1986	1659.7	1288.5	362.8	8.4	120.0	121.0	116.2	142.4
1987	1881.1	1459.3	409.1	12.7	113.3	113.3	112.8	151.2
1988	2316.2	1807.1	487.6	21.5	123.1	123.8	119.2	169.3
1989	2618.5	2050.2	534.4	33.9	113.1	113.5	109.6	157.7
1990	2951.1	2324.1	581.0	46.0	112.7	113.4	108.7	135.7
1991	3323.9	2594.9	658.6	70.4	112.6	111.7	113.4	153.0
1992	3939.2	3090.4	743.2	105.6	118.5	119.1	112.8	150.0
1993	4916.2	3812.7	849.9	253.6	124.8	123.4	114.4	240.2
1994	6656.4	5177.4	1023.3	455.6	135.4	135.8	120.4	179.7
1995	8100.0	6080.2	1182.0	637.8	121.7	117.4	115.5	140.0
1996	9080.0	6792.7	1241.0	761.4	112.1	111.7	105.0	119.4
1997	9405.3	7211.0	1253.4	940.8	103.6	106.2	101.0	123.6

1－30 工资总额中奖金和计件超额工资

BONUSES AND ABOVE－NORM PIECE RATE WAGES IN TOTAL WAGE BILL

年 份 Year	奖金和 计件超额工资 Bonuses and Above－norm Piece Rate Wages	国有经济单位 State－owned Units	城镇集体经济单位 Urban Collective－owned Units	其他经济单位 Other Ownership Units
一、绝对数(亿元) Figures (100 million yuan)				
1978	11.3	11.3		
1980	70.3	60.9	9.4	
1985	208.6	154.7	52.6	1.3
1986	242.5	189.2	51.6	1.7
1987	315.7	246.4	66.5	2.8
1988	445.1	353.0	87.8	4.3
1989	511.3	409.4	93.9	8.0
1990	537.8	443.6	84.6	9.6
1991	627.2	517.5	95.9	13.8
1992	820.0	686.2	111.9	21.9
1993	1093.0	887.3	141.0	64.7
1994	1192.7	926.0	156.5	110.2
1995	1322.8	1024.1	160.4	138.3
1996	1401.9	1095.4	154.8	151.7
1997	1466.3	1133.1	152.4	180.8
二、占工资总额的(%) Total Wage Bill＝100				
1978	2.0	2.4		
1980	9.1	9.7	6.5	
1985	15.1	14.5	16.8	22.0
1986	14.6	14.7	14.2	20.2
1987	16.8	16.9	16.3	22.0
1988	19.2	19.5	18.0	20.0
1989	19.5	20.0	17.6	23.6
1990	18.2	19.1	14.6	20.9
1991	18.9	19.9	14.6	19.6
1992	20.8	22.2	15.1	20.7
1993	22.2	23.3	16.6	25.5
1994	17.9	17.9	15.3	24.2
1995	16.3	16.8	13.6	21.7
1996	15.4	16.1	12.5	19.9
1997	15.6	15.7	12.2	19.2
三、指数(以上年为100) Index(last year＝100)				
1979	431.9	369.9		
1980	144.1	145.7	134.3	
1985	112.3	107.5	128.0	162.5
1986	116.3	122.3	98.1	130.8
1987	130.2	130.2	128.9	164.7
1988	141.0	143.3	132.0	153.6
1989	114.9	116.0	106.9	186.0
1990	105.2	108.4	90.1	120.0
1991	116.6	116.7	113.4	143.8
1992	130.7	132.6	116.7	158.7
1993	149.8	143.6	153.4	330.1
1994	109.1	104.4	111.0	170.3
1995	110.9	110.6	102.5	125.5
1996	106.0	107.0	96.5	109.7
1997	104.6	103.4	98.4	119.2

1－31 分行业职工工资总额

TOTAL WAGE BILL OF FORMAL EMPLOYEES BY SECTOR

单位: 亿元 (100 million yuan)

年份 Year	合 计 Total	农、林、牧、渔业 Farming, Forestry, Animal Husbandry and Fishery	采掘业 Mining and Quarrying	制造业 Manufac－turing	电力、煤气及水的生产和供应业 Electricity, Gas and Water Production and Supply	建筑业 Constr－uction	地质勘查业、水利管理业 Geological Prospect－ing, Water Conserva－ncy	交通运输、仓储及邮电通信业 Transport, Storage and Commu－nications
1978	568.9	39.0	44.1	214.8	9.1	43.6	12.6	46.4
1980	772.4	48.9	58.4	289.7	11.9	59.7	16.7	58.8
1985	1383.0	68.7	103.4	504.0	17.1	120.0	27.7	103.0
1986	1659.7	81.8	125.8	601.9	22.0	139.0	31.6	123.1
1987	1881.1	90.1	135.4	695.4	26.5	156.3	35.1	138.3
1988	2316.2	101.1	162.1	866.8	33.6	184.3	40.9	168.3
1989	2618.5	109.1	199.0	983.8	40.0	196.2	44.3	192.0
1990	2951.1	120.3	234.3	1089.3	49.4	211.5	48.8	214.6
1991	3323.9	128.0	262.9	1230.2	57.7	244.5	53.6	243.3
1992	3939.2	139.6	289.3	1443.0	70.9	300.2	64.6	286.0
1993	4916.2	143.0	337.7	1796.3	96.5	433.4	53.5	346.4
1994	6656.1	191.5	417.0	2292.3	146.5	527.1	75.9	470.9
1995	8100.0	230.1	516.2	2760.4	197.0	609.8	79.8	565.6
1996	9080.0	246.4	565.2	2939.5	234.8	647.5	83.9	645.7
1997	9405.3	262.8	574.3	2993.4	268.8	673.3	91.7	702.8

1－31 续表1 continued

单位: 亿元 (100 million yuan)

年份 Year	批发和零售贸易、餐饮业 Wholesale and Retail Trade, Restau－rants	金融、保险业 Financial Intermedi－ation and Insurance	房地产业 Real Estate Activi－ties	社会服务业 Social Services	卫生、体育和社会福利业 Health Care, Sporting and Social Welfare	教育、文化艺术和广播电影电视业 Education, Culture and Arts, Radio, Film and Television	科学研究和综合技术服务业 Scientific Research and Polytec－hnical Services	国家机关、政党机关和社会团体 Government Agencies, Party Age－ncies and Social Org－anizations	其他 Others
1978	59.4	3.6	1.8	9.2	13.7	38.6	5.9	27.0	
1980	83.0	5.9	2.8	14.5	19.9	55.6	8.7	37.9	
1985	149.7	13.8	4.1	29.3	37.7	109.3	16.3	78.7	
1986	175.7	17.9	5.0	36.9	46.6	130.8	20.1	101.5	
1987	198.3	21.2	5.7	42.9	51.9	145.4	22.6	116.0	
1988	250.6	28.4	7.0	53.5	64.5	187.2	27.4	140.4	
1989	275.3	33.3	8.3	62.0	73.8	207.3	30.8	163.3	
1990	308.2	39.7	9.7	72.7	85.1	238.6	36.0	192.9	
1991	346.8	45.5	11.7	86.8	95.3	260.7	39.5	217.5	
1992	400.0	60.6	15.8	107.5	116.5	323.9	49.1	272.3	
1993	468.7	85.1	26.9	147.1	139.5	389.7	63.4	357.7	18.3
1994	637.0	170.1	44.1	220.2	216.8	607.4	106.8	500.2	32.3
1995	758.1	197.9	54.9	264.3	253.8	690.8	121.4	559.5	40.4
1996	823.0	240.4	66.3	305.5	303.2	812.2	141.9	672.1	67.6
1997	848.5	288.0	75.1	357.4	348.1	931.1	161.9	744.0	84.1

1-32 分行业职工工资总额

(国有经济单位)

TOTAL WAGE BILL OF FORMAL EMPLOYEES BY SECTOR

(State-owned Units)

单位: 亿元 (100 million yuan)

年份 Year	合计 Total	农、林、牧、渔业 Farming, Forestry, Animal Husbandry and Fishery	采掘业 Mining and Quarrying	制造业 Manufac-turing	电力、煤气及水的生产和供应业 Electricity, Gas and Water Production and Supply	建筑业 Constr-uction	地质勘查业、水利管理业 Geological Prospect-ing, Water Conserva-ncy	交通运输、仓储及邮电通信业 Transport, Storage and Commu-nications
1978	468.7	37.3	41.4	159.3	8.9	33.5	12.6	33.5
1980	627.9	46.7	54.4	209.4	11.7	43.6	16.6	44.1
1985	1064.8	65.0	95.9	347.2	16.6	82.4	27.6	79.1
1986	1288.5	77.6	116.4	419.5	21.1	95.2	31.5	95.7
1987	1459.3	85.4	124.6	486.2	25.3	105.6	35.1	108.3
1988	1807.1	96.0	148.5	611.7	32.1	124.3	40.9	134.2
1989	2050.2	103.6	182.7	693.9	38.1	133.3	44.3	154.6
1990	2324.1	114.8	213.2	771.0	47.0	144.3	48.4	175.3
1991	2594.9	121.9	236.0	861.2	54.2	162.6	53.0	199.1
1992	3090.4	133.2	257.3	1012.2	66.4	197.2	63.9	237.3
1993	3812.7	136.5	317.1	1215.6	91.6	280.7	52.9	301.3
1994	5177.4	184.2	393.8	1482.1	137.1	352.7	75.2	417.8
1995	6080.2	221.4	487.4	1754.3	179.7	399.1	79.0	507.6
1996	6792.7	235.7	535.3	1845.9	213.5	422.6	82.9	580.7
1997	7211.0	252.2	541.4	1804.3	242.5	436.1	89.8	630.0

1-32 续表1 continued

单位: 亿元 (100 million yuan)

年份 Year	批发和零售贸易、餐饮业 Wholesale and Retail Trade, Restau-rants	金融、保险业 Financial Intermedi-ation and Insurance	房地产业 Real Estate Activi-ties	社会服务业 Social Services	卫生、体育和社会福利业 Health Care, Sporting and Social Welfare	教育、文化艺术和广播电影电视业 Education, Culture and Arts, Radio, Film and Television	科学研究和综合技术服务业 Scientific Research and Polytec-hnical Services	国家机关、政党机关和社会团体 Government Agencies, Party Age-ncies and Social Org-anizations	其他 Others
1978	51.6	2.6	1.7	6.5	10.7	36.7	5.9	26.5	
1980	70.3	4.3	2.5	9.7	15.7	53.0	8.7	37.2	
1985	85.9	10.8	3.7	20.9	31.0	106.4	16.1	76.2	
1986	103.0	13.8	4.5	26.5	38.1	127.5	19.8	98.3	
1987	117.1	16.4	5.1	30.6	43.1	141.8	22.3	112.4	
1988	152.1	22.1	6.3	38.5	53.8	183.3	27.1	136.2	
1989	168.7	25.8	7.4	44.2	61.9	202.9	30.3	158.5	
1990	189.6	30.7	8.7	52.6	71.8	233.7	35.3	187.7	
1991	213.5	35.1	10.3	61.9	80.6	255.6	38.5	211.4	
1992	251.5	47.1	14.1	78.2	101.0	317.9	47.5	265.5	
1993	291.5	67.6	22.3	104.9	122.2	383.4	59.0	353.3	12.9
1994	399.1	133.8	34.3	154.7	191.7	599.5	102.5	496.2	22.9
1995	472.7	151.4	41.1	185.0	224.8	678.9	114.2	555.2	28.3
1996	509.4	180.0	48.7	216.9	269.3	800.2	132.5	668.1	50.9
1997	524.9	209.0	53.4	253.1	309.3	910.1	150.2	740.4	64.2

1－33 分行业职工工资总额

（城镇集体经济单位）

TOTAL WAGE BILL OF FORMAL EMPLOYEES BY SECTOR

(Urban Collective－owned Units)

单位：亿元

(100 million yuan)

年份 Year	合计 Total	农、林、牧、渔业 Farming, Forestry, Animal Husbandry and Fishery	采掘业 Mining and Quarrying	制造业 Manufac－turing	电力、煤气及水的生产和供应业 Electricity, Gas and Water Production and Supply	建筑业 Constr－uction	地质勘查业、水利管理业 Geological Prospect－ing, Water Conserva－ncy	交通运输、仓储及邮电通信业 Transport, Storage and Commu－nications
1978	100.2	1.7	2.7	55.5	0.2	10.1		12.9
1980	144.5	2.2	4.0	80.4	0.2	16.1	0.1	14.7
1985	312.3	3.7	7.5	151.9	0.5	37.6	0.1	23.7
1986	362.8	4.2	8.6	176.8	0.7	43.6	0.1	27.2
1987	409.1	4.6	9.6	200.8	1.0	50.5		29.8
1988	487.6	5.0	11.6	240.7	1.1	59.6		33.6
1989	534.4	5.3	12.9	266.5	1.3	62.4		36.9
1990	581.0	5.2	16.5	286.2	1.6	66.6	0.4	38.6
1991	658.6	5.6	19.8	319.6	2.2	81.0	0.6	43.1
1992	743.2	5.8	21.2	356.0	2.6	101.2	0.7	47.4
1993	849.9	5.7	20.0	380.7	2.8	147.9	0.6	40.4
1994	1023.3	5.9	21.9	456.6	5.0	165.0	0.7	45.5
1995	1182.0	6.7	26.8	513.8	6.7	196.8	0.8	48.1
1996	1241.0	8.0	27.6	525.3	8.8	205.9	1.0	51.3
1997	1253.4	7.7	29.3	504.7	9.8	212.3	1.9	50.1

1－33 续表1 continued

单位：亿元

(100 million yuan)

年份 Year	批发和零售贸易、餐饮业 Wholesale and Retail Trade, Restau－rants	金融、保险业 Financial Intermedi－ation and Insurance	房地产业 Real Estate Activi－ties	社会服务业 Social Services	卫生、体育和社会福利业 Health Care, Sporting and Social Welfare	教育、文化艺术和广播电影电视业 Education, Culture and Arts, Radio, Film and Television	科学研究和综合技术服务业 Scientific Research and Polytec－hnical Services	国家机关、政党机关和社会团体 Government Agencies, Party Age－ncies and Social Org－anizations	其他 Others
1978	7.8	1.0	0.1	2.7	3.0	1.9		0.5	
1980	12.7	1.6	0.3	4.8	4.2	2.6		0.7	
1985	63.3	3.1	0.4	8.0	6.8	2.9	0.1	2.7	
1986	72.3	4.1	0.5	9.4	8.5	3.3	0.2	3.3	
1987	80.5	4.8	0.6	10.7	8.8	3.5	0.3	3.6	
1988	97.5	6.3	0.6	12.4	10.7	3.9	0.3	4.2	
1989	105.3	7.5	0.7	14.3	11.8	4.3	0.4	4.8	
1990	116.8	9.0	0.8	15.4	13.3	4.8	0.6	5.2	
1991	130.8	10.3	1.1	18.1	14.7	5.0	0.8	6.1	
1992	144.5	13.4	1.1	20.2	15.4	5.7	1.2	6.8	
1993	159.2	16.5	1.7	26.4	17.3	6.1	2.9	4.4	4.9
1994	199.6	34.1	3.3	37.4	24.9	7.3	3.4	4.0	8.7
1995	233.7	42.0	4.2	43.4	28.6	11.1	4.5	4.4	10.5
1996	249.0	48.9	4.8	42.2	33.4	10.8	5.2	4.0	14.8
1997	244.0	57.3	5.5	47.9	38.3	19.7	5.7	3.6	15.7

1-34 分行业职工工资总额

(其他经济单位)

TOTAL WAGE BILL OF FORMAL EMPLOYEES BY SECTOR

(Other Ownership Units)

单位: 亿元 (100 million yuan)

年份 Year	合计 Total	农、林、牧、渔业 Farming, Forestry, Animal Husbandry and Fishery	采掘业 Mining and Quarrying	制造业 Manufac-turing	电力、煤气及水的生产和供应业 Electricity, Gasand ater Production and Supply	建筑业 Constr-uction	地质勘查业、水利管理业 Geological Prospect-ing, Water Conserva-ncy	交通运输、仓储及邮电通信业 Transport, Storage and Commu-nications
1984	3.61			3.19		0.10		0.09
1985	5.91		0.05	4.59	0.03	0.12		0.17
1986	8.42		0.80	5.60	0.20	0.20		0.23
1987	12.59	0.08	1.20	8.38	0.20	0.20		0.24
1988	21.48	0.14	0.21	16.63	0.10	0.40		0.32
1989	33.87	0.19	0.24	26.63	0.21	0.50		0.50
1990	45.99	0.34	0.18	37.20	0.30	0.55	0.02	0.66
1991	70.43	0.47	0.32	57.12	0.38	0.97	0.03	1.10
1992	105.57	0.59	0.34	86.30	0.60	1.67	0.04	1.31
1993	253.60	0.80	0.60	200.06	2.14	4.83	0.02	4.70
1994	455.62	1.37	1.32	353.63	4.54	9.39	0.02	7.54
1995	637.78	2.10	1.98	492.34	10.59	13.88	0.04	9.81
1996	761.40	2.70	2.22	568.28	12.50	18.97	0.03	13.69
1997	940.80	2.92	3.57	684.36	16.52	25.00	0.03	22.75

1-34 续表1 continued

单位: 亿元 (100 million yuan)

年份 Year	批发和零售贸易、餐饮业 Wholesale and Retail Trade, Restaurants	金融、保险业 Financial Intermedi-ation and Insurance	房地产业 Real Estate Activities	社会服务业 Social Services	卫生、体育和社会福利业 Health Care, Sporting and Social Welfare	教育、文化艺术和广播电影电视业 Education, Culture and Arts, Radio, Film and Television	科学研究和综合技术服务业 Scientific Research and Polytec-hnical Services
1984	0.23			0.05			
1985	0.43			0.40		0.01	
1986	0.45		0.03	0.95		0.01	
1987	0.66		0.04	1.52	0.01	0.01	0.01
1988	1.03	0.02	0.10	2.60	0.01	0.02	0.01
1989	1.34	0.05	0.02	3.50	0.06	0.06	0.05
1990	1.79	0.03	0.19	4.68	0.02	0.10	0.06
1991	2.42	0.03	0.32	6.78	0.06	0.17	0.17
1992	4.04	0.03	0.62	9.07	0.06	0.34	0.37
1993	18.03	1.00	2.83	15.83	0.05	0.30	1.49
1994	38.37	2.16	6.59	28.13	0.25	0.58	0.98
1995	51.62	4.56	9.61	35.98	0.35	0.76	2.66
1996	64.53	11.49	12.88	46.35	0.54	1.11	4.21
1997	79.59	21.71	16.12	56.36	0.60	1.24	5.95

1－35 分经济类型职工平均工资及指数

AVERAGE WAGES AND INDEXES OF FORMAL EMPLOYEES BY OWNERSHIP

年 份 Year	平均工资（元） Average Wages (yuan)				指 数 （以上年为100） Index (last year=100)			
	合 计 Total	国有经济单 位 State－owned Units	城镇集体经济单位 Urban Collective－owned Units	其 他 经济单位 Other Ownership Units	合 计 Total	国有经济单 位 State－owned Units	城镇集体经济单位 Urban Collective－owned Units	其 他 经济单位 Other Ownership Units
1952	445	446	348					
1953	495	496	415		111.2	111.2	119.3	
1954	517	519	464		104.4	104.6	111.8	
1955	527	534	453		101.9	102.9	97.6	
1956	601	610	547		114.0	114.2	120.8	
1957	624	637	571		103.8	104.4	104.4	
1958	536	550	470		85.9	86.3	82.3	
1959	512	524	430		95.5	95.3	91.5	
1960	511	528	409		99.8	100.8	95.1	
1961	510	537	380		99.8	101.7	92.9	
1962	551	592	405		108.0	110.2	106.6	
1963	576	641	371		104.5	108.3	91.6	
1964	586	661	358		101.7	103.1	96.5	
1965	590	652	398		100.7	98.6	111.2	
1966	583	636	423		98.8	97.5	106.3	
1967	587	630	455		100.7	99.1	107.6	
1968	577	621	441		98.3	98.6	96.9	
1969	575	618	439		99.7	99.5	99.5	
1970	561	609	405		97.6	98.5	92.3	
1971	560	597	429		99.8	98.0	105.9	
1972	588	622	465		105.0	104.2	108.4	
1973	587	614	489		99.8	98.7	105.2	
1974	584	622	441		99.5	101.3	90.2	
1975	580	613	453		99.3	98.6	102.7	
1976	575	605	464		99.1	98.7	102.4	
1977	576	602	478		100.2	99.5	103.0	
1978	615	644	506		106.8	107.0	105.9	
1979	668	705	542		108.6	109.5	107.1	
1980	762	803	623		114.1	113.9	114.9	
1981	772	812	642		101.3	101.1	103.0	
1982	798	836	671		103.4	103.0	104.5	
1983	826	865	698		103.5	103.5	104.0	
1984	974	1034	811	1048	117.9	119.5	116.2	
1985	1148	1213	967	1436	117.9	117.3	119.2	137.0
1986	1329	1414	1092	1629	115.8	116.6	112.9	113.4
1987	1459	1546	1207	1879	109.8	109.3	110.5	115.3
1988	1747	1853	1426	2382	119.7	119.9	118.1	126.8
1989	1935	2055	1557	2707	110.8	110.9	109.2	113.6
1990	2140	2284	1681	2987	110.6	111.1	108.0	110.3
1991	2340	2477	1866	3468	109.3	108.5	111.0	116.1
1992	2711	2878	2109	3966	115.9	116.2	113.0	114.4
1993	3371	3532	2592	4966	124.3	122.7	122.9	125.2
1994	4538	4797	3245	6302	134.6	135.8	125.2	126.9
1995	5500	5625	3931	7463	121.2	117.3	121.1	118.4
1996	6210	6280	4302	8261	112.9	111.6	109.4	110.7
1997	6470	6747	4512	8789	104.2	107.4	104.9	106.4

1－36 分行业职工平均工资

AVERAGE WAGES OF FORMAL EMPLOYEES BY SECTOR

单位:元 (yuan)

年份 Year	合计 Total	农、林、牧、渔业 Farming, Forestry, Animal Husbandry and Fishery	采掘业 Mining and Quarrying	制造业 Manufac－turing	电力、煤气及水的生产和供应业 Electricity, Gas and Water Production and Supply	建筑业 Constr－uction	地质勘查业、水利管理业 Geological Prospect－ing, Water Conserva－ncy	交通运输、仓储及邮电通信业 Transport, Storage and Commu－nications
1978	615	470	676	597	850	714	708	694
1980	762	616	854	752	1035	855	895	832
1985	1148	878	1324	1112	1239	1362	1406	1275
1986	1329	1048	1569	1275	1497	1536	1604	1476
1987	1459	1143	1663	1418	1677	1684	1768	1621
1988	1747	1280	1964	1710	1971	1959	2025	1941
1989	1935	1389	2378	1900	2241	2166	2199	2197
1990	2140	1541	2718	2073	2656	2384	2465	2426
1991	2340	1652	2942	2289	2922	2649	2707	2686
1992	2711	1828	3209	2635	3392	3066	3222	3114
1993	3371	2042	3711	3348	4319	3779	3717	4273
1994	4538	2819	4679	4283	6155	4894	5450	5690
1995	5500	3522	5757	5169	7843	5785	5962	6948
1996	6210	4050	6482	5642	8816	6249	6581	7870
1997	6470	4311	6833	5933	9649	6655	7160	8600

1－36 续表1 continued

单位:元 (yuan)

年份 Year	批发和零售贸易、餐饮业 Wholesale and Retail Trade, Restau－rants	金融、保险业 Financial Intermedi－ation and Insurance	房地产业 Real Estate Activi－ties	社会服务业 Social Services	卫生、体育和社会福利业 Health Care, Sporting and Social Welfare	教育、文化艺术和广播电影电视业 Education, Culture and Arts, Radio, Film and Television	科学研究和综合技术服务业 Scientific Research and Polytec－hnical Services	国家机关、政党机关和社会团体 Government Agencies, Party Age－ncies and Social Org－anizations	其他 Others
1978	551	610	548	392	573	545	669	655	
1980	692	720	694	475	718	700	851	800	
1985	1007	1154	1028	777	1124	1166	1272	1127	
1986	1148	1353	1216	980	1343	1330	1492	1356	
1987	1270	1458	1327	1085	1446	1409	1620	1468	
1988	1556	1739	1715	1719	1752	1747	1931	1707	
1989	1660	1867	1925	1926	1959	1883	2118	1874	
1990	1818	2097	2243	2170	2209	2117	2403	2113	
1991	1981	2255	2507	2431	2370	2243	2573	2275	
1992	2204	2829	3106	2844	2812	2715	3115	2768	
1993	2679	3740	4320	3588	3413	3278	3904	3505	3371
1994	3537	6712	6288	5026	5126	4923	6162	4962	5213
1995	4248	7376	7330	5982	5860	5435	6846	5526	6295
1996	4661	8406	8337	6778	6790	6144	8048	6340	7184
1997	4845	9734	9190	7553	7599	6759	9049	6981	6838

1－37 分行业职工平均货币工资指数

INDEXES OF AVERAGE MONEY WAGES OF FORMAL EMPLOYEES BY SECTOR

年份 Year	合计 Total	农、林、牧、渔业 Farming, Forestry, Animal Husbandry and Fishery	采掘业 Mining and Quarrying	制造业 Manufac－turing	电力、煤气及水的生产和供应业 Electricity, Gas and Water Production and Supply	建筑业 Constr－uction	地质勘查业、水利管理业 Geological Prospect－ing, Water Conserva－ncy	交通运输、仓储及邮电通信业 Transport, Storage and Commu－nications
一、以上年为100 last year＝100								
1979	108.6	112.4	111.6	111.1	110.6	107.7	110.5	109.5
1980	114.1	116.7	113.2	113.3	110.0	111.2	114.5	109.5
1981	101.3	103.4	100.0	100.8	101.0	101.6	103.4	101.2
1982	103.4	103.8	101.7	102.0	102.1	104.9	103.2	104.2
1983	103.5	104.5	101.2	102.1	103.5	104.6	106.3	102.1
1984	117.9	111.4	121.2	120.9	119.6	121.0	116.1	120.9
1985	117.9	114.1	124.2	116.5	93.8	118.0	119.2	117.8
1986	115.8	119.3	118.5	114.6	120.8	112.8	114.1	115.8
1987	109.8	109.1	106.0	111.2	112.1	109.6	110.2	109.8
1988	119.7	112.0	118.1	120.6	117.5	116.3	114.5	119.7
1989	110.8	108.5	121.1	111.1	113.7	110.6	108.6	113.2
1990	110.6	110.9	114.3	109.1	118.5	110.1	112.1	110.4
1991	109.3	107.2	108.3	110.4	110.0	111.1	109.8	110.7
1992	115.9	110.7	109.1	115.1	116.1	115.7	119.0	115.9
1993	124.3	111.7	115.6	127.1	127.3	123.3	115.4	137.2
1994	134.6	138.2	126.0	127.9	142.4	129.5	146.7	133.3
1995	121.2	124.9	123.0	120.7	127.4	118.2	109.4	122.1
1996	112.9	115.0	112.6	109.2	112.4	108.0	110.4	113.3
1997	104.2	106.4	105.4	105.2	109.4	106.5	108.8	109.3
二、以1978年为100 1978＝100								
1979	108.6	112.4	111.6	111.1	110.6	107.7	110.5	109.5
1980	123.9	131.2	126.3	125.9	121.7	119.7	126.5	119.9
1981	125.5	135.6	126.4	126.9	122.9	121.7	130.7	121.3
1982	129.8	140.7	128.5	129.5	125.5	127.7	134.9	126.4
1983	134.3	147.0	130.1	132.1	129.8	133.6	143.5	129.0
1984	158.4	163.8	157.6	159.8	155.3	161.6	166.6	155.9
1985	186.7	186.9	195.7	186.2	145.7	190.8	198.6	183.7
1986	216.1	223.0	231.9	213.4	176.0	215.1	226.6	212.7
1987	237.2	243.3	245.9	237.3	197.2	235.9	249.8	233.6
1988	284.1	272.4	290.3	286.2	231.7	274.4	286.0	279.7
1989	314.6	295.7	351.5	318.0	263.5	303.4	310.6	316.6
1990	348.0	328.0	401.9	346.9	312.3	333.9	348.2	349.6
1991	380.5	351.5	435.0	383.2	343.5	371.0	382.4	387.0
1992	440.8	389.1	474.5	441.1	398.9	429.4	455.2	448.7
1993	548.1	434.5	548.6	560.4	507.9	529.3	525.1	615.7
1994	737.9	600.6	691.5	716.8	723.1	685.4	770.2	820.5
1995	894.3	749.6	851.1	865.1	922.2	810.2	842.3	1001.2
1996	1009.8	861.9	958.3	944.3	1036.6	875.2	929.7	1134.0
1997	1052.0	917.2	1010.8	993.8	1134.8	932.1	1011.3	1239.2

1－37 续表1 continued

年份 Year	批发和零售贸易、餐饮业 Wholesale and Retail Trade, Restaurants	金融、保险业 Financial Intermediation and Insurance	房地产业 Real Estate Activities	社会服务业 Social Services	卫生、体育和社会福利业 Health Care, Sporting and Social Welfare	教育、文化艺术和广播电影电视业 Education, Culture and Arts, Radio, Film and Television	科学研究和综合技术服务业 Scientific Research and Polytechnical Services	国家机关、政党机关和社会团体 Government Agencies, Party Agencies and Social Organizations	其他 Others
一、以上年为100 last year＝100									
1979	110.7	106.9	110.6	107.4	104.4	107.2	107.2	104.4	
1980	113.4	110.4	114.5	112.8	120.1	119.9	118.7	117.0	
1981	101.7	104.2	91.1	100.6	104.5	102.3	99.9	101.9	
1982	100.7	102.4	108.2	101.3	111.1	113.3	100.8	100.7	
1983	102.1	101.4	107.7	105.0	104.1	103.1	115.5	112.4	
1984	118.6	124.9	124.7	115.7	109.3	110.0	108.3	107.2	
1985	117.2	118.6	111.9	132.1	118.6	126.7	118.7	114.0	
1986	114.0	117.2	118.3	126.1	119.5	114.1	117.3	120.3	
1987	110.6	107.8	109.1	110.7	107.7	105.9	108.6	108.3	
1988	122.5	119.3	129.2	158.4	121.2	124.0	119.2	116.3	
1989	106.7	107.4	112.2	112.0	111.8	107.8	109.7	109.8	
1990	109.5	112.3	116.5	112.7	112.8	112.4	113.5	112.8	
1991	109.0	107.5	111.8	112.0	107.3	106.0	107.1	107.7	
1992	111.3	125.5	123.9	117.0	118.6	121.0	121.1	121.7	
1993	121.6	132.2	139.1	126.2	121.4	120.7	125.3	126.6	
1994	132.0	179.6	145.1	140.0	150.2	150.2	157.9	141.4	154.1
1995	120.1	109.9	116.6	119.0	114.3	110.4	111.1	111.4	120.8
1996	109.7	114.0	113.7	113.3	115.9	113.0	117.6	114.7	114.1
1997	103.9	115.8	110.2	111.4	111.9	110.0	112.4	110.1	95.2
二、以1978年为100 1978＝100									
1979	110.7	106.9	110.6	107.4	104.4	107.2	107.2	104.4	
1980	125.6	118.0	126.6	121.2	125.3	128.4	127.2	122.1	
1981	127.8	123.0	115.3	121.9	130.9	131.4	127.1	124.4	
1982	128.7	125.9	124.8	123.5	145.4	148.8	128.1	125.3	
1983	131.4	127.7	134.5	129.6	151.3	153.4	148.0	140.9	
1984	155.9	159.5	167.7	150.0	165.4	168.8	160.2	151.0	
1985	182.8	189.2	187.6	198.2	196.2	213.9	190.1	172.1	
1986	208.3	221.8	221.9	250.0	234.4	244.0	223.0	207.0	
1987	230.5	239.0	242.2	276.8	252.4	258.5	242.2	224.1	
1988	282.4	285.1	313.0	438.5	305.8	320.6	288.6	260.6	
1989	301.3	306.1	351.3	491.3	341.9	345.5	316.6	286.1	
1990	329.9	343.8	409.3	553.6	385.5	388.4	359.2	322.6	
1991	359.5	369.7	457.5	620.2	413.6	411.6	384.6	347.3	
1992	400.0	463.8	566.8	725.5	490.8	498.2	465.6	422.6	
1993	486.3	613.2	788.4	915.4	595.7	601.5	583.6	535.2	
1994	641.9	1101.1	1143.8	1281.9	894.9	903.1	921.5	756.6	–
1995	771.0	1209.2	1337.6	1526.0	1022.7	997.2	1023.3	843.7	–
1996	845.9	1378.0	1521.4	1729.1	1185.0	1127.3	1203.0	967.9	–
1997	879.3	1595.7	1677.0	1926.8	1326.2	1240.2	1352.6	1065.8	–

1－38 分行业职工平均实际工资指数

INDEXES OF AVERAGE REAL WAGES OF FORMAL EMPLOYEES BY SECTOR

年份 Year	合计 Total	农、林、牧、渔业 Farming, Forestry, Animal Husbandry and Fishery	采掘业 Mining and Quarrying	制造业 Manufac－turing	电力、煤气及水的生产和供应业 Electricity, Gas and Water Production and Supply	建筑业 Constr－uction	地质勘查业、水利管理业 Geological Prospect－ing, Water Conserva－ncy	交通运输、仓储及邮电通信业 Transport, Storage and Commu－nications
一、以上年为100 last year＝100								
1979	106.6	110.3	109.5	109.1	108.5	105.7	108.5	107.5
1980	106.1	108.6	105.3	105.4	102.3	103.4	106.5	101.8
1981	98.8	100.9	97.6	98.3	98.5	99.2	100.8	98.7
1982	101.3	101.7	99.7	100.0	100.1	102.9	101.2	102.1
1983	101.5	102.4	99.2	100.1	101.4	102.6	104.2	100.1
1984	114.8	108.5	118.0	117.7	116.5	117.8	113.1	117.7
1985	105.3	102.0	111.0	104.1	83.8	105.5	106.5	105.3
1986	108.2	111.5	110.7	107.1	112.9	105.4	106.6	108.2
1987	100.9	100.3	97.5	102.2	103.0	100.8	101.3	100.9
1988	99.2	92.8	97.8	99.9	97.3	96.4	94.9	99.2
1989	95.2	93.3	104.1	95.5	97.8	95.1	93.4	97.3
1990	109.2	109.5	112.9	107.7	117.0	108.7	110.7	109.0
1991	104.0	102.0	103.0	105.1	104.7	105.7	104.5	105.3
1992	106.7	101.9	100.4	106.0	106.9	106.6	109.6	106.8
1993	107.1	96.2	99.6	109.4	109.7	106.2	99.4	118.2
1994	107.7	110.6	100.8	102.3	113.9	103.6	117.3	106.6
1995	103.8	107.0	105.3	103.3	109.1	101.2	93.7	104.5
1996	103.8	105.7	103.5	100.3	103.3	99.3	101.5	104.1
1997	101.1	103.2	102.2	102.0	106.1	103.3	105.5	106.0
二、以1978年为100 1978＝100								
1979	106.6	110.3	109.5	109.1	108.5	105.7	108.5	107.5
1980	113.2	119.8	115.4	115.0	111.1	109.4	115.5	109.5
1981	111.9	120.9	112.6	113.1	109.5	108.5	116.5	108.1
1982	113.4	123.0	112.3	113.2	109.7	111.7	117.9	110.5
1983	115.1	126.0	111.5	113.2	111.3	114.5	122.9	110.5
1984	132.1	136.6	131.5	133.2	129.5	134.8	139.0	130.0
1985	139.1	139.3	145.9	138.7	108.6	142.1	148.0	136.9
1986	150.5	155.3	161.5	148.6	122.5	149.8	157.8	148.1
1987	151.9	155.8	157.4	151.9	126.3	151.0	159.9	149.5
1988	150.7	144.5	154.0	151.8	122.9	145.6	151.7	148.4
1989	143.5	134.9	160.4	145.1	120.2	138.4	141.7	144.4
1990	156.7	147.7	181.0	156.3	140.7	150.4	156.8	157.5
1991	162.9	150.5	186.2	164.0	147.1	158.8	163.7	165.7
1992	173.8	153.4	187.0	173.9	157.2	169.3	179.4	176.9
1993	186.1	147.5	186.3	190.3	172.4	179.7	178.3	209.0
1994	200.4	163.1	187.8	194.7	196.4	186.2	209.2	222.8
1995	208.0	174.5	197.8	201.2	214.3	188.4	195.9	233.0
1996	215.8	184.4	204.7	201.8	221.4	187.1	198.8	242.5
1997	218.2	190.3	209.2	205.8	234.9	193.3	209.7	257.1

1－38 续表1 continued

年份 Year	批发和零售贸易、餐饮业 Wholesale and Retail Trade, Restaurants	金融、保险业 Financial Intermediation and Insurance	房地产业 Real Estate Activities	社会服务业 Social Services	卫生、体育和社会福利业 Health Care, Sporting and Social Welfare	教育、文化艺术和广播电影电视业 Education, Culture and Arts, Radio, Film and Television	科学研究和综合技术服务业 Scientific Research and Polytechnical Services	国家机关、政党机关和社会团体 Government Agencies, Party Agencies and Social Organizations	其他 Others
一、以上年为100 last year＝100									
1979	108.6	104.9	108.5	105.4	102.4	105.2	105.2	102.5	
1980	105.5	102.7	106.5	105.0	111.7	111.5	110.4	108.8	
1981	99.3	101.6	88.8	98.2	101.9	99.8	97.4	99.4	
1982	98.7	100.4	106.1	99.3	108.9	111.0	98.8	98.8	
1983	100.1	99.4	105.6	102.9	102.0	101.1	113.3	110.2	
1984	115.5	121.6	121.4	112.7	106.5	107.2	105.4	104.3	
1985	104.8	106.0	100.0	118.1	106.0	113.3	106.0	101.8	
1986	106.5	109.6	110.5	117.9	111.7	106.6	109.6	112.4	
1987	101.7	99.0	100.3	101.8	99.0	97.4	99.8	99.5	
1988	101.5	98.8	107.1	131.3	100.4	102.7	98.8	96.3	
1989	91.7	92.3	96.5	96.3	96.1	92.7	94.3	94.4	
1990	108.1	110.9	115.0	111.2	111.3	111.0	112.0	111.3	
1991	103.7	102.3	106.3	106.6	102.1	100.8	101.9	102.4	
1992	102.4	115.5	114.1	107.7	109.3	111.5	111.5	112.0	
1993	104.7	113.9	119.8	108.7	104.5	104.0	108.0	109.1	
1994	105.6	143.7	116.1	112.0	120.2	120.1	126.3	113.1	123.3
1995	102.8	94.1	99.8	101.9	97.9	94.5	95.1	95.3	103.4
1996	100.8	104.7	104.5	104.1	106.5	103.9	108.0	105.5	104.9
1997	100.8	112.3	106.9	108.1	108.5	106.7	109.0	106.8	92.3
二、以1978年为100 1978＝100									
1979	108.6	104.9	108.5	105.4	102.4	105.2	105.2	102.5	
1980	114.7	107.8	115.7	110.7	114.4	117.3	116.2	111.5	
1981	113.9	109.6	102.8	108.7	116.7	117.1	113.2	110.9	
1982	112.5	110.1	109.1	107.9	127.1	130.1	112.0	109.6	
1983	112.6	109.4	115.2	111.0	129.7	131.4	126.8	120.8	
1984	130.0	133.0	139.9	125.1	138.0	140.8	133.6	125.9	
1985	136.2	141.0	139.8	147.7	146.2	159.4	141.7	128.2	
1986	145.1	154.5	154.5	174.1	163.2	169.9	155.3	144.2	
1987	147.6	153.0	155.0	177.2	161.6	165.5	155.0	143.5	
1988	149.8	151.2	166.0	232.6	162.2	170.1	153.1	138.3	
1989	137.4	139.6	160.3	224.1	156.0	157.6	144.4	130.5	
1990	148.6	154.9	184.4	249.4	173.7	175.0	161.8	145.3	
1991	153.9	158.3	195.8	265.5	177.1	176.2	164.6	148.7	
1992	157.7	182.8	223.4	286.0	193.4	196.4	183.5	166.6	
1993	165.1	208.2	267.7	310.8	202.2	204.2	198.1	181.7	
1994	174.3	299.1	310.7	348.2	243.1	245.3	250.3	205.5	－
1995	179.3	281.4	310.1	354.8	237.9	231.9	238.1	195.9	－
1996	180.8	294.7	324.1	369.5	253.4	240.9	257.2	206.6	－
1997	182.2	330.9	346.5	399.4	274.9	257.0	280.3	220.6	－

1－39 分行业职工平均工资

(国有经济单位)

AVERAGE WAGES OF FORMAL EMPLOYEES BY SECTOR

(State－owned Units)

单位: 元 (yuan)

年份 Year	合计 Total	农、林、牧、渔业 Farming, Forestry, Animal Husbandry and Fishery	采掘业 Mining and Quarrying	制造业 Manufac－turing	电力、煤气及水的生产和供应业 Electricity, Gas and Water Production and Supply	建筑业 Constr－uction	地质勘查业、水利管理业 Geological Prospect－ing, Water Conserva－ncy	交通运输、仓储及邮电通信业 Transport, Storage and Commu－nications
1978	644	482	704	663	873	760	712	720
1980	803	628	891	821	1073	924	895	902
1985	1213	892	1384	1190	1272	1532	1408	1383
1986	1414	1062	1638	1382	1518	1731	1607	1610
1987	1546	1154	1734	1543	1692	1882	1773	1773
1988	1853	1291	2038	1872	1994	2192	2025	2140
1989	2055	1401	2449	2081	2248	2419	2199	2423
1990	2284	1559	2763	2289	2648	2667	2463	2697
1991	2477	1665	2982	2505	2883	2924	2718	2967
1992	2878	1845	3239	2889	3354	3406	3235	3452
1993	3532	2043	3856	3562	4317	4182	3729	4604
1994	4797	2821	4863	4508	6124	5498	5476	6212
1995	5625	3527	5944	5352	7734	6512	5987	7572
1996	6280	4038	6709	5798	8701	6992	6610	8546
1997	6747	4304	7091	6008	9541	7388	7180	9303

1－39 续表1 continued

单位: 元 (yuan)

年份 Year	批发和零售贸易、餐饮业 Wholesale and Retail Trade, Restau－rants	金融、保险业 Financial Intermedi－ation and Insurance	房地产业 Real Estate Activi－ties	社会服务业 Social Services	卫生、体育和社会福利业 Health Care, Sporting and Social Welfare	教育、文化艺术和广播电影电视业 Education, Culture and Arts, Radio, Film and Television	科学研究和综合技术服务业 Scientific Research and Polytec－hnical Services	国家机关、政党机关和社会团体 Government Agencies, Party Age－ncies and Social Org－anizations	其他 Others
1978	569	650	630	607	605	566	670	661	
1980	716	754	758	795	751	722	853	807	
1985	1087	1234	1170	1208	1164	1184	1268	1133	
1986	1268	1427	1364	1417	1376	1344	1494	1361	
1987	1398	1540	1500	1545	1481	1422	1624	1472	
1988	1737	1842	1750	1842	1793	1764	1935	1709	
1989	1851	1960	1992	2028	1999	1899	2123	1875	
1990	2028	2200	2247	2307	2263	2134	2411	2115	
1991	2201	2355	2476	2547	2417	2257	2580	2277	
1992	2478	2967	3082	3008	2883	2732	3130	2774	
1993	2933	3885	4278	3661	3494	3292	3898	3512	3793
1994	3856	7017	5997	5098	5267	4944	6212	4967	5744
1995	4568	7595	6884	5949	6009	5457	6835	5528	6854
1996	4940	8679	7897	6695	6967	6161	7984	6344	7643
1997	5134	10012	8570	7425	7794	6810	8974	6985	6891

1－40 分行业职工平均货币工资指数

(国有经济单位)

INDEXES OF AVERAGE MONEY WAGES OF FORMAL EMPLOYEES BY SECTOR

(State－owned Units)

年份 Year	合计 Total	农、林、牧、渔业 Farming, Forestry, Animal Husbandry and Fishery	采掘业 Mining and Quarrying	制造业 Manufac－turing	电力、煤气及水的生产和供应业 Electricity, Gas and Water Production and Supply	建筑业 Constr－uction	地质勘查业、水利管理业 Geological Prospect－ing, Water Conserva－ncy	交通运输、仓储及邮电通信业 Transport, Storage and Commu－nications
一、以上年为100 last year＝100								
1979	109.5	111.3	111.7	109.4	111.3	107.8	110.5	112.1
1980	113.9	117.1	113.3	113.1	110.5	112.8	113.8	111.6
1981	101.1	102.7	99.9	99.9	100.0	101.8	103.4	100.3
1982	103.0	103.8	101.7	101.9	102.0	104.1	103.2	102.5
1983	103.5	104.6	101.1	101.4	103.5	104.0	106.4	102.4
1984	119.5	111.9	121.6	121.4	119.7	125.2	116.2	122.7
1985	117.3	113.7	124.4	115.7	93.7	120.1	119.3	118.7
1986	116.6	119.1	118.4	116.2	119.3	113.0	114.1	116.4
1987	109.3	108.7	105.9	111.6	111.5	108.7	110.3	110.1
1988	119.9	111.9	117.5	121.3	117.8	116.5	114.2	120.8
1989	110.9	108.5	120.1	111.2	112.7	110.4	108.6	113.2
1990	111.1	111.3	112.8	110.0	117.8	110.3	112.0	111.3
1991	108.5	106.8	107.9	109.5	108.9	109.6	110.3	110.0
1992	116.2	110.8	108.6	115.3	116.3	116.5	119.0	116.3
1993	122.7	110.7	119.1	123.3	128.7	122.8	115.2	133.4
1994	135.8	138.1	126.1	126.6	141.9	131.5	146.9	134.9
1995	117.3	125.0	122.2	118.7	126.3	118.4	109.3	121.9
1996	111.6	114.5	112.9	108.3	112.5	107.4	110.4	112.9
1997	107.4	106.6	105.7	103.6	109.7	105.7	108.6	108.9
二、以1978年为100 1978＝100								
1979	109.5	111.3	111.7	109.4	111.3	107.8	110.5	112.1
1980	124.7	130.3	126.6	123.7	123.0	121.6	125.7	125.1
1981	126.1	133.9	126.4	123.6	123.0	123.8	130.0	125.6
1982	129.8	139.0	128.5	125.9	125.5	128.9	134.1	128.7
1983	134.3	145.4	129.9	127.7	129.9	134.1	142.7	131.7
1984	160.6	162.8	158.0	155.0	155.5	167.8	165.8	161.6
1985	188.4	185.0	196.5	179.3	145.8	201.6	197.8	191.9
1986	219.6	220.3	232.7	208.3	174.0	227.9	225.8	223.4
1987	240.1	239.5	246.3	232.5	193.9	247.8	249.0	246.0
1988	287.7	267.9	289.5	282.1	228.5	288.6	284.4	297.1
1989	319.1	290.7	347.8	313.6	257.6	318.5	308.8	336.4
1990	354.7	323.4	392.5	344.9	303.5	351.1	346.0	374.3
1991	384.6	345.6	423.5	377.6	330.4	385.0	381.8	411.9
1992	446.9	382.8	460.0	435.4	384.3	448.4	454.5	479.1
1993	548.4	423.9	547.7	536.9	494.7	550.5	523.8	639.1
1994	744.9	585.4	690.7	679.5	701.9	723.8	769.2	862.3
1995	873.4	731.9	844.2	806.7	886.4	857.3	841.0	1051.0
1996	975.2	837.9	952.9	873.9	997.2	920.4	928.5	1186.2
1997	1047.7	893.1	1007.2	905.6	1093.5	972.5	1008.6	1291.3

1－40 续表1 continued

年份 Year	批发和零售贸易、餐饮业 Wholesale and Retail Trade, Restaurants	金融、保险业 Financial Intermediation and Insurance	房地产业 Real Estate Activities	社会服务业 Social Services	卫生、体育和社会福利业 Health Care, Sporting and Social Welfare	教育、文化艺术和广播电影电视业 Education, Culture and Arts, Radio, Film and Television	科学研究和综合技术服务业 Scientific Research and Polytechnical Services	国家机关、政党机关和社会团体 Government Agencies, Party Agencies and Social Organizations	其他 Others
一、以上年为100 last year＝100									
1979	111.2	106.0	109.5	111.2	103.3	107.1	107.3	104.5	
1980	113.2	109.4	109.9	117.7	120.2	119.1	118.6	116.8	
1981	102.0	104.5	95.9	100.8	104.0	102.2	99.9	101.6	
1982	101.3	102.3	108.3	101.7	110.2	112.1	100.9	100.7	
1983	102.2	100.9	107.7	105.8	103.9	102.9	115.3	112.3	
1984	102.7	127.7	125.2	114.5	109.6	109.8	108.3	107.0	
1985	140.2	118.9	110.1	122.3	118.6	126.8	118.1	114.1	
1986	116.6	115.6	116.6	117.3	118.3	113.5	117.8	120.2	
1987	110.2	107.9	110.0	109.1	107.6	105.8	108.7	108.2	
1988	124.3	119.6	116.7	119.2	121.1	124.1	119.2	116.1	
1989	106.5	106.4	113.8	110.1	111.5	107.7	109.7	109.7	
1990	109.6	112.2	112.8	113.8	113.2	112.4	113.6	112.8	
1991	108.5	107.0	110.2	110.4	106.8	105.8	107.0	107.7	
1992	112.6	126.0	124.5	118.1	119.3	121.0	121.3	121.8	
1993	118.4	130.9	138.8	121.7	121.2	120.5	124.5	126.6	
1994	131.5	180.6	140.2	139.3	150.8	150.2	159.4	141.3	151.4
1995	118.5	108.2	114.8	116.7	114.1	110.4	110.0	111.3	119.3
1996	108.1	114.3	114.7	112.5	115.9	112.9	116.8	114.8	111.5
1997	103.9	115.4	108.5	110.9	111.9	110.5	112.4	110.1	90.2
二、以1978年为100 1978＝100									
1979	111.2	106.0	109.5	111.2	103.3	107.1	107.3	104.5	
1980	125.8	116.0	120.3	130.9	124.1	127.6	127.3	122.1	
1981	128.3	121.2	115.4	131.9	129.1	130.4	127.2	124.1	
1982	129.9	124.0	125.1	134.2	142.3	146.1	128.4	125.0	
1983	132.9	125.1	134.7	142.0	147.9	150.4	148.1	140.4	
1984	136.4	159.7	168.7	162.6	162.1	165.0	160.3	150.2	
1985	191.2	189.8	185.7	198.9	192.3	209.2	189.3	171.3	
1986	223.0	219.5	216.5	233.3	227.4	237.5	223.0	205.9	
1987	245.8	236.9	238.1	254.4	244.8	251.2	242.4	222.7	
1988	305.4	283.4	277.8	303.2	296.4	311.7	288.8	258.5	
1989	325.3	301.5	316.2	333.8	330.4	335.5	316.9	283.7	
1990	356.4	338.5	356.7	379.8	374.0	377.0	359.9	320.0	
1991	386.9	362.3	393.0	419.3	399.5	398.8	385.1	344.5	
1992	435.5	456.5	489.2	495.1	476.5	482.7	467.2	419.7	
1993	515.6	597.6	679.1	602.6	577.5	581.7	581.7	531.3	
1994	677.8	1079.5	951.9	839.2	870.6	873.5	927.2	750.8	－
1995	802.9	1168.5	1092.7	979.3	993.2	964.1	1020.1	836.3	－
1996	868.3	1335.2	1253.5	1102.1	1151.6	1088.5	1191.6	959.8	－
1997	902.4	1540.3	1360.3	1222.3	1288.3	1203.2	1339.4	1056.8	－

1-41 分行业职工平均实际工资指数

(国有经济单位)

INDEXES OF AVERAGE REAL WAGES OF FORMAL EMPLOYEES BY SECTOR

(State-owned Units)

年份 Year	合计 Total	农、林、牧、渔业 Farming, Forestry, Animal Husbandry and Fishery	采掘业 Mining and Quarrying	制造业 Manufacturing	电力、煤气及水的生产和供应业 Electricity, Gas and Water Production and Supply	建筑业 Construction	地质勘查业、水利管理业 Geological Prospecting, Water Conservancy	交通运输、仓储及邮电通信业 Transport, Storage and Communications
一、以上年为100 **last year=100**								
1979	107.5	109.2	109.6	107.4	109.2	105.8	108.5	110.0
1980	106.0	108.9	105.4	105.2	102.8	104.9	105.8	103.8
1981	98.6	100.2	97.4	97.4	97.6	99.3	100.9	97.9
1982	101.0	101.8	99.7	99.9	100.0	102.1	101.2	100.4
1983	101.5	102.6	99.1	99.4	101.5	102.0	104.3	100.4
1984	116.4	109.0	118.4	118.2	116.6	121.9	113.2	119.5
1985	104.8	101.6	111.2	103.4	83.8	107.4	106.6	106.1
1986	109.0	111.3	110.6	108.6	111.5	105.6	106.7	108.8
1987	100.5	99.9	97.3	102.6	102.5	100.0	101.4	101.2
1988	99.3	92.7	97.4	100.5	97.6	96.5	94.6	100.0
1989	95.4	93.3	103.3	95.6	96.9	94.9	93.4	97.3
1990	109.7	109.8	111.4	108.6	116.3	108.8	110.6	109.9
1991	103.2	101.7	102.7	104.1	103.6	104.3	105.0	104.7
1992	107.0	102.0	100.0	106.2	107.1	107.2	109.6	107.1
1993	105.7	95.4	102.6	106.2	110.9	105.8	99.3	114.9
1994	108.7	110.5	100.9	101.2	113.5	105.2	117.5	107.9
1995	100.4	107.0	104.6	101.6	108.1	101.4	93.6	104.4
1996	102.6	105.2	103.7	99.6	103.4	98.7	101.5	103.7
1997	104.2	103.4	102.5	100.5	106.4	102.5	105.3	105.6
二、以1978年为100 **1978=100**								
1979	107.5	109.2	109.6	107.4	109.2	105.8	108.5	110.0
1980	113.9	119.0	115.6	113.0	112.3	111.1	114.8	114.3
1981	112.4	119.3	112.6	110.1	109.7	110.4	115.8	111.9
1982	113.5	121.5	112.3	110.0	109.7	112.7	117.3	112.5
1983	115.1	124.6	111.4	109.4	111.3	114.9	122.3	112.9
1984	133.9	135.8	131.8	129.3	129.7	140.0	138.3	134.8
1985	140.4	137.9	146.5	133.6	108.6	150.2	147.4	143.0
1986	152.9	153.4	162.0	145.1	121.1	158.7	157.2	155.6
1987	153.7	153.3	157.7	148.8	124.2	158.6	159.4	157.5
1988	152.6	142.1	153.6	149.7	121.2	153.1	150.9	157.6
1989	145.6	132.6	158.7	143.1	117.5	145.3	140.9	153.4
1990	159.8	145.7	176.8	155.4	136.7	158.2	155.9	168.6
1991	164.6	147.9	181.3	161.6	141.4	164.8	163.4	176.3
1992	176.2	150.9	181.3	171.6	151.5	176.7	179.1	188.8
1993	186.2	143.9	185.9	182.3	168.0	186.9	177.8	217.0
1994	202.3	159.0	187.6	184.5	190.6	196.6	208.9	234.2
1995	203.1	170.2	196.3	187.6	206.1	199.3	195.6	244.4
1996	208.4	179.1	203.7	186.8	213.1	196.7	198.5	253.5
1997	217.1	185.2	208.8	187.7	226.7	201.7	209.1	267.8

1－41 续表1 continued

年份 Year	批发和零售贸易、餐饮业 Wholesale and Retail Trade, Restau－rants	金融、保险业 Financial Intermedi－ation and Insurance	房地产业 Real Estate Activi－ties	社会服务业 Social Services	卫生、体育和社会福利业 Health Care, Sporting and Social Welfare	教育、文化艺术和广播电影电视业 Education, Culture and Arts, Radio, Film and Television	科学研究和综合技术服务业 Scientific Research and Polytec－hnical Services	国家机关、政党机关和社会团体 Government Agencies, Party Age－ncies and Social Org－anizations	其他 Others
一、以上年为100 last year＝100									
1979	109.1	104.0	107.4	109.2	101.4	105.1	105.3	102.6	
1980	105.3	101.8	102.2	109.5	111.8	110.8	110.4	108.6	
1981	99.5	102.0	93.6	98.3	101.5	99.7	97.4	99.1	
1982	99.3	100.3	106.2	99.7	108.1	109.9	99.0	98.8	
1983	100.2	98.9	105.6	103.8	101.9	100.9	113.1	110.1	
1984	100.0	124.3	121.9	111.5	106.7	106.9	105.4	104.2	
1985	125.3	106.2	98.4	109.3	106.0	113.3	105.5	101.9	
1986	109.0	108.1	108.9	109.6	110.5	106.1	110.1	112.3	
1987	101.3	99.2	101.1	100.2	98.9	97.2	99.9	99.4	
1988	102.9	99.1	96.7	98.8	100.3	102.8	98.7	96.2	
1989	91.6	91.5	97.9	94.6	95.9	92.6	94.3	94.3	
1990	108.2	110.8	111.4	112.3	111.8	110.9	112.1	111.4	
1991	103.3	101.9	104.8	105.1	101.6	100.6	101.8	102.4	
1992	103.7	116.0	114.6	108.7	109.8	111.5	111.7	112.2	
1993	102.0	112.8	119.6	104.8	104.4	103.8	107.3	109.0	
1994	105.2	144.5	112.1	111.4	120.6	120.1	127.5	113.1	121.1
1995	101.4	92.7	98.3	99.9	97.7	94.5	94.2	95.3	102.1
1996	99.4	105.0	105.4	103.4	106.6	103.8	107.4	105.5	102.5
1997	100.8	111.9	105.2	107.6	108.5	107.2	109.0	106.8	87.5
二、以1978年为100 1978＝100									
1979	109.1	104.0	107.4	109.2	101.4	105.1	105.3	102.6	
1980	114.9	105.9	109.9	119.5	113.4	116.5	116.3	111.5	
1981	114.3	108.0	102.9	117.6	115.1	116.2	113.3	110.6	
1982	113.6	108.4	109.3	117.3	124.4	127.7	112.2	109.2	
1983	113.8	107.2	115.4	121.7	126.8	128.8	126.9	120.3	
1984	113.7	133.2	140.7	135.6	135.2	137.6	133.7	125.3	
1985	142.4	141.5	138.4	148.2	143.3	155.9	141.0	127.7	
1986	155.3	152.9	150.7	162.5	158.4	165.4	155.3	143.4	
1987	157.3	151.7	152.4	162.9	156.7	160.8	155.2	142.6	
1988	162.0	150.3	147.4	160.9	157.2	165.3	153.2	137.2	
1989	148.4	137.6	144.2	152.3	150.7	153.1	144.6	129.4	
1990	160.6	152.5	160.7	171.1	168.5	169.8	162.1	144.1	
1991	165.6	155.1	168.2	179.5	171.0	170.7	164.8	147.5	
1992	171.7	179.9	192.8	195.2	187.8	190.3	184.1	165.4	
1993	175.0	202.9	230.6	204.6	196.0	197.5	197.5	180.4	
1994	184.1	293.2	258.5	227.9	236.5	237.2	251.8	203.9	–
1995	186.7	271.7	254.1	227.7	231.0	224.2	237.2	194.3	–
1996	185.6	285.4	267.9	235.6	246.1	232.6	254.7	205.0	–
1997	187.0	319.4	281.9	253.4	267.1	249.3	277.7	218.9	–

1-42 分行业职工平均工资

(城镇集体经济单位)

AVERAGE WAGES OF FORMAL EMPLOYEES BY SECTOR

(Urban Collective-owned Units)

单位: 元 (yuan)

年份 Year	合计 Total	农、林、牧、渔业 Farming, Forestry, Animal Husbandry and Fishery	采掘业 Mining and Quarrying	制造业 Manufacturing	电力、煤气及水的生产和供应业 Electricity, Gas and Water Production and Supply	建筑业 Construction	地质勘查业、水利管理业 Geological Prospecting, Water Conservancy	交通运输、仓储及邮电通信业 Transport, Storage and Communications
1978	506	304	443	503	333	594	600	632
1980	623	458	548	619	333	716	700	676
1985	967	725	852	963	667	1101	900	1009
1986	1092	875	945	1075	875	1232	1286	1139
1987	1207	979	1016	1180	1250	1380	1333	1236
1988	1426	1111	1208	1388	1294	1597	1500	1409
1989	1557	1178	1433	1523	1625	1763	1000	1575
1990	1681	1238	1844	1622	2133	1935	1212	1661
1991	1866	1366	1960	1798	2588	2216	1765	1854
1992	2109	1487	2000	2017	2737	2554	2188	2070
1993	2592	1887	2327	2469	3539	3182	2843	2711
1994	3245	2510	2793	3076	5734	3936	3692	3110
1995	3931	2927	3680	3717	7461	4677	4294	3584
1996	4302	3814	3968	4007	8324	5092	4784	3961
1997	4512	3945	4164	4120	9064	5466	6342	4057

1-42 续表1 continued

单位: 元 (yuan)

年份 Year	批发和零售贸易、餐饮业 Wholesale and Retail Trade, Restaurants	金融、保险业 Financial Intermediation and Insurance	房地产业 Real Estate Activities	社会服务业 Social Services	卫生、体育和社会福利业 Health Care, Sporting and Social Welfare	教育、文化艺术和广播电影电视业 Education, Culture and Arts, Radio, Film and Television	科学研究和综合技术服务业 Scientific Research and Polytechnical Services	国家机关、政党机关和社会团体 Government Agencies, Party Agencies and Social Organizations	其他 Others
1978	453	526	467	451	484	317	500	455	
1980	584	640	638	584	618	433	571	538	
1985	912	945	1050	806	975	779	1052	1046	
1986	1008	1150	1238	1057	1212	945	1286	1227	
1987	1118	1235	1130	1167	1296	1033	1319	1368	
1988	1335	1450	1602	1333	1570	1202	1636	1648	
1989	1417	1597	1967	1521	1774	1352	1710	1860	
1990	1548	1806	1969	1638	1956	1533	1997	2042	
1991	1691	1965	2432	1905	2135	1689	2120	2206	
1992	1827	2428	2763	2082	2416	1987	2392	2565	
1993	2213	3182	4006	2727	2935	2539	3474	3071	2547
1994	2823	5625	5290	3754	4238	3548	4719	4411	4067
1995	3449	6407	6706	4707	4890	4291	6046	5314	4935
1996	3818	6857	6820	5032	5603	4949	7206	5686	5675
1997	3873	7634	7687	5663	6294	4955	7749	6244	5780

1－43 分行业职工平均货币工资指数

(城镇集体经济单位)

INDEXES OF AVERAGE MONEY WAGES OF FORMAL EMPLOYEES BY SECTOR

(Urban Collective－owned Units)

年份 Year	合计 Total	农、林、牧、渔业 Farming, Forestry, Animal Husbandry and Fishery	采掘业 Mining and Quarrying	制造业 Manufac－turing	电力、煤气及水的生产和供应业 Electricity, Gas and Water Production and Supply	建筑业 Constr－uction	地质勘查业、水利管理业 Geological Prospect－ing, Water Conserva－ncy	交通运输、仓储及邮电通信业 Transport, Storage and Commu－nications
一、以上年为100 last year＝100								
1979	107.1	139.4	107.9	106.4	109.1	109.7	95.2	103.2
1980	114.9	108.3	114.7	115.6	91.7	109.9	122.5	103.6
1981	103.0	109.1	103.6	103.5	150.0	102.9	100.0	102.7
1982	104.5	105.5	101.3	102.1	100.0	107.8	114.3	109.0
1983	104.0	100.9	103.3	103.8	100.0	106.7	100.0	100.7
1984	116.2	116.1	118.2	118.6	123.1	113.2	112.5	115.2
1985	119.2	117.4	121.4	119.6	108.3	114.8	100.0	114.9
1986	112.9	120.6	110.9	111.6	131.3	111.9	142.9	112.9
1987	110.5	111.9	107.5	109.7	142.9	112.0	103.7	108.6
1988	118.1	113.5	118.9	117.7	103.5	115.7	112.5	114.0
1989	109.2	106.0	118.6	109.7	125.6	110.4	66.7	111.8
1990	108.0	105.1	128.6	106.5	131.3	109.8	121.2	105.5
1991	111.0	110.3	106.3	110.8	121.3	114.5	145.6	111.6
1992	113.0	108.9	102.0	112.2	105.7	115.3	124.0	111.7
1993	122.9	126.9	116.3	122.4	129.3	124.6	130.0	130.9
1994	125.2	133.0	120.0	124.6	162.0	123.7	129.9	114.7
1995	121.1	116.6	131.8	120.8	130.1	118.8	116.3	115.2
1996	109.4	130.3	107.8	107.8	111.6	108.9	111.4	110.5
1997	104.9	103.4	104.9	102.8	108.9	107.3	132.6	102.4
二、以1978年为100 1978＝100								
1979	107.1	139.4	107.9	106.4	109.1	109.7	95.2	103.2
1980	123.1	151.0	123.8	123.0	100.0	120.5	116.7	106.9
1981	126.9	164.7	128.3	127.3	150.0	124.0	116.7	109.8
1982	132.6	173.7	129.9	130.0	150.0	133.7	133.3	119.6
1983	137.9	175.3	134.2	134.9	150.0	142.6	133.3	120.5
1984	160.3	203.6	158.5	160.0	184.6	161.4	150.0	138.8
1985	191.1	239.0	192.6	191.4	200.0	185.3	150.0	159.5
1986	215.8	288.2	213.5	213.7	262.5	207.3	214.3	180.1
1987	238.5	322.4	229.5	234.5	375.0	232.2	222.2	195.5
1988	281.8	366.0	273.0	275.9	388.2	268.8	250.0	222.8
1989	307.7	388.0	323.8	302.7	487.5	296.7	166.7	249.1
1990	332.2	407.8	416.5	322.4	640.0	325.7	202.0	262.7
1991	368.8	449.9	442.9	357.2	776.5	373.0	294.1	293.2
1992	416.8	489.9	451.9	400.9	821.1	429.9	364.6	327.4
1993	512.3	621.6	525.6	490.7	1061.7	535.6	473.9	428.7
1994	641.3	826.8	631.0	611.5	1720.2	662.5	615.3	491.8
1995	776.9	964.2	831.4	738.7	2238.3	787.2	715.7	566.8
1996	850.2	1256.4	896.5	796.3	2497.2	857.1	797.3	626.4
1997	891.7	1299.6	940.8	818.8	2719.2	920.1	1057.0	641.6

1－43 续表1 continued

年份 Year	批发和零售贸易、餐饮业 Wholesale and Retail Trade, Restaurants	金融、保险业 Financial Intermediation and Insurance	房地产业 Real Estate Activities	社会服务业 Social Services	卫生、体育和社会福利业 Health Care, Sporting and Social Welfare	教育、文化艺术和广播电影电视业 Education, Culture and Arts, Radio, Film and Television	科学研究和综合技术服务业 Scientific Research and Polytechnical Services	国家机关、政党机关和社会团体 Government Agencies, Party Agencies and Social Organizations	其他 Others
一、以上年为100 last year＝100									
1979	110.0	108.6	101.8	117.8	107.9	106.9	100.0	102.6	
1980	117.1	112.1	134.2	110.0	118.4	127.7	114.2	115.2	
1981	102.5	102.2	92.5	103.2	104.7	100.0	116.8	114.3	
1982	99.7	102.0	111.9	103.0	113.6	120.8	90.0	100.0	
1983	101.8	103.4	115.2	108.7	104.5	102.3	125.0	116.1	
1984	167.4	115.9	113.2	109.1	108.2	118.5	120.0	123.9	
1985	89.7	118.1	122.1	109.5	117.3	122.9	116.9	118.2	
1986	110.5	121.7	117.9	131.1	124.3	121.3	122.2	117.3	
1987	110.9	107.4	91.3	110.4	106.9	109.3	102.6	111.5	
1988	119.4	117.4	141.8	114.3	121.1	116.4	124.0	120.5	
1989	106.1	110.1	122.8	114.1	113.0	112.5	104.5	112.9	
1990	109.2	113.1	100.1	107.7	110.3	113.4	116.8	109.8	
1991	109.3	108.8	123.5	116.3	109.2	110.2	106.2	108.0	
1992	108.0	123.6	113.6	109.3	113.2	117.6	112.8	116.3	
1993	121.1	131.1	145.0	131.0	121.5	127.8	145.2	119.7	
1994	127.6	176.8	132.0	137.6	144.4	139.7	135.8	143.6	159.7
1995	122.2	113.9	126.8	125.4	115.4	120.9	128.1	120.5	121.3
1996	110.7	107.0	101.7	106.9	114.6	115.3	119.2	107.0	115.0
1997	101.4	111.3	112.7	112.5	112.3	100.1	107.5	109.8	101.9
二、以1978年为100 1978＝100									
1979	110.0	108.6	101.8	117.8	107.9	106.9	100.0	102.6	
1980	128.8	121.7	136.6	129.5	127.7	136.6	114.2	118.2	
1981	132.0	124.3	126.4	133.7	133.7	136.6	133.4	135.2	
1982	131.5	126.8	141.4	137.7	151.9	165.0	120.0	135.2	
1983	134.0	131.2	162.9	149.7	158.7	168.8	150.0	156.9	
1984	224.2	152.1	184.3	163.3	171.7	200.0	180.0	194.5	
1985	201.1	179.7	225.0	178.8	201.4	245.7	210.4	229.9	
1986	222.3	218.6	265.2	234.4	250.4	298.1	257.2	269.7	
1987	246.6	234.8	242.1	258.8	267.8	325.9	263.8	300.7	
1988	294.3	275.7	343.3	295.7	324.4	379.2	327.2	362.2	
1989	312.4	303.6	421.5	337.4	366.5	426.5	342.0	408.8	
1990	341.3	343.3	421.9	363.4	404.1	483.6	399.4	448.8	
1991	372.9	373.6	521.1	422.6	441.1	532.8	424.0	484.8	
1992	402.8	461.6	592.1	461.9	499.2	626.8	478.4	563.7	
1993	488.0	605.0	858.5	605.0	606.4	801.1	694.7	675.0	
1994	622.5	1069.4	1133.6	832.7	875.6	1119.2	943.8	969.5	－
1995	760.5	1218.1	1437.0	1044.0	1010.3	1353.6	1209.2	1167.9	－
1996	841.9	1303.6	1461.4	1116.1	1157.6	1561.2	1441.2	1249.7	－
1997	854.0	1451.3	1647.2	1256.1	1300.4	1563.1	1549.8	1372.3	－

1－44 分行业职工平均实际工资指数

(城镇集体经济单位)

INDEXES OF AVERAGE REAL WAGES OF FORMAL EMPLOYEES BY SECTOR

(Urban Collective－owned Units)

年份 Year	合计 Total	农、林、牧、渔业 Farming, Forestry, Animal Husbandry and Fishery	采掘业 Mining and Quarrying	制造业 Manufac－turing	电力、煤气及水的生产和供应业 Electricity, Gas and Water Production and Supply	建筑业 Constr－uction	地质勘查业、水利管理业 Geological Prospect－ing, Water Conserva－ncy	交通运输、仓储及邮电通信业 Transport, Storage and Commu－nications
一、以上年为100 last year＝100								
1979	105.1	136.8	105.9	104.4	107.1	107.6	93.5	101.3
1980	106.9	100.8	106.7	107.5	85.3	102.2	114.0	96.4
1981	100.5	106.4	101.1	101.0	146.3	100.4	97.6	100.2
1982	102.5	103.4	99.3	100.1	98.0	105.6	112.0	106.8
1983	102.0	99.0	101.3	101.8	98.0	104.6	98.0	98.7
1984	113.1	113.1	115.0	115.5	119.8	110.3	109.5	112.2
1985	106.6	104.9	108.5	106.9	96.8	102.6	89.4	102.7
1986	105.5	112.7	103.6	104.3	122.7	104.5	133.5	105.5
1987	101.6	102.8	98.8	100.8	131.3	103.0	95.3	99.8
1988	97.9	94.1	98.5	97.5	85.8	95.9	93.2	94.4
1989	93.9	91.1	102.0	94.3	108.0	94.9	57.3	96.1
1990	106.6	103.8	127.0	105.2	129.6	108.4	119.7	104.1
1991	105.6	105.0	101.2	105.4	115.4	109.0	138.5	106.2
1992	104.1	100.3	93.9	103.3	97.4	106.1	114.1	102.8
1993	105.9	109.3	100.2	105.4	111.4	107.3	112.0	112.8
1994	100.2	106.4	96.0	99.7	129.6	99.0	103.9	91.8
1995	103.7	99.8	112.8	103.5	111.4	101.7	99.6	98.7
1996	100.6	119.8	99.1	99.1	102.5	100.1	102.4	101.6
1997	101.7	100.3	101.7	99.7	105.6	104.1	128.6	99.3
二、以1978年为100 1978＝100								
1979	105.1	136.8	105.9	104.4	107.1	107.6	93.5	101.3
1980	112.4	137.9	113.1	112.3	91.3	110.1	106.5	97.6
1981	113.1	146.8	114.3	113.5	133.7	110.6	104.0	97.9
1982	115.9	151.8	113.6	113.6	131.1	116.8	116.6	104.6
1983	118.2	150.2	115.0	115.6	128.5	122.2	114.3	103.3
1984	133.7	169.8	132.2	133.5	154.0	134.6	125.1	115.8
1985	142.4	178.1	143.5	142.6	149.0	138.1	111.8	118.9
1986	150.3	200.7	148.7	148.8	182.8	144.4	149.2	125.4
1987	152.7	206.4	146.9	150.1	240.1	148.7	142.3	125.1
1988	149.5	194.2	144.8	146.4	206.0	142.6	132.6	118.2
1989	140.4	177.0	147.7	138.1	222.4	135.4	76.0	113.6
1990	149.6	183.7	187.6	145.2	288.3	146.7	91.0	118.3
1991	157.9	192.6	189.6	152.9	332.4	159.7	125.9	125.5
1992	164.3	193.1	178.1	158.0	323.6	169.4	143.7	129.1
1993	173.9	211.1	178.5	166.6	360.5	181.8	160.9	145.6
1994	174.3	224.6	171.4	166.1	467.2	179.9	167.1	133.6
1995	180.8	224.2	193.3	171.8	520.5	183.1	166.4	131.8
1996	181.8	268.5	191.6	170.3	533.7	183.2	170.4	133.9
1997	185.0	269.3	194.9	169.8	563.7	190.7	219.2	133.0

1－44 续表1 continued

年份 Year	批发和零售贸易、餐饮业 Wholesale and Retail Trade, Restau－rants	金融、保险业 Financial Intermedi－ation and Insurance	房地产业 Real Estate Activi－ties	社会服务业 Social Services	卫生、体育和社会福利业 Health Care, Sporting and Social Welfare	教育、文化艺术和广播电影电视业 Education, Culture and Arts, Radio, Film and Television	科学研究和综合技术服务业 Scientific Research and Polytec－hnical Services	国家机关、政党机关和社会团体 Government Agencies, Party Age－ncies and Social Org－anizations	其他 Others
一、以上年为100 **last year＝100**									
1979	107.9	106.5	99.9	115.6	105.8	104.9	98.1	100.7	
1980	108.9	104.3	124.8	102.3	110.1	118.8	106.2	107.2	
1981	100.0	99.7	90.3	100.7	102.1	97.6	114.0	111.5	
1982	97.7	100.0	109.7	101.0	111.4	118.4	88.2	98.0	
1983	99.8	101.4	112.9	106.6	102.4	100.3	122.5	113.8	
1984	163.0	112.9	110.2	106.2	105.4	115.4	116.8	120.7	
1985	80.2	105.6	109.1	97.9	104.9	109.8	104.5	105.6	
1986	103.3	113.7	110.1	122.5	116.2	113.4	114.2	109.6	
1987	101.9	98.7	83.9	101.5	98.3	100.5	94.3	102.5	
1988	98.9	97.3	117.5	94.7	100.4	96.4	102.8	99.8	
1989	91.3	94.7	105.6	98.1	97.2	96.7	89.9	97.0	
1990	107.8	111.6	98.8	106.3	108.8	111.9	115.3	108.4	
1991	104.0	103.5	117.5	110.7	103.9	104.8	101.0	102.8	
1992	99.5	113.8	104.6	100.6	104.2	108.3	103.9	107.1	
1993	104.3	112.9	124.9	112.8	104.6	110.1	125.1	103.1	
1994	102.1	141.4	105.6	110.1	115.5	111.8	108.7	114.9	127.8
1995	104.6	97.5	108.5	107.4	98.8	103.5	109.7	103.1	103.9
1996	101.7	98.4	93.5	98.3	105.3	106.0	109.5	98.3	105.7
1997	98.4	108.0	109.3	109.1	108.9	97.1	104.3	106.5	98.8
二、以1978年为100 **1978＝100**									
1979	107.9	106.5	99.9	115.6	105.8	104.9	98.1	100.7	
1980	117.6	111.1	124.8	118.2	116.6	124.7	104.3	108.0	
1981	117.6	110.8	112.7	119.1	119.1	121.7	118.9	120.5	
1982	115.0	110.8	123.6	120.4	132.7	144.2	104.9	118.2	
1983	114.8	112.4	139.6	128.2	136.0	144.6	128.5	134.5	
1984	187.0	126.8	153.7	136.2	143.2	166.8	150.1	162.2	
1985	149.9	133.9	167.7	133.2	150.1	183.1	156.8	171.3	
1986	154.8	152.3	184.7	163.2	174.4	207.6	179.1	187.8	
1987	157.9	150.3	155.0	165.7	171.4	208.6	168.9	192.5	
1988	156.1	146.2	182.1	156.9	172.1	201.2	173.6	192.1	
1989	142.5	138.5	192.3	153.9	167.2	194.6	156.0	186.5	
1990	153.7	154.7	190.1	163.7	182.0	217.8	179.9	202.2	
1991	159.6	159.9	223.1	180.9	188.8	228.1	181.5	207.5	
1992	158.8	181.9	233.4	182.1	196.8	247.1	188.6	222.2	
1993	165.7	205.4	291.5	205.4	205.9	272.0	235.9	229.2	
1994	169.1	290.5	307.9	226.2	237.8	304.0	256.3	263.3	－
1995	176.9	283.2	334.2	242.8	234.9	314.8	281.2	271.6	－
1996	179.9	278.6	312.4	238.5	247.4	333.7	308.0	267.1	－
1997	176.9	300.8	341.5	260.2	269.5	324.0	321.1	284.5	－

1－45 分行业职工平均工资

(其他经济单位)

AVERAGE WAGES OF FORMAL EMPLOYEES BY SECTOR

(Other Ownership Units)

单位: 元 (yuan)

年份 Year	合计 Total	农、林、牧、渔业 Farming, Forestry, Animal Husbandry and Fishery	采掘业 Mining and Quarrying	制造业 Manufacturing	电力、煤气及水的生产和供应业 Electricity, Gas and Water Production and Supply	建筑业 Construction	地质勘查业、水利管理业 Geological Prospecting, Water Conservancy	交通运输、仓储及邮电通信业 Transport, Storage and Communications
1984	1048	543		1007		1513		1696
1985	1436	1519	1270	1328	1270	1000		2429
1986	1629	1806		1528		2299		2543
1987	1879	2106		1789		2503		2760
1988	2382	2560	2239	2462	2104	4000		3368
1989	2707	2938	2427	2889	3232	5000		3846
1990	2987	3778	2270	3055	3088	3571	5714	3667
1991	3468	3760	3855	3626	3333	4641	4615	5500
1992	3966	4069	3579	4154	4238	5061	5263	5955
1993	4966	3905	3423	4874	6309	4464	7441	6450
1994	6303	5394	4233	6096	8005	5766	4362	8713
1995	7463	6992	5174	7245	10746	6798	5408	10492
1996	8261	7389	5217	7945	12030	6937	6464	11931
1997	8789	7061	5385	8367	12127	7517	5770	13734

1－45 续表1 continued

单位: 元 (yuan)

年份 Year	批发和零售贸易、餐饮业 Wholesale and Retail Trade, Restaurants	金融、保险业 Financial Intermediation and Insurance	房地产业 Real Estate Activities	社会服务业 Social Services	卫生、体育和社会福利业 Health Care, Sporting and Social Welfare	教育、文化艺术和广播电影电视业 Education, Culture and Arts, Radio, Film and Television	科学研究和综合技术服务业 Scientific Research and Polytechnical Services
1984	1428	2500		1741			
1985	1955	2107		1904		3184	1728
1986	1971	2457		2126	1583	2245	2533
1987	2142	2745		2310	2793	2451	1967
1988	2512	3902	1296	2856	2903	2498	2544
1989	2882	4376	1776	3202	2945	3604	3241
1990	3284	5565	2517	3463	5430	4022	3425
1991	3585	6041	4923	4004	4817	4560	3906
1992	4368	9761	5561	4545	5461	5107	5033
1993	4975	6073	4940	5934	3665	5289	5645
1994	6460	10400	9610	8013	7051	8360	7882
1995	7190	12949	10746	9274	8668	8968	9678
1996	7862	15818	11801	10820	11014	10172	13358
1997	8051	17970	13249	11812	11863	10017	14370

1－46 分行业职工平均货币工资指数

(其他经济单位)

INDEXES OF AVERAGE MONEY WAGES OF FORMAL EMPLOYEES BY SECTOR

(Other Ownership Units)

年份 Year	合 计 Total	农、林、牧、渔业 Farming, Forestry, Animal Husbandry and Fishery	采掘业 Mining and Quarrying	制造业 Manufacturing	电力、煤气及水的生产和供应业 Electricity, Gas and Water Production and Supply	建筑业 Construction	地质勘查业、水利管理业 Geological Prospecting, Water Conservancy	交通运输、仓储及邮电通信业 Transport, Storage and Communications
一、以上年为100 last year＝100								
1985	137.0	279.7		131.9		66.1		143.2
1986	113.4	118.9		115.1		229.9		104.7
1987	115.3	116.6		117.1		108.9		108.5
1988	126.8	121.6		137.6		159.8		122.0
1989	113.6	114.8	108.4	117.3	153.6	125.0		114.2
1990	110.3	128.6	93.5	105.7	95.5	71.4		95.3
1991	116.1	99.5	169.8	118.7	107.9	130.0	80.8	150.0
1992	114.4	108.2	92.8	114.6	127.2	109.0	114.0	108.3
1993	125.2	96.0	95.6	117.3	148.9	88.2	141.4	108.3
1994	126.9	138.1	123.7	125.1	126.9	129.2	58.6	135.1
1995	118.4	129.6	122.2	118.8	134.2	117.9	124.0	120.4
1996	110.7	105.7	100.8	109.7	111.9	102.0	119.5	113.7
1997	106.4	95.6	103.2	105.4	100.8	108.4	89.3	115.1
二、以1984年为100 1984＝100			**(1985＝100)**		**(1985＝100)**			
1985	137.0	279.7		131.9		66.1		143.2
1986	155.4	332.6		151.7		151.9		149.9
1987	179.3	387.8		177.7		165.4		162.7
1988	227.3	471.5	176.3	244.5	165.7	264.4		198.6
1989	258.3	541.1	191.1	286.9	254.5	330.5		226.8
1990	285.0	695.8	178.7	303.4	243.1	236.0		216.2
1991	330.9	692.4	303.5	360.1	262.4	306.7		324.3
1992	378.4	749.4	281.8	412.5	333.7	334.5		351.1
1993	473.9	719.2	269.5	484.0	496.8	295.0		380.3
1994	601.3	993.4	333.3	605.4	630.3	381.1		513.7
1995	712.1	1287.7	407.4	719.5	846.1	449.3		618.6
1996	788.3	1360.8	410.8	789.0	947.2	458.5		703.5
1997	838.7	1300.4	424.0	831.8	954.8	496.8		809.8

1－46 续表1 continued

年份 Year	批发和零售贸易、餐饮业 Wholesale and Retail Trade, Restaurants	金融、保险业 Financial Intermedi－ation and Insurance	房地产业 Real Estate Activities	社会服务业 Social Services	卫生、体育和社会福利业 Health Care, Sporting and Social Welfare	教育、文化艺术和广播电影电视业 Education, Culture and Arts, Radio, Film and Television	科学研究和综合技术服务业 Scientific Research and Polytec－hnical Services
一、以上年为100 **last year＝100**							
1985	136.9	84.3		109.4			
1986	100.8	116.6		111.7		70.5	146.6
1987	108.7	111.7		108.7	176.4	109.2	77.7
1988	117.3	142.1		123.6	103.9	101.9	129.3
1989	114.7	112.1	137.0	112.1	101.4	144.3	127.4
1990	113.9	127.2	141.7	108.2	184.4	111.6	105.7
1991	109.2	108.6	195.6	115.6	88.7	113.4	114.0
1992	121.8	161.6	113.0	113.5	113.4	112.0	128.9
1993	113.9	62.2	88.8	130.6	67.1	103.6	112.2
1994	129.8	171.2	194.6	135.0	192.4	158.1	139.6
1995	111.3	124.5	111.8	115.7	122.9	107.3	122.8
1996	109.3	122.2	109.8	116.7	127.1	113.4	138.0
1997	102.4	113.6	112.3	109.2	107.7	98.5	107.6
二、以1984年为100 **1984＝100**			**(1988＝100)**		**(1986＝100)**	**(1985＝100)**	**(1985＝100)**
1985	136.9	84.3		109.4			
1986	138.0	98.3		122.1		70.5	146.6
1987	150.0	109.8		132.7	176.4	77.0	113.8
1988	175.9	156.1		164.0	183.4	78.5	147.2
1989	201.8	175.0	137.0	183.9	186.0	113.2	187.6
1990	230.0	222.6	194.2	198.9	343.0	126.3	198.2
1991	251.1	241.6	379.9	230.0	304.3	143.2	226.0
1992	305.9	390.4	429.1	261.1	345.0	160.4	291.3
1993	348.4	242.9	381.2	340.8	231.5	166.1	326.7
1994	452.4	416.0	741.6	460.3	445.4	262.6	456.1
1995	503.5	518.0	829.2	532.7	547.6	281.7	560.1
1996	550.6	632.7	910.6	621.5	695.8	319.5	773.0
1997	563.8	718.8	1022.3	678.5	749.4	314.6	831.6

1－47 分行业职工平均实际工资指数

(其他经济单位)

INDEXES OF AVERAGE REAL WAGE OF FORMAL EMPLOYEES BY SECTOR

(Other Ownership Units)

年份 Year	合 计 Total	农、林、牧、渔业 Farming, Forestry, Animal Husbandry and Fishery	采掘业 Mining and Quarrying	制造业 Manufac－turing	电力、煤气及水的生产和供应业 Electricity, Gas and Water Production and Supply	建筑业 Constr－uction	地质勘查业、水利管理业 Geological Prospect－ing, Water Conserva－ncy	交通运输、仓储及邮电通信业 Transport, Storage and Commu－nications
一、以上年为100 **last year＝100**								
1985	122.5	250.0		117.9		59.1		128.0
1986	106.0	111.1		107.5		214.9		97.8
1987	106.0	107.2		107.6		100.1		99.8
1988	105.0	100.7		114.0		132.4		101.1
1989	97.7	98.7	93.2	100.9	132.1	107.5		98.2
1990	108.9	126.9	92.3	104.4	94.3	70.5		94.1
1991	110.5	94.7	161.6	112.9	102.7	123.7	76.8	142.7
1992	105.3	99.6	85.5	105.5	117.1	100.4	105.0	99.7
1993	107.9	82.7	82.4	101.1	128.2	76.0	121.8	93.3
1994	101.5	110.5	98.9	100.1	101.5	103.3	46.9	108.1
1995	101.4	111.0	104.6	101.8	114.9	100.9	106.1	103.1
1996	101.7	97.1	92.7	100.8	102.9	93.8	109.9	104.5
1997	103.2	92.7	100.1	102.3	97.8	105.1	86.6	111.7
二、以1984年为100 **1984＝100**			**(1985＝100)**		**(1985＝100)**			
1985	122.5	250.0		117.9		59.1		128.0
1986	129.8	277.8		126.7		126.9		125.2
1987	137.6	297.7		136.4		127.0		124.9
1988	144.6	299.8	125.5	155.5	117.9	168.1		126.3
1989	141.3	295.9	116.9	156.9	155.7	180.7		124.0
1990	153.9	375.6	108.0	163.8	146.9	127.4		116.7
1991	170.0	355.7	174.5	185.0	150.8	157.6		166.6
1992	179.0	354.4	149.1	195.1	176.6	158.2		166.1
1993	193.0	293.0	122.9	197.2	226.5	120.2		154.9
1994	196.0	323.7	121.6	197.3	229.9	124.2		167.4
1995	198.7	359.3	127.2	200.7	264.2	125.4		172.6
1996	202.1	349.0	117.9	202.3	271.8	117.6		180.4
1997	208.6	323.5	118.0	206.9	265.8	123.6		201.4

1－47 续表1 continued

年份 Year	批发和零售贸易、餐饮业 Wholesale and Retail Trade, Restaurants	金融、保险业 Financial Intermedi－ation and Insurance	房地产业 Real Estate Activities	社会服务业 Social Services	卫生、体育和社会福利业 Health Care, Sporting and Social Welfare	教育、文化艺术和广播电影电视业 Education, Culture and Arts, Radio, Film and Television	科学研究和综合技术服务业 Scientific Research and Polytec－hnical Services
一、以上年为100 last year＝100							
1985	122.3	75.3		97.7			
1986	94.2	109.0		104.4		65.9	137.0
1987	99.9	102.7		99.9	162.2	100.3	71.4
1988	97.2	117.8		102.4	86.1	84.4	107.2
1989	98.6	96.4	117.8	96.4	87.2	124.1	109.5
1990	112.5	125.5	139.9	106.8	182.0	110.2	104.3
1991	103.9	103.3	186.1	110.0	84.4	107.9	108.5
1992	112.2	148.8	104.0	104.5	104.4	103.1	118.6
1993	98.1	53.6	76.5	112.5	57.8	89.2	96.6
1994	103.9	137.0	155.6	108.0	153.9	126.5	111.7
1995	95.3	106.6	95.7	99.1	105.3	91.8	105.1
1996	100.5	112.3	100.9	107.2	116.8	104.3	126.9
1997	99.3	110.2	108.9	105.9	104.5	95.5	104.3
二、以1984年为100 1984＝100			**(1988＝100)**		**(1986＝100)**	**(1985＝100)**	**(1985＝100)**
1985	122.3	75.3		97.7			
1986	115.3	82.1		102.0		65.9	137.0
1987	115.1	84.3		101.9	162.2	66.1	97.8
1988	111.9	99.3		104.3	139.6	55.8	104.8
1989	110.4	95.7	117.8	100.6	121.8	69.3	114.8
1990	124.1	120.2	164.9	107.4	221.7	76.3	119.7
1991	128.9	124.1	306.8	118.1	187.1	82.3	129.9
1992	144.7	184.7	319.1	123.5	195.4	84.9	154.1
1993	141.9	99.0	244.2	138.8	112.9	75.7	148.9
1994	147.4	135.6	380.0	150.0	173.8	95.8	166.3
1995	140.5	144.5	363.8	148.6	182.9	87.9	174.9
1996	141.2	162.3	367.2	159.4	213.6	91.7	221.8
1997	140.2	178.8	399.9	168.8	223.1	87.6	231.4

1-48 分地区从业人员按受教育程度分组构成

COMPOSITION OF EMPLOYEES BY EDUCATIONAL ATTAINMENT AND REGION

单位：% （%）

地区 Region	合计 Total	男 Male	女 Female	不识字 Illiterate and Semi-illiterate	小学 Primary School	初中 Junior School	高中 Senior School	大专及以上 College & Above
全国总计 National	**100.0**	**53.5**	**46.5**	**11.6**	**34.8**	**37.9**	**12.1**	**3.5**
北京 Beijing	100.0	55.8	44.2	1.8	8.2	40.9	31.1	18.0
天津 Tianjin	100.0	55.7	44.3	3.5	21.8	40.7	23.7	10.3
河北 Hebei	100.0	54.3	45.7	8.9	30.9	43.8	13.7	2.8
山西 Shanxi	100.0	55.5	44.5	5.6	29.5	46.0	14.3	4.6
内蒙古 Inner Mongolia	100.0	55.3	44.7	13.1	31.6	36.2	14.2	4.8
辽宁 Liaoning	100.0	54.2	45.8	3.3	27.0	47.8	14.3	7.6
吉林 Jilin	100.0	54.6	45.4	3.5	32.0	38.8	19.7	6.1
黑龙江 Heilongjiang	100.0	56.5	43.5	4.9	29.1	43.7	15.7	6.6
上海 Shanghai	100.0	53.6	46.4	4.1	13.3	42.9	28.1	11.6
江苏 Jiangsu	100.0	51.8	48.2	13.7	29.4	41.1	13.2	2.6
浙江 Zhejiang	100.0	57.3	42.7	11.1	37.7	36.8	11.2	3.2
安徽 Anhui	100.0	53.6	46.4	15.5	36.6	37.4	8.1	2.3
福建 Fujian	100.0	54.7	45.3	12.0	42.2	30.3	11.7	3.8
江西 Jiangxi	100.0	53.7	46.3	7.8	43.2	35.7	10.9	2.4
山东 Shandong	100.0	52.9	47.1	16.4	31.4	39.7	10.3	2.1
河南 Henan	100.0	52.5	47.5	10.1	29.3	47.5	11.1	1.9
湖北 Hubei	100.0	52.9	47.1	11.1	33.8	36.8	13.7	4.6
湖南 Hunan	100.0	53.5	46.5	7.2	39.5	39.0	12.0	2.4
广东 Guangdong	100.0	52.7	47.3	4.6	35.7	39.8	14.9	5.1
广西 Guangxi	100.0	52.7	47.3	10.7	43.3	36.7	8.2	1.2
海南 Hainan	100.0	53.1	46.9	10.3	27.6	43.0	15.9	3.2
重庆 Chongqing	100.0	52.6	47.4	12.5	46.1	31.1	8.0	2.3
四川 Sichuan	100.0	52.3	47.7	14.3	42.6	31.6	9.1	2.5
贵州 Guizhou	100.0	53.5	46.5	24.0	42.9	23.7	6.6	2.8
云南 Yunnan	100.0	52.1	47.9	21.3	46.5	24.2	6.5	1.6
西藏 Tibet	100.0	48.6	51.4	54.3	42.1	2.6	0.5	0.5
陕西 Shaanxi	100.0	54.2	45.8	12.6	31.4	37.8	14.4	3.8
甘肃 Gansu	100.0	53.0	47.0	23.9	32.1	30.6	11.3	2.1
青海 Qinghai	100.0	52.6	47.4	43.5	25.9	20.3	7.7	2.7
宁夏 Ningxia	100.0	53.0	47.0	24.8	26.1	32.5	12.2	4.4
新疆 Xinjiang	100.0	54.1	45.9	9.7	36.1	31.6	14.8	7.8

注：资料来源：1997年人口变动情况抽样调查（下同）。

a) Data Resource: '97 Population Changement Sampling Survey (the same as below).

1-49 分地区男性从业人员按受教育程度分组构成
COMPOSITION OF MALE EMPLOYEES BY EDUCATIONAL ATTAINMENT AND REGION

单位: %　　　　　　　　　　　　　　　　　　　　　　　　　　　　　(%)

地　区	Region	合　计 Total	不识字 Illiterate and Semi-illiterate	小学 Primary School	初中 Junior School	高中 Senior School	大专及以上 College & Above
全国总计	**National**	**100.0**	**7.3**	**32.6**	**42.5**	**13.5**	**4.2**
北　京	Beijing	100.0	1.6	8.8	42.8	28.0	18.8
天　津	Tianjin	100.0	2.6	20.9	43.8	22.3	10.4
河　北	Hebei	100.0	6.0	28.3	47.8	14.6	3.2
山　西	Shanxi	100.0	4.3	26.4	49.3	15.0	5.0
内蒙古	Inner Mongolia	100.0	8.7	30.6	40.7	14.7	5.3
辽　宁	Liaoning	100.0	2.2	25.3	49.5	14.7	8.3
吉　林	Jilin	100.0	2.9	29.5	41.3	19.8	6.5
黑龙江	Heilongjiang	100.0	3.4	27.3	47.1	15.6	6.7
上　海	Shanghai	100.0	2.1	12.6	43.8	27.4	14.1
江　苏	Jiangsu	100.0	8.1	26.8	45.6	15.8	3.7
浙　江	Zhejiang	100.0	8.6	37.6	38.9	11.1	3.7
安　徽	Anhui	100.0	10.0	32.4	44.5	10.0	3.1
福　建	Fujian	100.0	6.3	37.5	37.7	13.7	4.8
江　西	Jiangxi	100.0	4.1	36.5	42.9	13.2	3.3
山　东	Shandong	100.0	10.8	27.9	45.9	12.8	2.6
河　南	Henan	100.0	6.2	26.0	52.1	13.3	2.4
湖　北	Hubei	100.0	6.4	30.6	42.4	15.1	5.5
湖　南	Hunan	100.0	4.2	37.4	41.5	13.9	3.0
广　东	Guangdong	100.0	2.1	31.0	43.2	17.3	6.4
广　西	Guangxi	100.0	5.5	41.1	42.1	10.0	1.4
海　南	Hainan	100.0	5.6	23.5	46.9	19.7	4.3
重　庆	Chongqing	100.0	7.3	46.3	34.7	9.0	2.7
四　川	Sichuan	100.0	9.0	42.5	35.7	9.7	3.0
贵　州	Guizhou	100.0	12.2	46.0	31.4	7.2	3.2
云　南	Yunnan	100.0	14.3	47.5	29.1	7.2	1.9
西　藏	Tibet	100.0	44.8	50.5	3.2	0.6	0.8
陕　西	Shaanxi	100.0	9.1	28.7	41.5	16.0	4.7
甘　肃	Gansu	100.0	15.4	32.6	36.1	13.4	2.5
青　海	Qinghai	100.0	31.7	31.7	25.6	7.9	3.2
宁　夏	Ningxia	100.0	16.2	27.6	37.2	13.8	5.2
新　疆	Xinjiang	100.0	8.5	34.3	34.3	14.7	8.2

1－50 分地区女性从业人员按受教育程度分组构成

COMPOSITION OF FEMALE EMPLOYEES BY EDUCATIONAL ATTAINMENT AND REGION

单位：%　　　　　　　　　　　　　　　　　　　　　　　　　　　　(%)

地区 Region	合计 Total	不识字 Illiterate and Semi－illiterate	小学 Primary School	初中 Junior School	高中 Senior School	大专及以上 College & Above
全国总计 National	**100.0**	**16.6**	**37.4**	**32.7**	**10.5**	**2.8**
北京 Beijing	100.0	2.1	7.5	38.3	35.0	17.1
天津 Tianjin	100.0	4.5	22.9	36.9	25.5	10.2
河北 Hebei	100.0	12.4	33.9	38.9	12.5	2.3
山西 Shanxi	100.0	7.2	33.2	41.9	13.6	4.1
内蒙古 Inner Mongolia	100.0	18.5	33.0	30.6	13.6	4.3
辽宁 Liaoning	100.0	4.5	29.0	45.8	13.9	6.9
吉林 Jilin	100.0	4.1	35.0	35.7	19.6	5.5
黑龙江 Heilongjiang	100.0	6.8	31.4	39.4	15.8	6.5
上海 Shanghai	100.0	6.4	14.0	41.8	29.0	8.8
江苏 Jiangsu	100.0	19.7	32.2	36.2	10.5	1.4
浙江 Zhejiang	100.0	14.4	38.0	33.9	11.2	2.5
安徽 Anhui	100.0	21.9	41.5	29.1	6.0	1.5
福建 Fujian	100.0	18.8	47.8	21.3	9.4	2.7
江西 Jiangxi	100.0	12.1	51.0	27.3	8.2	1.4
山东 Shandong	100.0	22.7	35.5	32.8	7.5	1.5
河南 Henan	100.0	14.5	32.9	42.5	8.7	1.4
湖北 Hubei	100.0	16.4	37.5	30.5	12.2	3.6
湖南 Hunan	100.0	10.6	41.8	36.1	9.9	1.6
广东 Guangdong	100.0	7.4	40.8	36.0	12.2	3.6
广西 Guangxi	100.0	16.5	45.7	30.8	6.1	0.9
海南 Hainan	100.0	15.5	32.2	38.4	11.8	2.0
重庆 Chongqing	100.0	18.2	46.0	27.1	7.0	1.8
四川 Sichuan	100.0	20.1	42.6	27.0	8.3	1.9
贵州 Guizhou	100.0	37.6	39.4	14.8	5.9	2.3
云南 Yunnan	100.0	28.8	45.4	18.8	5.7	1.1
西藏 Tibet	100.0	63.3	34.1	2.0	0.4	0.1
陕西 Shaanxi	100.0	16.8	34.7	33.4	12.4	2.7
甘肃 Gansu	100.0	33.6	31.4	24.5	8.8	1.7
青海 Qinghai	100.0	56.6	19.5	14.4	7.5	2.1
宁夏 Ningxia	100.0	34.6	24.4	27.2	10.4	3.4
新疆 Xinjiang	100.0	11.0	38.1	28.5	15.1	7.4

1-51 按受教育程度分组的从业人员年龄构成

COMPOSITION OF EMPLOYEES BY EDUCATIONAL ATTAINMENT AND AGE

单位：%　　　　(%)

年龄 Age	合计 Total	不识字 Illiterate and Semi-illiterat	小学 Primary School	初中 Junior School	高中 Senior School	大专及以上 College & Above
总计 Total	**100.0**	**100.0**	**100.0**	**100.0**	**100.0**	**100.0**
16-19岁(Age)	5.7	1.5	5.1	8.9	3.2	0.4
20-24岁	12.0	3.2	9.9	16.3	13.4	11.2
25-29岁	16.7	5.3	15.1	20.8	17.3	22.4
30-34岁	16.4	6.2	13.7	20.5	19.4	22.2
35-39岁	10.3	6.0	8.2	10.3	20.2	11.3
40-44岁	12.4	12.1	13.9	10.6	13.9	11.5
45-49岁	9.5	12.9	13.2	6.4	5.8	8.1
50-54岁	6.5	12.1	8.8	3.6	3.7	6.2
55-59岁	4.5	12.7	5.6	1.7	2.2	5.0
60-64岁	3.1	12.8	3.7	0.6	0.6	1.3
65岁+	2.9	15.2	2.8	0.4	0.3	0.5
男 Male	**100.0**	**100.0**	**100.0**	**100.0**	**100.0**	**100.0**
16-19岁(Age)	5.4	1.7	4.4	8.2	2.8	0.3
20-24岁	11.3	2.7	8.7	14.9	11.5	8.9
25-29岁	16.0	4.0	13.2	19.8	16.2	19.4
30-34岁	15.9	4.0	11.4	19.8	19.0	22.0
35-39岁	10.1	4.0	6.7	10.3	20.2	11.9
40-44岁	12.2	8.4	13.1	11.3	14.8	11.9
45-49岁	9.7	10.7	14.0	7.3	6.5	9.0
50-54岁	6.9	10.0	10.3	4.5	4.4	7.2
55-59岁	5.2	13.6	7.7	2.3	3.2	6.9
60-64岁	3.7	17.1	5.8	0.9	0.8	1.8
65岁+	3.6	23.9	4.7	0.6	0.5	0.7
女 Female	**100.0**	**100.0**	**100.0**	**100.0**	**100.0**	**100.0**
16-19岁(Age)	6.1	1.4	5.7	10.0	3.9	0.6
20-24岁	12.8	3.4	11.0	18.2	16.1	15.1
25-29岁	17.4	6.0	17.1	22.3	18.8	27.5
30-34岁	17.0	7.3	16.0	21.6	20.1	22.7
35-39岁	10.6	7.0	9.8	10.2	20.0	10.3
40-44岁	12.6	13.9	14.8	9.4	12.5	10.8
45-49岁	9.3	14.0	12.3	5.0	4.9	6.4
50-54岁	6.0	13.2	7.3	2.1	2.6	4.6
55-59岁	3.7	12.2	3.5	0.7	0.8	1.5
60-64岁	2.5	10.7	1.6	0.2	0.2	0.4
65岁+	2.2	10.8	0.9	0.1	0.1	0.1

1-52 按年龄分的从业人员受教育程度构成
EDUCATIONAL LEVEL COMPOSITION OF EMPLOYEES BY AGE

单位：%　　　　　　　　　　　　　　　　　　　　　　　　　　　　　　　　　　　(%)

年 龄 Age	合 计 Total	不识字 Illiterate and Semi-illiterate	小 学 Primary School	初 中 Junior School	高 中 Senior School	大专及以上 College & Above
总计 Total	**100.0**	**11.6**	**34.8**	**37.9**	**12.1**	**3.5**
16-19岁(Age)	100.0	3.0	30.7	59.2	6.8	0.3
20-24岁	100.0	3.1	28.6	51.5	13.5	3.3
25-29岁	100.0	3.7	31.6	47.4	12.6	4.7
30-34岁	100.0	4.4	29.0	47.5	14.3	4.8
35-39岁	100.0	6.8	27.8	37.9	23.7	3.9
40-44岁	100.0	11.4	39.3	32.5	13.6	3.3
45-49岁	100.0	15.8	48.2	25.6	7.5	3.0
50-54岁	100.0	21.7	47.2	20.8	6.8	3.4
55-59岁	100.0	32.7	43.2	14.2	6.0	3.9
60-64岁	100.0	47.7	41.5	7.1	2.2	1.5
65岁+	100.0	60.2	32.9	4.9	1.4	0.6
男 Male	**100.0**	**7.3**	**32.6**	**42.5**	**13.5**	**4.2**
16-19岁(Age)	100.0	2.2	26.6	64.0	6.9	0.3
20-24岁	100.0	1.7	25.2	56.1	13.7	3.3
25-29岁	100.0	1.8	26.9	52.5	13.7	5.1
30-34岁	100.0	1.8	23.4	52.8	16.1	5.8
35-39岁	100.0	2.9	21.6	43.5	27.1	4.9
40-44岁	100.0	5.0	34.9	39.5	16.4	4.1
45-49岁	100.0	8.0	47.0	32.0	9.1	3.9
50-54岁	100.0	10.6	48.6	27.8	8.6	4.4
55-59岁	100.0	19.0	47.9	19.0	8.4	5.6
60-64岁	100.0	33.6	51.4	10.0	3.0	2.0
65岁+	100.0	48.2	42.3	6.8	1.9	0.8
女 Female	**100.0**	**16.6**	**37.4**	**32.7**	**10.5**	**2.8**
16-19岁(Age)	100.0	3.9	35.0	54.1	6.7	0.3
20-24岁	100.0	4.5	32.2	46.8	13.3	3.3
25-29岁	100.0	5.7	36.7	42.0	11.4	4.3
30-34岁	100.0	7.1	35.1	41.7	12.4	3.7
35-39岁	100.0	11.1	34.6	31.7	19.9	2.7
40-44岁	100.0	18.4	44.1	24.6	10.5	2.4
45-49岁	100.0	25.1	49.6	17.8	5.5	1.9
50-54岁	100.0	36.3	45.3	11.6	4.6	2.1
55-59岁	100.0	54.7	35.5	6.5	2.2	1.1
60-64岁	100.0	72.2	24.4	2.0	0.9	0.5
65岁+	100.0	83.2	15.0	1.2	0.5	0.1

1－53 按受教育程度分组的城镇失业人员年龄构成
COMPOSITION OF URBAN UNEMPLOYEES BY EDUCATIONAL ATTAINMENT AND AGE

单位：%　　　　(%)

年龄 Age	合计 Total	不识字 Illiterat and Semi－illiterat	小学 Primary School	初中 Junior School	高中 Senior School	大专及以上 College & Above
总计 Total	**100.0**	**100.0**	**100.0**	**100.0**	**100.0**	**100.0**
16－19岁(Age)	13.7	2.0	5.5	13.9	17.3	5.0
20－24岁	21.6		10.6	19.5	25.5	47.6
25－29岁	18.2	7.9	15.3	20.1	16.0	20.7
30－34岁	15.4	11.9	12.9	16.3	15.1	13.7
35－39岁	11.5	11.9	10.9	9.5	15.5	5.2
40－44岁	11.1	16.8	20.7	11.9	7.6	4.3
45－49岁	5.8	27.7	16.1	6.6	1.6	1.6
50－54岁	1.7	5.9	4.4	1.8	0.9	1.4
55－59岁	0.7	5.9	2.3	0.5	0.4	0.5
60－64岁	0.2	7.9	1.0	0.1	0.1	
65岁＋	0.1	2.0	0.4			
男 Male	100.0	100.0	100.0	100.0	100.0	100.0
16－19岁(Age)	14.3	2.6	7.3	15.2	16.8	4.5
20－24岁	23.1		11.2	21.0	27.2	45.7
25－29岁	17.3	15.4	17.2	18.4	15.5	18.0
30－34岁	13.8	12.8	12.6	14.7	12.6	15.1
35－39岁	10.9	7.7	8.9	8.6	15.7	7.3
40－44岁	9.9	7.7	17.6	10.8	7.2	4.1
45－49岁	6.1	25.6	13.8	7.2	2.2	2.4
50－54岁	3.0	7.7	5.9	3.3	1.7	2.0
55－59岁	1.0	7.7	3.0	0.7	0.8	0.8
60－64岁	0.3	10.3	1.4	0.1	0.1	
65岁＋	0.2	2.6	1.0		0.1	
女 Female	100.0	100.0	100.0	100.0	100.0	100.0
16－19岁(Age)	13.2	1.6	4.1	12.7	17.7	5.7
20－24岁	20.3		10.1	18.3	24.0	50.5
25－29岁	19.0	3.2	13.5	21.6	16.5	24.2
30－34岁	16.8	11.3	13.1	17.7	17.2	11.9
35－39岁	12.0	16.1	12.6	10.2	15.3	2.6
40－44岁	12.0	22.6	23.4	12.8	8.0	4.6
45－49岁	5.6	29.0	17.8	6.1	1.2	0.5
50－54岁	0.6	4.8	3.1	0.4	0.1	
55－59岁	0.4	3.2	1.6	0.3	0.1	
60－64岁	0.2	8.1	0.7			
65岁＋						

1-54 按年龄分组的城镇失业人员受教育程度构成

EDUCATIONAL LEVEL COMPOSITION OF URBAN UNEMPLOYEES BY AGE

单位：%　　　　　　　　　　　　　　　　　　　　　　　　　　　　　　　（%）

年 龄 Age	合 计 Total	不识字 Illiterat and Semi-illiterat	小 学 Primary School	初 中 Junior School	高 中 Senior School	大专及以上 College & Above
总计 Total	**100.0**	**0.9**	**9.8**	**51.6**	**33.6**	**4.1**
16-19岁(Age)	100.0	0.1	3.9	52.0	42.4	1.5
20-24岁	100.0		4.8	46.6	39.6	9.0
25-29岁	100.0	0.4	8.2	57.1	29.7	4.7
30-34岁	100.0	0.7	8.2	54.5	32.9	3.6
35-39岁	100.0	1.0	9.2	42.5	45.4	1.9
40-44岁	100.0	1.4	18.3	55.4	23.3	1.6
45-49岁	100.0	4.5	27.0	58.1	9.4	1.1
50-54岁	100.0	3.2	24.7	52.2	16.7	3.2
55-59岁	100.0	8.1	32.4	36.5	20.3	2.7
60-64岁	100.0	33.3	45.8	12.5	8.3	
65岁+	100.0	25.0	50.0	12.5	12.5	
男 Male	**100.0**	**0.8**	**9.9**	**51.0**	**33.4**	**4.9**
16-19岁(Age)	100.0	0.1	5.0	54.1	39.2	1.5
20-24岁	100.0		4.8	46.3	39.3	9.7
25-29岁	100.0	0.7	9.9	54.3	30.0	5.1
30-34岁	100.0	0.7	9.0	54.3	30.6	5.4
35-39岁	100.0	0.5	8.1	40.1	48.0	3.3
40-44岁	100.0	0.6	17.5	55.5	24.3	2.0
45-49岁	100.0	3.3	22.4	60.4	11.9	2.0
50-54岁	100.0	2.0	19.2	56.3	19.2	3.3
55-59岁	100.0	5.8	28.8	34.6	26.9	3.8
60-64岁	100.0	25.0	43.8	18.8	12.5	
65岁+	100.0	12.5	62.5	12.5	12.5	
女 Female	**100.0**	**1.1**	**9.7**	**52.0**	**33.8**	**3.4**
16-19岁(Age)	100.0	0.1	3.0	49.9	45.4	1.5
20-24岁	100.0		4.8	46.8	40.0	8.4
25-29岁	100.0	0.2	6.9	59.2	29.4	4.3
30-34岁	100.0	0.7	7.6	54.7	34.6	2.4
35-39岁	100.0	1.5	10.2	44.3	43.3	0.7
40-44岁	100.0	2.0	18.8	55.4	22.5	1.3
45-49岁	100.0	5.6	30.7	56.3	7.1	0.3
50-54岁	100.0	8.6	48.6	37.1	5.7	
55-59岁	100.0	9.1	40.9	45.5	4.5	
60-64岁	100.0	55.6	44.4			
65岁+						

1−55 按失业原因分组的城镇失业人员年龄构成
AGE COMPOSITION OF URBAN UNEMPLOYEES BY UNEMPLOYED REASON

单位：%　　　　　　　　　　　　　　　　　　　　　　　　　　　　(%)

年龄 Age	合　计 Total	下岗离开 单　位 Laid－off	毕业后未 找到工作 Job－off after Graduated	原单位破产 Work Unit Bankruptcy	辞职、被辞退 或合同期满 Resign, Dismiss	其　他 Others
总计　Total	**100.0**	**100.0**	**100.0**	**100.0**	**100.0**	**100.0**
16－19岁(Age)	13.7	0.5	38.0	0.8	1.5	6.4
20－24岁	21.6	7.4	44.9	5.4	16.6	18.2
25－29岁	18.2	18.2	12.5	20.3	27.5	26.7
30－34岁	15.4	21.0	3.2	23.8	22.7	20.7
35－39岁	11.5	19.4	0.7	18.8	13.3	9.4
40－44岁	11.1	18.9	0.4	17.4	11.3	10.1
45－49岁	5.8	10.5	0.1	8.7	4.6	4.8
50－54岁	1.7	3.0		3.1	1.5	1.4
55－59岁	0.7	0.9	0.1	1.2	1.0	1.2
60－64岁	0.2	0.2	0.1	0.3		0.8
65岁＋	0.1					0.4
男　Male	**100.0**	**100.0**	**100.0**	**100.0**	**100.0**	**100.0**
16－19岁(Age)	14.3	0.3	38.3		1.9	7.0
20－24岁	23.1	7.9	45.9	5.5	14.6	21.6
25－29岁	17.3	19.0	12.1	18.2	24.8	21.1
30－34岁	13.8	18.4	3.1	21.8	23.6	19.0
35－39岁	10.9	18.9	0.3	18.8	14.3	9.9
40－44岁	9.9	16.7	0.2	19.4	12.7	9.3
45－49岁	6.1	10.9	0.1	8.8	5.7	6.3
50－54岁	3.0	6.0	0.1	4.5	1.6	2.1
55－59岁	1.0	1.5		2.7	0.6	1.8
60－64岁	0.3	0.4		0.3		1.1
65岁＋	0.2	0.1	0.1			0.8
女　Female	**100.0**	**100.0**	**100.0**	**100.0**	**100.0**	**100.0**
16－19岁(Age)	13.2	0.7	37.8	1.5	1.0	5.8
20－24岁	20.3	7.0	44.0	5.9	18.3	15.0
25－29岁	18.9	17.5	12.9	22.0	30.2	32.1
30－34岁	16.8	23.1	3.2	25.2	22.0	22.4
35－39岁	12.0	19.7	1.2	18.8	12.2	8.9
40－44岁	12.0	20.6	0.5	15.8	9.8	10.7
45－49岁	5.6	10.1	0.2	8.4	3.4	3.4
50－54岁	0.6	0.8		2.0	1.4	0.5
55－59岁	0.4	0.4	0.1		1.7	0.7
60－64岁	0.2	0.1	0.1	0.2		0.5
65岁＋						

1-56 按年龄分组的城镇失业人员失业原因构成

UNEMPLOYED REASON COMPOSITION OF URBAN UNEMPLOYEES BY AGE

单位: % (%)

年龄 Age	合 计 Total	下岗离开单 位 Laid-off	毕业后未找到工作 Job-off after Graduated	原单位破产 Work Unit Bankruptcy	辞职、被辞退或合同期满 Resign, Dismiss	其 他 Others
总计 Total	**100.0**	**40.9**	**32.9**	**6.8**	**5.7**	**13.7**
16-19岁(Age)	100.0	1.6	91.0	0.4	0.6	6.4
20-24岁	100.0	14.0	68.3	1.7	4.4	11.5
25-29岁	100.0	40.9	22.7	7.6	8.6	20.2
30-34岁	100.0	55.9	6.8	10.6	8.4	18.4
35-39岁	100.0	68.9	2.1	11.2	6.6	11.2
40-44岁	100.0	69.8	1.1	10.8	5.8	12.5
45-49岁	100.0	73.4	0.6	10.2	4.5	11.3
50-54岁	100.0	71.5	0.5	12.4	4.8	10.8
55-59岁	100.0	52.7	2.7	12.2	8.1	24.3
60-64岁	100.0	33.3	8.3	8.3		50.0
65岁+	100.0	12.5	12.5			75.0
男 Male	**100.0**	**38.5**	**34.3**	**6.6**	**6.3**	**14.3**
16-19岁(Age)	100.0	0.8	91.4		0.8	7.0
20-24岁	100.0	13.1	67.9	1.6	4.0	13.4
25-29岁	100.0	42.5	24.0	7.0	9.0	17.5
30-34岁	100.0	51.4	7.7	10.4	10.7	19.7
35-39岁	100.0	66.5	0.9	11.4	8.2	13.0
40-44岁	100.0	64.8	0.8	12.9	8.0	13.5
45-49岁	100.0	69.3	0.3	9.6	5.9	14.9
50-54岁	100.0	76.2	0.7	9.9	3.3	9.9
55-59岁	100.0	53.8		17.3	3.8	25.0
60-64岁	100.0	43.8		6.3		50.0
65岁+	100.0	12.5	12.5			75.0
女 Female	**100.0**	**43.0**	**31.7**	**7.0**	**5.1**	**13.2**
16-19岁(Age)	100.0	2.2	90.8	0.8	0.4	5.8
20-24岁	100.0	14.8	68.8	2.1	4.6	9.7
25-29岁	100.0	39.7	21.6	8.2	8.2	22.3
30-34岁	100.0	59.0	6.1	10.6	6.7	17.5
35-39岁	100.0	70.8	3.1	11.1	5.2	9.8
40-44岁	100.0	73.5	1.3	9.3	4.2	11.7
45-49岁	100.0	77.4	0.9	10.5	3.1	8.0
50-54岁	100.0	54.3		22.9	11.4	11.4
55-59岁	100.0	45.5	9.1		22.7	22.7
60-64岁	100.0	22.2	22.2	11.1		44.4
65岁+						

1－57 按受教育程度分组的城镇失业人员失业原因构成
UNEMPLOYED REASON COMPOSITION OF URBAN UNEMPLOYEES BY EDUCATIONAL LEVEL

单位：% (%)

受教育程度 Educational Level		合计 Total	下岗离开单位 Laid－off	毕业后未找到工作 Job－off after Graduated	原单位破产 Work Unit Bankruptcy	辞职、被辞退或合同期满 Resign, Dismiss	其他 Others
总计	**Total**	**100.0**	**40.9**	**32.9**	**6.8**	**5.7**	**13.7**
不识字	Illiterate and Semi－illiterate	100.0	41.6	7.9	9.9	5.9	34.7
小学	Primary School	100.0	40.1	14.8	8.3	4.7	32.1
初中	Junior School	100.0	41.8	30.8	7.8	5.5	14.2
高中	Senior School	100.0	41.1	39.4	5.4	6.2	7.9
大专及以上	College and Above	100.0	29.8	55.1	2.7	5.7	6.6
男	**Male**	**100.0**	**38.5**	**34.3**	**6.6**	**6.3**	**14.3**
不识字	Illiterate and Semi－illiterate	100.0	30.8	2.6	7.7	2.6	56.4
小学	Primary School	100.0	34.3	17.6	8.5	5.9	33.7
初中	Junior School	100.0	39.6	32.4	7.5	6.2	14.3
高中	Senior School	100.0	39.1	40.3	5.3	6.3	9.0
大专及以上	College and Above	100.0	33.5	50.6	2.9	7.3	5.7
女	**Female**	**100.0**	**43.0**	**31.7**	**7.0**	**5.1**	**13.2**
不识字	Illiterate and Semi－illiterate	100.0	47.6	11.1	11.1	7.9	22.2
小学	Primary School	100.0	45.4	12.3	8.1	3.6	30.6
初中	Junior School	100.0	43.6	29.4	8.0	4.8	14.1
高中	Senior School	100.0	42.9	38.5	5.6	6.1	6.9
大专及以上	College and Above	100.0	25.3	60.8	2.6	3.6	7.7

1－58 按失业原因分的城镇失业人员受教育程度构成
EDUCATIONAL LEVEL COMPOSITION OF URBAN UNEMPLOYEES BY UNEMPOYED REASON

单位：% (%)

受教育程度 Educational Level		合计 Total	下岗离开单位 Laid－off	毕业后未找到工作 Job off after Graduated	原单位破产 Work Unit Bankruptcy	辞职、被辞退或合同期满 Resign, Dismiss	其他 Others
总计	**Total**	**100.0**	**100.0**	**100.0**	**100.0**	**100.0**	**100.0**
不识字	Illiterate and Semi－illiterate	0.9	1.0	0.2	1.4	1.0	2.4
小学	Primary School	9.8	9.6	4.4	11.9	8.1	22.9
初中	Junior School	51.6	52.6	48.3	58.4	49.8	53.5
高中	Senior School	33.6	33.8	40.2	26.7	37.0	19.3
大专及以上	College and Above	4.1	3.0	6.9	1.6	4.1	2.0
男	**Male**	**100.0**	**100.0**	**100.0**	**100.0**	**100.0**	**100.0**
不识字	Illiterate and Semi－illiterate	0.8	0.6	0.1	0.9	0.3	3.1
小学	Primary School	9.9	8.8	5.1	12.7	9.3	23.2
初中	Junior School	51.0	52.4	48.3	57.6	50.8	50.9
高中	Senior School	33.4	33.9	39.3	26.7	33.9	20.9
大专及以上	College and Above	4.9	4.3	7.2	2.1	5.8	2.0
女	**Female**	**100.0**	**100.0**	**100.0**	**100.0**	**100.0**	**100.0**
不识字	Illiterate and Semi－illiterate	1.1	1.2	0.4	1.7	1.7	1.9
小学	Primary School	9.7	10.2	3.7	11.1	6.8	22.5
初中	Junior School	52.0	52.8	48.3	59.2	48.8	55.9
高中	Senior School	33.8	33.8	41.1	26.7	40.3	17.7
大专及以上	College and Above	3.4	2.0	6.5	1.2	2.4	2.0

1－59 按户口性质、年龄和性别分组的城镇失业率构成

COMPOSITION OF URBAN UNEMPLOYMENT RATE BY NATURE OF RESIDENCE CARD, AGE AND SEX

年龄 Age	经济活动人口(人) Economically Active Population (Person)			失业人口(人) Unemployees Population (Person)			失业率(%) Unemployment Rate (%)		
	小计 Subtotal	男 Male	女 Female	小计 Subtotal	男 Male	女 Female	小计 Subtotal	男 Male	女 Female
总计 Total	**221451**	**119651**	**101801**	**10735**	**4997**	**5738**	**4.85**	**4.18**	**5.64**
16－19岁(Age)	7879	3832	4047	1474	717	757	18.71	18.71	18.70
20－24岁	25944	12637	13308	2321	1156	1165	8.95	9.15	8.75
25－29岁	39126	19922	19204	1949	862	1087	4.98	4.33	5.66
30－34岁	39772	20854	18918	1652	689	963	4.15	3.30	5.09
35－39岁	28453	15061	13391	1233	546	686	4.33	3.63	5.13
40－44岁	31670	16727	14943	1187	497	690	3.75	2.97	4.62
45－49岁	21823	12391	9431	627	303	323	2.87	2.45	3.43
50－54岁	12575	8184	4391	186	151	35	1.48	1.85	0.79
55－59岁	7552	5516	2036	74	52	22	0.98	0.94	1.08
60－64岁	3666	2462	1206	24	16	9	0.66	0.63	0.73
65岁＋	2991	2064	927	8	8		0.26	0.37	0.01
非农 Non－agricultural	**160061**	**87782**	**72280**	**9783**	**4587**	**5198**	**6.11**	**5.23**	**7.19**
16－19岁(Age)	4219	2095	2124	1286	621	665	30.48	29.64	31.31
20－24岁	18013	8766	9247	2105	1046	1058	11.69	11.93	11.44
25－29岁	28428	14483	13945	1749	801	948	6.15	5.53	6.80
30－34岁	29122	15459	13662	1497	633	863	5.14	4.09	6.32
35－39岁	22073	11814	10259	1174	524	651	5.32	4.44	6.35
40－44岁	24457	13027	11429	1124	477	646	4.60	3.66	5.65
45－49岁	16439	9576	6863	587	282	305	3.57	2.94	4.44
50－54岁	8995	6259	2736	171	140	31	1.90	2.24	1.13
55－59岁	5219	4126	1092	67	45	22	1.28	1.09	2.01
60－64岁	1824	1291	533	22	14	8	1.21	1.08	1.50
65岁＋	1276	884	392	3	3		0.24	0.34	
农业 Agricultural	**61063**	**31698**	**29365**	**917**	**389**	**528**	**1.50**	**1.23**	**1.80**
16－19岁(Age)	3640	1730	1909	185	95	90	5.08	5.49	4.71
20－24岁	7845	3823	4021	197	98	99	2.51	2.56	2.46
25－29岁	10608	5399	5209	200	60	140	1.89	1.11	2.69
30－34岁	10600	5359	5241	154	54	100	1.45	1.01	1.91
35－39岁	6349	3230	3118	51	17	34	0.80	0.53	1.09
40－44岁	7195	3692	3504	61	19	43	0.85	0.51	1.23
45－49岁	5368	2806	2562	38	19	19	0.71	0.68	0.74
50－54岁	3573	1921	1652	15	11	4	0.42	0.57	0.24
55－59岁	2331	1388	943	7	7		0.30	0.50	

1－59 续表1 continued

年龄 Age	经济活动人口(人) Economically Active Population (Person)			失业人口(人) Unemployees Population (Person)			失业率(%) Unemployment Rate (%)		
	小计 Subtotal	男 Male	女 Female	小计 Subtotal	男 Male	女 Female	小计 Subtotal	男 Male	女 Female
60－64岁	1841	1168	673	2	1	1	0.11	0.09	0.15
65岁＋	1712	1179	534	5	5		0.29	0.42	
本省 This Province	**217364**	**117372**	**99992**	**10618**	**4935**	**5684**	**4.88**	**4.20**	**5.68**
16－19岁(Age)	7424	3627	3796	1464	712	752	19.72	19.63	19.81
20－24岁	24937	12136	12798	2286	1135	1149	9.17	9.35	8.98
25－29岁	38162	19393	18769	1918	849	1069	5.03	4.38	5.70
30－34岁	39024	20406	18617	1637	679	957	4.19	3.33	5.14
35－39岁	28121	14852	13268	1219	537	682	4.33	3.62	5.14
40－44岁	31419	16557	14862	1184	496	688	3.77	3.00	4.63
45－49岁	21673	12294	9379	622	300	323	2.87	2.44	3.44
50－54岁	12503	8134	4369	183	150	33	1.46	1.84	0.76
55－59岁	7506	5483	2023	74	52	22	0.99	0.95	1.09
60－64岁	3640	2443	1197	24	15	9	0.66	0.61	0.75
65岁＋	2958	2044	914	7	7		0.24	0.34	
外省 Other Provinces	**3760**	**2108**	**1653**	**82**	**41**	**42**	**2.18**	**1.94**	**2.54**
16－19岁(Age)	435	198	237	7	4	3	1.61	2.02	1.27
20－24岁	921	453	470	16	9	8	1.74	1.99	1.70
25－29岁	874	489	385	31	12	19	3.55	2.45	4.94
30－34岁	698	412	286	14	8	6	2.01	1.94	2.10
35－39岁	301	192	109	6	4	3	1.99	2.08	2.75
40－44岁	233	162	71	1		1	0.43		1.41
45－49岁	134	88	46	3	1	1	2.24	1.14	2.17
50－54岁	65	46	19	3	1	2	4.62	2.17	10.53
55－59岁	44	31	12						
60－64岁	25	16	9						
65岁＋	30	19	12	1	1		3.33	5.26	
其他 Others	**327**	**171**	**156**	**35**	**22**	**13**	**10.57**	**12.78**	**8.16**
16－19岁(Age)	19	6	13	2		2	11.84	2.28	15.89
20－24岁	88	48	40	20	12	8	22.77	25.45	19.49
25－29岁	92	40	52	1	1		0.83	1.90	
30－34岁	52	35	16	2	2		3.18	4.65	
35－39岁	31	17	14	8	6	2	24.65	34.79	13.03
40－44岁	17	7	9	1		1	6.05		10.67
45－49岁	15	8	8	1	1		8.64	16.80	
50－54岁	7	4	3						
55－59岁	3	3							
60－64岁	1	1							
65岁＋	3	2	1						

资料来源：1997年人口变动情况抽样调查，抽样比为1.016‰。
a) Estimated from '97 Population Changement Sample Survey, Sample Ratio is 1.016 ‰ .

1-60 居民消费价格指数和商品零售价格指数
CONSUMER PRICE INDEX AND RETAIL PRICE INDEX

年 份 Year	居民消费价格指数 Consumer Price Index		城镇居民消费价格指数 Urban Consumer Price Index		零售物价总指数 Retail Price Index	
	以上年为100 Last Year=100	以1950年为100 1950=100	以上年为100 Last Year=100	以1950年为100 1950=100	以上年为100 Last Year=100	以1950年为100 1950=100
1951			112.5	112.5	112.2	112.2
1952			102.7	115.5	99.6	111.8
1953			105.1	121.4	103.4	115.6
1954			101.4	123.1	102.3	118.3
1955			100.3	123.5	101.0	119.5
1956			99.9	123.4	100.0	119.5
1957			102.6	126.6	101.5	121.3
1958			98.9	125.2	100.2	121.6
1959			100.3	125.6	100.9	122.7
1960			102.5	128.8	103.1	126.5
1961			116.1	149.6	116.2	147.0
1962			103.8	155.3	103.8	152.6
1963			94.1	146.1	94.1	143.6
1964			96.3	140.7	96.3	138.3
1965			98.8	139.0	97.3	134.6
1966			98.8	137.3	99.7	134.2
1967			99.4	136.4	99.3	133.2
1968			100.1	136.5	100.1	133.3
1969			101.0	137.8	98.9	131.8
1970			100.0	137.8	99.8	131.5
1971			99.9	137.7	99.3	130.5
1972			100.2	137.9	99.8	130.2
1973			100.1	138.0	100.6	131.0
1974			100.7	138.9	100.5	131.7
1975			100.4	139.5	100.2	131.9
1976			100.3	139.9	100.3	132.3
1977			102.7	143.7	102.0	135.0
1978			100.7	144.7	100.7	135.9
1979			101.9	147.4	102.0	138.6
1980			107.5	158.5	106.0	146.9
1981			102.5	162.5	102.4	150.4
1982			102.0	165.8	101.9	153.3
1983			102.0	169.1	101.5	155.6
1984			102.7	173.7	102.8	160.0
1985	109.3	100.0	111.9	194.4	108.8	174.1
1986	106.5	106.5	107.0	208.0	106.0	184.5
1987	107.3	114.3	108.8	226.3	107.3	198.0
1988	118.8	135.8	120.7	273.1	118.5	234.6
1989	118.0	160.2	116.3	317.6	117.8	276.4
1990	103.1	165.2	101.3	321.7	102.1	282.2
1991	103.4	170.8	105.1	338.1	102.9	290.4
1992	106.4	181.7	108.6	367.2	105.4	313.9
1993	114.7	208.4	116.1	426.3	113.2	355.4
1994	124.1	258.6	125.0	532.9	120.9	432.5
1995	117.1	302.8	116.8	622.4	114.8	496.5
1996	108.3	327.9	108.8	677.2	106.1	526.8
1997	102.8	337.1	103.1	698.2	100.8	531.0

1－61 分地区居民消费价格指数和商品零售价格指数
CONSUMER PRICE INDEX AND RETAIL PRICE INDEX BY REGION (1997)

(上年＝100)　　(preceding year＝100)

地区 Region	居民消费价格指数 Consumer Price Index			商品零售价格指数 Retail Price Index of commodities		
	全省(区、市) Province	城市 Urban Areas	农村 Rural Areas	全省(区、市) Province	城市 Urban Areas	农村 Rural Areas
全　国 National Index	**102.8**	**103.1**	**102.5**	**100.8**	**100.8**	**100.7**
北　京 Beijing	105.3			103.8		
天　津 Tianjin	103.1			100.7		
河　北 Hebei	103.5	103.7	103.4	102.1	102.0	102.1
山　西 Shanxi	103.1	103.1	103.0	101.3	100.9	101.7
内蒙古 Inner Mongolia	104.5	104.6	104.3	102.3	102.4	101.9
辽　宁 Liaoning	103.1	103.8	102.1	101.0	101.0	100.5
吉　林 Jilin	103.7	103.7	103.7	101.8	101.7	102.0
黑龙江 Heilongjiang	104.4	104.5	103.8	102.2	102.0	102.6
上　海 Shanghai	102.8			98.8		
江　苏 Jiangsu	101.7	101.3	102.0	99.3	99.1	99.5
浙　江 Zhejiang	102.8	104.1	102.1	100.3	100.9	99.4
安　徽 Anhui	101.3	101.9	100.7	99.4	100.1	98.9
福　建 Fujian	101.7	102.5	101.3	99.8	99.6	100.1
江　西 Jiangxi	102.0	103.0	101.2	99.6	100.1	99.3
山　东 Shandong	102.8	103.2	102.4	100.8	100.8	100.7
河　南 Henan	103.5	102.4	103.9	100.5	99.8	101.2
湖　北 Hubei	103.2	102.6	103.6	101.5	100.8	102.2
湖　南 Hunan	102.8	103.0	102.5	100.3	100.6	99.8
广　东 Guangdong	101.9	102.1	101.5	99.8	99.8	99.8
广　西 Guangxi	100.8	100.7	100.8	99.6	99.9	99.4
海　南 Hainan	100.8	101.5	100.3	99.4	99.6	99.1
重　庆 Chongqing	103.1			101.6		
四　川 Sichuan	105.1	105.1	105.0	102.9	102.8	102.9
贵　州 Guizhou	103.4	103.4	103.4	101.5	101.4	101.7
云　南 Yunnan	104.3	104.6	103.9	102.3	101.6	103.2
西　藏 Tibet						
陕　西 Shaanxi	104.8	105.2	104.0	101.6	101.3	101.8
甘　肃 Gansu	102.9	102.8	102.9	101.6	101.4	101.9
青　海 Qinghai	104.8	105.1	104.2	103.0	103.2	102.7
宁　夏 Ningxia	103.8	103.9	103.5	102.2	102.2	102.1
新　疆 Xinjiang	103.7	103.5	103.9	101.8	101.3	102.5

1－62 全国商品零售价格分类指数

RETAIL PRICE INDEX BY CATEGORY OF COMMODITIES (1997)

(上年＝100) (preceding year＝100)

项目	Item	全国 National Indices	城市 Urban Indices	农村 Rural Indices
商品零售价格指数	**General Retail Price Index**	**100.8**	**100.8**	**100.7**
食品	**Food**	**99.8**	**100.1**	**99.2**
粮食	Grain	92.1	93.3	90.4
细粮	Flour and Rice	91.3	92.8	89.1
粗粮	Coares Food Grain	99.9	99.8	99.9
油脂	Oil or Fat	101.6	101.4	101.9
肉禽蛋	Meal, Poultry and Eggs	101.3	101.3	101.5
水产品	Aquatic Products	101.2	101.2	101.1
鲜菜	Fresh Vegetables	99.5	99.6	99.3
干菜	Dried Vegetables	102.1	103.3	100.5
鲜果	Fresh Fruits	92.1	92.3	91.6
干果	Dried Fruits	106.6	106.7	106.4
其他食品	Other Food	103.0	103.5	102.1
调味品	Condiments	102.9	102.9	102.8
食糖	Sugar	98.0	98.4	97.6
糖果	Candy	102.9	102.9	102.9
糕点	Cake	103.9	104.0	103.9
奶及奶制品	Milk and Its Products	104.8	105.7	101.8
罐头	Canned Food	103.8	104.0	103.4
饮食业	Catering Trade	104.7	104.6	105.1
主食	Staple Food	104.5	105.1	103.4
炒菜	Fried Dishes	104.7	104.3	105.7
地方小吃	Local Snack	105.2	104.9	106.0
饮料烟酒	**Beverages, Tobacco and Liquor**	**101.2**	**101.3**	**101.0**
饮料	Beverages	102.1	101.9	102.5
烟酒	Tobacco and Liquor	100.9	101.1	100.7
服装鞋帽	**Garments, Shoes and Hats**	**103.5**	**103.4**	**103.6**
服装	Garments	103.0	103.0	103.0
鞋	Shoes	103.7	103.3	104.2
其他衣着	Other Clothing	105.0	105.3	104.6
纺织品	**Textiles**	**101.9**	**101.9**	**101.9**
棉布	Cotton Cloth	102.8	102.1	103.4
棉花化纤混纺布	Blend Cloth	101.7	101.0	102.4
化纤布	Chemical Fiber Cloth	101.2	101.2	101.0
呢绒	Woolen Fabric	102.3	102.6	101.6
绸缎	Silk	101.6	101.6	101.6
其他纺织品	Other Textiles	102.0	102.1	101.8
中西药品	**Traditional Chinese and Western Medicines**	**104.4**	**104.2**	**104.6**
中药	Traditional Chinese Medicine	108.4	108.4	108.4
西药	Western Medicine	101.6	101.2	102.1
医疗用品	Medical Articles	103.5	103.5	103.6
化妆品	**Cosmetics**	**102.3**	**102.2**	**102.5**
书报杂志	**Newspapers and Magazines**	**112.8**	**113.0**	**112.5**
文化体育用品	**Cultural and Sports Goods**	**101.7**	**100.8**	**103.4**
文化用品	Cultural Goods	100.9	100.0	102.8
体育用品	Sports Goods	104.1	103.4	105.1
日用品	**Articles for Daily Use**	**102.3**	**102.4**	**102.1**
一般日用品	Ordinary Articles for Daily Use	102.2	102.2	102.2
家具	Furniture	102.3	102.8	101.1
日用杂品	Sundries for Daily Use	102.7	102.3	103.3
家用电器	**Household Appliances**	**95.6**	**95.3**	**96.2**
首饰	**Jewelry**	**97.8**	**97.7**	**98.1**
燃料	**Fuels**	**107.3**	**108.0**	**106.3**
建筑装璜材料	**Building Decoration Materials**	**99.0**	**99.6**	**98.3**
机电产品	**Mechanical and Electrical Products**	**95.5**	**95.1**	**97.0**

1－63 分地区商品零售价格分类指数

RETAIL PRICE INDEX BY CATEGORY OF COMMODITIES AND REGION (1997)

(上年＝100) (preceding year＝100)

地 区 Region	总指数 General Index	食 品 Food	#粮 食 Grain	#油 脂 Oil or Fat	#肉禽蛋 Meat, Poultry & Eggs	#水产品 Aquatic Products	#鲜 菜 Vegetables	#鲜 果 Fresh Fruits	#干 果 Dried Fruits
全 国 Natonal Index	**100.8**	**99.8**	**92.1**	**101.6**	**101.3**	**101.2**	**99.5**	**92.1**	**106.6**
北 京 Beijing	103.8	101.7	96.7	100.7	102.3	109.9	94.8	94.0	112.9
天 津 Tianjin	100.7	100.9	95.4	100.0	98.4	103.9	102.6	94.9	107.1
河 北 Hebei	102.1	100.6	92.5	103.9	106.0	107.4	99.7	92.6	108.2
山 西 Shanxi	101.3	100.5	94.9	98.4	100.3	103.1	103.0	95.7	113.1
内蒙古 Inner Mongolia	102.3	100.4	93.6	100.2	99.4	110.9	107.3	93.5	110.3
辽 宁 Liaoning	101.0	100.3	92.5	100.8	102.2	107.0	99.5	93.2	116.8
吉 林 Jilin	101.8	101.7	94.5	99.4	102.6	107.2	103.6	92.9	115.2
黑龙江 Heilongjiang	102.2	102.3	98.2	97.2	104.4	109.2	104.0	93.1	114.5
上 海 Shanghai	98.8	101.5	94.0	100.1	105.4	96.7	97.5	91.6	101.1
江 苏 Jiangsu	99.3	97.4	82.3	101.1	101.9	101.8	94.1	91.6	105.5
浙 江 Zhejiang	100.3	98.9	85.0	98.4	98.6	104.3	102.5	92.0	102.7
安 徽 Anhui	99.4	97.1	88.5	102.2	101.7	101.3	88.6	86.5	106.3
福 建 Fujian	99.8	98.2	88.5	102.2	98.3	99.9	107.9	89.5	102.2
江 西 Jiangxi	99.6	97.5	91.8	98.6	98.0	97.5	99.6	89.5	98.5
山 东 Shandong	100.8	99.7	93.0	108.0	104.5	107.6	92.5	90.0	108.5
河 南 Henan	100.5	99.8	91.1	103.9	105.0	105.3	86.9	86.6	110.2
湖 北 Hubei	101.5	100.6	93.1	102.0	106.0	99.3	93.5	89.9	102.8
湖 南 Hunan	100.3	98.7	94.0	98.9	99.0	98.6	97.9	91.1	106.6
广 东 Guangdong	99.8	99.3	94.3	103.2	97.9	94.0	109.5	90.9	102.4
广 西 Guangxi	99.6	97.8	93.9	101.8	96.0	91.9	100.0	96.8	101.7
海 南 Hainan	99.4	97.2	91.5	97.6	93.8	97.3	98.0	103.5	99.9
重 庆 Chongqing	101.6	103.7	103.8	102.9	109.4	101.0	96.8	96.0	114.6
四 川 Sichuan	102.9	103.3	97.5	103.3	107.7	103.4	101.9	93.2	109.4
贵 州 Guizhou	101.5	101.0	94.4	99.8	101.8	100.0	101.7	94.0	111.0
云 南 Yunnan	102.3	102.5	92.4	99.3	101.2	103.0	113.9	97.7	104.1
西 藏 Tibet									
陕 西 Shaanxi	101.6	100.6	96.7	99.8	101.1	103.4	102.4	98.0	114.4
甘 肃 Gansu	101.6	100.1	95.4	97.1	99.2	97.7	106.3	94.9	101.7
青 海 Qinghai	103.0	102.0	104.2	99.5	96.5	104.7	103.9	95.6	107.8
宁 夏 Ningxia	102.2	101.4	101.1	94.8	97.4	106.7	105.1	93.3	103.7
新 疆 Xinjiang	101.8	98.5	104.1	104.7	94.7	104.5	91.1	87.5	102.4

1-63 续表 1 continued

(上年=100) (preceding year=100)

地区 Region	#饮食业 Catering Trade	饮料烟酒 Beverages, Tobacco and Liquor	服装鞋帽 Clothing, Shoes and Hats	纺织品 Textiles	中西药品 Traditional Chinese & Western Medicines	化妆品 Cosmetics	书报杂志 Newspapers and Magazines
全国 Natonal Index	**104.7**	**101.2**	**103.5**	**101.9**	**104.4**	**102.3**	**112.8**
北京 Beijing	102.9	105.6	103.1	102.2	105.2	103.1	118.0
天津 Tianjin	106.9	102.7	99.3	98.3	103.9	100.2	134.1
河北 Hebei	104.1	103.4	106.3	104.1	103.3	105.4	114.1
山西 Shanxi	106.2	100.2	104.0	101.4	104.1	103.4	118.3
内蒙古 Inner Mongolia	104.3	102.6	107.1	102.2	105.9	104.4	107.8
辽宁 Liaoning	101.0	101.2	104.1	101.6	102.8	102.5	114.7
吉林 Jilin	107.7	104.3	103.9	102.6	103.1	101.2	114.4
黑龙江 Heilongjiang	104.6	99.8	104.8	103.1	104.5	103.0	116.2
上海 Shanghai	108.5	92.7	99.9	100.3	102.2	99.9	112.8
江苏 Jiangsu	104.7	98.5	103.1	102.0	103.2	101.6	109.1
浙江 Zhejiang	106.0	99.3	104.4	103.3	105.5	101.4	110.2
安徽 Anhui	104.7	99.2	101.6	101.6	104.9	100.0	111.4
福建 Fujian	100.5	102.8	103.0	101.4	104.5	101.6	106.2
江西 Jiangxi	103.6	97.6	104.0	102.0	108.0	104.4	108.4
山东 Shandong	103.7	103.7	102.5	100.9	104.6	102.7	114.3
河南 Henan	106.2	101.2	104.7	101.0	101.5	101.9	110.4
湖北 Hubei	107.5	102.7	103.1	103.0	105.0	107.0	106.7
湖南 Hunan	106.1	101.3	103.4	101.9	102.6	104.8	111.1
广东 Guangdong	102.1	101.5	102.1	101.1	105.1	102.1	113.1
广西 Guangxi	105.4	101.5	99.8	103.1	108.5	99.8	121.6
海南 Hainan	106.3	96.2	103.5	103.7	102.0	103.8	126.1
重庆 Chongqing	102.2	99.6	100.9	110.7	102.1	100.3	105.4
四川 Sichuan	107.4	100.4	104.9	102.6	104.0	102.5	107.0
贵州 Guizhou	110.9	100.0	102.2	101.3	105.3	104.9	107.6
云南 Yunnan	108.9	101.2	105.1	102.5	104.8	100.2	115.2
西藏 Tibet							
陕西 Shaanxi	106.4	104.4	105.8	101.1	105.8	104.4	122.3
甘肃 Gansu	103.0	101.3	104.2	104.0	103.3	100.2	112.6
青海 Qinghai	103.1	102.4	104.5	101.3	102.6	102.3	121.7
宁夏 Ningxia	103.3	100.2	108.0	104.9	104.1	103.4	114.7
新疆 Xinjiang	105.4	101.8	104.7	102.0	106.5	101.0	119.9

1-63 续表 2 continued

(上年=100) (preceding year=100)

地 区 Region	文化体育用品 Cultural and Sports Goods	日用品 Articles for Daily Use	家用电器 Household Appliances	首 饰 Jewelery	燃 料 Fuels	建筑装璜材料 Building Decoration Materials	机电产品 Mechanical and Electrical Products
全 国 Natonal Index	**101.7**	**102.3**	**95.6**	**97.8**	**107.3**	**99.0**	**95.5**
北 京 Beijing	100.7	109.6	99.1	99.0	156.9	106.9	93.5
天 津 Tianjin	98.9	102.0	93.4	98.7	122.3	98.4	92.9
河 北 Hebei	103.6	103.3	97.6	98.8	106.6	99.9	95.5
山 西 Shanxi	104.2	102.8	97.0	99.1	105.6	98.0	95.8
内蒙古 Inner Mongolia	106.7	102.8	98.2	99.1	107.6	101.7	98.2
辽 宁 Liaoning	101.3	101.1	96.3	98.8	103.9	99.2	97.5
吉 林 Jilin	101.6	102.8	95.0	97.5	104.7	99.9	95.5
黑龙江 Heilongjiang	102.6	103.5	96.3	98.2	104.2	98.2	96.0
上 海 Shanghai	97.2	100.2	87.2	94.9	123.0	92.0	95.2
江 苏 Jiangsu	99.9	101.1	95.1	98.8	107.2	97.8	96.0
浙 江 Zhejiang	102.0	101.5	96.8	98.2	103.6	98.7	96.9
安 徽 Anhui	102.2	102.2	95.6	98.5	106.5	99.4	96.1
福 建 Fujian	100.7	101.1	97.1	95.9	106.4	97.0	96.3
江 西 Jiangxi	101.9	102.4	96.1	98.3	104.5	97.7	95.3
山 东 Shandong	100.9	102.0	96.8	98.7	104.7	100.0	95.6
河 南 Henan	102.5	101.5	93.5	98.5	107.9	98.2	96.4
湖 北 Hubei	100.3	103.3	94.4	98.6	107.5	101.5	97.5
湖 南 Hunan	103.9	103.6	95.9	96.3	102.4	97.4	95.0
广 东 Guangdong	100.1	100.7	95.5	94.8	103.9	98.1	93.6
广 西 Guangxi	101.9	101.6	94.9	99.0	103.4	95.6	93.5
海 南 Hainan	102.0	102.1	98.7	99.0	110.0	96.2	95.0
重 庆 Chongqing	99.9	98.8	92.7	95.6	109.4	100.9	97.8
四 川 Sichuan	105.4	103.9	96.6	97.1	109.9	102.7	98.0
贵 州 Guizhou	102.8	102.3	95.6	97.8	103.2	98.4	97.7
云 南 Yunnan	102.3	102.3	96.4	96.6	107.5	102.6	98.1
西 藏 Tibet							
陕 西 Shaanxi	101.8	101.6	93.6	96.3	104.8	99.9	93.6
甘 肃 Gansu	104.1	102.8	97.4	99.0	104.7	99.6	95.1
青 海 Qinghai	102.6	102.5	96.3	100.6	109.5	104.8	99.2
宁 夏 Ningxia	100.1	102.3	96.2	98.4	106.0	99.3	97.2
新 疆 Xinjiang	101.8	102.3	97.0	98.3	114.1	102.9	99.9

1－64 全国居民消费价格分类指数

CONSUMER PRICE INDEX BY CATEGORY (1997)

(上年＝100) (preceding year＝100)

项目	Item	全国 National Indices	城市 Urban Indices	农村 Rural Indices
居民消费价格指数	**General Consumer Price Index**	**102.8**	**103.1**	**102.5**
食品	**Food**	**99.9**	**100.0**	**99.7**
粮食	Grain	91.1	92.2	89.8
细粮	Flour and Rice	90.9	92.2	89.5
粗粮	Coarse Food Grain	94.2	94.0	94.2
淀粉及薯类	Starches and Tubers	96.3	97.6	94.7
干豆类及豆制品	Bean and Its Products	106.0	105.9	106.0
油脂	Oil or Fat	101.5	101.0	102.0
肉禽及其制品	Meal, Poultry and Their Products	105.5	105.5	105.5
蛋	Eggs	79.3	78.6	80.3
水产品	Aquatic Products	100.2	100.0	100.6
菜	Vegetables	100.0	100.2	99.7
鲜菜	Fresh Vegetables	100.0	100.0	100.0
干菜	Dried Vegetables	97.5	100.6	95.9
菜制品	Vegetable Products	103.2	104.1	102.5
调味品	Flavoring	103.1	103.1	103.0
糖	Carbohydrate	100.4	101.4	99.7
食糖	Sugar	97.8	98.5	97.5
糖果	Candy	103.1	103.3	102.9
烟草	Tobacco	99.2	98.2	99.9
酒和饮料	Liquor and Beverages	102.3	102.8	101.9
干鲜瓜果	Dried and Fresh Melons and Fruits	94.4	94.5	94.2
鲜果	Fresh Fruits	91.7	92.1	91.0
干果	Dried Fruits	106.7	107.0	106.2
糕点	Cake	103.8	103.7	103.9
奶及奶制品	Milk and Its Products	104.1	104.8	102.3
其他食品	Other Food	103.9	104.4	103.2
饮食业	Catering Trade	104.7	104.7	104.6
主食	Staple Food	104.6	105.5	103.2
炒菜	Fried Dishes	104.5	104.2	105.3
地方小吃	Local Snack	105.2	104.8	105.9
衣着	**Clothing**	**103.0**	**103.2**	**102.8**
服装	Garments	103.1	103.3	102.9
衣着材料	Clothing Material	101.4	101.3	101.4
棉布	Cotton Cloth	102.9	101.9	103.2
棉花化纤混纺布	Blend Cloth	101.7	101.0	101.9
化纤布	Chemical Fiber Cloth	100.8	100.8	100.8
呢绒	Woolen Fabric	102.2	102.6	101.8
绸缎	Silk	100.9	100.9	100.9

1-64 续表 1 continued

(上年=100) (preceding year=100)

项　　目	Item	全国 National Indices	城市 Urban Indices	农村 Rural Indices
毛线	Knitting Wool	100.8	101.0	100.6
鞋袜帽及其他衣着	Footwear, Hats & Other Clothing	104.0	104.0	104.0
鞋	Shoes	103.9	103.8	104.0
袜子	Socks and Stockings	103.9	106.0	102.2
帽子	Hats	104.0	104.1	103.9
其他衣着	Other Clothing	104.9	105.0	104.8
家庭设备及用品	**Household Facilities and Articles**	**100.7**	**99.9**	**101.5**
耐用消费品	Durable Consumer Goods	98.5	97.5	99.8
家具	Furniture	101.0	101.2	100.8
家庭设备	Household Facilities	97.4	96.0	99.3
室内装饰品	Interior Decorations	101.6	101.7	101.5
床上用品	Bed Articles	102.3	102.5	102.1
家庭日用杂品	Daily Use Household Articles	103.5	103.6	103.4
其他日用品	Other Articles for Daily Use	101.5	100.9	102.5
医疗保健用品	**Medicine and Medical Articles**	**104.7**	**104.5**	**104.8**
医疗器具及保健用品	Medical Appliances and Articles	103.9	103.5	104.2
中药材及中成药	Traditional Chinese Medicine	108.7	108.5	108.8
西药	Western Medicine	101.8	101.8	101.8
交通和通讯工具	**Means of Transportation and Communication**	**97.4**	**97.2**	**97.7**
交通工具	Means of Transportation	97.8	97.8	97.8
通讯工具	Means of Communication	96.3	95.9	97.2
娱乐教育文化用品	**Recreation, Education and Culture Articles**	**100.9**	**100.5**	**101.3**
文娱用耐用消费品	Durable Consumer Goods for Recreational Use	93.8	93.3	94.2
教材及参考书	Teaching Materials and Reference Books	117.1	119.2	115.7
文化娱乐用品	Cultural and Recreational Articles	104.5	103.7	105.6
文娱用品	Cultural and Recreational Articles	102.7	101.9	103.7
书报杂志	Newspapers and Magazines	106.9	105.9	108.3
居住	**Residence**	**108.3**	**113.0**	**104.7**
住房	Housing	104.3	111.2	100.7
建筑材料	Building Materials	98.3	99.2	98.0
房租	Rent	121.5	125.0	116.0
水电燃料	Water, Electricity and Fuels	112.2	114.2	110.1
服务项目	**Services**	**116.5**	**116.6**	**116.4**
电讯费	Telecommunication	118.8	120.6	113.4
邮费	Postage	203.5	201.3	204.7
交通费	Traffic	106.5	105.8	107.4
洗理美容费	Bathing and Haircut	110.6	110.2	111.0
文娱费	Recreation	113.8	113.7	114.1
学杂保育费	Tuition and Child Care	119.0	121.5	116.2
修理及其他服务费	Repair and Other Services	108.1	108.2	107.9
医疗保健服务费	Medical and Health Care Services	122.9	121.6	123.6

1－65 分地区居民消费价格分类指数

CONSUMER PRICE INDEX BY CATEGORY AND REGION

(1997)

(上年＝100) (preceding year＝100)

地区 Region	总指数 General Index	食品 Food	#粮食 Grain	#油脂 Oil or Fat	#肉禽及其制品 Meat and Poultry	#蛋 Eggs	#水产品 Aquatic Products	#菜 Vegetables	#酒和饮料 Liquor and Beverages
全国 Natonal Index	**102.8**	**99.9**	**91.1**	**101.5**	**105.5**	**79.3**	**100.2**	**100.0**	**102.3**
北京 Beijing	105.3	102.2	96.8	100.7	107.0	76.7	109.7	96.0	100.6
天津 Tianjin	103.1	102.1	93.4	100.1	107.9	76.8	103.7	103.1	99.6
河北 Hebei	103.5	100.8	90.8	104.1	113.7	76.9	106.7	100.2	102.7
山西 Shanxi	103.1	100.0	94.5	97.5	110.2	76.0	102.9	104.2	100.5
内蒙古 Inner Mongolia	104.5	100.4	92.7	101.1	102.7	79.5	110.5	107.1	103.8
辽宁 Liaoning	103.1	99.9	91.1	101.1	109.1	76.5	106.7	100.2	101.6
吉林 Jilin	103.7	101.3	93.5	98.9	108.9	84.2	108.0	102.1	104.9
黑龙江 Heilongjiang	104.4	101.2	96.8	97.2	107.9	83.2	109.2	103.8	101.0
上海 Shanghai	102.8	99.3	84.6	99.0	106.3	72.9	95.9	98.3	99.1
江苏 Jiangsu	101.7	98.8	80.0	101.5	106.6	77.5	101.6	95.1	100.9
浙江 Zhejiang	102.8	99.2	86.4	99.0	101.6	78.2	103.6	101.7	103.0
安徽 Anhui	101.3	97.3	86.6	101.8	106.4	78.3	102.0	89.4	100.2
福建 Fujian	101.7	98.6	85.7	103.2	101.7	82.7	99.9	109.0	102.6
江西 Jiangxi	102.0	97.4	90.6	98.6	100.9	79.1	97.2	98.9	100.7
山东 Shandong	102.8	100.7	90.0	105.8	114.3	75.4	107.5	93.4	102.0
河南 Henan	103.5	100.4	90.6	103.7	113.4	76.3	105.7	88.1	101.4
湖北 Hubei	103.2	101.1	92.5	102.2	109.9	82.5	99.4	93.9	104.0
湖南 Hunan	102.8	99.3	93.5	98.9	102.0	83.8	98.7	95.8	102.9
广东 Guangdong	101.9	99.3	94.2	102.8	99.7	83.3	94.1	109.0	103.2
广西 Guangxi	100.8	98.3	92.3	101.6	97.9	79.0	91.5	99.9	101.0
海南 Hainan	100.8	96.4	90.4	97.4	94.1	94.2	94.4	98.3	100.7
重庆 Chongqing	103.1	102.6	100.9	102.5	109.9	94.4	100.7	95.2	105.4
四川 Sichuan	105.1	103.1	96.0	103.0	111.0	87.1	102.7	101.0	104.6
贵州 Guizhou	103.4	100.4	92.5	99.8	104.2	89.7	99.5	97.9	102.7
云南 Yunnan	104.3	102.4	91.4	99.5	103.4	85.7	102.6	111.6	105.1
西藏 Tibet									
陕西 Shaanxi	104.8	100.5	94.3	99.8	105.7	76.3	104.0	103.0	102.4
甘肃 Gansu	102.9	99.7	94.7	97.9	104.0	79.6	98.2	105.6	103.2
青海 Qinghai	104.8	102.0	104.1	99.2	101.3	78.0	103.6	104.7	104.9
宁夏 Ningxia	103.8	100.3	100.8	94.2	100.8	77.5	105.6	104.7	102.1
新疆 Xinjiang	103.7	99.1	105.4	103.4	97.2	81.5	104.2	92.3	107.5

1－65 续表 1 continued

(上年＝100) (preceding year＝100)

地　　区 Region	#干鲜瓜果 Melons and Fruits	#饮食业 Catering Trade	衣着 Cloth－ing	家用设备及用品 Household Appli－ances	医疗保健用品 Health Care	交通和通讯工具 Meansof Transpor－tation & Communi－cation	娱乐教育文化用品 Recrea－tional, Educational & Cultural Goods	居住 Resi－dence	服务项目 Services
全　国 Natonal Index	**94.4**	**104.7**	**103.0**	**100.7**	**104.7**	**97.4**	**100.9**	**108.3**	**116.5**
北　京 Beijing	98.2	102.9	102.9	105.4	105.2	100.3	98.1	121.2	117.5
天　津 Tianjin	99.9	110.0	99.2	97.6	101.4	96.8	110.5	118.4	105.1
河　北 Hebei	94.5	104.7	105.5	102.0	103.0	97.6	101.6	107.4	120.1
山　西 Shanxi	99.6	106.0	104.0	101.5	104.1	95.8	104.0	114.7	115.2
内蒙古 Inner Mongolia	95.9	104.9	105.7	102.4	105.4	96.8	101.7	109.1	123.2
辽　宁 Liaoning	97.0	101.3	102.9	101.2	103.7	97.4	102.4	114.6	114.1
吉　林 Jilin	94.4	106.4	103.3	101.8	102.4	97.3	101.5	110.6	116.0
黑龙江 Heilongjiang	95.8	105.0	104.1	101.4	105.1	97.8	103.4	114.3	119.2
上　海 Shanghai	92.5	109.6	101.0	92.4	103.3	99.5	96.9	120.3	122.9
江　苏 Jiangsu	93.7	104.4	102.7	99.9	103.8	96.9	98.9	104.4	116.7
浙　江 Zhejiang	95.1	105.3	103.8	100.9	105.8	97.6	100.2	106.2	118.9
安　徽 Anhui	90.7	104.3	101.5	100.3	103.9	97.5	100.7	110.2	116.0
福　建 Fujian	91.1	101.0	101.0	100.6	104.8	95.9	98.2	109.5	119.0
江　西 Jiangxi	91.8	103.7	102.9	100.8	108.6	97.7	100.5	107.4	124.0
山　东 Shandong	93.3	103.6	101.9	100.9	103.9	97.1	102.5	108.9	114.1
河　南 Henan	90.3	105.1	103.7	100.6	101.5	96.7	97.1	108.0	124.6
湖　北 Hubei	91.3	107.4	102.6	102.2	105.4	100.0	97.1	113.5	108.9
湖　南 Hunan	92.6	105.3	102.8	102.9	106.4	99.0	103.0	104.0	112.5
广　东 Guangdong	92.8	101.8	102.0	99.6	105.2	97.0	100.1	105.2	114.5
广　西 Guangxi	97.8	105.1	100.4	100.4	108.1	95.6	102.1	105.7	107.2
海　南 Hainan	101.5	105.6	103.2	101.8	102.6	96.2	107.0	111.3	112.1
重　庆 Chongqing	98.8	102.8	101.3	95.3	102.4	93.1	100.0	121.9	105.3
四　川 Sichuan	97.7	107.7	103.8	102.5	104.3	99.2	101.3	112.3	115.0
贵　州 Guizhou	97.4	109.0	102.1	101.1	105.8	97.6	99.1	107.7	117.5
云　南 Yunnan	99.4	108.8	104.1	102.1	104.9	97.0	102.1	111.0	114.9
西　藏 Tibet									
陕　西 Shaanxi	99.4	106.1	104.7	100.0	105.1	96.8	104.4	112.2	126.9
甘　肃 Gansu	97.2	102.2	104.0	102.8	103.3	97.6	102.7	108.8	112.4
青　海 Qinghai	98.6	103.7	106.7	101.8	102.6	99.8	112.2	112.6	116.0
宁　夏 Ningxia	94.1	101.5	107.1	102.8	104.3	98.7	99.6	112.4	112.7
新　疆 Xinjiang	91.2	105.3	103.7	101.2	107.0	100.8	106.3	111.6	122.3

1-66 分地区服务项目价格分类指数

SERVICES PRICE INDICES BY CATEGORY AND BY REGION

(1997)

(上年=100) (preceding year=100)

地区 Region		总指数 General Index	电讯费 Telecom-munica-tion	邮费 Postage	交通费 Traffic	洗理美容费 Bathing and Haircut	文娱费 Recrea-tion	学杂保育费 Tuition and Children Care	修理及其他服务费 Repair and Other Services	医疗保健服务费 Medical & Health Care Services
全 国	**Natonal Index**	**116.5**	**118.8**	**203.5**	**106.5**	**110.6**	**113.8**	**119.0**	**108.1**	**122.9**
北 京	Beijing	117.5	130.2	232.5	101.0	100.6	117.2	121.5	110.9	156.5
天 津	Tianjin	105.1	100.7	190.5	101.6	111.3	100.5	106.9	106.8	103.3
河 北	Hebei	120.1	106.5	198.0	111.0	118.5	112.7	123.4	111.6	131.1
山 西	Shanxi	115.2	110.5	204.5	106.1	113.4	110.6	115.0	107.6	122.6
内蒙古	Inner Mongolia	123.2	119.0	199.2	107.1	109.1	110.2	141.3	106.5	104.1
辽 宁	Liaoning	114.1	136.2	198.5	107.5	105.1	112.7	110.6	107.9	110.8
吉 林	Jilin	116.0	122.1	201.0	103.5	107.1	110.0	115.9	106.1	132.4
黑龙江	Heilongjiang	119.2	100.7	209.8	101.9	107.1	115.2	140.9	107.4	104.5
上 海	Shanghai	122.9	170.5	193.4	109.8	100.0	117.6	117.5	122.8	132.2
江 苏	Jiangsu	116.7	106.6	208.8	107.7	111.5	114.9	122.1	108.9	121.6
浙 江	Zhejiang	118.9	133.0	201.0	103.3	109.5	117.7	113.0	103.6	183.8
安 徽	Anhui	116.0	118.9	193.8	103.1	111.8	113.2	119.3	107.7	116.6
福 建	Fujian	119.0	138.0	200.1	106.7	113.1	121.2	121.4	106.1	106.0
江 西	Jiangxi	124.0	119.1	206.6	104.7	110.1	108.5	137.4	108.5	103.8
山 东	Shandong	114.1	104.1	196.0	102.8	108.4	113.9	116.0	106.5	119.7
河 南	Henan	124.6	119.3	212.3	105.2	109.3	113.1	134.0	107.4	132.2
湖 北	Hubei	108.9	112.4	204.7	103.2	105.5	110.9	101.7	108.6	159.3
湖 南	Hunan	112.5	112.8	214.8	105.7	105.9	107.9	112.5	109.2	134.5
广 东	Guangdong	114.5	109.2	177.1	109.0	109.5	109.8	121.3	108.8	109.8
广 西	Guangxi	107.2	100.1	202.7	104.9	115.1	108.4	105.8	104.7	114.1
海 南	Hainan	112.1	118.7	195.2	104.5	102.8	111.0	109.2	100.3	121.1
重 庆	Chongqing	105.3	109.9	224.2	105.3	101.6	105.0	101.0	100.6	100.0
四 川	Sichuan	115.0	95.8	210.6	114.7	118.7	116.6	110.6	108.9	113.9
贵 州	Guizhou	117.5	95.8	207.9	107.4	115.8	115.2	128.6	107.7	111.6
云 南	Yunnan	114.9	120.5	211.3	105.4	114.4	131.3	117.1	109.7	101.9
西 藏	Tibet									
陕 西	Shaanxi	126.9	139.4	201.7	106.3	109.0	109.7	138.1	106.8	154.5
甘 肃	Gansu	112.4	105.9	207.0	104.1	107.9	115.1	117.2	108.7	103.0
青 海	Qinghai	116.0	122.1	213.3	105.0	111.7	105.6	123.4	104.8	102.7
宁 夏	Ningxia	112.7	115.5	223.7	105.0	106.5	112.1	120.3	105.0	101.0
新 疆	Xinjiang	122.3	105.1	184.3	113.2	110.2	133.5	134.3	110.8	107.8

1－67 城镇居民家庭基本情况

BASIC CONDITIONS OF URBAN HOUSEHOLDS

项　　目	Item	1985	1990	1995	1996	1997
调查户数　（户）	**Number of Households Surveye (household)**	**24338**	**35660**	**35520**	**36370**	**37890**
平均每户家庭人口　（人）	**Average Household Size (person)**	**3.89**	**3.50**	**3.23**	**3.20**	**3.19**
平均每户就业人口　（人）	**Average Number of Employeed Persons per Household (persons)**	**2.15**	**1.98**	**1.87**	**1.86**	**1.83**
平均每户就业面　（%）	**Percentage of Employment per Household(%)**	**55.27**	**56.57**	**57.89**	**58.13**	**57.41**
平均每一就业者负担人数(包括就业者本人)(人)	**Number of Persons Supported by Each Employee (including the employee himself or herself) (person)**	**1.81**	**1.77**	**1.73**	**1.72**	**1.74**
平均每人全部年收入(元)	**Per Capita Annual Income (yuan)**	**748.92**	**1522.79**	**4288.09**	**4844.78**	**5188.54**
#可支配收入	Disposable Income	739.08	1510.16	4283.00	4838.90	5160.32
国有单位职工工资	Wages of Staff & Workers in State－owned Units	455.88	857.59	2590.03	2899.34	3221.49
集体及其它经济类型单位职工工资	Wages of Staff and Workers in Collective Owned Units and Units of Other Type of Ownship	113.52	170.39	400.40	450.14	514.21
职工从工作单位得到的其他收入	Other Income of Staff and Workers from Their Working Units	44.88	99.11	228.67	262.10	
个体经营劳动者收入	Income of Individual Laborers	10.20	18.71	90.60	115.92	168.17
被聘用或留用的离退休人员收入	Income of Reemployed Retirees	4.56	15.51	42.86	47.23	50.70
其他就业者收入	Income of Other Employees	1.95	3.79	8.44	9.59	11.73
其他劳动收入	Part－time Income	12.36	22.61	96.91	116.37	142.93
财产性收入	Property Income	3.74	15.60	90.43	111.98	124.39
转移性收入	Transfer Income	65.88	250.01	587.61	660.42	756.86
特别收入	Special Income	35.95	69.46	152.14	171.68	198.06
平均每人消费性支出(元)	**Per Capita Annual Living Expenditures for Consumption (yuan)**	**673.20**	**1278.89**	**3537.57**	**3919.47**	**4185.64**
#食　品	Food	351.72	693.77	1766.02	1904.71	1942.59
衣　着	Clothing	98.04	170.90	479.20	527.95	520.91
家庭设备用品及服务	Household Facilities, Articles and Service	57.87	108.45	296.94	298.15	316.89
医疗保健	Medicine and Medical Service	16.71	25.67	110.11	143.28	179.68
交通通讯	Transportation and Communications	14.39	40.51	171.01	199.12	232.90
娱乐教育文化服务	Recreation, Education & Cultural Service	55.01	112.26	312.71	374.95	448.38
居住	Residence	32.23	60.86	250.18	300.85	358.64
杂项商品与服务	Miscellaneous Commodities and Services	47.23	66.57	151.39	170.45	185.65

注：1.本表为城镇居民家庭收支抽样调查材料。
　　2.自1997年起，取消职工从工作单位得到的其他收入项，其值被计入相应的国有、集体单位职工收入中。

a) The Data is obtained from the sample survey on income and expenditures of urban households.

b) From 1997, other income of staff and workers from their working units was canceled and its value had been divided in the wages of staff and workers in state－owned units or in collective owned units.

1-68 分地区城镇居民平均每人全年家庭收入来源

PER CAPITA ANNUAL SOURCES OF INCOME IN URBAN RESIDENTS BY REGION (1997)

单位：元 (yuan)

地区 Region	可支配收入 Disposable Income	实际收入 Real Income	国有单位职工收入 Income of Staff & Workers in State-owned Units	集体单位职工收入 Income of Staff & Workers in Collective Owned Units	其他经济类型单位职工全部收入 Income of Staff & Workers in Other Types of Ownership	财产性收入 Income from Property	转移收入 Transfer Income
全国 National Total	**5160.32**	**5188.54**	**3221.49**	**380.95**	**133.26**	**124.39**	**947.78**
北京 Beijing	7813.16	7861.74	4564.41	358.25	397.08	103.93	1976.35
天津 Tianjin	6608.39	6621.47	3717.96	202.93	286.67	119.77	1792.48
河北 Hebei	4958.67	4982.43	3334.64	227.86	23.09	136.72	1028.69
山西 Shanxi	3989.92	4007.86	2671.12	178.15	3.43	85.87	866.07
内蒙古 Inner Mongolia	3944.67	3968.09	2326.93	166.02	27.61	100.69	808.10
辽宁 Liaoning	4518.10	4547.23	2624.50	547.07	91.88	46.63	843.25
吉林 Jilin	4190.58	4206.04	2735.76	281.57	19.00	21.38	823.99
黑龙江 Heilongjiang	4090.72	4110.08	2368.69	218.52	42.82	34.76	981.19
上海 Shanghai	8438.89	8475.50	3987.13	503.09	905.57	68.72	2268.56
江苏 Jiangsu	5765.20	5807.35	3071.83	738.02	166.23	145.92	1386.23
浙江 Zhejiang	7358.72	7366.19	4208.20	797.44	249.08	192.79	1260.13
安徽 Anhui	4599.27	4619.95	2847.94	492.43	129.99	61.79	722.32
福建 Fujian	6143.64	6201.00	3374.60	587.59	193.19	187.63	1091.25
江西 Jiangxi	4071.32	4090.74	2787.22	259.27	8.28	143.39	665.06
山东 Shandong	5190.79	5217.18	3900.54	538.17	81.13	118.93	473.62
河南 Henan	4093.62	4111.54	2784.72	201.14	21.79	181.96	739.91
湖北 Hubei	4673.15	4693.82	3139.38	337.49	30.42	144.59	746.36
湖南 Hunan	5209.74	5248.93	3928.46	351.20	40.17	112.03	668.10
广东 Guangdong	8561.71	8615.86	4816.65	819.11	577.63	421.09	1138.60
广西 Guangxi	5110.29	5139.52	3450.16	202.77	17.24	289.24	709.72
海南 Hainan	4849.93	4917.55	3306.13	144.51	34.35	86.10	756.45
重庆 Chongqing	5322.66	5343.12	3914.15	434.99	85.26	51.30	613.03
四川 Sichuan	4763.26	4787.86	3265.72	349.09	102.46	145.58	638.18
贵州 Guizhou	4441.91	4458.29	2967.83	165.77	17.81	45.39	947.46
云南 Yunnan	5558.29	5616.21	3970.36	409.29	41.23	138.86	805.21
西藏 Tibet							
陕西 Shaanxi	4001.30	4022.20	2634.10	136.89	17.02	172.51	890.28
甘肃 Gansu	3592.43	3613.43	2500.58	158.57	6.31	21.05	833.04
青海 Qinghai	3999.36	4015.50	2961.86	130.48	0.16	21.17	663.81
宁夏 Ningxia	3836.54	3863.65	2371.39	170.89	15.30	41.64	859.71
新疆 Xinjiang	4844.72	4878.52	3574.40	116.05	10.08	77.06	850.27

1－69 农村居民家庭基本情况

BASIC CONDITIONS OF RURAL HOUSEHOLDS

项　　目	Item	1980	1985	1990	1995	1996	1997
调查户数　(户)	**Number of Households Surveyed**	**15914**	**66642**	**66960**	**67340**	**67610**	**67680**
调查户人口　(人)	**Number of Residents Surveyed (person)**						
常住人口	Number of Permanent Residents in the Households Surveyed	88090	341525	321429	301878	298530	294559
平均每户常住人口	Average Number of Permanent Residents per Household	5.54	5.12	4.80	4.48	4.42	4.35
平均每户整半劳力	Average Number of Able－bodied and Semi－ablebodied Laborers per Household	2.45	2.95	2.92	2.88	2.84	2.79
平均每个劳动力负担人口(含本人)	Average Number of Persons Supported by a Laborer (including the laborer himself or herself)	2.26	1.74	1.64	1.56	1.55	1.56
平均每人年收入(元)	**Per Capita Annual Income (yuan)**						
总收入	Total Revenue	216.22	547.31	990.38	2337.87	2806.73	2999.20
纯收入	Net Income	191.33	397.60	686.31	1577.74	1926.07	2090.13
现金收入	Cash Income	113.12	357.39	676.67	1595.56	1927.01	2131.21
按纯收入分组户数占调查户比重(%)	**Percentage of Households Grouped by per Capita Annual Net Income (%)**						
100元以下	Under 100 Yuan	9.80	0.96	0.22	0.22	0.13	0.18
100－200	(元) Yuan	51.80	11.26	1.80	0.38	0.18	0.19
200－300	(元) Yuan	25.30	25.61	6.57	0.81	0.36	0.34
300－400	(元) Yuan	8.60	24.00	11.99	1.55	0.66	0.60
400－500	(元) Yuan	2.90	15.85	14.37	2.40	1.20	0.97
500－600	(元) Yuan		9.06	13.99	3.70	1.88	1.47
600－800	(元) Yuan		8.02	20.83	9.59	5.56	4.49
800－1000	(元) Yuan	1.60	2.93	12.45	11.58	8.00	6.49
1000－1200	(元) Yuan		1.89	12.20	26.60	23.74	7.59
1200－1300	(元) Yuan						4.20
1300－1500	(元) Yuan						8.56
1500－1700	(元) Yuan		0.26	3.47	17.25	19.89	8.17
1700－2000	(元) Yuan						11.35
2000－2500	(元) Yuan		0.16	2.11	25.92	38.40	14.93
2500－3000	(元) Yuan						10.35
3000－3500	(元) Yuan						6.56
3500－4000	(元) Yuan						4.13
4000－4500	(元) Yuan						2.68
4500－5000	(元) Yuan						1.81
5000元以上	5000 Yuan and Over						4.94
平均每人年支出(元)	**Per Capita Annual Expenditure (yuan)**						
总支出	Total Expenditure	195.52	485.51	903.47	2138.33	2535.16	2536.79
家庭经营费用支出	Expenditure for Household Business	24.61	121.39	241.09	621.71	709.42	706.27
生活消费支出	Expenditure for Consumption	162.21	317.42	584.63	1310.36	1572.08	1617.15
其他非生产性支出	Other Nonproductive Expenditures	8.42	9.57	18.80	55.28	82.48	45.37
现金支出	Cash Expenditure	122.93	389.19	741.17	1766.67	2137.39	2297.30
生产费用	Productive Costs	14.05	98.93	183.35	517.06	587.76	599.91
缴纳税金和上交集体承包费支出等	Taxes and Payments to Collective Units	0.24	16.35	33.38	76.96	94.45	97.81
生活消费支出	Expenditure for Consumption	83.83	194.68	374.74	859.43	1076.22	1126.28
储蓄借贷支出	Expenditure for Savings and Credit	15.91	57.96	102.11	220.86	249.90	337.55

注：1.本表为农村住户抽样调查资料。

2.1997年纯收入分组户数比重进行了调整。

a) The Data is obtained from the sample surveys on rural households.

b) Percentage of households grouped by per capita annual net income has been adjusted since 1997.

1－70 分地区农村居民家庭平均每人按来源分的纯收入
PER CAPITA NET INCOME OF RURAL HOUSEHOLDS BY SOURCE AND REGION (1997)

单位：元 (yuan)

地区 Region	纯收入 Net Income	基本收入 Basic Income	劳动者报酬 Labourers' Remuner－ation	家庭经营收入 Income from Household Bus－iness Operation	转移性收入 Transfer Income	财产性收入 Property Income
全国 National Total	**2090.13**	**1987.27**	**514.55**	**1472.72**	**79.25**	**23.61**
北京 Beijing	3661.68	3399.31	2232.06	1167.25	151.54	110.83
天津 Tianjin	3243.68	3095.70	1538.07	1557.62	88.61	59.38
河北 Hebei	2286.01	2211.26	762.07	1449.19	38.53	36.22
山西 Shanxi	1738.26	1669.82	579.56	1090.26	50.99	17.44
内蒙古 Inner Mongolia	1780.19	1750.01	162.63	1587.37	26.23	3.94
辽宁 Liaoning	2301.48	2236.22	688.37	1547.85	40.90	24.36
吉林 Jilin	2186.29	2118.28	267.95	1850.33	29.16	38.85
黑龙江 Heilongjiang	2308.29	2253.62	219.84	2033.79	37.06	17.60
上海 Shanghai	5277.02	4961.66	3735.40	1226.26	170.93	144.43
江苏 Jiangsu	3269.85	3136.11	1235.12	1900.98	99.14	34.61
浙江 Zhejiang	3684.22	3506.79	1496.08	2010.71	127.00	50.42
安徽 Anhui	1808.75	1738.82	405.49	1333.33	62.21	7.72
福建 Fujian	2785.67	2561.32	811.55	1749.76	190.71	33.64
江西 Jiangxi	2107.28	2032.11	461.71	1570.40	58.94	16.22
山东 Shandong	2292.12	2181.40	686.31	1495.09	81.15	29.57
河南 Henan	1733.89	1663.95	294.92	1369.04	49.68	20.25
湖北 Hubei	2102.23	2026.35	337.54	1688.81	65.95	9.94
湖南 Hunan	2037.06	1968.52	459.97	1508.55	57.77	10.78
广东 Guangdong	3467.69	3191.88	908.60	2283.28	223.71	52.10
广西 Guangxi	1875.28	1757.84	257.87	1499.97	111.28	6.16
海南 Hainan	1916.90	1782.20	60.43	1721.76	119.82	14.88
重庆 Chongqing	1643.21	1464.55	318.88	1145.67	165.92	12.74
四川 Sichuan	1680.69	1581.48	365.41	1216.07	85.97	13.24
贵州 Guizhou	1298.54	1239.70	191.15	1048.55	52.84	6.00
云南 Yunnan	1375.50	1269.24	177.97	1091.27	83.74	22.51
西藏 Tibet	1194.51	1155.86	135.24	1020.62	37.22	1.43
陕西 Shaanxi	1273.30	1198.04	323.16	874.88	60.14	15.13
甘肃 Gansu	1185.07	1119.94	190.95	928.99	57.88	7.24
青海 Qinghai	1320.63	1295.25	174.65	1120.60	20.27	5.12
宁夏 Ningxia	1512.50	1469.13	277.55	1191.58	32.73	10.64
新疆 Xinjiang	1504.43	1397.79	72.26	1325.53	56.23	50.40

二、就业与失业

Employment and Unemployment

2-1 分地区城镇登记失业人员及失业率

URBAN REGISTERED UNEMPLOYMENT AND UNEMPLOYMENT RATE BY REGION

地　区 Region	失业人员(万人) Unemployment(10 000 persons)			失业率(%) Unemployment Rate (%)		
	1990	1996	1997	1990	1996	1997
全国总计 National	**383.2**	**552.8**	**576.8**	**2.5**	**3.0**	**3.1**
北　京 Beijing	1.7	2.8	3.3	0.4	0.6	0.7
天　津 Tianjin	8.1	3.3	4.3	2.7	1.0	1.3
河　北 Hebei	7.7	15.6	16.2	1.1	1.9	2.0
山　西 Shanxi	5.5	9.3	12.6	1.2	1.7	2.4
内 蒙 古 Inner Mongolia	15.2	17.6	17.7	3.8	3.9	3.8
辽　宁 Liaoning	23.7	43.4	46.0	2.2	3.6	3.9
吉　林 Jilin	10.5	14.0	13.6	1.9	2.2	2.1
黑 龙 江 Heilongjiang	20.4	29.5	25.5	2.2	3.0	2.6
上　海 Shanghai	7.7	14.6	14.9	1.5	2.6	2.7
江　苏 Jiangsu	22.5	23.0	25.1	2.4	2.3	2.5
浙　江 Zhejiang	11.2	18.6	21.2	2.2	3.0	3.4
安　徽 Anhui	15.2	20.4	21.6	2.8	3.1	3.2
福　建 Fujian	9.0	10.7	10.4	2.6	2.4	2.4
江　西 Jiangxi	10.3	12.1	16.3	2.4	2.3	3.0
山　东 Shandong	26.2	38.8	38.9	3.2	3.5	3.4
河　南 Henan	25.1	25.5	24.0	3.3	2.5	2.3
湖　北 Hubei	12.7	32.4	33.9	1.7	3.5	3.5
湖　南 Hunan	15.9	31.6	30.9	2.7	3.9	3.6
广　东 Guangdong	19.2	29.6	31.9	2.2	2.5	2.7
广　西 Guangxi	13.9	16.2	18.2	3.9	3.7	4.2
海　南 Hainan	3.5	5.8	5.5	3.0	4.3	4.3
重　庆 Chongqing			10.9			2.9
四　川 Sichuan	38.0	44.4	32.3	3.7	3.7	3.9
贵　州 Guizhou	10.7	18.2	19.6	4.1	6.2	6.5
云　南 Yunnan	7.8	10.5	10.4	2.5	2.9	2.8
西　藏 Tibet						
陕　西 Shaanxi	11.2	25.4	32.0	2.8	5.2	6.4
甘　肃 Gansu	12.5	16.9	15.7	4.9	5.5	5.2
青　海 Qinghai	4.2	5.7	5.9	5.6	7.2	7.4
宁　夏 Ningxia	4.0	4.5	4.2	5.4	5.2	4.8
新　疆 Xinjiang	9.6	12.4	13.8	3.0	3.4	3.7

2－2 分地区城镇劳动力供给与配置情况

URBAN LABOUR FORCE RESOURCES AND ASSIGNMENT BY REGION

(1997)

单位：万人　　　　(10 000 persons)

地　区 Region		(一)本年城镇劳动力供给总数 Total Urban Labour Force Resources					
		合　计 Total	1.大、中专、技校毕业生 Graduates from Universities, Secondary Techni－cal Schools and Vocational Schools	2.复员、转业军人 Demobilized & Transferred Armymen	3城镇职业学校毕业生 Graduates of Urban Occupational schools	4.未能升学的初高中毕业生 Graduates Non－entering Higher School of High Schools	5.直接从农村招收的人员 Recruited from Rural Areas
全国总计	**National**	**1618.96**	**243.38**	**40.51**	**109.91**	**233.92**	**99.56**
北　京	Beijing	22.79	7.98	0.75	2.71	0.60	4.50
天　津	Tianjin	20.58	3.44	0.22	1.50	1.20	2.17
河　北	Hebei	59.80	13.60	2.20	5.30	12.00	5.70
山　西	Shanxi	30.50	5.80	1.20	2.00	7.00	1.70
内蒙古	Inner Mongolia	42.45	4.51	0.60	2.01	9.16	0.54
辽　宁	Liaoning	91.58	12.07	2.65	5.61	12.69	4.28
吉　林	Jilin	34.90	5.30	1.10	3.80	5.40	2.10
黑龙江	Heilongjiang	68.70	7.40	2.90	4.40	17.60	1.10
上　海	Shanghai	53.30	5.10	0.30	2.90	2.20	2.40
江　苏	Jiangsu	204.10	35.60	4.40	11.20	9.60	3.40
浙　江	Zhejiang	48.02	7.41	0.79	2.82	4.65	2.19
安　徽	Anhui	57.70	8.90	2.00	4.00	9.00	1.90
福　建	Fujian	50.37	4.46	0.36	4.13	8.21	19.25
江　西	Jiangxi	45.40	6.30	1.30	2.50	15.20	1.30
山　东	Shandong	107.50	22.50	3.10	6.40	11.70	9.90
河　南	Henan	88.90	9.90	3.80	5.80	13.90	2.40
湖　北	Hubei	69.70	11.90	1.50	4.60	8.80	3.20
湖　南	Hunan	70.30	9.70	1.80	4.40	8.90	1.60
广　东	Guangdong	101.44	14.25	1.40	7.67	19.43	7.30
广　西	Guangxi	45.77	6.08	0.56	2.75	10.72	0.79
海　南	Hainan	14.20	1.40	0.20	0.30	2.10	0.70
重　庆	Chongqing	21.80	4.10	0.70	4.90	3.50	0.10
四　川	Sichuan	71.96	9.84	1.75	5.06	7.56	6.82
贵　州	Guizhou	32.00	4.00	0.40	1.20	11.30	1.30
云　南	Yunnan	44.00	6.00	1.00	6.00	2.00	7.00
西　藏	Tibet	2.80	0.50	0.10		0.40	
陕　西	Shaanxi	41.70	5.50	1.80	2.10	7.80	1.50
甘　肃	Gansu	33.10	3.90	0.60	1.50	3.20	2.00
青　海	Qinghai	8.16	1.27	0.18	1.10	1.70	0.90
宁　夏	Ningxia	13.94	0.97	0.15	0.25	4.00	1.03
新　疆	Xinjiang	21.50	3.70	0.70	1.00	2.40	0.50
附：大连	Dalian	14.40	3.10	0.50	1.60	0.40	2.10
宁波	Ningbo	5.58	1.42	0.11	0.52	0.38	0.25
厦门	Xiamen	7.00	1.00			1.00	3.00
青岛	Qindao	13.80	1.80	0.20	0.90	0.50	5.70
深圳	Shenzhen	6.02	1.76	0.03	0.32	0.32	

2－2 续表1 continued

单位：万人 (10 000 persons)

地区 Region		(一)本年城镇劳动力供给总数 Total Urban Labour Force Resources				(二)本年城镇劳动力配置情况 Urban Labour Assignment	
		6.农转非人员中的劳动力 Labour Force from Rural to Urban Areas	7.就业转失业的人员 Unemployment from Employed	8.其他 Others	9.上年末失业人员 Unmployment at the End of Last Year	合计 Total	1.国有经济单位 State－owned Units
全国总计	**National**	**132.61**	**175.90**	**68.72**	**514.45**	**1009.26**	**375.14**
北京	Beijing	1.30	1.39	0.80	2.76	19.14	11.27
天津	Tianjin	0.30	3.30	0.30	8.15	11.14	4.17
河北	Hebei	4.20	3.10	0.40	13.30	44.40	17.50
山西	Shanxi	2.20	3.50	0.10	7.00	20.00	6.40
内蒙古	Inner Mongolia	0.54	8.02	0.64	16.43	21.52	5.56
辽宁	Liaoning	2.81	9.47	1.15	40.86	42.18	10.55
吉林	Jilin	5.80	1.90	0.40	9.10	24.40	15.10
黑龙江	Heilongjiang	2.30	4.00	2.00	27.00	41.00	15.10
上海	Shanghai	5.00	12.90	8.00	14.50	36.10	7.40
江苏	Jiangsu	42.30	28.00	22.00	47.60	144.80	73.30
浙江	Zhejiang	2.80	6.45	0.73	20.18	23.28	6.83
安徽	Anhui	4.80	4.00	1.40	21.70	34.00	8.10
福建	Fujian	2.63	3.13	0.32	7.88	41.89	4.88
江西	Jiangxi	4.10	3.90	0.40	10.40	25.80	7.70
山东	Shandong	7.30	8.50	0.60	37.50	67.50	28.90
河南	Henan	4.30	10.70	1.80	36.30	50.70	21.00
湖北	Hubei	2.40	8.60	0.40	28.30	38.60	20.20
湖南	Hunan	5.00	6.10	3.10	29.70	33.80	10.30
广东	Guangdong	6.29	14.20	5.00	25.90	70.74	18.09
广西	Guangxi	2.91	4.72	0.86	16.37	26.22	7.41
海南	Hainan	0.80	1.90	1.20	5.60	8.40	1.80
重庆	Chongqing	0.60	1.80	0.20	5.90	9.80	2.80
四川	Sichuan	2.67	9.40	1.02	27.84	43.73	19.91
贵州	Guizhou	0.70	2.30	0.60	10.20	19.00	7.80
云南	Yunnan	5.00	2.00	7.00	8.00	36.00	13.00
西藏	Tibet	0.20	0.10		1.50	1.20	0.60
陕西	Shaanxi	2.70	6.40	3.40	10.50	24.20	10.20
甘肃	Gansu	6.90	2.00	3.40	9.60	24.00	10.50
青海	Qinghai	1.20	0.47		1.34	5.54	2.10
宁夏	Ningxia	1.75	0.26	1.30	4.23	9.58	4.36
新疆	Xinjiang	0.80	3.40	0.20	8.80	10.60	2.30
附：大连	Dalian	1.00	1.50	0.50	3.70	9.40	2.00
宁波	Ningbo	0.06	0.94		1.91	2.89	0.84
厦门	Xiamen	1.00			1.00	6.00	1.00
青岛	Qindao	0.50	1.60	0.20	2.40	11.30	3.10
深圳	Shenzhen		0.31	1.74	1.53	4.49	1.83

2－2 续表2 continued

单位：万人 (10 000 persons)

地　区 Region	(二)本年城镇劳动力配置情况 Urban Labour Assignment				(三)其他原因减少的失业人员 Decreased Unemploy－ment for Other Reasons	(四)年末失业人员 Unemploy－ment at the Year End
	2.城镇集体经济单位 Urban Coll－ectiveowned Units	3.其他各种经济单位 Other Owner－ship Units	4.城镇私营企业和个体劳动者 Employees in Urban Private & Individuals	5.其他 Others		
全国总计 National	**134.37**	**147.80**	**280.85**	**71.10**	**54.63**	**555.08**
北　京 Beijing	2.81	3.53	1.53		0.36	3.29
天　津 Tianjin	0.80	2.63	3.54		0.20	9.24
河　北 Hebei	8.40	7.10	9.40	2.00	2.10	13.30
山　西 Shanxi	4.20	1.80	7.40	0.20	0.20	10.30
内蒙古 Inner Mongolia	2.15	1.15	11.35	1.31	2.17	18.76
辽　宁 Liaoning	5.80	5.00	18.29	2.53	5.91	43.49
吉　林 Jilin	2.90	1.80	2.60	2.00	1.70	8.80
黑龙江 Heilongjiang	4.10	1.90	17.80	2.10	1.70	26.00
上　海 Shanghai	1.20	5.60	12.30	9.60	2.30	14.90
江　苏 Jiangsu	16.40	20.10	31.70	3.30	5.50	53.80
浙　江 Zhejiang	3.97	3.20	4.82	4.46	2.53	22.21
安　徽 Anhui	5.40	3.40	15.90	1.20	1.10	22.60
福　建 Fujian	6.15	20.13	8.84	1.89	0.41	8.07
江　西 Jiangxi	2.40	3.20	8.90	3.60	2.50	17.10
山　东 Shandong	11.90	12.50	11.90	2.30	2.50	37.50
河　南 Henan	6.20	4.00	17.90	1.60	2.50	35.70
湖　北 Hubei	6.30	4.70	6.20	1.20	1.30	29.80
湖　南 Hunan	4.80	3.40	11.70	3.60	7.50	29.00
广　东 Guangdong	10.67	15.06	17.80	9.11	1.77	28.93
广　西 Guangxi	2.88	2.56	11.82	1.53	0.94	18.61
海　南 Hainan	0.50	1.40	4.00	0.70	0.30	5.50
重　庆 Chongqing	3.40	1.10	1.40	1.10	1.10	10.90
四　川 Sichuan	5.02	3.20	14.60	1.00	1.51	26.72
贵　州 Guizhou	0.90	0.30	9.10	0.90	1.50	11.50
云　南 Yunnan	3.00	13.00	2.00	5.00		8.00
西　藏 Tibet		0.20	0.40			1.60
陕　西 Shaanxi	3.60	2.00	5.10	3.30	2.90	14.60
甘　肃 Gansu	3.90	1.50	7.20	0.90	0.70	8.40
青　海 Qinghai	1.27	0.90	1.20	0.07	0.32	2.30
宁　夏 Ningxia	0.54	0.23	1.05	3.40	0.41	3.95
新　疆 Xinjiang	2.80	1.20	3.10	1.20	0.70	10.20
附：大连 Dalian	0.80	2.30	4.30			5.00
宁波 Ningbo	0.58	0.60	0.65	0.22	0.28	2.42
厦门 Xiamen		4.00	1.00			1.00
青岛 Qindao	1.20	6.20	0.80		0.10	2.40
深圳 Shenzhen	0.04	2.40	0.22			1.52

2-3 分地区城镇登记失业变化情况
CHANGES OF URBAN REGISTERED UNEMPLOYMENT BY REGION

(1997)

单位：万人　　(10 000 persons)

地　区　Region	本年失业人员总数 Total Unemployment	上年末结转的失业人员 Unemployment Left Over from Last Year	本年增加的失业人员 Newly Added Unemployment This Year	#就业转失业人员 Unemployment from Employed
全国总计 National	**1028.78**	**552.80**	**475.98**	**146.16**
北　京 Beijing	7.72	2.76	4.96	1.39
天　津 Tianjin	14.94	3.35	11.59	8.20
河　北 Hebei	24.22	15.64	8.58	2.68
山　西 Shanxi	22.34	9.30	13.04	3.51
内蒙古 Inner Mongolia	29.04	17.62	11.42	2.22
辽　宁 Liaoning	68.62	43.40	25.22	9.41
吉　林 Jilin	25.20	14.02	11.18	1.92
黑龙江 Heilongjiang	49.50	29.50	20.00	4.00
上　海 Shanghai	32.65	14.58	18.07	12.98
江　苏 Jiangsu	47.72	22.97	24.75	8.45
浙　江 Zhejiang	33.31	18.65	14.66	6.76
安　徽 Anhui	37.04	20.45	16.59	3.69
福　建 Fujian	24.80	10.68	14.12	3.29
江　西 Jiangxi	34.60	12.12	22.48	3.48
山　东 Shandong	66.80	38.83	27.97	7.48
河　南 Henan	48.08	25.50	22.58	4.93
湖　北 Hubei	58.76	32.36	26.40	8.56
湖　南 Hunan	54.97	31.57	23.40	6.07
广　东 Guangdong	69.36	29.57	39.79	15.06
广　西 Guangxi	35.09	16.18	18.91	5.03
海　南 Hainan	8.66	5.76	2.90	0.49
重　庆 Chongqing	21.11	10.95	10.16	1.81
四　川 Sichuan	52.09	33.43	18.66	3.04
贵　州 Guizhou	31.21	18.19	13.02	2.30
云　南 Yunnan	18.68	10.54	8.14	2.02
西　藏 Tibet				
陕　西 Shaanxi	47.22	25.42	21.80	11.24
甘　肃 Gansu	25.89	16.87	9.02	2.02
青　海 Qinghai	8.27	5.72	2.55	0.47
宁　夏 Ningxia	7.39	4.52	2.87	0.26
新　疆 Xinjiang	23.50	12.35	11.15	3.40

2－3 续表1 continued

单位：万人 (10 000 persons)

地 区 Region	本年失业人员就业人数 Employment from Unemployment This Year	# 女性 Female	除就业外其他原因减少的失业人员数 Unemployment Decreased for Other Reasons	本年末尚有失业人员数 Unemployment at the Year－end	#女性 Female
全国总计 National	**425.06**	**202.86**	**26.94**	**576.78**	**303.14**
北 京 Beijing	4.43	2.00		3.29	1.54
天 津 Tianjin	10.40	5.90	0.20	4.34	2.36
河 北 Hebei	7.75	3.94	0.25	16.22	9.48
山 西 Shanxi	9.65	4.78	0.14	12.55	5.65
内 蒙 古 Inner Mongolia	10.59	5.41	0.71	17.74	10.38
辽 宁 Liaoning	21.73	11.13	0.85	46.04	24.74
吉 林 Jilin	11.18	5.76	0.38	13.64	6.91
黑 龙 江 Heilongjiang	22.00	10.00	2.00	25.50	13.73
上 海 Shanghai	15.45	6.44	2.25	14.95	6.49
江 苏 Jiangsu	21.40	10.88	1.18	25.14	13.35
浙 江 Zhejiang	10.79	5.25	1.34	21.18	11.57
安 徽 Anhui	14.28	6.79	1.14	21.62	11.82
福 建 Fujian	14.09	6.70	0.31	10.40	5.39
江 西 Jiangxi	17.89	9.09	0.45	16.26	8.92
山 东 Shandong	25.42	12.66	2.51	38.87	21.10
河 南 Henan	23.20	10.93	0.91	23.97	12.80
湖 北 Hubei	23.48	10.66	1.34	33.94	18.12
湖 南 Hunan	21.61	9.61	2.49	30.87	13.51
广 东 Guangdong	36.34	17.19	1.17	31.85	17.39
广 西 Guangxi	15.95	7.44	0.93	18.21	9.69
海 南 Hainan	3.07	1.62	0.09	5.50	2.64
重 庆 Chongqing	9.79	4.33	0.47	10.85	6.18
四 川 Sichuan	18.27	9.21	1.51	32.31	17.45
贵 州 Guizhou	10.72	4.09	0.88	19.61	9.05
云 南 Yunnan	7.93	4.34	0.38	10.37	5.69
西 藏 Tibet					
陕 西 Shaanxi	14.11	6.04	1.10	32.01	16.62
甘 肃 Gansu	9.49	4.85	0.73	15.67	8.36
青 海 Qinghai	2.30	1.22	0.09	5.88	3.10
宁 夏 Ningxia	2.74	1.25	0.41	4.24	2.50
新 疆 Xinjiang	9.01	3.35	0.73	13.76	6.61

2-4 分地区城镇登记失业人员就业情况

URBAN EMPLOYMENT FROM REGISTERED UNEMPLOYMENT BY REGION

(1997)

单位：万人 (10 000 persons)

地区 Region	合计 Total	企业 Enterprises				
		国有企业 State－owned	城镇集体企业 Urban Collective－owned	劳服企业 Labour Service	城镇私营企业 Urban Private	外商投资企业 Foreign－funded
全国总计 National	**425.06**	**100.94**	**90.94**	**29.07**	**41.67**	**22.63**
北京 Beijing	4.43	1.69	0.53	0.01	0.14	0.67
天津 Tianjin	10.40	0.80	1.93		0.85	3.15
河北 Hebei	7.75	2.79	1.58	0.30	0.45	0.41
山西 Shanxi	9.65	2.77	2.21	1.27	1.14	0.30
内蒙古 Inner Mongolia	10.59	2.84	2.55	1.34	1.17	0.11
辽宁 Liaoning	21.73	7.32	5.62	1.33	1.65	0.76
吉林 Jilin	11.18	2.75	1.62	0.56	1.18	0.24
黑龙江 Heilongjiang	22.00	5.00	3.00	1.00	2.00	0.50
上海 Shanghai	15.45	2.22	0.78	0.11	0.07	3.09
江苏 Jiangsu	21.40	5.47	5.55	0.95	0.97	2.39
浙江 Zhejiang	10.79	2.58	1.91	0.22	0.63	0.66
安徽 Anhui	14.28	4.66	4.39	2.45	1.52	0.22
福建 Fujian	14.09	1.84	2.30	0.85	1.65	1.28
江西 Jiangxi	17.89	2.23	2.92	1.18	2.21	0.56
山东 Shandong	25.42	7.39	8.52	2.74	1.62	1.15
河南 Henan	23.20	7.57	6.91	2.39	2.35	0.36
湖北 Hubei	23.48	4.16	6.34	1.75	2.42	1.41
湖南 Hunan	21.61	5.37	3.63	1.11	2.44	0.53
广东 Guangdong	36.34	8.10	6.18	0.48	4.88	3.21
广西 Guangxi	15.95	3.68	3.02	1.07	1.82	0.56
海南 Hainan	3.07	0.73	0.19	0.13	0.54	0.31
重庆 Chongqing	9.79	2.06	2.58	1.05	1.09	0.10
四川 Sichuan	18.27	3.94	4.40	1.93	2.01	0.24
贵州 Guizhou	10.72	1.77	1.49	0.22	1.37	0.07
云南 Yunnan	7.93	2.56	1.55	0.40	0.52	0.06
西藏 Tibet						
陕西 Shaanxi	14.11	2.96	3.46	1.79	1.95	0.23
甘肃 Gansu	9.49	2.21	2.26	1.32	1.18	0.01
青海 Qinghai	2.30	0.62	0.45	0.15	0.25	0.02
宁夏 Ningxia	2.74	0.85	0.54	0.37	0.41	0.01
新疆 Xinjiang	9.01	2.01	2.53	0.60	1.19	0.02

2-4 续表1 continued

单位：万人 (10 000 persons)

地 区 Region	港、澳、台投资企业 HongKong、Macao and Taiwan Chinese Funded	其他经济类型 Other Ownerships	个体经济组织 Individuals	机关团体 State Organs	#社会团体 Social Organizations
全国总计 National	**13.11**	**35.39**	**77.66**	**4.25**	**1.00**
北 京 Beijing	0.27	0.27	3.06	0.11	
天 津 Tianjin	1.75	0.65	0.70	0.20	
河 北 Hebei	0.04	0.36	0.62	0.02	0.01
山 西 Shanxi	0.13	0.95	1.95	0.05	0.01
内蒙古 Inner Mongolia	0.02	0.58	2.63	0.08	0.01
辽 宁 Liaoning	0.15	1.33	4.29	0.07	0.01
吉 林 Jilin	0.05	0.70	2.64	0.08	0.01
黑龙江 Heilongjiang	0.10	2.00	8.00	0.30	0.08
上 海 Shanghai	0.47	0.65	0.61	0.02	
江 苏 Jiangsu	0.72	1.77	1.87	0.06	0.02
浙 江 Zhejiang	0.37	1.90	1.52	0.03	
安 徽 Anhui	0.05	0.66	2.25	0.09	0.02
福 建 Fujian	1.43	1.35	2.21	0.07	0.01
江 西 Jiangxi	0.59	2.70	3.17	0.09	0.02
山 东 Shandong	0.69	3.38	1.96	0.19	0.06
河 南 Henan	0.15	1.12	3.06	0.22	0.03
湖 北 Hubei	1.08	2.19	3.73	0.28	0.11
湖 南 Hunan	0.44	1.83	4.91	0.38	0.13
广 东 Guangdong	3.24	2.10	5.23	0.56	0.15
广 西 Guangxi	0.30	1.32	4.06	0.19	0.07
海 南 Hainan	0.33	0.24	0.67	0.01	
重 庆 Chongqing	0.27	0.82	2.47	0.06	0.02
四 川 Sichuan	0.15	1.54	4.08	0.21	0.09
贵 州 Guizhou	0.03	1.46	3.36	0.15	0.01
云 南 Yunnan	0.07	0.83	1.01	0.20	0.03
西 藏 Tibet					
陕 西 Shaanxi	0.12	0.91	2.62	0.24	0.04
甘 肃 Gansu	0.05	0.65	2.28	0.11	0.01
青 海 Qinghai	0.03	0.22	0.55	0.04	0.01
宁 夏 Ningxia	0.01	0.14	0.64	0.03	0.02
新 疆 Xinjiang	0.01	0.77	1.51	0.11	0.02

2－4 续表2 continued

单位：万人 (10 000 persons)

地　　区　Region	事业单位 Institutions	其　他 Others	#国外就业 Employment Abroad	第一产业 Primary Industry	第二产业 Secondanry Industry	第三产业 Tertiary Industry
全国总计　National	**10.92**	**30.23**	**0.70**	**29.79**	**171.87**	**226.55**
北　京　Beijing	0.21	0.16		1.07	3.83	2.68
天　津　Tianjin	0.18	0.19		0.34	3.83	6.23
河　北　Hebei	0.14	1.34		0.71	2.71	4.33
山　西　Shanxi	0.07	0.08		0.38	3.27	6.00
内蒙古　Inner Mongolia	0.30	0.31		0.29	2.71	7.59
辽　宁　Liaoning	0.26	0.28	0.02	1.67	11.62	8.44
吉　林　Jilin	0.10	1.82	0.10	1.07	3.68	6.43
黑龙江　Heilongjiang	0.30	0.80	0.01	3.00	7.00	12.00
上　海　Shanghai	0.10	7.44	0.03		10.82	4.63
江　苏　Jiangsu	0.44	2.16	0.02	0.61	11.51	9.28
浙　江　Zhejiang	0.35	0.84	0.02	0.16	4.83	5.80
安　徽　Anhui	0.26	0.18	0.02	0.34	6.84	7.10
福　建　Fujian	0.35	1.61	0.14	0.68	5.74	7.67
江　西　Jiangxi	0.26	3.16	0.07	1.72	4.89	11.28
山　东　Shandong	0.41	0.11	0.02	0.85	13.12	11.45
河　南　Henan	0.77	0.69	0.01	1.95	7.92	13.33
湖　北　Hubei	0.67	1.20	0.05	2.49	8.54	12.45
湖　南　Hunan	1.15	0.93	0.02	1.88	7.59	12.14
广　东　Guangdong	1.10	1.74	0.13	3.93	14.90	17.51
广　西　Guangxi	0.70	0.30	0.01	1.25	5.25	9.45
海　南　Hainan	0.04	0.01		0.44	0.34	2.29
重　庆　Chongqing	0.01	0.33		0.46	3.55	5.78
四　川　Sichuan	0.42	1.28	0.03	0.71	7.23	10.33
贵　州　Guizhou	0.44	0.58		0.87	3.37	6.48
云　南　Yunnan	0.85	0.28		0.30	2.88	4.75
西　藏　Tibet						
陕　西　Shaanxi	0.35	1.27		1.70	5.17	7.24
甘　肃　Gansu	0.16	0.58		0.44	3.64	5.41
青　海　Qinghai	0.05	0.07		0.07	0.73	1.50
宁　夏　Ningxia	0.07	0.04		0.14	0.67	1.93
新　疆　Xinjiang	0.41	0.45		0.27	3.69	5.05

2-5 分地区城镇登记失业人员基本情况

BASIC CONDITIONS OF URBAN REGISTERED UNEMPLOYMENT BY REGION

(1997)

单位：万人

(10 000 persons)

地区 Region	合计 Total	年龄和性别 By Age and Sex				失业时间 By Duration of Unemployment	
		16-25岁 16-25	#女性 Female	26岁及以上 26 and Over	#女性 Female	6个月以下 Less than 6 Months	#女性 Female
全国总计 National	**576.78**	**345.25**	**181.60**	**231.53**	**121.54**	**241.71**	**124.50**
北京 Beijing	3.29	1.33	0.60	1.96	0.94	1.47	0.54
天津 Tianjin	4.34	1.45	0.82	2.89	1.54	1.50	0.80
河北 Hebei	16.22	11.13	6.57	5.09	2.91	7.93	4.69
山西 Shanxi	12.55	6.90	3.11	5.65	2.54	7.53	3.39
内蒙古 Inner Mongolia	17.74	12.56	7.28	5.18	3.10	5.82	3.13
辽宁 Liaoning	46.04	27.67	14.77	18.37	9.97	17.43	9.61
吉林 Jilin	13.64	8.03	3.92	5.61	2.99	6.15	2.82
黑龙江 Heilongjiang	25.50	15.69	8.83	9.81	4.90	10.79	5.88
上海 Shanghai	14.95	6.50	3.02	8.45	3.47	4.64	2.09
江苏 Jiangsu	25.14	15.20	8.10	9.94	5.25	10.03	5.28
浙江 Zhejiang	21.18	11.74	6.48	9.44	5.09	7.48	4.15
安徽 Anhui	21.62	13.04	7.06	8.58	4.76	6.88	3.86
福建 Fujian	10.40	5.17	2.59	5.23	2.80	4.84	2.35
江西 Jiangxi	16.26	9.74	4.55	6.52	4.37	6.60	3.56
山东 Shandong	38.87	26.95	14.49	11.92	6.61	17.60	9.29
河南 Henan	23.97	15.71	8.70	8.26	4.10	10.95	5.63
湖北 Hubei	33.94	19.59	11.07	14.35	7.05	16.58	8.56
湖南 Hunan	30.87	18.54	7.99	12.33	5.52	12.10	5.19
广东 Guangdong	31.85	14.19	7.42	17.66	9.97	15.21	7.88
广西 Guangxi	18.21	11.28	5.88	6.93	3.81	8.91	4.62
海南 Hainan	5.50	2.49	1.19	3.01	1.45	1.80	0.85
重庆 Chongqing	10.85	6.96	3.74	3.89	2.44	3.93	2.17
四川 Sichuan	32.31	20.23	11.32	12.08	6.13	13.33	6.88
贵州 Guizhou	19.61	11.32	5.32	8.29	3.73	7.93	3.62
云南 Yunnan	10.37	7.22	3.98	3.15	1.71	4.05	2.20
西藏 Tibet							
陕西 Shaanxi	32.01	18.22	9.16	13.79	7.46	14.70	7.52
甘肃 Gansu	15.67	11.63	6.28	4.04	2.08	5.14	2.79
青海 Qinghai	5.88	3.80	1.99	2.08	1.11	2.55	1.25
宁夏 Ningxia	4.24	2.98	1.71	1.26	0.79	1.93	1.20
新疆 Xinjiang	13.76	7.99	3.66	5.77	2.95	5.91	2.70

2－5 续表1 continued

单位：万人 (10 000 persons)

地　　区 Region	6个月及以上 6 Months and Over	#女性 Female	文化程度 By Education Level 大专及以上 Colleges and Over	#女性 Female	中专和高中 Specialised High Schools	#女性 Female	初中及以下 Middle Schools and Below	#女性 Female
全国总计 National	**335.07**	**178.64**	**29.40**	**14.18**	**214.26**	**111.97**	**333.12**	**176.99**
北　京 Beijing	1.82	1.00	0.17	0.08	1.76	0.72	2.15	0.74
天　津 Tianjin	2.84	1.56	0.82	0.51	2.50	1.32	1.02	0.53
河　北 Hebei	8.29	4.79	0.94	0.46	6.08	3.56	9.20	5.46
山　西 Shanxi	5.02	2.26	0.50	0.23	3.89	1.75	8.16	3.67
内蒙古 Inner Mongolia	11.92	7.25	0.72	0.50	5.99	3.49	11.03	6.39
辽　宁 Liaoning	28.61	15.13	1.57	0.72	14.89	8.14	29.58	15.88
吉　林 Jilin	7.49	4.09	0.81	0.45	4.28	2.04	8.55	4.42
黑龙江 Heilongjiang	14.71	7.85	0.69	0.29	7.85	4.90	16.96	8.54
上　海 Shanghai	10.31	4.40	0.95	0.34	6.23	2.76	7.77	3.39
江　苏 Jiangsu	15.11	8.07	0.48	0.21	10.38	5.31	14.28	7.83
浙　江 Zhejiang	13.70	7.42	1.05	0.55	9.25	5.11	10.88	5.91
安　徽 Anhui	14.74	7.96	0.70	0.20	6.42	3.29	14.50	8.33
福　建 Fujian	5.56	3.04	0.13	0.05	3.97	1.83	6.30	3.51
江　西 Jiangxi	9.66	5.36	0.33	0.18	5.29	2.82	10.64	5.92
山　东 Shandong	21.27	11.81	1.62	0.85	16.19	8.69	21.06	11.56
河　南 Henan	13.02	7.17	1.03	0.48	9.14	4.72	13.80	7.60
湖　北 Hubei	17.36	9.56	4.72	2.34	15.21	8.24	14.01	7.54
湖　南 Hunan	18.77	8.32	1.98	0.79	9.83	3.91	19.06	8.81
广　东 Guangdong	16.64	9.51	1.84	0.96	12.72	6.82	17.29	9.61
广　西 Guangxi	9.30	5.07	1.12	0.59	6.03	3.16	11.06	5.94
海　南 Hainan	3.70	1.79	0.16	0.08	2.36	1.17	2.98	1.39
重　庆 Chongqing	6.92	4.01	0.49	0.27	4.37	2.34	5.99	3.57
四　川 Sichuan	18.98	10.57	1.35	0.67	12.21	6.57	18.75	10.21
贵　州 Guizhou	11.68	5.43	1.77	0.61	5.78	2.52	12.06	5.92
云　南 Yunnan	6.32	3.49	0.17	0.09	3.54	1.98	6.66	3.62
西　藏 Tibet								
陕　西 Shaanxi	17.31	9.10	1.35	0.74	12.92	6.99	17.74	8.89
甘　肃 Gansu	10.53	5.57	0.50	0.24	5.09	2.73	10.08	5.39
青　海 Qinghai	3.33	1.85	0.27	0.16	2.90	1.45	1.92	1.49
宁　夏 Ningxia	2.31	1.30	0.19	0.09	1.39	0.79	2.66	1.62
新　疆 Xinjiang	7.85	3.91	0.98	0.45	5.80	2.85	6.98	3.31

2-6 分城市城镇从业人员和登记失业人员情况

URBAN EMPLOYMENT AND REGISTERED UNEMPLOYMENT BY CITY

(1997)

城市名称 City		城镇从业人员年末人数(人) Urban Employment (person)	#当年失业人员就业人数 Employment from Unemployed	年末尚有失业人员人数(人) Unemployment at the Year-end (person)	失业率 Unemployment Rate(%)
北京市	Beijing	4996000	44306	32880	0.7
天津市	Tianjin	3185000	104000	43200	1.3
河北省	Heibei				
石家庄市	Shijiazhuang	1139981	23818	11609	1.0
唐山市	Tangshan	1092102	7163	24154	2.2
秦皇岛市	Qinhuangdao	374487	9818	5769	1.9
邯郸市	Handan	882761	5570	24664	2.7
邢台市	Xingtai	509972	4305	11283	2.2
保定市	Baoding	806373	4320	15702	1.9
张家口市	Zhangjiakou	582289	9077	10263	1.7
承德市	Chengde	343176	3098	4216	1.2
沧州市	Cangzhou	486881	6048	7205	1.5
廊坊市	Langfang	285195	2568	1193	0.4
衡水市	Hengshui	263090	1507	1296	0.5
辛集市	Xinji	46390	125	4	
晋州市	Jinzhou	28843	37		
藁城市	Gaocheng	28423	16		
新乐市	Xinle	22529	41	123	0.5
鹿泉市	Luquan	21822	354	275	1.2
迁安市	Qian'an	63618	365	596	0.9
遵化市	Zunhua	49547	243	487	1.0
丰南市	Fengnan	54507	299	412	0.8
武安市	Wuan	46373	20	431	0.9
沙河市	Shahe	45275	371	311	0.7
南宫市	Nangong	16662	322	305	1.8
高碑店市	Gaobeidian	45051	735	362	0.8
涿州市	Zhuozhou	75635	524	81	0.1
定州市	Dingzhou	50311	160	1386	2.7
安国市	Anguo	17108	674	86	0.5
三河市	Sanhe	37949	435	95	0.2
霸州市	Bazhou	28940	369	63	0.2
河间市	Hejian	28647	512	735	2.5
黄骅市	Huanghua	32254	158	374	1.1
任丘市	Renqiu	34611	60	198	0.6
泊头市	Potou	44313	760	748	1.7
冀州市	Jizhou	20445	96	14	0.1
深州市	Shenzhou	25519	336	150	0.6
山西省	Shangxi				
太原市	Taiyuan	1120651	38000	22200	1.9
大同市	Datong	691153	13753	5068	0.7
长治市	Changzhi	213997	4736	1475	0.7
朔州市	Shuozhou	117269	2621	2146	1.8
运城市	Yuncheng	83144	1092	247	0.3
阳泉市	Yangquan	340237	6672	7018	2.0
榆次市	Yuci	108066	1906	3197	2.9
忻州市	Xinzhou	74200	327	152	0.2
晋城市	Jincheng	240951	830	2201	0.9
临汾市	Linfen	160333	3563	2293	1.4
古交市	Gujiao	49920	4354	1405	2.7
高平市	Gaoping	39629	232	311	0.8
原平市	Yuanping	59336	1078	142	0.2
离石市	Lishi	37919	414	259	0.7
汾阳市	Fenyang	13420	767	405	2.9
孝义市	Xiaoyi	13583	1465	266	1.9

2-6 续表1 continued

城市名称 City		城镇从业人员年末人数(人) Urban Employment (person)	#当年失业人员就业人数 Employment from Unemployed	年末尚有失业人员人数(人) Unemployment at the Year-end (person)	失业率 Unemployment Rate(%)
介休市	Jiuxiu	79961	1331	2853	3.5
永济市	Yongji	30040	305	319	1.1
河津市	Hejin	43537	46	25	0.1
侯马市	Houma	59150	1688	288	0.5
霍州市	Huozhou	56586	1855	851	1.5
潞城市	Lucheng	22839	33	33	0.1
内蒙古	Inner Mongolia				
呼和浩特	Huhehaote	486628	9812	12891	2.6
包头市	Baotou	715674	6497	19963	2.7
乌海市	Wuhai	157235	4866	6150	3.8
赤峰市	Chifeng	219135	6470	6562	2.9
满州里市	Manzhouli	37911	1683	928	2.4
海拉尔市	Hailare	92208	4855	2952	3.1
牙克石市	Yakeshi	60848	3229	1251	2.0
扎兰屯市	Zalantun	57186	2368	1447	2.5
乌兰浩特	Wulanhaote	85898	3474	3013	3.4
通辽市	Tongliao	151017	2576	3397	2.2
霍林郭勒	HuoLinguole	25596	793	654	2.5
锡林浩特	Xinlinhaote	12106	1101	632	5.0
二连浩特	Erlianhaote	4343	173	92	2.1
集宁市	Jining	70215	1575	495	0.7
东胜市	Dongsheng	73222	2101	1708	2.3
临河市	Linhe	56839	1050	1879	3.2
丰镇市	Fengzhen	25028	1378	1364	5.2
根河市	Genhe	12065	2330	469	3.7
额尔古纳市	Erreguna	25053	748	876	3.4
辽宁省	Liaoning				
沈阳市	Shenyang	2405000	52595	76578	3.1
大连市	Dalian	1594000	22894	65874	4.0
鞍山市	Anshan	1044000	13976	39480	3.6
抚顺市	Fushun	880000	26211	29822	3.3
本溪市	Benxi	556000	2812	29290	5.0
丹东市	Dandong	541000	14287	13356	2.4
锦州市	Jinzhou	619000	15479	13695	2.2
营口市	Yingkou	468000	11226	20484	4.2
阜新市	Fuxin	474000	8182	34723	6.8
辽阳市	Liaoyang	452000	7696	14501	3.1
朝阳市	Chaoyang	469000	13929	36575	7.2
盘锦市	Panjin	518000	13583	13262	2.5
铁岭市	Tieling	551000	7202	19859	3.5
葫芦岛市	Huludao	446000	7187	27438	5.8
新民市	Xinmin	71303	467	1067	1.5
辽中市	Liaozhong	37176	196	1381	3.6
普兰店市	Pulandian	63000	3015	5719	8.3
瓦房店市	Wafangdian	172000	2580	5726	3.2
庄河市	Zhuanghe	70165	2656	6636	8.6
海城市	Haicheng	91099	1357	6025	6.2
东港市	Donggang	86000	2516	779	0.9
凤城市	Fengcheng	66000	2550	3400	4.9
北宁市	Beining	39876	517	828	2.0
凌海市	Linghai	39585	863	1107	2.7
大石桥市	Dashiqiao	53636	1396	1974	3.5
盖州市	Gaizhou	85277	3251	5589	6.2
铁法市	Tiefa	34208	2073	1019	2.9
开原市	Kaiyuan	58232	268	1613	2.7
北票市	Beipiao	66224	1810	5356	7.5
凌源市	Lingyuan	55123	1408	3463	5.9
灯塔市	Dingta	41000	50	1818	4.2
兴城市	Xingcheng	42608	1167	2256	5.0
吉林省	Jilin				
长春市	Changchun	1234866	12794	5822	0.5

2－6 续表2 continued

城市名称 City		城镇从业人员年末人数(人) Urban Employment (person)	#当年失业人员就业人数 Employment from Unemployed	年末尚有失业人员人数(人) Unemployment at the Year－end (person)	失业率 Unemployment Rate(%)
吉林市	Jilin	688499	9102	11630	1.7
四平市	Siping	205414	5039	2853	1.4
辽源市	Liaoyuan	218622	6008	3645	1.6
通化市	Tonghua	180746	5566	3300	1.8
白城市	Baicheng	180721	3739	962	0.7
白山市	Baishan	162822	6952	6147	3.6
松原市	Songyuan	150017	5860	5050	3.3
榆树市	Yushu	94092	1000	1156	1.2
九台市	Juitai	107154	1321	1995	1.8
桦甸市	Huadian	82249	1436	283	0.3
蛟河市	Jiaohe	77407	1558	676	0.9
公主岭市	Gongzhuling	138796	2956	1877	1.3
梅河口市	Meihekou	111315	3002	2250	2.0
集安市	Ji'an	40067	1238	846	2.1
洮南市	Taonan	65597	1026	1187	1.8
大安市	Daan	86205	2761	194	0.2
延吉市	Yanji	176957	1490	3073	1.7
图们市	Tumen	44864	620	1970	4.2
敦化市	Dunhua	133870	1793	1753	1.3
龙井市	Longjing	61693	1024	1699	2.7
珲春市	Huichun	68160	1442	1220	1.8
德惠市	Dehui	94092	1000	1156	1.2
舒兰市	Shulan	110336	1051	143	0.1
临江市	Linjiang	44215	1155	458	1.0
和龙市	Helong	65531	1116	2147	3.2
磐石市	Panshi	69256	562	431	0.6
双辽市	Shuangliao	75971	1235	829	1.1
黑龙江省	Heilongjiang				
哈尔滨市	Haerbin	1630000	17711	52208	3.1
阿城市	Acheng	100000	327	3601	3.5
齐齐哈尔市	Qiqihaer	846606	6948	22823	2.6
讷河市	Nehe	56441	911	1706	2.9
牡丹江市	Mudanjiang	297641	9952	10810	3.5
海林市	Hailin	92098	1025	1694	1.8
绥芬河市	Suifenhe	12085	505	608	4.8
宁安市	Ning'an	64042	1166	1118	1.7
佳木斯市	Jiamusi	236701	7680	5577	2.3
富锦市	Fujin	4154	1100	416	9.1
同江市	Tongjiang	14626	561	259	1.7
鸡西市	Jixi	336856	11682	19786	5.5
密山市	Mishan	110680	7921	9056	7.6
双鸭山市	Shuangyashan	203333	5769	20361	9.1
伊春市	Yichun	655980	9016	21355	3.2
铁力市	Tieli	11320	1070	201	1.7
七台河市	Qitaihe	203000	10400	6302	3.0
鹤岗市	Hegang	292918	11615	7115	2.4
双城市	Shuangcheng	28670	12570	5370	15.8
五常市	Wuchang	35000	5326	1054	2.9
尚志市	Shangzhi	26560	1895	1138	4.1
黑河市	Heihe	29753	1418	1442	4.6
五大连池	Wudalianchi	84107	1417	2589	3.0
北安市	Beian	78050	4658	1118	1.4
大庆市	Daqing	692302	19530	17495	2.5
安达市	Anda	75851	3052	510	0.7
肇东市	Zhaodong	78269	800	1198	1.5
海伦市	Hailun	71180	2150	810	1.1
上海市	Shanghai	5277000	158544	149138	2.7
江苏省	Jiangsu				
南京市	Nanjing	1450000	27619	31468	2.1
苏州市	Suzhou	436938	12682	11474	2.6
无锡市	Wuxi	497759	15853	10080	2.0

2－6 续表3 continued

城市名称 City		城镇从业人员年末人数(人) Urban Employment (person)	#当年失业人员就业人数 Employment from Unemployed	年末尚有失业人员人数(人) Unemployment at the Year－end (person)	失业率 Unemployment Rate(%)
常州市	Changzhou	370500	14996	5375	1.4
镇江市	Zhenjiang	226668	4336	8133	3.5
南通市	Nantong	262332	10436	11692	4.3
扬州市	Yanzhou	228641	4187	9010	3.8
连云港市	Lianyugang	230681	6254	5001	2.1
徐州市	Xuzhou	617571	5926	9583	1.5
淮阴市	Huaiyin	163540	3425	2968	1.8
盐城市	Yancheng	217803	3060	2100	1.0
常熟市	Changshu	139246	6188	1352	1.0
张家港市	Zhangjiagang	102836	3119	919	0.9
昆山市	Kunshan	98295	6070	1366	1.4
吴江市	Wujiang	88199	1236	867	1.0
太仓市	Taicang	65394	788	488	0.7
江阴市	Jiangyin	122076	2204	2241	1.8
宜兴市	Yixing	112445	2579	2441	2.1
金坛市	Jintan	54900	504	1278	2.3
丹阳市	Danyang	82710	2713	1242	1.5
泰州市	Taizhou	135284	1813	3385	2.4
仪征市	Yizheng	98195	2459	2713	2.7
兴化市	Xinghua	101385	1709	2980	2.9
高邮市	Gaoyou	72749	1149	2310	3.1
泰兴市	Taixing	115110	1802	3015	2.6
靖江市	Jingjiang	106180	1305	325	0.3
东台市	Dongtai	104245	1125	959	0.9
宿迁市	Suqian	41568	1369	2498	5.7
淮安市	Huaian	89826	1684	2593	2.8
新沂市	Xinyi	73628	1252	532	0.7
启东市	Qidong	89615	1785	1229	1.4
如皋市	Rugao	102889	1921	1119	1.1
通州市	Tongzhou	103002	2834	1194	1.1
邳州市	Pizhou	79419	1152	833	1.0
溧阳市	Liyang	66100	1264	1610	2.4
扬中市	Yangzhong	37115	556	489	1.3
海门市	Haimen	78292	2841	1666	2.1
江都市	Jiangdu	86175	951	1810	2.1
锡山市	Xishan	99213	2951	1475	1.5
吴县市	Wuxian	93467	2049	931	1.0
武进市	Wujin	96000	1823	2782	2.8
姜堰市	Jiangyan	85438	1717	2230	2.5
句容市	Jurong	47052	1108	913	1.9
大丰市	Dafeng	77182	915	1512	1.9
浙江省	Zhejiang				
杭州市	Hangzhou	929497	21326	25916	2.7
宁波市	Ningbo	439569	4414	13696	3.0
温州市	Wengzhou	356654	2828	24072	6.3
绍兴市	Shaoxing	139958	3391	4347	3.0
嘉兴市	Jiaxing	326986	4596	10865	3.2
湖州市	Huzhou	144353	4080	4583	3.1
金华市	Jinhua	124829	4022	4358	3.4
衢州市	Quzhou	106800	1238	2315	2.1
舟山市	Zhoushan	126383	1606	3312	2.6
台州市	Taizhou	119220	2155	1477	1.2
萧山市	Xiaoshan	129139	4823	3850	2.9
余姚市	Yuyao	48010	1008	1443	2.9
慈溪市	Cixi	56620	509	1038	1.8
奉化市	Fenghua	35137	988	1021	2.8
瑞安市	Ruian	173315	412	3089	1.8
诸暨市	Zhuji	81305	1043	2077	2.5
海宁市	Haining	79341	3621	2428	3.0
兰溪市	Lanci	70111	1375	2863	3.9
义乌市	Yiwu	85344	1024	3318	3.7
东阳市	Dongyang	70671	503	1091	1.5

2-6 续表4 continued

城市名称 City		城镇从业人员年末人数(人) Urban Employment (person)	#当年失业人员就业人数 Employment from Unemployed	年末尚有失业人员人数(人) Unemployment at the Year-end (person)	失业率 Unemployment Rate(%)
临海市	Linhai	51678	1788	1591	3.0
丽水市	Lishui	34056	484	1124	3.2
龙泉市	Longquan	19244	378	698	3.5
建德市	Jiande	41188	1310	2123	4.9
余杭市	Yuhang	95501	1269	2884	2.9
富阳市	Fuyang	64033	1164	1838	2.8
乐清市	Leqing	63769	730		
上虞市	Shangyu	70756	710	1602	2.2
平湖市	Pinghu	52000	891	1704	3.2
桐乡市	Tongxiang	63524	3586	1954	3.0
永康市	Yongkang	52650	817	1804	3.3
江山市	Jiangshan	50900	930	2046	3.9
温岭市	Wenling	59043	1118	243	0.4
嵊州市	Shengzhou	57074	751	1735	3.0
临安市	Lin'an	43000	1192	2094	4.6
安徽省	Anhui				
合肥市	Hefei	725000	10305	14914	2.0
芜湖市	Wuhu	200361	6135	5880	2.9
蚌埠市	Bengbu	277573	5162	7452	2.6
淮南市	Huainan	528380	14744	14103	2.6
淮北市	Huaibei	330879	7923	19079	5.5
马鞍山市	Maanshan	243904	6126	9363	3.7
铜陵市	Tongling	167550	5349	5592	3.2
安庆市	Anqing	226877	7070	8835	3.7
黄山市	Huanshan	38266	737	772	2.0
滁州市	Chuzhou	61300	1230	1342	2.1
六安市	Liuan	106120	1900	2050	1.9
巢湖市	Chaohu	50178	2660	1727	3.3
阜阳市	Fuyang	109800	2954	379	0.3
亳州市	Bozhou	38767	1341	429	1.1
界首市	Jieshou	39011	1393	277	0.7
宿州市	Suzhou	128000	5100	4110	3.1
贵池市	Guichi	32693	2536	869	2.6
宣州市	Xuanzhou	44200	4000	900	2.0
天长市	Tianchang	27221	885	163	0.6
明光市	Mingguang	44500	987	725	1.6
桐城市	Tongcheng	45996	1315	1585	3.3
宁国市	Ningguo	37635	270	498	1.3
福建省	Fujian				
福州市	Fuzhou	652735	10492	3483	0.5
厦门市	Xiamen	569241	10033	5348	0.9
漳州市	Zhangzhou	135214	4016	4652	3.3
泉州市	Quanzhou	131595	3059	1265	1.0
三明市	Sanming	144354	8508	1802	1.2
莆田市	Putian	70931	2183	1246	1.7
龙海市	Longhai	57382	5180	612	1.1
晋江市	Jinjiang	65652	2497	568	0.9
石狮市	Shishi	51700	1620	290	0.6
南安市	Nan'an	58161	2820	595	1.0
永安市	Yongan	72218	4246	2311	3.1
南平市	Nanping	98970	4685	2893	2.8
邵武市	Shaowu	62347	3574	1868	2.9
武夷山市	Wuyishan	28854	1437	698	2.4
建瓯市	Jian'ou	56341	2695	1867	3.2
漳平市	Zhangping	43521	2896	1227	2.7
宁德市	Ningde	43929	2692	2915	6.2
福安市	Fuan	60901	2252	2424	3.8
福鼎市	Fuding	50102	2180	1792	3.5
龙岩市	Longyan	89224	3813	1690	1.9
建阳市	Jianyang	50725	2482	1539	2.9
长乐市	Changle	37158	548	1130	3.0

2-6 续表5 continued

城市名称 City		城镇从业人员年末人数(人) Urban Employment (person)	#当年失业人员就业人数 Employment from Unemployed	年末尚有失业人员人数(人) Unemployment at the Year-end (person)	失业率 Unemployment Rate(%)
福清市	Fuqing	106370	1210	573	0.5
江西省	Jiangxi				
南昌市	Nanchang	1042700	26695	30036	2.8
景德镇市	Jingdezhen	256781	5512	6192	2.4
萍乡市	Pingxiang	142971	5578	4316	2.9
九江市	Jiujiang	223611	6707	1863	0.8
新余市	Xinyu	159893	8057	3526	2.2
鹰潭市	Yingtan	166042	13254	3819	2.2
宜春市	Yichun	93036	1500	2415	2.5
樟树市	Zhangshu	40676	1520	719	1.7
丰城市	Fengcheng	105090	1740	1196	1.1
上饶市	Shangrao	98313	1721	143	0.1
瑞昌市	Ruichang	47862	1134	1465	3.0
德兴市	Dexing	29800	1220	730	2.4
吉安市	Ji'an	101950	2176	2986	2.8
井冈山市	Jinggangshan	9421	521	36	0.4
赣州市	Ganzhou	103696	3909	2449	2.3
高安市	Gaoan	38143	1376	1088	2.8
瑞金市	Ruijin	28028	815	785	2.7
南康市	Nankang	28081	1168	787	2.7
山东省	Shangdong				
济南市	Jinan	1118400	31374	39140	3.4
青岛市	Qingdao	1172000	31237	24751	2.1
淄博市	Zibo	642400	27969	18925	2.9
枣庄市	Zaozhuang	411121	13045	10018	2.4
东营市	Dongying	366407	8476	5310	1.4
烟台市	Yantai	842000	8184	11419	1.3
威海市	Weihai	421000	7510	4127	1.0
潍坊市	Weifang	824300	15517	18208	2.2
济宁市	Jining	206210	7605	4603	2.2
泰安市	Tai'an	587897	26449	13026	2.2
莱芜市	Laiwu	167700	5441	5543	3.2
日照市	Rizhao	225600	4099	6570	2.8
章丘市	Zhangqiu	61467	3127	2846	4.4
胶州市	Jiaozhou	93945	2278	1141	1.2
即墨市	Jimo	66000	951	1134	1.7
平度市	Pingdu	76057	2008	1564	2.0
胶南市	Jiaonan	69616	1883	761	1.1
莱西市	Laixi	54605	911	188	0.3
滕州市	Tengzhou	100704	2700	2270	2.2
龙口市	Longkou	79000	434	108	0.1
莱阳市	Laiyang	64000	366	300	0.5
莱州市	Laizhou	85000	618	797	0.9
蓬莱市	Penglai	44000	345	510	1.1
招远市	Zhaoyuan	69000	491	131	0.2
文登市	Wendeng	80158	1198	769	1.0
荣城市	Rongcheng	40000	1815	344	0.9
乳山市	Rushan	66300	545	786	1.2
青州市	Qingzhou	81570	2110	898	1.1
诸城市	Zhucheng	62288	164	393	0.6
曲阜市	Qufu	58612	1500	1341	2.2
兖州市	Yanzhou	71310	3150	2051	2.8
邹城市	Zoucheng	198299	6744	3080	1.5
德州市	Dezhou	486759	10556	14503	2.9
临沂市	Linyi	536992	9755	11222	2.0
栖霞市	Xixia	58000	206	624	1.1
高密市	Gaomi	60360	436	907	1.5
昌邑市	Changyi	51932	819	359	0.7
寿光市	Shouguang	74422	1068	2619	3.4
安邱市	Anqiu	50808	261	1032	2.0
新泰市	Xintai	186442	5728	4978	2.6

2－6 续表6 continued

城市名称 City		城镇从业人员年末人数(人) Urban Employment (person)	#当年失业人员就业人数 Employment from Unemployed	年末尚有失业人员人数(人) Unemployment at the Year－end (person)	失业率 Unemployment Rate(%)
肥城市	Feicheng	116821	5645	2620	2.2
滨州市	Binzhou	93959	1024	1575	1.6
乐陵市	Leling	26800	1600	820	3.0
禹城市	Yucheng	34684	1180	1285	3.6
聊城市	Liaocheng	117128	2001	3046	2.5
临清市	Linqing	62800	650	1582	2.5
菏泽市	Heze	97103	2800	3210	3.2
海阳市	Haiyang	55000	135	260	0.5
河南省	Henan				
郑州市	Zhengzhou	748952	13702	16199	2.1
开封市	Kaifeng	313488	6275	9702	3.0
洛阳市	Luoyang	502987	11152	7056	1.4
平顶山市	Pingdingshan	320303	8500	6180	1.9
安阳市	Anyang	314012	12359	8887	2.8
鹤壁市	Hebi	139702	4587	5935	4.1
新乡市	Xinxiang	279000	6386	7263	2.5
焦作市	Jiaozuo	243108	5810	5970	2.4
济源市	Jiyuan	86847	2089	1008	1.1
濮阳市	Puyang	206806	4200	6665	3.1
许昌市	Xuchang	108691	2657	1074	1.0
漯河市	Luohe	90475	7086	2317	2.5
三门峡市	Sanmenxia	66860	5336	1912	2.8
商丘市	Shangqiu	56000	2600	1100	1.9
周口市	Zhoukou	27562	4901	655	2.3
驻马店市	Zhumadian	61000	1000	1920	3.1
南阳市	Nanyang	300227	4598	8909	2.9
信阳市	Xinyang	69305	2069	1374	1.9
湖北省	Hubei				
武汉市	Wuhan	2642400	50800	73100	2.7
黄石市	Huangshi	408263	12086	13329	3.2
十堰市	Shiyan	211000	5428	7591	3.5
宜昌市	Yichang	535506	23282	14763	2.7
枝城市	Zhicheng	39000	1398	1845	4.5
当阳市	Dangyang	42747	1764	1122	2.6
襄樊市	Xiangfan	323367	6346	12778	3.8
随州市	Suizhou	79743	8014	3469	4.2
老河口市	Laohekou	76000	1972	2728	3.5
枣阳市	Zaoyang	86872	3950	2500	2.8
鄂州市	Ezhou	150705	6343	4549	2.9
荆门市	Jingmen	331192	6349	10173	3.0
黄冈市	Huangang	30265	705	1510	4.8
麻城市	Macheng	61173	5591	2229	3.5
武穴市	Wuxue	58841	1630	1891	3.1
孝感市	Xiaogan	135393	4701	5056	3.6
广水市	Guangshui	57850	1755	1335	2.3
安陆市	Anlu	65343	2631	1906	2.8
应城市	Yingcheng	80005	2714	2826	3.4
咸宁市	Xianning	21503	2738	736	3.3
蒲圻市	Puqi	70705	2640	2560	3.5
石首市	Shishou	33903	2301	1051	3.0
洪湖市	Honghu	35000	1915	1062	2.9
仙桃市	Xiantao	113171	3473	3259	2.8
天门市	Tianmen	80537	3052	2640	3.2
潜江市	Qianjiang	34094	660	1019	2.9
钟祥市	Zhongxiang	45000	170	1395	3.0
丹江口市	Danjiangkou	82775	1333	2648	3.1
恩施市	Enshi	38396	1217	1712	4.3
利川市	Lichuan	33526	1849	1109	3.2
宜城市	Yicheng	62570	2690	2314	3.6
荆州市	Jingzhou	123006	2568	3883	3.1
松滋市	Songzi	23000	2458	1301	5.4

2－6 续表7 continued

城市名称 City		城镇从业人员年末人数(人) Urban Employment (person)	#当年失业人员就业人数 Employment from Unemployed	年末尚有失业人员人数(人) Unemployment at the Year－end (person)	失业率 Unemployment Rate(%)
大冶市	Dayie	51620	1035	2275	4.2
汉川市	Hanchuan	80470	2870	1850	2.2
湖南省	Hunan				
长沙市	Changsha	836000	8300	14500	1.7
株洲市	Zhuzhou	311600	9523	7755	2.4
湘潭市	Xiangtan	331100	6032	9259	2.7
衡阳市	Hengyang	308100	6436	6855	2.2
邵阳市	Shaoyang	216300	2723	1761	0.8
岳阳市	Yueyang	302500	10343	13168	4.2
常德市	Changde	276000	2335	2640	0.9
张家界市	Zhangjiajie	58400	1200	5000	7.9
益阳市	Yiyang	179800	9153	6608	3.5
醴陵市	Liling	76900	2373	2048	2.6
湘乡市	Xiangxiang	57000	1655	1240	2.1
耒阳市	Leiyang	110100	1560	2972	2.6
汨罗市	Miluo	90600	2595	1825	2.0
津市市	Jinshi	48800	2195	1403	2.8
沅江市	Yuanjiang	73600	2660	3362	4.4
娄底市	Loudi	138100	2200	7541	5.2
冷水江市	Lengshuijiang	116700	3896	5080	4.2
涟源市	Lianyuan	106500	2546	2194	2.0
郴州市	Chenzhou	94500	10962	9262	8.9
资兴市	Zixing	65800	1430	2830	4.1
永州市	Yongzhou	70600	3806	2454	3.4
怀化市	Huaihua	115900	2600	5000	4.1
洪江市	Hongjiang	31100	1000	2000	6.0
吉首市	Jishou	62000	1156	1262	2.0
韶山市	Shaoshan	12100	546	102	0.8
临湘市	Linxiang	67200	3780	2159	3.1
浏阳市	Liuyang	70900	1300	3600	4.8
武冈市	Wugang	53400	928	1435	2.6
广东省	Guangdong				
广州市	Guangzhou	1903828	49996	52610	2.7
深圳市	Shenzhen	602144	9429	15246	2.5
珠海市	Zhuhai	334466	8066	8564	2.5
佛山市	Foshan	160068	6418	4848	2.9
江门市	Jianmen	181941	8643	3465	1.9
湛江市	Zhanjiang	136821	3623	3940	2.8
茂名市	Maoming	144000	7423	4097	2.8
韶关市	Shaoguan	178816	8610	4191	2.3
肇庆市	Zhaoqing	109686	1127	1790	1.6
惠州市	Huizhou	41890	106	451	1.1
汕尾市	Shanwei	12168	1283	432	3.4
河源市	Heyuan	65534	2493	2130	3.1
梅州市	Meizhou	77801	1574	858	1.1
清远市	Qingyuan	38961	1234	508	1.3
阳江市	Yangjiang	107087	3083	1196	1.1
东莞市	Dongguan	185649	5649	567	0.3
中山市	Zhongshan	287317	18408	5607	1.9
潮州市	Chaozhou	90499	4933	2313	2.5
乐昌市	Lechang	73642	3712	2003	2.7
罗定市	Luoding	51947	2941	1325	2.5
四会市	Sihui	80000	2031	3250	3.9
高要市	Gaoyao	58005	943	1297	2.2
云浮市	Yunfu	20362	406	455	2.2
阳春市	Yangchun	102990	6234	3417	3.2
增城市	Zhengcheng	109339	417	3010	2.7
花都市	Huadu	87790	2973	346	0.4
从化市	Conghua	179485	441	4797	2.6

2-6 续表8 continued

城市名称 City		城镇从业人员年末人数(人) Urban Employment (person)	#当年失业人员就业人数 Employment from Unemployed	年末尚有失业人员人数(人) Unemployment at the Year-end (person)	失业率 Unemployment Rate(%)
番禺市	Panyu	161486	1734	4576	2.8
汕头市	Shantou	353366	11270	7384	2.0
潮阳市	Chaoyang	99895	5803	2754	2.7
澄海市	Chenghai	27814	639	528	1.9
兴宁市	Xingning	109921	1492	2421	2.2
台山市	Taishan	119425	2990	2045	1.7
开平市	Kaiping	117601	2692	2354	2.0
恩平市	Enping	66081	3468	1567	2.3
新会市	Xinhui	133682	8864	2498	1.8
鹤山市	Heshan	71427	6383	1517	2.1
顺德市	Shunde	39355	453	56	0.1
南海市	Nanhai	17292	469	138	0.8
三水市	Sanshui	52531	1012	1043	1.9
高明市	Gaoming	45972	1259	157	0.3
吴川市	Wuchuan	96454	2616	2574	2.6
雷州市	Leizhou	77708	4190	2252	2.8
廉江市	Lianjiang	181939	3963	2748	1.5
高州市	Gaozhou	100600	1853	1468	1.4
化州市	Huazhou	61336	1856	1822	2.9
信宜市	Xinyi	50125	2015	1791	3.4
南雄市	Nanxiong	38109	2638	1115	2.8
惠阳市	Huiyang	74950	6060	1905	2.5
陆丰市	Lufang	108450	8220	3985	3.5
连州市	Lianzhou	38920	1780	1430	3.5
英德市	Yingde	64635	1354	1335	2.0
揭阳市	Jieyang	117113	4328	1913	1.6
普宁市	Puning	71562	7058	2177	3.0
广西自治区	Guangxi				
南宁市	Nanning	380650	13690	10026	2.6
柳州市	Liuzhou	371767	14895	10292	2.7
桂林市	Guilin	224734	6248	5456	2.4
梧州市	Wuzhou	119547	4188	3533	2.9
北海市	Beihai	75287	7375	4699	5.9
钦州市	Qinzhou	9773	1246	356	3.5
防城港市	Fangchenggan	18945	2476	604	3.1
东兴市	Dongxing	8370	1273	249	2.9
贵港市	Guigang	84495	5322	2178	2.5
桂平市	Guiping	56952	2730	1197	2.1
凭祥市	Pingxiang	9519	631	376	3.8
合山市	Heshan	30546	710	1049	3.3
岑溪市	Cenxi	20560	3729	420	2.0
玉林市	Yulin	46445	1370	1390	2.9
北流市	Beiliu	41260	2280	1257	3.0
百色市	Baise	19573	1487	688	3.4
河池市	Hechi	65800	915	1959	2.9
宜州市	Yizhou	92546	943	3288	3.4
贺州市	Hezhou	39275	1652	1251	3.1
海南省	Hainan				
海口市	Haikou	259925	18476	7238	2.7
三亚市	Sanya	44100	1836	2180	4.7
通什市	Tongza	14731	416	720	4.7
儋州市	Danzhou	47571	541	2367	4.7
琼海市	Qionghai	43486	392	1253	2.8
琼山市	Qiongshan	49976	2952	1948	3.8
文昌市	Wenchang	29900	127	1196	3.8
万宁市	Wanning	36263	83	1147	3.1

2－6 续表9 continued

城市名称	City	城镇从业人员年末人数(人) Urban Employment (person)	#当年失业人员就业人数 Employment from Unemployed	年末尚有失业人员人数(人) Unemployment at the Year－end (person)	失业率 Unemployment Rate(%)
东方市	Dongfang	27324	812	765	2.7
重庆市	Chongqing	3690000	97900	108500	2.9
江津市	Jiangjin	162670	4903	1951	1.2
合川市	Hechuan	92378	3590	2553	2.7
永川市	Yongchuan	136684	45631	3734	2.7
城口市	Chengkou	10592	338	852	7.4
四川省	Sichuan				
成都市	Chengdu	1317137	19146	26328	2.0
自贡市	Zigong	257003	3538	10751	4.0
南充市	Nanchong	68232	2882	4609	6.3
宜宾市	Yibin	168202	3752	3842	2.2
乐山市	Leshan	256568	3337	5439	2.1
泸州市	Luzhou	68173	3364	2293	3.3
绵阳市	Mianyang	93511	3544	5329	5.4
雅安市	Yaan	37060	587	1010	2.7
邛崃市	Qionglai	33729	1362	863	2.5
崇州市	Chongzhou	41373	891	844	2.0
都江堰市	Dujiangyan	79637	2979	1620	2.0
阆中市	Langzhong	95762	1550	5884	5.8
资阳市	Ziyang	73378	95	2684	3.5
华蓥市	Huaying	31451	1350	1882	5.6
峨眉山市	Emeishan	69876	1289	1559	2.2
彭州市	Pengzhou	54851	1880	566	1.0
内江市	Neijiang	25861	710	2357	8.4
达川市	Dachuan	30532	1121	1278	4.0
万源市	Wanyuan	43610	1300	600	1.4
攀枝花市	Panzhihua	354501	7874	10751	4.0
贵州省	Guizhou				
贵阳市	Guiyang	834324	9110	30081	3.5
六盘水市	Liupanshui	232000	2418	15863	6.4
安顺市	Anshun	96795	3674	3045	3.0
凯里市	Kaili	58445	2300	1629	2.7
兴义市	Xingyi	39595	1659	671	1.7
铜仁市	Tongren	42642	1724	744	1.7
都匀市	Dujun	62890	1890	2710	4.1
毕节市	Bijie	58432	1620	654	1.1
清镇市	Qingzhen	79743	3273	2729	3.3
遵义市	Zunyi	128771	5000	5061	3.8
赤水市	Chishui	28700	1300	1200	4.0
仁怀市	Renhuai	23772	1314	1273	5.1
福泉市	Fuquan	18623	1123	507	2.7
云南省	Yunnan				
昆明市	Kunming	913457	17485	2068	0.2
东川市	Dongchua	35900	718	2093	5.5
昭通市	Zhaotong	53000	750	7529	12.4
曲靖市	Qujing	373259	9947	9965	2.6
楚雄市	Chuxiong	53393	340	3101	5.5
玉溪市	Yuxi	49499	1146	575	1.1
个旧市	Gejiu	111141	3100	2673	2.3
开远市	Kaiyuan	74077	951	189	0.3
大理市	Dali	86241	3685	1401	1.6
保山市	Baoshan	95575	1032	2728	2.8
畹町市	Wanding	3072	15	47	1.5
思茅市	Simao	34689	2783	2434	6.6
景洪市	Jinghong	12131	416	141	1.1
宣威市	Xuanwei	61498	2981	1528	2.4
瑞丽市	Ruili	9340	130	143	1.5
安宁市	An'ning	92307	920	186	0.2
潞西市	Luxi	30231	330	605	2.0

2-6 续表10 continued

城市名称 City		城镇从业人员年末人数(人) Urban Employment (person)	#当年失业人员就业人数 Employment from Unemployed	年末尚有失业人员人数(人) Unemployment at the Year-end (person)	失业率 Unemployment Rate(%)
陕西省	Shanxi				
西安市	Xi'an	1263485	20467	26946	2.1
宝鸡市	Baoji	286948	10278	6724	2.3
铜川市	Tongchuan	118154	7123	6352	5.1
咸阳市	Xianyang	266361	9759	7618	2.8
渭南市	Weinan	122724	2395	2686	2.1
兴平市	Xingping	70129	1543	982	1.4
华阴市	Huayin	35296	1724	778	2.2
韩城市	Hancheng	42785	2140	2646	5.8
汉中市	Hanzhong	142000	3708	5678	3.8
安康市	Ankang	75896	2672	2420	3.1
商州市	Shangzhou	39442	1289	1328	3.3
延安市	Yan'an	66956	2144	798	1.2
榆林市	Yulin	50748	2385	2636	4.9
甘肃省	Gansu				
兰州市	Lanzhou	862551	21102	16679	1.9
天水市	Tianshui	244595	11771	7735	3.1
白银市	Baiyin	197039	4628	10565	5.1
金昌市	Jinchang	103215	5296	4265	4.0
嘉峪关市	Jiayuguan	65903	2959	4586	6.5
酒泉市	Jiuquan	46354	3614	1415	3.0
玉门市	Yumen	45773	2106	1088	2.3
敦煌市	Dunhuang	17673	725	594	3.3
张掖市	Zhangye	64293	2731	1516	2.3
武威市	Wuwei	81835	4012	3310	3.9
平凉市	Pingliang	64255	3596	2649	4.0
西峰市	Xifeng	24568	148	1238	4.8
临夏市	Linxia	88237	2523	2990	3.3
青海省	Qinghai				
西宁市	Xining	341775	12197	7350	2.1
格尔木市	Geremu	34842	1767	696	2.0
德令哈市	Delingha	18983	164	674	3.4
宁夏自治区	Ningxia				
银川市	Yingchuan	287793	8487	7800	2.6
吴忠市	Wuzhong	48268	1455	1594	3.2
石嘴山市	Shizuishan	187223	7627	19051	9.2
青铜峡市	Qingtongxia	50966	1499	1987	3.8
灵武市	Lingwu	31356	1642	1265	3.9
新疆自治区	Xingjiang				
乌鲁木齐市	Wulumuqi	725301	29400	29728	3.9
克拉玛依市	Kelamayi	11740	579	349	2.9
石河子市	Shihezi	105272	924	1714	1.6
奎屯市	Kuitun	11230	351	158	1.4
塔城市	Tacheng	21886	760	642	2.9
阿勒泰市	ALetai	21641	324	1048	4.6
博乐市	Bole	19158	831	569	2.9
昌吉市	Changji	78108	3746	2259	2.8
哈密市	Hami	71383	2789	2470	3.3
吐鲁番市	Tulufan	18313	163	598	3.2
库尔勒市	Ku'erle	101897	4459	1298	1.3
阿克苏市	Akesu	56896	1991	1838	3.1
阿图什市	Atushi	20714	17	1129	5.2
喀什市	Kashi	56198	1923	1769	3.1
和田市	Hetian	35838	972	2141	5.6
伊宁市	Yining	55134	2669	2787	4.8
乌苏市	Wusu	38859	1388	458	1.2
阜康市	Fukang	25109	956	648	2.5
米泉市	Miquan	27119	1100	532	1.9

2-7 分地区劳动就业服务企业基本情况

BASIC CONDITIONS OF LABOUR SERVICE COMPANY BY REGION

(1997)

地区 Region		企业总数(个) Number of Enterprises					
		合计 Total	#本年新办 Newly Run this Year	#劳动部门办 Run by Labour Departments	#生产自救基地 Self-veliant Base	#股份合作制企业 Share-holding and Cooperative	#亏损企业数 Defict Enterprises
全国总计	**National**	**126560**	**8245**	**13352**	**16547**	**7082**	**30274**
北京	Beijing	5204	616	106	36	68	1564
天津	Tianjin	4755	263	621		47	1323
河北	Hebei	3493	281	401	98	65	896
山西	Shanxi	5793	141	731	5062	168	822
内蒙古	Inner Mongolia	4273	174	200	472	117	702
辽宁	Liaoning	9254	1023	479	325	263	2637
吉林	Jilin	3929	232	97	14	54	888
黑龙江	Heilongjiang	4651	81	89	69	42	1023
上海	Shanghai	4157	616	571	847	448	510
江苏	Jiangsu	5827	428	2002	181	221	1111
浙江	Zhejiang	4450	287	1398	39	1366	645
安徽	Anhui	6724	193	205	1122	1196	3092
福建	Fujian	2712	200	362	460	309	472
江西	Jiangxi	4283	128	493	1028	375	994
山东	Shandong	7492	805	353	321	240	1595
河南	Henan	8097	305	238	217	257	2022
湖北	Hubei	4882	239	858	186	403	1375
湖南	Hunan	3320	78	67	444	49	928
广东	Guangdong	7522	978	2474	416	770	1282
广西	Guangxi	1388	55	116	79	10	354
海南	Hainan	68	20	28			20
重庆	Chongqing	2101	78	279	245	107	342
四川	Sichuan	5462	129	356	482	109	1285
贵州	Guizhou	592	63	22	77	8	140
云南	Yunnan	2248	160	31	45	87	818
西藏	Tibet						
陕西	Shaanxi	6579	256	189	3650	92	1454
甘肃	Gansu	4417	146	128	91	137	954
青海	Qinghai	555	33	28	349	10	203
宁夏	Ningxia	485	7	59	34	14	124
新疆	Xinjiang	1847	50	362	158	50	702

2－7 续表1 continued

地　区 Region	从业人员（人） Employment (person)						
	上年末结转从业人员数 Employment of Last Year－end	本年新增人员数 Newly Added This－year					
		合计 Total	新成长的失业青年 Young Unemployment	失业职工 Unemployed from Employees	#女职工 Female	富余职工 Surplus Workers	#女职工 Female
全国总计 National	**6743465**	**797409**	**213985**	**104609**	**52075**	**305689**	**129295**
北　京 Beijing	135000	50194	327	5485	2907	34051	17093
天　津 Tianjin	139335	18535	3552	1143	663	10766	3352
河　北 Hebei	216779	25572	4732	5256	2094	9437	3329
山　西 Shanxi	359405	27320	12536	3126	1656	8874	4969
内蒙古 Inner Mongolia	355832	24206	9744	3127	1039	4502	1683
辽　宁 Liaoning	675242	69967	17664	8417	4634	31291	16702
吉　林 Jilin	204952	7090	1711	707	723	3046	688
黑龙江 Heilongjiang	407115	6457	2252	1303	745	1054	418
上　海 Shanghai	216836	36916	1760	2858	1262	20130	6756
江　苏 Jiangsu	233471	31657	3967	2724	1287	16552	5251
浙　江 Zhejiang	117132	18576	2660	1258	504	6640	2014
安　徽 Anhui	612435	39345	17953	7301	3190	6714	2801
福　建 Fujian	100232	21703	4599	3131	1430	10084	4136
江　西 Jiangxi	227242	25843	7320	5103	2842	11898	5447
山　东 Shandong	390821	76579	25037	8008	3818	30070	13621
河　南 Henan	352040	38268	14505	6133	2670	11747	4515
湖　北 Hubei	342152	31985	8578	6230	3136	13482	5272
湖　南 Hunan	228681	27460	7138	4784	3539	10842	4820
广　东 Guangdong	124718	15289	4188	4160	1881	3581	1598
广　西 Guangxi	69014	9501	2623	896	367	2517	1228
海　南 Hainan	8689	1719	1358	55	32	128	91
重　庆 Chongqing	85059	23274	4154	2398	954	6058	1920
四　川 Sichuan	263812	35376	11997	2932	1435	11964	3757
贵　州 Guizhou	99290	12624	4116	41	18	2819	927
云　南 Yunnan	104310	19355	4929	1005	414	8149	3502
西　藏 Tibet							
陕　西 Shaanxi	192287	37003	15460	3737	2065	9604	4484
甘　肃 Gansu	319839	42016	10320	11849	6096	15099	6589
青　海 Qinghai	32757	4657	1143	311	196	1123	770
宁　夏 Ningxia	39292	3397	1677	94	16	1272	591
新　疆 Xinjiang	89696	15535	5985	1037	462	2195	971

2－7 续表2 continued

地 区 Region		农村劳动力 Rural Labour Force	其他人员 Others	本年减少的从业人员数 Employment Decreased This Year	年末从业人数 Employment at This Year－end	＃女性 Female	＃残疾人员 The Disabled
全国总计	**National**	**86311**	**87092**	**1029281**	**6511593**	**2733676**	**50274**
北 京	Beijing	4021	6310	16082	169112	89560	5078
天 津	Tianjin	441	2633	23112	134758	42912	192
河 北	Hebei	2819	3328	16493	228585	97082	1430
山 西	Shanxi	1546	1238	48749	337976	183137	1017
内蒙古	Inner Mongolia	4033	2806	43839	336199	147838	1724
辽 宁	Liaoning	1469	11126	77513	667696	308804	11331
吉 林	Jilin	660	966	21556	187759	96702	317
黑龙江	Heilongjiang	219	1629	126942	286630	27680	508
上 海	Shanghai	3553	8615	19348	234404	88331	1321
江 苏	Jiangsu	4878	3536	23078	242050	103322	1582
浙 江	Zhejiang	6364	1654	13598	122110	52352	276
安 徽	Anhui	2770	4607	133871	517909	245409	4969
福 建	Fujian	2366	1528	13927	108008	56953	280
江 西	Jiangxi	920	602	61349	191736	92524	1689
山 东	Shandong	6229	7235	66425	400975	170582	3152
河 南	Henan	3533	2350	35570	354738	129156	2942
湖 北	Hubei	1407	2288	43877	330260	138227	2835
湖 南	Hunan	1100	3596	52327	203814	98742	2358
广 东	Guangdong	1723	1637	11993	128014	49460	432
广 西	Guangxi	2111	1354	10785	67730	31802	213
海 南	Hainan	178	156	5007	5401	2093	5
重 庆	Chongqing	8432	2232	18716	89716	29132	430
四 川	Sichuan	5072	3411	32680	266508	121106	2964
贵 州	Guizhou	5457	181	13671	98233	16100	74
云 南	Yunnan	2940	2332	16575	107090	53994	868
西 藏	Tibet						
陕 西	Shaanxi	2450	5752	30675	198615	86834	798
甘 肃	Gansu	2791	1957	29674	332181	111112	646
青 海	Qinghai	1177	1007	6170	31244	15765	68
宁 夏	Ningxia	273	81	3273	39416	18282	87
新 疆	Xinjiang	5379	945	12406	92825	28583	688

2－7 续表3 continued

地 区 Region	工资总额 Total Wages of Employees	增 加 值 Added Value	上 缴 税 金 Taxes Turned over to the State	#所得税 Income Tax	纯 利 润 Net Profits
全国总计 National	**2895985**	**5046926**	**948198**	**196316**	**586206**
北 京 Beijing	98716	300929	66464	15400	35665
天 津 Tianjin	70606	155135	31157	6699	21485
河 北 Hebei	79595	114135	26707	6160	10892
山 西 Shanxi	126662	206680	38594	2597	9758
内 蒙 古 Inner Mongolia	96821	133807	28709	2495	11853
辽 宁 Liaoning	254024	320523	25832	11972	782
吉 林 Jilin	238299	235755	47920	12551	11602
黑 龙 江 Heilongjiang	203588	292563	45569	4285	2158
上 海 Shanghai	194555	511667	107159	20836	143089
江 苏 Jiangsu	151676	318068	52456	15229	33281
浙 江 Zhejiang	86398	301131	58641	14346	64927
安 徽 Anhui	184366	225789	44175	12734	8833
福 建 Fujian	49105	69478	12789	5023	13305
江 西 Jiangxi	64946	96884	14934	2774	7358
山 东 Shandong	166274	386582	73088	16917	64516
河 南 Henan	78274	184491	32348	7316	21473
湖 北 Hubei	110776	77554	30777	4272	15889
湖 南 Hunan	102441	146112	33230	4657	12417
广 东 Guangdong	79807	229031	35558	5604	24880
广 西 Guangxi	26370	46505	13585	1009	3071
海 南 Hainan	3534		412	98	667
重 庆 Chongqing	34680	63294	15152	2071	10233
四 川 Sichuan	93288	163326	26467	2560	14060
贵 州 Guizhou	26568	31347	2645	195	834
云 南 Yunnan	34846	83768	19580	5934	13299
西 藏 Tibet					
陕 西 Shaanxi	61931	99688	19068	1829	7720
甘 肃 Gansu	119189	135201	24282	8045	16979
青 海 Qinghai	13377	27395	3126	60	630
宁 夏 Ningxia	12164	27549	6065	788	1427
新 疆 Xinjiang	33109	62539	11709	1860	4687

2-7 续表4 continued

地 区 Region	资 产 总 计 Total Assets				
	总 计 Total	流动资产合计 Circulating Assets	长期投资合计 Long-term Investment	固定资产原值 Original Value of Fixed Assets	固定资产净值 Net Value of Fixed Assets
全国总计 National	**24677350**	**16156909**	**1241968**	**6044033**	**5121054**
北 京 Beijing	1529905	1117214	88412	273364	181472
天 津 Tianjin	655671	480576	36962	119128	88562
河 北 Hebei	579245	335125	32250	189144	135876
山 西 Shanxi	759140	535701	34873	175190	273977
内蒙古 Inner Mongolia	676224	418032	23325	217933	161380
辽 宁 Liaoning	1998630	1273359	71291	579321	383250
吉 林 Jilin	1104417	634633	28541	408530	293486
黑龙江 Heilongjiang	1088288	671874	25107	363411	252489
上 海 Shanghai	3304113	2214440	257709	590637	437450
江 苏 Jiangsu	1384794	939373	84642	299214	230858
浙 江 Zhejiang	1087277	737334	70352	250458	195228
安 徽 Anhui	979674	441089	55067	392507	337200
福 建 Fujian	237053	141959	20563	66658	48971
江 西 Jiangxi	262406	127642	18319	106714	79333
山 东 Shandong	1820258	1063352	81514	562742	417607
河 南 Henan	676840	348747	28122	250424	172641
湖 北 Hubei	711238	441648	25884	221835	177237
湖 南 Hunan	730283	438578	43541	217609	151694
广 东 Guangdong	2007865	1719458	25723	161013	124049
广 西 Guangxi	240018	136692	16634	70851	52983
海 南 Hainan	33639	18948	4128	9534	5616
重 庆 Chongqing	363658	247334	19469	82000	53692
四 川 Sichuan	573424	268208	50086	234945	180675
贵 州 Guizhou	89675	46603	3718	34113	26336
云 南 Yunnan	605327	370875	27161	171914	117364
西 藏 Tibet					
陕 西 Shaanxi	366982	175590	12085	147695	103262
甘 肃 Gansu	943449	467296	39528	379783	296018
青 海 Qinghai	120363	69371	5543	38149	27886
宁 夏 Ningxia	118796	67189	3110	36995	29265
新 疆 Xinjiang	359170	208669	8309	122694	85197

2－7 续表5 continued

地 区 Region	累计折旧 Total Depreciation	其他资产合计 Other Assets	负债及所有者权益总计 Total Liabilities and Creditors' Equity 总 计 Total	负债合计 Liabilities	所有者权益合计 Creditors' Equity
全国总计 National	**1852683**	**1234440**	**23754371**	**15434001**	**8320370**
北 京 Beijing	91892	50915	1438013	1046622	391391
天 津 Tianjin	30566	19005	625105	387769	237336
河 北 Hebei	53268	22726	525977	334112	191865
山 西 Shanxi	86141	13376	857927	565798	292129
内蒙古 Inner Mongolia	56553	16934	619671	455558	164113
辽 宁 Liaoning	196071	74659	1802559	1218725	583834
吉 林 Jilin	115044	32713	989373	647575	341798
黑龙江 Heilongjiang	128780	27896	977366	714983	262383
上 海 Shanghai	153187	241327	3150926	1971675	1179251
江 苏 Jiangsu	68356	61565	1316438	882043	434395
浙 江 Zhejiang	55230	29133	1032047	660454	371593
安 徽 Anhui	55307	91011	924367	475276	449091
福 建 Fujian	17687	7873	219366	124001	95365
江 西 Jiangxi	27381	9731	235025	122053	112972
山 东 Shandong	141305	112650	1675123	1121779	553344
河 南 Henan	77794	49547	599057	337472	261585
湖 北 Hubei	44598	21871	666640	471435	195205
湖 南 Hunan	65915	30555	664368	444594	219774
广 东 Guangdong	36964	101671	1970901	1382589	588312
广 西 Guangxi	17868	15841	222150	152167	69983
海 南 Hainan	3946	1029	29721	16295	13426
重 庆 Chongqing	28308	14855	335349	229542	105807
四 川 Sichuan	54270	20185	519154	301285	217869
贵 州 Guizhou	7776	5241	81898	67509	14389
云 南 Yunnan	54550	35377	550777	360944	189833
西 藏 Tibet					
陕 西 Shaanxi	44433	31612	322549	119042	203507
甘 肃 Gansu	83765	56842	859684	446688	412996
青 海 Qinghai	10261	7300	110101	77911	32190
宁 夏 Ningxia	7971	11502	111066	77834	33232
新 疆 Xinjiang	37496	19498	321673	220271	101402

2－8 分地区就业训练情况

EMPLOYMENT TRAINNING BY REGION

(1997)

地 区 Region	就业训练机构数量(个) Number of Employment Trainning Agencies							
	合计 Total	劳动部门办 Run by Labour Departments	非劳动部门办 Run by Others					
			机关办 State Organs	事业单位办 Institutions	企业办 Enter－prises	社会团体办 Social Organs	私人办 Private	其他 Others
全国总计 National	**14238**	**3521**	**713**	**1852**	**3588**	**1094**	**3077**	**393**
北 京 Beijing	118	21		8	83			6
天 津 Tianjin	19	19						
河 北 Hebei	517	187	53	29	84	70	79	15
山 西 Shanxi	599	141	42	28	332	19	32	5
内蒙古 Inner Mongolia	482	113	5	38	133	8	175	10
辽 宁 Liaoning	562	106	18	87	169	71	76	35
吉 林 Jilin	676	144	51	91	127	9	252	2
黑龙江 Heilongjiang	852	231	62	103	165	33	224	34
上 海 Shanghai	21	21						
江 苏 Jiangsu	651	146	13	145	307	23	13	4
浙 江 Zhejiang	310	105	11	55	39	37	56	7
安 徽 Anhui	393	85	31	37	45	32	140	23
福 建 Fujian	578	116	26	81	70	79	175	31
江 西 Jiangxi	306	116	9	19	63	16	71	12
山 东 Shandong	555	178	10	69	194	27	65	12
河 南 Henan	774	139	41	71	89	95	311	28
湖 北 Hubei	762	253	38	118	115	55	155	28
湖 南 Hunan	668	177	26	126	203	39	87	10
广 东 Guangdong	994	224	66	22	241	64	351	16
广 西 Guangxi	608	126	22	66	142	62	180	10
海 南 Hainan	70	25		5	7	2	28	3
重 庆 Chongqing	437	70	24	109	135	47	47	5
四 川 Sichuan	962	204	36	171	285	85	139	42
贵 州 Guizhou	456	77	36	70	138	42	78	15
云 南 Yunnan	388	122	7	75	126	31	14	13
西 藏 Tibet								
陕 西 Shaanxi	758	115	46	138	148	69	221	21
甘 肃 Gansu	267	92	6	31	45	55	35	3
青 海 Qinghai	85	23	1	20	28	4	7	2
宁 夏 Ningxia	138	22	20	12	27	8	49	
新 疆 Xinjiang	232	113	13	28	48	12	17	1

2－8 续表1 continued

地　区 Region	本年就业训练总人(次)数(人) Total Trainees This Year						
	合计 Total	#女性 Female	上年末结转的训练人数 Trainees Continued Trainning		本年增加的训练人数		
				#转业训练 For Post-Transferring	Trainees Newly Enrolled	新成长的失业青年 Young Unemployment	由就业转失业人员 Unemployment FromEmployed
全国总计 National	**5108481**	**2089948**	**469971**	**84433**	**4638510**	**1380538**	**570254**
北　京 Beijing	403000	191000	6000	2000	397000	61000	18000
天　津 Tianjin	41316	24790			41316	11610	15240
河　北 Hebei	353175	122023	52461	8137	300714	33293	62120
山　西 Shanxi	192097	50469	11663	1033	180434	62889	13422
内蒙古 Inner Mongolia	116201	62146	3709	1212	112492	58733	9969
辽　宁 Liaoning	342524	239766	21397	3709	321127	55880	34410
吉　林 Jilin	108943	45751	9715	2955	99228	50910	9566
黑龙江 Heilongjiang	233943	133642	12383	1766	221560	90877	31690
上　海 Shanghai	40464	19731			40464	5729	5620
江　苏 Jiangsu	282581	145708	31306	7290	251275	56768	23520
浙　江 Zhejiang	102264	45818	5909	833	96355	22152	12966
安　徽 Anhui	120243	51472	21666	8699	98577	38757	10725
福　建 Fujian	164173	69479	4266	719	159907	41534	18604
江　西 Jiangxi	200874	107158	31905	1835	168969	97425	20974
山　东 Shandong	298713	131714	44595	6614	254118	86401	35365
河　南 Henan	273694	72248	20636	5151	253058	73489	39810
湖　北 Hubei	221510	76585	18412	5194	203098	68496	62726
湖　南 Hunan	145706	68047	23223	2104	122483	49830	11380
广　东 Guangdong	454738		44943	7410	409795	107103	34983
广　西 Guangxi	123900	53000	13500	1900	110400	36400	12300
海　南 Hainan	34519	26000	208	46	34311	8393	2934
重　庆 Chongqing	82560	39454	9905	3579	72655	23790	8570
四　川 Sichuan	188262	83425	13728	3639	174534	56596	24312
贵　州 Guizhou	105629	30087	6944	398	98685	37113	8797
云　南 Yunnan	94000	35800	12300	500	81700	29900	6500
西　藏 Tibet							
陕　西 Shaanxi	190758	83930	30010	5298	160748	52583	16267
甘　肃 Gansu	73766	33262	4857	507	68909	29887	13345
青　海 Qinghai	25223	10532	5126	1223	20097	6720	1165
宁　夏 Ningxia	29119	13337	2117	126	27002	8733	2826
新　疆 Xinjiang	64586	23574	7087	556	57499	17547	2148

2－8 续表2 continued

地区 Region	其他失业人员 Other Unemployment	城镇从业人员 Urban Employment	其他人员 Others	农村劳动力 Rural Labour Force	外省 Other Province	不同训练期限人数（人）Trainees by Duration: 半年以下 Less Than Half a Year	半年至一年 Half to One Year
全国总计 National	**384304**	**654673**	**328857**	**1319884**	**432542**	**3679408**	**665401**
北京 Beijing	6000	30000		282000	280000	384000	15000
天津 Tianjin		9287		5179		37932	2066
河北 Hebei	27131	16425	15151	146594	15972	309037	31484
山西 Shanxi	13540	21323	6044	63216	5341	117639	65771
内蒙古 Inner Mongolia	4363	27241	6987	5199	391	109124	4555
辽宁 Liaoning	102757		13831	114249	48919	288637	23352
吉林 Jilin	8872	6996	6019	16865	5618	65671	32102
黑龙江 Heilongjiang	16704	44380	14231	23678	2934	151637	44939
上海 Shanghai	21598	3412	537	3568	2084	39544	920
江苏 Jiangsu	23222	57611	27841	62313	5059	210646	48993
浙江 Zhejiang	6708	30727	8571	15231	1524	86196	6400
安徽 Anhui	8016	12879	15659	12541	4164	90232	21861
福建 Fujian	14778	30440	8904	45647	6285	149640	9488
江西 Jiangxi	15447	12411	7977	14735	3386	154202	31764
山东 Shandong	6659	46435	21744	57514	1754	197405	69141
河南 Henan	16581	22366	19398	81414	5830	235894	26779
湖北 Hubei	8207	12101	8895	42673	4164	166894	33852
湖南 Hunan	5771	16127	7924	31451	1212	89317	27246
广东 Guangdong	20509	119183	68275	59742	24325	41704	24570
广西 Guangxi	6600	18100	10400	26600	1200	99200	16400
海南 Hainan	2372	4578	8884	7150	486	34519	
重庆 Chongqing	4766	16962	7154	11413	1131	56789	12675
四川 Sichuan	11917	34314	5315	42080	4039	149828	21702
贵州 Guizhou	5999	5378	8575	32823	1791	70180	23800
云南 Yunnan	2900	5400	7100	29900	200	67200	13500
西藏 Tibet							
陕西 Shaanxi	5777	17508	7704	60909	2402	135295	27795
甘肃 Gansu	4702	8113	5333	7529	673	55554	13144
青海 Qinghai	482	4177	3256	4297	75	17283	4036
宁夏 Ningxia	3820	4492	1368	5763	510	25128	3448
新疆 Xinjiang	8106	16307	5780	7611	1073	43081	8618

2－8 续表3 continued

地　区　Region	一年以上 More Than One Year	本年就业训练人(次)数(人) Trainees Finished Trainning (person/time)	结业后实现就业的人数 Employed	结业后未实现就业的人数 Unemployed	年末尚有在培训人数(人) Trainees Countinued Trainning	转业训练人数 For Post－Transferring
全国总计　National	**387829**	**4535705**	**3797858**	**737847**	**391038**	**64891**
北　京　Beijing	4000	400000	370000	30000	3000	1000
天　津　Tianjin	1318	39978	27985	11993	1338	
河　北　Hebei	12654	306542	252790	53752	11421	1571
山　西　Shanxi	8687	183934	153830	30104	7879	1310
内蒙古　Inner Mongolia	2522	111884	80528	31356	4317	718
辽　宁　Liaoning	30535	322314	283160	39154	20210	1428
吉　林　Jilin	11170	96499	86553	9946	10974	2045
黑龙江　Heilongjiang	37367	222063	198852	23211	11356	2039
上　海　Shanghai		34564	20805	13759	2651	
江　苏　Jiangsu	22942	227157	202864	24293	28589	4044
浙　江　Zhejiang	9668	94689	74227	20462	4860	830
安　徽　Anhui	8150	98093	68906	29187	16828	1731
福　建　Fujian	5045	157325	139330	17995	3803	721
江　西　Jiangxi	14908	168623	130822	37801	32251	2690
山　东　Shandong	32167	251551	219455	32096	36196	5024
河　南　Henan	10721	251129	212476	38653	12483	3250
湖　北　Hubei	20764	180538	155833	24705	18526	4968
湖　南　Hunan	29143	121688	105508	16180	21691	3007
广　东　Guangdong	13121	371275	267903	103372	34090	8689
广　西　Guangxi	8300	113000	90900	22100	10900	1900
海　南　Hainan		34519	23572	10947		
重　庆　Chongqing	13096	72871	63166	9705	8389	2864
四　川　Sichuan	16732	173614	152170	21444	13991	3627
贵　州　Guizhou	11649	92369	74199	18170	13055	921
云　南　Yunnan	13300	78600	69100	9500	9900	300
西　藏　Tibet						
陕　西　Shaanxi	27468	158071	133715	24356	37895	9168
甘　肃　Gansu	5068	65417	50950	14467	3499	516
青　海　Qinghai	3904	22036	19136	2900	3187	18
宁　夏　Ningxia	543	28287	21833	6454	748	112
新　疆　Xinjiang	12887	57075	47290	9785	7011	400

2－9 分地区劳动部门就业训练中心基本情况

BASIC CONDITIONS OF EMPLOYMENT TRAINNING CENTERS OF LABOUR DEPARTMENTS BY REGION

(1997)

单位：人 (person)

地 区 Region	就业训练中心个数(个) Number of Employment Training Centers	#拥有实习场地的 Centers with Practical Sites	工作人员数 Staff and Workers 合 计 Total	管理人员 Adminis－trative persons	教师 Tea－chers	#专职 Full－time	工 勤 人 员 Workers
全国总计 National	**2881**	**2217**	**35704**	**8839**	**20958**	**7100**	**5907**
北 京 Beijing	23	23	782	160	495	195	127
天 津 Tianjin	19	19	368	101	68	68	199
河 北 Hebei	176	148	2149	580	1255	622	314
山 西 Shanxi	90	78	908	281	483	164	144
内蒙古 Inner Mongolia	113	96	793	257	354	155	182
辽 宁 Liaoning	106	87	1847	292	1340	448	215
吉 林 Jilin	63	50	737	208	449	216	80
黑龙江 Heilongjiang	121	97	761	264	327	192	170
上 海 Shanghai	21		361	160	153		48
江 苏 Jiangsu	111	72	4600	436	3292	473	872
浙 江 Zhejiang	96	73	931	230	606	127	95
安 徽 Anhui	85	64	735	203	423	221	109
福 建 Fujian	105	85	748	211	438	108	99
江 西 Jiangxi	116	110	1199	357	630	201	212
山 东 Shandong	152	136	3697	841	1843	574	1013
河 南 Henan	140	122	1543	466	903	397	174
湖 北 Hubei	120	110	1572	438	881	402	253
湖 南 Hunan	148	128	2296	532	1519	369	245
广 东 Guangdong	234	180	2806	644	1815	834	347
广 西 Guangxi	109	87	1200	300	600	200	300
海 南 Hainan	23	18	243	101	120	76	22
重 庆 Chongqing	36	30	480	91	320	68	69
四 川 Sichuan	144	95	1373	330	876	187	167
贵 州 Guizhou	73	40	384	195	113	25	76
云 南 Yunnan	116	47	637	305	288	73	44
西 藏 Tibet							
陕 西 Shaanxi	102	73	1309	374	755	406	180
甘 肃 Gansu	92	60	558	204	283	138	71
青 海 Qinghai	23	9	134	43	75	46	16
宁 夏 Ningxia	22	18	100	34	54	34	12
新 疆 Xinjiang	102	62	453	201	200	81	52

2－9 续表1 continued

单位：人 (person)

地 区 Region	就业训练总人数 Total Trainees 合 计 Total	# 女性 Female	本年新增就业训练人数 Newly Added	培训考核情况 Graduates Passed Occupational Skill Testing 获得结业证书人员 Won Professional Certification	获得技术等级证书的人员 Passed Occupational Skill Testing	年末尚有在培训人数 Trainees Continued Trainees
全国总计 National	**2922310**	**1342676**	**2392598**	**2050001**	**391516**	**223435**
北 京 Beijing	69834	21917	45925	63423	7727	1310
天 津 Tianjin	41316	24790	41316	38660	1318	1338
河 北 Hebei	203670	81628	174804	13826	17108	9705
山 西 Shanxi	70724	28367	70484	60866	5344	3548
内蒙古 Inner Mongolia	71236	34120	68861	62788	6339	2109
辽 宁 Liaoning	154212	107900	148266	145660	10919	8552
吉 林 Jilin	72074	33182	64174	57500	7848	5548
黑龙江 Heilongjiang	107165	45739	94119	78944	22862	5337
上 海 Shanghai	40464	19731	40464	27197	13267	2651
江 苏 Jiangsu	124894	59815	105421	83089	15631	17097
浙 江 Zhejiang	63699	30035	56111	37979	19412	3179
安 徽 Anhui	68231	30145	54524	49090	11081	4937
福 建 Fujian	121974	54043	110037	102682	11340	1387
江 西 Jiangxi	144979	81972	109316	113961	23797	17171
山 东 Shandong	188810	82292	149527	105356	26814	23138
河 南 Henan	228476	108594	159210	194367	14588	13629
湖 北 Hubei	140936	67205	117096	94048	34559	10683
湖 南 Hunan	119904	66969	101210	87759	11420	20725
广 东 Guangdong	424111	157469	299075	302000	70674	32866
广 西 Guangxi	72800	32500	62300	56800	9600	4500
海 南 Hainan	17513		14696	16887	11908	1590
重 庆 Chongqing	31361	14581	27549	24227	3583	2678
四 川 Sichuan	79224	33934	71882	60929	14012	3153
贵 州 Guizhou	39422	17164	29516	17694	1904	3840
云 南 Yunnan	51800	21900	43300	30200	7500	4600
西 藏 Tibet						
陕 西 Shaanxi	74833	39256	53813	47517	4289	13194
甘 肃 Gansu	37698	18561	31261	30559	2660	1497
青 海 Qinghai	3494	1599	2903	2086	370	621
宁 夏 Ningxia	16336	7402	14365	11607	642	548
新 疆 Xinjiang	41120	19866	31073	32300	3000	2304

2－9 续表2 continued

单位：万元 (10 000 Yuan)

地区 Region	就业训练经费收支情况 Balance of Employment Training Expenditure			
	经费来源 Source			
	合计 Total	行政事业经费 Operative Funds	就业经费 Employment Funds	就业训练经费 Post－transferring Funds
全国总计 National	**42212.13**	**1810.72**	**2004.52**	**7051.48**
北京 Beijing	1143.60	11.00	6.50	443.70
天津 Tianjin	200.00		120.00	80.00
河北 Hebei	1802.66	61.33	43.00	839.20
山西 Shanxi	335.89	14.10	13.60	22.87
内蒙古 Inner Mongolia	418.87	112.76	16.05	157.38
辽宁 Liaoning	1988.90		442.00	524.90
吉林 Jilin	1266.00		47.70	48.20
黑龙江 Heilongjiang	965.21	23.70	205.70	119.20
上海 Shanghai	1350.56	8.00		
江苏 Jiangsu	3507.60	78.20	115.50	871.85
浙江 Zhejiang	1846.87	99.93	66.07	354.77
安徽 Anhui	802.13	23.00	0.45	38.05
福建 Fujian	632.74	5.50	39.30	156.27
江西 Jiangxi	638.95	27.70	78.20	135.17
山东 Shandong	4859.00	47.00	96.00	584.00
河南 Henan	1449.47	109.40	19.80	229.80
湖北 Hubei	2171.35	87.58	100.40	590.56
湖南 Hunan	2898.40	62.70	169.77	206.34
广东 Guangdong	8473.44	593.90	61.64	924.45
广西 Guangxi	1453.96	26.50	2.20	93.01
海南 Hainan				
重庆 Chongqing	579.15	23.40	50.70	94.91
四川 Sichuan	663.88	20.10	48.20	110.80
贵州 Guizhou	157.33	5.25	1.80	26.70
云南 Yunnan	415.08	60.74	69.39	78.58
西藏 Tibet				
陕西 Shaanxi	500.86	36.54	19.45	57.23
甘肃 Gansu	485.91	155.56		68.19
青海 Qinghai	142.87	66.61		1.00
宁夏 Ningxia	68.60	14.60	4.50	5.50
新疆 Xinjiang	992.85	35.62	166.60	188.85

2-9 续表3 continued

单位：万元 (10 000 Yuan)

地　区 Region				总支出	期末结余
	就业服务机构拨款 Funds from Employment Service Agencies	有偿培训收入 Trainning Income	其　他 Others	Total Expenditure	Balance at the Year－end
全国总计 National	**1766.48**	**27270.90**	**2308.03**	**39366.70**	**2845.43**
北　京 Beijing	65.20	599.20	18.00	1237.20	－93.60
天　津 Tianjin				200.00	
河　北 Hebei	62.19	707.56	89.38	1791.99	10.67
山　西 Shanxi	11.40	270.89	3.03	356.81	－20.91
内蒙古 Inner Mongolia	10.10	96.67	25.91	333.00	85.87
辽　宁 Liaoning		971.00	51.00	1960.75	28.14
吉　林 Jilin		1058.90	111.20	1037.50	228.50
黑龙江 Heilongjiang	10.00	597.81	8.80	890.65	74.56
上　海 Shanghai		1342.56		1333.54	17.02
江　苏 Jiangsu	69.10	2182.61	190.34	3313.09	194.51
浙　江 Zhejiang	335.86	862.87	127.37	1626.91	219.96
安　徽 Anhui	9.30	718.82	12.51	633.09	169.04
福　建 Fujian	13.30	404.49	13.88	603.87	28.87
江　西 Jiangxi	35.27	328.49	34.12	615.29	23.66
山　东 Shandong	125.00	3641.00	366.00	4378.00	481.00
河　南 Henan	11.70	956.84	121.93	1422.20	27.27
湖　北 Hubei	143.30	1057.02	192.49	1978.46	192.89
湖　南 Hunan	169.28	2229.34	60.97	2875.09	23.31
广　东 Guangdong	222.20	6296.35	374.90	7638.45	834.99
广　西 Guangxi	17.70	1027.98	286.57	1358.17	95.79
海　南 Hainan					
重　庆 Chongqing	28.54	371.18	10.42	564.78	14.37
四　川 Sichuan	28.60	448.02	8.16	606.60	57.28
贵　州 Guizhou	6.50	84.91	32.17	155.26	2.07
云　南 Yunnan	46.18	155.29	4.90	324.66	90.42
西　藏 Tibet					
陕　西 Shaanxi	12.70	357.84	17.10	504.21	－3.35
甘　肃 Gansu	60.94	180.54	20.68	467.17	18.74
青　海 Qinghai	39.00	36.26		136.30	6.57
宁　夏 Ningxia	10.70	26.60	6.70	68.80	－0.20
新　疆 Xinjiang	222.42	259.86	119.50	954.86	37.99

2－10 分地区职业介绍机构基本情况

BASIC CONDITIONS OF LABOUR EXCHANGES BY REGION

(1997)

地区 Region	职业介绍服务机构数量(个) Number of Labour Exchanges								
	合计 Total	劳动部门办 Run by Labour Departments	省、自治区、直辖市 Provicial	地、市 Profectural	县、区 County	街道 Neibourhood Commmittes	乡镇 Township	非劳动部门办 Run by Others	机关 State Organs
全国总计 National	**34286**	**28422**	**41**	**419**	**3101**	**5337**	**19524**	**5864**	**483**
北京 Beijing	290	147	1		22	77	47	143	
天津 Tianjin	153	68	1		24	43		85	
河北 Hebei	2097	1981	1	11	179	135	1655	116	14
山西 Shanxi	2102	2072	1	12	125	111	1823	30	
内蒙古 Inner Mongolia	822	767	1	12	101	64	589	55	6
辽宁 Liaoning	1329	1169	1	24	116	334	694	160	4
吉林 Jilin	1088	1010	1	12	60	206	731	78	2
黑龙江 Heilongjiang	1386	1223		13	268	310	632	163	3
上海 Shanghai	458	355	3		21	190	141	103	
江苏 Jiangsu	2005	1856	1	20	119	191	1525	149	34
浙江 Zhejiang	1513	789	1	16	98	44	630	724	7
安徽 Anhui	1987	1667	1	15	104	1547		320	79
福建 Fujian	1149	817	1	10	82	114	610	332	8
江西 Jiangxi	1988	1810	3	13	119	16	1659	178	9
山东 Shandong	1936	1644		18	161	141	1324	292	7
河南 Henan	1729	1405	10	21	159	50	1165	324	22
湖北 Hubei	1273	1066	1	19	115	325	606	207	9
湖南 Hunan	1501	1264	1	15	130	56	1062	237	11
广东 Guangdong	1547	1150	1	35	200	914		397	2
广西 Guangxi	646	507	1	21	114	101	270	139	12
海南 Hainan	37	27	3	6	18			10	
重庆 Chongqing	269	152	1	13	34	24	80	117	17
四川 Sichuan	1551	1076	1	32	179	111	753	475	38
贵州 Guizhou	893	747		10	65	28	644	146	60
云南 Yunnan	1109	1026	1	17	125	13	870	83	1
西藏 Tibet									
陕西 Shaanxi	1754	1254	1	9	133	120	991	500	73
甘肃 Gansu	923	758		12	66	63	617	165	1
青海 Qinghai	286	271	1	9	45	3	213	15	
宁夏 Ningxia	213	198	1	8	19		170	15	3
新疆 Xinjiang	252	146	1	16	100	6	23	106	61

2－10 续表1 continued

地　区 Region	事业单位 Institutions	企　业 Enterprises	社会团体 Social Organs	私人 Private	其他 Others	职业介绍机构工作人员数（人）Staff and Workers (person)	非劳动部门的人员 Non Labour Departments
全国总计 National	**672**	**967**	**825**	**2523**	**394**	**85662**	**24671**
北　京 Beijing	58	25	44	4	12	2127	402
天　津 Tianjin	25	21	25	14		1870	850
河　北 Hebei	11	13	25	53		6548	1574
山　西 Shanxi		11	3	3	13	4217	120
内蒙古 Inner Mongolia	7	8	4	30		1911	198
辽　宁 Liaoning	6	11	28	110	1	2975	547
吉　林 Jilin	13	11	14	38		1780	603
黑龙江 Heilongjiang	33	24	5	34	64	2318	235
上　海 Shanghai		63	36	4		2290	515
江　苏 Jiangsu	27	33	33	12	10	4812	522
浙　江 Zhejiang	20	53	85	497	62	3336	1983
安　徽 Anhui	15	61	37	115	13	4420	1566
福　建 Fujian	26	8	27	247	16	2897	1050
江　西 Jiangxi	24	45	26	66	8	4094	1521
山　东 Shandong	24	126	19	114	2	4154	990
河　南 Henan	132	34	43	86	7	5198	1861
湖　北 Hubei	11	16	28	137	6	3325	660
湖　南 Hunan	24	36	20	144	2	5068	1174
广　东 Guangdong	24	56	49	260	6	4175	1694
广　西 Guangxi	27	2	16	67	15	1543	542
海　南 Hainan	1	1	1	7		276	43
重　庆 Chongqing	10	48	12	16	14	1039	602
四　川 Sichuan	65	108	109	116	39	4427	2469
贵　州 Guizhou	5	6	28	46	1	1977	766
云　南 Yunnan	7	7	4	64		1915	291
西　藏 Tibet							
陕　西 Shaanxi	68	104	47	110	98	3275	1346
甘　肃 Gansu	4	7	46	107		1535	312
青　海 Qinghai	1	7	2	5		743	84
宁　夏 Ningxia	2	1	2	7		517	
新　疆 Xinjiang	2	21	7	10	5	900	151

2-11 分地区劳动部门职业介绍工作情况

LABOUR EXCHANGES OF LABOUR DEPARTMENTS BY REGION

(1997)

单位：万人次 | 10 000Person/times

地区 Region		求职登记总数 Total Registered Persons						
	合计 Total	上年末结转数 Left Over from Last Year	本年求职登记人数 Total Registered Persons This Year					
				新成长的失业青年 Young Unemploy-ment	由就业转失业人员 Unemployment from Employed	其他失业人员 Other Unemp-loyment	城镇从业人员 Urban Employ-ees	其他人员 Others
全国总计 National	**1850.07**	**687.93**	**1162.14**	**222.75**	**125.86**	**70.18**	**91.37**	**70.40**
北京 Beijing	85.46		85.46	14.61	14.30	6.99	16.83	12.58
天津 Tianjin	10.83	6.17	4.66	0.62	0.84	0.31	1.33	1.25
河北 Hebei	71.30	17.10	54.20	6.60	3.80	1.30	1.40	1.50
山西 Shanxi	38.08	12.39	25.69	6.06	1.15	0.46	1.35	0.68
内蒙古 Inner Mongolia	38.57	16.89	21.68	6.71	1.71	1.72	1.63	0.95
辽宁 Liaoning	92.27	28.42	63.85	18.22	6.11	3.38	14.86	4.68
吉林 Jilin	46.73	20.23	26.50	6.74	1.54	7.38	0.75	1.47
黑龙江 Heilongjiang	72.30	45.00	27.30	8.00	3.00	0.30	5.00	6.00
上海 Shanghai	37.68	14.54	23.14	2.53	12.98	2.56	2.73	0.39
江苏 Jiangsu	115.96	48.85	67.11	13.89	9.83	5.64	9.40	1.89
浙江 Zhejiang	154.65	87.38	67.27	6.01	5.71	2.02	2.63	2.76
安徽 Anhui	60.88	25.33	35.55	8.01	2.75	1.66	0.71	0.61
福建 Fujian	72.19	15.72	56.47	5.65	7.29	1.81	1.28	7.10
江西 Jiangxi	50.57	19.02	31.55	6.57	3.04	1.40	3.75	1.41
山东 Shandong	126.24	45.08	81.16	18.59	8.89	3.65	4.95	1.48
河南 Henan	124.79	53.17	71.62	10.80	3.82	2.51	2.46	3.70
湖北 Hubei	101.43	35.42	66.01	13.60	7.53	6.39	5.07	5.98
湖南 Hunan	112.72	66.92	45.80	9.84	7.48	2.88	2.78	2.98
广东 Guangdong	124.00	43.03	80.97	11.38	8.80	6.08	4.42	3.71
广西 Guangxi	36.60	6.71	29.89	4.67	2.49	1.68	0.65	0.66
海南 Hainan	7.73	1.54	6.19	1.75	0.38	0.89	0.95	0.37
重庆 Chongqing	21.23	4.73	16.50	5.20	2.56	0.96	1.64	0.64
四川 Sichuan	36.79	6.21	30.58	10.11	1.81	1.87	1.78	1.88
贵州 Guizhou	20.22	10.57	9.65	2.46	0.76	0.49	0.13	0.20
云南 Yunnan	30.85	4.05	26.80	4.62	1.31	0.83	0.18	0.61
西藏 Tibet								
陕西 Shaanxi	79.41	30.42	48.99	9.76	3.17	3.25	1.53	3.40
甘肃 Gansu	16.88	7.59	9.29	2.67	1.24	0.39	0.24	0.60
青海 Qinghai	16.68	1.14	15.54	1.03	0.12	0.23	0.20	0.11
宁夏 Ningxia	15.15	2.73	12.42	1.47	0.17	0.45	0.24	0.15
新疆 Xinjiang	31.89	11.58	20.30	4.49	1.28	0.70	0.50	0.66

2-11 续表1 continued

单位：万人次　　　　　　　　　　　　　　　　　　　　10 000Person/times

地　区 Region	农村劳动力 Rural Labour Force	外省人数 Other Provinces	用人登记总数 Job Vancancies 合　计 Total	上年末结转数 Left Over from Last Year	本年用人登记数 Job vancancies Registered this year	企业 Enterprises	机关和事业单位 State Organs and Institutions	家庭服务 Home Services	其他 Others
全国总计 National	**581.58**	**198.69**	**1154.18**	**198.15**	**956.03**	**684.45**	**23.53**	**34.05**	**214.00**
北　京 Beijing	20.15	14.88	43.12		43.12	39.84	0.61		2.67
天　津 Tianjin	0.31	0.20	8.00	4.87	3.13	2.37	0.22	0.27	0.27
河　北 Hebei	39.60	20.20	53.00	2.70	50.30	37.20	0.80	0.80	11.50
山　西 Shanxi	15.99	5.78	26.64	3.89	22.75	14.63	0.20	0.15	7.77
内蒙古 Inner Mongolia	8.96	3.31	23.62	2.43	21.19	16.48	0.75	0.10	3.86
辽　宁 Liaoning	16.60	4.91	50.82	2.21	48.61	36.33	1.00	1.06	10.22
吉　林 Jilin	8.62	1.76	38.47	3.37	35.10	27.40	0.72	0.37	6.61
黑龙江 Heilongjiang	5.00	2.00	35.00	7.00	28.00	19.10	0.90	2.00	6.00
上　海 Shanghai	1.95		35.48	2.13	33.35	30.33	0.20	0.25	2.57
江　苏 Jiangsu	26.46	3.55	70.65	10.99	59.66	52.73	0.86	0.52	5.55
浙　江 Zhejiang	48.14	33.03	94.69	38.15	56.54	44.18	0.99	1.65	9.72
安　徽 Anhui	21.72	3.67	32.82	7.14	25.68	21.14	0.35	1.61	2.58
福　建 Fujian	33.34	16.96	46.01	4.52	41.49	28.59	0.35	1.08	11.47
江　西 Jiangxi	15.38	3.20	27.38	2.58	24.80	12.53	1.90	1.83	8.54
山　东 Shandong	43.60	4.65	90.69	14.82	75.87	67.86	1.92	0.78	5.31
河　南 Henan	48.33	9.47	72.63	9.61	63.02	30.96	1.07	1.94	29.05
湖　北 Hubei	27.44	4.76	52.10	2.56	49.54	31.50	1.22	3.18	13.64
湖　南 Hunan	19.84	9.59	73.03	34.17	38.86	19.51	1.83	2.09	15.43
广　东 Guangdong	46.58	27.39	75.92	20.14	55.78	37.28	1.32	9.80	7.38
广　西 Guangxi	19.74	8.14	29.95	2.25	27.70	19.10	1.11	0.59	6.90
海　南 Hainan	1.85	0.88	3.47	0.43	3.04	2.22	0.03	0.04	0.75
重　庆 Chongqing	5.50	0.34	14.01	1.64	12.37	8.20	0.21	0.27	3.69
四　川 Sichuan	13.13	1.51	31.15	1.51	29.64	20.61	0.72	1.65	6.66
贵　州 Guizhou	5.61	0.51	11.23	1.37	9.86	9.08	0.28	0.10	0.40
云　南 Yunnan	19.25	4.99	24.49	0.68	23.81	16.46	1.32	0.14	5.89
西　藏 Tibet									
陕　西 Shaanxi	27.88	1.36	31.10	5.56	25.54	15.25	1.77	1.30	7.22
甘　肃 Gansu	4.15	0.38	11.29	0.41	10.88	5.01	0.22	0.17	5.48
青　海 Qinghai	13.85	0.82	15.80	0.13	15.67	4.39	0.10	0.04	11.14
宁　夏 Ningxia	9.94	0.41	12.15	8.37	3.78	2.91	0.14	0.06	0.67
新　疆 Xinjiang	12.67	10.04	19.47	2.52	16.95	11.26	0.42	0.21	5.06

2－11 续表2 continued

单位：万人次 10 000Person/times

地区 Region	介绍成功人数 Labour Flew						
	合计 Total	#女性 Female	失业人员 Unemployment	失业6个月以下 Less than 6 Months	失业6个月以上 More than 6 Months	城镇从业人员 Urban Employment	其他人员 Others
全国总计 National	**873.70**	**349.08**	**275.10**	**126.16**	**148.94**	**63.90**	**60.17**
北 京 Beijing	25.65	5.14	7.45	5.46	1.99	4.17	4.92
天 津 Tianjin	3.01		1.43	0.40	1.03	0.84	0.23
河 北 Hebei	47.70	14.70	8.00	4.90	3.10	1.30	1.70
山 西 Shanxi	25.03	9.62	6.58	3.80	2.78	1.40	0.90
内蒙古 Inner Mongolia	22.27	6.81	10.37	3.81	6.56	1.30	1.04
辽 宁 Liaoning	44.32	18.77	20.39	7.81	12.58	7.25	6.30
吉 林 Jilin	33.90	17.18	19.34	6.51	12.83	1.52	4.49
黑龙江 Heilongjiang	30.00	10.00	14.00	7.00	7.00	6.00	4.00
上 海 Shanghai	18.49	7.71	15.45	4.79	10.66	0.84	0.18
江 苏 Jiangsu	53.79	24.93	17.83	8.49	9.34	9.03	2.37
浙 江 Zhejiang	52.71	14.99	7.17	3.06	4.11	1.27	1.18
安 徽 Anhui	24.37		7.40	3.05	4.35	0.45	1.94
福 建 Fujian	36.99	16.46	7.55	3.93	3.62	1.35	2.20
江 西 Jiangxi	21.46	10.67	6.97	3.32	3.65	3.35	1.83
山 东 Shandong	77.74	34.68	25.55	12.82	12.73	3.39	1.41
河 南 Henan	63.52	25.18	13.19	7.19	6.00	3.16	4.39
湖 北 Hubei	41.09	20.19	16.68	8.13	8.55	2.16	2.95
湖 南 Hunan	40.85	18.81	12.00	5.25	6.75	3.38	2.15
广 东 Guangdong	38.96	18.95	10.53	5.50	5.03	2.90	3.62
广 西 Guangxi	26.84	14.23	6.28	3.40	2.88	0.95	0.75
海 南 Hainan	2.64	1.02	0.76	0.37	0.39	0.52	0.42
重 庆 Chongqing	10.38	4.56	4.33	1.67	2.66	0.97	1.05
四 川 Sichuan	26.18	10.66	10.46	4.14	6.32	1.58	1.70
贵 州 Guizhou	10.15	5.71	2.78	1.12	1.66	0.32	0.99
云 南 Yunnan	24.49	9.57	5.95	2.79	3.16	0.33	0.58
西 藏 Tibet							
陕 西 Shaanxi	25.53	10.36	4.10	2.01	2.09	2.28	5.16
甘 肃 Gansu	10.41	4.52	5.46	1.93	3.53	0.50	0.42
青 海 Qinghai	15.69	3.81	1.38	0.62	0.76	0.16	0.20
宁 夏 Ningxia	2.75	1.18	1.21	0.70	0.51	0.16	0.10
新 疆 Xinjiang	16.79	8.67	4.51	2.19	2.32	1.07	1.00

2-11 续表3 continued

单位：万人次 10 000Person/times

地　　区 Region	农村劳动力 Rural Labour Force	#外省人数 Other Provinces	填补岗位人数 Vacancies Filled 企业 Enter-prises	机关和事业单位 State Organs and Institutions	家庭服务 Home Services	其他 Others	期末结余人数 Balance at the Year-end 求职登记 Regis-tered Persons	用人登记 Job Vancancies Registered
全国总计 National	**474.53**	**136.72**	**607.60**	**21.31**	**26.53**	**218.26**	**660.36**	**194.04**
北　京 Beijing	9.11	5.78	20.43	1.02	1.05	3.15		
天　津 Tianjin	0.51	0.12	2.68	0.07	0.13	0.13	2.83	4.98
河　北 Hebei	36.70	19.10	27.50	0.60	0.70	18.90	20.00	5.00
山　西 Shanxi	16.15	5.99	17.86	0.19	0.10	6.88	12.20	1.40
内蒙古 Inner Mongolia	9.56	3.55	17.03	0.71	0.09	4.44	16.25	1.34
辽　宁 Liaoning	10.38	2.83	33.82	0.82	0.64	9.04	31.34	4.45
吉　林 Jilin	8.55	1.96	26.80	0.65	0.18	6.27	12.22	1.55
黑龙江 Heilongjiang	6.00		17.20	0.80	5.00	7.00	4.00	4.00
上　海 Shanghai	2.02		15.97	0.09	0.08	2.35	14.91	16.99
江　苏 Jiangsu	24.56	3.20	48.61	0.98	0.40	3.80	44.79	11.71
浙　江 Zhejiang	43.09	28.08	43.36	0.72	1.38	7.25	84.21	36.58
安　徽 Anhui	14.58	4.14	18.62	2.11	0.96	2.68	29.83	6.28
福　建 Fujian	25.89	11.81	23.55	0.38	0.90	12.16	22.13	6.42
江　西 Jiangxi	9.31	4.21	10.87	0.41	1.43	8.75	29.11	5.28
山　东 Shandong	43.79	4.22	69.35	1.62	0.42	6.35	43.83	11.19
河　南 Henan	42.78	7.41	30.14	0.87	2.07	30.44	45.30	9.10
湖　北 Hubei	19.30	2.43	27.06	1.17	3.58	9.28	32.15	2.31
湖　南 Hunan	23.32	9.45	22.32	1.51	1.87	15.15	47.21	14.83
广　东 Guangdong	21.91	9.41	29.82	1.02	1.05	7.07	75.55	34.22
广　西 Guangxi	18.86	2.26	18.65	0.92	0.59	6.68	8.03	2.76
海　南 Hainan	0.94	0.27	1.98	0.03		0.63	2.00	0.51
重　庆 Chongqing	4.03	0.08	7.15	0.21	0.18	2.84	5.23	0.99
四　川 Sichuan	12.44	1.58	17.05	0.69	1.34	7.10	10.24	4.54
贵　州 Guizhou	6.06	0.46	5.86	0.27	0.12	3.90	8.36	0.93
云　南 Yunnan	17.63	4.78	16.51	1.21	0.11	6.66	6.10	
西　藏 Tibet								
陕　西 Shaanxi	13.99	1.25	15.83	1.16	1.81	6.73	19.23	4.06
甘　肃 Gansu	4.03	0.34	4.54	0.21	0.11	5.55	6.32	0.88
青　海 Qinghai	13.95	0.85	4.41	0.10	0.02	11.16	0.99	0.11
宁　夏 Ningxia	1.28	0.34	1.92	0.35	0.07	0.41	12.40	1.37
新　疆 Xinjiang	10.21	0.42	10.71	0.42	0.15	5.51	13.60	0.26

2－12 分地区农村劳动力流动就业情况

RURAL LABOUR FORCE FLEW BY REGION

(1997)

单位：万人

(10 000 Persons)

地区 Region	本地农村劳动力在外流动就业情况 Rural Labour Force Employed in Other Areas						
	本年末在外流动就业人数			本年内新增外出流动就业人数			
	Total Employed at the Year－end	跨省就业人数 Employed in Other Provinces	省内跨县就业人数 Employed in Other Counties	Newly Added Employment in Other Provinces this year	跨省 Employed in Other Provices	#办理就业登记卡人数 Hold Employment Card	#劳动部门组织输出人数 Organized by Labour Department
全国总计 National	**4611.18**	**2999.98**	**1545.98**	**1249.65**	**802.67**	**288.18**	**253.60**
北京 Beijing	5.80		5.80	2.00			
天津 Tianjin	13.90	0.90	13.00	2.20	0.20	0.20	
河北 Hebei	131.40	63.00	68.40	31.00	17.50	12.90	71.50
山西 Shanxi	42.58	12.82	29.76	9.30	2.37	1.80	0.75
内蒙古 Inner Mongolia	31.47	17.86	13.61	20.89	10.57	1.65	0.70
辽宁 Liaoning	44.31	10.23	34.08	11.08	3.91	2.43	2.38
吉林 Jilin	3.87	1.97	1.90	2.17	1.36	1.01	0.48
黑龙江 Heilongjiang	6.00	2.00	4.00	4.00	2.00	1.60	0.40
上海 Shanghai				0.01	0.01	0.01	
江苏 Jiangsu	165.38	73.15	92.23	63.14	32.88	23.50	2.26
浙江 Zhejiang	65.56	38.07	27.49	12.36	4.18	2.13	0.38
安徽 Anhui	523.36	443.67	79.69	155.15	121.23	27.05	39.58
福建 Fujian	58.15	25.56	32.59	22.03	8.47	3.41	2.24
江西 Jiangxi	335.00	289.00	45.00	98.00	89.00	21.00	9.50
山东 Shandong	162.56	74.34	88.22	78.43	37.14	5.60	11.29
河南 Henan	662.25	451.92	210.33	185.90	118.26	30.25	19.17
湖北 Hubei	152.04	110.83	41.21	42.05	30.17	24.58	7.58
湖南 Hunan	367.25	313.85	53.40	56.86	42.42	21.57	12.91
广东 Guangdong	150.75	10.87	139.88	51.37	4.52	3.29	1.06
广西 Guangxi	228.75	191.93	36.82	58.31	43.24	19.28	13.71
海南 Hainan	1.80	1.16	0.65	1.54	1.00	0.30	0.14
重庆 Chongqing	222.11	182.11	50.00	27.44	22.84	10.40	1.41
四川 Sichuan	632.14	404.59	227.55	118.86	89.81	30.99	9.17
贵州 Guizhou	150.35	125.72	24.64	36.71	28.47	8.66	8.13
云南 Yunnan	24.35	7.97	16.38	14.08	5.57	2.33	2.02
西藏 Tibet							
陕西 Shaanxi	164.94	104.39	60.55	66.71	39.37	9.31	6.92
甘肃 Gansu	205.50	89.14	116.36	37.67	25.85	21.20	23.56
青海 Qinghai	13.53	3.78	9.75	10.78	3.01	0.91	0.86
宁夏 Ningxia	43.25	22.52	20.73	28.15	17.00	0.56	5.26
新疆 Xinjiang	2.83	0.97	1.96	1.46	0.32	0.26	0.24

2-12 续表1 continued

单位：万人 (10 000 Persons)

地　区 Region	省内跨县 Employed in other Counties	#办理就业登记卡人数 Held Employment Card	#劳动部门组织输出人数 Organized by Labour Department	外地农村劳动力在本地流动就业 Employment of Rural Labour Force From other Localities：本年末外来劳动力就业人数 Employment this Year-end	跨省 Employment in other Provinces	#办理流动就业证的人数 Held Employment Card
全国总计 National	**445.39**	**180.10**	**98.75**	**1617.54**	**947.36**	**745.10**
北　京 Beijing	2.00			98.30	92.50	92.50
天　津 Tianjin	2.00			65.00	41.00	36.00
河　北 Hebei	13.50	10.90	8.20	59.60	39.90	34.80
山　西 Shanxi	6.93	2.93	0.60	40.13	24.54	17.46
内蒙古 Inner Mongolia	10.32	0.72	0.23	10.13	4.62	2.70
辽　宁 Liaoning	7.17	3.66	2.33	29.72	13.27	11.06
吉　林 Jilin	0.81	0.60	0.48	11.92	5.53	3.83
黑龙江 Heilongjiang	2.00	1.00	0.90	10.00	5.00	2.00
上　海 Shanghai				31.50	31.50	27.61
江　苏 Jiangsu	30.26	22.54	3.80	79.07	31.04	27.18
浙　江 Zhejiang	7.20	5.82	1.43	121.41	82.40	62.38
安　徽 Anhui	33.92	14.32	9.05	14.96	8.07	5.01
福　建 Fujian	13.56	8.40	4.84	114.97	65.8.	56.66
江　西 Jiangxi	8.50	2.20	1.20	17.00	6.40	3.10
山　东 Shandong	41.29	8.37	12.87	36.87	6.53	3.78
河　南 Henan	67.65	18.07	10.52	64.36	22.45	11.74
湖　北 Hubei	11.88	9.49	3.14	39.81	14.19	12.80
湖　南 Hunan	14.44	5.12	4.74	34.90	8.82	1.70
广　东 Guangdong	46.85	35.72	9.25	482.46	310.53	256.96
广　西 Guangxi	15.07	4.07	1.92	32.93	11.39	4.36
海　南 Hainan	0.54	0.10	0.05	11.61	7.65	3.74
重　庆 Chongqing	4.60	1.50	0.15	5.27	1.80	0.51
四　川 Sichuan	29.05	6.79	3.63	33.76	5.45	1.12
贵　州 Guizhou	8.24	1.09	0.85	15.06	8.44	1.84
云　南 Yunnan	8.51	4.79	2.66	33.64	16.04	11.99
西　藏 Tibet				0.42	3.56	0.30
陕　西 Shaanxi	27.34	2.31	4.14	47.44	16.56	7.98
甘　肃 Gansu	11.82	7.75	8.16	34.80	34.80	25.10
青　海 Qinghai	7.77	0.72	0.74	2.21	1.08	0.72
宁　夏 Ningxia	11.15	0.45	2.18	2.04	1.10	0.77
新　疆 Xinjiang	1.02	0.67	0.69	34.25	25.37	17.40

2－12 续表2 continued

单位：万人 (10 000 Persons)

地 区 Region	省内跨县 Employment in other Counties	#办理流动就业证人数 Held Employment Card	本年内新增外来劳动力就业人数 Newly Added Employment from other Localities this year	跨省 Employment in other Provinces	#办理流动就业证人数 Held Employment Card	省内跨县 Employment in other Counties	#办理流动就业证人数 Held Employment Card
全国总计 National	**668.52**	**482.83**	**558.77**	**309.45**	**199.08**	**238.13**	**176.73**
北 京 Beijing	5.80		48.00	46.00		2.00	
天 津 Tianjin	24.00	15.00	15.00	1.00	0.70	4.00	3.20
河 北 Hebei	19.70	16.40	25.80	7.40	6.00	18.50	16.30
山 西 Shanxi	15.59	12.10	12.72	6.76	5.14	5.96	4.39
内蒙古 Inner Mongolia	5.51	3.50	4.19	1.83	1.35	2.36	1.75
辽 宁 Liaoning	16.45	12.40	12.23	6.81	2.61	5.42	4.31
吉 林 Jilin	6.39	3.51	5.68	2.74	1.88	2.94	1.50
黑龙江 Heilongjiang	5.00	2.00	4.00	2.00	0.90	2.00	0.90
上 海 Shanghai							
江 苏 Jiangsu	48.03	42.93	21.34	9.38	8.61	11.96	10.82
浙 江 Zhejiang	32.63	24.83	52.91	35.31	29.79	14.16	11.21
安 徽 Anhui	8.89	5.05	5.35	2.36	1.37	2.98	1.06
福 建 Fujian	49.14	40.73	50.10	29.62	27.36	20.48	18.43
江 西 Jiangxi	11.00	5.20	4.40	2.00	0.80	2.40	1.20
山 东 Shandong	30.34	23.75	13.00	2.45	1.35	10.55	7.70
河 南 Henan	41.92	25.05	22.08	8.86	5.38	13.22	6.88
湖 北 Hubei	25.62	23.18	11.20	4.81	4.42	6.39	5.76
湖 南 Hunan	26.08	14.51	12.68	3.97	2.62	8.71	7.59
广 东 Guangdong	171.93	146.46	139.28	85.78	77.04	53.50	45.15
广 西 Guangxi	21.54	6.99	18.18	5.14	2.46	13.04	5.04
海 南 Hainan	3.99	1.31	2.34	1.50	0.95	0.83	0.34
重 庆 Chongqing	3.47	1.30	3.10	0.71	0.40	2.39	0.63
四 川 Sichuan	28.31	11.05	8.70	2.07	0.43	6.63	2.85
贵 州 Guizhou	6.61	1.27	3.71	2.23	0.59	1.49	0.37
云 南 Yunnan	17.60	14.94	24.44	10.75	1.00	13.69	12.59
西 藏 Tibet	0.64		0.42	3.56	0.30	0.64	
陕 西 Shaanxi	30.88	17.63	10.75	5.24	1.79	5.51	2.73
甘 肃 Gansu			3.60	1.66	1.10		
青 海 Qinghai	1.13	0.66	0.78	0.29	0.14	0.49	0.40
宁 夏 Ningxia	0.94	0.33	1.41	0.78	0.62	0.63	0.32
新 疆 Xinjiang	9.39	10.75	21.38	16.44	11.98	5.26	3.31

三、全部职工人数和工资

Formal Employees and Wages

3-1 分行业全部从业人员和平均劳动报酬

EMPLOYEES AND AVERAGE EARNINGS BY SECTOR

(1997)

项目	Item	单位数(个) Number of Units	年末人数(万人) Employees (10 000 Persons)	#女性 Female	平均劳动报酬(元) Average Earnings (yuan)
全国总计	**National Total**	**2017212**	**15036.2**	**5824.8**	**6444**
按企、事业和机关分组	**Grouped by Enterprises, Institutions and Organizations**				
企业	Enterprises	826196	11068.7	4372.9	6350
事业	Institutions	879034	2905.2	1204.1	6618
机关	Organizations	311902	1062.1	247.7	6949
按国民经济行业分组	**Grouped by Sector**				
农、林、牧、渔业	**Farming, Forestry, Animal Husbandry and Fishery**	**94093**	**629.2**	**238.4**	**4306**
农业	Farming	11431	352.8	145.4	4189
林业	Forestry	7668	97.8	37.2	3915
畜牧业	Animal Husbandry	3655	49.0	19.0	4036
渔业	Fishery	1767	17.7	5.1	5423
农、林、牧、渔服务业	Services	69572	112.0	31.6	4961
采掘业	**Mining and Quarrying**	**10385**	**856.8**	**222.5**	**6825**
制造业	**Manufacturing**	**233052**	**5129.9**	**2286.3**	**5979**
电力、煤气及水的生产和供应业	**Electricity, Gas and Water Production and Supply**	**11153**	**283.3**	**90.3**	**9641**
建筑业	**Construction**	**37319**	**1037.4**	**203.6**	**6652**
土木工程建筑业	Civil Engineering	27227	903.8	171.9	6304
线路、管道和设备安装业	Circuit Pipelines and Equipment Installation	5394	111.7	27.4	9293
装修装饰业	Buildings Completion	4698	21.9	4.3	7314
地质勘查业、水利管理业	**Geological Prospecting, Water Conservancy**	**22434**	**129.0**	**32.6**	**7147**
地质勘查业	Geological Prospecting	2652	68.6	18.0	8350
水利管理业	Water Conservancy	19782	60.4	14.7	5756
交通运输、仓储及邮电通信业	**Transport, Storage and Communications**	**42016**	**850.5**	**232.1**	**8527**
铁路运输业	Transport via Railways	3549	240.1	53.9	10814
公路运输业	Transport via Highways	10701	201.0	57.9	4365
管道运输业	Transport via Pipelines	40	2.6	0.8	10997
水上运输业	Water Transport	2257	72.9	15.5	7714
航空运输业	Air Transport	216	11.7	3.7	16839
交通运输辅助业	Supporting and Auxiliary Transport Activities	13258	154.0	39.7	8246
其他交通运输业	Other Transports	379	4.0	1.7	5723
仓储业	Storage	3927	43.5	15.0	6450
邮电通信业	Postal and Telecommunications	7689	120.8	43.8	11745
批发和零售贸易、餐饮业	**Wholesale and Retail Trade, Restaurants**	**346684**	**1796.1**	**841.2**	**4872**
食品、饮料、烟草和家庭用品批发业	Wholesale of Food, Beverages, Tobacco and Household Goods	94379	573.8	250.0	4989
能源、材料和机械电子设备批发业	Wholesale Energy, Materials and Electronic Equipment	62350	255.1	97.7	5531
其他批发业	Other Wholesale	27168	146.2	60.7	4945
零售业	Retail	143547	730.2	381.3	4383
商业经纪与代理业	Commercial Brokerages and Agencies	1595	7.5	2.9	9943
餐饮业	Restaurants	17645	83.3	48.6	5737
金融、保险业	**Financial Intermediation and Insurance**	**66221**	**308.2**	**128.1**	**9665**
金融业	Financial Intermediation	60359	287.5	120.5	9656

3－1 续表1 continued

项 目	Item	单位数(个) Number of Units	年末人数（万人） Employees (10 000 Persons)	#女性 Female	平均劳动报酬(元) Average Earnings (yuan)
保险业	Insurance	5862	20.7	7.6	9793
房地产业	**Real Estate Activities**	**21870**	**86.9**	**30.4**	**9269**
房地产开发与经营业	Real Estate Development and Operation	12702	45.3	15.5	10070
房地产管理业	Real Estate Managment	8212	39.7	14.1	8407
房地产代理与经纪业	Real Estate Brokerages and Agencies	956	1.9	0.8	8198
社会服务业	**Social Services**	**80200**	**494.3**	**230.4**	**7642**
公共服务业	Public Facilities Services	17961	205.8	91.0	7506
居民服务业	Residential Services	13129	46.2	23.0	6148
旅馆业	Hotels	16292	137.9	78.1	7499
租赁服务业	Renting Services	698	2.5	1.0	7785
旅游业	Tourism	2827	14.7	6.7	8955
娱乐服务业	Recreational Services	1976	8.0	4.2	9037
信息、咨询服务业	Information and Consultancy Services	15668	24.8	9.1	9819
计算机应用服务业	Computer Application Services	2427	6.4	2.3	18086
其他社会服务业	Other Social Services	9222	47.9	14.9	6960
卫生、体育和社会福利业	**Health Care, Sporting and Social Welfare**	**88084**	**471.1**	**265.6**	**7566**
卫生	Health Care	76433	445.1	254.9	7564
体育	Sporting	1897	8.0	2.7	8973
社会福利保障业	Social Welfare	9754	17.9	7.9	6977
教育、文化艺术和广播电影电视业	**Education, Culture and Arts, Radio, Film and Television**	**564378**	**1556.7**	**650.3**	**6332**
教育	Education	525658	1447.1	608.8	6241
#普通高等学校	Institutes of Higher Education	1290	111.6	43.6	8687
普通中学	Secondary Schools	76883	449.2	167.8	6462
小学校	Primary Schools	407358	688.2	305.4	5349
文化艺术业	Culture and Arts	21860	62.0	25.2	7924
广播电影电视业	Radio, Film and Television	16860	47.6	16.3	6991
科学研究和综合技术服务业	**Scientific Research and Polytechnical Services**	**35213**	**185.8**	**62.7**	**8953**
科学研究业	Scientific Research	7160	89.4	31.2	9003
自然科学研究	Natural Science Research	4877	73.4	25.5	8905
社会科学研究	Social Science Research	883	3.4	1.2	8137
其他科学研究	Other Science Research	1400	12.6	4.5	9805
综合技术服务业	Polytechnical Services	28053	96.3	31.5	8905
#气象	Atmosphere	2415	5.6	1.9	7378
地震	Seismology	673	1.5	0.4	7912
测绘	Surveying and Mapping	737	4.2	1.2	8265
技术监督	Technology Supervisor	5780	14.1	4.5	7893
海洋环境	Sea and Ocean Environments	70	0.6	0.1	9372
环境保护	Environmental Protection	2406	6.4	2.5	6901
技术推广和科技交流服务业	Technology Promotion and Exchange Services	3941	9.3	3.2	7580
工程设计业	Engineering Design	4336	31.9	10.4	10226
其他综合技术服务业	Other Polytechnical Services	7686	22.8	7.3	9307
国家机关、政党机关和社会团体	**Government Agencies, Party Agencies and Social Organizations**	**335271**	**1093.1**	**257.9**	**6939**
#国家机关	Government Agencies	289132	1016.1	236.8	6943
政党机关	Party Agencies	29970	53.7	11.5	6911
其他行业	**Others**	**28839**	**127.8**	**52.4**	**6862**
#企业管理机构	Enterprise Management Organizations	18114	64.8	23.2	7073

3－2 分地区分行业从业人员年末人数

EMPLOYEES BY SECTOR AND REGION

(1997)

单位:万人　　　　　　(10 000 persons)

地　区　Region	合 计 Total	农、林、牧、渔业 Farming, Forestry, Animal Husbandry and Fishery	采掘业 Mining and Quarrying	制造业 Manufacturing	电力、煤气及水的生产和供应业 Electricity, Gas and Water Production and Supply	建筑业 Construction	地质勘查业、水利管理业 Geological Prospecting, Water Conservancy	交通运输、仓储及邮电通信业 Transport, Storage and Communication
全国总计 National	**15036.2**	**629.2**	**856.8**	**5129.9**	**283.3**	**1037.4**	**129.0**	**850.5**
北　京 Beijing	477.5	5.4	4.1	128.9	4.2	62.2	1.6	21.1
天　津 Tianjin	290.2	1.7	9.7	130.2	3.2	19.6	3.0	18.7
河　北 Hebei	692.3	12.6	44.1	237.5	14.2	50.3	9.3	36.2
山　西 Shanxi	469.5	4.7	68.1	139.5	11.0	33.2	3.6	25.7
内蒙古 Inner Mongolia	370.1	32.2	40.0	92.7	8.2	25.3	4.2	24.1
辽　宁 Liaoning	986.6	37.8	54.0	416.1	20.2	76.8	8.0	56.7
吉　林 Jilin	508.0	21.4	50.4	175.2	9.0	29.4	3.6	29.7
黑龙江 Heilongjiang	815.1	69.2	132.3	234.6	14.7	57.9	6.5	45.0
上　海 Shanghai	466.9	4.6	0.1	200.8	7.2	22.8	1.2	30.4
江　苏 Jiangsu	905.0	27.3	26.3	389.2	13.3	40.5	6.4	54.8
浙　江 Zhejiang	491.6	7.7	4.2	184.7	8.8	45.9	2.3	28.0
安　徽 Anhui	519.2	14.0	37.5	169.8	8.1	33.1	4.9	29.3
福　建 Fujian	365.5	11.2	8.3	142.1	7.1	28.5	2.1	19.5
江　西 Jiangxi	419.4	30.0	26.6	136.9	9.1	21.5	4.2	23.8
山　东 Shandong	966.6	12.1	72.6	371.3	18.9	40.0	5.1	42.4
河　南 Henan	869.2	11.4	57.8	275.7	19.7	67.9	6.0	43.0
湖　北 Hubei	749.9	48.6	16.3	269.0	13.2	39.1	8.9	47.7
湖　南 Hunan	615.6	38.5	27.1	195.8	10.6	35.3	6.5	36.6
广　东 Guangdong	912.7	24.9	10.9	326.8	18.0	73.8	5.2	55.8
广　西 Guangxi	354.8	18.8	9.6	97.7	7.6	21.2	3.3	22.0
海　南 Hainan	104.1	33.3	2.2	13.2	2.3	4.9	0.6	5.0
重　庆 Chongqing	294.4	4.2	15.5	114.2	5.3	20.1	1.2	21.6
四　川 Sichuan	695.4	12.5	37.5	229.7	15.0	62.4	7.1	35.4
贵　州 Guizhou	240.5	5.6	12.5	69.7	5.0	23.0	2.1	13.2
云　南 Yunnan	322.4	24.2	13.8	75.9	7.0	22.8	3.5	19.7
西　藏 Tibet	18.3	1.0	0.5	1.1	0.5	1.1	0.3	1.8
陕　西 Shaanxi	407.1	6.8	22.1	140.3	8.2	28.4	4.9	24.6
甘　肃 Gansu	253.5	9.0	18.5	82.4	5.5	16.6	4.6	15.6
青　海 Qinghai	64.9	3.0	3.2	17.3	1.4	6.9	2.7	4.4
宁　夏 Ningxia	75.3	5.8	7.6	20.5	1.8	5.8	1.7	3.9
新　疆 Xinjiang	314.5	89.5	23.5	51.2	5.2	20.9	4.5	14.5

3-2 续表1 continued

单位: 万人 (10 000 persons)

地区 Region	批发和零售贸易、餐饮业 Wholesale and Retail Trade, Restaurants	金融、保险业 Financial Intermediation and Insurance	房地产业 Real Estate Activities	社会服务业 Social Services	卫生、体育和社会福利业 Health Care, Sporting and Social Welfare	教育、文化艺术和广播电影电视业 Education, Culture and Arts, Radio, Film and Television	科学研究和综合技术服务业 Scientific Research and Polytechnical Services	国家机关、政党机关和社会团体 Government Agencies, Party Agencies and Social Organizations	其他 Others
全国总计 National	**1796.1**	**308.2**	**86.9**	**494.3**	**471.1**	**1556.7**	**185.8**	**1093.1**	**127.8**
北京 Beijing	57.2	7.5	7.4	51.2	13.8	43.1	30.3	33.1	6.4
天津 Tianjin	34.6	4.0	2.3	12.6	7.6	19.7	6.3	12.4	4.5
河北 Hebei	75.8	15.9	2.4	17.8	19.7	84.0	5.3	63.2	3.8
山西 Shanxi	52.2	9.2	0.9	12.6	12.9	45.4	4.4	41.3	4.7
内蒙古 Inner Mongolia	40.7	8.0	1.1	8.9	10.7	37.9	3.1	29.7	3.4
辽宁 Liaoning	111.5	16.2	7.7	38.6	24.0	62.1	10.0	43.8	3.1
吉林 Jilin	65.7	9.8	3.1	16.9	14.6	44.4	5.3	25.1	4.3
黑龙江 Heilongjiang	88.4	11.8	4.0	27.3	18.4	53.7	5.6	38.7	7.0
上海 Shanghai	61.2	6.3	7.3	32.8	15.4	33.1	10.5	13.8	19.4
江苏 Jiangsu	125.3	15.9	5.4	27.2	28.9	84.6	8.9	43.8	7.2
浙江 Zhejiang	63.5	13.9	3.6	19.3	19.6	49.1	4.6	33.7	2.7
安徽 Anhui	70.2	9.8	2.0	15.4	16.1	63.8	4.1	39.5	1.8
福建 Fujian	34.4	8.0	2.4	11.3	11.0	45.5	2.6	27.5	3.9
江西 Jiangxi	50.6	8.1	1.6	8.0	12.9	47.2	3.5	34.1	1.2
山东 Shandong	115.9	20.8	4.4	24.2	31.9	111.5	6.8	78.3	10.5
河南 Henan	119.2	20.5	3.8	22.2	28.4	100.2	7.5	76.7	9.3
湖北 Hubei	102.4	14.9	3.6	20.9	26.3	73.8	7.9	55.4	1.9
湖南 Hunan	78.7	14.0	2.1	14.4	21.9	72.3	5.4	52.1	4.2
广东 Guangdong	118.5	27.2	10.1	36.6	30.8	91.3	7.2	66.1	9.4
广西 Guangxi	38.6	8.9	1.7	10.0	13.5	60.4	3.6	35.4	2.5
海南 Hainan	11.0	2.6	1.3	5.0	3.2	9.4	1.4	7.8	0.9
重庆 Chongqing	34.0	4.9	1.4	6.7	8.8	32.0	4.7	19.6	0.3
四川 Sichuan	84.5	14.9	2.5	14.5	25.0	83.4	10.7	57.2	3.0
贵州 Guizhou	23.1	5.1	1.2	4.7	8.9	35.2	2.2	26.9	2.1
云南 Yunnan	34.9	7.4	1.0	8.5	12.0	47.2	6.1	37.2	1.3
西藏 Tibet	1.2	0.6	…	0.6	1.4	3.0	0.2	4.9	0.1
陕西 Shaanxi	42.1	8.6	1.1	9.4	12.2	48.9	9.8	37.1	2.5
甘肃 Gansu	25.7	5.3	0.6	6.4	7.6	28.5	3.0	22.7	1.6
青海 Qinghai	5.7	1.6	0.1	1.9	2.3	6.7	0.9	6.3	0.5
宁夏 Ningxia	6.1	1.8	0.3	1.8	2.3	7.8	0.9	6.5	0.8
新疆 Xinjiang	23.3	4.9	0.5	6.5	8.8	31.5	2.8	23.4	3.6

3-3 分地区分行业从业人员平均劳动报酬
AVERAGE EARNINGS OF EMPLOYEES BY SECTOR AND REGION

(1997)

单位:元 (yuan)

地 区 Region	合 计 Total	农、林、牧、渔业 Farming, Forestry, Animal Husbandry and Fishery	采掘业 Mining and Quarrying	制造业 Manufac-turing	电力、煤气及水的生产和供应业 Electricity, Gas and Water Production and Supply	建筑业 Constru-ction	地质勘查业、水利管理业 Geological Prospect-ing, Water Conserva-ncy	交通运输、仓储及邮电通信业 Transport, Storage and Commu-nication
全国总计 National	**6444**	**4306**	**6825**	**5979**	**9641**	**6652**	**7147**	**8527**
北 京 Beijing	11130	7133	10256	10162	13320	10137	9522	12189
天 津 Tianjin	8204	6485	12019	7447	11226	8474	10041	11017
河 北 Hebei	5633	3552	7416	5148	9210	5587	9722	7530
山 西 Shanxi	5279	3963	7746	4493	8407	5659	4633	8191
内蒙古 Inner Mongolia	5079	3898	5448	4521	7994	5301	4922	8140
辽 宁 Liaoning	5582	3215	6268	4955	9516	5754	8458	7979
吉 林 Jilin	5640	3863	5291	5251	9886	5716	4828	7621
黑龙江 Heilongjiang	4870	4123	4667	3908	8466	4951	9070	7971
上 海 Shanghai	11459	7867	13728	11030	16626	12497	12618	14118
江 苏 Jiangsu	7129	5230	8159	6375	11225	7562	7481	8143
浙 江 Zhejiang	8364	7051	6963	7316	12526	9447	8435	9290
安 徽 Anhui	5415	4357	7860	4885	8467	5433	6192	5708
福 建 Fujian	7562	4734	5777	7413	11208	8199	7617	9639
江 西 Jiangxi	5032	4146	4884	4799	6496	4938	5512	6770
山 东 Shandong	6186	5295	9522	5294	9751	6309	6223	8283
河 南 Henan	5152	3729	7985	4639	7747	5257	5098	7197
湖 北 Hubei	5361	3885	6108	4941	8900	6064	5995	7086
湖 南 Hunan	5310	3884	4626	4610	8853	5650	5423	7146
广 东 Guangdong	9674	5602	6050	9150	13073	8961	8272	13621
广 西 Guangxi	5447	3971	4915	5530	8878	6459	4858	7723
海 南 Hainan	5639	3026	6660	5421	10244	5869	6561	10416
重 庆 Chongqing	5490	4179	5698	5285	7868	5285	6594	6793
四 川 Sichuan	5592	4392	5628	5464	8127	5942	8184	6517
贵 州 Guizhou	5128	3691	6346	5310	9154	5278	4816	6670
云 南 Yunnan	6935	4903	6428	7364	9812	7009	6620	8259
西 藏 Tibet	9444	6440	7185	5498	9877	6068	12849	10663
陕 西 Shaanxi	5114	3964	6244	4689	8533	4862	5278	7548
甘 肃 Gansu	6096	4490	8759	6088	9566	5966	6008	8224
青 海 Qinghai	7020	5483	7276	5469	11450	5809	13956	9797
宁 夏 Ningxia	6047	3440	9043	5516	9703	5543	8747	8922
新 疆 Xinjiang	6643	4741	12377	6216	8660	6287	6793	9018

3－3 续表1 continued

单位: 元 (yuan)

地区 Region	批发和零售贸易、餐饮业 Wholesale and Retail Trade, Restaurants	金融、保险业 Financial Intermediation and Insurance	房地产业 Real Estate Activities	社会服务业 Social Services	卫生、体育和社会福利业 Health Care, Sporting and Social Welfare	教育、文化艺术和广播电影电视业 Education, Culture and Arts, Radio, Film and Television	科学研究和综合技术服务业 Scientific Research and Polytechnical Services	国家机关、政党机关和社会团体 Government Agencies, Party Agencies and Social Organizations	其他 Others
全国总计 National	**4872**	**9665**	**9269**	**7642**	**7566**	**6332**	**8953**	**6939**	**6862**
北京 Beijing	10392	19388	15431	13314	11699	11040	11731	10603	14402
天津 Tianjin	7025	12896	9698	7656	9640	8462	9656	9039	4192
河北 Hebei	3802	7769	6073	6149	6237	5140	6934	6018	5383
山西 Shanxi	2943	6637	4657	4031	5174	4513	6063	4852	5354
内蒙古 Inner Mongolia	3095	7631	5122	4638	6165	5170	6150	5569	6000
辽宁 Liaoning	3736	9999	6414	6182	6706	6571	7656	7002	5823
吉林 Jilin	4208	9011	6379	6382	6641	6110	7819	6547	5132
黑龙江 Heilongjiang	3376	9671	5302	4944	6210	5943	6958	6355	4260
上海 Shanghai	10447	21352	15201	10771	12394	11625	13045	13171	5825
江苏 Jiangsu	5604	10728	9869	8209	8793	8186	10419	9571	8610
浙江 Zhejiang	6798	11151	10631	9058	11109	8995	10604	9720	9200
安徽 Anhui	4015	7788	6243	5007	6356	5293	7775	6337	6064
福建 Fujian	5818	12035	11011	8127	8002	7051	9063	7683	7940
江西 Jiangxi	4044	7312	5236	4826	6024	4962	5387	5839	4586
山东 Shandong	4041	8895	7107	6200	7515	6357	8279	6957	5555
河南 Henan	3231	7219	5513	5044	5865	4764	7330	5473	6224
湖北 Hubei	3824	7693	6882	5591	6437	5721	7785	6205	6070
湖南 Hunan	4077	8489	6278	5709	7083	5769	7445	6291	6049
广东 Guangdong	7306	13777	13566	12494	11119	9351	13341	10689	10847
广西 Guangxi	4412	7066	6985	5996	6147	4280	6932	5396	7024
海南 Hainan	4250	12418	9180	6914	8662	6888	6283	7708	7095
重庆 Chongqing	4124	8401	6253	5706	6481	5148	7239	6046	5918
四川 Sichuan	3846	7826	6174	5542	6625	5130	8055	6152	5458
贵州 Guizhou	3957	6814	5556	4514	4976	4050	6911	4773	5962
云南 Yunnan	6258	8394	7361	6491	7849	6635	6807	6822	7598
西藏 Tibet	6647	13137	10640	8754	10524	9417	13064	11318	7680
陕西 Shaanxi	3459	7390	4978	4936	5500	4764	7560	5173	4647
甘肃 Gansu	4062	7010	5528	5152	5988	5210	6357	5717	7891
青海 Qinghai	4586	9864	5702	5458	8423	7820	9340	7750	7850
宁夏 Ningxia	4334	9278	5443	4509	6224	5293	6803	5517	5430
新疆 Xinjiang	5903	10467	6156	6199	7398	6681	7811	6999	8557

3-4 分行业全部职工人数和平均工资
FORMAL EMPLOYEES AND AVERAGE WAGES BY SECTOR
(1997)

项 目	Item	年末人数（万人） Formal Employees (10000)	#女性 Female	平均人数（万人） Formal Employees year-average (10000)	平均工资（元） Average Wages (yuan)
全国总计	**National Total**	**14668.4**	**5687.1**	**14536.3**	**6470**
按企、事业和机关分组	**Grouped by Enterprises, Institutions and Organizations**				
企业	Enterprises	10887.3	4309.0	10807.4	6322
事业	Institutions	2731.6	1135.4	2693.8	6867
机关	Organizations	1049.4	242.7	1035.0	6990
按国民经济行业分组	**Grouped by Sector**				
农、林、牧、渔业	**Farming, Forestry, Animal Husbandry and Fishery**	**611.9**	**230.6**	**609.6**	**4311**
农业	Farming	338.9	138.7	337.9	4186
林业	Forestry	96.7	37.0	97.0	3918
畜牧业	Animal Husbandry	48.2	18.7	47.9	4035
渔业	Fishery	17.5	5.1	17.4	5416
农、林、牧、渔服务业	Services	110.6	31.2	109.4	4989
采掘业	**Mining and Quarrying**	**850.8**	**220.7**	**840.5**	**6833**
制造业	**Manufacturing**	**5082.5**	**2262.6**	**5045.3**	**5933**
电力、煤气及水的生产和供应业	**Electricity, Gas and Water Production and Supply**	**281.8**	**89.7**	**278.6**	**9649**
建筑业	**Construction**	**1003.5**	**200.7**	**1011.8**	**6655**
土木工程建筑业	Civil Engineering	873.0	169.3	878.8	6298
线路、管道和设备安装业	Circuit Pipelines and Equipment Installation	109.6	27.2	112.9	9330
装修装饰业	Buildings Completion	20.9	4.1	20.1	7207
地质勘查业、水利管理业	**Geological Prospecting, Water Conservancy**	**128.1**	**32.4**	**128.1**	**7160**
地质勘查业	Geological Prospecting	68.1	17.9	68.8	8360
水利管理业	Water Conservancy	60.0	14.5	59.3	5769
交通运输、仓储及邮电通信业	**Transport, Storage and Communications**	**823.8**	**226.8**	**817.2**	**8600**
铁路运输业	Transport via Railways	223.8	51.8	220.1	11152
公路运输业	Transport via Highways	200.0	57.6	198.0	4354
管道运输业	Transport via Pipelines	2.6	0.8	2.6	11004
水上运输业	Water Transport	72.3	15.3	72.6	7737
航空运输业	Air Transport	11.6	3.7	11.1	16865
交通运输辅助业	Supporting and Auxiliary Transport Activities	152.1	39.2	151.3	8256
其他交通运输业	Other Transports	4.0	1.7	3.6	5534
仓储业	Storage	43.0	15.0	42.5	6437
邮电通信业	Postal and Telecommunications	114.4	41.8	115.5	12056
批发和零售贸易、餐饮业	**Wholesale and Retail Trade, Restaurants**	**1773.7**	**830.2**	**1751.4**	**4845**
食品、饮料、烟草和家庭用品批发业	Wholesale of Food, Beverages, Tobacco and Household Goods	568.9	247.8	562.2	4982
能源、材料和机械电子设备批发业	Wholesale Energy, Materials and Electronic Equipment	251.2	96.4	249.2	5522
其他批发业	Other Wholesale	144.0	59.7	142.8	4917
零售业	Retail	721.3	376.1	710.2	4362
商业经纪与代理业	Commercial Brokerages and Agencies	7.1	2.7	7.0	8865
餐饮业	Restaurants	81.3	47.5	80.0	5576
金融、保险业	**Financial Intermediation and Insurance**	**298.2**	**123.3**	**295.9**	**9734**
金融业	Financial Intermediation	280.2	117.0	278.4	9718

3－4 续表1 continued

项　　目	Item	年末人数（万人）Formal Employees (10 000)	#女性 Female	平均人数（万人）Formal Employees year－average (10 000)	平均工资（元）Average Wages (yuan)
保险业	Insurance	18.0	6.3	17.4	9982
房地产业	**Real Estate Activities**	**83.6**	**29.4**	**81.7**	**9190**
房地产开发与经营业	Real Estate Development and Operation	43.2	14.9	42.1	9935
房地产管理业	Real Estate Managment	38.6	13.7	37.8	8409
房地产代理与经纪业	Real Estate Brokerages and Agencies	1.8	0.7	1.8	8120
社会服务业	**Social Services**	**480.3**	**224.2**	**473.1**	**7553**
公共服务业	Public Facilities Services	201.9	89.2	199.6	7530
居民服务业	Residential Services	44.3	22.1	43.2	6149
旅馆业	Hotels	134.8	76.1	133.0	7275
租赁服务业	Renting Services	2.5	1.0	2.4	7755
旅游业	Tourism	14.4	6.6	14.3	8884
娱乐服务业	Recreational Services	7.7	4.0	7.7	8527
信息、咨询服务业	Information and Consultancy Services	22.4	8.6	22.0	9539
计算机应用服务业	Computer Application Services	6.1	2.2	5.7	17416
其他社会服务业	Other Social Services	46.1	14.5	45.3	6998
卫生、体育和社会福利业	**Health Care, Sporting and Social Welfare**	**464.3**	**261.2**	**458.2**	**7599**
卫生	Health Care	439.0	250.9	433.3	7598
体育	Sporting	7.8	2.7	7.8	8973
社会福利保障业	Social Welfare	17.4	7.7	17.1	7003
教育、文化艺术和广播电影电视业	**Education, Culture and Arts, Radio, Film and Television**	**1403.0**	**590.9**	**1377.6**	**6759**
教育	Education	1295.2	550.1	1270.8	6694
#普通高等学校	Institutes of Higher Education	109.9	42.8	109.4	8739
普通中学	Secondary Schools	428.1	159.5	418.8	6639
小学校	Primary Schools	565.8	259.2	553.0	6030
文化艺术业	Culture and Arts	60.8	24.7	60.3	7947
广播电影电视业	Radio, Film and Television	47.0	16.1	46.5	7008
科学研究和综合技术服务业	**Scientific Research and Polytechnical Services**	**179.0**	**60.9**	**178.9**	**9049**
科学研究业	Scientific Research	87.8	30.7	88.7	9066
自然科学研究	Natural Science Research	72.1	25.1	72.9	8965
社会科学研究	Social Science Research	3.3	1.2	3.3	8216
其他科学研究	Other Science Research	12.4	4.4	12.5	9883
综合技术服务业	Polytechnical Services	91.2	30.2	90.3	9031
#气象	Atmosphere	5.6	1.9	5.6	7377
地震	Seismology	1.5	0.4	1.5	7958
测绘	Surveying and Mapping	4.2	1.2	4.2	8276
技术监督	Technology Supervisor	13.7	4.4	13.6	7867
海洋环境	Sea and Ocean Environments	0.6	0.1	0.6	9381
环境保护	Environmental Protection	6.3	2.4	6.2	6921
技术推广和科技交流服务业	Technology Promotion and Exchange Services	9.0	3.1	8.7	7564
工程设计业	Engineering Design	30.9	10.2	31.1	10299
其他综合技术服务业	Other Polytechnical Services	19.3	6.4	18.8	9878
国家机关、政党机关和社会团体	**Government Agencies, Party Agencies and Social Organizations**	**1079.5**	**252.3**	**1065.6**	**6981**
#国家机关	Government Agencies	1003.2	231.6	990.1	6987
政党机关	Party Agencies	53.3	11.3	52.8	6931
其他行业	**Others**	**124.5**	**51.2**	**122.9**	**6838**
#企业管理机构	Enterprise Management Organizations	63.8	22.8	61.9	7096

3-5 分地区分行业全部职工人数和平均工资

FORMAL EMPLOYEES AND AVERAGE WAGES BY SECTOR AND REGION

(1997)

地　区 Region	总计 Total				企业单位 Enterprises			
	单位数(个) Number of Units	职工年末人数(万人) Formal Employees (year-end, 10 000)	#女性 Female	平均工资(元) Average Wages (yuan)	单位数(个) Number of Units	职工年末人数(万人) Formal Employees (year-end, 10 000)	#女性 Female	平均工资(元) Average Wages (yuan)
全国总计 National	**2017212**	**14668.4**	**5687.1**	**6470**	**826196**	**10887.3**	**4309.0**	**6322**
北　京 Beijing	41680	465.3	180.9	11019	32704	338.7	125.9	10990
天　津 Tianjin	30024	281.3	118.8	8238	23581	227.9	95.5	8093
河　北 Hebei	106327	676.7	252.5	5692	32989	488.0	179.8	5598
山　西 Shanxi	76160	455.9	157.1	5320	24005	339.1	113.0	5465
内蒙古 Inner Mongolia	46446	363.9	140.9	5124	19009	262.6	102.5	5053
辽　宁 Liaoning	92768	969.4	406.9	5591	52234	796.7	336.0	5373
吉　林 Jilin	53156	500.9	202.6	5664	26591	389.4	157.3	5515
黑龙江 Heilongjiang	74336	797.0	306.6	4889	41410	651.8	249.6	4671
上　海 Shanghai	32705	435.3	182.1	11425	23863	353.7	145.1	11201
江　苏 Jiangsu	105478	893.7	362.3	7108	48999	683.6	288.9	6659
浙　江 Zhejiang	90941	482.3	188.3	8386	45672	360.6	141.7	7969
安　徽 Anhui	85971	502.6	185.4	5492	25057	367.4	143.9	5266
福　建 Fujian	70079	357.7	147.3	7559	30215	260.5	112.7	7562
江　西 Jiangxi	56923	409.4	153.5	5089	24205	293.1	116.3	4867
山　东 Shandong	116464	937.6	363.1	6241	40362	698.0	283.5	5967
河　南 Henan	102508	841.3	310.7	5225	43654	616.3	232.8	5139
湖　北 Hubei	100696	735.4	298.3	5401	33859	540.6	230.1	5139
湖　南 Hunan	87452	597.5	229.1	5326	27877	422.2	167.7	4988
广　东 Guangdong	128262	897.3	368.9	9698	71141	677.8	285.0	9515
广　西 Guangxi	62726	340.0	127.5	5542	18147	215.9	82.8	5791
海　南 Hainan	14280	102.6	40.6	5664	6158	77.6	31.8	5112
重　庆 Chongqing	37414	289.3	109.1	5502	13354	218.6	84.9	5431
四　川 Sichuan	98975	681.6	250.7	5626	33086	478.9	180.4	5528
贵　州 Guizhou	58251	232.8	79.6	5206	14154	151.1	52.1	5489
云　南 Yunnan	57590	313.7	112.9	7037	18389	197.4	73.0	7062
西　藏 Tibet	6511	16.7	5.8	10098	1014	6.4	2.2	7961
陕　西 Shaanxi	83330	396.2	142.2	5184	22879	276.7	103.5	5093
甘　肃 Gansu	46361	246.7	85.6	6182	12015	173.9	64.1	6388
青　海 Qinghai	9634	63.7	23.3	7091	3498	40.9	15.2	6396
宁　夏 Ningxia	11042	73.9	26.8	6073	3548	51.8	18.9	6312
新　疆 Xinjiang	32722	310.7	127.5	6644	12527	230.1	92.7	6619

3－5 续表1 continued

地区 Region	非农企业 Nonagricultural Enterprise				事业 Institutions			
	单位数(个) Number of Units	职工年末人数(万人) Formal Employees (year-end, 10 000)	#女性 Female	平均工资(元) Average Wages (yuan)	单位数(个) Number of Units	职工年末人数(万人) Formal Employees (year-end, 10 000)	#女性 Female	平均工资(元) Average Wages (yuan)
全国总计 National	**732103**	**10275.4**	**4078.4**	**6442**	**879034**	**2731.6**	**1135.4**	**6867**
北京 Beijing	32171	333.3	123.9	11056	7423	101.4	47.4	11100
天津 Tianjin	23367	226.2	94.9	8105	4988	42.5	20.7	8603
河北 Hebei	30614	475.7	176.0	5649	60040	127.7	58.5	5878
山西 Shanxi	22311	334.5	111.8	5486	40330	77.0	34.4	4831
内蒙古 Inner Mongolia	16015	230.9	91.0	5207	19401	73.7	31.3	5230
辽宁 Liaoning	48701	759.1	322.3	5478	31581	132.6	61.9	6466
吉林 Jilin	22503	368.1	149.9	5613	19611	88.0	39.7	6088
黑龙江 Heilongjiang	35623	591.0	228.1	4738	22124	105.7	47.0	5747
上海 Shanghai	23525	349.6	143.9	11238	7308	66.5	33.0	12351
江苏 Jiangsu	45347	657.0	278.4	6716	44667	166.5	65.3	8329
浙江 Zhejiang	43430	353.1	139.3	7988	36691	89.4	39.6	9569
安徽 Anhui	21624	353.6	138.9	5303	44881	95.4	33.1	6000
福建 Fujian	28275	249.5	108.3	7670	26783	69.8	28.8	7470
江西 Jiangxi	21622	263.5	104.4	4949	21898	82.4	29.9	5517
山东 Shandong	35608	685.9	279.8	5979	56841	166.6	65.0	7069
河南 Henan	39424	605.1	229.3	5165	44251	155.9	62.7	5441
湖北 Hubei	26381	493.1	209.7	5261	50403	142.2	56.0	6065
湖南 Hunan	24569	384.6	152.8	5093	44924	124.5	49.9	6079
广东 Guangdong	68612	653.4	275.5	9662	43425	153.9	68.3	10089
广西 Guangxi	13604	197.5	75.5	5962	28775	90.5	36.6	4999
海南 Hainan	5592	44.5	17.0	6679	6120	17.7	6.9	7237
重庆 Chongqing	10896	214.5	83.8	5455	18330	51.8	20.0	5590
四川 Sichuan	25946	466.6	177.3	5557	46747	143.4	55.3	5733
贵州 Guizhou	9392	145.6	50.4	5556	31434	54.4	20.7	4596
云南 Yunnan	12586	174.0	63.8	7340	23758	79.1	31.3	6979
西藏 Tibet	652	5.6	2.0	7900	2671	5.8	2.3	11143
陕西 Shaanxi	19246	270.0	101.7	5121	46600	86.5	32.0	5458
甘肃 Gansu	9519	165.0	61.5	6489	24658	51.2	16.9	5699
青海 Qinghai	2742	37.9	14.3	6466	3816	15.7	6.2	8790
宁夏 Ningxia	2953	46.2	16.7	6652	5346	16.2	6.5	5468
新疆 Xinjiang	9253	140.9	56.3	7798	13209	57.7	28.4	6643

3－5 续表2 continued

地　区 Region	机关 Organizations 单位数(个) Number of Units	职工年末人数(万人) Formal Employees (year－end, 10 000)	#女性 Female	平均工资(元) Average Wages (yuan)	农、林、牧、渔业 Farming, Forestry, Animal Husbandry and Fishery 单位数(个) Number of Units	职工年末人数(万人) Formal Employees (year－end, 10 000)	#女性 Female	平均工资(元) Average Wages (yuan)
全国总计 National	**311902**	**1049.4**	**242.7**	**6990**	**94093**	**611.9**	**230.6**	**4311**
北　京 Beijing	1553	25.2	7.6	11086	533	5.4	2.0	7054
天　津 Tianjin	1455	11.0	2.6	9709	214	1.7	0.5	6489
河　北 Hebei	13298	61.1	14.2	6078	2375	12.3	3.9	3554
山　西 Shanxi	11825	39.8	9.7	5029	1694	4.6	1.2	3963
内蒙古 Inner Mongolia	8035	27.6	7.1	5507	2994	31.6	11.5	3926
辽　宁 Liaoning	8953	40.2	9.0	7072	3533	37.6	13.7	3209
吉　林 Jilin	6954	23.4	5.6	6475	4088	21.3	7.4	3863
黑龙江 Heilongjiang	10802	39.5	10.0	6164	5787	60.8	21.5	4038
上　海 Shanghai	1534	15.1	4.0	12750	338	4.0	1.2	8116
江　苏 Jiangsu	11812	43.6	8.1	9598	3652	26.6	10.4	5258
浙　江 Zhejiang	8578	32.3	7.0	9819	2242	7.5	2.4	7081
安　徽 Anhui	16033	39.7	8.4	6367	3433	13.8	5.0	4342
福　建 Fujian	13081	27.4	5.8	7752	1940	11.0	4.4	4765
江　西 Jiangxi	10820	33.9	7.3	5986	2583	29.6	11.9	4171
山　东 Shandong	19261	73.1	14.6	7001	4754	12.0	3.7	5307
河　南 Henan	14603	69.1	15.2	5502	4230	11.2	3.5	3755
湖　北 Hubei	16434	52.6	12.2	6276	7478	47.5	20.4	3895
湖　南 Hunan	14651	50.8	11.5	6309	3308	37.6	14.9	3904
广　东 Guangdong	13696	65.6	15.6	10685	2529	24.4	9.6	5615
广　西 Guangxi	15804	33.6	8.2	5412	4543	18.4	7.3	3961
海　南 Hainan	1998	7.4	1.9	7797	566	33.1	14.7	3033
重　庆 Chongqing	5730	18.9	4.3	6085	2458	4.1	1.0	4187
四　川 Sichuan	19142	59.2	15.0	6166	7140	12.4	3.1	4418
贵　州 Guizhou	12663	27.2	6.8	4844	4762	5.5	1.7	3730
云　南 Yunnan	15393	37.2	8.6	7032	5803	23.4	9.2	5002
西　藏 Tibet	2801	4.5	1.3	11931	362	0.8	0.2	8435
陕　西 Shaanxi	13851	33.0	6.7	5226	3633	6.7	1.8	3969
甘　肃 Gansu	9688	21.6	4.6	5636	2496	9.0	2.6	4501
青　海 Qinghai	2320	7.1	1.9	7441	756	3.0	0.9	5510
宁　夏 Ningxia	2148	6.0	1.4	5586	595	5.6	2.2	3474
新　疆 Xinjiang	6986	22.8	6.4	6903	3274	89.2	36.4	4742

3－5 续表3 continued

地　区 Region	农业 Farming 单位数(个) Number of Units	职工年末人数(万人) Formal Employees (year－end, 10 000)	#女性 Female	平均工资(元) Average Wages (yuan)	林业 Forestry 单位数(个) Number of Units	职工年末人数(万人) Formal Employees (year－end, 10 000)	#女性 Female	平均工资(元) Average Wages (yuan)
全国总计 National	**11431**	**338.9**	**138.7**	**4186**	**7668**	**96.7**	**37.0**	**3918**
北　京 Beijing	66	1.9	0.7	6098	51	0.4	0.1	7747
天　津 Tianjin	24	0.7	0.3	5788	16	0.1	…	7670
河　北 Hebei	532	7.5	2.5	2916	202	0.8	0.2	3990
山　西 Shanxi	126	0.8	0.2	3951	318	1.2	0.2	4369
内蒙古 Inner Mongolia	273	16.0	6.1	4024	368	5.7	1.9	3229
辽　宁 Liaoning	329	25.5	9.6	2351	443	2.2	0.7	3830
吉　林 Jilin	231	7.4	2.6	3090	337	5.0	1.8	3787
黑龙江 Heilongjiang	2891	43.8	16.3	4282	551	5.7	1.6	3450
上　海 Shanghai	86	1.9	0.6	7141	15	0.1	…	10482
江　苏 Jiangsu	503	15.4	6.6	5136	240	2.5	1.1	4791
浙　江 Zhejiang	215	2.9	1.2	6387	189	1.0	0.3	6106
安　徽 Anhui	325	7.5	3.1	4054	227	1.6	0.6	4329
福　建 Fujian	355	7.1	3.4	3884	254	1.3	0.3	6179
江　西 Jiangxi	733	18.3	7.8	4130	517	6.9	2.7	4196
山　东 Shandong	213	3.3	1.6	4563	296	1.0	0.3	5385
河　南 Henan	281	3.8	1.4	3382	130	0.9	0.2	4190
湖　北 Hubei	1088	32.2	15.2	3743	413	1.9	0.7	3871
湖　南 Hunan	546	26.9	11.3	3854	360	3.8	1.4	3290
广　东 Guangdong	445	14.5	6.3	4865	474	4.7	1.7	5564
广　西 Guangxi	534	10.4	4.6	3741	341	3.8	1.5	4023
海　南 Hainan	101	2.7	1.1	3025	155	29.4	13.3	2970
重　庆 Chongqing	51	0.4	0.1	3501	140	0.6	0.1	4055
四　川 Sichuan	210	1.6	0.5	4804	187	1.0	0.3	4169
贵　州 Guizhou	124	1.4	0.5	3052	140	0.8	0.3	4137
云　南 Yunnan	249	7.6	3.4	4128	429	9.5	4.2	5016
西　藏 Tibet	43	0.2	0.1	4806	54	0.1	…	9082
陕　西 Shaanxi	111	0.8	0.2	3330	280	1.1	0.3	4252
甘　肃 Gansu	84	3.5	1.3	3828	281	1.8	0.4	5314
青　海 Qinghai	77	1.0	0.3	5682	73	0.2	…	6066
宁　夏 Ningxia	102	3.8	1.7	3174	74	0.7	0.3	3726
新　疆 Xinjiang	483	67.9	28.1	5070	113	1.0	0.3	4824

3－5 续表4 continued

地　区 Region	畜牧业 Animal Husbandry 单位数(个) Number of Units	职工年末人数(万人) Formal Employees (year－end, 10 000)	# 女性 Female	平均工资(元) Average Wages (yuan)	渔业 Fishery 单位数(个) Number of Units	职工年末人数(万人) Formal Employees (year－end, 10 000)	# 女性 Female	平均工资(元) Average Wages (yuan)
全国总计 National	**3655**	**48.2**	**18.7**	**4035**	**1767**	**17.5**	**5.1**	**5416**
北　京 Beijing	135	2.1	0.8	6941	10	0.1	...	6214
天　津 Tianjin	25	0.3	0.1	6019	20	0.2	...	8625
河　北 Hebei	67	0.4	0.1	3730	53	0.3	0.1	4501
山　西 Shanxi	70	0.6	0.2	3397	24	...	...	3757
内蒙古 Inner Mongolia	174	4.8	1.8	3674	22	0.6	0.3	4701
辽　宁 Liaoning	299	2.2	0.9	3538	144	1.8	0.5	9967
吉　林 Jilin	198	3.9	1.5	4347	37	0.4	0.2	3076
黑龙江 Heilongjiang	254	4.9	1.6	2647	102	0.9	0.3	3487
上　海 Shanghai	48	0.5	0.2	8884	17	0.7	0.1	7540
江　苏 Jiangsu	146	1.1	0.5	5418	185	2.0	0.5	4899
浙　江 Zhejiang	68	0.4	0.2	6715	89	0.9	0.2	8314
安　徽 Anhui	102	0.4	0.2	3808	73	0.4	0.1	4089
福　建 Fujian	46	0.2	0.1	5292	96	0.7	0.1	6714
江　西 Jiangxi	131	0.9	0.3	5429	99	1.1	0.4	4136
山　东 Shandong	123	0.8	0.3	5040	136	1.5	0.2	4419
河　南 Henan	220	1.0	0.3	4054	43	0.1	...	3605
湖　北 Hubei	123	1.1	0.5	4318	196	2.5	1.0	4245
湖　南 Hunan	95	0.6	0.2	3845	84	1.0	0.4	3491
广　东 Guangdong	152	1.4	0.6	8263	145	1.2	0.3	5747
广　西 Guangxi	70	0.4	0.2	5120	31	0.1	...	3225
海　南 Hainan	29	0.1	...	5737	21	0.3	0.1	3295
重　庆 Chongqing	33	0.2	0.1	4319	9	0.1	...	3986
四　川 Sichuan	241	1.3	0.5	4238	24	0.1	...	4640
贵　州 Guizhou	24	0.3	0.1	3859	5	...	...	4677
云　南 Yunnan	58	0.3	0.1	5348	17	...	...	4432
西　藏 Tibet	110	0.2	...	10460	5	...	...	9704
陕　西 Shaanxi	167	0.6	0.2	4045	17	...	...	4855
甘　肃 Gansu	48	0.3	0.1	4408	10	...	...	5088
青　海 Qinghai	76	0.5	0.1	4722	6	...	...	5515
宁　夏 Ningxia	17	0.1	...	3870	8	...	...	4676
新　疆 Xinjiang	306	16.1	6.5	3125	39	0.2	0.1	4159

3-5 续表5 continued

地区 Region	农、林、牧、渔服务业 Services 单位数(个) Number of Units	职工年末人数(万人) Formal Employees (year-end, 10 000)	#女性 Female	平均工资(元) Average Wages (yuan)	采掘业 Mining and Quarrying 单位数(个) Number of Units	职工年末人数(万人) Formal Employees (year-end, 10 000)	#女性 Female	平均工资(元) Average Wages (yuan)
全国总计 National	**69572**	**110.6**	**31.2**	**4989**	**10385**	**850.8**	**220.7**	**6833**
北京 Beijing	271	0.9	0.3	9096	20	4.1	0.8	10261
天津 Tianjin	129	0.4	0.1	6914	18	9.0	2.9	12263
河北 Hebei	1521	3.3	1.0	4747	292	44.0	8.5	7429
山西 Shanxi	1156	1.9	0.6	3897	852	67.9	13.2	7774
内蒙古 Inner Mongolia	2157	4.4	1.5	4636	427	39.9	11.5	5449
辽宁 Liaoning	2318	5.8	2.0	4407	477	53.9	15.9	6268
吉林 Jilin	3285	4.6	1.4	4851	294	50.0	15.5	5287
黑龙江 Heilongjiang	1989	5.6	1.7	3982	902	132.1	35.8	4666
上海 Shanghai	172	0.8	0.3	10138	8	0.1	…	14694
江苏 Jiangsu	2578	5.6	1.7	5899	382	26.2	7.2	8189
浙江 Zhejiang	1681	2.4	0.6	7909	113	4.2	1.0	6969
安徽 Anhui	2706	3.9	1.0	5006	255	37.1	9.1	7891
福建 Fujian	1189	1.7	0.4	5863	580	8.2	2.1	5760
江西 Jiangxi	1103	2.3	0.6	3920	651	26.5	7.0	4893
山东 Shandong	3986	5.4	1.4	6046	365	72.5	18.3	9533
河南 Henan	3556	5.4	1.6	3902	324	57.7	12.9	7994
湖北 Hubei	5658	9.8	3.1	4270	400	15.6	4.8	6218
湖南 Hunan	2223	5.3	1.6	4695	410	26.8	6.9	4629
广东 Guangdong	1313	2.5	0.7	8653	490	10.9	2.5	6053
广西 Guangxi	3567	3.7	1.0	4398	258	9.5	2.4	4924
海南 Hainan	260	0.6	0.2	5701	67	2.2	0.8	6679
重庆 Chongqing	2225	2.8	0.6	4320	270	15.5	4.0	5702
四川 Sichuan	6478	8.3	1.7	4401	481	37.4	10.7	5631
贵州 Guizhou	4469	3.0	0.8	3917	301	12.5	2.8	6355
云南 Yunnan	5050	6.1	1.5	6081	372	13.6	4.1	6444
西藏 Tibet	150	0.3	0.1	9211	26	0.5	0.2	7086
陕西 Shaanxi	3058	4.2	1.1	3998	488	22.0	4.9	6250
甘肃 Gansu	2073	3.3	0.8	4788	198	18.1	4.7	8884
青海 Qinghai	524	1.3	0.4	5575	90	3.1	0.7	7278
宁夏 Ningxia	394	0.9	0.3	4487	159	7.6	2.0	9044
新疆 Xinjiang	2333	4.0	1.3	5474	415	22.1	7.5	12577

3－5 续表6 continued

地　区 Region	制造业 Manufacturing				电力、煤气及水的生产和供应业 Electricity, Gas and Water Production and Supply			
	单位数（个） Number of Units	职工年末人数(万人) Formal Employees (year-end, 10 000)	#女性 Female	平均工资（元） Average Wages (yuan)	单位数（个） Number of Units	职工年末人数(万人) Formal Employees (year-end, 10 000)	#女性 Female	平均工资（元） Average Wages (yuan)
全国总计 National	**233052**	**5082.5**	**2262.6**	**5933**	**11153**	**281.8**	**89.7**	**9649**
北　京 Beijing	6397	127.1	52.9	9964	46	4.2	1.4	13365
天　津 Tianjin	7714	128.0	58.9	7352	82	3.2	1.0	11261
河　北 Hebei	9326	236.5	99.0	5138	372	14.2	4.3	9212
山　西 Shanxi	5230	138.2	52.2	4500	379	10.9	3.3	8422
内蒙古 Inner Mongolia	4865	92.4	41.3	4523	270	8.2	2.6	7996
辽　宁 Liaoning	19133	411.7	185.9	4927	470	20.0	6.1	9548
吉　林 Jilin	8639	174.6	77.9	5232	274	9.0	2.7	9893
黑龙江 Heilongjiang	11991	233.5	105.2	3903	496	14.6	4.4	8483
上　海 Shanghai	7379	189.2	80.3	10771	95	7.1	1.9	16798
江　苏 Jiangsu	15534	386.4	179.6	6318	394	13.2	3.6	11230
浙　江 Zhejiang	14376	182.8	85.0	7300	516	8.7	2.3	12552
安　徽 Anhui	6404	168.1	75.6	4891	327	8.1	2.4	8472
福　建 Fujian	10568	140.9	74.5	7317	496	7.1	2.3	11232
江　西 Jiangxi	7299	135.8	59.5	4808	469	9.1	3.1	6500
山　东 Shandong	11570	370.0	169.9	5252	547	18.8	5.5	9763
河　南 Henan	11622	274.0	118.8	4638	393	19.7	6.3	7742
湖　北 Hubei	9792	267.6	120.5	4945	612	13.1	4.5	8913
湖　南 Hunan	7984	194.3	82.9	4604	486	10.4	3.7	8742
广　东 Guangdong	19856	324.8	166.2	9088	1150	17.8	5.7	13097
广　西 Guangxi	4267	96.7	40.2	5537	484	7.6	2.5	8893
海　南 Hainan	1064	12.9	5.4	5422	125	2.3	0.9	10253
重　庆 Chongqing	3941	113.1	48.7	5278	166	5.2	1.9	7856
四　川 Sichuan	8278	228.4	95.2	5466	634	14.9	5.3	8138
贵　州 Guizhou	3484	68.9	27.0	5328	315	5.0	1.7	9169
云　南 Yunnan	3665	75.4	30.8	7379	465	6.9	2.4	9872
西　藏 Tibet	147	1.1	0.3	5536	73	0.5	0.2	9870
陕　西 Shaanxi	5195	139.8	57.5	4693	352	8.1	2.7	8545
甘　肃 Gansu	2712	81.8	32.5	6105	209	5.5	1.9	9581
青　海 Qinghai	870	17.2	7.2	5479	97	1.4	0.5	11484
宁　夏 Ningxia	761	20.4	8.2	5518	45	1.8	0.7	9703
新　疆 Xinjiang	2989	50.9	23.7	6216	314	5.2	1.9	8660

3－5 续表7 continued

地　区 Region	建筑业 Construction 单位数(个) Number of Units	职工年末人数(万人) Formal Employees (year-end, 10 000)	#女性 Female	平均工资(元) Average Wages (yuan)	土木工程建筑业 Civil Engineering 单位数(个) Number of Units	职工年末人数(万人) Formal Employees (year-end, 10 000)	#女性 Female	平均工资(元) Average Wages (yuan)
全国总计 National	**37319**	**1003.5**	**200.7**	**6655**	**27227**	**873.0**	**169.3**	**6298**
北　京 Beijing	1666	60.8	8.8	10111	711	50.4	7.2	9801
天　津 Tianjin	1247	18.4	4.7	8766	575	13.1	3.3	8397
河　北 Hebei	1356	49.9	8.9	5556	1142	44.6	7.5	5230
山　西 Shanxi	1028	29.0	6.6	5557	848	24.8	5.5	5324
内蒙古 Inner Mongolia	995	25.0	6.6	5299	868	23.1	6.1	5196
辽　宁 Liaoning	3041	74.9	23.2	5753	2008	59.1	17.8	5287
吉　林 Jilin	1286	29.1	7.6	5730	955	25.3	6.7	5522
黑龙江 Heilongjiang	2563	57.2	16.3	4936	1761	46.9	13.7	4148
上　海 Shanghai	1085	21.0	4.4	12722	711	16.4	3.5	12653
江　苏 Jiangsu	1756	39.2	7.2	7539	1246	31.2	5.4	6821
浙　江 Zhejiang	1655	45.1	4.3	9470	1184	39.8	3.5	9075
安　徽 Anhui	903	32.1	6.3	5424	791	28.0	5.4	4925
福　建 Fujian	1354	27.8	4.2	8222	1065	25.2	3.7	8089
江　西 Jiangxi	742	21.1	4.7	4960	647	19.1	4.1	4727
山　东 Shandong	1622	37.6	7.0	6193	1032	31.3	5.2	5742
河　南 Henan	2206	62.2	9.5	5281	1617	53.9	7.6	4917
湖　北 Hubei	1603	38.5	10.0	6014	1315	35.5	9.0	5943
湖　南 Hunan	922	33.5	6.2	5631	774	31.3	5.7	5366
广　东 Guangdong	3347	72.8	8.8	8982	1998	66.6	7.8	8672
广　西 Guangxi	665	20.2	3.5	6494	593	18.6	3.2	6243
海　南 Hainan	379	4.9	0.8	5887	260	4.5	0.8	5778
重　庆 Chongqing	566	19.8	4.2	5311	504	18.6	3.9	5307
四　川 Sichuan	1409	60.4	11.8	5908	1235	56.2	10.8	5703
贵　州 Guizhou	763	22.3	3.9	5260	685	20.6	3.6	5023
云　南 Yunnan	610	22.5	4.0	7014	481	20.7	3.6	6914
西　藏 Tibet	64	1.0	0.3	6203	62	1.0	0.3	6199
陕　西 Shaanxi	881	27.6	6.1	4875	767	24.3	5.2	4515
甘　肃 Gansu	414	16.2	3.2	5999	377	13.8	2.7	5361
青　海 Qinghai	217	6.9	1.5	5833	206	5.3	1.0	5113
宁　夏 Ningxia	285	5.7	1.1	5526	220	4.7	0.9	5053
新　疆 Xinjiang	689	20.5	4.8	6293	589	19.0	4.5	6138

3－5 续表8 continued

地　　区 Region	线路、管道和设备安装业 Circuit, Pipelines and Equipment Installation				装修装饰业 Buildings Completion			
	单位数(个) Number of Units	职工年末人数(万人) Formal Employees (year－end, 10 000)	#女性 Female	平均工资(元) Average Wages (yuan)	单位数(个) Number ofUnits	职工年末人数(万人) Formal Employees (year－end, 10 000)	#女性 Female	平均工资(元) Average Wages (yuan)
全国总计 National	**5394**	**109.6**	**27.2**	**9330**	**4698**	**20.9**	**4.1**	**7207**
北　京 Beijing	436	7.8	1.3	12056	519	2.6	0.3	9771
天　津 Tianjin	329	4.6	1.3	10185	343	0.7	0.2	6246
河　北 Hebei	143	5.0	1.3	8440	71	0.3	0.1	5886
山　西 Shanxi	134	4.0	1.0	7091	46	0.2	…	4314
内蒙古 Inner Mongolia	96	1.8	0.5	6804	31	0.1	…	4346
辽　宁 Liaoning	718	14.5	5.1	7812	315	1.3	0.4	5087
吉　林 Jilin	218	3.2	0.8	7234	113	0.6	0.2	5922
黑龙江 Heilongjiang	562	8.9	2.3	9038	240	1.5	0.4	4562
上　海 Shanghai	119	2.9	0.6	15123	255	1.7	0.3	9324
江　苏 Jiangsu	259	7.0	1.6	10603	251	1.1	0.3	7421
浙　江 Zhejiang	246	4.3	0.7	13042	225	1.0	0.1	9125
安　徽 Anhui	83	3.3	0.8	8937	29	0.8	0.2	6682
福　建 Fujian	170	2.1	0.4	9699	119	0.5	0.1	8354
江　西 Jiangxi	64	1.9	0.5	7485	31	0.2	0.1	3711
山　东 Shandong	247	4.7	1.3	9059	343	1.5	0.5	5120
河　南 Henan	275	7.2	1.7	8176	314	1.1	0.2	4643
湖　北 Hubei	168	2.5	0.8	7374	120	0.5	0.2	4205
湖　南 Hunan	100	2.1	0.5	9496	48	0.2	…	5950
广　东 Guangdong	399	3.2	0.5	13875	950	3.1	0.4	10751
广　西 Guangxi	48	1.6	0.3	9638	24	0.1	…	3594
海　南 Hainan	53	0.3	…	7897	66	0.1	…	6309
重　庆 Chongqing	26	0.8	0.2	5913	36	0.4	0.1	4259
四　川 Sichuan	134	3.7	0.9	8659	40	0.5	0.1	5323
贵　州 Guizhou	58	1.5	0.3	8502	20	0.1	…	4536
云　南 Yunnan	77	1.6	0.3	8265	52	0.2	…	6140
西　藏 Tibet	1	…	…	8350	1			
陕　西 Shaanxi	79	3.1	0.8	7529	35	0.2	0.1	3096
甘　肃 Gansu	31	2.3	0.5	9975	6	…	…	4368
青　海 Qinghai	9	1.5	0.5	8720	2	…	…	3506
宁　夏 Ningxia	40	0.8	0.2	8752	25	0.1	…	5460
新　疆 Xinjiang	72	1.4	0.3	8928	28	0.1	…	6051

3－5 续表9 continued

地　　区 Region	地质勘查业、水利管理业 Geological Prospecting, Water Conservancy				地质勘查业 Geological Prospecting			
	单位数(个) Number of Units	职工年末人数(万人) Formal Employees (year－end, 10 000)	#女性 Female	平均工资(元) Average Wages (yuan)	单位数(个) Number of Units	职工年末人数(万人) Formal Employees (year－end, 10 000)	#女性 Female	平均工资(元) Average Wages (yuan)
全国总计 National	**22434**	**128.1**	**32.4**	**7160**	**2652**	**68.1**	**17.9**	**8360**
北　京 Beijing	183	1.6	0.3	9551	34	0.5	0.1	9240
天　津 Tianjin	176	3.0	1.1	10109	13	2.2	1.0	10277
河　北 Hebei	586	9.2	2.2	9739	143	7.4	1.8	10755
山　西 Shanxi	546	3.6	0.8	4633	89	1.8	0.4	5107
内蒙古 Inner Mongolia	605	4.2	1.3	4922	85	2.0	0.6	5086
辽　宁 Liaoning	899	7.9	1.8	8473	120	5.4	1.2	9985
吉　林 Jilin	941	3.6	0.9	4826	78	1.7	0.4	4817
黑龙江 Heilongjiang	662	6.5	1.6	9074	117	4.8	1.1	10604
上　海 Shanghai	141	1.1	0.2	12737	27	0.5	0.1	15033
江　苏 Jiangsu	2219	6.3	1.3	7492	79	1.7	0.3	8646
浙　江 Zhejiang	671	2.2	0.5	8489	94	1.0	0.2	8336
安　徽 Anhui	1122	4.9	1.2	6219	103	2.2	0.5	6785
福　建 Fujian	466	2.1	0.4	7642	103	0.9	0.2	6252
江　西 Jiangxi	382	4.1	1.1	5519	85	2.6	0.8	6171
山　东 Shandong	1022	5.1	1.2	6227	103	1.8	0.5	6328
河　南 Henan	1057	5.9	1.5	5108	151	2.5	0.6	5733
湖　北 Hubei	1895	8.8	2.6	5978	102	3.2	0.9	8320
湖　南 Hunan	1124	6.5	1.7	5425	105	2.8	0.8	5405
广　东 Guangdong	1151	5.2	1.1	8261	136	1.8	0.4	9144
广　西 Guangxi	1029	3.3	0.7	4859	102	1.3	0.3	5304
海　南 Hainan	109	0.6	0.2	6569	25	0.2	0.1	8419
重　庆 Chongqing	271	1.2	0.3	6606	21	0.8	0.2	7802
四　川 Sichuan	664	7.0	2.0	8208	140	5.1	1.4	9252
贵　州 Guizhou	1022	2.1	0.6	4825	72	1.4	0.4	5061
云　南 Yunnan	972	3.5	0.9	6625	155	2.3	0.6	6450
西　藏 Tibet	32	0.3	0.1	12897	9	0.2	…	13818
陕　西 Shaanxi	944	4.9	1.2	5280	69	2.4	0.6	5947
甘　肃 Gansu	628	4.5	1.1	6084	122	2.2	0.6	7162
青　海 Qinghai	221	2.7	0.8	14062	58	2.3	0.7	15256
宁　夏 Ningxia	158	1.7	0.4	8763	26	1.0	0.3	11013
新　疆 Xinjiang	536	4.5	1.3	6789	86	2.0	0.6	7714

3－5 续表10 continued

地区 Region	水利管理业 Water Conservancy 单位数(个) Number of Units	职工年末人数(万人) Formal Employees (year-end, 10 000)	# 女性 Female	平均工资(元) Average Wages (yuan)	交通运输、仓储及邮电通信业 Transport, Storage and Communications 单位数(个) Number of Units	职工年末人数(万人) Formal Employees (year-end, 10 000)	# 女性 Female	平均工资(元) Average Wages (yuan)
全国总计 National	**19782**	**60.0**	**14.5**	**5769**	**42016**	**823.8**	**226.8**	**8600**
北京 Beijing	149	1.0	0.2	9718	503	21.0	6.5	12173
天津 Tianjin	163	0.8	0.1	9594	896	18.2	4.9	11059
河北 Hebei	443	1.8	0.4	5402	1706	35.8	8.8	7573
山西 Shanxi	457	1.8	0.4	4159	1041	25.0	5.6	8247
内蒙古 Inner Mongolia	520	2.1	0.7	4764	1028	23.4	6.8	8215
辽宁 Liaoning	779	2.6	0.6	5310	2700	55.5	16.7	8066
吉林 Jilin	863	2.0	0.5	4833	1226	28.8	8.3	7727
黑龙江 Heilongjiang	545	1.7	0.4	4574	2142	44.7	12.7	7986
上海 Shanghai	114	0.7	0.1	11176	863	28.6	7.0	14371
江苏 Jiangsu	2140	4.7	1.0	7068	2552	53.8	14.3	8179
浙江 Zhejiang	577	1.2	0.2	8622	2109	27.4	7.0	9327
安徽 Anhui	1019	2.7	0.6	5729	1321	28.5	7.5	5758
福建 Fujian	363	1.2	0.2	8613	1748	17.8	4.3	9772
江西 Jiangxi	297	1.4	0.4	4358	1455	22.8	6.2	6824
山东 Shandong	919	3.3	0.7	6169	1632	40.7	10.0	8364
河南 Henan	906	3.4	0.8	4640	1755	41.4	11.8	7286
湖北 Hubei	1793	5.6	1.7	4632	2306	46.7	13.1	7146
湖南 Hunan	1019	3.8	0.9	5440	1447	33.8	9.4	7249
广东 Guangdong	1015	3.4	0.7	7781	2986	55.3	15.1	13615
广西 Guangxi	927	2.0	0.4	4575	1421	20.8	5.4	7803
海南 Hainan	84	0.4	0.1	5456	323	4.9	1.4	10537
重庆 Chongqing	250	0.4	0.1	4459	779	20.3	5.7	6853
四川 Sichuan	524	1.9	0.5	5297	1867	34.2	10.1	6614
贵州 Guizhou	950	0.7	0.2	4345	914	12.3	3.4	6740
云南 Yunnan	817	1.1	0.2	6993	1393	19.4	5.5	8294
西藏 Tibet	23	0.1	...	9917	197	1.8	0.6	10711
陕西 Shaanxi	875	2.5	0.6	4605	1496	23.9	6.7	7704
甘肃 Gansu	506	2.2	0.5	4967	880	15.0	4.7	8219
青海 Qinghai	163	0.4	0.1	6825	268	4.2	1.3	9961
宁夏 Ningxia	132	0.7	0.2	5479	183	3.6	1.0	8802
新疆 Xinjiang	450	2.5	0.7	6001	879	14.3	4.8	9072

3－5 续表11 continued

地 区 Region		铁路运输业 Transport via Railways				公路运输业 Transport via Highways			
		单位数（个）Number of Units	职工年末人数(万人) Formal Employees (year－end, 10 000)	#女性 Female	平均工资（元）Average Wages (yuan)	单位数（个）Number of Units	职工年末人数(万人) Formal Employees (year－end, 10 000)	#女性 Female	平均工资（元）Average Wages (yuan)
全国总计	**National**	**3549**	**223.8**	**51.8**	**11152**	**10701**	**200.0**	**57.6**	**4354**
北 京	Beijing	4	7.2	1.7	12415	140	3.8	1.1	7863
天 津	Tianjin	10	3.5	0.9	10892	284	4.8	1.4	5027
河 北	Hebei	138	12.0	2.5	8881	454	10.6	2.8	4309
山 西	Shanxi	146	12.3	2.0	11268	291	5.9	1.5	2418
内 蒙 古	Inner Mongolia	217	11.8	2.9	10506	195	3.8	1.3	2941
辽 宁	Liaoning	337	16.0	3.8	11361	773	12.5	3.9	3613
吉 林	Jilin	253	11.2	2.6	10343	307	5.7	1.8	3282
黑 龙 江	Heilongjiang	355	20.0	4.6	10659	508	6.8	2.3	2888
上 海	Shanghai	87	3.9	0.7	12688	203	4.5	1.1	7302
江 苏	Jiangsu	141	7.2	1.6	12001	537	11.7	3.3	5482
浙 江	Zhejiang	43	3.1	0.5	11306	579	7.5	2.0	6125
安 徽	Anhui	81	5.1	1.0	9328	475	10.2	2.8	3573
福 建	Fujian	85	3.3	0.9	12711	415	4.2	1.0	5026
江 西	Jiangxi	129	7.3	1.8	11032	470	5.7	1.5	4101
山 东	Shandong	126	9.4	1.7	11073	544	13.7	3.6	4008
河 南	Henan	147	12.8	2.8	11639	440	12.6	3.5	3350
湖 北	Hubei	264	11.7	2.7	11464	472	11.4	3.8	3697
湖 南	Hunan	110	8.8	2.0	11833	390	9.6	2.9	3828
广 东	Guangdong	80	7.5	1.7	14795	667	7.9	2.0	7719
广 西	Guangxi	79	6.0	1.1	11777	242	4.3	1.3	5052
海 南	Hainan	1	0.2	0.1	10553	61	0.6	0.1	5377
重 庆	Chongqing	77	3.9	1.1	10096	216	4.6	1.5	4146
四 川	Sichuan	85	4.7	1.2	11002	610	12.5	3.8	3817
贵 州	Guizhou	41	3.7	0.9	10569	122	2.8	0.8	2961
云 南	Yunnan	119	6.3	1.5	10105	272	5.6	1.7	5075
西 藏	Tibet	2	...	...	8463	128	1.0	0.3	7939
陕 西	Shaanxi	148	11.2	3.1	10014	279	4.8	1.2	3138
甘 肃	Gansu	118	6.7	2.3	10851	134	3.2	1.0	3486
青 海	Qinghai	26	1.7	0.6	12625	102	1.2	0.4	4715
宁 夏	Ningxia	25	1.5	0.4	10903	44	0.8	0.2	4235
新 疆	Xinjiang	75	3.8	1.3	14589	347	5.8	1.8	4955

3－5 续表12 continued

地　　区 Region	管道运输业 Transport via Pipelines 单位数(个) Number of Units	职工年末人数(万人) Formal Employees (year-end, 10 000)	#女性 Female	平均工资(元) Average Wages (yuan)	水上运输业 Water Transport 单位数(个) Number of Units	职工年末人数(万人) Formal Employees (year-end, 10 000)	#女性 Female	平均工资(元) Average Wages (yuan)
全国总计 National	**40**	**2.6**	**0.8**	**11004**	**2257**	**72.3**	**15.3**	**7737**
北　京 Beijing	1	…	…	17143				
天　津 Tianjin					18	1.4	0.1	18107
河　北 Hebei	1	…	…	10189	7	0.4	0.1	8336
山　西 Shanxi					2	…	…	3033
内蒙古 Inner Mongolia								
辽　宁 Liaoning	8	0.5	0.2	11831	55	1.6	0.2	13654
吉　林 Jilin	1	0.2	0.1	10132	5	0.1	…	2418
黑龙江 Heilongjiang	1	0.1	…	11132	37	0.6	0.1	4015
上　海 Shanghai					77	5.8	0.7	18775
江　苏 Jiangsu	3	0.8	0.3	11760	361	11.4	2.7	5956
浙　江 Zhejiang	1	…	…	8000	244	5.1	1.0	7097
安　徽 Anhui					97	5.3	1.6	3643
福　建 Fujian	11	0.1	…	7392	167	2.3	0.3	7019
江　西 Jiangxi					109	2.7	0.7	2920
山　东 Shandong	3	0.4	0.1	10313	71	2.4	0.4	9956
河　南 Henan	3	0.1	…	10315	21	0.5	0.2	1411
湖　北 Hubei	1	0.1	…	11249	142	7.4	1.7	5688
湖　南 Hunan					106	3.8	1.0	2340
广　东 Guangdong	1	…	…	6000	402	9.8	1.7	11937
广　西 Guangxi					69	2.4	0.7	3593
海　南 Hainan					50	0.6	0.1	8869
重　庆 Chongqing					81	4.9	1.1	5901
四　川 Sichuan	3	0.2	…	11165	98	3.4	0.9	3403
贵　州 Guizhou					14	0.3	0.1	3846
云　南 Yunnan					12	0.1	…	3795
西　藏 Tibet								
陕　西 Shaanxi					9	…	…	2093
甘　肃 Gansu					1	…	…	3800
青　海 Qinghai								
宁　夏 Ningxia	1	0.1	…	10216	2	…	…	5887
新　疆 Xinjiang	1	…	…	3438				

3－5 续表13 continued

地　区 Region	航空运输业 Air Transport 单位数(个) Number of Units	职工年末人数(万人) Formal Employees (year－end, 10 000)	#女性 Female	平均工资(元) Average Wages (yuan)	交通运输辅助业 Supporting and Auxiliary Transport Activities 单位数(个) Number of Units	职工年末人数(万人) Formal Employees (year－end, 10 000)	#女性 Female	平均工资(元) Average Wages (yuan)
全国总计 National	**216**	**11.6**	**3.7**	**16865**	**13258**	**152.1**	**39.2**	**8256**
北　京 Beijing	19	1.2	0.5	12775	192	3.6	0.9	13851
天　津 Tianjin	2	0.2	...	14310	278	3.9	0.8	15027
河　北 Hebei	4	0.2	...	7057	581	6.6	1.4	8235
山　西 Shanxi	4	0.3	0.1	8414	280	2.3	0.5	4743
内蒙古 Inner Mongolia	2	0.1	...	19269	347	3.6	1.0	5507
辽　宁 Liaoning	22	0.9	0.3	12546	593	10.2	2.9	8071
吉　林 Jilin	4	0.3	0.1	13809	214	3.5	0.9	5503
黑龙江 Heilongjiang	7	0.2	...	21924	708	7.0	2.3	4527
上　海 Shanghai	4	0.9	0.2	31747	225	7.3	1.7	13927
江　苏 Jiangsu	13	0.4	0.1	16783	926	12.6	3.2	8128
浙　江 Zhejiang	4	0.1	...	24455	681	5.5	1.4	11051
安　徽 Anhui	8	0.2	0.1	9197	331	3.8	1.0	6049
福　建 Fujian	7	0.5	0.2	29860	426	3.1	0.7	9418
江　西 Jiangxi	4	0.2	...	19276	316	3.0	0.8	4941
山　东 Shandong	12	0.2	0.1	16334	349	7.3	1.6	10170
河　南 Henan	2	0.1	...	10521	614	7.8	2.3	5165
湖　北 Hubei	10	0.4	0.1	12806	902	9.2	2.4	5890
湖　南 Hunan	4	0.1	...	11790	488	5.8	1.5	6122
广　东 Guangdong	38	1.2	0.5	28297	1123	14.5	3.5	13818
广　西 Guangxi	6	0.3	0.1	10278	610	4.6	1.1	5766
海　南 Hainan	8	0.4	0.1	14866	122	2.0	0.6	10012
重　庆 Chongqing	5	0.4	0.1	14255	249	4.1	1.1	5316
四　川 Sichuan	6	0.9	0.3	17060	637	6.7	1.8	5718
贵　州 Guizhou	2	0.2	0.1	9896	436	2.6	0.7	4431
云　南 Yunnan	3	0.4	0.1	12048	441	3.0	0.8	6748
西　藏 Tibet	2	0.1	...	16812	29	0.2	0.1	9967
陕　西 Shaanxi	6	0.4	0.1	15763	495	3.4	0.8	5497
甘　肃 Gansu	3	0.3	0.1	8620	324	2.2	0.5	6577
青　海 Qinghai	1	...	...	10605	70	0.4	0.1	7688
宁　夏 Ningxia	2	...	...	14298	59	0.5	0.1	6041
新　疆 Xinjiang	2	0.5	0.2	8598	212	1.6	0.5	6669

3－5 续表14 continued

地　区 Region	其他交通运输业 Other Transports				仓储业 Storage			
	单位数(个) Number of Units	职工年末人数(万人) Formal Employees (year-end, 10 000)	#女性 Female	平均工资(元) Average Wages (yuan)	单位数(个) Number of Units	职工年末人数(万人) Formal Employees (year-end, 10 000)	#女性 Female	平均工资(元) Average Wages (yuan)
全国总计 National	**379**	**4.0**	**1.7**	**5534**	**3927**	**43.0**	**15.0**	**6437**
北　京 Beijing					93	0.7	0.2	9678
天　津 Tianjin	1	...	...	6243	262	2.8	1.1	8028
河　北 Hebei	4	...	...	5651	114	1.1	0.3	5714
山　西 Shanxi	11	0.1	0.1	4741	86	0.8	0.3	4139
内蒙古 Inner Mongolia					72	1.2	0.4	4053
辽　宁 Liaoning	57	0.5	0.2	4973	705	8.3	3.0	4166
吉　林 Jilin	108	1.2	0.9	3648	197	3.0	0.8	5751
黑龙江 Heilongjiang	1	...	...	7073	212	4.8	1.4	4995
上　海 Shanghai	10	...	...	5881	186	2.2	0.8	12051
江　苏 Jiangsu	60	1.0	0.2	6770	198	2.2	0.8	8166
浙　江 Zhejiang	4	...	...	10857	164	0.7	0.2	11100
安　徽 Anhui	4	...	...	7691	75	0.7	0.2	5885
福　建 Fujian	16	...	...	6839	104	0.6	0.2	9755
江　西 Jiangxi	24	0.3	0.1	4844	146	1.2	0.5	4840
山　东 Shandong	2	...	...	2952	156	1.6	0.6	7122
河　南 Henan	2	...	...	6667	231	2.1	0.8	5096
湖　北 Hubei	4	0.1	...	4499	128	1.4	0.5	4802
湖　南 Hunan	2	...	...	9913	68	0.8	0.3	5467
广　东 Guangdong	9	...	...	9289	193	1.7	0.5	14258
广　西 Guangxi	2	...	...	7174	49	0.5	0.2	6042
海　南 Hainan					13	0.1	...	6433
重　庆 Chongqing	2	...	...	8615	27	0.6	0.2	6122
四　川 Sichuan	6	0.1	...	4042	63	0.6	0.2	5442
贵　州 Guizhou					59	0.6	0.2	5326
云　南 Yunnan	12	0.2	...	8925	49	0.5	0.2	7824
西　藏 Tibet	3	...	...	7083	20	0.1	...	9306
陕　西 Shaanxi	10	...	...	4102	150	1.3	0.4	5104
甘　肃 Gansu	10	0.1	...	4391	58	0.7	0.2	5739
青　海 Qinghai	4	...	...	3141	12	0.1	...	7139
宁　夏 Ningxia					4	...	...	6317
新　疆 Xinjiang	11	...	...	5685	33	0.3	0.1	7594

3－5 续表15 continued

地区 Region		邮电通信业 Postal and Telecommunications				批发和零售贸易、餐饮业 Wholesale and Retail Trade, Restaurants			
		单位数(个) Number of Units	职工年末人数(万人) Formal Employees (year-end, 10 000)	#女性 Female	平均工资(元) Average Wages (yuan)	单位数(个) Number of Units	职工年末人数(万人) Formal Employees (year-end, 10 000)	#女性 Female	平均工资(元) Average Wages (yuan)
全国总计	**National**	**7689**	**114.4**	**41.8**	**12056**	**346684**	**1773.7**	**830.2**	**4845**
北京	Beijing	54	4.6	2.1	14423	11842	55.4	28.3	10418
天津	Tianjin	41	1.6	0.6	15093	10158	33.1	15.5	7120
河北	Hebei	403	4.9	1.8	10854	14224	75.6	36.3	3800
山西	Shanxi	221	3.3	1.2	10801	11688	51.9	23.6	2943
内蒙古	Inner Mongolia	195	3.0	1.2	9871	8371	40.6	19.5	3095
辽宁	Liaoning	150	5.1	2.2	12396	20098	109.9	56.8	3703
吉林	Jilin	137	3.5	1.1	10591	11097	65.6	30.4	4209
黑龙江	Heilongjiang	313	5.3	1.9	11289	14958	87.8	40.9	3369
上海	Shanghai	71	3.9	1.7	16242	10256	54.5	27.2	10453
江苏	Jiangsu	313	6.5	2.1	12164	22158	123.7	58.1	5600
浙江	Zhejiang	389	5.3	1.9	12737	19661	62.1	27.8	6822
安徽	Anhui	250	3.1	0.9	9802	12120	69.6	32.0	4019
福建	Fujian	517	3.6	1.1	12495	10063	34.2	14.3	5812
江西	Jiangxi	257	2.4	0.8	9497	10018	50.3	23.3	4050
山东	Shandong	369	5.6	1.9	11350	17469	115.0	53.8	4038
河南	Henan	295	5.4	2.0	10220	18848	118.7	54.1	3230
湖北	Hubei	383	5.0	1.7	10962	13243	102.1	49.1	3827
湖南	Hunan	279	4.9	1.6	10868	10745	78.1	38.0	4065
广东	Guangdong	473	12.8	5.1	16247	32424	118.0	52.8	7293
广西	Guangxi	364	2.8	0.9	10238	7356	38.4	18.2	4418
海南	Hainan	68	1.0	0.3	14463	2186	10.9	4.7	4247
重庆	Chongqing	122	1.8	0.6	11590	4977	33.6	15.4	4113
四川	Sichuan	359	5.2	1.9	10946	14621	84.2	37.7	3843
贵州	Guizhou	240	2.0	0.7	8662	5687	22.8	9.8	3966
云南	Yunnan	485	3.2	1.1	11668	8129	34.5	14.5	6284
西藏	Tibet	13	0.3	0.1	19442	520	1.1	0.4	6814
陕西	Shaanxi	399	2.9	0.9	9228	10564	41.9	19.2	3459
甘肃	Gansu	232	1.8	0.6	9576	5595	25.6	11.9	4063
青海	Qinghai	53	0.6	0.2	14587	1488	5.6	2.8	4593
宁夏	Ningxia	46	0.7	0.3	10811	1404	6.0	3.1	4343
新疆	Xinjiang	198	2.2	0.9	12135	4716	23.0	10.5	5916

3-5 续表16 continued

地区 Region	食品、饮料、烟草和家庭用品批发业 wholesale of Food, Beverages, Tobacco and Househould Goods				能源、材料和机械电子设备批发业 Wholesale of Energy, Materials and Electronic Equipment			
	单位数(个) Number of Units	职工年末人数(万人) Formal Employees (year-end, 10 000)	#女性 Female	平均工资(元) Average Wages (yuan)	单位数(个) Number of Units	职工年末人数(万人) Formal Employees (year-end, 10 000)	#女性 Female	平均工资(元) Average Wages (yuan)
全国总计 National	**94379**	**568.9**	**247.8**	**4982**	**62350**	**251.2**	**96.4**	**5522**
北京 Beijing	3127	12.9	5.7	9646	2490	9.0	3.2	11451
天津 Tianjin	2427	7.3	3.3	7052	2474	7.1	2.7	7684
河北 Hebei	4247	25.2	11.8	4011	2357	11.3	4.2	4410
山西 Shanxi	2257	12.1	5.6	3032	1862	9.7	3.3	3999
内蒙古 Inner Mongolia	2015	11.9	5.1	3283	1204	4.9	2.0	3670
辽宁 Liaoning	3770	25.6	12.0	4057	5878	20.5	8.9	4304
吉林 Jilin	2478	23.1	8.3	5038	1918	7.8	3.2	4122
黑龙江 Heilongjiang	3880	28.9	11.3	3686	3069	12.6	4.9	3844
上海 Shanghai	1594	11.7	5.5	11209	1141	7.6	3.2	10981
江苏 Jiangsu	6698	37.8	17.0	5806	3716	16.9	6.3	5943
浙江 Zhejiang	5816	22.4	9.7	7267	4320	10.0	3.5	7389
安徽 Anhui	3916	26.8	11.5	4178	1402	8.2	3.3	4875
福建 Fujian	2924	10.9	4.2	6689	1722	4.6	1.6	7415
江西 Jiangxi	2560	15.2	6.7	3833	985	4.9	1.8	3843
山东 Shandong	5146	35.3	15.5	4305	3449	14.8	5.3	4631
河南 Henan	5500	45.1	19.8	3410	3869	17.3	6.8	3487
湖北 Hubei	3768	33.5	15.4	3956	2376	14.4	5.9	4062
湖南 Hunan	3501	27.4	12.8	4397	1704	9.4	3.7	4434
广东 Guangdong	12010	46.3	20.3	7129	7179	19.0	7.1	8441
广西 Guangxi	1732	11.2	5.3	4888	1273	4.9	1.8	4986
海南 Hainan	717	3.7	1.5	3901	407	1.4	0.5	6066
重庆 Chongqing	1398	12.7	5.5	3901	698	4.2	1.6	4877
四川 Sichuan	3900	30.9	13.3	3807	1914	10.0	3.8	4696
贵州 Guizhou	1642	9.3	3.8	4577	853	3.0	1.2	4256
云南 Yunnan	1734	12.0	4.4	7730	1239	3.9	1.5	6526
西藏 Tibet	65	0.3	0.1	6946	27	0.2	0.1	7311
陕西 Shaanxi	2502	10.9	4.5	3306	1181	5.5	1.9	4020
甘肃 Gansu	1398	7.7	3.5	4055	537	3.3	1.2	4822
青海 Qinghai	96	0.8	0.4	5349	70	0.6	0.2	6587
宁夏 Ningxia	277	1.4	0.7	4809	207	0.9	0.3	5022
新疆 Xinjiang	1284	8.4	3.5	6039	829	3.4	1.4	7080

3－5 续表17 continued

地区 Region	其他批发业 Other Wholesale 单位数(个) Number of Units	职工年末人数(万人) Formal Employees (year-end, 10 000)	#女性 Female	平均工资(元) Average Wages (yuan)	零售业 Retail 单位数(个) Number of Units	职工年末人数(万人) Formal Employees (year-end, 10 000)	#女性 Female	平均工资(元) Average Wages (yuan)
全国总计 National	**27168**	**144.0**	**59.7**	**4917**	**143547**	**721.3**	**376.1**	**4362**
北 京 Beijing	488	2.3	1.0	14329	4699	25.5	15.4	9946
天 津 Tianjin	319	1.4	0.6	10763	4145	13.2	7.0	6265
河 北 Hebei	1454	6.5	2.6	3502	5737	30.0	16.1	3453
山 西 Shanxi	499	2.7	1.3	3339	6636	25.7	12.3	2462
内蒙古 Inner Mongolia	546	2.7	1.2	3727	4140	19.4	10.2	2753
辽 宁 Liaoning	1413	7.8	3.6	3731	7853	49.9	28.7	3164
吉 林 Jilin	904	5.1	2.1	5125	5161	26.7	15.1	3352
黑龙江 Heilongjiang	1133	5.5	2.2	3923	6053	37.8	20.7	2891
上 海 Shanghai	1377	3.6	1.5	15452	4845	26.6	14.3	9396
江 苏 Jiangsu	1614	10.6	4.4	6373	8757	53.2	27.4	5180
浙 江 Zhejiang	1364	3.8	1.3	6572	6783	22.9	11.6	6179
安 徽 Anhui	1334	8.4	3.5	3446	4928	24.1	12.5	3772
福 建 Fujian	833	3.3	1.2	5777	4001	12.8	5.7	4366
江 西 Jiangxi	750	4.7	2.1	3781	5006	23.3	11.4	4203
山 东 Shandong	1280	10.2	4.0	4098	6659	49.4	26.0	3625
河 南 Henan	1871	12.4	5.2	2900	6753	40.3	20.4	3011
湖 北 Hubei	867	6.6	3.0	3599	5759	44.4	22.9	3701
湖 南 Hunan	944	6.9	3.1	4296	4061	31.2	16.6	3649
广 东 Guangdong	2443	11.0	4.2	6226	9309	30.6	14.9	6577
广 西 Guangxi	707	3.6	1.5	4272	3253	16.7	8.4	4041
海 南 Hainan	261	1.4	0.5	4418	679	3.7	1.8	3833
重 庆 Chongqing	318	2.8	1.1	3649	2314	12.0	6.2	4286
四 川 Sichuan	1190	8.5	3.5	3845	6603	31.6	15.4	3605
贵 州 Guizhou	581	1.6	0.7	3519	2492	8.4	3.9	3338
云 南 Yunnan	784	3.0	1.2	7124	4008	14.1	6.5	5048
西 藏 Tibet	32	0.1	...	8083	369	0.5	0.2	6299
陕 西 Shaanxi	791	3.0	1.3	4012	5557	20.2	10.3	3214
甘 肃 Gansu	393	1.7	0.7	4506	3057	12.1	6.0	3842
青 海 Qinghai	75	0.4	0.2	5470	1191	3.6	1.9	3963
宁 夏 Ningxia	119	0.4	0.1	4481	747	3.2	1.9	3970
新 疆 Xinjiang	484	2.1	0.8	5278	1992	8.4	4.4	5518

3－5 续表18 continued

地　区 Region	商业经纪与代理业 Commercial Brokerages and Agencies				餐饮业 Restaurants			
	单位数(个) Number of Units	职工年末人数(万人) Formal Employees (year－end, 10 000)	#女性 Female	平均工资(元) Average Wages (yuan)	单位数(个) Number of Units	职工年末人数(万人) Formal Employees (year－end, 10 000)	#女性 Female	平均工资(元) Average Wages (yuan)
全国总计 National	**1595**	**7.1**	**2.7**	**8865**	**17645**	**81.3**	**47.5**	**5576**
北　京 Beijing	49	0.2	0.1	16854	989	5.5	3.1	10889
天　津 Tianjin	51	1.8	0.6	9062	742	2.3	1.3	6266
河　北 Hebei	12	...	...	4813	417	2.6	1.6	3894
山　西 Shanxi	8	...	...	3373	426	1.7	0.9	2938
内蒙古 Inner Mongolia	19	0.1	...	6121	447	1.7	1.0	2824
辽　宁 Liaoning	153	0.6	0.3	3434	1031	5.4	3.4	4683
吉　林 Jilin	68	0.2	0.1	5985	568	2.6	1.6	3658
黑龙江 Heilongjiang	57	0.1	...	5506	766	2.9	1.7	3123
上　海 Shanghai	355	0.7	0.3	18412	944	4.3	2.4	8563
江　苏 Jiangsu	105	0.4	0.2	7495	1268	4.8	2.7	5578
浙　江 Zhejiang	40	0.1	...	13175	1338	2.9	1.7	6679
安　徽 Anhui	10	...	...	6578	530	2.0	1.2	3748
福　建 Fujian	59	0.2	...	8635	524	2.4	1.4	6112
江　西 Jiangxi	88	0.5	0.2	10212	629	1.8	1.2	3748
山　东 Shandong	71	0.3	0.1	6792	864	5.1	2.9	4167
河　南 Henan	28	0.1	...	5855	827	3.5	2.0	3297
湖　北 Hubei	63	0.5	0.2	2872	410	2.7	1.7	3746
湖　南 Hunan	26	0.1	0.1	3799	509	3.0	1.8	3748
广　东 Guangdong	177	0.4	0.2	14213	1306	10.7	6.2	8829
广　西 Guangxi	20	0.1	...	5385	371	1.9	1.2	3824
海　南 Hainan	46	0.1	...	5362	76	0.6	0.3	4187
重　庆 Chongqing	1	...	...	9576	248	1.9	1.0	3461
四　川 Sichuan	17	0.1	...	3769	997	3.2	1.8	3896
贵　州 Guizhou	1	...	...	4800	118	0.5	0.3	3335
云　南 Yunnan	8	...	...	10163	356	1.4	0.9	4616
西　藏 Tibet	1	...	...	10050	26	...	...	7461
陕　西 Shaanxi	42	0.4	0.1	7142	491	1.9	1.1	3711
甘　肃 Gansu	1	...	...	1875	209	0.7	0.5	3289
青　海 Qinghai	16	0.1	...	6566	40	0.1	0.1	3775
宁　夏 Ningxia					54	0.2	0.1	3508
新　疆 Xinjiang	3	...	...	6385	124	0.7	0.4	5576

3－5 续表19 continued

地 区 Region	金融、保险业 Financial Intermediation and Insurance				金融业 Financial Intermediation			
	单位数(个) Number of Units	职工年末人数(万人) Formal Employees (year-end, 10 000)	#女性 Female	平均工资(元) Average Wages (yuan)	单位数(个) Number of Units	职工年末人数(万人) Formal Employees (year-end, 10 000)	#女性 Female	平均工资(元) Average Wages (yuan)
全国总计 National	**66221**	**298.2**	**123.3**	**9734**	**60359**	**280.2**	**117.0**	**9718**
北 京 Beijing	115	7.4	3.8	19017	103	6.6	3.4	18469
天 津 Tianjin	254	3.7	1.7	13295	210	3.5	1.6	13381
河 北 Hebei	4560	15.5	6.1	7844	4289	14.7	5.9	7850
山 西 Shanxi	2658	8.6	3.6	6717	2471	8.1	3.5	6661
内蒙古 Inner Mongolia	1943	8.0	3.4	7642	1717	7.4	3.2	7618
辽 宁 Liaoning	2119	16.0	6.6	10070	1881	14.9	6.3	10147
吉 林 Jilin	1329	9.3	4.1	9127	1183	8.8	3.9	9116
黑龙江 Heilongjiang	1616	11.2	4.5	9808	1398	10.2	4.1	9818
上 海 Shanghai	549	6.0	2.9	21507	529	5.6	2.8	21884
江 苏 Jiangsu	2756	15.6	6.0	10695	2506	14.7	5.7	10678
浙 江 Zhejiang	2829	13.4	6.1	11174	2639	12.7	5.8	11170
安 徽 Anhui	2570	9.5	3.6	7868	2358	8.9	3.4	7808
福 建 Fujian	2983	7.8	3.0	12053	2724	7.4	2.9	12142
江 西 Jiangxi	2157	8.0	3.1	7338	1956	7.6	3.0	7314
山 东 Shandong	3518	19.8	7.7	8994	3178	18.6	7.3	8924
河 南 Henan	3999	20.1	8.8	7282	3664	19.2	8.5	7264
湖 北 Hubei	3137	14.6	6.2	7732	2812	13.5	5.8	7818
湖 南 Hunan	4399	12.8	5.4	8724	4073	11.9	5.1	8760
广 东 Guangdong	3086	27.0	11.2	13779	2787	25.5	10.6	13765
广 西 Guangxi	2543	8.6	3.5	7119	2353	8.1	3.3	7064
海 南 Hainan	483	2.6	0.9	12321	443	2.4	0.9	12270
重 庆 Chongqing	1325	4.8	2.1	8442	1223	4.5	2.0	8414
四 川 Sichuan	4790	13.8	5.7	8022	4507	13.2	5.5	7998
贵 州 Guizhou	1775	5.0	2.0	6861	1587	4.7	1.9	6861
云 南 Yunnan	2203	7.3	2.7	8449	1960	6.8	2.5	8507
西 藏 Tibet	28	0.6	0.2	13137	21	0.6	0.2	13052
陕 西 Shaanxi	3036	7.9	3.1	7388	2804	7.4	2.9	7421
甘 肃 Gansu	1813	5.2	1.8	7033	1627	4.9	1.7	7041
青 海 Qinghai	319	1.5	0.6	10156	254	1.4	0.6	10034
宁 夏 Ningxia	469	1.8	0.7	9360	431	1.7	0.7	9398
新 疆 Xinjiang	860	4.9	2.0	10486	671	4.5	1.9	10478

3－5 续表20 continued

地　区 Region	保险业 Insurance				房地产业 Real Estate Activities			
	单位数(个) Number of Units	职工年末人数(万人) Formal Employees (year－end, 10 000)	#女性 Female	平均工资(元) Average Wages (yuan)	单位数(个) Number of Units	职工年末人数(万人) Formal Employees (year－end, 10 000)	#女性 Female	平均工资(元) Average Wages (yuan)
全国总计 National	**5862**	**18.0**	**6.3**	**9982**	**21870**	**83.6**	**29.4**	**9190**
北　京 Beijing	12	0.8	0.4	23857	884	6.9	2.5	15355
天　津 Tianjin	44	0.2	0.1	11247	536	2.2	0.8	9854
河　北 Hebei	271	0.9	0.2	7738	513	2.4	0.9	6067
山　西 Shanxi	187	0.5	0.2	7647	308	0.9	0.3	4635
内蒙古 Inner Mongolia	226	0.5	0.2	7975	358	1.1	0.4	5122
辽　宁 Liaoning	238	1.1	0.4	9027	1286	7.4	2.5	6418
吉　林 Jilin	146	0.5	0.1	9342	636	3.1	0.9	6389
黑龙江 Heilongjiang	218	1.0	0.4	9702	770	4.0	1.3	5304
上　海 Shanghai	20	0.3	0.1	15510	1325	6.3	2.1	15540
江　苏 Jiangsu	250	0.9	0.3	10977	1442	5.3	1.8	9737
浙　江 Zhejiang	190	0.7	0.2	11265	1340	3.4	1.2	10773
安　徽 Anhui	212	0.6	0.2	8791	590	2.0	0.6	6285
福　建 Fujian	259	0.4	0.1	10427	1045	2.3	0.8	10747
江　西 Jiangxi	201	0.4	0.1	7773	479	1.6	0.6	5187
山　东 Shandong	340	1.1	0.4	10175	1035	4.3	1.6	7095
河　南 Henan	335	0.9	0.3	7669	1110	3.7	1.3	5500
湖　北 Hubei	325	1.1	0.4	6654	1150	3.6	1.5	6864
湖　南 Hunan	326	0.9	0.3	8232	543	2.1	0.8	6257
广　东 Guangdong	299	1.5	0.6	14015	2589	9.8	3.5	13644
广　西 Guangxi	190	0.5	0.2	8037	668	1.6	0.6	6971
海　南 Hainan	40	0.1	...	13354	647	1.3	0.4	9178
重　庆 Chongqing	102	0.3	0.1	8915	367	1.4	0.5	6195
四　川 Sichuan	283	0.6	0.2	8533	720	2.4	0.9	6215
贵　州 Guizhou	188	0.3	0.1	6855	368	1.1	0.4	5531
云　南 Yunnan	243	0.5	0.2	7578	405	0.9	0.3	7331
西　藏 Tibet	7	...	...	16344	4	...	...	10640
陕　西 Shaanxi	232	0.5	0.1	6927	273	1.1	0.4	4968
甘　肃 Gansu	186	0.3	0.1	6917	173	0.6	0.2	5519
青　海 Qinghai	65	0.1	...	12104	42	0.1	...	5709
宁　夏 Ningxia	38	0.1	...	8525	58	0.3	0.1	5436
新　疆 Xinjiang	189	0.3	0.1	10607	206	0.5	0.2	6131

3-5 续表21 continued

地 区 Region	房地产开发与经营业 Real Estate Development and Operation				房地产管理业 Real Estate Managment			
	单位数(个) Number of Units	职工年末人数(万人) Formal Employees (year-end, 10 000)	#女性 Female	平均工资(元) Average Wages (yuan)	单位数(个) Number of Units	职工年末人数(万人) Formal Employees (year-end, 10 000)	#女性 Female	平均工资(元) Average Wages (yuan)
全国总计 National	**12702**	**43.2**	**14.9**	**9935**	**8212**	**38.6**	**13.7**	**8409**
北 京 Beijing	431	3.3	1.2	18921	394	3.5	1.3	11999
天 津 Tianjin	271	0.7	0.2	11149	221	1.4	0.5	9233
河 北 Hebei	243	1.0	0.4	6002	239	1.3	0.5	6162
山 西 Shanxi	159	0.5	0.2	4666	128	0.3	0.1	4581
内蒙古 Inner Mongolia	139	0.5	0.1	5086	199	0.6	0.2	5124
辽 宁 Liaoning	646	2.4	0.8	7253	610	5.0	1.7	5976
吉 林 Jilin	240	1.0	0.3	6722	363	2.0	0.6	6236
黑龙江 Heilongjiang	317	1.3	0.5	5247	430	2.6	0.9	5305
上 海 Shanghai	748	3.0	1.1	17286	540	3.2	1.0	13818
江 苏 Jiangsu	874	3.1	1.1	9963	521	2.1	0.7	9445
浙 江 Zhejiang	872	2.0	0.7	11267	423	1.3	0.5	10070
安 徽 Anhui	315	1.1	0.3	6432	251	0.8	0.3	6091
福 建 Fujian	783	1.6	0.5	11319	187	0.5	0.2	9329
江 西 Jiangxi	228	0.7	0.3	5213	232	0.8	0.3	5207
山 东 Shandong	670	2.7	0.9	7024	316	1.4	0.6	7108
河 南 Henan	755	2.1	0.7	5850	328	1.6	0.6	5036
湖 北 Hubei	636	1.9	0.7	8060	491	1.6	0.7	5721
湖 南 Hunan	317	1.0	0.3	6281	194	1.1	0.4	6262
广 东 Guangdong	1798	6.1	2.3	13046	645	3.5	1.1	14791
广 西 Guangxi	415	1.2	0.4	7432	229	0.4	0.2	5728
海 南 Hainan	559	1.1	0.4	9286	76	0.2	0.1	8514
重 庆 Chongqing	185	0.7	0.2	6903	169	0.6	0.3	5431
四 川 Sichuan	284	1.3	0.5	5526	393	1.1	0.4	6939
贵 州 Guizhou	265	1.0	0.3	5546	94	0.1	0.1	5517
云 南 Yunnan	205	0.7	0.2	7433	168	0.2	0.1	7116
西 藏 Tibet	2	...	...	11217	2	...	...	10468
陕 西 Shaanxi	137	0.5	0.1	5080	117	0.6	0.2	4900
甘 肃 Gansu	62	0.2	0.1	5588	105	0.3	0.1	5433
青 海 Qinghai	7	...	...	6354	34	0.1	...	5525
宁 夏 Ningxia	25	0.2	0.1	5556	28	0.1	...	5178
新 疆 Xinjiang	114	0.3	0.1	6818	85	0.1	...	6086

3－5 续表22 continued

地　区 Region	房地产代理与经纪业 Real Estate Brokerages and Agencies 单位数(个) Number of Units	职工年末人数(万人) Formal Employees (year－end, 10 000)	＃女性 Female	平均工资(元) Average Wages (yuan)	社会服务业 Social Services 单位数(个) Number of Units	职工年末人数(万人) Formal Employees (year－end, 10 000)	＃女性 Female	平均工资(元) Average Wages (yuan)
全国总计 National	**956**	**1.8**	**0.7**	**8120**	**80200**	**480.3**	**224.2**	**7553**
北　京 Beijing	59	0.1	…	13872	7841	48.5	19.4	12802
天　津 Tianjin	44	…	…	10136	2321	11.9	5.0	7817
河　北 Hebei	31	0.1	…	5348	2205	17.6	8.3	6154
山　西 Shanxi	21	…	…	4715	1893	12.3	6.2	4027
内蒙古 Inner Mongolia	20	…	…	5618	1588	8.8	4.3	4643
辽　宁 Liaoning	30	0.1	…	7917	5073	37.5	18.5	6212
吉　林 Jilin	33	0.1	…	5953	2555	16.7	8.1	6383
黑龙江 Heilongjiang	23	0.1	…	6361	4122	26.9	13.0	4968
上　海 Shanghai	37	0.1	…	18126	2674	29.8	11.7	10736
江　苏 Jiangsu	47	0.1	…	8718	5758	26.4	12.0	8252
浙　江 Zhejiang	45	0.1	…	9417	4623	18.5	8.9	9133
安　徽 Anhui	24	…	…	5930	2346	15.2	7.2	5018
福　建 Fujian	75	0.1	0.1	9116	2644	11.0	5.5	8037
江　西 Jiangxi	19	…	…	4443	1478	7.9	3.9	4836
山　东 Shandong	49	0.2	0.1	8004	3801	23.7	10.4	6210
河　南 Henan	27	…	…	5380	4123	21.9	10.2	5045
湖　北 Hubei	23	0.1	…	4629	3459	20.6	10.4	5584
湖　南 Hunan	32	0.1	…	5870	2207	13.9	6.9	5702
广　东 Guangdong	146	0.2	0.1	12270	5874	36.3	16.7	12406
广　西 Guangxi	24	…	…	7077	1571	9.8	5.3	6015
海　南 Hainan	12	…	…	10878	790	5.0	2.6	6925
重　庆 Chongqing	13	…	…	5461	871	6.6	3.0	5529
四　川 Sichuan	43	0.1	…	8012	2449	14.3	7.2	5535
贵　州 Guizhou	9	…	…	4904	1355	4.6	2.2	4533
云　南 Yunnan	32	…	…	6823	1887	8.3	4.3	6522
西　藏 Tibet					118	0.6	0.3	8751
陕　西 Shaanxi	19	…	…	4721	1804	9.3	4.5	4870
甘　肃 Gansu	6	…	…	5921	1019	6.3	3.1	5166
青　海 Qinghai	1	…	…	2909	351	1.8	0.9	5541
宁　夏 Ningxia	5	…	…	5283	307	1.7	0.9	4513
新　疆 Xinjiang	7	0.1	…	4620	1093	6.5	3.3	6180

3－5 续表23 continued

地区 Region	公共服务业 Public Facilities Services 单位数(个) Number of Units	职工年末人数(万人) Formal Employees (year-end, 10 000)	#女性 Female	平均工资(元) Average Wages (yuan)	居民服务业 Residential Services 单位数(个) Number of Units	职工年末人数(万人) Formal Employees (year-end, 10 000)	#女性 Female	平均工资(元) Average Wages (yuan)
全国总计 National	**17961**	**201.9**	**89.2**	**7530**	**13129**	**44.3**	**22.1**	**6149**
北京 Beijing	884	16.1	6.5	12551	931	3.4	1.6	8720
天津 Tianjin	452	5.6	2.3	8241	506	1.4	0.7	7078
河北 Hebei	528	7.4	3.3	5939	459	4.1	1.8	8239
山西 Shanxi	426	4.6	2.1	4507	310	1.4	0.8	3773
内蒙古 Inner Mongolia	374	3.8	1.8	4737	228	0.6	0.3	3772
辽宁 Liaoning	1195	17.1	8.4	5884	1031	5.6	3.0	5357
吉林 Jilin	570	7.7	3.6	6288	418	1.7	1.0	5016
黑龙江 Heilongjiang	783	11.4	5.4	5964	689	2.6	1.4	3034
上海 Shanghai	754	17.4	6.3	9915	712	2.7	1.7	8622
江苏 Jiangsu	1510	11.1	4.8	8489	1039	2.0	0.9	6573
浙江 Zhejiang	843	5.8	2.4	9460	920	1.2	0.6	9137
安徽 Anhui	454	5.2	2.2	5780	423	4.5	2.2	3624
福建 Fujian	517	3.6	1.6	8352	419	1.3	0.6	6924
江西 Jiangxi	431	3.9	1.8	4477	160	0.6	0.2	3803
山东 Shandong	905	10.4	4.4	6253	652	1.6	0.7	5981
河南 Henan	709	8.4	3.8	5196	562	1.1	0.5	4737
湖北 Hubei	1274	10.9	5.2	5414	343	1.1	0.6	5481
湖南 Hunan	733	6.9	3.1	6061	305	0.8	0.4	5156
广东 Guangdong	1167	13.8	5.5	13659	1213	1.6	0.8	10346
广西 Guangxi	478	3.9	1.9	6351	160	0.3	0.2	6339
海南 Hainan	118	1.0	0.4	5904	49	0.1	...	6600
重庆 Chongqing	256	3.9	1.7	5071	106	0.2	0.1	7041
四川 Sichuan	703	6.7	3.3	5565	406	0.8	0.4	4340
贵州 Guizhou	304	2.1	1.0	4778	188	0.4	0.2	3825
云南 Yunnan	419	2.6	1.3	6539	211	0.5	0.3	6791
西藏 Tibet	28	0.1	0.1	8310	24	0.1	...	8978
陕西 Shaanxi	469	3.7	1.6	5271	259	0.7	0.4	4356
甘肃 Gansu	243	2.5	1.2	5648	198	1.2	0.5	5401
青海 Qinghai	73	0.7	0.4	4937	46	0.2	0.1	4045
宁夏 Ningxia	104	0.7	0.3	4450	26	0.1	...	4723
新疆 Xinjiang	257	3.0	1.4	6267	136	0.4	0.2	6894

3－5 续表24 continued

地　区 Region	旅馆业 Hotels				租赁服务业 Renting Services			
	单位数(个) Number of Units	职工年末人数(万人) Formal Employees (year－end, 10 000)	#女性 Female	平均工资(元) Average Wages (yuan)	单位数(个) Number of Units	职工年末人数(万人) Formal Employees (year－end, 10 000)	#女性 Female	平均工资(元) Average Wages (yuan)
全国总计 National	**16292**	**134.8**	**76.1**	**7275**	**698**	**2.5**	**1.0**	**7755**
北　京 Beijing	1063	11.3	5.9	12531	119	0.5	0.2	10890
天　津 Tianjin	386	2.0	1.1	7852	52	0.1	...	7330
河　北 Hebei	518	4.2	2.3	4805	11	0.1	...	6094
山　西 Shanxi	475	3.2	1.7	4099	14	...	...	3217
内蒙古 Inner Mongolia	406	2.8	1.7	3978	3	...	...	2578
辽　宁 Liaoning	823	5.9	3.6	5875	46	0.3	0.1	6358
吉　林 Jilin	571	3.7	2.3	5708	23	0.1	...	5113
黑龙江 Heilongjiang	889	5.2	3.2	4181	27	0.2	0.1	4051
上　海 Shanghai	417	6.6	2.8	12961	12	0.1	...	10395
江　苏 Jiangsu	806	7.4	3.9	8037	33	0.1	...	9926
浙　江 Zhejiang	931	7.7	4.6	8945	43	0.1	...	5261
安　徽 Anhui	635	3.9	2.3	5113	3	...	...	4906
福　建 Fujian	474	3.3	2.0	7686	12	...	...	9640
江　西 Jiangxi	418	2.5	1.5	5011	6	...	...	5691
山　东 Shandong	791	8.0	4.0	5998	28	0.1	...	5811
河　南 Henan	1094	8.6	4.7	4914	77	0.2	0.1	3877
湖　北 Hubei	707	5.6	3.4	5374	18	0.2	0.1	7964
湖　南 Hunan	477	3.9	2.4	5493	9	0.1	...	7772
广　东 Guangdong	809	11.7	6.8	11255	74	0.2	0.1	14802
广　西 Guangxi	412	4.5	2.8	5838	2	...	...	4273
海　南 Hainan	277	3.0	1.7	7073	17	...	...	6642
重　庆 Chongqing	185	1.5	0.9	6142	3	...	...	5660
四　川 Sichuan	654	4.7	2.7	5346	19	0.1	...	4850
贵　州 Guizhou	236	1.3	0.8	4615	9	...	...	4059
云　南 Yunnan	579	3.4	1.9	6321	14	...	...	5270
西　藏 Tibet	26	0.1	0.1	6563	3	...	...	7756
陕　西 Shaanxi	494	3.7	2.1	4626	7	...	...	5643
甘　肃 Gansu	261	1.8	1.0	4524	3	...	...	4963
青　海 Qinghai	84	0.5	0.3	5328	1	...	...	3371
宁　夏 Ningxia	80	0.7	0.4	4372	1	...	...	2308
新　疆 Xinjiang	314	2.3	1.4	5838	9	...	...	9584

3－5 续表25 continued

地 区 Region	旅游业 Tourism				娱乐服务业 Recreational Services			
	单位数(个) Number of Units	职工年末人数(万人) Formal Employees (year-end, 10 000)	#女性 Female	平均工资(元) Average Wages (yuan)	单位数(个) Number of Units	职工年末人数(万人) Formal Employees (year-end, 10 000)	#女性 Female	平均工资(元) Average Wages (yuan)
全国总计 National	**2827**	**14.4**	**6.6**	**8884**	**1976**	**7.7**	**4.0**	**8527**
北 京 Beijing	166	1.2	0.5	13769	161	0.9	0.4	12645
天 津 Tianjin	55	0.1	...	8997	97	0.3	0.1	8179
河 北 Hebei	91	0.4	0.2	4809	27	0.1	0.1	5832
山 西 Shanxi	38	0.1	0.1	4463	10	...	...	4993
内蒙古 Inner Mongolia	39	0.1	0.1	4471	9	...	...	4790
辽 宁 Liaoning	125	0.4	0.2	6377	83	0.3	0.2	5877
吉 林 Jilin	71	0.2	0.1	5705	36	0.1	0.1	6637
黑龙江 Heilongjiang	62	0.4	0.2	7051	43	0.2	0.1	5781
上 海 Shanghai	67	0.3	0.1	14526	57	0.3	0.1	14938
江 苏 Jiangsu	166	0.9	0.4	8919	148	0.5	0.3	6999
浙 江 Zhejiang	172	0.6	0.3	8769	220	0.5	0.2	8222
安 徽 Anhui	76	0.2	0.1	5732	39	0.1	...	5628
福 建 Fujian	120	0.6	0.3	7703	159	0.9	0.5	8839
江 西 Jiangxi	36	0.2	0.1	4755	15	0.1	...	5345
山 东 Shandong	145	0.4	0.2	5978	49	0.2	0.1	7436
河 南 Henan	80	0.2	0.1	5046	118	0.2	0.1	4211
湖 北 Hubei	100	0.5	0.2	6048	95	0.4	0.2	5708
湖 南 Hunan	54	0.3	0.2	5389	35	0.2	0.2	6387
广 东 Guangdong	416	3.2	1.5	12858	313	1.3	0.7	11181
广 西 Guangxi	87	0.4	0.2	5043	29	0.1	0.1	6656
海 南 Hainan	154	0.5	0.3	7460	32	0.2	0.1	6076
重 庆 Chongqing	47	0.4	0.2	6232	14	...	...	6144
四 川 Sichuan	61	0.6	0.3	7177	47	0.3	0.2	4593
贵 州 Guizhou	43	0.2	0.1	4565	14	...	...	3213
云 南 Yunnan	166	0.8	0.4	6684	63	0.2	0.1	6383
西 藏 Tibet	28	0.3	0.1	9993				
陕 西 Shaanxi	49	0.3	0.1	4811	25	0.1	...	5028
甘 肃 Gansu	40	0.2	0.1	4567	12	...	...	5339
青 海 Qinghai	14	...	...	5672	2	...	...	5857
宁 夏 Ningxia	8	...	...	5451	8	0.1	...	5805
新 疆 Xinjiang	51	0.1	0.1	7173	16	...	...	5515

3－5 续表26 continued

地 区 Region	信息、咨询服务业 Information and Consultancy Services				计算机应用服务业 Computer Application Services			
	单位数(个) Number of Units	职工年末人数(万人) Formal Employees (year－end, 10 000)	#女性 Female	平均工资(元) Average Wages (yuan)	单位数(个) Number of Units	职工年末人数(万人) Formal Employees (year－end, 10 000)	#女性 Female	平均工资(元) Average Wages (yuan)
全国总计 National	**15668**	**22.4**	**8.6**	**9539**	**2427**	**6.1**	**2.2**	**17416**
北 京 Beijing	2520	4.7	1.8	14317	1355	3.7	1.4	21938
天 津 Tianjin	495	1.1	0.5	7558	53	0.1	...	12004
河 北 Hebei	361	0.5	0.2	5898	13	...	...	6878
山 西 Shanxi	378	0.7	0.2	4983	21	...	...	5008
内蒙古 Inner Mongolia	359	0.4	0.1	5344	10	...	...	5281
辽 宁 Liaoning	922	1.4	0.6	6866	178	0.4	0.1	10491
吉 林 Jilin	491	0.7	0.3	7069	24	0.1	...	7293
黑龙江 Heilongjiang	572	0.7	0.3	6042	74	0.2	...	5869
上 海 Shanghai	437	0.7	0.3	19456	65	0.1	...	18821
江 苏 Jiangsu	990	1.2	0.4	9941	62	0.2	0.1	10688
浙 江 Zhejiang	964	1.1	0.4	11148	81	0.1	...	9017
安 徽 Anhui	392	0.4	0.2	6800	12	...	...	6150
福 建 Fujian	696	0.6	0.2	8721	28	0.1	...	12886
江 西 Jiangxi	211	0.2	0.1	7077	3	...	...	4360
山 东 Shandong	799	1.4	0.5	7781	60	0.1	0.1	7460
河 南 Henan	1019	1.3	0.5	6148	73	0.1	0.1	8081
湖 北 Hubei	522	0.7	0.2	6284	14	...	...	4749
湖 南 Hunan	359	0.8	0.3	4728	13	...	...	5697
广 东 Guangdong	1098	1.5	0.6	14018	145	0.5	0.2	18132
广 西 Guangxi	205	0.3	0.1	6210	30	0.1	...	5911
海 南 Hainan	92	0.1	...	9930	17	...	...	9655
重 庆 Chongqing	184	0.2	0.1	6897	12	...	...	5821
四 川 Sichuan	433	0.5	0.2	5831	3	...	...	5558
贵 州 Guizhou	150	0.2	0.1	5533	5	...	...	4987
云 南 Yunnan	235	0.2	0.1	7189	26	0.1	...	7911
西 藏 Tibet								
陕 西 Shaanxi	329	0.3	0.1	5076	8	...	...	4254
甘 肃 Gansu	147	0.1	...	5719	27	0.1	...	4559
青 海 Qinghai	31	...	...	8829				
宁 夏 Ningxia	57	0.1	...	5929	2	...	...	7434
新 疆 Xinjiang	220	0.2	0.1	8230	13	...	...	6694

3-5 续表27 continued

地　区 Region	其他社会服务业 Other Social Services				卫生、体育和社会福利业 Health Care, Sporting and Social Welfare			
	单位数（个） Number of Units	职工年末人数(万人) Formal Employees (year-end, 10 000)	#女性 Female	平均工资（元） Average Wages (yuan)	单位数（个） Number of Units	职工年末人数(万人) Formal Employees (year-end, 10 000)	#女性 Female	平均工资（元） Average Wages (yuan)
全国总计 National	**9222**	**46.1**	**14.5**	**6998**	**88084**	**464.3**	**261.2**	**7599**
北　京 Beijing	642	6.7	1.1	10155	785	13.5	8.6	11709
天　津 Tianjin	225	1.3	0.3	6381	663	7.4	4.7	9785
河　北 Hebei	197	0.9	0.3	5353	3554	19.6	11.1	6245
山　西 Shanxi	221	2.3	1.3	2830	2688	12.8	7.4	5201
内蒙古 Inner Mongolia	160	1.1	0.2	6163	2551	10.6	6.0	6169
辽　宁 Liaoning	670	6.2	2.3	7874	3195	23.6	14.4	6760
吉　林 Jilin	351	2.5	0.7	8424	2124	14.6	8.8	6628
黑龙江 Heilongjiang	983	5.9	2.4	4257	2858	18.4	11.0	6219
上　海 Shanghai	153	1.5	0.3	7505	1033	14.4	9.4	12770
江　苏 Jiangsu	1004	2.9	1.1	8175	4007	28.4	15.2	8844
浙　江 Zhejiang	449	1.3	0.4	7980	4276	19.1	10.8	11236
安　徽 Anhui	312	0.8	0.3	5471	3703	15.8	7.9	6398
福　建 Fujian	219	0.6	0.2	8280	2229	10.9	5.9	8038
江　西 Jiangxi	198	0.4	0.2	7081	3014	12.7	6.6	6042
山　东 Shandong	372	1.5	0.3	5648	4494	31.6	17.1	7548
河　南 Henan	391	1.7	0.4	4292	4268	28.2	15.2	5886
湖　北 Hubei	386	1.2	0.5	7180	5069	26.2	14.3	6443
湖　南 Hunan	222	0.8	0.3	4799	4342	21.7	11.8	7085
广　东 Guangdong	639	2.5	0.6	10235	3431	30.3	17.4	11148
广　西 Guangxi	168	0.4	0.1	4892	2564	13.4	7.8	6172
海　南 Hainan	34	0.1	...	8541	649	3.1	1.6	8737
重　庆 Chongqing	64	0.3	0.1	5468	2893	8.7	4.5	6510
四　川 Sichuan	123	0.5	0.2	7155	8412	24.6	12.8	6628
贵　州 Guizhou	406	0.5	0.2	3521	3400	8.6	4.7	5099
云　南 Yunnan	174	0.5	0.1	6927	2998	11.8	7.1	7911
西　藏 Tibet	9	...	...	9588	354	1.2	0.6	12008
陕　西 Shaanxi	164	0.4	0.2	4217	3610	12.1	6.4	5521
甘　肃 Gansu	88	0.4	0.2	4538	2197	7.6	3.9	6010
青　海 Qinghai	100	0.4	0.1	7538	708	2.3	1.3	8535
宁　夏 Ningxia	21	0.1	...	3731	443	2.3	1.3	6270
新　疆 Xinjiang	77	0.4	0.1	5184	1572	8.7	5.5	7427

3－5 续表28 continued

地区 Region	卫生 Health Care 单位数(个) Number of Units	职工年末人数(万人) Formal Employees (year-end, 10 000)	#女性 Female	平均工资(元) Average Wages (yuan)	体育 Sporting 单位数(个) Number of Units	职工年末人数(万人) Formal Employees (year-end, 10 000)	#女性 Female	平均工资(元) Average Wages (yuan)
全国总计 National	**76433**	**439.0**	**250.9**	**7598**	**1897**	**7.8**	**2.7**	**8973**
北京 Beijing	604	12.3	8.0	11692	71	0.8	0.3	12902
天津 Tianjin	524	6.9	4.5	9785	39	0.2	0.1	10966
河北 Hebei	2976	18.4	10.7	6242	54	0.2	0.1	6653
山西 Shanxi	2320	12.0	7.1	5134	63	0.2	0.1	9539
内蒙古 Inner Mongolia	2237	10.1	5.8	6160	48	0.1	...	8572
辽宁 Liaoning	2560	22.0	13.7	6778	118	0.5	0.2	6820
吉林 Jilin	1713	13.8	8.5	6577	73	0.3	0.1	8560
黑龙江 Heilongjiang	2451	17.2	10.5	6261	71	0.3	0.1	5666
上海 Shanghai	635	12.9	8.6	13043	148	0.7	0.3	10866
江苏 Jiangsu	3303	27.1	14.6	8848	123	0.3	0.1	9167
浙江 Zhejiang	3742	18.3	10.5	11306	73	0.2	0.1	10160
安徽 Anhui	3387	15.3	7.7	6388	54	0.2	...	7445
福建 Fujian	1772	10.3	5.6	8045	50	0.2	0.1	8059
江西 Jiangxi	2705	12.2	6.4	6094	52	0.1	...	5764
山东 Shandong	3841	30.2	16.6	7573	91	0.3	0.1	7403
河南 Henan	3720	27.1	14.8	5851	53	0.3	0.1	9187
湖北 Hubei	4311	24.8	13.7	6443	73	0.3	0.1	7647
湖南 Hunan	3888	20.9	11.5	7082	65	0.2	0.1	7923
广东 Guangdong	2891	28.6	16.7	11081	131	0.7	0.2	14270
广西 Guangxi	2214	12.8	7.6	6194	59	0.2	0.1	5306
海南 Hainan	487	2.9	1.6	8784	9	...	...	11105
重庆 Chongqing	2667	8.3	4.4	6516	20	0.1	...	6983
四川 Sichuan	7734	23.4	12.3	6622	105	0.4	0.1	7266
贵州 Guizhou	3208	8.1	4.6	5191	33	0.1	...	5493
云南 Yunnan	2635	11.2	6.8	7956	60	0.2	0.1	7075
西藏 Tibet	321	1.1	0.6	12307	12	0.1	...	9581
陕西 Shaanxi	3218	11.4	6.1	5539	65	0.2	0.1	5278
甘肃 Gansu	2011	7.0	3.7	6094	30	0.2	0.1	4680
青海 Qinghai	618	2.1	1.2	8650	15	...	...	7751
宁夏 Ningxia	392	2.2	1.2	6313	8	...	...	5595
新疆 Xinjiang	1348	8.3	5.3	7446	31	0.1	...	9225

3－5 续表29 continued

地区 Region		社会福利保障业 Social Welfare				教育、文化艺术和广播电影电视业 Education, Culture and Arts, Radio, Film and Television			
		单位数(个) Number of Units	职工年末人数(万人) Formal Employees (year－end, 10 000)	#女性 Female	平均工资(元) Average Wages (yuan)	单位数(个) Number of Units	职工年末人数(万人) Formal Employees (year－end, 10 000)	#女性 Female	平均工资(元) Average Wages (yuan)
全国总计	**National**	**9754**	**17.4**	**7.7**	**7003**	**564378**	**1403.0**	**590.9**	**6759**
北京	Beijing	110	0.5	0.2	10042	3486	42.2	22.3	11126
天津	Tianjin	100	0.3	0.1	8889	2322	19.1	10.3	8598
河北	Hebei	524	0.9	0.4	6195	48895	71.9	36.1	5634
山西	Shanxi	305	0.6	0.3	5056	31518	40.3	19.3	4882
内蒙古	Inner Mongolia	266	0.4	0.2	5580	10298	34.1	15.6	5591
辽宁	Liaoning	517	1.0	0.5	6366	16887	58.0	30.0	6845
吉林	Jilin	338	0.5	0.2	6842	8425	40.7	20.2	6466
黑龙江	Heilongjiang	336	0.9	0.4	5464	11357	48.8	23.9	6362
上海	Shanghai	250	0.9	0.5	10153	3775	31.5	16.8	11889
江苏	Jiangsu	581	1.0	0.4	8620	26355	83.7	32.3	8219
浙江	Zhejiang	461	0.5	0.3	9262	24145	47.8	21.8	9085
安徽	Anhui	262	0.4	0.2	6279	33635	53.2	16.9	5888
福建	Fujian	407	0.4	0.2	7864	17636	43.1	18.0	7308
江西	Jiangxi	257	0.4	0.2	4724	13777	41.4	13.8	5432
山东	Shandong	562	1.1	0.4	6889	40048	92.4	34.8	7119
河南	Henan	495	0.8	0.3	5958	28775	84.3	33.9	5335
湖北	Hubei	685	1.1	0.5	6100	28774	65.9	24.7	6130
湖南	Hunan	389	0.6	0.3	6865	31697	64.8	25.4	6035
广东	Guangdong	409	1.1	0.5	11049	30977	82.5	36.5	9847
广西	Guangxi	291	0.4	0.2	5864	16445	50.8	19.7	4650
海南	Hainan	153	0.2	0.1	7957	4209	8.9	3.1	7145
重庆	Chongqing	206	0.3	0.1	6273	11000	30.5	11.7	5288
四川	Sichuan	573	0.9	0.4	6503	25711	77.2	29.4	5363
贵州	Guizhou	159	0.5	0.1	3383	19035	31.5	11.4	4372
云南	Yunnan	303	0.4	0.2	7107	10936	44.7	17.1	6883
西藏	Tibet	21	...	...	8264	1675	2.4	0.9	11060
陕西	Shaanxi	327	0.5	0.2	5187	33748	41.6	15.4	5306
甘肃	Gansu	156	0.4	0.1	5108	17064	24.7	7.6	5810
青海	Qinghai	75	0.1	...	6497	1506	6.2	2.6	8269
宁夏	Ningxia	43	0.1	...	5396	3488	7.7	2.9	5400
新疆	Xinjiang	193	0.3	0.1	6271	6779	31.0	16.5	6737

3-5 续表30 continued

地区 Region	教育 Education 单位数(个) Number of Units	职工年末人数(万人) Formal Employees (year-end, 10 000)	#女性 Female	平均工资(元) Average Wages (yuan)	普通高等学校 Institutes of Higher Education 单位数(个) Number of Units	职工年末人数(万人) Formal Employees (year-end, 10 000)	#女性 Female	平均工资(元) Average Wages (yuan)
全国总计 National	**525658**	**1295.2**	**550.1**	**6694**	**1290**	**109.9**	**42.8**	**8739**
北京 Beijing	2576	33.6	18.8	10668	89	10.4	4.6	11392
天津 Tianjin	1971	17.6	9.7	8481	26	3.1	1.2	10483
河北 Hebei	47746	67.5	34.4	5625	51	4.1	1.6	7097
山西 Shanxi	30396	36.5	17.8	4883	33	2.4	1.0	5724
内蒙古 Inner Mongolia	9170	30.7	14.2	5606	27	1.7	0.6	6516
辽宁 Liaoning	15455	52.9	27.9	6819	83	6.2	2.5	8279
吉林 Jilin	7280	37.1	18.9	6492	43	4.5	1.8	8324
黑龙江 Heilongjiang	10177	45.0	22.5	6389	39	4.6	1.8	6996
上海 Shanghai	3203	28.2	15.5	11467	43	6.7	2.7	12142
江苏 Jiangsu	24079	78.3	30.5	8152	92	7.8	2.7	9509
浙江 Zhejiang	22190	43.6	20.3	8925	37	3.2	1.1	10006
安徽 Anhui	31618	49.9	15.7	5880	41	2.9	1.0	7875
福建 Fujian	16544	40.8	17.2	7277	59	2.0	0.8	9297
江西 Jiangxi	12754	38.7	12.8	5460	34	2.4	0.9	6321
山东 Shandong	37949	86.7	32.8	7110	61	5.3	1.9	8583
河南 Henan	26946	78.3	31.5	5348	60	4.1	1.5	7463
湖北 Hubei	25949	60.2	22.6	6164	69	6.9	2.7	8539
湖南 Hunan	30349	60.9	23.9	6020	51	4.0	1.6	7971
广东 Guangdong	29550	76.8	34.3	9779	50	4.6	2.0	12643
广西 Guangxi	14450	47.8	18.6	4582	31	1.8	0.8	5744
海南 Hainan	3977	8.1	2.7	7146	4	0.3	0.1	14051
重庆 Chongqing	10359	29.0	11.2	5221	22	2.7	0.9	7621
四川 Sichuan	23973	72.7	27.7	5333	51	4.9	1.8	7311
贵州 Guizhou	17751	29.7	10.7	4346	27	1.3	0.6	4697
云南 Yunnan	9304	41.9	16.0	6850	38	2.1	0.9	7815
西藏 Tibet	1388	1.9	0.8	10923	11	0.2	0.1	12179
陕西 Shaanxi	32036	37.7	14.0	5363	48	5.6	2.0	7381
甘肃 Gansu	16171	22.6	6.8	5862	29	1.8	0.6	6537
青海 Qinghai	1210	5.5	2.3	8320	15	0.4	0.1	7979
宁夏 Ningxia	3259	6.9	2.7	5422	8	0.4	0.2	5703
新疆 Xinjiang	5878	28.5	15.5	6740	18	1.7	0.7	7089

3－5 续表31 continued

地　区 Region	普通中学 Secondary Schools 单位数(个) Number of Units	职工年末人数(万人) Formal Employees (year-end, 10 000)	#女性 Female	平均工资(元) Average Wages (yuan)	小学校 Primary Schools 单位数(个) Number of Units	职工年末人数(万人) Formal Employees (year-end, 10 000)	#女性 Female	平均工资(元) Average Wages (yuan)
全国总计 National	**76883**	**428.1**	**159.5**	**6639**	**407358**	**565.8**	**259.2**	**6030**
北　京 Beijing	673	7.5	4.4	11203	774	8.2	5.7	9521
天　津 Tianjin	466	4.9	2.7	8290	709	4.9	3.3	7464
河　北 Hebei	5675	26.1	11.9	5506	40434	28.3	16.4	5137
山　西 Shanxi	2956	10.8	4.5	4871	26114	16.8	9.3	4476
内蒙古 Inner Mongolia	1379	9.2	4.0	5777	6741	14.5	7.0	5151
辽　宁 Liaoning	2226	16.8	8.4	6643	11392	20.5	12.1	6241
吉　林 Jilin	1554	11.1	5.5	6390	4382	14.8	8.3	5739
黑龙江 Heilongjiang	2445	14.1	7.0	5999	6067	17.0	9.1	5836
上　海 Shanghai	735	7.9	4.2	11581	923	6.5	4.4	10653
江　苏 Jiangsu	4526	29.2	9.6	8161	17181	31.6	13.9	7622
浙　江 Zhejiang	3544	16.1	6.3	8884	16772	18.0	9.8	8519
安　徽 Anhui	5750	18.3	4.8	5831	23658	22.6	7.7	5490
福　建 Fujian	2083	13.8	4.5	7212	13253	20.2	9.7	6924
江　西 Jiangxi	2523	13.8	3.7	5511	9492	18.9	6.7	5170
山　东 Shandong	4678	35.7	11.8	6935	31146	32.3	13.5	6805
河　南 Henan	5747	31.1	10.9	5214	18897	31.8	14.4	4786
湖　北 Hubei	4311	21.4	6.4	5881	18914	21.1	9.1	5341
湖　南 Hunan	3733	20.7	6.5	5853	25303	29.5	13.0	5505
广　东 Guangdong	3806	24.4	8.8	9877	23778	39.2	18.7	8923
广　西 Guangxi	2415	12.1	4.5	4925	10546	26.8	10.4	4152
海　南 Hainan	511	2.8	0.8	6844	3319	4.3	1.4	6602
重　庆 Chongqing	1287	8.1	2.6	5144	8084	14.3	5.9	4612
四　川 Sichuan	4252	22.5	7.3	5186	17175	34.9	14.4	4895
贵　州 Guizhou	1459	6.6	2.1	4608	15510	18.5	6.5	4049
云　南 Yunnan	1833	10.9	4.1	7253	6180	24.3	8.9	6396
西　藏 Tibet	89	0.5	0.2	12614	1264	1.1	0.4	9986
陕　西 Shaanxi	2321	11.6	3.7	5055	28663	15.2	6.2	4640
甘　肃 Gansu	1930	6.9	1.7	6086	13433	10.6	3.1	5406
青　海 Qinghai	242	1.6	0.7	9257	804	2.8	1.1	7759
宁　夏 Ningxia	438	2.3	0.8	5527	2642	3.3	1.3	5065
新　疆 Xinjiang	1296	9.5	5.0	7047	3808	13.1	7.7	6217

3－5 续表32 continued

地 区 Region	文化艺术业 Culture and Arts 单位数(个) Number of Units	职工年末人数(万人) Formal Employees (year-end, 10 000)	#女性 Female	平均工资(元) Average Wages (yuan)	广播电影电视业 Radio, Film and Television 单位数(个) Number of Units	职工年末人数(万人) Formal Employees (year-end, 10 000)	#女性 Female	平均工资(元) Average Wages (yuan)
全国总计 National	**21860**	**60.8**	**24.7**	**7947**	**16860**	**47.0**	**16.1**	**7008**
北 京 Beijing	779	6.7	2.8	12264	131	1.9	0.7	15254
天 津 Tianjin	248	1.1	0.4	9535	103	0.5	0.2	10593
河 北 Hebei	722	2.4	1.0	6118	427	2.0	0.7	5341
山 西 Shanxi	780	2.4	0.9	5077	342	1.4	0.5	4528
内蒙古 Inner Mongolia	685	1.8	0.8	5661	443	1.6	0.6	5215
辽 宁 Liaoning	904	3.1	1.4	7300	528	2.0	0.7	6841
吉 林 Jilin	672	1.9	0.8	6675	473	1.7	0.5	5636
黑龙江 Heilongjiang	684	2.1	0.9	6657	496	1.6	0.5	5258
上 海 Shanghai	388	2.1	0.9	14774	184	1.2	0.4	16734
江 苏 Jiangsu	1350	2.9	1.1	9155	926	2.5	0.8	9216
浙 江 Zhejiang	1047	2.2	0.9	11264	908	2.0	0.6	10151
安 徽 Anhui	997	1.7	0.6	6176	1020	1.6	0.6	5827
福 建 Fujian	561	1.2	0.5	7874	531	1.2	0.3	7818
江 西 Jiangxi	638	1.6	0.6	5285	385	1.2	0.4	4767
山 东 Shandong	1076	3.0	1.2	7980	1023	2.7	0.9	6470
河 南 Henan	1154	3.4	1.3	5517	675	2.7	1.0	4726
湖 北 Hubei	1304	2.6	1.0	6186	1521	3.1	1.1	5425
湖 南 Hunan	784	1.8	0.7	6735	564	2.1	0.8	5847
广 东 Guangdong	863	2.9	1.2	12513	564	2.9	1.0	9046
广 西 Guangxi	1060	1.5	0.6	5847	935	1.4	0.4	5645
海 南 Hainan	133	0.3	0.1	8208	99	0.5	0.2	6362
重 庆 Chongqing	357	0.9	0.4	7050	284	0.6	0.2	5691
四 川 Sichuan	997	2.5	1.0	5960	741	2.0	0.6	5664
贵 州 Guizhou	440	0.9	0.4	5245	844	0.9	0.3	4332
云 南 Yunnan	1039	1.5	0.7	7555	593	1.3	0.4	7159
西 藏 Tibet	82	0.2	0.1	12921	205	0.3	0.1	10521
陕 西 Shaanxi	869	2.6	1.0	4919	843	1.3	0.4	4479
甘 肃 Gansu	503	1.1	0.4	5280	390	1.0	0.3	5230
青 海 Qinghai	165	0.4	0.2	7610	131	0.3	0.1	8223
宁 夏 Ningxia	140	0.4	0.2	5203	89	0.3	0.1	5172
新 疆 Xinjiang	439	1.3	0.6	7047	462	1.2	0.5	6339

3-5 续表33 continued

地区 Region	科学研究和综合技术服务业 Scientific Research and Polytechnical Services				科学研究业 Scientific Research			
	单位数(个) Number of Units	职工年末人数(万人) Formal Employees (year-end, 10 000)	#女性 Female	平均工资(元) Average Wages (yuan)	单位数(个) Number of Units	职工年末人数(万人) Formal Employees (year-end, 10 000)	#女性 Female	平均工资(元) Average Wages (yuan)
全国总计 National	**35213**	**179.0**	**60.9**	**9049**	**7160**	**87.8**	**30.7**	**9066**
北京 Beijing	4589	28.7	10.4	11844	571	17.2	6.5	11202
天津 Tianjin	1285	6.0	2.0	9756	129	2.3	0.8	9191
河北 Hebei	1049	5.3	1.8	6943	207	1.7	0.6	7152
山西 Shanxi	990	4.4	1.6	6095	207	1.8	0.7	6008
内蒙古 Inner Mongolia	706	3.1	1.1	6155	147	1.1	0.4	6096
辽宁 Liaoning	2210	9.7	3.3	7769	436	4.4	1.5	7887
吉林 Jilin	1032	5.3	1.8	7834	249	2.3	0.8	8001
黑龙江 Heilongjiang	1283	5.5	1.8	7070	294	2.5	0.8	8016
上海 Shanghai	744	9.8	3.4	13370	272	6.5	2.2	12818
江苏 Jiangsu	1883	8.7	2.7	10508	347	4.1	1.3	10549
浙江 Zhejiang	1423	4.4	1.3	10765	295	1.5	0.5	10290
安徽 Anhui	1015	4.1	1.3	7805	216	1.7	0.6	8128
福建 Fujian	934	2.6	0.7	9099	202	0.8	0.3	7443
江西 Jiangxi	775	3.5	1.2	5403	255	2.0	0.8	5238
山东 Shandong	1601	6.7	2.1	8327	353	2.4	0.8	8390
河南 Henan	1400	7.5	2.5	7348	309	3.4	1.1	7630
湖北 Hubei	1631	7.8	2.7	7823	314	3.8	1.3	8504
湖南 Hunan	1009	5.3	1.9	7472	252	2.9	1.1	7273
广东 Guangdong	1616	7.1	2.3	13319	395	2.3	0.8	11179
广西 Guangxi	981	3.5	1.2	6982	257	1.6	0.6	6537
海南 Hainan	274	1.4	0.5	6336	78	0.6	0.3	6111
重庆 Chongqing	1153	4.6	1.5	7259	70	1.4	0.5	7756
四川 Sichuan	1220	10.6	3.6	8092	311	6.9	2.3	8305
贵州 Guizhou	480	2.1	0.8	6952	119	0.8	0.3	6474
云南 Yunnan	1115	3.9	1.3	8522	224	1.8	0.6	8439
西藏 Tibet	89	0.2	0.1	13223	16	0.1	...	11554
陕西 Shaanxi	1028	9.7	3.3	7578	242	6.4	2.2	8017
甘肃 Gansu	653	3.0	0.9	6360	156	1.7	0.5	6874
青海 Qinghai	209	0.9	0.3	9372	48	0.4	0.1	10536
宁夏 Ningxia	237	0.9	0.3	6801	72	0.5	0.2	6833
新疆 Xinjiang	599	2.7	1.0	7841	117	0.9	0.3	7427

3－5 续表34 continued

地　区 Region	自然科学研究 Natural Science Research				社会科学研究 Social Science Research			
	单位数(个) Number of Units	职工年末人数(万人) Formal Employees (year－end, 10 000)	#女性 Female	平均工资(元) Average Wages (yuan)	单位数(个) Number of Units	职工年末人数(万人) Formal Employees (year－end, 10 000)	#女性 Female	平均工资(元) Average Wages (yuan)
全国总计 National	**4877**	**72.1**	**25.1**	**8965**	**883**	**3.3**	**1.2**	**8216**
北　京 Beijing	314	12.0	4.5	11304	98	1.0	0.4	8728
天　津 Tianjin	72	1.9	0.7	9129	9	0.1	...	9749
河　北 Hebei	151	1.4	0.5	7312	28	0.1	...	6512
山　西 Shanxi	144	1.6	0.6	6036	37	0.1	...	5910
内蒙古 Inner Mongolia	100	1.0	0.4	6048	16	0.1	...	6911
辽　宁 Liaoning	264	3.3	1.1	7753	55	0.2	0.1	8328
吉　林 Jilin	144	2.0	0.6	8107	57	0.1	...	8068
黑龙江 Heilongjiang	209	2.2	0.7	8127	43	0.1	...	7287
上　海 Shanghai	184	5.7	2.0	12811	34	0.1	...	12728
江　苏 Jiangsu	249	3.7	1.2	10679	39	0.1	...	8791
浙　江 Zhejiang	215	1.3	0.4	10293	29	0.1	...	8524
安　徽 Anhui	131	1.1	0.4	7392	20	...	...	7227
福　建 Fujian	145	0.7	0.2	7527	12	...	...	6920
江　西 Jiangxi	196	1.8	0.7	5149	17	...	...	5423
山　东 Shandong	252	2.1	0.7	8388	49	0.1	...	8430
河　南 Henan	215	3.1	1.0	7742	50	0.1	...	6820
湖　北 Hubei	219	2.5	0.9	7534	20	0.1	...	8209
湖　南 Hunan	197	2.6	1.0	7121	16	0.1	0.1	6762
广　东 Guangdong	298	1.9	0.6	10972	34	0.2	0.1	12838
广　西 Guangxi	165	1.4	0.6	6625	32	0.1	...	5935
海　南 Hainan	49	0.6	0.2	5883	14	...	...	10008
重　庆 Chongqing	52	1.3	0.5	7830	9	...	...	5659
四　川 Sichuan	209	6.2	2.0	8430	44	0.1	...	6133
贵　州 Guizhou	75	0.6	0.2	6525	13	...	...	5925
云　南 Yunnan	159	1.4	0.5	8177	34	0.1	...	7979
西　藏 Tibet	10	0.1	...	10818	3	...	...	14197
陕　西 Shaanxi	192	6.1	2.1	8032	18	0.1	...	6157
甘　肃 Gansu	99	1.1	0.3	6772	21	0.1	...	6079
青　海 Qinghai	37	0.3	0.1	8118	9	...	...	8330
宁　夏 Ningxia	51	0.4	0.2	6955	12	...	...	5973
新　疆 Xinjiang	80	0.8	0.3	7315	11	0.1	...	7393

3－5 续表35 continued

地　区 Region	其他科学研究 Other Science Research 单位数(个) Number of Units	职工年末人数(万人) Formal Employees (year-end, 10 000)	#女性 Female	平均工资(元) Average Wages (yuan)	综合技术服务业 Polytechnical Services 单位数(个) Number of Units	职工年末人数(万人) Formal Employees (year-end, 10 000)	#女性 Female	平均工资(元) Average Wages (yuan)
全国总计 National	**1400**	**12.4**	**4.4**	**9883**	**28053**	**91.2**	**30.2**	**9031**
北　京 Beijing	159	4.2	1.6	11455	4018	11.5	3.9	12852
天　津 Tianjin	48	0.4	0.1	9421	1156	3.8	1.2	10103
河　北 Hebei	28	0.2	0.1	6083	842	3.6	1.2	6843
山　西 Shanxi	26	0.1	...	5547	783	2.6	0.9	6155
内蒙古 Inner Mongolia	31	0.1	...	6094	559	2.0	0.7	6188
辽　宁 Liaoning	117	0.9	0.3	8274	1774	5.3	1.8	7670
吉　林 Jilin	48	0.2	0.1	6539	783	3.1	1.0	7711
黑龙江 Heilongjiang	42	0.1	...	6615	989	3.0	1.0	6290
上　海 Shanghai	54	0.6	0.2	12894	472	3.3	1.2	14489
江　苏 Jiangsu	59	0.3	0.1	9532	1536	4.6	1.4	10471
浙　江 Zhejiang	51	0.2	0.1	10879	1128	2.9	0.8	11021
安　徽 Anhui	65	0.6	0.2	9575	799	2.3	0.7	7557
福　建 Fujian	45	0.1	...	7098	732	1.8	0.5	9838
江　西 Jiangxi	42	0.1	0.1	6374	520	1.4	0.4	5637
山　东 Shandong	52	0.2	0.1	8387	1248	4.2	1.3	8291
河　南 Henan	44	0.2	0.1	6215	1091	4.0	1.4	7105
湖　北 Hubei	75	1.2	0.4	10488	1317	4.0	1.4	7153
湖　南 Hunan	39	0.2	0.1	9927	757	2.4	0.8	7709
广　东 Guangdong	63	0.2	0.1	11812	1221	4.8	1.5	14368
广　西 Guangxi	60	0.1	...	5952	724	1.9	0.6	7380
海　南 Hainan	15	...	...	7956	196	0.8	0.3	6519
重　庆 Chongqing	9	0.1	...	7116	1083	3.2	1.1	7026
四　川 Sichuan	58	0.6	0.2	7408	909	3.7	1.3	7700
贵　州 Guizhou	31	0.2	0.1	6379	361	1.3	0.4	7258
云　南 Yunnan	31	0.3	0.1	9901	891	2.1	0.7	8592
西　藏 Tibet	3	...	...	14085	73	0.2	0.1	14140
陕　西 Shaanxi	32	0.2	0.1	8184	786	3.3	1.1	6728
甘　肃 Gansu	36	0.5	0.1	7213	497	1.3	0.4	5711
青　海 Qinghai	2	0.1	...	20122	161	0.5	0.2	8515
宁　夏 Ningxia	9	...	...	5933	165	0.4	0.2	6767
新　疆 Xinjiang	26	0.1	...	8391	482	1.8	0.7	8043

3－5 续表36 continued

地　区 Region	气象 Atmosphere 单位数(个) Number of Units	职工年末人数(万人) Formal Employees (year－end, 10 000)	#女性 Female	平均工资(元) Average Wages (yuan)	地震 Seismology 单位数(个) Number of Units	职工年末人数(万人) Formal Employees (year－end, 10 000)	#女性 Female	平均工资(元) Average Wages (yuan)
全国总计 National	**2415**	**5.6**	**1.9**	**7377**	**673**	**1.5**	**0.4**	**7958**
北　京 Beijing	37	0.2	0.1	12050	13	0.1	...	8929
天　津 Tianjin	23	0.1	...	8712	5	0.1	...	8573
河　北 Hebei	107	0.2	0.1	5739	36	...	...	6665
山　西 Shanxi	124	0.2	0.1	4991	28	0.1	...	5184
内蒙古 Inner Mongolia	114	0.3	0.1	5549	29	0.1	...	6345
辽　宁 Liaoning	69	0.2	0.1	7594	44	...	...	7173
吉　林 Jilin	57	0.1	...	6541	16	...	...	7787
黑龙江 Heilongjiang	83	0.3	0.1	6461	20	...	...	7036
上　海 Shanghai	51	0.2	0.1	11576	3	...	...	12818
江　苏 Jiangsu	77	0.2	...	9841	39	0.1	...	9655
浙　江 Zhejiang	54	0.1	...	9321	4	...	...	8486
安　徽 Anhui	76	0.2	...	6771	40	...	...	8225
福　建 Fujian	74	0.1	...	6922	17	...	...	9238
江　西 Jiangxi	89	0.2	...	5131	4	...	...	4854
山　东 Shandong	113	0.2	0.1	7356	21	...	...	8676
河　南 Henan	108	0.2	0.1	6601	22	0.1	...	7442
湖　北 Hubei	96	0.3	0.1	6683	7	0.1	...	7601
湖　南 Hunan	89	0.2	0.1	7105	7	...	...	6950
广　东 Guangdong	101	0.2	0.1	10808	27	0.1	...	13160
广　西 Guangxi	84	0.2	0.1	6143	12	...	...	6604
海　南 Hainan	17	...	...	8917	12	...	...	10117
重　庆 Chongqing	37	0.1	...	6154	3	...	...	5516
四　川 Sichuan	164	0.4	0.1	6073	57	0.1	...	7531
贵　州 Guizhou	82	0.2	0.1	5808	4	...	...	5489
云　南 Yunnan	118	0.2	0.1	7405	78	0.1	...	7555
西　藏 Tibet	44	0.1	...	16326	2	...	...	10500
陕　西 Shaanxi	87	0.2	0.1	5761	26	0.2	0.1	7370
甘　肃 Gansu	87	0.2	0.1	5962	49	...	...	5852
青　海 Qinghai	41	0.2	0.1	8122	7	...	...	8293
宁　夏 Ningxia	28	0.1	...	5577	17	...	...	5239
新　疆 Xinjiang	84	0.3	0.1	7487	24	0.1	...	7155

3－5 续表37 continued

地　区 Region	测绘 Surveying and Mapping 单位数(个) Number of Units	职工年末人数(万人) Formal Employees (year-end, 10 000)	#女性 Female	平均工资(元) Average Wages (yuan)	技术监督 Technology Supervisor 单位数(个) Number of Units	职工年末人数(万人) Formal Employees (year-end, 10 000)	#女性 Female	平均工资(元) Average Wages (yuan)
全国总计 National	**737**	**4.2**	**1.2**	**8276**	**5780**	**13.7**	**4.4**	**7867**
北　京 Beijing	13	0.1	0.1	10774	109	0.6	0.2	12599
天　津 Tianjin	14	0.1	...	14907	105	0.3	0.1	9408
河　北 Hebei	26	0.2	0.1	6044	317	0.9	0.3	5866
山　西 Shanxi	28	0.1	...	5668	175	0.5	0.2	5176
内蒙古 Inner Mongolia	11	0.1	...	6876	179	0.5	0.2	5938
辽　宁 Liaoning	32	0.2	0.1	7997	451	1.1	0.4	6722
吉　林 Jilin	28	0.2	0.1	8321	262	0.5	0.2	6484
黑龙江 Heilongjiang	45	0.2	0.1	7506	338	0.7	0.2	5887
上　海 Shanghai	2	...	...	14780	69	0.3	0.1	13530
江　苏 Jiangsu	49	0.3	0.1	11656	390	0.9	0.3	9922
浙　江 Zhejiang	53	0.2	0.1	9164	240	0.4	0.1	9603
安　徽 Anhui	30	0.1	...	8688	192	0.4	0.1	7577
福　建 Fujian	41	0.2	...	7309	172	0.3	0.1	9807
江　西 Jiangxi	10	0.1	...	5729	118	0.2	0.1	5123
山　东 Shandong	33	0.2	0.1	9971	334	1.0	0.3	7419
河　南 Henan	26	0.2	0.1	6573	297	0.7	0.2	6020
湖　北 Hubei	33	0.1	...	7403	341	0.7	0.2	6654
湖　南 Hunan	49	0.2	...	6980	199	0.4	0.1	7010
广　东 Guangdong	49	0.2	...	13412	293	0.9	0.3	14819
广　西 Guangxi	20	0.1	...	7030	155	0.4	0.1	8121
海　南 Hainan	7	...	...	8346	44	0.1	...	9223
重　庆 Chongqing	14	0.1	...	5789	73	0.2	0.1	5961
四　川 Sichuan	29	0.2	0.1	6007	228	0.4	0.1	6279
贵　州 Guizhou	13	0.1	...	5266	50	0.1	...	5630
云　南 Yunnan	25	0.1	...	10846	111	0.2	0.1	7925
西　藏 Tibet	1	...	...	11659	...	...	...	9000
陕　西 Shaanxi	27	0.3	0.1	6729	183	0.4	0.1	5330
甘　肃 Gansu	6	...	...	5636	122	0.2	0.1	6068
青　海 Qinghai	3	0.1	...	8142	34	0.1	...	7427
宁　夏 Ningxia	6	0.1	...	8046	45	0.1	...	6119
新　疆 Xinjiang	14	0.2	0.1	6455	154	0.3	0.1	6758

3-5 续表38 continued

地　区 Region	海洋环境 Sea and Ocean Environments				环境保护 Environmental Protection			
	单位数(个) Number of Units	职工年末人数(万人) Formal Employees (year-end, 10 000)	#女性 Female	平均工资(元) Average Wages (yuan)	单位数(个) Number of Units	职工年末人数(万人) Formal Employees (year-end, 10 000)	#女性 Female	平均工资(元) Average Wages (yuan)
全国总计 National	**70**	**0.6**	**0.1**	**9381**	**2406**	**6.3**	**2.4**	**6921**
北京 Beijing	2	…	…	8769	61	0.2	0.1	8790
天津 Tianjin	2	0.1	…	10022	36	0.1	…	9123
河北 Hebei	2	…	…	8272	67	0.3	0.1	5655
山西 Shanxi					71	0.2	0.1	5169
内蒙古 Inner Mongolia					48	0.1	0.1	5517
辽宁 Liaoning	8	…	…	7041	159	0.4	0.1	6948
吉林 Jilin					82	0.3	0.1	5648
黑龙江 Heilongjiang					80	0.2	0.1	5743
上海 Shanghai	8	0.1	…	8256	51	0.2	0.1	13252
江苏 Jiangsu	1	…	…	8316	205	0.5	0.2	8311
浙江 Zhejiang	8	0.1	…	8209	125	0.2	0.1	9520
安徽 Anhui					73	0.2	0.1	6628
福建 Fujian	4	0.1	…	14063	81	0.1	…	8926
江西 Jiangxi					71	0.2	0.1	4878
山东 Shandong	14	0.1	…	8695	108	0.3	0.1	7384
河南 Henan					105	0.5	0.2	5523
湖北 Hubei					172	0.4	0.1	5833
湖南 Hunan					126	0.4	0.1	6627
广东 Guangdong	13	0.1	…	10724	102	0.3	0.1	10513
广西 Guangxi	2	…	…	8540	71	0.2	0.1	5627
海南 Hainan	6	…	…	9860	23	0.1	…	6046
重庆 Chongqing					27	0.1	…	6382
四川 Sichuan					121	0.3	0.1	6124
贵州 Guizhou					45	0.1	…	4971
云南 Yunnan					84	0.2	0.1	7548
西藏 Tibet					3	…	…	9769
陕西 Shaanxi					82	0.2	0.1	5220
甘肃 Gansu					43	0.1	0.1	5574
青海 Qinghai					23	…	…	7394
宁夏 Ningxia					17	…	…	5553
新疆 Xinjiang					44	0.1	…	6407

3－5 续表39 continued

地　区 Region	技术推广和科技交流服务业 Technology Promotion and Exchange Services				工程设计业 Engineering Design			
	单位数(个) Number of Units	职工年末人数(万人) Formal Employees (year-end, 10 000)	#女性 Female	平均工资(元) Average Wages (yuan)	单位数(个) Number of Units	职工年末人数(万人) Formal Employees (year-end, 10 000)	#女性 Female	平均工资(元) Average Wages (yuan)
全国总计 National	**3941**	**9.0**	**3.1**	**7564**	**4336**	**30.9**	**10.2**	**10299**
北　京 Beijing	304	0.9	0.3	12137	253	2.4	0.9	14307
天　津 Tianjin	188	0.4	0.1	8374	113	1.1	0.4	11745
河　北 Hebei	105	0.2	...	5953	107	1.4	0.4	7683
山　西 Shanxi	74	0.2	0.1	5392	126	0.8	0.3	7936
内蒙古 Inner Mongolia	62	0.1	...	5901	90	0.6	0.2	6409
辽　宁 Liaoning	214	0.4	0.1	6370	240	2.0	0.7	9178
吉　林 Jilin	77	0.1	...	6677	146	1.5	0.5	8833
黑龙江 Heilongjiang	96	0.2	0.1	6047	208	1.0	0.3	6798
上　海 Shanghai	33	0.1	0.1	16776	73	1.3	0.4	16671
江　苏 Jiangsu	227	0.3	0.1	8711	227	1.5	0.4	12627
浙　江 Zhejiang	135	0.2	0.1	10019	310	1.3	0.4	12582
安　徽 Anhui	112	0.2	0.1	5487	130	0.8	0.2	8233
福　建 Fujian	77	0.1	...	7721	180	0.6	0.2	11651
江　西 Jiangxi	39	0.2	...	5707	106	0.4	0.1	6535
山　东 Shandong	168	0.3	0.1	6298	300	1.5	0.5	9578
河　南 Henan	172	0.3	0.1	4462	202	1.6	0.5	9051
湖　北 Hubei	228	0.5	0.2	8213	210	1.3	0.4	8011
湖　南 Hunan	86	0.2	0.1	6076	139	0.9	0.3	9469
广　东 Guangdong	169	0.6	0.2	12126	300	1.6	0.5	16302
广　西 Guangxi	205	0.2	0.1	5872	108	0.6	0.2	8332
海　南 Hainan	21	0.4	0.2	3681	54	0.1	...	9539
重　庆 Chongqing	798	2.2	0.7	6692	69	0.6	0.2	9001
四　川 Sichuan	55	0.2	0.1	5562	155	1.8	0.6	9343
贵　州 Guizhou	33	0.1	...	4907	71	0.6	0.2	9044
云　南 Yunnan	79	0.1	...	7026	149	1.0	0.3	9372
西　藏 Tibet	10	...	...	8894	4	...	...	7800
陕　西 Shaanxi	58	0.1	...	4594	126	1.6	0.5	7531
甘　肃 Gansu	39	0.1	...	5389	23	0.1	...	7102
青　海 Qinghai	7	...	...	7189	19	0.1	...	10651
宁　夏 Ningxia	14	...	...	5427	17	0.1	...	8489
新　疆 Xinjiang	56	0.2	0.1	6573	81	0.7	0.2	9986

3－5 续表40 continued

地区 Region	其他综合技术服务业 Other Polytechnical Services				国家机关、政党机关和社会团体 Government Agencies, Party Agencies and Social Organizations			
	单位数(个) Number of Units	职工年末人数(万人) Formal Employees (year－end, 10 000)	#女性 Female	平均工资(元) Average Wages (yuan)	单位数(个) Number of Units	职工年末人数(万人) Formal Employees (year－end, 10 000)	#女性 Female	平均工资(元) Average Wages (yuan)
全国总计 National	**7686**	**19.3**	**6.4**	**9878**	**335271**	**1079.5**	**252.3**	**6981**
北京 Beijing	3226	7.0	2.2	12629	1889	32.5	10.7	10698
天津 Tianjin	670	1.6	0.5	9401	1582	11.9	2.9	9420
河北 Hebei	74	0.4	0.2	8221	14307	63.0	15.1	6029
山西 Shanxi	157	0.6	0.2	5689	12876	40.8	10.4	4874
内蒙古 Inner Mongolia	25	0.1	...	8288	8826	29.5	7.6	5582
辽宁 Liaoning	557	1.1	0.4	6546	10368	42.9	10.3	7096
吉林 Jilin	115	0.2	0.1	6341	7770	24.8	5.9	6591
黑龙江 Heilongjiang	119	0.4	0.1	5239	11379	38.3	9.4	6396
上海 Shanghai	182	1.1	0.4	12559	1339	12.9	3.3	13608
江苏 Jiangsu	321	0.9	0.3	9018	12748	43.3	7.8	9617
浙江 Zhejiang	199	0.3	0.1	10655	9614	33.0	7.2	9804
安徽 Anhui	146	0.4	0.1	7802	15696	39.0	8.2	6379
福建 Fujian	84	0.2	...	9406	13095	27.1	5.7	7733
江西 Jiangxi	83	0.3	0.1	5341	11251	33.9	7.1	5851
山东 Shandong	157	0.5	0.2	7778	21244	77.6	15.7	6981
河南 Henan	158	0.4	0.1	5970	16791	75.9	17.2	5505
湖北 Hubei	230	0.7	0.3	6297	19378	55.0	12.9	6230
湖南 Hunan	62	0.2	0.1	5560	15698	51.6	11.5	6307
广东 Guangdong	167	1.0	0.4	14637	14141	65.8	15.5	10705
广西 Guangxi	67	0.2	0.1	7701	17333	34.7	8.4	5449
海南 Hainan	12	...	...	9318	2099	7.7	2.0	7744
重庆 Chongqing	62	0.1	...	6625	6144	19.3	4.4	6068
四川 Sichuan	98	0.4	0.2	5923	19747	56.7	14.1	6179
贵州 Guizhou	63	0.1	...	6075	13505	26.4	6.5	4835
云南 Yunnan	245	0.2	0.1	7690	16100	36.2	8.2	6966
西藏 Tibet	9	...	...	11687	2804	4.5	1.3	11959
陕西 Shaanxi	197	0.3	0.1	6159	15462	36.8	8.3	5189
甘肃 Gansu	128	0.5	0.1	5119	10053	22.5	5.0	5736
青海 Qinghai	27	0.1	...	8600	2346	6.2	1.6	7803
宁夏 Ningxia	21	0.1	...	6299	2296	6.4	1.7	5584
新疆 Xinjiang	25	0.1	...	6811	7390	23.3	6.6	7011

3-5 续表41 continued

地　区 Region	国家机关 Government Agencies				政党机关 Party Agencies			
	单位数(个) Number of Units	职工年末人数(万人) Formal Employees (year-end, 10 000)	#女性 Female	平均工资(元) Average Wages (yuan)	单位数(个) Number of Units	职工年末人数(万人) Formal Employees (year-end, 10 000)	#女性 Female	平均工资(元) Average Wages (yuan)
全国总计 National	**289132**	**1003.2**	**231.6**	**6987**	**29970**	**53.3**	**11.3**	**6931**
北　京 Beijing	1528	30.7	10.0	10722	62	0.9	0.3	9370
天　津 Tianjin	1332	11.1	2.7	9445	99	0.6	0.2	9064
河　北 Hebei	11730	57.1	13.3	6046	1587	3.3	0.6	6100
山　西 Shanxi	10776	37.2	9.2	4867	1636	3.0	1.0	4906
内蒙古 Inner Mongolia	7391	27.2	6.9	5563	1001	1.9	0.5	5841
辽　宁 Liaoning	8092	36.3	8.0	7222	784	2.1	0.5	7759
吉　林 Jilin	6594	22.9	5.4	6592	707	1.3	0.3	6548
黑龙江 Heilongjiang	10197	36.0	8.8	6387	855	1.8	0.4	6429
上　海 Shanghai	1147	12.4	3.1	13656	63	0.3	0.1	12596
江　苏 Jiangsu	11244	40.9	7.3	9581	715	1.5	0.2	9686
浙　江 Zhejiang	7658	30.3	6.3	9880	829	1.3	0.3	9954
安　徽 Anhui	14183	36.8	7.6	6377	1079	1.7	0.3	6353
福　建 Fujian	11508	25.4	5.3	7756	1091	1.2	0.2	7632
江　西 Jiangxi	9049	30.7	6.2	5908	1282	1.8	0.4	5919
山　东 Shandong	18729	72.8	14.8	6952	1804	3.9	0.6	7364
河　南 Henan	14241	71.6	16.3	5473	1680	3.4	0.6	6076
湖　北 Hubei	17956	52.3	12.3	6230	904	2.1	0.4	6147
湖　南 Hunan	13449	48.4	10.7	6311	1356	2.4	0.5	6305
广　东 Guangdong	12199	62.3	14.4	10723	1053	2.4	0.5	10310
广　西 Guangxi	15901	33.0	7.9	5441	937	1.2	0.3	5613
海　南 Hainan	1722	7.1	1.8	7691	249	0.4	0.1	8495
重　庆 Chongqing	5286	18.1	4.1	6068	682	1.1	0.2	6016
四　川 Sichuan	16814	52.8	13.0	6160	2261	3.3	0.8	6494
贵　州 Guizhou	11818	24.5	6.0	4811	1247	1.6	0.4	5160
云　南 Yunnan	13891	33.6	7.5	6917	1617	2.2	0.5	7665
西　藏 Tibet	2076	3.7	1.1	11908	644	0.8	0.2	11931
陕　西 Shaanxi	13498	34.2	7.8	5175	1499	2.1	0.3	5403
甘　肃 Gansu	8744	20.9	4.7	5721	996	1.4	0.2	5918
青　海 Qinghai	1944	5.5	1.4	7746	261	0.5	0.1	8580
宁　夏 Ningxia	1898	5.9	1.6	5550	291	0.4	0.1	6088
新　疆 Xinjiang	6537	21.6	6.1	6981	699	1.5	0.4	7355

3－5 续表42 continued

地 区 Region	其他行业 Others 单位数(个) Number of Units	职工年末人数(万人) Formal Employees (year－end, 10 000)	#女性 Female	平均工资(元) Average Wages (yuan)	企业管理机构 Enterprise Management Organizations 单位数(个) Number of Units	职工年末人数(万人) Formal Employees (year－end, 10 000)	#女性 Female	平均工资(元) Average Wages (yuan)
全国总计 National	**28839**	**124.5**	**51.2**	**6838**	**18114**	**63.8**	**22.8**	**7096**
北 京 Beijing	901	6.2	2.2	14139	720	5.8	2.1	12609
天 津 Tianjin	556	4.4	1.7	4193	452	2.5	0.9	8297
河 北 Hebei	1007	3.8	1.2	5393	908	2.9	0.9	5753
山 西 Shanxi	771	4.7	1.6	5346	659	4.0	1.4	5060
内蒙古 Inner Mongolia	621	3.2	1.3	6101	409	1.4	0.5	4607
辽 宁 Liaoning	1279	3.0	1.1	5854	1037	2.4	0.9	5801
吉 林 Jilin	1440	4.3	2.0	5125	777	1.7	0.7	5882
黑龙江 Heilongjiang	1450	7.0	3.2	4263	942	4.9	2.3	4194
上 海 Shanghai	1101	19.0	10.5	5685	286	3.7	1.4	8242
江 苏 Jiangsu	1882	7.1	2.7	8138	910	3.4	1.0	9063
浙 江 Zhejiang	1348	2.6	0.8	9321	1137	2.0	0.6	9607
安 徽 Anhui	531	1.8	0.5	6071	303	1.0	0.3	6285
福 建 Fujian	2298	3.8	1.2	7953	789	1.3	0.4	8065
江 西 Jiangxi	393	1.2	0.4	4611	246	0.8	0.3	4402
山 东 Shandong	1742	10.0	4.2	5614	1202	5.1	1.7	5451
河 南 Henan	1607	9.0	3.2	6386	1077	4.7	1.6	5631
湖 北 Hubei	769	1.9	0.6	6086	578	1.4	0.4	6044
湖 南 Hunan	1131	4.2	1.6	6043	795	2.6	0.9	6032
广 东 Guangdong	2615	9.3	4.1	10858	1617	4.5	1.6	9951
广 西 Guangxi	598	2.5	0.9	7055	290	0.9	0.4	6083
海 南 Hainan	310	0.9	0.4	7097	290	0.9	0.4	6845
重 庆 Chongqing	233	0.3	0.1	5928	200	0.3	0.1	5954
四 川 Sichuan	832	2.9	1.1	5465	310	0.8	0.3	6158
贵 州 Guizhou	1085	2.1	0.7	5971	918	1.2	0.4	5136
云 南 Yunnan	537	1.3	0.6	7612	248	0.5	0.2	9476
西 藏 Tibet	18	0.1	...	7619	1	...	...	17143
陕 西 Shaanxi	816	2.5	0.9	4651	618	1.8	0.6	4861
甘 肃 Gansu	257	1.2	0.5	8782	76	0.3	0.1	6422
青 海 Qinghai	146	0.5	0.2	7846	24	...	...	8660
宁 夏 Ningxia	154	0.5	0.2	6345	82	0.3	0.1	7245
新 疆 Xinjiang	411	3.3	1.5	8743	213	0.8	0.3	6721

3-6 分地区分行业扣除下岗职工生活费的职工平均工资

AVERAGE WAGES OF FORMAL EMPLOYEES DEDUCTED LAID-OFF WORKERS' LIVING EXPENDITURES BY SECTOR AND REGION

(1997)

单位:元 (yuan)

地区	Region	合计 Total	农、林、牧、渔业 Farming, Forestry, Animal Husbandry and Fishery	采掘业 Mining and Quarrying	制造业 Manufacturing	电力、煤气及水的生产和供应业 Electricity, Gas and Water Production and Supply	建筑业 Construction	地质勘查业、水利管理业 Geological Prospecting, Water Conservancy	交通运输、仓储及邮电通信业 Transport, Storage and Communication
全国总计	**National**	**7018**	**4435**	**7328**	**6759**	**9759**	**7234**	**7549**	**9222**
北京	Beijing	11376	7726	10772	10664	13411	10485	9646	12354
天津	Tianjin	9110	7036	12464	8680	11429	9927	10134	11882
河北	Hebei	6020	3608	7817	5665	9252	5882	9999	7944
山西	Shanxi	5670	4092	8040	4982	8505	6110	4861	8783
内蒙古	Inner Mongolia	5475	3991	5706	5021	8044	5871	5408	8458
辽宁	Liaoning	6650	3352	7196	6334	9837	6721	8926	9026
吉林	Jilin	6455	4030	5806	6463	10092	6503	5396	8241
黑龙江	Heilongjiang	5695	4260	5237	5061	8645	5618	9718	8747
上海	Shanghai	12372	8996	16767	11768	16799	13261	13016	15114
江苏	Jiangsu	7641	5409	8687	7064	11288	7940	7622	8755
浙江	Zhejiang	8770	7413	7429	7859	12602	9696	8657	9849
安徽	Anhui	5936	4385	8106	5583	8522	5932	6455	6345
福建	Fujian	7920	4976	5999	7793	11310	8538	7968	10396
江西	Jiangxi	5778	4387	5654	6014	6646	5914	6282	7892
山东	Shandong	6565	5442	9697	5670	9845	6448	6347	8767
河南	Henan	5592	3870	8272	5104	7798	5580	5375	7848
湖北	Hubei	5923	3999	6699	5749	9007	6643	6164	7747
湖南	Hunan	6062	4036	5415	5749	8884	6445	5901	8066
广东	Guangdong	10280	5847	6886	9739	13341	9352	8634	14316
广西	Guangxi	5811	4069	5426	6047	8916	6887	5038	8118
海南	Hainan	6191	3113	7807	6677	10762	7131	7194	11411
重庆	Chongqing	6153	4307	6107	6318	8015	6212	7100	7690
四川	Sichuan	6019	4508	6070	6062	8218	6398	8555	7280
贵州	Guizhou	5537	3774	6562	5925	9285	6010	5433	7207
云南	Yunnan	7167	5011	6662	7696	9874	7276	7015	8383
西藏	Tibet	10148	8435	7101	5567	9870	6203	13452	11042
陕西	Shaanxi	5685	4037	6793	5455	8584	5663	5750	8249
甘肃	Gansu	6467	4528	9158	6564	9591	6352	6538	8671
青海	Qinghai	7469	5579	7573	6161	11684	6284	14859	10507
宁夏	Ningxia	6310	3503	9150	6007	9731	5843	8795	9026
新疆	Xinjiang	6796	4779	12726	6544	8689	6685	7088	9425

3－6 续表1 continued

单位: 元 (yuan)

地区 Region		批发和零售贸易、餐饮业 Wholesale and Retail Trade, Restaurants	金融、保险业 Financial Intermediation and Insurance	房地产业 Real Estate Activities	社会服务业 Social Services	卫生、体育和社会福利业 Health Care, Sporting and Social Welfare	教育、文化艺术和广播电影电视业 Education, Culture and Arts, Radio, Film and Television	科学研究和综合技术服务业 Scientific Research and Polytechnical Services	国家机关、政党机关和社会团体 Government Agencies, Party Agencies and Social Organizations	其他 Others
全国总计	**National**	**5654**	**9749**	**9480**	**7825**	**7622**	**6775**	**9143**	**7001**	**7556**
北京	Beijing	10790	19031	15469	12919	11711	11141	11890	10705	14388
天津	Tianjin	7911	13298	10206	8121	9797	8614	9942	9424	4225
河北	Hebei	4159	7861	6175	6250	6255	5641	6987	6051	5488
山西	Shanxi	3348	6733	4746	4417	5211	4893	6128	4887	5741
内蒙古	Inner Mongolia	3773	7644	5270	4812	6196	5604	6183	5607	6428
辽宁	Liaoning	5209	10079	6688	6689	6808	6871	7913	7112	6241
吉林	Jilin	5509	9133	6504	6681	6645	6481	7881	6602	6213
黑龙江	Heilongjiang	4737	9815	5691	5444	6267	6401	7221	6432	5134
上海	Shanghai	11319	21508	15881	11108	12887	11990	13690	13620	10242
江苏	Jiangsu	6152	10696	9880	8423	8847	8227	10602	9621	8268
浙江	Zhejiang	7244	11178	10993	9268	11239	9090	10819	9814	9686
安徽	Anhui	4593	7874	6350	5223	6403	5897	7841	6392	6498
福建	Fujian	6592	12055	10978	8166	8067	7316	9206	7747	8219
江西	Jiangxi	5026	7344	5317	5041	6059	5443	5466	5861	4959
山东	Shandong	4465	9019	7232	6375	7557	7126	8391	6997	5770
河南	Henan	3847	7340	5719	5203	5911	5351	7387	5517	6557
湖北	Hubei	4497	7735	7475	5808	6463	6149	7963	6242	6345
湖南	Hunan	5282	8745	6503	5966	7139	6053	7610	6344	6279
广东	Guangdong	8601	13784	14206	12631	11176	9870	13431	10752	11294
广西	Guangxi	4840	7124	7100	6161	6203	4665	7196	5482	7191
海南	Hainan	5978	12334	10024	7459	8766	7171	6499	7760	7975
重庆	Chongqing	4838	8442	6287	5779	6511	5290	7351	6068	5931
四川	Sichuan	4323	8024	6312	5714	6653	5378	8121	6197	5528
贵州	Guizhou	4418	6869	5752	4661	5098	4377	7071	4857	6079
云南	Yunnan	6411	8473	7379	6540	7914	6892	8543	6973	7689
西藏	Tibet	6828	13137	10640	8809	12008	11060	13223	11976	7619
陕西	Shaanxi	4083	7398	5425	5086	5532	5316	7693	5205	4888
甘肃	Gansu	4457	7057	5523	5217	6013	5823	6391	5752	8830
青海	Qinghai	4741	10157	5734	5636	8539	8276	9372	7805	7921
宁夏	Ningxia	4672	9362	5477	4591	6299	5404	6876	5598	6585
新疆	Xinjiang	6200	10545	6212	6237	7448	6755	7899	7036	8775

3-7 分地区分行业职工工资总额

TOTAL WAGE BILL OF FORMAL EMPLOYEES BY SECTOR AND REGION

(1997)

单位: 亿元 (100 million yuan)

地 区 Region		合计 Total	农、林、牧、渔业 Farming, Forestry, Animal Husbandry and Fishery	采掘业 Mining and Quarrying	制造业 Manufacturing	电力、煤气及水的生产和供应业 Electricity, Gas and Water Production and Supply	建筑业 Construction	地质勘查业、水利管理业 Geological Prospecting, Water Conservancy	交通运输、仓储及邮电通信业 Transport, Storage and Communication
全国总计	**National**	**9405.3**	**262.8**	**574.3**	**2993.4**	**268.8**	**673.3**	**91.7**	**702.8**
北 京	Beijing	514.8	3.9	4.3	129.2	5.8	61.4	1.5	25.3
天 津	Tianjin	223.3	1.0	11.2	88.2	3.5	15.8	3.1	19.1
河 北	Hebei	386.0	4.3	33.3	121.6	13.0	29.9	9.1	27.3
山 西	Shanxi	240.0	1.8	52.8	61.5	8.9	16.1	1.7	20.5
内蒙古	Inner Mongolia	185.4	12.3	21.1	41.7	6.5	13.9	2.1	19.2
辽 宁	Liaoning	544.5	11.9	33.4	204.8	18.6	45.1	6.7	44.6
吉 林	Jilin	274.5	8.1	25.5	87.4	8.7	16.6	1.7	21.7
黑龙江	Heilongjiang	382.8	24.5	58.4	90.3	12.4	28.7	5.9	35.4
上 海	Shanghai	510.1	3.4	0.1	215.1	12.0	27.2	1.5	41.9
江 苏	Jiangsu	635.4	14.0	21.5	245.6	14.8	29.7	4.7	44.3
浙 江	Zhejiang	402.0	5.3	3.0	134.2	10.8	41.0	1.9	25.6
安 徽	Anhui	273.8	6.1	29.1	81.6	6.7	17.5	3.1	16.4
福 建	Fujian	263.4	4.5	4.7	101.4	7.8	22.1	1.6	16.4
江 西	Jiangxi	194.4	12.0	12.9	57.6	5.8	10.1	2.1	14.1
山 东	Shandong	580.5	6.3	68.1	192.9	18.3	24.4	3.2	33.9
河 南	Henan	434.1	4.2	46.2	125.2	14.9	32.5	3.0	30.0
湖 北	Hubei	391.0	18.5	9.7	129.8	11.8	23.0	5.2	32.2
湖 南	Hunan	314.9	14.6	12.4	89.1	9.0	18.2	3.5	24.9
广 东	Guangdong	858.4	13.7	6.5	291.0	22.9	64.0	4.3	74.9
广 西	Guangxi	184.9	7.2	4.8	51.9	6.6	12.6	1.6	16.3
海 南	Hainan	58.1	10.1	1.5	6.8	2.3	3.2	0.4	5.2
重 庆	Chongqing	158.2	1.7	8.9	59.8	4.1	10.1	0.8	14.0
四 川	Sichuan	380.6	5.4	21.3	124.9	11.9	34.9	5.8	22.3
贵 州	Guizhou	119.9	2.0	7.9	36.8	4.5	11.4	1.0	8.2
云 南	Yunnan	219.1	11.7	8.9	56.0	6.8	15.5	2.3	16.1
西 藏	Tibet	17.0	0.6	0.4	0.6	0.5	0.8	0.4	1.9
陕 西	Shaanxi	204.6	2.6	13.6	65.6	7.1	13.7	2.6	18.2
甘 肃	Gansu	153.1	4.0	16.0	50.2	5.2	10.4	2.7	12.5
青 海	Qinghai	45.9	1.7	2.4	9.5	1.5	4.5	3.7	4.3
宁 夏	Ningxia	44.9	1.9	6.8	11.1	1.8	3.5	1.5	3.2
新 疆	Xinjiang	209.8	43.3	27.7	31.8	4.3	15.5	3.0	13.2

3－7 续表1 continued

单位: 亿元 (100 million yuan)

地 区 Region	批发和零售贸易、餐饮业 Wholesale and Retail Trade, Restaurants	金融、保险业 Financial Intermediation and Insurance	房地产业 Real Estate Activities	社会服务业 Social Services	卫生、体育和社会福利业 Health Care, Sporting and Social Welfare	教育、文化艺术和广播电影电视业 Education, Culture and Arts, Radio, Film and Television	科学研究和综合技术服务业 Scientific Research and Polytechnical Services	国家机关、政党机关和社会团体 Government Agencies, Party Agencies and Social Organizations	其他 Others
全国总计 National	**848.5**	**288.0**	**75.1**	**357.4**	**348.1**	**931.1**	**161.9**	**744.0**	**84.1**
北 京 Beijing	58.3	13.7	10.3	61.4	15.8	46.7	34.1	34.3	8.9
天 津 Tianjin	22.5	4.9	2.1	9.0	7.2	16.3	5.8	11.0	2.5
河 北 Hebei	28.8	12.1	1.4	10.8	12.1	39.3	3.7	37.4	2.0
山 西 Shanxi	14.9	5.8	0.4	4.9	6.6	19.4	2.6	19.7	2.5
内蒙古 Inner Mongolia	12.4	6.0	0.5	4.0	6.5	18.9	1.9	16.4	1.9
辽 宁 Liaoning	40.7	16.0	4.8	23.1	15.8	39.4	7.5	30.2	1.7
吉 林 Jilin	26.0	8.4	1.8	10.4	9.6	26.0	4.1	16.2	2.2
黑龙江 Heilongjiang	28.7	10.8	2.1	13.2	11.2	30.5	3.8	24.2	2.7
上 海 Shanghai	58.0	12.6	9.7	32.1	18.3	37.6	13.3	17.3	10.0
江 苏 Jiangsu	69.2	16.5	5.1	21.4	24.7	68.0	9.2	41.0	5.8
浙 江 Zhejiang	42.5	14.8	3.7	16.6	21.0	42.7	4.8	31.9	2.4
安 徽 Anhui	27.6	7.4	1.2	7.3	10.0	31.0	3.2	24.6	1.1
福 建 Fujian	19.3	9.3	2.4	8.6	8.7	30.6	2.3	20.7	3.0
江 西 Jiangxi	19.1	5.9	0.8	3.7	7.6	20.8	1.9	19.5	0.5
山 东 Shandong	46.2	17.6	3.0	14.5	23.4	64.4	5.5	53.2	5.6
河 南 Henan	37.9	14.5	2.0	10.9	16.4	44.1	5.5	41.2	5.6
湖 北 Hubei	38.2	11.3	2.2	11.4	16.7	39.9	6.0	34.0	1.1
湖 南 Hunan	31.3	11.1	1.3	7.8	15.1	38.1	4.0	32.0	2.5
广 东 Guangdong	85.6	36.7	13.0	44.5	33.1	79.4	9.4	69.4	10.1
广 西 Guangxi	16.8	6.1	1.1	5.8	8.1	23.2	2.4	18.7	1.6
海 南 Hainan	4.6	3.1	1.2	3.4	2.7	6.3	0.9	5.9	0.6
重 庆 Chongqing	13.7	4.1	0.8	3.6	5.6	15.9	3.3	11.6	0.2
四 川 Sichuan	32.0	11.0	1.5	7.8	16.1	40.7	8.6	34.7	1.6
贵 州 Guizhou	8.8	3.4	0.6	2.1	4.4	13.5	1.5	12.6	1.2
云 南 Yunnan	21.3	6.1	0.7	5.3	9.2	30.2	3.3	24.8	1.0
西 藏 Tibet	0.7	0.8	0.5	1.4	2.6	0.3	5.4	0.1	
陕 西 Shaanxi	14.3	5.8	0.5	4.5	6.6	21.9	7.4	18.9	1.2
甘 肃 Gansu	10.4	3.6	0.3	3.2	4.5	14.2	1.9	12.8	1.0
青 海 Qinghai	2.6	1.6	0.1	1.0	2.0	5.1	0.8	4.8	0.4
宁 夏 Ningxia	2.6	1.7	0.1	0.8	1.4	4.1	0.6	3.5	0.3
新 疆 Xinjiang	13.5	5.1	0.3	3.9	6.4	20.6	2.2	16.0	2.9

3-8 分地区职工工资总额及构成情况

TOTAL WAGE BILL AND COMPOSITION OF FORMAL EMPLOYEES BY REGION

(1997)

地区 Region		工资总额（万元） Total Wage Bill(10 000 yuan)				占工资总额 % of Total Wage Bill		
		合计 Total	计时和计件标准工资 Time Wage and Piece Rate Standard Wage	奖金和计件超额工资 Bonuses and Above-norm Piece Rate Wage	津贴和补贴 Subsidies and Allowances	计时和计件标准工资 Time Wage and Piece Rate Standard Wage	奖金和计件超额工资 Bonuses and Above-norm Piece Rate Wage	津贴和补贴 Subsidies and Allowances
全国总计	**National**	**94052598.6**	**52744434.0**	**14662764.4**	**21009088.2**	**56.1**	**15.6**	**22.3**
北京	Beijing	5147632.0	2598293.0	1175604.0	1094687.0	50.5	22.8	21.3
天津	Tianjin	2232525.8	1140666.9	440956.4	563541.3	51.1	19.8	25.2
河北	Hebei	3859772.3	2185110.3	476850.3	919297.8	56.6	12.4	23.8
山西	Shanxi	2399641.6	1377437.3	379376.6	492950.2	57.4	15.8	20.5
内蒙古	Inner Mongolia	1853640.6	1126555.4	174639.7	465382.8	60.8	9.4	25.1
辽宁	Liaoning	5444889.9	3011273.5	882260.5	1286023.3	55.3	16.2	23.6
吉林	Jilin	2745276.5	1549501.1	301701.1	758612.2	56.4	11.0	27.6
黑龙江	Heilongjiang	3828257.3	2203970.4	342092.2	955181.6	57.6	8.9	25.0
上海	Shanghai	5100996.4	2521209.2	1461354.4	963523.6	49.4	28.6	18.9
江苏	Jiangsu	6354364.8	3624667.6	964789.7	1537205.0	57.0	15.2	24.2
浙江	Zhejiang	4020084.3	1989999.4	956925.0	944046.9	49.5	23.8	23.5
安徽	Anhui	2737847.2	1749765.2	322943.7	531288.9	63.9	11.8	19.4
福建	Fujian	2633794.1	1385075.6	375416.9	556863.8	52.6	14.3	21.1
江西	Jiangxi	1944010.9	1237909.8	181589.1	320346.7	63.7	9.3	16.5
山东	Shandong	5804701.1	3241865.3	748329.9	1617150.9	55.8	12.9	27.9
河南	Henan	4340762.8	2526135.1	473932.0	920698.2	58.2	10.9	21.2
湖北	Hubei	3909983.5	2285406.3	423391.4	908305.7	58.5	10.8	23.2
湖南	Hunan	3149149.0	2027630.2	391352.7	534301.7	64.4	12.4	17.0
广东	Guangdong	8583526.9	4143847.0	1968417.0	1720926.8	48.3	22.9	20.0
广西	Guangxi	1848794.2	1170741.8	252262.6	354097.9	63.3	13.6	19.2
海南	Hainan	580859.0	411119.2	42576.7	117105.8	70.8	7.3	20.2
重庆	Chongqing	1581684.1	905773.5	217330.0	324155.3	57.3	13.7	20.5
四川	Sichuan	3806429.0	2298996.7	599240.9	754368.9	60.4	15.7	19.8
贵州	Guizhou	1199431.1	744101.6	140036.0	219770.4	62.0	11.7	18.3
云南	Yunnan	2190837.4	1176855.1	311729.7	626945.8	53.7	14.2	28.6
西藏	Tibet	170365.8	82311.1	7307.7	75433.1	48.3	4.3	44.3
陕西	Shaanxi	2045703.5	1323325.6	223613.4	388045.1	64.7	10.9	19.0
甘肃	Gansu	1531024.8	882329.1	131412.6	393964.2	57.6	8.6	25.7
青海	Qinghai	459073.1	242078.9	38978.7	154212.4	52.7	8.5	33.6
宁夏	Ningxia	449072.4	262394.2	63151.7	103903.8	58.4	14.1	23.1
新疆	Xinjiang	2098467.2	1318088.6	193201.8	406751.1	62.8	9.2	19.4

3-9 分地区分经济类型职工工资总额及增长情况
TOTAL WAGE BILL AND INCREASE RATE OF FORMAL EMPLOYEES BY REGION AND OWNERSHIP

(1997)

地区 Region	工资总额（亿元） Total Wage Bill (100 million yuan)				比上年增长 % Increase Rate (last year=100)			
	合计 Total	国有经济单位 State-owned Units	城镇集体经济单位 Urban Collective-owned Units	其他经济单位 Other Ownership Units	合计 Total	国有经济单位 State-owned Units	城镇集体经济单位 Urban Collective-owned Units	其他经济单位 Other Ownership Units
全国总计 National	**9405.3**	**7211.0**	**1253.4**	**940.8**	**3.6**	**6.2**	**1.0**	**23.6**
北京 Beijing	514.8	383.6	53.8	77.4	16.4	13.0	16.5	36.3
天津 Tianjin	223.3	160.5	26.5	36.3	5.3	4.0	-2.2	18.6
河北 Hebei	386.0	321.8	44.1	20.1	5.7	6.6	-5.0	19.6
山西 Shanxi	240.0	209.2	25.6	5.2	1.6	2.1	-9.2	62.5
内蒙古 Inner Mongolia	185.4	158.6	21.0	5.7	5.4	6.9	-7.5	21.3
辽宁 Liaoning	544.5	408.1	92.4	44.0	3.7	3.5	-2.3	20.5
吉林 Jilin	274.5	221.4	35.3	17.8	4.1	2.3	-3.0	64.8
黑龙江 Heilongjiang	382.8	318.2	42.4	22.2	5.5	5.1	1.4	20.7
上海 Shanghai	510.1	353.7	53.7	102.7	3.5	1.3	-2.2	15.7
江苏 Jiangsu	635.4	447.0	124.9	63.6	6.7	8.7	-2.9	14.0
浙江 Zhejiang	402.0	251.8	100.1	50.0	11.1	13.3	2.0	20.2
安徽 Anhui	273.8	212.2	43.4	18.3	6.9	4.5	5.6	53.8
福建 Fujian	263.4	160.4	29.5	73.5	16.7	15.3	7.7	23.7
江西 Jiangxi	194.4	166.7	21.9	5.8	4.6	5.0		13.7
山东 Shandong	580.5	450.0	79.7	50.7	9.0	8.6	1.9	25.8
河南 Henan	434.1	336.3	66.0	31.7	6.6	1.3	20.4	53.9
湖北 Hubei	391.0	317.8	45.7	27.5	4.9	4.5	-3.6	29.7
湖南 Hunan	314.9	265.5	40.7	8.7	5.1	5.5	-2.2	40.3
广东 Guangdong	858.4	539.9	120.4	198.0	6.8	5.4	-3.1	18.6
广西 Guangxi	184.9	155.9	18.4	10.5	1.2	0.8	-3.7	16.7
海南 Hainan	58.1	47.5	3.4	7.2	3.6	0.6		30.9
重庆 Chongqing	158.2	122.7	24.4	11.1	8.7	8.3	3.0	30.6
四川 Sichuan	380.6	302.0	51.4	27.3	7.2	6.3	9.4	14.2
贵州 Guizhou	119.9	105.6	11.0	3.4	6.9	6.2	6.8	36.0
云南 Yunnan	219.1	190.8	21.0	7.3	12.9	12.8	3.4	55.3
西藏 Tibet	17.0	16.4	0.5	0.1	-8.1	-8.4	25.0	
陕西 Shaanxi	204.6	182.3	16.4	5.9	6.5	6.5		31.1
甘肃 Gansu	153.1	134.5	16.4	2.2	4.1	5.4	-5.2	4.8
青海 Qinghai	45.9	43.0	2.6	0.3	6.5	7.0	-3.7	50.0
宁夏 Ningxia	44.9	38.0	4.4	2.5	9.5	6.4	12.8	78.6
新疆 Xinjiang	209.8	189.9	16.4	3.6	10.5	10.4	10.8	20.0

3-10 分地区分经济类型职工平均工资及增长情况

AVERAGE WAGES AND INCREASE RATE OF FORMAL EMPLOYEES BY REGION AND OWNERSHIP

(1997)

地区 Region	平均工资（元）Average Wages (yuan)				比上年增长 % Increase Rate (last year=100)			
	合计 Total	国有经济单位 State-owned Units	城镇集体经济单位 Urban Collective-owned Units	其他经济单位 Other Ownership Units	合计 Total	国有经济单位 State-owned Units	城镇集体经济单位 Urban Collective-owned Units	其他经济单位 Other Ownership Units
全国总计 National	**6470**	**6747**	**4512**	**8789**	**4.2**	**7.4**	**4.9**	**6.4**
北京 Beijing	11019	10907	8259	15370	15.0	13.1	15.8	22.2
天津 Tianjin	8238	8689	5083	10599	7.8	7.6	7.1	0.7
河北 Hebei	5692	6066	3843	6118	7.7	7.3	5.1	8.8
山西 Shanxi	5320	5791	3177	5581	2.6	3.5	-5.1	-3.9
内蒙古 Inner Mongolia	5124	5462	3551	4687	8.7	9.3	1.2	9.4
辽宁 Liaoning	5591	6226	3583	7266	6.1	5.6	3.5	9.3
吉林 Jilin	5664	6017	3813	7386	5.5	4.4	1.6	26.9
黑龙江 Heilongjiang	4889	5323	2747	7183	7.1	6.8	4.4	13.9
上海 Shanghai	11425	11733	7329	14313	7.1	6.5	3.9	8.5
江苏 Jiangsu	7108	7745	5183	8376	7.6	7.8	3.9	8.2
浙江 Zhejiang	8386	8847	7026	9584	13.1	14.4	9.5	10.5
安徽 Anhui	5492	6039	3692	6139	6.1	7.8	4.8	-20.1
福建 Fujian	7559	7621	5582	8636	13.1	15.3	9.9	6.9
江西 Jiangxi	5089	5303	3636	7843	4.9	5.0	2.1	7.8
山东 Shandong	6241	6817	4186	6373	7.4	7.3	5.2	8.9
河南 Henan	5225	5643	3797	5209	6.1	7.2	9.0	0.2
湖北 Hubei	5401	5741	3731	5740	5.9	6.1	3.9	-0.2
湖南 Hunan	5326	5683	3736	5733	4.4	5.0	0.3	-2.8
广东 Guangdong	9698	10032	6814	11635	6.3	5.7	0.2	10.1
广西 Guangxi	5542	5654	4437	6463	2.7	2.3	4.1	-0.3
海南 Hainan	5664	5468	4208	9462	3.4	1.9	-0.3	10.3
重庆 Chongqing	5502	5828	4016	6845	9.8	8.9	11.5	3.6
四川 Sichuan	5626	5996	3982	6206	9.1	9.5	9.3	-2.1
贵州 Guizhou	5206	5434	3556	6461	5.9	6.0	2.9	15.1
云南 Yunnan	7037	7237	5473	7852	12.9	12.7	11.1	14.4
西藏 Tibet	10098	10524	4588	7233	-8.9	-8.6	5.0	-41.7
陕西 Shaanxi	5184	5452	3177	6783	6.2	6.0	3.0	12.0
甘肃 Gansu	6182	6445	4598	6703	5.1	5.1	2.8	-0.5
青海 Qinghai	7091	7623	3419	4326	8.9	9.7	1.4	-30.0
宁夏 Ningxia	6073	6206	4831	6962	7.8	6.7	11.8	18.2
新疆 Xinjiang	6644	6709	5849	7428	11.0	10.6	14.4	12.1

3-11 分地区分经济类型职工人数及变化情况

FORMAL EMPLOYEES AND CHANGE BY REGION AND OWNERSHIP

(1997)

地 区 Region	职工人数(万人) Formal Employees (10 000)				比上年增减 (万人) Increase & Decrease as Last Year(10 000)			
	合 计 Total	国有经济单 位 State-owned Units	城镇集体经济单位 Urban Collective-owned Units	其 他 经济单位 Other Ownership Units	合 计 Total	国有经济单 位 State-owned Units	城镇集体经济单位 Urban Collective-owned Units	其 他 经济单位 Other Ownership Units
全国总计 National	**14668.4**	**10765.9**	**2817.0**	**1085.5**	**-176.9**	**-183.5**	**-137.2**	**143.8**
北 京 Beijing	465.3	348.7	65.0	51.7	4.7	-0.3	0.3	4.9
天 津 Tianjin	281.3	191.6	55.3	34.4	-2.7	-2.7	-4.3	4.4
河 北 Hebei	676.7	531.5	112.1	33.1	-19.5	-6.9	-14.7	2.1
山 西 Shanxi	455.9	364.3	82.3	9.3	-9.0	-8.2	-4.4	3.7
内蒙古 Inner Mongolia	363.9	291.9	59.4	12.5	-15.8	-10.2	-7.4	1.6
辽 宁 Liaoning	969.4	651.3	257.0	61.1	-28.3	-17.1	-17.0	5.7
吉 林 Jilin	500.9	375.9	100.2	24.8	-12.4	-9.9	-7.8	5.3
黑龙江 Heilongjiang	797.0	608.2	157.9	30.9	-17.6	-10.2	-8.7	1.4
上 海 Shanghai	435.3	292.8	71.2	71.3	-21.5	-19.7	-5.7	4.0
江 苏 Jiangsu	893.7	577.5	239.6	76.6	-11.8	2.0	-17.3	3.5
浙 江 Zhejiang	482.3	285.0	144.5	52.7	-13.0	-5.2	-11.7	3.8
安 徽 Anhui	502.6	353.1	119.6	29.8	0.1	-13.7	-0.6	14.3
福 建 Fujian	357.7	215.6	54.8	87.3	7.2	-2.0	-2.4	11.7
江 西 Jiangxi	409.4	334.0	67.6	7.8	-2.6	-2.0	-1.2	0.6
山 东 Shandong	937.6	665.6	190.9	81.2	6.9	4.4	-7.7	10.3
河 南 Henan	841.3	602.8	176.8	61.6	-0.8	-36.9	15.6	20.4
湖 北 Hubei	735.4	560.1	126.5	48.8	-2.6	-6.0	-6.8	10.3
湖 南 Hunan	597.5	471.5	110.5	15.5	0.7		-4.0	4.7
广 东 Guangdong	897.3	544.5	179.6	173.3	-6.8	-7.3	-12.2	12.8
广 西 Guangxi	340.0	280.7	42.6	16.7	-4.5	-3.8	-2.9	2.2
海 南 Hainan	102.6	86.5	8.3	7.9	-0.2	-1.2	-0.1	1.1
重 庆 Chongqing	289.3	211.1	61.6	16.5	-5.3	-2.9	-5.9	3.3
四 川 Sichuan	681.6	506.2	131.0	44.3	-11.2	-14.2	-2.4	5.4
贵 州 Guizhou	232.8	196.1	31.3	5.4	1.2	-0.5	0.8	0.8
云 南 Yunnan	313.7	265.1	39.1	9.5	-1.7	-1.9	-2.2	2.4
西 藏 Tibet	16.7	15.4	1.1	0.1		-0.1		
陕 西 Shaanxi	396.2	335.1	52.4	8.8	-1.8	-1.0	-1.8	1.2
甘 肃 Gansu	246.7	208.1	35.2	3.3	-4.9	-1.7	-3.5	0.2
青 海 Qinghai	63.7	55.5	7.5	0.8	-1.9	-1.7	-0.5	0.4
宁 夏 Ningxia	73.9	61.7	8.6	3.6	1.2	0.1	-0.1	1.3
新 疆 Xinjiang	310.7	278.5	27.2	4.9	-2.9	-2.3	-0.9	0.2

3-12 采掘业细分类职工人数和平均工资
FORMAL EMPLOYEES AND AVERAGE WAGES IN MINING AND QUARRYING

(1997)

地区 Region	轻工业 Light Industry		重工业 Heavy Industry		煤炭采选业 Coal Mining and Processing		石油和天然气开采业 Petroleum and Natural Gas Extraction	
	年末人数（人） Formal Employees (year-end, person)	平均工资（元） Average Wages (yuan)	年末人数（人） Formal Employees (year-end, person)	平均工资（元） Average Wages (yuan)	年末人数（人） Formal Employees (year-end, person)	平均工资（元） Average Wages (yuan)	年末人数（人） Formal Employees (year-end, person)	平均工资（元） Average Wages (yuan)
全国总计 National	**476310**	**4879**	**8031342**	**6949**	**4927051**	**6652**	**1164938**	**12127**
北京 Beijing			40719	10261	36475	10683		
天津 Tianjin	14503	10278	75913	12665	13	7692	75005	12751
河北 Hebei	18157	6000	421391	7489	319514	7375	35250	12556
山西 Shanxi	352	6373	678865	7775	661178	7877		
内蒙古 Inner Mongolia	5143	9985	393756	5390	210254	6321	4619	13008
辽宁 Liaoning	18826	6215	519821	6270	347667	5467	81208	12665
吉林 Jilin			500458	5287	186480	4703	68731	10091
黑龙江 Heilongjiang	182085	4192	1138671	4744	516901	4421	183653	11075
上海 Shanghai			680	14694	57	14333	361	20776
江苏 Jiangsu	38237	5296	223351	8684	166329	8744	21160	11950
浙江 Zhejiang	2314	6777	40013	6980	14274	6460		
安徽 Anhui	11273	4740	359744	7997	313278	7906		
福建 Fujian	13771	3595	68393	6180	30354	6950		
江西 Jiangxi	5921	6408	258598	4858	129742	5037		
山东 Shandong	18668	4793	706129	9661	437002	9026	194139	12007
河南 Henan	249	3280	576982	7997	411941	7402	123682	11070
湖北 Hubei	12721	4087	143135	6407	37993	3680	56406	10174
湖南 Hunan	4029	8584	264278	4567	166679	4512		
广东 Guangdong	17040	4210	91824	6408	42771	4618	7825	11592
广西 Guangxi	29365	4822	65935	4970	51348	4764		
海南 Hainan	3886	4055	17645	7292	564	4215		
重庆 Chongqing	3904	3775	151241	5750	136189	5354	10676	11753
四川 Sichuan	51788	4214	321845	5854	212823	5229	38526	11994
贵州 Guizhou			124583	6355	93005	6621	1313	6236
云南 Yunnan	8282	5822	128180	6483	44980	7030	1523	10218
西藏 Tibet	509	3896	4837	7421	62	7532		
陕西 Shaanxi	782	6597	219575	6249	147932	5522	22371	11261
甘肃 Gansu	9071	4511	171573	9111	75378	6851	80097	12151
青海 Qinghai	736	5486	30719	7318	13623	3348	3700	22492
宁夏 Ningxia	5	2200	75913	9044	66952	8797	7616	12289
新疆 Xinjiang	4693	4740	216575	12750	55293	6898	147077	15590

3－12 续表1 continued

地 区 Region	黑色金属矿采选业 Ferrous Metals Mining & Processing		有色金属矿采选业 Nonferrous Metals Mining & Processing		非金属矿采选业 Nonmetal Minerals Mining & Processing		其他矿采选业 Other Minerals Mining & Processing	
	年末人数（人） Formal Employees (year－end, person)	平均工资（元） Average Wages (yuan)	年末人数（人） Formal Employees (year－end, person)	平均工资（元） Average Wages (yuan)	年末人数（人） Formal Employees (year－end, person)	平均工资（元） Average Wages (yuan)	年末人数（人） Formal Employees (year－end, person)	平均工资（元） Average Wages (yuan)
全国总计 National	**203322**	**6421**	**543278**	**5741**	**543722**	**4989**	**11933**	**4276**
北 京 Beijing	2371	6582	128	6016	1745	6844		
天 津 Tianjin			8	4500	15390	10020		
河 北 Hebei	34549	5884	20197	5502	29816	5110	30	1406
山 西 Shanxi	4246	3677	2257	5249	9943	3764		
内 蒙 古 Inner Mongolia	3366	4320	27531	5316	16707	5749	227	2586
辽 宁 Liaoning	20866	2155	44356	4451	39853	4711	4658	4329
吉 林 Jilin	5036	4237	23993	5376	8375	3192	986	3191
黑 龙 江 Heilongjiang	1597	970	19801	4587	20905	2763		
上 海 Shanghai					262	7201		
江 苏 Jiangsu	7257	4947	4661	8407	61327	5797	854	5754
浙 江 Zhejiang	4091	9998	7913	8034	15802	6170	247	4134
安 徽 Anhui	28621	10632	12488	5610	14169	4203		
福 建 Fujian	3431	8063	1617	4017	16267	4261	50	2700
江 西 Jiangxi	2676	3234	77405	5752	12457	4166	958	4012
山 东 Shandong	16164	8727	43812	7665	33680	4496		
河 南 Henan	2244	4131	31507	4970	6949	3234	908	1028
湖 北 Hubei	3689	3484	9079	4810	45580	4199	283	3166
湖 南 Hunan	15382	4494	55227	5201	23803	4586	54	5611
广 东 Guangdong	8606	7275	16014	5353	28369	6991	269	950
广 西 Guangxi	7728	4530	21270	5532	10326	4600	300	4701
海 南 Hainan	10915	9917	953	3293	4697	4318		
重 庆 Chongqing	1013	3017	794	2663	5645	3867	118	3886
四 川 Sichuan	7635	5303	11477	5510	65662	3830	619	2565
贵 州 Guizhou	1640	3036	5392	4569	18025	6792	77	3532
云 南 Yunnan	3985	8577	52110	6242	13648	6434		
西 藏 Tibet	1864	7814	323	2446	1118	9176	504	5188
陕 西 Shaanxi	1693	3654	33439	7195	3967	3868		
甘 肃 Gansu	823	4938	10089	5274	2135	4109		
青 海 Qinghai	162	5871	5568	8646	7261	5698	702	10936
宁 夏 Ningxia			218	2062	1132	3946		
新 疆 Xinjiang	1672	11930	3651	5439	8707	4915	89	6876

3-13 制造业细分类职工人数和平均工资
FORMAL EMPLOYEES AND AVERAGE WAGES IN MANUFACTURING

(1997)

地 区 Region	轻工业 Light Industry		重工业 Heavy Industry		食品加工业 Food Processing		食品制造业 Food Manufacturing	
	年末人数(人) Formal Employees (year-end, person)	平均工资(元) Average Wages (yuan)	年末人数(人) Formal Employees (year-end, person)	平均工资(元) Average Wages (yuan)	年末人数(人) Formal Employees (year-end, person)	平均工资(元) Average Wages (yuan)	年末人数(人) Formal Employees (year-end, person)	平均工资(元) Average Wages (yuan)
全 国 National	**24064072**	**5286**	**26760771**	**6504**	**1896458**	**5031**	**1140213**	**5021**
北 京 Beijing	465213	8563	805554	10775	26216	8629	39762	10089
天 津 Tianjin	624262	6191	655874	8354	21362	7361	37521	7116
河 北 Hebei	1040436	4541	1324911	5604	59003	3730	40556	3941
山 西 Shanxi	445054	2935	937428	5229	28241	3375	21770	2433
内蒙古 Inner Mongolia	433303	3575	491158	5333	61647	3823	34872	3762
辽 宁 Liaoning	1336656	3376	2780352	5668	87008	3789	58151	3589
吉 林 Jilin	730250	3773	1015431	6237	70243	4809	44710	3398
黑龙江 Heilongjiang	1052367	3007	1282518	4624	163779	4179	79224	2684
上 海 Shanghai	850699	9307	1041369	11978	24291	10852	38341	10444
江 苏 Jiangsu	2071596	5700	1792190	7030	125267	5084	84768	5355
浙 江 Zhejiang	1088348	7100	739892	7592	56666	7711	63997	7865
安 徽 Anhui	935727	4292	745771	5630	74447	3922	30618	3362
福 建 Fujian	952284	7200	456853	7558	62247	6030	45260	5195
江 西 Jiangxi	674036	5327	683563	4410	60688	3655	25992	2916
山 东 Shandong	2101512	4638	1598090	6056	172267	4246	71068	4021
河 南 Henan	1295943	4023	1444380	5184	116669	3852	72337	3670
湖 北 Hubei	1211679	3757	1464123	5943	83050	3579	38461	3770
湖 南 Hunan	800948	3841	1141580	5137	49552	4279	30427	3144
广 东 Guangdong	2078899	8559	1168665	10018	138950	8521	84499	8783
广 西 Guangxi	528545	5268	438843	5861	113646	6810	31761	4676
海 南 Hainan	81092	5401	47487	5458	21440	5034	9169	3730
重 庆 Chongqing	470637	4319	660803	5951	27189	3623	24809	4078
四 川 Sichuan	1050484	4679	1233543	6127	82898	3707	50596	4207
贵 州 Guizhou	213595	4356	475116	5752	16264	3367	9326	4915
云 南 Yunnan	314367	7318	439450	7423	51315	7105	14351	4765
西 藏 Tibet	9338	5580	1688	5285	382	8008	320	5996
陕 西 Shaanxi	552032	4029	846302	5120	25542	3483	23890	3606
甘 肃 Gansu	239385	3975	578869	6972	19553	4039	11126	3049
青 海 Qinghai	55799	4319	116270	6028	5515	4302	3017	5848
宁 夏 Ningxia	68193	4008	135501	6261	7486	4963	6225	3995
新 疆 Xinjiang	291393	5542	217197	7098	43635	6013	13289	4678

3－13 续表1 continued

地区 Region	饮料制造业 Beverage Manufacturing		烟草加工业 Tobacco Processing		纺织业 Textile Industry		服装及其他纤维制品制造业 Garments and Other Fiber Products	
	年末人数(人) Formal Employees (year－end, person)	平均工资(元) Average Wages (yuan)	年末人数(人) Formal Employees (year－end, person)	平均工资(元) Average Wages (yuan)	年末人数(人) Formal Employees (year－end, person)	平均工资(元) Average Wages (yuan)	年末人数(人) Formal Employees (year－end, person)	平均工资(元) Average Wages (yuan)
全　国 National	**1225194**	**5384**	**329997**	**11412**	**5959906**	**4545**	**1617406**	**5300**
北　京 Beijing	27516	10358	1069	17817	69687	8361	46557	7224
天　津 Tianjin	10964	9827	3690	9736	152231	5641	36804	5168
河　北 Hebei	60404	4606	8796	9293	311509	4451	69140	3106
山　西 Shanxi	20428	5413	3409	6147	110070	3097	20212	2782
内蒙古 Inner Mongolia	37244	4236	2714	9970	102377	3664	19254	3540
辽　宁 Liaoning	49554	4943	7009	10855	312589	2878	112101	3537
吉　林 Jilin	49820	3867	8907	9494	121431	2967	40392	3312
黑龙江 Heilongjiang	78243	3515	11295	8854	180686	2537	33799	1584
上　海 Shanghai	11390	14133	7619	23750	169430	7833	62220	7271
江　苏 Jiangsu	66855	5604	5576	15012	713005	5299	143213	5316
浙　江 Zhejiang	47332	7973	4279	16302	297884	6396	79738	7017
安　徽 Anhui	82192	5171	13646	9325	284204	4168	42387	3352
福　建 Fujian	29553	7344	5283	14842	94910	6485	149383	7466
江　西 Jiangxi	29513	3276	6118	8384	146007	9193	19478	2773
山　东 Shandong	137417	5194	20104	10976	659369	4113	148373	4291
河　南 Henan	95068	3644	32673	9983	412440	3829	42996	3377
湖　北 Hubei	56078	4059	26437	7826	450889	3635	87994	3902
湖　南 Hunan	33966	4302	27940	11295	199927	3190	30623	2653
广　东 Guangdong	51187	11063	11307	20722	230449	7386	302465	7803
广　西 Guangxi	19354	5020	8791	8821	74073	4494	17002	4284
海　南 Hainan	5043	9226	714	11038	3453	5582	3505	5311
重　庆 Chongqing	18238	4534	10392	8627	123569	3038	13115	2957
四　川 Sichuan	87573	5569	11381	10535	259658	3416	26789	4036
贵　州 Guizhou	36775	4119	27638	8934	34637	3611	9316	3370
云　南 Yunnan	22076	5022	40830	17757	40090	4693	10616	3444
西　藏 Tibet	585	7409			1847	7276	352	4997
陕　西 Shaanxi	22807	4345	15218	7146	193841	4040	24944	2991
甘　肃 Gansu	18205	4067	4432	6818	46636	3983	8585	2255
青　海 Qinghai	2985	5233	419	9308	14530	5204	5608	3366
宁　夏 Ningxia	2090	6190	638	7169	12778	3236	2716	2645
新　疆 Xinjiang	14739	5695	1673	8023	135700	5557	7729	4799

3－13 续表2 continued

地 区 Region	皮革、毛皮、羽绒及其制品业 Leather, Furs, Down and Related Products		木材加工及竹藤棕草制品业 Timber Processing, Bamboo, Cane Palm Fiber&Straw Products		家具制造业 Furniture Manufacturing		造纸及纸制品业 Papermaking and Paper Products	
	年末人数（人）Formal Employees (year－end, person)	平均工资（元）Average Wages (yuan)	年末人数（人）Formal Employees (year－end, person)	平均工资（元）Average Wages (yuan)	年末人数（人）Formal Employees (year－end, person)	平均工资（元）Average Wages (yuan)	年末人数（人）Formal Employees (year－end, person)	平均工资（元）Average Wages (yuan)
全 国 National	**848606**	**5266**	**670845**	**3497**	**299277**	**4347**	**1238250**	**4811**
北 京 Beijing	12023	6346	8918	7224	10114	9917	13062	9567
天 津 Tianjin	19324	4129	11386	8041	9252	5970	25319	5260
河 北 Hebei	22202	2849	8552	3404	15257	3107	62875	4728
山 西 Shanxi	6662	1936	4205	3523	13423	1706	21510	2358
内蒙古 Inner Mongolia	19041	2312	39800	2354	5464	3076	22333	3079
辽 宁 Liaoning	32363	3016	22871	3149	16059	2664	93256	4066
吉 林 Jilin	15520	1965	85314	2007	11713	3452	69459	4650
黑龙江 Heilongjiang	24985	2019	191324	1689	28179	2332	69622	3749
上 海 Shanghai	20275	7479	10892	8252	9543	9486	22378	8962
江 苏 Jiangsu	41393	5084	15079	4895	13642	4655	61707	4888
浙 江 Zhejiang	44654	7075	12210	6332	9010	5781	43917	7394
安 徽 Anhui	19826	3540	9142	4345	8046	2622	47231	4008
福 建 Fujian	112674	7473	28576	4828	13304	6242	54030	6646
江 西 Jiangxi	17311	2734	44038	4826	7730	2789	41624	3566
山 东 Shandong	92030	4553	18596	4304	21708	3792	118232	5098
河 南 Henan	38558	2790	11002	3635	13987	3061	72282	3609
湖 北 Hubei	22446	2740	15810	4660	12749	2706	61203	3541
湖 南 Hunan	25597	2528	20276	3615	6659	2550	58645	3621
广 东 Guangdong	168814	8320	29041	8051	31056	7497	68046	8790
广 西 Guangxi	8972	3443	9478	4912	5471	3940	33359	4826
海 南 Hainan	1576	4160	3801	4579	1657	4931	2369	4793
重 庆 Chongqing	10080	2148	6384	2793	4141	1867	22729	3338
四 川 Sichuan	27673	3781	18688	3693	6712	4098	63066	4025
贵 州 Guizhou	4391	2334	5323	3189	2478	3072	9677	3632
云 南 Yunnan	7466	3857	21712	5038	2823	4848	19361	5412
西 藏 Tibet	113	3292	307	7094	2741	4356	262	2168
陕 西 Shaanxi	8367	3435	9871	3423	6907	3632	25206	3042
甘 肃 Gansu	10763	3718	3147	4254	3855	3282	9909	3051
青 海 Qinghai	3588	2747	715	3657	765	2819	1517	3665
宁 夏 Ningxia	1674	2138	896	3760	1296	3371	10925	4856
新 疆 Xinjiang	8245	3393	3491	5198	3536	6675	13139	5688

3－13 续表3 continued

地 区 Region	印刷业、记录媒介的复制 Printing & Record Medium Reproducted		文教体育用品制造业 Stationery, Educational and Sport Goods		石油加工及炼焦业 Petroleum Processing and Coking Products		化学原料及化学制品制造业 Raw Chemicals Materials&Chemicals	
	年末人数(人) Formal Employees (year－end, person)	平均工资(元) Average Wages (yuan)	年末人数(人) Formal Employees (year－end, person)	平均工资(元) Average Wages (yuan)	年末人数(人) Formal Employees (year－end, person)	平均工资(元) Average Wages (yuan)	年末人数(人) Formal Employees (year－end, person)	平均工资(元) Average Wages (yuan)
全 国 National	**900038**	**5450**	**345000**	**6243**	**742180**	**9657**	**3917036**	**6200**
北 京 Beijing	42862	10490	12809	8615	50924	12962	54560	10942
天 津 Tianjin	16122	8216	16646	5664	24298	11873	94809	9534
河 北 Hebei	38296	5122	4979	3004	34115	7836	207456	5236
山 西 Shanxi	23014	3791	3978	2820	32095	7011	185201	4928
内蒙古 Inner Mongolia	17345	3469	2506	2895	6797	7160	77169	4679
辽 宁 Liaoning	58331	3560	11115	3532	105017	10609	279610	4911
吉 林 Jilin	40615	3410	7421	3899	10431	8491	158102	7039
黑龙江 Heilongjiang	42242	3114	10528	2804	69485	9938	95042	3895
上 海 Shanghai	28995	10067	37679	8808	24528	13213	103055	12516
江 苏 Jiangsu	48775	5455	31645	5585	33728	12493	336833	7161
浙 江 Zhejiang	29377	7076	17748	6732	8820	22679	136858	8280
安 徽 Anhui	23369	4081	11552	3271	17966	9506	156400	5081
福 建 Fujian	26134	6420	29893	8067	3336	11877	88143	7364
江 西 Jiangxi	27246	3901	3242	3250	8077	1305	87936	4020
山 东 Shandong	54100	4938	29328	5904	87845	8078	286787	5851
河 南 Henan	49121	3655	3572	3645	29167	6835	256559	4904
湖 北 Hubei	44102	3958	4973	2291	23713	9887	204134	4783
湖 南 Hunan	44005	4243	8914	3778	46759	9049	186727	5055
广 东 Guangdong	62580	9156	76162	7722	38816	19509	129123	10017
广 西 Guangxi	20204	5136	1791	4754	2106	9210	82063	6157
海 南 Hainan	4051	5557	583	4933	35	5343	6536	7181
重 庆 Chongqing	17053	4100	4124	2882	345	3718	109117	5550
四 川 Sichuan	47391	5396	4945	3397	3027	4771	216767	5458
贵 州 Guizhou	16699	3996	1783	3459	125	3813	56456	5688
云 南 Yunnan	18897	7920	974	4673	1436	4874	96402	7333
西 藏 Tibet	150	5700	76	3197	86	4682	9	7444
陕 西 Shaanxi	31319	5306	3018	2323	14582	5234	72415	5176
甘 肃 Gansu	11667	4153	1478	2915	36368	8664	73242	7159
青 海 Qinghai	2573	4776	215	5705	2367	20047	20114	4828
宁 夏 Ningxia	2791	4063	690	3183	6530	8124	26380	5232
新 疆 Xinjiang	10612	6123	633	4493	19256	10223	33031	6884

3－13 续表4 continued

地 区 Region	医药制造业 Medical & Pharmaceutical Products 年末人数(人) Formal Employees (year-end, person)	平均工资(元) Average Wages (yuan)	化学纤维制造业 Chemical Fibres Manufacturing 年末人数(人) Formal Employees (year-end, person)	平均工资(元) Average Wages (yuan)	橡胶制品业 Rubber Products 年末人数(人) Formal Employees (year-end, person)	平均工资(元) Average Wages (yuan)	塑料制品业 Plastic Products 年末人数(人) Formal Employees (year-end, person)	平均工资(元) Average Wages (yuan)
全 国 National	**1013926**	**6496**	**503264**	**7466**	**692675**	**5799**	**1012138**	**5137**
北 京 Beijing	25007	11321	8038	6951	14983	6877	20756	7348
天 津 Tianjin	23528	11860	4789	7913	27020	6532	27379	5055
河 北 Hebei	65272	7343	20108	7477	36183	4557	41447	4040
山 西 Shanxi	26143	3639	10924	3881	14876	3932	23602	3055
内蒙古 Inner Mongolia	14559	4245			7168	3475	11136	2701
辽 宁 Liaoning	66657	4982	65088	8130	69512	4148	64554	2958
吉 林 Jilin	63665	3821	19536	6511	15970	3408	43624	3570
黑龙江 Heilongjiang	53597	4530	8673	5731	31251	4137	40489	2923
上 海 Shanghai	37414	15013	49763	12254	36944	10566	37883	7586
江 苏 Jiangsu	78193	7321	55729	8655	42995	5917	78542	5824
浙 江 Zhejiang	38295	8650	27424	7467	25233	8210	67431	6741
安 徽 Anhui	30151	4783	10329	6406	28961	4108	33185	3560
福 建 Fujian	18776	7879	15638	9021	23311	8040	71418	6862
江 西 Jiangxi	37598	4801	25122	2677	12570	3051	20534	3057
山 东 Shandong	63181	6498	39880	6348	69420	6194	70921	4553
河 南 Henan	78964	3764	30900	7167	39273	4624	37401	3562
湖 北 Hubei	48877	4463	19721	5099	24912	3971	40849	3526
湖 南 Hunan	34227	4339	11222	6896	25534	4506	34396	2985
广 东 Guangdong	51562	11800	34428	8093	41543	9005	126503	8304
广 西 Guangxi	23754	5716	6120	4746	13052	6615	14031	4572
海 南 Hainan	5228	7251	3788	6862	4596	5951	2433	5665
重 庆 Chongqing	25152	5511	11434	10086	15405	4408	12903	3412
四 川 Sichuan	30874	6297	10405	6475	11246	4529	27167	3930
贵 州 Guizhou	8072	4718	1242	6401	17182	7310	7202	4278
云 南 Yunnan	12561	9017	4289	9027	13451	6192	9779	5946
西 藏 Tibet	109	4860	10	9800				
陕 西 Shaanxi	30439	4321	2119	3095	13302	3498	13279	3239
甘 肃 Gansu	11577	5644	3997	5948	5009	4320	15304	5230
青 海 Qinghai	1959	8749	190	448	850	3242	1806	3216
宁 夏 Ningxia	2678	4603	868	4910	6523	10531	3688	3834
新 疆 Xinjiang	5857	6255	1490	7402	4400	7385	12496	5740

3－13 续表5 continued

地 区 Region	非金属矿物制品业 Nonmetal Mineral Products		黑色金属冶炼及压延加工业 Smelting&Pressing of Ferrous Metals		有色金属冶炼及压延加工业 Smelting & Pressing of Nonferrous		金属制品业 Metal Products	
	年末人数(人) Formal Employees (year－end, person)	平均工资(元) Average Wages (yuan)	年末人数(人) Formal Employees (year－end, person)	平均工资(元) Average Wages (yuan)	年末人数(人) Formal Employees (year－end, person)	平均工资(元) Average Wages (yuan)	年末人数(人) Formal Employees (year－end, person)	平均工资(元) Average Wages (yuan)
全 国 National	**3866646**	**5022**	**3214167**	**8444**	**983592**	**7711**	**1740089**	**5020**
北 京 Beijing	72148	9445	170747	11158	6218	8633	40765	7413
天 津 Tianjin	48208	6509	66108	9352	8377	5510	84152	5299
河 北 Hebei	289441	4800	258516	7640	18566	7048	92025	4000
山 西 Shanxi	109849	3718	162234	7556	56319	7963	54794	3083
内蒙古 Inner Mongolia	77438	4088	105016	9738	22581	6428	31459	3259
辽 宁 Liaoning	249030	3903	489086	7312	85327	6402	150204	3480
吉 林 Jilin	135906	4309	89373	5567	21625	6473	54445	2960
黑龙江 Heilongjiang	175209	3225	66258	3656	16270	6333	88949	2682
上 海 Shanghai	61474	9435	147005	15667	23680	9070	82397	8623
江 苏 Jiangsu	220532	5387	120742	8419	22447	6192	119400	5706
浙 江 Zhejiang	103072	7052	40134	9054	14808	6531	77619	6228
安 徽 Anhui	135669	4715	95056	8577	32997	8778	45053	4086
福 建 Fujian	89124	6701	28786	10021	9791	13294	33888	7027
江 西 Jiangxi	158204	5030	80940	10891	20712	4600	33186	9590
山 东 Shandong	237819	4677	126771	8024	30999	8557	112328	4422
河 南 Henan	256682	4513	106797	8008	77612	7592	69860	3564
湖 北 Hubei	200736	3977	205804	9903	46442	6313	87769	3846
湖 南 Hunan	232067	3927	106078	7248	57453	7486	48674	3126
广 东 Guangdong	253998	7770	55201	10930	40754	10158	151622	8559
广 西 Guangxi	133893	4561	44565	6332	41036	7070	18782	4584
海 南 Hainan	15130	5023	1817	7021	231	11971	5145	4130
重 庆 Chongqing	77188	4208	85488	6750	19614	6775	30901	3655
四 川 Sichuan	161216	4607	274979	7797	35587	5538	63684	4378
贵 州 Guizhou	58364	4575	60745	6441	38682	7772	26242	4350
云 南 Yunnan	62486	6646	63617	10709	57604	7921	18463	5229
西 藏 Tibet	681	6112					78	2949
陕 西 Shaanxi	97026	3973	48154	4378	20138	6670	52397	4737
甘 肃 Gansu	68640	5148	60023	8480	120601	9479	30095	4037
青 海 Qinghai	8441	4297	23403	7297	12848	10366	5914	3300
宁 夏 Ningxia	20571	4336	8936	5652	11959	9283	11791	4937
新 疆 Xinjiang	56404	6405	21788	7475	12314	8639	18008	5200

3－13 续表6 continued

地 区 Region	普通机械制造业 Ordinary Machinery Manufacturing		专用设备制造业 Special Purpose Equ－ipment Manufacturing		交通运输设备制造业 Transportation Equipment Manufacturing	
	年末人数 (人) Formal Employees (year－end, person)	平均工资 (元) Average Wages (yuan)	年末人数 (人) Formal Employees (year－end, person)	平均工资 (元) Average Wages (yuan)	年末人数 (人) Formal Employees (year－end, person)	平均工资 (元) Average Wages (yuan)
全 国 National	**4033682**	**5608**	**2744688**	**5696**	**3461665**	**7399**
北 京 Beijing	76458	8942	74594	9854	128413	9970
天 津 Tianjin	89228	7658	82259	6793	112135	9263
河 北 Hebei	167437	4507	167321	5069	114302	5978
山 西 Shanxi	96967	3647	103638	4321	65720	5230
内蒙古 Inner Mongolia	59902	3410	21899	3276	19665	3817
辽 宁 Liaoning	612043	4201	206614	4714	271603	6382
吉 林 Jilin	108038	4099	71324	4219	256508	9983
黑龙江 Heilongjiang	234028	5073	164062	4819	125721	6453
上 海 Shanghai	156774	12075	153504	9613	185875	13899
江 苏 Jiangsu	369183	6808	228183	6516	222509	7786
浙 江 Zhejiang	154824	7491	88534	6644	82666	7154
安 徽 Anhui	114193	4901	85549	4292	82722	5432
福 建 Fujian	47988	6320	39914	6726	40267	6641
江 西 Jiangxi	129808	4174	50627	7998	101552	5582
山 东 Shandong	258084	5411	209730	5387	189055	7102
河 南 Henan	198040	4421	249702	5059	120502	5045
湖 北 Hubei	196448	4446	121255	4120	360578	6477
湖 南 Hunan	139102	4098	122915	4116	139770	5697
广 东 Guangdong	107006	8845	91493	8619	129904	10520
广 西 Guangxi	67618	5431	42437	5495	55676	6779
海 南 Hainan	2938	4306	5664	3555	6206	6099
重 庆 Chongqing	98761	5440	25974	4186	110845	6386
四 川 Sichuan	191029	6081	119280	5234	185337	6654
贵 州 Guizhou	65133	4646	15589	4509	96551	6546
云 南 Yunnan	48329	6890	27477	6049	30370	6493
西 藏 Tibet	110	7560			1660	4183
陕 西 Shaanxi	102976	4215	100724	4380	171690	5536
甘 肃 Gansu	79952	5567	37917	4952	28160	4784
青 海 Qinghai	24355	5037	2453	3683	6878	3310
宁 夏 Ningxia	22177	7064	14479	5332	1929	4774
新 疆 Xinjiang	14753	6548	19577	6743	16896	5993

3－13 续表7 continued

地 区 Region	电气机械及器材制造业 Electric Equipment and Machinery		电子及通信设备制造业 Electronic and Telecommunications		仪器仪表及文化办公用机械制造业 Instrument Meters, Cultural and Machinery		其他制造业 Other Manufacturing	
	年末人数（人）Formal Employees (year－end, person)	平均工资（元）Average Wages (yuan)	年末人数（人）Formal Employees (year－end, person)	平均工资（元）Average Wages (yuan)	年末人数（人）Formal Employees (year－end, person)	平均工资（元）Average Wages (yuan)	年末人数（人）Formal Employees (year－end, person)	平均工资（元）Average Wages (yuan)
全 国 National	**2270818**	**6385**	**1651704**	**7915**	**791095**	**6174**	**1149216**	**4603**
北 京 Beijing	62262	8711	83658	13340	34123	13033	22903	7854
天 津 Tianjin	79752	5891	80639	10130	40510	5724	26324	3642
河 北 Hebei	68281	5438	26854	5055	15835	3754	28123	3045
山 西 Shanxi	42165	4629	21272	2547	9641	3087	52058	1374
内蒙古 Inner Mongolia	17134	3177	10428	4353	1149	3251	25018	3364
辽 宁 Liaoning	216069	5960	109557	4630	57510	3099	133438	3265
吉 林 Jilin	49903	4504	20702	5761	24736	3886	18687	3419
黑龙江 Heilongjiang	101019	4041	23494	3506	31472	3375	20994	2819
上 海 Shanghai	144535	9676	93723	10280	75749	8929	34712	7148
江 苏 Jiangsu	195211	6577	205960	7370	74654	6799	103589	5195
浙 江 Zhejiang	111599	7562	58829	8064	37501	6958	45088	5946
安 徽 Anhui	70268	5044	25499	5054	19204	4030	46838	3540
福 建 Fujian	53607	8473	69118	9329	20184	7031	100495	8213
江 西 Jiangxi	43630	3842	41458	4678	25617	5125	45873	3669
山 东 Shandong	145310	5865	58048	6328	46058	4787	114887	4012
河 南 Henan	111139	5175	32833	5138	28564	4078	30967	3553
湖 北 Hubei	90076	4155	36322	4961	33567	4275	22264	3321
湖 南 Hunan	102151	4649	39076	4164	19461	3995	22337	2751
广 东 Guangdong	244429	9333	331289	11285	72119	9702	92769	6630
广 西 Guangxi	32401	5194	17054	5612	8369	5019	19649	4334
海 南 Hainan	3472	5314	3238	5391	490	4477	4271	4634
重 庆 Chongqing	46770	4825	19789	4427	35714	5487	8027	3588
四 川 Sichuan	75059	6861	128982	6196	7685	3181	29989	4640
贵 州 Guizhou	21072	4688	25761	4301	7294	4495	7511	4019
云 南 Yunnan	17639	6560	6744	6957	10499	6324	15603	4540
西 藏 Tibet					274	2047	874	7366
陕 西 Shaanxi	76109	5446	61964	7148	35983	6149	29308	3199
甘 肃 Gansu	35329	6108	14438	3705	11559	3165	22519	3207
青 海 Qinghai	1952	3432	1973	3885	487	3359	14632	3775
宁 夏 Ningxia	4574	5379	1176	6309	4943	6178	3571	3296
新 疆 Xinjiang	7901	6627	1826	4093	144	9643	5898	7126

3－14 电力、煤气及水的生产和供应业细分类职工人数和平均工资

FORMAL EMPLOYEES AND AVERAGE WAGES IN ELECTRICITY, GAS AND WATER PRODUCTION AND SUPPLY

(1997)

地　区 Region	轻工业 Light Industry		重工业 Heavy Industry		电力、蒸汽、热水的生产和供应业 Electricity, Steam, Hot Water Production and Supply		煤气生产和供应业 Gas Production and Supply	
	年末人数(人) Formal Employees (year－end, person)	平均工资(元) Average Wages (yuan)	年末人数(人) Formal Employees (year－end, person)	平均工资(元) Average Wages (yuan)	年末人数(人) Formal Employees (year－end, person)	平均工资(元) Average Wages (yuan)	年末人数(人) Formal Employees (year－end, person)	平均工资(元) Average Wages (yuan)
全国总计 National	**523832**	**8399**	**2294582**	**9933**	**2195222**	**10037**	**192951**	**8823**
北　京 Beijing	14067	12950	28056	13568	28056	13568	8102	13216
天　津 Tianjin	5416	11828	26433	11143	16372	11473	10061	10615
河　北 Hebei	21066	7164	120848	9564	117748	9673	7825	7077
山　西 Shanxi	11704	6219	97567	8690	88779	9021	9108	5231
内蒙古 Inner Mongolia	11468	5489	70943	8389	68607	8482	2649	5870
辽　宁 Liaoning	39504	7255	160826	10114	135556	10511	25799	7647
吉　林 Jilin	16840	7633	72864	10409	64180	10691	8446	8523
黑龙江 Heilongjiang	30378	6472	115369	9006	116075	9164	11481	5773
上　海 Shanghai	13614	16097	57212	16967	39540	17746	17672	15224
江　苏 Jiangsu	31623	10376	100684	11495	96223	11853	13427	9849
浙　江 Zhejiang	13110	10874	74016	12845	69334	13046	4649	9964
安　徽 Anhui	21205	6487	59364	9174	60728	9204	5620	6665
福　建 Fujian	11931	9589	59002	11559	57665	11574	1659	11338
江　西 Jiangxi	13364	5296	77460	6706	71110	7155	6841	2516
山　东 Shandong	31404	7170	156650	10278	141987	10618	14663	6903
河　南 Henan	28026	6261	168600	7987	163923	7985	4677	8033
湖　北 Hubei	28499	5998	102982	9709	99507	9919	6747	6227
湖　南 Hunan	20660	7523	83778	9038	82137	9073	2543	7436
广　东 Guangdong	53234	13519	124922	12916	135675	12741	7499	16138
广　西 Guangxi	23749	8563	51815	9043	62851	9227	292	5486
海　南 Hainan	4909	7267	17646	11062	16844	11082	802	10628
重　庆 Chongqing	7463	6514	45027	8078	39692	7881	5335	9547
四　川 Sichuan	29510	7307	119437	8342	125141	8378	7301	7251
贵　州 Guizhou	5764	4886	43902	9728	43060	9796	842	6309
云　南 Yunnan	7710	8074	61203	10094	59401	10078	3702	8970
西　藏 Tibet	2736	10533	2437	9105	4852	9808		
陕　西 Shaanxi	7923	5072	73439	8902	68110	9054	2826	6573
甘　肃 Gansu	7725	7680	47540	9892	49242	9817	161	5057
青　海 Qinghai	2268	7606	11454	12222	11876	12337	93	4774
宁　夏 Ningxia	1887	5580	16561	10150	15824	10340	697	6053
新　疆 Xinjiang	5075	7582	46545	8776	45127	8784	1432	8480

3-15 采掘业职工人员分类构成情况
COMPOSITION OF FORMAL EMPLOYEES IN MINING AND QUARRYING

(1997)

单位：% (%)

地区 Region	合计 Total					国有经济单位 State-owned Units				
	工人和学徒 Workers and Apprentices	工程技术人员 Engineers and Technicians	管理人员 Management Personnel	服务人员 Service Personnel	其他人员 Others	工人和学徒 Workers and Apprentices	工程技术人员 Engineers and Technicians	管理人员 Management Personnel	服务人员 Service Personnel	其他人员 Others
全国总计 National	**60.0**	**4.1**	**8.7**	**14.5**	**12.6**	**58.8**	**4.2**	**8.8**	**15.5**	**12.6**
北京 Beijing	58.1	3.3	6.7	19.9	12.0	57.8	3.2	6.7	20.1	12.2
天津 Tianjin	56.9	10.0	16.5	9.4	7.2	56.9	10.0	16.5	9.4	7.2
河北 Hebei	65.2	3.3	7.2	15.8	8.6	64.4	3.3	7.2	16.2	8.8
山西 Shanxi	63.2	3.3	8.4	16.3	8.8	60.6	3.2	8.6	18.0	9.6
内蒙古 Inner Mongolia	59.7	3.6	9.4	16.5	10.9	58.0	3.5	9.6	17.3	11.6
辽宁 Liaoning	60.0	3.3	7.7	11.9	17.1	56.6	3.9	8.2	14.2	17.1
吉林 Jilin	55.2	3.7	7.7	15.3	18.2	53.1	3.8	7.7	16.1	19.3
黑龙江 Heilongjiang	57.0	3.9	7.5	13.5	18.2	57.0	4.2	7.8	15.0	16.0
上海 Shanghai	31.8	27.1	27.9	6.2	7.1	27.7	28.6	30.0	7.2	6.5
江苏 Jiangsu	56.3	3.5	6.8	16.1	17.2	55.8	3.7	7.0	15.9	17.6
浙江 Zhejiang	66.1	3.8	10.1	10.5	9.6	64.6	3.9	10.3	11.1	10.2
安徽 Anhui	64.6	3.0	6.8	15.8	9.8	62.3	3.0	6.5	18.1	10.0
福建 Fujian	67.0	5.1	12.3	8.0	7.7	66.9	5.0	12.1	8.1	7.8
江西 Jiangxi	61.6	3.4	8.0	9.7	17.4	60.6	3.4	8.0	10.0	18.0
山东 Shandong	54.9	4.9	9.2	17.5	13.4	53.3	5.0	9.3	18.5	13.8
河南 Henan	61.4	3.9	9.4	15.5	6.8	63.1	3.9	9.5	16.3	7.0
湖北 Hubei	59.8	6.0	12.0	12.5	9.7	58.6	6.1	12.2	12.9	10.2
湖南 Hunan	61.7	3.0	8.0	11.1	16.2	61.0	3.0	8.0	11.3	16.7
广东 Guangdong	58.1	6.1	11.6	10.3	13.9	56.2	6.2	11.6	10.9	15.0
广西 Guangxi	64.1	3.6	11.1	12.5	8.7	62.9	3.7	10.8	13.2	9.4
海南 Hainan	70.6	5.0	10.4	10.6	3.4	70.2	5.0	10.3	10.9	3.5
重庆 Chongqing	64.2	2.7	8.0	12.7	12.4	63.0	2.7	8.1	13.3	12.8
四川 Sichuan	62.6	4.1	10.5	11.7	11.1	62.0	4.2	10.3	12.3	11.2
贵州 Guizhou	62.6	4.1	11.7	14.2	7.3	61.9	4.1	11.8	14.6	7.5
云南 Yunnan	64.4	5.2	11.1	12.3	7.1	63.1	5.2	11.4	13.0	7.3
西藏 Tibet	74.3	2.9	9.4	7.8	5.6	80.3	2.3	9.7	4.7	3.0
陕西 Shaanxi	59.4	4.1	9.1	14.2	13.2	58.9	4.1	9.0	14.4	13.7
甘肃 Gansu	57.2	5.7	9.8	18.7	8.7	57.2	5.9	9.8	18.4	8.8
青海 Qinghai	71.2	6.8	8.5	7.8	5.7	70.9	6.9	8.5	7.9	5.8
宁夏 Ningxia	63.9	3.6	7.2	18.7	6.5	64.1	3.6	7.0	20.7	4.5
新疆 Xinjiang	53.1	9.6	10.3	21.6	5.4	52.2	9.8	10.4	22.4	5.2

3－15 续表1 continued

单位：% (%)

地区 Region	城镇集体经济单位 Urban Collective－owned Units					其他经济单位 Other Ownership Units				
	工人和学徒 Workers and Appren－tices	工程技术人员 Engin－eers and Techn－icians	管理人员 Mana－gement Perso－nnel	服务人员 Service Perso－nnel	其他人员 Others	工人和学徒 Workers and Appren－tices	工程技术人员 Engin－eers and Techn－icians	管理人员 Mana－gement Perso－nnel	服务人员 Service Perso－nnel	其他人员 Others
全国总计 National	**71.5**	**2.5**	**7.0**	**4.8**	**14.2**	**75.3**	**5.0**	**10.7**	**5.8**	**3.1**
北京 Beijing	91.0	1.9	6.1		1.1	38.3	42.2	11.7	7.8	
天津 Tianjin	77.9		18.6		3.5					
河北 Hebei	87.5	1.4	6.4	2.7	2.0	81.6	3.1	11.6	3.4	0.3
山西 Shanxi	80.5	3.9	6.5	5.3	3.8	73.3	5.5	11.9	8.3	1.1
内蒙古 Inner Mongolia	81.7	3.7	7.3	6.0	1.4	79.1	3.3	10.2	3.7	3.7
辽宁 Liaoning	72.7	1.0	5.8	2.9	17.6	77.3	3.1	10.0	6.1	3.5
吉林 Jilin	88.2	2.0	6.3	1.9	1.6	80.7	7.3	8.9	1.7	1.4
黑龙江 Heilongjiang	56.4	1.7	5.1	2.2	34.6	77.0	6.8	11.0	2.0	3.1
上海 Shanghai						56.3	17.7	15.6		10.4
江苏 Jiangsu	59.2	1.6	5.6	18.9	14.7	90.1	2.1	3.7	3.5	0.5
浙江 Zhejiang	89.0	1.3	6.5	1.9	1.3	84.0	5.1	9.5	1.4	
安徽 Anhui	78.6	2.6	8.4	1.6	8.7	69.3	8.8	14.8	5.7	1.5
福建 Fujian	80.2	4.7	11.3	2.1	1.7	62.2	6.6	16.0	8.0	7.3
江西 Jiangxi	77.1	2.9	8.0	4.9	7.0	72.0	7.0	8.3	10.5	2.2
山东 Shandong	72.0	3.4	7.9	7.7	9.0	67.9	3.2	10.4	12.1	6.5
河南 Henan	78.6	2.7	8.5	5.7	4.5	83.4	4.4	8.0	3.5	0.7
湖北 Hubei	81.6	5.0	8.5	3.0	1.9	84.2	3.3	8.6	3.6	0.2
湖南 Hunan	80.9	4.8	8.4	4.4	1.6	81.6	5.9	9.5	2.0	1.0
广东 Guangdong	80.5	4.1	11.1	2.7	1.5	69.5	8.6	14.6	5.3	2.0
广西 Guangxi	81.4	2.4	11.2	3.7	1.4	65.0	4.6	22.5	6.7	1.3
海南 Hainan	85.8	2.5	9.9	0.3	1.4	62.4	9.5	21.7	6.3	
重庆 Chongqing	78.7	0.4	5.0	5.1	10.8	73.4	8.8	10.4	7.1	0.2
四川 Sichuan	64.6	3.4	13.6	6.9	11.5	76.0	3.8	10.0	5.2	4.9
贵州 Guizhou	83.5	2.6	12.0	0.7	1.2	85.3	6.5	7.4	0.7	0.1
云南 Yunnan	81.9	4.6	6.9	2.7	3.8	64.5	7.4	15.4	3.6	9.1
西藏 Tibet	39.7	5.9	8.6	25.2	20.7	85.2	6.5	3.7	2.8	1.9
陕西 Shaanxi	70.6	2.4	15.2	8.9	3.0	71.8	5.7	10.0	10.9	1.7
甘肃 Gansu	55.9	2.9	9.0	24.8	7.4	68.4	2.9	15.9	11.2	1.5
青海 Qinghai	84.5	2.3	10.9	2.2		78.6	15.7	5.7		
宁夏 Ningxia	62.5	3.4	8.5	8.2	17.3	87.9	5.0	6.5	0.5	
新疆 Xinjiang	78.6	3.2	8.2	1.3	8.7	64.0	4.1	7.8	2.4	21.7

3－15 续表2 continued

单位：% （%）

地 区 Region	轻工业 Light Industry					重工业 Heavy Industry				
	工人和学徒 Workers and Appren－tices	工程技术人员 Engin－eers and Techn－icians	管理人员 Mana－gement Perso－nnel	服务人员 Service Perso－nnel	其他人员 Others	工人和学徒 Workers and Appren－tices	工程技术人员 Engin－eers and Techn－icians	管理人员 Mana－gement Perso－nnel	服务人员 Service Perso－nnel	其他人员 Others
全国总计 National	**61.4**	**3.0**	**8.0**	**10.0**	**17.7**	**60.0**	**4.2**	**8.7**	**14.8**	**12.3**
北 京 Beijing						58.1	3.3	6.7	19.9	12.0
天 津 Tianjin	68.7	3.0	8.0	13.3	7.0	54.6	11.4	18.1	8.6	7.2
河 北 Hebei	74.2	5.4	11.8	6.0	2.6	64.8	3.2	7.0	16.2	8.8
山 西 Shanxi	38.9	8.2	9.7		43.2	63.3	3.3	8.4	16.3	8.8
内蒙古 Inner Mongolia	68.2	2.5	10.3	14.9	4.0	59.6	3.6	9.4	16.5	11.0
辽 宁 Liaoning	66.4	2.4	7.3	10.7	13.3	59.8	3.3	7.7	11.9	17.3
吉 林 Jilin						55.2	3.7	7.7	15.3	18.2
黑龙江 Heilongjiang	55.1	2.0	5.0	11.5	26.4	57.3	4.2	7.9	13.8	16.9
上 海 Shanghai						31.8	27.1	27.9	6.2	7.1
江 苏 Jiangsu	59.9	2.2	7.4	7.4	23.1	55.7	3.7	6.7	17.6	16.2
浙 江 Zhejiang	78.2	2.4	9.4	4.1	5.9	65.4	3.9	10.1	10.8	9.8
安 徽 Anhui	71.2	8.4	13.8	3.6	3.0	64.3	2.8	6.6	16.2	10.0
福 建 Fujian	80.8	2.3	8.6	4.5	3.8	64.2	5.6	13.0	8.7	8.4
江 西 Jiangxi	52.4	4.6	5.2	3.8	34.0	61.8	3.4	8.0	9.8	17.0
山 东 Shandong	72.1	3.6	11.4	7.0	5.9	54.5	4.9	9.2	17.8	13.6
河 南 Henan	81.5	2.8	13.7	2.0		64.3	3.9	9.4	15.5	6.8
湖 北 Hubei	73.1	5.5	11.0	7.4	2.9	58.7	6.0	12.1	12.9	10.3
湖 南 Hunan	74.4	5.5	9.6	9.5	1.1	61.5	3.0	8.0	11.1	16.4
广 东 Guangdong	66.4	2.8	9.0	5.7	16.0	56.5	6.7	12.1	11.2	13.5
广 西 Guangxi	58.3	2.8	10.7	13.9	14.3	66.6	4.0	11.2	11.9	6.2
海 南 Hainan	64.4	1.5	10.8	13.8	9.4	72.0	5.8	10.3	9.9	2.1
重 庆 Chongqing	70.1	7.8	9.5	5.2	7.4	64.0	2.6	8.0	12.9	12.5
四 川 Sichuan	59.6	3.0	10.4	9.4	17.5	63.1	4.3	10.5	12.1	10.0
贵 州 Guizhou						62.6	4.1	11.7	14.2	7.3
云 南 Yunnan	70.8	4.4	10.2	11.8	2.9	63.9	5.2	11.2	12.3	7.3
西 藏 Tibet	14.7	9.4	10.0	39.7	26.1	80.6	2.2	9.3	4.4	3.5
陕 西 Shaanxi	71.4	13.7	12.0	2.9		59.3	4.1	9.1	14.2	13.3
甘 肃 Gansu	50.2	5.4	10.6	19.8	14.1	57.5	5.7	9.7	18.7	8.4
青 海 Qinghai	84.8	1.9	11.3	2.0		70.9	6.9	8.4	7.9	5.8
宁 夏 Ningxia		60.0	40.0			63.9	3.6	7.2	18.7	6.5
新 疆 Xinjiang	67.7	7.1	14.4	9.3	1.4	52.8	9.6	10.2	21.9	5.5

3－16 制造业职工人员分类构成情况

COMPOSITION OF FORMAL EMPLOYEES IN MANUFACTURING

(1997)

单位：%　　　　(%)

地 区 Region		合计 Total				国有经济单位 State－owned Units				
		工人和学徒 Workers and Appren－tices	工程技术人员 Engin－eers and Techn－icians	管理人员 Mana－gement Perso－nnel	服务人员 Service Perso－nnel	其他人员 Others	工人和学徒 Workers and Appren－tices	工程技术人员 Engin－eers and Techn－icians	管理人员 Mana－gement Perso－nnel	服务人员 Service Perso－nnel	其他人员 Others
全国总计	**National**	**67.8**	**6.2**	**10.2**	**5.9**	**9.9**	**64.9**	**6.6**	**10.2**	**7.3**	**11.0**
北　京	Beijing	61.9	8.9	12.0	8.4	8.8	60.5	9.1	11.5	9.8	9.1
天　津	Tianjin	56.7	5.5	10.1	4.8	22.9	52.5	5.5	9.7	5.4	26.9
河　北	Hebei	72.8	5.9	9.6	6.1	5.6	70.8	6.1	9.8	7.4	6.0
山　西	Shanxi	69.1	6.2	10.8	7.7	6.2	67.0	6.6	10.9	8.7	6.8
内蒙古	Inner Mongolia	72.0	5.6	9.7	6.7	6.0	69.0	6.3	9.8	8.3	6.7
辽　宁	Liaoning	63.6	5.1	9.4	5.6	16.4	60.3	5.9	9.7	7.3	16.8
吉　林	Jilin	70.6	4.9	9.3	5.5	9.7	67.0	5.6	9.5	6.8	11.0
黑龙江	Heilongjiang	52.5	5.1	8.1	4.8	29.6	49.2	5.7	8.1	6.4	30.6
上　海	Shanghai	60.6	7.3	12.3	8.1	11.6	58.6	7.0	12.2	9.9	12.3
江　苏	Jiangsu	61.2	6.8	10.2	5.5	16.4	58.1	7.4	10.2	6.5	17.8
浙　江	Zhejiang	70.2	5.7	11.3	5.2	7.6	67.4	5.8	10.6	6.4	9.7
安　徽	Anhui	70.9	6.0	9.4	5.1	8.5	68.8	6.6	9.8	6.1	8.6
福　建	Fujian	77.1	5.1	9.6	3.5	4.8	69.0	6.7	10.0	5.5	8.8
江　西	Jiangxi	71.5	5.6	9.5	5.1	8.3	69.4	5.8	9.7	5.9	9.2
山　东	Shandong	70.7	6.7	10.6	5.9	6.2	67.8	7.0	10.9	7.0	7.3
河　南	Henan	73.4	6.5	10.4	5.6	4.1	71.2	6.7	10.5	6.8	4.9
湖　北	Hubei	68.2	6.8	9.9	6.7	8.4	65.3	7.0	10.1	7.9	9.8
湖　南	Hunan	70.2	6.4	10.3	6.1	7.0	68.2	6.7	10.3	7.1	7.7
广　东	Guangdong	76.2	6.0	10.3	4.2	3.3	70.6	6.8	11.0	6.6	5.0
广　西	Guangxi	71.9	6.6	11.0	6.2	4.3	70.6	6.7	10.9	7.0	4.9
海　南	Hainan	74.8	6.8	11.6	4.2	2.6	76.0	6.2	10.8	4.8	2.3
重　庆	Chongqing	63.2	5.7	9.7	6.4	15.1	60.6	6.1	9.5	7.6	16.2
四　川	Sichuan	67.2	6.9	10.0	6.9	8.9	65.0	7.2	9.9	7.5	10.4
贵　州	Guizhou	68.4	7.0	11.1	7.1	6.5	65.7	7.2	11.3	8.3	7.5
云　南	Yunnan	69.4	7.0	11.5	8.2	3.9	68.1	7.0	11.4	9.7	3.8
西　藏	Tibet	73.8	5.4	9.8	5.1	6.0	63.6	5.6	12.4	7.2	11.2
陕　西	Shaanxi	65.8	7.1	10.3	7.2	9.5	63.2	7.4	10.2	8.1	11.0
甘　肃	Gansu	69.9	6.2	10.5	8.7	4.7	68.5	6.7	10.7	9.1	5.0
青　海	Qinghai	73.2	5.8	10.5	6.3	4.2	71.7	6.1	10.7	6.7	4.8
宁　夏	Ningxia	75.0	5.6	10.2	5.6	3.6	73.7	6.1	10.0	6.2	4.0
新　疆	Xinjiang	72.9	5.8	10.9	7.0	3.4	72.0	5.7	10.7	7.8	3.8

3－16 续表1 continued

单位：% (%)

地区 Region	城镇集体经济单位 Urban Collective－owned Units					其他经济单位 Other Ownership Units				
	工人和学徒 Workers and Apprentices	工程技术人员 Engineers and Technicians	管理人员 Management Personnel	服务人员 Service Personnel	其他人员 Others	工人和学徒 Workers and Apprentices	工程技术人员 Engineers and Technicians	管理人员 Management Personnel	服务人员 Service Personnel	其他人员 Others
全国总计 National	**71.4**	**4.6**	**9.6**	**3.6**	**10.7**	**73.0**	**7.1**	**10.7**	**4.4**	**4.9**
北京 Beijing	64.3	6.5	12.3	6.3	10.6	64.8	10.5	13.4	4.9	6.3
天津 Tianjin	56.9	3.2	9.1	3.4	27.4	67.5	7.6	12.4	4.4	8.1
河北 Hebei	76.7	4.8	9.1	3.4	6.0	75.8	6.9	9.9	4.6	2.8
山西 Shanxi	75.1	4.6	10.3	5.0	4.9	71.4	7.4	10.9	5.8	4.3
内蒙古 Inner Mongolia	77.4	3.7	9.4	4.0	5.5	78.4	5.4	10.1	3.4	2.8
辽宁 Liaoning	68.3	3.2	8.5	2.8	17.2	66.9	6.1	10.5	4.7	11.7
吉林 Jilin	76.8	2.9	8.5	3.3	8.5	73.3	7.2	10.2	4.2	5.1
黑龙江 Heilongjiang	54.7	3.2	7.7	1.8	32.6	66.4	6.7	8.5	3.8	14.5
上海 Shanghai	60.7	3.4	10.6	4.6	20.7	64.6	10.3	13.6	6.5	5.0
江苏 Jiangsu	62.6	5.1	9.8	4.1	18.3	67.7	8.2	11.0	4.7	8.4
浙江 Zhejiang	73.4	4.7	11.7	3.5	6.7	71.0	7.0	12.0	5.4	4.7
安徽 Anhui	73.4	4.4	8.6	3.6	10.1	74.0	7.1	9.6	4.4	4.9
福建 Fujian	78.3	4.1	10.4	2.6	4.6	81.5	4.4	9.1	2.5	2.5
江西 Jiangxi	77.3	4.7	8.9	2.5	6.5	77.7	6.4	9.3	3.1	3.5
山东 Shandong	73.4	6.2	10.2	4.5	5.6	75.6	6.2	10.3	4.4	3.5
河南 Henan	78.6	5.7	10.2	2.8	2.7	74.9	6.9	10.4	4.8	3.0
湖北 Hubei	74.9	5.6	9.2	4.4	5.9	69.8	7.8	10.6	5.6	6.2
湖南 Hunan	75.7	5.2	9.9	3.7	5.5	72.0	7.6	12.1	3.9	4.4
广东 Guangdong	78.4	4.9	9.8	2.8	4.1	79.4	6.1	10.0	3.1	1.5
广西 Guangxi	77.7	4.7	11.7	3.2	2.6	72.7	8.4	10.9	5.3	2.7
海南 Hainan	81.4	4.0	10.5	1.7	2.5	67.9	10.1	14.4	4.2	3.4
重庆 Chongqing	69.4	3.5	9.4	3.3	14.3	66.2	7.8	11.4	5.0	9.6
四川 Sichuan	72.9	5.1	10.4	5.3	6.2	68.9	8.0	9.9	6.6	6.5
贵州 Guizhou	78.6	5.7	10.3	2.8	2.6	76.7	7.3	10.5	2.4	3.0
云南 Yunnan	73.9	5.7	11.7	4.3	4.5	70.6	9.3	12.2	4.3	3.6
西藏 Tibet	82.2	5.5	7.8	3.5	1.0	89.3	4.4	4.7	1.4	0.2
陕西 Shaanxi	79.7	4.4	9.8	3.0	3.1	65.6	10.5	15.0	5.6	3.3
甘肃 Gansu	75.3	4.3	9.5	7.1	3.8	74.2	6.3	10.0	7.2	2.3
青海 Qinghai	78.4	4.7	10.3	4.6	2.1	81.4	5.6	6.3	5.5	1.3
宁夏 Ningxia	79.7	3.7	10.9	3.1	2.5	76.4	5.3	10.2	5.3	2.9
新疆 Xinjiang	76.4	5.2	11.1	5.2	2.0	72.4	9.9	11.8	3.1	2.9

3－16 续表2 continued

单位：%　　　　　　　　　　　　　　　　　　　　　　　　　　　　　　　　　　　　　　(%)

地区 Region	轻工业 Light Industry					重工业 Heavy Industry				
	工人和学徒 Workers and Apprentices	工程技术人员 Engineers and Technicians	管理人员 Management Personnel	服务人员 Service Personnel	其他人员 Others	工人和学徒 Workers and Apprentices	工程技术人员 Engineers and Technicians	管理人员 Management Personnel	服务人员 Service Personnel	其他人员 Others
全国总计 National	**71.1**	**5.2**	**9.4**	**4.5**	**9.9**	**64.8**	**7.1**	**10.9**	**7.3**	**10.0**
北京 Beijing	64.5	6.3	11.7	7.1	10.3	60.3	10.5	12.2	9.1	8.0
天津 Tianjin	55.1	3.6	9.0	4.0	28.3	58.2	7.2	11.2	5.5	17.9
河北 Hebei	76.8	5.2	8.9	4.7	4.3	69.6	6.4	10.2	7.2	6.6
山西 Shanxi	73.9	5.1	10.0	5.6	5.3	66.8	6.7	11.1	8.7	6.6
内蒙古 Inner Mongolia	76.1	5.0	9.4	4.4	5.1	68.4	6.1	9.9	8.8	6.8
辽宁 Liaoning	66.2	3.6	8.2	4.0	18.0	62.4	5.8	9.9	6.3	15.6
吉林 Jilin	74.4	4.3	8.9	3.7	8.7	67.9	5.4	9.6	6.7	10.4
黑龙江 Heilongjiang	50.4	4.3	7.3	3.1	34.9	54.1	5.7	8.7	6.2	25.3
上海 Shanghai	62.0	5.7	12.0	7.0	13.3	59.5	8.7	12.6	9.0	10.2
江苏 Jiangsu	63.3	5.5	9.1	4.9	17.2	58.7	8.2	11.4	6.1	15.5
浙江 Zhejiang	72.3	4.9	10.5	4.8	7.5	67.1	6.9	12.3	5.8	7.9
安徽 Anhui	73.8	5.5	8.6	4.0	8.1	67.2	6.7	10.5	6.6	9.0
福建 Fujian	80.3	4.0	8.8	2.6	4.3	70.3	7.5	11.1	5.3	5.7
江西 Jiangxi	74.8	5.1	8.6	3.7	7.8	68.3	6.0	10.5	6.4	8.9
山东 Shandong	74.5	5.7	9.7	4.7	5.5	65.8	7.9	11.8	7.4	7.1
河南 Henan	77.4	6.1	9.2	4.1	3.2	69.9	6.9	11.5	6.9	4.8
湖北 Hubei	71.4	6.1	8.9	4.9	8.8	65.5	7.3	10.8	8.3	8.1
湖南 Hunan	75.5	5.3	9.1	4.4	5.6	66.5	7.2	11.1	7.3	7.9
广东 Guangdong	78.5	5.0	9.8	3.4	3.2	72.1	7.9	11.2	5.5	3.3
广西 Guangxi	74.7	5.7	10.6	5.3	3.7	68.7	7.6	11.4	7.3	5.0
海南 Hainan	75.6	6.4	11.5	3.9	2.5	73.3	7.5	11.7	4.9	2.6
重庆 Chongqing	65.7	4.5	8.7	4.0	17.1	61.4	6.5	10.3	8.0	13.7
四川 Sichuan	70.4	6.1	9.3	5.1	9.1	64.5	7.6	10.6	8.5	8.8
贵州 Guizhou	73.2	6.1	10.7	4.7	5.3	66.2	7.4	11.2	8.2	7.0
云南 Yunnan	72.4	6.5	11.3	6.4	3.4	67.3	7.3	11.6	9.4	4.3
西藏 Tibet	72.8	5.6	9.2	5.6	6.7	79.2	4.3	12.6	2.3	1.6
陕西 Shaanxi	72.2	5.2	9.1	5.3	8.2	61.7	8.3	11.2	8.5	10.3
甘肃 Gansu	76.7	5.0	10.0	4.5	3.8	67.1	6.7	10.7	10.4	5.1
青海 Qinghai	77.4	5.1	9.4	5.5	2.6	71.1	6.2	11.1	6.6	5.0
宁夏 Ningxia	77.7	4.4	10.0	4.8	3.1	73.7	6.2	10.3	6.0	3.8
新疆 Xinjiang	76.4	4.9	9.8	5.8	3.2	68.2	7.1	12.3	8.7	3.6

3-17 电力、煤气及水的生产和供应业职工人员分类构成情况

COMPOSITION OF FORMAL EMPLOYEES IN ELECTRICITY, GAS AND WATER PRODUCTION AND SUPPLY

(1997)

单位：%

(%)

地区 Region	合计 Total					国有经济单位 State-owned Units				
	工人和学徒 Workers and Apprentices	工程技术人员 Engineers and Technicians	管理人员 Management Personnel	服务人员 Service Personnel	其他人员 Others	工人和学徒 Workers and Apprentices	工程技术人员 Engineers and Technicians	管理人员 Management Personnel	服务人员 Service Personnel	其他人员 Others
全国总计 National	**67.1**	**10.5**	**12.3**	**6.6**	**3.5**	**66.9**	**10.6**	**12.4**	**6.6**	**3.5**
北京 Beijing	65.7	10.3	12.6	6.4	5.0	65.5	10.2	12.7	6.5	5.1
天津 Tianjin	68.1	10.2	14.1	4.8	2.9	67.9	10.4	14.1	4.8	2.8
河北 Hebei	69.7	10.2	11.6	6.3	2.3	69.2	10.4	11.7	6.2	2.4
山西 Shanxi	65.6	9.6	13.0	7.1	4.7	64.9	9.8	13.2	7.3	4.7
内蒙古 Inner Mongolia	67.7	8.3	12.4	6.8	4.7	67.5	8.3	12.4	7.0	4.9
辽宁 Liaoning	69.5	8.1	11.8	6.1	4.4	68.8	8.7	12.5	6.2	3.9
吉林 Jilin	67.7	10.9	12.3	5.9	3.2	67.1	11.3	12.6	5.6	3.3
黑龙江 Heilongjiang	67.9	8.7	12.9	6.3	4.3	67.5	8.8	12.9	6.4	4.4
上海 Shanghai	58.7	10.3	12.9	8.8	9.3	60.1	10.2	13.2	9.1	7.4
江苏 Jiangsu	68.0	11.0	10.9	6.2	4.0	68.1	10.9	10.9	6.1	4.0
浙江 Zhejiang	62.6	10.4	13.1	6.9	7.0	61.6	10.6	13.3	7.0	7.5
安徽 Anhui	66.6	12.4	12.2	6.6	2.2	66.3	12.5	12.3	6.7	2.2
福建 Fujian	66.3	12.8	11.8	5.2	3.8	66.5	12.5	11.8	5.1	4.1
江西 Jiangxi	69.0	7.8	11.9	5.4	5.9	68.7	7.9	12.0	5.5	6.0
山东 Shandong	64.8	11.9	13.0	7.6	2.7	64.5	12.1	13.0	7.5	2.8
河南 Henan	68.3	10.5	12.2	7.3	1.7	67.6	10.8	12.4	7.5	1.6
湖北 Hubei	67.2	10.1	12.7	7.4	2.7	67.1	10.1	12.7	7.4	2.7
湖南 Hunan	69.8	9.7	12.3	5.9	2.2	70.4	9.6	12.3	5.7	2.0
广东 Guangdong	66.3	12.5	12.0	6.0	3.2	66.8	11.9	12.0	5.7	3.7
广西 Guangxi	70.3	10.8	11.5	4.9	2.4	70.5	10.9	11.4	5.0	2.2
海南 Hainan	72.5	7.9	11.3	5.8	2.5	73.8	7.2	10.9	5.8	2.3
重庆 Chongqing	70.5	8.5	11.4	6.3	3.2	70.4	8.5	11.6	6.1	3.4
四川 Sichuan	64.9	12.3	13.4	6.2	3.2	65.3	11.8	13.4	6.2	3.3
贵州 Guizhou	67.0	14.2	11.9	5.1	1.9	66.8	14.3	11.8	5.0	1.9
云南 Yunnan	64.6	12.4	12.6	8.7	1.7	63.0	12.8	13.0	9.4	1.8
西藏 Tibet	59.5	10.0	14.5	9.1	6.9	59.5	10.0	14.5	9.1	6.9
陕西 Shaanxi	66.4	12.2	11.4	7.4	2.6	67.0	11.9	11.4	7.2	2.5
甘肃 Gansu	65.6	10.6	11.7	8.4	3.7	65.0	11.1	12.2	7.7	4.0
青海 Qinghai	66.2	12.0	15.0	5.0	1.8	66.2	12.0	15.0	5.0	1.8
宁夏 Ningxia	65.1	10.4	12.0	9.3	3.3	63.7	10.8	12.0	10.0	3.5
新疆 Xinjiang	67.3	10.3	13.0	7.4	2.0	67.2	10.3	13.1	7.4	2.0

3－17 续表1 continued

单位：%　　　　　　　　　　　　　　　　　　　　　　　　　　　　　　　　　　　(%)

地区 Region	城镇集体经济单位 Urban Collective－owned Units					其他经济单位 Other Ownership Units				
	工人和学徒 Workers and Appren－tices	工程技术人员 Engin－eers and Techn－icians	管理人员 Mana－gement Perso－nnel	服务人员 Service Perso－nnel	其他人员 Others	工人和学徒 Workers and Appren－tices	工程技术人员 Engin－eers and Techn－icians	管理人员 Mana－gement Perso－nnel	服务人员 Service Perso－nnel	其他人员 Others
全国总计 National	**73.0**	**7.1**	**9.5**	**5.6**	**4.9**	**66.0**	**12.3**	**12.0**	**7.3**	**2.4**
北京 Beijing	78.0	9.8	10.5	1.7		68.5	27.4	4.1		
天津 Tianjin	38.6	5.3	20.2	36.0		73.1	6.9	13.1	2.3	4.6
河北 Hebei	85.3	5.0	5.8	3.3	0.7	69.8	7.7	11.8	10.5	0.2
山西 Shanxi	74.1	7.2	10.3	2.9	5.5	75.8	6.0	10.4	5.1	2.7
内蒙古 Inner Mongolia	66.7	11.2	11.6	10.5		72.2	8.6	12.7	4.5	2.1
辽宁 Liaoning	79.4	3.3	6.6	5.7	4.9	63.1	8.3	11.4	6.4	10.8
吉林 Jilin	79.1	3.4	6.2	11.3	0.1	71.7	11.0	14.8	2.5	
黑龙江 Heilongjiang	79.8	6.5	9.4	3.3	1.0	55.8	13.3	20.8	5.3	4.7
上海 Shanghai	42.6	8.2	8.1	5.4	35.7	50.2	19.6	17.2	11.3	1.7
江苏 Jiangsu	67.4	7.8	12.4	5.4	7.1	67.2	14.9	9.0	8.2	0.8
浙江 Zhejiang	72.0	6.0	11.1	6.1	4.8	70.7	11.3	11.7	5.2	1.1
安徽 Anhui	69.9	12.9	8.5	3.0	5.7	78.8	7.0	10.8	3.4	
福建 Fujian	80.2	6.5	9.8	3.3	0.2	62.2	16.5	12.4	6.9	2.1
江西 Jiangxi	82.4	6.2	8.8	2.1	0.5	53.6	14.5	23.9	4.8	3.1
山东 Shandong	69.8	8.8	12.6	5.3	3.5	69.2	7.1	13.3	10.0	0.4
河南 Henan	74.5	8.1	8.4	4.3	4.7	73.4	7.9	11.1	6.3	1.2
湖北 Hubei	65.6	7.4	15.7	7.4	3.9	75.5	10.9	8.8	4.4	0.3
湖南 Hunan	64.2	8.4	11.3	8.0	8.2	38.1	16.7	15.6	19.9	9.8
广东 Guangdong	74.0	8.3	10.8	6.1	0.8	58.0	19.8	12.8	7.7	1.7
广西 Guangxi	62.7	6.8	13.9	4.0	12.6	65.3	11.0	13.9	5.3	4.6
海南 Hainan	70.2	13.3	14.8	0.7	0.9	69.7	8.8	11.9	6.3	3.3
重庆 Chongqing	74.1	4.1	11.5	9.9	0.5	70.5	9.7	10.0	7.2	2.7
四川 Sichuan	59.9	15.4	14.1	3.5	7.0	63.7	14.8	13.0	7.3	1.2
贵州 Guizhou	75.5	2.3	15.3	5.8	1.0	68.4	9.3	12.1	10.2	
云南 Yunnan	76.9	10.6	7.7	3.5	1.3	76.0	6.8	12.8	4.2	0.2
西藏 Tibet										
陕西 Shaanxi	72.2	16.5	11.4			38.4	24.6	12.7	18.2	6.2
甘肃 Gansu	73.8	4.1	4.7	16.7	0.7	60.0	10.0	15.0	15.0	
青海 Qinghai										
宁夏 Ningxia	79.3	5.6	14.9	0.2		97.2	2.4		0.4	
新疆 Xinjiang	76.7	5.5	11.1	4.9	1.7	71.4	14.3	14.3		

3－17 续表2 continued

单位：%　　　　　　　　　　　　　　　　　　　　　　　　　　　　　　　　(%)

地区 Region	轻工业 Light Industry					重工业 Heavy Industry				
	工人和学徒 Workers and Apprentices	工程技术人员 Engineers and Technicians	管理人员 Management Personnel	服务人员 Service Personnel	其他人员 Others	工人和学徒 Workers and Apprentices	工程技术人员 Engineers and Technicians	管理人员 Management Personnel	服务人员 Service Personnel	其他人员 Others
全国总计 National	**69.2**	**9.2**	**13.2**	**5.5**	**2.9**	**66.6**	**10.9**	**12.1**	**6.9**	**3.6**
北京 Beijing	69.8	10.1	12.8	6.1	1.1	63.6	10.4	12.5	6.5	6.9
天津 Tianjin	73.1	4.6	11.9	4.8	5.5	67.1	11.3	14.5	4.8	2.3
河北 Hebei	71.7	8.3	13.9	4.9	1.2	69.3	10.5	11.2	6.6	2.4
山西 Shanxi	66.7	9.3	14.8	5.0	4.1	65.5	9.6	12.8	7.3	4.8
内蒙古 Inner Mongolia	67.6	7.1	16.6	6.8	2.0	67.7	8.5	11.8	6.9	5.1
辽宁 Liaoning	72.6	6.9	11.6	5.2	3.7	68.8	8.4	11.9	6.4	4.5
吉林 Jilin	72.4	6.2	13.2	5.2	2.9	66.7	12.0	12.2	6.0	3.2
黑龙江 Heilongjiang	67.5	8.5	12.4	5.9	5.7	68.0	8.7	13.0	6.4	3.9
上海 Shanghai	61.1	7.8	14.2	8.3	8.6	58.1	10.9	12.6	9.0	9.5
江苏 Jiangsu	71.5	10.4	11.4	5.1	1.6	66.8	11.2	10.7	6.6	4.7
浙江 Zhejiang	61.7	11.4	17.7	6.3	2.7	62.7	10.2	12.3	6.9	7.8
安徽 Anhui	71.3	10.7	12.6	4.2	1.1	64.9	13.0	12.0	7.4	2.6
福建 Fujian	69.1	6.6	13.4	4.1	6.8	65.8	14.1	11.5	5.5	3.2
江西 Jiangxi	74.1	8.0	12.7	3.5	1.7	68.1	7.8	11.8	5.7	6.6
山东 Shandong	64.6	11.7	14.5	6.4	2.8	64.9	11.9	12.7	7.8	2.7
河南 Henan	69.7	8.9	12.9	6.7	1.8	68.1	10.8	12.1	7.4	1.6
湖北 Hubei	69.4	8.8	13.2	5.6	3.0	66.6	10.5	12.5	7.8	2.6
湖南 Hunan	71.5	8.4	13.0	5.0	2.1	69.3	10.0	12.2	6.2	2.3
广东 Guangdong	67.9	11.5	12.9	5.9	1.8	65.7	12.9	11.6	6.0	3.8
广西 Guangxi	72.6	8.8	11.3	4.6	2.7	69.3	11.8	11.6	5.1	2.3
海南 Hainan	77.0	5.1	10.8	5.4	1.8	71.2	8.7	11.5	5.9	2.8
重庆 Chongqing	71.2	5.7	14.4	3.9	4.9	70.4	9.0	10.9	6.7	2.9
四川 Sichuan	66.5	9.3	14.8	6.5	2.8	64.5	13.0	13.1	6.1	3.3
贵州 Guizhou	70.5	9.3	16.8	2.3	1.1	66.5	14.8	11.2	5.5	2.0
云南 Yunnan	66.5	12.6	13.9	4.7	2.2	64.4	12.4	12.4	9.2	1.6
西藏 Tibet	57.5	12.8	18.1	5.2	6.4	61.6	6.8	10.5	13.6	7.5
陕西 Shaanxi	64.7	11.4	12.6	7.0	4.3	66.6	12.2	11.3	7.5	2.4
甘肃 Gansu	75.1	9.4	9.0	4.2	2.2	64.1	10.8	12.1	9.1	4.0
青海 Qinghai	71.6	8.9	15.3	3.8	0.4	65.2	12.6	14.9	5.2	2.1
宁夏 Ningxia	69.9	9.1	13.2	2.9	4.9	64.5	10.5	11.9	10.0	3.1
新疆 Xinjiang	68.5	10.6	14.3	2.9	3.7	67.2	10.2	12.9	7.9	1.8

3－18 建筑业职工人员分类构成情况

COMPOSITION OF FORMAL EMPLOYEES IN CONSTRUCTION

(1997)

单位：%　　　　　　　　　　　　　　　　　　　　　　　　　　　　　　　　　　　　(%)

地区 Region	合计 Total					国有经济单位 State－owned Units				
	工人和学徒 Workers and Appren－tices	工程技术人员 Engin－eers and Techn－icians	管理人员 Mana－gement Perso－nnel	服务人员 Service Perso－nnel	其他人员 Others	工人和学徒 Workers and Appren－tices	工程技术人员 Engin－eers and Techn－icians	管理人员 Mana－gement Perso－nnel	服务人员 Service Perso－nnel	其他人员 Others
全国总计 National	**66.7**	**9.5**	**10.5**	**4.6**	**8.7**	**61.1**	**9.4**	**12.0**	**6.4**	**11.1**
北京 Beijing	65.6	9.9	12.2	6.3	5.9	62.2	9.7	13.6	7.8	6.6
天津 Tianjin	48.8	10.0	15.6	7.4	18.3	43.8	9.8	16.6	8.2	21.6
河北 Hebei	66.9	9.4	11.4	5.8	6.5	61.2	9.2	12.8	7.9	8.9
山西 Shanxi	60.5	8.3	12.9	6.9	11.5	55.8	8.4	14.1	7.9	13.7
内蒙古 Inner Mongolia	70.1	7.4	10.0	4.6	7.8	62.2	8.0	12.3	5.7	11.8
辽宁 Liaoning	65.0	6.0	10.5	4.2	14.3	58.1	6.7	12.6	6.1	16.6
吉林 Jilin	72.0	7.0	10.8	4.1	6.1	66.9	7.7	12.3	4.9	8.3
黑龙江 Heilongjiang	60.1	7.2	9.7	3.0	19.9	55.8	8.2	11.2	4.3	20.6
上海 Shanghai	51.0	12.6	17.4	8.3	10.6	47.3	14.3	18.5	8.9	10.9
江苏 Jiangsu	58.3	12.9	12.6	5.4	10.7	53.9	13.5	13.2	7.3	12.2
浙江 Zhejiang	73.7	12.3	8.5	2.2	3.4	60.4	12.8	12.0	6.1	8.6
安徽 Anhui	68.8	8.0	9.7	4.9	8.5	61.5	7.9	11.3	7.0	12.3
福建 Fujian	72.4	10.7	8.7	2.5	5.7	72.8	8.5	9.2	3.7	5.9
江西 Jiangxi	72.9	8.6	8.3	2.7	7.5	67.6	7.7	9.0	3.7	11.9
山东 Shandong	64.8	11.6	12.0	5.2	6.2	60.9	11.6	13.7	6.8	6.9
河南 Henan	70.9	10.7	9.7	3.9	4.8	68.4	10.0	10.5	5.1	5.9
湖北 Hubei	57.5	11.2	12.1	8.0	11.3	51.5	10.3	13.4	9.8	14.9
湖南 Hunan	68.4	10.2	9.4	4.1	7.8	62.4	9.5	11.5	5.8	10.8
广东 Guangdong	74.3	11.0	9.3	2.5	2.9	70.8	11.8	10.2	4.0	3.2
广西 Guangxi	66.0	10.6	9.8	5.2	8.3	62.3	10.0	11.0	7.2	9.5
海南 Hainan	76.8	11.3	9.4	1.7	0.7	73.6	12.9	10.6	2.1	0.8
重庆 Chongqing	66.4	8.6	9.3	3.7	12.0	56.7	8.5	10.7	6.1	18.0
四川 Sichuan	67.4	8.9	9.1	4.2	10.3	60.3	8.2	10.1	6.0	15.3
贵州 Guizhou	73.7	7.6	8.0	3.3	7.4	70.1	7.4	9.2	4.2	9.1
云南 Yunnan	70.9	8.7	10.1	4.5	5.8	67.2	8.4	11.1	5.9	7.4
西藏 Tibet	73.5	5.8	8.1	5.0	7.5	62.3	7.2	11.0	6.7	12.9
陕西 Shaanxi	62.1	8.9	10.5	5.9	12.6	55.4	8.9	11.1	7.6	17.0
甘肃 Gansu	70.2	8.0	9.6	5.9	6.3	66.9	7.6	10.8	6.8	7.8
青海 Qinghai	71.9	9.1	8.0	4.6	6.3	66.1	10.2	8.9	6.1	8.7
宁夏 Ningxia	71.4	10.4	11.1	4.0	3.2	67.6	9.9	12.5	5.3	4.7
新疆 Xinjiang	67.4	9.3	11.2	5.9	6.1	63.4	8.9	12.2	7.6	7.9

3－18 续表1 continued

单位：% (%)

地区 Region	城镇集体经济单位 Urban Collective－owned Units					其他经济单位 Other Ownership Units				
	工人和学徒 Workers and Appren－tices	工程技术人员 Engin－eers and Techn－icians	管理人员 Mana－gement Perso－nnel	服务人员 Service Perso－nnel	其他人员 Others	工人和学徒 Workers and Appren－tices	工程技术人员 Engin－eers and Techn－icians	管理人员 Mana－gement Perso－nnel	服务人员 Service Perso－nnel	其他人员 Others
全国总计 National	**74.8**	**9.4**	**8.3**	**2.1**	**5.4**	**67.0**	**11.8**	**11.4**	**3.1**	**6.7**
北京 Beijing	76.0	9.7	8.3	2.6	3.4	61.7	14.7	12.6	3.5	7.4
天津 Tianjin	65.5	9.9	11.7	4.9	7.9	53.1	15.0	18.7	4.5	8.6
河北 Hebei	78.2	9.7	8.5	1.8	1.8	75.5	12.6	9.8	1.2	0.7
山西 Shanxi	77.7	7.5	8.4	3.0	3.5	66.5	17.5	13.1	1.6	1.4
内蒙古 Inner Mongolia	78.7	6.8	7.6	3.5	3.3	67.5	8.7	9.9	3.4	10.4
辽宁 Liaoning	73.0	5.2	8.4	2.5	11.0	46.9	8.1	12.7	3.7	28.6
吉林 Jilin	82.7	5.1	7.6	2.0	2.7	61.9	11.7	14.1	10.0	2.3
黑龙江 Heilongjiang	64.9	5.7	8.0	1.5	19.9	67.4	11.1	10.0	1.5	10.1
上海 Shanghai	57.9	8.5	14.2	7.9	11.5	58.5	11.2	17.8	5.7	6.8
江苏 Jiangsu	64.6	12.0	11.6	3.0	8.9	54.1	21.9	19.7	2.4	1.9
浙江 Zhejiang	77.1	12.0	7.5	1.3	2.1	75.4	14.1	8.5	1.1	0.9
安徽 Anhui	78.1	8.2	7.6	2.2	3.9	81.4	6.7	8.9	2.7	0.3
福建 Fujian	71.8	12.4	8.3	1.4	6.0	73.3	13.5	8.2	1.9	3.0
江西 Jiangxi	79.7	9.6	7.5	1.4	1.8	72.5	9.5	13.0	3.4	1.5
山东 Shandong	70.5	11.6	9.7	3.1	5.0	57.9	11.2	14.0	6.7	10.2
河南 Henan	75.5	11.6	8.1	1.8	3.1	71.1	13.0	11.1	1.9	3.0
湖北 Hubei	71.9	13.4	8.9	3.5	2.3	77.4	12.3	7.4	2.0	0.9
湖南 Hunan	76.1	11.2	6.7	2.1	4.0	85.9	5.4	6.8	1.2	0.6
广东 Guangdong	77.3	10.4	8.3	1.2	2.7	76.1	10.1	10.5	1.7	1.6
广西 Guangxi	72.8	11.7	7.5	1.6	6.4	72.5	13.3	13.1	0.3	0.9
海南 Hainan	84.2	8.1	6.1	1.0	0.7	59.1	17.0	20.4	2.9	0.5
重庆 Chongqing	75.0	8.5	8.1	1.7	6.7	73.8	10.1	9.3	0.4	6.3
四川 Sichuan	77.7	10.0	7.7	1.6	3.1	76.2	10.4	7.7	2.8	2.9
贵州 Guizhou	80.7	8.0	5.8	1.4	4.1	69.4	9.6	8.9	4.7	7.4
云南 Yunnan	79.8	9.2	7.3	1.4	2.2	71.2	14.7	12.9	0.5	0.7
西藏 Tibet	88.1	4.0	4.4	2.9	0.6					
陕西 Shaanxi	77.9	8.9	9.0	2.2	2.1	64.9	12.7	16.3	3.1	3.0
甘肃 Gansu	75.7	8.5	7.5	4.5	3.8	88.7	6.9	3.8	0.4	0.2
青海 Qinghai	86.1	6.5	5.9	1.0	0.5					
宁夏 Ningxia	77.2	10.8	9.3	2.0	0.7	77.6	12.1	7.7	1.8	0.9
新疆 Xinjiang	76.2	9.9	9.2	2.3	2.3	71.0	18.3	7.7	1.4	1.6

3－19 分地区职工增加来源

INCREASE OF FORMAL EMPLOYEES BY REGION

(1997)

单位：人 (person)

地　区 Region	合　计 Total	从农村招收 Recruited from Country－side	从城镇招收 Recruited from Cities and Towns	录用的复员转业军人 Recruited Demobilized and Transferred Armymen	录用的大、中专、技工学校毕业生 Recruit－ed Gra－duates	调入 Trans－ferred Into	#由外省、自治区、直辖市调入 Transferred from Other Regions	其他 Others
全国总计 National	**9421431**	**1931574**	**1292159**	**295224**	**2033454**	**2546728**	**76118**	**1322292**
北　京 Beijing	614081	231846	75772	4660	73827	168233	9987	59743
天　津 Tianjin	170087	21727	19808	2156	38706	49608	2549	38082
河　北 Hebei	429716	101646	42672	17888	119203	109170	3606	39137
山　西 Shanxi	200599	40414	25192	8763	51597	49438	686	25195
内蒙古 Inner Mongolia	166673	30195	32807	5121	31248	41038	545	26264
辽　宁 Liaoning	497151	68282	65660	17081	92336	195085	2210	58707
吉　林 Jilin	199137	14922	32097	11268	53841	60871	869	26138
黑龙江 Heilongjiang	404129	12613	47389	16054	66493	103763	2114	157817
上　海 Shanghai	549592	23805	48904	2782	50450	330236	4127	93415
江　苏 Jiangsu	514001	73695	74093	15371	122136	145954	3541	82752
浙　江 Zhejiang	352224	102914	45017	6385	63742	94295	3154	39871
安　徽 Anhui	308731	39480	40692	10724	70644	51577	824	95614
福　建 Fujian	380616	169888	56208	6538	65578	47630	1990	34774
江　西 Jiangxi	209517	19015	24208	13185	62821	45669	1456	44619
山　东 Shandong	759547	138803	111294	23594	205199	221032	5753	59625
河　南 Henan	430249	82578	56199	28032	108450	115744	1844	39246
湖　北 Hubei	357470	68785	80427	11641	90313	72298	1439	34006
湖　南 Hunan	285958	29094	40956	13874	90664	70224	1748	41146
广　东 Guangdong	738963	306852	143988	10669	121640	89236	13836	66578
广　西 Guangxi	216253	34812	27882	4710	57590	54942	3373	36317
海　南 Hainan	28337	3856	6838	1113	6441	6417	322	3672
重　庆 Chongqing	146611	31799	20401	7033	41544	30754	643	15080
四　川 Sichuan	430157	68213	44784	17506	98417	148909	1862	52328
贵　州 Guizhou	98463	17528	11132	3686	34398	22739	523	8980
云　南 Yunnan	264518	63820	33190	6265	60661	52747	1184	47835
西　藏 Tibet	9494	554	867	398	3726	2489	109	1460
陕　西 Shaanxi	198771	24373	23782	12827	54632	51388	1471	31769
甘　肃 Gansu	129413	19859	20318	5427	32532	31350	1077	19927
青　海 Qinghai	39501	9037	3658	1803	9094	8812	192	7097
宁　夏 Ningxia	51330	10332	8496	1564	9725	15959	521	5254
新　疆 Xinjiang	240142	70837	27428	7106	45806	59121	2563	29844

3－20 分地区职工减少去向

DECREASE OF FORMAL EMPLOYEES BY REGION

(1997)

单位：人 (person)

地 区 Region	合计 Total	离休、退休、退职 Retired and Resigned	开除、除名、辞退 Expelled Expunged and Dismissed	终止、解除合同 Contract Closed or Terminated	调出 Trans－ferred Out	#调到外省、自治区、直辖市 Transferred to Other Regions	其他 Others
全国总计 National	**10563125**	**2787629**	**1224804**	**1810751**	**2634724**	**87903**	**2105217**
北 京 Beijing	697721	103684	115163	211177	189161	9575	78536
天 津 Tianjin	217498	77221	15393	27776	52408	1345	44700
河 北 Hebei	544815	140685	128880	83029	109722	5635	82499
山 西 Shanxi	224173	87485	19350	37866	46184	2818	33288
内蒙古 Inner Mongolia	266470	64920	44079	31655	43018	1648	82798
辽 宁 Liaoning	742320	216803	67495	99339	231606	1840	127077
吉 林 Jilin	260908	80872	45449	23023	61687	1792	49877
黑龙江 Heilongjiang	580070	111230	58754	41329	116958	4050	251799
上 海 Shanghai	745666	186464	13602	115810	316341	3297	113449
江 苏 Jiangsu	631835	170487	43895	101693	149780	2546	165980
浙 江 Zhejiang	420666	84719	52132	114015	85159	910	84641
安 徽 Anhui	277600	98573	28006	41861	50546	2460	58614
福 建 Fujian	375398	59616	82000	91874	51078	1869	90830
江 西 Jiangxi	250925	73463	13920	22946	54239	5863	86357
山 东 Shandong	597287	133534	72100	113574	211096	2208	66983
河 南 Henan	358397	129905	32399	48759	107043	2889	40291
湖 北 Hubei	331608	113084	26668	47428	72000	2755	72428
湖 南 Hunan	272055	96580	15887	27238	70006	4184	62344
广 东 Guangdong	732725	144098	162835	218519	80365	4089	126908
广 西 Guangxi	209214	58406	20065	40066	46867	3395	43810
海 南 Hainan	44456	12475	11108	6162	6042	846	8669
重 庆 Chongqing	168085	57663	18783	22680	33563	1124	35396
四 川 Sichuan	540904	152258	28211	65739	205684	2483	89012
贵 州 Guizhou	111246	48697	9527	14271	25313	1605	13438
云 南 Yunnan	260204	67198	26003	49657	54533	1527	62813
西 藏 Tibet	7353	1966	194	110	3237	1017	1846
陕 西 Shaanxi	214368	86643	14222	23509	50347	7427	39647
甘 肃 Gansu	132028	45006	14347	19440	30803	2019	22432
青 海 Qinghai	58155	14550	3413	14935	9142	928	16115
宁 夏 Ningxia	48024	11395	8612	8525	13023	538	6469
新 疆 Xinjiang	240951	57949	32312	46746	57773	3221	46171

3-21 分地区分行业其他从业人员和平均劳动报酬
OTHER EMPLOYEES AND AVERAGE EARNINGS BY SECTOR AND REGION

(1997)

单位：人、元 (person, yuan)

地　区 Region	合　计 Total		国有经济单位 State-owned Units		城镇集体经济单位 Urban Collective-owned Units		联营经济单位 Joint Owned Units	
	年末人数 Employees	平均劳动报酬 Average Earnings	年末人数 Employees	平均劳动报酬 Average Earnings	年末人数 Employees	平均劳动报酬 Average Earnings	年末人数 Employees	平均劳动报酬 Average Earnings
全国总计 National	**3678099**	**5390**	**2782595**	**4070**	**657244**	**4693**	**8607**	**10258**
北　京 Beijing	121954	15475	60403	7474	34792	7494	1323	8903
天　津 Tianjin	88085	7137	45140	4880	29116	4696	447	8523
河　北 Hebei	155407	3098	142579	2766	9788	4540	82	6873
山　西 Shanxi	136052	3982	118948	4037	15936	3224		
内蒙古 Inner Mongolia	61989	2530	57723	2429	3668	3566	51	5098
辽　宁 Liaoning	172050	5064	103160	3525	58044	5070	188	8109
吉　林 Jilin	71521	3970	63482	3239	7049	4104	5	6667
黑龙江 Heilongjiang	181188	4040	170838	3978	8203	4692	77	4130
上　海 Shanghai	316518	11928	153702	8383	82572	7828	1267	21667
江　苏 Jiangsu	112872	8747	69726	6200	27837	5441	2480	8933
浙　江 Zhejiang	93766	7264	54711	6498	26099	6800	371	7663
安　徽 Anhui	166058	3076	146342	2960	16825	3617	181	9938
福　建 Fujian	78192	7709	60943	4931	8103	6160	309	5828
江　西 Jiangxi	99789	2791	90909	2708	8100	3508	12	4750
山　东 Shandong	289247	4427	248613	3564	26664	4088	70	7712
河　南 Henan	278733	2941	125039	3680	148415	2231	90	4087
湖　北 Hubei	144977	3356	130036	3193	13062	3822	89	12496
湖　南 Hunan	181228	4788	150625	4608	27110	4672	88	7413
广　东 Guangdong	154228	8274	121012	5774	18566	7903	320	14345
广　西 Guangxi	148753	3264	135391	3135	11561	4089	20	4130
海　南 Hainan	14684	3787	12273	3223	920	2946	48	4379
重　庆 Chongqing	51000	4775	41858	4016	5890	4681	55	7873
四　川 Sichuan	138045	3849	120140	3660	14234	4429	91	3967
贵　州 Guizhou	76919	2862	68773	2742	5912	2866	785	7408
云　南 Yunnan	87238	2956	56956	2625	28463	3241	28	7844
西　藏 Tibet	16379	2624	15687	2491	628	5727		
陕　西 Shaanxi	108584	2662	99541	2397	6875	3607	92	1283
甘　肃 Gansu	68174	2927	58895	2757	8065	3785	21	7273
青　海 Qinghai	11511	3095	10812	3047	686	3191		
宁　夏 Ningxia	14282	4711	13542	4704	583	4227	5	
新　疆 Xinjiang	38676	6621	34796	6699	3478	5743	12	7308

3－21 续表1 continued

单位：人、元 (person, yuan)

地区 Region	股份制经济单位 Share Holding Units		外商投资经济单位 Foreign Funded Units		港澳台投资经济单位 Overseas Chinses from Hong Kong, Macao and Taiwan Funded Units		其他经济单位 Other Units	
	年末人数 Employees	平均劳动报酬 Average Earnings	年末人数 Employees	平均劳动报酬 Average Earnings	年末人数 Employees	平均劳动报酬 Average Earnings	年末人数 Employees	平均劳动报酬 Average Earnings
全国总计 National	**75599**	**8846**	**91500**	**37982**	**56748**	**20649**	**5806**	**10778**
北 京 Beijing	9401	10873	9469	78685	6164	44047	402	67865
天 津 Tianjin	2414	11993	7036	33249	3002	15903	930	4168
河 北 Hebei	371	4919	1971	18001	599	11292	17	5333
山 西 Shanxi	668	7081	246	14411	217	6926	37	8108
内蒙古 Inner Mongolia	319	3856	143	9818	82	4370	3	3333
辽 宁 Liaoning	3795	6761	5282	31958	1568	13601	13	6154
吉 林 Jilin	444	6161	465	95950	76	10421		
黑龙江 Heilongjiang	1298	5732	658	8000	107	6122	7	5286
上 海 Shanghai	19425	10863	39362	31178	19430	18111	760	14613
江 苏 Jiangsu	2282	7009	5769	54729	4310	14848	468	9025
浙 江 Zhejiang	5832	7206	4034	16180	2646	12226	73	9676
安 徽 Anhui	1776	3278	419	24291	135	6515	380	3051
福 建 Fujian	399	13515	3883	29760	4474	22633	81	18118
江 西 Jiangxi	78	5014	514	5034	176	8730		
山 东 Shandong	8257	9023	4048	47354	1595	13790		
河 南 Henan	3490	6024	312	14093	1001	7042	386	3887
湖 北 Hubei	796	4818	598	18500	348	14938	48	4021
湖 南 Hunan	1225	7833	1506	18697	659	14273	15	188
广 东 Guangdong	3630	10857	2518	84964	7393	25424	789	5918
广 西 Guangxi	293	2166	1232	10467	186	9348	70	2969
海 南 Hainan	131	6366	270	18124	1041	7143	1	6000
重 庆 Chongqing	2035	5246	567	29022	524	31920	71	7227
四 川 Sichuan	2554	6390	471	25244	103	9298	452	5966
贵 州 Guizhou	1201	5718	107	12406	137	8831	4	2750
云 南 Yunnan	932	8056	406	15776	451	8751	2	2000
西 藏 Tibet							64	3922
陕 西 Shaanxi	1629	10042	80	138705	62	18651	305	2252
甘 肃 Gansu	595	5629	26	10375	145	5560	427	4233
青 海 Qinghai	8	4273			5	15800		
宁 夏 Ningxia	40	3403	88	6857	24	17125		
新 疆 Xinjiang	281	7217	20	4091	88	9212	1	2000

3－21 续表2 continued

单位：人、元 (person, yuan)

地区 Region		农、林、牧、渔业 Farming, Forestry, Animal Husbandry and Fishery		采掘业 Mining and Quarrying		制造业 Manufacturing		电力、煤气及水的生产和供应业 Electricity, Gas and Water production and Supply	
		年末人数 Employees	平均劳动报酬 Average Earnings	年末人数 Employees	平均劳动报酬 Average Earnings	年末人数 Employees	平均劳动报酬 Average Earnings	年末人数 Employees	平均劳动报酬 Average Earnings
全国总计	**National**	**173005**	**4108**	**60771**	**5811**	**474569**	**10949**	**14749**	**7821**
北京	Beijing	199	29000	69	7297	18651	24070	214	6157
天津	Tianjin	31	4452	6888	8782	21587	12981	225	4356
河北	Hebei	3478	3476	1285	3133	9855	7250	241	7495
山西	Shanxi	454	3994	1638	2261	12217	3622	424	3323
内蒙古	Inner Mongolia	5533	2255	824	4809	2500	4017	29	3552
辽宁	Liaoning	2236	4103	1443	6336	43917	7464	1673	4572
吉林	Jilin	612	3912	3220	5919	6488	9924	130	5290
黑龙江	Heilongjiang	84037	4774	1965	5662	10731	4909	795	4975
上海	Shanghai	5910	6233	98	7425	115695	15438	1183	6659
江苏	Jiangsu	6819	4133	1684	3447	28570	14006	815	10381
浙江	Zhejiang	1335	5323	101	4602	18892	8767	720	8501
安徽	Anhui	1743	5751	3607	4085	16161	4308	84	4563
福建	Fujian	2189	3333	602	7967	12051	18201	452	7647
江西	Jiangxi	3918	2327	1616	3472	11365	3781	121	3504
山东	Shandong	712	3422	1218	3429	13409	17526	592	5899
河南	Henan	1819	2113	1062	4006	16194	4833	419	9855
湖北	Hubei	11879	3430	6935	3676	13714	4159	506	5299
湖南	Hunan	8928	3063	2406	4311	15677	5384	1621	15757
广东	Guangdong	5269	4952	233	5016	20655	19370	1758	10338
广西	Guangxi	3680	4500	806	3714	9464	4698	241	4284
海南	Hainan	2535	2038	161	2964	2954	5364	87	7747
重庆	Chongqing	274	1817	331	3733	10945	6789	68	19263
四川	Sichuan	1552	2299	1860	4874	12502	5058	802	6118
贵州	Guizhou	817	1062	596	4439	8499	3784	149	4234
云南	Yunnan	7780	1930	1233	4138	5258	5258	829	3408
西藏	Tibet	2743	978	70	14714	223	3498	61	10441
陕西	Shaanxi	296	2680	1013	3756	5095	3708	154	2544
甘肃	Gansu	806	3201	3919	3809	6069	3719	235	2775
青海	Qinghai	237	2126	46	6000	864	3584	53	3037
宁夏	Ningxia	2610	2742	110	8520	1020	5046	4	5000
新疆	Xinjiang	2574	4628	13732	9196	3347	6241	64	9000

3-21 续表3 continued

单位：人、元 (person, yuan)

地区 Region	建筑业 Construction 年末人数 Employees	建筑业 Construction 平均劳动报酬 Average Earnings	地质勘查业、水利管理业 Geological Prospecting, Water Conservancy 年末人数 Employees	地质勘查业、水利管理业 平均劳动报酬 Average Earnings	交通运输、仓储及邮电通信业 Transport, Storage and Communications 年末人数 Employees	交通运输、仓储及邮电通信业 平均劳动报酬 Average Earnings	批发和零售贸易、餐饮业 Wholesale and Retail Trade, Restaurants 年末人数 Employees	批发和零售贸易、餐饮业 平均劳动报酬 Average Earnings
全国总计 National	**339283**	**6581**	**8531**	**4720**	**267347**	**6222**	**224145**	**7032**
北京 Beijing	13641	11267	107	5385	1748	14076	17833	9563
天津 Tianjin	11720	4515	385	3549	4532	9012	15146	4847
河北 Hebei	3401	8440	168	2662	4374	3558	2288	4504
山西 Shanxi	42539	6255	153	4523	7412	6355	3654	2932
内蒙古 Inner Mongolia	3009	5421	6	1750	6459	5369	728	3677
辽宁 Liaoning	19153	5796	195	4161	12805	3729	16789	5857
吉林 Jilin	3510	4624	16	8150	8395	3397	1279	4036
黑龙江 Heilongjiang	6610	5752	32	2094	3681	6110	6415	4462
上海 Shanghai	18066	9913	338	8257	18453	10234	67642	10396
江苏 Jiangsu	13151	8139	434	5765	10254	6193	15937	5922
浙江 Zhejiang	8276	8302	299	4477	6312	7722	13524	5731
安徽 Anhui	10012	5671	409	2955	8440	3902	5487	3438
福建 Fujian	6892	7363	98	2584	16746	8010	2697	6480
江西 Jiangxi	4007	3852	1546	4172	10265	5708	3071	3004
山东 Shandong	23566	8323	156	5126	17182	6410	8715	4485
河南 Henan	57104	4943	413	3672	15911	4870	4889	3353
湖北 Hubei	6332	9178	900	7616	10072	4305	3629	3199
湖南 Hunan	18012	6024	134	4698	27985	5895	5782	5745
广东 Guangdong	9223	7569	287	10297	5003	14375	5567	10140
广西 Guangxi	10149	5860	136	4368	11824	6288	2206	3346
海南 Hainan	497	3895	4	875	849	3907	260	5667
重庆 Chongqing	2389	3770	33	3468	12989	5886	3861	5477
四川 Sichuan	19769	7296	335	2759	11701	3768	3402	4501
贵州 Guizhou	7177	5691	175	3596	9680	5770	2490	3133
云南 Yunnan	2481	6530	97	4728	3389	5354	4111	4098
西藏 Tibet	989	4382	17	3400	105	2626	631	3588
陕西 Shaanxi	7752	4568	94	4076	6887	2607	2287	3438
甘肃 Gansu	3950	4402	1216	3194	6664	8349	829	3597
青海 Qinghai	572	3081	258	2300	1799	5808	348	3814
宁夏 Ningxia	1169	6712	46	4429	3277	10341	315	2705
新疆 Xinjiang	4165	5956	44	10260	2154	6544	2333	4512

3－21 续表4 continued

单位：人、元 (person, yuan)

地　区 Region	金融、保险业 Financial Intermed－iation and Insurance		房地产业 Real Estate Activities		社会服务业 Social Services		卫生、体育和社会福利业 Health Care, Sporting and Social Welfare	
	年末人数 Employees	平均劳动报酬 Average Earnings	年末人数 Employees	平均劳动报酬 Average Earnings	年末人数 Employees	平均劳动报酬 Average Earnings	年末人数 Employees	平均劳动报酬 Average Earnings
全国总计 National	**100925**	**7572**	**33010**	**11293**	**139820**	**10720**	**67974**	**5255**
北　京 Beijing	1362	37738	5214	16469	27092	22603	2338	11072
天　津 Tianjin	3307	8434	960	6063	6945	4866	1660	3165
河　北 Hebei	3529	4328	207	6754	1459	5507	776	4334
山　西 Shanxi	5730	5336	129	5876	2567	4268	1748	3161
内蒙古 Inner Mongolia	260	3898	28	4821	1029	4070	235	4028
辽　宁 Liaoning	2391	5219	2884	6311	10603	5145	4748	3985
吉　林 Jilin	4957	6788	270	5157	2061	6329	220	15875
黑龙江 Heilongjiang	6026	7133	168	5015	4215	3380	677	3691
上　海 Shanghai	3613	18798	10391	13053	30136	11125	9381	6491
江　苏 Jiangsu	3531	12395	1578	14258	8182	6845	5242	5939
浙　江 Zhejiang	5121	10498	2163	8352	8202	7346	5140	6339
安　徽 Anhui	3287	5469	384	4181	2265	4238	2893	4068
福　建 Fujian	1997	11122	812	17904	2318	12025	1686	5540
江　西 Jiangxi	784	4746	351	7577	948	3903	1345	4098
山　东 Shandong	10034	6800	920	7702	5093	5744	3473	4323
河　南 Henan	3793	4283	668	6313	3540	5023	2515	3785
湖　北 Hubei	2077	5256	299	8931	3099	6061	1310	5224
湖　南 Hunan	12085	5850	410	7226	4943	5908	2090	6933
广　东 Guangdong	2000	13400	2893	11011	3638	21733	4386	9118
广　西 Guangxi	2174	4985	257	7803	1808	4913	1085	3152
海　南 Hainan	332	20682	96	9368	336	5820	459	3823
重　庆 Chongqing	528	4304	440	8023	1230	16071	1014	4010
四　川 Sichuan	11325	5337	755	4872	2019	6014	3814	6390
贵　州 Guizhou	1448	5224	251	6631	815	3431	2886	1327
云　南 Yunnan	901	4001	243	8508	1646	4929	1747	2952
西　藏 Tibet					186	8849	2084	1676
陕　西 Shaanxi	6460	7422	95	6235	979	11231	1345	3579
甘　肃 Gansu	563	4881	50	6365	572	3419	454	2264
青　海 Qinghai	822	4120	17	5389	945	3981	374	1091
宁　夏 Ningxia	258	3626	31	6033	147	4124	263	2163
新　疆 Xinjiang	230	6863	46	9310	802	7788	586	3433

3－21 续表5 continued

单位：人、元 (person, yuan)

地区 Region	教育、文化艺术和广播电影电视业 Education, Culture and Arts, Radio, Film and Television		科学研究和综合技术服务业 Scientific Research and Polytech－nical Services		国家机关、政党机关和社会团体 Government Agencies, Party Agencies and Socil Organizations		其他行业 Others	
	年末人数 Employees	平均劳动报酬 Average Earnings	年末人数 Employees	平均劳动报酬 Average Earnings	年末人数 Employees	平均劳动报酬 Average Earnings	年末人数 Employees	平均劳动报酬 Average Earnings
全国总计 National	**1537415**	**2517**	**67774**	**6103**	**136377**	**3513**	**32404**	**7718**
北京 Beijing	9840	7154	15801	9471	6052	5364	1793	23463
天津 Tianjin	5724	3845	2991	7531	5521	1193	463	4158
河北 Hebei	121262	2342	305	5887	2524	3370	255	3974
山西 Shanxi	50863	1590	849	4313	4887	2846	788	5828
内蒙古 Inner Mongolia	38420	1528	87	4273	1214	2387	1628	4105
辽宁 Liaoning	40817	2718	3445	4664	8562	2204	389	3738
吉林 Jilin	37341	2296	289	4474	2666	2269	67	9938
黑龙江 Heilongjiang	49969	1905	1350	2484	4329	2707	188	3128
上海 Shanghai	15984	6343	6790	8163	8687	6580	4151	11943
江苏 Jiangsu	9276	5373	2018	6423	4728	5196	653	70346
浙江 Zhejiang	13270	5728	1976	6705	7506	5994	929	5522
安徽 Anhui	105672	2304	327	3988	5174	3232	113	5250
福建 Fujian	23998	2612	467	6812	4796	4722	391	6794
江西 Jiangxi	58310	1903	189	2490	1799	3334	154	2595
山东 Shandong	190621	2773	1164	5331	6976	4198	5416	4525
河南 Henan	158450	1814	709	5104	8201	2638	3046	2614
湖北 Hubei	78846	2358	689	3699	4343	2953	347	4968
湖南 Hunan	75000	3602	663	5339	4987	4651	505	6576
广东 Guangdong	88280	4789	1260	14573	2948	6712	828	9563
广西 Guangxi	96456	2324	1337	5655	6684	2623	446	5373
海南 Hainan	4883	2308	168	2311	1048	4826	15	5600
重庆 Chongqing	14461	2301	290	3842	2125	4005	22	4625
四川 Sichuan	61770	2391	1206	3904	5011	3056	222	4110
贵州 Guizhou	36798	1359	269	3563	4756	1395	113	4491
云南 Yunnan	25576	2400	21919	2772	9897	1597	131	6256
西藏 Tibet	5469	2220	35	2314	3758	3536	8	15000
陕西 Shaanxi	72150	1650	677	4951	3105	3265	195	4205
甘肃 Gansu	37620	1225	98	5438	1497	2491	3632	5192
青海 Qinghai	4371	1829	52	3714	742	2242	11	9900
宁夏 Ningxia	1604	1068	28	7345	996	1317	2404	3494
新疆 Xinjiang	4314	2347	326	4751	858	3558	3101	6856

3-22 分地区城镇单位下岗职工人数及平均生活费
LAID-OFF FORMAL EMPLOYEES AND AVERAGE LIVING EXPENDITURES IN URBAN UNITS BY REGION

(1997)

地区 Region	下岗职工人数（人） Laid-off Formal Employees (person)				下岗职工平均生活费（元） Average Living Expenditures (yuan)			
	合计 Total	国有经济单位 State-Owned Units	城镇集体经济单位 Urban Collective-owned Units	其他经济单位 Other Ownership Units	合计 Total	国有经济单位 State-owned Units	城镇集体经济单位 Urban Collective-owned Units	其他经济单位 Other Ownership Units
全国总计 National	**14352155**	**9293206**	**4469590**	**589359**	**992**	**1160**	**577**	**1536**
北京 Beijing	201059	152235	40323	8501	2493	2449	2447	3571
天津 Tianjin	387437	256925	113470	17042	1360	1627	712	1240
河北 Hebei	468128	320054	129231	18843	1005	1221	502	906
山西 Shanxi	336361	219113	112144	5104	621	912	106	170
内蒙古 Inner Mongolia	268342	181091	78599	8652	526	664	224	327
辽宁 Liaoning	1782703	978548	723021	81134	608	835	243	1142
吉林 Jilin	779489	498421	255475	25593	720	957	208	930
黑龙江 Heilongjiang	1238190	819930	387887	30373	338	423	64	1562
上海 Shanghai	431611	274248	132446	24917	2622	2770	2181	3308
江苏 Jiangsu	855155	478932	330128	46095	1762	1967	1368	2548
浙江 Zhejiang	289778	154146	118477	17155	1944	2251	1489	2352
安徽 Anhui	512500	286977	190694	34829	1129	1435	647	1327
福建 Fujian	216591	136971	69719	9901	1157	1341	686	1857
江西 Jiangxi	584383	412993	167235	4155	730	913	300	1197
山东 Shandong	631259	378027	217544	35688	1322	1562	803	2065
河南 Henan	732197	486581	196098	49518	491	572	242	578
湖北 Hubei	867596	588811	228781	50004	982	1078	649	1383
湖南 Hunan	901005	606468	275260	19277	790	947	458	778
广东 Guangdong	583027	373112	185473	24442	1114	1330	590	1743
广西 Guangxi	202985	159897	36331	6757	785	852	377	1429
海南 Hainan	98975	73957	23376	1642	883	994	489	1028
重庆 Chongqing	396375	262646	115876	17853	1116	1302	598	1791
四川 Sichuan	614131	429165	147243	37723	1340	1541	703	1558
贵州 Guizhou	169076	123939	42498	2639	900	966	708	933
云南 Yunnan	70364	53925	14368	2071	1180	1294	585	2009
西藏 Tibet	948	948			1697	1697		
陕西 Shaanxi	448677	348723	94825	5129	903	1065	325	1208
甘肃 Gansu	132367	108782	22434	1151	913	1030	402	723
青海 Qinghai	41187	33868	6259	1060	600	717	143	137
宁夏 Ningxia	35643	27826	6310	1507	1169	1321	435	1602
新疆 Xinjiang	74616	65947	8065	604	771	806	475	1023

四、国有经济单位职工人数和工资

Formal Employees and Wages in State-owned Units

4－1 分行业全部从业人员和平均劳动报酬

(国有经济单位)

EMPLOYEES AND AVERAGE EARNINGS BY SECTOR

(State－owned Units, 1997)

项　　目	Item	单位数(个) Number of Units	年末人数（万人） Employees (10 000 persons)	#女性 Female	平均劳动报酬(元) Average Earnings (yuan)
全 国 总 计	**National Total**	**1478324**	**11044.2**	**4030.2**	**6679**
按隶属关系分组	**Administrative Relationship**				
中央	Under Central Government	80880	2306.7	716.0	9322
省、自治区、直辖市	Under Provincial Government	75580	1776.9	633.9	7506
地区	Under Prefectural Government	192271	2668.8	1088.8	6417
县及县以下	At and Below County Level	1127775	4276.9	1588.0	5028
其他	Other	1818	14.9	3.6	7587
按企、事业和机关分组	**Enterprises, Institutions and Organizatio**				
企业	Enterprises	360678	7237.9	2647.5	6639
#地方	Local	304945	5260.7	2053.2	5590
事业	Institutions	808778	2751.2	1137.3	6683
#地方	Local	789568	2469.9	1031.0	6420
机关	Organizations	308802	1055.1	245.3	6953
#地方	Local	301634	996.4	228.2	6848
按国民经济行业分组	**Sector**				
农、林、牧、渔业	**Farming, Forestry, Animal Husbandry and Fishery**	**82432**	**605.1**	**230.3**	**4297**
农业	Farming	10878	346.1	142.2	4193
林业	Forestry	7480	96.8	36.8	3922
畜牧业	Animal Husbandry	2932	45.6	17.7	3841
渔业	Fishery	1498	16.1	4.8	5413
农、林、牧、渔服务业	Services	59644	100.4	28.8	5054
采掘业	**Mining and Quarrying**	**6962**	**776.8**	**189.8**	**7086**
制造业	**Manufacturing**	**68802**	**3028.2**	**1222.0**	**6006**
电力、煤气及水的生产和供应业	**Electricity, Gas and Water Production and Supply**	**9404**	**258.0**	**82.5**	**9527**
建筑业	**Construction**	**12570**	**598.0**	**123.0**	**7363**
土木工程建筑业	Civil Engineering	10165	520.3	105.3	6986
线路、管道和设备安装业	Circuit Pipelines and Equipment Installation	1440	71.9	16.5	9957
装修装饰业	Buildings Completion	965	5.8	1.3	7892
地质勘查业、水利管理业	**Geological Prospecting, Water Conservancy**	**21654**	**125.9**	**31.5**	**7166**
地质勘查业	Geological Prospecting	2547	66.9	17.1	8388
水利管理业	Water Conservancy	19107	59.0	14.4	5758
交通运输、仓储及邮电通信业	**Transport, Storage and Communications**	**30759**	**706.1**	**187.7**	**9189**
铁路运输业	Transport via Railways	3173	234.5	51.0	10900
公路运输业	Transport via Highways	6181	138.5	40.1	4591
管道运输业	Transport via Pipelines	36	2.5	0.8	11037
水上运输业	Water Transport	756	37.0	5.8	11105
航空运输业	Air Transport	189	10.3	3.3	15279
交通运输辅助业	Supporting and Auxiliary Transport Activities	10293	127.0	31.7	8545
其他交通运输业	Other Transports	139	1.4	0.4	7070
仓储业	Storage	3075	39.5	13.6	6299
邮电通信业	Postal and Telecommunications	6917	115.4	41.0	11740
批发和零售贸易餐饮业	**Wholesale and Retail Trade, Restaurants**	**164804**	**1045.7**	**475.8**	**5141**
食品、饮料、烟草和家庭用品批发业	Wholesale of Food, Beverages, Tobacco and Household Goods	58572	413.4	174.3	5195
能源、材料和机械电子设备批发业	Wholesale Energy, Materials and Electronic Equipment	34594	182.8	66.1	5608

4－1 续表1 continued

项目	Item	单位数（个） Number of Units	年末人数（万人） Employees (10 000 persons)	#女性 Female	平均劳动报酬(元) Average Earnings (yuan)
其他批发业	Other Wholesale	10052	55.1	23.2	6576
零售业	Retail	54323	347.4	186.1	4581
商业经纪与代理业	Commercial Brokerages and Agencies	970	4.2	1.6	8161
餐饮业	Restaurants	6293	42.8	24.5	5008
金融、保险业	**Financial Intermediation and Insurance**	**31787**	**217.6**	**88.8**	**9904**
金融业	Financial Intermediation	26094	199.0	82.2	9923
保险业	Insurance	5693	18.6	6.6	9689
房地产业	**Real Estate Activities**	**15036**	**65.3**	**23.2**	**8554**
房地产开发与经营业	Real Estate Development and Operation	7110	28.6	9.9	9290
房地产管理业	Real Estate Managment	7203	35.2	12.7	8002
房地产代理与经纪业	Real Estate Brokerages and Agencies	723	1.5	0.6	7395
社会服务业	**Social Services**	**50431**	**352.6**	**161.8**	**7406**
公共服务业	Public Facilities Services	14469	179.4	80.1	7552
居民服务业	Residential Services	5485	21.9	10.6	7045
旅馆业	Hotels	9955	89.5	50.5	6598
租赁服务业	Renting Services	265	1.1	0.4	7086
旅游业	Tourism	2208	10.8	4.8	8182
娱乐服务业	Recreational Services	547	2.5	1.2	7204
信息、咨询服务业	Information and Consultancy Services	11033	16.9	6.1	8941
计算机应用服务业	Computer Application Services	800	2.3	0.8	10453
其他社会服务业	Other Social Services	5669	28.3	7.2	7885
卫生、体育和社会福利业	**Health Care, Sporting and Social Welfare**	**60437**	**407.6**	**233.7**	**7757**
卫生	Health Care	49692	383.7	224.1	7762
体育	Sporting	1855	7.7	2.6	8859
社会福利保障业	Social Welfare	8890	16.2	7.0	7108
教育、文化艺术和广播电影电视业	**Education, Culture and Arts, Radio, Film and Television**	**540740**	**1502.7**	**628.0**	**6402**
教育	Education	504937	1397.9	588.5	6313
#普通高等学校	Institutes of Higher Education	1281	111.4	43.6	8688
普通中学	Secondary Schools	75595	443.0	165.7	6490
小学校	Primary Schools	390070	651.7	291.2	5443
文化艺术业	Culture and Arts	20741	58.9	24.0	8047
广播电影电视业	Radio, Film and Television	15062	45.9	15.6	6992
科学研究和综合技术服务业	**Scientific Research and Polytechnical Services**	**29183**	**170.2**	**57.7**	**8921**
科学研究业	Scientific Research	6967	88.9	31.0	9014
自然科学研究	Natural Science Research	4754	73.1	25.4	8913
社会科学研究	Social Science Research	869	3.4	1.2	8149
其他科学研究	Other Science Research	1344	12.5	4.4	9838
综合技术服务业	Polytechnical Services	22216	81.3	26.7	8817
#气象	Atmosphere	2395	5.6	1.9	7380
地震	Seismology	672	1.5	0.4	7910
测绘	Surveying and Mapping	699	4.2	1.2	8285
技术监督	Technology Supervisor	5569	13.5	4.3	7873
海洋环境	Sea and Ocean Environments	69	0.6	0.1	9368
环境保护	Environmental Protection	2299	6.1	2.4	6900
技术推广和科技交流服务业	Technology Promotion and Exchange Services	2735	6.8	2.3	7271
工程设计业	Engineering Design	3777	30.0	9.8	10178
其他综合技术服务业	Other Polytechnical Services	3992	13.0	4.3	9188
国家机关、政党机关和社会团体	**Government Agencies, Party Agencies and Social Organizations**	**331981**	**1087.2**	**255.7**	**6943**
#国家机关	Government Agencies	287314	1011.5	235.4	6945
政党机关	Party Agencies	29950	53.5	11.4	6927
其他行业	**Others**	**21342**	**97.2**	**38.6**	**6854**
#企业管理机构	Enterprise Management Organizations	12310	45.5	15.1	7499

4-2 分地区分行业从业人员年末人数

(国有经济单位)

EMPLOYEES BY SECTOR AND REGION

(State-owned Units, 1997)

单位:万人

(10 000 persons)

地区 Region	合计 Total	农、林、牧、渔业 Farming, Forestry, Animal Husbandry and Fishery	采掘业 Mining and Quarrying	制造业 Manufacturing	电力、煤气及水的生产和供应业 Electricity, Gasand Water Production and Supply	建筑业 Construction	地质勘查业、水利管理业 Geological Prospecting, Water Conservancy	交通运输、仓储及邮电通信业 Transport, Storage and Communication
全国总计 National	**11044.2**	**605.1**	**776.8**	**3028.2**	**258.0**	**598.0**	**125.9**	**706.1**
北京 Beijing	354.7	4.9	4.0	84.9	4.1	43.5	1.5	18.8
天津 Tianjin	196.2	1.6	9.7	73.1	3.0	14.8	1.7	14.6
河北 Hebei	545.8	12.4	42.6	153.6	13.1	33.3	9.2	32.0
山西 Shanxi	376.2	4.3	58.7	99.1	10.1	26.6	3.6	23.7
内蒙古 Inner Mongolia	297.7	31.5	37.0	60.4	7.7	12.7	4.2	22.3
辽宁 Liaoning	661.6	36.4	42.6	233.4	17.1	34.9	7.8	46.8
吉林 Jilin	382.2	19.8	47.4	104.1	8.5	18.1	3.6	25.0
黑龙江 Heilongjiang	625.3	65.9	116.7	144.0	14.0	31.2	6.4	39.0
上海 Shanghai	308.2	4.5	0.1	110.2	6.5	14.5	1.2	24.3
江苏 Jiangsu	584.5	26.1	23.4	196.8	11.6	23.4	6.1	39.6
浙江 Zhejiang	290.5	7.1	4.0	82.6	7.9	9.2	2.1	20.9
安徽 Anhui	367.7	13.4	32.0	96.1	7.7	18.8	4.9	19.5
福建 Fujian	221.7	10.9	7.6	45.2	6.3	13.0	2.0	15.0
江西 Jiangxi	343.1	29.6	25.0	101.2	8.9	12.1	4.2	20.2
山东 Shandong	690.4	9.8	66.0	206.0	17.8	20.8	5.1	36.2
河南 Henan	615.3	10.0	53.5	167.3	17.5	42.6	5.9	36.6
湖北 Hubei	573.1	47.5	15.5	168.6	12.8	27.9	8.8	39.4
湖南 Hunan	486.6	37.4	26.2	137.0	10.2	19.8	6.3	28.7
广东 Guangdong	556.6	23.7	10.0	108.8	14.2	33.5	5.0	43.3
广西 Guangxi	294.2	18.6	8.8	70.8	7.3	13.4	3.3	18.8
海南 Hainan	87.7	33.1	2.1	8.4	1.5	2.8	0.6	4.1
重庆 Chongqing	215.3	3.3	14.3	76.6	4.5	9.3	1.2	16.7
四川 Sichuan	518.2	9.6	33.8	146.0	12.7	37.3	6.9	28.1
贵州 Guizhou	203.0	5.4	12.1	54.7	4.9	14.7	2.1	12.0
云南 Yunnan	270.7	23.8	12.8	54.9	6.1	16.0	3.5	18.7
西藏 Tibet	17.0	1.0	0.5	0.6	0.5	0.6	0.3	1.8
陕西 Shaanxi	345.0	6.4	21.2	113.7	8.0	20.0	4.9	23.3
甘肃 Gansu	214.0	8.9	17.0	64.2	5.2	10.5	4.5	14.7
青海 Qinghai	56.5	3.0	3.1	13.7	1.4	5.0	2.7	4.3
宁夏 Ningxia	63.0	5.8	6.4	14.4	1.7	3.5	1.7	3.8
新疆 Xinjiang	282.0	89.4	22.7	37.6	5.1	14.3	4.5	14.0

4－2 续表1 continued

单位: 万人 (10 000 persons)

地区 Region	批发和零售贸易、餐饮业 Wholesale and Retail Trade, Restaurants	金融、保险业 Financial Intermediation and Insurance	房地产业 Real Estate Activities	社会服务业 Social Services	卫生、体育和社会福利业 Health Care, Sporting and Social Welfae	教育、文化艺术和广播电影电视业 Education, Culture and Arts, Radio, Film and Television	科学研究和综合技术服务业 Scientific Research and Polytechnical Services	国家机关、政党机关和社会团体 Government Agencies, Party Agencies and Social Organizations	其他 Others
全国总计 National	**1045.7**	**217.6**	**65.3**	**352.6**	**407.6**	**1502.7**	**170.2**	**1087.2**	**97.2**
北京 Beijing	33.3	5.3	5.4	31.5	12.4	42.3	24.7	33.1	4.9
天津 Tianjin	16.1	2.9	1.8	9.0	7.3	19.2	4.9	12.4	3.9
河北 Hebei	48.4	10.7	2.2	15.4	18.1	83.6	5.3	63.0	2.9
山西 Shanxi	30.2	6.4	0.8	8.7	10.5	44.8	4.0	41.1	3.4
内蒙古 Inner Mongolia	25.4	6.0	1.0	7.3	9.1	37.9	3.1	29.6	2.4
辽宁 Liaoning	60.5	11.2	6.2	26.9	21.6	61.4	9.3	43.8	1.7
吉林 Jilin	41.8	6.8	2.9	13.4	13.4	44.3	5.2	25.0	3.2
黑龙江 Heilongjiang	58.4	9.0	3.3	19.9	17.3	53.6	5.2	38.5	2.9
上海 Shanghai	29.4	4.9	5.6	22.4	12.3	32.5	10.1	13.7	16.1
江苏 Jiangsu	64.4	11.5	4.2	19.6	19.5	80.7	8.6	43.1	5.9
浙江 Zhejiang	30.5	9.1	2.6	11.8	15.2	48.3	4.2	33.5	1.5
安徽 Anhui	38.8	6.9	1.6	9.1	11.0	63.3	4.0	39.1	1.5
福建 Fujian	20.6	5.8	1.0	7.5	8.0	45.3	2.6	27.4	3.4
江西 Jiangxi	31.0	6.0	1.4	6.0	12.1	47.2	3.5	33.8	1.0
山东 Shandong	64.5	13.8	3.3	19.5	26.4	110.0	6.4	77.9	6.8
河南 Henan	71.4	13.1	2.6	16.4	27.1	60.3	7.3	76.5	7.2
湖北 Hubei	61.0	11.2	2.7	15.5	25.0	73.2	7.5	55.2	1.4
湖南 Hunan	48.7	9.1	1.9	11.3	17.7	72.0	5.3	51.7	3.4
广东 Guangdong	70.4	18.9	6.4	22.3	29.5	90.4	6.8	65.6	7.6
广西 Guangxi	23.4	6.1	1.1	7.8	13.4	60.3	3.6	35.2	2.2
海南 Hainan	7.7	2.0	0.7	2.7	2.7	9.3	1.4	7.8	0.9
重庆 Chongqing	18.3	3.4	1.1	5.4	6.2	31.9	3.5	19.4	0.2
四川 Sichuan	47.3	10.2	2.0	11.9	19.2	83.1	10.7	56.8	2.7
贵州 Guizhou	15.5	3.8	0.5	3.5	8.5	34.9	2.1	26.8	1.4
云南 Yunnan	21.7	5.5	0.8	6.0	11.9	47.2	3.7	37.1	1.1
西藏 Tibet	1.1	0.6	…	0.5	1.4	3.0	0.2	4.9	0.1
陕西 Shaanxi	25.8	6.3	0.9	7.5	10.7	48.3	9.7	36.8	1.6
甘肃 Gansu	16.5	4.2	0.5	5.1	7.2	28.5	2.8	22.6	1.5
青海 Qinghai	4.0	1.3	0.1	1.5	2.3	6.7	0.9	6.2	0.5
宁夏 Ningxia	4.3	1.5	0.2	1.6	2.3	7.8	0.9	6.5	0.7
新疆 Xinjiang	15.4	4.0	0.4	5.5	8.5	31.4	2.7	23.3	3.3

4-3 分地区分行业从业人员平均劳动报酬

(国有经济单位)

AVERAGE EARNINGS OF EMPLOYEES BY SECTOR AND REGION

(State-owned Units, 1997)

单位:元 (yuan)

地区	Region	合计 Total	农、林、牧、渔业 Farming, Forestry, Animal Husbandry and Fishery	采掘业 Mining and Quarrying	制造业 Manufacturing	电力、煤气及水的生产和供应业 Electricity, Gas and Water Production and Supply	建筑业 Construction	地质勘查业、水利管理业 Geological Prospecting, Water Conservancy	交通运输、仓储及邮电通信业 Transport, Storage and Communication
全国总计	**National**	**6679**	**4297**	**7086**	**6006**	**9527**	**7363**	**7166**	**9189**
北京	Beijing	10851	6949	10290	9610	13331	10470	9574	12308
天津	Tianjin	8597	6454	12029	7170	11513	8788	11930	11998
河北	Hebei	5977	3543	7526	5550	9044	6075	9768	8103
山西	Shanxi	5732	4031	8167	4918	8480	6146	4637	8688
内蒙古	Inner Mongolia	5403	3912	5616	5046	7829	5914	4928	8501
辽宁	Liaoning	6184	3138	7251	5504	9320	6866	8553	8759
吉林	Jilin	5971	3643	5364	5632	9891	6035	4848	8330
黑龙江	Heilongjiang	5287	4208	4862	4171	8324	5859	9174	8860
上海	Shanghai	11570	7901	14645	10657	16521	13229	12619	14298
江苏	Jiangsu	7726	5230	8586	6710	11031	8473	7515	9274
浙江	Zhejiang	8803	6950	7003	7278	12607	10327	8475	10108
安徽	Anhui	5916	4379	8403	5242	8501	6293	6196	7036
福建	Fujian	7549	4655	5680	6576	10850	9610	7678	10031
江西	Jiangxi	5231	4154	4944	4979	6538	5749	5512	7476
山东	Shandong	6700	5385	9929	5529	9705	7164	6224	9023
河南	Henan	5605	3692	8176	4915	7733	5884	5122	7893
湖北	Hubei	5683	3883	6232	5340	8949	6796	6005	7804
湖南	Hunan	5649	3881	4668	4981	8584	6672	5406	8272
广东	Guangdong	9940	5555	5839	8541	12660	10965	8263	14513
广西	Guangxi	5538	3970	4861	5588	8851	7298	4858	8348
海南	Hainan	5438	3010	6703	4853	8815	6594	6561	10532
重庆	Chongqing	5795	4206	5845	5527	8008	6106	6630	7589
四川	Sichuan	5943	4553	5788	5698	8278	6938	8269	7347
贵州	Guizhou	5340	3751	6424	5603	9244	6071	4819	6960
云南	Yunnan	7142	4921	6550	7821	10035	7497	6615	8297
西藏	Tibet	9800	6538	7699	5762	9877	6885	12859	10663
陕西	Shaanxi	5360	4031	6316	4925	8491	5375	5285	7835
甘肃	Gansu	6346	4504	9022	6323	9667	6995	6028	8519
青海	Qinghai	7537	5478	7328	6114	11450	6544	13956	9952
宁夏	Ningxia	6174	3434	9482	5508	9448	5703	8761	9010
新疆	Xinjiang	6709	4741	12583	6326	8698	6181	6803	9076

4-3 续表1 continued

单位: 元 (yuan)

地区 Region		批发和零售贸易、餐饮业 Wholesale and Retail Trade, Restaurants	金融、保险业 Financial Intermediation and Insurance	房地产业 Real Estate Activities	社会服务业 Social Services	卫生、体育和社会福利业 Health Care, Sporting and Social Welfare	教育、文化艺术和广播电影电视业 Education, Culture and Arts, Radio, Film and Television	科学研究和综合技术服务业 Scientific Research and Polytechnical Services	国家机关、政党机关和社会团体 Government Agencies, Party Agencies and Social Organizations	其他 Others
全国总计	**National**	**5141**	**9904**	**8554**	**7406**	**7757**	**6402**	**8921**	**6943**	**6854**
北京	Beijing	10677	16451	13788	11976	11764	11057	11444	10602	12841
天津	Tianjin	7945	12415	9485	7771	9818	8546	9913	9039	5091
河北	Hebei	4038	8143	6156	6361	6369	5144	6957	6020	5447
山西	Shanxi	3358	7278	4562	4483	5480	4531	6128	4850	5983
内蒙古	Inner Mongolia	3239	8137	5039	4822	6517	5170	6153	5571	6559
辽宁	Liaoning	3980	10378	6202	6341	6962	6583	7817	7002	6371
吉林	Jilin	4638	9734	6336	6546	6790	6110	7861	6547	5176
黑龙江	Heilongjiang	3594	10113	5344	5454	6324	5945	7076	6356	5250
上海	Shanghai	12024	19713	14473	10652	12529	11652	13105	13182	4600
江苏	Jiangsu	6038	11010	9574	8513	9187	8330	10450	9589	7951
浙江	Zhejiang	7335	11160	10591	9214	11708	9005	10600	9724	9377
安徽	Anhui	4445	8321	6253	5575	7090	5296	7852	6359	6297
福建	Fujian	6442	12104	9522	7972	8343	7048	9070	7706	8141
江西	Jiangxi	4235	7546	5014	5082	6104	4963	5380	5844	4637
山东	Shandong	4368	9518	6874	6335	7788	6363	8254	6958	5771
河南	Henan	3347	7448	5321	5160	5909	5449	7405	5480	6444
湖北	Hubei	3870	7649	5551	5396	6538	5729	7684	6206	6368
湖南	Hunan	4395	8793	6237	5874	7581	5767	7446	6296	6326
广东	Guangdong	7582	13928	12520	12346	11146	9332	13006	10706	10442
广西	Guangxi	4685	7524	6252	5940	6158	4279	6930	5397	7311
海南	Hainan	4390	12678	8055	6212	9062	6901	6210	7711	7006
重庆	Chongqing	4466	8608	5682	5427	7081	5151	7252	6047	6026
四川	Sichuan	4249	8338	6350	5698	7192	5132	8074	6154	5412
贵州	Guizhou	4334	7046	5097	4725	5076	4064	6949	4773	6733
云南	Yunnan	6946	8796	7016	6458	7864	6634	8567	6821	7630
西藏	Tibet	6876	13137	10640	9170	10547	9417	13064	11319	7680
陕西	Shaanxi	3582	7635	5172	4815	5721	4777	7582	5182	5113
甘肃	Gansu	4207	7376	5510	5151	6051	5210	6488	5721	8028
青海	Qinghai	5096	10578	6057	5815	8456	7820	9340	7855	7736
宁夏	Ningxia	4564	9836	5285	4415	6232	5296	6879	5517	6112
新疆	Xinjiang	6109	10932	5888	6221	7420	6682	7848	7001	8723

4-4 分行业全部职工人数和平均工资

(国有经济单位)

FORMAL EMPLOYEES AND AVERAGE WAGES BY SECTOR

(State-owned Units, 1997)

项　目	Item	年末人数（万人） Formal Employees (10 000)	#女性 Female	平均人数（万人） Formal Employees year-average (10 000)	平均工资（元） Average Wages (yuan)
全国总计	**National Total**	**10765.9**	**3927.0**	**10687.7**	**6747**
按隶属关系分组	**Administrative Relationship**				
中央	Under Central Government	2252.0	702.6	2265.8	9397
省、自治区、直辖市	Under Provincial Government	1744.5	621.7	1746.0	7530
地区	Under Prefectural Government	2641.3	1077.3	2635.3	6421
县及县以下	At and Below County Level	4113.4	1521.9	4026.3	5126
其他	Other	14.7	3.5	14.4	7593
按企、事业和机关分组	**Enterprises, Institutions and Organizatio**				
企业	Enterprises	7131.1	2612.5	7103.4	6647
#地方	Local	5203.3	2029.6	5163.0	5588
事业	Institutions	2592.0	1074.0	2555.9	6925
#地方	Local	2315.7	969.8	2278.1	6670
机关	Organizations	1042.8	240.4	1028.4	6994
#地方	Local	984.7	223.5	970.8	6889
按国民经济行业分组	**Sector**				
农、林、牧、渔业	**Farming, Forestry, Animal Husbandry and Fishery**	**588.0**	**222.5**	**586.0**	**4304**
农业	Farming	332.4	135.5	331.5	4191
林业	Forestry	95.7	36.6	96.0	3925
畜牧业	Animal Husbandry	44.9	17.4	44.6	3847
渔业	Fishery	15.9	4.7	15.8	5415
农、林、牧、渔服务业	Services	99.1	28.4	98.0	5085
采掘业	**Mining and Quarrying**	**772.0**	**188.4**	**763.6**	**7091**
制造业	**Manufacturing**	**3011.4**	**1213.0**	**3003.3**	**6008**
电力、煤气及水的生产和供应业	**Electricity, Gas and Water Production and Supply**	**257.0**	**82.0**	**254.1**	**9541**
建筑业	**Construction**	**576.8**	**121.6**	**590.2**	**7388**
土木工程建筑业	Civil Engineering	500.0	103.9	509.2	6999
线路、管道和设备安装业	Circuit Pipelines and Equipment Installation	71.1	16.4	75.3	9984
装修装饰业	Buildings Completion	5.6	1.3	5.8	7848
地质勘查业、水利管理业	**Geological Prospecting, Water Conservancy**	**125.1**	**31.3**	**125.0**	**7180**
地质勘查业	Geological Prospecting	66.5	17.1	67.1	8398
水利管理业	Water Conservancy	58.6	14.2	58.0	5772
交通运输、仓储及邮电通信业	**Transport, Storage and Communications**	**681.4**	**183.1**	**677.2**	**9303**
铁路运输业	Transport via Railways	218.5	48.9	215.2	11249
公路运输业	Transport via Highways	138.0	40.0	136.7	4585
管道运输业	Transport via Pipelines	2.5	0.8	2.5	11037
水上运输业	Water Transport	36.8	5.8	37.3	11111
航空运输业	Air Transport	10.2	3.3	9.8	15304
交通运输辅助业	Supporting and Auxiliary Transport Activities	125.8	31.4	125.3	8582
其他交通运输业	Other Transports	1.4	0.4	1.3	7067
仓储业	Storage	39.1	13.5	38.6	6305
邮电通信业	Postal and Telecommunications	109.1	39.0	110.4	12065
批发和零售贸易餐饮业	**Wholesale and Retail Trade, Restaurants**	**1036.6**	**471.0**	**1022.5**	**5134**
食品、饮料、烟草和家庭用品批发业	Wholesale of Food, Beverages, Tobacco and Household Goods	410.7	172.9	405.2	5193
能源、材料和机械电子设备批发业	Wholesale Energy, Materials and Electronic Equipment	180.9	65.5	179.3	5604

4－4 续表1 continued

项　目	Item	年末人数（万人） Formal Employees (10 000)	#女性 Female	平均人数（万人） Formal Employees year－average (10 000)	平均工资（元） Average Wages (yuan)
其他批发业	Other Wholesale	54.5	22.9	54.0	6574
零售业	Retail	344.2	183.9	338.2	4565
商业经纪与代理业	Commercial Brokerages and Agencies	4.1	1.6	4.0	8152
餐饮业	Restaurants	42.2	24.2	41.8	4993
金融、保险业	**Financial Intermediation and Insurance**	**210.0**	**84.9**	**208.7**	**10012**
金融业	Financial Intermediation	193.8	79.4	193.0	10025
保险业	Insurance	16.2	5.5	15.8	9851
房地产业	**Real Estate Activities**	**63.5**	**22.6**	**62.4**	**8570**
房地产开发与经营业	Real Estate Development and Operation	27.6	9.6	27.2	9326
房地产管理业	Real Estate Managment	34.5	12.4	33.8	8011
房地产代理与经纪业	Real Estate Brokerages and Agencies	1.4	0.6	1.4	7410
社会服务业	**Social Services**	**344.8**	**158.3**	**340.9**	**7425**
公共服务业	Public Facilities Services	176.6	78.8	175.0	7583
居民服务业	Residential Services	21.6	10.5	21.3	7053
旅馆业	Hotels	88.0	49.3	86.9	6594
租赁服务业	Renting Services	1.1	0.4	1.1	7080
旅游业	Tourism	10.6	4.7	10.5	8213
娱乐服务业	Recreational Services	2.4	1.2	2.3	7256
信息、咨询服务业	Information and Consultancy Services	15.2	5.7	15.1	8979
计算机应用服务业	Computer Application Services	2.2	0.8	2.2	10528
其他社会服务业	Other Social Services	27.2	6.9	26.6	7986
卫生、体育和社会福利业	**Health Care, Sporting and Social Welfare**	**402.2**	**230.2**	**396.8**	**7794**
卫生	Health Care	378.7	220.8	373.7	7799
体育	Sporting	7.6	2.5	7.5	8903
社会福利保障业	Social Welfare	16.0	6.9	15.7	7144
教育、文化艺术和广播电影电视业	**Education, Culture and Arts, Radio, Film and Television**	**1361.5**	**572.9**	**1336.5**	**6810**
教育	Education	1258.4	533.9	1234.4	6744
#普通高等学校	Institutes of Higher Education	109.8	42.7	109.3	8740
普通中学	Secondary Schools	422.6	157.5	413.4	6663
小学校	Primary Schools	540.5	248.9	528.1	6099
文化艺术业	Culture and Arts	57.8	23.5	57.3	8072
广播电影电视业	Radio, Film and Television	45.3	15.5	44.8	7013
科学研究和综合技术服务业	**Scientific Research and Polytechnical Services**	**166.9**	**56.8**	**167.4**	**8974**
科学研究业	Scientific Research	87.4	30.6	88.2	9074
自然科学研究	Natural Science Research	71.8	25.0	72.6	8971
社会科学研究	Social Science Research	3.3	1.2	3.3	8229
其他科学研究	Other Science Research	12.3	4.3	12.3	9902
综合技术服务业	Polytechnical Services	79.5	26.3	79.2	8862
#气象	Atmosphere	5.5	1.9	5.5	7383
地震	Seismology	1.5	0.4	1.5	7957
测绘	Surveying and Mapping	4.2	1.2	4.2	8296
技术监督	Technology Supervisor	13.2	4.2	13.1	7861
海洋环境	Sea and Ocean Environments	0.6	0.1	0.6	9378
环境保护	Environmental Protection	6.1	2.3	5.9	6921
技术推广和科技交流服务业	Technology Promotion and Exchange Services	6.6	2.3	6.6	7353
工程设计业	Engineering Design	29.2	9.6	29.5	10255
其他综合技术服务业	Other Polytechnical Services	12.5	4.2	12.4	9273
国家机关、政党机关和社会团体	**Government Agencies, Party Agencies and Social Organizations**	**1073.7**	**250.2**	**1059.9**	**6985**
#国家机关	Government Agencies	998.7	230.2	985.6	6989
政党机关	Party Agencies	53.1	11.2	52.6	6946
其他行业	**Others**	**95.1**	**38.0**	**93.2**	**6891**
#企业管理机构	Enterprise Management Organizations	44.7	14.8	43.6	7535

4－5 分行业职工工资总额

(国有经济单位)

TOTAL WAGE BILL OF FORMAL EMPLOYEES BY SECTOR

(State－owned Units)

单位: 亿元 (100 million yuan)

项　目	Item	1980年	1985年	1990年	1995年	1997年
全国总计	**National Total**	**627.9**	**1064.8**	**2324.1**	**6080.2**	**7211.0**
按隶属关系分组	**Administrative Relationship**					
中央	Under Central Government	103.2	272.4	591.1	1729.8	2129.2
省、自治区、直辖市	Under Provincial Government	198.7	244.0	501.2	1141.5	1314.6
地区	Under Prefectural Government	146.2	277.3	650.6	1515.0	1692.2
县及县以下	At and Below County Level	159.4	239.9	470.2	1689.4	2064.0
其他	Other	20.4	31.2	111.0	4.5	11.0
按企、事业和机关分组	**Enterprises, Institutions and Organizatio**					
企业	Enterprises			1684.1	4217.2	4721.9
#地方	Local			1175.1	2703.5	2885.1
事业	Institutions			455.8	1317.0	1769.9
#地方	Local			381.1	1134.7	1519.4
机关	Organizations			184.2	546.1	719.2
#地方	Local			176.8	508.1	668.8
按国民经济行业分组	**Sector**					
农、林、牧、渔业	**Farming, Forestry, Animal Husbandry and Fishery**	**46.7**	**65.0**	**114.8**	**221.4**	**252.2**
农业	Farming	36.8	40.1	77.7	135.4	138.9
林业	Forestry	5.0	7.1	13.0	25.0	37.7
畜牧业	Animal Husbandry	3.6	5.0	9.4	14.8	17.2
渔业	Fishery	1.3	2.2	4.6	7.7	8.6
农、林、牧、渔服务业	Services		10.6	10.1	38.4	49.8
采掘业	**Mining and Quarrying**	**54.4**	**95.9**	**213.2**	**487.4**	**541.4**
制造业	**Manufacturing**	**209.4**	**347.2**	**771.0**	**1754.3**	**1804.3**
电力、煤气及水的生产和供应业	**Electricity, Gas and Water Production and Supply**	**11.7**	**16.6**	**47.0**	**179.7**	**242.5**
建筑业	**Construction**	**43.6**	**82.4**	**144.3**	**399.1**	**436.1**
土木工程建筑业	Civil Engineering	43.6	70.4	122.8	331.6	356.4
线路、管道和设备安装业	Circuit Pipelines and Equipment Installation		12.0	21.5	63.7	75.1
装修装饰业	Buildings Completion				3.9	4.5
地质勘查业、水利管理业	**Geological Prospecting, Water Conservancy**	**16.6**	**27.6**	**48.4**	**79.0**	**89.8**
地质勘查业	Geological Prospecting	2.7	5.1	9.4	52.9	56.3
水利管理业	Water Conservancy	3.9	5.8	10.2	26.0	33.5
交通运输、仓储及邮电通信业	**Transport, Storage and Communications**	**44.1**	**73.1**	**175.3**	**507.6**	**630.0**
铁路运输业	Transport via Railways	15.2	28.6	62.6	200.2	242.0
公路运输业	Transport via Highways	14.6	23.4	44.8	56.4	62.7
管道运输业	Transport via Pipelines	0.2	0.4	1.0	2.1	2.8
水上运输业	Water Transport	6.7	9.9	25.1	43.8	41.4
航空运输业	Air Transport	0.2	0.9	2.9	12.2	15.0
交通运输辅助业	Supporting and Auxiliary Transport Activities		2.5	3.2	76.8	107.6
其他交通运输业	Other Transports				1.4	0.9
仓储业	Storage	1.4	7.8	10.9	17.4	24.3
邮电通信业	Postal and Telecommunications	5.8	10.0	24.8	97.2	133.2
批发和零售贸易餐饮业	**Wholesale and Retail Trade, Restaurants**				**472.7**	**524.9**
食品、饮料、烟草和家庭用品批发业	Wholesale of Food, Beverages, Tobacco and Household Goods				176.4	210.4
能源、材料和机械电子设备批发业	Wholesale Energy, Materials and Electronic Equipment				93.8	100.5

4－5 续表1 continued

单位: 亿元 (100 million yuan)

项 目	Item	1980年	1985年	1990年	1995年	1997年
其他批发业	Other Wholesale				35.1	35.5
零售业	Retail				145.9	154.4
商业经纪与代理业	Commercial Brokerages and Agencies				3.6	3.3
餐饮业	Restaurants	4.6	6.0	9.6	17.9	20.9
金融、保险业	**Financial Intermediation and Insurance**	**4.3**	**10.8**	**30.7**	**151.4**	**209.0**
金融业	Financial Intermediation			28.9	141.0	193.4
保险业	Insurance			1.8	10.4	15.5
房地产业	**Real Estate Activities**	**2.5**	**3.7**	**8.7**	**41.1**	**53.4**
房地产开发与经营业	Real Estate Development and Operation				18.7	25.3
房地产管理业	Real Estate Managment	2.5	3.7	8.7	21.8	27.1
房地产代理与经纪业	Real Estate Brokerages and Agencies				0.6	1.0
社会服务业	**Social Services**	**9.7**	**20.9**	**52.6**	**185.0**	**253.1**
公共服务业	Public Facilities Services	0.8	2.2	5.6	98.0	132.7
居民服务业	Residential Services	0.7	2.5	5.1	9.9	15.0
旅馆业	Hotels	4.4	7.5	19.3	46.2	57.3
租赁服务业	Renting Services				0.6	0.8
旅游业	Tourism			2.4	6.7	8.6
娱乐服务业	Recreational Services				1.0	1.7
信息、咨询服务业	Information and Consultancy Services		0.1	0.9	8.0	13.5
计算机应用服务业	Computer Application Services				1.6	2.3
其他社会服务业	Other Social Services				13.1	21.2
卫生、体育和社会福利业	**Health Care, Sporting and Social Welfare**	**15.7**	**31.0**	**71.8**	**224.8**	**309.3**
卫生	Health Care	14.7	29.2	67.6	211.9	291.4
体育	Sporting	0.5	1.0	2.1	4.9	6.7
社会福利保障业	Social Welfare	0.5	0.8	2.1	8.0	11.2
教育、文化艺术和广播电影电视业	**Education, Culture and Arts, Radio, Film and Television**	**53.0**	**106.4**	**233.7**	**678.9**	**910.1**
教育	Education	47.6	97.1	214.6	622.9	832.5
#普通高等学校	Institutes of Higher Education			26.3	71.2	95.5
普通中学	Secondary Schools			73.7	203.7	275.4
小学校	Primary Schools			82.9	242.5	322.1
文化艺术业	Culture and Arts	4.3	7.2	14.5	33.5	46.3
广播电影电视业	Radio, Film and Television	1.1	2.1	4.6	22.5	31.4
科学研究和综合技术服务业	**Scientific Research and Polytechnical Services**	**8.7**	**16.1**	**35.3**	**114.2**	**150.2**
科学研究业	Scientific Research			28.8	62.6	80.1
自然科学研究	Natural Science Research			26.3	52.2	65.2
社会科学研究	Social Science Research			0.8	2.2	2.7
其他科学研究	Other Science Research			1.7	8.3	12.2
综合技术服务业	Polytechnical Services			6.5	51.6	70.2
#气象	Atmosphere			1.3	3.2	4.1
地震	Seismology			0.4	0.9	1.2
测绘	Surveying and Mapping			0.7	2.6	3.4
技术监督	Technology Supervisor				7.2	10.3
海洋环境	Sea and Ocean Environments				0.6	0.5
环境保护	Environmental Protection			0.8	3.2	4.1
技术推广和科技交流服务业	Technology Promotion and Exchange Services				3.8	4.8
工程设计业	Engineering Design				19.7	30.2
其他综合技术服务业	Other Polytechnical Services				10.4	11.5
国家机关、政党机关和社会团体	**Government Agencies, Party Agencies and Social Organizations**	**37.2**	**76.2**	**187.7**	**555.2**	**740.4**
#国家机关	Government Agencies				508.1	688.8
政党机关	Party Agencies				29.5	36.5
其他行业	**Others**				**28.3**	**64.2**
#企业管理机构	Enterprise Management Organizations				20.4	32.8

4－6 分地区分行业全部职工人数和平均工资

(国有经济单位)

FORMAL EMPLOYEES AND AVERAGE WAGES BY SECTOR AND REGION

(State－owned Units, 1997)

地 区 Region		总计 Total				中央属单位 Units Under Central Government			
		单位数(个) Number of Units	职工年末人数(万人) Formal Employees (year－end, 10 000)	#女性 Female	平均工资(元) Average Wages (yuan)	单位数(个) Number of Units	职工年末人数(万人) Formal Employees (year－end, 10 000)	#女性 Female	平均工资(元) Average Wages (yuan)
全国总计	**National**	**1478324**	**10765.9**	**3927.0**	**6747**	**80880**	**2252.0**	**702.6**	**9397**
北 京	Beijing	19711	348.7	135.2	10907	5688	121.6	44.4	11756
天 津	Tianjin	11803	191.6	76.6	8689	704	40.0	12.6	11305
河 北	Hebei	88097	531.5	191.9	6066	3661	123.9	35.1	8592
山 西	Shanxi	61325	364.3	120.0	5791	2900	103.0	27.1	8639
内蒙古	Inner Mongolia	35265	291.9	106.9	5462	2124	43.3	13.6	8764
辽 宁	Liaoning	55434	651.3	246.6	6226	3676	166.6	47.0	9505
吉 林	Jilin	37250	375.9	139.4	6017	2240	75.1	22.3	9184
黑龙江	Heilongjiang	53740	608.2	218.6	5323	3677	160.6	46.5	8176
上 海	Shanghai	16816	292.8	116.5	11733	1874	61.5	18.9	15332
江 苏	Jiangsu	70479	577.5	212.6	7745	2961	80.5	24.3	10913
浙 江	Zhejiang	54303	285.0	110.1	8847	2143	32.4	10.5	11594
安 徽	Anhui	68683	353.1	118.1	6039	2186	65.6	16.4	8401
福 建	Fujian	50770	215.6	76.1	7621	2836	20.5	5.7	11377
江 西	Jiangxi	44881	334.0	118.2	5303	2085	50.6	15.1	7981
山 东	Shandong	93989	665.6	235.3	6817	4041	127.8	36.6	10253
河 南	Henan	58686	602.8	212.5	5643	3899	125.3	37.6	8584
湖 北	Hubei	83325	560.1	216.2	5741	4833	111.2	37.1	8872
湖 南	Hunan	69453	471.5	174.0	5683	3109	84.0	27.0	8270
广 东	Guangdong	82423	544.5	203.4	10032	3885	69.4	23.5	14370
广 西	Guangxi	54754	280.7	102.4	5654	2546	30.9	9.5	9236
海 南	Hainan	11351	86.5	34.0	5468	757	5.8	2.1	10998
重 庆	Chongqing	26005	211.1	75.9	5828	993	52.2	16.8	8041
四 川	Sichuan	70954	506.2	180.1	5996	3246	107.1	35.5	8691
贵 州	Guizhou	50434	196.1	66.3	5434	1747	43.4	13.4	7940
云 南	Yunnan	48404	265.1	93.7	7237	2727	40.2	13.2	8657
西 藏	Tibet	6138	15.4	5.3	10524	118	1.6	0.6	14699
陕 西	Shaanxi	68400	335.1	115.0	5452	3443	100.4	32.1	7348
甘 肃	Gansu	40564	208.1	69.8	6445	2360	55.5	18.5	9363
青 海	Qinghai	8013	55.5	19.5	7623	664	12.9	4.3	12689
宁 夏	Ningxia	9329	61.7	22.2	6206	491	9.9	3.2	10239
新 疆	Xinjiang	27545	278.5	114.6	6709	3266	129.2	52.3	7543

4－6 续表1 continued

地区 Region	省、自治区、直辖市属单位 Units Under Provincial Government				地区属单位 Units Under Prefectural Government			
	单位数(个) Number of Units	职工年末人数(万人) Formal Employees (year-end, 10 000)	#女性 Female	平均工资(元) Average Wages (yuan)	单位数(个) Number of Units	职工年末人数(万人) Formal Employees (year-end, 10 000)	#女性 Female	平均工资(元) Average Wages (yuan)
全国总计 National	**75580**	**1744.5**	**621.7**	**7530**	**192271**	**2641.3**	**1077.3**	**6421**
北京 Beijing	4177	145.1	53.8	10689	6486	49.3	25.9	11212
天津 Tianjin	5040	113.4	45.5	8009	4341	24.8	13.6	8005
河北 Hebei	2138	51.8	15.4	7350	6750	138.7	57.3	5558
山西 Shanxi	2494	61.8	19.7	6266	4927	70.5	28.2	4396
内蒙古 Inner Mongolia	1631	60.3	20.2	6399	5066	79.8	31.6	4438
辽宁 Liaoning	1967	24.0	8.1	7485	13463	262.7	108.7	5513
吉林 Jilin	2090	53.0	18.1	7064	6079	104.4	42.0	5229
黑龙江 Heilongjiang	8846	151.9	52.6	4208	9924	141.6	60.1	4630
上海 Shanghai	5126	162.7	65.0	10614	7921	55.7	27.6	11537
江苏 Jiangsu	2215	61.9	21.4	8616	11014	170.1	67.8	7745
浙江 Zhejiang	1412	22.3	7.1	10923	7904	81.6	33.0	8804
安徽 Anhui	1858	31.0	10.4	6723	6515	100.2	38.8	5967
福建 Fujian	2928	32.7	10.0	8527	6068	55.5	20.6	8528
江西 Jiangxi	2451	50.3	18.1	5525	5516	73.4	29.6	4783
山东 Shandong	2237	47.4	16.2	8381	10479	173.4	68.4	6299
河南 Henan	2017	33.8	11.4	8103	8492	163.4	64.4	5447
湖北 Hubei	2594	52.6	20.3	5484	8868	139.8	58.6	5808
湖南 Hunan	2570	55.0	19.2	6930	7192	134.3	55.1	4877
广东 Guangdong	3229	61.6	20.2	11422	18862	177.7	70.4	11400
广西 Guangxi	2411	40.9	14.6	5741	6116	74.6	30.3	6081
海南 Hainan	1712	47.5	20.0	4673	1223	8.3	3.2	7033
重庆 Chongqing	1605	58.9	22.4	5902	774	11.3	4.3	4810
四川 Sichuan	1674	40.2	12.4	7136	6775	131.2	50.2	5543
贵州 Guizhou	1643	35.0	11.3	6010	2927	32.7	13.3	4916
云南 Yunnan	2460	65.2	22.9	8149	4336	37.5	14.9	6975
西藏 Tibet	406	4.2	1.6	9884	1194	5.3	2.0	9791
陕西 Shaanxi	1616	55.1	20.5	5466	4152	60.5	22.5	4887
甘肃 Gansu	1920	52.3	17.0	6329	3312	31.8	12.4	5085
青海 Qinghai	827	18.1	6.1	6061	1054	8.1	3.6	5759
宁夏 Ningxia	906	24.6	8.6	6146	912	7.7	3.5	5065
新疆 Xinjiang	1380	29.9	11.6	7125	3629	35.7	15.4	6312

4-6 续表2 continued

地 区 Region		县及县以下属单位 Units At and Below County Level				其他隶属关系单位 Other Units			
		单位数(个) Number of Units	职工年末人数(万人) Formal Employees (year-end, 10 000)	#女性 Female	平均工资(元) Average Wages (yuan)	单位数(个) Number of Units	职工年末人数(万人) Formal Employees (year-end, 10 000)	#女性 Female	平均工资(元) Average Wages (yuan)
全国总计	**National**	**1127775**	**4113.4**	**1521.9**	**5126**	**1818**	**14.7**	**3.5**	**7593**
北 京	Beijing	2961	25.8	10.5	8254	399	6.9	0.6	8151
天 津	Tianjin	1666	13.1	4.7	7294	52	0.3	0.1	11292
河 北	Hebei	75506	216.9	84.0	4600	42	0.2	0.1	6088
山 西	Shanxi	50994	128.9	45.0	3961	10	0.2	...	6154
内蒙古	Inner Mongolia	26293	108.0	41.3	4381	151	0.6	0.2	5048
辽 宁	Liaoning	36319	197.9	82.7	4219	9	0.2	...	10141
吉 林	Jilin	26776	143.2	57.0	4494	65	0.2	0.1	4099
黑龙江	Heilongjiang	31203	153.8	59.3	4075	90	0.3	0.1	3295
上 海	Shanghai	1887	12.8	5.0	9998	8	...	...	15837
江 苏	Jiangsu	54262	264.9	99.0	6559	27	0.2	0.1	11951
浙 江	Zhejiang	42844	148.7	59.5	7945				
安 徽	Anhui	57962	155.8	52.3	4937	162	0.5	0.2	5860
福 建	Fujian	38916	106.7	39.7	6104	22	0.1	...	6586
江 西	Jiangxi	34824	159.6	55.4	4531	5	0.1	...	4231
山 东	Shandong	77221	317.0	114.2	5449	11	...	...	7054
河 南	Henan	44028	278.6	98.4	4103	250	1.8	0.7	5923
湖 北	Hubei	67030	256.5	100.1	4391				
湖 南	Hunan	56561	198.1	72.6	4767	21	0.2	0.1	8044
广 东	Guangdong	56245	234.6	89.0	7272	202	1.1	0.4	12375
广 西	Guangxi	43681	134.4	48.0	4520				
海 南	Hainan	7593	24.6	8.6	5196	66	0.3	0.1	4986
重 庆	Chongqing	22633	88.7	32.3	4570				
四 川	Sichuan	59231	227.4	81.8	4754	28	0.3	0.1	4544
贵 州	Guizhou	44058	84.5	28.1	4082	59	0.5	0.2	6141
云 南	Yunnan	38879	122.1	42.7	6347	2	...	...	5583
西 藏	Tibet	4420	4.3	1.2	10489				
陕 西	Shaanxi	59171	118.8	39.9	4098	18	0.3	0.1	4697
甘 肃	Gansu	32972	68.6	21.8	4750				
青 海	Qinghai	5468	16.4	5.5	6350				
宁 夏	Ningxia	7020	19.6	6.9	4679				
新 疆	Xinjiang	19151	83.3	35.1	5367	119	0.5	0.2	7610

4－6 续表3 continued

地　区 Region	企业单位 Enterprises				非农企业单位 Nonagricultural Enterprises			
	单位数（个） Number of Units	职工年末人数(万人) Formal Employees (year－end, 10 000)	＃女性 Female	平均工资（元） Average Wages (yuan)	单位数（个） Number of Units	职工年末人数(万人) Formal Employees (year－end, 10 000)	＃女性 Female	平均工资（元） Average Wages (yuan)
全国总计 National	**360678**	**7131.1**	**2612.5**	**6647**	**278246**	**6543.2**	**2389.9**	**6858**
北　京 Beijing	11451	224.6	81.7	10801	11005	219.8	79.9	10887
天　津 Tianjin	5896	139.3	53.9	8616	5701	137.7	53.4	8641
河　北 Hebei	16439	346.3	120.7	6117	14306	334.3	116.9	6207
山　西 Shanxi	11088	252.1	78.0	6165	9707	247.8	76.9	6202
内蒙古 Inner Mongolia	9199	193.1	69.5	5526	6585	162.1	58.2	5828
辽　宁 Liaoning	16927	483.4	178.1	6078	13834	447.2	165.0	6311
吉　林 Jilin	11513	266.9	95.5	5943	7651	247.2	88.8	6128
黑龙江 Heilongjiang	21410	465.6	162.9	5147	15834	408.1	142.9	5293
上　海 Shanghai	8928	215.5	82.1	11483	8613	211.5	80.9	11545
江　苏 Jiangsu	19599	384.2	146.9	7269	16469	358.8	136.8	7410
浙　江 Zhejiang	13901	171.0	66.9	8302	12090	164.1	64.5	8357
安　徽 Anhui	11267	225.0	79.5	5956	8210	211.8	74.6	6057
福　建 Fujian	12543	122.6	43.4	7654	10767	111.9	39.1	7898
江　西 Jiangxi	12925	219.9	82.0	5109	10574	190.7	70.2	5256
山　东 Shandong	20803	434.5	159.6	6680	16655	424.8	157.1	6709
河　南 Henan	18463	409.6	147.1	5662	15151	399.7	143.9	5710
湖　北 Hubei	18797	369.3	149.6	5530	11898	323.0	129.4	5768
湖　南 Hunan	13666	303.4	115.5	5404	11045	266.9	100.8	5608
广　东 Guangdong	27078	330.4	122.2	9867	24800	307.2	113.0	10195
广　西 Guangxi	10535	157.5	58.0	6081	6072	139.2	50.8	6360
海　南 Hainan	3478	62.3	25.6	4715	2976	29.4	11.0	6614
重　庆 Chongqing	4839	144.3	53.0	5853	3205	141.0	52.1	5891
四　川 Sichuan	13513	313.9	113.3	6038	9234	304.4	110.7	6083
贵　州 Guizhou	7035	115.3	39.2	5950	2285	110.0	37.5	6055
云　南 Yunnan	9562	149.4	54.1	7420	3823	126.4	45.1	7855
西　藏 Tibet	708	5.2	1.8	8622	372	4.5	1.5	8626
陕　西 Shaanxi	10704	218.9	77.7	5457	7837	212.5	75.9	5499
甘　肃 Gansu	6914	136.6	48.8	6828	4556	127.7	46.2	6986
青　海 Qinghai	2040	32.9	11.6	7096	1340	29.9	10.7	7253
宁　夏 Ningxia	1877	39.6	14.3	6592	1301	34.1	12.1	7104
新　疆 Xinjiang	7580	198.7	80.2	6704	4350	109.5	43.9	8285

4-6 续表4 continued

地　　区 Region	企业中地方单位 Local Enterprises				事业单位 Institutions			
	单位数（个）Number of Units	职工年末人数（万人）Formal Employees (year-end, 10 000)	#女性 Female	平均工资（元）Average Wages (yuan)	单位数（个）Number of Units	职工年末人数（万人）Formal Employees (year-end, 10 000)	#女性 Female	平均工资（元）Average Wages (yuan)
全国总计 National	**304945**	**5203.3**	**2029.6**	**5588**	**808778**	**2592.0**	**1074.0**	**6925**
北　京 Beijing	7440	152.7	59.4	10250	6707	98.8	46.0	11106
天　津 Tianjin	5297	106.4	43.7	7507	4470	41.5	20.2	8657
河　北 Hebei	13969	237.7	90.5	4936	58520	124.6	57.1	5910
山　西 Shanxi	9052	155.5	53.4	4468	38498	72.7	32.3	4901
内蒙古 Inner Mongolia	7529	154.2	57.5	4638	18061	71.4	30.3	5273
辽　宁 Liaoning	14646	332.8	136.7	4438	29620	127.9	59.5	6530
吉　林 Jilin	10096	201.1	76.7	4796	18829	85.7	38.4	6119
黑龙江 Heilongjiang	18557	314.8	120.2	3690	21614	103.4	45.9	5792
上　海 Shanghai	7667	167.8	68.4	10239	6509	62.4	30.5	12378
江　苏 Jiangsu	17690	318.3	127.3	6458	39246	150.2	57.7	8454
浙　江 Zhejiang	12408	143.7	58.1	7616	31928	82.0	36.2	9631
安　徽 Anhui	9968	166.9	65.2	5081	41510	88.8	30.5	6095
福　建 Fujian	10450	105.5	38.8	6938	25189	65.7	26.9	7502
江　西 Jiangxi	11437	175.6	69.0	4446	21239	80.5	29.0	5556
山　东 Shandong	17748	318.8	127.2	5285	54150	158.3	61.2	7115
河　南 Henan	16568	303.2	115.8	4479	25621	124.2	50.2	5659
湖　北 Hubei	15275	276.0	119.0	4371	48221	138.6	54.5	6098
湖　南 Hunan	11332	230.8	92.6	4470	41546	117.7	47.2	6140
广　东 Guangdong	24376	275.7	104.5	8893	41901	148.9	65.8	10110
广　西 Guangxi	8584	130.4	49.8	5337	28488	89.8	36.2	4998
海　南 Hainan	2991	57.8	24.2	4187	5880	16.8	6.5	7296
重　庆 Chongqing	4028	97.3	37.9	4772	15525	48.2	18.6	5650
四　川 Sichuan	11376	225.1	84.5	4902	38573	133.5	51.9	5823
贵　州 Guizhou	5666	75.0	26.9	4845	30740	53.6	20.3	4615
云　南 Yunnan	7673	115.2	43.0	6986	23552	78.7	31.1	6981
西　藏 Tibet	654	4.2	1.4	7102	2617	5.7	2.3	11221
陕　西 Shaanxi	8492	136.8	52.1	4315	43973	83.5	30.8	5524
甘　肃 Gansu	5294	87.1	32.4	5239	24035	50.1	16.5	5722
青　海 Qinghai	1663	23.6	8.6	5115	3703	15.6	6.1	8812
宁　夏 Ningxia	1537	31.2	11.6	5512	5304	16.1	6.5	5471
新　疆 Xinjiang	5482	82.1	33.5	5480	13009	57.2	28.1	6651

4-6 续表5 continued

地　区 Region	事业中地方单位 Local Institutions				机关单位 Organizations			
	单位数(个) Number of Units	职工年末人数(万人) Formal Employees (year-end, 10 000)	#女性 Female	平均工资(元) Average Wages (yuan)	单位数(个) Number of Units	职工年末人数(万人) Formal Employees (year-end, 10 000)	#女性 Female	平均工资(元) Average Wages (yuan)
全国总计 National	**789568**	**2315.7**	**969.8**	**6670**	**308802**	**1042.8**	**240.4**	**6994**
北　京 Beijing	4845	49.2	25.4	11165	1553	25.2	7.6	11086
天　津 Tianjin	4352	35.0	17.9	8731	1437	10.9	2.5	9715
河　北 Hebei	57652	112.8	53.1	5633	13138	60.6	14.1	6084
山　西 Shanxi	37850	67.6	30.3	4826	11739	39.5	9.7	5031
内蒙古 Inner Mongolia	17737	68.1	29.2	5245	8004	27.5	7.1	5506
辽　宁 Liaoning	28428	114.3	54.5	6388	8887	40.0	9.0	7075
吉　林 Jilin	18125	77.6	35.3	5934	6908	23.3	5.5	6477
黑龙江 Heilongjiang	21045	95.3	42.6	5580	10716	39.2	9.9	6174
上　海 Shanghai	5911	48.9	25.4	12211	1379	14.9	3.9	12782
江　苏 Jiangsu	38396	137.2	53.3	8348	11634	43.2	8.0	9602
浙　江 Zhejiang	31338	77.7	34.7	9630	8474	32.0	6.9	9814
安　徽 Anhui	40846	82.5	28.5	5957	15906	39.3	8.2	6392
福　建 Fujian	24753	63.5	26.1	7463	13038	27.3	5.8	7758
江　西 Jiangxi	20959	76.0	27.5	5255	10717	33.6	7.2	5994
山　东 Shandong	53408	148.6	57.6	7053	19036	72.8	14.5	7004
河　南 Henan	24364	110.6	45.3	5524	14602	69.1	15.2	5502
湖　北 Hubei	47488	123.9	49.0	5791	16307	52.2	12.1	6281
湖　南 Hunan	41044	108.9	43.8	6012	14241	50.3	11.3	6314
广　东 Guangdong	40896	137.8	61.2	9920	13444	65.2	15.4	10698
广　西 Guangxi	28165	87.1	35.3	4937	15731	33.4	8.1	5410
海　南 Hainan	5619	15.5	5.9	7281	1993	7.4	1.9	7800
重　庆 Chongqing	15405	43.7	17.2	5400	5641	18.7	4.2	6086
四　川 Sichuan	37722	117.5	46.1	5515	18868	58.7	14.9	6166
贵　州 Guizhou	30536	51.3	19.4	4486	12659	27.2	6.8	4844
云　南 Yunnan	23021	74.2	29.5	6966	15242	36.9	8.5	7032
西　藏 Tibet	2464	5.3	2.1	10982	2796	4.5	1.3	11931
陕　西 Shaanxi	43042	66.5	24.6	5029	13723	32.7	6.6	5231
甘　肃 Gansu	23414	44.8	14.6	5486	9615	21.4	4.6	5646
青　海 Qinghai	3467	12.3	5.0	7335	2270	7.0	1.8	7528
宁　夏 Ningxia	5190	15.2	6.1	5296	2148	6.0	1.4	5586
新　疆 Xinjiang	12086	47.0	23.1	6474	6956	22.7	6.4	6896

4－6 续表6 continued

地　区 Region	机关中地方单位 Local Organizations 单位数(个) Number of Units	职工年末人数(万人) Formal Employees (year－end, 10 000)	# 女性 Female	平均工资(元) Average Wages (yuan)	农、林、牧、渔业 Farming, Forestry, Animal Husbandry and Fishery 单位数(个) Number of Units	职工年末人数(万人) Formal Employees (year－end, 10 000)	# 女性 Female	平均工资(元) Average Wages (yuan)
全国总计 National	**301634**	**984.7**	**223.5**	**6889**	**82432**	**588.0**	**222.5**	**4304**
北　京 Beijing	1339	18.4	5.4	11114	446	4.8	1.8	6950
天　津 Tianjin	1398	9.9	2.3	9602	195	1.6	0.5	6457
河　北 Hebei	12815	57.1	13.2	6036	2133	12.0	3.8	3545
山　西 Shanxi	11513	38.0	9.2	4970	1381	4.3	1.1	4031
内蒙古 Inner Mongolia	7837	26.2	6.6	5462	2614	31.0	11.3	3940
辽　宁 Liaoning	8675	37.4	8.3	6990	3093	36.2	13.1	3132
吉　林 Jilin	6789	22.0	5.1	6349	3862	19.7	6.7	3644
黑龙江 Heilongjiang	10461	37.4	9.3	6101	5576	57.5	19.9	4130
上　海 Shanghai	1364	14.6	3.8	12795	315	3.9	1.1	8177
江　苏 Jiangsu	11405	41.4	7.6	9542	3130	25.4	10.1	5267
浙　江 Zhejiang	8414	31.3	6.7	9787	1811	7.0	2.4	6982
安　徽 Anhui	15683	38.1	7.9	6320	3057	13.2	4.9	4363
福　建 Fujian	12709	25.9	5.4	7704	1776	10.7	4.3	4693
江　西 Jiangxi	10395	31.7	6.6	5584	2351	29.2	11.8	4179
山　东 Shandong	18781	70.3	13.9	6970	4148	9.7	2.5	5400
河　南 Henan	13855	63.8	13.9	5469	3312	9.9	3.1	3719
湖　北 Hubei	15729	49.1	11.1	6213	6899	46.3	20.2	3894
湖　南 Hunan	13968	47.8	10.6	6208	2621	36.5	14.7	3901
广　东 Guangdong	13127	60.8	14.0	10437	2278	23.2	9.2	5560
广　西 Guangxi	15459	32.3	7.8	5348	4463	18.3	7.3	3961
海　南 Hainan	1918	7.0	1.8	7637	502	32.8	14.6	3018
重　庆 Chongqing	5579	17.9	4.0	6040	1634	3.2	0.9	4217
四　川 Sichuan	18609	56.5	14.1	6140	4279	9.4	2.6	4585
贵　州 Guizhou	12485	26.4	6.6	4778	4750	5.3	1.6	3793
云　南 Yunnan	14923	35.4	8.0	6958	5739	23.0	9.0	5022
西　藏 Tibet	2565	4.0	1.1	11829	336	0.7	0.2	8595
陕　西 Shaanxi	13423	31.3	6.2	5138	2867	6.4	1.8	4037
甘　肃 Gansu	9494	20.7	4.4	5668	2358	8.9	2.6	4515
青　海 Qinghai	2219	6.7	1.7	7517	700	3.0	0.9	5505
宁　夏 Ningxia	2111	5.4	1.3	5396	576	5.5	2.2	3468
新　疆 Xinjiang	6592	19.8	5.6	6864	3230	89.1	36.3	4741

4－6 续表7 continued

地 区 Region	农业 Farming				林业 Forestry			
	单位数(个) Number of Units	职工年末人数(万人) Formal Employees (year－end, 10 000)	#女性 Female	平均工资(元) Average Wages (yuan)	单位数(个) Number of Units	职工年末人数(万人) Formal Employees (year－end, 10 000)	#女性 Female	平均工资(元) Average Wages (yuan)
全国总计 National	**10878**	**332.4**	**135.5**	**4191**	**7480**	**95.7**	**36.6**	**3925**
北 京 Beijing	56	1.8	0.7	6128	50	0.4	0.1	7750
天 津 Tianjin	22	0.7	0.3	5728	16	0.1	…	7670
河 北 Hebei	529	7.4	2.5	2916	202	0.8	0.2	3990
山 西 Shanxi	124	0.8	0.2	3979	312	1.2	0.2	4373
内蒙古 Inner Mongolia	255	15.8	6.0	4043	362	5.6	1.9	3229
辽 宁 Liaoning	298	25.3	9.5	2346	399	2.1	0.7	3842
吉 林 Jilin	209	7.1	2.5	3096	332	4.9	1.8	3794
黑龙江 Heilongjiang	2805	41.6	15.3	4349	544	5.5	1.6	3560
上 海 Shanghai	75	1.8	0.6	7221	13	0.1	…	10559
江 苏 Jiangsu	473	15.3	6.5	5127	229	2.4	1.1	4739
浙 江 Zhejiang	198	2.8	1.2	6347	188	1.0	0.3	6107
安 徽 Anhui	325	7.5	3.1	4054	218	1.5	0.6	4407
福 建 Fujian	320	7.0	3.3	3820	245	1.3	0.3	6239
江 西 Jiangxi	708	18.3	7.8	4132	511	6.9	2.7	4197
山 东 Shandong	147	1.6	0.5	4260	290	1.0	0.3	5362
河 南 Henan	236	3.6	1.3	3258	121	0.9	0.2	4194
湖 北 Hubei	1083	32.1	15.2	3742	410	1.9	0.7	3869
湖 南 Hunan	537	26.9	11.2	3855	353	3.8	1.4	3294
广 东 Guangdong	414	14.2	6.1	4887	454	4.6	1.6	5577
广 西 Guangxi	511	10.4	4.6	3736	337	3.7	1.5	4030
海 南 Hainan	71	2.5	1.1	2898	145	29.4	13.3	2964
重 庆 Chongqing	51	0.4	0.1	3501	140	0.6	0.1	4055
四 川 Sichuan	206	1.6	0.5	4805	184	1.0	0.3	4178
贵 州 Guizhou	120	1.2	0.4	3230	140	0.8	0.3	4137
云 南 Yunnan	224	7.5	3.3	4104	411	9.3	4.1	5067
西 藏 Tibet	41	0.2	0.1	5063	54	0.1	…	9082
陕 西 Shaanxi	109	0.8	0.2	3330	279	1.1	0.3	4251
甘 肃 Gansu	84	3.5	1.3	3828	281	1.8	0.4	5314
青 海 Qinghai	77	1.0	0.3	5682	73	0.2	…	6066
宁 夏 Ningxia	99	3.8	1.7	3173	74	0.7	0.3	3726
新 疆 Xinjiang	471	67.9	28.1	5070	113	1.0	0.3	4824

4-6 续表8 continued

地 区 Region	畜牧业 Animal Husbandry				渔业 Fishery			
	单位数(个) Number of Units	职工年末人数(万人) Formal Employees (year-end, 10 000)	#女性 Female	平均工资(元) Average Wages (yuan)	单位数(个) Number of Units	职工年末人数(万人) Formal Employees (year-end, 10 000)	#女性 Female	平均工资(元) Average Wages (yuan)
全国总计 National	**2932**	**44.9**	**17.4**	**3847**	**1498**	**15.9**	**4.7**	**5415**
北京 Beijing	121	1.7	0.7	6555	9	0.1	...	6144
天津 Tianjin	17	0.3	0.1	5998	17	0.1	...	8656
河北 Hebei	61	0.4	0.1	3717	49	0.3	...	4626
山西 Shanxi	65	0.5	0.2	3333	24	...	...	3757
内蒙古 Inner Mongolia	160	4.8	1.8	3673	20	0.6	0.3	4764
辽宁 Liaoning	241	2.1	0.9	3516	109	1.6	0.5	10299
吉林 Jilin	148	2.8	1.0	2917	33	0.4	0.2	3107
黑龙江 Heilongjiang	232	4.7	1.6	2604	98	0.9	0.3	3469
上海 Shanghai	45	0.5	0.2	9019	15	0.7	0.1	7551
江苏 Jiangsu	128	1.1	0.5	5452	125	1.4	0.4	5282
浙江 Zhejiang	58	0.4	0.2	6703	78	0.7	0.2	8098
安徽 Anhui	43	0.3	0.1	3709	64	0.4	0.1	4080
福建 Fujian	27	0.2	0.1	5314	58	0.6	0.1	6349
江西 Jiangxi	107	0.8	0.3	5610	92	1.1	0.4	4141
山东 Shandong	99	0.7	0.2	5020	111	1.4	0.2	4432
河南 Henan	143	0.7	0.2	3657	34	0.1	...	3626
湖北 Hubei	119	1.1	0.5	4331	184	2.5	1.0	4256
湖南 Hunan	90	0.5	0.2	3878	81	1.0	0.4	3555
广东 Guangdong	120	1.2	0.6	7688	122	1.1	0.3	5663
广西 Guangxi	64	0.4	0.2	5116	29	0.1	...	3171
海南 Hainan	24	0.1	...	6046	12	0.2	0.1	3138
重庆 Chongqing	31	0.2	0.1	4338	9	0.1	...	3986
四川 Sichuan	112	1.1	0.5	4318	21	0.1	...	4735
贵州 Guizhou	22	0.3	0.1	3865	5	...	...	4677
云南 Yunnan	51	0.2	0.1	5666	16	...	...	4404
西藏 Tibet	107	0.2	...	10460	5	...	...	9704
陕西 Shaanxi	95	0.6	0.2	4025	17	...	...	4855
甘肃 Gansu	46	0.3	0.1	4367	10	...	...	5088
青海 Qinghai	48	0.5	0.1	4700	6	...	...	5515
宁夏 Ningxia	15	0.1	...	3726	8	...	...	4676
新疆 Xinjiang	293	16.1	6.5	3120	37	0.2	0.1	4152

4－6 续表9 continued

地 区 Region	农、林、牧、渔服务业 Service 单位数(个) Number of Units	职工年末人数(万人) Formal Employees (year－end, 10 000)	# 女性 Female	平均工资(元) Average Wages (yuan)	采掘业 Mining and Quarrying 单位数(个) Number of Units	职工年末人数(万人) Formal Employees (year－end, 10 000)	# 女性 Female	平均工资(元) Average Wages (yuan)
全国总计 National	**59644**	**99.1**	**28.4**	**5085**	**6962**	**772.0**	**188.4**	**7091**
北 京 Beijing	210	0.8	0.3	9209	12	4.0	0.8	10295
天 津 Tianjin	123	0.4	0.1	7000	11	9.0	2.9	12274
河 北 Hebei	1292	3.0	1.0	4808	211	42.5	8.0	7539
山 西 Shanxi	856	1.7	0.5	4046	438	58.7	10.4	8184
内蒙古 Inner Mongolia	1817	4.2	1.4	4706	291	37.0	10.3	5616
辽 宁 Liaoning	2046	5.1	1.5	4254	204	42.6	9.5	7255
吉 林 Jilin	3140	4.4	1.3	4864	168	47.1	14.1	5360
黑龙江 Heilongjiang	1897	4.8	1.3	4434	500	116.6	28.7	4861
上 海 Shanghai	167	0.8	0.3	10120	4	0.1	…	14939
江 苏 Jiangsu	2175	5.2	1.6	5888	246	23.4	5.7	8589
浙 江 Zhejiang	1289	2.0	0.5	7905	88	4.0	0.9	7009
安 徽 Anhui	2407	3.5	0.9	5119	157	31.8	6.6	8430
福 建 Fujian	1126	1.7	0.4	5860	471	7.6	2.0	5664
江 西 Jiangxi	933	2.1	0.6	3956	567	24.8	6.3	4952
山 东 Shandong	3501	5.0	1.3	6095	231	65.9	15.9	9941
河 南 Henan	2778	4.6	1.4	4005	138	53.4	11.8	8178
湖 北 Hubei	5103	8.7	2.9	4307	297	14.8	4.6	6354
湖 南 Hunan	1560	4.3	1.4	4817	306	26.0	6.6	4669
广 东 Guangdong	1168	2.1	0.6	8865	345	10.0	2.4	5842
广 西 Guangxi	3522	3.7	1.0	4405	216	8.8	2.0	4869
海 南 Hainan	250	0.6	0.2	5686	47	2.1	0.7	6722
重 庆 Chongqing	1403	1.9	0.5	4428	219	14.2	3.4	5848
四 川 Sichuan	3756	5.7	1.3	4650	367	33.7	9.4	5791
贵 州 Guizhou	4463	3.0	0.7	3916	226	12.1	2.8	6433
云 南 Yunnan	5037	6.0	1.5	6085	281	12.7	3.7	6569
西 藏 Tibet	129	0.3	0.1	9273	16	0.4	0.1	7588
陕 西 Shaanxi	2367	3.9	1.1	4117	336	21.2	4.6	6321
甘 肃 Gansu	1937	3.2	0.8	4840	114	17.0	4.4	9044
青 海 Qinghai	496	1.3	0.4	5563	82	3.1	0.7	7330
宁 夏 Ningxia	380	0.9	0.3	4485	52	6.4	1.6	9483
新 疆 Xinjiang	2316	4.0	1.3	5477	321	21.3	7.3	12802

4－6 续表10 continued

地区 Region	制造业 Manufacturing 单位数(个) Number of Units	职工年末人数(万人) Formal Employees (year－end, 10 000)	＃女性 Female	平均工资(元) Average Wages (yuan)	电力、煤气及水的生产和供应业 Electricity, Gas and Water Production and Supply 单位数(个) Number of Units	职工年末人数(万人) Formal Employees (year－end, 10 000)	＃女性 Female	平均工资(元) Average Wages (yuan)
全国总计 National	**68802**	**3011.4**	**1213.0**	**6008**	**9404**	**257.0**	**82.0**	**9541**
北京 Beijing	2147	84.2	33.2	9628	39	4.1	1.4	13375
天津 Tianjin	1732	72.6	31.0	7191	69	3.0	0.9	11551
河北 Hebei	3290	153.4	59.5	5550	338	13.1	3.9	9048
山西 Shanxi	1951	98.8	35.2	4925	319	10.1	3.0	8487
内蒙古 Inner Mongolia	1565	60.4	24.0	5045	257	7.7	2.5	7831
辽宁 Liaoning	3746	232.4	90.3	5509	346	16.9	5.0	9354
吉林 Jilin	2281	103.9	40.5	5636	245	8.5	2.5	9898
黑龙江 Heilongjiang	3806	143.4	59.4	4169	470	14.0	4.3	8341
上海 Shanghai	2049	106.0	41.2	10757	48	6.4	1.8	16674
江苏 Jiangsu	3848	196.0	82.5	6710	266	11.6	3.1	11056
浙江 Zhejiang	3111	82.2	36.1	7286	384	7.8	2.1	12626
安徽 Anhui	2119	95.5	39.1	5241	304	7.7	2.3	8504
福建 Fujian	1893	44.9	18.6	6580	415	6.2	2.1	10880
江西 Jiangxi	3001	100.4	40.7	4991	417	8.8	3.0	6542
山东 Shandong	4410	205.6	86.0	5531	519	17.8	5.2	9716
河南 Henan	2663	166.7	68.8	4916	345	17.5	5.7	7734
湖北 Hubei	3844	168.1	70.9	5343	572	12.8	4.4	8962
湖南 Hunan	2780	136.4	54.1	4981	440	10.1	3.5	8605
广东 Guangdong	4153	108.4	45.0	8544	691	14.1	4.7	12697
广西 Guangxi	1920	70.1	27.8	5601	458	7.3	2.4	8866
海南 Hainan	437	8.2	3.3	4855	89	1.5	0.6	8820
重庆 Chongqing	1120	76.0	30.6	5530	127	4.5	1.7	8011
四川 Sichuan	2748	145.5	57.4	5702	518	12.6	4.5	8292
贵州 Guizhou	1455	54.1	20.6	5627	291	4.9	1.6	9258
云南 Yunnan	1490	54.6	21.5	7841	390	6.1	2.1	10057
西藏 Tibet	69	0.5	0.2	5817	73	0.5	0.2	9870
陕西 Shaanxi	2028	113.5	44.2	4928	345	8.0	2.7	8501
甘肃 Gansu	1179	64.1	23.9	6331	196	5.1	1.8	9683
青海 Qinghai	396	13.7	5.2	6124	97	1.4	0.5	11484
宁夏 Ningxia	326	14.4	5.5	5511	42	1.7	0.6	9448
新疆 Xinjiang	1245	37.4	16.9	6328	294	5.1	1.9	8698

4－6 续表11 continued

地　区 Region	建筑业 Construction 单位数(个) Number of Units	职工年末人数(万人) Formal Employees (year－end, 10 000)	＃女性 Female	平均工资(元) Average Wages (yuan)	土木工程建筑业 Civil Engineering 单位数(个) Number of Units	职工年末人数(万人) Formal Employees (year－end, 10 000)	＃女性 Female	平均工资(元) Average Wages (yuan)
全国总计 National	**12570**	**576.8**	**121.6**	**7388**	**10165**	**500.0**	**103.9**	**6999**
北　京 Beijing	510	42.9	7.5	10447	316	37.5	6.4	10144
天　津 Tianjin	311	14.0	3.5	9128	193	10.6	2.7	8655
河　北 Hebei	586	33.2	7.4	6038	509	28.7	6.2	5614
山　西 Shanxi	487	22.6	5.4	6107	453	19.5	4.6	5870
内蒙古 Inner Mongolia	237	12.5	3.2	5915	194	11.6	3.0	5799
辽　宁 Liaoning	635	34.1	9.0	6915	474	28.1	7.4	6261
吉　林 Jilin	509	17.9	4.3	6038	420	15.8	3.9	5824
黑龙江 Heilongjiang	931	30.7	8.3	5852	735	25.0	6.8	4632
上　海 Shanghai	463	13.7	2.9	13447	357	11.6	2.5	13659
江　苏 Jiangsu	626	22.4	4.3	8478	484	17.3	3.0	7806
浙　江 Zhejiang	399	9.1	1.5	10375	310	6.9	1.1	9575
安　徽 Anhui	239	18.0	3.6	6316	218	14.7	3.0	5611
福　建 Fujian	390	12.6	1.7	9651	331	11.7	1.5	9669
江　西 Jiangxi	264	11.9	2.6	5771	217	10.3	2.2	5444
山　东 Shandong	796	19.5	3.8	7040	543	15.9	2.8	6563
河　南 Henan	699	38.5	6.7	5946	561	32.8	5.4	5478
湖　北 Hubei	830	27.4	7.3	6725	712	25.7	6.8	6706
湖　南 Hunan	359	19.0	4.1	6639	297	17.6	3.7	6294
广　东 Guangdong	861	33.3	4.3	10967	684	30.4	3.9	10630
广　西 Guangxi	255	13.0	2.3	7295	236	11.7	2.1	6996
海　南 Hainan	209	2.8	0.4	6597	178	2.7	0.3	6566
重　庆 Chongqing	128	9.3	2.2	6173	115	8.7	2.0	6212
四　川 Sichuan	437	35.7	7.3	6903	388	32.8	6.6	6696
贵　州 Guizhou	313	14.3	2.5	6055	283	13.1	2.4	5784
云　南 Yunnan	161	15.8	3.1	7498	140	14.7	2.8	7417
西　藏 Tibet	31	0.6	0.1	7265	30	0.6	0.1	7263
陕　西 Shaanxi	352	19.4	4.4	5421	315	16.7	3.7	4933
甘　肃 Gansu	102	10.2	2.3	7051	90	8.3	1.9	6338
青　海 Qinghai	82	4.9	1.1	6579	73	3.4	0.7	5777
宁　夏 Ningxia	109	3.5	0.8	5665	88	2.9	0.6	4969
新　疆 Xinjiang	259	13.9	3.7	6182	221	13.1	3.5	6016

4－6 续表12 continued

地　　区 Region	线路、管道和设备安装业 Circuit, Pipelines and Equipment Installation				装修装饰业 Buildings Completion			
	单位数（个）Number of Units	职工年末人数(万人) Formal Employees (year－end, 10 000)	#女性 Female	平均工资（元）Average Wages (yuan)	单位数（个）Number of Units	职工年末人数(万人) Formal Employees (year－end, 10 000)	#女性 Female	平均工资（元）Average Wages (yuan)
全国总计 National	**1440**	**71.1**	**16.4**	**9984**	**965**	**5.6**	**1.3**	**7848**
北　京 Beijing	91	4.7	1.0	12608	103	0.7	0.1	9878
天　津 Tianjin	57	3.2	0.8	10852	61	0.1	...	6727
河　北 Hebei	57	4.3	1.1	8701	20	0.1	...	7801
山　西 Shanxi	27	3.0	0.7	7674	7	...	...	2650
内 蒙 古 Inner Mongolia	31	0.9	0.2	7485	12	...	...	3362
辽　宁 Liaoning	113	5.9	1.6	10228	48	0.2	0.1	5370
吉　林 Jilin	58	1.9	0.3	7845	31	0.2	0.1	5571
黑 龙 江 Heilongjiang	151	5.6	1.5	11095	45	0.1	...	3813
上　海 Shanghai	49	1.7	0.3	12341	57	0.4	0.1	11986
江　苏 Jiangsu	70	4.8	1.2	10812	72	0.3	0.1	7666
浙　江 Zhejiang	55	2.0	0.4	13098	34	0.2	...	9759
安　徽 Anhui	15	2.7	0.5	9630	6	0.7	0.1	6867
福　建 Fujian	47	0.8	0.1	9496	12	0.1	...	8280
江　西 Jiangxi	30	1.5	0.3	8064	17	0.1	...	5353
山　东 Shandong	111	3.0	0.8	9307	142	0.6	0.2	5377
河　南 Henan	99	5.7	1.3	8811	39	0.1	...	5718
湖　北 Hubei	54	1.4	0.4	7774	64	0.3	0.1	3973
湖　南 Hunan	35	1.4	0.3	11036	27	0.1	...	4847
广　东 Guangdong	76	2.1	0.4	15389	101	0.8	0.1	12265
广　西 Guangxi	11	1.3	0.3	10115	8	...	...	2428
海　南 Hainan	22	0.1	...	7520	9	...	...	4783
重　庆 Chongqing	9	0.6	0.2	5626	4	...	...	6500
四　川 Sichuan	40	2.8	0.6	8976	9	...	...	4141
贵　州 Guizhou	22	1.1	0.2	9209	8	0.1	...	5291
云　南 Yunnan	15	1.1	0.2	8432	6	...	...	6343
西　藏 Tibet	1	...	...	8350				
陕　西 Shaanxi	30	2.7	0.6	8171	7	...	...	1388
甘　肃 Gansu	12	1.9	0.4	10211				
青　海 Qinghai	8	1.5	0.4	8713	1	...	...	3409
宁　夏 Ningxia	16	0.5	0.1	9507	5	...	...	4212
新　疆 Xinjiang	28	0.8	0.2	9491	10	...	...	6396

4－6 续表13 continued

地 区 Region	地质勘查业、水利管理业 Geological Prospecting, Water Conservancy				地质勘查业 Geological Prospecting			
	单位数（个） Number of Units	职工年末人数(万人) Formal Employees (year-end, 10 000)	#女性 Female	平均工资（元） Average Wages (yuan)	单位数（个） Number of Units	职工年末人数(万人) Formal Employees (year-end, 10 000)	#女性 Female	平均工资（元） Average Wages (yuan)
全国总计 National	**21654**	**125.1**	**31.3**	**7180**	**2547**	**66.5**	**17.1**	**8398**
北 京 Beijing	174	1.5	0.3	9602	29	0.5	0.1	9279
天 津 Tianjin	150	1.7	0.4	12078	10	0.9	0.2	13768
河 北 Hebei	570	9.2	2.2	9784	142	7.4	1.8	10769
山 西 Shanxi	539	3.6	0.8	4636	83	1.8	0.4	5114
内蒙古 Inner Mongolia	600	4.2	1.3	4928	84	2.0	0.6	5091
辽 宁 Liaoning	864	7.8	1.8	8568	101	5.3	1.2	10113
吉 林 Jilin	930	3.6	0.9	4846	74	1.6	0.4	4840
黑龙江 Heilongjiang	647	6.4	1.5	9177	109	4.8	1.1	10727
上 海 Shanghai	138	1.1	0.2	12705	24	0.4	0.1	14996
江 苏 Jiangsu	2126	6.1	1.3	7526	73	1.7	0.3	8634
浙 江 Zhejiang	568	2.1	0.4	8530	87	1.0	0.2	8346
安 徽 Anhui	1106	4.9	1.2	6223	102	2.2	0.5	6785
福 建 Fujian	440	2.0	0.4	7704	101	0.8	0.2	6250
江 西 Jiangxi	381	4.1	1.1	5519	85	2.6	0.8	6171
山 东 Shandong	1016	5.1	1.2	6228	101	1.8	0.5	6330
河 南 Henan	998	5.8	1.4	5130	136	2.5	0.6	5745
湖 北 Hubei	1869	8.7	2.6	5988	100	3.2	0.9	8335
湖 南 Hunan	986	6.3	1.6	5408	105	2.8	0.8	5405
广 东 Guangdong	1099	5.0	1.1	8256	130	1.8	0.4	9158
广 西 Guangxi	1029	3.3	0.7	4859	102	1.3	0.3	5304
海 南 Hainan	109	0.6	0.2	6569	25	0.2	0.1	8419
重 庆 Chongqing	262	1.2	0.3	6643	21	0.8	0.2	7802
四 川 Sichuan	606	6.9	1.9	8294	139	5.1	1.4	9251
贵 州 Guizhou	1019	2.1	0.6	4828	72	1.4	0.4	5061
云 南 Yunnan	963	3.4	0.9	6620	152	2.3	0.6	6439
西 藏 Tibet	31	0.3	0.1	12897	9	0.2	...	13818
陕 西 Shaanxi	918	4.9	1.2	5287	69	2.4	0.6	5947
甘 肃 Gansu	619	4.4	1.1	6103	114	2.2	0.6	7219
青 海 Qinghai	221	2.7	0.8	14062	58	2.3	0.7	15256
宁 夏 Ningxia	156	1.7	0.4	8776	25	1.0	0.3	11026
新 疆 Xinjiang	520	4.5	1.3	6800	85	2.0	0.6	7713

4－6 续表14 continued

地　区 Region	水利管理业 Water Conservancy 单位数(个) Number of Units	职工年末人数(万人) Formal Employees (year－end, 10 000)	#女性 Female	平均工资(元) Average Wages (yuan)	交通运输、仓储及邮电通信业 Transport, Storage and Communications 单位数(个) Number of Units	职工年末人数(万人) Formal Employees (year－end, 10 000)	#女性 Female	平均工资(元) Average Wages (yuan)
全国总计 National	**19107**	**58.6**	**14.2**	**5772**	**30759**	**681.4**	**183.1**	**9303**
北　京 Beijing	145	1.0	0.2	9776	257	18.7	5.7	12344
天　津 Tianjin	140	0.7	0.1	9727	328	14.3	3.8	12061
河　北 Hebei	428	1.7	0.4	5447	1393	31.6	7.9	8160
山　西 Shanxi	456	1.8	0.4	4160	889	23.0	5.0	8765
内蒙古 Inner Mongolia	516	2.1	0.7	4771	871	21.6	6.2	8591
辽　宁 Liaoning	763	2.5	0.6	5336	1696	45.6	12.8	8878
吉　林 Jilin	856	2.0	0.5	4852	844	24.2	6.2	8474
黑龙江 Heilongjiang	538	1.6	0.4	4608	1642	38.6	10.3	8884
上　海 Shanghai	114	0.7	0.1	11176	439	22.9	5.2	14638
江　苏 Jiangsu	2053	4.4	0.9	7102	1631	38.7	9.8	9360
浙　江 Zhejiang	481	1.1	0.2	8706	1083	20.4	5.2	10179
安　徽 Anhui	1004	2.6	0.6	5729	887	18.7	4.4	7159
福　建 Fujian	339	1.2	0.2	8754	1299	13.5	3.2	10220
江　西 Jiangxi	296	1.4	0.4	4358	1212	19.2	5.1	7578
山　东 Shandong	915	3.3	0.7	6169	1210	34.5	8.3	9154
河　南 Henan	862	3.4	0.8	4670	1313	35.3	10.0	7977
湖　北 Hubei	1769	5.6	1.7	4633	1896	38.5	10.8	7893
湖　南 Hunan	881	3.5	0.9	5410	1050	26.0	7.4	8487
广　东 Guangdong	969	3.2	0.7	7746	1841	42.9	11.7	14547
广　西 Guangxi	927	2.0	0.4	4575	1225	17.7	4.4	8439
海　南 Hainan	84	0.4	0.1	5456	238	4.0	1.2	10690
重　庆 Chongqing	241	0.4	0.1	4502	512	15.4	4.4	7734
四　川 Sichuan	467	1.7	0.5	5398	1397	26.9	8.2	7499
贵　州 Guizhou	947	0.7	0.2	4352	761	11.0	3.0	7059
云　南 Yunnan	811	1.1	0.2	7001	1278	18.3	5.2	8340
西　藏 Tibet	22	0.1	…	9917	197	1.8	0.6	10711
陕　西 Shaanxi	849	2.5	0.6	4611	1339	22.6	6.2	8009
甘　肃 Gansu	505	2.2	0.4	4967	788	14.0	4.3	8527
青　海 Qinghai	163	0.4	0.1	6825	261	4.1	1.3	10092
宁　夏 Ningxia	131	0.7	0.2	5485	175	3.5	1.0	8895
新　疆 Xinjiang	435	2.4	0.7	6014	807	13.8	4.6	9132

4-6 续表15 continued

地　区 Region	铁路运输业 Transport via Railways				公路运输业 Transport via Highways			
	单位数(个) Number of Units	职工年末人数(万人) Formal Employees (year-end, 10 000)	#女性 Female	平均工资(元) Average Wages (yuan)	单位数(个) Number of Units	职工年末人数(万人) Formal Employees (year-end, 10 000)	#女性 Female	平均工资(元) Average Wages (yuan)
全国总计 National	**3173**	**218.5**	**48.9**	**11249**	**6181**	**138.0**	**40.0**	**4585**
北　京 Beijing	4	7.2	1.7	12415	65	2.4	0.7	7664
天　津 Tianjin	5	3.5	0.9	10892	64	2.0	0.6	4648
河　北 Hebei	138	12.0	2.5	8881	212	7.0	1.9	5011
山　西 Shanxi	146	12.3	2.0	11268	186	4.2	1.0	2646
内蒙古 Inner Mongolia	187	11.2	2.6	10766	124	3.0	1.0	3228
辽　宁 Liaoning	214	14.5	3.0	11914	334	7.2	2.2	4215
吉　林 Jilin	184	10.5	2.1	10708	169	3.7	1.2	3653
黑龙江 Heilongjiang	354	19.9	4.6	10660	306	3.8	1.1	3833
上　海 Shanghai	64	3.7	0.7	12846	88	2.9	0.7	6825
江　苏 Jiangsu	124	7.0	1.4	12165	260	7.8	2.1	5825
浙　江 Zhejiang	43	3.1	0.5	11306	284	5.1	1.4	6301
安　徽 Anhui	59	4.9	0.8	9663	213	5.3	1.4	3783
福　建 Fujian	45	2.9	0.6	13509	280	3.1	0.7	5144
江　西 Jiangxi	129	7.3	1.8	11032	391	4.5	1.2	4126
山　东 Shandong	113	9.4	1.7	11131	276	8.7	2.3	4489
河　南 Henan	146	12.8	2.8	11639	227	8.5	2.6	3502
湖　北 Hubei	264	11.7	2.7	11464	289	8.3	3.0	3769
湖　南 Hunan	110	8.8	2.0	11833	247	6.6	2.2	4100
广　东 Guangdong	69	6.5	1.4	14953	353	5.5	1.4	7474
广　西 Guangxi	79	6.0	1.1	11777	179	3.6	1.1	5197
海　南 Hainan	1	0.2	0.1	10553	32	0.5	0.1	5840
重　庆 Chongqing	77	3.9	1.1	10096	88	2.9	0.9	4577
四　川 Sichuan	85	4.7	1.2	11002	333	8.6	2.7	4019
贵　州 Guizhou	41	3.7	0.9	10569	95	2.6	0.7	2909
云　南 Yunnan	113	6.2	1.5	10125	236	5.1	1.5	5030
西　藏 Tibet	2	...	...	8463	128	1.0	0.3	7939
陕　西 Shaanxi	148	11.2	3.1	10014	187	3.8	1.0	3324
甘　肃 Gansu	103	6.4	2.0	11187	102	2.8	0.8	3601
青　海 Qinghai	26	1.7	0.6	12625	99	1.2	0.4	4825
宁　夏 Ningxia	25	1.5	0.4	10903	39	0.7	0.2	4407
新　疆 Xinjiang	75	3.8	1.3	14589	295	5.5	1.7	4814

4－6 续表16 continued

地　区 Region	管道运输业 Transport via Pipelines				水上运输业 Water Transport			
	单位数（个） Number of Units	职工年末人数（万人） Formal Employees (year－end, 10 000)	#女性 Female	平均工资（元） Average Wages (yuan)	单位数（个） Number of Units	职工年末人数（万人） Formal Employees (year－end, 10 000)	#女性 Female	平均工资（元） Average Wages (yuan)
全国总计 National	**36**	**2.5**	**0.8**	**11037**	**756**	**36.8**	**5.8**	**11111**
北　京 Beijing	1	...	...	17143				
天　津 Tianjin					8	1.2	0.1	19155
河　北 Hebei	1	...	...	10189	6	0.4	0.1	8314
山　西 Shanxi					1	...	...	3333
内蒙古 Inner Mongolia								
辽　宁 Liaoning	8	0.5	0.2	11831	36	1.5	0.2	13679
吉　林 Jilin	1	0.2	0.1	10132	4	0.1	...	2225
黑龙江 Heilongjiang	1	0.1	...	11132	31	0.5	0.1	4288
上　海 Shanghai					40	4.9	0.5	20460
江　苏 Jiangsu	3	0.8	0.3	11760	109	4.6	0.7	8130
浙　江 Zhejiang	1	...	...	8000	78	2.4	0.4	8852
安　徽 Anhui					27	1.4	0.3	6737
福　建 Fujian	11	0.1	...	7392	66	1.1	0.1	8171
江　西 Jiangxi					32	1.1	0.3	3825
山　东 Shandong	3	0.4	0.1	10313	42	2.0	0.3	11071
河　南 Henan	1	0.1	...	9737	6	0.1	...	2275
湖　北 Hubei	1	0.1	...	11249	60	4.0	0.8	7361
湖　南 Hunan					14	0.7	0.1	3163
广　东 Guangdong					101	5.0	0.5	17674
广　西 Guangxi					20	1.3	0.2	3828
海　南 Hainan					23	0.3	0.1	11042
重　庆 Chongqing					14	2.6	0.5	7200
四　川 Sichuan	3	0.2	...	11165	12	1.0	0.3	4805
贵　州 Guizhou					7	0.3	0.1	3995
云　南 Yunnan					10	0.1	...	3724
西　藏 Tibet								
陕　西 Shaanxi					6	...	...	1956
甘　肃 Gansu					1	...	...	3800
青　海 Qinghai								
宁　夏 Ningxia	1	0.1	...	10216	2	...	...	5887
新　疆 Xinjiang								

4－6 续表17 continued

地区 Region	航空运输业 Air Transport 单位数(个) Number of Units	职工年末人数(万人) Formal Employees (year-end, 10 000)	#女性 Female	平均工资(元) Average Wages (yuan)	交通运输辅助业 Supporting and Auxiliary Transport Activities 单位数(个) Number of Units	职工年末人数(万人) Formal Employees (year-end, 10 000)	#女性 Female	平均工资(元) Average Wages (yuan)
全国总计 National	**189**	**10.2**	**3.3**	**15304**	**10293**	**125.8**	**31.4**	**8582**
北京 Beijing	10	1.1	0.5	11891	95	3.2	0.8	13510
天津 Tianjin	1	0.2	...	14310	79	3.5	0.7	15610
河北 Hebei	4	0.2	...	7057	532	6.1	1.3	8569
山西 Shanxi	4	0.3	0.1	8414	264	2.1	0.5	4814
内蒙古 Inner Mongolia	2	0.1	...	19269	296	3.1	0.9	5660
辽宁 Liaoning	22	0.9	0.3	12546	366	8.3	2.1	8338
吉林 Jilin	4	0.3	0.1	13809	178	3.1	0.8	5524
黑龙江 Heilongjiang	7	0.2	...	21924	471	4.2	1.1	5771
上海 Shanghai	2	0.2	0.1	29636	94	6.0	1.3	13965
江苏 Jiangsu	13	0.4	0.1	16783	685	9.7	2.4	8945
浙江 Zhejiang	4	0.1	...	24455	451	4.5	1.1	11541
安徽 Anhui	8	0.2	0.1	9197	263	3.2	0.8	6505
福建 Fujian	4	0.2	0.1	18909	306	2.2	0.5	10416
江西 Jiangxi	4	0.2	...	19276	248	2.3	0.5	5210
山东 Shandong	11	0.2	0.1	16388	282	7.0	1.5	10154
河南 Henan	2	0.1	...	10521	469	6.5	1.8	5395
湖北 Hubei	8	0.4	0.1	12748	821	7.9	2.1	6241
湖南 Hunan	4	0.1	...	11790	400	4.3	1.2	6857
广东 Guangdong	35	1.1	0.4	28859	740	11.6	2.9	13569
广西 Guangxi	6	0.3	0.1	10278	539	3.4	0.8	6368
海南 Hainan	2	0.1	...	8208	102	1.8	0.6	10069
重庆 Chongqing	5	0.4	0.1	14255	189	3.4	0.9	5591
四川 Sichuan	6	0.9	0.3	17060	550	5.9	1.6	5889
贵州 Guizhou	2	0.2	0.1	9896	332	1.9	0.5	4898
云南 Yunnan	3	0.4	0.1	12048	424	3.0	0.8	6782
西藏 Tibet	2	0.1	...	16812	29	0.2	0.1	9967
陕西 Shaanxi	6	0.4	0.1	15763	471	3.2	0.8	5639
甘肃 Gansu	3	0.3	0.1	8620	291	2.0	0.5	6603
青海 Qinghai	1	...	...	10605	69	0.4	0.1	7777
宁夏 Ningxia	2	...	...	14298	56	0.5	0.1	5790
新疆 Xinjiang	2	0.5	0.2	8598	201	1.5	0.5	6681

4－6 续表18 continued

地　区 Region	其他交通运输业 Other Transports 单位数(个) Number of Units	职工年末人数(万人) Formal Employees (year-end, 10 000)	#女性 Female	平均工资(元) Average Wages (yuan)	仓储业 Storage 单位数(个) Number of Units	职工年末人数(万人) Formal Employees (year-end, 10 000)	#女性 Female	平均工资(元) Average Wages (yuan)
全国总计 National	**139**	**1.4**	**0.4**	**7067**	**3075**	**39.1**	**13.5**	**6305**
北　京 Beijing					56	0.6	0.2	9773
天　津 Tianjin					144	2.4	0.9	8210
河　北 Hebei	4	...	...	5651	101	1.0	0.3	5670
山　西 Shanxi	8	0.1	0.1	4721	66	0.7	0.2	4189
内蒙古 Inner Mongolia					67	1.1	0.4	4065
辽　宁 Liaoning	17	0.1	0.1	12677	587	7.8	2.9	4068
吉　林 Jilin	3	...	...	9423	178	2.9	0.8	5806
黑龙江 Heilongjiang					183	4.7	1.3	5049
上　海 Shanghai	3	...	...	5854	88	1.7	0.6	12533
江　苏 Jiangsu	27	0.6	0.1	7344	153	1.9	0.7	8204
浙　江 Zhejiang	1	...	...	12595	83	0.4	0.2	10000
安　徽 Anhui	2	...	...	10758	71	0.7	0.2	5896
福　建 Fujian	14	...	...	6427	70	0.5	0.1	8218
江　西 Jiangxi	13	0.1	...	5547	138	1.2	0.4	4861
山　东 Shandong					128	1.4	0.5	7074
河　南 Henan					194	1.8	0.7	5238
湖　北 Hubei	3	...	...	7245	104	1.2	0.5	4877
湖　南 Hunan	1	...	...	8557	61	0.7	0.3	5424
广　东 Guangdong	1	...	...	13611	131	1.5	0.5	13924
广　西 Guangxi	2	...	...	7174	41	0.4	0.2	6267
海　南 Hainan					13	0.1	...	6433
重　庆 Chongqing					24	0.6	0.2	6152
四　川 Sichuan	5	...	...	7986	50	0.5	0.2	5932
贵　州 Guizhou					50	0.5	0.2	5427
云　南 Yunnan	8	...	...	5378	42	0.5	0.2	7759
西　藏 Tibet	3	...	...	7083	20	0.1	...	9306
陕　西 Shaanxi	4	...	...	3292	136	1.2	0.4	5176
甘　肃 Gansu	8	0.1	...	4409	49	0.6	0.2	5722
青　海 Qinghai	1	...	...	2775	12	0.1	...	7139
宁　夏 Ningxia					4	...	...	6317
新　疆 Xinjiang	11	...	...	5685	31	0.3	0.1	7608

4－6 续表19 continued

地区 Region	邮电通信业 Postal and Telecommunications				批发和零售贸易、餐饮业 Wholesale and Retail Trade, Restaurants			
	单位数(个) Number of Units	职工年末人数(万人) Formal Employees (year－end, 10 000)	＃女性 Female	平均工资(元) Average Wages (yuan)	单位数(个) Number of Units	职工年末人数(万人) Formal Employees (year－end, 10 000)	＃女性 Female	平均工资(元) Average Wages (yuan)
全国总计 National	**6917**	**109.1**	**39.0**	**12065**	**164804**	**1036.6**	**471.0**	**5134**
北京 Beijing	26	4.3	1.9	14618	4261	32.6	16.6	10764
天津 Tianjin	27	1.5	0.6	15145	2405	15.8	7.5	8021
河北 Hebei	395	4.9	1.8	10877	8347	48.3	23.4	4036
山西 Shanxi	214	3.2	1.2	10827	5569	30.1	14.4	3350
内蒙古 Inner Mongolia	195	3.0	1.2	9871	4371	25.4	11.7	3238
辽宁 Liaoning	112	4.8	2.0	12604	7833	59.9	29.9	3973
吉林 Jilin	123	3.3	1.1	11185	5496	41.7	17.7	4639
黑龙江 Heilongjiang	289	5.2	1.9	11352	8407	57.9	26.1	3587
上海 Shanghai	60	3.5	1.4	16443	3524	27.4	12.6	12138
江苏 Jiangsu	257	5.9	1.9	12104	10360	63.7	28.4	6047
浙江 Zhejiang	138	4.7	1.6	12893	6225	29.9	12.9	7376
安徽 Anhui	244	3.1	0.9	9800	5843	38.5	16.6	4449
福建 Fujian	503	3.4	1.1	12743	5260	20.4	8.1	6451
江西 Jiangxi	257	2.4	0.8	9497	5580	30.8	13.4	4238
山东 Shandong	355	5.5	1.8	11405	9511	64.1	29.2	4367
河南 Henan	268	5.3	1.9	10301	9151	71.1	32.0	3349
湖北 Hubei	346	4.9	1.6	10985	7986	60.7	28.3	3876
湖南 Hunan	213	4.7	1.6	11037	6315	48.3	23.0	4386
广东 Guangdong	411	11.6	4.6	15981	13767	70.0	31.4	7581
广西 Guangxi	359	2.7	0.9	10168	4556	23.3	10.8	4689
海南 Hainan	65	1.0	0.3	14461	1492	7.7	3.3	4389
重庆 Chongqing	115	1.8	0.6	11786	2026	18.0	7.7	4460
四川 Sichuan	353	5.2	1.9	10980	6308	47.1	20.0	4251
贵州 Guizhou	234	1.9	0.6	8718	3163	15.3	6.5	4351
云南 Yunnan	442	3.0	1.0	11751	4128	21.6	8.7	6958
西藏 Tibet	13	0.3	0.1	19442	346	1.0	0.4	7004
陕西 Shaanxi	381	2.8	0.9	9402	4908	25.7	11.3	3581
甘肃 Gansu	231	1.8	0.6	9605	3332	16.5	7.7	4207
青海 Qinghai	53	0.6	0.2	14587	833	3.9	1.9	5109
宁夏 Ningxia	46	0.7	0.3	10811	820	4.3	2.2	4576
新疆 Xinjiang	192	2.1	0.9	12227	2681	15.3	7.3	6123

4－6 续表20 continued

地　　区 Region	食品、饮料、烟草和家庭用品批发业 Wholesale of Food, Beverages, Tobacco and Househould Goods				能源、材料和机械电子设备批发业 Wholesale of Energy, Materials and Electronic Equipment			
	单位数(个) Number of Units	职工年末人数(万人) Formal Employees (year－end, 10 000)	#女性 Female	平均工资(元) Average Wages (yuan)	单位数(个) Number of Units	职工年末人数(万人) Formal Employees (year－end, 10 000)	#女性 Female	平均工资(元) Average Wages (yuan)
全国总计 National	**58572**	**410.7**	**172.9**	**5193**	**34594**	**180.9**	**65.5**	**5604**
北　京 Beijing	1200	8.8	3.8	9950	954	6.0	2.0	12603
天　津 Tianjin	699	4.4	1.9	7958	559	3.5	1.2	9372
河　北 Hebei	3064	18.7	8.7	4183	1723	9.1	3.2	4482
山　西 Shanxi	1460	8.4	4.0	3065	1150	7.3	2.3	4191
内蒙古 Inner Mongolia	1440	9.2	3.8	3513	740	3.6	1.4	3717
辽　宁 Liaoning	1938	18.5	8.3	4363	2415	12.4	4.9	4767
吉　林 Jilin	1731	19.7	6.6	5490	1170	5.6	2.1	4268
黑龙江 Heilongjiang	2690	23:0	8.7	3928	1828	9.4	3.4	4166
上　海 Shanghai	652	7.5	3.3	12906	596	5.0	1.9	11858
江　苏 Jiangsu	4269	24.6	10.4	5872	2259	12.5	4.3	5877
浙　江 Zhejiang	2546	14.4	6.0	7608	1815	6.0	1.9	7455
安　徽 Anhui	2804	18.5	7.4	4433	903	5.9	2.1	4917
福　建 Fujian	2189	9.1	3.4	6964	958	3.2	1.0	7384
江　西 Jiangxi	1828	11.1	4.7	3737	833	4.5	1.6	3910
山　东 Shandong	3730	25.9	11.1	4451	2417	11.4	3.9	4724
河　南 Henan	3990	32.3	13.6	3562	1931	12.9	4.9	3255
湖　北 Hubei	2496	21.9	10.0	4070	1823	10.9	4.2	4136
湖　南 Hunan	2405	19.9	9.0	4671	1241	7.6	2.9	4152
广　东 Guangdong	6113	33.5	14.5	7377	3194	11.9	4.3	8605
广　西 Guangxi	1391	8.8	4.1	4990	947	4.2	1.5	4961
海　南 Hainan	561	3.1	1.3	3989	318	1.2	0.4	5929
重　庆 Chongqing	881	9.0	3.6	4116	436	2.8	1.0	5183
四　川 Sichuan	2234	21.2	8.7	4045	1192	7.7	2.9	4973
贵　州 Guizhou	1246	8.1	3.3	4781	482	2.0	0.7	4640
云　南 Yunnan	1249	9.7	3.2	8165	700	3.0	1.1	6826
西　藏 Tibet	65	0.3	0.1	6946	27	0.2	0.1	7311
陕　西 Shaanxi	1551	8.1	3.3	3311	897	4.8	1.6	4152
甘　肃 Gansu	1014	5.9	2.7	4075	397	2.6	0.9	5068
青　海 Qinghai	52	0.6	0.3	5761	67	0.6	0.2	6627
宁　夏 Ningxia	245	1.3	0.6	4934	142	0.7	0.2	5109
新　疆 Xinjiang	839	5.5	2.5	6230	480	2.6	1.0	7181

4-6 续表21 continued

地 区 Region	其他批发业 Other Wholesale				零售业 Retail			
	单位数(个) Number of Units	职工年末人数(万人) Formal Employees (year-end, 10 000)	#女性 Female	平均工资(元) Average Wages (yuan)	单位数(个) Number of Units	职工年末人数(万人) Formal Employees (year-end, 10 000)	#女性 Female	平均工资(元) Average Wages (yuan)
全国总计 National	**10052**	**54.5**	**22.9**	**6574**	**54323**	**344.2**	**183.9**	**4565**
北 京 Beijing	220	1.5	0.6	16353	1512	13.8	8.7	10022
天 津 Tianjin	89	1.0	0.4	12328	912	5.8	3.3	6590
河 北 Hebei	426	2.2	0.9	4363	2865	16.5	9.5	3645
山 西 Shanxi	267	1.6	0.8	3575	2445	11.7	6.6	3105
内蒙古 Inner Mongolia	287	1.3	0.5	4071	1745	10.5	5.5	2764
辽 宁 Liaoning	543	3.8	1.7	4025	2541	22.9	13.6	3281
吉 林 Jilin	472	2.3	0.9	5514	1878	12.7	7.2	3391
黑龙江 Heilongjiang	608	3.0	1.2	4379	2796	20.6	11.8	2890
上 海 Shanghai	341	2.1	0.8	18213	1656	10.9	5.7	10732
江 苏 Jiangsu	759	5.1	2.1	8059	2519	18.5	10.0	5861
浙 江 Zhejiang	316	1.1	0.4	8303	1206	6.8	3.6	6781
安 徽 Anhui	275	1.2	0.5	5221	1641	12.0	6.0	4231
福 建 Fujian	364	1.1	0.4	8806	1503	5.9	2.7	4806
江 西 Jiangxi	361	2.3	1.0	4398	2284	11.4	5.4	4606
山 东 Shandong	478	3.6	1.5	5539	2479	20.3	11.1	3917
河 南 Henan	529	3.6	1.7	3737	2491	20.0	10.5	3034
湖 北 Hubei	356	2.2	0.9	4343	3078	23.7	11.9	3589
湖 南 Hunan	444	2.3	1.0	5799	1931	16.2	8.8	3901
广 东 Guangdong	929	3.6	1.5	8825	3043	16.1	8.4	6605
广 西 Guangxi	296	1.1	0.5	5124	1742	8.1	4.1	4274
海 南 Hainan	128	0.7	0.3	5521	418	2.4	1.2	3866
重 庆 Chongqing	87	0.5	0.2	5119	552	4.8	2.4	4700
四 川 Sichuan	411	2.6	1.1	5429	2175	14.0	6.4	4036
贵 州 Guizhou	143	0.3	0.1	4787	1206	4.5	2.1	3555
云 南 Yunnan	220	1.1	0.5	9202	1784	6.8	3.3	5389
西 藏 Tibet	30	0.1	...	8101	213	0.4	0.1	6598
陕 西 Shaanxi	275	1.6	0.7	4901	1949	9.9	5.0	3242
甘 肃 Gansu	171	0.7	0.3	5199	1611	6.7	3.4	3964
青 海 Qinghai	37	0.2	0.1	5005	644	2.4	1.2	4550
宁 夏 Ningxia	41	0.1	...	5718	355	2.0	1.2	4149
新 疆 Xinjiang	149	0.7	0.3	6409	1149	6.0	3.2	5604

4－6 续表22 continued

地　区 Region	商业经纪与代理业 Commercial Brokerages and Agencies				餐饮业 Restaurants			
	单位数(个) Number of Units	职工年末人数(万人) Formal Employees (year－end, 10 000)	#女性 Female	平均工资(元) Average Wages (yuan)	单位数(个) Number of Units	职工年末人数(万人) Formal Employees (year－end, 10 000)	#女性 Female	平均工资(元) Average Wages (yuan)
全国总计 National	**970**	**4.1**	**1.6**	**8152**	**6293**	**42.2**	**24.2**	**4993**
北　京 Beijing	42	0.2	0.1	16932	333	2.4	1.4	9381
天　津 Tianjin	12	0.1	...	8325	134	1.1	0.6	7241
河　北 Hebei	10	...	...	5300	259	1.8	1.1	3431
山　西 Shanxi	6	...	...	3064	241	1.2	0.7	2321
内蒙古 Inner Mongolia	18	0.1	...	5793	141	0.8	0.5	2552
辽　宁 Liaoning	99	0.4	0.1	4588	297	2.0	1.2	3122
吉　林 Jilin	46	0.2	0.1	7646	199	1.3	0.8	3340
黑龙江 Heilongjiang	41	0.1	...	6704	444	1.8	1.0	2498
上　海 Shanghai	75	0.3	0.1	13314	204	1.6	0.8	10760
江　苏 Jiangsu	85	0.3	0.2	7552	469	2.6	1.5	5720
浙　江 Zhejiang	25	0.1	...	12371	317	1.6	0.9	6731
安　徽 Anhui	7	...	...	7119	213	1.1	0.6	3705
福　建 Fujian	31	0.1	...	8959	215	1.1	0.6	5427
江　西 Jiangxi	82	0.5	0.2	10219	192	1.1	0.6	4130
山　东 Shandong	54	0.2	0.1	6511	353	2.7	1.5	3663
河　南 Henan	12	...	...	6439	198	2.3	1.3	2978
湖　北 Hubei	58	0.5	0.2	2882	175	1.6	0.9	3280
湖　南 Hunan	20	0.1	...	3549	274	2.1	1.2	3718
广　东 Guangdong	126	0.3	0.1	14883	362	4.5	2.6	8278
广　西 Guangxi	15	...	...	6104	165	1.1	0.7	3877
海　南 Hainan	39	0.1	...	4793	28	0.3	0.1	3567
重　庆 Chongqing	1	...	...	9576	69	0.9	0.5	3929
四　川 Sichuan	17	0.1	...	3769	279	1.6	0.9	3520
贵　州 Guizhou	1	...	...	4800	85	0.4	0.2	3205
云　南 Yunnan					175	1.0	0.6	4616
西　藏 Tibet	1	...	...	10050	10	...	...	10279
陕　西 Shaanxi	28	0.3	0.1	7549	208	1.0	0.6	2962
甘　肃 Gansu	1	...	...	1875	138	0.6	0.4	3242
青　海 Qinghai	16	0.1		6566	17	0.1	...	3905
宁　夏 Ningxia					37	0.1	0.1	3334
新　疆 Xinjiang	2	...	...	7596	62	0.5	0.3	5327

4－6 续表23 continued

地　区 Region	金融、保险业 Financial Intermediation and Insurance				金融业 Financial Intermediation			
	单位数（个）Number of Units	职工年末人数(万人) Formal Employees (year－end, 10 000)	#女性 Female	平均工资（元）Average Wages (yuan)	单位数（个）Number of Units	职工年末人数(万人) Formal Employees (year－end, 10 000)	#女性 Female	平均工资（元）Average Wages (yuan)
全国总计 National	**31787**	**210.0**	**84.9**	**10012**	**26094**	**193.8**	**79.4**	**10025**
北　京 Beijing	61	5.3	2.7	16625	56	4.8	2.5	15368
天　津 Tianjin	164	2.7	1.2	13125	121	2.5	1.2	13236
河　北 Hebei	1599	10.4	3.9	8219	1340	9.7	3.7	8282
山　西 Shanxi	976	5.9	2.4	7431	789	5.4	2.3	7412
内蒙古 Inner Mongolia	982	6.0	2.5	8148	756	5.5	2.3	8165
辽　宁 Liaoning	1043	11.0	4.5	10466	811	10.0	4.1	10620
吉　林 Jilin	579	6.3	2.6	9928	449	5.9	2.5	9969
黑龙江 Heilongjiang	1032	8.4	3.3	10273	817	7.8	3.1	10296
上　海 Shanghai	530	4.7	2.2	19860	510	4.3	2.1	20211
江　苏 Jiangsu	1408	11.2	4.2	10955	1171	10.4	3.9	10980
浙　江 Zhejiang	925	8.7	3.7	11172	741	8.1	3.5	11202
安　徽 Anhui	1200	6.6	2.5	8430	996	6.1	2.3	8388
福　建 Fujian	1938	5.7	2.1	12240	1687	5.2	2.0	12361
江　西 Jiangxi	1039	6.0	2.2	7574	838	5.6	2.1	7559
山　东 Shandong	1986	13.4	4.9	9604	1670	12.4	4.5	9563
河　南 Henan	1949	12.9	5.2	7497	1616	12.0	5.0	7486
湖　北 Hubei	1908	11.0	4.6	7705	1589	9.9	4.3	7807
湖　南 Hunan	1469	8.3	3.3	9001	1174	7.5	3.1	9081
广　东 Guangdong	2044	18.8	7.9	13970	1752	17.3	7.4	13978
广　西 Guangxi	1450	6.0	2.5	7589	1265	5.6	2.3	7571
海　南 Hainan	232	1.9	0.7	12702	193	1.8	0.6	12679
重　庆 Chongqing	357	3.3	1.4	8665	257	3.1	1.4	8683
四　川 Sichuan	1397	9.2	3.9	8670	1114	8.6	3.7	8680
贵　州 Guizhou	840	3.6	1.5	7121	652	3.4	1.4	7143
云　南 Yunnan	1245	5.5	2.2	8860	1008	5.0	2.1	8977
西　藏 Tibet	28	0.6	0.2	13137	21	0.6	0.2	13052
陕　西 Shaanxi	1216	5.8	2.2	7698	987	5.3	2.0	7818
甘　肃 Gansu	1111	4.2	1.5	7409	925	3.8	1.4	7451
青　海 Qinghai	208	1.3	0.5	10948	143	1.2	0.5	10860
宁　夏 Ningxia	210	1.5	0.6	9943	172	1.4	0.6	10023
新　疆 Xinjiang	661	4.0	1.7	10953	474	3.7	1.6	10979

4－6 续表24 continued

地　区 Region	保险业 Insurance 单位数(个) Number of Units	职工年末人数(万人) Formal Employees (year－end, 10 000)	#女性 Female	平均工资(元) Average Wages (yuan)	房地产业 Real Estate Activities 单位数(个) Number of Units	职工年末人数(万人) Formal Employees (year－end, 10 000)	#女性 Female	平均工资(元) Average Wages (yuan)
全国总计 National	**5693**	**16.2**	**5.5**	**9851**	**15036**	**63.5**	**22.6**	**8570**
北　京 Beijing	5	0.5	0.3	30567	515	5.1	1.8	14139
天　津 Tianjin	43	0.1	0.1	11242	364	1.8	0.7	9604
河　北 Hebei	259	0.8	0.2	7399	453	2.2	0.8	6161
山　西 Shanxi	187	0.5	0.2	7647	267	0.8	0.3	4545
内蒙古 Inner Mongolia	226	0.5	0.2	7975	324	1.0	0.3	5041
辽　宁 Liaoning	232	1.1	0.4	9038	963	6.1	2.1	6206
吉　林 Jilin	130	0.4	0.1	9365	548	2.8	0.8	6345
黑龙江 Heilongjiang	215	0.6	0.2	9973	587	3.3	1.1	5351
上　海 Shanghai	20	0.3	0.1	15510	910	4.9	1.6	15123
江　苏 Jiangsu	237	0.8	0.3	10616	1053	4.1	1.4	9635
浙　江 Zhejiang	184	0.6	0.2	10768	833	2.4	0.8	10741
安　徽 Anhui	204	0.5	0.2	8940	466	1.6	0.5	6287
福　建 Fujian	251	0.4	0.1	10586	432	1.0	0.3	9554
江　西 Jiangxi	201	0.4	0.1	7773	407	1.4	0.5	4954
山　东 Shandong	316	1.0	0.3	10135	714	3.3	1.2	6881
河　南 Henan	333	0.9	0.3	7655	634	2.6	0.9	5319
湖　北 Hubei	319	1.1	0.4	6717	805	2.7	1.1	5550
湖　南 Hunan	295	0.8	0.3	8199	441	1.8	0.7	6236
广　东 Guangdong	292	1.4	0.5	13872	1526	6.3	2.4	12538
广　西 Guangxi	185	0.4	0.1	7829	480	1.1	0.4	6261
海　南 Hainan	39	0.1	...	13052	264	0.7	0.2	8035
重　庆 Chongqing	100	0.2	0.1	8405	279	1.1	0.4	5679
四　川 Sichuan	283	0.6	0.2	8533	558	2.0	0.8	6374
贵　州 Guizhou	188	0.3	0.1	6855	207	0.5	0.2	5104
云　南 Yunnan	237	0.4	0.2	7506	351	0.8	0.3	7028
西　藏 Tibet	7	...	...	16344	4	...	...	10640
陕　西 Shaanxi	229	0.5	0.1	6375	244	0.9	0.3	5165
甘　肃 Gansu	186	0.3	0.1	6917	156	0.5	0.2	5500
青　海 Qinghai	65	0.1	...	12104	31	0.1	...	6050
宁　夏 Ningxia	38	0.1	...	8525	53	0.2	0.1	5279
新　疆 Xinjiang	187	0.3	0.1	10626	167	0.4	0.1	5878

4－6 续表25 continued

地　区 Region	房地产开发与经营业 Real Estate Development and Operation 单位数(个) Number of Units	职工年末人数(万人) Formal Employees (year-end, 10 000)	#女性 Female	平均工资(元) Average Wages (yuan)	房地产管理业 Real Estate Managment 单位数(个) Number of Units	职工年末人数(万人) Formal Employees (year-end, 10 000)	#女性 Female	平均工资(元) Average Wages (yuan)
全国总计 National	**7110**	**27.6**	**9.6**	**9326**	**7203**	**34.5**	**12.4**	**8011**
北　京 Beijing	211	2.2	0.8	17532	273	2.9	1.0	11538
天　津 Tianjin	158	0.4	0.1	11427	190	1.4	0.5	9108
河　北 Hebei	188	0.8	0.3	6164	234	1.3	0.5	6214
山　西 Shanxi	124	0.4	0.1	4478	122	0.3	0.1	4613
内蒙古 Inner Mongolia	107	0.4	0.1	4850	197	0.6	0.2	5129
辽　宁 Liaoning	375	1.5	0.5	7084	559	4.6	1.6	5895
吉　林 Jilin	174	0.8	0.2	6559	342	2.0	0.6	6271
黑龙江 Heilongjiang	174	0.8	0.3	5473	395	2.5	0.8	5292
上　海 Shanghai	452	2.1	0.8	15797	433	2.7	0.9	14521
江　苏 Jiangsu	580	2.1	0.7	9766	439	2.0	0.7	9538
浙　江 Zhejiang	426	1.2	0.4	11443	368	1.2	0.4	10106
安　徽 Anhui	201	0.8	0.3	6447	244	0.8	0.3	6116
福　建 Fujian	253	0.7	0.2	9964	120	0.2	0.1	8891
江　西 Jiangxi	157	0.5	0.2	4541	231	0.8	0.3	5255
山　东 Shandong	393	1.9	0.7	6740	288	1.3	0.5	7095
河　南 Henan	341	1.1	0.3	5662	276	1.5	0.6	5066
湖　北 Hubei	300	1.1	0.4	5270	483	1.5	0.7	5780
湖　南 Hunan	218	0.7	0.2	6222	192	1.0	0.4	6257
广　东 Guangdong	1008	3.9	1.5	12332	449	2.3	0.8	12906
广　西 Guangxi	233	0.7	0.2	6564	223	0.4	0.2	5721
海　南 Hainan	206	0.5	0.2	7919	48	0.1	0.1	8156
重　庆 Chongqing	97	0.4	0.1	6062	169	0.6	0.3	5431
四　川 Sichuan	196	0.9	0.3	5569	320	1.0	0.4	6976
贵　州 Guizhou	112	0.4	0.2	5018	89	0.1	0.1	5305
云　南 Yunnan	161	0.5	0.2	6952	167	0.2	0.1	7211
西　藏 Tibet	2	...	...	11217	2	...	...	10468
陕　西 Shaanxi	114	0.4	0.1	5015	111	0.5	0.2	5315
甘　肃 Gansu	47	0.2	0.1	5549	103	0.3	0.1	5431
青　海 Qinghai	4	...	...	6462	26	...	...	5942
宁　夏 Ningxia	21	0.1	...	5382	27	0.1	...	5103
新　疆 Xinjiang	77	0.2	0.1	6612	83	0.1	...	6034

4－6 续表26 continued

地　区 Region	房地产代理与经纪业 Real Estate Brokerages and Agencies 单位数(个) Number of Units	职工年末人数(万人) Formal Employees (year－end, 10 000)	#女性 Female	平均工资(元) Average Wages (yuan)	社会服务业 Social Services 单位数(个) Number of Units	职工年末人数(万人) Formal Employees (year－end, 10 000)	#女性 Female	平均工资(元) Average Wages (yuan)
全国总计 National	**723**	**1.4**	**0.6**	**7410**	**50431**	**344.8**	**158.3**	**7425**
北　京 Beijing	31	…	…	13626	3013	30.6	12.6	12072
天　津 Tianjin	16	…	…	10469	939	8.8	3.7	7809
河　北 Hebei	31	0.1	…	5348	1810	15.3	7.2	6359
山　西 Shanxi	21	…	…	4715	1361	8.6	4.0	4490
内蒙古 Inner Mongolia	20	…	…	5618	1234	7.2	3.4	4828
辽　宁 Liaoning	29	0.1	…	7921	2973	26.3	12.1	6379
吉　林 Jilin	32	0.1	…	5937	1787	13.2	6.0	6565
黑龙江 Heilongjiang	18	0.1	…	6295	2842	19.5	9.3	5493
上　海 Shanghai	25	0.1	…	18083	1418	20.8	8.1	10779
江　苏 Jiangsu	34	0.1	…	8279	3635	19.2	8.5	8569
浙　江 Zhejiang	39	0.1	…	9712	2306	11.3	5.4	9292
安　徽 Anhui	21	…	…	6456	1665	8.9	4.2	5603
福　建 Fujian	59	0.1	…	8237	1813	7.3	3.6	8027
江　西 Jiangxi	19	…	…	4443	1160	6.0	2.9	5099
山　东 Shandong	33	0.1	…	6719	2961	19.1	8.2	6363
河　南 Henan	17	…	…	5482	2579	16.2	7.4	5172
湖　北 Hubei	22	0.1	…	4582	2720	15.4	7.4	5406
湖　南 Hunan	31	0.1	…	6076	1652	10.9	5.3	5913
广　东 Guangdong	69	0.1	…	12160	2819	22.1	10.1	12353
广　西 Guangxi	24	…	…	7077	1217	7.7	4.0	5965
海　南 Hainan	10	…	…	10981	428	2.7	1.4	6186
重　庆 Chongqing	13	…	…	5461	629	5.3	2.4	5423
四　川 Sichuan	42	0.1	…	8027	1773	11.7	5.9	5712
贵　州 Guizhou	6	…	…	5715	723	3.5	1.7	4753
云　南 Yunnan	23	…	…	7004	1262	5.9	3.1	6491
西　藏 Tibet					85	0.5	0.2	9093
陕　西 Shaanxi	19	…	…	4721	1398	7.4	3.5	4833
甘　肃 Gansu	6	…	…	5921	821	5.1	2.5	5165
青　海 Qinghai	1	…	…	2909	282	1.4	0.7	5907
宁　夏 Ningxia	5	…	…	5283	262	1.5	0.8	4421
新　疆 Xinjiang	7	0.1	…	4620	864	5.4	2.8	6202

4－6 续表27 continued

地 区 Region	公共服务业 Public Facilities Services				居民服务业 Residential Services			
	单位数(个) Number of Units	职工年末人数(万人) Formal Employees (year－end, 10 000)	#女性 Female	平均工资(元) Average Wages (yuan)	单位数(个) Number of Units	职工年末人数(万人) Formal Employees (year－end, 10 000)	#女性 Female	平均工资(元) Average Wages (yuan)
全国总计 National	**14469**	**176.6**	**78.8**	**7583**	**5485**	**21.6**	**10.5**	**7053**
北 京 Beijing	528	14.5	6.2	12586	304	1.5	0.8	10050
天 津 Tianjin	277	5.2	2.2	8406	111	0.7	0.3	8978
河 北 Hebei	488	7.2	3.3	5947	323	3.2	1.5	9303
山 西 Shanxi	368	4.1	1.8	4642	138	0.7	0.4	4272
内蒙古 Inner Mongolia	334	3.6	1.6	4823	156	0.3	0.2	4415
辽 宁 Liaoning	861	15.3	7.4	5942	422	2.2	1.2	4866
吉 林 Jilin	476	6.9	3.1	6442	245	1.3	0.7	5181
黑龙江 Heilongjiang	639	10.1	4.8	6284	326	1.0	0.5	3393
上 海 Shanghai	573	13.5	5.4	10145	202	1.2	0.6	10314
江 苏 Jiangsu	1117	8.8	3.8	8840	441	1.1	0.4	7856
浙 江 Zhejiang	559	4.4	1.9	10036	201	0.5	0.2	8851
安 徽 Anhui	388	4.3	1.9	5690	252	0.9	0.4	4632
福 建 Fujian	443	3.2	1.5	8632	190	0.9	0.4	7386
江 西 Jiangxi	334	3.0	1.3	4785	97	0.2	0.1	4013
山 东 Shandong	850	9.7	4.2	6304	335	0.8	0.4	6786
河 南 Henan	570	7.3	3.2	5382	213	0.5	0.2	4159
湖 北 Hubei	1140	9.7	4.5	5411	233	0.7	0.3	5910
湖 南 Hunan	633	6.3	2.9	6123	139	0.4	0.2	6062
广 东 Guangdong	768	10.8	4.3	14039	235	0.7	0.3	12701
广 西 Guangxi	444	3.7	1.8	6462	109	0.2	0.1	7181
海 南 Hainan	83	0.8	0.4	6436	24	0.1	...	7286
重 庆 Chongqing	217	3.5	1.5	5096	48	0.1	...	7760
四 川 Sichuan	631	6.2	3.1	5638	161	0.5	0.2	5094
贵 州 Guizhou	270	1.9	0.9	4993	60	0.2	0.1	3950
云 南 Yunnan	372	2.4	1.2	6546	114	0.3	0.2	7505
西 藏 Tibet	24	0.1	...	9198	4	...	...	9667
陕 西 Shaanxi	453	3.5	1.5	5380	146	0.5	0.3	4607
甘 肃 Gansu	234	2.5	1.1	5668	129	0.6	0.4	4941
青 海 Qinghai	65	0.6	0.3	4877	30	0.1	0.1	4764
宁 夏 Ningxia	102	0.7	0.3	4432	19	...	...	4804
新 疆 Xinjiang	228	2.8	1.3	6336	78	0.2	0.1	7072

4-6 续表28 continued

地　区 Region	旅馆业 Hotels 单位数(个) Number of Units	职工年末人数(万人) Formal Employees (year-end, 10 000)	#女性 Female	平均工资(元) Average Wages (yuan)	租赁服务业 Renting Services 单位数(个) Number of Units	职工年末人数(万人) Formal Employees (year-end, 10 000)	#女性 Female	平均工资(元) Average Wages (yuan)
全国总计 National	**9955**	**88.0**	**49.3**	**6594**	**265**	**1.1**	**0.4**	**7080**
北　京 Beijing	563	6.2	3.3	10744	39	0.1	...	11453
天　津 Tianjin	160	1.2	0.6	7372	12	...	...	4643
河　北 Hebei	403	3.6	2.0	4847	8	...	...	7182
山　西 Shanxi	326	2.6	1.3	4062	4	...	...	4337
内蒙古 Inner Mongolia	248	2.0	1.2	4016				
辽　宁 Liaoning	399	3.5	2.1	5220	9	0.1	0.1	5962
吉　林 Jilin	327	2.5	1.5	5300	7	...	...	5576
黑龙江 Heilongjiang	515	3.5	2.1	4242	16	0.1	...	4142
上　海 Shanghai	208	4.0	1.6	13124	1	...	...	11000
江　苏 Jiangsu	500	5.7	2.9	8204	22	0.1	...	10533
浙　江 Zhejiang	524	4.4	2.7	8363	13	...	...	11176
安　徽 Anhui	359	2.7	1.5	5471	3	...	...	4906
福　建 Fujian	294	1.8	1.1	6847	7	...	...	8257
江　西 Jiangxi	336	2.0	1.2	4959	4	...	...	5161
山　东 Shandong	588	5.9	2.9	5997	13	...	...	7163
河　南 Henan	649	5.9	3.2	4797	21	...		5163
湖　北 Hubei	374	3.3	2.0	5097	6	0.1	...	4621
湖　南 Hunan	349	3.0	1.8	5373	7	0.1	...	7838
广　东 Guangdong	475	5.5	3.3	9776	23	...	...	13376
广　西 Guangxi	264	2.9	1.8	5397	2	...	...	4273
海　南 Hainan	146	1.3	0.8	5717	7	...	...	4280
重　庆 Chongqing	107	1.0	0.6	5580	2	...	...	8103
四　川 Sichuan	411	3.5	2.0	5471	13	0.1	...	5018
贵　州 Guizhou	179	1.0	0.6	4434	7	...	...	4341
云　南 Yunnan	356	2.1	1.2	6236	7	...	...	3899
西　藏 Tibet	21	0.1	0.1	6775	3	...	...	7756
陕　西 Shaanxi	305	2.4	1.4	4058	4	...	...	5552
甘　肃 Gansu	194	1.4	0.8	4403				
青　海 Qinghai	73	0.4	0.2	5339	1	...	...	3371
宁　夏 Ningxia	63	0.6	0.3	4256	1	...	...	2308
新　疆 Xinjiang	239	1.9	1.1	5638	3	...	...	10370

4－6 续表29 continued

地区 Region	旅游业 Tourism				娱乐服务业 Recreational Services			
	单位数(个) Number of Units	职工年末人数(万人) Formal Employees (year－end, 10 000)	#女性 Female	平均工资(元) Average Wages (yuan)	单位数(个) Number of Units	职工年末人数(万人) Formal Employees (year－end, 10 000)	#女性 Female	平均工资(元) Average Wages (yuan)
全国总计 National	**2208**	**10.6**	**4.7**	**8213**	**547**	**2.4**	**1.2**	**7256**
北京 Beijing	128	0.9	0.4	13095	39	0.2	0.1	9689
天津 Tianjin	26	0.1	...	9839	29	0.2	0.1	8216
河北 Hebei	84	0.3	0.2	4956	14	0.1	...	5387
山西 Shanxi	34	0.1	...	4578	5	...	...	4976
内蒙古 Inner Mongolia	36	0.1	0.1	4538	2	...	...	2852
辽宁 Liaoning	98	0.4	0.1	6546	22	0.1	0.1	5124
吉林 Jilin	62	0.2	0.1	5638	10	...	...	8174
黑龙江 Heilongjiang	53	0.3	0.1	6095	17	0.1	...	3853
上海 Shanghai	51	0.2	0.1	14504	19	0.1	...	12134
江苏 Jiangsu	138	0.6	0.3	8768	60	0.2	0.1	6283
浙江 Zhejiang	112	0.4	0.2	9139	35	0.1	...	8717
安徽 Anhui	67	0.1	0.1	5826	13	...	...	5826
福建 Fujian	99	0.5	0.2	8213	30	0.2	0.1	8103
江西 Jiangxi	36	0.2	0.1	4755	6	...	...	3870
山东 Shandong	119	0.3	0.1	6310	20	0.1	...	6351
河南 Henan	58	0.1	0.1	5863	23	0.1	...	4719
湖北 Hubei	68	0.3	0.2	5483	30	0.1	0.1	4639
湖南 Hunan	48	0.2	0.1	4926	17	0.1	0.1	5785
广东 Guangdong	365	2.3	1.1	10401	40	0.4	0.2	9755
广西 Guangxi	66	0.3	0.1	5161	15	0.1	...	6649
海南 Hainan	68	0.3	0.1	5980	8	0.1	...	6136
重庆 Chongqing	36	0.3	0.1	7193	7	...	...	6584
四川 Sichuan	54	0.6	0.3	7024	21	0.1	0.1	4811
贵州 Guizhou	37	0.2	0.1	4422	5	...	...	3353
云南 Yunnan	100	0.5	0.2	6661	27	0.1	...	5490
西藏 Tibet	28	0.3	0.1	9993				
陕西 Shaanxi	45	0.3	0.1	4709	8	...	...	5714
甘肃 Gansu	25	0.1	...	5026	7	...	...	5947
青海 Qinghai	14	...	...	5672	2	...	...	5857
宁夏 Ningxia	7	...	...	5731	4	...	...	5316
新疆 Xinjiang	46	0.1	...	7334	12	...	...	5667

4－6 续表30 continued

地　区 Region	信息、咨询服务业 Information and Consultancy Services				计算机应用服务业 Computer Application Services			
	单位数(个) Number of Units	职工年末人数(万人) Formal Employees (year-end, 10 000)	#女性 Female	平均工资(元) Average Wages (yuan)	单位数(个) Number of Units	职工年末人数(万人) Formal Employees (year-end, 10 000)	#女性 Female	平均工资(元) Average Wages (yuan)
全国总计 National	**11033**	**15.2**	**5.7**	**8979**	**800**	**2.2**	**0.8**	**10528**
北　京 Beijing	833	2.1	0.7	12998	341	1.2	0.4	12273
天　津 Tianjin	242	0.6	0.2	6381	10	...	...	6067
河　北 Hebei	334	0.4	0.2	6066	10	...	...	5157
山　西 Shanxi	341	0.5	0.2	5152	9	...	...	3618
内蒙古 Inner Mongolia	332	0.3	0.1	5584	9	...	...	5326
辽　宁 Liaoning	688	1.0	0.4	6900	54	0.1	...	9300
吉　林 Jilin	429	0.6	0.2	7430	16	...	...	7395
黑龙江 Heilongjiang	460	0.6	0.2	6322	21	...	...	6272
上　海 Shanghai	224	0.4	0.2	17459	27	0.1	...	14834
江　苏 Jiangsu	768	0.9	0.3	10267	25	0.1	...	9233
浙　江 Zhejiang	612	0.7	0.3	11666	35	...	...	8089
安　徽 Anhui	362	0.4	0.1	7043	11	...	...	6163
福　建 Fujian	575	0.4	0.2	8454	12	...	...	7931
江　西 Jiangxi	207	0.2	0.1	7203	1	...	...	4000
山　东 Shandong	690	1.0	0.4	8905	42	0.1	...	8009
河　南 Henan	738	1.1	0.4	6484	25	0.1	...	9826
湖　北 Hubei	504	0.6	0.2	6403	12	...	...	4610
湖　南 Hunan	301	0.3	0.1	7149	11	...	...	5608
广　东 Guangdong	554	0.9	0.4	15848	44	0.1	0.1	14490
广　西 Guangxi	162	0.2	0.1	5900	24	0.1	...	5826
海　南 Hainan	57	0.1	...	9911	6	...	...	9322
重　庆 Chongqing	162	0.2	0.1	6973	5	...	...	6188
四　川 Sichuan	411	0.4	0.2	5911	1	...	...	4824
贵　州 Guizhou	116	0.1	...	5947	4	...	...	5000
云　南 Yunnan	195	0.1	0.1	7545	5	...	...	8652
西　藏 Tibet								
陕　西 Shaanxi	317	0.3	0.1	5070	4	...	...	4448
甘　肃 Gansu	141	0.1	...	5698	25	0.1	...	4605
青　海 Qinghai	30	...	...	8863				
宁　夏 Ningxia	50	0.1	...	6209	2	...	...	7434
新　疆 Xinjiang	198	0.2	0.1	8314	9	...	...	6524

4－6 续表31 continued

地 区 Region		其他社会服务业 Other Social Services				卫生、体育和社会福利业 Health Care, Sporting and Social Welfare			
		单位数(个) Number of Units	职工年末人数(万人) Formal Employees (year－end, 10 000)	#女性 Female	平均工资(元) Average Wages (yuan)	单位数(个) Number of Units	职工年末人数(万人) Formal Employees (year－end, 10 000)	#女性 Female	平均工资(元) Average Wages (yuan)
全国总计	**National**	**5669**	**27.2**	**6.9**	**7986**	**60437**	**402.2**	**230.2**	**7794**
北 京	Beijing	238	3.8	0.7	12388	592	12.2	7.7	11839
天 津	Tianjin	72	0.9	0.1	4722	525	7.2	4.6	9898
河 北	Hebei	146	0.4	0.1	5386	2539	18.0	10.3	6378
山 西	Shanxi	136	0.6	0.2	4969	1580	10.4	6.1	5515
内 蒙 古	Inner Mongolia	117	0.8	0.2	6603	1683	9.1	5.3	6521
辽 宁	Liaoning	420	3.7	0.8	10224	2358	21.2	13.0	7020
吉 林	Jilin	215	1.7	0.3	9619	1725	13.3	8.0	6776
黑 龙 江	Heilongjiang	795	3.8	1.5	4950	2583	17.2	10.3	6333
上 海	Shanghai	113	1.3	0.2	7569	683	11.7	7.5	12838
江 苏	Jiangsu	564	1.7	0.6	7957	2143	19.2	10.6	9234
浙 江	Zhejiang	215	0.6	0.1	8311	1651	14.7	8.6	11864
安 徽	Anhui	210	0.5	0.2	6090	1479	10.8	5.8	7140
福 建	Fujian	163	0.3	0.1	9280	1285	7.8	4.5	8389
江 西	Jiangxi	139	0.3	0.1	9728	2557	11.9	6.2	6122
山 东	Shandong	304	1.1	0.2	5987	3117	26.2	14.4	7824
河 南	Henan	282	1.1	0.2	4629	3885	26.9	14.5	5931
湖 北	Hubei	353	0.6	0.2	5627	3779	24.8	13.7	6544
湖 南	Hunan	147	0.5	0.1	5554	2328	17.5	9.9	7586
广 东	Guangdong	315	1.3	0.4	10945	3206	29.1	16.7	11185
广 西	Guangxi	131	0.3	0.1	4986	2499	13.3	7.8	6176
海 南	Hainan	29	0.1	...	9008	479	2.6	1.4	9117
重 庆	Chongqing	45	0.2	...	5352	970	6.2	3.4	7116
四 川	Sichuan	70	0.4	0.1	8338	3669	18.9	10.5	7187
贵 州	Guizhou	45	0.1	0.1	4185	3269	8.2	4.6	5210
云 南	Yunnan	86	0.2	0.1	6142	2907	11.8	7.0	7926
西 藏	Tibet	5	...	...	10683	342	1.2	0.6	12039
陕 西	Shaanxi	116	0.3	0.1	4816	2137	10.6	5.7	5744
甘 肃	Gansu	66	0.3	0.1	4788	1893	7.1	3.7	6075
青 海	Qinghai	67	0.3	0.1	10077	668	2.2	1.3	8570
宁 夏	Ningxia	14	0.1	...	3313	430	2.3	1.3	6279
新 疆	Xinjiang	51	0.2	...	5313	1476	8.4	5.2	7449

4－6 续表32 continued

地　　区 Region	卫生 Health Care				体育 Sporting			
	单位数(个) Number of Units	职工年末人数(万人) Formal Employees (year－end, 10 000)	#女性 Female	平均工资(元) Average Wages (yuan)	单位数(个) Number of Units	职工年末人数(万人) Formal Employees (year－end, 10 000)	#女性 Female	平均工资(元) Average Wages (yuan)
全国总计 National	**49692**	**378.7**	**220.8**	**7799**	**1855**	**7.6**	**2.5**	**8903**
北　京 Beijing	424	11.0	7.2	11865	67	0.8	0.3	12687
天　津 Tianjin	412	6.7	4.4	9882	38	0.2	0.1	10968
河　北 Hebei	1974	16.9	9.8	6382	54	0.2	0.1	6653
山　西 Shanxi	1220	9.6	5.8	5451	62	0.2	0.1	9677
内蒙古 Inner Mongolia	1380	8.6	5.1	6530	48	0.1	…	8572
辽　宁 Liaoning	1787	19.7	12.4	7032	117	0.5	0.2	6800
吉　林 Jilin	1424	12.6	7.8	6715	72	0.3	0.1	8570
黑龙江 Heilongjiang	2187	16.1	9.8	6382	71	0.3	0.1	5666
上　海 Shanghai	382	10.6	7.0	13028	142	0.6	0.2	11182
江　苏 Jiangsu	1520	18.0	10.2	9263	123	0.3	0.1	9167
浙　江 Zhejiang	1210	14.0	8.3	11973	70	0.2	0.1	10162
安　徽 Anhui	1166	10.2	5.6	7164	53	0.2	…	7454
福　建 Fujian	867	7.3	4.2	8408	42	0.2	0.1	8213
江　西 Jiangxi	2254	11.4	6.0	6180	50	0.1	…	5800
山　东 Shandong	2490	24.9	13.9	7854	91	0.3	0.1	7403
河　南 Henan	3410	25.9	14.1	5891	53	0.3	0.1	9187
湖　北 Hubei	3038	23.5	13.1	6550	73	0.3	0.1	7647
湖　南 Hunan	1882	16.7	9.5	7606	65	0.2	0.1	7923
广　东 Guangdong	2708	27.5	16.1	11118	122	0.5	0.2	14527
广　西 Guangxi	2180	12.7	7.5	6198	57	0.2	0.1	5195
海　南 Hainan	318	2.4	1.3	9214	9	…	…	11105
重　庆 Chongqing	769	5.8	3.3	7160	20	0.1	…	6983
四　川 Sichuan	3016	17.7	10.0	7217	103	0.4	0.1	7292
贵　州 Guizhou	3124	8.0	4.5	5212	33	0.1	…	5493
云　南 Yunnan	2550	11.1	6.7	7970	59	0.2	0.1	7098
西　藏 Tibet	309	1.1	0.6	12344	12	0.1	…	9581
陕　西 Shaanxi	1766	9.9	5.5	5776	65	0.2	0.1	5278
甘　肃 Gansu	1707	6.6	3.5	6169	30	0.2	0.1	4680
青　海 Qinghai	584	2.1	1.2	8660	15	…	…	7751
宁　夏 Ningxia	379	2.2	1.2	6324	8	…	…	5595
新　疆 Xinjiang	1255	8.0	5.1	7468	31	0.1	…	9225

4-6 续表33 continued

地区 Region		社会福利保障业 Social Welfare				教育、文化艺术和广播电影电视业 Education, Culture and Arts, Radio, Film and Television			
		单位数(个) Number of Units	职工年末人数(万人) Formal Employees (year-end, 10 000)	#女性 Female	平均工资(元) Average Wages (yuan)	单位数(个) Number of Units	职工年末人数(万人) Formal Employees (year-end, 10 000)	#女性 Female	平均工资(元) Average Wages (yuan)
全国总计	**National**	**8890**	**16.0**	**6.9**	**7144**	**540740**	**1361.5**	**572.9**	**6810**
北京	Beijing	101	0.4	0.2	9689	3241	41.4	21.9	11145
天津	Tianjin	75	0.3	0.1	9414	2108	18.7	10.1	8668
河北	Hebei	511	0.9	0.4	6220	48774	71.5	35.9	5642
山西	Shanxi	298	0.6	0.2	5160	31379	39.7	19.1	4906
内蒙古	Inner Mongolia	255	0.4	0.2	5638	10280	34.0	15.6	5592
辽宁	Liaoning	454	0.9	0.4	6881	16616	57.4	29.5	6864
吉林	Jilin	229	0.5	0.2	7249	8389	40.6	20.2	6466
黑龙江	Heilongjiang	325	0.9	0.4	5514	11275	48.6	23.8	6366
上海	Shanghai	159	0.5	0.3	10916	3621	31.0	16.5	11912
江苏	Jiangsu	500	0.9	0.4	8672	24406	79.9	30.5	8377
浙江	Zhejiang	371	0.5	0.2	9475	23449	47.1	21.4	9095
安徽	Anhui	260	0.4	0.2	6303	33184	52.8	16.7	5896
福建	Fujian	376	0.4	0.2	8091	17536	42.9	17.9	7307
江西	Jiangxi	253	0.4	0.2	4743	13759	41.4	13.8	5433
山东	Shandong	536	1.0	0.4	7196	39436	91.1	34.2	7131
河南	Henan	422	0.8	0.3	6090	11820	56.1	22.8	5711
湖北	Hubei	668	1.1	0.5	6114	28579	65.3	24.4	6144
湖南	Hunan	381	0.6	0.2	6888	31621	64.5	25.3	6033
广东	Guangdong	376	1.0	0.5	11197	30685	81.6	35.9	9832
广西	Guangxi	262	0.4	0.2	5910	16410	50.7	19.6	4649
海南	Hainan	152	0.2	0.1	7978	4187	8.8	3.0	7161
重庆	Chongqing	181	0.3	0.1	6285	10951	30.4	11.7	5292
四川	Sichuan	550	0.8	0.4	6509	25513	77.0	29.3	5366
贵州	Guizhou	112	0.1	0.1	4939	18626	31.3	11.3	4376
云南	Yunnan	298	0.4	0.2	7157	10903	44.6	17.1	6883
西藏	Tibet	21	...	...	8264	1674	2.4	0.9	11060
陕西	Shaanxi	306	0.5	0.2	5261	33514	41.1	15.1	5327
甘肃	Gansu	156	0.4	0.1	5108	17050	24.7	7.6	5811
青海	Qinghai	69	0.1	...	6917	1505	6.2	2.6	8269
宁夏	Ningxia	43	0.1	...	5396	3485	7.6	2.9	5403
新疆	Xinjiang	190	0.3	0.1	6296	6764	31.0	16.5	6739

4－6 续表34 continued

地　区 Region	教育 Education 单位数（个） Number of Units	职工年末人数(万人) Formal Employees (year-end, 10 000)	#女性 Female	平均工资（元） Average Wages (yuan)	普通高等学校 Institutes of Higher Education 单位数（个） Number of Units	职工年末人数(万人) Formal Employees (year-end, 10 000)	#女性 Female	平均工资（元） Average Wages (yuan)
全国总计 National	**504937**	**1258.4**	**533.9**	**6744**	**1281**	**109.8**	**42.7**	**8740**
北　京 Beijing	2422	33.0	18.4	10695	87	10.4	4.6	11394
天　津 Tianjin	1800	17.3	9.5	8532	26	3.1	1.2	10483
河　北 Hebei	47695	67.4	34.3	5624	51	4.1	1.6	7097
山　西 Shanxi	30356	36.3	17.8	4883	33	2.4	1.0	5724
内蒙古 Inner Mongolia	9158	30.7	14.2	5606	27	1.7	0.6	6516
辽　宁 Liaoning	15244	52.4	27.5	6834	83	6.2	2.5	8279
吉　林 Jilin	7256	37.0	18.9	6493	43	4.5	1.8	8324
黑龙江 Heilongjiang	10129	44.9	22.4	6391	38	4.6	1.8	6996
上　海 Shanghai	3127	27.9	15.3	11497	43	6.7	2.7	12142
江　苏 Jiangsu	22592	75.1	28.9	8308	92	7.8	2.7	9509
浙　江 Zhejiang	22017	43.2	20.0	8932	36	3.1	1.1	10011
安　徽 Anhui	31559	49.8	15.7	5880	41	2.9	1.0	7875
福　建 Fujian	16481	40.6	17.1	7274	59	2.0	0.8	9297
江　西 Jiangxi	12742	38.7	12.8	5461	34	2.4	0.9	6321
山　东 Shandong	37729	85.7	32.3	7117	60	5.2	1.9	8591
河　南 Henan	10054	50.2	20.5	5772	58	4.0	1.5	7463
湖　北 Hubei	25824	59.9	22.5	6167	69	6.9	2.7	8539
湖　南 Hunan	30304	60.7	23.8	6015	51	4.0	1.6	7971
广　东 Guangdong	29341	76.1	33.8	9771	50	4.6	2.0	12643
广　西 Guangxi	14419	47.7	18.6	4581	30	1.8	0.8	5744
海　南 Hainan	3968	8.0	2.7	7141	4	0.3	0.1	14051
重　庆 Chongqing	10335	28.9	11.1	5222	22	2.7	0.9	7621
四　川 Sichuan	23945	72.6	27.7	5333	50	4.9	1.8	7317
贵　州 Guizhou	17377	29.5	10.6	4349	27	1.3	0.6	4697
云　南 Yunnan	9285	41.8	16.0	6850	38	2.1	0.9	7815
西　藏 Tibet	1387	1.9	0.8	10923	11	0.2	0.1	12179
陕　西 Shaanxi	31896	37.5	13.8	5366	48	5.6	2.0	7381
甘　肃 Gansu	16160	22.6	6.8	5862	29	1.8	0.6	6537
青　海 Qinghai	1209	5.5	2.3	8321	15	0.4	0.1	7979
宁　夏 Ningxia	3259	6.9	2.7	5422	8	0.4	0.2	5703
新　疆 Xinjiang	5867	28.5	15.5	6741	18	1.7	0.7	7089

4－6 续表35 continued

地　区 Region	普通中学 Secondary Schools 单位数(个) Number of Units	职工年末人数(万人) Formal Employees (year－end, 10 000)	#女性 Female	平均工资(元) Average Wages (yuan)	小学校 Primary Schools 单位数(个) Number of Units	职工年末人数(万人) Formal Employees (year－end, 10 000)	#女性 Female	平均工资(元) Average Wages (yuan)
全国总计 National	**75595**	**422.6**	**157.5**	**6663**	**390070**	**540.5**	**248.9**	**6099**
北　京 Beijing	667	7.5	4.4	11209	772	8.2	5.7	9496
天　津 Tianjin	442	4.9	2.7	8301	699	4.9	3.3	7467
河　北 Hebei	5675	26.1	11.9	5506	40434	28.3	16.4	5137
山　西 Shanxi	2955	10.8	4.5	4870	26099	16.7	9.3	4476
内蒙古 Inner Mongolia	1379	9.2	4.0	5777	6740	14.5	7.0	5151
辽　宁 Liaoning	2226	16.8	8.4	6643	11392	20.5	12.1	6241
吉　林 Jilin	1553	11.1	5.5	6393	4382	14.8	8.3	5739
黑龙江 Heilongjiang	2443	14.1	6.9	5999	6065	17.0	9.1	5837
上　海 Shanghai	734	7.9	4.2	11581	891	6.5	4.4	10646
江　苏 Jiangsu	4360	28.7	9.4	8220	16241	30.0	13.2	7855
浙　江 Zhejiang	3535	16.1	6.3	8882	16770	18.0	9.8	8518
安　徽 Anhui	5746	18.3	4.8	5829	23635	22.6	7.7	5489
福　建 Fujian	2082	13.8	4.5	7212	13252	20.2	9.7	6924
江　西 Jiangxi	2523	13.8	3.7	5511	9489	18.9	6.7	5170
山　东 Shandong	4648	35.4	11.7	6942	31097	32.0	13.4	6813
河　南 Henan	4721	26.6	9.4	5329	3199	8.7	5.1	5388
湖　北 Hubei	4311	21.4	6.4	5881	18897	21.1	9.1	5339
湖　南 Hunan	3731	20.7	6.5	5853	25294	29.5	13.0	5505
广　东 Guangdong	3806	24.4	8.8	9877	23776	39.2	18.7	8917
广　西 Guangxi	2413	12.1	4.4	4925	10546	26.8	10.4	4152
海　南 Hainan	507	2.7	0.8	6826	3318	4.3	1.4	6603
重　庆 Chongqing	1287	8.1	2.6	5144	8084	14.3	5.9	4612
四　川 Sichuan	4251	22.5	7.3	5186	17175	34.9	14.4	4895
贵　州 Guizhou	1453	6.5	2.1	4607	15151	18.4	6.5	4055
云　南 Yunnan	1833	10.9	4.1	7253	6180	24.3	8.9	6396
西　藏 Tibet	89	0.5	0.2	12614	1263	1.1	0.4	9986
陕　西 Shaanxi	2321	11.6	3.7	5055	28554	15.1	6.1	4642
甘　肃 Gansu	1930	6.9	1.7	6086	13423	10.6	3.1	5406
青　海 Qinghai	242	1.6	0.7	9257	803	2.8	1.1	7760
宁　夏 Ningxia	438	2.3	0.8	5527	2642	3.3	1.3	5065
新　疆 Xinjiang	1294	9.5	5.0	7048	3807	13.1	7.7	6216

4－6 续表36 continued

地 区 Region	文化艺术业 Culture and Arts				广播电影电视业 Radio, Film and Television			
	单位数(个) Number of Units	职工年末人数(万人) Formal Employees (year－end, 10 000)	#女性 Female	平均工资(元) Average Wages (yuan)	单位数(个) Number of Units	职工年末人数(万人) Formal Employees (year－end, 10 000)	#女性 Female	平均工资(元) Average Wages (yuan)
全国总计 National	**20741**	**57.8**	**23.5**	**8072**	**15062**	**45.3**	**15.5**	**7013**
北 京 Beijing	713	6.6	2.8	12260	106	1.8	0.7	15254
天 津 Tianjin	216	1.0	0.4	9863	92	0.5	0.2	11067
河 北 Hebei	655	2.1	0.9	6500	424	2.0	0.7	5347
山 西 Shanxi	687	1.9	0.8	5618	336	1.4	0.5	4530
内蒙古 Inner Mongolia	682	1.8	0.8	5671	440	1.6	0.6	5226
辽 宁 Liaoning	881	3.0	1.3	7373	491	2.0	0.7	6885
吉 林 Jilin	665	1.9	0.7	6682	468	1.6	0.5	5623
黑龙江 Heilongjiang	666	2.1	0.9	6663	480	1.6	0.5	5268
上 海 Shanghai	358	2.1	0.8	14842	136	1.0	0.4	17132
江 苏 Jiangsu	1157	2.4	0.9	9540	657	2.3	0.7	9364
浙 江 Zhejiang	922	2.1	0.8	11356	510	1.8	0.6	10410
安 徽 Anhui	930	1.5	0.6	6377	695	1.5	0.5	5942
福 建 Fujian	540	1.1	0.5	7952	515	1.1	0.3	7804
江 西 Jiangxi	635	1.6	0.6	5287	382	1.2	0.4	4782
山 东 Shandong	1026	2.8	1.1	8106	681	2.6	0.8	6507
河 南 Henan	1116	3.3	1.3	5565	650	2.6	1.0	4733
湖 北 Hubei	1289	2.6	1.0	6186	1466	2.8	0.9	5615
湖 南 Hunan	758	1.7	0.7	6886	559	2.1	0.7	5842
广 东 Guangdong	807	2.7	1.1	12542	537	2.8	1.0	8902
广 西 Guangxi	1057	1.5	0.6	5850	934	1.4	0.4	5645
海 南 Hainan	127	0.3	0.1	8453	92	0.5	0.2	6562
重 庆 Chongqing	332	0.9	0.3	7244	284	0.6	0.2	5691
四 川 Sichuan	959	2.4	1.0	6046	609	2.0	0.6	5730
贵 州 Guizhou	410	0.9	0.4	5320	839	0.9	0.3	4334
云 南 Yunnan	1033	1.5	0.7	7560	585	1.3	0.4	7146
西 藏 Tibet	82	0.2	0.1	12921	205	0.3	0.1	10521
陕 西 Shaanxi	797	2.3	0.9	5180	821	1.3	0.4	4482
甘 肃 Gansu	502	1.1	0.4	5281	388	1.0	0.3	5238
青 海 Qinghai	165	0.4	0.2	7610	131	0.3	0.1	8223
宁 夏 Ningxia	137	0.4	0.2	5255	89	0.3	0.1	5172
新 疆 Xinjiang	437	1.3	0.6	7052	460	1.2	0.5	6341

4－6 续表37 continued

地　区 Region	科学研究和综合技术服务业 Scientific Research and Polytechnical Services				科学研究业 Scientific Research			
	单位数（个） Number of Units	职工年末人数（万人） Formal Employees (year－end, 10 000)	#女性 Female	平均工资（元） Average Wages (yuan)	单位数（个） Number of Units	职工年末人数（万人） Formal Employees (year－end, 10 000)	#女性 Female	平均工资（元） Average Wages (yuan)
全国总计 National	**29183**	**166.9**	**56.8**	**8974**	**6967**	**87.4**	**30.6**	**9074**
北　京 Beijing	1978	23.8	8.8	11610	542	17.2	6.5	11204
天　津 Tianjin	569	4.7	1.7	10003	125	2.3	0.8	9212
河　北 Hebei	1026	5.3	1.8	6966	201	1.7	0.6	7193
山　西 Shanxi	862	4.0	1.5	6150	203	1.8	0.7	6013
内蒙古 Inner Mongolia	700	3.1	1.1	6158	146	1.1	0.4	6098
辽　宁 Liaoning	1902	9.1	3.1	7894	417	4.3	1.5	7924
吉　林 Jilin	957	5.2	1.7	7876	242	2.2	0.8	8008
黑龙江 Heilongjiang	1143	5.1	1.7	7186	285	2.4	0.8	8040
上　海 Shanghai	628	9.5	3.3	13429	259	6.4	2.2	12816
江　苏 Jiangsu	1725	8.4	2.6	10536	333	4.1	1.3	10531
浙　江 Zhejiang	1237	4.1	1.2	10743	283	1.5	0.5	10382
安　徽 Anhui	941	4.0	1.2	7880	212	1.7	0.6	8133
福　建 Fujian	877	2.5	0.7	9102	197	0.8	0.2	7446
江　西 Jiangxi	764	3.4	1.2	5396	255	2.0	0.8	5238
山　东 Shandong	1546	6.3	2.0	8287	349	2.4	0.8	8389
河　南 Henan	1276	7.3	2.4	7419	300	3.4	1.1	7661
湖　北 Hubei	1558	7.5	2.5	7719	309	3.8	1.3	8510
湖　南 Hunan	991	5.3	1.9	7473	250	2.9	1.1	7275
广　东 Guangdong	1464	6.7	2.2	13035	384	2.3	0.8	11176
广　西 Guangxi	960	3.5	1.2	6980	249	1.6	0.6	6538
海　南 Hainan	252	1.4	0.5	6263	71	0.6	0.3	6094
重　庆 Chongqing	572	3.5	1.2	7279	70	1.4	0.5	7756
四　川 Sichuan	1210	10.6	3.6	8096	308	6.8	2.3	8311
贵　州 Guizhou	462	2.1	0.7	6991	117	0.8	0.3	6486
云　南 Yunnan	883	3.7	1.2	8610	210	1.8	0.6	8487
西　藏 Tibet	89	0.2	0.1	13223	16	0.1	...	11554
陕　西 Shaanxi	990	9.6	3.2	7611	242	6.4	2.2	8017
甘　肃 Gansu	613	2.8	0.9	6497	155	1.7	0.5	6874
青　海 Qinghai	209	0.9	0.3	9372	48	0.4	0.1	10536
宁　夏 Ningxia	224	0.9	0.3	6877	72	0.5	0.2	6833
新　疆 Xinjiang	575	2.7	1.0	7881	117	0.9	0.3	7427

4－6 续表38 continued

地区 Region	自然科学研究 Natural Science Research 单位数(个) Number of Units	职工年末人数(万人) Formal Employees (year-end, 10 000)	#女性 Female	平均工资(元) Average Wages (yuan)	社会科学研究 Social Science Research 单位数(个) Number of Units	职工年末人数(万人) Formal Employees (year-end, 10 000)	#女性 Female	平均工资(元) Average Wages (yuan)
全国总计 National	**4754**	**71.8**	**25.0**	**8971**	**869**	**3.3**	**1.2**	**8229**
北京 Beijing	291	12.0	4.5	11306	98	1.0	0.4	8728
天津 Tianjin	71	1.8	0.7	9145	9	0.1	...	9749
河北 Hebei	146	1.4	0.5	7364	28	0.1	...	6512
山西 Shanxi	141	1.6	0.6	6044	36	0.1	...	5876
内蒙古 Inner Mongolia	100	1.0	0.4	6048	16	0.1	...	6911
辽宁 Liaoning	252	3.2	1.1	7788	55	0.2	0.1	8328
吉林 Jilin	141	2.0	0.6	8116	57	0.1	...	8068
黑龙江 Heilongjiang	202	2.2	0.7	8150	43	0.1	...	7287
上海 Shanghai	179	5.7	2.0	12801	32	0.1	...	12803
江苏 Jiangsu	241	3.7	1.2	10656	36	0.1	...	8794
浙江 Zhejiang	207	1.3	0.4	10391	28	0.1	...	8488
安徽 Anhui	130	1.1	0.4	7396	19	...	...	7234
福建 Fujian	141	0.7	0.2	7535	12	...	...	6920
江西 Jiangxi	196	1.8	0.7	5149	17	...	...	5423
山东 Shandong	250	2.1	0.7	8369	48	0.1	...	8698
河南 Henan	206	3.1	1.0	7778	50	0.1	...	6820
湖北 Hubei	218	2.5	0.9	7537	17	0.1	...	8277
湖南 Hunan	195	2.6	1.0	7124	16	0.1	0.1	6762
广东 Guangdong	290	1.9	0.6	10969	33	0.2	0.1	12848
广西 Guangxi	161	1.4	0.6	6621	31	0.1	...	5969
海南 Hainan	48	0.6	0.2	5882	14	...	...	10008
重庆 Chongqing	52	1.3	0.5	7830	9	...	...	5659
四川 Sichuan	208	6.2	2.0	8434	44	0.1	...	6133
贵州 Guizhou	75	0.6	0.2	6525	13	...	...	5925
云南 Yunnan	145	1.4	0.5	8234	34	0.1	...	7979
西藏 Tibet	10	0.1	...	10818	3	...	...	14197
陕西 Shaanxi	192	6.1	2.1	8032	18	0.1	...	6157
甘肃 Gansu	98	1.1	0.3	6773	21	0.1	...	6079
青海 Qinghai	37	0.3	0.1	8118	9	...	...	8330
宁夏 Ningxia	51	0.4	0.2	6955	12	...	...	5973
新疆 Xinjiang	80	0.8	0.3	7315	11	0.1	...	7393

4－6 续表39 continued

地 区 Region	其他科学研究 Other Science Research				综合技术服务业 Polytechnical Services			
	单位数(个) Number of Units	职工年末人数(万人) Formal Employees (year-end, 10 000)	#女性 Female	平均工资(元) Average Wages (yuan)	单位数(个) Number of Units	职工年末人数(万人) Formal Employees (year-end, 10 000)	#女性 Female	平均工资(元) Average Wages (yuan)
全国总计 National	**1344**	**12.3**	**4.3**	**9902**	**22216**	**79.5**	**26.3**	**8862**
北 京 Beijing	153	4.2	1.6	11461	1436	6.6	2.3	12677
天 津 Tianjin	45	0.4	0.1	9469	444	2.5	0.9	10720
河 北 Hebei	27	0.2	0.1	6081	825	3.6	1.2	6858
山 西 Shanxi	26	0.1	...	5547	659	2.2	0.8	6261
内蒙古 Inner Mongolia	30	0.1	...	6112	554	2.0	0.7	6193
辽 宁 Liaoning	110	0.9	0.3	8325	1485	4.7	1.6	7867
吉 林 Jilin	44	0.1	0.1	6486	715	2.9	1.0	7775
黑龙江 Heilongjiang	40	0.1	...	6682	858	2.6	0.8	6382
上 海 Shanghai	48	0.6	0.2	12963	369	3.0	1.1	14780
江 苏 Jiangsu	56	0.3	0.1	9550	1392	4.3	1.3	10540
浙 江 Zhejiang	48	0.2	0.1	10946	954	2.6	0.7	10953
安 徽 Anhui	63	0.6	0.2	9585	729	2.2	0.7	7677
福 建 Fujian	44	0.1	...	7082	680	1.7	0.5	9859
江 西 Jiangxi	42	0.1	0.1	6374	509	1.4	0.4	5626
山 东 Shandong	51	0.2	0.1	8387	1197	3.9	1.2	8224
河 南 Henan	44	0.2	0.1	6215	976	3.9	1.3	7203
湖 北 Hubei	74	1.2	0.4	10499	1249	3.7	1.2	6896
湖 南 Hunan	39	0.2	0.1	9927	741	2.4	0.8	7715
广 东 Guangdong	61	0.2	0.1	11833	1080	4.4	1.4	14007
广 西 Guangxi	57	0.1	...	5962	711	1.8	0.5	7380
海 南 Hainan	9	...	...	7977	181	0.8	0.3	6402
重 庆 Chongqing	9	0.1	...	7116	502	2.1	0.7	6929
四 川 Sichuan	56	0.6	0.2	7419	902	3.7	1.3	7701
贵 州 Guizhou	29	0.2	0.1	6439	345	1.3	0.4	7319
云 南 Yunnan	31	0.3	0.1	9901	673	1.9	0.6	8722
西 藏 Tibet	3	...	...	14085	73	0.2	0.1	14140
陕 西 Shaanxi	32	0.2	0.1	8184	748	3.2	1.0	6797
甘 肃 Gansu	36	0.5	0.1	7213	458	1.1	0.4	5924
青 海 Qinghai	2	0.1	...	20122	161	0.5	0.2	8515
宁 夏 Ningxia	9	...	...	5933	152	0.4	0.1	6927
新 疆 Xinjiang	26	0.1	...	8391	458	1.8	0.6	8110

4－6 续表40 continued

地　区 Region	气　象 Atmosphere				地　震 Seismology			
	单位数(个) Number of Units	职工年末人数(万人) Formal Employees (year－end, 10 000)	#女性 Female	平均工资(元) Average Wages (yuan)	单位数(个) Number of Units	职工年末人数(万人) Formal Employees (year－end, 10 000)	#女性 Female	平均工资(元) Average Wages (yuan)
全国总计 National	**2395**	**5.5**	**1.9**	**7383**	**672**	**1.5**	**0.4**	**7957**
北　京 Beijing	37	0.2	0.1	12050	13	0.1	...	8929
天　津 Tianjin	22	0.1	...	8712	5	0.1	...	8573
河　北 Hebei	107	0.2	0.1	5739	36	...	...	6665
山　西 Shanxi	124	0.2	0.1	4991	28	0.1	...	5184
内蒙古 Inner Mongolia	114	0.3	0.1	5549	29	0.1	...	6345
辽　宁 Liaoning	69	0.2	0.1	7594	44	...	...	7173
吉　林 Jilin	57	0.1	...	6541	16	...	...	7787
黑龙江 Heilongjiang	83	0.3	0.1	6461	20	...	...	7036
上　海 Shanghai	38	0.1	...	12422	2	...	...	12881
江　苏 Jiangsu	77	0.2	...	9841	39	0.1	...	9655
浙　江 Zhejiang	54	0.1	...	9321	4	...	...	8486
安　徽 Anhui	76	0.2	...	6771	40	...	...	8225
福　建 Fujian	73	0.1	...	6926	17	...	...	9238
江　西 Jiangxi	89	0.2	...	5131	4	...	...	4854
山　东 Shandong	112	0.2	0.1	7356	21	...	...	8676
河　南 Henan	108	0.2	0.1	6601	22	0.1	...	7442
湖　北 Hubei	96	0.3	0.1	6683	7	0.1	...	7601
湖　南 Hunan	89	0.2	0.1	7105	7	...	...	6950
广　东 Guangdong	100	0.2	0.1	10814	27	0.1	...	13160
广　西 Guangxi	84	0.2	0.1	6143	12	...	...	6604
海　南 Hainan	17	...	...	8917	12	...	...	10117
重　庆 Chongqing	37	0.1	...	6154	3	...	...	5516
四　川 Sichuan	164	0.4	0.1	6073	57	0.1	...	7531
贵　州 Guizhou	81	0.2	0.1	5817	4	...	...	5489
云　南 Yunnan	118	0.2	0.1	7405	78	0.1	...	7555
西　藏 Tibet	44	0.1	...	16326	2	...	...	10500
陕　西 Shaanxi	87	0.2	0.1	5761	26	0.2	0.1	7370
甘　肃 Gansu	87	0.2	0.1	5962	49	...	...	5852
青　海 Qinghai	41	0.2	0.1	8122	7	...	...	8293
宁　夏 Ningxia	26	0.1	...	5798	17	...	...	5239
新　疆 Xinjiang	84	0.3	0.1	7487	24	0.1	...	7155

4－6 续表41 continued

地区 Region	测绘 Surveying and Mapping 单位数(个) Number of Units	职工年末人数(万人) Formal Employees (year－end, 10 000)	#女性 Female	平均工资(元) Average Wages (yuan)	技术监督 Technology Supervisor 单位数(个) Number of Units	职工年末人数(万人) Formal Employees (year－end, 10 000)	#女性 Female	平均工资(元) Average Wages (yuan)
全国总计 National	**699**	**4.2**	**1.2**	**8296**	**5569**	**13.2**	**4.2**	**7861**
北京 Beijing	13	0.1	0.1	10774	94	0.5	0.2	12395
天津 Tianjin	9	0.1	...	15181	96	0.3	0.1	9497
河北 Hebei	25	0.2	0.1	6118	313	0.9	0.3	5877
山西 Shanxi	27	0.1	...	5670	174	0.5	0.2	5293
内蒙古 Inner Mongolia	11	0.1	...	6876	178	0.5	0.2	5940
辽宁 Liaoning	30	0.2	0.1	8105	418	1.0	0.4	6778
吉林 Jilin	26	0.2	0.1	8385	257	0.5	0.2	6490
黑龙江 Heilongjiang	43	0.2	0.1	7533	313	0.6	0.2	6115
上海 Shanghai	2	...	...	14780	63	0.3	0.1	14222
江苏 Jiangsu	46	0.3	0.1	11722	356	0.8	0.2	9974
浙江 Zhejiang	40	0.2	0.1	9130	225	0.4	0.1	9589
安徽 Anhui	29	0.1	...	8687	188	0.4	0.1	7592
福建 Fujian	39	0.2	...	7320	164	0.3	0.1	9845
江西 Jiangxi	10	0.1	...	5729	116	0.2	0.1	5137
山东 Shandong	31	0.2	0.1	10048	329	1.0	0.3	7433
河南 Henan	26	0.2	0.1	6573	290	0.7	0.2	6018
湖北 Hubei	33	0.1	...	7403	340	0.7	0.2	6656
湖南 Hunan	49	0.2	...	6980	197	0.4	0.1	6999
广东 Guangdong	47	0.2	...	13379	272	0.8	0.2	14719
广西 Guangxi	20	0.1	...	7030	153	0.3	0.1	8105
海南 Hainan	7	...	...	8346	43	0.1	...	8946
重庆 Chongqing	14	0.1	...	5789	73	0.2	0.1	5961
四川 Sichuan	29	0.2	0.1	6007	227	0.4	0.1	6282
贵州 Guizhou	12	0.1	...	5365	50	0.1	...	5630
云南 Yunnan	25	0.1	...	10846	109	0.2	0.1	7902
西藏 Tibet	1	...	...	11659				
陕西 Shaanxi	26	0.3	0.1	6765	183	0.4	0.1	5330
甘肃 Gansu	6	...	...	5636	122	0.2	0.1	6068
青海 Qinghai	3	0.1	...	8142	34	0.1	...	7427
宁夏 Ningxia	6	0.1	...	8046	41	0.1	...	6262
新疆 Xinjiang	14	0.2	0.1	6455	151	0.3	0.1	6765

4－6 续表42 continued

地　区 Region	海洋环境 Sea and Ocean Environments 单位数(个) Number of Units	职工年末人数(万人) Formal Employees (year-end, 10 000)	#女性 Female	平均工资(元) Average Wages (yuan)	环境保护 Environmental Protection 单位数(个) Number of Units	职工年末人数(万人) Formal Employees (year-end, 10 000)	#女性 Female	平均工资(元) Average Wages (yuan)
全国总计 National	**69**	**0.6**	**0.1**	**9378**	**2299**	**6.1**	**2.3**	**6921**
北　京 Beijing	2	...	...	8769	26	0.1	...	9154
天　津 Tianjin	2	0.1	...	10022	32	0.1	...	9135
河　北 Hebei	2	...	...	8272	67	0.3	0.1	5655
山　西 Shanxi					71	0.2	0.1	5169
内蒙古 Inner Mongolia					48	0.1	0.1	5517
辽　宁 Liaoning	8	...	...	7041	149	0.3	0.1	7098
吉　林 Jilin					81	0.3	0.1	5642
黑龙江 Heilongjiang					80	0.2	0.1	5743
上　海 Shanghai	8	0.1	...	8256	47	0.2	0.1	13144
江　苏 Jiangsu	1	...	...	8316	198	0.5	0.2	8493
浙　江 Zhejiang	8	0.1	...	8209	113	0.2	0.1	9557
安　徽 Anhui					72	0.2	0.1	6697
福　建 Fujian	4	0.1	...	14063	79	0.1	...	8955
江　西 Jiangxi					71	0.2	0.1	4878
山　东 Shandong	13	0.1	...	8678	108	0.3	0.1	7384
河　南 Henan					102	0.5	0.2	5528
湖　北 Hubei					172	0.4	0.1	5833
湖　南 Hunan					124	0.3	0.1	6595
广　东 Guangdong	13	0.1	...	10724	90	0.3	0.1	10542
广　西 Guangxi	2	...	...	8540	71	0.2	0.1	5627
海　南 Hainan	6	...	...	9860	23	0.1	...	6046
重　庆 Chongqing					26	0.1	...	6400
四　川 Sichuan					121	0.3	0.1	6124
贵　州 Guizhou					44	0.1	...	5031
云　南 Yunnan					75	0.2	0.1	7731
西　藏 Tibet					3	...	...	9769
陕　西 Shaanxi					82	0.2	0.1	5220
甘　肃 Gansu					42	0.1	...	5619
青　海 Qinghai					23	...	...	7394
宁　夏 Ningxia					17	...	...	5553
新　疆 Xinjiang					42	0.1	...	6473

4－6 续表43 continued

地　区 Region	技术推广和科技交流服务业 Technology Promotion and Exchange Services				工程设计业 Engineering Design			
	单位数(个) Number of Units	职工年末人数(万人) Formal Employees (year-end, 10 000)	#女性 Female	平均工资(元) Average Wages (yuan)	单位数(个) Number of Units	职工年末人数(万人) Formal Employees (year-end, 10 000)	#女性 Female	平均工资(元) Average Wages (yuan)
全国总计 National	**2735**	**6.6**	**2.3**	**7353**	**3777**	**29.2**	**9.6**	**10255**
北　京 Beijing	155	0.5	0.2	12158	137	2.1	0.8	14110
天　津 Tianjin	45	0.1	...	10048	75	0.9	0.3	11778
河　北 Hebei	99	0.2	...	6012	106	1.4	0.4	7672
山　西 Shanxi	68	0.1	...	5131	101	0.7	0.3	8083
内蒙古 Inner Mongolia	61	0.1	...	5912	88	0.6	0.2	6415
辽　宁 Liaoning	176	0.3	0.1	6598	182	1.8	0.6	9446
吉　林 Jilin	56	0.1	...	6710	132	1.5	0.5	8881
黑龙江 Heilongjiang	65	0.1	...	6064	170	0.9	0.3	6724
上　海 Shanghai	25	0.1	...	17318	59	1.3	0.4	16692
江　苏 Jiangsu	205	0.3	0.1	8773	205	1.4	0.4	12575
浙　江 Zhejiang	117	0.2	0.1	10244	262	1.2	0.3	12680
安　徽 Anhui	107	0.2	0.1	5465	107	0.8	0.2	8436
福　建 Fujian	69	0.1	...	7337	161	0.6	0.2	11846
江　西 Jiangxi	34	0.1	...	5410	104	0.4	0.1	6536
山　东 Shandong	152	0.3	0.1	6319	287	1.3	0.4	9420
河　南 Henan	135	0.3	0.1	4503	173	1.5	0.5	9177
湖　北 Hubei	184	0.3	0.1	5515	209	1.3	0.4	8011
湖　南 Hunan	81	0.2	0.1	6036	133	0.9	0.3	9482
广　东 Guangdong	145	0.5	0.2	12267	257	1.4	0.4	15850
广　西 Guangxi	203	0.2	0.1	5870	106	0.6	0.2	8339
海　南 Hainan	19	0.4	0.2	3659	47	0.1	...	9441
重　庆 Chongqing	223	1.0	0.4	6078	69	0.6	0.2	9001
四　川 Sichuan	54	0.2	0.1	5558	150	1.8	0.6	9352
贵　州 Guizhou	29	0.1	...	4947	64	0.6	0.2	9160
云　南 Yunnan	64	0.1	...	7361	132	1.0	0.3	9382
西　藏 Tibet	10	...	...	8894	4	...	...	7800
陕　西 Shaanxi	53	0.1	...	4627	124	1.6	0.5	7680
甘　肃 Gansu	37	0.1	...	5478	22	0.1	...	7128
青　海 Qinghai	7	...	...	7189	19	0.1	...	10651
宁　夏 Ningxia	12	...	...	4757	15	0.1	...	8611
新　疆 Xinjiang	45	0.1	0.1	6625	77	0.7	0.2	10155

4－6 续表44 continued

地区 Region	其他综合技术服务业 Other Polytechnical Services				国家机关、政党机关和社会团体 Government Agencies, Party Agencies and Social Organizations			
	单位数（个） Number of Units	职工年末人数(万人) Formal Employees (year－end, 10 000)	# 女性 Female	平均工资（元） Average Wages (yuan)	单位数（个） Number of Units	职工年末人数(万人) Formal Employees (year－end, 10 000)	# 女性 Female	平均工资（元） Average Wages (yuan)
全国总计 National	**3992**	**12.5**	**4.2**	**9273**	**331981**	**1073.7**	**250.2**	**6985**
北京 Beijing	959	2.9	0.9	12106	1882	32.5	10.6	10696
天津 Tianjin	158	0.8	0.3	10072	1573	11.9	2.9	9421
河北 Hebei	69	0.4	0.2	8308	14242	62.8	15.0	6030
山西 Shanxi	66	0.3	0.1	5852	12815	40.6	10.4	4872
内蒙古 Inner Mongolia	24	0.1	...	8340	8791	29.5	7.5	5584
辽宁 Liaoning	409	0.9	0.3	6744	10368	42.9	10.3	7096
吉林 Jilin	90	0.2	0.1	6400	7723	24.7	5.9	6591
黑龙江 Heilongjiang	84	0.2	0.1	5442	11321	38.1	9.3	6397
上海 Shanghai	125	0.9	0.4	12868	1317	12.9	3.3	13608
江苏 Jiangsu	265	0.8	0.3	9078	12375	42.6	7.6	9632
浙江 Zhejiang	131	0.2	0.1	9535	9471	32.8	7.2	9808
安徽 Anhui	110	0.4	0.1	8139	15586	38.6	8.0	6401
福建 Fujian	72	0.1	...	9086	13015	26.9	5.7	7755
江西 Jiangxi	81	0.2	0.1	5432	11100	33.6	7.0	5857
山东 Shandong	144	0.4	0.1	7896	20993	77.3	15.6	6982
河南 Henan	119	0.4	0.1	6133	16711	75.7	17.1	5509
湖北 Hubei	208	0.6	0.2	5921	19240	54.8	12.8	6231
湖南 Hunan	61	0.2	0.1	5558	15177	51.2	11.3	6311
广东 Guangdong	129	0.8	0.3	13746	13844	65.3	15.3	10722
广西 Guangxi	60	0.2	0.1	7790	17149	34.5	8.3	5450
海南 Hainan	7	...	...	10475	2095	7.7	2.0	7747
重庆 Chongqing	57	0.1	...	6705	6102	19.2	4.3	6069
四川 Sichuan	98	0.4	0.2	5923	19488	56.3	14.0	6182
贵州 Guizhou	61	0.1	...	6091	13496	26.4	6.5	4835
云南 Yunnan	70	0.1	...	8407	16019	36.1	8.1	6967
西藏 Tibet	9	...	...	11687	2799	4.5	1.3	11959
陕西 Shaanxi	167	0.2	0.1	5996	15330	36.4	8.2	5197
甘肃 Gansu	93	0.3	0.1	5489	10013	22.5	5.0	5740
青海 Qinghai	27	0.1	...	8600	2297	6.1	1.5	7910
宁夏 Ningxia	18	...	...	7332	2294	6.4	1.7	5584
新疆 Xinjiang	21	0.1	...	6533	7355	23.2	6.5	7014

4－6 续表45 continued

地　区 Region	国家机关 Government Agencies 单位数(个) Number of Units	职工年末人数(万人) Formal Employees (year-end, 10 000)	#女性 Female	平均工资(元) Average Wages (yuan)	政党机关 Party Agencies 单位数(个) Number of Units	职工年末人数(万人) Formal Employees (year-end, 10 000)	#女性 Female	平均工资(元) Average Wages (yuan)
全国总计 National	**287314**	**998.7**	**230.2**	**6989**	**29950**	**53.1**	**11.2**	**6946**
北　京 Beijing	1528	30.7	10.0	10722	62	0.9	0.3	9370
天　津 Tianjin	1327	11.1	2.7	9445	98	0.6	0.2	9060
河　北 Hebei	11666	56.9	13.3	6047	1587	3.3	0.6	6100
山　西 Shanxi	10716	36.9	9.2	4865	1636	3.0	1.0	4906
内蒙古 Inner Mongolia	7356	27.1	6.9	5565	1001	1.9	0.5	5841
辽　宁 Liaoning	8092	36.3	8.0	7222	784	2.1	0.5	7759
吉　林 Jilin	6548	22.8	5.4	6592	707	1.3	0.3	6548
黑龙江 Heilongjiang	10141	35.8	8.7	6388	855	1.8	0.4	6429
上　海 Shanghai	1133	12.3	3.1	13655	63	0.3	0.1	12596
江　苏 Jiangsu	11011	40.3	7.1	9590	715	1.5	0.2	9686
浙　江 Zhejiang	7543	30.1	6.3	9883	829	1.3	0.3	9954
安　徽 Anhui	14095	36.6	7.6	6380	1062	1.5	0.3	6849
福　建 Fujian	11477	25.3	5.3	7761	1091	1.2	0.2	7632
江　西 Jiangxi	8983	30.5	6.1	5912	1280	1.8	0.4	5920
山　东 Shandong	18649	72.6	14.7	6951	1804	3.9	0.6	7364
河　南 Henan	14186	71.4	16.2	5477	1680	3.4	0.6	6076
湖　北 Hubei	17935	52.2	12.3	6228	904	2.1	0.4	6147
湖　南 Hunan	13336	48.2	10.6	6310	1356	2.4	0.5	6305
广　东 Guangdong	12121	62.0	14.4	10727	1053	2.4	0.5	10310
广　西 Guangxi	15842	32.9	7.8	5439	937	1.2	0.3	5613
海　南 Hainan	1718	7.1	1.8	7694	249	0.4	0.1	8495
重　庆 Chongqing	5247	18.0	4.0	6068	682	1.1	0.2	6016
四　川 Sichuan	16582	52.3	12.9	6162	2261	3.3	0.8	6494
贵　州 Guizhou	11818	24.5	6.0	4811	1247	1.6	0.4	5160
云　南 Yunnan	13813	33.4	7.4	6917	1617	2.2	0.5	7665
西　藏 Tibet	2071	3.7	1.1	11908	644	0.8	0.2	11931
陕　西 Shaanxi	13379	33.9	7.7	5183	1499	2.1	0.3	5403
甘　肃 Gansu	8708	20.8	4.7	5724	996	1.4	0.2	5918
青　海 Qinghai	1895	5.4	1.3	7866	261	0.5	0.1	8580
宁　夏 Ningxia	1896	5.9	1.6	5550	291	0.4	0.1	6088
新　疆 Xinjiang	6502	21.5	6.1	6983	699	1.5	0.4	7355

4－6 续表46 continued

地　　区 Region	其他行业 Others 单位数（个）Number of Units	职工年末人数(万人) Formal Employees (year-end, 10 000)	#女性 Female	平均工资（元）Average Wages (yuan)	企业管理机构 Enterprise Management Organizations 单位数（个）Number of Units	职工年末人数(万人) Formal Employees (year-end, 10 000)	#女性 Female	平均工资（元）Average Wages (yuan)
全国总计 National	**21342**	**95.1**	**38.0**	**6891**	**12310**	**44.7**	**14.8**	**7535**
北　京 Beijing	583	4.8	1.7	12921	548	4.8	1.7	12937
天　津 Tianjin	360	3.9	1.4	5095	293	2.0	0.7	8444
河　北 Hebei	786	2.9	0.9	5454	708	2.2	0.6	5944
山　西 Shanxi	512	3.3	0.9	5983	438	2.8	0.8	5792
内蒙古 Inner Mongolia	465	2.2	0.7	6737	284	1.0	0.3	4753
辽　宁 Liaoning	794	1.7	0.6	6380	596	1.1	0.4	6295
吉　林 Jilin	1207	3.2	1.4	5174	620	1.1	0.4	6302
黑龙江 Heilongjiang	978	2.9	1.2	5260	590	1.8	0.8	5313
上　海 Shanghai	729	15.9	8.8	4553	158	3.1	1.2	7744
江　苏 Jiangsu	1501	5.8	2.2	7963	685	2.6	0.8	8943
浙　江 Zhejiang	762	1.5	0.4	9425	649	1.2	0.3	9745
安　徽 Anhui	450	1.5	0.5	6311	229	0.7	0.2	6952
福　建 Fujian	1930	3.4	1.0	8153	443	0.9	0.2	8786
江　西 Jiangxi	322	1.0	0.4	4665	186	0.6	0.2	4412
山　东 Shandong	1395	6.7	2.7	5772	945	3.6	1.1	5552
河　南 Henan	1213	6.9	2.4	6665	735	2.9	0.9	5862
湖　北 Hubei	543	1.3	0.4	6396	382	1.0	0.3	6277
湖　南 Hunan	917	3.4	1.3	6321	596	1.8	0.6	6512
广　东 Guangdong	1800	7.5	3.3	10452	972	3.4	1.2	9610
广　西 Guangxi	467	2.1	0.8	7355	200	0.7	0.3	6108
海　南 Hainan	291	0.9	0.4	7007	276	0.8	0.4	6855
重　庆 Chongqing	117	0.2	0.1	6039	85	0.2	0.1	6111
四　川 Sichuan	686	2.7	1.0	5416	217	0.7	0.2	6188
贵　州 Guizhou	833	1.4	0.4	6741	728	0.9	0.3	5651
云　南 Yunnan	404	1.1	0.5	7652	123	0.3	0.1	10969
西　藏 Tibet	18	0.1	...	7619	1	...	...	17143
陕　西 Shaanxi	478	1.6	0.5	5121	358	1.3	0.4	5084
甘　肃 Gansu	219	1.2	0.4	9042	54	0.3	0.1	6352
青　海 Qinghai	141	0.5	0.2	7732	20	...	...	6768
宁　夏 Ningxia	115	0.4	0.1	7825	61	0.3	0.1	8975
新　疆 Xinjiang	326	3.0	1.3	8944	130	0.6	0.3	6952

4-7 分地区职工工资总额及构成情况

(国有经济单位)

TOTAL WAGE BILL AND COMPOSITION OF FORMAL EMPLOYEES BY REGION

(State-owned Units, 1997)

地区 Region	工资总额(万元) Total Wage Bill(10 000 yuan)				占工资总额 % of Total Wage Bill		
	合计 Total	计时和计件标准工资 Time Wage and Piece Rate Standard Wage	奖金和计件超额工资 Bonuses and Above-norm Piece Rate Wage	津贴和补贴 Subsidies and Allowances	计时和计件标准工资 Time Wage and Piece Rate Standard Wage	奖金和计件超额工资 Bonuses and Above-norm Piece Rate Wage	津贴和补贴 Subsidies and Allowances
全国总计 National	**72110417.3**	**38854968.7**	**11330962.9**	**17966591.0**	**53.9**	**15.7**	**24.9**
北京 Beijing	3835676.0	1778118.0	936334.0	950886.0	46.4	24.4	24.8
天津 Tianjin	1604714.3	746682.6	344938.5	460883.6	46.5	21.5	28.7
河北 Hebei	3218120.5	1779145.1	406556.3	817944.7	55.3	12.6	25.4
山西 Shanxi	2092254.0	1169417.4	347585.9	449581.0	55.9	16.6	21.5
内蒙古 Inner Mongolia	1586052.1	937484.6	153305.1	422296.1	59.1	9.7	26.6
辽宁 Liaoning	4081021.7	2181520.5	673014.9	1053196.4	53.5	16.5	25.8
吉林 Jilin	2214024.5	1217378.4	242247.9	653558.5	55.0	10.9	29.5
黑龙江 Heilongjiang	3182439.8	1740930.7	293737.1	849835.7	54.7	9.2	26.7
上海 Shanghai	3536887.5	1613786.7	1021672.7	799047.8	45.6	28.9	22.6
江苏 Jiangsu	4469502.7	2419364.0	685639.8	1209432.1	54.1	15.3	27.1
浙江 Zhejiang	2518464.8	1089332.7	624231.1	724707.8	43.3	24.8	28.8
安徽 Anhui	2121533.4	1319505.7	260292.2	442960.7	62.2	12.3	20.9
福建 Fujian	1603601.8	756221.7	255964.8	459807.5	47.2	16.0	28.7
江西 Jiangxi	1666515.8	1060867.7	160191.2	290888.4	63.7	9.6	17.5
山东 Shandong	4500328.8	2394529.3	588472.2	1355085.6	53.2	13.1	30.1
河南 Henan	3363415.1	1882367.2	405573.7	779187.5	56.0	12.1	23.2
湖北 Hubei	3178231.2	1785457.2	356807.1	791587.4	56.2	11.2	24.9
湖南 Hunan	2655343.4	1668705.8	345536.3	486764.2	62.8	13.0	18.3
广东 Guangdong	5399492.6	2325064.7	1329949.3	1413165.4	43.1	24.6	26.2
广西 Guangxi	1558907.2	958976.5	222490.6	317021.9	61.5	14.3	20.3
海南 Hainan	474728.7	330002.7	35947.6	100485.8	69.5	7.6	21.2
重庆 Chongqing	1226641.2	683248.6	173171.5	269417.5	55.7	14.1	22.0
四川 Sichuan	3020053.4	1770943.1	480593.0	649401.9	58.6	15.9	21.5
贵州 Guizhou	1055552.2	644884.4	125440.4	205411.0	61.1	11.9	19.5
云南 Yunnan	1907522.5	990426.1	270005.1	584431.9	51.9	14.2	30.6
西藏 Tibet	164175.0	76736.7	7178.1	74974.1	46.7	4.4	45.7
陕西 Shaanxi	1822723.5	1156649.2	203328.4	367989.2	63.5	11.2	20.2
甘肃 Gansu	1344635.7	764850.0	116423.8	360556.8	56.9	8.7	26.8
青海 Qinghai	429768.5	221428.6	37616.3	148543.0	51.5	8.8	34.6
宁夏 Ningxia	379507.9	215917.1	50717.4	95015.4	56.9	13.4	25.0
新疆 Xinjiang	1898581.5	1175025.7	176000.6	382526.1	61.9	9.3	20.1

4-8 分地区分行业职工工资总额

(国有经济单位)

TOTAL WAGE BILL OF FORMAL EMPLOYEES BY SECTOR AND REGION

(State-owned Units, 1997)

单位:万元 (10 000 yuan)

地 区 Region	合 计 Total	农、林、牧、渔业 Farming, Forestry, Animal Husbandry and Fishery	采掘业 Mining and Quarrying	制造业 Manufac-turing	电力、煤气及水的生产和供应业 Electricity, Gas and Water Production and Supply	建筑业 Constru-ction
全国总计 National	**72110417.3**	**2522089.5**	**5414422.2**	**18043490.0**	**2424717.6**	**4360773.5**
北 京 Beijing	3835676.0	34572.0	42291.0	831338.0	56371.0	456378.0
天 津 Tianjin	1604714.3	9765.6	111596.2	484170.6	34294.7	124952.3
河 北 Hebei	3218120.5	42048.2	326690.1	854257.7	117599.4	209607.7
山 西 Shanxi	2092254.0	17052.8	482295.8	482943.8	83103.0	138338.7
内蒙古 Inner Mongolia	1586052.1	121051.7	201711.2	305037.7	60397.2	75564.9
辽 宁 Liaoning	4081021.7	112228.6	304634.0	1302769.2	155376.7	252613.1
吉 林 Jilin	2214024.5	70631.9	244887.8	568620.1	82614.6	112411.2
黑龙江 Heilongjiang	3182439.8	237308.0	535927.4	594110.4	116334.5	185650.5
上 海 Shanghai	3536887.5	33650.5	908.3	1227242.3	108090.5	189493.1
江 苏 Jiangsu	4469502.7	134011.5	201719.4	1330577.8	126717.6	190576.0
浙 江 Zhejiang	2518464.8	48451.2	28227.4	607578.2	98491.4	97883.5
安 徽 Anhui	2121533.4	58409.3	264907.9	500067.2	64565.9	116795.8
福 建 Fujian	1603601.8	42616.8	42686.5	295760.9	66824.7	121806.0
江 西 Jiangxi	1666515.8	119019.2	123258.2	447083.8	56811.5	67251.9
山 东 Shandong	4500328.8	51665.8	645420.8	1132118.4	171350.1	148035.4
河 南 Henan	3363415.1	36490.8	438034.9	806494.3	132881.0	229356.7
湖 北 Hubei	3178231.2	180120.7	94166.2	891150.7	114897.1	182195.7
湖 南 Hunan	2655343.4	141007.4	121740.6	678738.5	85696.8	121643.8
广 东 Guangdong	5399492.6	128938.0	58046.6	915878.2	174425.2	363834.9
广 西 Guangxi	1558907.2	70911.7	43997.3	379227.0	63562.1	93069.4
海 南 Hainan	474728.7	100252.7	14083.8	38932.5	13266.7	22176.8
重 庆 Chongqing	1226641.2	13667.6	83729.8	423648.0	35975.0	55857.3
四 川 Sichuan	3020053.4	43053.7	197504.8	834145.4	102869.7	244728.1
贵 州 Guizhou	1055552.2	20080.1	77272.3	305372.8	44403.3	84703.0
云 南 Yunnan	1907522.5	115443.4	84141.9	433214.7	60513.1	120232.7
西 藏 Tibet	164175.0	6252.2	3385.2	3141.9	5022.0	5819.5
陕 西 Shaanxi	1822723.5	25354.9	132782.8	559927.1	69125.0	108419.7
甘 肃 Gansu	1344635.7	39773.2	152761.5	408023.0	48826.3	77855.2
青 海 Qinghai	429768.5	16691.0	23278.6	85125.3	15490.5	37002.7
宁 夏 Ningxia	379507.9	19288.0	60117.6	78251.3	15821.1	20255.8
新 疆 Xinjiang	1898581.5	432281.0	272216.3	238543.2	42999.9	106264.1

4－8 续表1 continued

单位:万元 (10 000 yuan)

地 区 Region	地质勘查业、水利管理业 Geological Prospecting, Water Conservancy	交通运输、仓储及邮电通信业 Transport, Storage and Communication	批发和零售贸易、餐饮业 Wholesale and Retail Trade, Restaurants	金融、保险业 Financial Intermediation and Insurance	房地产业 Real Estate Activities	社会服务业 Social Services
全国总计 National	**897838.6**	**6299889.9**	**5249297.2**	**2089730.7**	**534382.2**	**2531219.9**
北 京 Beijing	14296.0	229438.0	355640.0	85492.0	70424.0	368026.0
天 津 Tianjin	20843.7	169578.3	120499.1	34840.8	16870.3	67568.2
河 北 Hebei	90548.4	258979.1	193417.7	85387.8	13217.6	96539.1
山 西 Shanxi	16645.8	200097.3	97967.5	43907.5	3477.8	37740.7
内蒙古 Inner Mongolia	20591.7	186249.6	82519.6	48374.5	4816.9	34656.2
辽 宁 Liaoning	66110.4	405742.5	238805.4	115513.9	37500.5	166374.6
吉 林 Jilin	17238.8	202454.2	183207.1	62103.7	16724.9	85445.9
黑龙江 Heilongjiang	58842.3	340729.6	200678.2	85535.3	17303.4	106585.6
上 海 Shanghai	14413.8	343877.6	339777.5	92544.1	73523.1	226086.3
江 苏 Jiangsu	45712.9	362859.0	383583.6	121646.7	39283.0	161670.0
浙 江 Zhejiang	17987.9	207559.7	220824.1	96030.0	25996.1	103059.2
安 徽 Anhui	30547.5	134514.0	168763.9	55167.5	9864.8	49113.6
福 建 Fujian	15234.4	129887.2	128296.8	68505.0	9237.7	57252.0
江 西 Jiangxi	21474.0	129000.9	125173.2	45172.6	6600.4	29556.3
山 东 Shandong	32130.3	314936.9	278212.1	126743.0	22360.2	120370.1
河 南 Henan	29989.2	280032.3	234805.7	96192.1	13664.1	82521.9
湖 北 Hubei	52004.3	290888.4	229591.8	84727.0	14372.7	82145.7
湖 南 Hunan	33898.7	225298.0	208887.9	74783.8	11156.7	63344.6
广 东 Guangdong	41456.4	623130.3	529179.4	259860.0	77187.0	270145.1
广 西 Guangxi	15876.6	150914.2	108090.8	45054.3	6806.1	45073.0
海 南 Hainan	3984.6	42739.3	33558.1	24533.9	5552.2	16159.8
重 庆 Chongqing	7997.9	119817.1	79245.5	28904.7	5963.1	28512.6
四 川 Sichuan	57612.0	199996.1	197360.8	79358.6	12509.2	66038.9
贵 州 Guizhou	10254.5	77487.2	64436.1	25992.3	2716.9	16268.2
云 南 Yunnan	22862.6	152831.7	146791.8	48279.1	5569.3	37675.9
西 藏 Tibet	3754.4	19131.8	7100.3	7789.1	106.4	4411.9
陕 西 Shaanxi	26087.4	178179.4	90896.1	44225.7	4747.5	35404.5
甘 肃 Gansu	27008.7	121149.7	69362.2	30723.0	2848.4	25726.9
青 海 Qinghai	37435.0	42365.3	19931.9	13791.6	386.6	8053.1
宁 夏 Ningxia	14649.0	31489.3	19428.3	14491.1	1003.6	6791.1
新 疆 Xinjiang	30349.4	128535.9	93264.7	44060.0	2591.7	32902.9

4－8 续表2 continued

单位: 万元 (10 000 yuan)

地区 Region	卫生、体育和社会福利业 Health Care, Sporting and Social Welfare	教育、文化艺术和广播电影电视业 Education, Culture and Arts, Radio, Film and Television	科学研究和综合技术服务业 Scientific Research and Polytechnical Services	国家机关、政党机关和社会团体 Government Agencies, Party Agencies and Social Organizations	其他 Others
全国总计 National	**3092701.8**	**9101336.6**	**1502474.0**	**7403915.1**	**642138.5**
北京 Beijing	144046.0	460029.0	280934.0	343006.0	63395.0
天津 Tianjin	70155.8	160971.2	47301.5	110364.0	20942.0
河北 Hebei	113940.6	390987.2	36611.5	372663.3	15625.1
山西 Shanxi	56591.3	192312.2	24283.3	195779.7	19716.8
内蒙古 Inner Mongolia	59104.7	188260.9	19242.7	163250.4	15222.2
辽宁 Liaoning	147625.6	390660.4	72137.3	302467.5	10462.0
吉林 Jilin	89698.7	259237.6	40434.4	161712.8	16600.8
黑龙江 Heilongjiang	107500.6	303684.1	36175.7	241174.1	14900.1
上海 Shanghai	148956.5	370975.7	128928.1	172653.7	65766.4
江苏 Jiangsu	174603.7	656662.0	88884.9	404377.3	46617.3
浙江 Zhejiang	171208.4	420297.7	44011.5	316833.4	14025.1
安徽 Anhui	76000.0	308113.9	31421.2	243918.2	9362.7
福建 Fujian	65173.4	304302.9	22517.2	206127.0	27373.3
江西 Jiangxi	71677.0	208037.7	18401.4	193218.4	4779.3
山东 Shandong	201075.3	635527.6	52067.1	529759.0	38556.7
河南 Henan	157532.0	315003.4	53877.7	411358.2	45180.8
湖北 Hubei	160501.1	396353.9	57544.2	338954.9	8616.8
湖南 Hunan	130693.7	379885.6	39453.6	317735.1	21378.6
广东 Guangdong	318404.8	783613.9	87360.3	689750.7	78281.8
广西 Guangxi	80381.3	231860.9	24196.2	185915.5	13970.8
海南 Hainan	23688.7	62081.6	8777.0	58891.5	6049.5
重庆 Chongqing	43165.0	158527.5	25001.3	115213.9	1414.9
四川 Sichuan	134454.2	405445.4	86166.7	344228.8	14581.0
贵州 Guizhou	42186.9	134700.1	14783.6	125846.2	9048.7
云南 Yunnan	91643.6	301037.6	31748.4	247159.0	8377.7
西藏 Tibet	14417.2	26268.6	3125.9	53712.6	736.0
陕西 Shaanxi	60403.4	217217.0	73853.5	187826.0	8273.5
甘肃 Gansu	43289.9	141972.6	18057.9	127680.3	9576.9
青海 Qinghai	19165.4	50930.1	8065.2	48144.6	3911.6
宁夏 Ningxia	13837.5	40576.3	5898.9	34858.6	2750.4
新疆 Xinjiang	61579.5	205802.0	21211.8	159334.4	26644.7

4-9 分地区分行业扣除下岗职工生活费的职工平均工资

(国有经济单位)

AVERAGE WAGES OF FORMAL EMPLOYEES DEDUCTED LAID-OFF WORKERS' LIVIN EXPENDITURES BY SECTOR AND REGION

(State-owned Units, 1997)

单位:元 (yuan)

地区 Region	合计 Total	农、林、牧、渔业 Farming, Forestry, Animal Husbandry and Fishery	采掘业 Mining and Quarrying	制造业 Manufac-turing	电力、煤气及水的生产和供应业 Electricity, Gas and Water Production and Supply	建筑业 Constru-ction	地质勘查业、水利管理业 Geological Prospect-ing, Water Conserva-ncy	交通运输、仓储及邮电通信业 Transport, Storage and Commu-nication
全国总计 National	**7230**	**4424**	**7553**	**6866**	**9647**	**8144**	**7572**	**9755**
北京 Beijing	11264	7698	10815	10338	13422	10983	9699	12490
天津 Tianjin	9581	7038	12475	8671	11710	10694	12126	12799
河北 Hebei	6356	3600	7936	6082	9089	6523	10048	8410
山西 Shanxi	6076	4152	8442	5387	8577	6691	4865	9089
内蒙古 Inner Mongolia	5768	4002	5883	5584	7879	6954	5417	8755
辽宁 Liaoning	7124	3272	7947	6936	9597	7993	8969	9643
吉林 Jilin	6692	3808	5867	6929	10097	6965	5425	8824
黑龙江 Heilongjiang	6048	4322	5316	5474	8501	6783	9761	9311
上海 Shanghai	12631	9093	17408	11600	16674	13978	12985	15242
江苏 Jiangsu	8237	5397	9103	7548	11103	8927	7658	9861
浙江 Zhejiang	9189	7334	7501	7882	12663	10808	8695	10616
安徽 Anhui	6399	4407	8688	5912	8547	7000	6461	7660
福建 Fujian	7995	4898	5905	7449	10959	10169	8035	10613
江西 Jiangxi	5870	4397	5728	6064	6691	7036	6283	8357
山东 Shandong	7101	5555	10110	5967	9787	7337	6348	9383
河南 Henan	6023	3838	8459	5496	7793	6368	5397	8421
湖北 Hubei	6217	3997	6850	6211	9054	7544	6175	8394
湖南 Hunan	6313	4036	5451	6079	8745	7717	5883	8968
广东 Guangdong	10659	5780	6713	9682	12949	11466	8638	14977
广西 Guangxi	5910	4068	5402	6161	8888	7746	5038	8724
海南 Hainan	5904	3096	7901	5999	9376	8424	7194	11096
重庆 Chongqing	6420	4365	6261	6602	8196	7266	7146	8475
四川 Sichuan	6373	4702	6208	6368	8371	7704	8652	8059
贵州 Guizhou	5727	3840	6646	6204	9372	7006	5437	7447
云南 Yunnan	7357	5029	6783	8174	10059	7831	7002	8430
西藏 Tibet	10582	8595	7609	5885	9870	7265	13452	11042
陕西 Shaanxi	5911	4096	6843	5681	8541	6439	5761	8412
甘肃 Gansu	6725	4543	9330	6805	9694	7600	6565	8936
青海 Qinghai	7989	5574	7635	6790	11684	7243	14859	10611
宁夏 Ningxia	6424	3498	9596	6025	9478	6140	8808	9063
新疆 Xinjiang	6859	4778	12939	6718	8727	6720	7101	9483

4－9 续表1 continued

单位: 元 (yuan)

地　区　Region	批发和零售贸易、餐饮业 Wholesale and Retail Trade, Restaurants	金融、保险业 Financial Intermediation and Insurance	房地产业 Real Estate Activities	社会服务业 Social Services	卫生、体育和社会福利业 Health Care, Sporting and Social Welfare	教育、文化艺术和广播电影电视业 Education, Culture and Arts, Radio, Film and Television	科学研究和综合技术服务业 Scientific Research and Polytechnical Services	国家机关、政党机关和社会团体 Government Agencies, Party Agencies and Social Organizations	其他 Others
全国总计 National	**5993**	**10023**	**8801**	**7662**	**7813**	**6824**	**9064**	**7004**	**7677**
北　京 Beijing	11222	16641	14276	12193	11842	11158	11663	10703	13159
天　津 Tianjin	9158	13129	10004	8141	9908	8684	10232	9425	5109
河　北 Hebei	4394	8220	6252	6454	6385	5649	7010	6053	5524
山　西 Shanxi	3741	7457	4607	4625	5517	4916	6187	4885	6046
内蒙古 Inner Mongolia	3858	8151	5178	4955	6534	5605	6186	5608	6933
辽　宁 Liaoning	5524	10478	6466	6761	7059	6886	7996	7112	6919
吉　林 Jilin	5839	9934	6438	6821	6793	6482	7922	6602	6226
黑龙江 Heilongjiang	4971	10278	5602	6088	6372	6404	7326	6433	5766
上　海 Shanghai	12960	19861	15410	11098	12890	11993	13735	13620	9381
江　苏 Jiangsu	6676	10957	9721	8685	9239	8386	10623	9634	8106
浙　江 Zhejiang	7797	11176	10918	9421	11867	9100	10770	9818	10072
安　徽 Anhui	4994	8433	6315	5759	7144	5905	7917	6408	6433
福　建 Fujian	7267	12241	9814	8138	8417	7314	9207	7769	8406
江　西 Jiangxi	5090	7580	5019	5273	6139	5444	5458	5867	4957
山　东 Shandong	4830	9624	6987	6499	7835	7138	8349	6999	5963
河　南 Henan	4030	7521	5515	5326	5952	5736	7453	5521	6813
湖　北 Hubei	4652	7707	5731	5619	6560	6158	7860	6243	6612
湖　南 Hunan	5685	9025	6378	6143	7624	6049	7611	6348	6568
广　东 Guangdong	9082	13976	13226	12657	11212	9854	13142	10769	10894
广　西 Guangxi	5201	7596	6380	6111	6206	4663	7195	5484	7487
海　南 Hainan	6184	12721	9428	6868	9141	7185	6426	7762	7897
重　庆 Chongqing	5307	8665	5743	5632	7116	5293	7395	6069	6042
四　川 Sichuan	4777	8670	6486	5851	7220	5381	8126	6199	5481
贵　州 Guizhou	4813	7134	5350	4905	5206	4382	7113	4857	6924
云　南 Yunnan	7107	8861	7081	6506	7929	6892	8632	6973	7723
西　藏 Tibet	7020	13137	10640	9164	12039	11060	13223	11976	7619
陕　西 Shaanxi	4212	7698	5352	5023	5750	5335	7707	5208	5378
甘　肃 Gansu	4686	7440	5503	5220	6078	5823	6531	5756	9067
青　海 Qinghai	5278	10950	6090	6006	8573	8277	9372	7911	7807
宁　夏 Ningxia	4900	9946	5312	4504	6304	5407	6956	5598	7970
新　疆 Xinjiang	6414	11026	5978	6254	7471	6757	7940	7039	8976

4-10 分地区职工用工情况

(国有经济单位)

TYPES OF FORMAL EMPLOYEES BY REGION

(State-owned Units, 1997)

单位:万人　　　　(10 000 person)

地　区 Region	合　计 Total			企　业 Enterprises			企业中地方 Local Enterprises		
	合同制职工 Cont-tactual Emplo-yees	长期职工 Long-term yees	临时职工 Tempo-rary Emplo-yees	合同制职工 Contr-actual Emplo-yees	长期职工 Long-term Emplo-yees	临时职工 Tempo-rary Emplo-yees	合同制职工 Contr-actual Emplo-yees	长期职工 Long-term Emplo-yees	临时职工 Tempo-rary Emplo-yees
全国总计 National	**5557.2**	**10291.3**	**474.6**	**5094.5**	**6798.6**	**332.5**	**3619.2**	**4936.2**	**267.1**
北　京 Beijing	177.5	311.1	37.6	169.7	200.1	24.6	128.5	140.3	12.4
天　津 Tianjin	120.8	188.0	3.7	117.0	137.0	2.3	93.1	105.0	1.4
河　北 Hebei	313.6	516.3	15.2	285.7	336.4	9.9	191.0	230.3	7.3
山　西 Shanxi	209.2	345.5	18.8	196.8	238.8	13.3	113.2	144.5	11.0
内蒙古 Inner Mongolia	125.5	282.4	9.6	114.5	186.4	6.6	84.1	148.2	6.0
辽　宁 Liaoning	391.4	634.4	17.0	373.8	473.2	10.2	244.9	324.9	7.9
吉　林 Jilin	189.3	360.1	15.8	179.3	256.1	10.7	124.5	192.6	8.6
黑龙江 Heilongjiang	238.1	585.9	22.3	223.7	449.1	16.5	150.5	300.5	14.3
上　海 Shanghai	198.0	286.2	6.6	145.7	212.0	3.5	113.5	165.0	2.8
江　苏 Jiangsu	375.7	563.8	13.8	352.1	376.5	7.7	295.2	311.7	6.6
浙　江 Zhejiang	147.2	266.8	18.3	135.6	158.4	12.6	116.7	132.5	11.2
安　徽 Anhui	169.5	340.1	13.0	159.3	216.1	8.9	108.9	159.2	7.7
福　建 Fujian	73.1	201.0	14.6	66.0	111.1	11.5	54.9	95.6	9.9
江　西 Jiangxi	138.0	322.6	11.3	124.0	211.8	8.1	92.0	168.6	7.0
山　东 Shandong	375.2	645.6	20.0	350.2	421.3	13.2	254.6	307.7	11.2
河　南 Henan	343.2	580.7	22.1	309.4	392.2	17.3	212.4	287.6	15.6
湖　北 Hubei	248.5	554.1	6.0	226.4	365.0	4.4	164.0	272.8	3.2
湖　南 Hunan	204.5	451.6	19.9	179.5	289.2	14.3	127.3	219.8	11.0
广　东 Guangdong	268.6	499.6	44.9	236.3	296.2	34.2	196.3	245.2	30.5
广　西 Guangxi	115.9	264.0	16.7	99.9	147.4	10.1	79.6	121.4	9.0
海　南 Hainan	51.8	82.4	4.1	47.0	59.1	3.2	44.6	54.9	2.9
重　庆 Chongqing	116.3	199.6	11.5	111.7	136.4	7.9	72.9	90.9	6.5
四　川 Sichuan	275.6	473.9	32.3	258.3	290.5	23.4	181.6	203.9	21.2
贵　州 Guizhou	80.8	182.5	13.6	74.9	104.7	10.6	41.7	67.3	7.7
云　南 Yunnan	124.9	244.6	20.5	109.2	134.3	15.1	83.2	101.8	13.3
西　藏 Tibet	2.5	14.3	1.1	1.4	4.6	0.6	1.0	3.6	0.6
陕　西 Shaanxi	192.3	323.6	11.4	177.8	211.6	7.3	107.9	130.6	6.2
甘　肃 Gansu	114.0	199.3	8.8	105.9	130.8	5.8	63.4	82.4	4.8
青　海 Qinghai	27.5	52.8	2.7	23.7	30.9	2.0	16.2	21.9	1.7
宁　夏 Ningxia	31.4	58.7	3.0	28.7	37.5	2.2	21.9	29.3	1.9
新　疆 Xinjiang	117.2	260.2	18.3	111.0	184.0	14.6	39.6	76.4	5.6

4－10 续表1 continued

单位:万人 (10 000 person)

地区 Region	事业 Institutions			事业中地方 Local Institutions			机关 Organizations		
	合同制职工 Contr－actual Emplo－yees	长期职工 Long－term Emplo－yees	临时职工 Tempo－rary Emplo－yees	合同制职工 Contr－actual Emplo－yees	长期职工 Long－term Emplo－yees	临时职工 Tempo－rary Emplo－yees	合同制职工 Contr－actual Emplo－yees	长期职工 Long－term Emplo－yees	临时职工 Tempo－rary Emplo－yees
全国总计 National	**349.6**	**2474.0**	**118.0**	**299.1**	**2225.6**	**90.2**	**113.0**	**1018.7**	**24.1**
北京 Beijing	5.8	86.7	12.1	3.5	43.7	5.4	2.0	24.3	1.0
天津 Tianjin	3.5	40.3	1.2	1.8	34.1	0.9	0.3	10.7	0.2
河北 Hebei	19.4	120.3	4.3	15.5	110.0	2.8	8.6	59.5	1.1
山西 Shanxi	7.4	68.4	4.3	6.7	63.8	3.8	5.0	38.3	1.2
内蒙古 Inner Mongolia	8.9	68.9	2.4	8.5	65.9	2.3	2.1	27.0	0.5
辽宁 Liaoning	14.3	122.0	5.8	12.4	110.3	4.0	3.3	39.1	0.9
吉林 Jilin	8.4	81.5	4.2	7.4	74.4	3.2	1.6	22.5	0.8
黑龙江 Heilongjiang	12.2	98.7	4.7	11.6	91.4	4.0	2.2	38.1	1.1
上海 Shanghai	42.2	59.6	2.9	33.1	47.2	1.7	10.1	14.6	0.3
江苏 Jiangsu	20.1	144.7	5.4	18.6	133.2	3.9	3.4	42.5	0.6
浙江 Zhejiang	9.2	77.3	4.7	8.6	73.6	4.1	2.4	31.1	1.0
安徽 Anhui	7.6	85.5	3.3	6.7	79.6	2.9	2.6	38.4	0.8
福建 Fujian	5.3	63.2	2.6	4.7	61.2	2.3	1.9	26.7	0.6
江西 Jiangxi	11.0	77.9	2.5	8.0	73.7	2.3	2.9	32.9	0.7
山东 Shandong	16.8	153.0	5.3	15.2	144.4	4.2	8.2	71.3	1.5
河南 Henan	23.0	120.6	3.6	20.7	108.0	2.5	10.9	67.9	1.2
湖北 Hubei	17.5	137.2	1.4	15.8	123.0	0.8	4.5	52.0	0.2
湖南 Hunan	20.0	113.1	4.6	18.9	105.3	3.6	5.0	49.3	1.0
广东 Guangdong	23.7	140.1	8.8	21.8	130.8	7.1	8.6	63.3	1.8
广西 Guangxi	12.7	84.0	5.8	12.3	81.6	5.5	3.3	32.6	0.8
海南 Hainan	3.5	16.1	0.7	3.1	14.9	0.6	1.3	7.2	0.2
重庆 Chongqing	3.1	45.2	2.9	2.7	41.0	2.7	1.5	18.0	0.7
四川 Sichuan	11.9	126.6	7.0	9.0	111.9	5.6	5.5	56.8	2.0
贵州 Guizhou	4.2	51.0	2.6	3.2	48.8	2.5	1.6	26.8	0.5
云南 Yunnan	9.8	74.3	4.4	8.6	70.1	4.0	5.9	35.9	1.0
西藏 Tibet	0.7	5.3	0.4	0.6	4.9	0.4	0.4	4.4	0.1
陕西 Shaanxi	10.7	80.2	3.2	8.1	64.7	1.9	3.7	31.8	0.9
甘肃 Gansu	6.3	47.6	2.5	5.7	43.0	1.9	1.8	21.0	0.4
青海 Qinghai	3.0	15.1	0.5	1.1	11.9	0.4	0.8	6.8	0.2
宁夏 Ningxia	2.3	15.4	0.7	2.0	14.5	0.6	0.4	5.8	0.1
新疆 Xinjiang	5.0	54.0	3.1	3.4	44.6	2.4	1.1	22.2	0.5

4-10 续表2 continued

单位: 万人 (10 000 person)

地区 Region	机关中地方 Local Organizations			农、林、牧、渔业 Farming, Forestry, Animal Husbandry and Fishery			采掘业 Mining and Quarrying		
	合同制职工 Contr-actual Emplo-yees	长期职工 Long-term Emplo-yees	临时职工 Tempo-rary Emplo-yees	合同制职工 Contr-actual Emplo-yees	长期职工 Long-term Emplo-yees	临时职工 Tempo-rary Emplo-yees	合同制职工 Contr-actual Emplo-yees	长期职工 Long-term Emplo-yees	临时职工 Tempo-rary Emplo-yees
全国总计 National	**108.6**	**963.4**	**21.3**	**228.1**	**564.3**	**23.7**	**580.4**	**749.0**	**23.0**
北京 Beijing	1.7	17.7	0.7	2.3	4.2	0.6	3.8	4.0	0.1
天津 Tianjin	0.3	9.7	0.2	1.0	1.5	0.1	7.9	9.0	0.1
河北 Hebei	8.3	56.2	0.9	4.7	11.7	0.3	39.6	41.9	0.6
山西 Shanxi	4.9	36.8	1.1	1.3	4.0	0.3	46.9	55.9	2.7
内蒙古 Inner Mongolia	1.9	25.7	0.5	8.1	30.3	0.7	26.1	36.0	1.0
辽宁 Liaoning	3.2	36.7	0.8	11.2	34.9	1.3	34.1	42.1	0.5
吉林 Jilin	1.6	21.3	0.7	3.2	19.1	0.6	34.3	45.0	2.1
黑龙江 Heilongjiang	2.2	36.5	0.9	33.4	55.9	1.6	34.8	112.1	4.5
上海 Shanghai	9.9	14.3	0.3	2.7	3.9	0.1	...	0.1	...
江苏 Jiangsu	3.4	40.8	0.6	13.5	24.5	0.9	23.0	23.3	0.1
浙江 Zhejiang	2.4	30.3	0.9	3.1	6.6	0.3	3.4	3.8	0.1
安徽 Anhui	2.5	37.3	0.8	3.0	12.8	0.4	30.8	31.5	0.3
福建 Fujian	1.8	25.4	0.5	2.2	10.3	0.3	4.8	7.2	0.4
江西 Jiangxi	2.5	31.1	0.6	3.7	28.3	0.9	17.5	24.2	0.6
山东 Shandong	8.1	69.0	1.3	4.0	9.3	0.4	57.5	64.9	1.0
河南 Henan	10.1	62.8	1.1	3.8	9.6	0.3	50.2	52.9	0.5
湖北 Hubei	4.3	48.9	0.2	19.3	46.2	0.2	13.3	14.7	0.1
湖南 Hunan	4.8	46.9	0.9	3.6	35.5	1.0	19.7	25.1	0.9
广东 Guangdong	8.2	59.3	1.5	11.8	21.4	1.8	8.1	9.6	0.4
广西 Guangxi	3.3	31.6	0.8	6.0	17.7	0.6	4.9	8.4	0.3
海南 Hainan	1.2	6.8	0.2	28.3	32.3	0.6	1.7	2.0	...
重庆 Chongqing	1.5	17.2	0.6	0.9	3.1	0.2	12.7	13.6	0.7
四川 Sichuan	5.2	54.7	1.8	2.2	8.7	0.7	28.4	32.0	1.6
贵州 Guizhou	1.6	26.0	0.4	0.7	5.1	0.2	9.2	11.6	0.4
云南 Yunnan	5.9	34.5	0.9	12.2	21.3	1.8	10.5	12.0	0.6
西藏 Tibet	0.3	3.9	0.1	0.1	0.7	...	0.1	0.3	0.1
陕西 Shaanxi	3.6	30.5	0.8	2.0	6.2	0.2	16.8	19.8	1.4
甘肃 Gansu	1.8	20.3	0.4	4.3	8.1	0.8	13.2	16.6	0.3
青海 Qinghai	0.7	6.5	0.2	0.5	2.9	0.1	2.2	2.8	0.3
宁夏 Ningxia	0.4	5.3	0.1	1.1	5.4	0.1	6.2	6.3	0.1
新疆 Xinjiang	0.8	19.3	0.4	34.1	82.8	6.4	18.6	20.1	1.2

4－10 续表3 continued

单位: 万人 (10 000 person)

地区 Region	制造业 Manufacturing			电力、煤气及水的生产和供应业 Electricity, Gas and Water Production and Supply			建筑业 Construction		
	合同制职工 Contractual Employees	长期职工 Long-term Employees	临时职工 Temporary Employees	合同制职工 Contractual Employees	长期职工 Long-term Employees	临时职工 Temporary Employees	合同制职工 Contractual Employees	长期职工 Long-term Employees	临时职工 Temporary Employees
全国总计 National	**2318.8**	**2906.0**	**105.4**	**199.6**	**250.8**	**6.1**	**376.7**	**477.8**	**98.9**
北京 Beijing	74.5	81.3	2.9	2.8	3.9	0.2	26.9	31.4	11.6
天津 Tianjin	65.0	72.0	0.6	1.7	3.0	...	10.8	13.3	0.6
河北 Hebei	130.8	149.3	4.1	9.8	12.9	0.2	26.8	29.9	3.3
山西 Shanxi	79.6	93.1	5.7	8.5	9.8	0.3	18.8	20.6	2.1
内蒙古 Inner Mongolia	35.8	57.9	2.5	5.7	7.5	0.2	7.1	11.2	1.3
辽宁 Liaoning	189.0	230.0	2.4	13.9	16.4	0.5	26.3	31.9	2.2
吉林 Jilin	79.7	102.0	1.9	5.8	8.2	0.2	10.1	16.0	1.9
黑龙江 Heilongjiang	75.5	138.8	4.6	8.9	13.6	0.3	12.6	28.5	2.2
上海 Shanghai	71.7	105.2	0.9	4.4	6.4	0.1	9.3	13.1	0.6
江苏 Jiangsu	185.3	192.5	3.5	11.0	11.5	0.1	19.3	20.6	1.8
浙江 Zhejiang	66.7	76.2	6.0	6.7	7.7	0.1	6.0	6.7	2.3
安徽 Anhui	68.2	91.3	4.2	6.0	7.5	0.1	13.7	15.8	2.3
福建 Fujian	28.1	41.8	3.1	4.3	6.0	0.3	5.0	7.7	4.9
江西 Jiangxi	60.9	97.0	3.4	6.3	8.7	0.1	6.9	9.6	2.3
山东 Shandong	172.3	199.7	5.8	14.4	17.2	0.5	13.8	16.6	2.9
河南 Henan	135.8	161.8	4.9	13.9	17.3	0.2	23.6	30.4	8.2
湖北 Hubei	101.5	166.3	1.9	8.6	12.4	0.4	15.0	26.4	1.0
湖南 Hunan	89.2	132.0	4.4	7.5	10.0	0.2	10.0	14.3	4.7
广东 Guangdong	81.7	97.9	10.5	11.5	13.7	0.4	18.8	22.4	10.9
广西 Guangxi	48.1	65.2	4.9	4.9	7.1	0.2	9.7	11.3	1.7
海南 Hainan	5.0	7.3	1.0	1.2	1.5	0.1	1.3	2.1	0.7
重庆 Chongqing	63.8	73.3	2.7	3.8	4.4	0.1	6.5	7.0	2.3
四川 Sichuan	129.1	138.1	7.4	11.9	12.3	0.3	24.3	25.7	9.9
贵州 Guizhou	37.4	51.1	3.0	3.6	4.8	0.1	8.3	9.5	4.8
云南 Yunnan	44.3	50.9	3.7	4.9	5.9	0.2	9.9	10.9	4.9
西藏 Tibet	0.1	0.5	0.1	0.1	0.5	...	0.1	0.4	0.2
陕西 Shaanxi	97.9	110.9	2.6	6.9	7.8	0.2	14.7	17.6	1.8
甘肃 Gansu	52.3	61.4	2.7	4.3	5.0	0.1	7.8	8.9	1.4
青海 Qinghai	11.0	13.1	0.5	1.2	1.3	...	3.2	4.0	0.9
宁夏 Ningxia	11.4	13.6	0.8	1.6	1.7	...	2.2	2.8	0.6
新疆 Xinjiang	27.1	34.5	2.9	3.3	4.9	0.2	7.8	11.2	2.7

4－10 续表4 continued

单位:万人 (10 000 person)

地区 Region	地质勘查业、水利管理业 Geological Prospecting and Water Conservancy			交通运输、仓储及邮电通信业 Transport, Storage and Communications			批发和零售贸易、餐饮业 Wholesale and Retail Trade, Restaurants		
	合同制职工 Contr－actual Emplo－yees	长期职工 Long－term Emplo－yees	临时职工 Tempo－rary Emplo－yees	合同制职工 Contr－actual Emplo－yees	长期职工 Long－term Emplo－yees	临时职工 Tempo－rary Emplo－yees	合同制职工 Contr－actual Emplo－yees	长期职工 Long－term Emplo－yees	临时职工 Tempo－rary Emplo－yees
全国总计 National	**42.1**	**119.8**	**5.2**	**515.4**	**660.7**	**20.8**	**695.3**	**999.4**	**37.2**
北京 Beijing	0.2	1.2	0.3	15.3	17.0	1.7	22.9	29.4	3.2
天津 Tianjin	0.3	1.6	...	13.0	14.2	0.1	12.5	15.6	0.1
河北 Hebei	5.2	8.4	0.7	27.0	31.0	0.6	38.1	47.6	0.7
山西 Shanxi	0.7	3.4	0.2	18.4	22.5	0.5	19.5	28.7	1.3
内蒙古 Inner Mongolia	0.7	4.1	...	16.5	21.2	0.5	12.4	24.8	0.6
辽宁 Liaoning	4.1	7.5	0.3	36.0	44.3	1.3	44.3	58.9	1.0
吉林 Jilin	0.7	3.5	0.1	16.6	23.1	1.1	22.7	39.3	2.4
黑龙江 Heilongjiang	1.1	6.3	0.2	26.9	37.3	1.3	24.9	56.3	1.7
上海 Shanghai	0.8	1.0	0.1	15.5	22.4	0.5	18.5	26.7	0.7
江苏 Jiangsu	1.9	5.7	0.3	34.1	38.3	0.4	58.0	62.6	1.1
浙江 Zhejiang	0.5	1.9	0.2	17.0	19.5	0.9	25.2	28.3	1.6
安徽 Anhui	1.1	4.8	0.1	13.0	18.2	0.5	22.2	37.7	0.8
福建 Fujian	0.3	1.7	0.3	9.1	12.8	0.8	10.1	19.4	1.0
江西 Jiangxi	1.1	3.8	0.2	13.7	18.8	0.4	17.2	30.4	0.5
山东 Shandong	1.3	5.0	0.1	29.8	34.0	0.5	47.6	62.9	1.2
河南 Henan	2.1	5.7	0.1	28.0	34.7	0.5	45.0	69.4	1.7
湖北 Hubei	2.8	8.6	0.1	23.3	38.2	0.3	40.9	60.3	0.4
湖南 Hunan	2.6	6.1	0.2	18.5	25.2	0.9	29.7	47.1	1.2
广东 Guangdong	1.9	4.8	0.2	34.4	39.5	3.4	51.6	65.6	4.5
广西 Guangxi	1.0	3.1	0.2	12.8	16.6	1.1	12.7	22.4	0.9
海南 Hainan	0.2	0.6	...	2.9	3.7	0.3	4.8	7.4	0.3
重庆 Chongqing	0.4	1.2	...	7.8	15.0	0.5	13.2	17.1	0.9
四川 Sichuan	3.3	6.7	0.2	19.9	26.0	1.0	37.3	45.4	1.7
贵州 Guizhou	0.4	2.1	0.1	7.4	10.6	0.4	7.1	13.6	1.7
云南 Yunnan	1.1	3.4	0.1	14.5	18.0	0.4	13.7	18.1	3.5
西藏 Tibet	...	0.3	...	0.8	1.7	0.1	0.2	0.9	0.1
陕西 Shaanxi	1.3	4.8	0.1	18.2	22.4	0.3	18.5	25.0	0.6
甘肃 Gansu	1.0	4.2	0.2	10.7	13.8	0.2	11.3	16.0	0.5
青海 Qinghai	1.6	2.7	...	3.1	4.0	0.1	2.4	3.8	0.2
宁夏 Ningxia	1.1	1.6	0.1	2.6	3.4	0.1	2.5	4.1	0.2
新疆 Xinjiang	1.3	4.0	0.4	8.7	13.3	0.5	8.1	14.7	0.6

4－10 续表5 continued

单位: 万人 (10 000 person)

地　区 Region	金融、保险业 Financial Intermediation and Insurance			房地产业 Real Estate Activities			社会服务业 Social Services		
	合同制职工 Contr－actual Emplo－yees	长期职工 Long－term Emplo－yees	临时职工 Tempo－rary Emplo－yees	合同制职工 Contr－actual Emplo－yees	长期职工 Long－term Emplo－yees	临时职工 Tempo－rary Emplo－yees	合同制职工 Contr－actual Emplo－yees	长期职工 Long－term Emplo－yees	临时职工 Tempo－rary Emplo－yees
全国总计 National	**51.7**	**202.6**	**7.4**	**24.5**	**59.4**	**4.1**	**168.6**	**310.4**	**34.4**
北　京 Beijing	0.3	5.1	0.1	2.2	4.4	0.7	17.9	24.9	5.6
天　津 Tianjin	0.1	2.6	…	0.4	1.8	…	4.0	8.1	0.7
河　北 Hebei	1.9	10.3	0.2	0.7	2.1	0.1	8.5	14.5	0.9
山　西 Shanxi	0.9	5.6	0.3	0.3	0.7	…	3.5	7.5	1.1
内蒙古 Inner Mongolia	0.9	5.8	0.2	0.2	0.9	0.1	3.0	6.5	0.7
辽　宁 Liaoning	3.8	10.6	0.4	1.7	5.7	0.4	15.4	24.4	1.9
吉　林 Jilin	1.5	6.1	0.3	0.9	2.4	0.4	5.1	11.7	1.5
黑龙江 Heilongjiang	1.3	8.1	0.3	0.8	3.0	0.3	8.8	18.2	1.4
上　海 Shanghai	3.2	4.6	…	3.3	4.8	0.1	14.0	19.9	0.9
江　苏 Jiangsu	3.0	11.0	0.2	1.8	4.1	…	10.9	18.1	1.0
浙　江 Zhejiang	2.4	8.2	0.4	0.9	2.2	0.2	6.5	9.6	1.7
安　徽 Anhui	1.2	6.3	0.3	0.3	1.5	0.1	3.0	7.9	1.0
福　建 Fujian	1.0	5.5	0.2	0.4	0.9	0.1	2.2	6.5	0.8
江　西 Jiangxi	1.0	5.8	0.2	0.5	1.3	…	1.9	5.3	0.6
山　东 Shandong	3.3	12.8	0.5	1.3	3.2	0.1	8.7	17.5	1.7
河　南 Henan	3.2	12.4	0.5	0.9	2.5	0.1	7.6	14.9	1.4
湖　北 Hubei	4.3	10.9	0.1	0.9	2.6	…	4.4	15.0	0.4
湖　南 Hunan	1.6	7.8	0.6	0.6	1.8	…	4.7	9.6	1.4
广　东 Guangdong	8.3	18.0	0.8	3.7	5.8	0.6	11.8	19.2	2.9
广　西 Guangxi	1.1	5.7	0.2	0.3	1.1	…	3.1	6.6	1.1
海　南 Hainan	0.7	1.9	0.1	0.4	0.7	0.1	1.4	2.3	0.3
重　庆 Chongqing	0.9	3.1	0.2	0.3	1.0	0.1	3.0	4.5	0.8
四　川 Sichuan	2.3	8.8	0.4	0.6	1.8	0.2	5.1	10.1	1.6
贵　州 Guizhou	0.5	3.6	0.1	0.2	0.5	…	1.2	3.1	0.4
云　南 Yunnan	0.6	5.3	0.2	0.3	0.7	0.1	2.9	5.1	0.8
西　藏 Tibet	…	0.6	…	…	…	…	0.2	0.4	0.1
陕　西 Shaanxi	1.0	5.5	0.3	0.3	0.9	…	3.8	6.9	0.5
甘　肃 Gansu	0.5	4.0	0.2	0.2	0.5	…	2.5	4.7	0.4
青　海 Qinghai	0.2	1.2	…	…	0.1	…	0.6	1.4	0.1
宁　夏 Ningxia	0.2	1.4	…	…	0.1	0.1	0.7	1.4	0.2
新　疆 Xinjiang	0.3	3.9	0.1	0.1	0.3	0.1	2.1	4.7	0.7

4－10 续表6 continued

单位:万人 (10 000 person)

地　区 Region	卫生、体育和社会福利业 Health Care, Sporting and Social Welfare			教育、文化艺术和广播电影电视业 Education, Culture and Arts, Radio, Film and Television			科学研究和综合技术服务业 Scientific Research and Polytechnical Services		
	合同制职工 Contractual Employees	长期职工 Long-term Employees	临时职工 Temporary Employees	合同制职工 Contractual Employees	长期职工 Long-term Employees	临时职工 Temporary Employees	合同制职工 Contractual Employees	长期职工 Long-term Employees	临时职工 Temporary Employees
全国总计 National	**66.1**	**386.6**	**15.6**	**108.2**	**1317.6**	**43.8**	**27.0**	**161.3**	**5.6**
北　京 Beijing	0.6	11.2	1.1	1.5	38.0	3.4	2.3	22.3	1.4
天　津 Tianjin	0.3	7.0	0.2	0.5	18.2	0.6	0.4	4.6	0.1
河　北 Hebei	4.1	17.6	0.4	5.3	70.2	1.3	1.1	5.1	0.2
山　西 Shanxi	1.6	9.9	0.5	2.5	38.0	1.7	0.5	3.8	0.1
内蒙古 Inner Mongolia	1.6	9.0	0.2	3.5	33.1	0.9	0.3	3.1	...
辽　宁 Liaoning	3.3	20.6	0.6	3.5	56.1	1.3	1.2	8.9	0.2
吉　林 Jilin	2.2	12.9	0.4	3.2	39.4	1.1	0.7	4.9	0.2
黑龙江 Heilongjiang	2.1	16.7	0.5	4.4	46.9	1.7	0.3	4.8	0.3
上　海 Shanghai	7.9	11.3	0.4	21.0	29.9	1.0	6.4	9.4	0.1
江　苏 Jiangsu	3.1	18.6	0.6	4.6	78.1	1.7	1.2	8.2	0.2
浙　江 Zhejiang	2.3	13.6	1.1	2.8	45.2	1.9	0.6	3.9	0.2
安　徽 Anhui	1.2	10.2	0.6	2.2	51.6	1.1	0.4	3.8	0.1
福　建 Fujian	0.7	7.4	0.4	1.9	41.8	1.1	0.3	2.5	0.1
江　西 Jiangxi	1.1	11.6	0.3	2.6	40.5	0.8	0.4	3.3	0.1
山　东 Shandong	3.4	25.3	0.9	5.4	89.4	1.7	0.9	6.2	0.1
河　南 Henan	7.2	26.4	0.5	5.3	55.1	1.0	1.3	7.1	0.2
湖　北 Hubei	3.3	24.6	0.3	4.4	65.0	0.3	1.0	7.4	...
湖　南 Hunan	4.0	16.8	0.7	6.0	62.6	1.9	0.8	5.1	0.2
广　东 Guangdong	5.7	27.1	2.0	6.1	78.9	2.7	1.3	6.4	0.4
广　西 Guangxi	1.9	12.5	0.8	4.3	47.4	3.2	0.5	3.3	0.1
海　南 Hainan	0.4	2.5	0.1	1.2	8.6	0.2	0.5	1.4	...
重　庆 Chongqing	0.4	5.8	0.4	0.8	28.6	1.8	0.2	3.4	0.1
四　川 Sichuan	1.8	18.2	0.8	2.6	73.7	3.3	1.5	10.3	0.3
贵　州 Guizhou	0.7	8.0	0.2	1.5	29.7	1.6	0.3	2.1	...
云　南 Yunnan	1.4	11.2	0.5	2.8	42.2	2.4	0.6	3.5	0.2
西　藏 Tibet	0.1	1.1	0.1	0.2	2.2	0.2	...	0.2	...
陕　西 Shaanxi	1.3	10.2	0.4	3.3	40.0	1.1	1.2	9.4	0.2
甘　肃 Gansu	1.2	6.9	0.2	1.6	23.9	0.8	0.3	2.7	0.1
青　海 Qinghai	0.3	2.2	0.1	0.6	6.1	0.2	0.1	0.8	...
宁　夏 Ningxia	0.3	2.2	0.1	0.7	7.3	0.3	0.1	0.8	...
新　疆 Xinjiang	0.8	8.1	0.3	1.9	29.7	1.3	0.2	2.6	0.1

4-10 续表7 continued

单位: 万人 (10 000 person)

地区 Region	国家机关、政党机关和社会团体 Government Agencies, Party Agencies and Social Organizations			其他行业 Others		
	合同制职工 Contractual Employees	长期职工 Longterm Employees	临时职工 Temporary Employees	合同制职工 Contractual Employees	长期职工 Longterm Employees	临时职工 Temporary Employees
全国总计 National	**112.5**	**1040.9**	**32.9**	**42.2**	**84.5**	**10.6**
北京 Beijing	1.9	28.2	4.3	2.1	4.4	0.4
天津 Tianjin	0.3	11.5	0.3	2.7	3.8	...
河北 Hebei	8.8	61.0	1.8	1.1	2.8	...
山西 Shanxi	4.5	38.9	1.6	1.7	2.9	0.4
内蒙古 Inner Mongolia	2.3	28.9	0.6	1.1	2.1	0.1
辽宁 Liaoning	3.2	40.5	2.4	0.4	1.6	0.1
吉林 Jilin	1.7	23.8	0.9	0.8	2.6	0.6
黑龙江 Heilongjiang	1.8	36.9	1.2	0.4	2.6	0.3
上海 Shanghai	8.7	12.6	0.3	10.7	15.0	0.9
江苏 Jiangsu	2.7	42.0	0.6	2.3	4.7	1.2
浙江 Zhejiang	2.8	31.6	1.2	0.4	1.4	0.1
安徽 Anhui	2.5	37.8	0.8	0.5	1.3	0.2
福建 Fujian	1.8	26.3	0.6	1.1	3.1	0.3
江西 Jiangxi	2.8	32.9	0.7	0.4	1.0	0.1
山东 Shandong	9.0	75.7	1.6	2.6	5.7	1.0
河南 Henan	12.2	74.3	1.4	3.3	6.2	0.7
湖北 Hubei	5.1	54.2	0.6	0.3	1.3	...
湖南 Hunan	5.2	50.1	1.1	0.7	2.8	0.6
广东 Guangdong	8.8	63.4	1.9	3.2	5.9	1.6
广西 Guangxi	3.4	33.6	0.9	1.1	1.9	0.2
海南 Hainan	1.4	7.5	0.2	0.3	0.7	0.1
重庆 Chongqing	1.6	18.4	0.8	...	0.2	...
四川 Sichuan	4.8	54.3	2.0	0.6	1.9	0.8
贵州 Guizhou	1.5	25.9	0.5	0.7	1.4	...
云南 Yunnan	5.0	35.1	1.0	0.3	0.9	0.2
西藏 Tibet	0.4	4.4	0.1	...	0.1	...
陕西 Shaanxi	4.4	34.7	1.8	0.7	1.5	0.1
甘肃 Gansu	1.9	21.6	0.9	0.9	1.1	...
青海 Qinghai	0.4	6.0	0.1	0.1	0.4	0.1
宁夏 Ningxia	0.5	6.2	0.2	0.2	0.4	...
新疆 Xinjiang	1.0	22.6	0.6	1.6	2.7	0.3

4－11 分地区职工增加来源

(国有经济单位)

INCREASE OF FORMAL EMPLOYEES BY REGION

(State－owned Units, 1997)

单位：人 (person)

地区 Region	合计 Total	从农村招收 Recruited from Country－side	从城镇招收 Recruited from Cities and Towns	录用的复员转业军人 Recruited Demobilized and Transferred Armymen	录用的大、中专、技工学校毕业生 Recruit－ed Gra－duates	调入 Trans－ferred Into	#由外省、自治区、直辖市调入 Transferred from Other Regions	其他 Others
全国总计 National	**6263887**	**895025**	**664866**	**257980**	**1698822**	**1910893**	**59990**	**836301**
北京 Beijing	355272	123814	23364	3623	55280	113252	6234	35939
天津 Tianjin	97332	9702	5143	1719	25185	34851	1591	20732
河北 Hebei	314460	57897	24979	16159	107443	81173	3214	26809
山西 Shanxi	169753	31426	17231	8171	48916	42152	605	21857
内蒙古 Inner Mongolia	113993	16510	17838	4787	28025	35387	481	11446
辽宁 Liaoning	300505	31124	28244	15179	77647	116594	1696	31717
吉林 Jilin	151939	7736	19997	10550	47514	47050	786	19092
黑龙江 Heilongjiang	321140	8758	34678	15109	61277	87678	1969	113640
上海 Shanghai	369280	8074	17691	2333	35401	253986	3250	51795
江苏 Jiangsu	329019	32112	31290	12326	90779	96591	2697	65921
浙江 Zhejiang	183622	31899	17601	5036	50329	60745	1925	18012
安徽 Anhui	219023	25456	24364	9414	60290	40171	690	59328
福建 Fujian	150646	27616	15622	3966	47485	39619	1307	16338
江西 Jiangxi	158074	12621	14707	12039	58679	37086	1114	22942
山东 Shandong	468187	54035	51936	20195	163814	147567	4680	30640
河南 Henan	300509	44314	34292	24333	80263	88916	1551	28391
湖北 Hubei	254652	39847	49216	10162	77319	55569	1176	22539
湖南 Hunan	233184	20670	29603	12413	79683	60423	1652	30392
广东 Guangdong	324276	67748	54060	7469	91263	70766	10943	32970
广西 Guangxi	169886	25977	17633	4008	51451	49760	2901	21057
海南 Hainan	24214	2237	5923	964	5813	5981	287	3296
重庆 Chongqing	102220	14633	9793	6055	35206	25693	543	10840
四川 Sichuan	299721	40627	29397	15189	85719	100635	1715	28154
贵州 Guizhou	86918	13303	8710	3469	32522	21302	492	7612
云南 Yunnan	201551	39775	21235	5807	55844	44683	993	34207
西藏 Tibet	9408	487	850	396	3726	2489	109	1460
陕西 Shaanxi	168092	20475	16869	12110	50993	46080	1311	21565
甘肃 Gansu	105288	11680	14549	5212	31198	28237	1034	14412
青海 Qinghai	32420	8569	2632	1679	8871	7606	189	3063
宁夏 Ningxia	43638	7379	6298	1438	9184	14741	489	4598
新疆 Xinjiang	205665	58524	19121	6670	41703	54110	2366	25537

4-12 分地区企业单位职工增加来源

(国有经济单位)

INCREASE OF FORMAL EMPLOYEES IN ENTERPRISES BY REGION

(State-owned Units, 1997)

单位:人 (person)

地 区 Region		合 计 Total	从农村招收 Recruited from Country-side	从城镇招收 Recruited from Cities and Towns	录用的复员转业军人 Recruited Demobilized and Transferred Armymen	录用的大、中专、技工学校毕业生 Recruit-ed Gra-duates	调入 Trans-ferred Into	#由外省、自治区、直辖市调入 Transferred from Other Regions	其 他 Others
全国总计	**National**	**3714028**	**686107**	**517412**	**155054**	**766882**	**1079552**	**34435**	**509021**
北 京	Beijing	255055	98615	18166	1940	28518	83168	3625	24648
天 津	Tianjin	68235	8798	3665	1131	14373	21720	1146	18548
河 北	Hebei	169900	44213	18618	10034	40926	38957	1452	17152
山 西	Shanxi	116318	26919	14839	6166	27907	21711	445	18776
内蒙古	Inner Mongolia	65146	10718	13863	2911	13243	15139	305	9272
辽 宁	Liaoning	202274	25062	21705	10427	45962	79424	1005	19694
吉 林	Jilin	99996	5875	17167	8307	26019	26758	509	15870
黑龙江	Heilongjiang	184749	5890	31223	12327	37682	59355	1601	38272
上 海	Shanghai	311094	6020	12515	1507	19644	227796	1271	43612
江 苏	Jiangsu	165783	17881	25894	6744	40836	51912	1143	22516
浙 江	Zhejiang	96314	26176	12942	2316	14704	28776	970	11400
安 徽	Anhui	125692	18146	20231	5569	31112	20858	347	29776
福 建	Fujian	73385	23186	12937	1730	11420	13363	632	10749
江 西	Jiangxi	68767	8821	9544	4695	21400	12294	687	12013
山 东	Shandong	282230	38967	43071	12449	80298	88841	3351	18604
河 南	Henan	187438	37250	27005	14185	37716	48195	1008	23087
湖 北	Hubei	144103	28376	36200	5769	35777	23925	592	14056
湖 南	Hunan	112464	9180	20516	6341	34989	24744	1114	16694
广 东	Guangdong	175350	52074	37960	3180	30319	32199	5794	19618
广 西	Guangxi	85619	18022	12031	1997	19704	22767	1767	11098
海 南	Hainan	12776	1687	5109	415	1265	1921	103	2379
重 庆	Chongqing	58577	10422	7926	3767	17144	10884	223	8434
四 川	Sichuan	146219	29046	23432	8582	37668	29196	857	18295
贵 州	Guizhou	42654	10255	7047	1721	12509	5793	322	5329
云 南	Yunnan	109547	30966	15599	2648	21455	16229	671	22650
西 藏	Tibet	1787	82	361	107	562	305	15	370
陕 西	Shaanxi	99327	15025	13732	7964	24460	20421	613	17725
甘 肃	Gansu	57913	7634	12430	3844	13245	9610	467	11150
青 海	Qinghai	20442	8266	2023	1161	5105	3144	125	743
宁 夏	Ningxia	29052	6244	5195	924	4021	8813	375	3855
新 疆	Xinjiang	145822	56291	14466	4196	16899	31334	1900	22636

4-13 分地区企业中地方单位职工增加来源

(国有经济单位)

INCREASE OF FORMAL EMPLOYEES IN LOCAL ENTERPRISES BY REGION

(State-owned Units, 1997)

单位：人 (person)

地　区 Region	合　计 Total	从农村招收 Recruited from Country-side	从城镇招收 Recruited from Cities and Towns	录用的复员转业军人 Recruited Demobilized and Transferred Armymen	录用的大、中专、技工学校毕业生 Recruit-ed Gra-duates	调入 Trans-ferred Into	#由外省、自治区、直辖市调入 Transferred from Other Regions	其他 Others
全国总计 National	**2614325**	**451827**	**408532**	**91089**	**484403**	**823733**	**15829**	**354741**
北　京 Beijing	150132	54173	9957	969	16484	50223	1984	18326
天　津 Tianjin	49924	4536	3396	671	8586	16897	196	15838
河　北 Hebei	111949	23700	15776	5660	25807	31647	677	9359
山　西 Shanxi	63816	15709	11303	2259	13459	16583	181	4503
内蒙古 Inner Mongolia	47696	10255	12410	1469	9079	10433	183	4050
辽　宁 Liaoning	141489	13102	17559	5437	25667	67209	626	12515
吉　林 Jilin	69639	2852	10691	4900	18577	20339	182	12280
黑龙江 Heilongjiang	108870	2388	18929	5646	20011	36828	1321	25068
上　海 Shanghai	271664	5220	10917	874	11678	205185	705	37790
江　苏 Jiangsu	120997	14974	23728	4763	27768	44435	712	5329
浙　江 Zhejiang	76697	19797	11247	1455	10140	24152	331	9906
安　徽 Anhui	82828	7536	10803	3691	21037	16169	203	23592
福　建 Fujian	54517	15583	9962	1163	8706	9885	385	9218
江　西 Jiangxi	54845	7759	8415	3759	16815	9067	223	9030
山　东 Shandong	206533	28740	40161	7525	53285	62235	1349	14587
河　南 Henan	146079	30713	23104	10699	25057	40983	563	15523
湖　北 Hubei	100678	22358	27046	3166	19728	18018	272	10362
湖　南 Hunan	81287	7062	15610	3885	24427	18261	214	12042
广　东 Guangdong	147439	48516	33481	2423	21263	25632	3322	16124
广　西 Guangxi	65152	13673	11063	1579	15375	13861	416	9601
海　南 Hainan	12094	1597	5013	374	1066	1757	99	2287
重　庆 Chongqing	43215	8602	6354	2248	10607	8843	119	6561
四　川 Sichuan	106825	26325	18948	5114	24262	17265	407	14911
贵　州 Guizhou	20681	2896	4881	1004	6215	3724	142	1961
云　南 Yunnan	84956	24963	14127	1572	15439	12396	153	16459
西　藏 Tibet	1215	72	341	66	184	205	11	347
陕　西 Shaanxi	66812	8026	11505	3842	13040	16443	366	13956
甘　肃 Gansu	35703	4848	8313	1990	6392	6930	130	7230
青　海 Qinghai	10764	2550	1853	689	2979	2237	52	456
宁　夏 Ningxia	22354	5480	4060	596	2463	6154	56	3601
新　疆 Xinjiang	57475	17822	7579	1601	8807	9737	249	11929

4-14 分地区事业单位职工增加来源

(国有经济单位)

INCREASE OF FORMAL EMPLOYEES IN INSTITUTIONS BY REGION

(State-owned Units, 1997)

单位:人 (person)

地区 Region	合计 Total	从农村招收 Recruited from Country-side	从城镇招收 Recruited from Cities and Towns	录用的复员转业军人 Recruited Demobilized and Transferred Armymen	录用的大、中专、技工学校毕业生 Recruit-ed Gra-duates	调入 Trans-ferred Into	#由外省、自治区、直辖市调入 Transferred from Other Regions	其他 Others
全国总计 National	**1851187**	**176920**	**107571**	**51230**	**742161**	**506297**	**20548**	**267008**
北京 Beijing	81975	23285	4239	781	22349	22241	1951	9080
天津 Tianjin	22141	697	929	319	8891	9571	396	1734
河北 Hebei	103629	11850	5140	2609	54000	23189	1469	6841
山西 Shanxi	34895	3575	1288	850	15715	11030	120	2437
内蒙古 Inner Mongolia	34461	5394	2961	920	11462	12016	138	1708
辽宁 Liaoning	74799	5234	5086	2905	27282	25084	579	9208
吉林 Jilin	40107	1758	1861	1451	18924	13733	195	2380
黑龙江 Heilongjiang	109191	2548	2192	1616	18865	14777	212	69193
上海 Shanghai	44863	1483	3248	343	13234	19573	1848	6982
江苏 Jiangsu	130056	11550	4106	2872	42654	28393	1269	40481
浙江 Zhejiang	62150	4760	3458	1096	28884	18412	839	5540
安徽 Anhui	66277	6487	2952	1914	21859	10159	269	22906
福建 Fujian	54644	3617	1800	953	29507	14955	514	3812
江西 Jiangxi	60367	2519	4277	5129	28705	14536	304	5201
山东 Shandong	132446	12263	6209	2996	64954	35962	1111	10062
河南 Henan	73399	5287	4935	4915	32061	22893	414	3308
湖北 Hubei	85384	10248	10347	2515	36038	19271	461	6965
湖南 Hunan	84521	10348	7083	3182	34856	18240	394	10812
广东 Guangdong	109386	13311	11790	1645	48043	23747	4605	10850
广西 Guangxi	60149	6997	4310	1055	25163	15233	629	7391
海南 Hainan	7511	463	552	200	3680	2070	168	546
重庆 Chongqing	32854	3841	1229	1187	14456	10357	254	1784
四川 Sichuan	113625	9817	3710	3062	37877	52287	679	6872
贵州 Guizhou	29182	2778	1172	785	14994	7759	98	1694
云南 Yunnan	63277	5750	4158	1324	26022	16626	234	9397
西藏 Tibet	3771	168	100	98	1832	838	44	735
陕西 Shaanxi	47982	4353	2231	2219	21323	15252	521	2604
甘肃 Gansu	30737	3362	1603	709	12919	10050	401	2094
青海 Qinghai	8280	283	454	345	2953	2583	47	1662
宁夏 Ningxia	9547	941	821	246	3858	3093	79	588
新疆 Xinjiang	39581	1953	3330	989	18801	12367	306	2141

4-15 分地区事业中地方单位职工增加来源

(国有经济单位)

INCREASE OF FORMAL EMPLOYEES IN LOCAL INSTITUTIONS BY REGION

(State－owned Units, 1997)

单位：人 (person)

地 区 Region		合 计 Total	从农村招收 Recruited from Country－side	从城镇招收 Recruited from Cities and Towns	录用的复员转业军人 Recruited Demobilized and Transferred Armymen	录用的大、中专、技工学校毕业生 Recruit－ed Gra－duates	调入 Trans－ferred Into	#由外省、自治区、直辖市调入 Transferred from Other Regions	其 他 Others
全国总计	**National**	**1689450**	**163179**	**96972**	**47375**	**693373**	**469809**	**14887**	**218742**
北 京	Beijing	50204	19931	2271	401	12062	12200	704	3339
天 津	Tianjin	20413	604	876	296	7864	9215	300	1558
河 北	Hebei	97173	10115	3827	2375	52650	21608	571	6598
山 西	Shanxi	33199	3440	1234	818	15021	10609	95	2077
内蒙古	Inner Mongolia	33784	5376	2927	864	11222	11829	124	1566
辽 宁	Liaoning	68064	5155	4453	2587	24965	23661	470	7243
吉 林	Jilin	37496	1672	1591	1339	17848	13059	143	1987
黑龙江	Heilongjiang	82869	2543	2168	1551	18175	14266	164	44166
上 海	Shanghai	38023	1466	2952	297	10109	17551	1488	5648
江 苏	Jiangsu	124787	11391	3704	2639	39656	27113	993	40284
浙 江	Zhejiang	58608	4216	3238	1061	28138	17294	697	4661
安 徽	Anhui	63949	5756	2890	1815	20991	9677	199	22820
福 建	Fujian	53731	3555	1653	931	29101	14713	467	3778
江 西	Jiangxi	57082	2479	4066	5034	28068	12666	257	4769
山 东	Shandong	123948	11782	5995	2862	63406	34354	814	5549
河 南	Henan	67608	4882	4724	4572	29092	21475	318	2863
湖 北	Hubei	76058	8015	9144	2337	33123	18106	282	5333
湖 南	Hunan	81180	9910	6853	3053	33398	17375	326	10591
广 东	Guangdong	103118	12279	11356	1569	46187	22287	4021	9440
广 西	Guangxi	59077	6932	4219	1035	24760	14978	595	7153
海 南	Hainan	7214	462	527	196	3621	1945	103	463
重 庆	Chongqing	31020	3448	985	1128	13631	10069	177	1759
四 川	Sichuan	108098	9619	3267	2711	34923	51373	484	6205
贵 州	Guizhou	28623	2770	1153	766	14625	7640	90	1669
云 南	Yunnan	61092	5508	3887	1286	25437	16144	192	8830
西 藏	Tibet	3527	167	100	94	1652	809	38	705
陕 西	Shaanxi	41524	3925	1771	1793	17877	13744	270	2414
甘 肃	Gansu	28457	3098	1443	613	12129	9383	238	1791
青 海	Qinghai	7404	213	395	298	2867	2284	31	1347
宁 夏	Ningxia	9029	941	758	232	3709	2935	66	454
新 疆	Xinjiang	33091	1529	2545	822	17066	9447	170	1682

4-16 分地区机关单位职工增加来源

(国有经济单位)

INCREASE OF FORMAL EMPLOYEES IN ORGANIZATIONS BY REGION

(State-owned Units, 1997)

单位：人 (person)

地区 Region		合计 Total	从农村招收 Recruited from Country-side	从城镇招收 Recruited from Cities and Towns	录用的复员转业军人 Recruited Demobilized and Transferred Armymen	录用的大、中专、技工学校毕业生 Recruit-ed Gra-duates	调入 Trans-ferred Into	#由外省、自治区、直辖市调入 Transferred from Other Regions	其他 Others
全国总计	**National**	**698630**	**31996**	**39882**	**51692**	**189764**	**325024**	**5005**	**60272**
北京	Beijing	18242	1914	959	902	4413	7843	658	2211
天津	Tianjin	6956	207	549	269	1921	3560	49	450
河北	Hebei	40931	1834	1221	3516	12517	19027	293	2816
山西	Shanxi	18540	932	1104	1155	5294	9411	40	644
内蒙古	Inner Mongolia	14386	398	1014	956	3320	8232	38	466
辽宁	Liaoning	23432	828	1453	1847	4403	12086	112	2815
吉林	Jilin	11836	103	969	792	2571	6559	82	842
黑龙江	Heilongjiang	27200	320	1263	1166	4730	13546	156	6175
上海	Shanghai	13323	571	1928	483	2523	6617	131	1201
江苏	Jiangsu	33180	2681	1290	2710	7289	16286	285	2924
浙江	Zhejiang	25158	963	1201	1624	6741	13557	116	1072
安徽	Anhui	27054	823	1181	1931	7319	9154	74	6646
福建	Fujian	22617	813	885	1283	6558	11301	161	1777
江西	Jiangxi	28940	1281	886	2215	8574	10256	123	5728
山东	Shandong	53511	2805	2656	4750	18562	22764	218	1974
河南	Henan	39671	1777	2352	5233	10486	17827	129	1996
湖北	Hubei	25165	1223	2669	1878	5504	12373	123	1518
湖南	Hunan	36199	1142	2004	2890	9838	17439	144	2886
广东	Guangdong	39540	2363	4310	2644	12901	14820	544	2502
广西	Guangxi	24118	958	1292	956	6584	11760	505	2568
海南	Hainan	3927	87	262	349	868	1990	16	371
重庆	Chongqing	10789	370	638	1101	3606	4452	66	622
四川	Sichuan	39877	1764	2255	3545	10174	19152	179	2987
贵州	Guizhou	15082	270	491	963	5019	7750	72	589
云南	Yunnan	28686	3057	1477	1831	8352	11809	88	2160
西藏	Tibet	3850	237	389	191	1332	1346	48	355
陕西	Shaanxi	20783	1097	906	1927	5210	10407	177	1236
甘肃	Gansu	16638	684	516	659	5034	8577	166	1168
青海	Qinghai	3698	20	155	173	813	1879	17	658
宁夏	Ningxia	5039	194	282	268	1305	2835	35	155
新疆	Xinjiang	20262	280	1325	1485	6003	10409	160	760

4-17 分地区机关中地方单位职工增加来源

(国有经济单位)

INCREASE OF FORMAL EMPLOYEES IN LOCAL ORGANIZATIONS BY REGION

(State-owned Units, 1997)

单位：人 (person)

地区 Region	合计 Total	从农村招收 Recruited from Countryside	从城镇招收 Recruited from Cities and Towns	录用的复员转业军人 Recruited Demobilized and Transferred Armymen	录用的大、中专、技工学校毕业生 Recruited Graduates	调入 Transferred Into	#由外省、自治区、直辖市调入 Transferred from Other Regions	其他 Others
全国总计 National	**654942**	**29804**	**37689**	**49062**	**180302**	**308294**	**4356**	**49791**
北京 Beijing	11925	1020	767	691	3006	4993	263	1448
天津 Tianjin	6609	207	523	254	1792	3407	46	426
河北 Hebei	39445	1771	1157	3400	11990	18405	279	2722
山西 Shanxi	17983	895	1064	1121	5100	9204	39	599
内蒙古 Inner Mongolia	13791	385	858	930	3229	7933	37	456
辽宁 Liaoning	20845	824	1373	1724	3867	10374	102	2683
吉林 Jilin	11147	103	967	752	2338	6213	51	774
黑龙江 Heilongjiang	21923	295	1095	1023	4410	11804	153	3296
上海 Shanghai	13190	570	1928	472	2456	6563	128	1201
江苏 Jiangsu	29939	2681	1275	2616	7009	15753	281	605
浙江 Zhejiang	24042	953	1142	1599	6580	12703	108	1065
安徽 Anhui	26629	823	1181	1896	7082	9089	74	6558
福建 Fujian	21642	791	810	1249	6400	10780	156	1612
江西 Jiangxi	23211	772	687	1614	7622	8345	85	4171
山东 Shandong	52565	2680	2516	4678	18339	22457	214	1895
河南 Henan	37569	1666	2291	4960	9824	16997	114	1831
湖北 Hubei	24126	1032	2507	1798	5190	12149	117	1450
湖南 Hunan	35165	1142	1940	2753	9449	17073	137	2808
广东 Guangdong	37775	2251	4063	2544	12194	14457	491	2266
广西 Guangxi	22866	954	1227	941	6429	11584	498	1731
海南 Hainan	3837	87	242	347	832	1960	14	369
重庆 Chongqing	10490	369	594	1059	3476	4371	65	621
四川 Sichuan	39021	1761	2193	3435	9898	18805	172	2929
贵州 Guizhou	14789	270	489	939	4888	7639	70	564
云南 Yunnan	27947	3029	1441	1783	8148	11544	83	2002
西藏 Tibet	3674	235	386	187	1228	1295	45	343
陕西 Shaanxi	19923	1082	814	1839	4999	10104	176	1085
甘肃 Gansu	16438	684	508	656	4939	8488	159	1163
青海 Qinghai	3081	19	119	155	748	1644	16	396
宁夏 Ningxia	4677	188	282	232	1193	2660	31	122
新疆 Xinjiang	18678	265	1250	1415	5647	9501	152	600

4－18 分地区职工减少去向

(国有经济单位)

DECREASE OF FORMAL EMPLOYEES BY REGION

(State－owned Units, 1997)

单位：人　　(person)

地　区 Region	合 计 Total	离休、退休、退职 Retired and Resigned	开除、除名、辞退 Expelled Expunged and Dismissed	终止、解除合同 Contract Closed or Terminated	调 出 Trans－ferred Out	#调到外省、自治区、直辖市 Transferred to Other Regions	其 他 Others
全国总计 National	**6965103**	**2204574**	**579195**	**943308**	**2001583**	**78971**	**1236443**
北　京 Beijing	431830	85409	59448	106752	132697	8552	47524
天　津 Tianjin	136587	57491	7034	13850	36906	788	21306
河　北 Hebei	351967	120237	57771	42809	83949	5208	47201
山　西 Shanxi	184548	78359	15279	28514	36565	2698	25831
内蒙古 Inner Mongolia	184447	57185	11493	19264	35329	1534	61176
辽　宁 Liaoning	462493	172281	28552	49118	147719	1561	64823
吉　林 Jilin	179958	65018	26283	14861	45687	1604	28109
黑龙江 Heilongjiang	423075	93312	33460	29245	98698	3759	168360
上　海 Shanghai	528001	143901	7542	66888	232771	3012	76899
江　苏 Jiangsu	308437	112183	20218	45167	93195	2026	37674
浙　江 Zhejiang	216690	54163	19213	44755	58964	750	39595
安　徽 Anhui	191683	73255	15838	25851	38467	2232	38272
福　建 Fujian	155459	36431	14298	30320	40198	1644	34212
江　西 Jiangxi	194686	55346	9319	15793	45953	5762	68275
山　东 Shandong	361867	104045	31391	51235	136879	1851	38317
河　南 Henan	248703	104073	16882	28365	74276	2431	25107
湖　北 Hubei	241730	90864	16692	29625	57352	2315	47197
湖　南 Hunan	204453	81433	10723	17392	57721	3862	37184
广　东 Guangdong	340469	91341	53403	70726	58819	3244	66180
广　西 Guangxi	161884	49119	13058	28561	41978	3104	29168
海　南 Hainan	40108	11806	10348	5007	5742	819	7205
重　庆 Chongqing	119818	45051	8986	11746	27787	948	26248
四　川 Sichuan	433633	121585	15984	39262	195129	2215	61673
贵　州 Guizhou	95427	45033	6097	9741	23578	1572	10978
云　南 Yunnan	191602	57788	15260	34023	47224	667	37307
西　藏 Tibet	7353	1966	194	110	3237	1017	1846
陕　西 Shaanxi	173527	78923	10595	15872	44561	7322	23576
甘　肃 Gansu	102107	40400	9091	13182	27172	1935	12262
青　海 Qinghai	49492	13364	2560	13442	8415	913	11711
宁　夏 Ningxia	36892	9019	5225	6606	11090	502	4952
新　疆 Xinjiang	206177	54193	26958	35226	53525	3124	36275

4-19 分地区企业单位职工减少去向

(国有经济单位)

DECREASE OF FORMAL EMPLOYEES IN ENTERPRISES BY REGION

(State-owned Units, 1997)

单位：人 (person)

地　区 Region	合 计 Total	离休、退休、退职 Retired and Resigned	开除、除名、辞退 Expelled Expunged and Dismissed	终止、解除合同 Contract Closed or Terminated	调 出 Trans-ferred Out	#调到外省、自治区、直辖市 Transferred to Other Regions	其 他 Others
全国总计 National	**5396414**	**1625331**	**511157**	**863637**	**1393297**	**57507**	**1002992**
北 京 Beijing	328476	56004	51297	84133	103537	7717	33505
天 津 Tianjin	107634	45746	5839	13386	24208	495	18455
河 北 Hebei	269958	89742	50834	39145	52457	4399	37780
山 西 Shanxi	152242	63524	13608	27630	24533	2349	22947
内蒙古 Inner Mongolia	145051	38749	10396	18159	21911	1061	55836
辽 宁 Liaoning	393230	140571	24849	46469	122570	1037	58771
吉 林 Jilin	144203	51308	24753	13453	32315	1106	22374
黑龙江 Heilongjiang	355315	69117	31603	27716	81911	2754	144968
上 海 Shanghai	470382	125138	5238	59274	213306	2878	67426
江 苏 Jiangsu	227713	76484	17419	42508	61341	1068	29961
浙 江 Zhejiang	158306	35968	17042	42318	31490	359	31488
安 徽 Anhui	145679	52775	14107	24317	24896	1306	29584
福 建 Fujian	107424	22160	11729	27720	18474	1288	27341
江 西 Jiangxi	127490	41153	8509	15041	25496	3230	37291
山 东 Shandong	279094	75738	27474	47766	97308	1139	30808
河 南 Henan	194500	79784	15861	27347	50768	1777	20740
湖 北 Hubei	170833	62746	13497	26554	29814	1138	38222
湖 南 Hunan	141549	59166	9175	15905	30750	2771	26553
广 东 Guangdong	262805	57614	47331	66500	35450	2277	55910
广 西 Guangxi	108275	29107	11227	24736	20123	2236	23082
海 南 Hainan	33385	8802	10044	4794	3431	582	6314
重 庆 Chongqing	88482	34573	7873	10297	12540	408	23199
四 川 Sichuan	335719	85994	13326	37299	147957	1396	51143
贵 州 Guizhou	67927	34308	5398	9092	10236	1192	8893
云 南 Yunnan	135357	41015	12725	31057	24194	410	26366
西 藏 Tibet	2941	875	133	81	1031	381	821
陕 西 Shaanxi	127668	58536	9310	14913	27382	6520	17527
甘 肃 Gansu	75167	30050	8443	12260	14358	1212	10056
青 海 Qinghai	38240	9120	2054	13250	4620	581	9196
宁 夏 Ningxia	28550	6516	4793	6460	6895	291	3886
新 疆 Xinjiang	172819	42948	25270	34057	37995	2149	32549

4-20 分地区企业中地方单位职工减少去向

(国有经济单位)

DECREASE OF FORMAL EMPLOYEES IN LOCAL ENTERPRISES BY REGION

(State-owned Units, 1997)

单位：人 (person)

地区 Region	合计 Total	离休、退休、退职 Retired and Resigned	开除、除名、辞退 Expelled Expunged and Dismissed	终止、解除合同 Contract Closed or Terminated	调出 Trans-ferred Out	#调到外省、自治区、直辖市 Transferred to Other Regions	其他 Others
全国总计 National	**3910440**	**1039440**	**363483**	**638768**	**1081177**	**21773**	**787572**
北京 Beijing	213527	40861	14410	60443	72559	4251	25254
天津 Tianjin	82115	34797	3678	9035	19598	182	15007
河北 Hebei	174316	45805	32679	28402	39806	608	27624
山西 Shanxi	81629	31783	9127	13613	16910	323	10196
内蒙古 Inner Mongolia	119296	29097	9720	17148	14716	718	48615
辽宁 Liaoning	277105	82619	17894	31603	100830	426	44159
吉林 Jilin	99199	32833	17328	8015	22870	540	18153
黑龙江 Heilongjiang	237482	39936	25548	22435	53163	2047	96400
上海 Shanghai	419443	113041	4238	52308	187686	348	62170
江苏 Jiangsu	190155	57990	14342	37039	51739	602	29045
浙江 Zhejiang	138414	31975	10193	40082	26186	221	29978
安徽 Anhui	100126	31666	8519	15474	18696	495	25771
福建 Fujian	84473	18875	10991	16147	13010	330	25450
江西 Jiangxi	97622	31101	6771	12521	18844	1462	28385
山东 Shandong	200095	40905	22519	32698	78435	538	25538
河南 Henan	138394	46629	13687	20335	41810	968	15933
湖北 Hubei	122078	40724	10964	16517	24559	602	29314
湖南 Hunan	96736	35652	7355	12837	20834	687	20058
广东 Guangdong	231921	49276	44126	60055	27467	1373	50997
广西 Guangxi	87563	22638	9844	19421	15417	849	20243
海南 Hainan	31998	7993	9954	4674	3257	563	6120
重庆 Chongqing	58012	18380	6037	7887	7545	160	18163
四川 Sichuan	266380	45892	11257	32605	133806	422	42820
贵州 Guizhou	34346	17935	2968	3281	5687	488	4475
云南 Yunnan	94416	25722	11475	17742	19058	158	20419
西藏 Tibet	2437	759	112	68	889	333	609
陕西 Shaanxi	70941	24475	6438	9737	15843	656	14448
甘肃 Gansu	46914	16008	5571	9386	9115	449	6834
青海 Qinghai	27940	6336	1927	7603	3535	371	8539
宁夏 Ningxia	23067	5174	4437	5906	4242	215	3308
新疆 Xinjiang	62300	12563	9374	13751	13065	388	13547

4-21 分地区事业单位职工减少去向

(国有经济单位)

DECREASE OF FORMAL EMPLOYEES IN INSTITUTIONS BY REGION

(State-owned Units, 1997)

单位: 人 (person)

地区 Region		合计 Total	离休、退休、退职 Retired and Resigned	开除、除名、辞退 Expelled Expunged and Dismissed	终止、解除合同 Contract Closed or Terminated	调出 Trans-ferred Out	#调到外省、自治区、直辖市 Transferred to Other Regions	其他 Others
全国总计	**National**	**1095961**	**434355**	**54160**	**65533**	**379557**	**17586**	**162356**
北京	Beijing	88200	25480	6546	21947	22749	470	11478
天津	Tianjin	22396	9905	950	337	8912	263	2292
河北	Hebei	55747	22623	5992	2811	17999	685	6322
山西	Shanxi	21079	9904	1337	628	7348	312	1862
内蒙古	Inner Mongolia	24469	10069	962	886	7994	358	4558
辽宁	Liaoning	53061	26459	2810	2407	16806	458	4579
吉林	Jilin	29128	11926	1309	1313	9779	434	4801
黑龙江	Heilongjiang	40691	17949	1047	1024	11345	826	9326
上海	Shanghai	46241	16687	2030	4854	14250	108	8420
江苏	Jiangsu	57931	29763	2400	2366	20785	823	2617
浙江	Zhejiang	38759	14245	1707	2135	15465	347	5207
安徽	Anhui	31514	15298	1417	1083	8067	810	5649
福建	Fujian	31697	9825	1926	2174	13048	295	4724
江西	Jiangxi	48286	9483	643	579	13758	2162	23823
山东	Shandong	59850	21698	3293	2945	25828	636	6086
河南	Henan	36592	17380	661	736	14840	571	2975
湖北	Hubei	51063	20515	2516	2133	18478	1041	7421
湖南	Hunan	42428	16516	1034	885	16008	940	7985
广东	Guangdong	56069	24586	4930	3607	14466	771	8480
广西	Guangxi	36427	14244	1513	3549	12743	624	4378
海南	Hainan	4658	2314	230	116	1353	214	645
重庆	Chongqing	24783	8291	910	1119	11970	485	2493
四川	Sichuan	55149	24194	2061	1343	20376	634	7175
贵州	Guizhou	16846	6893	501	434	7740	279	1278
云南	Yunnan	35818	10583	1959	1390	14130	207	7756
西藏	Tibet	2207	542	31	12	1124	333	498
陕西	Shaanxi	32075	16931	1106	801	10654	720	2583
甘肃	Gansu	17408	7399	441	745	7233	622	1590
青海	Qinghai	7270	2769	306	152	2388	252	1655
宁夏	Ningxia	5400	1737	342	101	2284	164	936
新疆	Xinjiang	22719	8147	1250	921	9637	742	2764

4－22 分地区事业中地方单位职工减少去向

(国有经济单位)

DECREASE OF FORMAL EMPLOYEES IN LOCAL INSTITUTIONS BY REGION

(State－owned Units, 1997)

单位：人 (person)

地　区 Region	合计 Total	离休、退休、退职 Retired and Resigned	开除、除名、辞退 Expelled Expunged and Dismissed	终止、解除合同 Contract Closed or Terminated	调出 Trans－ferred Out	#调到外省、自治区、直辖市 Transferred to Other Regions	其他 Others
全国总计 National	**922097**	**352172**	**43332**	**54181**	**343338**	**11374**	**129074**
北　京 Beijing	49186	10592	4047	18101	11615	141	4831
天　津 Tianjin	19072	7700	860	303	8453	159	1756
河　北 Hebei	46295	17513	3966	2380	16847	421	5589
山　西 Shanxi	19143	8644	1191	575	6985	254	1748
内蒙古 Inner Mongolia	21397	9116	921	717	7301	275	3342
辽　宁 Liaoning	43731	21867	2248	1759	14770	268	3087
吉　林 Jilin	24302	9935	1190	1282	8793	282	3102
黑龙江 Heilongjiang	37488	15939	943	916	10748	651	8942
上　海 Shanghai	37471	12476	1379	4089	13217	63	6310
江　苏 Jiangsu	50072	25602	2092	2118	19311	568	949
浙　江 Zhejiang	36040	13083	1567	1575	14867	246	4948
安　徽 Anhui	27119	13074	1267	1030	7145	452	4603
福　建 Fujian	29986	9286	1893	2050	12801	249	3956
江　西 Jiangxi	44159	8746	585	347	13189	1176	21292
山　东 Shandong	54105	19434	2809	2516	24570	503	4776
河　南 Henan	31126	14158	518	528	13473	368	2449
湖　北 Hubei	41604	16744	1954	1208	17087	586	4611
湖　南 Hunan	37793	14100	874	770	14964	735	7085
广　东 Guangdong	50913	22300	4357	3258	13315	567	7683
广　西 Guangxi	34627	13495	1460	3429	12326	563	3917
海　南 Hainan	4127	2102	161	80	1183	85	601
重　庆 Chongqing	21931	6705	770	534	11630	360	2292
四　川 Sichuan	46009	18169	1560	982	19129	435	6169
贵　州 Guizhou	15819	6291	411	417	7517	190	1183
云　南 Yunnan	31702	9132	1756	1143	13424	115	6247
西　藏 Tibet	1902	453	27	12	1008	286	402
陕　西 Shaanxi	22632	10433	527	596	9107	249	1969
甘　肃 Gansu	14302	5596	384	569	6577	315	1176
青　海 Qinghai	5848	2308	281	126	2080	189	1053
宁　夏 Ningxia	4935	1558	323	93	2119	146	842
新　疆 Xinjiang	17261	5621	1011	678	7787	477	2164

4－23 分地区机关单位职工减少去向

(国有经济单位)

DECREASE OF FORMAL EMPLOYEES IN ORGANIZATIONS BY REGION

(State－owned Units, 1997)

单位: 人 (person)

地　区 Region	合 计 Total	离休、退休、退职 Retired and Resigned	开除、除名、辞退 Expelled Expunged and Dismissed	终止、解除合同 Contract Closed or Terminated	调　出 Trans－ferred Out	#调到外省、自治区、直辖市 Transferred to Other Regions	其　他 Others
全国总计 National	**472571**	**144879**	**13877**	**14138**	**228688**	**3858**	**70989**
北　京 Beijing	15154	3925	1605	672	6411	365	2541
天　津 Tianjin	6557	1840	245	127	3786	30	559
河　北 Hebei	26262	7872	945	853	13493	124	3099
山　西 Shanxi	11227	4931	334	256	4684	37	1022
内蒙古 Inner Mongolia	14927	8367	135	219	5424	115	782
辽　宁 Liaoning	16202	5251	893	242	8343	66	1473
吉　林 Jilin	6627	1784	221	95	3593	64	934
黑龙江 Heilongjiang	27069	6246	810	505	5442	179	14066
上　海 Shanghai	11378	2076	274	2760	5215	26	1053
江　苏 Jiangsu	22793	5936	399	293	11069	135	5096
浙　江 Zhejiang	19625	3950	464	302	12009	44	2900
安　徽 Anhui	14490	5182	314	451	5504	116	3039
福　建 Fujian	16338	4446	643	426	8676	61	2147
江　西 Jiangxi	18910	4710	167	173	6699	370	7161
山　东 Shandong	22923	6609	624	524	13743	76	1423
河　南 Henan	17611	6909	360	282	8668	83	1392
湖　北 Hubei	19834	7603	679	938	9060	136	1554
湖　南 Hunan	20476	5751	514	602	10963	151	2646
广　东 Guangdong	21595	9141	1142	619	8903	196	1790
广　西 Guangxi	17182	5768	318	276	9112	244	1708
海　南 Hainan	2065	690	74	97	958	23	246
重　庆 Chongqing	6553	2187	203	330	3277	55	556
四　川 Sichuan	42765	11397	597	620	26796	185	3355
贵　州 Guizhou	10654	3832	198	215	5602	101	807
云　南 Yunnan	20400	6185	575	1576	8883	50	3181
西　藏 Tibet	2075	545	30	17	1058	283	425
陕　西 Shaanxi	13784	3456	179	158	6525	82	3466
甘　肃 Gansu	9532	2951	207	177	5581	101	616
青　海 Qinghai	3982	1475	200	40	1407	80	860
宁　夏 Ningxia	2942	766	90	45	1911	47	130
新　疆 Xinjiang	10639	3098	438	248	5893	233	962

4-24 分地区机关中地方单位职工减少去向

(国有经济单位)

DECREASE OF FORMAL EMPLOYEES IN LOCAL ORGANIZATIONS BY REGION

(State-owned Units, 1997)

单位：人 (person)

地　区 Region	合计 Total	离休、退休、退职 Retired and Resigned	开除、除名、辞退 Expelled Expunged and Dismissed	终止、解除合同 Contract Closed or Terminated	调出 Trans-ferred Out	#调到外省、自治区、直辖市 Transferred to Other Regions	其他 Others
全国总计 National	**438645**	**137191**	**11934**	**12992**	**219224**	**3164**	**57304**
北　京 Beijing	9109	2375	500	505	4459	73	1270
天　津 Tianjin	6266	1795	224	101	3626	24	520
河　北 Hebei	25229	7613	789	805	13013	117	3009
山　西 Shanxi	10970	4814	321	242	4608	36	985
内蒙古 Inner Mongolia	14700	8277	132	211	5307	86	773
辽　宁 Liaoning	15482	4992	882	235	7951	57	1422
吉　林 Jilin	6142	1679	212	79	3403	58	769
黑龙江 Heilongjiang	18304	5089	796	501	4880	172	7038
上　海 Shanghai	11053	1979	264	2673	5139	26	998
江　苏 Jiangsu	22337	5754	386	284	10876	128	5037
浙　江 Zhejiang	19509	3898	459	274	11988	43	2890
安　徽 Anhui	14122	5021	304	360	5459	112	2978
福　建 Fujian	15423	4353	560	418	7980	54	2112
江　西 Jiangxi	14372	4415	143	172	5471	236	4171
山　东 Shandong	22205	6382	585	406	13462	71	1370
河　南 Henan	16360	6374	306	270	8125	78	1285
湖　北 Hubei	19328	7424	645	936	8828	129	1495
湖　南 Hunan	19500	5467	463	533	10718	139	2319
广　东 Guangdong	20694	8795	1069	409	8714	179	1707
广　西 Guangxi	16622	5644	292	273	8999	233	1414
海　南 Hainan	2029	663	73	97	950	23	246
重　庆 Chongqing	6358	2123	193	278	3232	48	532
四　川 Sichuan	42014	11158	580	568	26583	161	3125
贵　州 Guizhou	10408	3687	191	208	5545	96	777
云　南 Yunnan	19868	6026	552	1553	8700	47	3037
西　藏 Tibet	1920	503	24	7	1014	279	372
陕　西 Shaanxi	13290	3238	172	158	6368	75	3354
甘　肃 Gansu	9406	2897	206	177	5537	93	589
青　海 Qinghai	3401	1338	127	32	1118	57	786
宁　夏 Ningxia	2790	707	86	36	1849	41	112
新　疆 Xinjiang	9434	2711	398	191	5322	193	812

五、城镇集体经济单位职工人数和工资

Formal Employees and Wages in Urban Collective－owned Units

5-1 分行业全部从业人员和平均劳动报酬

(城镇集体经济单位)

EMPLOYEES AND AVERAGE EARNINGS BY SECTOR

(Urban Collective-owned Units, 1997)

项目	Item	单位数(个) Number of Units	年末人数(人) Employees (person)	#女性 Female	平均劳动报酬(元) Average Earnings (yuan)
全国总计	**National Total**	**466573**	**28826813**	**12710456**	**4516**
按企、事业和机关分组	**Grouped by Enterprises, Institutions and Organizations**				
企业	Enterprises	393843	27235853	12027545	4461
事业	Institutions	69619	1520447	658616	5417
机关	Organizations	3100	70127	24042	6366
按国民经济行业分组	**Grouped by Sector**				
农、林、牧、渔业	**Farming, Forestry, Animal Husbandry and Fishery**	**11191**	**199142**	**65545**	**3939**
农业	Farming	400	53045	27174	3687
林业	Forestry	170	8257	3652	2497
畜牧业	Animal Husbandry	591	14159	5029	4321
渔业	Fishery	167	10117	2542	4180
农、林、牧、渔服务业	Services	9863	113564	27148	4086
采掘业	**Mining and Quarrying**	**2948**	**731196**	**309786**	**4160**
制造业	**Manufacturing**	**124695**	**12613400**	**6552809**	**4134**
电力、煤气及水的生产和供应业	**Electricity, Gas and Water Production and Supply**	**1217**	**112523**	**36777**	**9045**
建筑业	**Construction**	**22112**	**4041456**	**750570**	**5476**
土木工程建筑业	Civil Engineering	15808	3572255	625044	5227
线路、管道和设备安装业	Circuit Pipelines and Equipment Installation	3612	366096	103594	7864
装修装饰业	Buildings Completion	2692	103105	21932	5753
地质勘查业、水利管理业	**Geological Prospecting, Water Conservancy**	**760**	**30446**	**11316**	**6343**
地质勘查业	Geological Prospecting	94	16417	8470	6830
水利管理业	Water Conservancy	666	14029	2846	5722
交通运输、仓储及邮电通信业	**Transport, Storage and Communications**	**9875**	**1270365**	**394221**	**4067**
铁路运输业	Transport via Railways	367	45378	26223	5297
公路运输业	Transport via Highways	4125	575381	163822	3548
管道运输业	Transport via Pipelines	2	304	93	11880
水上运输业	Water Transport	1358	334839	91835	3689
航空运输业	Air Transport				
交通运输辅助业	Supporting and Auxiliary Transport Activities	2569	227833	70621	4764
其他交通运输业	Other Transports	221	25730	13033	4513
仓储业	Storage	650	30633	12258	5914
邮电通信业	Postal and Telecommunications	583	30267	16336	8828
批发和零售贸易、餐饮业	**Wholesale and Retail Trade, Restaurants**	**169373**	**6476191**	**3073674**	**3901**
食品、饮料、烟草和家庭用品批发业	Wholesale of Food, Beverages, Tobacco and Household Goods	32837	1433675	671879	4093
能源、材料和机械电子设备批发业	Wholesale Energy, Materials and Electronic Equipment	24587	611400	272597	4941
其他批发业	Other Wholesale	16318	878051	360861	3772
零售业	Retail	85566	3297244	1611584	3609
商业经纪与代理业	Commercial Brokerages and Agencies	249	7243	3529	4664
餐饮业	Restaurants	9816	248578	153224	4515
金融、保险业	**Financial Intermediation and Insurance**	**32991**	**773799**	**327505**	**7570**

5-1 续表1 continued

项　　目	Item	单位数(个) Number of Units	年末人数(人) Employees (person)	#女性 Female	平均劳动报酬(元) Average Earnings (yuan)
金融业	Financial Intermediation	32972	773114	327218	7570
保险业	Insurance	19	685	287	7347
房地产业	**Real Estate Activities**	**2649**	**78911**	**27548**	**7654**
房地产开发与经营业	Real Estate Development and Operation	1897	57948	20301	7577
房地产管理业	Real Estate Managment	597	18365	6201	7654
房地产代理与经纪业	Real Estate Brokerages and Agencies	155	2598	1046	9393
社会服务业	**Social Services**	**23770**	**904272**	**447396**	**5676**
公共服务业	Public Facilities Services	3052	198686	91243	6237
居民服务业	Residential Services	7108	223511	113529	4925
旅馆业	Hotels	5216	201985	128306	5255
租赁服务业	Renting Services	313	9506	4431	6183
旅游业	Tourism	365	12301	7007	5773
娱乐服务业	Recreational Services	797	14404	7743	6202
信息、咨询服务业	Information and Consultancy Services	3003	48753	18481	8205
计算机应用服务业	Computer Application Services	696	12549	4298	12449
其他社会服务业	Other Social Services	3220	182577	72358	5223
卫生、体育和社会福利业	**Health Care, Sporting and Social Welfare**	**27554**	**628044**	**316148**	**6264**
卫生	Health Care	26689	611256	307049	6301
体育	Sporting	15	199	102	6281
社会福利保障业	Social Welfare	850	16589	8997	4901
教育、文化艺术和广播电影电视业	**Education, Culture and Arts, Radio, Film and Television**	**23312**	**525586**	**215959**	**4226**
教育	Education	20523	484010	199721	4153
#普通高等学校	Institutes of Higher Education	7	896	293	7895
普通中学	Secondary Schools	1266	60401	20787	4475
小学校	Primary Schools	17170	363011	140465	3654
文化艺术业	Culture and Arts	1031	26855	10829	4745
广播电影电视业	Radio, Film and Television	1758	14721	5409	5691
科学研究和综合技术服务业	**Scientific Research and Polytechnical Services**	**3877**	**104717**	**32984**	**6805**
科学研究业	Scientific Research	158	4426	1553	5919
自然科学研究	Natural Science Research	102	3067	941	5786
社会科学研究	Social Science Research	13	208	100	6311
其他科学研究	Other Science Research	43	1151	512	6183
综合技术服务业	Polytechnical Services	3719	100291	31431	6842
#气象	Atmosphere	7	66	22	3597
地震	Seismology	1	16	3	10000
测绘	Surveying and Mapping	37	607	177	6861
技术监督	Technology Supervisor	171	4345	1551	7060
海洋环境	Sea and Ocean Environments				
环境保护	Environmental Protection	86	2046	948	6502
技术推广和科技交流服务业	Technology Promotion and Exchange Services	1024	18764	6189	7188
工程设计业	Engineering Design	404	13616	4753	8610
其他综合技术服务业	Other Polytechnical Services	1989	60831	17788	6282
国家机关、政党机关和社会团体	**Government Agencies, Party Agencies and Social Organizations**	**3290**	**58878**	**21573**	**6166**
#国家机关	Government Agencies	1818	46081	14089	6519
政党机关	Party Agencies	20	1988	785	2770
其他行业	**Others**	**6959**	**277887**	**126645**	**5761**
#企业管理机构	Enterprise Management Organizations	5686	181143	75940	5838

5-2 分地区分行业从业人员年末人数

(城镇集体经济单位)

EMPLOYEES BY SECTOR AND REGION

(Urban Collective-owned Units, 1997)

单位:万人 (10 000 persons)

地 区 Region	合 计 Total	农、林、牧、渔业 Farming, Forestry, Animal Husbandry and Fishery	采掘业 Mining and Quarrying	制造业 Manufacturing	电力、煤气及水的生产和供应业 Electricity, Gas and Water Production and Supply	建筑业 Construction	地质勘查业、水利管理业 Geological Prospecting, Water Conservancy	交通运输、仓储及邮电通信业 Transport, Storage and Communication
全国总计 National	**2882.68**	**19.91**	**73.12**	**1261.34**	**11.25**	**404.15**	**3.04**	**127.04**
北 京 Beijing	68.50	0.11	0.04	21.21	0.07	15.98	0.03	1.74
天 津 Tianjin	58.19	0.09	0.02	28.55	0.01	4.33	1.28	3.47
河 北 Hebei	113.11	0.28	1.30	56.08	0.37	16.19	0.08	3.70
山 西 Shanxi	83.92	0.34	9.09	33.06	0.56	6.43	0.01	1.93
内蒙古 Inner Mongolia	59.75	0.60	2.62	23.55	0.06	11.83	0.02	1.60
辽 宁 Liaoning	262.79	1.14	11.15	137.42	2.01	38.47	0.15	9.11
吉 林 Jilin	100.90	0.46	2.78	54.33	0.44	10.04	0.05	4.61
黑龙江 Heilongjiang	158.71	2.95	15.33	67.96	0.54	24.74	0.09	5.85
上 海 Shanghai	79.48	0.01		32.00	0.52	5.98	0.02	3.97
江 苏 Jiangsu	242.40	1.14	2.76	127.61	0.71	16.54	0.24	13.59
浙 江 Zhejiang	147.14	0.44	0.18	62.58	0.44	34.21	0.14	6.07
安 徽 Anhui	121.33	0.51	5.34	50.09	0.20	13.55	0.03	9.48
福 建 Fujian	55.61	0.10	0.20	19.23	0.13	12.97	0.06	3.61
江 西 Jiangxi	68.45	0.35	1.61	29.66	0.21	9.37	…	3.41
山 东 Shandong	193.57	2.27	5.87	98.22	0.25	16.56	…	5.77
河 南 Henan	191.68	1.21	3.56	59.35	0.63	22.25	0.10	6.24
湖 北 Hubei	127.76	1.07	0.48	63.68	0.14	10.49	0.05	7.25
湖 南 Hunan	113.19	1.15	0.63	47.02	0.16	15.41	0.26	7.79
广 东 Guangdong	181.44	0.51	0.73	77.57	1.57	36.61	0.17	8.14
广 西 Guangxi	43.74	0.14	0.58	14.84	0.14	7.56		3.13
海 南 Hainan	8.35	0.15	0.06	1.59	0.08	1.86		0.42
重 庆 Chongqing	62.23	0.89	0.92	26.13	0.11	10.17	0.01	4.25
四 川 Sichuan	132.47	2.92	2.69	49.41	0.65	23.40	0.12	7.00
贵 州 Guizhou	31.92	0.18	0.23	11.06	0.06	7.94	…	1.25
云 南 Yunnan	41.97	0.27	0.92	14.87	0.60	6.56	0.01	0.80
西 藏 Tibet	1.20	0.03	0.08	0.45		0.46	…	
陕 西 Shaanxi	53.08	0.39	0.64	21.73	0.01	8.29	0.03	1.30
甘 肃 Gansu	36.03	0.10	1.31	15.63	0.40	5.90	0.05	0.96
青 海 Qinghai	7.56	0.02	0.07	2.93		1.99		0.09
宁 夏 Ningxia	8.69	0.02	1.19	3.19	0.11	1.72	0.01	0.08
新 疆 Xinjiang	27.54	0.09	0.73	10.34	0.07	6.35	0.03	0.41

5-2 续表1 continued

单位: 万人 (10 000 persons)

地区 Region		批发和零售贸易、餐饮业 Wholesale and Retail Trade, Restaurants	金融、保险业 Financial Intermediation and Insurance	房地产业 Real Estate Activities	社会服务业 Social Services	卫生、体育和社会福利业 Health Care, Sporting and Social Welfare	教育、文化艺术和广播电影电视业 Education, Culture and Arts, Radio, Film and Television	科学研究和综合技术服务业 Scientific Research and Polytechnical Services	国家机关、政党机关和社会团体 Government Agencies, Party Agencies and Social Organizations	其他 Others
全国总计	**National**	**647.62**	**77.38**	**7.89**	**90.43**	**62.80**	**52.56**	**10.47**	**5.89**	**27.79**
北京	Beijing	14.51	0.77	0.18	8.46	1.31	0.72	2.38	0.01	1.00
天津	Tianjin	14.87	0.50	0.12	2.85	0.30	0.33	0.91	0.01	0.56
河北	Hebei	25.09	4.65	0.12	2.11	1.57	0.45	0.05	0.21	0.86
山西	Shanxi	21.02	2.73	0.06	3.77	2.41	0.58	0.39	0.20	1.32
内蒙古	Inner Mongolia	13.47	1.95	0.04	1.36	1.53	0.05	0.01	0.06	1.01
辽宁	Liaoning	43.61	4.44	0.61	9.76	2.37	0.56	0.61		1.39
吉林	Jilin	19.97	2.81	0.05	2.84	1.27	0.09	0.14	0.11	0.91
黑龙江	Heilongjiang	26.45	2.06	0.44	6.41	1.13	0.18	0.32	0.19	4.07
上海	Shanghai	24.65	0.40	0.68	4.57	2.96	0.45	0.20	0.08	2.98
江苏	Jiangsu	54.41	3.65	0.73	5.93	9.36	3.75	0.22	0.69	1.06
浙江	Zhejiang	27.07	4.28	0.49	4.57	4.39	0.71	0.28	0.21	1.07
安徽	Anhui	27.41	2.75	0.22	5.44	5.10	0.42	0.10	0.41	0.28
福建	Fujian	11.58	1.70	0.36	1.77	3.03	0.18	0.07	0.18	0.43
江西	Jiangxi	19.08	1.77	0.04	1.64	0.81	0.03	0.02	0.28	0.18
山东	Shandong	44.20	5.94	0.53	2.73	5.47	1.43	0.32	0.30	3.70
河南	Henan	43.43	7.04	0.41	4.56	1.25	39.64	0.19	0.26	1.57
湖北	Hubei	34.82	3.20	0.09	3.78	1.37	0.61	0.04	0.17	0.53
湖南	Hunan	28.40	4.49	0.08	2.16	4.20	0.25	0.05	0.40	0.75
广东	Guangdong	39.10	5.93	1.55	5.79	1.11	0.69	0.20	0.50	1.27
广西	Guangxi	13.05	2.48	0.13	0.93	0.13	0.13	0.04	0.19	0.28
海南	Hainan	2.62	0.46	0.09	0.38	0.51	0.07	0.01	0.01	0.03
重庆	Chongqing	13.54	1.30	0.09	0.79	2.53	0.11	1.17	0.13	0.08
四川	Sichuan	32.74	4.53	0.17	1.99	5.79	0.28	0.07	0.47	0.22
贵州	Guizhou	7.01	1.33	0.33	1.07	0.44	0.31	0.03	0.01	0.65
云南	Yunnan	11.79	1.75	0.02	1.56	0.09	0.07	2.31	0.16	0.19
西藏	Tibet	0.09			0.08	…	…		…	
陕西	Shaanxi	14.40	2.04	0.13	0.85	1.52	0.43	0.10	0.33	0.89
甘肃	Gansu	8.73	1.03	0.05	1.09	0.41	0.01	0.22	0.07	0.09
青海	Qinghai	1.65	0.29	0.03	0.29	0.07	…		0.12	…
宁夏	Ningxia	1.73	0.31		0.13	0.02	0.01	0.03	…	0.13
新疆	Xinjiang	7.10	0.82	0.04	0.78	0.33	0.02	0.02	0.12	0.29

5-3 分地区分行业从业人员平均劳动报酬

(城镇集体经济单位)

AVERAGE EARNINGS OF EMPLOYEES BY SECTOR AND REGION

(Urban Collective-owned Units, 1997)

单位: 元 (yuan)

地 区 Region	合 计 Total	农、林、牧、渔业 Farming, Forestry, Animal Husbandry and Fishery	采掘业 Mining and Quarrying	制造业 Manufacturing	电力、煤气及水的生产和供应业 Electricity, Gasand Water Production and Supply	建筑业 Construction	地质勘查业、水利管理业 Geological Prospecting, Water Conservancy	交通运输、仓储及邮电通信业 Transport, Storage and Communication
全国总计 National	**4516**	**3939**	**4160**	**4134**	**9045**	**5476**	**6343**	**4067**
北 京 Beijing	8221	7186	6411	7388	12698	8823	7112	8358
天 津 Tianjin	5063	6955	6030	4294	5526	7049	7531	5077
河 北 Hebei	3849	3878	4197	3557	7286	4698	4299	3091
山 西 Shanxi	3178	3070	4989	2872	7757	3554	2926	2309
内蒙古 Inner Mongolia	3551	3182	3198	3121	6243	4751	3383	3664
辽 宁 Liaoning	3616	4591	2614	3203	9598	4779	3887	3699
吉 林 Jilin	3815	3029	3803	3596	9951	5074	2987	3360
黑龙江 Heilongjiang	2758	2055	3174	2231	12213	3531	1272	2173
上 海 Shanghai	7379	7742		5649	14689	10732	13064	7394
江 苏 Jiangsu	5186	4881	4718	4886	8810	6219	6623	4596
浙 江 Zhejiang	7022	7992	6328	6109	11229	9094	7817	6145
安 徽 Anhui	3691	3678	4768	3456	5893	4207	5671	3029
福 建 Fujian	5590	6798	5088	4787	12200	6837	5344	5375
江 西 Jiangxi	3634	3290	3780	3421	4552	3850	4000	2983
山 东 Shandong	4185	4902	5339	4055	5522	4899	5926	3535
河 南 Henan	3672	3952	5976	3501	7930	4079	3805	3126
湖 北 Hubei	3732	4008	3870	3494	5666	4292	4273	3496
湖 南 Hunan	3757	3966	3219	3319	7785	4316	5945	2932
广 东 Guangdong	6826	6253	8026	6755	9488	6972	8574	6099
广 西 Guangxi	4428	3211	5315	4536	11027	4909		3876
海 南 Hainan	4192	2664	4653	3343	3731	4237		4353
重 庆 Chongqing	4023	4077	3324	3679	4650	4475	3000	3960
四 川 Sichuan	3987	3853	4061	4048	7263	4411	4392	3279
贵 州 Guizhou	3543	1862	4689	3366	3179	3749	2733	3868
云 南 Yunnan	5347	3078	4910	5374	7700	5720	4093	7814
西 藏 Tibet	4648	2637	4118	4746		4509	2333	
陕 西 Shaanxi	3182	2867	3334	2927	5974	3551	4150	2576
甘 肃 Gansu	4578	3088	5862	4930	8297	4166	4071	3756
青 海 Qinghai	3416	6203	5182	2776		3849		2706
宁 夏 Ningxia	4826	4532	6723	3838	13175	5458	5850	4882
新 疆 Xinjiang	5847	5279	6364	5486	6020	6452	4822	7203

5－3 续表1 continued

单位: 元 (yuan)

地区 Region		批发和零售贸易、餐饮业 Wholesale and Retail Trade, Restaurants	金融、保险业 Financial Intermediation and Insurance	房地产业 Real Estate Activities	社会服务业 Social Services	卫生、体育和社会福利业 Health Care, Sporting and Social Welfare	教育、文化艺术和广播电影电视业 Education, Culture and Arts, Radio, Film and Television	科学研究和综合技术服务业 Scientific Research and Polytechnical Services	国家机关、政党机关和社会团体 Government Agencies, Party Agencies and Social Organizations	其他 Others
全国总计	**National**	**3901**	**7570**	**7654**	**5676**	**6264**	**4226**	**6805**	**6166**	**5761**
北京	Beijing	7890	8439	10226	8843	10018	9454	9330	14099	10139
天津	Tianjin	5323	11828	6615	6195	5393	5471	8326	8815	2068
河北	Hebei	3218	6701	3613	4646	4710	4287	5082	5634	5071
山西	Shanxi	2337	5120	4263	2963	3837	3119	5301	5283	3746
内蒙古	Inner Mongolia	2710	6026	5146	3592	4063	4897	4310	4805	4406
辽宁	Liaoning	2807	8925	5592	5133	4408	4542	5004		5160
吉林	Jilin	2930	7436	4468	4757	5031	5914	5791	6564	4519
黑龙江	Heilongjiang	2474	7706	3647	3012	4477	5479	4611	6267	3363
上海	Shanghai	7298	20811	10687	8729	11719	9027	9030	11363	10167
江苏	Jiangsu	4665	8780	9899	6692	7960	5184	9162	8434	7962
浙江	Zhejiang	5712	10756	8557	7307	9004	7964	8450	9076	8421
安徽	Anhui	3315	6511	5712	3673	4788	4788	4594	4250	4829
福建	Fujian	4170	10532	8830	6280	7100	7462	7693	4368	6274
江西	Jiangxi	3611	6220	2384	3446	4833	3767	3784	5144	4271
山东	Shandong	3237	6985	6828	4435	6212	5881	8883	6631	5087
河南	Henan	2869	6471	4699	4274	4934	3705	4666	3436	5369
湖北	Hubei	3473	6692	5064	5223	4619	4700	6574	5922	5292
湖南	Hunan	3438	7881	5819	4119	4991	6375	7404	5765	4775
广东	Guangdong	5619	9539	10287	9360	9960	10246	13276	8435	10466
广西	Guangxi	3724	5826	7510	4899	5017	4848	7175	5156	4850
海南	Hainan	3105	9238	7563	4951	6573	4611	7528	6039	6570
重庆	Chongqing	3527	7907	6636	4607	5001	4183	7198	6010	5495
四川	Sichuan	3160	6377	4589	4271	4750	4452	3680	5884	5792
贵州	Guizhou	2996	6121	5004	3528	3028	2359	4901	4800	4368
云南	Yunnan	4896	7060	6213	5781	5867	5818	3085	6936	7170
西藏	Tibet	4068			6760	3854	4000		2700	
陕西	Shaanxi	2840	6022	3590	3390	3943	3505	3192	4209	3779
甘肃	Gansu	3781	5556	5658	4959	4861	4713	4718	4586	5632
青海	Qinghai	3246	6494	4900	3508	7319	3778		2513	7439
宁夏	Ningxia	3738	6657		4921	5461	2820	4413	5737	2483
新疆	Xinjiang	5302	7982	7790	5571	6834	4548	5306	6571	6724

5-4 分行业全部职工人数和平均工资

(城镇集体经济单位)

FORMAL EMPLOYEES AND AVERAGE WAGES BY SECTOR

(Urban Collective-owned Units, 1997)

项　目	Item	年末人数（人） Formal Employees (Year-end, person)	#女性 Female	平均人数（人） Formal Employees (year-average, person)	平均工资（元） Average Wages (yuan)
全国总计	**National Total**	**28169569**	**12471420**	**27781440**	**4512**
按企、事业和机关分组	**Grouped by Enterprises, Institutions and Organizations**				
企业	Enterprises	26724817	11843220	26352473	4443
事业	Institutions	1378009	605463	1362121	5743
机关	Organizations	66358	22486	66463	6338
按国民经济行业分组	**Grouped by Sector**				
农、林、牧、渔业	**Farming, Forestry, Animal Husbandry and Fishery**	**197779**	**65263**	**194805**	**3945**
农业	Farming	52776	27100	50727	3700
林业	Forestry	8245	3642	7993	2494
畜牧业	Animal Husbandry	14013	4995	13985	4327
渔业	Fishery	10088	2538	10001	4184
农、林、牧、渔服务业	Services	112657	26988	112099	4090
采掘业	**Mining and Quarrying**	**719837**	**306834**	**703024**	**4164**
制造业	**Manufacturing**	**12443812**	**6471208**	**12250175**	**4120**
电力、煤气及水的生产和供应业	**Electricity, Gas and Water Production and Supply**	**110606**	**36019**	**108119**	**9064**
建筑业	**Construction**	**3929959**	**736732**	**3883350**	**5466**
土木工程建筑业	Civil Engineering	3479100	613076	3442672	5217
线路、管道和设备安装业	Circuit Pipelines and Equipment Installation	354481	102356	346972	7896
装修装饰业	Buildings Completion	96378	21300	93706	5615
地质勘查业、水利管理业	**Geological Prospecting, Water Conservancy**	**30183**	**11258**	**29736**	**6342**
地质勘查业	Geological Prospecting	16246	8430	16645	6836
水利管理业	Water Conservancy	13937	2828	13091	5715
交通运输、仓储及邮电通信业	**Transport, Storage and Communications**	**1252916**	**388805**	**1235012**	**4057**
铁路运输业	Transport via Railways	43115	25118	38896	5156
公路运输业	Transport via Highways	571124	162737	564216	3528
管道运输业	Transport via Pipelines	284	93	280	12561
水上运输业	Water Transport	330916	90854	329567	3708
航空运输业	Air Transport				
交通运输辅助业	Supporting and Auxiliary Transport Activities	222370	68738	220408	4785
其他交通运输业	Other Transports	25416	12953	21527	4479
仓储业	Storage	29922	12166	30329	5891
邮电通信业	Postal and Telecommunications	29769	16146	29789	8857
批发和零售贸易、餐饮业	**Wholesale and Retail Trade, Restaurants**	**6369979**	**3027941**	**6300005**	**3873**
食品、饮料、烟草和家庭用品批发业	Wholesale of Food, Beverages, Tobacco and Household Goods	1416041	664982	1406541	4077
能源、材料和机械电子设备批发业	Wholesale Energy, Materials and Electronic Equipment	593849	267249	591671	4927
其他批发业	Other Wholesale	862528	353658	855926	3723
零售业	Retail	3249399	1589297	3204337	3586
商业经纪与代理业	Commercial Brokerages and Agencies	7160	3488	7023	4646
餐饮业	Restaurants	241002	149267	234507	4434
金融、保险业	**Financial Intermediation and Insurance**	**756952**	**321351**	**750438**	**7634**

5－4 续表1 continued

项　目	Item	年末人数（人） Formal Employees (Year－end, person)	#女性 Female	平均人数（人） Formal Employees (year－average, person)	平均工资（元） Average Wages (yuan)
金融业	Financial Intermediation	756442	321140	749930	7633
保险业	Insurance	510	211	508	9124
房地产业	**Real Estate Activities**	**73047**	**26059**	**71577**	**7687**
房地产开发与经营业	Real Estate Development and Operation	53643	19105	52414	7592
房地产管理业	Real Estate Managment	16980	5919	16819	7748
房地产代理与经纪业	Real Estate Brokerages and Agencies	2424	1035	2344	9374
社会服务业	**Social Services**	**865774**	**431585**	**845440**	**5663**
公共服务业	Public Facilities Services	192763	88797	188060	6262
居民服务业	Residential Services	209322	107228	201376	4886
旅馆业	Hotels	195424	124360	191550	5228
租赁服务业	Renting Services	9108	4408	8947	6196
旅游业	Tourism	11976	6841	11975	5818
娱乐服务业	Recreational Services	14035	7515	13868	6191
信息、咨询服务业	Information and Consultancy Services	44105	17232	43232	8238
计算机应用服务业	Computer Application Services	11844	4064	11638	12744
其他社会服务业	Other Social Services	177197	71140	174794	5204
卫生、体育和社会福利业	**Health Care, Sporting and Social Welfare**	**615067**	**307108**	**608266**	**6294**
卫生	Health Care	601091	299764	594358	6319
体育	Sporting	199	102	222	6257
社会福利保障业	Social Welfare	13777	7242	13686	5206
教育、文化艺术和广播电影电视业	**Education, Culture and Arts, Radio, Film and Television**	**402952**	**174225**	**398556**	**4955**
教育	Education	362628	158470	358701	4944
#普通高等学校	Institutes of Higher Education	369	195	359	7471
普通中学	Secondary Schools	54124	18994	53466	4732
小学校	Primary Schools	250737	102323	247235	4546
文化艺术业	Culture and Arts	25813	10406	25504	4689
广播电影电视业	Radio, Film and Television	14511	5349	14351	5698
科学研究和综合技术服务业	**Scientific Research and Polytechnical Services**	**75157**	**24963**	**73458**	**7749**
科学研究业	Scientific Research	3398	1215	3383	6368
自然科学研究	Natural Science Research	2494	825	2395	5963
社会科学研究	Social Science Research	199	98	215	6288
其他科学研究	Other Science Research	705	292	773	7646
综合技术服务业	Polytechnical Services	71759	23748	70075	7816
#气象	Atmosphere	66	21	67	3597
地震	Seismology	7	2	7	10429
测绘	Surveying and Mapping	603	177	621	6889
技术监督	Technology Supervisor	3915	1503	3871	6918
海洋环境	Sea and Ocean Environments				
环境保护	Environmental Protection	1993	845	1943	6493
技术推广和科技交流服务业	Technology Promotion and Exchange Services	18332	6077	17521	7231
工程设计业	Engineering Design	12182	4406	12339	8684
其他综合技术服务业	Other Polytechnical Services	34661	10717	33706	8007
国家机关、政党机关和社会团体	**Government Agencies, Party Agencies and Social Organizations**	**57144**	**20857**	**57150**	**6244**
#国家机关	Government Agencies	45137	13668	45173	6592
政党机关	Party Agencies	1988	785	1988	2770
其他行业	**Others**	**268405**	**121212**	**272329**	**5780**
#企业管理机构	Enterprise Management Organizations	178670	74479	172720	5841

5-5 分地区分行业全部职工人数和平均工资

(城镇集体经济单位)

FORMAL EMPLOYEES AND AVERAGE WAGES BY SECTOR AND REGION

(Urban Collective-owned Units, 1997)

地　区 Region	总　计 Total				企 业 Enterprises			
	单位数(个) Number of Units	职工年末人数(万人) Formal Employees (year-end, 10 000)	#女性 Female	平均工资(元) Average Wages (yuan)	单位数(个) Number of Units	职工年末人数(万人) Formal Employees (year-end, 10 000)	#女性 Female	平均工资(元) Average Wages (yuan)
全国总计 National	**466573**	**2816.96**	**1247.14**	**4512**	**393843**	**2672.48**	**1184.32**	**4443**
北　京 Beijing	12691	65.02	23.48	8259	12116	62.76	22.12	8206
天　津 Tianjin	15095	55.28	26.15	5083	14606	54.28	25.64	5051
河　北 Hebei	16638	112.13	45.98	3843	14962	108.60	44.48	3815
山　西 Shanxi	14144	82.32	33.93	3177	12229	77.82	31.76	3145
内蒙古 Inner Mongolia	10495	59.38	27.46	3551	9126	56.95	26.42	3531
辽　宁 Liaoning	33886	256.98	132.62	3583	31861	252.18	130.16	3560
吉　林 Jilin	14416	100.19	52.21	3813	13589	97.75	50.91	3781
黑龙江 Heilongjiang	18681	157.89	74.98	2747	18087	155.34	73.71	2729
上　海 Shanghai	11720	71.22	36.03	7329	10766	66.96	33.38	7048
江　苏 Jiangsu	30622	239.61	112.67	5183	25038	222.89	104.96	5024
浙　江 Zhejiang	31988	144.53	54.06	7026	27153	136.94	50.63	6924
安　徽 Anhui	16096	119.65	54.92	3692	12616	112.63	52.14	3630
福　建 Fujian	11746	54.80	21.69	5582	10127	50.67	19.82	5467
江　西 Jiangxi	11467	67.64	31.67	3636	10706	65.39	30.67	3616
山　东 Shandong	18740	190.90	86.40	4186	15826	182.35	82.53	4092
河　南 Henan	40281	176.84	71.73	3797	21708	145.35	59.36	3634
湖　北 Hubei	14940	126.46	59.16	3731	12637	122.47	57.58	3693
湖　南 Hunan	17045	110.48	48.12	3736	13257	103.32	45.20	3645
广　东 Guangdong	36331	179.58	71.89	6814	34625	174.39	69.39	6742
广　西 Guangxi	7168	42.59	17.75	4437	6811	41.77	17.40	4421
海　南 Hainan	1490	8.25	3.04	4208	1262	7.46	2.66	4034
重　庆 Chongqing	10653	61.64	26.38	4016	7759	57.86	24.95	3962
四　川 Sichuan	26532	131.04	52.54	3982	18111	120.73	49.05	3930
贵　州 Guizhou	7226	31.33	11.29	3556	6541	30.48	10.95	3562
云　南 Yunnan	8391	39.12	15.26	5473	8033	38.50	14.98	5453
西　藏 Tibet	352	1.13	0.44	4588	287	1.04	0.39	4622
陕　西 Shaanxi	14405	52.39	23.34	3177	11760	49.19	22.13	3142
甘　肃 Gansu	5552	35.22	14.46	4598	4895	34.14	14.01	4598
青　海 Qinghai	1595	7.49	3.31	3419	1432	7.22	3.16	3377
宁　夏 Ningxia	1532	8.63	3.49	4831	1491	8.54	3.46	4831
新　疆 Xinjiang	4655	27.20	10.70	5849	4426	26.52	10.33	5840

5－5 续表1 continued

地　区 Region	非农企业 Nonagricultural Enterprises 单位数(个) Number of Units	职工年末人数(万人) Formal Employees (year－end, 10 000)	＃女性 Female	平均工资(元) Average Wages (yuan)	事业 Institutions 单位数(个) Number of Units	职工年末人数(万人) Formal Employees (year－end, 10 000)	＃女性 Female	平均工资(元) Average Wages (yuan)
全国总计 National	**382652**	**2652.70**	**1177.80**	**4447**	**69619**	**137.80**	**60.55**	**5743**
北　京 Beijing	12044	62.65	22.09	8208	575	2.26	1.36	9728
天　津 Tianjin	14593	54.19	25.62	5048	471	0.90	0.48	6507
河　北 Hebei	14725	108.32	44.44	3815	1516	3.07	1.36	4637
山　西 Shanxi	11916	77.48	31.67	3146	1829	4.24	2.10	3645
内蒙古 Inner Mongolia	8755	56.35	26.23	3535	1338	2.35	1.01	3944
辽　宁 Liaoning	31441	251.05	129.53	3555	1959	4.66	2.39	4733
吉　林 Jilin	13384	97.29	50.72	3785	781	2.34	1.27	4947
黑龙江 Heilongjiang	17887	152.39	72.24	2741	508	2.23	1.16	3721
上　海 Shanghai	10763	66.94	33.38	7048	799	4.09	2.55	11927
江　苏 Jiangsu	24532	221.75	104.64	5025	5406	16.28	7.59	7219
浙　江 Zhejiang	26736	136.50	50.56	6920	4731	7.32	3.38	8830
安　徽 Anhui	12246	112.11	52.01	3629	3353	6.55	2.59	4704
福　建 Fujian	10049	50.57	19.80	5464	1576	3.99	1.83	6958
江　西 Jiangxi	10480	65.04	30.60	3618	658	1.98	0.90	4022
山　东 Shandong	15245	180.08	81.29	4082	2689	8.28	3.78	6214
河　南 Henan	20845	144.15	59.01	3631	18572	31.49	12.36	4556
湖　北 Hubei	12070	121.41	57.37	3690	2176	3.60	1.48	4790
湖　南 Hunan	12573	102.19	44.98	3642	3378	6.74	2.73	5009
广　东 Guangdong	34421	173.89	69.26	6744	1454	4.70	2.29	9275
广　西 Guangxi	6737	41.62	17.33	4425	284	0.67	0.31	5107
海　南 Hainan	1244	7.33	2.60	4058	222	0.77	0.38	5862
重　庆 Chongqing	6936	56.97	24.79	3960	2805	3.60	1.38	4796
四　川 Sichuan	15256	117.83	48.57	3932	8147	9.83	3.34	4515
贵　州 Guizhou	6531	30.30	10.85	3572	681	0.84	0.33	3331
云　南 Yunnan	7989	38.23	14.87	5469	205	0.38	0.20	6485
西　藏 Tibet	261	1.02	0.38	4663	52	0.06	0.03	3923
陕　西 Shaanxi	10997	48.81	22.07	3144	2517	2.87	1.12	3595
甘　肃 Gansu	4759	34.04	13.99	4602	584	0.89	0.38	4624
青　海 Qinghai	1376	7.20	3.15	3368	113	0.14	0.07	6297
宁　夏 Ningxia	1473	8.52	3.46	4831	41	0.08	0.03	4842
新　疆 Xinjiang	4388	26.43	10.30	5842	199	0.59	0.35	5871

5－5 续表2 continued

地　区 Region	机关 Organizations				农、林、牧、渔业 Farming, Forestry, Animal Husbandry and Fishery			
	单位数(个) Number of Units	职工年末人数(万人) Formal Employees (year－end, 10 000)	#女性 Female	平均工资(元) Average Wages (yuan)	单位数(个) Number of Units	职工年末人数(万人) Formal Employees (year－end, 10 000)	#女性 Female	平均工资(元) Average Wages (yuan)
全国总计 National	**3100**	**6.64**	**2.25**	**6338**	**11191**	**19.78**	**6.53**	**3945**
北　京 Beijing					72	0.10	0.03	7165
天　津 Tianjin	18	0.10	0.03	9037	13	0.09	0.02	6955
河　北 Hebei	160	0.46	0.14	5350	237	0.28	0.04	3882
山　西 Shanxi	86	0.26	0.07	4774	313	0.33	0.08	3080
内蒙古 Inner Mongolia	31	0.09	0.03	5766	371	0.59	0.19	3188
辽　宁 Liaoning	66	0.14	0.07	6207	420	1.13	0.63	4633
吉　林 Jilin	46	0.11	0.03	6107	205	0.45	0.19	3035
黑龙江 Heilongjiang	86	0.32	0.12	4839	200	2.95	1.47	2054
上　海 Shanghai	155	0.18	0.10	10044	3	0.01	…	7329
江　苏 Jiangsu	178	0.45	0.13	9171	506	1.14	0.32	4881
浙　江 Zhejiang	104	0.27	0.06	10336	417	0.44	0.07	7991
安　徽 Anhui	127	0.47	0.18	4359	370	0.51	0.14	3678
福　建 Fujian	43	0.14	0.04	6759	78	0.10	0.02	6806
江　西 Jiangxi	103	0.28	0.10	5041	226	0.35	0.07	3290
山　东 Shandong	225	0.27	0.09	6180	581	2.26	1.24	4904
河　南 Henan	1	…	…	6459	863	1.19	0.35	3969
湖　北 Hubei	127	0.39	0.10	5607	567	1.06	0.21	4023
湖　南 Hunan	410	0.42	0.19	5746	684	1.13	0.22	3958
广　东 Guangdong	252	0.48	0.21	8916	204	0.51	0.13	6254
广　西 Guangxi	73	0.15	0.04	5890	74	0.14	0.07	3200
海　南 Hainan	5	0.02	…	6000	18	0.14	0.06	2790
重　庆 Chongqing	89	0.17	0.04	5945	823	0.89	0.16	4078
四　川 Sichuan	274	0.48	0.15	6096	2855	2.90	0.48	3865
贵　州 Guizhou	4	0.01	0.01	3578	10	0.18	0.09	1862
云　南 Yunnan	151	0.24	0.07	6969	44	0.27	0.11	3080
西　藏 Tibet					26	0.02	0.01	2503
陕　西 Shaanxi	128	0.33	0.09	4704	763	0.39	0.06	2867
甘　肃 Gansu	73	0.18	0.06	4431	136	0.10	0.02	3088
青　海 Qinghai	50	0.13	0.08	2635	56	0.02	0.01	6203
宁　夏 Ningxia					18	0.02	…	4532
新　疆 Xinjiang	30	0.09	0.02	8403	38	0.09	0.02	5264

5-5 续表3 continued

地　区 Region	农业 Farming				林业 Forestry			
	单位数(个) Number of Units	职工年末人数(万人) Formal Employees (year-end, 10 000)	#女性 Female	平均工资(元) Average Wages (yuan)	单位数(个) Number of Units	职工年末人数(万人) Formal Employees (year-end, 10 000)	#女性 Female	平均工资(元) Average Wages (yuan)
全国总计 National	**400**	**5.28**	**2.71**	**3700**	**170**	**0.82**	**0.36**	**2494**
北　京 Beijing	4	0.01	…	9048	1	…	…	7273
天　津 Tianjin	1	0.01	0.01	8423				
河　北 Hebei	2	0.01	…	3106				
山　西 Shanxi	2	0.05	…	3427	6	0.01	…	3865
内蒙古 Inner Mongolia	17	0.26	0.12	2907	6	0.04	0.01	3257
辽　宁 Liaoning	27	0.17	0.06	2568	43	0.08	0.04	2735
吉　林 Jilin	16	0.15	0.09	2047	5	0.01	0.01	1542
黑龙江 Heilongjiang	82	1.93	0.92	2580	6	0.19	0.07	295
上　海 Shanghai								
江　苏 Jiangsu	28	0.10	0.04	5545	9	0.02	0.01	7129
浙　江 Zhejiang	14	0.03	0.01	8476	1	…	…	6000
安　徽 Anhui					9	0.10	0.06	3089
福　建 Fujian	10	0.03	0.01	3947	7	0.02	0.01	2820
江　西 Jiangxi	24	0.07	0.03	3716	6	0.01	0.01	3258
山　东 Shandong	55	1.67	1.09	4796	5	…	…	6958
河　南 Henan	34	0.19	0.07	5570	9	…	…	3063
湖　北 Hubei	3	0.01	…	4859	2	…	…	4911
湖　南 Hunan	7	0.04	0.01	3573	7	0.03	0.01	2616
广　东 Guangdong	15	0.07	0.02	6285	18	0.06	0.02	5364
广　西 Guangxi	21	0.08	0.04	2807	4	0.02	0.01	2996
海　南 Hainan	5	0.09	0.04	3041	6	0.03	0.01	1780
重　庆 Chongqing								
四　川 Sichuan	3	0.03	0.01	4798	3	0.01	…	3196
贵　州 Guizhou	4	0.17	0.09	1821				
云　南 Yunnan	11	0.04	0.01	6533	16	0.18	0.08	2310
西　藏 Tibet	2	0.02	0.01	2235				
陕　西 Shaanxi	2	...	...	3357	1	…	…	4800
甘　肃 Gansu								
青　海 Qinghai								
宁　夏 Ningxia	3	0.01	...	3917				
新　疆 Xinjiang	8	0.03	0.01	5857				

5－5 续表4 continued

地　区 Region	畜牧业 Animal Husbandry 单位数(个) Number of Units	职工年末人数(万人) Formal Employees (year－end, 10 000)	#女性 Female	平均工资(元) Average Wages (yuan)	渔业 Fishery 单位数(个) Number of Units	职工年末人数(万人) Formal Employees (year－end, 10 000)	#女性 Female	平均工资(元) Average Wages (yuan)
全国总计 National	**591**	**1.40**	**0.50**	**4327**	**167**	**1.01**	**0.25**	**4184**
北京 Beijing	8	0.03	0.01	6164				
天津 Tianjin	4	…	…	4375	2	0.01	…	8568
河北 Hebei	3	…	…	3455	3	0.02	…	3055
山西 Shanxi	5	0.06	0.01	4005				
内蒙古 Inner Mongolia	7	0.01	0.01	2810	2	0.01	…	1103
辽宁 Liaoning	57	0.12	0.05	3940	22	0.06	0.02	3368
吉林 Jilin	37	0.13	0.05	2884	4	0.02	…	2096
黑龙江 Heilongjiang	17	0.04	0.02	2993	4	0.01	…	6509
上海 Shanghai	1	0.01	…	6576				
江苏 Jiangsu	17	0.08	0.04	5008	52	0.54	0.12	3797
浙江 Zhejiang	4	0.01	…	6648	6	0.02	…	9552
安徽 Anhui	58	0.06	0.02	4292	7	0.02	…	4228
福建 Fujian	1	…	…	5842	2	0.03	…	12594
江西 Jiangxi	21	0.06	0.01	2093	5	0.01	0.01	3469
山东 Shandong	18	0.09	0.04	5041	20	0.11	0.02	4431
河南 Henan	45	0.21	0.10	5163	7	0.01	…	3170
湖北 Hubei	4	0.04	0.02	3933	12	0.03	0.01	3389
湖南 Hunan	4	0.03	…	2185	3	0.07	0.03	2637
广东 Guangdong	22	0.06	0.02	9743	12	0.04	0.01	5565
广西 Guangxi	4	…	…	5426				
海南 Hainan	1	0.01	…	246	1	…	…	5524
重庆 Chongqing	2	0.01	0.01	4025				
四川 Sichuan	128	0.21	0.05	3732	2	…		2444
贵州 Guizhou								
云南 Yunnan	5	0.03	0.01	2414				
西藏 Tibet								
陕西 Shaanxi	71	0.03	0.01	4448				
甘肃 Gansu	2	0.01	…	5273				
青海 Qinghai	28	0.01	…	5508				
宁夏 Ningxia	1	0.01	…	4897				
新疆 Xinjiang	12	0.04	0.01	4997	1	…		6000

5-5 续表5 continued

地　区 Region	农、林、牧、渔服务业 Service 单位数(个) Number of Units	职工年末人数(万人) Formal Employees (year-end, 10 000)	#女性 Female	平均工资(元) Average Wages (yuan)	采掘业 Mining and Quarrying 单位数(个) Number of Units	职工年末人数(万人) Formal Employees (year-end, 10 000)	#女性 Female	平均工资(元) Average Wages (yuan)
全国总计 National	**9863**	**11.27**	**2.70**	**4090**	**2948**	**71.98**	**30.68**	**4164**
北　京 Beijing	59	0.05	0.01	7415	5	0.04	…	6411
天　津 Tianjin	6	0.06	0.01	6409	6	0.02	…	6049
河　北 Hebei	229	0.24	0.03	3992	67	1.29	0.45	4189
山　西 Shanxi	300	0.22	0.07	2727	394	9.00	2.77	5040
内蒙古 Inner Mongolia	339	0.27	0.05	3569	120	2.61	1.15	3201
辽　宁 Liaoning	271	0.71	0.45	5494	269	11.05	6.30	2572
吉　林 Jilin	143	0.14	0.04	4479	114	2.78	1.40	3803
黑龙江 Heilongjiang	91	0.78	0.46	1222	388	15.30	7.03	3171
上　海 Shanghai	2	…	…	14429				
江　苏 Jiangsu	400	0.40	0.12	6031	133	2.61	1.58	4812
浙　江 Zhejiang	392	0.38	0.05	7927	17	0.18	0.07	6338
安　徽 Anhui	296	0.33	0.05	3695	89	5.13	2.52	4758
福　建 Fujian	58	0.02	…	5560	38	0.20	0.04	5077
江　西 Jiangxi	170	0.19	0.02	3509	78	1.59	0.61	3797
山　东 Shandong	483	0.39	0.09	5453	118	5.86	2.26	5342
河　南 Henan	768	0.78	0.19	3286	144	3.51	0.80	6042
湖　北 Hubei	546	0.98	0.18	4037	82	0.48	0.11	3870
湖　南 Hunan	663	0.97	0.17	4155	67	0.58	0.19	3212
广　东 Guangdong	137	0.29	0.06	5878	116	0.73	0.13	8021
广　西 Guangxi	45	0.04	0.01	3809	33	0.57	0.25	5360
海　南 Hainan	5	0.01	…	4649	11	0.06	0.02	4660
重　庆 Chongqing	821	0.88	0.16	4078	47	0.91	0.51	3325
四　川 Sichuan	2719	2.64	0.41	3867	94	2.67	0.99	4060
贵　州 Guizhou	5	…	…	5238	34	0.23	0.05	4713
云　南 Yunnan	12	0.02	…	4572	81	0.91	0.33	4861
西　藏 Tibet	21	…	…	3743	8	0.08	0.01	4118
陕　西 Shaanxi	689	0.35	0.05	2722	122	0.59	0.24	3353
甘　肃 Gansu	134	0.09	0.02	2720	75	1.01	0.32	6607
青　海 Qinghai	28	0.01	…	7028	7	0.07	0.04	5134
宁　夏 Ningxia	14	0.01	…	4723	104	1.19	0.31	6724
新　疆 Xinjiang	17	0.02	…	4794	87	0.73	0.19	6385

5－5 续表6 continued

地　区 Region	制 造 业 Manufacturing				电力、煤气及水的生产和供应业 Electricity, Gas and Water Production and Supply			
	单位数（个）Number of Units	职工年末人数(万人) Formal Employees (year－end, 10 000)	#女性 Female	平均工资（元）Average Wages (yuan)	单位数（个）Number of Units	职工年末人数(万人) Formal Employees (year－end, 10 000)	#女性 Female	平均工资（元）Average Wages (yuan)
全国总计 National	**124695**	**1244.38**	**647.12**	**4120**	**1217**	**11.06**	**3.60**	**9064**
北　京 Beijing	2278	20.63	9.88	7381	5	0.06	0.01	12769
天　津 Tianjin	4113	27.63	14.35	4271	7	0.01	…	5561
河　北 Hebei	4796	55.60	27.38	3550	23	0.36	0.14	7326
山　西 Shanxi	2922	32.29	14.65	2863	31	0.54	0.20	7929
内蒙古 Inner Mongolia	2931	23.40	12.55	3124	8	0.06	0.01	6243
辽　宁 Liaoning	13553	134.56	75.06	3173	111	2.00	0.84	9603
吉　林 Jilin	5659	53.94	30.49	3591	23	0.44	0.16	9951
黑龙江 Heilongjiang	7337	67.64	36.38	2219	18	0.54	0.13	12213
上　海 Shanghai	2824	30.33	16.52	5511	41	0.50	0.10	15014
江　苏 Jiangsu	8884	126.52	65.71	4879	100	0.70	0.29	8876
浙　江 Zhejiang	8880	61.74	30.35	6102	98	0.44	0.08	11255
安　徽 Anhui	3657	49.35	27.03	3468	18	0.20	0.05	5915
福　建 Fujian	3017	19.04	10.24	4780	19	0.13	0.04	12200
江　西 Jiangxi	3939	29.38	16.09	3418	49	0.21	0.06	4552
山　东 Shandong	4798	97.76	48.98	4050	14	0.25	0.08	5529
河　南 Henan	6939	58.61	28.69	3490	26	0.62	0.15	7635
湖　北 Hubei	4913	62.87	32.94	3500	23	0.14	0.06	5666
湖　南 Hunan	4677	46.27	23.70	3294	40	0.15	0.05	7884
广　东 Guangdong	8990	76.82	41.26	6734	328	1.55	0.42	9342
广　西 Guangxi	1930	14.70	7.41	4543	17	0.14	0.05	11074
海　南 Hainan	262	1.58	0.73	3330	19	0.08	0.03	3675
重　庆 Chongqing	2433	25.85	13.37	3668	28	0.11	0.05	4653
四　川 Sichuan	4698	48.79	23.81	4039	57	0.64	0.23	7328
贵　州 Guizhou	1719	10.95	4.91	3365	16	0.06	0.02	3178
云　南 Yunnan	1824	14.68	6.93	5380	62	0.54	0.17	8041
西　藏 Tibet	63	0.44	0.11	4760				
陕　西 Shaanxi	2954	21.46	11.38	2925	3	0.01	…	6273
甘　肃 Gansu	1398	15.24	7.60	4955	12	0.40	0.11	8296
青　海 Qinghai	454	2.91	1.65	2767				
宁　夏 Ningxia	341	3.17	1.70	3835	2	0.11	0.04	13175
新　疆 Xinjiang	1512	10.21	5.30	5471	19	0.07	0.02	6020

5－5 续表7 continued

地 区 Region		建筑业 Construction				土木工程建筑业 Civil Engineering			
		单位数(个) Number of Units	职工年末人数(万人) Formal Employees (year－end, 10 000)	#女性 Female	平均工资(元) Average Wages (yuan)	单位数(个) Number of Units	职工年末人数(万人) Formal Employees (year－end, 10 000)	#女性 Female	平均工资(元) Average Wages (yuan)
全国总计	**National**	**22112**	**393.00**	**73.67**	**5466**	**15808**	**347.91**	**61.31**	**5217**
北 京	Beijing	814	15.25	1.05	8810	332	11.95	0.69	8411
天 津	Tianjin	832	4.04	1.11	7176	350	2.23	0.53	6691
河 北	Hebei	729	15.99	1.48	4679	607	15.12	1.29	4595
山 西	Shanxi	521	6.18	1.18	3515	386	5.14	0.88	3240
内蒙古	Inner Mongolia	714	11.71	3.27	4749	638	10.80	2.98	4659
辽 宁	Liaoning	2212	37.38	13.30	4729	1444	28.53	9.74	4356
吉 林	Jilin	701	9.88	2.99	5107	496	8.35	2.50	4949
黑龙江	Heilongjiang	1485	24.54	7.55	3521	949	20.46	6.59	3322
上 海	Shanghai	453	5.09	1.20	10940	270	3.05	0.72	9110
江 苏	Jiangsu	988	16.32	2.83	6213	696	13.65	2.29	5566
浙 江	Zhejiang	1083	33.57	2.57	9106	784	31.07	2.24	8944
安 徽	Anhui	637	13.30	2.61	4178	553	12.60	2.35	4101
福 建	Fujian	793	12.73	2.11	6878	644	11.38	1.85	6569
江 西	Jiangxi	466	9.13	2.08	3857	419	8.66	1.88	3825
山 东	Shandong	681	16.04	2.81	4933	416	13.88	2.09	4579
河 南	Henan	1308	20.76	2.41	4060	964	18.92	2.00	3926
湖 北	Hubei	688	10.37	2.45	4309	538	9.19	1.96	3976
湖 南	Hunan	542	14.38	2.11	4293	472	13.69	1.92	4180
广 东	Guangdong	2305	35.98	4.17	6978	1228	33.77	3.76	6834
广 西	Guangxi	392	6.90	1.12	4913	344	6.67	1.06	4855
海 南	Hainan	75	1.83	0.40	4293	59	1.72	0.37	4168
重 庆	Chongqing	411	10.00	2.00	4465	376	9.53	1.81	4440
四 川	Sichuan	908	23.11	4.21	4407	791	22.08	3.91	4274
贵 州	Guizhou	422	7.70	1.32	3772	375	7.26	1.22	3637
云 南	Yunnan	424	6.48	0.93	5723	326	5.83	0.80	5523
西 藏	Tibet	33	0.43	0.21	4239	32	0.43	0.21	4239
陕 西	Shaanxi	513	8.14	1.68	3518	443	7.54	1.45	3568
甘 肃	Gansu	304	5.84	0.83	4168	280	5.39	0.72	3867
青 海	Qinghai	135	1.99	0.35	3851	133	1.98	0.34	3831
宁 夏	Ningxia	133	1.69	0.28	5472	107	1.40	0.21	5276
新 疆	Xinjiang	410	6.25	1.08	6468	356	5.62	0.94	6343

5－5 续表8 continued

地　区 Region	线路、管道和设备安装业 Circuit, Pipelines and Equipment Installation				装修装饰业 Buildings Completion			
	单位数(个) Number of Units	职工年末人数(万人) Formal Employees (year-end, 10 000)	#女性 Female	平均工资(元) Average Wages (yuan)	单位数(个) Number of Units	职工年末人数(万人) Formal Employees (year-end, 10 000)	#女性 Female	平均工资(元) Average Wages (yuan)
全国总计 National	**3612**	**35.45**	**10.24**	**7896**	**2692**	**9.64**	**2.13**	**5615**
北　京 Beijing	302	2.46	0.29	10906	180	0.83	0.07	8105
天　津 Tianjin	253	1.37	0.48	8486	229	0.44	0.10	5312
河　北 Hebei	83	0.71	0.16	6912	39	0.16	0.03	4367
山　西 Shanxi	105	0.95	0.27	5038	30	0.09	0.03	4539
内蒙古 Inner Mongolia	62	0.86	0.28	6038	14	0.05	0.01	4932
辽　宁 Liaoning	570	8.04	3.30	6181	198	0.81	0.25	4051
吉　林 Jilin	147	1.28	0.43	6237	58	0.25	0.06	4249
黑龙江 Heilongjiang	385	3.10	0.75	4932	151	0.98	0.21	3212
上　海 Shanghai	57	1.09	0.29	19623	126	0.94	0.19	6829
江　苏 Jiangsu	172	2.11	0.41	10194	120	0.56	0.13	6490
浙　江 Zhejiang	170	2.07	0.26	11984	129	0.44	0.07	7678
安　徽 Anhui	66	0.60	0.24	5594	18	0.09	0.02	5289
福　建 Fujian	106	1.20	0.24	9887	43	0.16	0.03	6645
江　西 Jiangxi	33	0.34	0.16	4958	14	0.13	0.05	3045
山　东 Shandong	120	1.52	0.50	8496	145	0.64	0.22	4305
河　南 Henan	149	1.23	0.33	6160	195	0.61	0.09	3863
湖　北 Hubei	109	1.06	0.45	7104	41	0.11	0.03	4478
湖　南 Hunan	52	0.61	0.17	6580	18	0.07	0.02	6583
广　东 Guangdong	299	0.90	0.16	10354	778	1.31	0.25	8252
广　西 Guangxi	34	0.21	0.05	6732	14	0.02	…	4547
海　南 Hainan	10	0.11	0.02	6452	6	0.01	…	2095
重　庆 Chongqing	17	0.23	0.06	6793	18	0.24	0.12	3479
四　川 Sichuan	93	0.88	0.27	7492	24	0.15	0.02	5000
贵　州 Guizhou	36	0.39	0.10	6379	11	0.05	0.01	2888
云　南 Yunnan	59	0.49	0.11	7814	39	0.16	0.02	5979
西　藏 Tibet								
陕　西 Shaanxi	43	0.40	0.15	2738	27	0.20	0.07	3170
甘　肃 Gansu	19	0.40	0.11	8717	5	0.04	0.01	4325
青　海 Qinghai	1	0.01	…	10469	1	…	…	3783
宁　夏 Ningxia	22	0.28	0.07	7152	4	0.01	…	4020
新　疆 Xinjiang	38	0.56	0.13	8110	16	0.07	0.02	5631

5－5 续表9 continued

地 区 Region	地质勘查业、水利管理业 Geological Prospecting, Water Conservancy				地质勘查业 Geological Prospecting			
	单位数(个) Number of Units	职工年末人数(万人) Formal Employees (year－end, 10 000)	#女性 Female	平均工资(元) Average Wages (yuan)	单位数(个) Number of Units	职工年末人数(万人) Formal Employees (year－end, 10 000)	#女性 Female	平均工资(元) Average Wages (yuan)
全国总计 National	**760**	**3.02**	**1.13**	**6342**	**94**	**1.62**	**0.84**	**6836**
北 京 Beijing	9	0.03	…	7115	5	0.01	…	7282
天 津 Tianjin	26	1.28	0.73	7537	3	1.25	0.72	7566
河 北 Hebei	16	0.08	0.01	4294	1	0.02	…	4895
山 西 Shanxi	6	0.01	…	3099	5	0.01	…	3017
内蒙古 Inner Mongolia	5	0.02	…	3383	1	…	…	2721
辽 宁 Liaoning	34	0.15	0.06	3882	18	0.10	0.04	3805
吉 林 Jilin	10	0.05	0.02	2987	3	0.02	0.01	2591
黑龙江 Heilongjiang	15	0.09	0.02	1272	8	0.06	0.01	829
上 海 Shanghai	2	0.01	…	16230	2	0.01	…	16230
江 苏 Jiangsu	92	0.24	0.05	6642	6	0.02	…	9670
浙 江 Zhejiang	103	0.13	0.02	7844	7	0.01	…	7450
安 徽 Anhui	16	0.03	0.01	5686	1	..	…	5545
福 建 Fujian	25	0.06	0.01	5357	1	0.01	…	5357
江 西 Jiangxi	1	…		4000				
山 东 Shandong	4	…	…	5926				
河 南 Henan	57	0.10	0.02	3850	13	0.04	0.01	5140
湖 北 Hubei	26	0.05	0.01	4273	2	0.01	0.01	3657
湖 南 Hunan	138	0.26	0.06	5945				
广 东 Guangdong	52	0.17	0.02	8463	6	0.01	…	4754
广 西 Guangxi								
海 南 Hainan								
重 庆 Chongqing	9	0.01	…	3000				
四 川 Sichuan	50	0.12	0.04	4385	1	…	…	10778
贵 州 Guizhou	3	…	…	2733				
云 南 Yunnan	8	0.01	…	4093	2	0.01	…	2873
西 藏 Tibet								
陕 西 Shaanxi	26	0.03	0.01	4150				
甘 肃 Gansu	9	0.05	0.02	4146	8	0.04	0.02	4091
青 海 Qinghai								
宁 夏 Ningxia	2	0.01	…	5629	1	…	…	7212
新 疆 Xinjiang	15	0.03	…	4822				

5－5 续表10 continued

地　　区 Region	水利管理业 Water Conservancy				交通运输、仓储及邮电通信业 Transport, Storage and Communications			
	单位数(个) Number of Units	职工年末人数(万人) Formal Employees (year－end, 10 000)	#女性 Female	平均工资(元) Average Wages (yuan)	单位数(个) Number of Units	职工年末人数(万人) Formal Employees (year－end, 10 000)	#女性 Female	平均工资(元) Average Wages (yuan)
全国总计 National	**666**	**1.39**	**0.28**	**5715**	**9875**	**125.29**	**38.88**	**4057**
北　京 Beijing	4	0.02	…	7033	159	1.68	0.55	8396
天　津 Tianjin	23	0.03	…	6171	469	3.40	1.05	4952
河　北 Hebei	15	0.06	0.01	4096	284	3.70	0.83	3091
山　西 Shanxi	1	…	…	3545	141	1.93	0.61	2303
内蒙古 Inner Mongolia	4	0.01	…	3613	148	1.59	0.59	3663
辽　宁 Liaoning	16	0.05	0.02	4035	902	9.03	3.65	3687
吉　林 Jilin	7	0.03	0.01	3304	370	4.59	2.12	3342
黑龙江 Heilongjiang	7	0.03	0.01	2340	463	5.84	2.40	2172
上　海 Shanghai					335	3.61	1.21	7461
江　苏 Jiangsu	86	0.22	0.04	6388	812	13.55	4.15	4588
浙　江 Zhejiang	96	0.12	0.02	7883	892	6.01	1.58	6148
安　徽 Anhui	15	0.03	0.01	5691	417	9.41	2.99	3021
福　建 Fujian	24	0.05	0.01	5357	369	3.44	0.89	5233
江　西 Jiangxi	1	…		4000	240	3.38	1.04	2980
山　东 Shandong	4	…	…	5926	352	5.73	1.55	3535
河　南 Henan	44	0.06	0.01	3054	412	5.95	1.71	3201
湖　北 Hubci	24	0.04	…	4420	340	7.22	1.96	3494
湖　南 Hunan	138	0.26	0.06	5945	391	7.66	1.99	2957
广　东 Guangdong	46	0.16	0.02	8634	893	8.11	2.13	6099
广　西 Guangxi					190	3.00	1.02	3936
海　南 Hainan					42	0.42	0.10	4353
重　庆 Chongqing	9	0.01	…	3000	241	4.24	1.19	3961
四　川 Sichuan	49	0.12	0.04	4289	443	6.96	1.88	3285
贵　州 Guizhou	3	…	…	2733	147	1.25	0.41	3874
云　南 Yunnan	6	0.01	…	5358	103	0.80	0.21	7817
西　藏 Tibet								
陕　西 Shaanxi	26	0.03	0.01	4150	155	1.29	0.41	2573
甘　肃 Gansu	1	…	…	4778	90	0.95	0.47	3740
青　海 Qinghai					7	0.07	0.02	2706
宁　夏 Ningxia	1	…	…	4216	8	0.08	0.02	4882
新　疆 Xinjiang	15	0.03	…	4822	60	0.41	0.18	7235

5-5 续表11 continued

地　区 Region	铁路运输业 Transport via Railways 单位数(个) Number of Units	职工年末人数(万人) Formal Employees (year-end, 10 000)	#女性 Female	平均工资(元) Average Wages (yuan)	公路运输业 Transport via Highways 单位数(个) Number of Units	职工年末人数(万人) Formal Employees (year-end, 10 000)	#女性 Female	平均工资(元) Average Wages (yuan)
全国总计 National	**367**	**4.31**	**2.51**	**5156**	**4125**	**57.11**	**16.27**	**3528**
北　京 Beijing					63	1.29	0.37	8019
天　津 Tianjin	4	…	…	12600	206	2.69	0.77	4317
河　北 Hebei					230	3.25	0.76	2984
山　西 Shanxi					99	1.57	0.52	1789
内蒙古 Inner Mongolia	30	0.56	0.25	5026	62	0.55	0.17	1883
辽　宁 Liaoning	123	1.45	0.82	4588	425	5.11	1.68	2731
吉　林 Jilin	68	0.70	0.40	3919	132	1.98	0.60	2578
黑龙江 Heilongjiang					184	2.82	1.15	1650
上　海 Shanghai	22	0.15	0.06	9223	94	1.20	0.40	6466
江　苏 Jiangsu	15	0.19	0.13	6185	229	3.48	1.05	4288
浙　江 Zhejiang					243	1.93	0.47	5409
安　徽 Anhui	22	0.25	0.17	2800	252	4.81	1.35	3342
福　建 Fujian	40	0.45	0.32	7677	118	0.95	0.26	4046
江　西 Jiangxi					76	0.89	0.25	3052
山　东 Shandong	13	0.08	0.04	4091	254	4.80	1.28	3125
河　南 Henan	1	…	…	1500	198	3.98	0.92	2992
湖　北 Hubei					160	2.57	0.66	3436
湖　南 Hunan					142	2.97	0.70	3234
广　东 Guangdong	8	0.06	0.03	11275	270	1.88	0.44	6387
广　西 Guangxi					63	0.74	0.26	4320
海　南 Hainan					16	0.12	0.03	2935
重　庆 Chongqing					117	1.59	0.49	3376
四　川 Sichuan					259	3.63	1.00	3328
贵　州 Guizhou					27	0.24	0.06	3543
云　南 Yunnan	6	0.11	0.04	8720	33	0.31	0.08	6197
西　藏 Tibet								
陕　西 Shaanxi					92	0.94	0.28	2416
甘　肃 Gansu	15	0.31	0.26	3535	30	0.43	0.12	2737
青　海 Qinghai					3	0.05	0.02	2489
宁　夏 Ningxia					5	0.05	0.01	1763
新　疆 Xinjiang					43	0.27	0.10	7054

5－5 续表12 continued

地 区 Region	水上运输业 Water Transport				交通运输辅助业 Supporting and Auxiliary Transport Activities			
	单位数(个) Number of Units	职工年末人数(万人) Formal Employees (year－end, 10 000)	#女性 Female	平均工资(元) Average Wages (yuan)	单位数(个) Number of Units	职工年末人数(万人) Formal Employees (year－end, 10 000)	#女性 Female	平均工资(元) Average Wages (yuan)
全国总计 National	**1358**	**33.09**	**9.09**	**3708**	**2569**	**22.24**	**6.87**	**4785**
北 京 Beijing					59	0.14	0.06	9454
天 津 Tianjin	2	…	…	8633	149	0.28	0.08	7120
河 北 Hebei					41	0.40	0.04	3690
山 西 Shanxi	1	…		2583	14	0.23	0.04	4124
内蒙古 Inner Mongolia					51	0.47	0.17	4306
辽 宁 Liaoning	10	0.02	…	5982	194	1.46	0.71	5257
吉 林 Jilin	1	0.01	0.01	4290	33	0.40	0.09	5135
黑龙江 Heilongjiang	6	0.06	0.01	1631	235	2.80	1.17	2608
上 海 Shanghai	31	0.75	0.18	6591	102	0.93	0.30	8388
江 苏 Jiangsu	241	6.23	1.90	3959	224	2.75	0.73	4997
浙 江 Zhejiang	152	2.59	0.54	5249	198	0.87	0.27	7875
安 徽 Anhui	66	3.68	1.24	2422	68	0.63	0.20	3741
福 建 Fujian	92	1.14	0.12	5530	97	0.79	0.16	4487
江 西 Jiangxi	77	1.58	0.43	2278	68	0.72	0.31	4090
山 东 Shandong	20	0.41	0.08	4451	42	0.22	0.07	7933
河 南 Henan	15	0.37	0.13	1158	142	1.26	0.47	3926
湖 北 Hubei	74	3.15	0.87	3455	78	1.19	0.30	3452
湖 南 Hunan	90	3.03	0.87	2130	88	1.48	0.34	3826
广 东 Guangdong	265	4.39	1.12	4762	276	1.47	0.32	8295
广 西 Guangxi	48	1.04	0.44	3224	67	1.10	0.28	3809
海 南 Hainan	11	0.22	0.04	3889	15	0.08	0.03	8355
重 庆 Chongqing	63	2.02	0.52	4405	50	0.54	0.14	3818
四 川 Sichuan	82	2.32	0.57	2808	86	0.81	0.22	4447
贵 州 Guizhou	7	0.08	0.01	3355	103	0.75	0.22	3233
云 南 Yunnan	1	…	…	4643	17	0.04	0.02	4501
西 藏 Tibet								
陕 西 Shaanxi	3	0.01	…	2470	24	0.19	0.05	3132
甘 肃 Gansu					33	0.13	0.06	6202
青 海 Qinghai					1	0.01	…	3352
宁 夏 Ningxia					3	0.03	0.01	9289
新 疆 Xinjiang					11	0.07	0.03	6412

5-5 续表13 continued

地区 Region	其他交通运输业 Other Transports 单位数(个) Number of Units	职工年末人数(万人) Formal Employees (year-end, 10 000)	#女性 Female	平均工资(元) Average Wages (yuan)	仓储业 Storage 单位数(个) Number of Units	职工年末人数(万人) Formal Employees (year-end, 10 000)	#女性 Female	平均工资(元) Average Wages (yuan)
全国总计 National	**221**	**2.54**	**1.30**	**4479**	**650**	**2.99**	**1.22**	**5891**
北京 Beijing					25	0.08	0.02	8446
天津 Tianjin	1	0.01	…	6243	100	0.39	0.18	6388
河北 Hebei					9	0.04	0.01	5016
山西 Shanxi	3	0.01	…	4990	17	0.08	0.02	4086
内蒙古 Inner Mongolia					5	0.02	0.01	3256
辽宁 Liaoning	39	0.38	0.12	3363	82	0.34	0.17	5338
吉林 Jilin	105	1.23	0.95	3600	18	0.06	0.02	3163
黑龙江 Heilongjiang					27	0.12	0.06	3219
上海 Shanghai	6	0.02	…	5930	74	0.41	0.17	9111
江苏 Jiangsu	28	0.32	0.08	5650	30	0.20	0.08	6369
浙江 Zhejiang	2	0.01	…	11284	67	0.12	0.05	7977
安徽 Anhui					3	0.02	0.01	5484
福建 Fujian	1	…		3333	16	0.07	0.02	6979
江西 Jiangxi	11	0.15	0.04	4333	8	0.04	0.01	4285
山东 Shandong	2	0.02	…	2952	14	0.14	0.05	4777
河南 Henan	1	…		2000	33	0.22	0.11	3873
湖北 Hubei	1	0.09	0.04	3655	21	0.20	0.06	4370
湖南 Hunan					6	0.04	0.01	6026
广东 Guangdong	6	0.01	…	6982	35	0.07	0.02	8042
广西 Guangxi					7	0.05	0.01	3993
海南 Hainan								
重庆 Chongqing	1	0.01	…	5873	3	0.02	0.01	5127
四川 Sichuan	1	0.07	0.03	1919	13	0.12	0.04	3500
贵州 Guizhou					6	0.03	0.01	3702
云南 Yunnan	4	0.18	0.01	9751	7	0.04	0.01	8605
西藏 Tibet								
陕西 Shaanxi	4	0.02	…	2991	14	0.04	0.03	3223
甘肃 Gansu	2	…	…	4118	9	0.06	0.02	5887
青海 Qinghai	3	0.01	…	3467				
宁夏 Ningxia								
新疆 Xinjiang					1	…	…	4556

5－5 续表14 continued

地　区 Region		邮电通信业 Postal and Telecommunications				批发和零售贸易、餐饮业 Wholesale and Retail Trade, Restaurants			
		单位数(个) Number of Units	职工年末人数(万人) Formal Employees (year－end, 10 000)	#女性 Female	平均工资(元) Average Wages (yuan)	单位数(个) Number of Units	职工年末人数(万人) Formal Employees (year－end, 10 000)	#女性 Female	平均工资(元) Average Wages (yuan)
全国总计	**National**	**583**	**2.98**	**1.61**	**8857**	**169373**	**637.00**	**302.79**	**3873**
北　京	Beijing	12	0.17	0.10	10661	5077	13.74	6.89	7966
天　津	Tianjin	7	0.02	0.01	7299	7413	13.90	6.71	5381
河　北	Hebei	4	0.02	0.01	5236	5786	24.99	11.40	3216
山　西	Shanxi	7	0.03	0.02	8263	5925	20.81	8.64	2344
内蒙古	Inner Mongolia					3803	13.43	6.64	2708
辽　宁	Liaoning	29	0.26	0.15	8740	11528	42.67	22.68	2766
吉　林	Jilin	13	0.22	0.06	3793	5153	19.92	10.32	2929
黑龙江	Heilongjiang	11	0.05	0.02	7344	6055	26.34	12.71	2464
上　海	Shanghai	6	0.16	0.09	7982	6063	20.85	11.13	7301
江　苏	Jiangsu	45	0.38	0.17	12312	11108	53.80	26.11	4660
浙　江	Zhejiang	230	0.49	0.25	10473	12288	26.56	11.86	5718
安　徽	Anhui	6	0.02	0.01	10167	5925	27.18	13.28	3319
福　建	Fujian	5	0.03	0.01	10146	4262	11.52	4.96	4138
江　西	Jiangxi					4381	18.90	9.49	3620
山　东	Shandong	7	0.06	0.03	8501	7345	43.78	20.51	3232
河　南	Henan	20	0.10	0.07	5950	9165	43.21	19.54	2864
湖　北	Hubei	6	0.03	0.02	8167	4735	34.70	16.75	3473
湖　南	Hunan	65	0.14	0.06	5051	4293	28.20	14.23	3421
广　东	Guangdong	33	0.23	0.18	12286	17753	38.99	16.61	5616
广　西	Guangxi	5	0.07	0.03	13521	2699	12.94	6.04	3731
海　南	Hainan					512	2.62	1.06	3104
重　庆	Chongqing	7	0.05	0.03	5203	2818	13.47	6.55	3524
四　川	Sichuan	2	0.02	0.02	6512	7987	32.60	15.33	3156
贵　州	Guizhou	4	0.15	0.11	7952	2443	6.96	3.00	2994
云　南	Yunnan	35	0.12	0.05	9528	3815	11.50	5.06	4922
西　藏	Tibet					174	0.08	0.04	4257
陕　西	Shaanxi	18	0.08	0.05	2712	5582	14.27	6.77	2841
甘　肃	Gansu	1	0.01	…	5538	2208	8.68	3.94	3785
青　海	Qinghai					653	1.65	0.90	3250
宁　夏	Ningxia					564	1.72	0.87	3741
新　疆	Xinjiang	5	0.06	0.05	9048	1860	7.01	2.79	5311

5-5 续表15 continued

地　区 Region	食品、饮料、烟草和家庭用品批发业 wholesale of Food, Beverages, Tobacco and Househould Goods				能源、材料和机械电子设备批发业 Wholesale of Energy, Materials and Electronic Equipment			
	单位数(个) Number of Units	职工年末人数(万人) Formal Employees (year-end, 10 000)	#女性 Female	平均工资(元) Average Wages (yuan)	单位数(个) Number of Units	职工年末人数(万人) Formal Employees (year-end, 10 000)	#女性 Female	平均工资(元) Average Wages (yuan)
全国总计 National	**32837**	**141.60**	**66.50**	**4077**	**24587**	**59.38**	**26.72**	**4927**
北　京 Beijing	1331	3.01	1.37	7828	1022	2.33	0.96	8907
天　津 Tianjin	1659	2.80	1.31	5359	1814	3.49	1.50	5854
河　北 Hebei	1170	6.48	3.15	3505	612	2.08	0.96	4097
山　西 Shanxi	755	3.48	1.49	2949	686	2.31	0.96	3355
内蒙古 Inner Mongolia	551	2.68	1.29	2439	426	1.00	0.49	3611
辽　宁 Liaoning	1672	6.55	3.40	2957	3240	7.03	3.52	3434
吉　林 Jilin	663	3.21	1.54	2174	636	1.66	0.86	3260
黑龙江 Heilongjiang	989	5.31	2.31	2279	1113	2.85	1.39	2637
上　海 Shanghai	873	3.82	1.97	7856	502	2.33	1.16	8233
江　苏 Jiangsu	2284	12.02	5.94	5146	1256	3.62	1.69	5709
浙　江 Zhejiang	2916	6.28	2.82	5791	2107	3.04	1.17	6669
安　徽 Anhui	973	6.80	3.30	3410	398	1.62	0.82	4874
福　建 Fujian	638	1.49	0.71	4395	608	1.10	0.53	6635
江　西 Jiangxi	727	4.07	1.99	4082	134	0.39	0.19	2784
山　东 Shandong	1256	8.26	3.88	3695	866	2.70	1.14	4085
河　南 Henan	1432	12.43	5.98	2925	1761	3.72	1.59	4144
湖　北 Hubei	1089	10.27	4.71	3688	471	3.11	1.49	3712
湖　南 Hunan	1071	7.38	3.66	3623	412	1.48	0.72	4072
广　东 Guangdong	5683	11.22	4.98	5582	3726	5.97	2.35	6924
广　西 Guangxi	312	1.82	0.93	4386	300	0.57	0.24	4974
海　南 Hainan	115	0.61	0.23	2916	39	0.08	0.04	5638
重　庆 Chongqing	488	3.19	1.57	3155	238	1.18	0.53	4233
四　川 Sichuan	1567	8.26	3.78	3269	661	1.94	0.78	3727
贵　州 Guizhou	373	1.13	0.48	3240	331	0.88	0.38	3312
云　南 Yunnan	440	1.68	0.82	5277	482	0.78	0.33	5328
西　藏 Tibet								
陕　西 Shaanxi	941	2.43	1.01	2945	275	0.67	0.30	3124
甘　肃 Gansu	376	1.75	0.72	3999	138	0.72	0.32	3979
青　海 Qinghai	44	0.17	0.09	3948	2	0.01	…	3963
宁　夏 Ningxia	31	0.14	0.07	3641	54	0.16	0.07	4475
新　疆 Xinjiang	418	2.89	1.02	5653	277	0.58	0.24	6100

5－5 续表16 continued

地　区 Region	其他批发业 Other Wholesale				零售业 Retail			
	单位数（个）Number of Units	职工年末人数(万人) Formal Employees (year-end, 10 000)	#女性 Female	平均工资（元）Average Wages (yuan)	单位数（个）Number of Units	职工年末人数(万人) Formal Employees (year-end, 10 000)	#女性 Female	平均工资（元）Average Wages (yuan)
全国总计 National	**16318**	**86.25**	**35.37**	**3723**	**85566**	**324.94**	**158.93**	**3586**
北京 Beijing	191	0.48	0.19	9984	2129	6.81	3.76	7575
天津 Tianjin	205	0.43	0.17	7277	3177	6.22	3.17	5075
河北 Hebei	1025	4.25	1.66	3071	2835	11.64	5.28	2903
山西 Shanxi	226	1.13	0.50	3021	4087	13.55	5.47	1921
内蒙古 Inner Mongolia	244	1.36	0.61	3429	2296	7.63	3.76	2524
辽宁 Liaoning	789	3.70	1.77	3156	5159	23.22	12.57	2441
吉林 Jilin	384	2.31	1.01	4414	3133	11.58	6.18	2747
黑龙江 Heilongjiang	492	2.39	0.98	3334	3156	15.05	7.52	2349
上海 Shanghai	1000	1.24	0.56	9953	3017	11.43	6.21	6843
江苏 Jiangsu	755	5.08	2.13	4446	6092	31.46	15.37	4395
浙江 Zhejiang	957	2.63	0.91	5652	5332	13.74	6.45	5505
安徽 Anhui	1044	7.17	3.03	3138	3210	10.80	5.66	3138
福建 Fujian	402	2.08	0.74	3777	2400	6.32	2.65	3699
江西 Jiangxi	388	2.37	1.05	3193	2693	11.38	5.68	3596
山东 Shandong	787	6.54	2.52	3292	4023	24.59	11.97	2919
河南 Henan	1327	8.73	3.46	2556	4067	17.43	8.02	2667
湖北 Hubei	493	4.35	2.02	3227	2484	16.14	7.98	3357
湖南 Hunan	496	4.55	2.07	3485	2098	14.07	7.30	3239
广东 Guangdong	1437	7.08	2.61	4620	6115	12.44	5.22	5232
广西 Guangxi	409	2.47	1.02	3897	1485	7.38	3.44	3464
海南 Hainan	123	0.74	0.27	3275	220	1.12	0.48	2946
重庆 Chongqing	228	2.30	0.90	3323	1720	6.18	3.22	3738
四川 Sichuan	756	5.62	2.25	3022	4333	15.60	7.86	3006
贵州 Guizhou	433	1.26	0.51	3155	1275	3.56	1.56	2764
云南 Yunnan	545	1.80	0.73	5830	2174	6.86	2.94	4602
西藏 Tibet	2	…	…	5800	156	0.07	0.03	4317
陕西 Shaanxi	510	1.40	0.62	3002	3582	9.18	4.48	2758
甘肃 Gansu	222	1.00	0.39	3989	1403	5.08	2.44	3648
青海 Qinghai	37	0.21	0.09	5128	547	1.24	0.69	2822
宁夏 Ningxia	76	0.22	0.08	3752	388	1.16	0.62	3651
新疆 Xinjiang	335	1.38	0.50	4691	780	2.02	0.95	4948

5－5 续表17 continued

地　区 Region	商业经纪与代理业 Commercial Brokerages and Agencies 单位数(个) Number of Units	职工年末人数(万人) Formal Employees (year－end, 10 000)	#女性 Female	平均工资(元) Average Wages (yuan)	餐饮业 Restaurants 单位数(个) Number of Units	职工年末人数(万人) Formal Employees (year－end, 10 000)	#女性 Female	平均工资(元) Average Wages (yuan)
全国总计 National	**249**	**0.72**	**0.35**	**4646**	**9816**	**24.10**	**14.93**	**4434**
北　京 Beijing					404	1.10	0.60	7851
天　津 Tianjin	12	0.06	0.03	8031	546	0.90	0.53	4501
河　北 Hebei	2	…	…	1133	142	0.54	0.35	4514
山　西 Shanxi	2	…	…	5550	169	0.34	0.21	3846
内蒙古 Inner Mongolia					286	0.75	0.49	2933
辽　宁 Liaoning	53	0.23	0.14	1646	615	1.94	1.29	2976
吉　林 Jilin	22	0.07	0.05	2622	315	1.09	0.69	3267
黑龙江 Heilongjiang	11	0.03	0.01	2338	294	0.72	0.49	2594
上　海 Shanghai	11	0.08	0.02	10120	660	1.97	1.20	6001
江　苏 Jiangsu	15	0.01	0.01	4437	706	1.60	0.97	4510
浙　江 Zhejiang	10	0.01	0.01	8141	966	0.86	0.51	5507
安　徽 Anhui	2	…	…	3071	298	0.79	0.47	3399
福　建 Fujian	10	0.02	0.01	5418	204	0.51	0.33	4659
江　西 Jiangxi	4	0.01	…	9687	435	0.69	0.57	2976
山　东 Shandong	5	0.01	0.01	3879	408	1.68	0.99	3900
河　南 Henan	11	0.04	0.01	5470	567	0.86	0.48	3481
湖　北 Hubei	4	0.00	0.00	2290	194	0.83	0.56	3412
湖　南 Hunan	3	0.01	0.00	3605	213	0.72	0.47	3201
广　东 Guangdong	41	0.05	0.02	9415	751	2.23	1.42	7547
广　西 Guangxi	5	0.01	0.00	3503	188	0.69	0.41	3243
海　南 Hainan	5	0.00	0.00	11783	10	0.07	0.04	2306
重　庆 Chongqing					144	0.62	0.33	2709
四　川 Sichuan					670	1.17	0.66	4090
贵　州 Guizhou					31	0.14	0.08	3391
云　南 Yunnan	6	0.01	…	10453	168	0.37	0.25	3984
西　藏 Tibet					16	0.01	0.01	3810
陕　西 Shaanxi	14	0.04	0.02	4138	260	0.55	0.34	2929
甘　肃 Gansu					69	0.14	0.07	3540
青　海 Qinghai					23	0.02	0.02	3362
宁　夏 Ningxia					15	0.05	0.03	3723
新　疆 Xinjiang	1	…	…	5091	49	0.13	0.08	6763

5－5 续表18 continued

地　区 Region	金融、保险业 Financial Intermediation and Insurance				金融业 Financial Intermediation			
	单位数(个) Number of Units	职工年末人数(万人) Formal Employees (year－end, 10 000)	#女性 Female	平均工资(元) Average Wages (yuan)	单位数(个) Number of Units	职工年末人数(万人) Formal Employees (year－end, 10 000)	#女性 Female	平均工资(元) Average Wages (yuan)
全国总计 National	**32991**	**75.70**	**32.14**	**7634**	**32972**	**75.64**	**32.11**	**7633**
北　京 Beijing	3	0.76	0.36	8429	2	0.76	0.36	8420
天　津 Tianjin	17	0.50	0.20	11833	16	0.50	0.20	11832
河　北 Hebei	2887	4.56	1.90	6781	2887	4.56	1.90	6781
山　西 Shanxi	1679	2.69	1.21	5133	1679	2.69	1.21	5133
内蒙古 Inner Mongolia	960	1.94	0.90	6037	960	1.94	0.90	6037
辽　宁 Liaoning	1032	4.40	1.91	8972	1030	4.39	1.90	8971
吉　林 Jilin	715	2.76	1.36	7459	715	2.76	1.36	7459
黑龙江 Heilongjiang	485	2.01	0.84	7779	485	2.01	0.84	7779
上　海 Shanghai	13	0.40	0.21	20814	13	0.40	0.21	20814
江　苏 Jiangsu	1269	3.62	1.44	8805	1266	3.61	1.44	8805
浙　江 Zhejiang	1820	4.21	2.09	10801	1820	4.21	2.09	10801
安　徽 Anhui	1353	2.71	1.03	6552	1353	2.71	1.03	6552
福　建 Fujian	956	1.67	0.67	10652	952	1.66	0.67	10657
江　西 Jiangxi	1079	1.75	0.79	6222	1079	1.75	0.79	6222
山　东 Shandong	1424	5.55	2.45	7211	1421	5.55	2.45	7211
河　南 Henan	2011	6.85	3.36	6543	2010	6.85	3.36	6544
湖　北 Hubei	1070	3.16	1.35	6661	1069	3.16	1.35	6662
湖　南 Hunan	2846	4.09	1.86	8185	2846	4.09	1.86	8185
广　东 Guangdong	875	5.92	2.16	9512	873	5.92	2.16	9512
广　西 Guangxi	1077	2.44	0.87	5860	1077	2.44	0.87	5860
海　南 Hainan	198	0.46	0.16	9231	198	0.46	0.16	9231
重　庆 Chongqing	916	1.30	0.54	7909	916	1.30	0.54	7909
四　川 Sichuan	3376	4.47	1.79	6383	3376	4.47	1.79	6383
贵　州 Guizhou	932	1.31	0.50	6104	932	1.31	0.50	6104
云　南 Yunnan	947	1.74	0.46	7081	947	1.74	0.46	7081
西　藏 Tibet								
陕　西 Shaanxi	1812	2.01	0.85	6066	1812	2.01	0.85	6066
甘　肃 Gansu	679	1.03	0.33	5556	679	1.03	0.33	5556
青　海 Qinghai	111	0.27	0.12	6483	111	0.27	0.12	6483
宁　夏 Ningxia	257	0.31	0.13	6659	257	0.31	0.13	6659
新　疆 Xinjiang	192	0.82	0.30	7987	191	0.80	0.29	7936

5-5 续表19 continued

地　区 Region	保险业 Insurance 单位数(个) Number of Units	职工年末人数(万人) Formal Employees (year-end, 10 000)	#女性 Female	平均工资(元) Average Wages (yuan)	房地产业 Real Estate Activities 单位数(个) Number of Units	职工年末人数(万人) Formal Employees (year-end, 10 000)	#女性 Female	平均工资(元) Average Wages (yuan)
全国总计 National	**19**	**0.05**	**0.02**	**9124**	**2649**	**7.30**	**2.61**	**7687**
北　京 Beijing	1	…	…	11304	54	0.16	0.07	10383
天　津 Tianjin	1	…		12250	70	0.10	0.04	6387
河　北 Hebei					23	0.12	0.05	3629
山　西 Shanxi					20	0.06	0.02	4238
内蒙古 Inner Mongolia					20	0.04	0.02	5148
辽　宁 Liaoning	2	0.01	…	9233	152	0.52	0.17	5588
吉　林 Jilin					22	0.05	0.02	4468
黑龙江 Heilongjiang					99	0.44	0.17	3636
上　海 Shanghai					160	0.53	0.15	10978
江　苏 Jiangsu	3	0.01	…	8693	205	0.71	0.29	9965
浙　江 Zhejiang					236	0.46	0.17	8643
安　徽 Anhui					72	0.22	0.07	5810
福　建 Fujian	4	…	…	8810	121	0.36	0.14	8857
江　西 Jiangxi					16	0.04	0.02	2384
山　东 Shandong	3	0.01	…	7172	139	0.52	0.22	6826
河　南 Henan	1	…	…	2143	203	0.38	0.11	4666
湖　北 Hubei	1	…	…	3600	31	0.09	0.03	5009
湖　南 Hunan					30	0.08	0.03	5687
广　东 Guangdong	2	…	…	9783	590	1.38	0.49	10720
广　西 Guangxi					48	0.13	0.04	7478
海　南 Hainan					57	0.09	0.03	7521
重　庆 Chongqing					22	0.09	0.03	6916
四　川 Sichuan					111	0.17	0.05	4597
贵　州 Guizhou					72	0.33	0.08	5013
云　南 Yunnan					8	0.01	…	6234
西　藏 Tibet								
陕　西 Shaanxi					22	0.13	0.04	3591
甘　肃 Gansu					14	0.05	0.01	5658
青　海 Qinghai					10	0.03	0.01	4900
宁　夏 Ningxia								
新　疆 Xinjiang	1	0.02	0.01	10497	22	0.04	0.01	7818

5－5 续表20 continued

地　区 Region	房地产开发与经营业 Real Estate Development and Operation				房地产管理业 Real Estate Managment			
	单位数（个）Number of Units	职工年末人数(万人) Formal Employees (year－end, 10 000)	#女性 Female	平均工资（元）Average Wages (yuan)	单位数（个）Number of Units	职工年末人数(万人) Formal Employees (year－end, 10 000)	#女性 Female	平均工资（元）Average Wages (yuan)
全国总计 National	**1897**	**5.36**	**1.91**	**7592**	**597**	**1.70**	**0.59**	**7748**
北　京 Beijing	18	0.05	0.02	10351	28	0.09	0.04	10094
天　津 Tianjin	34	0.08	0.03	5940	12	0.01	0.01	6992
河　北 Hebei	18	0.09	0.04	3657	5	0.03	0.01	3535
山　西 Shanxi	14	0.05	0.02	4375	6	0.01	…	3624
内蒙古 Inner Mongolia	18	0.04	0.02	5222	2	…	…	4182
辽　宁 Liaoning	122	0.35	0.12	5407	30	0.17	0.05	6039
吉　林 Jilin	6	0.01	…	4566	16	0.04	0.02	4445
黑龙江 Heilongjiang	69	0.33	0.14	3218	27	0.10	0.03	4785
上　海 Shanghai	82	0.22	0.08	14521	72	0.30	0.07	8155
江　苏 Jiangsu	139	0.59	0.25	10472	58	0.11	0.04	7434
浙　江 Zhejiang	198	0.40	0.15	8566	36	0.06	0.02	9263
安　徽 Anhui	65	0.20	0.07	5887	6	0.01	0.01	4742
福　建 Fujian	78	0.20	0.06	9166	35	0.14	0.07	8762
江　西 Jiangxi	15	0.03	0.01	2753	1	0.01	…	1163
山　东 Shandong	108	0.34	0.14	6117	18	0.08	0.04	7012
河　南 Henan	152	0.33	0.10	4822	44	0.04	0.01	3593
湖　北 Hubei	23	0.06	0.02	5187	7	0.02	0.01	4375
湖　南 Hunan	28	0.06	0.02	5732	1	0.01	…	7068
广　东 Guangdong	430	1.02	0.38	10286	92	0.29	0.09	12589
广　西 Guangxi	44	0.12	0.04	7562	4	0.01	…	6377
海　南 Hainan	49	0.07	0.02	7592	7	0.01	…	7127
重　庆 Chongqing	22	0.09	0.03	6916				
四　川 Sichuan	40	0.15	0.05	4513	70	0.02	…	5011
贵　州 Guizhou	68	0.33	0.08	4948	3	0.01	…	7785
云　南 Yunnan	6	0.01	…	6147				
西　藏 Tibet								
陕　西 Shaanxi	17	0.04	0.01	5955	5	0.09	0.04	2530
甘　肃 Gansu	12	0.04	0.01	5677	2	0.01	…	5556
青　海 Qinghai	2	…	…	5833	8	0.02	0.01	4756
宁　夏 Ningxia								
新　疆 Xinjiang	20	0.04	0.01	7830	2	…	…	7700

5-5 续表21 continued

地区 Region	房地产代理与经纪业 Real Estate Brokerages and Agencies 单位数(个) Number of Units	职工年末人数(万人) Formal Employees (year-end, 10 000)	#女性 Female	平均工资(元) Average Wages (yuan)	社会服务业 Social Services 单位数(个) Number of Units	职工年末人数(万人) Formal Employees (year-end, 10 000)	#女性 Female	平均工资(元) Average Wages (yuan)
全国总计 National	**155**	**0.24**	**0.10**	**9374**	**23770**	**86.58**	**43.16**	**5663**
北京 Beijing	8	0.01	0.01	12957	2514	7.70	2.44	9068
天津 Tianjin	24	0.01	…	9738	1184	2.39	1.10	6747
河北 Hebei					353	2.04	0.91	4660
山西 Shanxi					509	3.65	2.19	2929
内蒙古 Inner Mongolia					335	1.34	0.82	3596
辽宁 Liaoning					1819	9.38	5.54	5133
吉林 Jilin					677	2.83	1.75	4768
黑龙江 Heilongjiang	3	0.01	…	6237	1153	6.36	3.30	3015
上海 Shanghai	6	0.01	0.01	16104	991	3.80	1.82	8722
江苏 Jiangsu	8	0.01	…	12000	1889	5.66	2.85	6759
浙江 Zhejiang	2	…	…	7300	1987	4.34	2.09	7363
安徽 Anhui	1	…	…	5000	619	5.42	2.69	3671
福建 Fujian	8	0.02	0.01	5769	561	1.74	0.81	6296
江西 Jiangxi					289	1.62	0.85	3430
山东 Shandong	13	0.09	0.04	9304	664	2.68	1.24	4424
河南 Henan	7	…	…	3750	1284	4.43	2.18	4246
湖北 Hubei	1	…	…	6714	602	3.61	2.08	5156
湖南 Hunan	1	0.00	0.00	2979	499	2.07	1.12	4073
广东 Guangdong	68	0.07	0.02	9241	2624	5.74	2.41	9364
广西 Guangxi					287	0.91	0.55	4955
海南 Hainan	1	…	…	8375	91	0.36	0.16	4990
重庆 Chongqing					198	0.78	0.37	4591
四川 Sichuan	1	…	…	7500	627	1.96	1.05	4288
贵州 Guizhou	1	…	…	8111	621	1.06	0.45	3524
云南 Yunnan	2	…	…	8600	515	1.52	0.81	5819
西藏 Tibet					29	0.08	0.06	6841
陕西 Shaanxi					352	0.85	0.47	3388
甘肃 Gansu					191	1.08	0.49	4968
青海 Qinghai					68	0.28	0.10	3677
宁夏 Ningxia					36	0.13	0.06	4926
新疆 Xinjiang					202	0.77	0.41	5545

5－5 续表22 continued

地　区 Region	公共服务业 Public Facilities Services				居民服务业 Residential Services			
	单位数(个) Number of Units	职工年末人数(万人) Formal Employees (year－end, 10 000)	#女性 Female	平均工资(元) Average Wages (yuan)	单位数(个) Number of Units	职工年末人数(万人) Formal Employees (year－end, 10 000)	#女性 Female	平均工资(元) Average Wages (yuan)
全国总计 National	**3052**	**19.28**	**8.88**	**6262**	**7108**	**20.93**	**10.72**	**4886**
北　京 Beijing	276	0.85	0.18	14318	492	1.65	0.68	7153
天　津 Tianjin	134	0.30	0.09	5559	370	0.71	0.32	4862
河　北 Hebei	38	0.18	0.06	5266	131	0.86	0.39	4335
山　西 Shanxi	58	0.43	0.27	3228	164	0.71	0.38	3221
内蒙古 Inner Mongolia	40	0.24	0.17	3420	70	0.20	0.12	3400
辽　宁 Liaoning	310	1.62	0.99	4898	569	3.30	1.77	5612
吉　林 Jilin	92	0.83	0.50	4894	161	0.38	0.25	4353
黑龙江 Heilongjiang	131	1.09	0.53	2697	336	1.60	0.89	2764
上　海 Shanghai	144	1.35	0.44	8901	483	1.27	0.95	6988
江　苏 Jiangsu	364	2.13	1.01	6805	578	0.90	0.48	4902
浙　江 Zhejiang	259	1.27	0.52	7446	686	0.49	0.24	6676
安　徽 Anhui	44	0.53	0.16	4799	169	3.62	1.79	3336
福　建 Fujian	62	0.43	0.15	6178	195	0.32	0.15	5251
江　西 Jiangxi	95	0.86	0.45	3305	60	0.35	0.12	3566
山　东 Shandong	34	0.48	0.20	4594	294	0.62	0.32	4484
河　南 Henan	116	1.01	0.50	3779	312	0.54	0.28	4993
湖　北 Hubei	123	1.16	0.59	5338	98	0.35	0.22	4207
湖　南 Hunan	93	0.45	0.20	5043	162	0.38	0.23	4062
广　东 Guangdong	358	2.07	0.87	10286	945	0.80	0.37	7599
广　西 Guangxi	33	0.16	0.10	4138	49	0.11	0.07	4653
海　南 Hainan	14	0.16	0.06	3092	9	0.02	0.01	4374
重　庆 Chongqing	37	0.38	0.15	4674	52	0.07	0.04	3893
四　川 Sichuan	66	0.45	0.23	4376	235	0.30	0.15	3012
贵　州 Guizhou	33	0.22	0.11	3093	128	0.23	0.09	3739
云　南 Yunnan	38	0.16	0.10	6328	90	0.16	0.09	5425
西　藏 Tibet	3	0.04	0.03	6169	20	0.03	0.02	8321
陕　西 Shaanxi	14	0.18	0.10	3333	109	0.18	0.11	3489
甘　肃 Gansu	9	0.03	0.01	3900	69	0.53	0.12	5957
青　海 Qinghai	8	0.03	0.01	6198	16	0.11	0.01	3450
宁　夏 Ningxia	1	0.01	0.01	4213	6	0.01	…	3150
新　疆 Xinjiang	25	0.15	0.10	4929	50	0.10	0.06	5567

5-5 续表23 continued

地　区 Region	旅馆业 Hotels				租赁服务业 Renting Services			
	单位数(个) Number of Units	职工年末人数(万人) Formal Employees (year-end, 10 000)	#女性 Female	平均工资(元) Average Wages (yuan)	单位数(个) Number of Units	职工年末人数(万人) Formal Employees (year-end, 10 000)	#女性 Female	平均工资(元) Average Wages (yuan)
全国总计 National	**5216**	**19.54**	**12.44**	**5228**	**313**	**0.91**	**0.44**	**6196**
北　京 Beijing	395	0.99	0.66	8190	44	0.11	0.04	7709
天　津 Tianjin	207	0.48	0.30	5945	37	0.03	0.01	8902
河　北 Hebei	103	0.37	0.24	3967	3	0.04	0.02	5247
山　西 Shanxi	142	0.54	0.30	4380	8	0.02	0.01	2145
内蒙古 Inner Mongolia	148	0.58	0.40	3252	3	0.01	…	2578
辽　宁 Liaoning	371	1.35	0.97	4974	28	0.09	0.05	4795
吉　林 Jilin	225	0.71	0.58	4037	13	0.03	0.02	1433
黑龙江 Heilongjiang	355	1.27	0.90	3323	9	0.03	0.02	2225
上　海 Shanghai	143	0.66	0.28	7398	6	0.04	0.01	11172
江　苏 Jiangsu	267	1.05	0.63	6162	9	0.02	0.01	8078
浙　江 Zhejiang	327	1.37	0.85	7753	17	0.07	0.03	2965
安　徽 Anhui	251	0.83	0.55	3753				
福　建 Fujian	121	0.42	0.27	6092	2	…	…	3278
江　西 Jiangxi	72	0.24	0.17	3649	2	…	…	6375
山　东 Shandong	149	0.91	0.52	4071	13	0.04	0.02	3941
河　南 Henan	401	1.90	1.06	4561	43	0.13	0.06	3237
湖　北 Hubei	277	1.34	0.90	3625	12	0.11	0.07	9614
湖　南 Hunan	101	0.31	0.22	4079	2	…	…	4826
广　东 Guangdong	197	0.84	0.52	9482	35	0.09	0.04	10519
广　西 Guangxi	108	0.41	0.29	5041				
海　南 Hainan	26	0.10	0.06	6331	6	…	…	9692
重　庆 Chongqing	63	0.23	0.14	4361	1	…	…	2708
四　川 Sichuan	224	0.78	0.49	4528	2	…	…	1886
贵　州 Guizhou	53	0.19	0.11	4072	2	…	…	3171
云　南 Yunnan	181	0.73	0.45	5553	4	…	…	8148
西　藏 Tibet	3	0.01	0.01	4248				
陕　西 Shaanxi	146	0.30	0.19	3424	3	…	…	6206
甘　肃 Gansu	63	0.28	0.16	3967	3	0.01	0.01	4963
青　海 Qinghai	10	0.02	0.02	3862				
宁　夏 Ningxia	16	0.08	0.05	5037				
新　疆 Xinjiang	71	0.25	0.16	6006	6	0.01	…	9337

5－5 续表24 continued

地 区 Region	旅游业 Tourism				娱乐服务业 Recreational Services			
	单位数（个） Number of Units	职工年末人数(万人) Formal Employees (year－end, 10 000)	#女性 Female	平均工资（元） Average Wages (yuan)	单位数（个） Number of Units	职工年末人数(万人) Formal Employees (year－end, 10 000)	#女性 Female	平均工资（元） Average Wages (yuan)
全国总计 National	**365**	**1.20**	**0.68**	**5818**	**797**	**1.40**	**0.75**	**6191**
北 京 Beijing	24	0.03	0.01	9035	42	0.09	0.05	8869
天 津 Tianjin	27	0.03	0.01	7384	51	0.03	0.02	4245
河 北 Hebei	2	0.01	0.01	3504	4	0.01	…	4444
山 西 Shanxi	4	0.01	…	3036	3	…	…	2962
内蒙古 Inner Mongolia	1	…	…	3636	6	0.03	0.02	5124
辽 宁 Liaoning	20	0.06	0.03	4390	31	0.08	0.04	4361
吉 林 Jilin	5	0.01	0.01	4455	8	0.03	0.02	3439
黑龙江 Heilongjiang	6	0.05	0.03	6587	16	0.05	0.03	3620
上 海 Shanghai	10	0.04	0.02	9425	7	0.02	0.01	6526
江 苏 Jiangsu	17	0.09	0.05	6198	45	0.11	0.06	6362
浙 江 Zhejiang	43	0.12	0.06	7205	138	0.13	0.06	6431
安 徽 Anhui	8	0.01	…	4583	20	0.03	0.02	5082
福 建 Fujian	14	0.07	0.03	4602	30	0.13	0.08	7922
江 西 Jiangxi								
山 东 Shandong	16	0.03	0.02	3757	4	0.01	…	4930
河 南 Henan	20	0.06	0.03	3115	54	0.06	0.04	3254
湖 北 Hubei	13	0.07	0.04	4618	36	0.03	0.02	3170
湖 南 Hunan	2	0.10	0.07	5709	5	0.02	0.01	5705
广 东 Guangdong	28	0.05	0.03	6921	212	0.26	0.14	10290
广 西 Guangxi	11	0.02	0.01	4397	4	0.01	…	4810
海 南 Hainan	11	0.06	0.03	6878	3	…	…	7095
重 庆 Chongqing	4	0.01	0.01	3776	2	…	…	3235
四 川 Sichuan	3	0.05	0.03	10508	22	0.16	0.06	2456
贵 州 Guizhou	4	0.02	0.01	5765	9	0.01	0.01	3161
云 南 Yunnan	52	0.12	0.08	4963	23	0.05	0.03	5722
西 藏 Tibet								
陕 西 Shaanxi	2	…	…	3824	15	0.03	0.01	4178
甘 肃 Gansu	14	0.08	0.07	3834	4	0.01	…	5192
青 海 Qinghai								
宁 夏 Ningxia	1	…	…	3769				
新 疆 Xinjiang	3	…	…	4625	3	0.01	0.01	5456

5-5 续表25 continued

地区 Region	信息、咨询服务业 Information and Consultancy Services 单位数(个) Number of Units	职工年末人数(万人) Formal Employees (year-end, 10 000)	#女性 Female	平均工资(元) Average Wages (yuan)	计算机应用服务业 Computer Application Services 单位数(个) Number of Units	职工年末人数(万人) Formal Employees (year-end, 10 000)	#女性 Female	平均工资(元) Average Wages (yuan)
全国总计 National	**3003**	**4.41**	**1.72**	**8238**	**696**	**1.18**	**0.41**	**12744**
北京 Beijing	605	0.86	0.32	10922	370	0.63	0.21	17398
天津 Tianjin	212	0.43	0.21	8668	20	0.04	0.02	14017
河北 Hebei	21	0.07	0.03	4400	2	0.02	…	8902
山西 Shanxi	35	0.20	0.04	4534	10	0.01	0.01	6037
内蒙古 Inner Mongolia	24	0.05	0.02	3757				
辽宁 Liaoning	193	0.34	0.13	6596	65	0.08	0.03	5418
吉林 Jilin	38	0.06	0.02	4911	4	0.01	…	2860
黑龙江 Heilongjiang	90	0.12	0.05	4491	30	0.05	0.01	5130
上海 Shanghai	158	0.20	0.06	25235	7	0.01	…	9942
江苏 Jiangsu	175	0.18	0.07	8338	16	0.05	0.02	5363
浙江 Zhejiang	291	0.25	0.09	9005	24	0.03	0.01	7740
安徽 Anhui	27	0.04	0.02	4275	1	…	…	5400
福建 Fujian	81	0.11	0.04	8626	11	0.01	…	9974
江西 Jiangxi	3	0.01	…	4540	1	…	…	5000
山东 Shandong	83	0.12	0.05	5350	10	0.02	0.01	3360
河南 Henan	213	0.16	0.06	4338	33	0.05	0.02	6340
湖北 Hubei	13	0.03	0.01	3694	2	…	…	5632
湖南 Hunan	58	0.45	0.21	2907	2	…	…	6178
广东 Guangdong	497	0.49	0.20	9331	45	0.08	0.03	11541
广西 Guangxi	41	0.07	0.02	7141	5	0.01	…	6379
海南 Hainan	13	0.01	…	7437	4	…	…	7500
重庆 Chongqing	15	0.02	0.01	5364	5	0.01	…	5839
四川 Sichuan	20	0.03	0.01	4700	2	…	…	6038
贵州 Guizhou	30	0.04	0.01	3683	1	…	…	4911
云南 Yunnan	29	0.04	0.01	6321	18	0.04	0.01	7040
西藏 Tibet								
陕西 Shaanxi	11	0.01	0.01	5210	4	…	…	4088
甘肃 Gansu	5	…	…	5846	2	…	…	3822
青海 Qinghai	1	…	…	7600				
宁夏 Ningxia	5	0.01	…	4743				
新疆 Xinjiang	16	0.02	0.01	7709	2	…	…	8000

5-5 续表26 continued

地　区 Region	其他社会服务业 Other Social Services 单位数(个) Number of Units	职工年末人数(万人) Formal Employees (year-end, 10 000)	#女性 Female	平均工资(元) Average Wages (yuan)	卫生、体育和社会福利业 Health Care, Sporting and Social Welfare 单位数(个) Number of Units	职工年末人数(万人) Formal Employees (year-end, 10 000)	#女性 Female	平均工资(元) Average Wages (yuan)
全国总计 National	**3220**	**17.72**	**7.11**	**5204**	**27554**	**61.51**	**30.71**	**6294**
北　京 Beijing	266	2.48	0.29	6230	184	1.27	0.84	10099
天　津 Tianjin	126	0.34	0.12	9321	133	0.24	0.11	6411
河　北 Hebei	49	0.47	0.15	5406	1014	1.56	0.82	4705
山　西 Shanxi	85	1.72	1.17	2118	1106	2.40	1.30	3841
内蒙古 Inner Mongolia	43	0.23	0.09	4473	868	1.52	0.72	4061
辽　宁 Liaoning	232	2.46	1.52	4574	834	2.31	1.32	4406
吉　林 Jilin	131	0.77	0.35	5630	397	1.27	0.75	5032
黑龙江 Heilongjiang	180	2.11	0.84	2977	275	1.12	0.72	4478
上　海 Shanghai	33	0.21	0.05	6423	338	2.66	1.80	12383
江　苏 Jiangsu	418	1.13	0.51	8545	1860	9.15	4.51	8021
浙　江 Zhejiang	202	0.62	0.23	6953	2618	4.30	2.23	9051
安　徽 Anhui	99	0.35	0.14	4588	2221	5.00	2.07	4807
福　建 Fujian	45	0.24	0.07	6540	933	3.00	1.43	7121
江　西 Jiangxi	56	0.16	0.12	3341	457	0.80	0.38	4859
山　东 Shandong	61	0.45	0.10	4735	1375	5.39	2.72	6225
河　南 Henan	92	0.50	0.13	3419	372	1.22	0.66	4936
湖　北 Hubei	28	0.51	0.23	8455	1286	1.37	0.61	4620
湖　南 Hunan	74	0.35	0.18	3710	2014	4.18	1.95	4989
广　东 Guangdong	307	1.05	0.21	8479	215	1.09	0.64	9994
广　西 Guangxi	36	0.11	0.05	4629	64	0.11	0.07	5690
海　南 Hainan	5	0.01	…	5862	167	0.49	0.26	6690
重　庆 Chongqing	19	0.05	0.02	5938	1922	2.50	1.13	5015
四　川 Sichuan	53	0.19	0.07	4811	4743	5.68	2.37	4770
贵　州 Guizhou	361	0.33	0.11	3210	130	0.44	0.14	3003
云　南 Yunnan	80	0.21	0.04	6813	91	0.09	0.06	5873
西　藏 Tibet	3	…	…	8606	12	…	…	3894
陕　西 Shaanxi	48	0.14	0.05	2796	1472	1.50	0.67	3951
甘　肃 Gansu	22	0.14	0.12	4089	304	0.41	0.18	4861
青　海 Qinghai	33	0.12	0.05	3192	40	0.07	0.03	7370
宁　夏 Ningxia	7	0.03	…	5378	13	0.02	0.01	5338
新　疆 Xinjiang	26	0.22	0.06	5099	96	0.33	0.22	6860

5-5 续表27 continued

地　区 Region	卫生 Health Care 单位数(个) Number of Units	职工年末人数(万人) Formal Employees (year-end, 10 000)	#女性 Female	平均工资(元) Average Wages (yuan)	体育 Sporting 单位数(个) Number of Units	职工年末人数(万人) Formal Employees (year-end, 10 000)	#女性 Female	平均工资(元) Average Wages (yuan)
全国总计 National	**26689**	**60.11**	**29.98**	**6319**	**15**	**0.02**	**0.01**	**6257**
北　京 Beijing	176	1.26	0.83	10130				
天　津 Tianjin	111	0.21	0.10	6627				
河　北 Hebei	1001	1.54	0.81	4703				
山　西 Shanxi	1099	2.35	1.28	3845				
内蒙古 Inner Mongolia	857	1.51	0.71	4070				
辽　宁 Liaoning	771	2.20	1.25	4512				
吉　林 Jilin	287	1.21	0.72	5102	1	…	…	6667
黑龙江 Heilongjiang	264	1.09	0.70	4491				
上　海 Shanghai	246	2.32	1.53	12884	1	…	…	9875
江　苏 Jiangsu	1779	9.09	4.47	8021				
浙　江 Zhejiang	2526	4.26	2.21	9073	2	…	…	11000
安　徽 Anhui	2218	4.99	2.07	4808	1	…	…	5000
福　建 Fujian	901	2.97	1.41	7142	2	…	…	4625
江　西 Jiangxi	451	0.79	0.37	4873	2	…	…	4462
山　东 Shandong	1349	5.30	2.68	6273				
河　南 Henan	302	1.19	0.65	4988				
湖　北 Hubei	1273	1.36	0.61	4617				
湖　南 Hunan	2006	4.16	1.94	4985				
广　东 Guangdong	183	1.04	0.62	10123	1	…	…	5000
广　西 Guangxi	33	0.09	0.06	5642	2	0.01	…	8947
海　南 Hainan	166	0.49	0.26	6697				
重　庆 Chongqing	1897	2.49	1.12	5010				
四　川 Sichuan	4718	5.67	2.36	4767	2	…	…	3519
贵　州 Guizhou	83	0.13	0.07	3906				
云　南 Yunnan	85	0.08	0.06	6045	1	…	…	5649
西　藏 Tibet	12	…	…	3894				
陕　西 Shaanxi	1451	1.49	0.66	3960				
甘　肃 Gansu	304	0.41	0.18	4861				
青　海 Qinghai	34	0.05	0.03	8276				
宁　夏 Ningxia	13	0.02	0.01	5338				
新　疆 Xinjiang	93	0.32	0.22	6892				

5－5 续表28 continued

地 区 Region	社会福利保障业 Social Welfare				教育、文化艺术和广播电影电视业 Education, Culture and Arts, Radio, Film and Television			
	单位数(个) Number of Units	职工年末人数(万人) Formal Employees (year－end, 10 000)	#女性 Female	平均工资(元) Average Wages (yuan)	单位数(个) Number of Units	职工年末人数(万人) Formal Employees (year－end, 10 000)	#女性 Female	平均工资(元) Average Wages (yuan)
全国总计 National	**850**	**1.38**	**0.72**	**5206**	**23312**	**40.30**	**17.42**	**4955**
北 京 Beijing	8	0.01	0.01	5870	187	0.65	0.36	9313
天 津 Tianjin	22	0.03	0.01	4775	192	0.32	0.23	5533
河 北 Hebei	13	0.02	0.01	4880	121	0.44	0.21	4290
山 西 Shanxi	7	0.04	0.02	3621	138	0.56	0.22	3176
内蒙古 Inner Mongolia	11	0.01	0.01	2416	17	0.05	0.03	4921
辽 宁 Liaoning	63	0.10	0.07	2516	266	0.55	0.43	4542
吉 林 Jilin	109	0.06	0.03	3510	34	0.08	0.05	6035
黑龙江 Heilongjiang	11	0.03	0.02	3784	78	0.16	0.09	5350
上 海 Shanghai	91	0.34	0.27	8963	143	0.40	0.23	9280
江 苏 Jiangsu	81	0.07	0.04	7985	1932	3.68	1.81	5160
浙 江 Zhejiang	90	0.04	0.02	6652	676	0.66	0.35	8002
安 徽 Anhui	2	…	…	3214	446	0.41	0.18	4812
福 建 Fujian	30	0.03	0.02	5064	90	0.17	0.09	7532
江 西 Jiangxi	4	0.01	0.01	3595	18	0.03	0.02	3767
山 东 Shandong	26	0.09	0.04	3582	611	1.29	0.59	6297
河 南 Henan	70	0.04	0.01	3249	16939	28.07	11.06	4560
湖 北 Hubei	13	0.01	…	5120	194	0.61	0.32	4703
湖 南 Hunan	8	0.02	0.01	6033	76	0.24	0.11	6413
广 东 Guangdong	31	0.05	0.02	7094	263	0.66	0.49	10376
广 西 Guangxi	29	0.01	0.01	4608	32	0.11	0.06	4957
海 南 Hainan	1	…	…	4286	15	0.07	0.03	4611
重 庆 Chongqing	25	0.01	0.01	6015	49	0.11	0.04	4188
四 川 Sichuan	23	0.01	0.01	6102	198	0.27	0.11	4450
贵 州 Guizhou	47	0.31	0.07	2613	405	0.17	0.06	3268
云 南 Yunnan	5	…	…	3442	32	0.06	0.03	5974
西 藏 Tibet								
陕 西 Shaanxi	21	0.02	0.01	3051	129	0.42	0.18	3516
甘 肃 Gansu					14	0.01	…	4713
青 海 Qinghai	6	0.01	…	3641	1	…	…	3778
宁 夏 Ningxia					3	0.01	…	2820
新 疆 Xinjiang	3	…	…	4674	12	0.02	0.01	4546

5－5 续表29 continued

地区 Region	教育 Education 单位数(个) Number of Units	职工年末人数(万人) Formal Employees (year-end, 10 000)	#女性 Female	平均工资(元) Average Wages (yuan)	普通中学 Secondary Schools 单位数(个) Number of Units	职工年末人数(万人) Formal Employees (year-end, 10 000)	#女性 Female	平均工资(元) Average Wages (yuan)
全国总计 National	**20523**	**36.26**	**15.85**	**4944**	**1266**	**5.41**	**1.90**	**4732**
北京 Beijing	150	0.58	0.34	9040	6	0.03	0.02	9637
天津 Tianjin	151	0.27	0.22	5672				
河北 Hebei	51	0.12	0.08	6100				
山西 Shanxi	39	0.10	0.04	5189	1	0.01	…	5844
内蒙古 Inner Mongolia	12	0.04	0.03	5517				
辽宁 Liaoning	207	0.46	0.39	4701				
吉林 Jilin	23	0.07	0.04	5926	1	0.01	0.01	4413
黑龙江 Heilongjiang	47	0.10	0.06	5015	2	0.01	…	7049
上海 Shanghai	76	0.32	0.20	8895	1	…	…	11174
江苏 Jiangsu	1481	3.10	1.60	4923	165	0.51	0.19	5120
浙江 Zhejiang	162	0.38	0.24	8117	4	0.02	0.01	9611
安徽 Anhui	55	0.10	0.05	5851	3	0.02	0.01	6857
福建 Fujian	59	0.11	0.07	8190				
江西 Jiangxi	12	0.02	0.02	4183				
山东 Shandong	219	0.97	0.49	6439	30	0.27	0.10	6005
河南 Henan	16883	27.96	11.02	4564	1026	4.49	1.55	4532
湖北 Hubei	124	0.30	0.17	5677				
湖南 Hunan	45	0.14	0.07	8091	2	0.01	…	7073
广东 Guangdong	193	0.55	0.45	10303				
广西 Guangxi	29	0.10	0.06	4963	2	0.01	0.01	4894
海南 Hainan	5	0.01	…	6573	2	0.01	…	7137
重庆 Chongqing	24	0.06	0.03	4743				
四川 Sichuan	28	0.08	0.04	5301	1	…	…	2778
贵州 Guizhou	372	0.14	0.05	3303	5	0.01	…	3737
云南 Yunnan	19	0.04	0.03	6458				
西藏 Tibet								
陕西 Shaanxi	35	0.10	0.05	5174				
甘肃 Gansu	11	0.01	…	5661				
青海 Qinghai	1	…	…	3778				
宁夏 Ningxia								
新疆 Xinjiang	9	0.02	0.01	4514	2	…	…	3930

5－5 续表30 continued

地 区 Region	小学校 Primary Schools 单位数(个) Number of Units	职工年末人数(万人) Formal Employees (year－end, 10 000)	#女性 Female	平均工资(元) Average Wages (yuan)	文化艺术业 Culture and Arts 单位数(个) Number of Units	职工年末人数(万人) Formal Employees (year－end, 10 000)	#女性 Female	平均工资(元) Average Wages (yuan)
全国总计 National	**17170**	**25.07**	**10.23**	**4546**	**1031**	**2.58**	**1.04**	**4689**
北 京 Beijing	2	0.03	0.02	17934	23	0.03	0.02	9573
天 津 Tianjin	6	0.01	0.01	8076	31	0.01	…	5644
河 北 Hebei					67	0.31	0.12	3596
山 西 Shanxi	14	0.01	0.01	5000	93	0.45	0.17	2708
内蒙古 Inner Mongolia					3	0.01	…	1227
辽 宁 Liaoning					22	0.06	0.03	3506
吉 林 Jilin					7	0.01	0.01	4864
黑龙江 Heilongjiang	2	…	…	2000	17	0.03	0.02	6334
上 海 Shanghai	32	0.02	0.02	12471	24	0.04	0.02	11374
江 苏 Jiangsu	939	1.54	0.69	4037	188	0.41	0.17	6705
浙 江 Zhejiang					116	0.08	0.04	7981
安 徽 Anhui	23	0.01	…	6836	66	0.14	0.06	3960
福 建 Fujian	1	…	…	4696	18	0.04	0.01	5523
江 西 Jiangxi	3	0.01	0.01	4468	3	…	…	4300
山 东 Shandong	49	0.26	0.12	5766	50	0.17	0.06	5904
河 南 Henan	15696	23.02	9.30	4554	33	0.07	0.03	3087
湖 北 Hubei	17	0.02	0.01	6826	15	0.01	0.01	6225
湖 南 Hunan	9	…	…	7857	26	0.09	0.03	3730
广 东 Guangdong					48	0.07	0.03	11007
广 西 Guangxi					2	…	…	4710
海 南 Hainan	1	…	…	5688	3	0.02	0.01	4206
重 庆 Chongqing					25	0.05	0.02	3560
四 川 Sichuan					38	0.11	0.04	4140
贵 州 Guizhou	359	0.11	0.03	2922	29	0.03	0.01	3100
云 南 Yunnan					6	…	…	5800
西 藏 Tibet								
陕 西 Shaanxi	4	0.01	…	3123	72	0.32	0.13	2982
甘 肃 Gansu	10	0.01	…	5650	1	…		2000
青 海 Qinghai	1	…	…	3778				
宁 夏 Ningxia					3	0.01	…	2820
新 疆 Xinjiang					2	…	…	4793

5－5 续表31 continued

地区 Region	广播电影电视业 Radio, Film and Television 单位数(个) Number of Units	职工年末人数(万人) Formal Employees (year-end, 10 000)	#女性 Female	平均工资(元) Average Wages (yuan)	科学研究和综合技术服务业 Scientific Research and Polytechnical Services 单位数(个) Number of Units	职工年末人数(万人) Formal Employees (year-end, 10 000)	#女性 Female	平均工资(元) Average Wages (yuan)
全国总计 National	**1758**	**1.45**	**0.53**	**5698**	**3877**	**7.52**	**2.50**	**7749**
北京 Beijing	14	0.03	0.01	13869	1153	2.01	0.62	9644
天津 Tianjin	10	0.04	0.01	4474	424	0.83	0.25	8460
河北 Hebei	3	…	…	2667	21	0.05	0.02	4495
山西 Shanxi	6	0.01	…	4186	119	0.36	0.12	5395
内蒙古 Inner Mongolia	2	…	…	3000	6	0.01	…	4310
辽宁 Liaoning	37	0.03	0.02	4205	269	0.50	0.21	5104
吉林 Jilin	4	0.01	…	8294	69	0.13	0.04	5747
黑龙江 Heilongjiang	14	0.03	0.01	5322	106	0.30	0.11	4697
上海 Shanghai	43	0.03	0.01	10578	59	0.16	0.06	9438
江苏 Jiangsu	263	0.17	0.04	6496	129	0.21	0.08	9149
浙江 Zhejiang	398	0.20	0.07	7795	159	0.25	0.08	8646
安徽 Anhui	325	0.18	0.07	4885	68	0.09	0.03	4618
福建 Fujian	13	0.02	0.01	8073	45	0.07	0.02	7716
江西 Jiangxi	3	0.01	0.00	2197	6	0.02	0.01	3783
山东 Shandong	342	0.14	0.04	5799	41	0.30	0.11	9323
河南 Henan	23	0.05	0.02	4278	109	0.17	0.04	4633
湖北 Hubei	55	0.29	0.14	3662	20	0.04	0.01	6764
湖南 Hunan	5	0.02	0.01	6569	16	0.05	0.01	7417
广东 Guangdong	22	0.04	0.01	10210	110	0.19	0.07	13433
广西 Guangxi	1	…	…	5154	21	0.04	0.01	7175
海南 Hainan	7	0.04	0.02	4169	5	0.01	…	7528
重庆 Chongqing					579	1.17	0.38	7198
四川 Sichuan	132	0.08	0.02	4031	8	0.02	0.01	6092
贵州 Guizhou	4	…	…	3667	14	0.03	0.01	4745
云南 Yunnan	7	0.02	0.01	4941	228	0.17	0.05	6759
西藏 Tibet								
陕西 Shaanxi	22	0.01	…	3851	32	0.10	0.04	3192
甘肃 Gansu	2	…	…	3500	40	0.22	0.07	4649
青海 Qinghai								
宁夏 Ningxia					10	0.03	0.01	4415
新疆 Xinjiang	1	…	…	4000	11	0.02	0.01	5085

5－5 续表32 continued

地　区 Region	科学研究业 Scientific Research 单位数(个) Number of Units	职工年末人数(万人) Formal Employees (year－end, 10 000)	#女性 Female	平均工资(元) Average Wages (yuan)	自然科学研究 Natural Science Research 单位数(个) Number of Units	职工年末人数(万人) Formal Employees (year－end, 10 000)	#女性 Female	平均工资(元) Average Wages (yuan)
全国总计 National	**158**	**0.34**	**0.12**	**6368**	**102**	**0.25**	**0.08**	**5963**
北　京 Beijing	20	0.03	0.01	8861	14	0.02	0.01	9046
天　津 Tianjin	4	0.02	0.01	7023	1	0.02	0.01	7508
河　北 Hebei	6	0.03	0.01	4331	5	0.03	0.01	4287
山　西 Shanxi	4	0.01	…	4407	3	…	0.00	2718
内蒙古 Inner Mongolia	1	…	…	3375				
辽　宁 Liaoning	17	0.04	0.02	3920	11	0.04	0.01	3716
吉　林 Jilin	6	0.01	…	6970	2	…	…	5851
黑龙江 Heilongjiang	7	0.01	…	1866	5	0.01	…	1645
上　海 Shanghai	10	0.02	0.01	10265	3	…		8815
江　苏 Jiangsu	13	0.01	…	7683	7	0.01	…	7658
浙　江 Zhejiang	11	0.04	0.01	6741	7	0.03	0.01	6497
安　徽 Anhui	2	…	…	7824				
福　建 Fujian	4	0.01	…	6902	3	0.01	…	6714
江　西 Jiangxi								
山　东 Shandong	4	0.02	0.01	8479	2	0.01	…	12412
河　南 Henan	9	0.03	0.01	3900	9	0.03	0.01	3900
湖　北 Hubei	5	0.01	…	5750	1	…	…	4000
湖　南 Hunan	1	…	…	2727	1	…	…	2727
广　东 Guangdong	9	0.01	…	11573	8	0.01	…	11722
广　西 Guangxi	8	0.01	…	6395	4	…	…	8571
海　南 Hainan								
重　庆 Chongqing								
四　川 Sichuan	2	0.01	0.01	5879	1	0.01	…	3750
贵　州 Guizhou								
云　南 Yunnan	14	0.02	0.01	4190	14	0.02	0.01	4190
西　藏 Tibet								
陕　西 Shaanxi								
甘　肃 Gansu	1	…	…	3000	1	…	…	3000
青　海 Qinghai								
宁　夏 Ningxia								
新　疆 Xinjiang								

5－5 续表33 continued

地　区 Region	其他科学研究 Other Science Research 单位数(个) Number of Units	职工年末人数(万人) Formal Employees (year－end, 10 000)	#女性 Female	平均工资(元) Average Wages (yuan)	综合技术服务业 Polytechnical Services 单位数(个) Number of Units	职工年末人数(万人) Formal Employees (year－end, 10 000)	#女性 Female	平均工资(元) Average Wages (yuan)
全国总计 National	**43**	**0.07**	**0.03**	**7646**	**3719**	**7.18**	**2.37**	**7816**
北　京 Beijing	6	0.01	…	8267	1133	1.97	0.61	9657
天　津 Tianjin	3	…	…	4412	420	0.81	0.24	8500
河　北 Hebei	1	…	…	7000	15	0.02	0.01	4668
山　西 Shanxi					115	0.36	0.12	5412
内蒙古 Inner Mongolia	1	…	…	3375	5	0.01	…	4460
辽　宁 Liaoning	6	0.01	…	4646	252	0.46	0.19	5200
吉　林 Jilin	4	0.01	…	7944	63	0.12	0.04	5640
黑龙江 Heilongjiang	2	…	…	2550	99	0.29	0.11	4779
上　海 Shanghai	5	0.01	…	10660	49	0.14	0.05	9299
江　苏 Jiangsu	3	…	…	7259	116	0.20	0.08	9239
浙　江 Zhejiang	3	…	…	6931	148	0.22	0.07	8980
安　徽 Anhui	2	…	…	7824	66	0.09	0.03	4496
福　建 Fujian	1	…	…	11500	41	0.06	0.02	7870
江　西 Jiangxi					6	0.02	0.01	3783
山　东 Shandong	1	…	…	8362	37	0.28	0.09	9396
河　南 Henan					100	0.14	0.04	4789
湖　北 Hubei	1	…	…	6571	15	0.03	0.01	7024
湖　南 Hunan					15	0.05	0.01	7534
广　东 Guangdong					101	0.18	0.06	13512
广　西 Guangxi	3	…	…	5559	13	0.03	0.01	7388
海　南 Hainan					5	0.01	…	7528
重　庆 Chongqing					579	1.17	0.38	7198
四　川 Sichuan	1	0.01	…	7059	6	0.01	…	6494
贵　州 Guizhou					14	0.03	0.01	4745
云　南 Yunnan					214	0.15	0.04	7101
西　藏 Tibet								
陕　西 Shaanxi					32	0.10	0.04	3192
甘　肃 Gansu					39	0.22	0.07	4651
青　海 Qinghai								
宁　夏 Ningxia					10	0.03	0.01	4415
新　疆 Xinjiang					11	0.02	0.01	5085

5－5 续表34 continued

地区 Region	测绘 Surveying and Mapping 单位数(个) Number of Units	测绘 Surveying and Mapping 职工年末人数(万人) Formal Employees (year－end, 10 000)	测绘 Surveying and Mapping ＃女性 Female	测绘 Surveying and Mapping 平均工资(元) Average Wages (yuan)	技术监督 Technology Supervisor 单位数(个) Number of Units	技术监督 Technology Supervisor 职工年末人数(万人) Formal Employees (year－end, 10 000)	技术监督 Technology Supervisor ＃女性 Female	技术监督 Technology Supervisor 平均工资(元) Average Wages (yuan)
全国总计 National	**37**	**0.06**	**0.02**	**6889**	**171**	**0.39**	**0.15**	**6918**
北京 Beijing					6	0.01	0.01	13191
天津 Tianjin	5	…	…	6559	7	0.02	0.01	7579
河北 Hebei	1	…		2488	4	0.01	…	4391
山西 Shanxi	1	…	…	5500	1	0.02	0.01	2081
内蒙古 Inner Mongolia					1	…	…	4917
辽宁 Liaoning	2	…	…	4583	30	0.06	0.02	5886
吉林 Jilin	2	0.01	…	6096	4	0.01	…	6652
黑龙江 Heilongjiang	2	…	…	3286	22	0.08	0.04	3937
上海 Shanghai					6	0.03	0.01	5672
江苏 Jiangsu	2	0.01	…	7542	31	0.05	0.02	8937
浙江 Zhejiang	13	0.02	0.01	9438	11	0.02	0.01	9819
安徽 Anhui	1	…	…	8750	2	…	…	4375
福建 Fujian	2	…	…	6423	7	0.01	…	8354
江西 Jiangxi					2	0.01	…	4672
山东 Shandong	2	…	…	6512	4	0.01	…	6549
河南 Henan					5	0.01	…	5329
湖北 Hubei					1	…	…	6290
湖南 Hunan					2	…	…	8462
广东 Guangdong	2	…	…	17071	15	0.03	0.01	14280
广西 Guangxi					2	0.02	0.01	8437
海南 Hainan								
重庆 Chongqing								
四川 Sichuan					1	…		4667
贵州 Guizhou	1	…	…	3449				
云南 Yunnan					2	…	…	9542
西藏 Tibet								
陕西 Shaanxi	1	…	…	1917				
甘肃 Gansu								
青海 Qinghai								
宁夏 Ningxia					4	0.01	…	4268
新疆 Xinjiang					1	…	…	5385

5－5 续表35 continued

地 区 Region	环境保护 Environmental Protection 单位数(个) Number of Units	职工年末人数(万人) Formal Employees (year-end, 10 000)	#女性 Female	平均工资(元) Average Wages (yuan)	技术推广和科技交流服务业 Technology Promotion and Exchange Services 单位数(个) Number of Units	职工年末人数(万人) Formal Employees (year-end, 10 000)	#女性 Female	平均工资(元) Average Wages (yuan)
全国总计 National	**86**	**0.20**	**0.08**	**6493**	**1024**	**1.83**	**0.61**	**7231**
北 京 Beijing	18	0.04	0.01	6710	70	0.13	0.05	10546
天 津 Tianjin	4	…	…	6000	137	0.18	0.06	7165
河 北 Hebei					5	…	…	3400
山 西 Shanxi					5	0.03	0.02	6594
内蒙古 Inner Mongolia					1	…	…	4727
辽 宁 Liaoning	10	0.02	0.01	4681	37	0.07	0.02	5300
吉 林 Jilin	1	…	…	6667	20	0.03	0.01	5603
黑龙江 Heilongjiang					18	0.02	0.01	3205
上 海 Shanghai	4	0.01	…	15984	3	0.01	…	12770
江 苏 Jiangsu	7	0.02	0.01	4685	20	0.02	…	7667
浙 江 Zhejiang	11	0.01	…	8710	15	0.02	0.01	8756
安 徽 Anhui	1	…	…	3500	3	…	…	2957
福 建 Fujian	2	…	…	6944	5	0.01	…	11430
江 西 Jiangxi								
山 东 Shandong					14	0.01	0.01	5907
河 南 Henan	2	…	…	4150	32	0.03	0.01	4360
湖 北 Hubei					3	0.01	…	7677
湖 南 Hunan	2	0.02	0.01	7139	5	0.01	…	6938
广 东 Guangdong	11	0.01	…	9374	22	0.03	0.01	9592
广 西 Guangxi					2	…	…	6154
海 南 Hainan					2	…	…	7842
重 庆 Chongqing	1	…	…	4000	574	1.16	0.38	7213
四 川 Sichuan					1	…		9000
贵 州 Guizhou	1	…	…	3250	4	0.00	0.00	3813
云 南 Yunnan	9	0.02	0.01	6289	14	0.03	0.01	6026
西 藏 Tibet								
陕 西 Shaanxi					5	0.01	…	4123
甘 肃 Gansu	1	0.03	0.02	5384	2	0.01	…	4120
青 海 Qinghai								
宁 夏 Ningxia					1	…		10382
新 疆 Xinjiang	1	…	…	5455	4	…	…	5886

5－5 续表36 continued

地 区 Region	工程设计业 Engineering Design				其他综合技术服务业 Other Polytechnical Services			
	单位数（个）Number of Units	职工年末人数(万人) Formal Employees (year-end, 10 000)	#女性 Female	平均工资（元）Average Wages (yuan)	单位数（个）Number of Units	职工年末人数(万人) Formal Employees (year-end, 10 000)	#女性 Female	平均工资（元）Average Wages (yuan)
全国总计 National	**404**	**1.22**	**0.44**	**8684**	**1989**	**3.47**	**1.07**	**8007**
北 京 Beijing	51	0.14	0.05	11186	988	1.65	0.49	9494
天 津 Tianjin	28	0.13	0.04	10212	238	0.47	0.14	8618
河 北 Hebei	1	…	…	14250	4	0.01	…	3553
山 西 Shanxi	25	0.06	0.02	6168	83	0.25	0.08	5324
内蒙古 Inner Mongolia	2	…	…	3333	1	…	…	4800
辽 宁 Liaoning	41	0.13	0.07	5110	132	0.17	0.07	5073
吉 林 Jilin	13	0.03	0.01	5884	23	0.04	0.01	5065
黑龙江 Heilongjiang	30	0.10	0.04	6277	27	0.09	0.02	4317
上 海 Shanghai	11	0.04	0.01	12811	24	0.07	0.03	7880
江 苏 Jiangsu	18	0.04	0.01	14377	38	0.07	0.02	8378
浙 江 Zhejiang	41	0.09	0.03	9058	57	0.06	0.02	8521
安 徽 Anhui	23	0.04	0.01	4769	36	0.03	0.01	4370
福 建 Fujian	15	0.03	0.01	6393	9	0.01	…	9542
江 西 Jiangxi	2	…	…	6391	2	0.01	…	1855
山 东 Shandong	7	0.14	0.05	11425	9	0.11	0.03	7465
河 南 Henan	24	0.04	0.01	4128	37	0.06	0.02	5297
湖 北 Hubei	1	…	…	5333	10	0.02	0.01	6949
湖 南 Hunan	5	0.01	…	9258	1	…	…	5762
广 东 Guangdong	30	0.07	0.03	14032	20	0.04	0.02	16337
广 西 Guangxi	2	…	…	4667	7	0.01	…	5696
海 南 Hainan	1	…	…	9231	2	…	…	6190
重 庆 Chongqing					4	0.01	…	5211
四 川 Sichuan	4	0.01	…	6573				
贵 州 Guizhou	6	0.02	0.01	5544				
云 南 Yunnan	17	0.04	0.01	9110	172	0.06	0.01	6504
西 藏 Tibet								
陕 西 Shaanxi	2	0.05	0.02	2744	24	0.04	0.02	3782
甘 肃 Gansu	1	…	…	5615	35	0.18	0.05	4558
青 海 Qinghai								
宁 夏 Ningxia					3	0.02	0.01	3818
新 疆 Xinjiang	3	0.01	…	4419	2	…	…	6348

5-5 续表37 continued

地 区 Region	国家机关、政党机关和社会团体 Government Agencies, Party Agencies and Social Organizations				国家机关 Government Agencies			
	单位数(个) Number of Units	职工年末人数(万人) Formal Employees (year-end, 10 000)	#女性 Female	平均工资(元) Average Wages (yuan)	单位数(个) Number of Units	职工年末人数(万人) Formal Employees (year-end, 10 000)	#女性 Female	平均工资(元) Average Wages (yuan)
全国总计 National	**3290**	**5.71**	**2.09**	**6244**	**1818**	**4.51**	**1.37**	**6592**
北 京 Beijing	7	0.01	…	14521				
天 津 Tianjin	9	0.01	…	8937	5	…	…	8242
河 北 Hebei	65	0.21	0.07	5636	64	0.21	0.07	5642
山 西 Shanxi	61	0.20	0.05	5283	60	0.20	0.05	5283
内蒙古 Inner Mongolia	35	0.06	0.02	4809	35	0.06	0.02	4809
辽 宁 Liaoning								
吉 林 Jilin	47	0.11	0.03	6564	46	0.11	0.03	6539
黑龙江 Heilongjiang	58	0.19	0.06	6267	56	0.19	0.06	6255
上 海 Shanghai	22	0.06	0.02	13632	14	0.05	0.02	13962
江 苏 Jiangsu	373	0.66	0.25	8680	233	0.57	0.19	8983
浙 江 Zhejiang	143	0.21	0.05	9136	115	0.18	0.04	9360
安 徽 Anhui	110	0.40	0.15	4274	88	0.20	0.07	5796
福 建 Fujian	80	0.17	0.05	4251	31	0.10	0.02	6466
江 西 Jiangxi	151	0.28	0.09	5156	66	0.18	0.04	5210
山 东 Shandong	251	0.30	0.12	6672	80	0.24	0.06	7326
河 南 Henan	80	0.20	0.06	3986	55	0.18	0.06	3975
湖 北 Hubei	138	0.16	0.08	5960	21	0.08	0.02	7503
湖 南 Hunan	521	0.40	0.21	5761	113	0.21	0.08	6401
广 东 Guangdong	297	0.48	0.25	8492	78	0.27	0.09	9804
广 西 Guangxi	184	0.19	0.07	5157	59	0.13	0.03	5833
海 南 Hainan	4	0.01	…	6039	4	0.01	…	6039
重 庆 Chongqing	42	0.13	0.03	6021	39	0.13	0.03	6028
四 川 Sichuan	259	0.47	0.14	5903	232	0.43	0.13	5944
贵 州 Guizhou	9	0.01	…	4800				
云 南 Yunnan	81	0.16	0.04	6958	78	0.15	0.04	6963
西 藏 Tibet								
陕 西 Shaanxi	132	0.33	0.10	4217	119	0.31	0.09	4285
甘 肃 Gansu	40	0.07	0.01	4595	36	0.07	0.01	4684
青 海 Qinghai	49	0.12	0.08	2512	49	0.12	0.08	2512
宁 夏 Ningxia	2	…	…	5737	2	…	…	5737
新 疆 Xinjiang	35	0.12	0.04	6574	35	0.12	0.04	6574

5－5 续表38 continued

地 区 Region	其他行业 Others 单位数(个) Number of Units	职工年末人数(万人) Formal Employees (year－end, 10 000)	#女性 Female	平均工资(元) Average Wages (yuan)	企业管理机构 Enterprise Management Organizations 单位数(个) Number of Units	职工年末人数(万人) Formal Employees (year－end, 10 000)	#女性 Female	平均工资(元) Average Wages (yuan)
全国总计 National	**6959**	**26.84**	**12.12**	**5780**	**5686**	**17.87**	**7.45**	**5841**
北 京 Beijing	170	0.93	0.37	10325	158	0.92	0.36	10345
天 津 Tianjin	187	0.53	0.24	2044	157	0.47	0.22	7686
河 北 Hebei	216	0.85	0.29	5091	199	0.78	0.27	5165
山 西 Shanxi	259	1.32	0.68	3750	221	1.16	0.60	3280
内蒙古 Inner Mongolia	154	1.00	0.54	4402	123	0.46	0.17	4272
辽 宁 Liaoning	485	1.36	0.54	5211	441	1.25	0.46	5357
吉 林 Jilin	220	0.91	0.52	4497	152	0.46	0.26	4599
黑龙江 Heilongjiang	466	4.06	2.00	3364	350	3.02	1.52	3374
上 海 Shanghai	273	2.82	1.57	10272	124	0.60	0.28	9542
江 苏 Jiangsu	342	1.05	0.41	7978	200	0.62	0.23	8713
浙 江 Zhejiang	571	1.02	0.39	8638	483	0.81	0.27	9339
安 徽 Anhui	78	0.27	0.08	4804	72	0.24	0.07	4278
福 建 Fujian	359	0.42	0.17	6297	343	0.36	0.15	6012
江 西 Jiangxi	71	0.17	0.08	4279	60	0.12	0.05	4347
山 东 Shandong	342	3.18	1.54	5191	254	1.49	0.55	5002
河 南 Henan	369	1.55	0.57	5385	333	1.22	0.46	5051
湖 北 Hubei	225	0.53	0.20	5293	196	0.40	0.14	5445
湖 南 Hunan	211	0.75	0.30	4775	198	0.71	0.29	4769
广 东 Guangdong	716	1.26	0.51	10470	618	1.03	0.44	10675
广 西 Guangxi	120	0.28	0.11	4845	82	0.15	0.06	5533
海 南 Hainan	14	0.03	0.01	6570	14	0.03	0.01	6570
重 庆 Chongqing	115	0.08	0.03	5498	114	0.08	0.03	5491
四 川 Sichuan	118	0.21	0.05	5862	92	0.19	0.05	6057
贵 州 Guizhou	249	0.65	0.23	4373	190	0.31	0.12	3632
云 南 Yunnan	128	0.19	0.07	7184	125	0.18	0.07	7140
西 藏 Tibet								
陕 西 Shaanxi	336	0.88	0.43	3765	259	0.48	0.22	4238
甘 肃 Gansu	38	0.09	0.04	5632	22	0.05	0.01	6817
青 海 Qinghai	4	…	…	7439	3	…	…	7487
宁 夏 Ningxia	39	0.13	0.05	2483	21	0.06	0.02	1193
新 疆 Xinjiang	84	0.28	0.11	6736	82	0.22	0.08	6133

5-6 分地区分行业职工工资总额

(城镇集体经济单位)

TOTAL WAGE BILL OF FORMAL EMPLOYEES BY SECTOR AND REGION

(Urban Collective-owned Units, 1997)

单位:万元 (10 000 yuan)

地区 Region	合计 Total	农、林、牧、渔业 Farming, Forestry, Animal Husbandry and Fishery	采掘业 Mining and Quarrying	制造业 Manufacturing	电力、煤气及水的生产和供应业 Electricity Gas and Water Production and Supply	建筑业 Construction	地质勘查业、水利管理业 Geological Prospecting, Water Conservancy	交通运输、仓储及邮电通信业 Transport, Storage and Communication
全国总计 National	**12534156.2**	**76849.3**	**292716.1**	**5046963.9**	**98000.4**	**2122702.3**	**18858.8**	**501026.0**
北京 Beijing	537735.0	776.0	259.0	156135.0	830.0	128204.0	222.0	14401.0
天津 Tianjin	264608.8	603.7	99.2	106648.9	63.4	28352.8	9953.7	13064.8
河北 Hebei	440887.6	1083.2	5358.8	196139.5	2687.3	85957.4	331.5	11546.0
山西 Shanxi	255721.4	998.4	43812.5	89661.3	4100.9	21320.7	22.0	4327.3
内蒙古 Inner Mongolia	210134.0	1915.3	8004.0	73036.4	316.5	59614.3	56.5	5491.8
辽宁 Liaoning	923976.2	5116.2	28533.0	428472.1	17554.0	180777.7	600.9	32649.0
吉林 Jilin	353208.8	1320.3	8781.1	179947.0	3996.5	46853.0	132.9	13572.1
黑龙江 Heilongjiang	424062.3	5653.0	46526.8	148046.6	6640.1	85289.9	108.5	12584.6
上海 Shanghai	536930.7	53.5		175459.3	7490.3	55662.4	120.1	27734.7
江苏 Jiangsu	1248647.1	5529.2	12704.7	620172.3	6290.3	101766.4	1610.8	63190.0
浙江 Zhejiang	1001307.2	3507.2	1047.1	376713.2	4962.3	286716.5	1048.8	37574.0
安徽 Anhui	433652.8	1889.6	25305.8	167062.9	1075.4	54193.9	195.6	28292.0
福建 Fujian	295452.4	713.3	968.6	88638.0	1617.7	82235.9	282.3	17237.3
江西 Jiangxi	219198.5	1123.4	5129.5	84165.4	933.2	33659.0	2.8	10060.1
山东 Shandong	797028.1	11185.1	31141.0	394339.8	1397.2	80370.2	16.0	20386.0
河南 Henan	660451.2	4711.0	20738.3	201553.6	4727.8	81556.1	388.5	18894.7
湖北 Hubei	456698.3	4216.8	1920.1	208505.3	760.9	44767.0	226.9	25028.6
湖南 Hunan	407009.9	4437.6	1671.4	150898.2	1122.7	59664.3	1257.9	22651.5
广东 Guangdong	1203617.0	3207.3	5754.8	509539.0	14294.1	243384.8	1174.7	48254.1
广西 Guangxi	184424.0	458.3	3076.1	65003.9	1410.8	31804.6		11481.7
海南 Hainan	34165.0	381.1	298.7	5140.3	294.7	7726.2		1742.8
重庆 Chongqing	244244.5	3613.9	3095.1	94042.5	509.5	42334.9	37.2	17080.5
四川 Sichuan	513531.8	11088.0	11096.4	194941.8	4655.6	97369.1	532.8	22280.8
贵州 Guizhou	109858.4	328.4	1029.4	37089.3	180.8	27646.0	8.2	4737.8
云南 Yunnan	210465.9	792.2	4685.0	78632.5	4502.4	33358.9	44.2	6174.9
西藏 Tibet	5223.0	49.3	327.4	2117.7		1837.1		
陕西 Shaanxi	163849.3	1104.2	1504.3	62324.9	41.4	27917.5	129.9	3404.1
甘肃 Gansu	164229.2	306.6	6969.2	76066.1	3288.7	25992.1	187.4	3628.2
青海 Qinghai	25869.2	143.9	349.6	7982.3		8156.9		204.3
宁夏 Ningxia	44221.1	91.1	8017.2	12244.5	1840.5	11787.9	39.4	411.1
新疆 Xinjiang	163747.5	452.2	4512.0	56244.3	415.4	46424.8	127.3	2940.2

5－6 续表1 continued

单位：万元 (10 000 yuan)

地 区 Region	批发和零售贸易、餐饮业 Wholesale and Retail Trade, Restaurants	金融、保险业 Financial Intermediation and Insurance	房地产业 Real Estate Activities	社会服务业 Social Services	卫生、体育和社会福利业 Health Care, Sporting, and Social Welfare	教育、文化艺术和广播电影电视业 Education Culture and Arts, Radio, Film & Television	科学研究和综合技术服务业 Scientific Research and Polytechnical Services	国家机关、政党机关和社会团体 Government Agencies, Party Agencies and Social Organizations	其他 Others
全国总计 National	**2440044.2**	**572885.2**	**55019.1**	**478797.6**	**382816.9**	**197465.4**	**56925.9**	**35684.8**	**157400.3**
北 京 Beijing	112459.0	6406.0	1679.0	68896.0	12871.0	5657.0	18842.0	212.0	9886.0
天 津 Tianjin	70604.4	5869.0	633.6	15048.4	1470.1	1770.1	6783.5	56.3	3586.9
河 北 Hebei	82390.1	30624.4	408.3	9511.0	7231.0	1889.3	217.1	1219.0	4293.7
山 西 Shanxi	48229.5	13699.4	254.3	10552.4	9122.3	1726.6	1906.7	1059.3	4927.8
内蒙古 Inner Mongolia	34845.8	11722.5	239.4	4501.7	6145.8	230.8	25.0	324.6	3663.6
辽 宁 Liaoning	117966.1	39291.1	2999.5	47774.0	10258.8	2517.5	2464.8		7001.5
吉 林 Jilin	53664.7	20424.4	235.9	11968.5	6322.2	506.9	723.5	740.4	4019.4
黑龙江 Heilongjiang	63069.7	15465.8	1557.5	18849.9	4984.3	814.2	1371.1	1172.6	11927.7
上 海 Shanghai	155560.3	8311.2	5665.7	33278.0	32918.9	3662.0	1552.6	832.9	28628.8
江 苏 Jiangsu	251672.3	31544.7	6597.0	37752.7	72336.2	21567.1	1906.7	5646.6	8360.1
浙 江 Zhejiang	152766.1	45080.7	3981.6	31810.4	38078.8	5175.2	2193.6	1872.0	8779.7
安 徽 Anhui	89565.3	17756.2	1180.0	17925.0	23803.0	1971.1	428.1	1710.0	1298.9
福 建 Fujian	46434.1	17643.0	3092.0	10414.8	21216.1	1248.1	494.6	705.3	2511.3
江 西 Jiangxi	61976.7	10821.5	94.4	5075.5	3846.9	124.7	57.5	1413.8	714.1
山 东 Shandong	140966.6	39741.2	3582.3	11571.1	33035.7	8033.3	2793.3	1963.5	16505.8
河 南 Henan	123028.6	44284.7	1714.8	18697.6	5978.1	124355.5	768.6	789.6	8263.7
湖 北 Hubei	118080.2	20828.8	434.3	18804.3	6278.6	2842.8	252.3	961.3	2790.1
湖 南 Hunan	95410.6	32846.8	429.9	8355.7	20559.8	1526.9	336.0	2311.8	3528.8
广 东 Guangdong	217864.7	54993.8	14680.7	53038.0	10809.0	6812.7	2467.7	4101.6	13240.0
广 西 Guangxi	48112.6	14187.2	815.1	4392.2	628.8	512.1	254.0	946.9	1339.7
海 南 Hainan	8009.5	4201.1	634.8	1864.8	3236.0	316.8	39.9	77.9	200.4
重 庆 Chongqing	47274.5	10244.3	437.1	3550.5	12357.4	442.3	7985.9	793.6	445.3
四 川 Sichuan	102061.9	28428.5	734.2	8101.9	26860.5	1200.2	146.2	2808.8	1225.1
贵 州 Guizhou	20710.6	7996.4	1637.3	3633.5	1287.6	525.5	149.0	31.2	2867.4
云 南 Yunnan	56637.4	12265.0	87.9	8799.4	513.9	386.5	1124.1	1095.9	1365.7
西 藏 Tibet	321.8			551.4	18.3				
陕 西 Shaanxi	39705.9	12137.5	468.3	2839.7	5895.9	1477.6	291.1	1378.9	3228.1
甘 肃 Gansu	32686.0	5664.7	254.6	5326.8	1948.6	50.9	1033.1	334.5	491.7
青 海 Qinghai	5303.2	1762.8	132.3	997.2	493.8	3.4		309.0	30.5
宁 夏 Ningxia	6445.5	2068.8		654.7	123.3	25.1	126.7	10.9	334.4
新 疆 Xinjiang	36220.5	6573.7	357.3	4260.5	2186.2	93.2	191.2	804.6	1944.1

5-7 分地区职工工资总额及构成情况

(城镇集体经济单位)

TOTAL WAGE BILL AND COMPOSITION OF FORMAL EMPLOYEES BY REGION

(Urban Collective-owned Units, 1997)

地 区 Region	工资总额 (万元) Total Wage Bill(10 000 yuan)				占工资总额 % of Total Wage Bill		
	合 计 Total	计时和计件标准工资 Time Wage and Piece Rate Standard Wage	奖金和计件超额工资 Bonuses and Above-norm Piece Rate Wage	津贴和补贴 Subsidies and Allowances	计时和计件标准工资 Time Wage and Piece Rate Standard Wage	奖金和计件超额工资 Bonuses and Above-norm Piece Rate Wage	津贴和补贴 Subsidies and Allowances
全国总计 National	**12534156.2**	**8201306.0**	**1523752.2**	**1953703.7**	**65.4**	**12.2**	**15.6**
北 京 Beijing	537735.0	319035.0	101649.0	70103.0	59.3	18.9	13.0
天 津 Tianjin	264608.8	155398.9	38607.5	59395.6	58.7	14.6	22.4
河 北 Hebei	440887.6	292803.1	34461.4	68389.1	66.4	7.8	15.5
山 西 Shanxi	255721.4	174536.3	23131.1	37207.4	68.3	9.0	14.5
内蒙古 Inner Mongolia	210134.0	149390.0	14138.1	35623.8	71.1	6.7	17.0
辽 宁 Liaoning	923976.2	573113.8	124699.1	174631.2	62.0	13.5	18.9
吉 林 Jilin	353208.8	222912.9	29846.5	74931.6	63.1	8.5	21.2
黑龙江 Heilongjiang	424062.3	302401.8	26147.0	75018.4	71.3	6.2	17.7
上 海 Shanghai	536930.7	301587.9	137775.9	81170.7	56.2	25.7	15.1
江 苏 Jiangsu	1248647.1	823521.0	145984.7	237782.2	66.0	11.7	19.0
浙 江 Zhejiang	1001307.2	628284.0	187754.1	153377.5	62.7	18.8	15.3
安 徽 Anhui	433652.8	319312.7	35950.2	56008.2	73.6	8.3	12.9
福 建 Fujian	295452.4	187217.8	29681.6	41369.0	63.4	10.0	14.0
江 西 Jiangxi	219198.5	146776.9	16049.4	24322.7	67.0	7.3	11.1
山 东 Shandong	797028.1	528889.8	78761.2	174814.7	66.4	9.9	21.9
河 南 Henan	660451.2	433031.2	32106.4	99422.8	65.6	4.9	15.1
湖 北 Hubei	456698.3	322420.9	29832.4	76247.6	70.6	6.5	16.7
湖 南 Hunan	407009.9	298568.4	34196.5	40391.5	73.4	8.4	9.9
广 东 Guangdong	1203617.0	708882.5	226570.7	119769.9	58.9	18.8	10.0
广 西 Guangxi	184424.0	142803.5	13681.7	22966.5	77.4	7.4	12.5
海 南 Hainan	34165.0	26716.5	1439.8	5234.2	78.2	4.2	15.3
重 庆 Chongqing	244244.5	160676.3	23977.0	37654.8	65.8	9.8	15.4
四 川 Sichuan	513531.8	359469.5	62189.7	67464.1	70.0	12.1	13.1
贵 州 Guizhou	109858.4	76860.6	8183.3	10950.8	70.0	7.4	10.0
云 南 Yunnan	210465.9	141155.0	25783.6	33946.4	67.1	12.3	16.1
西 藏 Tibet	5223.0	4730.6	57.4	417.2	90.6	1.1	8.0
陕 西 Shaanxi	163849.3	127334.9	9166.7	15279.8	77.7	5.6	9.3
甘 肃 Gansu	164229.2	104135.3	12768.8	29699.1	63.4	7.8	18.1
青 海 Qinghai	25869.2	18522.9	1232.0	4892.0	71.6	4.8	18.9
宁 夏 Ningxia	44221.1	32066.7	5017.3	5890.2	72.5	11.3	13.3
新 疆 Xinjiang	163747.5	118749.3	12912.1	19331.7	72.5	7.9	11.8

5-8 分地区分行业合同制职工年末人数

(城镇集体经济单位)

CONTRACTUAL EMPLOYEES BY SECTOR AND REGION

(Urban Collective-owned Units, 1997)

单位: 人 (person)

地 区 Region	合 计 Total	农、林、牧、渔业 Farming, Forestry, Animal Husbandry and Fishery	采掘业 Mining and Quarrying	制造业 Manufac-turing	电力、煤气及水的生产和供应业 Electricity, Gas and Water Production and Supply	建筑业 Constru-ction	地质勘查业、水利管理业 Geological Prospect-ing, Water Conserva-ncy	交通运输、仓储及邮电通信业 Transport, Storage and Commu-nication
全国总计 National	**14236946**	**64134**	**342415**	**6892955**	**73879**	**1437628**	**12552**	**642636**
北 京 Beijing	313600	209	119	142585	497	32022	25	12465
天 津 Tianjin	311114	272	53	162446	73	12703	5460	23864
河 北 Hebei	635016	1449	6051	320926	2612	49403	490	22457
山 西 Shanxi	342914	594	35217	153421	2550	23537	25	7171
内蒙古 Inner Mongolia	182146	794	3273	70338	371	37672	4	4954
辽 宁 Liaoning	1393546	4925	51528	763626	14912	185485	312	42521
吉 林 Jilin	381359	1675	12764	232236	2574	28530	38	7022
黑龙江 Heilongjiang	286979	1975	43030	87849	3700	54473	91	4714
上 海 Shanghai	481559	87		205106	3378	34395	50	24408
江 苏 Jiangsu	1970983	7304	24378	1091254	5887	129368	1587	119943
浙 江 Zhejiang	826277	1415	639	406370	2990	91041	513	46071
安 徽 Anhui	623397	2181	47154	260722	324	54709	32	42324
福 建 Fujian	159876	211	541	60101	763	31664	202	13507
江 西 Jiangxi	214473	569	3775	96678	564	22573		11748
山 东 Shandong	1303031	19392	38418	731404	2233	90985	13	42393
河 南 Henan	720099	3645	18130	305905	4952	74380	358	19308
湖 北 Hubei	716264	2236	3271	338111	719	49986	152	42878
湖 南 Hunan	382246	1745	2510	164292	921	42244	1220	21396
广 东 Guangdong	822214	2667	2504	374220	8930	120930	820	37129
广 西 Guangxi	174924	224	4621	69059	921	16745		7952
海 南 Hainan	37656	806	219	9476	602	7148		1648
重 庆 Chongqing	277505	1568	759	134630	394	24681	11	24475
四 川 Sichuan	759642	5275	24111	312398	5605	104779	540	40019
贵 州 Guizhou	118105	163	576	39934	228	24480	22	6983
云 南 Yunnan	213791	827	5627	94722	3931	17126	73	4941
西 藏 Tibet	224		72	131				
陕 西 Shaanxi	230758	1304	1284	97845	36	26938	104	5215
甘 肃 Gansu	188674	390	3407	99180	2038	19877	347	2667
青 海 Qinghai	11986		9	3583		951		
宁 夏 Ningxia	46195	45	6670	16229	998	7743	22	358
新 疆 Xinjiang	110393	187	1705	48178	176	21059	41	2105

5-8 续表1 continued

单位: 人 (person)

地区 Region		批发和零售贸易、餐饮业 Wholesale and Retail Trade, Restaurants	金融、保险业 Financial Intermediation and Insurance	房地产业 Real Estate Activities	社会服务业 Social Services	卫生、体育和社会福利业 Health Care, Sporting and Social Welfare	教育、文化艺术和广播电影电视业 Education, Culture and Arts, Radio, Film and Television	科学研究和综合技术服务业 Scientific Research and Polytechnical Services	国家机关、政党机关和社会团体 Government Agencies, Party Agencies and Social Organizations	其他 Others
全国总计	**National**	**3647156**	**407040**	**35236**	**372164**	**113068**	**55122**	**23866**	**9562**	**107533**
北京	Beijing	76800	3167	492	35194	697	1044	5497		2787
天津	Tianjin	90374	1435	472	10240	340	186	1779	4	1413
河北	Hebei	181146	30215	468	6891	5612	1670	155	1017	4454
山西	Shanxi	88787	11367	330	9269	3220	1021	2268	255	3882
内蒙古	Inner Mongolia	43993	10876	91	2624	1780	216	5	33	5122
辽宁	Liaoning	242512	22224	1444	52907	3394	787	2301		4668
吉林	Jilin	73204	11574	244	6265	1879	109	337	24	2884
黑龙江	Heilongjiang	65965	7718	219	9168	685	131	283	52	6926
上海	Shanghai	140995	2723	3559	25652	18004	2669	1051	397	19085
江苏	Jiangsu	484033	23477	5419	37688	23592	9104	1042	852	6055
浙江	Zhejiang	207883	25156	2928	23482	11147	1612	1276	378	3376
安徽	Anhui	152652	11915	1237	41619	5083	313	413	1554	1165
福建	Fujian	32859	9851	998	5131	2840	267	192	281	468
江西	Jiangxi	66761	7345	84	3104	593	101	86	211	281
山东	Shandong	293001	31717	3042	12153	9451	1878	2316	756	23879
河南	Henan	208332	35571	1214	14007	2654	26168	735	337	4403
湖北	Hubei	248293	16069	424	9063	886	3227	71	135	743
湖南	Hunan	115546	15506	218	7040	7352	367	87	497	1305
广东	Guangdong	199912	39422	7429	18498	2260	1943	996	663	3891
广西	Guangxi	55533	14048	754	3761	166	210	220	160	550
海南	Hainan	10810	2374	535	2090	1579	247	4	33	85
重庆	Chongqing	80307	5248	298	3217	1577	94	30	62	154
四川	Sichuan	225070	27081	716	8443	3911	385	28	633	648
贵州	Guizhou	29039	8018	1800	2569	268	57	104	16	3848
云南	Yunnan	67666	9458	45	7775	159	164	603	161	513
西藏	Tibet	20								
陕西	Shaanxi	76663	9240	263	4044	2968	1087	669	530	2568
甘肃	Gansu	45387	6849	190	6186	488		1048	258	362
青海	Qinghai	5691	1184	184	167	191			10	16
宁夏	Ningxia	10403	2176		550	43	46	183		729
新疆	Xinjiang	27519	4036	139	3367	249	19	87	253	1273

5－9 分地区职工增加来源

(城镇集体经济单位)

INCREASE OF FORMAL EMPLOYEES BY REGION

(Urban Collective－owned Units, 1997)

单位：人 (person)

地　区 Region	合　计 Total	从农村招收 Recruited from Country－side	从城镇招收 Recruited from Cities and Towns	录用的复员转业军人 Recruited Demobilized and Transferred Armymen	录用的大、中专、技工学校毕业生 Recruit－ed Gra－duates	调入 Trans－ferred Into	#由外省、自治区、直辖市调入 Transferred from Other Regions	其他 Others
全国总计 National	**1535202**	**477714**	**298787**	**19828**	**150253**	**324149**	**6005**	**264471**
北　京 Beijing	124690	73551	16178	300	3511	19180	1165	11970
天　津 Tianjin	26642	1519	4297	248	1973	7251	253	11354
河　北 Hebei	79429	34807	12283	994	6288	15199	284	9858
山　西 Shanxi	25979	7506	7031	405	2196	6115	47	2726
内蒙古 Inner Mongolia	28314	9255	9136	227	1605	4170	61	3921
辽　宁 Liaoning	95963	16600	19653	905	5647	39218	138	13940
吉　林 Jilin	29255	3395	8407	441	2457	9810	59	4745
黑龙江 Heilongjiang	47683	2059	6826	334	1677	10445	87	26342
上　海 Shanghai	65155	4663	2944	121	2303	36290	402	18834
江　苏 Jiangsu	89197	20437	18552	2272	16316	28993	360	2627
浙　江 Zhejiang	85510	36685	10569	780	6556	17693	329	13227
安　徽 Anhui	61900	11653	12320	911	5988	7309	100	23719
福　建 Fujian	37076	14702	8903	382	3638	3351	61	6100
江　西 Jiangxi	37216	4796	7076	1000	3064	7152	308	14128
山　东 Shandong	143109	23663	38091	1911	23768	34189	544	21487
河　南 Henan	92453	29422	14411	1967	20575	18509	186	7569
湖　北 Hubei	66231	21572	21688	905	5410	9370	135	7286
湖　南 Hunan	39952	5271	8917	1192	7040	8029	83	9503
广　东 Guangdong	114827	69516	22778	1060	7177	6882	639	7414
广　西 Guangxi	19088	5944	4327	347	3604	2582	115	2284
海　南 Hainan	1495	247	410	71	260	243	6	264
重　庆 Chongqing	28871	13408	5953	491	3513	2746	71	2760
四　川 Sichuan	59688	21160	9967	1192	5786	9527	106	12056
贵　州 Guizhou	8750	3774	1704	136	956	1078	21	1102
云　南 Yunnan	44226	18073	7738	278	2765	5809	80	9563
西　藏 Tibet	86	67	17	2				
陕　西 Shaanxi	24132	2899	4863	364	1994	4381	140	9631
甘　肃 Gansu	21975	7521	5295	145	905	2776	32	5333
青　海 Qinghai	2775	232	812	108	173	980	2	470
宁　夏 Ningxia	5389	2363	1423	50	255	976	27	322
新　疆 Xinjiang	28146	10954	6218	289	2853	3896	164	3936

5-10 分地区职工减少去向

(城镇集体经济单位)

DECREASE OF FORMAL EMPLOYEES BY REGION

(Urban Collective-owned Units, 1997)

单位: 人 (person)

地 区 Region		合 计 Total	离休、退休、退职 Retired and Resigned	开除、除名、辞退 Expelled Expunged and Dismissed	终止、解除合同 Contract Closed or Terminated	调 出 Trans-ferred Out	#调到外省、自治区、直辖市 Transferred to Other Regions	其 他 Others
全国总计	**National**	**2419986**	**425032**	**420974**	**448951**	**439492**	**5042**	**685537**
北 京	Beijing	159303	13138	37903	61339	28788	499	18135
天 津	Tianjin	44957	11610	2719	3798	10358	175	16472
河 北	Hebei	162024	16211	62736	32446	20854	297	29777
山 西	Shanxi	33280	7845	3612	6320	8494	72	7009
内蒙古	Inner Mongolia	74102	6272	30745	9983	6324	91	20778
辽 宁	Liaoning	212973	35567	30098	30348	64710	175	52250
吉 林	Jilin	61153	10656	15217	4847	12991	133	17442
黑龙江	Heilongjiang	135091	14363	21939	8643	14407	222	75739
上 海	Shanghai	108902	28161	2284	12149	43240	46	23068
江 苏	Jiangsu	262167	47377	16450	31828	38866	337	127646
浙 江	Zhejiang	141664	23388	25988	40412	18990	105	32886
安 徽	Anhui	67289	16206	10694	12744	9520	133	18125
福 建	Fujian	71758	10790	17587	13123	4825	53	25433
江 西	Jiangxi	47945	17501	3253	5235	7440	80	14516
山 东	Shandong	152474	22840	23231	29836	59608	171	16959
河 南	Henan	74423	18612	10711	11516	21893	283	11691
湖 北	Hubei	64725	17575	7034	11643	11165	263	17308
湖 南	Hunan	57179	13181	3825	5939	10441	232	23793
广 东	Guangdong	157153	26590	44770	42148	11139	220	32506
广 西	Guangxi	33255	7328	4809	7570	3167	154	10381
海 南	Hainan	1939	637	342	175	230	1	555
重 庆	Chongqing	37096	9659	7843	8162	3861	61	7571
四 川	Sichuan	82112	22558	9321	20024	7678	149	22531
贵 州	Guizhou	13279	3232	3040	3932	1135	19	1940
云 南	Yunnan	54331	6436	8041	11780	5984	836	22090
西 藏	Tibet							
陕 西	Shaanxi	34656	6735	3103	5405	4615	64	14798
甘 肃	Gansu	27303	4250	5109	5337	2962	66	9645
青 海	Qinghai	7955	1157	704	1116	588	9	4390
宁 夏	Ningxia	9014	1719	3014	1507	1587	12	1187
新 疆	Xinjiang	30484	3438	4852	9646	3632	84	8916

六、其他各种经济单位职工人数和工资

Formal Employees and Wages in Other Ownership Units

6－1 分行业全部从业人员和平均劳动报酬

(其他经济单位)

EMPLOYEES AND AVERAGE EARNINGS BY SECTOR

(Other Ownership Units, 1997)

项 目	Item	单位数 (个) Number of Units	年末人数 (人) Employees (Person)	#女性 Female	平均劳动报酬(元) Average Earnings (yuan)
全国总计	**National Total**	**72315**	**11093596**	**5235611**	**9092**
按经济类型分组	**Ownership**				
联营经济	Joint Owned Units	4312	434719	195889	7370
股份制经济	Share Holding Units	24908	4677093	1938318	7712
外商投资经济	Foreign Funded Units	20785	2995464	1527112	11216
港、澳、台投资经济	Overseas Chinese form Hong Kong, Makao, and Taiwan Funded Units	20393	2805238	1496880	9553
其他经济	Other Units	1917	181082	77412	7183
按企、事业分组	**Grouped by Enterprises, Institutions**				
企业	Enterprises	71675	11072912	5226610	9092
事业	Institutions	637	20260	8775	9254
按国民经济行业分组	**Sector**				
农、林、牧、渔业	**Farming, Forestry, Animal Husbandry and Fishery**	**470**	**42304**	**15970**	**7192**
农业	Farming	153	13260	5131	4978
林业	Forestry	18	1372	428	7895
畜牧业	Animal Husbandry	132	19471	8473	8406
渔业	Fishery	102	5639	977	7897
农、林、牧、渔服务业	Services	65	2562	961	7712
采掘业	**Mining and Quarrying**	**475**	**69271**	**16626**	**5385**
制造业	**Manufacturing**	**39555**	**8403775**	**4090073**	**8640**
电力、煤气及水的生产和供应业	**Electricity, Gas and Water Production and Supply**	**532**	**140611**	**41106**	**12204**
建筑业	**Construction**	**2637**	**352686**	**55424**	**7617**
土木工程建筑业	Civil Engineering	1254	263158	41451	6997
线路、管道和设备安装业	Circuit Pipelines and Equipment Installation	342	31209	6030	9542
装修装饰业	Buildings Completion	1041	58319	7943	9633
地质勘查业、水利管理业	**Geological Prospecting, Water Conservancy**	**20**	**578**	**138**	**5961**
地质勘查业	Geological Prospecting	11	300	45	8353
水利管理业	Water Conservancy	9	278	93	3516
交通运输、仓储及邮电通信业	**Transport, Storage and Communications**	**1382**	**174240**	**49890**	**14095**
铁路运输业	Transport via Railways	9	10242	3240	13526
公路运输业	Transport via Highways	395	49520	13277	7503
管道运输业	Transport via Pipelines	2	177	54	3911
水上运输业	Water Transport	143	24095	4840	10704
航空运输业	Air Transport	27	14165	3728	28475
交通运输辅助业	Supporting and Auxiliary Transport Activities	396	41924	9825	18503
其他交通运输业	Other Transports	19	1091	323	13910
仓储业	Storage	202	9312	2440	14662
邮电通信业	Postal and Telecommunications	189	23714	12163	16057
批发和零售贸易、餐饮业	**Wholesale and Retail Trade, Restaurants**	**12507**	**1027844**	**580526**	**8264**
食品、饮料、烟草和家庭用品批发业	Wholesale of Food, Beverages, Tobacco and Household Goods	2970	169909	85813	7610
能源、材料和机械电子设备批发业	Wholesale Energy, Materials and Electronic Equipment	3169	111137	42686	7534

6－1 续表1 continued

项　目	Item	单位数(个) Number of Units	年末人数（人） Employees (Person)	#女性 Female	平均劳动报酬(元) Average Earnings (yuan)
其他批发业	Other Wholesale	798	33537	14791	8874
零售业	Retail	3658	530885	340089	7891
商业经纪与代理业	Commercial Brokerages and Agencies	376	25728	9779	14354
餐饮业	Restaurants	1536	156648	87368	9627
金融、保险业	**Financial Intermediation and Insurance**	**1443**	**132752**	**65167**	**18194**
金融业	Financial Intermediation	1293	111625	55517	19496
保险业	Insurance	150	21127	9650	10844
房地产业	**Real Estate Activities**	**4185**	**137321**	**44247**	**13726**
房地产开发与经营业	Real Estate Development and Operation	3695	109162	35809	13536
房地产管理业	Real Estate Managment	412	26433	7773	14505
房地产代理与经纪业	Real Estate Brokerages and Agencies	78	1726	665	13844
社会服务业	**Social Services**	**5999**	**512729**	**238469**	**12747**
公共服务业	Public Facilities Services	440	65183	17249	10150
居民服务业	Residential Services	536	19837	10555	9715
旅馆业	Hotels	1121	282769	147671	11936
租赁服务业	Renting Services	120	5040	1663	12720
旅游业	Tourism	254	26506	12180	13514
娱乐服务业	Recreational Services	632	41533	22071	11063
信息、咨询服务业	Information and Consultancy Services	1632	30135	11952	17732
计算机应用服务业	Computer Application Services	931	28652	10268	27548
其他社会服务业	Other Social Services	333	13074	4860	11313
卫生、体育和社会福利业	**Health Care, Sporting and Social Welfare**	**93**	**6140**	**3145**	**13914**
卫生	Health Care	52	2742	1495	12253
体育	Sporting	27	2600	1276	12978
社会福利保障业	Social Welfare	14	798	374	20563
教育、文化艺术和广播电影电视业	**Education, Culture and Arts, Radio, Film and Television**	**326**	**14736**	**6618**	**10386**
教育	Education	198	7975	3774	8936
#普通高等学校	Institutes of Higher Education	2	575	173	7860
普通中学	Secondary Schools	22	1447	760	5924
小学校	Primary Schools	118	2263	1193	9284
文化艺术业	Culture and Arts	88	3986	1486	11170
广播电影电视业	Radio, Film and Television	40	2775	1358	13118
科学研究和综合技术服务业	**Scientific Research and Polytechnical Services**	**2153**	**51227**	**17123**	**14659**
科学研究业	Scientific Research	35	1057	346	11299
自然科学研究	Natural Science Research	21	628	186	13211
社会科学研究	Social Science Research	1	3		6000
其他科学研究	Other Science Research	13	426	160	8710
综合技术服务业	Polytechnical Services	2118	50170	16777	14736
#气象	Atmosphere	13	340	128	7737
测绘	Surveying and Mapping	1	24	2	10417
技术监督	Technology Supervisor	40	1397	369	12741
海洋环境	Sea and Ocean Environments	1	5	1	14200
环境保护	Environmental Protection	21	249	65	10328
技术推广和科技交流服务业	Technology Promotion and Exchange Services	182	5763	2279	13602
工程设计业	Engineering Design	155	5111	1613	17584
其他综合技术服务业	Other Polytechnical Services	1705	37281	12320	14665
其他行业	**Others**	**538**	**27382**	**11089**	**18939**
#企业管理机构	Enterprise Management Organizations	118	12310	5205	9512

6-2 分地区分行业从业人员年末人数

(其他经济单位)

EMPLOYEES BY SECTOR AND REGION

(Other Ownership Units, 1997)

单位: 人 (person)

地区 Region	合计 Total	农、林、牧、渔业 Farming, Forestry, Animal Husbandry and Fishery	采掘业 Mining and Quarrying	制造业 Manufacturing	电力、煤气及水的生产和供应业 Electricity, Gas and Water Production and Supply	建筑业 Construction	交通运输、仓储及邮电通信业 Transport, Storage and Communications	批发和零售贸易、餐饮业 Wholesale and Retail Trade Restaurants
全国总计 National	**11093596**	**42304**	**69271**	**8403775**	**140611**	**352686**	**174240**	**1027844**
北京 Beijing	543489	4869	128	227867	294	27016	5540	94016
天津 Tianjin	358008	78		284815	1806	4523	6165	36588
河北 Hebei	334011	118	1911	278192	7086	7983	4864	23474
山西 Shanxi	93863		2675	72635	2941	1839	1210	9855
内蒙古 Inner Mongolia	126066	286	3117	87052	4398	7593	2030	18101
辽宁 Liaoning	622049	2329	2383	452811	11287	34379	8189	74687
吉林 Jilin	249182	11629	1635	168265	628	13310	688	39667
黑龙江 Heilongjiang	311019	3309	2046	225920	831	19914	2145	35625
上海 Shanghai	792767	936	156	586211	1489	23442	21303	72100
江苏 Jiangsu	781161	902	1497	648373	9931	5732	16364	64614
浙江 Zhejiang	539707	1188	975	394915	4442	25176	10347	59091
安徽 Anhui	301304	631	1383	235353	1616	7717	3223	39027
福建 Fujian	882270	2489	4384	776567	7295	24969	8313	22377
江西 Jiangxi	78600	470	314	60363	289	790	2588	5897
山东 Shandong	825823	957	7277	671222	7936	26219	4256	71599
河南 Henan	621768	1300	7844	489668	15782	30799	1820	43384
湖北 Hubei	490099	634	3136	366852	2565	7644	10348	66532
湖南 Hunan	158278	106	2861	117569	2672	1616	832	16093
广东 Guangdong	1747403	7071	1660	1404800	21760	36075	44041	90493
广西 Guangxi	168561	113	1919	120421	1219	2563	1201	21037
海南 Hainan	80646	989	189	31476	6568	2473	5282	6216
重庆 Chongqing	168456	9	3662	115110	5965	5621	6462	21891
四川 Sichuan	447077	279	10484	342558	16700	17491	3279	45223
贵州 Guizhou	56102	25	1616	39684	458	4022	98	5388
云南 Yunnan	96849	1381	790	61500	2709	2801	2757	13271
西藏 Tibet	1414		108	1183				
陕西 Shaanxi	89697	47	2789	48997	1662	1186	95	19384
甘肃 Gansu	34592	26	1158	26023	20	1175	108	4033
青海 Qinghai	7711		70	6199				332
宁夏 Ningxia	36026	32	202	28441	248	5288		381
新疆 Xinjiang	49598	101	902	32733	14	3330	692	7468

6-2 续表1 continued

单位:人 (person)

地 区 Region	金融、保险业 Financial Intermedi-ation and Insurance	房地产业 Real Estate Activities	社会服务业 Social Services	卫生、体育和社会福利业 Health Care, Sporting and Social Welfare	教育、文化艺术和广播电影电视业 Education, Culture and Arts, Radio, Film and Tele-vision	科学研究和综合技术服务业 Scientific Research and Polytech-nical Services	其他 Others
全国总计 National	**132752**	**137321**	**512729**	**6140**	**14736**	**51227**	**27382**
北 京 Beijing	14354	18577	112536	660	1056	32162	4414
天 津 Tianjin	6170	3193	7380	56	1462	5628	144
河 北 Hebei	5387	1051	3034	25		19	867
山 西 Shanxi	197	731	1162	130	256	225	
内蒙古 Inner Mongolia	195	696	2411		46		141
辽 宁 Liaoning	5323	8975	19447	512	570	1107	
吉 林 Jilin	2415	1830	7104	110	33	151	1696
黑龙江 Heilongjiang	7252	2298	10148		86	1130	315
上 海 Shanghai	9947	10684	58412	1052	1358	1892	3742
江 苏 Jiangsu	7760	4988	16238	147	1383	948	2274
浙 江 Zhejiang	5216	5966	29509	388	1194	828	472
安 徽 Anhui	1981	1303	8427	296	189	118	40
福 建 Fujian	4945	10061	19905	285	353	172	105
江 西 Jiangxi	2818	1728	3143			200	
山 东 Shandong	10072	5329	19426	131	168	523	650
河 南 Henan	3469	7463	12365	322	1871	235	5421
湖 北 Hubei	4912	8320	16096	66	15	2955	24
湖 南 Hunan	4531	2058	9849			40	51
广 东 Guangdong	23662	21175	85191	1798	2296	1938	5443
广 西 Guangxi	2406	4135	12665	19	59		804
海 南 Hainan	1702	5373	19698	29	367	192	92
重 庆 Chongqing	1975	2432	5256	19		22	32
四 川 Sichuan	1605	3199	5782			15	194
贵 州 Guizhou	342	2791	1185	59	242	76	116
云 南 Yunnan	759	1362	9079		120	109	187
西 藏 Tibet			123				
陕 西 Shaanxi	2564	288	10921	36	1493	199	36
甘 肃 Gansu	171	44	1834				
青 海 Qinghai		12	1013				85
宁 夏 Ningxia	33	651	653			97	
新 疆 Xinjiang	589	608	2737		119	246	37

6-3 分地区分行业从业人员平均劳动报酬

(其他经济单位)

AVERAGE EARNINGS OF EMPLOYEES BY SECTOR AND REGION

(Other Ownership Units, 1997)

单位:元 (yuan)

地　区 Region	合计 Total	农、林、牧、渔业 Farming, Forestry, Animal Husbandry and Fishery	采掘业 Mining and Quarrying	制造业 Manufacturing	电力、煤气及水的生产和供应业 Electricity, Gas and Water Production and Supply	建筑业 Construction	交通运输、仓储及邮电通信业 Transport, Storage and Communications	批发和零售贸易、餐饮业 Wholesale and Retail Trade, Restaurants
全国总计 National	**9092**	**7192**	**5385**	**8640**	**12204**	**7617**	**14095**	**8264**
北　京 Beijing	16777	9011	11520	14935	13140	12149	21354	13427
天　津 Tianjin	10982	7029		11003	6336	11756	14315	9794
河　北 Hebei	6192	4291	3727	6113	13251	4707	4066	5351
山　西 Shanxi	5619		6362	5862	7125	5289	2698	3409
内蒙古 Inner Mongolia	4688	4357	4094	4666	11239	4217	1757	3819
辽　宁 Liaoning	7488	8407	4713	7444	12411	4883	10465	7196
吉　林 Jilin	7554	8093	6071	8024	8842	5719	7507	5835
黑龙江 Heilongjiang	7174	4510	7088	7249	7821	7276	4474	6423
上　海 Shanghai	15177	6584	9563	14799	28030	12318	25399	14940
江　苏 Jiangsu	8738	9681	5065	8306	15238	8805	10706	9247
浙　江 Zhejiang	9628	9543	6409	9320	12371	10666	11581	9063
安　徽 Anhui	6139	5160	5919	6397	9970	4917	3608	4692
福　建 Fujian	8826	6740	7930	8560	14135	7430	21614	8550
江　西 Jiangxi	7824	5915	5209	7936	7805	7135	7336	7231
山　东 Shandong	6613	5660	6582	6406	12067	8017	10274	6085
河　南 Henan	5220	4538	4013	5077	7826	4931	6418	4920
湖　北 Hubei	5760	2706	3456	5512	8143	4117	5778	5218
湖　南 Hunan	5910	7144	3590	5418	19310	6400	7456	5809
广　东 Guangdong	11785	6743	10464	10947	18219	10188	18577	12501
广　西 Guangxi	6475	15018	6289	6401	8246	5705	7026	5700
海　南 Hainan	9447	9835	8777	7997	14357	8550	14280	7529
重　庆 Chongqing	6997	4444	6023	7346	7401	5753	4926	5029
四　川 Sichuan	6224	5230	4489	6488	7331	4541	3555	4626
贵　州 Guizhou	6474	3280	2756	6737	7235	5088	6667	6000
云　南 Yunnan	7889	5248	5183	8045	9554	5890	6916	7423
西　藏 Tibet	7082		8194	7178				
陕　西 Shaanxi	6935	3532	5491	6987	10729	3943	7851	6344
甘　肃 Gansu	6657	9125	5545	7248	3250	4335	4585	4142
青　海 Qinghai	4377		4529	3703				9907
宁　夏 Ningxia	6961	5921	8025	7490	7325	4926		5670
新　疆 Xinjiang	7428	5470	7806	7277	4643	8233	7646	7244

6-3 续表1 continued

单位: 元 (yuan)

地区 Region	金融、保险业 Financial Intermedi-ation and Insurance	房地产业 Real Estate Activities	社会服务业 Social Services	卫生、体育和社会福利业 Health Care Sporting and Social Welfare	教育、文化艺术和广播电影电视业 Education, Culture and Arts, Radio, Filma and Television	科学研究和综合技术服务业 Scientific Research and Polytec-hnical Services	其他 Others
全国总计 National	**18194**	**13726**	**12747**	**13914**	**10386**	**14659**	**18939**
北京 Beijing	36471	20889	20596	35417	14671	16138	42339
天津 Tianjin	16010	11980	11707	5385	4232	9522	8936
河北 Hebei	9533	7351	5875	5200		5346	6437
山西 Shanxi	7681	7250	5244	6400	4144	7514	
内蒙古 Inner Mongolia	13758	6350	4590		3326		4336
辽宁 Liaoning	10921	8385	9363	7172	14606	9160	
吉林 Jilin	7116	7606	9118	11393	10182	10941	7541
黑龙江 Heilongjiang	9807	7905	7105		3557	8037	17098
上海 Shanghai	30241	21859	12886	15701	13505	14294	19867
江苏 Jiangsu	15987	12121	10059	16349	18091	10537	31557
浙江 Zhejiang	14369	12494	11164	15725	11008	18274	21260
安徽 Anhui	7034	6987	6711	5628	5600	7475	2900
福建 Fujian	16442	13247	10301	8639	8299	13318	6989
江西 Jiangxi	9195	7742	6738			7972	
山东 Shandong	11829	8880	7362	1150	5083	7548	9963
河南 Henan	13765	6691	6393	4916	7530	4061	5718
湖北 Hubei	15235	13328	8512	4954	3429	11879	6308
湖南 Hunan	8300	6826	7339			5925	4980
广东 Guangdong	23259	19209	15000	13941	13922	25382	17302
广西 Guangxi	8179	8842	7170	8556	8018		7596
海南 Hainan	18050	10933	8272	9321	8376	11090	17163
重庆 Chongqing	8092	8735	10133	13579		6880	8688
四川 Sichuan	16168	5857	6524			9667	7959
贵州 Guizhou	8118	7119	7157	5424	6190	5307	7157
云南 Yunnan	9951	9653	7986		10469	4867	10324
西藏 Tibet			5110				
陕西 Shaanxi	12814	5017	6948	4750	3974	16784	5265
甘肃 Gansu	3818	6341	6322				
青海 Qinghai		4583	5953				15000
宁夏 Ningxia	6091	5924	5898			7165	
新疆 Xinjiang	13635	6878	7566		7202	7671	3730

6-4 分行业全部职工人数和平均工资

(其他经济单位)

FORMAL EMPLOYEES AND AVERAGE WAGES BY SECTOR

(Other Ownership Units, 1997)

项 目	Item	年末人数（人） Formal Employees (person)	#女性 Female	平均人数（人） Formal Employees year-average (person)	平均工资（元） Average Wages (yuan)
全国总计	**National Total**	**10855336**	**5130016**	**10704716**	**8789**
按经济类型分组	**Ownership**				
联营经济	Joint Owned Units	426112	192579	422814	7310
股份制经济	Share Holding Units	4601494	1906760	4561375	7693
外商投资经济	Foreign Funded Units	2903964	1482796	2831505	10361
港、澳、台投资经济	Overseas Chinese form Hong Kong, Makao, and Taiwan Funded Units	2748490	1472494	2715876	9329
其他经济	Other Units	175276	75387	173146	7063
按企、事业分组	**Grouped by Enterprises, Institutions**				
企业	Enterprises	10836914	5121971	10686897	8788
事业	Institutions	17998	7827	17379	9530
按国民经济行业分组	**Sector**				
农、林、牧、渔业	**Farming, Forestry, Animal Husbandry and Fishery**	**41415**	**15750**	**41310**	**7061**
农业	Farming	12596	5063	12780	4941
林业	Forestry	1342	427	1289	7690
畜牧业	Animal Husbandry	19341	8454	19189	8198
渔业	Fishery	5596	848	5659	7613
农、林、牧、渔服务业	Services	2540	958	2393	7616
采掘业	**Mining and Quarrying**	**67884**	**16288**	**66319**	**5385**
制造业	**Manufacturing**	**8267125**	**4024415**	**8170177**	**8376**
电力、煤气及水的生产和供应业	**Electricity, Gas and Water Production and Supply**	**138288**	**40738**	**136196**	**12127**
建筑业	**Construction**	**337180**	**53886**	**332586**	**7517**
土木工程建筑业	Civil Engineering	251005	40433	252703	6904
线路、管道和设备安装业	Circuit Pipelines and Equipment Installation	30399	5924	29685	9484
装修装饰业	Buildings Completion	55776	7529	50198	9444
地质勘查业、水利管理业	**Geological Prospecting, Water Conservancy**	**537**	**130**	**525**	**5770**
地质勘查业	Geological Prospecting	259	37	248	8286
水利管理业	Water Conservancy	278	93	277	3516
交通运输、仓储及邮电通信业	**Transport, Storage and Communications**	**170863**	**48277**	**165636**	**13734**
铁路运输业	Transport via Railways	10112	3206	10296	13562
公路运输业	Transport via Highways	49121	12624	48853	7399
管道运输业	Transport via Pipelines	177	54	179	3911
水上运输业	Water Transport	23767	4825	23607	10669
航空运输业	Air Transport	14058	3742	13100	28533
交通运输辅助业	Supporting and Auxiliary Transport Activities	40836	9484	38968	17395
其他交通运输业	Other Transports	1031	277	1006	8113
仓储业	Storage	8648	2150	8543	14354
邮电通信业	Postal and Telecommunications	23113	11915	21084	16069
批发和零售贸易、餐饮业	**Wholesale and Retail Trade, Restaurants**	**1000632**	**564485**	**988579**	**8051**
食品、饮料、烟草和家庭用品批发业	Wholesale of Food, Beverages, Tobacco and Household Goods	166049	84146	163253	7547
能源、材料和机械电子设备批发业	Wholesale Energy, Materials and Electronic Equipment	108421	41827	106822	7455

6-4 续表1 continued

项　目	Item	年末人数（人）Formal Employees (person)	#女性 Female	平均人数（人）Formal Employees year-average (person)	平均工资（元）Average Wages (yuan)
其他批发业	Other Wholesale	32544	14517	31709	8921
零售业	Retail	522046	332100	515900	7847
商业经纪与代理业	Commercial Brokerages and Agencies	22348	8143	23176	11376
餐饮业	Restaurants	149224	83752	147719	9039
金融、保险业	**Financial Intermediation and Insurance**	**124825**	**62009**	**120807**	**17970**
金融业	Financial Intermediation	107363	54273	104548	19010
保险业	Insurance	17462	7736	16259	11285
房地产业	**Real Estate Activities**	**127974**	**41431**	**121667**	**13249**
房地产开发与经营业	Real Estate Development and Operation	102102	33705	97242	12899
房地产管理业	Real Estate Managment	24233	7096	22924	14760
房地产代理与经纪业	Real Estate Brokerages and Agencies	1639	630	1501	12849
社会服务业	**Social Services**	**488861**	**227911**	**477119**	**11812**
公共服务业	Public Facilities Services	60094	15123	57298	10064
居民服务业	Residential Services	17934	9189	17609	9653
旅馆业	Hotels	272850	143324	269442	10924
租赁服务业	Renting Services	4831	1605	4353	12606
旅游业	Tourism	25878	11830	26043	13008
娱乐服务业	Recreational Services	39778	20935	39826	10074
信息、咨询服务业	Information and Consultancy Services	27667	11345	25973	14952
计算机应用服务业	Computer Application Services	27423	9916	24274	25773
其他社会服务业	Other Social Services	12406	4644	12301	11135
卫生、体育和社会福利业	**Health Care, Sporting and Social Welfare**	**5358**	**2791**	**5021**	**11863**
卫生	Health Care	2529	1399	2458	11729
体育	Sporting	2515	1223	2260	11584
社会福利保障业	Social Welfare	314	169	303	15036
教育、文化艺术和广播电影电视业	**Education, Culture and Arts, Radio, Film and Television**	**12542**	**5624**	**12380**	**10017**
教育	Education	6281	2972	6050	7952
#普通高等学校	Institutes of Higher Education	395	110	332	6798
普通中学	Secondary Schools	794	421	686	7907
小学校	Primary Schools	1864	1018	1849	6535
文化艺术业	Culture and Arts	3708	1391	3601	11064
广播电影电视业	Radio, Film and Television	2553	1261	2729	13213
科学研究和综合技术服务业	**Scientific Research and Polytechnical Services**	**45989**	**15714**	**41435**	**14370**
科学研究业	Scientific Research	893	279	883	11612
自然科学研究	Natural Science Research	474	125	456	14478
社会科学研究	Social Science Research	3		3	6000
其他科学研究	Other Science Research	416	154	424	8568
综合技术服务业	Polytechnical Services	45096	15435	40552	14430
#气象	Atmosphere	254	127	255	7169
测绘	Surveying and Mapping	1	1	1	15000
技术监督	Technology Supervisor	1089	319	1028	12144
海洋环境	Sea and Ocean Environments	4	1	4	14500
环境保护	Environmental Protection	214	59	223	10713
技术推广和科技交流服务业	Technology Promotion and Exchange Services	5425	2201	4303	12135
工程设计业	Engineering Design	4609	1504	4500	17660
其他综合技术服务业	Other Polytechnical Services	33500	11223	30238	14443
其他行业	**Others**	**25863**	**10567**	**24959**	**16423**
#企业管理机构	Enterprise Management Organizations	11988	5081	11217	9387

6-5 分地区分行业全部职工人数和平均工资

(其他经济单位)

FORMAL EMPLOYEES AND AVERAGE WAGES BY SECTOR AND REGION

(Other Ownership Units, 1997)

地　　区 Region	总计 Total				联营经济 Joint Owned Units			
	单位数(个) Number of Units	职工年末人数(人) Formal Employees (year-end, person)	#女性 Female	平均工资(元) Average Wages (yuan)	单位数(个) Number of Units	职工年末人数(人) Formal Employees (year-end, person)	#女性 Female	平均工资(元) Average Wages (yuan)
全国总计 National	**72315**	**10855336**	**5130016**	**8789**	**4312**	**426112**	**192579**	**7310**
北　京 Beijing	9278	516730	222012	15370	463	30464	16226	9917
天　津 Tianjin	3126	344179	159987	10599	180	19057	9606	5667
河　北 Hebei	1592	330971	146568	6118	65	8305	3246	5073
山　西 Shanxi	691	92695	32274	5581	15	2216	750	3349
内蒙古 Inner Mongolia	686	125468	65135	4687	29	2379	1292	5290
辽　宁 Liaoning	3448	611203	277608	7266	182	46158	21975	3789
吉　林 Jilin	1490	248192	109816	7386	20	4320	2269	7403
黑龙江 Heilongjiang	1915	308872	130429	7183	48	5483	2232	4472
上　海 Shanghai	4169	712523	296367	14313	219	19953	8955	8746
江　苏 Jiangsu	4377	765852	370816	8376	411	85628	42044	7390
浙　江 Zhejiang	4650	526751	242119	9584	302	22109	10835	7346
安　徽 Anhui	1192	298413	123339	6139	51	7620	2721	4830
福　建 Fujian	7563	873124	495137	8636	489	27198	10724	11124
江　西 Jiangxi	575	77820	35859	7843	23	1301	622	6056
山　东 Shandong	3735	811853	414021	6373	130	13603	6314	6420
河　南 Henan	3541	616489	264754	5209	187	8552	3241	5912
湖　北 Hubei	2431	488220	229928	5740	146	17990	7165	5193
湖　南 Hunan	954	154785	69936	5733	38	3904	1670	6218
广　东 Guangdong	9508	1732753	935735	11635	762	57647	23531	11036
广　西 Guangxi	804	166760	74221	6463	62	4284	2283	5296
海　南 Hainan	1439	79155	35429	9462	127	8059	3027	7010
重　庆 Chongqing	756	165204	68905	6845	27	4094	1773	3852
四　川 Sichuan	1489	443406	180458	6206	77	6224	2154	4642
贵　州 Guizhou	591	53868	20024	6461	63	4892	1600	3778
云　南 Yunnan	795	95030	39362	7852	48	3564	1280	5065
西　藏 Tibet	21	1350	495	7233	9	107	24	5918
陕　西 Shaanxi	525	87529	37984	6783	48	2799	866	4482
甘　肃 Gansu	245	33378	13857	6703	31	942	228	4356
青　海 Qinghai	26	7698	4415	4326	1	2632	1881	2248
宁　夏 Ningxia	181	35869	11490	6962	6	1024	404	4144
新　疆 Xinjiang	522	49196	21536	7428	53	3604	1641	5258

6－5 续表1 continued

地区 Region	股份制经济 Share Holding Units				外商投资经济 Foreign Funded Units			
	单位数(个) Number of Units	职工年末人数(人) Formal Employees (year－end, person)	#女性 Female	平均工资(元) Average Wages (yuan)	单位数(个) Number of Units	职工年末人数(人) Formal Employees (year－end, person)	#女性 Female	平均工资(元) Average Wages (yuan)
全国总计 National	**24908**	**4601494**	**1906760**	**7693**	**20785**	**2903964**	**1482796**	**10361**
北京 Beijing	5312	183558	73502	12864	1982	202297	88170	18058
天津 Tianjin	487	59581	20094	11829	1526	174691	89795	11797
河北 Hebei	501	166290	70112	6029	553	78793	38337	6323
山西 Shanxi	422	57696	20113	5267	125	17896	5816	6367
内蒙古 Inner Mongolia	370	71368	32845	4407	125	28223	17644	5512
辽宁 Liaoning	1085	293686	117942	6618	1433	185518	100284	9158
吉林 Jilin	719	150767	65548	7471	591	73036	34209	7402
黑龙江 Heilongjiang	1146	203632	79884	8066	415	46470	22799	5513
上海 Shanghai	616	302517	115635	12698	2042	258450	112661	16857
江苏 Jiangsu	1034	213778	92255	9144	1383	231865	115564	9153
浙江 Zhejiang	2421	229700	97424	9356	1001	144149	70727	10417
安徽 Anhui	745	213755	83540	6306	194	39122	17694	6042
福建 Fujian	513	88258	33460	8556	3055	317921	175493	8336
江西 Jiangxi	113	24608	9780	7987	173	24332	10563	8545
山东 Shandong	1248	385177	166064	6257	1520	284920	179650	6782
河南 Henan	1985	441828	190801	4989	503	71383	31489	6409
湖北 Hubei	1400	362326	168319	5319	191	46371	22292	8237
湖南 Hunan	426	85121	35564	5027	217	34920	15898	7929
广东 Guangdong	1254	283617	112233	12475	2076	423773	243167	12410
广西 Guangxi	192	72923	32448	6536	314	64352	26149	6765
海南 Hainan	245	29585	12197	11062	435	21950	10604	9077
重庆 Chongqing	399	115542	48980	6166	143	27118	9760	9114
四川 Sichuan	901	358020	144040	6333	231	35957	16310	6707
贵州 Guizhou	215	26934	10752	6686	179	13790	4562	7313
云南 Yunnan	402	57268	23170	7710	155	14183	6360	8388
西藏 Tibet	3	129	36	9558	7	1064	420	7114
陕西 Shaanxi	203	59651	26512	7067	76	12573	5463	6613
甘肃 Gansu	140	15263	6367	5146	29	10985	4317	10043
青海 Qinghai	16	2215	1030	5701	2	1117	437	5391
宁夏 Ningxia	106	20364	6094	6446	33	10616	3188	9512
新疆 Xinjiang	289	26337	10019	7460	76	6129	2974	6754

6-5 续表2 continued

地区 Region		港、澳、台投资经济 Overseas Chinese form Hong Kong, Macao and Taiwan Funded Units				其他经济 Other Units			
		单位数(个) Number of Units	职工年末人数(人) Formal Employees (year-end, person)	#女性 Female	平均工资(元) Average Wages (yuan)	单位数(个) Number of Units	职工年末人数(人) Formal Employees (year-end, person)	#女性 Female	平均工资(元) Average Wages (yuan)
全国总计	**National**	**20393**	**2748490**	**1472494**	**9329**	**1917**	**175276**	**75387**	**7063**
北京	Beijing	1280	95730	42484	14945	241	4681	1630	37096
天津	Tianjin	760	81602	37020	8950	173	9248	3472	5109
河北	Hebei	459	74935	34059	6186	14	2648	814	7125
山西	Shanxi	116	14098	5150	6290	13	789	445	5044
内蒙古	Inner Mongolia	145	20945	12463	4599	17	2553	891	3581
辽宁	Liaoning	744	85260	37161	7417	4	581	246	4899
吉林	Jilin	143	18239	7215	6659	17	1830	575	6811
黑龙江	Heilongjiang	259	45790	22208	5933	47	7497	3306	3266
上海	Shanghai	1233	118688	52969	14175	59	12915	6147	12720
江苏	Jiangsu	1361	201577	105283	7352	188	33004	15670	6864
浙江	Zhejiang	858	127099	61906	9500	68	3694	1227	8178
安徽	Anhui	140	23023	12503	5511	62	14893	6881	5605
福建	Fujian	3429	436616	274233	8732	77	3131	1227	7507
江西	Jiangxi	246	24191	12899	7535	20	3388	1995	4465
山东	Shandong	835	128116	61966	5826	2	37	27	2351
河南	Henan	708	85719	35426	5307	158	9007	3797	4995
湖北	Hubei	577	53755	28275	6769	117	7778	3877	4963
湖南	Hunan	259	28967	15791	5224	14	1873	1013	3713
广东	Guangdong	5318	956301	551033	11140	98	11415	5771	7713
广西	Guangxi	170	20369	11007	5577	66	4832	2334	6189
海南	Hainan	570	18449	9161	8373	62	1112	440	8462
重庆	Chongqing	177	17697	8186	8361	10	753	206	7025
四川	Sichuan	157	18134	9249	5568	123	25071	8705	4509
贵州	Guizhou	60	5620	2233	7048	74	2632	877	3661
云南	Yunnan	169	18653	8177	8109	21	1362	375	11793
西藏	Tibet					2	50	15	6292
陕西	Shaanxi	63	7765	3374	5621	135	4741	1769	7030
甘肃	Gansu	18	3136	1517	6272	27	3052	1428	3296
青海	Qinghai	7	1734	1067	4979				
宁夏	Ningxia	35	3385	1694	4716	1	480	110	1042
新疆	Xinjiang	97	12897	6785	8324	7	229	117	4351

6－5 续表3 continued

地区 Region	企业 Enterprises 单位数(个) Number of Units	职工年末人数(人) Formal Employees (year－end, person)	#女性 Female	平均工资(元) Average Wages (yuan)	非农企业 Nonagricultural Enterprises 单位数(个) Number of Units	职工年末人数(人) Formal Employees (year－end, person)	#女性 Female	平均工资(元) Average Wages (yuan)
全国总计 National	**71675**	**10836914**	**5121971**	**8788**	**71205**	**10795499**	**5106221**	**8794**
北京 Beijing	9137	513513	220871	15347	9122	508686	219326	15417
天津 Tianjin	3079	343186	159694	10615	3073	343117	159681	10616
河北 Hebei	1588	330498	146232	6122	1583	330387	146182	6123
山西 Shanxi	688	92420	32067	5585	688	92420	32067	5585
内蒙古 Inner Mongolia	684	125442	65129	4688	675	125156	65105	4689
辽宁 Liaoning	3446	610799	277443	7266	3426	608479	276996	7261
吉林 Jilin	1489	248149	109806	7386	1468	236530	103974	7353
黑龙江 Heilongjiang	1913	308698	130404	7185	1902	305389	129095	7219
上海 Shanghai	4169	712523	296367	14313	4149	711751	296099	14326
江苏 Jiangsu	4362	765428	370607	8376	4346	764558	370204	8377
浙江 Zhejiang	4618	525946	241781	9579	4604	524767	241682	9579
安徽 Anhui	1174	297719	123060	6138	1168	297088	122873	6140
福建 Fujian	7545	872669	494954	8636	7459	870249	494049	8643
江西 Jiangxi	574	77802	35857	7843	568	77336	35680	7854
山东 Shandong	3733	811575	413915	6374	3708	810634	413683	6375
河南 Henan	3483	614189	263830	5201	3428	612896	263438	5203
湖北 Hubei	2425	488138	229897	5740	2413	487505	229570	5744
湖南 Hunan	954	154785	69936	5733	951	154679	69903	5732
广东 Guangdong	9438	1729894	934472	11634	9391	1723253	931869	11651
广西 Guangxi	801	166469	74055	6464	795	166361	74030	6458
海南 Hainan	1418	78181	34971	9484	1372	77241	34707	9480
重庆 Chongqing	756	165204	68905	6845	755	165195	68904	6846
四川 Sichuan	1462	443212	180385	6206	1456	442933	180314	6207
贵州 Guizhou	578	53367	19824	6469	576	53342	19813	6470
云南 Yunnan	794	95020	39358	7852	774	93665	38880	7892
西藏 Tibet	19	1341	490	7228	19	1341	490	7228
陕西 Shaanxi	415	86151	37319	6825	412	86104	37315	6827
甘肃 Gansu	206	31861	12912	6802	204	31835	12904	6800
青海 Qinghai	26	7698	4415	4326	26	7698	4415	4326
宁夏 Ningxia	180	35862	11489	6963	179	35830	11486	6964
新疆 Xinjiang	521	49175	21526	7425	515	49074	21487	7430

6-5 续表4 continued

地区 Region	事业 Institutions				农、林、牧、渔业 Farming, Forestry, Animal Husbandry and Fishery			
	单位数(个) Number of Units	职工年末人数(人) Formal Employees (year-end, person)	#女性 Female	平均工资(元) Average Wages (yuan)	单位数(个) Number of Units	职工年末人数(人) Formal Employees (year-end, person)	#女性 Female	平均工资(元) Average Wages (yuan)
全国总计 National	**637**	**17998**	**7827**	**9530**	**470**	**41415**	**15750**	**7061**
北京 Beijing	141	3217	1141	19227	15	4827	1545	8103
天津 Tianjin	47	993	293	4818	6	69	13	7167
河北 Hebei	4	473	336	3307	5	111	50	4061
山西 Shanxi	3	275	207	4105				
内蒙古 Inner Mongolia	2	26	6	5923	9	286	24	4357
辽宁 Liaoning	2	404	165	8574	20	2320	447	8400
吉林 Jilin	1	43	10	7488	21	11619	5832	8064
黑龙江 Heilongjiang	2	174	25	3109	11	3309	1309	4510
上海 Shanghai					20	772	268	5883
江苏 Jiangsu	15	424	209	9134	16	870	403	7717
浙江 Zhejiang	32	805	338	13768	14	1179	99	9547
安徽 Anhui	18	694	279	6338	6	631	187	5160
福建 Fujian	18	455	183	7818	86	2420	905	6537
江西 Jiangxi	1	18	2	9778	6	466	177	5899
山东 Shandong	2	278	106	2795	25	941	232	5651
河南 Henan	58	2300	924	7124	55	1293	392	4549
湖北 Hubei	6	82	31	4662	12	633	327	2665
湖南 Hunan					3	106	33	7144
广东 Guangdong	70	2859	1263	12315	47	6641	2603	7070
广西 Guangxi	3	291	166	5507	6	108	25	15519
海南 Hainan	18	550	240	8937	46	940	264	9779
重庆 Chongqing					1	9	1	4444
四川 Sichuan	27	194	73	5447	6	279	71	5230
贵州 Guizhou	13	501	200	5673	2	25	11	3280
云南 Yunnan	1	10	4	4700	20	1355	478	5227
西藏 Tibet	2	9	5	8333				
陕西 Shaanxi	110	1378	665	4171	3	47	4	3532
甘肃 Gansu	39	1517	945	4552	2	26	8	9125
青海 Qinghai								
宁夏 Ningxia	1	7	1	4143	1	32	3	5921
新疆 Xinjiang	1	21	10	12333	6	101	39	5470

6－5 续表5 continued

地　区 Region	农业 Farming				畜牧业 Animal Husbandry			
	单位数(个) Number of Units	职工年末人数(人) Formal Employees (year－end, person)	#女性 Female	平均工资(元) Average Wages (yuan)	单位数(个) Number of Units	职工年末人数(人) Formal Employees (year－end, person)	#女性 Female	平均工资(元) Average Wages (yuan)
全国总计 National	**153**	**12596**	**5063**	**4941**	**132**	**19341**	**8454**	**8198**
北　京 Beijing	6	562	199	4401	6	4242	1338	8560
天　津 Tianjin					4	39	13	7076
河　北 Hebei	1	28	11	4179	3	65	39	4494
山　西 Shanxi								
内蒙古 Inner Mongolia	1	64		2656	7	134	6	5716
辽　宁 Liaoning	4	287	127	4871	1	10	2	4000
吉　林 Jilin	6	1943	551	3643	13	9659	5278	9030
黑龙江 Heilongjiang	4	2186	777	4905	5	1088	526	3830
上　海 Shanghai	11	430	144	5035	2	165	66	5460
江　苏 Jiangsu	2	386	270	7666	1	32	5	4188
浙　江 Zhejiang	3	54	19	12385	6	172	32	7067
安　徽 Anhui					1	19	7	5474
福　建 Fujian	25	1133	515	7088	18	435	204	5174
江　西 Jiangxi	1	99	70	3394	3	258	52	7572
山　东 Shandong	11	321	93	6880	6	198	78	5706
河　南 Henan	11	314	71	4687	32	868	300	4426
湖　北 Hubei	2	40	19	5375				
湖　南 Hunan	2	43	19	5370	1	63	14	7905
广　东 Guangdong	16	3105	1604	3502	10	1315	341	12821
广　西 Guangxi	2	70	11	21750	2	14	7	5357
海　南 Hainan	25	528	187	8445	4	80	12	6300
重　庆 Chongqing								
四　川 Sichuan	1	62	18	4516	1	112	32	5796
贵　州 Guizhou					1	15	5	2800
云　南 Yunnan	14	853	326	5187	2	292	91	5552
西　藏 Tibet								
陕　西 Shaanxi					1	27		3778
甘　肃 Gansu								
青　海 Qinghai								
宁　夏 Ningxia					1	32	3	5921
新　疆 Xinjiang	4	88	32	5437	1	7	3	6143

6－5 续表6 continued

地　区 Region	渔　业 Fishery				采　掘　业 Mining and Quarrying			
	单位数(个) Number of Units	职工年末人数(人) Formal Employees (year－end, person)	#女性 Female	平均工资(元) Average Wages (yuan)	单位数(个) Number of Units	职工年末人数(人) Formal Employees (year－end, person)	#女性 Female	平均工资(元) Average Wages (yuan)
全国总计 National	**102**	**5596**	**848**	**7613**	**475**	**67884**	**16288**	**5385**
北　京 Beijing	1	9	4	16250	3	128	22	11520
天　津 Tianjin	1	30		7367				
河　北 Hebei	1	18		1833	14	1910	220	3723
山　西 Shanxi					20	2644	220	6336
内蒙古 Inner Mongolia					16	2974	449	4169
辽　宁 Liaoning	13	1859	261	9116	4	2325	700	4544
吉　林 Jilin					12	1635	277	6071
黑龙江 Heilongjiang					14	2046	457	7088
上　海 Shanghai	2	21	2	5425	4	96	43	12917
江　苏 Jiangsu	8	312	58	6297	3	1497	99	5065
浙　江 Zhejiang	5	953	48	9782	8	973	176	6413
安　徽 Anhui	2	381	95	4085	9	1360	326	5887
福　建 Fujian	36	575	88	6677	71	4335	1364	7914
江　西 Jiangxi	2	109	55	4564	6	314	66	5209
山　东 Shandong	5	196	30	3412	16	7265	1400	6585
河　南 Henan	2	4		1333	42	7714	3034	3945
湖　北 Hubei					21	3136	843	3456
湖　南 Hunan					37	2795	926	3550
广　东 Guangdong	11	817	139	6979	29	1655	295	10435
广　西 Guangxi	2	24	7	4692	9	1904	679	6235
海　南 Hainan	8	128	16	6582	9	189	21	8777
重　庆 Chongqing					4	3662	933	6023
四　川 Sichuan	1	29	6	3793	20	10043	2606	4503
贵　州 Guizhou					41	1614	258	2759
云　南 Yunnan	1	125	35	4512	10	771	214	5463
西　藏 Tibet					2	108	21	8194
陕　西 Shaanxi					30	2772	280	5482
甘　肃 Gansu					9	848	124	5353
青　海 Qinghai					1	70		4529
宁　夏 Ningxia					3	199	63	8103
新　疆 Xinjiang	1	6	4	5167	7	902	172	7806

6-5 续表7 continued

地区 Region	制造业 Manufacturing 单位数(个) Number of Units	职工年末人数(人) Formal Employees (year-end, person)	#女性 Female	平均工资(元) Average Wages (yuan)	电力、煤气及水的生产和供应业 Electricity, Gas and Water Production and Supply 单位数(个) Number of Units	职工年末人数(人) Formal Employees (year-end, person)	#女性 Female	平均工资(元) Average Wages (yuan)
全国总计 National	**39555**	**8267125**	**4024415**	**8376**	**532**	**138288**	**40738**	**12127**
北京 Beijing	1972	222187	98632	13740	2	292	84	13268
天津 Tianjin	1869	277508	135449	10527	6	1805	575	6340
河北 Hebei	1240	275658	121534	6025	11	7073	2147	13211
山西 Shanxi	357	71835	23634	5828	29	2924	1199	7099
内蒙古 Inner Mongolia	369	86779	47802	4659	5	4398	1290	11239
辽宁 Liaoning	1834	447274	205042	7181	13	11111	3021	12467
吉林 Jilin	699	167651	69573	7792	6	628	126	8842
黑龙江 Heilongjiang	848	224658	94831	7254	8	806	289	7990
上海 Shanghai	2506	528482	224945	13916	6	1449	408	28469
江苏 Jiangsu	2802	638817	313889	7981	28	9793	2350	14981
浙江 Zhejiang	2385	388507	185799	9248	34	4227	1099	12528
安徽 Anhui	628	233143	94173	6394	5	1616	512	9970
福建 Fujian	5658	769277	456446	8385	62	7197	1943	14134
江西 Jiangxi	359	59692	27127	7958	3	289	76	7805
山东 Shandong	2362	666444	348392	6173	14	7885	2181	12112
河南 Henan	2020	487169	213217	5067	22	15711	4884	7882
湖北 Hubei	1035	365628	165998	5490	17	2544	945	8176
湖南 Hunan	527	116272	51469	5375	6	1747	910	16968
广东 Guangdong	6713	1395325	799626	10811	131	21585	5106	18251
广西 Guangxi	417	119101	49300	6375	9	1218	399	8240
海南 Hainan	365	30278	14372	8072	17	6510	2197	14402
重庆 Chongqing	388	112947	47400	7256	11	5948	1910	7269
四川 Sichuan	832	341203	139144	6476	59	16439	5521	7283
贵州 Guizhou	310	38458	14646	6755	8	453	132	7269
云南 Yunnan	351	60718	23866	7994	13	2709	890	9554
西藏 Tibet	15	1183	454	7178				
陕西 Shaanxi	213	48698	18756	6965	4	1649	521	10802
甘肃 Gansu	135	25198	10085	7312	1	20	7	3250
青海 Qinghai	20	6194	3805	3693				
宁夏 Ningxia	94	28320	9974	7493	1	248	11	7325
新疆 Xinjiang	232	32521	15035	7279	1	14	5	4643

6-5 续表8 continued

地 区 Region	建筑业 Construction 单位数(个) Number of Units	职工年末人数(人) Formal Employees (year-end, person)	#女性 Female	平均工资(元) Average Wages (yuan)	土木工程建筑业 Civil Engineering 单位数(个) Number of Units	职工年末人数(人) Formal Employees (year-end, person)	#女性 Female	平均工资(元) Average Wages (yuan)
全国总计 National	**2637**	**337180**	**53886**	**7517**	**1254**	**251005**	**40433**	**6904**
北京 Beijing	342	26037	2893	11794	63	9441	1238	12901
天津 Tianjin	104	4326	1000	12036	32	2902	762	11602
河北 Hebei	41	7971	608	4702	26	7224	510	4684
山西 Shanxi	20	1791	172	5155	9	1218	99	5096
内蒙古 Inner Mongolia	44	7471	1356	4215	36	7245	1304	4206
辽宁 Liaoning	194	33625	9261	4841	90	25377	6969	4577
吉林 Jilin	76	13245	3429	5696	39	11532	3108	5000
黑龙江 Heilongjiang	147	19774	4425	7291	77	14115	2935	6773
上海 Shanghai	169	22020	3371	12194	84	17547	2750	11978
江苏 Jiangsu	142	5262	997	8721	66	2277	500	8042
浙江 Zhejiang	173	24532	2250	10712	90	18310	1545	9230
安徽 Anhui	27	7466	1312	4960	20	7118	1229	4942
福建 Fujian	171	24673	3562	7369	90	20950	3064	7000
江西 Jiangxi	12	790	253	7135	11	775	250	7171
山东 Shandong	145	20580	3712	7503	73	16043	2499	7565
河南 Henan	199	29192	3504	4894	92	22050	2178	4716
湖北 Hubei	85	7625	1907	4061	65	6698	1669	4030
湖南 Hunan	21	1606	409	6372	5	280	24	6548
广东 Guangdong	181	35061	2719	10260	86	24047	1934	9046
广西 Guangxi	18	2542	388	6566	13	2353	314	6528
海南 Hainan	95	2461	536	8212	23	1669	380	7152
重庆 Chongqing	27	5510	716	5730	13	4015	519	5824
四川 Sichuan	64	16802	2928	4546	56	13251	2752	4301
贵州 Guizhou	28	3349	469	4564	27	3264	454	4593
云南 Yunnan	25	2508	229	5945	15	1848	141	5578
西藏 Tibet								
陕西 Shaanxi	16	1180	268	3938	9	826	246	3627
甘肃 Gansu	8	1175	117	4335	7	1162	115	4318
青海 Qinghai								
宁夏 Ningxia	43	5276	737	4929	25	4335	621	4735
新疆 Xinjiang	20	3330	358	8233	12	3133	324	8215

6－5 续表9 continued

地 区 Region	线路、管道和设备安装业 Circuit, Pipelines and Equipment Installation 单位数(个) Number of Units	职工年末人数(人) Formal Employees (year－end, person)	#女性 Female	平均工资(元) Average Wages (yuan)	装修装饰业 Buildings Completion 单位数(个) Number of Units	职工年末人数(人) Formal Employees (year－end, person)	#女性 Female	平均工资(元) Average Wages (yuan)
全国总计 National	**342**	**30399**	**5924**	**9484**	**1041**	**55776**	**7529**	**9444**
北 京 Beijing	43	5823	513	11607	236	10773	1142	10834
天 津 Tianjin	19	363	73	19982	53	1061	165	10345
河 北 Hebei	3	438	23	4432	12	309	75	5529
山 西 Shanxi	2	27	10	9593	9	546	63	5073
内蒙古 Inner Mongolia	3	69	13	5738	5	157	39	3924
辽 宁 Liaoning	35	5708	1794	4761	69	2540	498	8170
吉 林 Jilin	13	552	119	7512	24	1161	202	10484
黑龙江 Heilongjiang	26	1785	410	10323	44	3874	1080	8166
上 海 Shanghai	13	606	125	14252	72	3867	496	12968
江 苏 Jiangsu	17	862	127	8669	59	2123	370	9448
浙 江 Zhejiang	21	3049	452	19192	62	3173	253	10924
安 徽 Anhui	2	281	64	5042	5	67	19	6388
福 建 Fujian	17	751	147	9458	64	2972	351	9225
江 西 Jiangxi	1	15	3	5143				
山 东 Shandong	16	1905	325	8427	56	2632	888	6430
河 南 Henan	27	3499	804	5236	80	3643	522	5652
湖 北 Hubei	5	605	170	3662	15	322	68	5605
湖 南 Hunan	13	1136	362	6088	3	190	23	7772
广 东 Guangdong	24	1943	249	14457	71	9071	536	13800
广 西 Guangxi	3	81	21	7667	2	108	53	6537
海 南 Hainan	21	257	55	15667	51	535	101	7142
重 庆 Chongqing					14	1495	197	5483
四 川 Sichuan	1	60	8	6833	7	3491	168	5678
贵 州 Guizhou					1	85	15	3506
云 南 Yunnan	3	128	7	8247	7	532	81	6577
西 藏 Tibet								
陕 西 Shaanxi	6	236	12	3975	1	118	10	6632
甘 肃 Gansu					1	13	2	5846
青 海 Qinghai								
宁 夏 Ningxia	2	76	8	4351	16	865	108	6122
新 疆 Xinjiang	6	144	30	7800	2	53	4	10491

6－5 续表10 continued

地区 Region	交通运输、仓储及邮电通信业 Transport, Storage and Communications				公路运输业 Transport via Highways			
	单位数(个) Number of Units	职工年末人数(人) Formal Employees (year－end, person)	#女性 Female	平均工资(元) Average Wages (yuan)	单位数(个) Number of Units	职工年末人数(人) Formal Employees (year－end, person)	#女性 Female	平均工资(元) Average Wages (yuan)
全国总计 National	**1382**	**170863**	**48277**	**13734**	**395**	**49121**	**12624**	**7399**
北京 Beijing	87	5435	2395	18961	12	377	90	17381
天津 Tianjin	99	5793	1183	14648	14	1496	212	18766
河北 Hebei	29	4806	1124	3949	12	3356	687	2772
山西 Shanxi	11	1210	214	2698	6	911	133	2554
内蒙古 Inner Mongolia	9	2030	627	1757	9	2030	627	1757
辽宁 Liaoning	102	7836	1854	10335	14	1734	658	5482
吉林 Jilin	12	686	349	7503	6	237	183	2139
黑龙江 Heilongjiang	37	2122	515	4377	18	1421	160	3051
上海 Shanghai	89	20475	5375	24292	21	3681	771	14262
江苏 Jiangsu	109	16086	4215	10516	48	4725	1097	8704
浙江 Zhejiang	134	9766	2593	11484	52	4700	1012	7261
安徽 Anhui	17	3200	640	3587	10	1236	183	3715
福建 Fujian	80	8221	2037	21669	17	901	168	11850
江西 Jiangxi	3	2588	739	7336	3	2588	739	7336
山东 Shandong	70	4150	1073	10060	14	1632	395	4275
河南 Henan	30	1820	751	6418	15	1039	350	4583
湖北 Hubei	70	10324	3458	5767	23	5399	1972	3805
湖南 Hunan	6	798	159	7360	1	243	11	2453
广东 Guangdong	252	43742	13186	18231	44	5142	1408	15408
广西 Guangxi	6	1201	307	7026				
海南 Hainan	43	5248	1548	14236	13	329	47	8165
重庆 Chongqing	26	6454	1615	4911	11	1354	438	3838
四川 Sichuan	27	3272	867	3556	18	2203	565	3891
贵州 Guizhou	6	85	31	7217				
云南 Yunnan	12	2623	1220	6453	3	1801	641	4429
西藏 Tibet								
陕西 Shaanxi	2	92	17	8000				
甘肃 Gansu	2	108	26	4585	2	108	26	4585
青海 Qinghai								
宁夏 Ningxia								
新疆 Xinjiang	12	692	159	7646	9	478	51	9208

6-5 续表11 continued

地区 Region	水上运输业 Water Transport 单位数(个) Number of Units	职工年末人数(人) Formal Employees (year-end, person)	#女性 Female	平均工资(元) Average Wages (yuan)	交通运输辅助业 Supporting and Auxiliary Transport Activities 单位数(个) Number of Units	职工年末人数(人) Formal Employees (year-end, person)	#女性 Female	平均工资(元) Average Wages (yuan)
全国总计 National	**143**	**23767**	**4825**	**10669**	**396**	**40836**	**9484**	**17395**
北京 Beijing					38	2581	883	21362
天津 Tianjin	8	1767	294	10853	50	1279	285	15814
河北 Hebei	1	36	5	11028	8	1061	289	6067
山西 Shanxi					2	102	9	4245
内蒙古 Inner Mongolia								
辽宁 Liaoning	9	433	136	16514	33	4393	653	12653
吉林 Jilin					3	73	20	16230
黑龙江 Heilongjiang					2	13	4	10077
上海 Shanghai	6	2207	188	23864	29	4263	763	27002
江苏 Jiangsu	11	5662	1382	10570	17	2128	580	11812
浙江 Zhejiang	14	911	132	12413	32	1683	542	14617
安徽 Anhui	4	1837	412	3392				
福建 Fujian	9	379	47	15329	23	1607	292	20464
江西 Jiangxi								
山东 Shandong	9	230	64	14387	25	1003	228	17071
河南 Henan					3	241	99	9187
湖北 Hubei	8	1877	170	7254	3	1469	425	6978
湖南 Hunan	2	130	51	5400				
广东 Guangdong	36	3302	832	13074	107	15054	3496	21296
广西 Guangxi	1	75	5	12307	4	1046	275	6747
海南 Hainan	16	881	104	12013	5	907	314	10099
重庆 Chongqing	4	3206	836	5098	10	1845	314	5179
四川 Sichuan	4	819	167	2356	1	78	11	5038
贵州 Guizhou					1	10	2	6600
云南 Yunnan	1	15		8733				
西藏 Tibet								
陕西 Shaanxi								
甘肃 Gansu								
青海 Qinghai								
宁夏 Ningxia								
新疆 Xinjiang								

6－5 续表12 continued

地 区 Region	邮电通信业 Postal and Telecommunications				批发和零售贸易、餐饮业 Wholesale and Retail Trade, Restaurants			
	单位数(个) Number of Units	职工年末人数(人) Formal Employees (year－end, person)	#女性 Female	平均工资(元) Average Wages (yuan)	单位数(个) Number of Units	职工年末人数(人) Formal Employees (year－end, person)	#女性 Female	平均工资(元) Average Wages (yuan)
全国总计 National	**189**	**23113**	**11915**	**16069**	**12507**	**1000632**	**564485**	**8051**
北 京 Beijing	16	1517	1163	12779	2504	90704	48140	13056
天 津 Tianjin	7	644	285	15698	340	34217	13620	9773
河 北 Hebei	4	154	96	9894	91	23364	15534	5363
山 西 Shanxi					194	9778	5503	3417
内蒙古 Inner Mongolia					197	18066	11890	3818
辽 宁 Liaoning	9	291	144	6746	737	72523	42997	7002
吉 林 Jilin	1	96	88	6863	448	39581	24119	5832
黑龙江 Heilongjiang	13	411	248	7413	496	35393	20197	6436
上 海 Shanghai	5	2558	2074	18481	669	62340	34113	13703
江 苏 Jiangsu	11	2088	859	13624	690	61901	35290	9229
浙 江 Zhejiang	21	1202	656	15772	1148	56753	30655	9124
安 徽 Anhui					352	38865	21117	4698
福 建 Fujian	9	1246	274	7216	541	22074	12129	8644
江 西 Jiangxi					57	5890	3739	7228
山 东 Shandong	7	602	209	9000	613	70933	41414	6050
河 南 Henan	7	402	265	9399	532	43254	25716	4926
湖 北 Hubei	31	1387	806	10714	522	66247	40590	5221
湖 南 Hunan	1	298	65	11548	137	16013	8163	5819
广 东 Guangdong	29	9076	3887	21177	904	89307	48702	12396
广 西 Guangxi					101	20994	13208	5707
海 南 Hainan	3	60	18	14828	182	6193	3412	7499
重 庆 Chongqing					133	21320	11874	4946
四 川 Sichuan	4	172	124	4850	326	44993	24109	4584
贵 州 Guizhou	2	42	19	8268	81	5366	2748	6008
云 南 Yunnan	8	807	579	11609	186	13092	7254	7419
西 藏 Tibet								
陕 西 Shaanxi					74	19364	11546	6320
甘 肃 Gansu					55	4029	2521	4143
青 海 Qinghai					2	332	133	9907
宁 夏 Ningxia					20	380	160	5669
新 疆 Xinjiang	1	60	56	4553	175	7366	3892	7252

6－5 续表13 continued

地 区 Region	食品、饮料、烟草和家庭用品批发业 wholesale of Food, Beverages, Tobacco and Househould Goods				能源、材料和机械电子设备批发业 Wholesale of Energy, Materials and Electronic Equipment			
	单位数(个) Number of Units	职工年末人数(人) Formal Employees (year－end, person)	#女性 Female	平均工资(元) Average Wages (yuan)	单位数(个) Number of Units	职工年末人数(人) Formal Employees (year－end, person)	#女性 Female	平均工资(元) Average Wages (yuan)
全国总计 National	**2970**	**166049**	**84146**	**7547**	**3169**	**108421**	**41827**	**7455**
北 京 Beijing	596	10810	4668	12258	514	6807	2061	10338
天 津 Tianjin	69	1668	718	10726	101	1060	275	13270
河 北 Hebei	13	473	230	7425	22	1244	526	4421
山 西 Shanxi	42	2521	1266	3117	26	788	272	5425
内蒙古 Inner Mongolia	24	520	244	2891	38	2818	1318	3268
辽 宁 Liaoning	160	6001	3019	6611	223	11013	4905	4611
吉 林 Jilin	84	2667	1217	5345	112	5545	2609	5235
黑龙江 Heilongjiang	201	6704	3077	6514	128	2870	982	5375
上 海 Shanghai	69	4293	2217	11096	43	2524	939	19006
江 苏 Jiangsu	145	11619	6089	11521	201	7856	3294	8070
浙 江 Zhejiang	354	17570	9016	9867	398	9677	3430	9240
安 徽 Anhui	139	15628	8179	4584	101	7178	2876	4545
福 建 Fujian	97	3299	1611	10367	156	2788	879	11033
江 西 Jiangxi	5	159	74	5075	18	683	379	5465
山 东 Shandong	160	10866	5385	5497	166	7473	2553	5189
河 南 Henan	78	4048	1818	6188	177	7287	3085	4207
湖 北 Hubei	183	13069	7253	4184	82	3097	1282	4947
湖 南 Hunan	25	1388	800	6734	51	3035	1204	5841
广 东 Guangdong	214	15051	7437	13117	259	11313	3980	14847
广 西 Guangxi	29	5696	2995	4953	26	1620	616	5685
海 南 Hainan	41	701	306	8673	50	721	216	8843
重 庆 Chongqing	29	5791	3110	4743	24	1815	763	4340
四 川 Sichuan	99	14349	7331	3395	61	3868	1525	4104
贵 州 Guizhou	23	992	428	3914	40	1095	342	4893
云 南 Yunnan	45	5562	3243	7846	57	1439	512	6863
西 藏 Tibet								
陕 西 Shaanxi	10	3274	1761	5843	9	633	206	3479
甘 肃 Gansu	8	676	425	3730	2	99	34	1475
青 海 Qinghai					1	5	1	3333
宁 夏 Ningxia	1	12	2	4667	11	172	72	6345
新 疆 Xinjiang	27	642	227	6113	72	1898	691	8721

6－5 续表14 continued

地　区 Region	其他批发业 Other Wholesale				零 售 业 Retail			
	单位数(个) Number of Units	职工年末人数(人) Formal Employees (year－end, person)	#女性 Female	平均工资(元) Average Wages (yuan)	单位数(个) Number of Units	职工年末人数(人) Formal Employees (year－end, person)	#女性 Female	平均工资(元) Average Wages (yuan)
全国总计 National	**798**	**32544**	**14517**	**8921**	**3658**	**522046**	**332100**	**7847**
北　京 Beijing	77	2486	1250	10312	1058	49663	29222	13226
天　津 Tianjin	25	293	85	11252	56	11512	5341	10835
河　北 Hebei	3	195	86	2234	37	18938	13227	5314
山　西 Shanxi	6	183	119	2754	104	4709	2981	2493
内蒙古 Inner Mongolia	15	438	174	2720	99	13026	9471	3955
辽　宁 Liaoning	81	3095	1361	7192	153	37343	25072	6973
吉　林 Jilin	48	4733	2662	6705	150	24779	16445	5709
黑龙江 Heilongjiang	33	809	294	4678	101	21243	13879	6521
上　海 Shanghai	36	2527	1009	20083	172	42841	24739	12990
江　苏 Jiangsu	100	4974	2049	8529	146	32205	21020	8981
浙　江 Zhejiang	91	1610	529	11025	245	23251	15105	8402
安　徽 Anhui	15	729	301	5564	77	13355	8485	4771
福　建 Fujian	67	1357	781	10877	98	6122	3829	7155
江　西 Jiangxi	1	24	14	2250	29	4910	3202	7568
山　东 Shandong	15	575	211	6217	157	44889	29293	6183
河　南 Henan	15	221	71	3276	195	28254	18744	4915
湖　北 Hubei	18	405	171	3203	197	46258	29883	5454
湖　南 Hunan	4	501	178	7897	32	8869	4704	5515
广　东 Guangdong	77	2784	979	12770	151	20591	13687	14759
广　西 Guangxi	2	15	6	4067	26	12184	8685	5968
海　南 Hainan	10	117	43	12949	41	2225	1381	7968
重　庆 Chongqing	3	65	33	5246	42	9190	5794	5898
四　川 Sichuan	23	2666	1418	5832	95	19551	11338	5363
贵　州 Guizhou	5	59	23	7339	11	3051	1848	7138
云　南 Yunnan	19	964	348	7733	50	4604	2834	6690
西　藏 Tibet								
陕　西 Shaanxi	6	378	186	3576	26	11166	7347	6590
甘　肃 Gansu					43	3031	1917	4408
青　海 Qinghai	1	327	132	10027				
宁　夏 Ningxia	2	14	4	4500	4	76	22	6107
新　疆 Xinjiang					63	4210	2605	7065

6－5 续表15 continued

地　　区 Region	商业经纪与代理业 Commercial Brokerages and Agencies				餐 饮 业 Restaurants			
	单位数（个）Number of Units	职工年末人数(人) Formal Employees (year－end, person)	#女性 Female	平均工资(元) Average Wages (yuan)	单位数（个）Number of Units	职工年末人数(人) Formal Employees (year－end, person)	#女性 Female	平均工资(元) Average Wages (yuan)
全国总计 National	**376**	**22348**	**8143**	**11376**	**1536**	**149224**	**83752**	**9039**
北　京 Beijing	7	150	68	15746	252	20788	10871	14260
天　津 Tianjin	27	16765	5859	9102	62	2919	1342	7800
河　北 Hebei					16	2514	1465	6144
山　西 Shanxi					16	1577	865	5624
内蒙古 Inner Mongolia	1	103	25	8980	20	1161	658	4031
辽　宁 Liaoning	1	13	1	5538	119	15058	8639	8942
吉　林 Jilin					54	1857	1186	7764
黑龙江 Heilongjiang	5	121	46	3418	28	3646	1919	7100
上　海 Shanghai	269	3568	1600	24588	80	6587	3609	10846
江　苏 Jiangsu	5	42	11	12786	93	5205	2827	8226
浙　江 Zhejiang	5	258	71	17455	55	4387	2504	8800
安　徽 Anhui	1	8	3	5250	19	1967	1273	5371
福　建 Fujian	18	397	140	9815	105	8111	4889	7856
江　西 Jiangxi	2	14	5	11071	2	100	65	6782
山　东 Shandong	12	340	93	8904	103	6790	3879	6795
河　南 Henan	5	133	22	5865	62	3311	1976	5133
湖　北 Hubei	1	20	4	1300	41	3398	1997	6542
湖　南 Hunan	3	58	15	8661	22	2162	1262	5947
广　东 Guangdong	10	250	128	15975	193	39318	22491	10196
广　西 Guangxi					18	1479	906	6089
海　南 Hainan	2	15	6	23455	38	2414	1460	5712
重　庆 Chongqing					35	4459	2174	3627
四　川 Sichuan					48	4559	2497	4700
贵　州 Guizhou					2	169	107	5969
云　南 Yunnan	2	93	46	9980	13	430	271	10085
西　藏 Tibet								
陕　西 Shaanxi					23	3913	2046	6673
甘　肃 Gansu					2	223	145	2955
青　海 Qinghai								
宁　夏 Ningxia					2	106	60	4532
新　疆 Xinjiang					13	616	369	5153

6－5 续表16 continued

地　　区 Region	金融、保险业 Financial Intermediation and Insurance				金融业 Financial Intermediation			
	单位数(个) Number of Units	职工年末人数(人) Formal Employees (year－end, person)	#女性 Female	平均工资(元) Average Wages (yuan)	单位数(个) Number of Units	职工年末人数(人) Formal Employees (year－end, person)	#女性 Female	平均工资(元) Average Wages (yuan)
全国总计 National	**1443**	**124825**	**62009**	**17970**	**1293**	**107363**	**54273**	**19010**
北　京 Beijing	51	13724	7018	34378	45	10528	5587	40327
天　津 Tianjin	73	5199	2773	15582	73	5199	2773	15582
河　北 Hebei	74	5347	2930	9578	62	4401	2558	9389
山　西 Shanxi	3	185	81	7375	3	185	81	7375
内蒙古 Inner Mongolia	1	195	101	13758	1	195	101	13758
辽　宁 Liaoning	44	5309	2538	10930	40	5100	2439	11026
吉　林 Jilin	35	2323	1185	7278	19	1867	985	6914
黑龙江 Heilongjiang	99	6973	3436	10041	96	3337	1828	10908
上　海 Shanghai	6	8828	4658	31191	6	8828	4658	31191
江　苏 Jiangsu	79	7674	3757	16081	69	6603	3296	16330
浙　江 Zhejiang	84	5106	2678	14450	78	4439	2451	14145
安　徽 Anhui	17	1856	1033	7239	9	1097	624	6819
福　建 Fujian	89	4901	2397	14686	85	4727	2321	14944
江　西 Jiangxi	39	2740	1291	9296	39	2740	1291	9296
山　东 Shandong	108	8352	4253	11166	87	6923	3601	11264
河　南 Henan	39	3435	1605	13866	38	3378	1590	13909
湖　北 Hubei	159	4883	2253	15297	154	4429	2096	16333
湖　南 Hunan	84	4103	2149	8396	53	2951	1559	8364
广　东 Guangdong	167	23443	10868	23097	162	22379	10412	23395
广　西 Guangxi	16	2338	1328	8240	11	1487	858	7777
海　南 Hainan	53	1696	739	16362	52	1687	735	16160
重　庆 Chongqing	52	1937	1063	8152	50	1282	805	6910
四　川 Sichuan	17	1536	795	17039	17	1536	795	17039
贵　州 Guizhou	3	237	129	8558	3	237	129	8558
云　南 Yunnan	11	719	297	10356	5	503	226	10836
西　藏 Tibet								
陕　西 Shaanxi	8	1053	359	15796	5	616	187	17802
甘　肃 Gansu	23	171	57	3818	23	171	57	3818
青　海 Qinghai								
宁　夏 Ningxia	2	33	17	6091	2	33	17	6091
新　疆 Xinjiang	7	529	221	14261	6	505	213	14385

6－5 续表17 continued

地　区 Region	房地产业 Real Estate Activities 单位数(个) Number of Units	职工年末人数(人) Formal Employees (year－end, person)	#女性 Female	平均工资(元) Average Wages (yuan)	房地产开发与经营业 Real Estate Development and Operation 单位数(个) Number of Units	职工年末人数(人) Formal Employees (year－end, person)	#女性 Female	平均工资(元) Average Wages (yuan)
全国总计 National	**4185**	**127974**	**41431**	**13249**	**3695**	**102102**	**33705**	**12899**
北　京 Beijing	315	16272	6044	19801	202	10579	4009	22309
天　津 Tianjin	102	2831	992	12611	79	2393	820	12431
河　北 Hebei	37	932	393	7100	37	932	393	7100
山　西 Shanxi	21	706	364	7251	21	706	364	7251
内蒙古 Inner Mongolia	14	688	146	6343	14	688	146	6343
辽　宁 Liaoning	171	8434	2624	8395	149	5862	1821	8777
吉　林 Jilin	66	1816	585	7614	60	1740	563	7588
黑龙江 Heilongjiang	84	2262	586	7907	74	1948	498	7863
上　海 Shanghai	255	9024	3021	20523	214	6563	2317	23085
江　苏 Jiangsu	184	4437	1356	10289	155	3944	1234	10269
浙　江 Zhejiang	271	5150	1561	12825	248	4511	1351	13230
安　徽 Anhui	52	1248	210	7045	49	1162	167	7238
福　建 Fujian	492	9509	2882	12672	452	7836	2422	12990
江　西 Jiangxi	56	1716	554	7738	56	1716	554	7738
山　东 Shandong	182	5030	1655	8801	169	4523	1437	8911
河　南 Henan	273	7259	2326	6621	262	6940	2197	6661
湖　北 Hubei	314	8201	3220	13321	313	7921	3119	13842
湖　南 Hunan	72	1915	572	6687	71	1895	569	6695
广　东 Guangdong	473	20769	6038	19016	360	11697	3751	17834
广　西 Guangxi	140	4034	1231	8814	138	3989	1215	8845
海　南 Hainan	326	5313	1672	10986	304	4531	1481	11222
重　庆 Chongqing	66	2206	552	8547	66	2206	552	8547
四　川 Sichuan	51	2728	1164	5981	48	2707	1158	5992
贵　州 Guizhou	89	2625	797	7073	85	2509	771	7168
云　南 Yunnan	46	1309	438	9392	38	1121	369	10036
西　藏 Tibet								
陕　西 Shaanxi	7	286	69	4912	6	269	58	4699
甘　肃 Gansu	3	44	9	6341	3	44	9	6341
青　海 Qinghai	1	4	1	5750	1	4	1	5750
宁　夏 Ningxia	5	634	190	5923	4	574	180	5912
新　疆 Xinjiang	17	592	179	6758	17	592	179	6758

6－5 续表18 continued

地　区 Region	房地产管理业 Real Estate Managment				社会服务业 Social Services			
	单位数(个) Number of Units	职工年末人数(人) Formal Employees (year-end, person)	#女性 Female	平均工资(元) Average Wages (yuan)	单位数(个) Number of Units	职工年末人数(人) Formal Employees (year-end, person)	#女性 Female	平均工资(元) Average Wages (yuan)
全国总计 National	**412**	**24233**	**7096**	**14760**	**5999**	**488861**	**227911**	**11812**
北　京 Beijing	93	5298	1875	14981	2314	102303	43508	17929
天　津 Tianjin	19	438	172	13512	198	6840	2718	11554
河　北 Hebei					42	2902	1550	5949
山　西 Shanxi					23	1018	549	4628
内蒙古 Inner Mongolia					19	2394	1377	4586
辽　宁 Liaoning	21	2554	800	7426	281	18477	8213	9415
吉　林 Jilin	5	61	20	8524	91	7030	3586	8744
黑龙江 Heilongjiang	8	285	78	8195	127	10105	3932	7089
上　海 Shanghai	35	2397	679	12813	265	52596	17422	12069
江　苏 Jiangsu	24	436	98	10482	234	15319	6885	9782
浙　江 Zhejiang	19	572	185	10061	330	28039	14221	11246
安　徽 Anhui	1	6	3	4167	62	8399	3570	6713
福　建 Fujian	32	1434	383	10631	270	19599	11073	9570
江　西 Jiangxi					29	3138	1762	6737
山　东 Shandong	10	418	173	7779	176	18801	9077	7211
河　南 Henan	8	267	118	5770	260	12222	5632	6305
湖　北 Hubei	1	280	101	3586	137	15940	8817	8453
湖　南 Hunan	1	20	3	6000	56	9339	5108	6870
广　东 Guangdong	104	8711	2141	20696	431	84401	42222	14600
广　西 Guangxi	2	45	16	5032	67	12445	6993	7109
海　南 Hainan	21	769	186	9484	271	19663	10394	8322
重　庆 Chongqing					44	5146	2813	7989
四　川 Sichuan	3	21	6	4905	49	5637	3080	6044
贵　州 Guizhou	2	56	10	7508	11	1183	635	7121
云　南 Yunnan	1	88	28	4670	110	8811	4346	7984
西　藏 Tibet					4	59	20	6519
陕　西 Shaanxi	1	17	11	8625	54	10900	5449	6253
甘　肃 Gansu					7	1759	903	6406
青　海 Qinghai					1	1013	427	5607
宁　夏 Ningxia	1	60	10	6034	9	650	302	5838
新　疆 Xinjiang					27	2733	1327	7571

6－5 续表19 continued

地 区 Region	公共服务业 Public Facilities Services				居民服务业 Residential Services			
	单位数(个) Number of Units	职工年末人数(人) Formal Employees (year－end, person)	#女性 Female	平均工资(元) Average Wages (yuan)	单位数(个) Number of Units	职工年末人数(人) Formal Employees (year－end, person)	#女性 Female	平均工资(元) Average Wages (yuan)
全国总计 National	**440**	**60094**	**15123**	**10064**	**536**	**17934**	**9189**	**9653**
北 京 Beijing	80	7350	2055	9814	135	2372	1261	11043
天 津 Tianjin	41	1538	293	7855	25	504	289	9972
河 北 Hebei	2	74	34	15836	5	104	66	5725
山 西 Shanxi					8	173	100	7017
内蒙古 Inner Mongolia					2	502	326	1440
辽 宁 Liaoning	24	1526	489	11641	40	1173	698	7035
吉 林 Jilin	2	20	8	4786	12	152	79	5861
黑龙江 Heilongjiang	13	2118	220	7324	27	538	233	4545
上 海 Shanghai	37	25254	5123	9149	27	2475	1221	8968
江 苏 Jiangsu	29	1665	375	11443	20	494	234	10073
浙 江 Zhejiang	25	796	192	9800	33	1963	771	16127
安 徽 Anhui	22	4106	1252	7839	2	18	7	6944
福 建 Fujian	12	518	144	7188	34	1024	606	8331
江 西 Jiangxi	2	59	18	7656	3	98	67	6424
山 东 Shandong	21	2085	716	7701	23	861	506	8892
河 南 Henan	23	715	152	6362	37	827	381	6415
湖 北 Hubei	11	449	184	8002	12	994	395	7106
湖 南 Hunan	7	1576	628	6551	4	222	76	8491
广 东 Guangdong	41	8533	2669	17086	33	1800	918	13957
广 西 Guangxi	1	146	10	2932	2	10	8	6500
海 南 Hainan	21	535	234	6744	16	170	113	7100
重 庆 Chongqing	2	138	58	9554	6	268	182	13133
四 川 Sichuan	6	143	40	9322	10	260	164	4977
贵 州 Guizhou	1	125	58	3091				
云 南 Yunnan	9	150	56	7622	7	274	135	5942
西 藏 Tibet	1	29	7	6828				
陕 西 Shaanxi	2	140	64	3599	4	226	115	5717
甘 肃 Gansu								
青 海 Qinghai								
宁 夏 Ningxia	1	235	26	5034	1	26	15	7120
新 疆 Xinjiang	4	71	18	7282	8	406	223	9365

6－5 续表20 continued

地 区 Region	旅馆业 Hotels				租赁服务业 Renting Services			
	单位数(个) Number of Units	职工年末人数(人) Formal Employees (year－end, person)	#女性 Female	平均工资(元) Average Wages (yuan)	单位数(个) Number of Units	职工年末人数(人) Formal Employees (year－end, person)	#女性 Female	平均工资(元) Average Wages (yuan)
全国总计 National	**1121**	**272850**	**143324**	**10924**	**120**	**4831**	**1605**	**12606**
北 京 Beijing	105	41304	19756	16207	36	2233	760	12453
天 津 Tianjin	19	3072	1507	12464	3	24	8	20792
河 北 Hebei	12	1521	839	5880				
山 西 Shanxi	7	574	346	3178	2	39	9	7333
内蒙古 Inner Mongolia	10	1820	1021	5566				
辽 宁 Liaoning	53	10634	5186	9090	9	302	106	13018
吉 林 Jilin	19	4982	2617	9504	3	268	93	8558
黑龙江 Heilongjiang	19	3779	1936	6776	2	224	83	6131
上 海 Shanghai	66	19086	8768	14542	5	161	52	8248
江 苏 Jiangsu	39	7189	3537	9398	2	40	9	6925
浙 江 Zhejiang	80	18862	10524	11140	13	157	53	9784
安 徽 Anhui	25	3949	2192	5492				
福 建 Fujian	59	10631	6181	9638	3	112	26	12889
江 西 Jiangxi	10	2191	1225	7147				
山 东 Shandong	54	11502	5658	7579	2	8	2	5250
河 南 Henan	44	7518	3841	6813	13	257	105	4698
湖 北 Hubei	56	9660	5724	9191				
湖 南 Hunan	27	6420	3812	6729				
广 东 Guangdong	137	53695	29471	13065	16	899	261	19837
广 西 Guangxi	40	11133	6334	7309				
海 南 Hainan	105	15304	8377	8335	4	53	18	13380
重 庆 Chongqing	15	3203	1707	9108				
四 川 Sichuan	19	4064	2331	5754	4	19	6	5316
贵 州 Guizhou	4	983	564	7631				
云 南 Yunnan	42	4906	2530	7928	3	35	14	11943
西 藏 Tibet	2	9	5	8333				
陕 西 Shaanxi	43	10027	5020	6328				
甘 肃 Gansu	4	1628	817	6470				
青 海 Qinghai	1	1013	427	5607				
宁 夏 Ningxia	1	78	46	6247				
新 疆 Xinjiang	4	2113	1025	7375				

6－5 续表21 continued

地　　区 Region	旅游业 Tourism 单位数(个) Number of Units	职工年末人数(人) Formal Employees (year－end, person)	#女性 Female	平均工资(元) Average Wages (yuan)	娱乐服务业 Recreational Services 单位数(个) Number of Units	职工年末人数(人) Formal Employees (year－end, person)	#女性 Female	平均工资(元) Average Wages (yuan)
全国总计 National	**254**	**25878**	**11830**	**13008**	**632**	**39778**	**20935**	**10074**
北　京 Beijing	14	2493	974	16802	80	6292	3092	13980
天　津 Tianjin	2	30	10	3333	17	709	367	10310
河　北 Hebei	5	253	135	3577	9	689	373	6397
山　西 Shanxi					2	162	74	5654
内蒙古 Inner Mongolia	2	38	14	2711	1	5	2	3600
辽　宁 Liaoning	7	317	138	8040	30	1107	616	7756
吉　林 Jilin	4	153	75	7212	18	703	387	7128
黑龙江 Heilongjiang	3	1409	788	8776	10	916	386	7688
上　海 Shanghai	6	964	302	16701	31	2502	1160	15974
江　苏 Jiangsu	11	2089	963	10413	43	2209	1098	7921
浙　江 Zhejiang	17	1087	526	9137	47	2355	1261	9030
安　徽 Anhui	1	6	3	5000	6	194	86	6365
福　建 Fujian	7	705	293	7200	99	5496	3393	9324
江　西 Jiangxi					9	493	324	6085
山　东 Shandong	10	296	61	4908	25	1180	583	8448
河　南 Henan	2	30	14	6962	41	1273	628	4448
湖　北 Hubei	19	1253	446	8520	29	2144	1130	6593
湖　南 Hunan	4	292	91	8500	13	781	485	7522
广　东 Guangdong	23	7801	3711	20472	61	6445	3296	12312
广　西 Guangxi	10	533	265	4652	10	562	344	6865
海　南 Hainan	75	2306	1147	9262	21	995	396	5990
重　庆 Chongqing	7	1169	672	4099	5	269	148	6142
四　川 Sichuan	4	206	79	2796	4	927	445	7951
贵　州 Guizhou	2	37	7	5027				
云　南 Yunnan	14	2049	940	7751	13	742	454	7696
西　藏 Tibet								
陕　西 Shaanxi	2	316	163	5811	2	186	87	5591
甘　肃 Gansu	1	25	4	8640	1	98	78	4592
青　海 Qinghai								
宁　夏 Ningxia					4	294	212	6330
新　疆 Xinjiang	2	21	9	3857	1	50	30	5000

6－5 续表22 continued

地 区 Region		信息、咨询服务业 Information and Consultancy Services				计算机应用服务业 Computer Application Services		
		单位数(个) Number of Units	职工年末人数(人) Formal Employees (year－end, person)	#女性 Female	平均工资(元) Average Wages (yuan)	单位数(个) Number of Units	职工年末人数(人) Formal Employees (year－end, person)	#女性 Female	平均工资(元) Average Wages (yuan)
全国总计	**National**	**1632**	**27667**	**11345**	**14952**	**931**	**27423**	**9916**	**25773**
北 京	Beijing	1082	17400	6878	17871	644	18908	7269	30250
天 津	Tianjin	41	244	72	20047	23	266	58	11112
河 北	Hebei	6	125	58	7188	1	2		7500
山 西	Shanxi	2	20	10	3850	2	50	10	8019
内蒙古	Inner Mongolia	3	24	11	7188	1	5	3	3000
辽 宁	Liaoning	41	507	197	8036	59	2001	564	13514
吉 林	Jilin	24	378	124	4587	4	91	26	9831
黑龙江	Heilongjiang	22	433	177	6697	23	518	59	6221
上 海	Shanghai	55	1195	510	17051	31	737	213	24323
江 苏	Jiangsu	47	627	282	9278	21	658	210	17462
浙 江	Zhejiang	61	1064	329	12449	22	520	137	10555
安 徽	Anhui	3	37	12	8111				
福 建	Fujian	40	666	289	11222	5	281	86	19219
江 西	Jiangxi	1	18	2	6000	1	17	7	4444
山 东	Shandong	26	2143	1184	3511	8	442	299	8302
河 南	Henan	68	714	240	5153	15	311	122	7572
湖 北	Hubei	5	73	33	6909				
湖 南	Hunan								
广 东	Guangdong	47	1432	725	18348	56	2306	743	22714
广 西	Guangxi	2	27	19	3407	1	10	3	6000
海 南	Hainan	22	178	59	11119	7	122	50	10836
重 庆	Chongqing	7	64	34	9210	2	35	12	5095
四 川	Sichuan	2	18	15	7056				
贵 州	Guizhou	4	38	6	11000				
云 南	Yunnan	11	173	57	6189	3	110	38	10029
西 藏	Tibet								
陕 西	Shaanxi	1	5		4800				
甘 肃	Gansu	1	8	4	8750				
青 海	Qinghai								
宁 夏	Ningxia	2	17	3	4529				
新 疆	Xinjiang	6	39	15	5949	2	33	7	6333

6-5 续表23 continued

地　区 Region	其他社会服务业 Other Social Services				卫生、体育和社会福利业 Health Care, Sporting and Social Welfare			
	单位数(个) Number of Units	职工年末人数(人) Formal Employees (year-end, person)	#女性 Female	平均工资(元) Average Wages (yuan)	单位数(个) Number of Units	职工年末人数(人) Formal Employees (year-end, person)	#女性 Female	平均工资(元) Average Wages (yuan)
全国总计 National	**333**	**12406**	**4644**	**11135**	**93**	**5358**	**2791**	**11863**
北　京 Beijing	138	3951	1463	12961	9	535	319	21530
天　津 Tianjin	27	453	114	16438	5	56	28	5385
河　北 Hebei	2	134	45	2537	1	23	11	4913
山　西 Shanxi					2	120	80	6533
内蒙古 Inner Mongolia								
辽　宁 Liaoning	18	910	219	7672	3	512	349	7172
吉　林 Jilin	5	283	177	6692	2	86	60	12434
黑龙江 Heilongjiang	8	170	50	4735				
上　海 Shanghai	7	222	73	14058	12	1024	403	15076
江　苏 Jiangsu	22	348	177	6504	4	141	78	11909
浙　江 Zhejiang	32	1235	428	11514	7	357	220	15790
安　徽 Anhui	3	89	18	6989	3	296	132	5628
福　建 Fujian	11	166	55	14216	11	280	163	8496
江　西 Jiangxi	3	262	119	5137				
山　东 Shandong	7	284	68	7412	2	113	65	774
河　南 Henan	17	577	149	5350	11	252	133	4932
湖　北 Hubei	5	1367	905	7958	4	66	28	4954
湖　南 Hunan	1	48	16	10625				
广　东 Guangdong	17	1490	428	16586	10	1343	625	13093
广　西 Guangxi	1	24	10	5857	1	16	14	9733
海　南 Hainan					3	29	14	9321
重　庆 Chongqing					1	16	11	9375
四　川 Sichuan								
贵　州 Guizhou					1	57	35	5316
云　南 Yunnan	8	372	122	12478				
西　藏 Tibet	1	21	8	5474				
陕　西 Shaanxi					1	36	23	4750
甘　肃 Gansu								
青　海 Qinghai								
宁　夏 Ningxia								
新　疆 Xinjiang								

6－5 续表24 continued

地　区 Region	卫　生 Health Care				教育、文化艺术和广播电影电视业 Education, Culture and Arts, Radio, Film and Television			
	单位数(个) Number of Units	职工年末人数(人) Formal Employees (year－end, person)	#女性 Female	平均工资(元) Average Wages (yuan)	单位数(个) Number of Units	职工年末人数(人) Formal Employees (year－end, person)	#女性 Female	平均工资(元) Average Wages (yuan)
全国总计 National	**52**	**2529**	**1399**	**11729**	**326**	**12542**	**5624**	**10017**
北　京 Beijing	4	101	61	23607	58	931	395	14481
天　津 Tianjin	1	9	5	7778	22	831	141	4562
河　北 Hebei	1	23	11	4913				
山　西 Shanxi	1	20	15	4800	1	256	198	4144
内蒙古 Inner Mongolia					1	46	32	3326
辽　宁 Liaoning	2	440	307	6975	5	462	189	11194
吉　林 Jilin	2	86	60	12434	2	31	15	10129
黑龙江 Heilongjiang					4	86	32	3557
上　海 Shanghai	7	440	140	24460	11	1057	480	14495
江　苏 Jiangsu	4	141	78	11909	17	1211	670	11203
浙　江 Zhejiang	6	355	218	15856	20	1014	430	11503
安　徽 Anhui	3	296	132	5628	5	184	70	5688
福　建 Fujian	4	139	97	10700	10	334	132	8279
江　西 Jiangxi								
山　东 Shandong	2	113	65	774	1	168	43	5083
河　南 Henan	8	212	113	4858	16	1553	660	7623
湖　北 Hubei					1	15	3	3429
湖　南 Hunan								
广　东 Guangdong					29	2268	1122	13757
广　西 Guangxi	1	16	14	9733	3	58	39	8055
海　南 Hainan	3	29	14	9321	7	353	173	8610
重　庆 Chongqing	1	16	11	9375				
四　川 Sichuan								
贵　州 Guizhou	1	57	35	5316	4	227	85	6432
云　南 Yunnan					1	120	55	10469
西　藏 Tibet								
陕　西 Shaanxi	1	36	23	4750	105	1218	616	4438
甘　肃 Gansu								
青　海 Qinghai								
宁　夏 Ningxia								
新　疆 Xinjiang					3	119	44	7202

6-5 续表25 continued

地　区 Region	教　育 Education				文化艺术业 Culture and Arts			
	单位数(个) Number of Units	职工年末人数(人) Formal Employees (year-end, person)	#女性 Female	平均工资(元) Average Wages (yuan)	单位数(个) Number of Units	职工年末人数(人) Formal Employees (year-end, person)	#女性 Female	平均工资(元) Average Wages (yuan)
全国总计 National	**198**	**6281**	**2972**	**7952**	**88**	**3708**	**1391**	**11064**
北　京 Beijing	4	57	42	8261	43	680	277	14049
天　津 Tianjin	20	222	141	4347	1	609		4643
河　北 Hebei								
山　西 Shanxi	1	256	198	4144				
内蒙古 Inner Mongolia								
辽　宁 Liaoning	4	452	184	11102	1	10	5	15000
吉　林 Jilin	1	20	13	11050				
黑龙江 Heilongjiang	1	14	8	9083	1	4	2	3750
上　海 Shanghai					6	116	25	14383
江　苏 Jiangsu	6	196	107	11731	5	290	145	11607
浙　江 Zhejiang	11	312	167	9599	9	702	263	12408
安　徽 Anhui	4	104	29	5811	1	80	41	5525
福　建 Fujian	4	246	120	7861	3	21	4	9414
江　西 Jiangxi								
山　东 Shandong	1	168	43	5083				
河　南 Henan	9	1414	577	7853	5	82	59	5854
湖　北 Hubei	1	15	3	3429				
湖　南 Hunan								
广　东 Guangdong	16	896	414	12556	8	1057	544	12819
广　西 Guangxi	2	54	37	8314	1	4	2	4750
海　南 Hainan	4	311	151	9612	3	42	22	3619
重　庆 Chongqing								
四　川 Sichuan								
贵　州 Guizhou	2	213	81	6563	1	11	2	4818
云　南 Yunnan								
西　藏 Tibet								
陕　西 Shaanxi	105	1218	616	4438				
甘　肃 Gansu								
青　海 Qinghai								
宁　夏 Ningxia								
新　疆 Xinjiang	2	113	41	7363				

6－5 续表26 continued

地区 Region	科学研究和综合技术服务业 Scientific Research and Polytechnical Services 单位数(个) Number of Units	职工年末人数(人) Formal Employees (year－end, person)	#女性 Female	平均工资(元) Average Wages (yuan)	综合技术服务业 Polytechnical Services 单位数(个) Number of Units	职工年末人数(人) Formal Employees (year－end, person)	#女性 Female	平均工资(元) Average Wages (yuan)
全国总计 National	**2153**	**45989**	**15714**	**14370**	**2118**	**45096**	**15435**	**14430**
北京 Beijing	1458	29203	9604	15653	1449	29061	9569	15667
天津 Tianjin	292	4564	1448	9464	292	4564	1448	9464
河北 Hebei	2	8	3	4125	2	8	3	4125
山西 Shanxi	9	221	59	7529	9	221	59	7529
内蒙古 Inner Mongolia								
辽宁 Liaoning	39	945	363	9324	37	798	308	9759
吉林 Jilin	6	151	42	10941	5	125	37	11922
黑龙江 Heilongjiang	34	1027	311	8191	32	990	304	8309
上海 Shanghai	57	1483	664	13923	54	1406	638	13470
江苏 Jiangsu	29	727	261	11250	28	580	227	9411
浙江 Zhejiang	27	710	200	19873	26	696	193	20130
安徽 Anhui	6	109	40	7615	4	86	31	8326
福建 Fujian	12	153	48	14530	11	144	45	14768
江西 Jiangxi	5	197	75	8085	5	197	75	8085
山东 Shandong	14	483	176	7312	14	483	176	7312
河南 Henan	15	223	54	4214	15	223	54	4214
湖北 Hubei	53	2954	1522	12019	53	2954	1522	12019
湖南 Hunan	2	40	14	5925	1	34	13	6265
广东 Guangdong	42	1853	530	23650	40	1701	475	24770
广西 Guangxi								
海南 Hainan	17	192	67	11090	10	137	47	12378
重庆 Chongqing	2	17	4	7278	2	17	4	7278
四川 Sichuan	2	15	4	9667	1	9	1	14333
贵州 Guizhou	4	73	24	5247	2	21	5	7095
云南 Yunnan	4	103	20	4800	4	103	20	4800
西藏 Tibet								
陕西 Shaanxi	6	198	62	11732	6	198	62	11732
甘肃 Gansu								
青海 Qinghai								
宁夏 Ningxia	3	97	33	7165	3	97	33	7165
新疆 Xinjiang	13	243	86	7707	13	243	86	7707

6－5 续表27 continued

地区 Region	技术推广和科技交流服务业 Technology Promotion and Exchange Services				工程设计业 Engineering Design			
	单位数(个) Number of Units	职工年末人数(人) Formal Employees (year－end, person)	#女性 Female	平均工资(元) Average Wages (yuan)	单位数(个) Number of Units	职工年末人数(人) Formal Employees (year－end, person)	#女性 Female	平均工资(元) Average Wages (yuan)
全国总计 National	**182**	**5425**	**2201**	**12135**	**155**	**4609**	**1504**	**17660**
北京 Beijing	79	1856	601	13058	65	1743	608	19706
天津 Tianjin	6	316	113	7853	10	221	62	18381
河北 Hebei	1	8	3	4125				
山西 Shanxi	1	5	3	7400				
内蒙古 Inner Mongolia								
辽宁 Liaoning	1	5	4	4800	17	554	202	10231
吉林 Jilin	1	14	1	21850	1	22	5	9000
黑龙江 Heilongjiang	13	274	75	8037	8	291	78	11414
上海 Shanghai	5	281	121	15284	3	70	24	35133
江苏 Jiangsu	2	19	5	8789	4	49	13	13440
浙江 Zhejiang	3	28	5	5429	7	330	95	18879
安徽 Anhui	2	35	8	10286				
福建 Fujian	3	29	7	12320	4	32	12	18688
江西 Jiangxi	5	197	75	8085				
山东 Shandong	2	20	7	6280	6	386	133	7804
河南 Henan	5	60	18	2828	5	56	11	4982
湖北 Hubei	41	2130	1109	14216				
湖南 Hunan					1	34	13	6265
广东 Guangdong	2	20	11	11038	13	661	193	28591
广西 Guangxi								
海南 Hainan					6	47	17	12167
重庆 Chongqing	1	9	3	6222				
四川 Sichuan					1	9	1	14333
贵州 Guizhou					1	13	4	6462
云南 Yunnan	1	30	4	6800				
西藏 Tibet								
陕西 Shaanxi								
甘肃 Gansu								
青海 Qinghai								
宁夏 Ningxia	1	10	2	2100	2	87	31	7747
新疆 Xinjiang	7	79	26	6000	1	4	2	5750

6－5 续表28 continued

地　　区 Region	其他综合技术服务业 Other Polytechnical Services				其他行业 Others			
	单位数(个) Number of Units	职工年末人数(人) Formal Employees (year－end, person)	#女性 Female	平均工资(元) Average Wages (yuan)	单位数(个) Number of Units	职工年末人数(人) Formal Employees (year－end, person)	#女性 Female	平均工资(元) Average Wages (yuan)
全国总计 National	**1705**	**33500**	**11223**	**14443**	**538**	**25863**	**10567**	**16423**
北　京 Beijing	1279	25102	8289	15584	148	4152	1413	37505
天　津 Tianjin	274	3928	1233	8974	9	140	47	8650
河　北 Hebei					5	866	464	6437
山　西 Shanxi	8	216	56	7533				
内蒙古 Inner Mongolia					2	141	41	4336
辽　宁 Liaoning	16	173	81	9966				
吉　林 Jilin	2	56	21	13589	13	1691	634	7511
黑龙江 Heilongjiang	8	297	125	6443	6	311	109	17205
上　海 Shanghai	33	801	366	13199	99	2868	1193	18265
江　苏 Jiangsu	18	487	196	8902	39	2107	565	14502
浙　江 Zhejiang	11	276	73	25508	15	438	138	21823
安　徽 Anhui					3	40	17	2900
福　建 Fujian	3	67	20	15362	9	101	56	6536
江　西 Jiangxi								
山　东 Shandong	4	48	27	4625	5	650	334	9963
河　南 Henan	2	54	9	2109	25	5367	2844	5671
湖　北 Hubei	12	824	413	8912	1	24	17	6308
湖　南 Hunan					3	51	24	4980
广　东 Guangdong	18	793	213	23469	99	5360	2093	17401
广　西 Guangxi					11	801	310	7596
海　南 Hainan	3	47	13	9213	5	90	20	17522
重　庆 Chongqing	1	8	1	8333	1	32	13	8688
四　川 Sichuan					28	191	77	7949
贵　州 Guizhou	1	8	1	8125	3	116	24	7157
云　南 Yunnan	3	73	16	4675	5	168	53	10052
西　藏 Tibet								
陕　西 Shaanxi	6	198	62	11732	2	36	14	5265
甘　肃 Gansu								
青　海 Qinghai					1	85	49	15000
宁　夏 Ningxia								
新　疆 Xinjiang	2	44	8	13773	1	37	18	3730

6－6 分地区分行业职工工资总额

(其他经济单位)

TOTAL WAGE BILL OF FORMAL EMPLOYEES BY SECTOR AND REGION

(Other Ownership Units, 1997)

单位:万元 (10 000 yuan)

地　区　Region	合计 Total	农、林、牧、渔业 Farming, Forestry, Animal Husbandry and Fishery	采掘业 Mining and Quarrying	制造业 Manufac－turing	电力、煤气及水的生产和供应业 Electricity, Gasand Water Production and Supply	建筑业 Constru－ctiont	地质勘查业、水利管理业 Geological Prospec－ing, Water Conser－vancy	交通运输、仓储及邮电通信业 Transport, Storage and Commu-nication
全国总计　National	**9408025.1**	**29167.8**	**35709.8**	**6843557.8**	**165160.6**	**250015.2**	**302.9**	**227487.4**
北　京　Beijing	774221.0	3908.0	144.0	304329.0	337.0	29824.0		9213.0
天　津　Tianjin	363202.7	68.8		290966.9	1026.5	4887.8		8274.8
河　北　Hebei	200764.2	53.2	628.1	165177.6	9336.2	3391.2		2022.5
山　西　Shanxi	51666.2		1665.0	42396.9	2038.7	949.5	0.7	318.9
内蒙古　Inner Mongolia	57454.5	124.6	1180.6	38597.7	4721.7	3743.3		363.6
辽　宁　Liaoning	439892.0	1942.0	1116.1	316721.3	13316.1	17466.0	18.0	7675.0
吉　林　Jilin	178043.2	8825.3	982.3	125909.6	547.3	7184.0	17.5	504.2
黑龙江　Heilongjiang	221755.2	1729.7	1411.3	161223.4	659.2	16102.6		924.4
上　海　Shanghai	1027178.2	641.8	108.5	748631.1	4125.1	26421.8	23.0	47512.0
江　苏　Jiangsu	636215.0	664.4	764.3	505603.2	14619.8	4516.8	8.8	16566.0
浙　江　Zhejiang	500312.3	1131.3	649.0	357325.5	5005.0	25303.8		10937.0
安　徽　Anhui	182661.0	326.6	751.8	149079.1	1475.5	3547.8		1164.8
福　建　Fujian	734739.9	1619.3	3135.6	629442.5	9880.8	17015.2	30.8	16854.4
江　西　Jiangxi	58296.6	262.5	157.3	45086.8	224.0	560.1		1908.8
山　东　Shandong	507344.2	531.8	4619.9	402889.0	9823.0	15506.9	32.6	4064.3
河　南　Henan	316896.5	567.2	3049.4	244222.9	11824.7	13673.3	6.5	1150.8
湖　北　Hubei	275054.0	163.9	1066.1	198778.7	2064.4	3272.7		5788.7
湖　南　Hunan	86795.7	64.3	976.5	61165.1	3066.2	1004.2		582.9
广　东　Guangdong	1980417.3	4579.5	1625.7	1484341.4	39815.0	32606.4		77141.3
广　西　Guangxi	105463.0	167.6	1167.1	74817.0	998.7	1367.8		843.8
海　南　Hainan	71965.3	809.7	165.0	23705.6	9311.2	1698.2		7183.6
重　庆　Chongqing	110798.4	4.0	2186.9	80485.2	4293.7	3053.9		2980.3
四　川　Sichuan	272843.8	138.6	4525.0	219917.6	11818.2	7184.8	88.6	1166.8
贵　州　Guizhou	34020.5	8.2	438.1	25597.1	332.9	1453.7		59.9
云　南　Yunnan	72849.0	719.8	403.2	47716.9	2536.5	1317.5	61.4	1652.7
西　藏　Tibet	967.8		88.5	844.1				
陕　西　Shaanxi	59130.7	16.6	1431.3	33661.3	1774.8	548.2		72.8
甘　肃　Gansu	22159.9	21.9	441.1	18289.0	3.9	509.4		48.6
青　海　Qinghai	3435.4		31.7	2377.0				
宁　夏　Ningxia	25343.4	22.5	157.2	20757.7	178.0	3173.5		
新　疆　Xinjiang	36138.2	54.7	643.2	23501.6	6.5	2730.8	15.0	511.5

6－6 续表1 continued

单位: 万元 (10 000 yuan)

地 区 Region	批发和零售贸易、餐饮业 Wholesale and Retail Trade, Restaurants	金融、保险业 Financial Intermediation and Insurance	房地产业 Real Estate Activities	社会服务业 Social Services	卫生、体育和社会福利业 Health Care, Sporting and Social Welfare	教育、文化艺术和广播电影电视业 Education, Culture and Arts, Radio, Film and Television	科学研究和综合技术服务业 Scientific Research and Polytechnical Services	其他 Others
全国总计 National	**795857.9**	**217091.2**	**161194.6**	**563589.8**	**5956.4**	**12400.8**	**59543.2**	**40989.7**
北 京 Beijing	114765.0	45534.0	30547.0	176978.0	1027.0	1283.0	40880.0	15452.0
天 津 Tianjin	34145.3	8012.5	3577.8	7581.7	35.0	373.2	4133.9	118.5
河 北 Hebei	12465.8	5046.5	505.5	1629.9	11.3		3.3	493.1
山 西 Shanxi	3163.2	64.9	257.4	472.5	78.4	106.5	153.6	
内蒙古 Inner Mongolia	6892.5	255.9	399.6	1101.6		15.3		58.1
辽 宁 Liaoning	50321.5	5594.2	7337.1	16686.5	346.4	473.5	878.3	
吉 林 Jilin	23195.4	1724.2	1340.8	6238.3	103.2	31.4	167.4	1272.3
黑龙江 Heilongjiang	22938.6	6987.8	1711.9	6760.1		31.3	788.0	486.9
上 海 Shanghai	84174.8	25617.3	18033.7	61459.8	1566.4	1655.3	2025.8	5181.8
江 苏 Jiangsu	56913.0	11599.4	4916.0	15000.3	170.3	1385.8	775.1	2711.8
浙 江 Zhejiang	51148.4	6977.7	6621.4	31348.1	473.7	1077.8	1375.2	938.4
安 徽 Anhui	18047.1	1285.7	865.8	5745.3	171.1	105.8	83.0	11.6
福 建 Fujian	18503.5	7103.6	11945.6	18405.8	237.9	290.6	219.4	54.9
江 西 Jiangxi	4166.2	2526.7	1279.9	1982.0			142.3	
山 东 Shandong	42656.9	9098.2	4320.4	12720.3	8.9	54.9	346.6	670.5
河 南 Henan	21539.0	4689.5	4542.1	7464.2	123.8	1186.2	84.7	2772.2
湖 北 Hubei	34224.3	7380.7	7353.4	12577.2	32.2	4.8	2330.5	16.4
湖 南 Hunan	8998.5	3289.6	1252.5	6346.8			23.7	25.4
广 东 Guangdong	109095.7	52348.9	38262.5	122314.2	1467.7	3114.5	4311.4	9393.1
广 西 Guangxi	11578.7	1876.3	3423.5	8567.3	14.6	44.3		596.3
海 南 Hainan	4290.2	2712.8	5648.0	15818.2	26.1	216.1	222.9	157.7
重 庆 Chongqing	10265.5	1509.0	1801.7	4162.3	15.0		13.1	27.8
四 川 Sichuan	20203.8	2571.2	1357.8	3700.3			14.5	156.6
贵 州 Guizhou	3025.8	199.4	1819.1	792.6	30.3	142.8	38.3	82.3
云 南 Yunnan	9436.8	692.8	1167.4	6764.2		183.2	40.8	155.8
西 藏 Tibet				35.2				
陕 西 Shaanxi	12219.3	1628.6	144.9	6826.8	17.1	538.8	232.3	17.9
甘 肃 Gansu	1639.2	64.9	26.0	1115.9				
青 海 Qinghai	331.9		2.3	568.0				124.5
宁 夏 Ningxia	219.4	20.1	362.5	383.0			69.5	
新 疆 Xinjiang	5292.6	678.8	371.0	2043.4		85.7	189.6	13.8

6-7 分地区职工工资总额及构成情况

(其他经济单位)

TOTAL WAGE BILL AND COMPOSITION OF FORMAL EMPLOYEES BY REGION

(Other Ownership Units, 1997)

地区 Region	工资总额（万元） Total Wage Bill(10 000 yuan)				占工资总额 % of Total Wage Bill		
	合计 Total	计时和计件标准工资 Time Wage and Piece Rate Standard Wage	奖金和计件超额工资 Bonuses and Above-norm Piece Rate Wage	津贴和补贴 Subsidies and Allowances	计时和计件标准工资 Time Wage and Piece Rate Standard Wage	奖金和计件超额工资 Bonuses and Above-norm Piece Rate Wage	津贴和补贴 Subsidies and Allowances
全国总计 National	**9408025.1**	**5688159.3**	**1808049.3**	**1088793.5**	**60.5**	**19.2**	**11.6**
北　京 Beijing	774221.0	501140.0	137621.0	73698.0	64.7	17.8	9.5
天　津 Tianjin	363202.7	238585.4	57410.4	43262.1	65.7	15.8	11.9
河　北 Hebei	200764.2	113162.1	35832.6	32964.0	56.4	17.8	16.4
山　西 Shanxi	51666.2	33483.6	8659.6	6161.8	64.8	16.8	11.9
内蒙古 Inner Mongolia	57454.5	39680.8	7196.5	7462.9	69.1	12.5	13.0
辽　宁 Liaoning	439892.0	256639.2	84546.5	58195.7	58.3	19.2	13.2
吉　林 Jilin	178043.2	109209.8	29606.7	30122.1	61.3	16.6	16.9
黑龙江 Heilongjiang	221755.2	160637.9	22208.1	30327.5	72.4	10.0	13.7
上　海 Shanghai	1027178.2	605834.6	301905.8	83305.1	59.0	29.4	8.1
江　苏 Jiangsu	636215.0	381782.6	133165.2	89990.7	60.0	20.9	14.1
浙　江 Zhejiang	500312.3	272382.7	144939.8	65961.6	54.4	29.0	13.2
安　徽 Anhui	182661.0	110946.8	26701.3	32320.0	60.7	14.6	17.7
福　建 Fujian	734739.9	441636.1	89770.5	55687.3	60.1	12.2	7.6
江　西 Jiangxi	58296.6	30265.2	5348.5	5135.6	51.9	9.2	8.8
山　东 Shandong	507344.2	318446.2	81096.5	87250.6	62.8	16.0	17.2
河　南 Henan	316896.5	210736.7	36251.9	42087.9	66.5	11.4	13.3
湖　北 Hubei	275054.0	177528.2	36751.9	40470.7	64.5	13.4	14.7
湖　南 Hunan	86795.7	60356.0	11619.9	7146.0	69.5	13.4	8.2
广　东 Guangdong	1980417.3	1109899.8	411897.0	187991.5	56.0	20.8	9.5
广　西 Guangxi	105463.0	68961.8	16090.3	14109.5	65.4	15.3	13.4
海　南 Hainan	71965.3	54400.0	5189.3	11385.8	75.6	7.2	15.8
重　庆 Chongqing	110798.4	61848.6	20181.5	17083.0	55.8	18.2	15.4
四　川 Sichuan	272843.8	168584.1	56458.2	37502.9	61.8	20.7	13.7
贵　州 Guizhou	34020.5	22356.6	6412.3	3408.6	65.7	18.8	10.0
云　南 Yunnan	72849.0	45274.0	15941.0	8567.5	62.1	21.9	11.8
西　藏 Tibet	967.8	843.8	72.2	41.8	87.2	7.5	4.3
陕　西 Shaanxi	59130.7	39341.5	11118.3	4776.1	66.5	18.8	8.1
甘　肃 Gansu	22159.9	13343.8	2220.0	3708.3	60.2	10.0	16.7
青　海 Qinghai	3435.4	2127.4	130.4	777.4	61.9	3.8	22.6
宁　夏 Ningxia	25343.4	14410.4	7417.0	2998.2	56.9	29.3	11.8
新　疆 Xinjiang	36138.2	24313.6	4289.1	4893.3	67.3	11.9	13.5

6-8 分地区分行业合同制职工年末人数

(其他经济单位)

CONTRACTUAL EMPLOYEES BY SECTOR AND REGION

(Other Ownership Units, 1997)

单位: 人 (person)

地区 Region	合计 Total	农、林、牧、渔业 Farming, Forestry, Animal Husbandry and Fishery	采掘业 Mining and Quarrying	制造业 Manufacturing	电力、煤气及水的生产和供应业 Electricity, Gas and Water Production and Supply	建筑业 Construction	交通运输、仓储及邮电通信业 Transport, Storage and Communication
全国总计 National	**7273779**	**22173**	**43154**	**5625342**	**113072**	**143802**	**125573**
北京 Beijing	331023	4715	26	172974	291	9341	3025
天津 Tianjin	229649	51		194846	755	3315	4907
河北 Hebei	228401	75	1503	193537	5795	1599	3560
山西 Shanxi	56045		933	44470	1607	383	808
内蒙古 Inner Mongolia	77509	101	1856	53681	3283	2632	1155
辽宁 Liaoning	487602	2018	1812	358001	9436	19849	5533
吉林 Jilin	174867	3193	453	129068	544	5908	419
黑龙江 Heilongjiang	130939	2795	855	92905	640	5822	950
上海 Shanghai	481793	522	65	357373	978	14888	13846
江苏 Jiangsu	701849	482	1497	587971	9625	3810	14687
浙江 Zhejiang	387112	764	884	291830	3765	9613	8503
安徽 Anhui	213483	308	1049	173167	1121	3548	1711
福建 Fujian	377205	604	3277	329318	4437	7280	5670
江西 Jiangxi	44444	200	128	34493	74	213	2431
山东 Shandong	613457	392	5346	500046	7515	12567	3485
河南 Henan	418775	606	4288	348444	13303	11206	1031
湖北 Hubei	323624	431	2129	253589	2400	5614	6655
湖南 Hunan	92415	106	1784	71735	1621	493	528
广东 Guangdong	997784	2931	549	778013	17120	12202	32738
广西 Guangxi	97199	21	935	68936	889	684	1019
海南 Hainan	55363	558	59	19703	5608	658	4489
重庆 Chongqing	123597	3	2355	89204	4826	759	4264
四川 Sichuan	379657	152	7700	310357	12953	5805	1627
贵州 Guizhou	31614	6	484	25363	378	1557	56
云南 Yunnan	65629	1088	362	42605	2397	764	1963
西藏 Tibet	851		23	817			
陕西 Shaanxi	71254	8	1624	39285	1633	587	84
甘肃 Gansu	23935		607	17764	15	649	69
青海 Qinghai	5096			4378			
宁夏 Ningxia	23699		75	21543	63	1579	
新疆 Xinjiang	27909	43	496	19926		477	360

6－8 续表1 continued

单位: 人 (person)

地区 Region	批发和零售贸易、餐饮业 Wholesale and Retail Trade, Restaurants	金融、保险业 Financial Intermediation and Insurance	房地产业 Real Estate Activities	社会服务业 Social Services	卫生、体育和社会福利业 Health Care, Sporting and Social Welfare	教育、文化艺术和广播电影电视业 Education, Culture and Arts, Radio, Film and Television	科学研究和综合技术服务业 Scientific Research and Polytechnical Services	其他 Others
全国总计 National	**701678**	**77000**	**76886**	**299354**	**2326**	**5215**	**21513**	**16537**
北京 Beijing	50506	10432	10175	56585	207	260	12084	402
天津 Tianjin	15655	2631	1855	3655		434	1513	32
河北 Hebei	15147	4703	447	1529	8			498
山西 Shanxi	6197	134	521	694	20	54	217	
内蒙古 Inner Mongolia	13798	61	56	821				65
辽宁 Liaoning	64713	4083	6379	14492	104	446	736	
吉林 Jilin	28033	285	960	4516			40	1448
黑龙江 Heilongjiang	21657	533	473	3807		14	476	12
上海 Shanghai	42144	5971	6092	35563	693	715	1001	1936
江苏 Jiangsu	58125	5839	3506	13261	139	734	468	1695
浙江 Zhejiang	43684	3477	3694	19440	226	432	477	323
安徽 Anhui	25642	1302	563	4956	56	30	30	
福建 Fujian	10604	1666	4366	9754	36	83	90	20
江西 Jiangxi	4121	1358	35	1338			53	
山东 Shandong	61740	4412	3382	14037			406	112
河南 Henan	23691	2467	3139	5582	129	107	77	4705
湖北 Hubei	37985	1773	5829	5075	14		2106	24
湖南 Hunan	8403	1825	927	4965			6	22
广东 Guangdong	59072	17073	15391	54743	671	1509	1351	4421
广西 Guangxi	15468	1429	925	6435		40		418
海南 Hainan	4049	1541	3905	14340	4	239	132	78
重庆 Chongqing	16922	1248	1114	2850	11		9	32
四川 Sichuan	35703	1155	940	3151			10	27
贵州 Guizhou	2535	26	780	371	1	3	32	22
云南 Yunnan	10838	521	662	4146		70	71	122
西藏 Tibet				11				
陕西 Shaanxi	17141	832	154	9805	7	43	50	1
甘肃 Gansu	3249	101	20	1461				
青海 Qinghai	327		1	305				85
宁夏 Ningxia	64		210	155			10	
新疆 Xinjiang	4465	122	385	1511		2	68	37

6－9　分地区职工增加来源

（其他经济单位）

INCREASE OF FORMAL EMPLOYEES BY REGION

(Other Ownership Units, 1997)

单位：人　　　　(person)

地　区 Region	合　计 Total	从农村招收 Recruited from Country－side	从城镇招收 Recruited from Cities and Towns	录用的复员转业军人 Recruited Demobilized and Transferred Armymen	录用的大、中专、技工学校毕业生 Recruit－ed Gra－duates	调入 Trans－ferred Into	#由外省、自治区、直辖市调入 Transferred from Other Regions	其他 Others
全国总计 National	**1622342**	**558835**	**328506**	**17416**	**184379**	**311686**	**10123**	**221520**
北京 Beijing	134119	34481	36230	737	15036	35801	2588	11834
天津 Tianjin	46113	10506	10368	189	11548	7506	705	5996
河北 Hebei	35827	8942	5410	735	5472	12798	108	2470
山西 Shanxi	4867	1482	930	187	485	1171	34	612
内蒙古 Inner Mongolia	24366	4430	5833	107	1618	1481	3	10897
辽宁 Liaoning	100683	20558	17763	997	9042	39273	376	13050
吉林 Jilin	17943	3791	3693	277	3870	4011	24	2301
黑龙江 Heilongjiang	35306	1796	5885	611	3539	5640	58	17835
上海 Shanghai	115157	11068	28269	328	12746	39960	475	22786
江苏 Jiangsu	95785	21146	24251	773	15041	20370	484	14204
浙江 Zhejiang	83092	34330	16847	569	6857	15857	900	8632
安徽 Anhui	27808	2371	4008	399	4366	4097	34	12567
福建 Fujian	192894	127570	31683	2190	14455	4660	622	12336
江西 Jiangxi	14227	1598	2425	146	1078	1431	34	7549
山东 Shandong	148251	61105	21267	1488	17617	39276	529	7498
河南 Henan	37287	8842	7496	1732	7612	8319	107	3286
湖北 Hubei	36587	7366	9523	574	7584	7359	128	4181
湖南 Hunan	12822	3153	2436	269	3941	1772	13	1251
广东 Guangdong	299860	169588	67150	2140	23200	11588	2254	26194
广西 Guangxi	27279	2891	5922	355	2535	2600	357	12976
海南 Hainan	2628	1372	505	78	368	193	29	112
重庆 Chongqing	15520	3758	4655	487	2825	2315	29	1480
四川 Sichuan	70748	6426	5420	1125	6912	38747	41	12118
贵州 Guizhou	2795	451	718	81	920	359	10	266
云南 Yunnan	18741	5972	4217	180	2052	2255	111	4065
西藏 Tibet								
陕西 Shaanxi	6547	999	2050	353	1645	927	20	573
甘肃 Gansu	2150	658	474	70	429	337	11	182
青海 Qinghai	4306	236	214	16	50	226	1	3564
宁夏 Ningxia	2303	590	775	76	286	242	5	334
新疆 Xinjiang	6331	1359	2089	147	1250	1115	33	371

6－10 分地区职工减少去向

(其他经济单位)

DECREASE OF FORMAL EMPLOYEES BY REGION

(Other Ownership Units, 1997)

单位: 人 (person)

地区 Region		合计 Total	离休、退休、退职 Retired and Resigned	开除、除名、辞退 Expelled Expunged and Dismissed	终止、解除合同 Contract Closed or Terminated	调出 Trans－ferred Out	#调到外省、自治区、直辖市 Transferred to Other Regions	其他 Others
全国总计	**National**	**1178036**	**158023**	**224635**	**418492**	**193649**	**3890**	**183237**
北京	Beijing	106588	5137	17812	43086	27676	524	12877
天津	Tianjin	35954	8120	5640	10128	5144	382	6922
河北	Hebei	30824	4237	8373	7774	4919	130	5521
山西	Shanxi	6345	1281	459	3032	1125	48	448
内蒙古	Inner Mongolia	7921	1463	1841	2408	1365	23	844
辽宁	Liaoning	66854	8955	8845	19873	19177	104	10004
吉林	Jilin	19797	5198	3949	3315	3009	55	4326
黑龙江	Heilongjiang	21904	3555	3355	3441	3853	69	7700
上海	Shanghai	108763	14402	3776	36773	40330	239	13482
江苏	Jiangsu	61231	10927	7227	24698	17719	183	660
浙江	Zhejiang	62312	7168	6931	28848	7205	55	12160
安徽	Anhui	18628	9112	1474	3266	2559	95	2217
福建	Fujian	148181	12395	50115	48431	6055	172	31185
江西	Jiangxi	8294	616	1348	1918	846	21	3566
山东	Shandong	82946	6649	17478	32503	14609	186	11707
河南	Henan	35271	7220	4806	8878	10874	175	3493
湖北	Hubei	25153	4645	2942	6160	3483	177	7923
湖南	Hunan	10423	1966	1339	3907	1844	90	1367
广东	Guangdong	235103	26167	64662	105645	10407	625	28222
广西	Guangxi	14075	1959	2198	3935	1722	137	4261
海南	Hainan	2409	32	418	980	70	26	909
重庆	Chongqing	11171	2953	1954	2772	1915	115	1577
四川	Sichuan	25159	8115	2906	6453	2877	119	4808
贵州	Guizhou	2540	432	390	598	600	14	520
云南	Yunnan	14271	2974	2702	3854	1325	24	3416
西藏	Tibet							
陕西	Shaanxi	6185	985	524	2232	1171	41	1273
甘肃	Gansu	2618	356	147	921	669	18	525
青海	Qinghai	708	29	149	377	139	6	14
宁夏	Ningxia	2118	657	373	412	346	24	330
新疆	Xinjiang	4290	318	502	1874	616	13	980

七、城乡私营企业、个体和乡镇企业从业人员

Employees in Private Enterprises and Individuals Both in Urban and Rural Areas, Employees in Township and Village Enterprises

7－1 分行业城乡私营企业、个体从业人数

EMPLOYEES IN PRIVATE ENTERPRISES AND INDIVIDUALS BY SECTOR

(1997)

行业	Sector	户数(户) Number of Units	从业人员合计(人) Employees (person)	私营企业 Private Enterprises 合计 Total	雇工 Employees	投资者 Investors	个体从业人员 Individuals
总计	**Total**	**29469367**	**67911161**	**13492639**	**11450807**	**2041832**	**54418522**
农、林、牧、渔业	Farmimg, Forestry, Animal Husbandry and Fishery	1197492	2550542	237355	203916	33439	2313187
采掘业	Mining and Quarrying	111385	680916	332022	294638	37384	348894
制造业	Manufacturing	3712107	15185002	6668759	5889424	779335	8516243
建筑业	Construction	100621	858772	475229	420296	54933	383543
交通运输、仓储业	Transport and Storage	3104121	5011491	141266	113332	27934	4870225
批发和零售贸易、餐饮业	Wholesale and Retail Trade, Restaurants	17320563	35855616	4612109	3705774	906335	31243507
社会服务业	Social Services	3519506	6806259	773378	624050	149328	6032881
其他行业	Others	403572	962563	252521	199377	53144	710042
城镇合计	**Total of Urban**	**10834346**	**26690168**	**7495860**	**6164353**	**1331507**	**19194308**
农、林、牧、渔业	Farmimg, Forestry, Animal Husbandry and Fishery	124177	318491	58898	48071	10827	259593
采掘业	Mining and Quarrying	16838	108243	63302	56335	6967	44941
制造业	Manufacturing	1011158	4505807	2452195	2127887	324308	2053612
建筑业	Construction	38087	387698	280912	241800	39112	106786
交通运输、仓储业	Transport and Storage	948699	1535664	84169	66454	17715	1451495
批发和零售贸易、餐饮业	Wholesale and Retail Trade, Restaurants	7018633	16176679	3707514	2950752	756762	12469165
社会服务业	Social Services	1493731	3156872	645856	516103	129753	2511016
其他行业	Others	183023	500714	203014	156951	46063	297700
乡村合计	**Total of Rural**	**18635021**	**41220993**	**5996779**	**5286454**	**710325**	**35224214**
农、林、牧、渔业	Farmimg, Forestry, Animal Husbandry and Fishery	1073315	2232051	178457	155845	22612	2053594
采掘业	Mining and Quarrying	94547	572673	268720	238303	30417	303953
制造业	Manufacturing	2700949	10679195	4216564	3761537	455027	6462631
建筑业	Construction	62534	471074	194317	178496	15821	276757
交通运输、仓储业	Transport and Storage	2155422	3475827	57097	46878	10219	3418730
批发和零售贸易、餐饮业	Wholesale and Retail Trade, Restaurants	10301930	19678937	904595	755022	149573	18774342
社会服务业	Social Services	2025775	3649387	127522	107947	19575	3521865
其他行业	Others	220549	461849	49507	42426	7081	412342

7-2 分地区城乡私营企业、个体从业人数

EMPLOYEES IN PRIVATE ENTERPRISES AND INDIVIDUALS BY REGION

(1997)

地区 Region		户数(户) Number of Units	从业人员合计(人) Employees (person)	私营企业 Private Enterprises			个体从业人员 Individuals
				合计 Total	雇工 Employees	投资者 Investors	
全国总计	**National**	**29469367**	**67911161**	**13492639**	**11450807**	**2041832**	**54418522**
北京	Beijing	256899	460244	112348	99503	12845	347896
天津	Tianjin	261303	557845	219973	177942	42031	337872
河北	Hebei	2535259	6792720	1122704	999027	123677	5670016
山西	Shanxi	678551	1529364	377319	325420	51899	1152045
内蒙古	Inner Mongolia	542450	1161529	212082	176801	35281	949447
辽宁	Liaoning	1196519	2549590	729761	626141	103620	1819829
吉林	Jilin	1134226	1965017	251097	220000	31097	1713920
黑龙江	Heilongjiang	1263747	2739903	310842	264583	46259	2429061
上海	Shanghai	231863	943721	733388	595498	137890	210333
江苏	Jiangsu	1433567	3148088	799940	669858	130082	2348148
浙江	Zhejiang	1624104	3919327	1355179	1183963	171216	2564148
安徽	Anhui	1225798	2952203	294347	243487	50860	2657856
福建	Fujian	559212	1496271	440929	367439	73490	1055342
江西	Jiangxi	842837	2447745	428431	370321	58110	2019314
山东	Shandong	2612868	6529054	1066670	914075	152595	5462384
河南	Henan	1834249	3716581	484840	407924	76916	3231741
湖北	Hubei	1900046	4623092	608563	524702	83861	4014529
湖南	Hunan	1824755	4728464	434308	362408	71900	4294156
广东	Guangdong	1535466	4228663	1529218	1273480	255738	2699445
广西	Guangxi	901215	1433843	163735	136385	27350	1270108
海南	Hainan	124235	297362	100648	67654	32994	196714
重庆	Chongqing	594579	1531207	284247	245906	38341	1246960
四川	Sichuan	1632093	2589276	450911	383517	67394	2138365
贵州	Guizhou	416431	735480	165649	133511	32138	569831
云南	Yunnan	666643	1238320	139742	125727	14015	1098578
西藏	Tibet	41360	60875	2987	2742	245	57888
陕西	Shaanxi	644090	1661340	335896	282144	53752	1325444
甘肃	Gansu	439793	913576	129736	108957	20779	783840
青海	Qinghai	75291	141984	34804	28018	6786	107180
宁夏	Ningxia	92348	181892	46951	38069	8882	134941
新疆	Xinjiang	347570	636585	125394	95605	29789	511191

7－3 分地区城镇私营企业、个体从业人数

URBAN EMPLOYEES IN PRIVATE ENTERPRISES AND INDIVIDUALS BY REGION

(1997)

地　区　Region	户　数 (户) Number of Units	从业人员合计 (人) Employees (person)	私营企业 Private Enterprises 合计 Total	雇工 Employees	投资者 Investors	个体从业人员 Individuals
全国总计　National	**10834346**	**26690168**	**7495860**	**6164353**	**1331507**	**19194308**
北　京　Beijing	112713	220568	66331	57851	8480	154237
天　津　Tianjin	133037	284403	136791	107851	28940	147612
河　北　Hebei	417800	1093337	277237	239078	38159	816100
山　西　Shanxi	183159	496587	191808	163378	28430	304779
内蒙古　Inner Mongolia	338132	748402	169830	140229	29601	578572
辽　宁　Liaoning	677961	1552042	547850	461513	86337	1004192
吉　林　Jilin	586446	1131482	190593	165278	25315	940889
黑龙江　Heilongjiang	722187	1553544	225724	189301	36423	1327820
上　海　Shanghai	108485	607040	531919	424684	107235	75121
江　苏　Jiangsu	347013	901217	335211	265558	69653	566006
浙　江　Zhejiang	406704	1091433	511976	435913	76063	579457
安　徽　Anhui	500660	1277387	178203	143746	34457	1099184
福　建　Fujian	246779	664909	234620	191513	43107	430289
江　西　Jiangxi	346703	1078239	236607	203711	32896	841632
山　东　Shandong	508882	1517251	500960	414265	86695	1016291
河　南　Henan	653994	1325942	194312	152246	42066	1131630
湖　北　Hubei	706670	1753133	335186	279713	55473	1417947
湖　南　Hunan	730956	2003557	269364	223216	46148	1734193
广　东　Guangdong	806818	2438178	1057840	855761	202079	1380338
广　西　Guangxi	380716	652742	107958	87787	20171	544784
海　南　Hainan	55832	170848	88701	58188	30513	82147
重　庆　Chongqing	236335	745972	197149	168156	28993	548823
四　川　Sichuan	533676	985903	271055	225639	45416	714848
贵　州　Guizhou	205024	406188	120843	93433	27410	285345
云　南　Yunnan	201147	412177	72341	63265	9076	339836
西　藏　Tibet	27231	41650	2470	2234	236	39180
陕　西　Shaanxi	224732	626798	201259	163205	38054	425539
甘　肃　Gansu	133839	320219	84506	69074	15432	235713
青　海　Qinghai	46929	91128	25029	18990	6039	66099
宁　夏　Ningxia	37437	85094	33607	26644	6963	51487
新　疆　Xinjiang	216349	412798	98580	72933	25647	314218

7-4 分地区乡村私营企业、个体从业人数

RURAL EMPLOYEES IN PRIVATE ENTERPRISES AND INDIVIDUALS BY REGION

(1997)

地区 Region	户数(户) Number of Units	从业人员合计(人) Employees (person)	私营企业 Private Enterprises			个体从业人员 Individuals
			合计 Total	雇工 Employees	投资者 Investors	
全国总计 National	**18635021**	**41220993**	**5996779**	**5286454**	**710325**	**35224214**
北京 Beijing	144186	239676	46017	41652	4365	193659
天津 Tianjin	128266	273442	83182	70091	13091	190260
河北 Hebei	2117459	5699383	845467	759949	85518	4853916
山西 Shanxi	495392	1032777	185511	162042	23469	847266
内蒙古 Inner Mongolia	204318	413127	42252	36572	5680	370875
辽宁 Liaoning	518558	997548	181911	164628	17283	815637
吉林 Jilin	547780	833535	60504	54722	5782	773031
黑龙江 Heilongjiang	541560	1186359	85118	75282	9836	1101241
上海 Shanghai	123378	336681	201469	170814	30655	135212
江苏 Jiangsu	1086554	2246871	464729	404300	60429	1782142
浙江 Zhejiang	1217400	2827894	843203	748050	95153	1984691
安徽 Anhui	725138	1674816	116144	99741	16403	1558672
福建 Fujian	312433	831362	206309	175926	30383	625053
江西 Jiangxi	496134	1369506	191824	166610	25214	1177682
山东 Shandong	2103986	5011803	565710	499810	65900	4446093
河南 Henan	1180255	2390639	290528	255678	34850	2100111
湖北 Hubei	1193376	2869959	273377	244989	28388	2596582
湖南 Hunan	1093799	2724907	164944	139192	25752	2559963
广东 Guangdong	728648	1790485	471378	417719	53659	1319107
广西 Guangxi	520499	781101	55777	48598	7179	725324
海南 Hainan	68403	126514	11947	9466	2481	114567
重庆 Chongqing	358244	785235	87098	77750	9348	698137
四川 Sichuan	1098417	1603373	179856	157878	21978	1423517
贵州 Guizhou	211407	329292	44806	40078	4728	284486
云南 Yunnan	465496	826143	67401	62462	4939	758742
西藏 Tibet	14129	19225	517	508	9	18708
陕西 Shaanxi	419358	1034542	134637	118939	15698	899905
甘肃 Gansu	305954	593357	45230	39883	5347	548127
青海 Qinghai	28362	50856	9775	9028	747	41081
宁夏 Ningxia	54911	96798	13344	11425	1919	83454
新疆 Xinjiang	131221	223787	26814	22672	4142	196973

7-5 乡镇企业单位数

NUMBER OF TOWNSHIP AND VILLAGE ENTERPRISES

单位：万个 (10 000)

年 份 Year	合 计 Total	农 业 Agricul-ture	工 业 Industry	建筑业 Constru-ction	交通运输业 Transport	商业、饮食业 Commerce and Restaurants	服务业 Service	其 他 Others
1978	152.42	49.46	79.40	4.67	6.51	12.38		
1979	148.04	44.39	76.71	4.97	8.21	13.76		
1980	142.46	37.83	75.78	5.08	8.94	14.83		
1981	133.75	31.90	72.54	4.83	8.89	15.59		
1982	136.17	29.28	74.92	5.38	9.58	17.01		
1983	134.64	26.98	74.40	5.70	9.16	18.40		
1984	606.52	24.84	481.22	8.04	12.96	79.46		
1985	1222.45	22.42	493.03	8.26	10.61	688.13		
1986	1515.30	23.97	635.50	89.25	261.98	504.60		
1987	1750.24	23.12	708.28	90.25	325.24	603.35		
1988	1888.16	23.28	773.52	95.58	372.55	623.23		
1989	1868.63	22.68	736.47	92.55	379.88	637.05		
1990	1850.40	22.40	722.00	90.40	381.40	634.20		
1991	1908.88	23.09	742.57	88.81	400.34	654.07		
1992	2091.62	24.92	793.82	98.49	436.95	737.77		
1993	2452.90	27.90	918.40	121.70	486.40	656.30		
1994	2494.47	24.64	698.58	82.99	369.11	759.63	292.93	266.58
1995	2202.67	27.77	718.16	106.75	495.17	697.77	94.45	62.60
1996	2336.33	28.94	756.43	104.58	546.49	761.71		
1997	907.50	21.46	378.22	41.62	143.06	211.08	86.75	25.30

注：1.本表1978－1983年为乡村两级数，1984年以后为乡镇企业全部数(以下同)。
2.1997年乡镇企业数统计口径有所调整，与以前数据不可比(以下同)。

a) Figures for 1978－1983 included only township and village level enterprises, since 1984 figuers has been covered all township and village enterprises (the same below).

b) In 1997 the statistical coverage of township and village enterprises was adjusted(the same below).

7-6 乡镇企业从业人数

EMPLOYEES IN TOWNSHIP AND VILLAGE ENTERPRISES

单位：万人 (10 000 persons)

年 份 Year	合 计 Total	农 业 Agriculture	工 业 Industry	建筑业 Constru-ction	交通运输业 Transport	商业、饮食业 Commerce and Restaurants	服务业 Services	其 他 Others
1978	2826.56	608.42	1734.36	235.62	103.83	144.33		
1979	2909.34	533.00	1814.38	298.45	116.90	146.61		
1980	2999.67	456.07	1942.30	334.67	113.56	153.07		
1981	2969.56	379.94	1980.80	348.83	107.38	152.61		
1982	3112.91	344.00	2072.81	421.29	112.94	161.87		
1983	3234.64	309.22	2168.14	482.72	109.71	164.85		
1984	5208.11	283.93	3656.07	683.49	129.30	455.32		
1985	6979.03	252.38	4136.70	789.95	114.18	1685.82		
1986	7937.14	240.80	4761.96	270.37	541.26	1122.75		
1987	8805.18	244.18	5266.69	373.98	623.14	1297.19		
1988	9545.45	249.99	5703.39	1484.81	684.16	1423.10		
1989	9366.78	239.30	5624.10	1403.73	699.37	1400.28		
1990	9264.75	236.06	5571.69	1346.84	711.22	1398.94		
1991	9609.11	243.08	5813.55	1384.33	732.31	1435.84		
1992	10624.59	261.82	6336.40	1552.42	799.74	1674.34		
1993	12345.30	285.40	7259.60	1826.90	931.40	1407.80		
1994	12017.47	260.46	6961.51	1622.04	725.59	1614.53	418.17	415.16
1995	12862.06	313.52	7564.72	1932.52	952.03	1677.42	225.22	196.63
1996	13508.29	336.00	7860.14	1948.84	1062.32	2447.87		
1997	9158.28	276.96	6149.44	1273.40	382.03	622.99	347.74	105.72

7－7 分地区乡镇企业从业人数

EMPLOYEES IN TOWNSHIP AND VILLAGE ENTERPRISES BY SECTOR AND REGION

(1997)

单位：万人　　(10 000 persons)

地　区　Region	合　计 Total	农　业 Agriculture	工　业 Industry	建筑业 Constru－ction	交通运输业 Transport	商业、饮食业 Commerce and Restaurauts	服务业 Services	其　他 Others
全国总计　National	**9158.28**	**276.96**	**6149.44**	**1273.40**	**382.03**	**622.99**	**347.74**	**105.72**
北　京　Beijing	88.96	1.59	56.78	15.68	4.05	5.66	4.46	0.74
天　津　Tianjin	120.51		87.71	9.17	8.83	8.51	6.11	0.19
河　北　Hebei	354.85	11.10	275.39	37.80	8.33	14.10	6.23	1.89
山　西　Shanxi	230.44	5.30	183.39	19.54	10.05	7.44	4.05	0.68
内蒙古　Inner Mongolia	107.72	8.21	48.46	22.39	5.79	12.91	9.13	0.82
辽　宁　Liaoning	205.41	11.66	151.29	27.95	3.29	7.59	2.60	1.04
吉　林　Jilin	101.18	5.32	52.86	13.22	10.36	13.91	5.42	0.09
黑龙江　Heilongjiang	107.79	2.80	72.20	12.49	6.78	7.70	5.15	0.67
上　海　Shanghai	146.93		146.93					
江　苏　Jiangsu	728.69	2.58	598.01	69.73	13.36	20.81	8.16	16.04
浙　江　Zhejiang	768.58	0.82	664.26	39.65	19.70	29.69	13.06	1.39
安　徽　Anhui	416.96	15.98	272.52	80.72	17.21	18.01	8.87	3.65
福　建　Fujian	298.30	17.42	213.39	28.89	11.48	15.17	8.25	3.70
江　西　Jiangxi	309.65	6.00	176.13	39.49	22.79	42.17	16.82	6.29
山　东　Shandong	1112.84	20.66	701.90	188.20	61.18	78.79	47.34	14.78
河　南　Henan	530.52	9.74	382.20	93.11	13.33	17.76	13.04	1.36
湖　北　Hubei	417.03	40.49	246.23	69.37	14.95	26.35	15.66	3.98
湖　南　Hunan	454.53	38.89	245.34	99.26	17.94	28.88	17.67	6.55
广　东　Guangdong	1005.94	14.26	753.24	76.28	29.10	71.80	45.42	15.84
广　西　Guangxi	407.99	21.36	174.38	49.46	38.96	80.39	34.27	9.18
海　南　Hainan	18.21	3.27	6.97	3.04	0.75	2.07	1.89	0.22
重　庆　Chongqing	124.17	2.14	69.77	38.95	3.66	5.35	3.40	0.89
四　川　Sichuan	556.16	9.89	275.75	110.28	36.98	70.37	42.59	10.31
贵　州　Guizhou	92.08	3.35	57.93	8.93	4.05	10.60	6.29	0.94
云　南　Yunnan	130.28	13.36	60.31	43.03	2.28	6.01	4.15	1.15
西　藏　Tibet								
陕　西　Shaanxi	178.49	5.94	102.68	35.57	10.72	11.74	10.07	1.75
甘　肃　Gansu	70.59	1.68	36.27	26.14	2.37	2.61	1.37	0.14
青　海　Qinghai	11.74	0.25	6.93	2.60	0.24	0.88	0.81	0.02
宁　夏　Ningxia	19.73	0.75	9.89	6.13	0.90	1.09	0.96	0.02
新　疆　Xinjiang	41.96	2.18	20.32	6.33	2.62	4.64	4.49	1.39

八、劳动、工资、社会保险制度改革

Reform in Labour Force, Wages and Social Insurance System

8－1 国有企业职工分流及下岗情况

WORKERS RELEASED AND DISPLACED IN STATE－OWNED ENTERPRISES

(1997)

单位: 人 (person)

项　目 Item		年末分流及下岗人数 Number of Workers Released and Displaced at the Year-end	报告期末分流人数 Released at the Year－end	
			合计 Total	企业分流 Released by Enterprises
全国总计	**National**	**12741517**	**6398457**	**4108705**
#工业企业	Industrial Enterprises	8106834	4016277	2669915
#大中型工业企业	Large and Medium Industrial Enterprises	4830158	2583345	1851421
#中央直属企业	Directly Under Central Government Enterprises	1724165	983692	772687
#女　性	Female	364922	162103	99867
#35 岁以上	Over 35 Years Old	420915	206802	132619

8－1 续表1 continued

单位: 人 (person)

项　目 Item		企业分流 Released by Enterprises			
		自办经济实体 Self－run Economic Entity	劳务输出 Labour Force Export	离岗退养 Resignation	其　他 Others
全国总计	**National**	**1083215**	**441148**	**1324944**	**1259398**
#工业企业	Industrial Enterprises	713925	261617	914585	779788
#大中型工业企业	Large and Medium Industrial Enterprises	531140	140032	664445	515804
#中央直属企业	Directly Under Central Government Enterprises	374902	44168	189106	164511
#女　性	Female	30880	14091	36178	18718
#35 岁以上	Over 35 Years Old	35805	11512	65690	19612

8-1 续表2 continued

单位: 人 (person)

项 目 Item		社会分流 Released by Society	到其他单位 To Another Units	自谋职业 Self-employed	提前退休 Pre-retired	其 他 Others
全国总计	**National**	**2289752**	**372524**	**1179174**	**350459**	**387595**
#工业企业	Industrial Enterprises	1346262	237565	611289	258458	238950
#大中型工业企业	Large and Medium Industrial Enterprises	731924	141807	268132	180121	141864
#中央直属企业	Directly Under Central Government Enterprises	211005	33493	70174	72568	34770
#女 性	Female	62236	5554	37564	5744	13374
#35 岁以上	Over 35 Years Old	74183	4811	41944	11978	15450

8-1 续表3 continued

单位: 人 (person)

项 目 Item		年末下岗未就业人数 Displaced Workers at the Year-end				
		合 计 Total	进入再就业服务中心 Enter the Re-employment Service Centers	未进入再就业服务中心 Haven't Enter the Re-employment Service Centers	#没有领到基本生活费 Without Basic Allowances for Living Expenses	#无求职要求 Without Demanding for Occupation
全国总计	**National**	**6343060**	**703005**	**5640055**	**3095248**	**191939**
#工业企业	Industrial Enterprises	4090657	556464	3534193	1873918	99867
#大中型工业企业	Large and Medium Industrial Enterprises	2246813	412521	1834292	837700	52110
#中央直属企业	Directly Under Central Government Enterprises	740473	163986	576487	153425	13414
#女 性	Female	2841338	295770	2545568	1342515	82283
#35 岁以上	Over 35 Years Old	3429811	415509	3014302	1506700	91369

8-2 分地区国有企业职工分流及下岗情况

WORKERS RELEASED AND DISPLACED IN STATE-OWNED ENTERPRISES BY REGION

(1997)

单位:人 (person)

地区 Region		年末分流及下岗人数 Number of Workers Released and Displaced at the Year-end	报告期末分流人数 Released at the Year-end 合计 Total	企业分流 Released by Enterprises	自办经济实体 Self-run Economic Entity
全国总计	**National**	**12741517**	**6398457**	**4108705**	**1083215**
北京	Beijing	132600	101000	72998	5565
天津	Tianjin	210653	161172	122957	6697
河北	Hebei	357301	145567	84105	22771
山西	Shanxi	369224	174101	90852	29988
内蒙古	Inner Mongolia	337198	168084	75774	27357
辽宁	Liaoning	900178	400161	244093	88003
吉林	Jilin	789156	323135	254480	50369
黑龙江	Heilongjiang	1221698	667053	360577	117989
上海	Shanghai	377357	258324	129051	24939
江苏	Jiangsu	709614	354724	270096	55827
浙江	Zhejiang	246462	124592	86577	13832
安徽	Anhui	313891	182133	129296	34247
福建	Fujian	158373	90698	40044	9395
江西	Jiangxi	532152	267244	172658	38002
山东	Shandong	619086	340154	243314	77617
河南	Henan	982250	443816	296975	119699
湖北	Hubei	724004	391889	215269	55293
湖南	Hunan	874400	414739	260571	82910
广东	Guangdong	534664	288934	204996	31694
广西	Guangxi	181572	80096	53113	8238
海南	Hainan	78402	38883	34776	7001
重庆	Chongqing	259000	102200	56000	21000
四川	Sichuan	670822	347405	273133	45253
贵州	Guizhou	228437	106517	77570	21612
云南	Yunnan	154246	91459	66224	20358
西藏	Tibet				
陕西	Shaanxi	395070	144019	70513	12027
甘肃	Gansu	145206	69157	49066	20991
青海	Qinghai	53110	19835	12779	7460
宁夏	Ningxia	46687	25650	18980	9598
新疆	Xinjiang	138704	75716	41868	17483
附:大连	Dalian	123384	75749	51241	6573
宁波	Ningbo	17014	12404	9819	5354
厦门	Xiamen	8209	5347	4453	349
青岛	Qingdao	82169	54580	33354	4830
深圳	Shenzhen	13622	8129	4917	425

8－2 续表1 continued

单位: 人 (person)

地 区 Region	企 业 分 流 Released by Enterprises			社 会 分 流 Released by Society				
	劳务输出 Labour Force Export	离岗退养 Resignation	其 他 Others	小 计 Total	到其他单位 To Another Units	自谋职业 Self－employed	提前退休 Pre－retired	其 他 Others
全国总计 National	**441148**	**1324944**	**1259398**	**2289752**	**372524**	**1179174**	**350459**	**387595**
北 京 Beijing	5416	11631	50386	28002	11520	5028	1534	9920
天 津 Tianjin	4014	16768	95478	38215	4840	13386	19989	
河 北 Hebei	5665	34387	21282	61462	10649	36586	8321	5906
山 西 Shanxi	9820	32464	18580	83249	11150	44046	18602	9451
内蒙古 Inner Mongolia	3609	18457	26351	92310	7726	64391	7970	12223
辽 宁 Liaoning	11541	68296	76253	156068	39334	44259	39297	33178
吉 林 Jilin	24141	85307	94663	68655	12375	30709	12004	13567
黑龙江 Heilongjiang	16514	78447	147627	306476	19672	223656	14390	48758
上 海 Shanghai	30608	42738	30766	129273	36155	13186	41966	37966
江 苏 Jiangsu	27122	31008	56139	84628	18055	38403	11837	16333
浙 江 Zhejiang	8112	34998	29635	38015	5041	15407	10725	6842
安 徽 Anhui	11803	32834	50412	52837	8008	29286	7051	8492
福 建 Fujian	8634	10548	11467	50654	4403	34717	2416	9118
江 西 Jiangxi	38542	60228	35886	94586	11276	67427	5898	9985
山 东 Shandong	13125	105179	47393	96840	30105	29372	23345	14018
河 南 Henan	26502	77275	73499	146841	26702	88994	15414	15731
湖 北 Hubei	24310	88049	47617	176620	34325	94400	22323	25572
湖 南 Hunan	41981	83506	52174	154168	13731	92196	16268	31973
广 东 Guangdong	43151	38939	91212	83938	14310	42569	6408	20651
广 西 Guangxi	3901	19816	21158	26983	2930	18828	1400	3825
海 南 Hainan	1671	13450	12654	4107	1352	2313	396	46
重 庆 Chongqing	2000	26000	7000	46200	12500	18200	8200	7300
四 川 Sichuan	32171	131207	64502	74272	11231	37657	10148	15236
贵 州 Guizhou	3630	24607	27721	28947	2583	19790	3863	2711
云 南 Yunnan	4713	19296	21857	25235	2995	13196	6395	2649
西 藏 Tibet								
陕 西 Shaanxi	31197	6339	20950	73506	8048	25793	25192	14473
甘 肃 Gansu	3458	12988	11629	20091	4082	5527	3940	6542
青 海 Qinghai	790	1644	2885	7056	415	5906	115	620
宁 夏 Ningxia	994	5182	3206	6670	1449	4014	464	743
新 疆 Xinjiang	2013	13356	9016	33848	5562	19932	4588	3766
附:大连 Dalian	2261	6777	25630	24508	4943	5376	6909	7280
宁波 Ningbo	479	2288	1698	2585	355	581	617	1032
厦门 Xiamen	393	2222	1489	894	212	407	162	113
青岛 Qingdao	1638	13212	13674	21226	8022	1538	4704	6962
深圳 Shenzhen	590	1796	2106	3212	1190	969	374	679

8－2 续表2 continued

单位: 人 (person)

地 区 Region	年末下岗未就业人数 Displaced Workers at the Year－end				
	合 计 Total	进入再就业服务中心 Enter the Re－employment Service Centers	未进入再就业服务中心 Haven't Entered the Re－employment Service Centers	#没有领到基本生活费 Without Basic Allowances for Living Expenses	#无求职要求 Without Demanding for Occu－pation
全国总计 National	**6343060**	**703005**	**5640055**	**3095248**	**191939**
北 京 Beijing	31600	12501	19099	4647	8400
天 津 Tianjin	49481		49481	33939	
河 北 Hebei	211734	21469	190265	79355	19544
山 西 Shanxi	195123	29211	165912	109797	6076
内 蒙 古 Inner Mongolia	169114	28501	140613	71388	10294
辽 宁 Liaoning	500017	77574	422443	230804	10413
吉 林 Jilin	466021	20456	445565	235160	6650
黑 龙 江 Heilongjiang	554645	54362	500283	412229	12710
上 海 Shanghai	119033	73826	45207		7233
江 苏 Jiangsu	354890	45142	309748	127066	6130
浙 江 Zhejiang	121870	23975	97895	27347	9216
安 徽 Anhui	131758	14808	116950	51050	5965
福 建 Fujian	67675	4858	62817	13803	8410
江 西 Jiangxi	264908	27886	237022	109361	7251
山 东 Shandong	278932	23268	255664	136744	7625
河 南 Henan	538434	24113	514321	395842	13247
湖 北 Hubei	332115	64165	267950	91950	10786
湖 南 Hunan	459661	34178	425483	272701	5143
广 东 Guangdong	245730	7576	238154	146789	7262
广 西 Guangxi	101476	7736	93740	49853	1397
海 南 Hainan	39519	400	39119	20375	
重 庆 Chongqing	156800	10278	146522	8925	8300
四 川 Sichuan	323417	25524	297893	131900	8646
贵 州 Guizhou	121920	10529	111391	60932	973
云 南 Yunnan	62787	9913	52874	17596	1103
西 藏 Tibet					
陕 西 Shaanxi	251051	20442	230609	152894	1201
甘 肃 Gansu	76049	12513	63536	43703	1194
青 海 Qinghai	33275	5689	27586	27286	326
宁 夏 Ningxia	21037	5077	15960	4953	841
新 疆 Xinjiang	62988	7035	55953	26859	5603
附:大 连 Dalian	47635	7389	40246	17801	2356
宁 波 Ningbo	4610	654	395	16	106
厦 门 Xiamen	2862	144	2718	407	99
青 岛 Qingdao	27589	4123	23466	2202	759
深 圳 Shenzhen	54930	5493		487	170

8-3 分地区国有工业企业职工分流及下岗情况
WORKERS RELEASED AND DISPLACED IN STATE-OWNED INDUSTRIAL ENTERPRISES BY REGION
(1997)

单位: 人 (person)

地区 Region	年末分流及下岗人数 Number of Workers Released and Displaced at the Year-end	报告期末分流人数 Released at the Year-end 合计 Total	企业分流 Released by Enterprises	自办经济实体 Self-run Economic Entity
全国总计 National	**8106834**	**4016177**	**2669915**	**713925**
北京 Beijing	71867	53057	37063	1385
天津 Tianjin	160320	120590	91998	5016
河北 Hebei	225432	86775	54313	15381
山西 Shanxi	233506	114062	64900	21769
内蒙古 Inner Mongolia	202636	90092	44305	12799
辽宁 Liaoning	700199	332138	229826	84229
吉林 Jilin	465265	185825	148551	30901
黑龙江 Heilongjiang	747520	426327	262879	89626
上海 Shanghai	241701	165817	68499	17981
江苏 Jiangsu	492776	242651	186097	37971
浙江 Zhejiang	155501	82662	58718	10027
安徽 Anhui	211615	126137	94566	23770
福建 Fujian	85677	43055	25099	5471
江西 Jiangxi	323380	152445	104403	19499
山东 Shandong	382359	206497	143446	36147
河南 Henan	570905	241319	164837	62982
湖北 Hubei	452364	246922	134194	32841
湖南 Hunan	581603	271800	176164	54532
广东 Guangdong	248589	131885	91122	15018
广西 Guangxi	122448	52251	34179	5679
海南 Hainan	19790	9815	8729	1957
重庆 Chongqing	185000	65700	42300	16000
四川 Sichuan	424927	222964	178214	32120
贵州 Guizhou	132006	66364	52399	16718
云南 Yunnan	89431	48996	34125	12334
西藏 Tibet				
陕西 Shaanxi	295517	91865	47212	9965
甘肃 Gansu	145206	69157	49066	20991
青海 Qinghai	36380	11020	7036	4343
宁夏 Ningxia	27258	15423	11944	5510
新疆 Xinjiang	75656	42566	23731	10963
附:大连 Dalian	75169	47372	28891	4438
宁波 Ningbo	17014	12404	9819	5354
厦门 Xiamen	3745	2845	2544	267
青岛 Qingdao	61319	39572	23141	3955
深圳 Shenzhen	7750	4725	2871	270

8－3 续表1 continued

单位: 人 (person)

地区 Region		企业分流 Released by Enterprises			社会分流 Released by Society				
		劳务输出 Labour Force Export	离岗退养 Resigna－tion	其他 Others	小计 Total	到其他单位 To Another Units	自谋职业 Self－employed	提前退休 Pre－retired	其他 Others
全国总计	**National**	**261617**	**914585**	**779788**	**1346262**	**237565**	**611289**	**258458**	**238950**
北京	Beijing	3954	10622	21102	15994	7500	2880	1113	4501
天津	Tianjin	2999	12548	71435	28592	3620	10014	14958	39730
河北	Hebei	3025	22389	13518	32462	4751	17271	6197	4243
山西	Shanxi	6106	23722	13303	49162	7005	20341	15301	6515
内蒙古	Inner Mongolia	2351	14054	15101	45787	4737	29566	3636	7848
辽宁	Liaoning	7787	62597	75213	102312	27358	25148	28660	21146
吉林	Jilin	13692	53096	50862	37274	7256	15593	5771	8654
黑龙江	Heilongjiang	9939	51463	111851	163448	11690	118639	9061	24058
上海	Shanghai	20309	27061	3148	97318	24971	7477	36803	28067
江苏	Jiangsu	12839	99631	35656	56554	13203	20967	9697	12687
浙江	Zhejiang	5109	25630	17952	23944	2804	7700	8368	5072
安徽	Anhui	5676	20116	45004	31571	5014	15259	6768	4530
福建	Fujian	5022	7176	7430	17956	1703	9941	1907	4405
江西	Jiangxi	24550	40485	19869	48042	6442	33801	3509	4290
山东	Shandong	7156	73682	26461	63051	19691	14913	19822	8625
河南	Henan	14464	53014	34377	76482	16445	40458	8939	10640
湖北	Hubei	14953	59031	27369	112728	21399	59598	16240	15491
湖南	Hunan	31750	55448	34434	95636	9714	53058	10722	22142
广东	Guangdong	20920	22570	32614	40763	7659	19299	3473	10332
广西	Guangxi	2201	14313	11986	18072	2048	12351	1099	2574
海南	Hainan	418	3376	2978	1086	358	323	396	9
重庆	Chongqing	1800	18000	6500	23400	9800	5100	7000	1500
四川	Sichuan	20217	91410	34467	44750	7269	20684	6957	9840
贵州	Guizhou	2290	13872	19519	13965	1685	8032	2725	1523
云南	Yunnan	2986	9433	9372	14871	1908	6552	4526	1885
西藏	Tibet								
陕西	Shaanxi	13489	5391	18367	44653	3584	16526	16945	7598
甘肃	Gansu	3458	12988	11629	20091	4082	5527	3940	6542
青海	Qinghai	343	665	1685	3984	278	3239	90	377
宁夏	Ningxia	474	3870	2090	3479	244	2455	279	501
新疆	Xinjiang	1340	6932	4496	18835	3347	8577	3556	3355
附:大连	Dalian	1683	9925	12845	18481	3399	3183	5916	5983
宁波	Ningbo	479	2288	1698	2585	355	581	617	1032
厦门	Xiamen	175	1232	870	301	28	90	119	64
青岛	Qingdao	1150	8935	9101	16431	6489	718	4226	4998
深圳	Shenzhen	250	1293	1058	1854	576	608	259	411

8-3 续表2 continued

单位：人 (person)

地区 Region		年末下岗未就业人数 Displaced Workers at the Year-end			
	合计 Total	进入再就业服务中心 Enter the Re-employment Service Centers	未进入再就业服务中心 Haven't Entered the Re-employment Service Centers	#没有领到基本生活费 Without Basic Allowances for Living Expenses	#无求职要求 Without Demanding for Occupation
全国总计 National	**4090657**	**556464**	**3534193**	**1873918**	**99867**
北京 Beijing	18810	10535	8275	2923	991
天津 Tianjin	39730	27251			
河北 Hebei	138657	15561	123096	48762	10541
山西 Shanxi	119444	27264	92180	58646	3130
内蒙古 Inner Mongolia	112544	16047	96497	35070	4607
辽宁 Liaoning	368061	59907	308154	196072	6694
吉林 Jilin	279440	14745	264695	140841	2020
黑龙江 Heilongjiang	321193	38191	283002	224042	6203
上海 Shanghai	75884	73826	2058		324
江苏 Jiangsu	250125	42282	207843	77071	2823
浙江 Zhejiang	72839	19971	52868	13631	3437
安徽 Anhui	85478	9514	75964	20863	3869
福建 Fujian	42622	4085	38537	8606	6351
江西 Jiangxi	170935	23073	147862	67296	3386
山东 Shandong	175862	18194	157668	71991	5464
河南 Henan	329586	14919	314667	235404	6859
湖北 Hubei	205442	45319	160123	46020	7359
湖南 Hunan	309803	24033	285770	178036	3939
广东 Guangdong	116704	5878	110826	69052	2568
广西 Guangxi	70197	7278	62919	33195	939
海南 Hainan	9975	400	9575	4987	
重庆 Chongqing	119300	10278	109022	6751	7100
四川 Sichuan	201963	17686	184277	80987	5479
贵州 Guizhou	65642	10482	55160	27359	421
云南 Yunnan	40435	6049	34386	10460	532
西藏 Tibet					
陕西 Shaanxi	203652	18442	185210	113663	742
甘肃 Gansu	76049	12513	63536	43703	1194
青海 Qinghai	25360	4788	20572	20300	313
宁夏 Ningxia	11835	773	11062	1703	239
新疆 Xinjiang	33090	4431	28659	9233	2343
附：大连 Dalian	27797	5567	22230	7793	1267
宁波 Ningbo	4610	654	3956	16	106
厦门 Xiamen	900		900	203	49
青岛 Qingdao	21747	4123	17624	1078	558
深圳 Shenzhen	30250	3025	315	89	

8-4 分地区国有大中型工业企业职工分流及下岗情况
WORKERS RELEASED AND DISPLACED IN LARGE AND MEDIUM STATE-OWNED INDUSTRIAL ENTERPRISES BY REGION

(1997)

单位: 人 (person)

地区 Region		年末分流及下岗人数 Number of Workers Released and Displaced at the Year-end	报告期末分流人数 Released at the Year-end		
			合计 Total	企业分流 Released by Enterprises	自办经济实体 Self-run Economic Entity
全国总计	**National**	**4830158**	**2583345**	**1851421**	**531140**
北京	Beijing	50307	37140	25944	970
天津	Tianjin	110840	83673	63833	3477
河北	Hebei	152265	58325	43113	12161
山西	Shanxi	146276	76559	48229	17297
内蒙古	Inner Mongolia	100867	56671	28844	8001
辽宁	Liaoning	540881	290553	208826	82432
吉林	Jilin	280984	125291	106285	24080
黑龙江	Heilongjiang	418549	248575	187977	59058
上海	Shanghai	181220	132654	54799	14385
江苏	Jiangsu	312935	170458	135662	31763
浙江	Zhejiang	92090	53354	39494	8940
安徽	Anhui	125151	68192	52634	16778
福建	Fujian	19332	10221	4702	864
江西	Jiangxi	120377	64430	51551	7708
山东	Shandong	241896	142517	100084	24056
河南	Henan	404369	185136	134196	54859
湖北	Hubei	243150	133132	80643	20066
湖南	Hunan	323764	159430	119643	38926
广东	Guangdong	71606	40236	30295	6457
广西	Guangxi	41710	18402	13441	2085
海南	Hainan	2031	1006	895	201
重庆	Chongqing	123000	43900	28900	13800
四川	Sichuan	275302	159088	132244	25886
贵州	Guizhou	90420	52379	45024	14917
云南	Yunnan	54645	31908	22293	7995
西藏	Tibet				
陕西	Shaanxi	135351	52436	27899	1989
甘肃	Gansu	93315	48799	35309	16483
青海	Qinghai	25705	8022	5414	3720
宁夏	Ningxia	17480	11548	9931	4930
新疆	Xinjiang	34340	19310	13317	6856
附:大连	Dalian	54032	34984	21071	2170
宁波	Ningbo	17014	12404	9819	5354
厦门	Xiamen				
青岛	Qingdao	55310	36717	21480	3779
深圳	Shenzhen	1279	1135	683	33

8－4 续表1 continued

单位:人 (person)

地区 Region	企业分流 Released by Enterprises			社会分流 Released by Society				
	劳务输出 Labour Force Export	离岗退养 Resigna－tion	其他 Others	小计 Total	到其他单位 To Another Units	自谋职业 Self－employed	提前退休 Pre－retired	其他 Others
全国总计 National	**140032**	**664445**	**515804**	**731924**	**141807**	**268132**	**180121**	**141864**
北京 Beijing	2768	7435	14771	11196	5250	2016	780	3150
天津 Tianjin	2084	8705	49567	19840	2513	6949	10378	
河北 Hebei	1737	18653	10562	15212	1907	6325	4663	2317
山西 Shanxi	3618	18301	9013	28330	3623	8056	12819	3832
内蒙古 Inner Mongolia	982	12660	7201	27827	2311	16688	2776	6052
辽宁 Liaoning	3206	49238	73950	81727	16538	23019	24913	17257
吉林 Jilin	9053	40631	32521	19006	3992	5948	4072	4994
黑龙江 Heilongjiang	3695	30749	94475	60598	6117	39211	5464	9806
上海 Shanghai	16247	21649	2518	77855	19977	5511	28442	23925
江苏 Jiangsu	8626	71514	23759	34796	9320	11019	5677	8780
浙江 Zhejiang	3176	17339	10039	13860	1341	3485	5531	3503
安徽 Anhui	2189	14662	19005	15558	2625	5433	3045	4455
福建 Fujian	420	1914	1504	5519	273	3425	703	1118
江西 Jiangxi	10583	25550	7710	12879	1695	8489	1050	1645
山东 Shandong	3711	54646	17671	42433	12009	6517	16942	6965
河南 Henan	10448	44805	24084	50940	12345	22631	7883	8081
湖北 Hubei	7294	38658	14625	52489	10283	26652	9346	6208
湖南 Hunan	16203	40852	23662	39787	5537	20582	7338	6330
广东 Guangdong	4942	10219	8677	9941	2561	3434	795	3151
广西 Guangxi	338	8096	2922	4961	997	2816	537	611
海南 Hainan	43	346	305	111	37	33	41	
重庆 Chongqing	100	13500	1500	15000	6900	4200	2900	1000
四川 Sichuan	12458	74510	19390	26844	4778	10630	4268	7168
贵州 Guizhou	1595	12207	16305	7355	1201	3097	2186	871
云南 Yunnan	2086	5877	6335	9615	1084	3923	3597	1011
西藏 Tibet								
陕西 Shaanxi	9268	4898	11744	24537	2431	10576	9388	2142
甘肃 Gansu	2059	9848	6919	13490	2651	1686	3190	5963
青海 Qinghai	317	578	799	2608	224	2113	81	190
宁夏 Ningxia	135	3078	1788	1617	75	1004	153	385
新疆 Xinjiang	651	3327	2483	5993	1212	2664	1163	954
附:大连 Dalian	777	7805	10319	13913	2215	1517	5445	4736
宁波 Ningbo	479	2288	1698	2585	355	581	617	1032
厦门 Xiamen								
青岛 Qingdao	1049	8187	8465	15237	5835	593	4012	4797
深圳 Shenzhen	1	554	95	452	128	183	47	94

8－4 续表2 continued

单位:人 (person)

地区 Region		年末下岗未就业人数 Displaced Workers at the Year－end			
	合计 Total	进入再就业服务中心 Enter the Re－employment Service Centers	未进入再就业服务中心 Haven't Entered the Re－employment Service Centers	#没有领到基本生活费 Without Basic Allowances for Living Expenses	#无求职要求 Without Demanding for Occu－pation
全国总计 National	**2246813**	**412521**	**1834292**	**837700**	**52110**
北京 Beijing	13167	7375	5792	2046	693
天津 Tianjin	27167		27167	18634	
河北 Hebei	93940	11886	82054	27946	6284
山西 Shanxi	69717	25202	44515	22837	1350
内蒙古 Inner Mongolia	44196	9696	34500	12987	1406
辽宁 Liaoning	250328	47649	202679	113472	5599
吉林 Jilin	155693	11793	143900	75525	1616
黑龙江 Heilongjiang	169974	23693	146281	110095	2279
上海 Shanghai	48566	47987	579		93
江苏 Jiangsu	142477	33593	108884	27678	1686
浙江 Zhejiang	38736	13081	25655	4789	1407
安徽 Anhui	56959	7542	49417	7803	3400
福建 Fujian	9111	1533	7578	971	239
江西 Jiangxi	55947	15841	40106	18394	1198
山东 Shandong	99379	16965	82414	31603	3466
河南 Henan	219233	13261	205972	137976	4326
湖北 Hubei	110018	26637	83381	23384	3174
湖南 Hunan	164334	20051	144283	74008	1349
广东 Guangdong	31370	756	30614	16067	866
广西 Guangxi	23308	5668	17640	4772	77
海南 Hainan	1025		1025		
重庆 Chongqing	79100	10278	68822	1425	5600
四川 Sichuan	116214	15588	100626	32426	3143
贵州 Guizhou	38041	10111	27930	12598	307
云南 Yunnan	22737	3710	19027	3406	428
西藏 Tibet					
陕西 Shaanxi	82915	14648	68267	21240	658
甘肃 Gansu	44516	9964	34552	19737	522
青海 Qinghai	17683	4123	13560	12420	48
宁夏 Ningxia	5932	261	5671	158	123
新疆 Xinjiang	15030	3629	11401	3303	773
附:大连 Dalian	19048	3951	15097	2585	973
宁波 Ningbo	4610	654	3956	16	106
厦门 Xiamen					
青岛 Qingdao	18593	4043	14550	714	515
深圳 Shenzhen	1440	144		19	16

8-5 分地区中央直属企业职工分流及下岗情况

WORKERS RELEASED AND DISPLACED IN THE ENTERPRISES DIRECTLY UNDER CENTRAL GOVERNMENT BY REGION

(1997)

单位:人 (person)

地区 Region	年末分流及下岗人数 Number of Workers Released and Displ-aced at the Year-end	报告期末分流人数 Released at the Year-end		
		合计 Total	企业分流 Released by Enterprises	自办经济实体 Self-run Economic Entity
全国总计 National	**1724165**	**983692**	**772687**	**374902**
北京 Beijing				
天津 Tianjin	9183	2816	2149	117
河北 Hebei	47323	22898	15735	4797
山西 Shanxi	70477	36080	24067	9281
内蒙古 Inner Mongolia	23937	6999	3092	1164
辽宁 Liaoning	192614	133621	104821	74145
吉林 Jilin	74728	32095	24108	10509
黑龙江 Heilongjiang	308169	147334	128197	36054
上海 Shanghai	17035	8982	7314	991
江苏 Jiangsu	72382	39623	35562	20431
浙江 Zhejiang	8767	7465	6761	5393
安徽 Anhui	11703	10593	9170	4800
福建 Fujian	4794	899	801	485
江西 Jiangxi	42012	20372	14469	4154
山东 Shandong	89983	69715	57439	38991
河南 Henan	125032	84518	72929	48785
湖北 Hubei	46476	28438	20899	9121
湖南 Hunan	94459	56758	42521	20374
广东 Guangdong	24804	14800	10542	5203
广西 Guangxi	7865	3907	2899	1151
海南 Hainan	1345	667	583	132
重庆 Chongqing	36000	14400	8200	3100
四川 Sichuan	132759	87264	77220	20850
贵州 Guizhou	44991	25380	21089	11433
云南 Yunnan	28865	20149	14184	6583
西藏 Tibet				
陕西 Shaanxi	89420	38461	18576	4276
甘肃 Gansu	48417	28954	20657	14290
青海 Qinghai	6919	5316	5167	3865
宁夏 Ningxia	8418	7701	7542	6824
新疆 Xinjiang	55288	27487	15994	7603
附:大连 Dalian	10078	8360	7409	1759
宁波 Ningbo	4890	4742	4610	4381
厦门 Xiamen	663	383	338	136
青岛 Qingdao	4246	3724	3169	1437
深圳 Shenzhen	2426	1565	699	135

8－5 续表1 continued

单位：人 (person)

地区 Region	企业分流 Released by Enterprises			社会分流 Released by Society				
	劳务输出 Labour Force Export	离岗退养 Resignation	其他 Others	小计 Total	到其他单位 To Another Units	自谋职业 Self－employed	提前退休 Pre－retired	其他 Others
全国总计 National	**44168**	**189106**	**164511**	**211005**	**33493**	**70174**	**72568**	**34770**
北京 Beijing								
天津 Tianjin	6	1399	627	667	85	234	348	
河北 Hebei	953	5119	4866	7163	779	3975	2072	337
山西 Shanxi	2179	8178	4429	12013	1465	1038	7331	2179
内蒙古 Inner Mongolia	157	400	1371	3907	80	1112	2555	160
辽宁 Liaoning	1410	10236	19030	28800	4684	7068	11034	6014
吉林 Jilin	1433	8798	3368	7987	1942	1087	2116	2842
黑龙江 Heilongjiang	1642	13269	77232	19137	1580	13311	2769	1477
上海 Shanghai	1162	2861	2300	1668	584	250	834	8053
江苏 Jiangsu	1655	11232	2244	4061	1159	1062	1042	798
浙江 Zhejiang	150	922	296	704	170	220	108	206
安徽 Anhui	286	749	3335	1423	164	969	217	73
福建 Fujian	136	128	52	98	21	23	32	22
江西 Jiangxi	4681	4823	811	5903	464	4049	751	639
山东 Shandong	116	15914	2418	12276	2284	518	8792	682
河南 Henan	5613	13227	5304	11589	2499	2012	4028	3050
湖北 Hubei	1763	6880	3135	7539	1580	3537	1583	839
湖南 Hunan	3885	8188	10074	14237	1699	4748	5595	2195
广东 Guangdong	677	1759	2903	4258	780	1361	1308	809
广西 Guangxi	15	1259	474	1008	22	837	128	21
海南 Hainan	29	224	198	84	29	26	27	2
重庆 Chongqing	60	4100	940	6200	1800	3500	870	30
四川 Sichuan	5759	44620	5991	10044	2580	2386	2118	2960
贵州 Guizhou	435	5599	3622	4291	635	1901	1615	140
云南 Yunnan	1709	4565	1327	5965	634	2856	2036	439
西藏 Tibet								
陕西 Shaanxi	6301	5420	2579	19885	2189	5492	10457	1747
甘肃 Gansu	1002	2839	2526	8297	1311	487	1783	4716
青海 Qinghai	28	864	410	149	19	130		1603
宁夏 Ningxia	271	381	66	159	18	103	9	29
新疆 Xinjiang	655	5153	2583	11493	2237	5882	1844	1530
附：大连 Dalian	481	3066	2103	951	128	29	13	781
宁波 Ningbo	48	106	75	132	18	90	11	13
厦门 Xiamen	61	114	27	45	5	23	15	2
青岛 Qingdao	7	1538	187	555	120	46	308	81
深圳 Shenzhen	110	234	220	866	347	197	123	199

8－5 续表2 continued

单位:人 (person)

地 区 Region	年末下岗未就业人数 Displaced Workers at the Year－end				
	合 计 Total	进入再就业服务中心 Enter the Re－employment Service Centers	未进入再就业服务中心 Haven't Entered the Re－employment Service Centers	#没有领到基本生活费 Without Basic Allowances for Living Expenses	#无求职要求 Without Demanding for Occu－pation
全国总计 National	**740473**	**163986**	**576487**	**153425**	**13414**
北 京 Beijing					
天 津 Tianjin	6367		6367	4367	
河 北 Hebei	24425	7921	16504	6028	2394
山 西 Shanxi	34397	14732	19665	10560	335
内 蒙 古 Inner Mongolia	16938	9056	7882	2574	30
辽 宁 Liaoning	58993	17452	41541	13267	1885
吉 林 Jilin	42633	3573	39060	10412	330
黑 龙 江 Heilongjiang	160835	25275	135560	24748	1117
上 海 Shanghai		8053		1288	
江 苏 Jiangsu	32759	5066	27693	5596	249
浙 江 Zhejiang	1302	74	1228	2	2
安 徽 Anhui	1110	80	1030	872	
福 建 Fujian	3895		3895		7
江 西 Jiangxi	21640	9024	12616	2532	836
山 东 Shandong	20268	9212	11056	1692	71
河 南 Henan	40514	8580	31934	9930	180
湖 北 Hubei	18038	1770	16268	1970	638
湖 南 Hunan	37701	6084	31617	11751	225
广 东 Guangdong	10004	40	9964	4058	470
广 西 Guangxi	3958	1	3957	1307	4
海 南 Hainan	678		678	346	
重 庆 Chongqing	21600	4424	17176	483	600
四 川 Sichuan	45495	11269	34226	3247	617
贵 州 Guizhou	19611	6132	13479	5577	66
云 南 Yunnan	8716	3545	5171	355	81
西 藏 Tibet					
陕 西 Shaanxi	50959	11698	39261	16450	536
甘 肃 Gansu	19463	5140	14323	8683	355
青 海 Qinghai	572	1031	679		
宁 夏 Ningxia	717	134	583	63	1
新 疆 Xinjiang	27801	3132	24669	5876	1097
附:大 连 Dalian	1718	63	1655	14	248
宁 波 Ningbo	148		148		
厦 门 Xiamen	280		280		
青 岛 Qingdao	522		522		
深 圳 Shenzhen	8610	861		1	6

8-6 分地区国有企业女性职工下岗情况

THE FEMALE WORKERS DISPLACED IN STATE-OWNED ENTERPRISES BY REGION

(1997)

单位: 人 (person)

地区 Region		年末下岗未就业人数 Displaced Workers at the Year-end			
	合计 Total	进入再就业服务中心 Enter the Re-employment Service Centers	未进入再就业服务中心 Haven't Enter the Re-employment Service Centers	#没有领到基本生活费 Without Basic Allowances for Living Expenses	#无求职要求 Without Demanding for Occu-pation
全国总计 National	**2841338**	**295770**	**2545568**	**1342515**	**82283**
北京 Beijing	17064	6826	10238	2509	4536
天津 Tianjin	24218		24218	16611	
河北 Hebei	100625	10974	89651	37538	13952
山西 Shanxi	67736	9240	58496	37891	1947
内蒙古 Inner Mongolia	76047	12015	64032	29738	4193
辽宁 Liaoning	265410	29358	236052	150670	4293
吉林 Jilin	224979	6646	218333	57443	2188
黑龙江 Heilongjiang	230923	16392	214531	177711	3986
上海 Shanghai	59876	39866	20010		3202
江苏 Jiangsu	162051	22228	139823	58821	2280
浙江 Zhejiang	50151	11646	38505	10372	3266
安徽 Anhui	47156	3412	43744	18697	2605
福建 Fujian	27133	1432	25701	3841	1458
江西 Jiangxi	112793	9918	102875	45322	2427
山东 Shandong	127813	9649	118164	65103	3691
河南 Henan	227584	10903	216681	168402	4299
湖北 Hubei	148021	29338	118683	40725	4680
湖南 Hunan	202819	15006	187813	122362	2015
广东 Guangdong	102176	3154	99022	60844	2344
广西 Guangxi	32119	2480	29639	17413	202
海南 Hainan	20154	211	19943	10387	
重庆 Chongqing	87900	5631	82269	3842	6900
四川 Sichuan	143168	10822	132346	58962	2811
贵州 Guizhou	43565	3092	40473	21896	219
云南 Yunnan	24001	3917	20084	7049	378
西藏 Tibet					
陕西 Shaanxi	136141	9478	126663	75694	756
甘肃 Gansu	32970	5437	27533	19173	621
青海 Qinghai	17048	2502	14546	13601	42
宁夏 Ningxia	5242	809	4433	1057	307
新疆 Xinjiang	24455	3388	21067	8841	2685
附: 大连 Dalian	22235	3534	18701	7943	983
宁波 Ningbo	2189	127	2062	7	26
厦门 Xiamen	1098	62	1036	126	57
青岛 Qingdao	12741	2078	10663	999	449
深圳 Shenzhen	2913		2913	251	61

8-7 分地区国有企业35岁以上职工下岗情况

THE WORKERS OVER 35 YEARS OLD DISPLACED IN STATE-OWNED ENTERPRISES BY REGION

(1997)

单位: 人 (person)

地区 Region	年末下岗未就业人数 Displaced Workers at the Year-end				
	合计 Total	进入再就业服务中心 Enter the Re-employment Service Centers	未进入再就业服务中心 Haven't Enter the Re-employment Service Centers	#没有领到基本生活费 Without Basic Allowances for Living Expenses	#无求职要求 Without Demanding for Occu-pation
全国总计 National	**3429811**	**415509**	**3014302**	**1506700**	**91369**
北京 Beijing	22120	7126	14994	3253	5880
天津 Tianjin	35082		35082	24063	
河北 Hebei	104650	13352	91298	40429	14447
山西 Shanxi	119923	27407	92516	42295	2624
内蒙古 Inner Mongolia	77752	12303	65449	32371	3127
辽宁 Liaoning	322773	44802	277971	174081	6131
吉林 Jilin	267275	8711	258564	68593	3210
黑龙江 Heilongjiang	268713	26192	242521	201695	3995
上海 Shanghai	94251	65324	28927		4628
江苏 Jiangsu	196571	32048	164523	61928	3674
浙江 Zhejiang	65578	15851	49727	13922	3608
安徽 Anhui	56032	5688	50344	20214	2551
福建 Fujian	36859	1880	34979	4972	1128
江西 Jiangxi	148211	10099	138112	51899	3866
山东 Shandong	131035	13437	117598	61341	3202
河南 Henan	241977	11706	230271	178346	4204
湖北 Hubei	169384	30945	138439	36820	5715
湖南 Hunan	214113	17810	196303	129528	1963
广东 Guangdong	136427	5232	131195	73901	3198
广西 Guangxi	40759	4685	36074	20992	384
海南 Hainan	16202	172	16030	489	
重庆 Chongqing	99900	7246	92654	5867	5200
四川 Sichuan	172214	14070	158144	69199	4284
贵州 Guizhou	60776	4114	56662	28706	330
云南 Yunnan	28350	5005	23345	8609	466
西藏 Tibet					
陕西 Shaanxi	213867	16984	196883	105763	289
甘肃 Gansu	34197	5907	28290	18782	524
青海 Qinghai	24011	3228	20783	16807	25
宁夏 Ningxia	4744	1293	3451	879	402
新疆 Xinjiang	26065	2892	23173	10956	2314
附:大连 Dalian	23860	4754	19106	7525	1146
宁波 Ningbo	2455	185	2270	4	46
厦门 Xiamen	2143	131	2012	256	83
青岛 Qingdao	18455	3419	15036	994	656
深圳 Shenzhen	33	3334		299	103

8－8 国有企业工资总额同经济效益挂钩情况
TOTAL WAGES CONTACT WITH ECONOMIC RESULTS IN STATE－OWNED ENTERPRISES

(1996)

单位:万元 (10 000 yuan)

项目 Item		挂钩企业单位数(个) Number of Units	职工平均人数(人) Average Staff & Workers (person)		上年工资总额 Total Wage of Last Year		上年结存工资增长基金 Wage Funds Balance of Last Year
			上年 Last Year	本年 Current Year	提取 Withdrawal	实际 Actually Paid	
总计	Total	**63447**	**25770307**	**25911292**	**19759405**	**15750776**	**6498380**
一、中央企业合计	Central Enterprises	266	4624659	4594504	4653064	4089783	1509509
二、地方企业合计	Local Enterprises	63181	21145648	21316788	15106341	11660993	4988871
#亏损企业	Deficit Enterprises	15543	4836323	4880423	2191796	2095013	750465
1.与上缴税利挂钩	Contact with Profits and Taxes Turned Over to the State	6418	2029126	1998921	1636989	953414	462360
#制造业企业	Manufacture	1725	1005580	984763	549736	516700	244885
2.与实现税利挂钩	Contact with Profits and Taxes Attained	39519	13019538	13259391	9323254	6980510	3146590
#制造业企业	Manufacture	11561	8213533	7771115	4913845	4371615	2100405
3.百元产值工资含量包干	Fixed Wage Contact per 100 Yuan Output Value	863	2078716	2015859	2107900	1529965	710075
4.吨煤工资含量包干	Fixed Wage Contact per Ton Coal	213	402354	392381	270355	284320	70671
5.换算吨公里工资含量包干	Fixed Wage Contact per Conversion－ton－Kilometer	65	2625405	2651013	2469974	2405902	618503
6.吨矿工资含量包干	Fixed Wage Contact per Ton Mineral Products	29	38410	30663	10642	10680	3703
7.吨水泥工资含量包干	Fixed Wage Contact per Ton Cement	82	59181	60244	49099	47901	16448
8.复合指标挂钩	Contact with Composite Indicators	7083	2749892	2753637	2033997	1782115	755553
9.其 他	Others	9187	2859794	2842196	1959189	1849489	771721

8－8 续表1 continued

单位: 万元 (10 000 yuan)

项目 Item		当年基数 Current Year Base		当年挂钩实际完成情况 Acturally Finished in Current Year	
		效益指标基数 Efficiency Indicators Base 总量 Total	工资基数 Wage base	效益指标总量 Efficiency Indicators Aggregation	提取新增效益工资额 New Efficiency Wage Withdrawal
总计	Total		**17772934**	**536043**	**1289875**
一、中央企业合计	Central Enterprises		4454726		591533
二、地方企业合计	Local Enterprises		13318208		698341
#亏损企业	Deficit Enterprises		2352880	28215	－122687
1.与上缴税利挂钩	Contact with Profits and Taxes Turned Over to the State	594715	1151354	593044	29497
#制造业企业	Manufacture	300400	591013	296779	－6360
2.与实现税利挂钩	Contact with Profits and Taxes Attained	10583644	7997345	11636902	333023
#制造业企业	Manufacture	5400690	4928395	5882426	184779
3.百元产值工资含量包干	Fixed Wage Contact per 100 Yuan Output Value	8340679	1684945	10047634	529107
4.吨煤工资含量包干	Fixed Wage Contact per Ton Coal	105511	309193	349703	10093
5.换算吨公里工资含量包干	Fixed Wage Contact per Conversion－ton－Kilometer	197871	2517341	206518	199976
6.吨矿工资含量包干	Fixed Wage Contact per Ton Mineral Products	57141	10209	70538	1463
7.吨水泥工资含量包干	Fixed Wage Contact per Ton Cement	548312	53967	469194	1415
8.复合指标挂钩	Contact with Composite Indicators		2073589	1191964	99709
9.其 他	Others		2078935	2630601	87525

8－8 续表2 continued

单位：万元 (10 000 yuan)

项目 Item		当年工资总额 Total Wages of Current Year	#未列入挂钩基数工资范围 Excluded in Efficiency Wage Base	#国家允许单列的工资 Allowed by the State	非工资性支出 Non－wage Disburs－ement
总计	**Total**	**17571995**	**1010089**	**410724**	**260974**
一、中央企业合计	Central Enterprises	4721493	441815	67540	14475
二、地方企业合计	Local Enterprises	12850502	568274	343183	246498
#亏损企业	Deficit Enterprises	2150570	93632	60826	23452
1.与上缴税利挂钩	Contact with Profits and Taxes Turned Over to the State	1044408	47647	29011	17935
#制造业企业	Manufacture	552254	26181	15925	8835
2.与实现税利挂钩	Contact with Profits and Taxes Attained	7777264	301232	192794	99330
#制造业企业	Manufacture	4866185	151210	102367	63650
3.百元产值工资含量包干	Fixed Wage Contact per 100 Yuan Output Value	1796263	65552	19624	22168
4.吨煤工资含量包干	Fixed Wage Contact per Ton Coal	309669	8425	5675	632
5.换算吨公里工资含量包干	Fixed Wage Contact per Conversion－ton－Kilometer	2769514	412313	46330	107
6.吨矿工资含量包干	Fixed Wage Contact per Ton Mineral Products	12169	1447	668	40
7.吨水泥工资含量包干	Fixed Wage Contact per Ton Cement	51768	4532	3709	637
8.复合指标挂钩	Contact with Composite Indicators	1938751	79745	48816	74005
9.其　他	Others	1996048	91114	66017	46120

8－8 续表3 continued

单位：万元 (10 000 yuan)

项　目 Item		年末结存工资增长基金 Balance of Wage Increase Funds by the Year－end	主要经济效益指标完成情况 Main Economic Efficiency Indicators			
			实现税利 Profits and Taxes Attained		上缴税利 Profits and Taxes Turned Over the State	
			上年实际 Last Year	当年实际 Current Year	上年实际 Last Year	当年实际 Current Year
总　计	**Total**	**8703114**	**15202495**	**43730362**	**9016173**	**9515533**
一、中央企业合计	Central Enterprises	2226420	2509712	3122974	510751	540494
二、地方企业合计	Local Enterprises	6476694	12692783	40607388	8505422	8975039
#亏损企业	Deficit Enterprises	900268	－206317	－1052506	644502	544168
1.与上缴税利挂钩	Contact with Profits and Taxes Turned Over to the State	628514	760965	28386053	669196	691792
#制造业企业	Manufacture	293630	404689	332472	375030	361134
2.与实现税利挂钩	Contact with Profits and Taxes Attained	3868531	12335061	12983292	6234002	6592858
#制造业企业	Manufacture	2406299	6328413	6252883	2400316	2586644
3.百元产值工资含量包干	Fixed Wage Contact per 100 Yuan Output Value	1169117	320253	298904	208534	231693
4.吨煤工资含量包干	Fixed Wage Contact per Ton Coal	88082	71691	87381	48699	67361
5.换算吨公里工资含量包干	Fixed Wage Contact per Conversion－ton－Kilometer	978512	－223213	313604	440287	468608
6.吨矿工资含量包干	Fixed Wage Contact per Ton Mineral Products	4613	5119	4819	2287	3233
7.吨水泥工资含量包干	Fixed Wage Contact per Ton Cement	23956	40586	23893	27784	23567
8.复合指标挂钩	Contact with Composite Indicators	995839	1114947	1011793	795530	807146
9.其　他	Others	987128	977765	784420	731597	767515

注：各种不同挂钩形式效益指标计量单位：换算吨公里工资含量包干为万换算吨公里；吨煤工资含量包干、吨矿工资含量包干和吨水泥工资含量包干为万吨 。

Note:The measuring units for all kinds of total wages contacted with econmic results are as follows: for fixed wage contact per conversion－ton－Kilometer, the unit is 10 000 conversion－ton－Kilometerton, for fixed wage contact per ton coal, per ton mineral products and per ton cement, the unit is 10 000 ton.

8-9 分地区国有地方企业工资总额同经济效益挂钩情况

TOTAL WAGES CONTACT WITH ECONOMIC RESULTS IN LOCAL STATE-OWNED ENTERPRISES BY REGION

(1996)

单位: 万元 (10 000 yuan)

地区 Region	挂钩企业单位数(个) Number of Units	职工平均人数(人) Average Staff & Workers (person)		上年工资总额 Total Wage of Last Year		上年结存工资增长基金 Wage Funds Balance of Last Year
		上年 Last Year	当年 Current Year	提取 Withdrawal	实发 Actually Paid	
全国总计 National	**63181**	**21145648**	**21316788**	**15106340.9**	**11660992.6**	**4988871.1**
北京 Beijing	2258	912193	865743	882373.8	787278.2	383682.3
天津 Tianjin						
河北 Hebei	4399	1704465	1692927	2675484.6	740216.7	319159.1
山西 Shanxi	1966	1006697	1053658	480603.9	435851.1	199916.3
内蒙古 Inner Mongolia	888	276300	278722	82367.5	93547.5	41564.6
辽宁 Liaoning						
吉林 Jilin						
黑龙江 Heilongjiang	1277	519837	526186	255080.7	229953.8	85845.2
上海 Shanghai						
江苏 Jiangsu	5535	1791271	1797051	1863993.9	1741721.6	739675.4
浙江 Zhejiang	2782	803175	799800	547279.1	528998.3	229992.8
安徽 Anhui						
福建 Fujian	1401	381860	374116	211981.9	203726.6	78355.2
江西 Jiangxi						
山东 Shandong	7421	2371268	2419521	1396609.8	1282547.4	585411.3
河南 Henan	5130	1950165	2030792	1513737.2	879726.2	401931.6
湖北 Hubei	5735	1627569	1671232	750120.3	658274.4	336471.9
湖南 Hunan	4947	1633395	1668624	846682.2	788556.8	343677.3
广东 Guangdong	5474	1201525	1155841	903959.2	831862.3	324141.8
广西 Guangxi	2014	772593	766573	515760.0	449616.4	164808.9
海南 Hainan	100	167008	156580	66113.3	52638.5	14099.4
四川 Sichuan	4164	1480218	1498868	700602.2	663650.8	253905.2
贵州 Guizhou	2478	635964	636772	327347.8	301180.1	116603.0
云南 Yunnan	1748	485131	487571	403889.9	316252.0	121812.9
西藏 Tibet						
陕西 Shaanxi	1280	561813	568735	283377.8	262917.4	105546.2
甘肃 Gansu	993	474373	468617	236634.0	223432.6	79358.7
青海 Qinghai	276	89425	93068	36733.6	45789.5	13173.2
宁夏 Ningxia	309	120668	125147	57507.1	55891.9	17858.1
新疆 Xinjiang	606	178735	180644	68101.1	87362.5	31880.7

8－9 续表1 continued

单位: 万元 (10 000 yuan)

地 区 Region		当年工资基数 Wage Base of Current Year	当年提取新增效益工资额 New Efficiency Wage Withdrawed in Current Year	当年工资总额 Total Wages of Current Year	#未列入挂钩基数工资范围 Excluded in Efficiency Wage Base	#国家允许单列的工资 Allowed by the State	非工资性支出 Non-wage Disbursement
全国总计	**National**	**13318208.2**	**698341.1**	**12850502.1**	**568273.6**	**343183.5**	**246498.2**
北 京	Beijing	991143.8	41500.1	844681.4	32467.3	4568.2	67144.2
天 津	Tianjin						
河 北	Hebei	853793.8	12586.6	782770.8	36632.1	34055.6	14432.2
山 西	Shanxi	510596.8	33792.2	496117.7	26566.3	23503.9	1561.3
内蒙古	Inner Mongolia	109325.5	11837.0	117402.8	6574.1	2502.5	2396.3
辽 宁	Liaoning						
吉 林	Jilin						
黑龙江	Heilongjiang	264910.7	3067.1	251474.7	18384.3	8322.5	3429.8
上 海	Shanghai						
江 苏	Jiangsu	1913505.0	46877.7	1840695.1	121121.0	79318.1	38119.5
浙 江	Zhejiang	566476.8	53880.1	595729.3	25784.4	16825.5	4388.7
安 徽	Anhui						
福 建	Fujian	224233.7	4632.4	219021.5	3380.1	2220.5	2310.0
江 西	Jiangxi						
山 东	Shandong	1307934.8	94424.4	1347385.7	36883.0	36883.0	17230.4
河 南	Henan	1050177.8	50658.6	1059810.8	19152.2	11977.0	6099.8
湖 北	Hubei	804038.1	20004.0	748572.7	22468.2	11144.0	4648.1
湖 南	Hunan	884635.4	24518.5	796633.8	27074.5	20686.0	10120.6
广 东	Guangdong	925945.7	102283.8	952196.4	52749.1	16227.7	40198.5
广 西	Guangxi	594933.5	14261.6	513396.2	56655.1	20834.6	5106.9
海 南	Hainan	65945.6	108.0	62826.5			19.4
四 川	Sichuan	708025.0	110487.9	740143.0	23231.4	9812.8	10318.9
贵 州	Guizhou	335861.3	11737.0	331653.7	13207.6	10881.3	547.9
云 南	Yunnan	407113.9	30174.6	389300.4	21439.0	16885.0	4471.5
西 藏	Tibet						
陕 西	Shaanxi	306730.8	8973.2	288646.2	8631.7	7661.0	8675.3
甘 肃	Gansu	259606.1	6849.8	245489.8	11459.7	3262.7	2207.1
青 海	Qinghai	51572.0	2995.9	50624.6	473.9	446.8	9.8
宁 夏	Ningxia	67084.6	5236.8	65939.6	1527.1	859.6	1000.7
新 疆	Xinjiang	114617.5	7453.8	109989.4	2411.5	4305.2	2061.3

8－9 续表2 continued

单位: 万元 (10 000 yuan)

地区 Region	年末结存工资增长基金 Balance of Wage Increase Funds by the Year－end	主要经济效益指标完成情况 Main Economic Efficiency Indicators			
		实现税利 Profits and Taxes Attained		上缴税利 Profits and Taxes Turned Over the State	
		上年实际 Last Year	当年实际 Current Year	上年实际 Last Year	当年实际 Current Year
全国总计 National	**6476693.6**	**12692783.0**	**40607387.8**	**8505422.4**	**8975039.7**
北京 Beijing	536967.9	469714.7	28131472.1	335108.9	362761.2
天津 Tianjin					
河北 Hebei	424968.6	569994.3	509252.6	402876.1	434164.9
山西 Shanxi	273192.6	401639.2	346392.4	296663.5	271099.2
内蒙古 Inner Mongolia	49502.1	83735.8	71846.8	55787.7	79975.5
辽宁 Liaoning					
吉林 Jilin					
黑龙江 Heilongjiang	117302.8	156600.7	119534.4	115123.3	118826.4
上海 Shanghai					
江苏 Jiangsu	942364.5	1225897.5	1008522.0	604860.3	631633.8
浙江 Zhejiang	276016.1	423972.2	449726.4	197643.1	204799.2
安徽 Anhui					
福建 Fujian	89269.9	168722.7	166027.6	123134.2	140902.6
江西 Jiangxi					
山东 Shandong	660037.4	1332779.5	1334555.2	819054.2	911083.2
河南 Henan	456009.6	1004593.9	1561928.6	598835.3	603106.9
湖北 Hubei	429761.4	779891.1	756712.3	428825.7	460743.0
湖南 Hunan	473151.3	244207.6	153347.8	335363.3	341884.1
广东 Guangdong	412725.5	785360.4	583346.4	520852.6	525061.0
广西 Guangxi	312156.0	439486.3	338567.1	387457.5	357497.0
海南 Hainan	17307.1	34975.3	27612.3	22409.4	21963.1
四川 Sichuan	345187.6	371898.5	375616.5	342416.8	389051.2
贵州 Guizhou	145207.3	130265.5	310124.3	131849.2	125744.1
云南 Yunnan	186768.4	3666866.8	4058391.0	2510672.2	2706024.8
西藏 Tibet					
陕西 Shaanxi	132560.4	177282.8	127823.6	102974.6	96960.5
甘肃 Gansu	109577.4	79736.3	64866.1	75195.2	71753.5
青海 Qinghai	17580.6	24242.8	5929.1	22968.8	25183.0
宁夏 Ningxia	24766.3	33345.0	27124.8	33140.3	43047.0
新疆 Xinjiang	44312.8	87574.1	78668.4	42210.2	51774.5

8-10 5个市(县)部分职工工资增长情况

INCREASE RATE OF WAGES OF FORMAL EMPLOYEES IN FIVE CITIES(COUNTIES)

项目	Item	1997年10月平均工资（元） Average Wage in October, 1997 (yuan) 合计 Total	计时和计件标准工资 Time Wage and Piece-Rate Standard Wage	奖金和计件超额工资 Bonus, Piece-Rate Wage and Above-quota	津贴和补贴 Subsidies and Allowance	加班加点工资和其他工资 Overtime Wage and Others
总计	**Total**	**753.8**	**401.3**	**131.5**	**187.1**	**33.9**
一、按企、事、机分组	**Grouped by Enterprises Institutions and Organizations**					
1. 企业	Enterprises	764.0	414.0	149.6	161.1	39.2
2. 事业	Institutions	738.9	333.8	73.6	312.7	18.7
3. 机关	Organizations	674.4	394.8	50.5	221.9	7.2
二、按经济类型分组	**Grouped by Ownership**					
1. 国有经济	State-owned Units	733.3	393.6	119.2	191.0	29.5
2. 城镇集体经济	Urban Collective-owned Units	613.1	364.7	91.8	125.1	31.4
3. 联营经济	Joint Management					
4. 股份制经济	Stock Ownership	866.5	436.3	170.5	187.0	72.6
5. 外商投资经济	Foreign Funded	1069.9	332.1	438.9	297.0	1.9
6. 港、澳、台投资经济	Hongkong, Macao and Taiwan Chinese Funded	1133.7	509.4	274.4	231.3	118.6
7. 其他经济	Other	1422.1	1054.1		347.6	20.3
三、按地区分组	**Grouped by Region**					
1. 北京市	Beijing	1095.4	423.6	319.7	277.4	74.7
2. 江苏省南京市	Nanjing, Jiangsu	818.4	426.8	132.3	218.2	41.1
3. 江西省南昌市	Nanchang, Jiangxi	558.0	390.0	37.5	105.5	25.0
4. 河北省秦皇岛市	Qinhuangdao, Hebei	719.7	427.3	90.3	194.6	7.5
5. 湖北省应城市	Yincheng, Hubei	464.8	301.7	49.7	103.8	9.6
四、按工作岗位分组	**Grouped by post**					
1. 生产业务人员	Productive Personnel	720.4	385.6	143.8	151.6	39.3
① 学徒	Apprentice	283.0	186.2	33.0	60.4	3.4
② 普通工	Worker	638.5	349.5	93.0	159.9	36.0
③ 初级技工	Junior Skilled Worker	599.2	300.8	137.4	129.7	31.4
④ 中级技工	Medium Skilled Worker	736.7	377.2	165.0	151.7	42.9
⑤ 高级技工	Senior Skilled Worker	769.4	445.3	129.0	155.8	39.3
⑥ 技师	Technician	1058.9	540.4	226.6	244.4	47.4
⑦ 高级技师	Senior Technician	646.3	477.3	50.0	109.0	10.0
2. 专业技术人员	Professional Personnel	790.4	382.7	131.0	245.5	31.1
① 教授级高工及相当职务	Senior Engineer (Professor) and Matched Person	1355.1	590.1	169.9	514.7	80.4
② 高工及相当职务	Senior Engineer and Matched	969.8	470.0	137.1	348.3	14.4
③ 工程师及相当职务	Engineer and Matched	800.2	390.8	136.2	238.1	35.1
④ 助理工程师及相当职务	Assitant Engineer and Matched	687.4	327.7	124.0	205.3	30.4
⑤ 技术员及相当职务	Technician and Matched	679.3	342.2	110.1	200.7	26.3
⑥ 未评定职务人员	No Title	578.8	302.7	121.4	126.3	28.4
3. 管理人员	Administrative Personnel	832.5	475.9	116.6	217.8	22.2
① 厅(局)长及以上	Director of the Bureau and Matched Person	1386.2	906.5	57.7	419.0	3.0
② 副厅(局)长及相当职务	Deputy Director of the Bureau and Matched Person	1072.4	693.1	161.6	204.3	13.4

8－10 续表1 continued

项　　目　Item		1997年10月平均工资（元）Average Wage in October, 1997 (yuan)				
		合　计 Total	计时和计件标准工资 Time Wage and Piece－Rate Standard Wage	奖金和计件超额工资 Bonus, Piece－Rate Wage and Above－quota	津　贴和补　贴 Subsi－dies and Allow－ance	加班加点工资和其他工　资 Overtime Wage and Others
③ 处长及相当职务	Director of Division and Matched	1204.2	709.9	190.8	273.6	29.9
④ 副处长及相当职务	Deputy Director of Divisi－on and Matched	900.2	536.2	82.8	256.6	24.5
⑤ 科长及相当职务	Section Chief and Matched	861.8	535.4	97.3	213.6	15.6
⑥ 副科长及相当职务	Deputy Section Chief and Matched	749.3	427.1	102.4	190.4	29.4
⑦ 科员、办事员及相当职务	Staff Member and Clerk	695.2	352.8	125.2	194.1	23.1
⑧ 未定职务人员	No Title	652.5	265.4	78.8	298.3	10.0
4．服务人员	Service Personnel	654.1	331.2	81.2	203.9	37.8
① 学徒	Apprentice	416.0	380.0		36.0	
② 普通工	Worker	638.3	281.1	72.7	258.0	26.6
③ 初级技工	Junior Skilled Worker	563.6	267.8	54.9	209.9	31.1
④ 中级技工	Medium Skilled Worker	681.8	345.7	89.6	212.7	33.8
⑤ 高级技工	Senior Skilled Worker	656.9	338.6	86.6	180.3	51.4
⑥ 技师	Technician	632.9	402.8	18.1	209.0	3.0
⑦ 高级技师	Senior Technician	1557.6	676.0	588.0	121.0	172.6
五、按工龄分组	**Grouped by Seniority**					
1． 5年及以下	5 and Below	574.4	302.6	105.8	137.3	28.7
2． 6－10年	6－10	699.1	348.5	146.6	168.3	35.8
3． 11－20年	11－20	721.6	375.9	137.5	171.4	36.7
4． 21－30年	21－30	811.9	442.8	129.3	209.2	30.6
5． 31－40年	31－40	914.6	515.6	122.1	239.0	37.8
6· 41年及以上	41 and Above	1092.5	614.8	134.6	303.3	39.8
六、按年龄分组	**Grouped by Age**					
1． 20岁及以下	20 and Below	479.2	301.4	65.1	76.7	36.0
2． 21－30岁	21－30	630.9	321.8	121.7	157.1	30.3
3． 31－40岁	31－40	743.4	381.9	145.4	178.2	37.9
4． 41－50岁	41－50	808.1	448.0	126.1	204.0	30.0
5． 51－59岁	51－59	943.3	530.8	126.1	249.8	36.7
6． 60岁及以上	60 and Above	1239.4	587.9	190.0	380.1	81.4
七、按学历分组	**Grouped by Educational Background**					
1．大学本科及以上	Graduated from University or Above	910.9	458.0	146.2	285.1	21.7
2．大专	Graduated from College	817.6	444.8	131.7	209.5	31.7
3．中专	Graduated from Specialized Secondary Middle School	745.7	382.2	132.3	202.7	28.6
4．技工学校	Graduated from Technical School	757.1	342.6	162.3	201.5	50.8
5．高中	Graduated from Senior Middle School	708.1	371.2	133.0	169.5	34.4
6．初中	Graduated from Junior Middle School	713.6	396.6	124.8	153.9	38.4
7．小学及以下	Graduated from Primary School or below	686.9	422.3	88.2	146.2	30.2

注：5个市(县)共调查4014名职工。

Note: 4014 Staff and Workers in 5 Cities (counties) involved in this Survey.

8-10 续表2 Continued

项　　目 Item		比上年同期增长(%) Increase Rate Over the Same Period of the Last Year(%)				
		合计 Total	计时和计件标准工资 Time Wage and Piece-Rate Standard Wage	奖金和计件超额工资 Bonus, Piece-Rate Wage and Above-quota	津贴和补贴 Subsidies and Allowance	加班加点工资和其他工资 Overtime Wage and Others
总　　计	**Total**	**10.0**	**7.0**	**16.3**	**10.0**	**22.1**
一、按企、事、机分组	**Grouped by Enterprises Institutions and Organizations**					
1．企业	Enterprises	10.2	7.3	17.7	7.4	24.0
2．事业	Institutions	8.5	5.4	-2.6	14.7	4.8
3．机关	Organizations	10.7	5.7	23.6	16.9	1.4
二、按经济类型分组	**Grouped by Ownership**					
1．国有经济	State-owned Units	10.1	5.9	17.8	10.6	31.2
2．城镇集体经济	Urban Collective-owned Units	12.0	11.0	14.7	10.1	22.6
3．联营经济	Joint Management					
4．股份制经济	Stock Ownership	15.5	9.9	29.8	19.0	6.7
5．外商投资经济	Foreign Funded	3.4	1.2	10.7	-0.6	-689.5
6．港、澳、台投资经济	Hongkong, Macao and Taiwan Chinese Funded	5.5	6.7	-3.4	-2.6	37.0
7．其他经济	Other	0.1	8.5		11.0	-621.2
三、按地区分组	**Grouped by Region**					
1．北京市	Beijing	14.1	5.0	21.0	12.5	42.3
2．江苏省南京市	Nanjing, Jiangsu	10.8	8.6	20.0	8.6	16.5
3．江西省南昌市	Nanchang, Jiangxi	6.5	6.1	5.6	8.5	5.2
4．河北省秦皇岛市	Qinhuangdao, Hebei	6.9	7.8	1.3	10.5	-72.0
5．湖北省应城市	Yincheng, Hubei	7.2	6.7	6.2	9.1	9.4
四、按工作岗位分组	**Grouped by post**					
1．生产业务人员	Productive Personnel	10.0	6.8	19.1	7.1	18.8
① 学徒	Apprentice	5.7	2.1	35.5	-5.1	100.0
② 普通工	Worker	1.7	1.1	-4.1	-1.1	34.2
③ 初级技工	Junior Skilled Worker	13.9	12.4	24.7	5.1	17.8
④ 中级技工	Medium Skilled Worker	11.6	6.7	22.8	9.5	18.4
⑤ 高级技工	Senior Skilled Worker	8.8	6.5	14.6	8.1	19.1
⑥ 技师	Technician	8.8	8.6	23.2	2.4	-25.5
⑦ 高级技师	Senior Technician	6.2	9.8	-13.4	-0.6	3.0
2．专业技术人员	Professional Personnel	9.2	6.7	6.5	12.5	25.1
① 教授级高工及相当职务	Senior Engineer (Professor) and Matched Person	12.2	5.7	12.0	20.6	7.5
② 高工及相当职务	Senior Engineer and Matched	7.7	5.4	-1.7	15.0	-6.9
③ 工程师及相当职务	Engineer and Matched	9.7	7.6	5.8	10.0	46.7
④ 助理工程师及相当职务	Assisant Engineer and Matched	8.1	6.2	6.3	11.6	12.2
⑤ 技术员及相当职务	Technician and Matched	9.0	4.1	10.4	12.9	38.8
⑥ 未评定职务人员	No Title	14.0	13.2	25.9	13.5	-27.1
3．管理人员	Administrative Personnel	10.7	8.2	17.2	11.4	23.9
① 厅(局)长及以上	Director of the Bureau and Matched Person	9.3	5.7	25.3	14.9	
② 副厅(局)长及相当职务	Deputy Director of the Bureau and Matched Person	9.1	7.3	13.9	12.5	-9.0

8－10 续表3 continued

项　　目 Item		合　计 Total	计时和计件标准工资 Time Wage and Piece－Rate Standard Wage	奖金和计件超额工资 Bonus, Piece－Rate Wage and Above－quota	津　贴和补　贴 Subsi－dies and Allow－ance	加班加点工资和其他工　资 Overtime Wage and Others
		比上年同期增长(%) Increase Rate Over the Same Period of the Last Year(%)				
③ 处长及相当职务	Director of Division and Matched	10.8	8.5	16.2	12.0	18.1
④ 副处长及相当职务	Deputy Director of Divisi－on and Matched	12.2	8.3	25.8	15.0	24.9
⑤ 科长及相当职务	Section Chief and Matched	12.6	11.6	18.9	13.8	－5.1
⑥ 副科长及相当职务	Deputy Section Chief and Matched	7.5	5.0	5.2	11.3	26.5
⑦ 科员、办事员及相当职务	Staff Member and Clerk	10.7	7.2	20.3	7.5	40.3
⑧ 未定职务人员	No Title	9.3	3.5	9.8	14.5	0.0
4．服务人员	Service Personnel	10.9	3.7	19.3	13.7	39.9
① 学徒	Apprentice	3.1	4.2		－8.3	
② 普通工	Worker	8.4	6.0	－9.1	14.0	27.8
③ 初级技工	Junior Skilled Worker	5.7	3.9	9.3	9.6	－10.3
④ 中级技工	Medium Skilled Worker	13.6	8.4	22.3	15.2	32.5
⑤ 高级技工	Senior Skilled Worker	9.6	－2.2	19.6	11.6	62.8
⑥ 技师	Technician	8.7	1.6	－22.1	25.3	
⑦ 高级技师	Senior Technician	31.1		82.0	2.1	
五、按工龄分组	**Grouped by Seniority**					
1．5年及以下	5 and Below	10.0	10.5	10.6	5.6	23.0
2．6－10年	6－10	11.1	8.1	16.6	8.0	33.0
3．11－20年	11－20	10.4	6.7	18.0	10.3	20.7
4．21－30年	21－30	9.4	6.4	15.9	10.8	16.7
5．31－40年	31－40	10.4	6.8	17.2	11.8	29.4
6．41年及以上	41 and Above	7.3	4.5	7.2	14.7	－4.8
六、按年龄分组	**Grouped by Age**					
1．20岁及以下	20 and Below	5.5	7.8	－7.5	－6.4	34.7
2．21－30岁	21－30	10.0	8.5	12.1	7.6	30.7
3．31－40岁	31－40	10.7	6.8	18.3	10.7	20.6
4．41－50岁	41－50	9.8	6.9	17.8	10.4	14.3
5．51－59岁	51－59	10.1	6.2	16.7	11.5	33.8
6．60岁及以上	60 and Above	7.2	2.1	7.1	19.4	－12.7
七、按学历分组	**Grouped by Educational Background**					
1．大学本科及以上	Graduated from University or Above	10.3	8.3	9.3	13.6	15.7
2．大专	Graduated from College	10.1	8.0	12.3	10.1	31.2
3．中专	Graduated from Specialized Secondary Middle School	10.4	6.8	15.3	11.5	28.3
4．技工学校	Graduated from Technical School	7.9	6.0	10.9	6.2	18.5
5．高中	Graduated from Senior Middle School	9.6	5.3	17.7	10.0	23.3
6．初中	Graduated from Junior Middle School	10.4	7.4	20.2	8.5	17.4
7．小学及以下	Graduated from Primary School or below	10.3	6.3	32.4	3.1	35.8

注：5个市(县)共调查4014名职工。
Note: 4014 Staff and Workers in 5 Cities (counties) involved in this Survey.

8-11 5个市(县)部分职工工资总额构成情况

COMPOSITION OF TOTAL WAGES OF FORMAL EMPLOYEES IN FIVE CITIES(COUNTIES)

项 目 Item		1997年10月平均工资 (以合计为100) Average Wage in October, 1997 (total=100)				
		合 计 Total	计时和计件标准工资 Time Wage and Piece-Rate Standard Wage	奖金和计件超额工资 Bonus, Piece-Rate Wage and Above-quota	津 贴 和 补 贴 Subsi-dies and Allow-ance	加班加点工资和其他工 资 Overtime Wage and Others
总 计	**Total**	**100**	**53.2**	**17.4**	**24.8**	**4.5**
一、按企、事、机分组	**Grouped by Enterprises** Institutions and Organizations					
1. 企业	Enterprises	100	54.2	19.6	21.1	5.1
2. 事业	Institutions	100	45.2	10.0	42.3	2.5
3. 机关	Organizations	100	58.5	7.5	32.9	1.1
二、按经济类型分组	**Grouped by Ownership**					
1. 国有经济	State-owned Units	100	53.7	16.3	26.0	4.0
2. 城镇集体经济	Urban Collective-owned Units	100	59.5	15.0	20.4	5.1
3. 联营经济	Joint Management					
4. 股份制经济	Stock Ownership	100	50.4	19.7	21.6	8.4
5. 外商投资经济	Foreign Funded	100	31.0	41.0	27.8	0.2
6. 港、澳、台投资经济	Hongkong, Macao and Taiwan Chinese Funded	100	44.9	24.2	20.4	10.5
7. 其他经济	Other	100	74.1		24.4	1.4
三、按地区分组	**Grouped by Region**					
1. 北京市	Beijing	100	38.7	29.2	25.3	6.8
2. 江苏省南京市	Nanjing, Jiangsu	100	52.2	16.2	26.7	5.0
3. 江西省南昌市	Nanchang, Jiangxi	100	69.9	6.7	18.9	4.5
4. 河北省秦皇岛市	Qinhuangdao, Hebei	100	59.4	12.5	27.0	1.0
5. 湖北省应城市	Yincheng, Hubei	100	64.9	10.7	22.3	2.1
四、按工作岗位分组	**Grouped by post**					
1. 生产业务人员	Productive Personnel	100	53.5	20.0	21.0	5.5
① 学徒	Apprentice	100	65.8	11.7	21.3	1.2
② 普通工	Worker	100	54.7	14.6	25.0	5.6
③ 初级技工	Junior Skilled Worker	100	50.2	22.9	21.6	5.2
④ 中级技工	Medium Skilled Worker	100	51.2	22.4	20.6	5.8
⑤ 高级技工	Senior Skilled Worker	100	57.9	16.8	20.2	5.1
⑥ 技师	Technician	100	51.0	21.4	23.1	4.5
⑦ 高级技师	Senior Technician	100	73.9	7.7	16.9	1.5
2. 专业技术人员	Professional Personnel	100	48.4	16.6	31.1	3.9
① 教授级高工及相当职务	Senior Engineer (Professor) and Matched Person	100	43.5	12.5	38.0	5.9
② 高工及相当职务	Senior Engineer and Matched	100	48.5	14.1	35.9	1.5
③ 工程师及相当职务	Engineer and Matched	100	48.8	17.0	29.8	4.4
④ 助理工程师及相当职务	Assistant Engineer and Matched	100	47.7	18.0	29.9	4.4
⑤ 技术员及相当职务	Technician and Matched	100	50.4	16.2	29.5	3.9
⑥ 未评定职务人员	No Title	100	52.3	21.0	21.8	4.9
3. 管理人员	Administrative Personnel	100	57.2	14.0	26.2	2.7
① 厅(局)长及以上	Director of the Bureau and Matched Person	100	65.4	4.2	30.2	0.2
② 副厅(局)长及相当职务	Deputy Director of the	100	64.6	15.1	19.1	1.2

8－11 续表1 continued

项　　目 Item		合　计 Total	计时和计件标准工资 Time Wage and Piece－Rate Standard Wage	奖金和计件超额工资 Bonus, Piece－Rate Wage and Above－quota	津贴和补贴 Subsi－dies and Allow－ance	加班加点工资和其他工资 Overtime Wage and Others
		1997年10月平均工资　(以合计为100) Average Wage in October, 1997 (total＝100)				
	Bureau and Matched Person					
③ 处长及相当职务	Director of Division and Matched	100	59.0	15.8	22.7	2.5
④ 副处长及相当职务	Deputy Director of Divisi－on and Matched	100	59.6	9.2	28.5	2.7
⑤ 科长及相当职务	Section Chief and Matched	100	62.1	11.3	24.8	1.8
⑥ 副科长及相当职务	Deputy Section Chief and Matched	100	57.0	13.7	25.4	3.9
⑦ 科员、办事员及相当职务	Staff Member and Clerk	100	50.7	18.0	27.9	3.3
⑧ 未定职务人员	No Title	100	40.7	12.1	45.7	1.5
4．服务人员	Service Personnel	100	50.6	12.4	31.2	5.8
① 学徒	Apprentice	100	91.3		8.7	
② 普通工	Worker	100	44.0	11.4	40.4	4.2
③ 初级技工	Junior Skilled Worker	100	47.5	9.7	37.2	5.5
④ 中级技工	Medium Skilled Worker	100	50.7	13.1	31.2	5.0
⑤ 高级技工	Senior Skilled Worker	100	51.5	13.2	27.4	7.8
⑥ 技师	Technician	100	63.6	2.9	33.0	0.5
⑦ 高级技师	Senior Technician	100	43.4	37.8	7.8	11.1
五、按工龄分组	**Grouped by Seniority**					
1．5年及以下	5 and Below	100	52.7	18.4	23.9	5.0
2．6－10年	6－10	100	49.8	21.0	24.1	5.1
3．11－20年	11－20	100	52.1	19.1	23.8	5.1
4．21－30年	21－30	100	54.5	15.9	25.8	3.8
5．31－40年	31－40	100	56.4	13.4	26.1	4.1
6．41年及以上	41 and Above	100	56.3	12.3	27.8	3.6
六、按年龄分组	**Grouped by Age**					
1．20岁及以下	20 and Below	100	62.9	13.6	16.0	7.5
2．21－30岁	21－30	100	51.0	19.3	24.9	4.8
3．31－40岁	31－40	100	51.4	19.6	24.0	5.1
4．41－50岁	41－50	100	55.4	15.6	25.2	3.7
5．51－59岁	51－59	100	56.3	13.4	26.5	3.9
6．60岁及以上	60 and Above	100	47.4	15.3	30.7	6.6
七、按学历分组	**Grouped by Educational Background**					
1．大学本科及以上	Graduated from University or Above	100	50.3	16.1	31.3	2.4
2．大专	Graduated from College	100	54.4	16.1	25.6	3.9
3．中专	Graduated from Specialized Secondary Middle School	100	51.3	17.7	27.2	3.8
4．技工学校	Graduated from Technical School	100	45.3	21.4	26.6	6.7
5．高中	Graduated from Senior Middle School	100	52.4	18.8	23.9	4.9
6．初中	Graduated from Junior Middle School	100	55.6	17.5	21.6	5.4
7．小学及以下	Graduated from Primary School or below	100	61.5	12.8	21.3	4.4

8－12 全国各类企业职工退休费用社会统筹基本情况

BASIC CONDITIONS OF ENTERPRISES TAKEN PART IN OVERALL PENSION INSURANCE

(1997)

项　目 Item	参加统筹职工人数（人） Workers and Employees	参加统筹离退休人数（人） Retirees	应缴保险费（万元） Pensions Should be Contributed	实缴保险费（万元） Pensions Actually Contributed	实支离退休退职费 Pensions Actuclly Paid
总　计 **Total**	**72776769**	**21118236**	**11865567**	**9513053**	**9141106**
1.国有企业 State－owned Enterprises	54950715	15627248	9246041	7318705	7078858
2.城镇集体企业 Urban Collective－owned Enterprises	14373433	5084622	1880578	1515695	1825436
3.其它企业 Other Enterprises	3452621	406366	738948	678653	236812
#外商投资企业 Foreign Funded Enterprises	2146973	163528	511609	477302	99537

8－12 续表1 continued

项　目 Item	企业离退休费用大于缴纳养老保险费的情况 Pensions Paid More Than Contributed			企业离退休费用小于缴纳养老保险费的情况 Pensions Paid Less Than Contributed		
	职工人数（人） Workers and Employees (person)	离退休人数（人） Retirees (person)	金额（万元） Amount of Money (10000 yuan)	职工人数（人） Workers and Employees (person)	离退休人数（人） Retirees (persen)	金额（万元） Amount of Money (10000 yuan)
总　计 **Total**	**26065863**	**11878124**	**2284452**	**45068311**	**8864573**	**2624400**
1.国有企业 State－owned Enterprises	19622741	8264816	1509622	34203249	7061897	1738614
2.城镇集体企业 Urban Collective－owned Enterprises	6000283	3416154	721559	7997024	1594839	422277
3.其它企业 Other Enterprises	442839	197154	53271	2868038	207837	463509
#外商投资企业 Foreign Funded Enterprises	176686	51315	21431	1896163	106764	374938

注：本表不包括部分中央部委系统社会统筹的数字。
Note: Exclusive of part of central departments.

8-13 分地区企业参加职工退休费用社会统筹情况

ENTERPRISES TAKEN PART IN OVERALL PENSION INSURANCE BY REGION

(1997)

单位：人 (person)

地区 Region	年末各类企业参加统筹数 Number of Enterprises by Ownership 在职职工人数 Formal Employees 合计 Total	国有企业 State-owned Enterprises	城镇集体企业 Urban collective-owned Enterprises	其他企业 Other Ownership Enterprises
全国 National	**72776769**	**54950715**	**14373433**	**3452621**
北京 Beijing	1854353	1364797	272590	216966
天津 Tianjin	1644512	1197830	354792	91890
河北 Hebei	3503608	2475423	795586	232599
山西 Shanxi	1892822	1538038	340837	13947
内蒙古 Inner Mongolia	1778252	1496709	259236	22307
辽宁 Liaoning	5662493	3789523	1519560	353410
吉林 Jilin	2571773	2051835	459743	60195
黑龙江 Heilongjiang	3650220	3222463	352715	75042
上海 Shanghai	3399356	1903064	679247	817045
江苏 Jiangsu	5956947	3443885	2044406	468656
浙江 Zhejiang	2633450	1618182	773682	241586
安徽 Anhui	2250542	1834157	400300	16085
福建 Fujian	1337103	907992	268434	160677
江西 Jiangxi	1961379	1928173	298091	35115
山东 Shandong	4924917	3246278	1469645	208994
河南 Henan	3812667	3156450	626361	29856
湖北 Hubei	3558013	2845141	645223	67649
湖南 hunan	2608648	2115300	464218	29130
广东 Guangdong	4177402	3490090	566510	120802
广西 Guangxi	1590826	1452173	105651	33002
海南 Hainan	624005	538024	42332	43649
重庆 Chongqing	1628980	1235192	380043	13745
四川 Sichuan	3194600	2424062	733739	36799
贵州 Guizhou	757715	723365	28532	5818
云南 Yunnan	1262187	1109570	132346	20271
西藏 Tibet	41368	41368		
陕西 Shaanxi	1644419	1453385	173250	17784
甘肃 Gansu	940562	860092	75937	4533
青海 Qinghai	251781	245282	6305	194
宁夏 Ningxia	290195	257210	31295	1690
新疆 Xinjiang	640721	555565	71971	13185
新疆生产建设兵团 Xinjiang Production and Construction Corps	730953	730097	856	

8－13 续表1 continued

单位：人　　　　(person)

地　区 Region	离休、退休、退职人员人数 Numder of Retirees			
	合　计 Total	国有企业 State－owned Enterprises	城镇集体企业 Urban col－lective－owned Enterprises	其他企业 Other Owner－ship Enterprises
全　国 National	**21118236**	**15627248**	**5084622**	**406366**
北　京 Beijing	789401	596145	182169	11087
天　津 Tianjin	656807	479117	154198	23492
河　北 Hebei	814469	569309	210701	34459
山　西 Shanxi	418544	355228	62501	815
内蒙古 Inner Mongolia	394678	317979	71458	5241
辽　宁 Liaoning	1874717	1251358	573970	49389
吉　林 Jilin	645588	531359	112934	1295
黑龙江 Heilongjiang	1002259	882282	117086	2891
上　海 Shanghai	1734133	1161885	453861	118387
江　苏 Jiangsu	1572634	872536	646505	53593
浙　江 Zhejiang	855431	496522	321344	37565
安　徽 Anhui	537566	424849	112220	497
福　建 Fujian	424697	290296	125726	8675
江　西 Jiangxi	484987	381688	98236	5063
山　东 Shandong	994664	611087	366592	16985
河　南 Henan	795140	626613	163894	4633
湖　北 Hubei	821783	633726	181173	6884
湖　南 hunan	766059	587779	176428	1852
广　东 Guangdong	1291558	1010801	267704	13053
广　西 Guangxi	358066	301301	54618	2147
海　南 Hainan	222146	205071	17007	68
重　庆 Chongqing	554373	409406	144897	70
四　川 Sichuan	1105344	814872	285218	5254
贵　州 Guizhou	217644	208479	8623	542
云　南 Yunnan	422163	367578	53872	713
西　藏 Tibet	14018	14018		
陕　西 Shaanxi	448089	380634	67287	168
甘　肃 Gansu	228376	206286	21502	588
青　海 Qinghai	78302	76765	1537	
宁　夏 Ningxia	66075	55639	10429	7
新　疆 Xinjiang	189520	168223	20344	953
新疆生产建设兵团 Xinjiang Production and Construction Corps	339005	338417	588	

注：本表不包括部分中央部委系统社会统筹的数字。
Note: Exclusive of part central departments.

8-14 分地区失业保险基本情况

UNEMPLOYMENT INSURANCE BY REGION

(1997)

地　区 Region	年末参加统筹数 Number of Enterprises and staff and Workers Contributing to Unemployment Insurance		全年发放失业救济金人数、金额 Amount of Unemployment Insurance Funds allocated and Persons Enjoyed	
	单位数(个) Number of Units	职工人数(人) Formal employees	人　数(人) Persons (Person)	金　额 (万元) Amount (10 000 yuan)
全国总计 National	**603160**	**79613722**	**3190445**	**186780**
北　京 Beijing	17278	2140482	24100	5452
天　津 Tianjin	6201	1794503	73350	7497
河　北 Hebei	31714	5103201	131708	12751
山　西 Shanxi	13585	2080372	14859	2436
内蒙古 Inner Mongolia	13495	1440316	18035	3350
辽　宁 Liaoning	36883	7016615	127667	15007
吉　林 Jilin	22268	2640266	39095	3756
黑龙江 Heilongjiang	26000	4142373	874741	6664
上　海 Shanghai	18355	3716654	216020	15643
江　苏 Jiangsu	46146	6365732	128205	21508
浙　江 Zhejiang	41210	3210276	136835	13198
安　徽 Anhui	12439	2208018	74117	6863
福　建 Fujian	12992	1328427	42026	4999
江　西 Jiangxi	18422	1862996	46124	1272
山　东 Shandong	25855	5296090	140000	14067
河　南 Henan	26463	3993054	73457	6758
湖　北 Hubei	22015	3811564	85095	5138
湖　南 Hunan	16893	2618300	353001	6532
广　东 Guangdong	63398	3927538	184122	13332
广　西 Guangxi	16043	1554967	18588	2100
海　南 Hainan	7987	393735	6480	567
重　庆 Chongqing	11513	1585873	33983	3707
四　川 Sichuan	25169	3851358	57384	5320
贵　州 Guizhou	6081	1003357	21405	640
云　南 Yunnan	18532	1298845	20025	1673
西　藏 Tibet	399	32343	81	3
陕　西 Shaanxi	17876	2325117	51323	2435
甘　肃 Gansu	11942	1275703	143529	2937
青　海 Qinghai	3195	307544	2738	213
宁　夏 Ningxia	2409	326865	32154	456
新　疆 Xinjiang	10402	961238	20198	506

8－15 劳动争议仲裁委员会受理案件情况

LABOUR DISPUTES ACCEPTED BY LABOUR DISPUTE ARBITRATION COMMITTEES

(1997)

单位：件

(piece)

项 目 Item	上期未结案件数 Number of Cases Left Over from Last Period	案件受理情况 Cases Accepted 案件数 Cases	劳动者当事人数 (人) Number of Labourers Involved
总 计 Total	**2864**	**71524**	**221115**
1.国有企业 State－owned Enterprises	987	18546	50529
2.城镇集体企业 Urban Collective －owned Enterprises	512	11101	30602
3.乡村集体企业 Rural Collective －owned Enterprises	197	5965	14263
4.外商及港、澳、台投资企业 Foreign－funded、Hongkong、Macao and Taiwan Chinese－funded Enterprises	621	23244	92877
5.私营企业 Private Enterprises	145	7327	20087
6.联营及股份制企业 Joint and Share－holding Enterprises	132	2086	11449
7.个体工商户 Individual Economy	108	974	2209
8.机关社团事业单位 State Organs、Mass Organizations and Institutions	93	1119	1828
9.其他 Other	15	1206	2365

8－15 续表1 continued

单位：件

(piece)

项 目 Item	# of which 集体争议数 Number of Collective Disputes	集体争议劳动者当事人人数 (人) Number of Labourers Involved in Collective Disputes	用人单位申诉案件数 Number of Cases Appealed by Units	劳动者申诉案件数 Number of Cases Appealed by Labourers
总 计 Total	**4109**	**132647**	**2751**	**68773**
1.国有企业 State－owned Enterprises	969	29862	1199	17347
2.城镇集体企业 Urban Collectivelyowned Enterprises	635	17455	608	10493
3.乡村集体企业 Rural Collectivelyowned Enterprises	235	7081	346	5619
4.外商及港、澳、台投资企业 Foreign－funded、Hongkong、Macao and Taiwan Chinese－funded Enterprises	1611	59443	338	22906
5.私营企业 Private Enterprises	371	11642	119	7208
6.联营及股份制企业 Joint and Share－holding Enterprises	152	3815	107	1979
7.个体工商户 Individual Economy	46	1011	104	870
8.机关社团事业单位 State Organs、Mass Organizations and Institutions	47	668	116	1003
9.其他 Other	53	1617	83	1123

8－15 续表2 continued

单位: 件 (piece)

项　目 Item	争议原因 Cause of the Disputes 执行劳动合同 Implement of the Labour Contract 劳动报酬 Labour Remunation	保险福利 Social Insurance and Welfare	劳动保护 Labour Protecting	职业培训 Occupation Training
总　计 Total	**29150**	**11995**	**2256**	**533**
1.国有企业 State－owned Enterprises	5624	3931	624	220
2.城镇集体企业 Urban Collectivelyowned Enterprises	3689	2904	420	103
3.乡村集体企业 Rural Collectivelyowned Enterprises	2111	1969	464	28
4.外商及港、澳、台投资企业 Foreign－funded、Hongkong、Macao and Taiwan Chinese－funded Enterprises	10811	1147	285	128
5.私营企业 Private Enterprises	4390	1068	252	17
6.联营及股份制企业 Joint and Share－holding Enterprises	845	353	84	18
7.个体工商户 Individual Economy	496	231	86	8
8.机关社团事业单位 State Organs、Mass Organizations and Institutions	303	264	24	10
9.其他 Other	867	98	16	4

8－15 续表3 continued

单位: 件 (piece)

项　目 Item	变更劳动合同 Change the Labour Contract	解除劳动合同 Relieve the Labour Contract	终止劳动合同 End the Labour Contract	其　他 Others
总　计 Total	**2992**	**10337**	**5344**	**8917**
1.国有企业 State－owned Enterprises	735	3869	1127	2416
2.城镇集体企业 Urban Collectivelyowned Enterprises	434	1698	628	1225
3.乡村集体企业 Rural Collectivelyowned Enterprises	127	649	147	470
4.外商及港、澳、台投资企业 Foreign－funded、Hongkong、Macao and Taiwan Chinese－funded Enterprises	1267	3026	2933	3647
5.私营企业 Private Enterprises	245	437	239	679
6.联营及股份制企业 Joint and Share－holding Enterprises	90	311	112	273
7.个体工商户 Individual Economy	18	44	26	65
8.机关社团事业单位 State Organs、Mass Organizations and Institutions	37	219	85	177
9.其他 Other	39	58	47	77

8-16 劳动争议仲裁委员会处理案件情况

LABOUR DISPUTES ARBITRATED BY LABOUR DISPUTE ARBITRATION COMMITTEES

(1997)

单位: 件 (piece)

项目 Item	案件处理情况 Cases settled			
	结案案件数 Number of Cases Settled	处理方式 Manners of Settlement		
		仲裁调解 by Mediation	仲裁裁决 by Arbitraion Award	其他方式 Others
总计 Total	**70792**	**32793**	**15060**	**22939**
1.国有企业 State-owned Enterprises	18193	7552	6040	4601
2.城镇集体企业 Urban Collectivelyowned Enterprises	10851	4804	3239	2808
3.乡村集体企业 Rural Collectivelyowned Enterprises	5888	2392	1124	2372
4.外商及港、澳、台投资企业 Foreign-funded、Hongkong、Macao and Taiwan Chinese-funded Enterprises	23133	12522	2342	8269
5.私营企业 Private Enterprises	7273	2878	1095	3300
6.联营及股份制企业 Joint and Share-holding Enterprises	2075	1017	582	476
7.个体工商户 Individual Economy	1009	406	232	371
8.机关社团事业单位 State Organs、Mass Organizations and Institutions	1096	479	357	260
9.其他 Other	1180	144	64	972

8-16 续表1 continued

单位: 件 (piece)

项目 Item	处理结果 Result of Settlement		
	用人单位胜诉 Lawsuit Won by Units	劳动者胜诉 Lawsuit Won by Labourers	双方部分胜诉 Lawsuit Partly Won by Both Parties
总计 Total	**11488**	**40063**	**19241**
1.国有企业 State-owned Enterprises	3894	8409	5890
2.城镇集体企业 Urban Collectivelyowned Enterprises	1776	6044	3031
3.乡村集体企业 Rural Collectivelyowned Enterprises	638	3596	1654
4.外商及港、澳、台投资企业 Foreign-funded、Hongkong、Macao and Taiwan Chinese-funded Enterprises	3663	13660	5810
5.私营企业 Private Enterprises	794	4939	1540
6.联营及股份制企业 Joint and Share-holding Enterprises	331	1231	513
7.个体工商户 Individual Economy	72	667	270
8.机关社团事业单位 State Organs、Mass Organizations and Institutions	198	582	316
9.其他 Other	790	225	165

8－16 续表2 continued

单位: 件 (piece)

项　目 Item	不服裁决向法院起诉案件数 Number of Cases Prosecuted for Refusing to Accept the Result Arbitrated	本期未结案数 Number of Cases Dissettled	其他方式调解案件数 Number of the Arbitrated Cases through Other Forms
总　计 Total	**2044**	**3596**	**38981**
1.国有企业 State－owned Enterprises	892	1340	13345
2.城镇集体企业 Urban Collective－owned Enterprises	408	762	8445
3.乡村集体企业 Rural Collective－owned Enterprises	209	274	3760
4.外商及港、澳、台投资企业 Foreign－funded、Hongkong、Macao and Taiwan Chinese－funded Enterprises	223	732	6913
5.私营企业 Private Enterprises	140	199	3453
6.联营及股份制企业 Joint and Share－holding Enterprises	55	143	688
7.个体工商户 Individual Economy	30	73	960
8.机关社团事业单位 State Organs、Mass Organizations and Institutions	117	116	521
9.其他 Other	15	41	185

8－16 续表3 continued

单位: 件 (piece)

项　目 Item	用人单位调解 Mediated by Units	
	受理劳动争议案件数 Number of Labour Disputes Cases Accepted	调解成功案件数 Number of Cases Successful Mediated
总　计 Total	**54689**	**45464**
1.国有企业 State－owned Enterprises	31306	25226
2.城镇集体企业 Urban Collective－owned Enterprises	9834	7986
3.乡村集体企业 Rural Collective－owned Enterprises	3836	3501
4.外商及港、澳、台投资企业 Foreign－funded、Hongkong、Macao and Taiwan Chinese－funded Enterprises	6744	6185
5.私营企业 Private Enterprises	1383	1176
6.联营及股份制企业 Joint and Share－holding Enterprises	664	571
7.个体工商户 Individual Economy	299	253
8.机关社团事业单位 State Organs、Mass Organizations and Institutions	229	183
9.其他 Other	142	92

九、安全生产

Occupational Injuries

9-1 企业职工因工伤亡事故件数及伤亡人数

NUMBER OF OCCUPATIONAL INJURIES AND PERSONS AFFECTED IN ENTERPRISES

(1997)

项 目	Item	伤亡事故件数(件) Number of Occupational Injuries			
			重大死亡事故 Serious Deaths	死亡事故 Death	重伤事故 Seriously Injuries
总 计	**Total**	**18439**	**905**	**10773**	**4711**
#矿山企业	Mining Enterprises	7437	731	5699	836
一、国有企业	State-owned Enterprises	9310	220	4330	3143
(一)农业	Agriculture	116	2	59	42
(二)工业	Industry	6866	165	2984	2343
1.采掘业	Excavation	3036	130	1943	792
#矿山	Mining	2871	129	1848	723
#煤矿	Colliery	2357	120	1471	595
#统配煤矿	Unified Distributed Colliery	1152	56	582	366
2.制造业	Manufacturing	3830	35	1041	1551
(三)建筑业	Construction	1257	32	856	301
(四)交通运输、邮电通讯业	Transportation and Telecommunications	422	9	136	194
#交通运输业	Transportation	377	8	99	187
(五)商业、公共饮食业、物资供销仓储业	Commerce, Catering, Material Supply and Sale and Storage	239	6	98	114
(六)其他	Others	410	6	197	149
二、城镇集体企业	Urban Collective-owned Enterprises	3013	129	2234	630
#矿山	Mining	1286	109	1134	43
三、乡村集体企业	Rural Collective-owned Enterprises	3089	219	2463	340
#矿山	Mining	1827	187	1601	39
四、其他各种经济类型企业	Other Ownership Enterprises	1319	26	450	498
#1.三资企业	Foreign-funded Enterprises	695	5	184	365
2.矿山	Mining	77	13	61	3
五、私营企业	Private Enterprises	1123	109	923	90
#矿山	Mining	791	91	682	18
六、无开采许可证矿	Mining without Production License	585	202	373	10

9－1 续表1 continued

项 目	Item	伤亡人数(人) Number of persons Affected (person)					
			死亡 Death	重伤 Seriously Wounded	非本企业人员 Non-enterprise person		
						死亡 Death	重伤 Seriously Wounded
总 计	**Total**	**26369**	**17558**	**6197**	**294**	**204**	**53**
#矿山企业	Mining Enterprises	12930	11265	1485			
一、国有企业	State－owned Enterprises	11904	6237	3715	155	120	32
(一)农业	Agriculture	140	73	45	3	3	
(二)工业	Industry	8787	4511	2701	57	39	17
1.采掘业	Excavation	4403	3273	965	7	6	1
#矿山	Mining	4228	3173	892			
#煤矿	Colliery	3607	2704	740			
#统配煤矿	Unified Distributed Colliery	1802	1212	440			
2.制造业	Manufacturing	4384	1238	1736	50	33	16
(三)建筑业	Construction	1587	1056	417	55	43	10
(四)交通运输、邮电通讯业	Transportation and Telecommunications	552	203	218	13	13	
#交通运输业	Transportation	498	160	211	5	5	
(五)商业、公共饮食业、物资供销仓储业	Commerce, Catering, Material Supply and Sale and Storage	345	161	161	10	7	3
(六)其他	Others	493	233	173	17	15	2
二、城镇集体企业	Urban Collective－owned Enterprises	4066	3114	864	40	23	4
#矿山	Mining	2034	1884	150			
三、乡村集体企业	Rural Collective－owned Enterprises	4930	4165	626	23	12	3
#矿山	Mining	3286	3102	183			
四、其他各种经济类型企业	Other Ownership Enterprises	1604	652	577	28	20	6
#1.三资企业	Foreign－funded Enterprises	750	206	391	3	3	
2.矿山	Mining	162	155	7			
五、私营企业	Private Enterprises	2051	1701	295	48	29	8
#矿山	Mining	1406	1262	133			
六、无开采许可证矿	Mining without Production License	1814	1689	120			

注：本表国有企业按旧的国民经济行业分类填写。

a) Data are collected according to the former industry classification.

9-2 分地区企业职工因工伤亡事故件数及伤亡人数

NUMBER OF OCCUPATIONAL INJURIES AND PERSONS AFFECTED IN ENTERPRISES BY REGION

(1997)

地区 Region	全部企业 All Enterprises						
	伤亡事故件数(件) Number of Cases	伤亡人数(人) Number of Persons Affected (person)			伤亡人数比上年增减(%) Increase Rate of Number of Persons Affected over Preceeding Year		
		合计 Total	死亡 Death	重伤 Seriously Wounded	合计 Total	死亡 Death	重伤 Seriously Wounded
全国总计 National	**18439**	**23755**	**17558**	**6197**	**-11.1**	**-9.8**	**-14.8**
北京 Beijing	286	331	213	118	-13.8	-7.8	-22.9
天津 Tianjin	246	289	91	198	-12.7	-36.8	5.9
河北 Hebei	313	520	434	86	-23.3	-22.1	-28.9
山西 Shanxi	496	933	831	102	-29.6	-27.0	-45.5
内蒙古 Inner Mongolia	468	613	543	70	-6.1	-1.8	-30.0
辽宁 Liaoning	876	1143	845	298	-8.8	-2.6	-22.6
吉林 Jilin	507	661	470	191	-9.8	-4.1	-21.4
黑龙江 Heilongjiang	621	891	799	92	-6.8	-2.9	-30.8
上海 Shanghai	2498	734	384	350	9.7	-3.0	28.2
江苏 Jiangsu	876	990	482	508	-8.0	-17.9	3.9
浙江 Zhejiang	886	1086	669	417	-16.7	-21.8	-6.9
安徽 Anhui	534	788	592	196	-12.2	16.5	-49.7
福建 Fujian	474	562	307	255	-10.1	-17.3	0.4
江西 Jiangxi	476	897	697	200	-10.1	-8.4	-15.6
山东 Shandong	588	758	554	204	-21.4	-17.7	-29.9
河南 Henan	691	1166	869	297	-15.3	-8.5	-30.3
湖北 Hubei	634	826	643	183	-11.7	-6.5	-25.9
湖南 Hunan	993	1568	1202	366	-18.8	-25.8	18.1
广东 Guangdong	1098	1335	829	506	-7.9	-13.3	2.6
广西 Guangxi	436	706	496	210	-18.9	-21.9	-11.0
海南 Hainan	57	64	27	37	-19.0	-22.9	-15.9
重庆 Chongqing	460	692	605	87			
四川 Sichuan	802	1212	957	255			
贵州 Guizhou	594	1389	1146	243	2.3	6.5	-13.5
云南 Yunnan	555	788	621	167	-16.8	-16.8	-16.8
西藏 Tibet	35	74	50	24	19.4	28.2	4.3
陕西 Shaanxi	500	806	668	138	-5.0	-4.0	-9.2
甘肃 Gansu	328	496	435	61	-8.0	-3.1	-32.2
青海 Qinghai	144	180	121	59	-5.3	0.8	-15.7
宁夏 Ningxia	130	197	136	61	50.4	56.3	38.6
新疆 Xinjiang	653	880	655	225	6.4	5.6	8.7

9－2 续表1 continued

地 区 Region	1.矿山企业 Mining Enterprises				2.非矿山企业 Non－Mining Enterprises			
	伤亡事故件数(件) Number of Cases	伤亡人数(人) Number of Persons Affected (person)			伤亡事故件数(件) Number of Cases	伤亡人数(人) Number of Persons Affected (person)		
		合计 Total	死亡 Death	重伤 Seriously Wounded		合计 Total	死亡 Death	重伤 Seriously Wounded
全国总计 National	**7437**	**12750**	**11265**	**1485**	**11002**	**11005**	**6293**	**4712**
北 京 Beijing	83	100	82	18	203	231	131	100
天 津 Tianjin	4	4	2	2	242	285	89	196
河 北 Hebei	160	334	310	24	153	186	124	62
山 西 Shanxi	409	820	735	85	87	113	96	17
内蒙古 Inner Mongolia	314	455	421	34	154	158	122	36
辽 宁 Liaoning	396	610	536	74	480	533	309	224
吉 林 Jilin	272	393	318	75	235	268	152	116
黑龙江 Heilongjiang	389	612	612	232	279	187	92	
上 海 Shanghai	9	9		9	2489	725	384	341
江 苏 Jiangsu	176	193	111	82	700	797	371	426
浙 江 Zhejiang	229	301	230	71	657	785	439	346
安 徽 Anhui	346	563	425	138	188	225	167	58
福 建 Fujian	113	165	146	19	361	397	161	236
江 西 Jiangxi	258	599	535	64	218	298	162	136
山 东 Shandong	217	312	252	60	371	446	302	144
河 南 Henan	307	667	625	42	384	499	244	255
湖 北 Hubei	280	401	365	36	354	425	278	147
湖 南 Hunan	582	1002	919	83	411	566	283	283
广 东 Guangdong	198	284	269	15	900	1051	560	491
广 西 Guangxi	208	409	335	74	228	297	161	136
海 南 Hainan					57	64	27	37
重 庆 Chongqing	260	449	392	57	200	243	213	30
四 川 Sichuan	445	748	668	80	357	464	289	175
贵 州 Guizhou	398	1149	1001	148	196	240	145	95
云 南 Yunnan	279	465	408	57	276	323	213	110
西 藏 Tibet	3	6	6		32	68	44	24
陕 西 Shaanxi	268	503	467	36	232	303	201	102
甘 肃 Gansu	191	329	321	8	137	167	114	53
青 海 Qinghai	54	83	67	16	90	97	54	43
宁 夏 Ningxia	67	100	83	17	63	97	53	44
新 疆 Xinjiang	338	505	437	68	315	375	218	157

9-3 分事故类别企业职工因工伤亡人数
NUMBER OF OCCUPATIONAL INJURIES AND PERSONS AFFECTED IN ENTERPRISES BY CATEGORY

(1997)

单位: 人 (person)

项 目	Item	全部企业 Enterprises			1.矿山企业 Mining		2.非矿山企业 Non-mining	
		合计 Total	死亡 Death	重伤 Seriously Wounded	死亡 Death	重伤 Seriously Wounded	死亡 Death	重伤 Seriously Wounded
总 计	**Total**	**23755**	**17558**	**6197**	**11265**	**1485**	**6293**	**4712**
物体打击	Hitted by Bodies	1612	1068	544	480	68	588	476
提升、车辆伤害	Hurted by Hoists and Vehicles	1599	1073	526	745	257	328	269
机械伤害	Hurted by Machinery	2740	786	1954	147	107	639	1847
起重伤害	Hurted by Crane	600	373	227	10	8	363	219
触 电	Electrified	1224	1145	79	206	9	939	70
淹 溺	Drown	144	143	1	16	1	127	
灼 烫	Scald and Burn	321	107	214	16	10	91	204
火 灾	Fire	345	224	121	34	5	190	116
高处坠落	Crash	2456	1747	709	368	32	1379	677
坍 塌	Collapse	1451	1130	321	522	110	608	211
冒顶片邦	Roof Fall	3398	3069	329	3058	326	11	3
透 水	Water Permeably	612	607	5	603	5	4	
放 炮	Blast	408	340	68	311	54	29	14
火药爆炸	Power Explosion	430	323	107	95	7	228	100
瓦斯、煤尘爆炸	Gas and Coal-dust Explosion	3595	3244	351	3221	350	23	1
其他爆炸	Exploded by Other Reasons	498	304	194	15	4	289	190
煤与瓦斯突出	Gas and Coal-dust Overloaded	336	323	13	323	11		2
中毒和窒息	Poisoning and Suffocation	1350	1264	86	936	37	328	49
其他伤害	Others	636	288	348	159	84	129	264

9－4 分事故原因企业职工因工伤亡人数

NUMBER OF OCCUPATIONAL INJURIES AND PERSONS AFFECTED IN ENTERPRISES BY CAUSES

(1997)

单位: 人 (person)

项　目	Item	全部企业合计 All Enterprises 合计 Total	死亡 Death	重伤 Seriously Wounded	国有企业 State－owned Enterprises 死亡 Death	重伤 Seriously Wounded	城镇集体企业 Urban Collective－owned Enterprises 死亡 Death	重伤 Seriously Wounded
总　计	**Total**	**23755**	**17558**	**6197**	**6233**	**3713**	**2271**	**794**
技术和设计上有缺陷	Defected Technology and Design	403	294	109	149	51	40	10
设备、设施、工具、附件有缺陷	Defected Equipment, Facilities, Tools and Parts	1287	847	440	352	242	120	63
安全设施缺少或有缺陷	Lack or Defected Safety Equipment	2256	1751	505	482	244	287	86
生产场地环境不良	Bad Working Site Conditions	2196	1780	416	500	238	187	44
个人防护用品缺少或有缺陷	Lack or Defected Individual Protective Articles	325	230	95	91	62	53	13
没有安全操作规程或不健全	Haven't or Lack of Safety Operating Rules	755	590	165	125	57	97	35
违反操作规程或劳动纪律	Violating Operating Rules or Labour Diciplines	11979	8794	3185	3250	2006	1136	389
劳动组织不合理	Unreasonable labour Organization	223	145	78	78	45	20	13
对现场工作缺乏检查或指挥错误	Lack of Working Check or Mistake Direction	1911	1610	301	534	214	166	22
教育培训不够，缺乏安全操作知识	Lack of Safety Operating Training	1006	639	367	205	198	79	53
其　他	Others	1414	878	536	467	356	86	66

9－4 续表1 continued

单位: 人 (person)

项　目	Item	乡村集体企业 Rural Collectiveowned Enterprises 死亡 Death	重伤 Seriously Wounded	其他各种企业 Other Enterprises 死亡 Death	重伤 Seriously Wounded	私营企业 Private Enterprises 死亡 Death	重伤 Seriously Wounded	无开采许可证矿 Mining Without Production License 死亡 Death	重伤 Seriously Wounded
总　计	**Total**	**5012**	**698**	**652**	**577**	**1701**	**295**	**1689**	**120**
技术和设计上有缺陷	Defected Technology and Design	62	24	7	18	12	4	24	2
设备、设施、工具、附件有缺陷	Defected Equipment, Facilities, Tools and Parts	176	57	59	49	106	24	34	5
安全设施缺少或有缺陷	Lack or Defected Safety Equipment	425	56	66	65	145	25	346	29
生产场地环境不良	Bad Working Site Conditions	595	51	63	29	184	21	251	33
个人防护用品缺少或有缺陷	Lack or Defected Individual Protective Articles	45	11	13	6	25	3	3	
没有安全操作规程或不健全	Haven't or Lack of Safety Operating Rules	191	25	35	25	88	21	54	2
违反操作规程或劳动纪律	Violating Operating Rules or Labour Diciplines	2654	371	288	240	861	145	605	34
劳动组织不合理	Unreasonable labour Organization	24	8	13	10	10	2		
对现场工作缺乏检查或指挥错误	Lack of Working Check or Mistake Direction	478	27	31	20	117	10	284	8
教育培训不够，缺乏安全操作知识	Lack of Safety Operating Training	170	30	37	54	92	25	56	7
其　他	Others	192	38	40	61	61	15	32	

单位: 人

9－4 续表2 continued

(person)

项　目	Item	1.矿山企业合计 Mining Enterprises			国有企业 State－owned Enterprises		城镇集体企业 Urban Collective－owned Enterprises	
		合计 Total	死亡 Death	重伤 Seriously Wounded	死亡 Death	重伤 Seriously Wounded	死亡 Death	重伤 Seriously Wounded
总　计	**Total**	**12750**	**11265**	**1485**	**3173**	**892**	**1037**	**77**
技术和设计上有缺陷	Defected Technology and Design	170	160	10	70	2	19	
设备、设施、工具、附件有缺陷	Defected Equipment, Facilities, Tools and Parts	252	231	21	83	10	8	
安全设施缺少或有缺陷	Lack or Defected Safety Equipment	1049	962	87	134	23	97	2
生产场地环境不良	Bad Working Site Conditions	1543	1388	155	313	69	108	3
个人防护用品缺少或有缺陷	Lack or Defected Individual Protective Articles	56	52	4	16	4	2	
没有安全操作规程或不健全	Haven't or Lack of Safety Operating Rules	447	386	61	49	20	54	22
违反操作规程或劳动纪律	Violating Operating Rules or Labour Diciplines	7059	6113	946	1895	636	620	43
劳动组织不合理	Unreasonable labour Organization	60	48	12	23	6	8	
对现场工作缺乏检查或指挥错误	Lack of Working Check or Mistake Direction	1353	1250	103	339	60	85	6
教育培训不够，缺乏安全操作知识	Lack of Safety Operating Training	333	297	36	64	17	14	
其　他	Others	428	378	50	187	45	22	1

单位: 人

9－4 续表3 continued

(person)

项　目	Item	乡村集体企业 Rural Collectiveowned Enterprises		其他各种企业 Other Enterprises		私营企业 Private Enterprises		无开采许可证矿 Mining Without Production License	
		死亡 Death	重伤 Seriously Wounded	死亡 Death	重伤 Seriously Wounded	死亡 Death	重伤 Seriously Wounded	死亡 Death	重伤 Seriously Wounded
总　计	**Total**	**3949**	**256**	**155**	**7**	**1262**	**133**	**1689**	**120**
技术和设计上有缺陷	Defected Technology and Design	36	6			11		24	2
设备、设施、工具、附件有缺陷	Defected Equipment, Facilities, Tools and Parts	55	6	10		41		34	5
安全设施缺少或有缺陷	Lack or Defected Safety Equipment	279	13	9	1	97	19	346	29
生产场地环境不良	Bad Working Site Conditions	522	38	32		162	12	251	33
个人防护用品缺少或有缺陷	Lack or Defected Individual Protective Articles	13				18		3	
没有安全操作规程或不健全	Haven't or Lack of Safety Operating Rules	151	6	5	1	73	10	54	2
违反操作规程或劳动纪律	Violating Operating Rules or Labour Diciplines	2221	155	94	5	678	73	605	34
劳动组织不合理	Unreasonable labour Organization	10	6			7			
对现场工作缺乏检查或指挥错误	Lack of Working Check or Mistake Direction	433	19	3		106	10	284	8
教育培训不够，缺乏安全操作知识	Lack of Safety Operating Training	101	5	1		61	7	56	7
其　他	Others	128	2	1		8	2	32	

9－4 续表4 continued

单位:人 (person)

项 目	Item	2. 非矿山企业合计 Non－mining Enterprises			国有企业 State－owned Enterprises		城镇集体企业 Urban Collective－owned Enterprises	
		合 计 Total	死亡 Death	重伤 Seriously Wounded	死亡 Death	重伤 Seriously Wounded	死亡 Death	重伤 Seriously Wounded
总 计	**Total**	**11005**	**6293**	**4712**	**3060**	**2821**	**1234**	**717**
技术和设计上有缺陷	Defected Technology and Design	233	134	99	79	49	21	10
设备、设施、工具、附件有缺陷	Defected Equipment, Facilities, Tools and Parts	1035	616	419	269	232	112	63
安全设施缺少或有缺陷	Lack or Defected Safety Equipment	1207	789	418	348	221	190	84
生产场地环境不良	Bad Working Site Conditions	653	392	261	187	169	79	41
个人防护用品缺少或有缺陷	Lack or Defected Individual Protective Articles	269	178	91	75	58	51	13
没有安全操作规程或不健全	Haven't or Lack of Safety Operating Rules	308	204	104	76	37	43	13
违反操作规程或劳动纪律	Violating Operating Rules or Labour Diciplines	4920	2681	2239	1355	1370	516	346
劳动组织不合理	Unreasonable labour Organization	163	97	66	55	39	12	13
对现场工作缺乏检查或指挥错误	Lack of Working Check or Mistake Direction	558	360	198	195	154	81	16
教育培训不够，缺乏安全操作知识	Lack of Safety Operating Training	673	342	331	141	181	65	53
其 他	Others	986	500	486	280	311	64	65

9－4 续表5 continued

单位:人 (person)

项 目	Item	乡村集体企业 Rural Collective－owned Enterprises		其他各种企业 Other Enterprises		私营企业 Private Enterprises	
		死亡 Death	重伤 Seriously Wounded	死亡 Death	重伤 Seriously Wounded	死亡 Death	重伤 Seriously Wounded
总 计	**Total**	**1063**	**442**	**497**	**570**	**439**	**162**
技术和设计上有缺陷	Defected Technology and Design	26	18	7	18	1	4
设备、设施、工具、附件有缺陷	Defected Equipment, Facilities, Tools and Parts	121	51	49	49	65	24
安全设施缺少或有缺陷	Lack or Defected Safety Equipment	146	43	57	64	48	6
生产场地环境不良	Bad Working Site Conditions	73	13	31	29	22	9
个人防护用品缺少或有缺陷	Lack or Defected Individual Protective Articles	32	11	13	6	7	3
没有安全操作规程或不健全	Haven't or Lack of Safety Operating Rules	40	19	30	24	15	11
违反操作规程或劳动纪律	Violating Operating Rules or Labour Diciplines	433	216	194	235	183	72
劳动组织不合理	Unreasonable labour Organization	14	2	13	10	3	2
对现场工作缺乏检查或指挥错误	Lack of Working Check or Mistake Direction	45	8	28	20	11	
教育培训不够，缺乏安全操作知识	Lack of Safety Operating Training	69	25	36	54	31	18
其 他	Others	64	36	39	61	53	13

十、保险福利

Social Insurance and Welfare Funds

10－1 历年全国离休、退休、退职人员年末人数

NUMBER OF RETIREES

(year－end)

年 份 Year	合 计 Total	国有经济单位 State－owned Units	城镇集体经济单位 Urban Collective－－owned Units	其他各种经济单位 Other Units	离退休、退职人数与职工人数的比例(以离退休、退职人数为1) Proportion to Staff and Workers (Number of Terminated, Retired and Resigned＝1)
一、绝对数(千人) Absolute figure (1 000 persons)					
1980	8160	6380	1780		1:12.8
1981	9500	7400	2100		1:11.5
1982	11130	8650	2480		1:10.1
1983	12920	10150	2770		1:8.9
1984	14780	10620	4120	40	1:8.0
1985	16370	11650	4670	50	1:7.5
1986	18050	13030	4960	60	1:7.1
1987	19680	14240	5380	60	1:6.7
1988	21200	15440	5680	80	1:6.4
1989	22010	16290	5620	100	1:6.2
1990	23010	17240	5660	110	1:6.1
1991	24330	18330	5880	120	1:6.0
1992	25980	19720	6090	170	1:5.7
1993	27800	21430	5960	410	1:5.4
1994	29290	22490	6200	600	1:5.1
1995	30941	24014	6206	721	1:4.8
1996	32116	25153	6155	808	1:4.6
1997	33507	26374	6217	916	1:4.4
二、比上年增长(%) Increase over Preceeding year (%)					
1980	36.9	46.0	44.7		
1981	16.4	16.0	18.0		
1982	17.2	16.9	18.1		
1983	16.1	17.3	11.7		
1984	14.4	4.6	48.7		
1985	10.8	9.7	13.3	25.0	
1986	10.3	11.8	6.2	20.0	
1987	9.0	9.3	8.5		
1988	7.7	8.4	5.6	33.3	
1989	3.8	5.5	－1.1	25.0	
1990	4.5	5.8	0.7	10.0	
1991	5.7	6.3	3.9	9.1	
1992	6.8	7.6	3.6	41.7	
1993	7.0	8.7	2.1	141.2	
1994	5.4	4.9	4.0	46.3	
1995	5.6	6.8	0.1	20.2	
1996	3.8	4.7	－0.8	12.1	
1997	4.3	4.9	1.0	13.4	

注：本表包括民政部门和总后勤部支付离休、退休、退职费的人数。

a) Includes retired and resigned staff and workers under civil administrtion organs and General Logistics Department.

10-2 分地区离休、退休、退职人员年末人数

NUMBER OF RETIREES BY REGION

(1997)

单位：千人 (1000 person)

地 区 Region	合 计 Total	离休人员 Termination	退休人员 Retirement	领取定期生活费的退职人员 Resignation
全国总计 National	**33507**	**1853**	**30759**	**895**
北 京 Beijing	1479	100	1337	42
天 津 Tianjin	852	30	804	18
河 北 Hebei	1381	120	1201	60
山 西 Shanxi	882	81	785	16
内蒙古 Inner Mongolia	581	37	532	12
辽 宁 Liaoning	2667	150	2434	84
吉 林 Jilin	958	75	861	22
黑龙江 Heilongjiang	1632	123	1465	44
上 海 Shanghai	2103	44	2036	23
江 苏 Jiangsu	2184	106	2000	79
浙 江 Zhejiang	1136	43	1058	34
安 徽 Anhui	1030	67	937	26
福 建 Fujian	628	26	587	16
江 西 Jiangxi	784	29	741	14
山 东 Shandong	1632	164	1385	83
河 南 Henan	1413	117	1272	24
湖 北 Hubei	1445	65	1346	33
湖 南 Hunan	1470	43	1395	32
广 东 Guangdong	1747	73	1646	28
广 西 Guangxi	742	32	695	16
海 南 Hainan	271	8	244	18
重 庆 Chongqing	843	17	809	17
四 川 Sichuan	1772	46	1683	42
贵 州 Guizhou	556	29	519	8
云 南 Yunnan	796	41	740	15
西 藏 Tibet	31	1	30	
陕 西 Shaanxi	819	56	732	30
甘 肃 Gansu	526	32	475	19
青 海 Qinghai	184	11	169	5
宁 夏 Ningxia	147	9	133	5
新 疆 Xinjiang	816	78	708	30

注：本表包括民政部门和总后勤部支付离休、退休、退职费的人数。

a) Includes retired and resigned staff and workers under civil administrtion organs and General Logistics Department.

10－3 分地区企业单位离休、退休、退职人员年末人数

NUMBER OF RETIREES OF ENTERPRISES BY REGION

(1997)

单位：千人 (1000 person)

地　区 Region	合　计 total	离休人员 Termination	退休人员 Retirement	领取定期生活费的退职人员 Resignation
全国总计 National	**25893**	**943**	**24246**	**703**
北　京 Beijing	1144	47	1059	37
天　津 Tianjin	714	16	681	17
河　北 Hebei	1046	54	941	50
山　西 Shanxi	690	38	639	13
内蒙古 Inner Mongolia	437	17	411	9
辽　宁 Liaoning	2264	89	2101	73
吉　林 Jilin	759	36	706	18
黑龙江 Heilongjiang	1384	75	1271	38
上　海 Shanghai	1807	25	1762	21
江　苏 Jiangsu	1726	49	1613	63
浙　江 Zhejiang	857	18	815	25
安　徽 Anhui	781	33	727	22
福　建 Fujian	441	12	419	11
江　西 Jiangxi	581	14	555	12
山　东 Shandong	1246	77	1117	51
河　南 Henan	1056	56	979	20
湖　北 Hubei	1091	28	1037	27
湖　南 Hunan	1084	21	1039	24
广　东 Guangdong	1303	35	1246	22
广　西 Guangxi	493	14	468	11
海　南 Hainan	225	4	203	17
重　庆 Chongqing	671	9	647	14
四　川 Sichuan	1283	23	1228	33
贵　州 Guizhou	371	16	350	5
云　南 Yunnan	545	17	517	11
西　藏 Tibet	14		14	
陕　西 Shaanxi	606	28	561	17
甘　肃 Gansu	391	17	364	11
青　海 Qinghai	117	5	110	2
宁　夏 Ningxia	107	4	101	3
新　疆 Xinjiang	657	64	567	25
附：大连 Dalian	272	12	249	10
宁波 Ningbo	120	2	113	4
厦门 Xiamen	45	1	43	1
青岛 Qingdao	222	8	210	4
深圳 Shenzhen	21	1	16	4

10－4 分地区离休、退休、退职人员年末人数

(国有经济单位)

NUMBER OF RETIREES IN STATE－OWNED UNITS BY REGION

(1997)

单位：千人 (1 000 person)

地 区 Region	合 计 total	离休人员 Termination	退休人员 Retirement	领取定期生活费的退职人员 Resignation
全国总计 National	**26100**	**1680**	**23804**	**616**
北 京 Beijing	1132	90	1024	18
天 津 Tianjin	648	27	611	9
河 北 Hebei	1136	105	982	49
山 西 Shanxi	751	74	668	9
内蒙古 Inner Mongolia	487	34	445	7
辽 宁 Liaoning	1930	134	1746	49
吉 林 Jilin	739	66	658	16
黑龙江 Heilongjiang	1421	118	1272	31
上 海 Shanghai	1490	38	1440	11
江 苏 Jiangsu	1392	93	1257	42
浙 江 Zhejiang	752	39	692	22
安 徽 Anhui	758	60	686	13
福 建 Fujian	477	23	440	13
江 西 Jiangxi	653	28	614	11
山 东 Shandong	1182	138	984	60
河 南 Henan	1208	110	1079	19
湖 北 Hubei	1107	59	1026	22
湖 南 Hunan	1161	39	1097	24
广 东 Guangdong	1284	65	1197	22
广 西 Guangxi	613	28	573	12
海 南 Hainan	249	8	223	18
重 庆 Chongqing	661	16	635	10
四 川 Sichuan	1361	42	1289	30
贵 州 Guizhou	509	29	474	7
云 南 Yunnan	709	38	657	14
西 藏 Tibet	30	1	29	
陕 西 Shaanxi	703	52	626	25
甘 肃 Gansu	475	29	430	16
青 海 Qinghai	168	11	152	4
宁 夏 Ningxia	134	8	121	4
新 疆 Xinjiang	780	77	674	29
附：大 连 Dalian	237	18	212	7
宁 波 Ningbo	80	3	75	2
厦 门 Xiamen	39	2	36	1
青 岛 Qingdao	161	12	145	4
深 圳 Shenzhen	16	1	12	3

10－4 续表1 continued

单位：千人 (1 000 person)

地 区 Region	#中央单位 Units Under Central Government			
	小计 Sub－total	离休人员 Termination	退休人员 Retirement	领取定期生活费的退职人员 Resignation
全国总计 National	**6097**	**396**	**5593**	**108**
北京 Beijing	279	49	225	5
天津 Tianjin	102	6	95	1
河北 Hebei	326	19	301	6
山西 Shanxi	270	15	253	2
内蒙古 Inner Mongolia	51	3	47	1
辽宁 Liaoning	654	37	605	13
吉林 Jilin	155	11	142	2
黑龙江 Heilongjiang	397	26	368	4
上海 Shanghai	181	9	171	1
江苏 Jiangsu	170	12	155	3
浙江 Zhejiang	66	4	61	1
安徽 Anhui	193	10	181	2
福建 Fujian	35	2	33	1
江西 Jiangxi	107	4	102	2
山东 Shandong	310	21	279	9
河南 Henan	314	22	286	6
湖北 Hubei	229	14	212	2
湖南 Hunan	245	8	235	2
广东 Guangdong	136	8	127	1
广西 Guangxi	72	3	69	1
海南 Hainan	9		8	
重庆 Chongqing	200	4	193	2
四川 Sichuan	336	13	316	8
贵州 Guizhou	137	9	127	1
云南 Yunnan	164	6	155	2
西藏 Tibet	3		3	
陕西 Shaanxi	263	15	243	4
甘肃 Gansu	163	8	152	2
青海 Qinghai	42	2	40	1
宁夏 Ningxia	20	1	18	
新疆 Xinjiang	471	58	392	21
附：大连 Dalian				
宁波 Ningbo				
厦门 Xiamen				
青岛 Qingdao				
深圳 Shenzhen				

10－4 续表2 continued

单位：千人 (1 000 person)

地 区 Region	1. 企业单位 Enterprises				#地方 Local			
	小 计 Sub－total	离休人员 Termi－nation	退休人员 Retire－ment	领取定期生活费的退职人员 Resigna－tion	小 计 Sub－total	离休人员 Termi－nation	退休人员 Retire－ment	领取定期生活费的退职人员 Resigna－tion
全国总计 National	**19080**	**816**	**17829**	**435**	**13826.5**	**522.1**	**12962.8**	**341.6**
北 京 Beijing	853	42	797	14	684.4	21.8	651.8	10.8
天 津 Tianjin	521	14	500	8	437.4	10.0	420.4	6.9
河 北 Hebei	824	43	743	39	526.6	27.1	466.6	32.8
山 西 Shanxi	571	33	532	6	317.8	20.3	292.9	4.6
内蒙古 Inner Mongolia	349	15	328	5	304.6	13.1	287.2	4.3
辽 宁 Liaoning	1591	78	1473	40	971.4	45.5	897.3	28.6
吉 林 Jilin	554	30	512	12	423.5	23.7	389.7	10.0
黑龙江 Heilongjiang	1178	70	1084	25	807.4	47.5	738.1	21.8
上 海 Shanghai	1221	21	1191	9	1083.3	15.6	1059.9	7.8
江 苏 Jiangsu	989	39	922	29	858.3	31.7	800.6	26.0
浙 江 Zhejiang	501	15	473	13	447.4	12.0	423.7	11.7
安 徽 Anhui	532	28	495	9	359.7	19.9	333.1	6.7
福 建 Fujian	310	10	291	8	290.0	9.5	272.8	7.8
江 西 Jiangxi	463	14	441	8	378.6	10.9	360.9	6.8
山 东 Shandong	832	59	745	29	544.9	40.7	483.3	21.0
河 南 Henan	863	51	797	15	573.5	31.5	532.1	9.9
湖 北 Hubei	795	23	756	16	614.6	15.8	584.4	14.4
湖 南 Hunan	810	19	774	17	602.1	13.5	573.1	15.6
广 东 Guangdong	864	29	820	16	756.3	23.6	717.9	14.7
广 西 Guangxi	368	11	350	7	307.9	9.4	292.1	6.5
海 南 Hainan	205	4	184	17	200.1	3.5	179.6	17.0
重 庆 Chongqing	500	8	484	8	320.2	5.2	308.9	6.0
四 川 Sichuan	905	20	864	21	624.9	11.9	599.0	14.1
贵 州 Guizhou	327	15	308	4	207.8	7.2	197.3	3.3
云 南 Yunnan	468	16	442	10	334.1	12.1	313.9	8.1
西 藏 Tibet	14		14		13.1	0.4	12.6	
陕 西 Shaanxi	504	25	465	13	293.0	15.4	267.2	10.4
甘 肃 Gansu	346	15	322	8	208.1	9.2	192.5	6.3
青 海 Qinghai	102	4	96	2	69.2	2.9	64.9	1.4
宁 夏 Ningxia	95	3	89	2	80.0	2.8	75.1	2.1
新 疆 Xinjiang	625	63	538	24	186.39	8.5	173.6	4.3
附：大连 Dalian	192	10	177	6				
宁波 Ningbo	55	1	52	2				
厦门 Xiamen	28	1	27	1				
青岛 Qingdao	127	5	120	2				
深圳 Shenzhen	14		10	3				

10－4 续表3 continued

单位：千人 (1 000 person)

地 区 Region	2. 事业单位 Institutions				#地方 Local			
	小计 Sub－total	离休人员 Termi－nation	退休人员 Retire－ment	领取定期生活费的退职人员 Resigna－tion	小计 Sub－total	离休人员 Termi－nation	退休人员 Retire－ment	领取定期生活费的退职人员 Resigna－tion
全国总计 National	**4887**	**435**	**4350**	**102**	**4173.9**	**360.9**	**3722.6**	**90.4**
北京 Beijing	200	30	166	3	113.1	10.7	101.2	1.2
天津 Tianjin	99	8	90	1	81.9	5.8	75.1	1.0
河北 Hebei	206	28	173	5	181.0	25.6	150.6	4.8
山西 Shanxi	116	18	97	1	100.4	16.3	83.0	1.2
内蒙古 Inner Mongolia	93	9	83	1	86.6	8.2	77.3	1.2
辽宁 Liaoning	257	33	217	7	225.0	29.2	190.0	5.8
吉林 Jilin	147	24	120	3	126.4	20.4	103.8	2.3
黑龙江 Heilongjiang	156	27	125	4	134.1	24.2	106.2	3.6
上海 Shanghai	232	11	219	1	189.4	8.0	180.3	1.1
江苏 Jiangsu	295	27	261	7	259.7	23.1	230.0	6.6
浙江 Zhejiang	172	10	157	5	160.3	9.6	145.9	4.8
安徽 Anhui	150	15	133	2	131.8	13.1	117.1	1.6
福建 Fujian	106	5	99	3	94.6	4.1	88.0	2.4
江西 Jiangxi	135	7	126	2	123.8	6.3	115.7	1.8
山东 Shandong	222	38	168	15	207.7	35.7	157.2	14.7
河南 Henan	234	32	199	3	214.2	29.7	182.1	2.5
湖北 Hubei	224	18	203	4	186.8	13.9	169.0	3.2
湖南 Hunan	237	10	222	4	204.9	8.6	192.2	4.1
广东 Guangdong	297	15	279	3	273.2	13.2	256.8	3.2
广西 Guangxi	174	7	164	2	164.4	6.9	155.1	2.4
海南 Hainan	27	1	26	1	24.1	0.9	22.9	0.4
重庆 Chongqing	116	4	111	1	99.2	2.7	95.6	0.9
四川 Sichuan	309	11	293	5	258.6	7.1	247.4	4.0
贵州 Guizhou	111	5	105	1	96.6	4.2	91.3	1.1
云南 Yunnan	151	10	140	2	127.1	8.4	117.3	1.5
西藏 Tibet	11		10		8.7	0.2	8.5	
陕西 Shaanxi	151	15	129	7	100.5	10.3	84.5	5.7
甘肃 Gansu	91	7	80	4	67.6	5.7	58.7	3.2
青海 Qinghai	37	3	34	1	28.6	2.2	25.8	0.7
宁夏 Ningxia	26	2	23	1	22.1	1.9	19.1	1.1
新疆 Xinjiang	108	7	98	3	81.3	4.8	74.0	2.5
附：大连 Dalian	33	5	27	1				
宁波 Ningbo	18	1	17					
厦门 Xiamen	7		6					
青岛 Qingdao	25	4	20	1				
深圳 Shenzhen	1		1					

10－4 续表4 continued

单位：千人 (1 000 person)

地区 Region	3. 机关单位 State Organs 小计 Sub－total	离休人员 Termi－nation	退休人员 Retire－ment	领取定期生活费的退职人员 Resigna－tion	#地方 Local 小计 Sub－total	离休人员 Termi－nation	退休人员 Retire－ment	领取定期生活费的退职人员 Resigna－tion
全国总计 National	**2132**	**429**	**1624**	**79**	**2002.3**	**400.6**	**1525.8**	**75.9**
北京 Beijing	80	17	61	2	551.1	8.2	45.8	1.1
天津 Tianjin	27	6	21		26.3	5.5	20.4	0.5
河北 Hebei	105	34	66	5	102.4	33.3	64.3	4.8
山西 Shanxi	65	24	40	1	63.3	23.0	38.8	1.4
内蒙古 Inner Mongolia	45	10	34	1	44.7	10.0	33.8	0.9
辽宁 Liaoning	82	24	56	2	79.1	22.8	54.4	2.0
吉林 Jilin	39	12	26	1	34.9	11.5	22.6	0.8
黑龙江 Heilongjiang	87	22	63	2	82.2	20.4	60.2	1.6
上海 Shanghai	37	6	30	1	36.1	6.2	29.4	0.5
江苏 Jiangsu	108	27	75	6	104.8	26.8	72.2	5.9
浙江 Zhejiang	79	13	62	4	78.6	13.2	61.3	4.1
安徽 Anhui	77	17	57	2	74.2	17.0	55.1	2.2
福建 Fujian	61	8	51	2	56.4	7.4	47.1	1.9
江西 Jiangxi	54	7	46		43.1	6.9	35.8	0.4
山东 Shandong	128	42	71	15	119.6	40.5	64.1	15.0
河南 Henan	112	28	83	1	106.5	26.5	78.8	1.2
湖北 Hubei	88	18	68	3	77.3	14.9	60.0	2.4
湖南 Hunan	114	10	101	3	109.0	9.4	97.2	2.4
广东 Guangdong	123	21	99	3	118.8	20.3	95.7	2.8
广西 Guangxi	71	9	59	2	67.8	9.0	56.6	2.2
海南 Hainan	16	3	13		15.9	2.9	12.7	0.3
重庆 Chongqing	45	4	40	1	42.2	4.0	37.5	0.8
四川 Sichuan	148	11	133	4	141.7	10.3	127.4	4.0
贵州 Guizhou	70	9	60	1	67.7	8.5	58.2	1.0
云南 Yunnan	90	13	75	2	84.0	11.5	70.2	2.3
西藏 Tibet	5		5		5.3	0.2	5.0	
陕西 Shaanxi	49	12	32	5	47.1	11.4	30.6	5.1
甘肃 Gansu	39	7	28	5	36.9	6.5	26.1	4.3
青海 Qinghai	28	4	22	2	27.5	3.9	22.0	1.5
宁夏 Ningxia	13	3	9	1	12.0	2.7	8.5	0.9
新疆 Xinjiang	47	7	38	2	41.4	5.9	33.9	1.6
附：大连 Dalian	11	3	8					
宁波 Ningbo	8	1	7					
厦门 Xiamen	4	1	3					
青岛 Qingdao	9	3	5	1				
深圳 Shenzhen	1		1					

10－5 分地区由民政部门支付离休、退休、退职费的人数和总后勤部事业单位离休、退休、退职人员年末人数

NUMBER OF RETIREES PAID BY CIVIL ADMINISTRATION DEPARTMENTS AND INSTITUTIONS OF THE GENERAL－LOGISTICS DEPARTMENT

(1997)

单位：人 (person)

地区 Region	民政部门 Civil Administration Departments			总后勤部 General Logistics Department		
	合计 Total	离休人员 Termination	退休、退职人员 Retirement and Resignation	合计 Total	离休人员 Termination	退休、退职人员 Retirement and Resignation
全国总计 National	**247813**	**33728**	**214085**	**26033**	**1414**	**24619**
北京 Beijing	32251	2867	29384	4032	413	3619
天津 Tianjin	6178	577	5601	394	27	367
河北 Hebei	14429	2704	11175	1699	70	1629
山西 Shanxi	5569	971	4598	441	32	409
内蒙古 Inner Mongolia	4338	607	3731	134	5	129
辽宁 Liaoning	20689	3569	17120	2794	153	2641
吉林 Jilin	5222	687	4535	733	11	722
黑龙江 Heilongjiang	2273	611	1662	257	2	255
上海 Shanghai	4277	974	3303	623	20	603
江苏 Jiangsu	17837	2348	15489	1283	80	1203
浙江 Zhejiang	10467	1047	9420	629	39	590
安徽 Anhui	5025	975	4050	229	6	223
福建 Fujian	11752	526	11226	357	8	349
江西 Jiangxi	7047	467	6580	206	8	198
山东 Shandong	21984	4659	17325	1418	81	1337
河南 Henan	7323	1466	5857	1062	48	1014
湖北 Hubei	12326	1812	10514	1188	53	1135
湖南 Hunan	10471	761	9710	1054	69	985
广东 Guangdong	12119	1009	11110	844	54	790
广西 Guangxi	2574	276	2298	216	5	211
海南 Hainan	1199	112	1087	222	9	213
重庆 Chongqing	3365	276	3089	209	7	202
四川 Sichuan	8895	870	8025	884	29	855
贵州 Guizhou	1971	292	1679	186	4	182
云南 Yunnan	6336	1150	5186	578	27	551
西藏 Tibet	668		668	152		152
陕西 Shaanxi	6158	1306	4852	1374	69	1305
甘肃 Gansu	1745	394	1351	1480	46	1434
青海 Qinghai	1145	58	1087	697	29	668
宁夏 Ningxia	384	97	287	60	1	59
新疆 Xinjiang	1796	260	1536	598	9	589

10－6 分地区离休、退休、退职人员年末人数

(城镇集体经济单位)

NUMBER OF RETIREES IN URBAN COLLECTIVE－OWNED UNITS BY REGION

(1997)

单位: 千人 (1 000 person)

地 区 Region	合 计 Total				#企业单位 Enterprises			
	小 计 Sub－total	离休人员 Termina－tion	退休人员 Retire－ment	领取定期生活费的职人员 Resignation	小 计 Sub－total	离休人员 Termina－tion	退休人员 Retire－ment	领取定期生活费的退职人员 Resignation
全国总计 National	**6217**	**116**	**5841**	**260**	**5896**	**105**	**5542**	**249**
北 京 Beijing	286	5	257	23	266	5	238	23
天 津 Tianjin	158	2	148	9	154	2	144	9
河 北 Hebei	209	11	187	11	202	10	181	10
山 西 Shanxi	122	6	109	7	117	5	105	6
内蒙古 Inner Mongolia	79	2	73	4	77	2	71	4
辽 宁 Liaoning	624	9	584	32	583	8	545	31
吉 林 Jilin	197	7	184	6	190	6	179	5
黑龙江 Heilongjiang	199	5	181	13	196	5	178	13
上 海 Shanghai	455	2	442	11	434	2	421	11
江 苏 Jiangsu	670	10	626	34	634	9	593	32
浙 江 Zhejiang	323	3	308	11	307	3	293	11
安 徽 Anhui	218	4	201	13	201	4	185	12
福 建 Fujian	122	1	118	3	114	1	111	3
江 西 Jiangxi	122	1	118	3	116	1	111	3
山 东 Shandong	352	17	314	21	339	16	303	20
河 南 Henan	186	6	176	5	182	5	171	5
湖 北 Hubei	274	4	260	10	246	3	233	10
湖 南 Hunan	288	3	278	7	265	2	256	7
广 东 Guangdong	401	6	390	5	390	6	380	5
广 西 Guangxi	112	3	105	4	111	3	104	4
海 南 Hainan	20	1	19		19	1	18	
重 庆 Chongqing	163	1	156	7	155	1	148	6
四 川 Sichuan	315	2	303	10	293	2	283	9
贵 州 Guizhou	45	1	43	1	43	1	42	1
云 南 Yunnan	72	1	69	1	69	1	67	1
西 藏 Tibet								
陕 西 Shaanxi	101	2	94	5	95	2	89	4
甘 肃 Gansu	46	2	41	3	43	1	39	3
青 海 Qinghai	14		14		14		14	
宁 夏 Ningxia	11		10		11		10	
新 疆 Xinjiang	31	1	30	1	30	1	28	1
附: 大 连 Dalian	68	2	62	4	66	2	60	4
宁 波 Ningbo	54		51	3	53		49	3
厦 门 Xiamen	15		15		14		14	
青 岛 Qingdao	77	2	73	2	75	2	71	2
深 圳 Shenzhen	1		1		1		1	

10－7 分地区离休、退休、退职人员年末人数

(其他经济单位)

NUMBER OF RETIREES IN OTHER OWNEDSHIP UNITS BY REGION

(1997)

单位：千人

(1 000 person)

地　区 Region	合　计 Total			
	小　计 Sub－total	离休人员 Termination	退休人员 Retirement	领取定期生活费的退职人员 Resignation
全国总计 National	**916**	**22**	**875**	**19**
北　京 Beijing	25	1	24	1
天　津 Tianjin	39	1	38	1
河　北 Hebei	20	1	18	1
山　西 Shanxi	2		2	
内蒙古 Inner Mongolia	11		11	
辽　宁 Liaoning	89	3	84	3
吉　林 Jilin	16	1	15	
黑龙江 Heilongjiang	10		10	
上　海 Shanghai	152	2	149	1
江　苏 Jiangsu	103	1	99	3
浙　江 Zhejiang	50	1	48	1
安　徽 Anhui	48	1	46	1
福　建 Fujian	17		17	
江　西 Jiangxi	2		2	
山　东 Shandong	75	3	69	2
河　南 Henan	11		11	
湖　北 Hubei	51	1	49	1
湖　南 Hunan	9		9	
广　东 Guangdong	49	1	47	1
广　西 Guangxi	15		14	
海　南 Hainan				
重　庆 Chongqing	16		15	
四　川 Sichuan	85	2	82	2
贵　州 Guizhou				
云　南 Yunnan	8		8	
西　藏 Tibet				
陕　西 Shaanxi	7		7	
甘　肃 Gansu	2		2	
青　海 Qinghai				
宁　夏 Ningxia	1		1	
新　疆 Xinjiang	1		1	
附：大　连 Dalian	13	1	12	1
宁　波 Ningbo	13		12	
厦　门 Xiamen	3		3	
青　岛 Qingdao	19	1	19	
深　圳 Shenzhen	6		5	1

10－8 历年全国保险福利费用总额
HISTORIC FIGURES OF TOTAL LABOUR INSURANCE AND WELFARE FUNDS

年份 Year	合计 Total	国有经济单位 State－owned Units				城镇集体经济单位 Urban Collec－tiveowned Units	其他各种经济单位 Other Ownership Enterprises	保险福利费用总额相当于工资总额的% Total funds as Percentage of Total Wages
			单位支付 Paid by Units	民政部门支付 Paid by Civil Adminis－tration Depar－tments	总后事业单位			
一、绝对数(亿元) Absolute figure (100 million yuan)								
1980	136.4	119.3	116.0	3.3		17.1		17.7
1981	154.9	135.7	132.4	3.3		19.2		18.9
1982	180.5	157.0	153.8	3.2		23.5		20.5
1983	212.5	182.7	179.5	3.2		29.8		22.7
1984	257.7	213.4	210.4	3.0		43.4	0.9	22.7
1985	327.4	270.5	266.8	3.7		55.7	1.2	23.7
1986	413.5	338.8	335.5	3.3		72.6	2.1	24.9
1987	501.7	410.7	406.7	4.0		88.0	3.0	26.7
1988	655.5	540.0	533.4	6.6		110.8	4.7	28.3
1989	768.0	635.6	628.1	7.5		126.4	6.0	29.3
1990	937.9	777.3	770.1	7.2		152.8	7.8	31.8
1991	1094.7	912.5	904.9	7.6		171.8	10.4	32.9
1992	1309.5	1095.8	1086.6	9.2		198.8	14.9	33.2
1993	1670.2	1386.5	1374.5	12.0		238.6	45.1	34.0
1994	1958.1	1646.2	1628.7	17.5		248.1	63.8	29.4
1995	2361.3	1980.4	1961.0	19.4		294.5	86.4	29.9
1996	2725.3	2296.6	2276.5	20.1		317.8	110.9	30.0
1997	3043.5	2578.8	2554.2	22.7	1.9	336.2	128.5	30.4
二、比上年增长(%) Increase over preceding year (%)								
1980	27.1	25.7	26.3	17.9		37.9		
1981	13.6	13.7	13.8			12.3		
1982	16.5	15.7	16.2	－3.0		22.4		
1983	17.7	16.4	16.7			26.8		
1984	21.3	16.8	17.2	－6.3		45.6		
1985	27.0	26.8	26.8	23.3		28.3	33.3	
1986	26.3	25.2	25.7	－10.8		30.3	75.0	
1987	21.3	21.2	21.2			21.2	42.9	
1988	30.7	31.5	31.2	65.0		25.9	56.7	
1989	17.2	17.7	17.8	13.6		14.1	27.7	
1990	22.1	22.3	22.6	－4.0		20.9	30.0	
1991	16.7	17.4	17.5	5.6		12.4	42.5	
1992	19.6	20.1	20.1	21.1		15.7	43.3	
1993	27.5	26.5	26.5	30.4		20.0	202.7	
1994	17.2	18.9	18.5	45.8		4.0	41.5	
1995	20.6	20.3	20.4	10.9		18.7	35.4	
1996	15.4	16.0	16.1	3.6		7.9	28.4	
1997	11.7	12.3	12.2	12.9		5.8	15.9	

10－9 历年全国离休、退休、退职费
PENSIONS FOR RETIREES

年 份 Year	离休、退休、退职费用总额(亿元) Pensions for Retirees (100 million yuan)							平均每人离休、退休、退职费(元) Average Pensions for Retirees (yuan)	
	合 计 Total	国有经济单位 State－owned Units	单位支付 Paid by Units	民政部门支付 Paid by Civil Admi－nistration Departments	总后事业单位	城镇集体经济单 位 Urban Collec－tiveowned Units	其他各种经济单 位 Other Ownership Units	合 计 Total	国有经济单位 State－owned Units
一、绝对数(万人) Absloute figure (10000 person)									
1980	50.4	43.4	40.1	3.3		7.0		714.0	781.0
1981	62.3	53.3	50.0	3.3		9.0		706.0	774.0
1982	73.1	62.1	58.9	3.2		11.0		709.0	774.0
1983	87.3	74.0	70.8	3.2		13.3		726.0	787.0
1984	106.1	84.6	81.6	3.0		21.2	0.3	766.0	815.0
1985	145.6	116.1	112.4	3.7		29.1	0.4	935.0	1043.0
1986	169.1	137.5	134.2	3.3		31.0	0.6	983.0	1114.0
1987	204.3	168.2	164.2	4.0		36.3	0.8	1083.0	1233.0
1988	270.2	215.6	209.0	6.6		53.1	1.5	1322.0	1453.0
1989	313.2	252.7	245.2	7.5		59.1	1.4	1450.0	1593.0
1990	388.6	313.3	306.1	7.2		73.6	1.7	1726.0	1868.0
1991	458.5	372.9	365.3	7.6		83.3	2.3	1936.0	2096.0
1992	568.6	465.7	456.5	9.2		99.5	3.4	2260.0	2448.0
1993	747.3	612.9	600.9	12.0		122.4	12.0	2779.0	2979.0
1994	1026.9	861.5	844.0	17.5		144.3	21.1	3597.0	3923.0
1995	1283.8	1074.2	1054.8	19.4		180.0	29.6	4263.0	4620.0
1996	1525.6	1285.4	1265.3	20.1		200.8	39.4	4839.0	5229.0
1997	1790.8	1517.6	1493.0	22.7	1.9	225.2	48.0	5458.0	5890.0
二、比上年增长(%) Increace over preceding year(%)									
1980	55.1	50.2	53.6	17.9		94.4			2.2
1981	23.6	22.8	24.7			28.6		－1.1	－0.9
1982	17.3	16.5	17.8	－3.0		22.2		0.4	
1983	19.4	19.2	20.2			20.9		2.4	1.7
1984	21.5	14.3	15.3	－6.3		59.4		2.5	3.6
1985	37.2	37.2	37.7	23.3		37.3	33.3	22.1	28.0
1986	16.1	18.4	19.4	－10.8		6.5	50.0	5.1	6.8
1987	20.8	22.3	22.4	21.2		17.1	33.3	10.2	10.7
1988	32.3	28.2	27.3	65.0		46.3	87.5	22.1	17.8
1989	16.0	17.3	17.3	13.6		11.3	－6.7	9.7	9.6
1990	22.4	23.9	24.6	－4.0		24.5	21.4	19.0	17.3
1991	18.0	19.0	19.3	5.6		13.2	35.3	12.2	12.8
1992	24.0	24.9	25.0	21.1		19.4	47.8	16.7	16.8
1993	31.4	31.6	31.6	30.4		23.0	252.9	23.0	21.7
1994	37.4	40.6	40.4	45.8		17.9	75.8	29.4	31.7
1995	25.0	24.7	25.0	10.9		24.7	40.3	18.5	17.8
1996	18.8	19.7	20.0	3.6		11.6	33.1	13.5	13.2
1997	17.4	18.1	18.0	12.9		12.2	21.8	12.8	12.6

注：1.本表数字不包括离休、退休、退职职工的丧葬抚恤救济费和医疗卫生费。

2.本表1985－1988年的数字不包括根据1985年有关规定发给离休、退休、退职职工的肉类等价格补贴。

a) Excluding funeral expeneses and pensions for survior, medical expenses and health care.

b) Figures of 1985－1988 exclude price subsidies.

10－10 分地区分经济类型保险福利费用总额
TOTAL SOCIAL INSURANCE AND WELFARE FUNDS BY REGION AND OWNERSHIP

单位：亿元 (100 million yuan)

地 区 Region	合 计 Total			1.国有经济单位 State－owned Units		
	1996	1997	1997年比1996年增长(%) Increase Rate of 1997 over 1996 (%)	1996	1997	1997年比1996年增长(%) Increase Rate of 1997 over 1996 (%)
全国总计 National	**2705.2**	**3018.9**	**11.6**	**2276.5**	**2554.2**	**12.2**
北 京 Beijing	125.8	166.4	32.3	105.8	140.9	33.2
天 津 Tianjin	74.3	87.2	17.4	61.0	71.1	16.7
河 北 Hebei	112.1	122.1	8.9	99.1	108.9	9.9
山 西 Shanxi	63.1	69.5	10.0	58.6	64.4	9.9
内蒙古 Inner Mongolia	41.5	41.4	－0.2	37.5	37.6	o.3
辽 宁 Liaoning	165.3	189.0	14.3	136.1	159.0	16.8
吉 林 Jilin	63.4	70.4	11.0	55.9	62.8	12.3
黑龙江 Heilongjiang	100.8	107.8	6.9	94.5	101.5	7.4
上 海 Shanghai	245.5	252.6	2.9	187.4	193.1	3.0
江 苏 Jiangsu	201.3	225.8	12.2	143.5	164.3	14.5
浙 江 Zhejiang	118.3	133.3	12.7	88.6	100.7	13.7
安 徽 Anhui	77.0	86.9	12.9	65.8	69.8	6.1
福 建 Fujian	51.3	57.4	11.9	42.8	47.3	10.5
江 西 Jiangxi	45.4	52.7	16.1	40.6	48.1	18.5
山 东 Shandong	148.0	167.6	13.2	114.0	135.1	18.5
河 南 Henan	99.6	116.5	17.0	89.9	106.8	18.8
湖 北 Hubei	107.6	113.4	5.4	92.6	96.0	3.7
湖 南 Hunan	102.3	108.7	6.3	88.9	95.4	7.3
广 东 Guangdong	208.0	222.9	7.2	167.4	178.4	6.6
广 西 Guangxi	53.6	58.6	9.3	47.2	51.1	8.3
海 南 Hainan	17.2	17.3	0.6	16.0	16.1	0.6
重 庆 Chongqing		61.4			53.5	
四 川 Sichuan	174.6	130.3		151.3	111.4	
贵 州 Guizhou	38.6	44.3	14.8	37.1	42.4	14.3
云 南 Yunnan	75.2	89.1	18.5	70.8	83.6	18.1
西 藏 Tibet	4.7	5.4	14.9	4.7	5.4	14.9
陕 西 Shaanxi	55.1	61.7	12.0	50.0	57.1	14.2
甘 肃 Gansu	43.1	50.4	16.9	40.4	47.2	16.8
青 海 Qinghai	16.9	19.0	12.4	16.4	18.4	12.2
宁 夏 Ningxia	11.7	14.1	20.5	11.1	13.4	20.7
新 疆 Xinjiang	63.9	75.7	18.5	61.5	73.4	19.3

10－10 续表1 continued

单位：亿元 (100 million yuan)

地　区 Region	2.城镇集体经济单位 Urban Collective－owned Units			3.其他经济单位 Other Units		
	1996	1997	1997年比1996年增长(%) Increase Rate of 1997 over 1996 (%)	1996	1997	1997年比1996年增长(%) Increase Rate of 1997 over 1996 (%)
全国总计 National	**317.8**	**336.3**	**5.8**	**110.9**	**128.4**	**15.8**
北　京 Beijing	16.1	20.1	24.8	4.0	5.5	37.5
天　津 Tianjin	9.0	9.1	1.1	4.3	6.9	60.5
河　北 Hebei	11.1	11.1		2.0	2.1	5.0
山　西 Shanxi	4.3	4.6	7.0	0.2	0.3	50.0
内蒙古 Inner Mongolia	3.6	3.2	－11.1	0.3	0.6	100.0
辽　宁 Liaoning	23.6	22.0	－6.8	5.7	8.0	40.4
吉　林 Jilin	6.3	6.2	－1.6	1.2	1.5	25.0
黑龙江 Heilongjiang	5.1	5.2	2.0	1.2	1.1	－8.3
上　海 Shanghai	30.7	33.7	9.8	27.4	25.8	－5.8
江　苏 Jiangsu	45.2	48.0	6.2	12.4	13.5	8.9
浙　江 Zhejiang	23.5	24.9	6.0	6.2	7.7	24.2
安　徽 Anhui	9.0	10.2	13.3	2.3	6.9	200.0
福　建 Fujian	5.9	6.9	16.9	2.5	3.4	36.0
江　西 Jiangxi	4.6	4.2	－8.7	0.2	0.3	50.0
山　东 Shandong	23.6	23.9	1.3	10.3	8.6	－16.5
河　南 Henan	8.6	8.5	－1.2	1.0	1.2	20.0
湖　北 Hubei	11.6	13.0	12.1	3.4	4.4	29.4
湖　南 Hunan	12.4	12.5	0.8	0.9	0.8	－11.1
广　东 Guangdong	26.0	27.6	6.2	14.5	16.9	16.6
广　西 Guangxi	4.9	5.7	16.3	1.6	1.8	12.5
海　南 Hainan	0.9	0.9		0.2	0.2	
重　庆 Chongqing		6.5			1.4	
四　川 Sichuan	17.0	12.0		6.3	6.9	
贵　州 Guizhou	1.5	1.7	13.3	0.2	0.1	－50.0
云　南 Yunnan	3.8	4.7	23.7	0.5	0.9	80.0
西　藏 Tibet				0.1	0.1	
陕　西 Shaanxi	3.7	3.8	2.7	1.4	0.8	－42.9
甘　肃 Gansu	2.4	2.9	20.8	0.2	0.3	50.0
青　海 Qinghai	0.4	0.5	25.0			
宁　夏 Ningxia	0.6	0.6		0.2	0.2	
新　疆 Xinjiang	2.3	2.1	－8.7	0.2	0.2	

注：本表不包括民政部门支付的离休、退休、退职费（以下各表同）。

a) Excluding pensions for those retirees who are paid by Civil Administrative Departments (the same low).

10－11 全部职工保险福利费用构成情况

COMPOSITION OF TOTAL SOCIAL INSURANCE AND WELFARE FUNDS OF WORKERS AND EMPLOYEES

(1997)

单位: 万元 (10 000 yuan)

项　　目	Item	合　计 Total	集体福利设施及集体福利事业补贴费 Subsidies for Public Welfare & Facilities	文体宣传费 Expenses for Cultural Activitie Sports Propaganda
总　计	**Total**	**9751323.6**	**2312843.7**	**407204.4**
其中: 企业	Enterprises	6918078.0	1653170.4	260415.4
一、国有经济单位合计	**State－owned Units**	**8206093.4**	**1903841.2**	**350735.2**
(一)按隶属关系分组	**Grouped by Administrative** Relationship			
1.中央	Under Central Government	2562628.2	657145.6	115686.4
2.省、自治区、直辖市	Under Provincial Government	1823831.4	380869.0	71886.1
3.地区	Under Pefectural Government	2169547.0	499672.2	83492.5
4.县及县以下	At and Below County Level	1626847.2	361444.0	78533.1
5.其他	Others	23239.6	4710.5	1137.1
(二)按企业、事业、机关分组	**Grouped by Enterprises,** Institutions and State organs			
1.企业	Enterprises	5445025.7	1264068.9	208096.3
#地方	Local	3285379.6	700783.6	115685.4
2.事业	Institutions	1905117.1	464699.4	91113.6
#地方	Local	1586495.6	388378.5	74503.8
3.机关	State organs	855950.6	175072.8	51525.2
#地方	Local	771590.0	157533.5	44859.6
(三)按国民经济行业分组	**Grouped by Sector**			
1.农、林、牧、渔业	Farming, Forestry, Animal Husbandry and Fishery	269897.3	61491.3	12499.2
2.采掘业	Excavation	630128.3	156675.1	22593.6
3.制造业	Manufacturing	2022842.0	543311.7	64468.4
4.电力、煤气及水的生产和供应业	Power Generation, Gas and Water Production and Supply	328868.7	69471.3	22552.3
5.建筑业	Construction	371843.6	79861.0	14606.2
6.地质勘查业、水利管理业	Geological Prospecting and Water Conservancy	118489.3	23688.0	5211.6
7.交通运输、仓储及邮电通信业	Transportaion, Storage, Post and Telecommunications	770156.5	167569.8	32750.8
8.批发和零售贸易、餐饮业	Wholesale, Retail Trade and Catering	589214.4	95291.5	18340.9
9.金融、保险业	Banking and Insurance	325384.5	69080.4	19183.1
10.房地产业	Real Estate Management	76433.7	15083.3	3704.9
11.社会服务业	Social Services	259205.4	54993.7	10193.3
12.卫生、体育和社会福利业	Health Care, Sports and Social Welfare	433180.3	102626.4	21741.4
13.教育、文化艺术和广播电影电视业	Education, Culture and Arts, Radio, Film and Television	756216.5	183558.0	35731.7
14.科学研究和综合技术服务业	Scientific Research and Polytechnical Services	237365.7	62996.2	9952.9
15.国家机关、政党机关和社会团体	Government Agencies, Party Agencies and Social Organizations	857605.0	176167.6	52074.0
16.其他行业	Others	159262.3	41975.8	5130.8
二、城镇集体经济单位合计	**Urban Collective－owned Units**	**838835.0**	**175987.4**	**35430.3**
#企业	Enterprises			
三、其他各种经济单位合计	**Other Ownership Units**	**766657.1**	**156086.3**	**31280.1**
#企业	Enterprises	706395.2	233015.1	21038.9
#外商投资企业	Foreign－funded Entenprises	228639.0	76740.4	7080.6
#港、澳、台投资企业	HongKong, Mocao and Taiwan Chinese－funded	153896.9	57761.0	4716.9

10－11 续表1 continued

单位: 万元 (10 000 yuan)

项　目	Item	医疗卫生费 Medical Care	冬季取暖补贴 Subsidies for Warming in Winter	其他 Others
总　计	**Total**	**4961011.1**	**427475.5**	**1642788.9**
其中: 企业	Enterprises	3541990.2	283552.1	1178949.9
一、国有经济单位合计	**State－owned Units**	**4232349.7**	**367014.4**	**1352152.9**
(一)按隶属关系分组	**Grouped by Administrative Relationship**			
1.中央	Under Central Government	1323390.1	82208.9	384197.2
2.省、自治区、直辖市	Under Provincial Government	993839.7	78052.5	299184.2
3.地区	Under Pefectural Government	1139192.4	92103.9	355086.0
4.县及县以下	At and Below County Level	764072.7	112325.4	310472.0
5.其他	Others	11854.7	2323.8	3213.6
(二)按企业、事业、机关分组	**Grouped by Enterprises,** Institutions and State organs			
1.企业	Enterprises	2842179.7	226242.4	904438.3
#地方	Local	1733333.4	156391.8	579185.5
2.事业	Institutions	944080.2	91954.3	313269.6
#地方	Local	771990.7	82997.6	268625.0
3.机关	State organs	446089.7	48817.8	134445.0
#地方	Local	403635.5	45416.2	120145.2
(三)按国民经济行业分组	**Grouped by Sector**			
1.农、林、牧、渔业	Farming, Forestry, Animal Husbandry and Fishery	127606.4	23348.4	44952.0
2.采掘业	Excavation	327400.1	26932.2	96527.3
3.制造业	Manufacturing	1015612.9	73439.6	326009.3
4.电力、煤气及水的生产和供应业	Power Generation, Gas and Water Production and Supply	176194.4	15711.8	44938.9
5.建筑业	Construction	197463.2	16441.2	63471.9
6.地质勘查业、水利管理业	Geological Prospecting and Water Conservancy	64340.8	5063.0	20185.8
7.交通运输、仓储及邮电通信业	Transportaion, Storage, Post and Telecommunications	379395.6	30571.8	159868.5
8.批发和零售贸易、餐饮业	Wholesale, Retail Trade and Catering	338692.4	31336.7	105552.9
9.金融、保险业	Banking and Insurance	179854.7	12017.1	45249.3
10.房地产业	Real Estate Management	37780.5	2972.7	16892.3
11.社会服务业	Social Services	140126.5	9748.8	44143.2
12.卫生、体育和社会福利业	Health Care, Sports and Social Welfare	220189.5	17573.3	71049.6
13.教育、文化艺术和广播电影电视业	Education, Culture and Arts, Radio, Film and Television	372082.3	40892.2	123952.2
14.科学研究和综合技术服务业	Scientific Research and Polytechnical Services	125020.9	6932.6	32463.1
15.国家机关、政党机关和社会团体	Government Agencies, Party Agencies and Social Organizations	450771.1	46365.7	132226.6
16.其他行业	Others	79818.4	7667.3	24670.0
二、城镇集体经济单位合计	**Urban Collective－owned Units**	**431989.9**	**45278.5**	**150148.9**
#企业	Enterprises			
三、其他各种经济单位合计	**Other Ownership Units**	**403139.0**	**42127.1**	**134024.5**
#企业	Enterprises	296671.5	15182.6	140487.1
#外商投资企业	Foreign－funded Entenprises	92236.5	4442.0	48139.4
#港、澳、台投资企业	HongKong, Mocao and Taiwan Chinese－funded	60035.4	2617.6	28766.0

10－12 全部离休、退休、退职人员人数及保险福利费用构成情况

NUMBER OF RETIREES AND THEIR SOCIAL INSURANCE AND WELFARE FUNDS

(1997)

项目	Item	截至年末离休、退休、退职人员人数(千人) Number of Retirees (1 000 person)			
		合计 Total	离休人员 Termina－tion	退休人员 Retire－ment	领取定期生活费的退职人员 Resigna－tion
总计	**Total**	**33233**	**1818**	**30520**	**895**
#企业	Enterprises	25893	943	24246	703
一、国有经济单位合计	**I.State－owned Units**	**26100**	**1680**	**23804**	**616**
(一)按隶属关系分组	**(I)Grouped by Administrative Relationship**				
1.中央	1.Under Central Government	6097	396	5593	108
2.省、自治区、直辖市	2.Under Provincial Government	5956	322	5507	127
3.地区	3.Under Pefectural Government	7223	401	6674	148
4.县及县以下	4.At and Below County Level	6741	553	5958	230
5.其他	5.Others	83	8	73	3
(二)按企业、事业、机关分组	**(II)Grouped by Enterprises, Institutions and State Organs**				
1.企业	1.Enterprises	19080	816	17829	435
#地方	Local	13826	522	12963	342
2.事业	2.Institutions	4887	435	4350	102
#地方	Local	4174	361	3723	90
3.机关	3.State Organs	2132	429	1624	79
#地方	Local	2002	401	1526	76
二、城镇集体经济单位合计	**II.Urban Collective－owned Units**	**6217**	**116**	**5841**	**260**
#企业	Enterprises	5896	105	5542	249
三、其他各种经济单位合计	**III.Other Ownership Units**	**916**	**22**	**875**	**19**
#外商投资企业	Foreign－funded	105	2	101	2
#港、澳、台投资企业	Honghong, Macao and Taiwan Chinese Funded	92	2	89	2

10－12 续表1 continued

项目 Item	保险福利费用构成(万元) Social Insurance and Welfare Funds of Retirees (10000 yuan)		
	合计 Total	离休金 Pensions for Ter－mination	退休金 Retirement Pensions
总计 Total	**20437671.1**	**1625877.2**	**14239110.0**
#企业 Enterprises	14540550.7	777843.1	10453218.1
一、国有经济单位合计 I.State－owned Units	**17336138.5**	**1521251.3**	**11839341.8**
(一)按隶属关系分组 (I)Grouped by Administrative Relationship			
1.中央 1.Under Central Government	4794069.2	379193.3	3128255.1
2.省、自治区、直辖市 2.Under Provincial Government	4221120.3	330561.6	2827872.2
3.地区 3.Under Pefectural Government	4557261.4	395156.8	3163375.3
4.县及县以下 4.At and Below County Level	3712538.8	410546.3	2685752.9
5.其他 5.Others	51148.9	5793.3	34086.3
(二)按企业、事业、机关分组 (II)Grouped by Enterprises, Institutions and State Organs			
1.企业 1.Enterprises	11607020.2	682108.4	8182543.5
#地方 Local	7646796.0	424624.7	5549346.1
2.事业 2.Institutions	3885594.6	399254.6	2667802.6
#地方 Local	3198757.6	317585.2	2237818.6
3.机关 3.State Organs	1843523.7	439888.3	988995.7
#地方 Local	1696515.7	399848.1	923922.0
二、城镇集体经济单位合计 II.Urban Collective－owned Units	**2523306.1**	**84054.9**	**1978929.8**
#企业 Enterprises	2355304.0	75163.7	1849836.1
三、其他各种经济单位合计 III.Other Ownership Units	**578226.5**	**20571.0**	**420838.5**
#.外商投资企业 Foreign－funded	71493.9	1935.5	52954.7
#.港、澳、台投资企业 Honghong, Macao and Taiwan Chinese Funded	59469.5	1375.9	42353.0

10－12 续表2 continued

项　目	Item	保险福利费用构成(万元) Social Insurance and Welfare Funds of Retirees (10000 yuan)		
		退职生活费 Resignation Allowances for Living Expenses Care	医疗卫生费 Medical care	其他 Others
总　计	**Total**	**234528.5**	**2776107.3**	**1562048.1**
#企业	Enterprises	183101.4	1947203.7	1179184.5
一、国有经济单位合计	**I.State－owned Units**	**173186.7**	**2406370.6**	**1395988.1**
(一)按隶属关系分组	**(I)Grouped by Administrative Relationship**			
1.中央	1.Under Central Government	40644.6	619239.7	626736.5
2.省、自治区、直辖市	2.Under Provincial Government	38238.9	704095.4	320352.2
3.地区	3.Under Pefectural Government	41118.3	688335.8	269275.1
4.县及县以下	4.At and Below County Level	52337.8	387318.4	176583.4
5.其他	5.Others	847.0	7381.3	3040.9
(二)按企业、事业、机关分组	**(II)Grouped by Enterprises, Institutions and State Organs**			
1.企业	1.Enterprises	124589.3	1595017.8	1022761.2
#地方	Local	88226.5	1120671.1	463927.7
2.事业	2.Institutions	28634.7	530882.8	259019.8
#地方	Local	25364.9	416414.8	201574.2
3.机关	3.State Organs	19962.7	280469.9	114207.1
#地方	Local	18950.8	250045.0	103749.8
二、城镇集体经济单位合计	**II.Urban Collective－owned Units**	**55333.0**	**271831.4**	**133157.1**
#企业	Enterprises	52503.3	254280.5	123520.4
三、其他各种经济单位合计	**III.Other Ownership Units**	**6008.7**	**97905.4**	**32902.9**
#外商投资企业	Foreign－funded	789.3	12015.4	3799.0
#港、澳、台投资企业	Honghong, Macao and Taiwan Chinese Funded	606.9	11242.3	3891.5

10－13 分地区全部职工保险福利费用构成情况

COMPOSITION OF TOTAL SOCIAL INSURANCE AND WELFARE FUNDS OF WORKERS AND EMPLOYEES BY REGION

(1997)

单位: 万元　　(10 000 yuan)

地　区 Region	合　计 Total	集体福利设施及集体福利事业补贴费 Subsidies for Collective Welfare Facilities and Collective Welfare	文体宣传费 Expenses for Cultural Activities, Sports and Propaganda	医疗卫生费 Medical Care	冬季取暖补贴 Subsidies for Warming in Winter	其他 Others
全国总计 National	**9751323.6**	**2312843.7**	**407204.4**	**4961011.1**	**427475.5**	**1642788.9**
北　京 Beijing	480960.0	52413.6	16579.0	319502.6	17948.9	74515.9
天　津 Tianjin	282347.8	62556.3	7223.9	154310.2	30561.3	27696.1
河　北 Hebei	383046.5	87682.2	13452.0	192880.5	34708.5	54323.3
山　西 Shanxi	229450.7	57500.1	11977.4	107895.1	20131.4	31946.7
内蒙古 Inner Mongolia	122357.8	35854.9	4955.1	49064.9	16783.0	15699.9
辽　宁 Liaoning	518817.1	106048.4	20842.7	284929.7	36840.3	70156.0
吉　林 Jilin	241192.1	77515.3	14866.9	103092.4	13989.9	31727.7
黑龙江 Heilongjiang	300172.9	53717.4	10646.9	155312.4	30473.0	50023.2
上　海 Shanghai	842561.3	151041.1	14319.9	461530.3		215670.0
江　苏 Jiangsu	800364.4	195827.0	28868.3	436136.6	8859.1	130673.3
浙　江 Zhejiang	478332.6	103796.9	18833.2	250783.3		104919.1
安　徽 Anhui	279156.3	56854.3	15006.8	160168.9	10012.2	37114.1
福　建 Fujian	202793.9	74730.9	11137.5	77007.4	9.7	39908.4
江　西 Jiangxi	157137.1	35487.6	6546.0	68600.0	14940.3	31563.2
山　东 Shandong	563067.8	149900.7	29661.9	279393.8	37139.2	66972.2
河　南 Henan	348981.6	80178.9	20538.0	179451.3	20876.8	47936.6
湖　北 Hubei	365978.9	91973.6	16138.6	187209.8	17307.2	53349.8
湖　南 Hunan	325198.3	75820.1	14802.1	166421.5	18279.0	49875.6
广　东 Guangdong	937134.6	328574.6	41051.3	387028.2	2358.9	178121.6
广　西 Guangxi	188967.6	48434.9	9307.0	86982.4	3071.1	41172.2
海　南 Hainan	57736.5	15242.7	2880.8	26706.0		12907.0
重　庆 Chongqing	189786.1	44977.5	15455.5	96563.9		32789.2
四　川 Sichuan	373390.8	80977.4	16878.9	195694.7	9679.1	70160.7
贵　州 Guizhou	121515.0	31512.6	5640.4	59350.0	4885.0	20127.0
云　南 Yunnan	279341.9	58564.5	11447.5	145432.9	795.9	63101.1
西　藏 Tibet	17020.3	3888.3	1140.6	7323.6	2441.2	2226.6
陕　西 Shaanxi	202986.0	47552.8	8664.6	101800.6	19188.4	25779.5
甘　肃 Gansu	155306.1	39221.8	6502.4	73193.7	15588.4	20799.8
青　海 Qinghai	43807.0	7788.4	1253.7	21343.6	3542.8	9878.5
宁　夏 Ningxia	51491.4	11595.6	1899.8	26091.3	6342.4	5562.3
新　疆 Xinjiang	210923.3	45613.4	8685.7	99809.4	30722.6	26092.2
附:大连 Dalian	84864.9	16793.2	3078.5	46568.9	6676.0	11748.3
宁波 Ningbo	68103.9	12073.1	2769.2	41402.9		11858.7
厦门 Xiamen	40063.3	13350.3	2123.6	11997.4		12592.0
青岛 Qingdao	59931.0	12829.1	2794.9	31835.8	5871.5	6599.7
深圳 Shenzhen	66574.3	56411.6	1337.9	6247.8	66.8	2510.2

10－14 分地区企业单位职工保险福利费用构成情况

COMPOSITION OF TOTAL SOCIAL INSURANCE AND WELFARE FUNDS OF WORKERS AND EMPLOYEES IN ENTERPRISES BY REGION

(1997)

单位:万元 (10 000 yuan)

地区 Region	合计 Total	集体福利设施及集体福利事业补贴费 Subsidies for Collective Welfare Facilities and Collective Welfare	文体宣传费 Expenses for Cultural Activities, Sports and Propaganda	医疗卫生费 Medical Care	冬季取暖补贴 Subsidies for Warming in Winter	其他 Others
全国总计 National	**6918078.0**	**1653170.4**	**260415.4**	**3541990.2**	**283552.1**	**1178949.9**
北京 Beijing	339482.4	30683.2	10884.3	229647.5	13981.8	54285.6
天津 Tianjin	203738.9	49760.0	5045.2	105809.4	20980.5	22143.8
河北 Hebei	286365.0	67744.0	9252.5	147551.2	23759.3	38058.0
山西 Shanxi	186757.4	47150.7	8811.3	90136.7	14323.8	26334.9
内蒙古 Inner Mongolia	93986.9	29042.1	3439.5	39484.6	12258.3	9762.4
辽宁 Liaoning	406011.5	81556.7	13992.9	231878.7	24796.6	53786.6
吉林 Jilin	190712.7	72426.1	11535.3	74990.1	9567.5	22193.8
黑龙江 Heilongjiang	244291.8	42622.6	7886.3	130182.4	22447.2	41153.3
上海 Shanghai	610292.8	122317.1	9724.7	307099.6		171151.4
江苏 Jiangsu	547973.6	127581.8	16837.6	304207.9	6005.9	93340.5
浙江 Zhejiang	310745.9	61374.1	9439.7	171794.4		68137.7
安徽 Anhui	202675.6	39002.6	10736.1	119888.1	6744.3	26304.5
福建 Fujian	130485.1	47830.7	6049.1	50822.7	6.6	25776.0
江西 Jiangxi	101578.6	24597.1	3676.6	43894.1	9126.8	20284.0
山东 Shandong	424156.8	116639.2	21239.8	209132.7	27269.2	49875.9
河南 Henan	247134.5	53053.1	12851.1	132431.8	12626.4	36172.0
湖北 Hubei	252889.6	58117.4	9587.1	133948.5	11779.4	39457.3
湖南 Hunan	201849.7	48562.2	8245.2	103011.4	10250.1	31780.8
广东 Guangdong	652402.6	240148.1	23878.8	254991.1	1506.9	131877.7
广西 Guangxi	124129.7	29327.6	5183.9	60704.9	1700.4	27212.9
海南 Hainan	37953.8	9626.3	1911.6	19348.7	7067.1	
重庆 Chongqing	135474.0	30767.8	11324.7	69702.2		23679.3
四川 Sichuan	257264.6	52277.2	10295.2	138430.0	5637.7	50624.5
贵州 Guizhou	80570.3	21780.5	3422.3	40043.6	2504.8	12819.1
云南 Yunnan	174987.4	38905.9	7010.3	95378.5	414.8	33277.9
西藏 Tibet	7198.5	2059.9	624.1	2857.8	701.2	955.5
陕西 Shaanxi	133235.5	32415.8	5169.7	68407.5	11442.1	15800.4
甘肃 Gansu	113219.6	28559.3	4393.9	55928.2	9006.6	15331.6
青海 Qinghai	32073.5	5862.9	735.1	16096.9	1912.7	7465.9
宁夏 Ningxia	38130.8	9409.5	1171.8	19932.4	3662.8	3954.3
新疆 Xinjiang	150308.8	31968.9	6059.7	74256.6	19138.4	18885.2
附:大连 Dalian	66456.5	13256.5	1992.6	37684.3	4821.2	8701.9
宁波 Ningbo	43421.9	6345.1	1366.9	27165.1		8544.8
厦门 Xiamen	29004.8	9269.7	1602.8	9006.5		9125.8
青岛 Qingdao	46501.0	10411.2	1833.1	24513.7	4413.6	5329.4
深圳 Shenzhen	62063.9	54534.1	963.9	4990.9	66.8	1508.2

10－15 分地区全部离休、退休、退职人员保险福利费用构成情况

COMPOSITION OF TOTAL SOCIAL INSURANCE AND WELFARE FUNDS OF RETIREES BY REGION

(1997)

单位：万元 (10 000 yuan)

地　区 Region	合　计 Total	离休金 Pensions for Termination	退休金 Retirement Pensions	退职生活费 Resignation Allowances for Living Expenses	医疗卫生费 Medical Care	其他 Others
全国总计 National	**20437671.1**	**1625877.2**	**14239110.0**	**234528.5**	**2776107.3**	**1562048.1**
北　京 Beijing	1182770.9	97290.2	753516.1	11988.4	222248.5	97727.7
天　津 Tianjin	589643.7	33113.7	406766.7	4858.6	81230.7	63674.0
河　北 Hebei	837662.6	99559.5	580238.0	19427.8	102921.3	35516.0
山　西 Shanxi	464527.3	52866.3	305413.9	2856.2	44501.6	58889.4
内蒙古 Inner Mongolia	292131.3	27026.8	218245.6	2871.9	24749.4	19237.6
辽　宁 Liaoning	1371278.4	129702.3	944945.1	16035.7	159849.1	120746.2
吉　林 Jilin	462848.5	51834.4	333438.4	5026.3	49421.7	23127.7
黑龙江 Heilongjiang	777871.8	80570.8	564026.0	7389.4	61043.0	64842.6
上　海 Shanghai	1683475.1	50139.8	1135536.9	11405.1	346711.9	139681.4
江　苏 Jiangsu	1457510.9	114927.6	1050081.6	22086.6	202353.9	68061.1
浙　江 Zhejiang	855314.2	46488.6	580331.1	11576.2	162092.8	54825.4
安　徽 Anhui	590319.9	57475.8	410755.5	6011.2	78457.3	37620.1
福　建 Fujian	371335.5	26194.9	252156.5	4435.0	48689.2	39859.8
江　西 Jiangxi	370083.0	71811.0	243372.2	3294.7	33492.6	18112.5
山　东 Shandong	1113424.9	157265.5	711388.9	31435.4	122752.1	90583.0
河　南 Henan	816465.9	87880.2	570866.7	6360.4	94581.7	56776.9
湖　北 Hubei	767883.0	51508.7	575112.9	9158.6	91859.3	40243.5
湖　南 Hunan	761849.7	34450.0	584063.4	6080.5	88918.4	48337.4
广　东 Guangdong	1291716.9	72772.6	841955.2	10194.8	247920.9	118873.5
广　西 Guangxi	397069.1	22054.8	295830.1	3693.4	45177.8	30313.0
海　南 Hainan	114597.9	8642.5	89635.5	2948.7	10554.1	2817.1
重　庆 Chongqing	424145.0	12868.1	320184.1	3279.5	61683.1	26130.2
四　川 Sichuan	929542.5	36426.9	689650.2	8543.5	109728.6	85193.3
贵　州 Guizhou	321258.9	23779.8	237550.7	1571.0	35383.6	22973.8
云　南 Yunnan	611636.0	38660.4	407938.1	3521.5	90396.0	71120.0
西　藏 Tibet	37190.0	1004.8	32121.4	32.4	2695.6	1335.8
陕　西 Shaanxi	413871.1	40695.4	284465.5	4424.1	53597.1	30689.1
甘　肃 Gansu	349322.4	25887.5	253954.8	4757.2	31122.1	33600.8
青　海 Qinghai	145898.4	11346.0	105851.0	1512.7	12494.9	14693.8
宁　夏 Ningxia	89112.1	6599.0	65075.7	831.0	9913.3	6693.1
新　疆 Xinjiang	545914.2	55033.4	394642.2	6920.7	49565.7	39752.2
附：大连 Dalian	195795.7	17923.2	128605.6	3373.8	33495.3	12397.8
宁波 Ningbo	117520.4	4141.9	81691.6	2018.1	24198.1	5470.7
厦门 Xiamen	51270.5	3307.2	37063.2	509.7	6437.1	3953.3
青岛 Qingdao	167114.3	12503.5	119097.2	1069.2	17237.7	17206.7
深圳 Shenzhen	25273.0	1197.2	18147.5	3140.5	1541.1	1246.7

10－16 分地区企业单位离休、退休、退职人员保险福利费用构成情况
COMPOSITION OF TOTAL SOCIAL INSURANCE AND WELFARE FUNDS OF RETIREES OF ENTERPRISES BY REGION

(1997)

单位：万元 (10 000 yuan)

地区 Region		合计 Total	离休金 Pensions for Termination	退休金 Retirement Pensions	退职生活费 Resignation Allowances for Living Expenses	医疗卫生费 Medical Care	其他 Others
全国总计	**National**	**14540550.7**	**777843.1**	**10453218.1**	**183101.4**	**1947203.7**	**1179184.5**
北京	Beijing	866273.3	40906.6	587772.4	9783.8	165048.8	62761.7
天津	Tianjin	455390.0	17407.3	325923.6	4412.1	57022.4	50624.6
河北	Hebei	578596.3	43375.2	422593.6	12827.2	72204.9	27595.4
山西	Shanxi	345967.5	24425.9	234234.4	2048.1	33022.0	52237.2
内蒙古	Inner Mongolia	207672.8	12925.3	158440.2	2446.4	18111.4	15749.5
辽宁	Liaoning	1076375.8	74184.7	761666.4	13885.4	120961.7	105677.6
吉林	Jilin	332656.1	26346.9	249334.2	3799.8	36074.6	17100.6
黑龙江	Heilongjiang	619971.8	47528.5	463533.4	6433.5	47211.4	55265.0
上海	Shanghai	1331983.2	29296.9	937301.4	10220.9	246470.4	108693.6
江苏	Jiangsu	1029702.2	53044.7	766264.4	17895.5	144858.8	47638.8
浙江	Zhejiang	595374.3	19116.7	413371.4	8363.2	116370.1	38152.9
安徽	Anhui	417884.0	26939.0	299812.8	4904.7	55925.9	30301.6
福建	Fujian	229397.9	11586.8	156649.3	2785.7	32226.1	26150.0
江西	Jiangxi	227132.9	8163.4	180564.8	2703.6	22505.1	13196.0
山东	Shandong	816535.4	87912.3	543084.2	27223.8	86212.4	72102.7
河南	Henan	554457.3	36021.2	402953.4	4985.4	64089.6	46407.7
湖北	Hubei	528299.7	20639.8	405496.4	6828.9	64324.8	31009.9
湖南	Hunan	508694.9	16489.4	392589.9	4360.1	59852.4	35403.1
广东	Guangdong	867778.5	34542.8	582229.7	7838.6	168574.2	74593.1
广西	Guangxi	255935.2	8619.6	189263.3	2524.2	32320.5	23207.6
海南	Hainan	81160.5	4252.1	64482.1	2615.5	8185.0	1625.7
重庆	Chongqing	314680.8	6496.3	245412.7	2724.3	41835.5	18212.0
四川	Sichuan	625997.9	17965.7	468800.1	6159.3	71518.9	61553.9
贵州	Guizhou	201457.0	12474.7	149461.7	1061.0	22397.9	16061.7
云南	Yunnan	369970.5	16375.7	243282.0	2418.7	55450.3	52443.8
西藏	Tibet	13092.8	362.6	10909.0	20.8	1167.1	633.3
陕西	Shaanxi	280553.7	20057.1	202469.8	2739.7	33467.9	21819.3
甘肃	Gansu	256501.6	13550.4	192259.3	1938.1	21506.8	27247.0
青海	Qinghai	81734.5	4079.7	61105.8	586.8	7218.9	8743.3
宁夏	Ningxia	64076.5	2859.6	49161.1	499.3	6538.9	5017.6
新疆	Xinjiang	405245.8	39896.2	292795.3	6067.0	34529.0	31958.3
附：大连	Dalian	156864.2	10522.6	106048.5	2887.4	28582.7	8823.0
宁波	Ningbo	85942.4	1893.5	61206.2	1716.6	17135.1	3991.0
厦门	Xiamen	34964.7	1159.3	25945.7	387.4	5133.1	2339.2
青岛	Qingdao	135574.1	6174.9	100337.5	808.2	13941.4	14312.1
深圳	Shenzhen	22588.0	668.4	16056.8	3140.5	1507.1	1215.2

10－17 历年国有经济单位保险福利费用构成情况

COMPOSITION OF TOTAL SOCIAL INSURANCE AND WELFARE FUNDS OF STATE－OWNED UNITS

年 份 Year	保险福利费用总额 Social Insurance and Welfare Funds	离休、退休、退 职 费 Pensions of Retirees	丧葬抚恤救济费 Funeral Expenses and Pensions for Surviors	医疗卫生 费 Medical Care
一、绝对数(亿元) Absolute figure (100 million yuan)				
1980	116.0	40.1	3.8	36.4
1981	132.4	50.0	3.9	39.0
1982	153.8	58.9	4.0	44.4
1983	179.5	70.8	4.4	50.0
1984	210.4	81.6	4.8	55.4
1985	266.8	112.4	5.3	64.6
1986	335.5	134.2	6.4	84.9
1987	406.7	164.2	7.3	107.5
1988	533.4	209.0	9.2	151.2
1989	628.1	245.2	11.5	186.0
1990	770.1	306.1	12.9	226.4
1991	904.9	365.3	15.0	267.5
1992	1086.7	456.5	16.7	318.2
1993	1374.5	600.9	20.6	387.9
1994	1628.7	844.0	26.6	472.8
1995	1961.0	1054.9	33.3	554.7
1996	2276.5	1265.3	40.0	615.7
1997	2554.2	1493.0		663.8
二、构成(以保险福利费用总额为 100) Composition (Total funds=100)				
1980	100.0	34.6	3.3	31.4
1981	100.0	37.8	2.9	29.5
1982	100.0	38.3	2.6	28.9
1983	100.0	39.4	2.5	27.9
1984	100.0	38.8	2.3	26.4
1985	100.0	42.1	2.0	24.3
1986	100.0	40.4	1.9	25.3
1987	100.0	40.0	1.8	26.4
1988	100.0	39.2	1.7	28.3
1989	100.0	39.1	1.8	29.6
1990	100.0	39.7	1.7	29.4
1991	100.0	40.4	1.6	29.5
1992	100.0	42.0	1.5	29.3
1993	100.0	43.7	1.5	28.2
1994	100.0	51.8	1.6	29.1
1995	100.0	53.8	1.7	28.3
1996	100.0	55.6	1.8	27.1
1997	100.0	58.4		26.0

10－17 续表1 continued

年　份 Year	文体宣传费 Expenses for Cultural Activities, Sports and Propaganda	集体福利设施及集体福利事业补贴费 Subsidies for Collective Welfare Facilities and Collective Welfare	其他 Others	#上下班交通费补贴 Subsidies for Trans-portation
一、绝对数(亿元) Absolute figure (100 million yuan)				
1980	3.2	14.4	18.1	4.9
1981	2.9	16.4	20.2	5.3
1982	8.2	18.8	24.5	5.9
1983	3.3	21.5	29.5	6.3
1984	4.5	29.3	34.8	7.0
1985	4.0	32.9	46.7	8.4
1986	5.5	36.1	68.4	9.7
1987	5.9	42.6	79.2	10.9
1988	7.3	52.6	104.2	13.6
1989	8.7	58.0	118.7	16.7
1990	10.0	69.7	144.1	21.7
1991	12.3	74.3	170.5	25.4
1992	14.1	87.6	193.6	30.7
1993	16.6	108.3	240.2	41.6
1994	21.4	120.2	143.7	
1995	26.2	133.6	158.3	
1996	29.9	153.3	172.3	
1997	35.1	190.4	171.9	
二、构成(以保险福利费用总额为 100) Composition (Total funds＝100)				
1980	2.8	12.4	15.6	4.2
1981	2.2	12.4	15.2	4.0
1982	2.1	12.2	15.9	3.8
1983	1.8	12.0	16.4	3.5
1984	2.1	13.9	16.5	3.3
1985	1.8	12.3	17.5	3.1
1986	1.6	10.8	20.4	2.9
1987	1.5	10.4	19.5	2.7
1988	1.4	9.9	19.5	2.5
1989	1.4	9.2	18.9	2.7
1990	1.4	9.1	18.7	2.8
1991	1.4	8.2	18.9	2.8
1992	1.3	8.0	17.8	2.8
1993	1.2	7.9	17.5	3.0
1994	1.3	7.4	8.8	
1995	1.3	6.8	8.1	
1996	1.3	6.7	7.5	
1997	1.4	7.5	6.7	

注：离休、退休、退职费不包括离休、退休、退职人员的医疗卫生费和丧葬抚恤救济费；
　　1994年集体福利事业补贴费包括集体福利设施费的数字在内。

a) Pensions for retirees exclude medical care, funeral expenses and pensions for surviors. Subsidies for collective welfare of 1994 includ subsidies for collective welfare facilities.

10－18 分地区职工保险福利费用构成情况

(国有经济单位)

COMPOSITION OF TOTAL SOCIAL INSURANCE AND WELFARE FUNDS OF WORKERS AND EMPLYEES IN STATE－OWNED UNITS BY REGION

(1997)

单位:万元　　(10 000 yuan)

地区 Region	合计 Total	集体福利设施及集体福利事业补贴费 Subsidies for Collective Welfare Facilities and Collective Welfare	文体宣传费 Expenses for Cultural Activities, Sports and Propaganda	医疗卫生费 Medical Care	冬季取暖补贴 Subsidies for Warming in Winter	其他 Others
全国总计 National	**8206093.4**	**1903841.2**	**350735.2**	**4232349.7**	**367014.4**	**1352152.9**
北京 Beijing	416493.4	44372.1	15011.0	280364.9	15004.9	61740.5
天津 Tianjin	220330.4	40064.2	6230.0	129033.3	24379.3	20623.6
河北 Hebei	346035.7	79576.6	12554.0	175543.2	30422.3	47939.6
山西 Shanxi	213471.9	53610.4	10931.2	101555.3	17721.2	29653.8
内蒙古 Inner Mongolia	108136.5	30508.6	3888.1	45090.3	14913.5	13736.0
辽宁 Liaoning	434338.3	85662.8	17376.1	241762.6	29894.1	59642.8
吉林 Jilin	219570.4	73534.3	12362.5	94675.2	11883.1	27115.2
黑龙江 Heilongjiang	281916.1	50283.6	9884.2	147806.2	27734.9	46207.2
上海 Shanghai	642271.2	122071.4	11511.1	361212.5		147476.2
江苏 Jiangsu	588405.1	147278.3	20935.4	317724.5	7333.7	95133.2
浙江 Zhejiang	369916.1	80242.9	15506.2	196275.8		77891.2
安徽 Anhui	213163.8	42901.9	11413.8	120596.5	7641.3	30610.3
福建 Fujian	160550.7	57346.9	8226.8	63773.1	4.0	31199.9
江西 Jiangxi	146348.4	33518.0	6136.5	64289.9	13717.0	28687.0
山东 Shandong	465965.5	123261.8	25363.8	234139.6	28393.7	54806.6
河南 Henan	319506.9	72906.6	19048.9	166075.0	18078.4	43398.0
湖北 Hubei	313401.1	76698.4	14271.7	162070.4	13631.8	46728.9
湖南 Hunan	291548.7	67537.2	13559.4	150259.2	15770.1	44422.8
广东 Guangdong	727770.6	224943.4	33644.2	320649.3	1938.9	146594.9
广西 Guangxi	168242.7	43233.6	8412.0	77667.6	2718.2	36211.3
海南 Hainan	53724.2	14440.8	2672.1	24672.5		11938.9
重庆 Chongqing	169841.3	41349.6	14736.2	84793.6		28961.9
四川 Sichuan	313184.6	66312.7	14142.8	165953.2	8546.1	58229.8
贵州 Guizhou	116366.8	30184.9	5385.3	57058.0	4512.5	19226.1
云南 Yunnan	260676.2	55280.3	10964.6	135612.4	776.3	58042.6
西藏 Tibet	16636.7	3798.3	1140.1	7055.5	2431.2	2211.6
陕西 Shaanxi	190170.1	45105.1	8159.5	95598.7	17276.4	24030.3
甘肃 Gansu	143009.0	35679.9	6034.6	68190.7	13844.3	19259.5
青海 Qinghai	42251.8	7276.3	1194.9	20711.4	3396.4	9672.8
宁夏 Ningxia	49193.4	10997.3	1822.0	25119.9	5967.0	5287.2
新疆 Xinjiang	203655.9	43862.9	8216.4	97019.5	29083.8	25473.3
附:大连 Dalian	61717.1	10249.0	2235.3	34736.4	5251.9	9244.5
宁波 Ningbo	48726.1	8921.3	2372.8	29291.3		8140.7
厦门 Xiamen	27163.3	8592.7	1317.9	8391.3		8861.4
青岛 Qingdao	39873.2	9305.8	2119.2	21597.8	3666.3	3184.1
深圳 Shenzhen	27378.6	21296.3	821.0	3422.5	21.0	1817.8

10－19 分地区中央单位职工保险福利费用构成情况

(国有经济单位)

COMPOSITION OF TOTAL SOCIAL INSURANCE AND WELFARE FUNDS OF WORKERS AND EMPLOYEES IN STATE-OWNED UNITS DIRECTLY UNDER THE LEADSHIP OF CENTRAL GOVERNMENT BY REGION

(1997)

单位: 万元　　　　(10 000 yuan)

地 区	Region	合 计 Total	集体福利设施及集体福利事业补贴费 Subsidies for Collective Welfare Facilities and Collective Welfare	文体宣传费 Expenses for Cultural Activities, Sports and Propaganda	医疗卫生费 Medical Care	冬季取暖补贴 Subsidies for Warming in Winter	其他 Others
全国总计	**National**	**2562628.2**	**657145.6**	**115686.4**	**1323390.1**	**82208.9**	**384197.2**
北　京	Beijing	141873.6	13054.1	5673.4	97846.9	1931.4	23367.8
天　津	Tianjin	57074.2	9915.5	2428.1	30967.1	5466.1	8297.4
河　北	Hebei	124362.9	31896.6	5528.6	67510.6	5234.9	14192.2
山　西	Shanxi	109406.0	27843.7	5485.8	54677.4	5933.1	15466.0
内蒙古	Inner Mongolia	20842.2	4505.2	834.6	10507.7	2059.2	2935.5
辽　宁	Liaoning	185442.6	37184.4	6945.3	106389.9	5833.2	29089.7
吉　林	Jilin	102177.0	61304.1	2918.7	29644.6	1938.8	6370.8
黑龙江	Heilongjiang	123168.6	20455.1	3517.5	73784.2	5582.2	19829.6
上　海	Shanghai	192148.2	77315.5	3546.0	74526.7		36760.0
江　苏	Jiangsu	117758.0	28765.0	4193.0	63764.3	1044.4	19991.2
浙　江	Zhejiang	57805.0	14159.0	2392.8	31561.8		9691.4
安　徽	Anhui	52117.4	5215.3	2839.4	33436.7	1441.9	9184.1
福　建	Fujian	24679.1	11023.8	1348.8	8839.1		3467.4
江　西	Jiangxi	39623.8	10743.4	1642.3	16745.1	2738.2	7754.8
山　东	Shandong	168047.5	50999.2	9864.5	81623.9	6627.9	18932.0
河　南	Henan	111268.9	23362.0	6085.4	64575.6	4164.2	13081.8
湖　北	Hubei	93848.7	19857.0	4680.3	53833.3	2875.1	12603.0
湖　南	Hunan	75270.7	17388.7	3809.6	39419.5	2622.7	12030.2
广　东	Guangdong	148017.4	49380.5	5974.1	64736.6	351.3	27574.9
广　西	Guangxi	31125.2	6058.5	1817.9	17330.7	353.5	5564.6
海　南	Hainan	6164.9	1494.5	378.8	3056.7		1234.9
重　庆	Chongqing	74164.5	20912.8	9991.2	31126.6		12133.9
四　川	Sichuan	105536.3	21858.0	5276.8	57086.3	1775.9	19539.3
贵　州	Guizhou	39162.5	8181.5	2102.5	21798.9	818.9	6260.7
云　南	Yunnan	57699.0	11445.7	2720.5	33748.9	159.3	9624.6
西　藏	Tibet	4451.6	1511.4	606.4	1219.1	379.3	735.4
陕　西	Shaanxi	82554.2	21666.3	3918.9	42847.4	5127.0	8994.6
甘　肃	Gansu	64980.8	17337.3	3005.3	33033.1	2991.2	8613.9
青　海	Qinghai	19829.5	3371.9	434.5	9529.4	681.2	5812.5
宁　夏	Ningxia	16262.0	3582.4	647.3	9942.1	810.5	1279.8
新　疆	Xinjiang	115765.9	25357.2	5078.1	58279.9	13267.5	13783.2

10－20 分地区省、自治区、直辖市直属单位职工保险福利费用构成情况

（国有经济单位）

COMPOSITION OF TOTAL SOCIAL INSURANCE AND WELFARE FUNDS OF WORKERS AND EMPLOYEES IN STATE－OWNED UNITS DIRECTLY UNDER THE PROVINCIAL GOVERNMENT BY REGION

(1997)

单位：万元 (10 000 yuan)

地　区 Region	合　计 Total	集体福利设施及集体福利事业补贴费 Subsidies for Collective Welfare Facilities and Collective Welfare	文体宣传费 Expenses for Cultural Activities, Sports and Propaganda	医疗卫生费 Medical Care	冬季取暖补贴 Subsidies for Warming in Winter	其　他 Others
全国总计　National	**1823831.4**	**380869.0**	**71886.1**	**993839.7**	**78052.5**	**299184.2**
北　京　Beijing	260003.8	30492.9	8650.4	172505.4	11135.3	37219.8
天　津　Tianjin	163256.2	30148.7	3801.9	98066.2	18913.2	12326.2
河　北　Hebei	45889.8	12606.6	1667.5	22452.2	3446.8	5716.7
山　西　Shanxi	41378.9	11003.2	2221.0	19619.5	3323.3	5211.9
内蒙古　Inner Mongolia	25821.8	9625.4	910.0	10699.4	2676.0	1911.0
辽　宁　Liaoning	20905.1	4043.8	1208.3	11472.0	1596.8	2584.2
吉　林　Jilin	37827.7	4350.3	4469.7	23025.3	1017.6	4964.8
黑龙江　Heilongjiang	70395.8	13198.8	3173.3	32116.5	9355.2	12552.0
上　海　Shanghai	288020.6	29943.2	5597.2	179208.3		73271.9
江　苏　Jiangsu	65090.0	21958.3	2381.0	29357.0	826.5	10567.2
浙　江　Zhejiang	37132.0	12004.5	1406.7	15669.2		8051.6
安　徽　Anhui	36055.7	9180.3	2123.6	19453.9	975.2	4322.7
福　建　Fujian	27573.6	10322.8	1610.0	11369.0		4271.8
江　西　Jiangxi	32146.0	8309.3	1109.5	14179.1	2589.1	5959.0
山　东　Shandong	48000.7	11562.4	3005.3	24972.1	1793.0	6667.9
河　南　Henan	29143.0	5185.2	1736.3	17430.1	1121.3	3670.1
湖　北　Hubei	33961.3	6157.9	1735.7	20694.0	1431.2	3942.5
湖　南　Hunan	53711.0	14338.1	2501.0	26164.1	2821.4	7886.4
广　东　Guangdong	108762.3	30979.0	5211.6	47969.8	190.3	24411.7
广　西　Guangxi	34748.2	7183.8	1409.1	18201.9	293.0	7660.4
海　南　Hainan	28941.2	7893.6	1598.5	14457.4		4991.6
重　庆　Chongqing	46305.4	10048.4	2286.5	27098.7		6871.8
四　川　Sichuan	32152.4	7258.7	1457.4	17445.8	444.5	5546.0
贵　州　Guizhou	29082.2	9814.1	1252.1	12781.5	1042.1	4192.4
云　南　Yunnan	80414.4	22971.4	3832.6	37491.1	237.7	15881.6
西　藏　Tibet	5764.9	1297.7	213.8	2475.1	813.4	964.9
陕　西　Shaanxi	39463.8	10998.1	1468.3	20456.4	2892.5	3648.4
甘　肃　Gansu	38572.3	11168.4	1511.2	18069.9	3239.5	4583.3
青　海　Qinghai	11799.6	2693.9	531.1	5811.7	1078.0	1684.9
宁　夏　Ningxia	20841.5	4989.1	685.8	10690.2	2059.8	2416.6
新　疆　Xinjiang	30670.3	9141.1	1119.7	12436.8	2739.9	5232.8

10－21 分地区地区直属单位职工保险福利费用构成情况

(国有经济单位)

COMPOSITION OF TOTAL SOCIAL INSURANCE AND WELFARE FUNDS OF WORKERS AND EMPLOYEES IN STATE－OWNED UNITS DIRECTLY UNDER THE PEFECTURAL GOVERNMENT BY REGION

(1997)

单位: 万元 (10 000 yuan)

地 区 Region	合计 Total	集体福利设施及集体福利事业补贴费 Subsidies for Collective Welfare Facilities and Collective Welfare	文体宣传费 Expenses for Cultural Activities, Sports and Propaganda	医疗卫生费 Medical Care	冬季取暖补贴 Subsidies for Warming in Winter	其他 Others
全国总计 National	**2169547.0**	**499672.2**	**83492.5**	**1139192.4**	**92103.9**	**355086.0**
北 京 Beijing						
天 津 Tianjin						
河 北 Hebei	104469.2	20619.0	3236.5	53994.6	12100.6	14518.5
山 西 Shanxi	34189.3	8232.0	1697.1	15740.9	3900.6	4618.7
内蒙古 Inner Mongolia	35499.3	10750.9	1076.7	15085.5	4874.7	3711.5
辽 宁 Liaoning	175340.9	34713.6	6462.3	100537.0	14049.1	19579.0
吉 林 Jilin	51247.6	4670.0	3786.8	28474.7	4131.6	10184.5
黑龙江 Heilongjiang	62923.6	13593.2	2111.6	32211.8	5945.0	9062.0
上 海 Shanghai	136747.2	12135.3	1895.2	92291.0		30425.7
江 苏 Jiangsu	224956.2	54918.4	7518.7	121983.8	2966.4	37568.8
浙 江 Zhejiang	134350.1	23164.4	4993.1	79678.8		26513.9
安 徽 Anhui	80904.3	17715.5	4240.9	46590.9	2874.1	9482.9
福 建 Fujian	55073.3	17836.8	2491.8	21350.5	4.0	13390.3
江 西 Jiangxi	32023.7	6311.9	1451.2	14726.6	2825.3	6708.7
山 东 Shandong	137781.8	32629.8	7067.1	74191.7	9547.0	14346.2
河 南 Henan	98572.3	23436.2	4048.1	49859.6	5022.2	16206.3
湖 北 Hubei	111575.8	32394.3	4292.6	52657.9	4264.4	17966.5
湖 南 Hunan	84360.5	17216.5	3082.9	48569.8	3699.9	11791.4
广 东 Guangdong	306376.9	98510.6	12373.9	135073.7	576.0	59842.8
广 西 Guangxi	52697.2	18136.7	2390.7	19153.8	700.4	12315.6
海 南 Hainan	5751.3	1597.4	229.4	2670.2		1254.3
重 庆 Chongqing	9804.2	2088.1	419.0	6020.9		1276.2
四 川 Sichuan	84055.7	17027.6	3140.9	47016.3	2689.2	14181.7
贵 州 Guizhou	21871.5	6470.3	774.7	10424.4	1026.3	3175.8
云 南 Yunnan	38949.9	8740.6	1394.1	21410.5	77.1	7327.6
西 藏 Tibet	3566.6	439.8	122.9	2153.8	593.0	257.1
陕 西 Shaanxi	34216.0	6381.1	1384.0	19392.2	3302.0	3756.7
甘 肃 Gansu	16863.3	3455.6	614.4	8228.4	2531.9	2033.0
青 海 Qinghai	4851.3	595.7	86.8	2886.1	539.4	743.3
宁 夏 Ningxia	4981.3	1184.5	216.0	2214.3	810.2	556.3
新 疆 Xinjiang	25546.6	4706.4	893.2	14602.7	3053.6	2290.7
附:大 连 Dalian	51742.5	9559.5	1718.9	29451.7	3223.6	7788.8
宁 波 Ningbo	28738.3	4163.8	1224.3	18731.7		4618.5
厦 门 Xiamen	27163.3	8592.7	1317.9	8391.3		8861.4
青 岛 Qingdao	39873.2	9305.8	2119.2	21597.8	3666.3	3184.1
深 圳 Shenzhen	27378.6	21296.3	821.0	3422.5	21.0	1817.8

10－22 分地区县及县以下直属单位职工保险福利费用构成情况

(国有经济单位)

COMPOSITION OF TOTAL SOCIAL INSURANCE AND WELFARE FUNDS OF WORKERS AND EMPLOYEES IN STATE－OWNED UNITS AT AND BELOW COUNTY LEVEL GOVERNMENT BY REGION

(1997)

单位: 万元　　　　(10 000 yuan)

地　区 Region		合　计 Total	集体福利设施及集体福利事业补贴费 Subsidies for Collective Welfare Facilities and Collective Welfare	文体宣传费 Expenses for Cultural Activities, Sports and Propaganda	医疗卫生费 Medical Care	冬季取暖补贴 Subsidies for Warming in Winter	其　他 Others
全国总计	**National**	**1626847.2**	**361444.0**	**78533.1**	**764072.7**	**112325.4**	**310472.0**
北　京	Beijing	14616.0	825.1	687.2	10012.6	1938.2	1152.9
天　津	Tianjin						
河　北	Hebei	70905.9	14333.7	2106.3	31418.3	9608.7	13438.9
山　西	Shanxi	28494.3	6529.4	1527.3	11516.7	4563.7	4357.2
内蒙古	Inner Mongolia	25951.8	5611.6	1066.1	8793.4	5303.5	5177.2
辽　宁	Liaoning	43200.3	9069.5	2246.8	18362.8	6501.4	7019.8
吉　林	Jilin	28200.2	3208.8	1187.1	13507.3	4715.7	5581.3
黑龙江	Heilongjiang	25104.5	2908.2	1058.9	9671.2	6755.0	4711.2
上　海	Shanghai	24767.0	2617.8	465.6	14922.2		6761.4
江　苏	Jiangsu	179002.3	40831.5	6789.1	101995.6	2480.0	26906.1
浙　江	Zhejiang	140629.0	30914.9	6713.6	69366.0		33634.4
安　徽	Anhui	39859.0	9266.7	2050.8	19199.5	2182.2	7159.8
福　建	Fujian	53222.0	18162.3	2776.2	22214.3		10069.2
江　西	Jiangxi	42554.9	8153.4	1933.5	18639.1	5564.4	8264.5
山　东	Shandong	112135.5	28070.4	5426.9	53351.9	10425.8	14860.5
河　南	Henan	80508.2	20919.9	7179.2	34201.8	7768.9	10438.5
湖　北	Hubei	74004.6	18287.7	3560.9	34880.1	5060.3	12215.6
湖　南	Hunan	78191.1	18592.5	4164.7	36099.1	6624.4	12710.4
广　东	Guangdong	164371.4	45915.7	10072.5	72804.3	821.3	34757.6
广　西	Guangxi	49672.1	11854.6	2794.3	22981.2	1371.3	10670.7
海　南	Hainan	12328.7	3372.5	437.1	4175.0		4344.1
重　庆	Chongqing	39567.2	8300.3	2039.5	20547.4		8680.0
四　川	Sichuan	85937.1	19070.5	3954.4	41047.5	3634.3	18230.4
贵　州	Guizhou	26226.2	5715.2	1253.4	12043.0	1621.0	5593.6
云　南	Yunnan	83553.5	12094.2	3015.7	42938.7	302.2	25202.7
西　藏	Tibet	2852.7	549.0	197.0	1207.2	645.3	254.2
陕　西	Shaanxi	33846.0	6035.7	1384.5	12859.6	5948.9	7617.3
甘　肃	Gansu	22592.6	3718.6	903.7	8859.3	5081.7	4029.3
青　海	Qinghai	5771.4	614.8	142.5	2484.2	1097.8	1432.1
宁　夏	Ningxia	7108.6	1241.3	272.9	2273.3	2286.6	1034.5
新　疆	Xinjiang	31673.1	4658.2	1125.4	11700.1	10022.8	4166.6

10－23 分地区其他隶属关系单位职工保险福利费用构成情况

(国有经济单位)

COMPOSITION OF TOTAL SOCIAL INSURANCE AND WELFARE FUNDS OF WORKERS AND EMPLOYEES IN OTHER STATE－OWNED UNITS BY REGION

(1997)

单位: 万元　　　　(10 000 yuan)

地 区 Region	合 计 Total	集体福利设施及集体福利事业补贴费 Subsidies for Collective Welfare Facilities and Collective Welfare	文体宣传费 Expenses for Cultural Activities, Sports and Propaganda	医疗卫生费 Medical Care	冬季取暖补贴 Subsidies for Warming in Winter	其 他 Others
全国总计 National	**23239.6**	**4710.5**	**1137.1**	**11854.7**	**2323.8**	**3213.6**
北 京 Beijing						
天 津 Tianjin						
河 北 Hebei	407.9	120.7	15.1	167.5	31.3	73.3
山 西 Shanxi	3.4	2.1		0.8	0.5	
内蒙古 Inner Mongolia	21.4	15.5	0.7	4.3	0.1	0.8
辽 宁 Liaoning	9449.4	651.5	513.4	5000.8	1913.6	1370.1
吉 林 Jilin	117.9	1.1	0.2	23.3	79.5	13.8
黑龙江 Heilongjiang	323.6	128.3	22.9	22.5	97.5	52.4
上 海 Shanghai	588.2	59.6	7.1	264.3		257.2
江 苏 Jiangsu	1598.7	805.0	53.6	623.8	16.4	99.9
浙 江 Zhejiang						
安 徽 Anhui	4227.4	1524.1	159.1	1915.5	167.9	460.8
福 建 Fujian	2.6	1.3		0.2		1.1
江 西 Jiangxi						
山 东 Shandong						
河 南 Henan	14.4	3.4		7.9	1.8	1.3
湖 北 Hubei	10.7	1.6	2.1	5.0	0.8	1.2
湖 南 Hunan	15.4	1.4	1.2	6.7	1.7	4.4
广 东 Guangdong	242.5	157.6	12.2	64.8		7.9
广 西 Guangxi						
海 南 Hainan	538.1	82.8	28.2	313.2		113.9
重 庆 Chongqing						
四 川 Sichuan	5503.1	1097.9	313.3	3357.3	2.2	732.4
贵 州 Guizhou	24.4	3.8	2.6	10.2	4.2	3.6
云 南 Yunnan	59.4	28.4	1.7	23.2		6.1
西 藏 Tibet	0.9	0.4		0.3	0.2	
陕 西 Shaanxi	90.2	24.0	3.7	43.1	6.0	13.4
甘 肃 Gansu						
青 海 Qinghai						
宁 夏 Ningxia						
新 疆 Xinjiang						

10－24 分地区企业单位职工保险福利费用构成情况

(国有经济单位)

COMPOSITION OF TOTAL SOCIAL INSURANCE AND WELFARE FUNDS OF WORKERS AND EMPLOYEES IN STATE－OWNED ENTERPRISES BY REGION

(1997)

单位:万元 (10 000 yuan)

地区 Region	合计 Total	集体福利设施及集体福利事业补贴费 Subsidies for Collective Welfare Facilities and Collective Welfare	文体宣传费 Expenses for Cultural Activities, Sports and Propaganda	医疗卫生费 Medical Care	冬季取暖补贴 Subsidies for Warming in Winter	其他 Others
全国总计 National	**5445025.7**	**1264068.9**	**208096.3**	**2842179.7**	**226242.4**	**904438.3**
北京 Beijing	277336.5	23029.4	9370.4	191817.2	11143.6	41975.9
天津 Tianjin	142215.5	27298.0	4077.0	80820.3	14879.8	15140.4
河北 Hebei	250763.3	60101.8	8392.3	130724.8	19652.3	31892.1
山西 Shanxi	171545.1	43409.1	7822.5	84065.4	12028.7	24219.4
内蒙古 Inner Mongolia	80044.3	23744.7	2388.8	35609.7	10445.7	7855.4
辽宁 Liaoning	323479.7	61644.6	10614.6	189554.3	18075.0	43591.2
吉林 Jilin	171228.3	68595.2	9485.8	66826.2	7563.4	18757.6
黑龙江 Heilongjiang	228308.3	40043.6	7321.2	123396.3	20035.3	37511.9
上海 Shanghai	415966.1	94406.2	7092.5	208829.6		105637.8
江苏 Jiangsu	351523.3	83206.0	9606.5	192955.3	4686.7	61068.8
浙江 Zhejiang	209025.1	39352.2	6421.3	120212.0		43039.7
安徽 Anhui	139504.4	25635.5	7252.0	81743.2	4616.0	20257.7
福建 Fujian	91846.1	32309.8	3702.3	38346.7	0.9	17486.3
江西 Jiangxi	91577.8	22719.5	3290.7	39918.4	8010.4	17638.8
山东 Shandong	330289.5	90773.3	17136.4	165272.7	18894.7	38212.4
河南 Henan	218756.9	46081.8	11438.4	119420.0	9997.5	31819.2
湖北 Hubei	202155.6	43252.8	7873.3	109672.8	8253.4	33103.3
湖南 Hunan	170954.8	40809.7	7134.1	88288.6	8020.2	26702.2
广东 Guangdong	450187.3	140600.8	16727.0	190600.6	1126.1	101132.8
广西 Guangxi	103842.8	24202.9	4301.9	51618.4	1350.9	22368.7
海南 Hainan	34025.5	8829.5	1707.3	17360.8		6127.9
重庆 Chongqing	117358.9	27637.2	10753.5	58767.6		20200.6
四川 Sichuan	199766.4	38151.9	7694.2	109955.6	4567.3	39397.4
贵州 Guizhou	75680.5	20498.6	3189.6	37885.6	2150.1	11956.6
云南 Yunnan	158074.6	35835.4	6551.3	86278.5	396.6	29012.8
西藏 Tibet	6814.9	1969.9	623.6	2589.7	691.2	940.5
陕西 Shaanxi	121342.5	30108.6	4710.3	62542.9	9694.4	14286.2
甘肃 Gansu	101533.6	25243.4	3962.2	51076.6	7376.9	13874.5
青海 Qinghai	30531.7	5353.5	676.6	15472.1	1767.4	7262.1
宁夏 Ningxia	35848.0	8811.7	1094.6	18971.5	3290.3	3679.8
新疆 Xinjiang	143498.3	30412.2	5684.1	71586.4	17527.4	18288.2
附:大连 Dalian	43480.9	6730.5	1166.4	25946.2	3410.5	6227.3
宁波 Ningbo	25051.2	3326.8	1015.0	15678.4		5031.0
厦门 Xiamen	16275.8	4636.4	799.6	5420.6		5419.2
青岛 Qingdao	26963.8	6947.8	1173.9	14579.4	2301.3	1961.4
深圳 Shenzhen	22868.2	19418.8	447.0	2165.6	21.0	815.8

10－25 分地区地方企业职工保险福利费用构成情况

(国有经济单位)

COMPOSITION OF TOTAL SOCIAL INSURANCE AND WELFARE FUNDS OF WORKERS AND EMPLOYEES IN LOCAL STATE－OWNED ENTERPRISES BY REGION

(1997)

单位:万元 (10 000 yuan)

地 区 Region	合 计 Total	集体福利设施及集体福利事业补贴费 Subsidies for Collective Welfare Facilities and Collective Welfare	文体宣传费 Expenses for Cultural Activities, Sports and Propaganda	医疗卫生费 Medical Care	冬季取暖补贴 Subsidies for Warming in Winter	其他 Others
全国总计 National	**3285379.6**	**700783.6**	**115685.4**	**1733333.4**	**156391.8**	**579185.5**
北 京 Beijing	191916.4	16898.2	6560.6	133962.2	9761.4	24734.0
天 津 Tianjin	97822.8	20622.3	2127.1	57133.8	10416.6	7523.0
河 北 Hebei	137356.9	30724.6	3495.5	68780.8	14958.7	19397.3
山 西 Shanxi	66550.7	16514.5	2759.0	31511.5	6444.6	9321.1
内蒙古 Inner Mongolia	61835.6	20069.2	1709.5	26009.3	8570.5	5477.1
辽 宁 Liaoning	152029.4	27836.4	4695.8	89579.7	12727.3	17190.2
吉 林 Jilin	79972.9	8924.6	7545.1	42749.3	6068.2	14685.6
黑龙江 Heilongjiang	111022.2	21079.4	4139.7	52081.9	15085.0	18636.2
上 海 Shanghai	264867.1	23876.9	4558.3	159925.8		76506.1
江 苏 Jiangsu	260092.7	61532.7	6894.6	143126.7	3923.3	44615.5
浙 江 Zhejiang	157725.6	26229.4	4476.3	92794.1		34225.8
安 徽 Anhui	97240.2	22318.8	4913.9	54549.4	3509.3	11948.8
福 建 Fujian	73274.5	23844.9	2834.9	31362.9	0.9	15230.9
江 西 Jiangxi	61070.9	12959.3	2014.1	28635.6	5724.7	11737.2
山 东 Shandong	172362.5	42717.4	8014.3	88751.4	12623.8	20255.6
河 南 Henan	120469.7	26973.9	6185.7	60355.9	7082.0	19872.1
湖 北 Hubei	132058.7	31583.0	4529.2	66584.6	6015.8	23346.1
湖 南 Hunan	108108.2	26206.5	4351.2	54955.9	6087.5	16507.1
广 东 Guangdong	329859.6	99660.1	12373.3	138363.2	870.3	78592.8
广 西 Guangxi	78469.2	19494.0	2871.2	37023.3	1088.7	17992.0
海 南 Hainan	29727.7	7905.6	1420.8	15097.7		5303.5
重 庆 Chongqing	54805.5	10576.2	1737.5	32741.7		9750.1
四 川 Sichuan	110414.4	20682.2	3530.6	61321.8	2946.2	21933.6
贵 州 Guizhou	40881.2	13365.5	1454.4	18100.1	1580.8	6380.4
云 南 Yunnan	115896.7	27102.6	4561.8	59632.4	244.3	24355.6
西 藏 Tibet	3412.8	696.5	111.5	1683.3	434.6	486.9
陕 西 Shaanxi	58220.6	14269.3	2032.8	28964.3	5890.2	7064.1
甘 肃 Gansu	44551.4	10674.7	1519.1	21316.3	4867.1	6174.2
青 海 Qinghai	11898.4	2188.8	315.2	6471.0	1253.3	1670.1
宁 夏 Ningxia	21809.9	5594.3	588.3	10442.8	2614.5	2570.0
新 疆 Xinjiang	39655.2	7661.7	1364.2	19324.8	5602.1	5702.4
附:大 连 Dalian	43480.9	6730.5	1166.4	25946.2	3410.5	6227.3
宁 波 Ningbo	25051.2	3326.8	1015.0	15678.4		5031.0
厦 门 Xiamen	16275.8	4636.4	799.6	5420.6		5419.2
青 岛 Qingdao	26963.8	6947.8	1173.9	14579.4	2301.3	1961.4
深 圳 Shenzhen	22868.2	19418.8	447.0	2165.6	21.0	815.8

10－26 分地区事业单位职工保险福利费用构成情况

(国有经济单位)

COMPOSITION OF TOTAL SOCIAL INSURANCE AND WELFARE FUNDS OF WORKERS AND EMPLOYEES IN STATE-OWNED INSTITUTIONS BY REGION

(1997)

单位: 万元　　　　(10 000 yuan)

地　区 Region		合　计 Total	集体福利设施及集体福利事业补贴费 Subsidies for Collective Welfare Facilities and Collective Welfare	文体宣传费 Expenses for Cultural Activities, Sports and Propaganda	医疗卫生费 Medical Care	冬季取暖补贴 Subsidies for Warming in Winter	其　他 Others
全国总计	**National**	**1905117.1**	**464699.4**	**91113.6**	**944080.2**	**91954.3**	**313269.6**
北　京	Beijing	102746.8	17796.2	4456.2	63039.4	2568.2	14886.8
天　津	Tianjin	61626.2	10925.6	1671.9	37182.2	7570.9	4275.6
河　北	Hebei	64104.3	13629.6	2687.1	30333.6	6608.2	10845.8
山　西	Shanxi	27709.9	7218.1	2047.5	11342.6	3489.0	3612.7
内蒙古	Inner Mongolia	19890.0	5413.8	982.9	6522.8	3155.9	3814.6
辽　宁	Liaoning	78355.5	18692.2	4583.9	35186.7	7761.8	12130.8
吉　林	Jilin	31763.8	4023.8	2229.3	17728.0	2721.5	5061.3
黑龙江	Heilongjiang	35911.5	6944.8	1413.2	16853.6	4961.1	5738.8
上　海	Shanghai	184143.3	24857.9	3346.5	121846.2		34092.7
江　苏	Jiangsu	168973.6	48425.5	7515.3	85832.9	1931.8	25268.1
浙　江	Zhejiang	107191.8	28832.3	6108.6	48572.1		23678.8
安　徽	Anhui	49036.7	12260.0	2623.6	25657.3	1741.1	6754.7
福　建	Fujian	45406.2	16611.8	2480.1	17381.3	3.1	8930.0
江　西	Jiangxi	35307.8	7684.6	1800.6	14501.0	4019.9	7301.7
山　东	Shandong	84658.6	21604.4	4663.0	41414.6	5330.8	11645.8
河　南	Henan	59863.5	16936.8	4009.4	25981.0	5148.9	7787.4
湖　北	Hubei	82072.7	27391.2	4312.6	37035.7	3683.5	9649.8
湖　南	Hunan	81622.5	18432.8	4208.8	42461.5	4802.2	11717.2
广　东	Guangdong	182007.2	56130.9	9432.8	86280.0	513.8	29649.7
广　西	Guangxi	43702.0	13153.9	2466.6	17230.8	871.2	9979.5
海　南	Hainan	11404.8	2840.3	569.2	4804.8		3190.4
重　庆	Chongqing	34956.0	10144.1	2215.9	16403.9		6192.1
四　川	Sichuan	74200.7	20749.9	4283.1	35049.3	2118.4	12000.0
贵　州	Guizhou	26735.1	6813.8	1452.1	12313.2	1486.7	4669.3
云　南	Yunnan	69469.8	14017.2	2728.4	31777.8	299.9	20646.5
西　藏	Tibet	5763.1	1156.9	305.1	2544.0	935.3	821.8
陕　西	Shaanxi	51560.4	12325.1	2730.0	23822.3	5542.7	7140.1
甘　肃	Gansu	27730.7	7182.5	1454.8	11454.8	4047.3	3591.3
青　海	Qinghai	8223.0	1569.5	401.3	3537.1	1006.0	1709.1
宁　夏	Ningxia	8647.7	1411.7	391.2	3989.4	1835.4	1019.9
新　疆	Xinjiang	40332.1	9522.3	1542.5	16000.3	7799.8	5467.2
附: 大连	Dalian	13600.1	2700.9	827.3	6218.2	1360.5	2493.2
宁波	Ningbo	16015.8	3966.5	978.3	8617.3		2453.6
厦门	Xiamen	8848.2	3374.6	359.2	2315.0		2799.4
青岛	Qingdao	9076.0	1847.8	607.6	4753.0	956.0	911.6
深圳	Shenzhen	2312.7	797.0	139.5	1127.5		248.7

10－27 分地区地方事业单位职工保险福利费用构成情况

(国有经济单位)

COMPOSITION OF TOTAL SOCIAL INSURANCE AND WELFARE FUNDS OF WORKERS AND EMPLOYEES IN LOCAL STATE INSTITUTIONS BY REGION

(1997)

单位: 万元 (10 000 yuan)

地区 Region	合计 Total	集体福利设施及集体福利事业补贴费 Subsidies for Collective Welfare Facilities and Collective Welfare	文体宣传费 Expenses for Cultural Activities, Sports and Propaganda	医疗卫生费 Medical Care	冬季取暖补贴 Subsidies for Warming in Winter	其他 Others
全国总计 National	**1586495.6**	**388378.5**	**74503.8**	**771990.7**	**82997.6**	**268625.0**
北京 Beijing	58048.7	11057.0	1869.0	32865.1	2158.2	10099.4
天津 Tianjin	50685.8	8086.4	1291.5	30890.2	6684.4	3733.3
河北 Hebei	56100.5	11950.8	2258.8	26112.8	6229.6	9548.5
山西 Shanxi	24206.2	6543.9	1742.7	9558.0	3212.8	3148.8
内蒙古 Inner Mongolia	17810.2	4685.5	870.9	5745.1	3011.6	3497.1
辽宁 Liaoning	68903.2	16259.9	4032.5	30587.4	7488.6	10534.8
吉林 Jilin	23351.8	2651.0	1428.0	12911.2	2416.1	3945.6
黑龙江 Heilongjiang	32505.8	5844.2	1291.1	15479.6	4626.3	5264.6
上海 Shanghai	143983.4	18131.5	2367.6	96970.7		26513.6
江苏 Jiangsu	147780.8	42220.6	6590.1	74569.9	1702.5	22697.7
浙江 Zhejiang	101806.4	27916.2	5775.7	45217.2		22897.2
安徽 Anhui	40302.5	10652.4	2255.4	19799.9	1518.2	6076.6
福建 Fujian	41484.4	15114.7	2219.2	15899.5	3.1	8247.9
江西 Jiangxi	31191.8	6878.8	1532.4	12534.3	3665.4	6580.9
山东 Shandong	76853.1	19435.2	4139.8	37317.1	5053.0	10908.0
河南 Henan	50240.8	13680.6	3553.5	21802.0	4199.5	7005.2
湖北 Hubei	61224.2	19788.5	3283.4	27756.1	3184.4	7211.8
湖南 Hunan	72832.4	16520.7	3423.9	37905.6	4387.8	10594.4
广东 Guangdong	161226.9	50046.3	8358.6	76762.0	435.7	25624.2
广西 Guangxi	38958.9	12105.6	2156.5	14911.7	797.0	8988.1
海南 Hainan	9869.0	2344.0	494.4	4173.2		2857.3
重庆 Chongqing	26378.4	7286.6	1700.4	12443.7		4947.7
四川 Sichuan	60989.1	17191.2	3462.6	27962.4	2002.3	10370.6
贵州 Guizhou	23546.2	6052.1	1239.4	10772.4	1353.3	4129.0
云南 Yunnan	59595.9	12544.9	2370.7	27258.3	296.7	17125.3
西藏 Tibet	5089.5	1001.4	261.0	2338.6	866.4	622.1
陕西 Shaanxi	32925.2	6697.2	1562.7	14793.9	4308.8	5562.7
甘肃 Gansu	21530.1	5100.7	1068.2	8725.1	3802.7	2833.4
青海 Qinghai	7168.4	1367.3	347.1	3056.8	890.5	1506.7
宁夏 Ningxia	7219.1	1291.2	348.9	2870.6	1758.9	949.5
新疆 Xinjiang	32686.9	7932.1	1207.7	12000.3	6943.9	4602.9
附:大连 Dalian	13600.1	2700.9	827.3	6218.2	1360.5	2493.2
宁波 Ningbo	16015.8	3966.5	978.3	8617.3		2453.6
厦门 Xiamen	8848.2	3374.6	359.2	2315.0		2799.4
青岛 Qingdao	9076.0	1847.8	607.6	4753.0	956.0	911.6
深圳 Shenzhen	2312.7	797.0	139.5	1127.5		248.7

10－28 分地区机关单位职工保险福利费用构成情况

(国有经济单位)

COMPOSITION OF TOTAL SOCIAL INSURANCE AND WELFARE FUNDS OF WORKERS AND EMPLOYEES IN STATE ORGANS BY REGION

(1997)

单位：万元 (10 000 yuan)

地区 Region		合计 Total	集体福利设施及集体福利事业补贴费 Subsidies for Collective Welfare Facilities and Collective Welfare	文体宣传费 Expenses for Cultural Activities, Sports and Propaganda	医疗卫生费 Medical Care	冬季取暖补贴 Subsidies for Warming in Winter	其他 Others
全国总计	**National**	**855950.6**	**175072.8**	**51525.2**	**446089.7**	**48817.8**	**134445.0**
北京	Beijing	36410.1	3546.5	1184.4	25508.3	1293.1	4877.8
天津	Tianjin	16488.7	1840.6	481.1	11030.8	1928.6	1207.6
河北	Hebei	31168.1	5845.2	1474.6	14484.8	4161.8	5201.7
山西	Shanxi	14216.9	2983.2	1061.2	6147.3	2203.5	1821.7
内蒙古	Inner Mongolia	8202.2	1350.1	516.4	2957.8	1311.9	2066.0
辽宁	Liaoning	32503.1	5326.0	2177.5	17021.6	4057.3	3920.8
吉林	Jilin	16578.3	915.3	647.4	10121.1	1598.2	3296.3
黑龙江	Heilongjiang	17696.3	3295.2	1149.8	7556.3	2738.5	2956.5
上海	Shanghai	42161.8	2807.3	1072.1	30536.7		7745.7
江苏	Jiangsu	67908.2	15646.8	3813.6	38936.3	715.2	8796.3
浙江	Zhejiang	53699.2	12058.4	2976.3	27491.7		11172.7
安徽	Anhui	24622.7	5006.4	1538.2	13196.0	1284.2	3597.9
福建	Fujian	23298.4	8425.3	2044.4	8045.1		4783.6
江西	Jiangxi	19462.8	3113.9	1045.2	9870.5	1686.7	3746.5
山东	Shandong	51017.4	10884.1	3564.4	27452.3	4168.2	4948.4
河南	Henan	40886.4	9888.0	3601.1	20674.0	2932.0	3791.3
湖北	Hubei	29172.8	6054.5	2085.8	15361.9	1694.9	3975.7
湖南	Hunan	38971.4	8294.7	2216.5	19509.1	2947.7	6003.4
广东	Guangdong	95576.1	28211.7	7484.3	43768.7	299.0	15812.4
广西	Guangxi	20697.9	5876.8	1643.5	8818.4	496.1	3863.1
海南	Hainan	8293.9	2771.0	395.5	2506.8		2620.6
重庆	Chongqing	17526.4	3568.3	1766.8	9622.1		2569.2
四川	Sichuan	39217.5	7410.9	2165.5	20948.3	1860.4	6832.4
贵州	Guizhou	13951.2	2872.5	743.6	6859.2	875.7	2600.2
云南	Yunnan	33131.8	5427.7	1684.9	17556.1	79.8	8383.3
西藏	Tibet	4058.7	671.5	211.4	1921.8	804.7	449.3
陕西	Shaanxi	17267.3	2671.3	719.1	9233.5	2039.3	2604.0
甘肃	Gansu	13744.7	3254.0	617.6	5659.3	2420.1	1793.7
青海	Qinghai	3497.1	353.3	117.0	1702.2	623.0	701.6
宁夏	Ningxia	4697.7	773.8	336.2	2159.0	841.3	587.4
新疆	Xinjiang	19825.5	3928.4	989.8	9432.8	3756.6	1717.9
附：大连	Dalian	4636.1	817.6	241.6	2572.0	480.9	524.0
宁波	Ningbo	7659.1	1628.0	379.4	4995.6		656.1
厦门	Xiamen	2039.3	581.7	159.1	655.7		642.8
青岛	Qingdao	3833.4	510.2	337.7	2265.4	409.0	311.1
深圳	Shenzhen	2197.7	1080.5	234.5	129.4		753.3

10－29 分地区地方机关单位职工保险福利费用构成情况

(国有经济单位)

COMPOSITION OF TOTAL SOCIAL INSURANCE AND WELFARE FUNDS OF WORKERS AND EMPLOYEES IN LOCAL STATE ORGANS BY REGION

(1997)

单位:万元 (10 000 yuan)

地 区 Region	合 计 Total	集体福利设施及集体福利事业补贴费 Subsidies for Collective Welfare Facilities and Collective Welfare	文体宣传费 Expenses for Cultural Activities, Sports and Propaganda	医疗卫生费 Medical Care	冬季取暖补贴 Subsidies for Warming in Winter	其 他 Others
全国总计 National	**771590.0**	**157533.5**	**44859.6**	**403635.5**	**45416.2**	**120145.2**
北 京 Beijing	24654.7	3362.8	908.0	15690.7	1153.9	3539.3
天 津 Tianjin	14747.6	1440.0	383.3	10042.2	1812.2	1069.9
河 北 Hebei	28215.4	5004.6	1271.1	13139.0	3999.1	4801.6
山 西 Shanxi	13309.0	2708.3	943.7	5808.4	2130.7	1717.9
内蒙古 Inner Mongolia	7648.5	1248.7	473.1	2828.2	1272.2	1826.3
辽 宁 Liaoning	27963.1	4382.1	1702.5	15205.5	3845.0	2828.1
吉 林 Jilin	14068.7	654.6	470.7	9370.2	1460.0	2113.2
黑龙江 Heilongjiang	15219.5	2904.9	935.9	6460.5	2441.4	2476.8
上 海 Shanghai	41272.5	2747.5	1039.2	29789.3		7696.5
江 苏 Jiangsu	62773.5	14759.9	3257.7	36263.6	663.5	7828.8
浙 江 Zhejiang	52579.0	11938.2	2861.4	26702.6		11076.9
安 徽 Anhui	23503.7	4715.4	1405.1	12810.5	1171.9	3400.8
福 建 Fujian	21112.7	7363.6	1823.9	7671.6		4253.6
江 西 Jiangxi	14461.9	2936.5	947.7	6374.9	1588.7	2614.1
山 东 Shandong	48702.4	10110.0	3345.2	26447.2	4089.0	4711.0
河 南 Henan	37527.5	8890.2	3224.3	19341.5	2632.7	3438.8
湖 北 Hubei	26269.4	5469.9	1778.7	13896.3	1556.5	3567.9
湖 南 Hunan	35337.4	7421.3	1974.7	17978.2	2672.1	5291.1
广 东 Guangdong	88666.7	25856.5	6938.2	40787.5	281.6	14802.9
广 西 Guangxi	19689.4	5575.5	1566.4	8401.9	479.0	3666.6
海 南 Hainan	7962.6	2696.6	378.0	2344.9		2543.1
重 庆 Chongqing	14492.9	2574.0	1307.1	8481.6		2130.2
四 川 Sichuan	36244.8	6581.3	1872.8	19582.7	1821.7	6386.3
贵 州 Guizhou	12776.9	2585.8	589.0	6386.6	759.5	2456.0
云 南 Yunnan	27484.6	4187.1	1311.6	14972.8	76.0	6937.1
西 藏 Tibet	3682.8	589.0	161.2	1814.5	750.9	367.2
陕 西 Shaanxi	16470.1	2472.4	645.0	8993.2	1950.5	2409.0
甘 肃 Gansu	11946.7	2567.2	442.0	5116.2	2183.3	1638.0
青 海 Qinghai	3355.5	348.3	98.1	1654.2	571.4	683.5
宁 夏 Ningxia	3902.4	529.4	237.6	1864.5	783.2	487.8
新 疆 Xinjiang	15547.9	2911.9	566.4	7414.5	3270.3	1384.8
附:大连 Dalian	4636.1	817.6	241.6	2572.0	480.9	524.0
宁波 Ningbo	7659.1	1628.0	379.4	4995.6		656.1
厦门 Xiamen	2039.3	581.7	159.1	655.7		642.8
青岛 Qingdao	3833.4	510.2	337.7	2265.4	409.0	311.1
深圳 Shenzhen	2197.7	1080.5	234.5	129.4		753.3

10-30 分地区离休、退休、退职人员保险福利费用构成情况

(国有经济单位)

COMPOSITION OF TOTAL SOCIAL INSURANCE AND WELFARE FUNDS OF RETIREES OF STATE-OWNED UNITS BY REGION

(1997)

单位:万元 (10 000 yuan)

地区 Region		合计 Total	离休金 Pensions for Termination	退休金 Retirement Pensions	退职生活费 Resignation Allowances for Living Expenses	医疗卫生费 Medical Care	其他 Others
全国总计	**National**	**17336138.5**	**1521251.3**	**11839341.8**	**173186.7**	**2406370.6**	**1395988.1**
北京	Beijing	991645.5	91763.2	621134.0	6340.0	192826.2	79582.1
天津	Tianjin	491525.0	30967.3	330872.6	2649.9	72712.7	54322.5
河北	Hebei	742702.3	90955.6	506688.0	16513.4	94964.6	33580.7
山西	Shanxi	431205.1	50260.2	279704.1	1966.5	42268.8	57005.5
内蒙古	Inner Mongolia	267779.1	25823.4	198281.5	2492.7	23026.0	18155.5
辽宁	Liaoning	1156020.5	119905.0	771644.0	9603.2	140932.8	113935.5
吉林	Jilin	408076.0	48882.0	288869.5	2965.2	46444.3	20915.0
黑龙江	Heilongjiang	732836.6	78408.7	527556.6	6207.4	58352.2	62311.7
上海	Shanghai	1289228.7	45026.1	842766.5	6331.1	285263.9	109841.1
江苏	Jiangsu	1054577.4	102635.7	729234.9	11569.9	153456.7	57680.1
浙江	Zhejiang	637171.9	42604.2	412532.7	7422.1	129184.8	45428.2
安徽	Anhui	484937.2	53127.8	325854.1	3843.3	67456.2	34655.8
福建	Fujian	311986.0	24721.9	205087.2	3742.9	42425.7	36008.4
江西	Jiangxi	334608.0	71017.5	213388.1	2130.1	31144.4	16927.9
山东	Shandong	885345.3	141175.3	541272.2	27823.3	102219.1	72855.4
河南	Henan	748149.7	84111.8	515964.8	5312.5	88409.4	54351.2
湖北	Hubei	646498.3	48443.1	474873.7	6348.3	80010.1	36823.1
湖南	Hunan	662307.5	32346.9	501866.0	5000.8	79582.5	43511.3
广东	Guangdong	1056143.4	66756.8	666512.2	8142.9	209541.8	105189.7
广西	Guangxi	342527.1	20614.3	253798.5	3082.2	38433.3	26598.8
海南	Hainan	107204.0	8172.9	83419.4	2904.2	10083.0	2624.5
重庆	Chongqing	365430.8	12148.9	272951.9	2367.5	54568.6	23393.9
四川	Sichuan	800849.2	34093.9	588248.8	6635.0	93638.6	78232.9
贵州	Guizhou	307898.9	23279.0	226839.4	1417.8	34092.1	22270.6
云南	Yunnan	574699.6	37293.0	381676.0	3284.2	84558.8	67887.6
西藏	Tibet	37181.5	1004.8	32114.9	32.2	2694.2	1335.4
陕西	Shaanxi	381058.7	39035.5	260218.6	3821.7	49245.2	28737.7
甘肃	Gansu	329415.1	24716.9	239273.9	4241.4	29631.9	31551.0
青海	Qinghai	141998.4	11204.6	102761.4	1472.3	12086.3	14473.8
宁夏	Ningxia	85011.9	6406.5	61909.3	774.3	9454.1	6467.7
新疆	Xinjiang	530119.9	54348.6	382027.1	6748.6	47662.2	39333.4
附:大连	Dalian	156785.0	16107.2	100104.0	1752.6	28050.5	10770.7
宁波	Ningbo	73744.6	3489.5	48581.4	848.0	16665.1	4160.5
厦门	Xiamen	38475.5	3008.6	27196.8	301.4	4771.2	3197.5
青岛	Qingdao	112732.5	10556.3	77596.3	550.8	12330.2	11698.9
深圳	Shenzhen	17505.9	1010.8	13153.8	2211.7	209.4	920.2

10－31 分地区中央直属单位离休、退休、退职人员保险福利费用构成情况

(国有经济单位)

COMPOSITION OF TOTAL SOCIAL INSURANCE AND WELFARE FUNDS OF RETIREES OF STATE-OWNED UNITS DIRECTLY UNDER THE CENTRAL GOVERNMENT BY REGION

(1997)

单位:万元 (10 000 yuan)

地区 Region	合计 Total	离休金 Pensions for Termination	退休金 Retirement Pensions	退职生活费 Resignation Allowances for Living Expenses	医疗卫生费 Medical Care	其他 Others
全国总计 National	**4794069.2**	**379193.3**	**3128255.1**	**40644.6**	**619239.7**	**626736.5**
北京 Beijing	304944.8	51501.2	178783.8	2211.7	47601.8	24846.3
天津 Tianjin	105355.9	7692.2	61236.7	217.4	17705.4	18504.2
河北 Hebei	230323.9	16654.6	157253.0	2718.5	35712.4	17985.4
山西 Shanxi	182465.4	11103.5	116315.3	418.4	19185.6	35442.5
内蒙古 Inner Mongolia	37107.5	2991.6	25559.6	162.0	4736.1	3658.2
辽宁 Liaoning	468545.4	32553.6	304845.8	1176.3	49249.0	80720.7
吉林 Jilin	111122.0	8557.8	81363.9	300.5	13051.5	7848.3
黑龙江 Heilongjiang	276100.9	20754.8	196600.1	957.1	21879.9	35909.0
上海 Shanghai	215195.2	11527.1	119732.1	469.4	56091.9	27374.7
江苏 Jiangsu	160391.5	14624.7	102699.7	793.1	25623.3	16650.8
浙江 Zhejiang	72247.3	4186.8	38824.3	571.7	16478.0	12186.5
安徽 Anhui	133324.2	9708.6	83046.0	989.2	18413.1	21167.3
福建 Fujian	35008.9	2976.8	19699.9	263.1	6481.4	5587.6
江西 Jiangxi	76028.6	16496.6	45491.1	239.7	7027.2	6774.0
山东 Shandong	259749.8	37804.3	148957.5	16060.9	28686.7	28240.4
河南 Henan	256693.3	13240.3	177154.0	610.4	30921.0	34767.6
湖北 Hubei	172853.9	12418.6	112222.6	856.4	24455.6	22900.6
湖南 Hunan	173354.2	6733.4	122391.6	784.6	21220.8	22223.8
广东 Guangdong	151632.7	8951.0	83953.6	434.2	30210.6	28083.4
广西 Guangxi	50995.6	1800.3	31465.0	163.6	6128.5	11438.2
海南 Hainan	7674.5	556.6	5364.6	131.0	1319.7	302.6
重庆 Chongqing	129278.9	3525.6	96097.8	594.5	18277.8	10783.2
四川 Sichuan	267687.7	10704.5	189142.5	1614.0	26018.5	40208.2
贵州 Guizhou	95145.2	7227.4	67348.6	322.1	9996.4	10250.7
云南 Yunnan	131217.3	5444.2	83197.6	527.0	18313.1	23735.4
西藏 Tibet	4787.4	59.1	4066.7	3.2	354.2	304.2
陕西 Shaanxi	163935.1	12059.5	114814.9	888.3	19560.6	16611.8
甘肃 Gansu	143751.0	7162.5	101184.6	491.0	14172.5	20740.4
青海 Qinghai	46016.0	2452.0	32496.0	545.8	3937.3	6584.9
宁夏 Ningxia	18479.1	913.7	12245.3	77.8	2487.7	2754.7
新疆 Xinjiang	312656.1	36810.4	214700.9	5051.7	23942.3	32150.8

10－32 分地区省、自治区、直辖市直属单位离休、退休、退职人员保险福利费用构成情况

(国有经济单位)

COMPOSITION OF TOTAL SOCIAL INSURANCE AND WELFARE FUNDS OF RETIREES OF STATE－OWNED UNITS DIRECTLY UNDER THE PROVINCIAL GOVERNMENT BY REGION

(1997)

单位: 万元 (10 000 yuan)

地区 Region	合计 Total	离休金 Pensions for Termination	退休金 Retirement Pensions	退职生活费 Resignation Allowances for Living Expenses	医疗卫生费 Medical Care	其他 Others
全国总计 National	**4221120.3**	**330561.6**	**2827872.2**	**38238.9**	**704095.4**	**320352.2**
北京 Beijing	664285.6	37692.5	426825.0	3569.0	142025.8	54173.3
天津 Tianjin	386169.1	23275.1	269635.9	2432.5	55007.3	35818.3
河北 Hebei	92656.1	10330.3	64963.7	1833.4	11928.7	3600.0
山西 Shanxi	94992.9	10538.2	62906.7	298.8	9668.4	11580.8
内蒙古 Inner Mongolia	68865.5	5053.1	50129.8	1190.2	4510.6	7981.8
辽宁 Liaoning	63042.4	13131.1	35414.1	351.1	10904.3	3241.8
吉林 Jilin	73450.8	10427.9	46603.7	423.9	12846.8	3148.5
黑龙江 Heilongjiang	197867.1	21087.6	144486.9	3023.4	16061.5	13207.7
上海 Shanghai	812816.3	24621.9	551424.7	4927.6	174854.7	56987.4
江苏 Jiangsu	109498.8	11585.5	76365.8	1318.0	13039.8	7189.7
浙江 Zhejiang	55213.9	6430.7	33153.2	475.9	11158.3	3995.8
安徽 Anhui	68067.0	8648.4	41838.4	442.8	12383.5	4753.9
福建 Fujian	41664.7	4047.3	22958.6	726.8	6396.0	7536.1
江西 Jiangxi	69807.5	18058.1	41297.5	342.0	7306.2	2803.7
山东 Shandong	93653.2	19282.0	45900.1	5205.7	14935.4	8330.0
河南 Henan	54225.6	7872.6	30752.1	488.7	11309.1	3803.1
湖北 Hubei	56721.6	7798.4	37354.0	635.8	8443.3	2490.2
湖南 Hunan	100292.7	6681.4	71551.1	593.5	15148.0	6318.7
广东 Guangdong	162773.8	13088.6	94517.1	933.9	39104.7	15129.4
广西 Guangxi	92192.8	9323.5	62513.8	993.2	12285.9	7076.4
海南 Hainan	68518.4	3791.4	54721.5	2367.2	6360.3	1278.0
重庆 Chongqing	112560.0	4005.1	82574.2	553.9	19980.4	5446.4
四川 Sichuan	83294.4	6296.8	55461.3	637.0	13837.6	7061.7
贵州 Guizhou	68989.2	5920.5	49419.5	497.6	8802.3	4349.3
云南 Yunnan	173191.3	10165.9	112176.9	1346.5	25367.2	24134.8
西藏 Tibet	15157.8	566.6	13086.9	17.1	1067.6	419.6
陕西 Shaanxi	80873.0	9428.6	54194.2	564.7	12136.4	4549.1
甘肃 Gansu	91736.1	7310.4	71301.9	865.8	7820.7	4437.3
青海 Qinghai	55166.7	5132.5	39303.6	434.8	5067.4	5228.4
宁夏 Ningxia	45656.0	3168.4	34452.5	348.6	5245.4	2441.1
新疆 Xinjiang	67719.9	5801.3	50587.4	399.6	9091.7	1839.9

10－33 分地区地区直属单位离休、退休、退职人员保险福利费用构成情况

(国有经济单位)

COMPOSITION OF TOTAL SOCIAL INSURANCE AND WELFARE FUNDS OF RETIREES OF STATE－OWNED UNITS DIRECTLY UNDER THE PREFECTURAL GOVERNMENT BY REGION

(1997)

单位：万元 (10 000 yuan)

地 区 Region	合 计 Total	离休金 Pensions for Termination	退休金 Retirement Pensions	退职生活费 Resignation Allowances for Living Expenses	医疗卫生费 Medical Care	其 他 Others
全国总计 National	**4557261.4**	**395156.8**	**3163375.3**	**41118.3**	**688335.8**	**269275.1**
北 京 Beijing						
天 津 Tianjin						
河 北 Hebei	204539.1	23649.3	140569.4	4104.0	27842.7	8373.7
山 西 Shanxi	75515.8	11687.4	48982.2	586.0	8875.3	5385.0
内蒙古 Inner Mongolia	80679.8	8481.5	60143.3	377.6	8401.6	3275.8
辽 宁 Liaoning	466801.7	52188.8	319535.8	5198.4	66509.7	23369.0
吉 林 Jilin	128936.3	16501.7	90817.8	1057.8	14566.6	5992.4
黑龙江 Heilongjiang	160236.8	19131.9	116204.9	1302.6	15068.6	8528.8
上 海 Shanghai	232141.1	7503.3	157104.8	786.9	43745.4	23000.7
江 苏 Jiangsu	434282.1	32376.1	310332.7	4203.2	66639.1	20731.0
浙 江 Zhejiang	266470.9	13787.3	176540.9	2265.1	60140.1	13737.4
安 徽 Anhui	157765.1	15978.6	110241.2	1048.7	25478.8	5017.8
福 建 Fujian	107094.3	8099.4	67547.0	796.1	14738.1	15913.6
江 西 Jiangxi	87721.4	26610.7	49526.4	530.3	8264.6	2789.4
山 东 Shandong	289188.9	33506.1	195691.5	2296.5	36280.8	21414.0
河 南 Henan	237722.4	25862.1	169733.8	2661.9	29534.2	9930.4
湖 北 Hubei	282197.7	17278.2	221454.5	1868.6	34771.4	6825.0
湖 南 Hunan	172971.6	8878.2	130983.1	1153.5	24752.2	7204.6
广 东 Guangdong	464836.3	25009.4	288391.6	4241.3	101984.6	45209.3
广 西 Guangxi	87382.6	3730.6	67588.4	687.7	10477.0	4898.9
海 南 Hainan	12213.1	1173.7	9415.5	262.7	980.8	380.4
重 庆 Chongqing	25869.1	1246.7	17989.0	166.2	4871.3	1595.9
四 川 Sichuan	226040.7	9246.2	168490.4	1760.8	30175.2	16368.1
贵 州 Guizhou	53919.4	4508.6	38124.2	193.5	8090.1	3003.0
云 南 Yunnan	86926.2	7931.6	54530.3	355.1	17342.5	6766.7
西 藏 Tibet	10979.9	337.1	9366.2	8.9	938.0	329.7
陕 西 Shaanxi	70721.2	7838.3	46622.6	645.3	11940.1	3675.0
甘 肃 Gansu	41503.6	4204.6	28788.6	1961.2	4265.9	2283.3
青 海 Qinghai	15714.7	1574.1	10868.4	136.2	1893.6	1242.4
宁 夏 Ningxia	8869.3	935.7	6284.2	41.8	1044.3	563.3
新 疆 Xinjiang	68020.3	5899.6	51506.5	420.4	8723.3	1470.5
附：大 连 Dalian	137731.1	13567.9	88152.6	1469.6	25350.7	9190.3
宁 波 Ningbo	44836.2	1982.6	27797.8	346.9	11972.1	2736.8
厦 门 Xiamen	38475.5	3008.6	27196.8	301.4	4771.2	3197.5
青 岛 Qingdao	112732.5	10556.3	77596.3	550.8	12330.2	11698.9
深 圳 Shenzhen	17505.9	1010.8	13153.8	2211.7	209.4	920.2

10-34 分地区县及县以下直属单位离休、退休、退职人员保险福利费用构成情况

(国有经济单位)

COMPOSITION OF TOTAL SOCIAL INSURANCE AND WELFARE FUNDS OF RETIREES OF STATE-OWNED UNITS AT AND BELOW COUNTY LEVEL GOVERNMENT BY DIRECTLY

(1997)

单位:万元　　(10 000 yuan)

地区 Region		合计 Total	离休金 Pensions for Termination	退休金 Retirement Pensions	退职生活费 Resignation Allowances for Living Expenses	医疗卫生费 Medical Care	其他 Others
全国总计	**National**	**3712538.8**	**410546.3**	**2685752.9**	**52337.8**	**387318.4**	**176583.4**
北京	Beijing	22415.1	2569.5	15525.2	559.3	3198.6	562.5
天津	Tianjin						
河北	Hebei	214404.8	40222.2	143373.5	7828.5	19385.1	3595.5
山西	Shanxi	78221.0	16931.1	51489.9	663.2	4539.4	4597.3
内蒙古	Inner Mongolia	81126.3	9297.2	62448.8	762.9	5377.7	3239.7
辽宁	Liaoning	139607.0	19605.1	100711.4	2597.0	11611.5	5082.0
吉林	Jilin	93254.7	13187.0	69147.7	1173.9	5820.4	3925.7
黑龙江	Heilongjiang	98370.4	17302.6	70199.9	922.0	5303.0	4642.9
上海	Shanghai	28991.5	1370.4	14438.7	147.2	10560.6	2474.6
江苏	Jiangsu	349873.7	43950.4	239560.0	5233.4	48097.5	13032.4
浙江	Zhejiang	243239.9	18199.3	164014.2	4109.3	41408.5	15508.5
安徽	Anhui	112530.0	16650.8	81660.2	978.2	9730.6	3510.2
福建	Fujian	128218.2	9598.4	94881.6	1956.9	14810.2	6971.1
江西	Jiangxi	101050.5	9852.1	77073.1	1018.1	8546.4	4560.8
山东	Shandong	242753.4	50582.9	150723.1	4260.2	22316.2	14871.0
河南	Henan	199508.4	37136.8	138325.0			
湖北	Hubei	134725.0	10947.8	103842.6	1551.4	16645.2	5850.0
湖南	Hunan	214818.7	10021.3	176133.1	2987.4	12339.9	4607.3
广东	Guangdong	276645.7	19682.1	199516.1	2467.8	18433.0	7763.5
广西	Guangxi	108923.2	5587.1	89908.9	2531.3	38151.9	16764.3
海南	Hainan	18745.1	2646.4	13885.6	1187.3	9129.1	3110.8
					137.7	1415.6	659.8
重庆	Chongqing	97722.8	3371.5	76290.9	1052.9	11439.1	5568.4
四川	Sichuan	211444.6	7404.2	166694.4	2575.3	21265.0	13505.7
贵州	Guizhou	89837.9	5621.4	71942.2	404.6	7203.0	4666.7
云南	Yunnan	183309.4	13746.1	131733.2	1055.5	23526.2	13248.4
西藏	Tibet	6256.4	42.0	5595.1	3.0	334.4	281.9
陕西	Shaanxi	65288.6	9709.1	44386.7	1711.4	5587.9	3893.5
甘肃	Gansu	52424.4	6039.4	37998.8	923.4	3372.8	4090.0
青海	Qinghai	25101.0	2046.0	20093.4	355.5	1188.0	1418.1
宁夏	Ningxia	12007.5	1388.7	8927.3	306.2	676.7	708.6
新疆	Xinjiang	81723.6	5837.3	65232.3	876.9	5904.9	3872.2
附:大连	Dalian	1045.0	114.8	821.8	2.7	46.8	58.9
宁波	Ningbo	28908.4	1506.9	20783.6	501.1	4693.1	1423.7
厦门	Xiamen						
青岛	Qingdao						
深圳	Shenzhen						

10-35 分地区其他隶属关系单位离休、退休、退职人员保险福利费用构成情况

(国有经济单位)

COMPOSITION OF TOTAL SOCIAL INSURANCE AND WELFARE FUNDS OF RETIREES OF OTHER STATE-OWNED UNITS BY REGIOM

(1997)

单位:万元 (10 000 yuan)

地 区 Region	合 计 Total	离休金 Pensions for Termination	退休金 Retirement Pensions	退职生活费 Resignation Allowances for Living Expenses	医疗卫生费 Medical Care	其他 Others
全国总计 National	**51148.9**	**5793.3**	**34086.3**	**847.0**	**7381.3**	**3040.9**
北 京 Beijing						
天 津 Tianjin						
河 北 Hebei	778.4	99.2	528.4	29.0	95.7	26.1
山 西 Shanxi	10.0		10.0			
内蒙古 Inner Mongolia						
辽 宁 Liaoning	18024.0	2426.4	11136.9	280.4	2658.3	1522.0
吉 林 Jilin	1312.2	207.7	936.3	9.1	159.0	0.1
黑龙江 Heilongjiang	261.4	131.8	64.8	2.3	39.2	23.3
上 海 Shanghai	84.6	3.4	66.2		11.3	3.7
江 苏 Jiangsu	531.2	99.0	276.7	22.3	57.0	76.2
浙 江 Zhejiang						
安 徽 Anhui	13250.9	2141.4	9068.3	384.4	1450.2	206.6
福 建 Fujian						
江 西 Jiangxi						
山 东 Shandong						
河 南 Henan						
湖 北 Hubei						
湖 南 Hunan	870.3	32.6	807.1	1.4	28.5	0.7
广 东 Guangdong	254.9	25.8	133.8	2.1	90.0	3.2
广 西 Guangxi	3032.9	172.8	2322.4	50.4	412.8	74.5
海 南 Hainan	52.9	4.7	32.1	5.6	6.7	3.8
重 庆 Chongqing						
四 川 Sichuan	12381.8	442.2	8460.2	47.9	2342.3	1089.2
贵 州 Guizhou	7.2	1.1	4.9		0.3	0.9
云 南 Yunnan	55.4	5.2	38.0	0.1	9.8	2.3
西 藏 Tibet						
陕 西 Shaanxi	240.8		200.2	12.0	20.2	8.3
甘 肃 Gansu						
青 海 Qinghai						
宁 夏 Ningxia						
新 疆 Xinjiang						
附:大 连 Dalian	18008.9	2424.5	11129.6	280.3	2653.0	1521.5
宁 波 Ningbo						
厦 门 Xiamen						
青 岛 Qingdao						
深 圳 Shenzhen						

10－36 分地区企业单位离休、退休、退职人员保险福利费用构成情况

(国有经济单位)

COMPOSITION OF TOTAL SOCIAL INSURANCE AND WELFARE FUNDS OF RETIREES OF STATE－OWNED ENTERPRISES BY REGION

(1997)

单位：万元　　(10 000 yuan)

地　区 Region	合 计 Total	离 休 金 Pensions for Termination	退 休 金 Retirement Pensions	退职生活费 Resignation Allowances for Living Expenses	医疗卫生费 Medical Care	其 他 Others
全国总计 National	**11607020.2**	**682108.4**	**8182543.5**	**124589.3**	**1595017.8**	**1022761.2**
北　京 Beijing	687932.2	36177.8	464332.8	4215.1	137778.5	45428.0
天　津 Tianjin	359756.1	15298.6	251987.1	2212.8	48695.4	41562.2
河　北 Hebei	487652.5	35159.5	352262.7	10017.1	64491.7	25721.5
山　西 Shanxi	314835.3	22130.7	209997.3	1299.1	30943.7	50464.5
内蒙古 Inner Mongolia	184309.1	11782.4	139302.5	2069.0	16432.3	14722.9
辽　宁 Liaoning	874894.3	65256.9	600150.0	7802.2	102493.8	99191.4
吉　林 Jilin	281973.9	23749.7	207799.0	2121.8	33293.7	15009.6
黑龙江 Heilongjiang	575550.9	45425.1	427539.5	5253.7	44556.4	52776.2
上　海 Shanghai	952874.8	24457.8	655365.0	5290.6	187181.4	80580.0
江　苏 Jiangsu	653600.3	41877.4	466758.5	7970.8	98734.5	38259.2
浙　江 Zhejiang	387183.5	15563.7	252755.1	4376.9	84869.1	29618.8
安　徽 Anhui	317258.7	22890.3	218685.4	2825.0	45358.9	27499.1
福　建 Fujian	176813.8	10301.9	115436.8	2144.0	26186.9	22744.1
江　西 Jiangxi	193341.8	7431.6	151996.5	1563.5	20296.0	12054.2
山　东 Shandong	597979.8	73487.0	379386.7	23684.8	66584.9	54836.4
河　南 Henan	488399.9	32454.8	349566.4	3965.3	58122.6	44290.9
湖　北 Hubei	422159.7	17738.0	318820.1	4155.7	53761.0	27684.9
湖　南 Hunan	417394.1	14670.8	316667.4	3381.7	51288.7	31385.5
广　东 Guangdong	639726.0	28859.5	411838.2	5830.5	131511.2	61686.7
广　西 Guangxi	202089.4	7269.9	147612.1	1916.2	25734.5	19556.7
海　南 Hainan	74582.9	3822.4	59010.5	2574.0	7736.7	1439.3
重　庆 Chongqing	259351.4	5856.8	200839.4	1868.3	35085.3	15701.6
四　川 Sichuan	505323.3	15857.4	373750.3	4364.1	56254.2	55097.3
贵　州 Guizhou	188573.7	12002.0	139095.1	934.1	21145.7	15396.8
云　南 Yunnan	334090.7	15098.4	217725.3	2183.0	49804.8	49279.2
西　藏 Tibet	13084.3	362.6	10902.5	20.6	1165.7	632.9
陕　西 Shaanxi	250243.6	18664.2	179761.5	2208.2	29562.6	20047.1
甘　肃 Gansu	237275.3	12494.4	178040.6	1441.0	20071.8	25227.5
青　海 Qinghai	77836.5	3938.3	58018.2	546.4	6810.3	8523.3
宁　夏 Ningxia	59980.5	2668.6	45996.7	442.6	6080.1	4792.5
新　疆 Xinjiang	390951.8	39359.7	281144.4	5911.4	32985.5	31550.8
附：大　连 Dalian	119052.5	8796.5	78322.1	1439.4	23251.4	7243.1
宁　波 Ningbo	43588.8	1274.3	29073.3	577.7	9895.0	2768.5
厦　门 Xiamen	23396.1	909.3	17166.7	192.4	3509.2	1618.5
青　岛 Qingdao	82994.0	4482.5	60122.5	294.5	9213.6	8880.9
深　圳 Shenzhen	14820.9	482.0	11063.1	2211.7	175.4	888.7

10－37 分地区地方企业单位离休、退休、退职人员保险福利费用构成情况

(国有经济单位)

COMPOSITION OF TOTAL SOCIAL INSURANCE AND WELFARE FUNDS OF RETIREES OF LOCAL STATE－OWNED ENTERPRISES BY REGION

(1997)

单位:万元 (10 000 yuan)

地区 Region	合计 Total	离休金 Pensions for Termination	退休金 Retirement Pensions	退职生活费 Resignation Allowances for Living Expenses	医疗卫生费 Medical Care	其他 Others
全国总计 National	**7646796.0**	**424624.7**	**5549346.1**	**88226.5**	**1120671.1**	**463927.7**
北京 Beijing	529737.5	19749.3	356290.1	3382.0	114992.0	35324.1
天津 Tianjin	275553.3	10298.9	202819.5	2016.3	34907.7	25510.9
河北 Hebei	280381.2	21512.0	210002.7	7499.1	32318.7	9048.7
山西 Shanxi	144556.2	12646.4	101606.3	912.0	13478.8	15912.7
内蒙古 Inner Mongolia	153488.1	9595.6	118233.0	1924.9	12386.6	11348.0
辽宁 Liaoning	439117.2	37415.3	315434.4	6718.2	58497.6	21051.7
吉林 Jilin	192369.7	18510.9	140677.8	1883.5	22760.6	8536.8
黑龙江 Heilongjiang	312497.2	26505.1	239178.8	4413.4	24181.4	18218.5
上海 Shanghai	806760.2	17857.8	571299.5	4976.2	155561.4	57065.3
江苏 Jiangsu	537062.5	32675.7	392612.1	7297.4	80317.9	24159.4
浙江 Zhejiang	329433.6	12575.4	223091.4	3875.0	71584.8	18307.0
安徽 Anhui	193221.6	16186.7	138428.2	1877.0	29595.1	7134.6
福建 Fujian	155024.2	8886.9	103790.0	1986.0	21762.1	18599.2
江西 Jiangxi	142805.4	5669.9	114900.5	1366.9	14853.7	6014.4
山东 Shandong	358244.9	39112.3	242405.6	7791.2	41301.2	27634.6
河南 Henan	256307.3	22232.6	187912.7	3418.9	31725.1	11018.1
湖北 Hubei	294171.1	11854.3	233711.2	3501.9	36437.9	8665.9
湖南 Hunan	276545.1	10155.5	216859.7	2736.9	35159.4	11633.6
广东 Guangdong	521542.0	22842.8	347322.1	5469.4	108536.1	37371.5
广西 Guangxi	159773.8	6085.3	121748.5	1784.6	21168.9	8986.5
海南 Hainan	69517.1	3442.6	55644.5	2549.0	6652.9	1228.1
重庆 Chongqing	146870.2	3365.2	115223.6	1316.0	20427.2	6538.2
四川 Sichuan	282843.5	8362.2	215179.5	2958.2	36496.2	19847.4
贵州 Guizhou	107024.5	5765.0	81470.7	647.2	12916.7	6224.9
云南 Yunnan	231264.3	11795.5	153429.4	1723.7	36461.0	27854.7
西藏 Tibet	11214.6	344.7	9428.2	20.6	995.4	425.7
陕西 Shaanxi	127174.6	11233.9	92292.5	1507.8	15943.5	6196.9
甘肃 Gansu	113752.0	7117.8	91232.1	1053.8	8468.8	5879.5
青海 Qinghai	42329.1	2183.2	33280.5	246.4	3522.9	3096.1
宁夏 Ningxia	45290.8	1985.3	36107.4	389.2	4321.0	2487.8
新疆 Xinjiang	110923.3	6660.5	87733.8	983.9	12938.4	2606.7
附:大连 Dalian	119052.5	8796.5	78322.1	1439.4	23251.4	7243.1
宁波 Ningbo	43588.8	1274.3	29073.3	577.7	9895.0	2768.5
厦门 Xiamen	23396.1	909.3	17166.7	192.4	3509.2	1618.5
青岛 Qingdao	82994.0	4482.5	60122.5	294.5	9213.6	8880.9
深圳 Shenzhen	14820.9	482.0	11063.1	2211.7	175.4	888.7

10-38 分地区事业单位离休、退休、退职人员保险福利费用构成情况

(国有经济单位)

COMPOSITION OF SOCIAL INSURANCE AND WELFARE FUNDS OF RETIREES IN STATE-OWNED INSTITUTIONS BY REGION

(1997)

单位: 万元 (10 000 yuan)

地区 Region	合计 Total	离休金 Pensions for Termination	退休金 Retirement Pensions	退职生活费 Resignation Allowances for Living Expenses	医疗卫生费 Medical Care	其他 Others
全国总计 National	**3885594.6**	**399254.6**	**2667802.6**	**28634.7**	**530882.8**	**259019.8**
北京 Beijing	221922.7	36322.8	116602.1	1470.4	41089.9	26437.5
天津 Tianjin	98881.5	9827.7	62288.3	343.9	16491.8	9929.8
河北 Hebei	157834.2	23949.0	110666.8	2507.0	15720.6	4990.8
山西 Shanxi	72275.6	11816.8	48973.0	292.9	6800.3	4392.6
内蒙古 Inner Mongolia	54386.8	6186.1	41383.6	258.1	4150.8	2408.2
辽宁 Liaoning	203512.7	31578.8	135953.8	1228.2	24607.4	10144.5
吉林 Jilin	95751.2	16451.6	65739.1	566.9	8844.8	4148.8
黑龙江 Heilongjiang	94768.0	17007.5	63428.0	556.6	8096.5	5679.4
上海 Shanghai	290363.7	13896.0	166668.8	819.2	83771.2	25208.5
江苏 Jiangsu	285944.8	30716.4	205440.6	2094.2	34124.9	13568.7
浙江 Zhejiang	162836.5	11461.3	112100.8	1797.9	26822.5	10654.0
安徽 Anhui	108664.4	15679.8	74982.8	593.3	13223.4	4185.1
福建 Fujian	85680.9	6430.0	60306.9	899.6	9718.2	8326.1
江西 Jiangxi	67986.2	4708.3	52550.3	375.3	7319.5	3032.8
山东 Shandong	184447.8	33613.3	117199.8	2486.2	19194.2	11954.3
河南 Henan	169381.9	25788.1	118235.5	792.5	17447.7	7118.2
湖北 Hubei	159121.4	15309.5	117878.6	1315.8	18372.6	6244.9
湖南 Hunan	160938.5	9461.5	125385.6	1118.5	17388.6	7584.3
广东 Guangdong	278271.3	16384.6	183517.0	1514.5	47931.0	28924.2
广西 Guangxi	99062.8	6909.8	77460.9	810.8	9077.6	4803.7
海南 Hainan	19402.1	1237.0	15950.5	202.6	1388.2	623.9
重庆 Chongqing	72792.4	2980.8	51749.9	279.1	12875.2	4907.4
四川 Sichuan	192585.4	8187.4	144184.5	1239.3	23493.1	15481.1
贵州 Guizhou	71718.6	4152.5	56110.3	247.6	7054.2	4154.0
云南 Yunnan	147545.3	9468.1	104675.3	549.6	20600.2	12252.1
西藏 Tibet	16497.3	287.0	14939.1	6.3	865.5	399.4
陕西 Shaanxi	98927.2	11795.9	65530.6	988.0	13611.0	7001.6
甘肃 Gansu	63336.7	6028.7	44700.5	2144.3	6371.9	4091.3
青海 Qinghai	38125.5	2929.9	28757.0	463.5	2806.4	3168.7
宁夏 Ningxia	16607.1	1533.4	11497.3	168.2	2279.6	1128.7
新疆 Xinjiang	96023.9	7155.0	72945.3	504.3	9344.1	6075.2
附:大连 Dalian	26095.8	3989.0	16700.5	228.4	3158.1	2019.8
宁波 Ningbo	19713.2	817.3	13087.5	182.8	4675.6	950.0
厦门 Xiamen	10854.5	831.5	7703.0	74.0	1041.5	1204.5
青岛 Qingdao	21580.4	3291.2	14016.1	152.6	1839.1	2281.4
深圳 Shenzhen	1796.9	152.0	1581.0		32.4	31.5

10－39 分地区地方事业单位离休、退休、退职人员保险福利费用构成情况

(国有经济单位)

COMPOSITION OF SOCIAL INSURANCE AND WELFARE FUNDS OF RETIREES IN LOCAL STATE-OWNED INSTITUTIONS BY REGION

(1997)

单位: 万元　　　　(10 000 yuan)

地　区 Region	合计 Total	离休金 Pensions for Termination	退休金 Retirement Pensions	退职生活费 Resignation Allowances for Living Expenses	医疗卫生费 Medical Care	其他 Others
全国总计 National	**3198757.6**	**317585.2**	**2237818.6**	**25364.9**	**416414.8**	**201574.2**
北　京 Beijing	109739.2	10980.6	60341.0	435.0	23609.0	14373.6
天　津 Tianjin	79168.2	7319.9	50933.3	323.7	13030.4	7560.9
河　北 Hebei	137911.1	21819.9	97139.4	2333.2	12818.9	3799.7
山　西 Shanxi	61640.6	10660.7	41812.4	264.4	5340.8	3562.3
内蒙古 Inner Mongolia	48712.8	5549.9	37178.7	241.0	3580.3	2162.9
辽　宁 Liaoning	174444.4	27748.9	117475.1	1156.6	20248.2	7815.6
吉　林 Jilin	76751.4	13693.0	52662.7	548.3	6842.3	3005.1
黑龙江 Heilongjiang	83848.4	15288.2	56215.1	505.0	6895.9	4944.2
上　海 Shanghai	224879.9	9247.5	131471.5	687.7	62096.6	21376.6
江　苏 Jiangsu	245648.5	25957.9	178760.1	1989.2	27697.6	11243.7
浙　江 Zhejiang	149665.9	10470.6	103617.0	1734.9	23990.0	9853.3
安　徽 Anhui	101611.8	13115.6	73324.3	560.8	11056.4	3554.7
福　建 Fujian	76679.1	5393.0	54216.9	834.3	8677.6	7557.3
江　西 Jiangxi	60447.3	4129.1	47167.1	351.9	6236.2	2563.0
山　东 Shandong	170673.5	31238.1	109079.1	2360.6	16693.5	11302.2
河　南 Henan	149138.2	23650.6	105220.6	745.3	13688.1	5833.5
湖　北 Hubei	122850.8	11473.9	94993.8	1168.1	11927.8	3287.3
湖　南 Hunan	133895.0	7736.8	106399.9	1010.5	13243.4	5504.4
广　东 Guangdong	252960.1	14192.6	166511.2	1466.9	45254.7	25534.7
广　西 Guangxi	92456.1	6432.4	73234.1	794.8	7851.5	4143.3
海　南 Hainan	17031.6	1123.4	14070.0	103.0	1193.4	541.9
重　庆 Chongqing	58957.1	2120.8	42969.8	243.2	9930.1	3693.2
四　川 Sichuan	152795.5	5642.9	116959.8	1063.8	18134.8	10994.2
贵　州 Guizhou	60651.6	3489.7	47811.2	224.7	5794.0	3332.0
云　南 Yunnan	125167.2	8328.8	89010.5	500.3	16845.3	10482.3
西　藏 Tibet	13814.0	258.4	12538.5	3.1	704.3	309.7
陕　西 Shaanxi	59627.3	7533.4	38916.8	816.8	8004.8	4355.5
甘　肃 Gansu	45859.3	4726.8	31840.5	2098.1	4298.0	2895.9
青　海 Qinghai	28498.6	2400.9	21412.0	240.9	2262.5	2182.3
宁　夏 Ningxia	13387.1	1442.1	9392.8	165.8	1637.8	748.5
新　疆 Xinjiang	69846.1	4418.7	55143.4	392.8	6830.6	3060.6
附:大连 Dalian	26095.8	3989.0	16700.5	228.4	3158.1	2019.8
宁波 Ningbo	19713.2	817.3	13087.5	182.8	4675.6	950.0
厦门 Xiamen	10854.5	831.5	7703.0	74.0	1041.5	1204.5
青岛 Qingdao	21580.4	3291.2	14016.1	152.6	1839.1	2281.4
深圳 Shenzhen	1796.9	152.0	1581.0		32.4	31.5

10－40 分地区机关单位离休、退休、退职人员保险福利费用构成情况

(国有经济单位)

COMPOSITION OF SOCIAL INSURANCE AND WELFARE FUNDS OF RETIREES IN STATE－OWNED ORGANS BY REGION

(1997)

单位: 万元

(10 000 yuan)

地 区 Region	合 计 Total	离休金 Pensions of Termination	退休金 Retirement Pensions	退职生活费 Resignation Allowances for Living Expenses	医疗卫生费 Medical Care	其 他 Others
全国总计 National	**1843523.7**	**439888.3**	**988995.7**	**19962.7**	**280469.9**	**114207.1**
北 京 Beijing	81790.6	19262.6	40199.1	654.5	13957.8	7716.6
天 津 Tianjin	32887.4	5841.0	16597.2	93.2	7525.5	2830.5
河 北 Hebei	97215.6	31847.1	43758.5	3989.3	14752.3	2868.4
山 西 Shanxi	44094.1	16312.7	20733.7	374.5	4524.8	2148.4
内蒙古 Inner Mongolia	29083.2	7854.9	17595.4	165.6	2442.9	1024.4
辽 宁 Liaoning	77613.5	23069.3	35540.2	572.8	13831.6	4599.6
吉 林 Jilin	30350.9	8680.7	15331.3	276.4	4305.8	1756.6
黑龙江 Heilongjiang	62517.7	15976.1	36589.1	397.1	5699.3	3856.1
上 海 Shanghai	45990.2	6672.3	20732.7	221.3	14311.3	4052.6
江 苏 Jiangsu	115032.2	30042.0	57035.8	1504.9	20597.3	5852.1
浙 江 Zhejiang	87151.8	15579.1	47676.9	1247.3	17493.2	5155.4
安 徽 Anhui	59014.1	14557.7	32185.9	425.0	8873.9	2971.6
福 建 Fujian	49491.3	7989.9	29343.4	699.2	6520.5	4938.2
江 西 Jiangxi	73280.0	58877.6	8841.3	191.3	3528.9	1840.9
山 东 Shandong	102917.7	34075.0	44685.7	1652.3	16440.0	6064.7
河 南 Henan	90367.8	25868.9	48162.9	554.7	12839.2	2942.1
湖 北 Hubei	65217.2	15395.5	38175.0	876.9	7876.5	2893.3
湖 南 Hunan	83974.9	8214.6	59813.0	500.6	10905.2	4541.5
广 东 Guangdong	138146.0	21512.6	71157.1	797.9	30099.7	14578.8
广 西 Guangxi	41374.9	6434.6	28725.5	355.2	3621.2	2238.4
海 南 Hainan	13219.0	3113.5	8458.4	127.6	958.2	561.4
重 庆 Chongqing	33287.0	3311.3	20362.6	220.1	6608.1	2784.9
四 川 Sichuan	102940.5	10049.1	70314.0	1031.6	13891.3	7654.5
贵 州 Guizhou	47606.6	7124.5	31634.0	236.1	5892.2	2719.8
云 南 Yunnan	93063.6	12726.5	59275.4	551.6	14153.8	6356.3
西 藏 Tibet	7599.9	355.2	6273.3	5.3	663.0	303.1
陕 西 Shaanxi	31888.0	8575.4	14926.5	625.5	6071.6	1689.0
甘 肃 Gansu	28803.1	6193.8	16532.8	656.1	3188.2	2232.2
青 海 Qinghai	26036.4	4336.4	15986.2	462.4	2469.6	2781.8
宁 夏 Ningxia	8424.2	2204.5	4415.3	163.5	1094.4	546.5
新 疆 Xinjiang	43144.2	7833.9	27937.4	332.9	5332.6	1707.4
附: 大 连 Dalian	11636.7	3321.7	5081.4	84.8	1641.0	1507.8
宁 波 Ningbo	10442.6	1398.0	6420.6	87.5	2094.5	442.0
厦 门 Xiamen	4224.9	1267.8	2327.1	35.0	220.5	374.5
青 岛 Qingdao	8158.1	2782.6	3457.7	103.7	1277.5	536.6
深 圳 Shenzhen	888.1	376.8	509.7		1.6	

10-41 分地区地方机关单位离休、退休、退职人员保险福利费用构成情况

(国有经济单位)

COMPOSITION OF SOCIAL INSURANCE AND WELFARE FUNDS OF RETIREES IN LOCAL STATE-OWNED ORGANS BY REGION

(1997)

单位:万元 (10 000 yuan)

地 区 Region	合 计 Total	离休金 Pensions of Termination	退休金 Retirement Pensions	退职生活费 Resignation Allowancesfor Living Expenses	医疗卫生费 Medical Care	其 他 Others
全国总计 National	**1696515.7**	**399848.1**	**923922.0**	**18950.8**	**250045.0**	**103749.8**
北 京 Beijing	47224.0	9532.1	25719.1	311.3	6623.4	5038.1
天 津 Tianjin	31447.6	5656.3	15883.1	92.5	7069.2	2746.5
河 北 Hebei	94086.1	30969.1	42292.9	3962.6	14114.6	2746.9
山 西 Shanxi	42542.9	15849.5	19970.0	371.7	4263.6	2088.1
内蒙古 Inner Mongolia	28470.7	7686.3	17310.2	164.8	2323.0	986.4
辽 宁 Liaoning	73913.5	22187.2	33888.7	552.1	12938.0	4347.5
吉 林 Jilin	27832.9	8120.3	14165.0	232.8	3789.9	1524.8
黑龙江 Heilongjiang	60390.1	15860.6	35562.6	331.9	5395.0	3240.0
上 海 Shanghai	42393.4	6393.7	20263.4	197.8	11514.0	4024.5
江 苏 Jiangsu	111474.8	29377.4	55163.0	1490.2	19817.9	5626.3
浙 江 Zhejiang	85825.2	15371.3	47000.0	1240.4	17132.0	5081.4
安 徽 Anhui	56779.6	14116.9	31055.6	416.3	8391.6	2799.2
福 建 Fujian	45273.8	7465.1	27380.4	659.4	5504.6	4264.2
江 西 Jiangxi	55326.7	44721.9	5829.4	171.6	3027.3	1576.5
山 东 Shandong	96677.1	33020.6	40830.0	1610.6	15537.7	5678.2
河 南 Henan	86010.9	24988.4	45677.6	537.8	12075.2	2731.9
湖 北 Hubei	56622.5	12696.3	33946.1	821.9	7188.9	1969.3
湖 南 Hunan	78513.2	7721.2	56214.8	468.8	9958.9	4149.5
广 东 Guangdong	130008.7	20770.4	68725.4	772.4	25540.4	14200.1
广 西 Guangxi	39301.6	6296.3	27350.9	339.2	3284.4	2030.8
海 南 Hainan	12980.8	3050.3	8340.3	121.2	917.0	552.0
重 庆 Chongqing	30324.6	3137.3	18660.7	213.8	5933.5	2379.3
四 川 Sichuan	97522.5	9384.3	66967.0	999.0	12989.1	7183.1
贵 州 Guizhou	45077.6	6796.9	30208.9	223.8	5385.0	2463.0
云 南 Yunnan	87050.8	11724.5	56038.5	533.2	12939.4	5815.2
西 藏 Tibet	7365.5	342.6	6081.5	5.3	640.3	295.8
陕 西 Shaanxi	30321.8	8208.8	14194.4	608.8	5736.3	1573.5
甘 肃 Gansu	26052.8	5709.8	15016.7	598.5	2692.6	2035.2
青 海 Qinghai	25154.7	4168.5	15572.9	439.2	2363.6	2610.5
宁 夏 Ningxia	7855.0	2065.3	4163.8	141.6	1007.6	476.7
新 疆 Xinjiang	36694.4	6459.0	24449.0	320.2	3950.9	1515.3
附:大 连 Dalian	11636.7	3321.7	5081.4	84.8	1641.0	1507.8
宁 波 Ningbo	10442.6	1398.0	6420.6	87.5	2094.5	442.0
厦 门 Xiamen	4224.9	1267.8	2327.1	35.0	220.5	374.5
青 岛 Qingdao	8158.1	2782.6	3457.7	103.7	1277.5	536.6
深 圳 Shenzhen	888.1	376.8	509.7		1.6	

10－42 分地区职工保险福利费用构成情况

(城镇集体经济单位)

COMPOSITION OF TOTAL SOCIAL INSURANCE AND WELFARE FUNDS OF WORKERS AND EMPLOYEES IN URBAN COLLECTIVE－OWNED UNITS BY REGION

(1997)

单位：万元　　　　(10 000 yuan)

地区 Region		合计 Total	集体福利设施及集体福利事业补贴费 Subsidies for Collective Welfare Facilities and Collective Welfare	文体宣传费 Expenses for Cultural Activities, Sports and Propaganda	医疗卫生费 Medical Care	冬季取暖补贴 Subsidies for Warming in Winter	其他 Others
全国总计	**National**	**838835.0**	**175987.4**	**35430.3**	**431989.9**	**45278.5**	**150148.9**
北京	Beijing	27693.2	2781.7	750.9	18686.2	1714.2	3760.2
天津	Tianjin	15407.8	1465.4	294.4	8711.8	3374.1	1562.1
河北	Hebei	26410.4	5183.0	638.7	12849.9	3320.5	4418.3
山西	Shanxi	14471.1	3610.1	952.1	5552.8	2240.0	2116.1
内蒙古	Inner Mongolia	11606.7	4549.3	805.3	3096.4	1553.3	1602.4
辽宁	Liaoning	50815.8	10396.9	2078.2	27710.3	4551.2	6079.2
吉林	Jilin	15848.5	2367.0	2325.5	5605.5	1742.1	3808.5
黑龙江	Heilongjiang	13021.6	2398.5	539.0	5305.0	2405.9	2373.2
上海	Shanghai	70296.1	5987.0	892.4	42947.4		20469.3
江苏	Jiangsu	140159.1	27760.9	5399.4	83391.0	1240.9	22366.9
浙江	Zhejiang	68086.9	13332.9	2178.4	34914.3		17661.2
安徽	Anhui	30669.5	5627.3	1667.0	16589.2	1476.3	5309.7
福建	Fujian	17589.6	6345.2	1575.5	6751.1	5.7	2912.1
江西	Jiangxi	8364.7	1365.7	370.8	3280.7	1024.6	2322.9
山东	Shandong	57874.7	14925.4	2691.2	26974.8	6378.2	6905.1
河南	Henan	22392.1	5382.4	1217.9	10775.8	2293.6	2722.3
湖北	Hubei	29681.7	5667.7	1230.9	15400.5	2867.0	4515.6
湖南	Hunan	29645.2	6869.8	1161.8	14632.6	2344.3	4636.7
广东	Guangdong	82473.4	27189.5	4027.4	36262.6	262.1	14731.9
广西	Guangxi	11738.5	2946.7	496.6	5546.1	228.0	2521.1
海南	Hainan	1800.4	330.6	96.9	926.0		446.9
重庆	Chongqing	14290.6	2544.3	622.4	8357.9		2766.0
四川	Sichuan	31681.1	6535.8	1554.8	16729.9	761.9	6098.7
贵州	Guizhou	3952.6	993.3	175.4	1745.2	259.1	779.6
云南	Yunnan	13646.4	2284.0	332.3	7254.0	19.5	3756.6
西藏	Tibet	59.8	24.9	0.5	21.7	3.6	9.1
陕西	Shaanxi	9015.8	1477.5	409.1	4098.0	1632.5	1398.8
甘肃	Gansu	10955.3	3396.9	401.5	4291.1	1655.9	1209.9
青海	Qinghai	1335.7	461.9	45.3	527.9	133.3	167.3
宁夏	Ningxia	1828.5	418.9	68.5	773.3	318.7	249.1
新疆	Xinjiang	6022.1	1367.1	430.1	2280.8	1471.9	472.2
附：大连	Dalian	8285.5	1408.5	272.7	4907.9	754.7	941.7
宁波	Ningbo	11377.5	1728.0	256.1	7305.8		2087.6
厦门	Xiamen	3710.6	1260.7	192.8	1313.7		943.4
青岛	Qingdao	8862.8	1378.1	272.4	5020.3	1247.1	944.9
深圳	Shenzhen	691.3	398.3	50.7	216.6		25.7

10－43 分地区企业单位职工保险福利费用构成情况

(城镇集体经济单位)

COMPOSITION OF TOTAL SOCIAL INSURANCE AND WELFAER FUNDS OF WORKERS AND EMPLOYEES IN URBAN COLLECTIVE－OWNED ENTERPRISES BY REGION

(1997)

单位：万元 (10 000 yuan)

地区 Region		合计 Total	集体福利设施及集体福利事业补贴费 Subsidies for Collective Welfare Facilities and Collective Welfare	文体宣传费 Expenses for Cultural Activities, Sports and Propaganda	医疗卫生费 Medical Care	冬季取暖补贴 Subsidies for Warming in Winter	其他 Others
全国总计	**National**	**766657.1**	**156086.3**	**31280.1**	**403139.0**	**42127.1**	**134024.5**
北京	Beijing	25372.5	2394.0	696.8	17378.8	1608.4	3294.5
天津	Tianjin	14913.8	1435.3	268.7	8424.0	3292.8	1493.0
河北	Hebei	25001.3	4719.6	600.9	12339.0	3141.3	4200.5
山西	Shanxi	13704.6	3462.0	894.7	5284.3	2124.9	1938.7
内蒙古	Inner Mongolia	11328.0	4500.4	789.0	2996.7	1496.4	1545.5
辽宁	Liaoning	48868.8	9923.4	1989.9	26867.6	4326.6	5761.3
吉林	Jilin	13711.3	2217.0	1870.6	5352.2	1639.4	2632.2
黑龙江	Heilongjiang	10748.3	1543.7	341.4	4584.9	2079.7	2198.6
上海	Shanghai	64332.7	4928.2	715.8	40899.6		17789.1
江苏	Jiangsu	124650.1	23587.9	4697.6	76231.5	1034.6	19098.5
浙江	Zhejiang	61391.1	11800.8	1869.8	31989.2		15731.3
安徽	Anhui	27848.2	5042.0	1558.1	15161.7	1233.7	4852.7
福建	Fujian	13985.4	4482.1	1011.7	5992.7	5.7	2493.2
江西	Jiangxi	7576.8	1273.7	347.2	2946.3	917.7	2091.9
山东	Shandong	54639.7	14152.4	2496.5	25580.6	6007.2	6403.0
河南	Henan	21294.9	5081.4	1141.5	10411.4	2124.2	2536.4
湖北	Hubei	27837.9	5257.1	1077.8	14536.8	2717.6	4248.6
湖南	Hunan	26890.5	6339.4	1030.2	13193.1	2065.3	4262.5
广东	Guangdong	75324.7	23105.6	3772.0	34274.2	222.8	13950.1
广西	Guangxi	11300.5	2870.1	483.6	5317.8	224.6	2404.4
海南	Hainan	1716.4	325.6	92.4	880.4		418.0
重庆	Chongqing	12460.9	2047.0	474.3	7522.2		2417.4
四川	Sichuan	28973.1	5996.4	1419.7	15462.8	699.3	5394.9
贵州	Guizhou	3694.2	947.5	153.0	1611.2	241.3	741.2
云南	Yunnan	11893.5	2070.3	308.4	6533.5	18.1	2963.2
西藏	Tibet	59.8	24.9	0.5	21.7	3.6	9.1
陕西	Shaanxi	8093.0	1337.0	363.3	3760.7	1468.3	1163.8
甘肃	Gansu	10344.2	3170.9	365.4	4139.7	1541.5	1126.7
青海	Qinghai	1322.3	459.2	45.0	520.5	132.2	165.4
宁夏	Ningxia	1813.3	418.3	67.9	762.8	315.8	248.4
新疆	Xinjiang	5565.2	1173.3	336.4	2161.1	1444.1	450.3
附：大连	Dalian	8113.3	1390.3	255.7	4813.5	741.3	912.5
宁波	Ningbo	10370.3	1594.4	211.6	6680.9		1883.3
厦门	Xiamen	3539.6	1136.4	190.3	1293.5		919.4
青岛	Qingdao	8342.2	1318.2	255.9	4716.6	1154.2	897.3
深圳	Shenzhen	691.3	398.3	50.7	216.6		25.7

10－44 分地区离休、退休、退职人员保险福利费用构成情况

(城镇集体经济单位)

COMPOSITION OF SOCIAL INSURANCE AND WELFARE FUNDS OF RETIREES IN URBAN COLLECTIVE－OWNED UNITS BY REGION

(1997)

单位: 万元 (10 000 yuan)

地　区 Region	合　计 Total	离休金 Pensions of Termination	退休金 Retirement Pensions	退职生活费 Resignation Allowances for Living Expenses	医疗卫生费 Medical Care	其　他 Others
全国总计 National	**2523306.1**	**84054.9**	**1978929.8**	**55333.0**	**271831.4**	**133157.1**
北　京 Beijing	173133.5	4917.5	119549.0	5499.9	25841.8	17325.3
天　津 Tianjin	75410.7	1288.5	59492.0	2051.1	4999.9	7579.2
河　北 Hebei	84467.9	7299.1	66385.1	2664.2	6379.1	1740.4
山　西 Shanxi	32325.2	2556.0	24961.7	887.4	2086.3	1833.9
内蒙古 Inner Mongolia	20128.3	1020.3	16688.7	357.1	1294.9	767.3
辽　宁 Liaoning	168890.3	7006.5	138633.8	5875.7	12534.1	4840.2
吉　林 Jilin	46128.6	2407.9	38026.8	2007.6	1948.2	1738.1
黑龙江 Heilongjiang	39260.6	1992.2	32433.9	1103.9	2053.9	1676.7
上　海 Shanghai	266412.0	2632.8	202440.7	4409.0	36072.2	20857.3
江　苏 Jiangsu	340336.7	10725.6	272359.3	9687.1	38618.9	8945.9
浙　江 Zhejiang	180667.4	3023.2	141925.5	3694.0	24113.1	7911.6
安　徽 Anhui	71080.7	2900.0	57116.0	1974.6	6829.8	2260.3
福　建 Fujian	50424.7	1027.6	40436.7	566.8	4950.5	3443.1
江　西 Jiangxi	34314.8	671.9	29273.9	1042.3	2210.6	1116.1
山　东 Shandong	180984.3	13239.7	136240.1	3108.4	14672.0	13724.1
河　南 Henan	62971.4	3381.0	51005.2	975.5	5504.5	2105.1
湖　北 Hubei	100168.8	2151.7	84129.3	2510.3	8687.5	2689.9
湖　南 Hunan	95127.1	1891.7	78766.4	1035.8	8769.8	4663.4
广　东 Guangdong	194093.8	5256.6	146922.5	1343.7	29566.7	11004.2
广　西 Guangxi	45259.6	1164.8	35572.0	533.1	5184.3	2805.4
海　南 Hainan	7188.0	420.9	6080.2	44.3	456.3	186.2
重　庆 Chongqing	50650.8	588.6	41681.7	871.0	5399.7	2109.8
四　川 Sichuan	87798.7	1273.5	71229.0	1378.8	9801.7	4115.7
贵　州 Guizhou	13277.3	498.4	10643.9	153.2	1279.3	702.5
云　南 Yunnan	32855.0	1159.5	23600.2	217.7	5061.2	2816.4
西　藏 Tibet	2.0			0.2	1.4	0.4
陕　西 Shaanxi	29302.9	1477.4	21812.1	576.3	3598.3	1838.8
甘　肃 Gansu	18280.4	1141.6	13670.4	506.0	1396.8	1565.6
青　海 Qinghai	3629.6	98.5	2951.9	34.4	339.0	205.8
宁　夏 Ningxia	3532.9	168.0	2773.2	55.5	354.8	181.4
新　疆 Xinjiang	15202.1	673.9	12128.5	167.9	1824.8	407.0
附:大连 Dalian	31331.9	1380.9	23345.1	1440.1	3900.8	1265.0
宁波 Ningbo	34174.4	539.4	26445.9	1062.1	5092.6	1034.4
厦门 Xiamen	10818.9	224.2	8466.9	183.0	1273.1	671.7
青岛 Qingdao	42035.7	1417.8	32418.0	473.5	3376.3	4350.1
深圳 Shenzhen	798.0	17.4	758.4		0.6	21.6

10-45 分地区企业单位离休、退休、退职人员保险福利费用构成情况

(城镇集体经济单位)

COMPOSITION OF SOCIAL INSURANCE AND WELFARE FUNDS OF RETIREES IN URBAN COLLECTIVE-OWNED ENTERPRISES BY REGION

(1997)

单位:万元 (10 000 yuan)

地区	Region	合计 Total	离休金 Pensions of Termination	退休金 Retirement Pensions	退职生活费 Resignation Allowances for Living Expenses	医疗卫生费 Medical Care	其他 Others
全国总计	**National**	**2355304.0**	**75163.7**	**1849836.1**	**52503.3**	**254280.5**	**123520.4**
北京	Beijing	160349.2	4119.3	110606.5	5420.2	23689.8	16513.4
天津	Tianjin	72925.9	1250.8	57534.4	2041.7	4808.9	7290.1
河北	Hebei	80451.4	6910.9	63166.0	2559.9	6135.6	1679.0
山西	Shanxi	30135.1	2245.0	23489.0	746.7	1931.7	1722.7
内蒙古	Inner Mongolia	19139.8	959.8	15862.3	355.3	1250.6	711.8
辽宁	Liaoning	155113.9	6137.0	126849.1	5526.4	12085.7	4515.7
吉林	Jilin	42038.3	2052.7	34993.0	1624.5	1751.7	1616.4
黑龙江	Heilongjiang	38646.3	1933.5	31958.4	1101.7	2018.1	1634.6
上海	Shanghai	251274.0	2358.2	191606.7	4265.3	33913.2	19130.6
江苏	Jiangsu	313505.1	9601.1	251018.5	9095.1	35846.0	7944.5
浙江	Zhejiang	170716.0	2691.8	134743.4	3526.2	22706.0	7048.5
安徽	Anhui	66323.3	2600.7	53342.0	1886.4	6395.7	2098.5
福建	Fujian	43659.3	839.5	34579.8	516.3	4726.2	2997.5
江西	Jiangxi	32630.9	610.2	27858.1	1017.8	2071.5	1073.3
山东	Shandong	171460.3	11574.8	129820.9	3035.3	13766.5	13262.8
河南	Henan	60712.5	3179.0	49490.3	947.7	5299.3	1796.1
湖北	Hubei	84924.1	1987.8	70566.4	2373.2	7402.1	2594.5
湖南	Hunan	86885.7	1607.2	72491.5	934.5	7997.6	3854.9
广东	Guangdong	186572.6	4924.0	141871.2	1300.0	28250.7	10226.7
广西	Guangxi	44563.4	1074.0	35191.6	529.9	5025.8	2742.1
海南	Hainan	6371.7	381.0	5335.6	41.4	433.5	180.2
重庆	Chongqing	47266.0	508.9	39022.8	815.0	5035.4	1883.9
四川	Sichuan	79780.0	1048.8	64877.4	1265.5	8976.4	3611.9
贵州	Guizhou	12800.6	470.3	10299.2	126.9	1240.0	664.2
云南	Yunnan	31798.4	1069.4	22894.8	216.1	4869.5	2748.6
西藏	Tibet	2.0			0.2	1.4	0.4
陕西	Shaanxi	26800.7	1210.4	20273.5	505.5	3151.7	1659.6
甘肃	Gansu	17599.4	1027.0	13208.2	487.3	1341.6	1535.3
青海	Qinghai	3627.6	98.5	2949.9	34.4	339.0	205.8
宁夏	Ningxia	3528.7	166.5	2771.2	55.5	354.4	181.1
新疆	Xinjiang	13701.8	525.6	11164.3	151.4	1464.8	395.7
附:大连	Dalian	30132.9	1291.0	22569.9	1266.9	3787.3	1217.8
宁波	Ningbo	32752.2	506.3	25468.6	1030.9	4799.7	946.7
厦门	Xiamen	9592.5	175.6	7379.5	169.7	1231.1	636.6
青岛	Qingdao	40234.0	1163.0	31132.1	468.8	3196.6	4273.5
深圳	Shenzhen	798.0	17.4	758.4		0.6	21.6

10－46 分地区职工保险福利费用构成情况

(其他经济单位)

COMPOSITION OF TOTAL SOCIAL INSURANCE AND WELFAER FUNDS OF WORKERS AND EMPLOYEES IN OTHER OWNERSHIPS UNITS BY REGION

(1997)

单位: 万元 (10 000 yuan)

地区 Region	合计 Total	集体福利设施及集体福利事业补贴费 Subsidies for Collective Welfare Facilities and Collective Welfare	文体宣传费 Expenses for Cultural Activities, Sports and Propaganda	医疗卫生费 Medical Care	冬季取暖补贴 Subsidies for Warming in Winter	其他 Others
全国总计 National	**706395.2**	**233015.1**	**21038.9**	**296671.5**	**15182.6**	**140487.1**
北京 Beijing	36773.4	5259.8	817.1	20451.5	1229.8	9015.2
天津 Tianjin	46609.6	21026.7	699.5	16565.1	2807.9	5510.4
河北 Hebei	10600.4	2922.6	259.3	4487.4	965.7	1965.4
山西 Shanxi	1507.7	279.6	94.1	787.0	170.2	176.8
内蒙古 Inner Mongolia	2614.6	797.0	261.7	878.2	316.2	361.5
辽宁 Liaoning	33663.0	9988.7	1388.4	15456.9	2395.0	4434.0
吉林 Jilin	5773.1	1614.0	178.8	2811.7	364.6	804.0
黑龙江 Heilongjiang	5235.2	1035.3	223.7	2201.2	332.2	1442.8
上海 Shanghai	129994.0	22982.7	1916.4	57370.4		47724.5
江苏 Jiangsu	71800.2	20787.8	2533.6	35021.0	284.6	13173.3
浙江 Zhejiang	40329.7	10221.2	1148.6	19593.3		9366.7
安徽 Anhui	35323.0	8325.1	1926.0	22983.2	894.6	1194.1
福建 Fujian	24653.6	11038.7	1335.2	6483.2		5796.5
江西 Jiangxi	2424.0	603.9	38.7	1029.4	198.7	553.3
山东 Shandong	39227.6	11713.5	1606.9	18279.4	2367.3	5260.5
河南 Henan	7082.6	1889.9	271.2	2600.5	504.7	1816.4
湖北 Hubei	22896.1	9607.4	636.0	9739.0	808.4	2105.3
湖南 Hunan	4004.4	1413.1	80.9	1529.7	164.6	816.1
广东 Guangdong	126890.6	76441.7	3379.7	30116.3	158.0	16794.8
广西 Guangxi	8986.4	2254.6	398.4	3768.7	124.9	2439.8
海南 Hainan	2211.8	471.3	111.9	1107.5		521.2
重庆 Chongqing	5654.2	1083.6	96.9	3412.4		1061.3
四川 Sichuan	28525.1	8128.9	1181.3	13011.6	371.1	5832.2
贵州 Guizhou	1195.6	334.4	79.7	546.8	113.4	121.3
云南 Yunnan	5019.3	1000.2	150.6	2566.5	0.1	1301.9
西藏 Tibet	323.8	65.1		246.4	6.4	5.9
陕西 Shaanxi	3800.1	970.2	96.1	2103.9	279.4	350.4
甘肃 Gansu	1341.8	145.0	66.3	711.9	88.2	330.4
青海 Qinghai	219.5	50.2	13.5	104.3	13.1	38.4
宁夏 Ningxia	469.5	179.5	9.3	198.1	56.6	26.0
新疆 Xinjiang	1245.3	383.4	39.2	509.1	166.9	146.7
附:大连 Dalian	14862.3	5135.7	570.5	6924.6	669.4	1562.1
宁波 Ningbo	8000.4	1423.8	140.3	4805.8		1630.5
厦门 Xiamen	9189.4	3496.9	612.9	2292.4		2787.2
青岛 Qingdao	11195.0	2145.2	403.3	5217.7	958.1	2470.7
深圳 Shenzhen	38504.4	34717.0	466.2	2608.7	45.8	666.7

10－47 分地区外商投资企业职工保险福利费用构成情况

COMPOSITION OF TOTAL SOCIAL INSURANCE AND WELFARE FUNDS OF WORKERS AND EMPLOYEES IN FOREIGN－FUNDED ENTERPRISES BY REGION

(1997)

单位：万元　　　　(10 000 yuan)

地　区　Region		合　计 Total	集体福利设施及集体福利事业补贴费 Subsidies for Collective Welfare Facilities and Collective Welfare	文体宣传费 Expenses for Cultural Activities, Sports and Propaganda	医疗卫生费 Medical Care	冬季取暖补贴 Subsidies for Warming in Winter	其他 Others
全国总计	**National**	**228639.0**	**76740.4**	**7080.6**	**92236.5**	**4442.0**	**48139.4**
北　京	Beijing	21162.7	3673.5	566.9	10154.8	638.0	6129.5
天　津	Tianjin	17418.1	8351.7	333.6	6116.3	1096.6	1519.9
河　北	Hebei	3134.5	1039.8	85.7	1250.8	237.6	520.6
山　西	Shanxi	501.9	74.8	38.2	301.1	26.4	61.4
内蒙古	Inner Mongolia	1069.6	329.2	12.7	456.9	92.8	178.0
辽　宁	Liaoning	16752.7	5646.4	620.7	6938.5	677.2	2869.9
吉　林	Jilin	2248.4	649.5	62.4	1030.8	188.1	317.6
黑龙江	Heilongjiang	539.5	112.5	14.2	254.0	89.5	69.3
上　海	Shanghai	53395.7	12883.1	837.3	18888.8		20786.5
江　苏	Jiangsu	24683.1	9217.5	1336.2	10969.8	99.4	3060.3
浙　江	Zhejiang	9472.9	2006.1	253.5	4833.8		2379.5
安　徽	Anhui	16996.4	3283.7	884.0	12031.5	278.4	518.8
福　建	Fujian	9269.6	4979.4	324.9	2238.2		1727.0
江　西	Jiangxi	277.4	54.8	13.1	78.0	36.4	95.1
山　东	Shandong	7041.6	2279.5	209.8	2849.2	441.6	1261.5
河　南	Henan	2324.6	406.1	121.7	956.8	109.9	730.0
湖　北	Hubei	3395.7	1317.4	124.0	1408.3	177.6	368.4
湖　南	Hunan	912.7	397.4	9.5	266.9	24.1	214.8
广　东	Guangdong	30373.7	17476.4	950.3	7965.2	77.9	3903.9
广　西	Guangxi	1456.4	342.7	142.7	500.0	6.1	464.9
海　南	Hainan	317.9	40.5	14.1	97.5		165.8
重　庆	Chongqing	1545.1	334.6	16.5	758.0		436.0
四　川	Sichuan	1688.8	968.5	65.3	508.3	3.6	143.1
贵　州	Guizhou	60.7	53.0	0.7	3.0	0.5	3.5
云　南	Yunnan	414.8	138.9	7.6	193.9		74.4
西　藏	Tibet	323.8	65.1		246.4	6.4	5.9
陕　西	Shaanxi	557.9	80.2	8.7	382.9	51.5	34.6
甘　肃	Gansu	71.6	18.4	2.8	41.0	4.6	4.8
青　海	Qinghai	1.6	0.2		0.9	0.5	
宁　夏	Ningxia	377.8	160.6		156.0	46.0	15.2
新　疆	Xinjiang	851.9	358.8	23.6	358.9	31.4	79.2
附：大连	Dalian	11176.3	4353.0	436.2	4800.9	422.2	1164.0
宁波	Ningbo	2673.4	472.2	44.5	1371.1		785.6
厦门	Xiamen	2879.3	1189.4	132.4	721.1		836.4
青岛	Qingdao	3707.5	1196.5	125.6	1332.2	299.8	753.4
深圳	Shenzhen	7511.3	6499.2	105.8	829.1	32.1	45.1

10-48 分地区港、澳、台投资企业职工保险福利费用构成情况

COMPOSITION OF TOTAL SOCIAL INSURANCE AND WELFARE FUNDS OF WORKERS AND EMPLOYEES IN HONGKONG, MACAO AND TAIWAN CHINESE FUNDED ENTERPRISES BY REGION

(1997)

单位：万元　　　　(10 000 yuan)

地区 Region		合计 Total	集体福利设施及集体福利事业补贴费 Subsidies for Collective Welfare Facilities and Collective Welfare	文体宣传费 Expenses for Cultural Activities, Sports and Propaganda	医疗卫生费 Medical Care	冬季取暖补贴 Subsidies for Warming in Winter	其他 Others
全国总计	**National**	**153896.9**	**57761.0**	**4716.9**	**60035.4**	**2617.6**	**28766.0**
北京	Beijing	6781.5	910.0	141.3	4317.1	228.0	1185.1
天津	Tianjin	17054.3	10736.9	37.8	3744.1	526.0	2009.5
河北	Hebei	1688.7	535.2	69.2	769.8	97.5	217.0
山西	Shanxi	449.5	82.5	26.5	238.6	62.0	39.9
内蒙古	Inner Mongolia	244.1	103.8	8.5	71.6	45.5	14.7
辽宁	Liaoning	3032.3	1145.0	84.2	1256.6	191.9	354.6
吉林	Jilin	1500.5	177.0	27.7	873.1	69.2	353.5
黑龙江	Heilongjiang	270.9	32.8	16.2	100.6	22.3	99.0
上海	Shanghai	18238.4	2760.4	231.8	6926.6		8319.6
江苏	Jiangsu	14251.7	4653.1	253.5	6469.7	41.0	2834.4
浙江	Zhejiang	11763.6	3275.6	210.6	6007.7		2269.7
安徽	Anhui	18326.6	5041.4	1042.0	10951.7	616.2	675.3
福建	Fujian	7829.5	3412.3	688.1	2010.3		1718.8
江西	Jiangxi	477.3	146.7	18.6	152.9	49.6	109.5
山东	Shandong	5050.5	1082.7	201.8	2159.3	441.2	1165.5
河南	Henan	1065.6	649.6	42.6	261.6	40.0	71.8
湖北	Hubei	623.8	143.1	38.5	333.5	47.6	61.1
湖南	Hunan	596.8	226.1	10.5	147.1	39.2	173.9
广东	Guangdong	39232.0	21242.3	1334.6	10561.5	23.6	6070.0
广西	Guangxi	1282.7	302.4	65.9	520.2	16.4	377.8
海南	Hainan	1001.1	170.8	53.2	568.6		208.5
重庆	Chongqing	971.0	332.6	27.3	477.7		133.4
四川	Sichuan	1106.7	433.0	46.3	446.1	11.3	170.0
贵州	Guizhou	219.2	54.0	13.7	136.6	3.2	11.7
云南	Yunnan	400.1	66.8	11.9	237.4	0.1	83.9
西藏	Tibet						
陕西	Shaanxi	284.8	24.4	6.2	188.9	37.2	28.1
甘肃	Gansu	36.7	7.7	1.2	21.9	1.3	4.6
青海	Qinghai	58.0	12.8		39.7	5.0	0.5
宁夏	Ningxia	2.7			1.5	1.2	
新疆	Xinjiang	56.3		7.3	43.3	1.1	4.6
附：大连	Dalian	1117.4	383.6	24.7	496.9	85.2	127.0
宁波	Ningbo	2454.6	493.2	39.1	1465.1		457.2
厦门	Xiamen	3438.4	1556.3	340.0	603.2		938.9
青岛	Qingdao	1880.3	262.8	23.4	649.6	93.1	851.4
深圳	Shenzhen	2024.6	1389.9	183.5	263.7		187.5

10－49 分地区离休、退休、退职人员保险福利费用构成情况

(其他经济单位)

COMPOSITION OF SOCIAL INSURANCE AND WELFARE FUNDS OF RETIREES OF OTHER OWNERSHIP UNITS BY REGION

(1997)

单位: 万元　　　　(10 000 yuan)

地　区	Region	合　计 Total	离休金 Pensions of Termination	退休金 Retirement Pensions	退职生活费 Resignation Allowances for Living Expenses	医疗卫生费 Medical Care	其　他 Others
全国总计	**National**	**578226.5**	**20571.0**	**420838.5**	**6008.7**	**97905.4**	**32902.9**
北　京	Beijing	17991.9	609.5	12833.1	148.5	3580.5	820.3
天　津	Tianjin	22708.0	857.9	16402.1	157.6	3518.1	1772.3
河　北	Hebei	10492.4	1304.8	7164.9	250.2	1577.6	194.9
山　西	Shanxi	997.1	50.1	748.1	2.3	146.6	49.9
内蒙古	Inner Mongolia	4223.9	183.1	3275.4	22.1	428.5	314.8
辽　宁	Liaoning	46367.6	2790.8	34667.3	556.8	6382.2	1970.5
吉　林	Jilin	8643.9	544.5	6542.1	53.5	1029.2	474.6
黑龙江	Heilongjiang	5774.6	169.9	4035.5	78.1	636.9	854.2
上　海	Shanghai	127834.4	2480.9	90329.7	665.0	25375.8	8983.0
江　苏	Jiangsu	62596.8	1566.3	48487.5	829.6	10278.3	1435.0
浙　江	Zhejiang	37474.8	861.2	25872.9	460.1	8794.9	1485.6
安　徽	Anhui	34302.0	1448.0	27785.4	193.3	4171.3	704.0
福　建	Fujian	8924.8	445.4	6632.7	125.4	1313.0	408.3
江　西	Jiangxi	1160.2	121.6	710.2	122.3	137.6	68.5
山　东	Shandong	47095.3	2850.5	33876.6	503.7	5861.0	4003.5
河　南	Henan	5344.8	387.4	3896.7	72.4	667.7	320.6
湖　北	Hubei	21216.0	913.9	16109.9	300.0	3161.7	730.5
湖　南	Hunan	4415.1	211.4	3431.0	43.9	566.1	162.7
广　东	Guangdong	41479.8	759.2	28520.4	708.2	8812.3	2679.7
广　西	Guangxi	9282.4	275.7	6459.6	78.1	1560.2	908.8
海　南	Hainan	205.9	48.7	135.9	0.2	14.8	6.3
重　庆	Chongqing	8063.4	130.6	5550.5	41.0	1714.8	626.5
四　川	Sichuan	40894.6	1059.5	30172.4	529.7	6288.3	2844.7
贵　州	Guizhou	82.7	2.4	67.4		12.2	0.7
云　南	Yunnan	4081.4	207.9	2661.9	19.6	776.0	416.0
西　藏	Tibet	6.5		6.5			
陕　西	Shaanxi	3509.5	182.5	2434.8	26.0	753.6	112.6
甘　肃	Gansu	1626.9	29.0	1010.5	9.8	93.4	484.2
青　海	Qinghai	270.4	42.9	137.7	6.0	69.6	14.2
宁　夏	Ningxia	567.3	24.5	393.1	1.1	104.5	44.0
新　疆	Xinjiang	592.2	10.9	486.6	4.2	78.7	11.8
附:大连	Dalian	7678.8	435.1	5156.5	181.1	1544.0	362.1
宁波	Ningbo	9601.4	112.9	6664.3	107.9	2440.4	275.8
厦门	Xiamen	1976.1	74.4	1399.5	25.3	392.8	84.1
青岛	Qingdao	12346.1	529.4	9082.9	44.9	1531.2	1157.7
深圳	Shenzhen	6969.1	169.0	4235.3	928.8	1331.1	304.9

10－50 分地区外商投资企业离休、退休、退职人员保险福利费用构成情况

COMPOSITION OF SOCIAL INSURANCE AND WELFARE FUNDS OF RETIREES IN FOREIGN－FUNDED ENTERPRISES BY REGION

(1997)

单位: 万元　　　　(10 000 yuan)

地　区 Region		合　计 Total	离休金 Pensions of Termination	退休金 Retirement Pensions	退职生活费 Resignation Allowances for Living Expenses	医疗卫生费 Medical Care	其　他 Others
全国总计	**National**	**71493.9**	**1935.5**	**52954.7**	**789.3**	**12015.4**	**3799.0**
北　京	Beijing	7688.7	289.2	5732.8	70.7	1314.2	281.8
天　津	Tianjin	4650.4	148.6	3038.7	37.6	1052.0	373.5
河　北	Hebei	1160.5	35.3	924.3	34.4	156.6	9.9
山　西	Shanxi	192.6	3.2	145.2	0.3	13.6	30.3
内蒙古	Inner Mongolia	2016.9	71.5	1629.7	11.1	188.9	115.7
辽　宁	Liaoning	8608.4	289.8	7049.3	99.5	806.1	363.7
吉　林	Jilin	440.6	20.3	366.3	4.6	36.7	12.7
黑龙江	Heilongjiang	303.5	7.4	286.0	2.1	3.9	4.1
上　海	Shanghai	13341.5	153.8	9881.8	116.3	2371.6	818.0
江　苏	Jiangsu	7183.2	258.8	5185.4	150.1	1401.1	187.7
浙　江	Zhejiang	6943.4	87.8	4627.4	68.3	1799.3	360.6
安　徽	Anhui	565.4	50.7	392.7	4.2	95.1	22.7
福　建	Fujian	2922.3	51.4	2494.3	54.9	256.4	65.2
江　西	Jiangxi	13.0		9.4	3.5		0.1
山　东	Shandong	2522.7	102.2	1986.8	23.7	219.0	191.0
河　南	Henan	1277.9	62.7	973.1	21.6	141.4	79.1
湖　北	Hubei	1431.3	55.1	1124.0	9.2	213.4	29.6
湖　南	Hunan	966.4	17.2	816.1	24.0	85.5	23.6
广　东	Guangdong	5615.7	82.2	3717.7	38.7	1264.4	512.7
广　西	Guangxi	487.2	32.2	399.2	1.7	34.9	19.2
海　南	Hainan	15.2	0.2	13.7		0.5	0.8
重　庆	Chongqing	1135.9	15.0	669.5	6.0	209.7	235.7
四　川	Sichuan	219.0	5.3	179.3	3.1	26.2	5.1
贵　州	Guizhou	65.1	2.4	54.3		7.9	0.5
云　南	Yunnan	260.1	10.6	186.3	0.3	48.9	14.0
西　藏	Tibet	6.5		6.5			
陕　西	Shaanxi	559.3	54.1	373.8	0.6	121.4	9.4
甘　肃	Gansu	34.8	0.8	32.2		1.8	
青　海	Qinghai						
宁　夏	Ningxia	491.9	23.6	351.7	0.5	94.3	21.8
新　疆	Xinjiang	374.6	4.1	307.2	2.3	50.7	10.3
附:大连	Dalian	823.8	36.5	596.5	32.6	124.7	33.5
宁波	Ningbo	2477.4	10.0	1781.1	21.1	607.6	57.6
厦门	Xiamen	218.8	0.9	163.7	5.8	33.6	14.8
青岛	Qingdao	350.5	18.1	278.9	1.1	44.1	8.3
深圳	Shenzhen	141.3		61.8	7.8	41.7	30.0

10－51 分地区港、澳、台投资企业离休、退休、退职人员保险福利费用构成情况

COMPOSITION OF SOCIAL INSURANCE AND WELFARE FUNDS OF RETIREES IN HONGKONG, MACAO AND TAIWAN CHINESE FUNDED ENTERPRISES BY REGION

(1997)

单位:万元 (10 000 yuan)

地 区 Region	合 计 Total	离休金 Pensions of Termination	退休金 Retirement Pensions	退职生活费 Resignation Allowances for Living Expenses	医疗卫生费 Medical Care	其 他 Others
全国总计 National	**59469.5**	**1375.9**	**42353.0**	**606.9**	**11242.3**	**3891.5**
北 京 Beijing	720.2	34.5	521.4	11.7	108.0	44.6
天 津 Tianjin	2357.8	56.9	1781.3	56.8	370.2	92.6
河 北 Hebei	1166.2	77.5	763.0	44.4	263.7	17.6
山 西 Shanxi	491.3	16.3	342.5	1.1	120.2	11.2
内蒙古 Inner Mongolia	1179.7	46.1	842.1	0.9	128.4	162.2
辽 宁 Liaoning	2772.3	97.5	2104.0	58.3	159.1	353.4
吉 林 Jilin	81.8	3.8	74.8		2.1	1.1
黑龙江 Heilongjiang	92.6	0.6	85.9	4.1	1.3	0.7
上 海 Shanghai	8704.5	115.0	6069.1	55.8	1751.8	712.8
江 苏 Jiangsu	9600.2	118.6	7971.1	101.4	1315.1	94.0
浙 江 Zhejiang	11043.6	287.6	7453.5	110.0	2835.2	357.3
安 徽 Anhui	356.8	43.7	243.3	0.3	65.4	4.1
福 建 Fujian	574.3	10.8	439.8	4.7	106.9	12.2
江 西 Jiangxi	57.6	0.0	28.2	15.9	3.0	10.5
山 东 Shandong	3782.9	104.5	2594.7	50.2	438.4	595.1
河 南 Henan	508.9	37.0	309.4	4.1	59.6	98.8
湖 北 Hubei	224.0	10.7	158.9	6.4	37.0	11.0
湖 南 Hunan	481.7	17.0	417.3	3.4	31.1	12.9
广 东 Guangdong	13328.3	260.0	8743.9	43.0	3153.1	1128.3
广 西 Guangxi	679.5	11.3	476.5	14.7	95.2	81.8
海 南 Hainan	0.9		0.6	0.2	0.1	
重 庆 Chongqing	405.3	1.2	269.1	5.1	67.5	62.4
四 川 Sichuan	506.5	12.0	384.1	13.9	86.3	10.2
贵 州 Guizhou	11.6		7.5		4.1	
云 南 Yunnan	158.2	4.6	132.3	0.5	19.6	1.2
西 藏 Tibet						
陕 西 Shaanxi	115.2	5.7	81.1		13.6	14.8
甘 肃 Gansu						
青 海 Qinghai						
宁 夏 Ningxia						
新 疆 Xinjiang	67.5	3.0	57.6		6.2	0.7
附:大 连 Dalian	840.2	21.4	746.2	25.3	28.7	18.6
宁 波 Ningbo	3006.2	41.6	2032.3	23.4	855.4	53.5
厦 门 Xiamen	104.3	0.7	18.9		84.7	
青 岛 Qingdao	376.7	6.7	244.9	12.1	73.5	39.5
深 圳 Shenzhen	245.5	36.6	138.7		60.0	10.2

十一、技工学校和工时利用

Vocational Schools and Hours of Work

11－1 分地区技工学校学生情况

STUDENTS OF VOCATIONAL SCHOOLS BY REGION

(1997)

单位: 人 (person)

地区 Region	学校所数(所) Number of Schools (school)	技工学校 Vocational Schools						
		招生学校数(所) Number of School Enrolling	招生数 Students Newly Enrolled	#女生数 Female	#招收农业户口学生数 New Students from Rural	在校学生数 Number of Students in School 合计 Total	#女生数 Female	一年制 One－year System
全国总计 National	**4395**	**3852**	**734147**	**286998**	**251126**	**1931605**	**724405**	**11604**
北京 Beijing	132	110	23027	8116	7960	53237	15733	
天津 Tianjin	143	116	17315	6629	3692	42335	15768	79
河北 Hebei	269	243	41274	16442	15743	103663	39391	31
山西 Shanxi	119	108	19182	8394	5136	56519	20879	45
内蒙古 Inner Mongolia	100	89	13711	6143	3192	42108	17206	81
辽宁 Liaoning	372	271	29445	10168	5975	87829	28894	551
吉林 Jilin	162	139	21046	8316	5836	63600	25070	78
黑龙江 Heilongjiang	192	170	22788	9467	4564	62580	21488	488
上海 Shanghai	132	116	19897	6232	6699	50570	15226	100
江苏 Jiangsu	184	178	44774	16149	22765	114518	40389	99
浙江 Zhejiang	107	98	24026	6856	15704	56633	14778	868
安徽 Anhui	126	113	27304	11271	6992	83421	34513	177
福建 Fujian	135	118	21876	9484	14802	47321	19426	469
江西 Jiangxi	83	72	21852	10317	4428	55396	24566	53
山东 Shandong	305	278	73531	29648	31365	191555	76667	283
河南 Henan	200	188	35384	16156	10892	106704	48201	428
湖北 Hubei	202	193	35577	15157	14193	109165	44873	130
湖南 Hunan	166	147	28830	12512	9301	69767	29110	240
广东 Guangdong	186	162	52057	13727	20690	132384	33285	380
广西 Guangxi	126	103	22472	7905	3510	69532	25204	184
海南 Hainan	13	11	1991	602	819	5178	1548	
重庆 Chongqing	132	124	17973	7095	1882	36064	15688	1718
四川 Sichuan	277	248	37565	16739	16930	85585	36674	1012
贵州 Guizhou	84	61	9706	3508	2389	26133	9264	203
云南 Yunnan	82	76	18088	6511	1763	49103	17259	166
陕西 Shaanxi	76	68	8587	3628	141	21176	7455	
甘肃 Gansu	162	147	20365	9735	4798	51486	22331	1035
青海 Qinghai	28	19	2230	810	35	6506	2510	
宁夏 Ningxia	32	25	5240	2329	331	14152	6473	
新疆 Xinjiang	68	61	17034	6952	8598	37385	14536	2706

11-1 续表1 continued

单位：人 (person)

地区 Region	二年制 Two-year System 一年级 Grade One	二年制 Two-year System 二年级 Grade Two	三年制 Three-year System 一年级 Grade One	三年制 Three-year System 二年级 Grade Two	三年制 Three-year System 三年级 Grade Three	高级技工学校 Senior Vocational Schools 招生数 New Students Enrolled	高级技工学校 Senior Vocational Schools 在校生数 Number of Students in School
全国总计 National	**198174**	**211280**	**524472**	**500306**	**485766**	**4664**	**10204**
北京 Beijing	1906	1560	20751	15541	13479		
天津 Tianjin	3067	3600	13777	12437	9375		
河北 Hebei	12404	12715	28660	25262	24591	46	128
山西 Shanxi	743	862	18395	18536	17938	31	31
内蒙古 Inner Mongolia	3896	3911	10172	11397	12651		
辽宁 Liaoning	11726	11976	17261	20354	25961	709	1657
吉林 Jilin	8297	11066	12688	15159	16312	29	29
黑龙江 Heilongjiang	11857	12478	10443	11667	15647	107	107
上海 Shanghai	1963	1566	17834	14052	15055	324	843
江苏 Jiangsu	4674	4122	39184	33664	32775	264	388
浙江 Zhejiang	2812	2065	21214	15452	14222		
安徽 Anhui	6335	6267	21419	24127	25096	191	191
福建 Fujian	8994	7951	12144	8824	8939	20	75
江西 Jiangxi	13769	14235	8165	9592	9582		23
山东 Shandong	12797	17134	60451	58274	42616	523	1120
河南 Henan	1370	2266	34137	34322	34181	45	121
湖北 Hubei	5962	6987	28924	32497	34665	274	286
湖南 Hunan	16504	21719	11966	9746	9592	39	97
广东 Guangdong	1979	2670	49748	41276	36331	308	513
广西 Guangxi	4481	8277	18070	20215	18305	495	2227
海南 Hainan	416	433	1574	1211	1544		
重庆 Chongqing	13505	11475	2916	3686	2764	60	60
四川 Sichuan	21636	19735	14321	14239	14642	596	1408
贵州 Guizhou	1835	1248	7592	7549	7706	35	63
云南 Yunnan	4524	4421	13398	13079	13515		
陕西 Shaanxi	1939	1977	6648	5584	5028	201	231
甘肃 Gansu	8166	8757	11275	10911	11342	367	606
青海 Qinghai	826	780	1403	1613	1884		
宁夏 Ningxia	685	519	4555	4438	3955		
新疆 Xinjiang	8986	8508	5387	5725	6073		

11－1 续表2 continued

单位：人 (person)

地区 Region	毕业生数 Number of Graduates							
	合计 Total		技能鉴定 Technical Appraisal					
		#女生数 Female	鉴定人数 Number of Workers Appraised	高级 Senior	中级 Inter－mediate	初级 Junior	取证人数 Number of Workers Won Certificates	高级 Senior
全国总计 National	**699411**	**266733**	**622668**	**2763**	**473075**	**146830**	**610305**	**2573**
北京 Beijing	13267	3524	8294		3289	5005	8640	16
天津 Tianjin	13212	4924	12375		8749	3626	12312	
河北 Hebei	36559	14831	28224	18	18636	9570	27777	18
山西 Shanxi	17257	5839	15627	255	15011	361	15234	44
内蒙古 Inner Mongolia	17267	7264	12436	41	9731	2664	12006	40
辽宁 Liaoning	39748	14042	36371		21798	14573	35810	
吉林 Jilin	27014	10470	25339	56	10938	14345	25543	52
黑龙江 Heilongjiang	30898	12350	29132	57	19075	10000	28716	57
上海 Shanghai	10559	3156	9785		4399	5386	9730	
江苏 Jiangsu	34659	11494	33854	265	30240	3349	33650	310
浙江 Zhejiang	13709	3661	11623		8225	3398	11489	
安徽 Anhui	31529	13319	26140	41	20405	5694	24321	37
福建 Fujian	17018	6677	14144	28	6810	7306	13691	28
江西 Jiangxi	33228	13286	30125		27625	2500	29341	
山东 Shandong	64974	24406	61582	974	53099	7509	61162	944
河南 Henan	31293	14033	30465	24	29555	886	30465	24
湖北 Hubei	39936	16991	37983	206	34720	3057	36257	17
湖南 Hunan	37757	16286	35796		27326	8470	35238	
广东 Guangdong	35330	8825	33575	30	22957	10588	33165	30
广西 Guangxi	23286	8093	20836	472	9722	10642	20657	472
海南 Hainan	1744	502	1597		1106	491	1565	
重庆 Chongqing	12411	5535	9151		7042	2109	8600	
四川 Sichuan	39048	16880	24890	45	22032	2813	23753	15
贵州 Guizhou	8510	2740	8008	18	6894	1096	8325	18
云南 Yunnan	17725	5626	15621	32	13164	2425	16074	50
陕西 Shaanxi	6787	3040	4876	79	3656	1141	4621	62
甘肃 Gansu	18279	7987	17402	122	15026	2254	17132	339
青海 Qinghai	3680	1621	3514		3514		3512	
宁夏 Ningxia	4551	2013	4400		4023	377	4343	
新疆 Xinjiang	17176	7318	19503		14308	5195	17176	

11－1 续表3 continued

单位:人 (person)

地　区 Region	就业去向 Grouped by Assignment							高级技校毕业生数 Number of Graduates of Senior Vocational Schools
	中级 Inter－mediate	初级 Junior	国有经济单位 State－owned Units	集体经济单位 Collective －owned Units	三资企业 Foreign－funded Enterprises	乡镇企业 Township Enterprises	自谋职业 Self－employed	
全国总计 National	**443855**	**163877**	**450892**	**67931**	**51038**	**24381**	**105169**	**3729**
北　京 Beijing	3207	5417	10114	586	1532	38	997	
天　津 Tianjin	8185	4127	7871	596	3426	12	1307	12
河　北 Hebei	17574	10185	24263	4862	1184	2236	4014	
山　西 Shanxi	14521	669	15530	765	55	259	648	
内蒙古 Inner Mongolia	9243	2723	11646	732	425	167	4297	
辽　宁 Liaoning	20845	14965	28462	3719	2171	520	4876	638
吉　林 Jilin	10888	14603	21781	1764	905	270	2294	29
黑龙江 Heilongjiang	18658	10001	24201	1532	855	484	3826	
上　海 Shanghai	4245	5485	5234	11	781	75	4458	
江　苏 Jiangsu	29851	3489	17322	5170	3285	1311	7571	143
浙　江 Zhejiang	7881	3608	5695	1781	930	1084	4219	
安　徽 Anhui	15411	8873	19639	3260	1836	1087	5707	
福　建 Fujian	6569	7094	5000	1351	5885	762	4020	1067
江　西 Jiangxi	25887	3454	26666	1338	1111	436	3677	
山　东 Shandong	52796	7422	43771	11434	2815	3251	3703	336
河　南 Henan	29555	886	20739	3597	1119	1206	4632	
湖　北 Hubei	32285	3955	23996	4424	2886	1389	7241	
湖　南 Hunan	25370	9868	22445	3202	2859	1262	7989	36
广　东 Guangdong	21813	11322	12332	4411	8914	3619	6054	49
广　西 Guangxi	9192	10993	12131	3444	1569	564	5578	637
海　南 Hainan	868	697	241	44	673		786	
重　庆 Chongqing	5752	2848	8354	1417	1189	629	1822	
四　川 Sichuan	19804	3934	25454	3759	2563	1598	5674	643
贵　州 Guizhou	6636	1671	4866	303	483	80	2778	13
云　南 Yunnan	12502	3522	14318	960	553	317	1577	
陕　西 Shaanxi	3165	1394	5594	219	29	84	861	
甘　肃 Gansu	14258	2535	15491	985	184	276	1343	88
青　海 Qinghai	1908	1604	3512	2			166	
宁　夏 Ningxia	3732	611	3001	543	58	18	931	
新　疆 Xinjiang	11254	5922	11223	1720	763	1347	2123	38

11－2 分地区技工学校教职工情况
TEACHERS AND ADMINISTRATIVE STAFF IN VOCATIONAL SCHOOLS BY REGION

(1997)

单位：人 (person)

地 区 Region		在职教职工总数 Total Teachers and Staff	#女教职工数 Female	校本部教职工 School Teachers and Administrative Staff					
				合计 Total	文化技术理论课教师 Teachers of Cultural, Technical Theory	生产实习指导教师 Production Guide Teachers	教辅人员 Educational Assistants	行政人员 Administrative Staff	工勤人员 Service Persons
全国总计	**National**	**309548**	**113098**	**263586**	**115742**	**39444**	**18882**	**48069**	**41459**
北 京	Beijing	7693	3409	6323	2578	1011	512	1221	1001
天 津	Tianjin	9354	3905	8424	3391	1435	562	1713	1323
河 北	Hebei	17501	6790	15016	6664	2008	1090	2541	2713
山 西	Shanxi	10155	4005	9143	3923	1146	796	1601	1677
内蒙古	Inner Mongolia	7698	3231	6958	3321	740	431	1400	1066
辽 宁	Liaoning	19854	8333	17404	7788	2268	1396	3251	2701
吉 林	Jilin	11227	5033	9931	4912	981	752	1988	1298
黑龙江	Heilongjiang	14990	6085	13934	5843	1735	1081	2312	2963
上 海	Shanghai	9907	3808	7932	3037	1327	762	1875	931
江 苏	Jiangsu	14441	4614	12270	5267	2405	778	1980	1840
浙 江	Zhejiang	6758	2214	5838	2467	1068	395	1059	849
安 徽	Anhui	7699	2527	7001	3248	761	524	1377	1091
福 建	Fujian	4678	1619	4342	2073	673	254	756	586
江 西	Jiangxi	6617	2313	5704	2502	943	302	1019	938
山 东	Shandong	35160	10955	23844	10264	3795	1543	4422	3820
河 南	Henan	16559	5663	13606	5802	2443	1027	2606	1728
湖 北	Hubei	16835	5837	14444	6500	2367	1009	2463	2105
湖 南	Hunan	11675	4511	10338	4474	1705	736	1861	1562
广 东	Guangdong	11536	3966	10375	4540	2035	687	1718	1395
广 西	Guangxi	7044	2665	6614	2846	1201	426	1258	883
海 南	Hainan	743	263	724	314	97	53	129	131
重 庆	Chongqing	7474	2357	5698	2712	981	339	880	786
四 川	Sichuan	15658	5865	13627	6047	1869	980	2335	2396
贵 州	Guizhou	5261	1915	4498	1950	618	339	920	671
云 南	Yunnan	5788	2042	5255	2320	776	322	906	931
陕 西	Shaanxi	10493	3478	8677	3608	1248	679	1966	1176
甘 肃	Gansu	4274	1589	3908	1856	436	301	682	633
青 海	Qinghai	1581	683	1495	686	163	128	293	225
宁 夏	Ningxia	2338	951	2244	1049	148	167	438	442
新 疆	Xinjiang	7577	2472	7034	3027	809	511	1089	1598

11－2 续表1 continued

单位：人 (person)

地　区 Region	实习工厂、校办产业职工 School－factory Staff and Workers					临时工 Temporary Workers
	合　计 Total	管理人员 Adminis－trative Staff	专业技术人员 Technical Personnels	工　人 Workers	#技师 Technicians	
全国总计 National	**45962**	**7087**	**8634**	**30241**	**1422**	**18807**
北　京 Beijing	1370	274	228	868	35	760
天　津 Tianjin	930	188	140	602	28	285
河　北 Hebei	2485	360	491	1634	113	888
山　西 Shanxi	1012	200	207	605	28	777
内蒙古 Inner Mongolia	740	131	237	372	14	480
辽　宁 Liaoning	2450	485	334	1631	61	651
吉　林 Jilin	1296	189	208	899	34	610
黑龙江 Heilongjiang	1056	225	343	488	66	492
上　海 Shanghai	1975	173	150	1652	7	54
江　苏 Jiangsu	2171	304	435	1432	86	735
浙　江 Zhejiang	920	155	138	627	12	802
安　徽 Anhui	698	158	221	319	30	729
福　建 Fujian	336	65	51	220	17	408
江　西 Jiangxi	913	154	214	545	48	469
山　东 Shandong	11316	1514	1857	7945	250	1789
河　南 Henan	2953	380	575	1998	81	739
湖　北 Hubei	2391	370	537	1484	108	726
湖　南 Hunan	1337	235	217	885	30	686
广　东 Guangdong	1161	213	307	641	100	1544
广　西 Guangxi	430	67	103	260	15	911
海　南 Hainan	19	5	1	13	2	41
重　庆 Chongqing	1776	213	281	1282	41	702
四　川 Sichuan	2031	296	378	1357	72	1075
贵　州 Guizhou	763	107	159	497	16	338
云　南 Yunnan	533	70	120	343	31	455
陕　西 Shaanxi	1816	331	406	1079	66	608
甘　肃 Gansu	366	74	77	215	15	224
青　海 Qinghai	81	16	36	29	5	73
宁　夏 Ningxia	94	27	18	49	2	288
新　疆 Xinjiang	543	108	165	270	9	468

11－2 续表2 continued

单位：人 (person)

地　区 Region		兼职教师数 Part－time Teachers			离退休职工 Retirees		
		合计 Total	文化技术理论课教师 Teachers of Cultural and Technical Theory	生产实习指导教师 Production Guide Teachers	合计 Total	教师 Teachers	其他人员 Others
全国总计	**National**	**26385**	**18393**	**7992**	**45017**	**16646**	**28371**
北京	Beijing	1079	728	351	1468	618	850
天津	Tianjin	1053	851	202	1597	613	984
河北	Hebei	1510	954	556	1859	776	1083
山西	Shanxi	682	486	196	1142	359	783
内蒙古	Inner Mongolia	265	147	118	1063	390	673
辽宁	Liaoning	1101	825	276	4070	1558	2512
吉林	Jilin	660	383	277	1462	757	705
黑龙江	Heilongjiang	602	348	254	2333	997	1336
上海	Shanghai	126	84	42	3055	1307	1748
江苏	Jiangsu	2214	1624	590	1821	783	1038
浙江	Zhejiang	822	659	163	1096	348	748
安徽	Anhui	1547	1252	295	1512	531	981
福建	Fujian	1060	860	200	559	204	355
江西	Jiangxi	530	340	190	828	237	591
山东	Shandong	1459	910	549	2873	819	2054
河南	Henan	1334	811	523	2522	753	1769
湖北	Hubei	1305	909	396	1969	650	1319
湖南	Hunan	1108	757	351	1668	677	991
广东	Guangdong	2608	1840	768	1503	609	894
广西	Guangxi	1042	759	283	1049	379	670
海南	Hainan	107	88	19	65	17	48
重庆	Chongqing	480	362	118	806	333	473
四川	Sichuan	1386	946	440	3036	1046	1990
贵州	Guizhou	318	172	146	976	346	630
云南	Yunnan	434	256	178	955	315	640
陕西	Shaanxi	814	544	270	1690	615	1075
甘肃	Gansu	177	131	46	455	171	284
青海	Qinghai	54	36	18	239	93	146
宁夏	Ningxia	141	96	45	418	102	316
新疆	Xinjiang	367	235	132	928	243	685

11－2 续表3 continued

单位：人 (person)

地　区 Region	文化技术理论课教师 Teachers of Cultural and Technical Theories						
	小　计 Subtotal	#一体化教师 All-round Teachers	按专业技术职务分 Grouped by Technical Title				
			高级讲师 Senior Lecturers	讲　师 Lecturers	助理讲师 Assistant Lecturers	教　员 Teachers	未　评 No Title
全国总计　National	**115742**	**18955**	**13084**	**52519**	**34852**	**8469**	**6818**
北　京　Beijing	2578	441	342	1224	691	152	169
天　津　Tianjin	3391	406	506	1507	966	192	220
河　北　Hebei	6664	1060	765	2840	2052	592	415
山　西　Shanxi	3923	736	387	1637	1374	266	259
内蒙古　Inner Mongolia	3321	592	227	1493	1133	272	196
辽　宁　Liaoning	7788	772	984	4016	1979	514	295
吉　林　Jilin	4912	667	506	1994	1748	439	225
黑龙江　Heilongjiang	6042	1054	656	3252	1449	439	246
上　海　Shanghai	3037	564	274	1545	740	129	349
江　苏　Jiangsu	5337	881	605	2431	1608	326	367
浙　江　Zhejiang	2467	418	179	1240	728	158	162
安　徽　Anhui	3532	645	580	1581	925	252	194
福　建　Fujian	2073	207	171	813	682	207	200
江　西　Jiangxi	2502	480	303	1138	754	217	90
山　东　Shandong	10264	1783	1151	4177	3687	701	548
河　南　Henan	5802	795	695	2566	1691	444	406
湖　北　Hubei	6500	1117	872	3281	1626	435	286
湖　南　Hunan	4474	1055	547	2266	1197	240	224
广　东　Guangdong	4540	1113	454	1740	1615	331	400
广　西　Guangxi	2887	632	307	1351	759	248	222
海　南　Hainan	314	69	39	106	131	18	20
重　庆　Chongqing	2712	295	323	1068	881	326	114
四　川　Sichuan	6047	1035	656	2693	1796	515	387
贵　州　Guizhou	1950	299	228	788	709	136	89
云　南　Yunnan	2320	373	174	1117	760	165	104
陕　西　Shaanxi	3747	430	601	1684	991	285	186
甘　肃　Gansu	1856	197	130	829	570	168	159
青　海　Qinghai	686	105	56	262	272	52	44
宁　夏　Ningxia	1049	174	112	498	307	63	69
新　疆　Xinjiang	3027	560	254	1382	1031	187	173

11－2 续表4 continued

单位：人 (person)

地　区 Region	按　学　历　分 Grouped by Educational Background			
	大学本科毕业及以上 Graduates of Universities and Above	大专毕业本科肄业 Graduates of Colleges	中专及技校 Graduates of Technical and Specialized Secondary Middle Schools	高中及其它 Graduates of High Middle Schools and Others
全国总计 National	**46347**	**54926**	**11485**	**2984**
北　京 Beijing	1276	1032	207	63
天　津 Tianjin	1331	1635	273	152
河　北 Hebei	2431	3402	680	151
山　西 Shanxi	1522	1902	442	57
内蒙古 Inner Mongolia	1029	1683	422	187
辽　宁 Liaoning	3331	3495	718	244
吉　林 Jilin	2417	1987	426	82
黑龙江 Heilongjiang	2167	2875	718	282
上　海 Shanghai	1262	1481	238	56
江　苏 Jiangsu	2276	2492	433	136
浙　江 Zhejiang	1163	1023	219	62
安　徽 Anhui	1542	1635	304	51
福　建 Fujian	834	902	288	49
江　西 Jiangxi	1061	1158	237	46
山　东 Shandong	4176	4844	1038	206
河　南 Henan	2540	2720	429	113
湖　北 Hubei	2145	3505	687	163
湖　南 Hunan	1868	2233	318	55
广　东 Guangdong	2182	1903	377	78
广　西 Guangxi	1220	1347	270	50
海　南 Hainan	137	157	20	
重　庆 Chongqing	781	1676	218	37
四　川 Sichuan	1939	3057	812	239
贵　州 Guizhou	634	974	267	75
云　南 Yunnan	1002	1014	239	65
陕　西 Shaanxi	1611	1522	480	134
甘　肃 Gansu	619	891	270	76
青　海 Qinghai	284	315	74	13
宁　夏 Ningxia	490	457	84	18
新　疆 Xinjiang	1077	1609	297	44

11－2 续表5 continued

单位：人 (person)

地　区 Region	按技术等级分 Grouped by Technical Title			
	高级工 Senior	中级工 Middle	初级工 Junior	未评 No Title
全国总计 National	**5008**	**15056**	**10004**	**85674**
北　京 Beijing	99	326	177	1976
天　津 Tianjin	71	100	86	3134
河　北 Hebei	271	1069	733	4591
山　西 Shanxi	104	488	284	3047
内蒙古 Inner Mongolia	57	304	184	2776
辽　宁 Liaoning	203	549	272	6764
吉　林 Jilin	171	371	154	4216
黑龙江 Heilongjiang	178	783	420	4661
上　海 Shanghai	632	592	918	895
江　苏 Jiangsu	252	916	820	3349
浙　江 Zhejiang	68	147	86	2166
安　徽 Anhui	242	779	368	2143
福　建 Fujian	59	278	275	1461
江　西 Jiangxi	57	426	209	1810
山　东 Shandong	426	1284	539	8015
河　南 Henan	487	1929	567	2819
湖　北 Hubei	236	640	245	5379
湖　南 Hunan	107	661	347	3359
广　东 Guangdong	242	739	465	3094
广　西 Guangxi	142	618	497	1630
海　南 Hainan	1	6	14	293
重　庆 Chongqing	83	330	665	1634
四　川 Sichuan	140	267	615	5025
贵　州 Guizhou	90	244	90	1526
云　南 Yunnan	163	149	63	1945
陕　西 Shaanxi	53	202	110	3382
甘　肃 Gansu	133	101	47	1575
青　海 Qinghai	44	42	74	526
宁　夏 Ningxia	1	16		1032
新　疆 Xinjiang	196	700	680	1451

11－2 续表6 continued

单位：人 (person)

地 区 Region	生产实习课指导教师数 Number of Production－guide Teachers					
	合计 Total	#一体化教师 All-round Teachers	按专业技术职务分 Grouped by Technical Title			
			高级实习指导教师 Senior	一级实习指导教师 Class One	二级实习指导教师 Class Two	三级实习指导教师 Class Three
全国总计 National	**39444**	**10589**	**1236**	**7662**	**11802**	**6453**
北 京 Beijing	1011	336	42	188	220	124
天 津 Tianjin	1435	302	61	249	524	200
河 北 Hebei	2008	631	84	478	466	321
山 西 Shanxi	1146	332	31	242	332	160
内蒙古 Inner Mongolia	740	180	11	135	212	121
辽 宁 Liaoning	2268	450	61	453	700	311
吉 林 Jilin	981	325	35	259	297	122
黑龙江 Heilongjiang	1839	453	87	447	489	249
上 海 Shanghai	1327	273	10	94	354	273
江 苏 Jiangsu	2413	602	65	418	714	343
浙 江 Zhejiang	1068	281	9	183	364	214
安 徽 Anhui	817	248	33	143	240	144
福 建 Fujian	673	174	17	89	170	128
江 西 Jiangxi	943	299	27	220	302	206
山 东 Shandong	3795	1249	76	672	1370	666
河 南 Henan	2443	583	66	506	705	381
湖 北 Hubei	2367	577	122	506	688	380
湖 南 Hunan	1705	633	44	456	507	272
广 东 Guangdong	2035	720	31	313	543	386
广 西 Guangxi	1207	317	26	173	334	287
海 南 Hainan	97	31	1	17	23	25
重 庆 Chongqing	981	151	80	179	254	243
四 川 Sichuan	1869	442	63	349	623	252
贵 州 Guizhou	618	28	18	98	235	109
云 南 Yunnan	776	163	13	219	213	155
陕 西 Shaanxi	1311	227	73	254	347	194
甘 肃 Gansu	446	38	22	72	154	48
青 海 Qinghai	168	61	4	24	62	32
宁 夏 Ningxia	148	48	2	33	53	21
新 疆 Xinjiang	809	435	22	193	307	86

11－2 续表 7 Continued

单位：人 (person)

地　区 Region	技师 Techi－nician	未评 No Title	按学历分 Grouped by Educational Background 大学本科毕业及以上 Graduates of Uni－versities and Above	大专毕业本科肄业 Graduates of Colleges	中专及技校 Graduates of Technical and Specialized Secondary Middle Schools	高中及其它 Graduates of High Middle Schools and Others	按技术等级分 Grouped by Technical Title 高级工 Senior	中级工 Middle	其他 Others
全国总计 National	**2545**	**9746**	**3688**	**12704**	**14655**	**8397**	**10736**	**14693**	**14015**
北　京 Beijing	76	361	103	380	343	185	342	366	303
天　津 Tianjin	104	297	110	378	608	339	334	295	806
河　北 Hebei	197	462	223	744	704	337	599	691	718
山　西 Shanxi	97	284	129	338	338	341	303	312	531
内蒙古 Inner Mongolia	24	237	56	227	296	161	234	208	298
辽　宁 Liaoning	122	621	249	674	756	589	510	632	1126
吉　林 Jilin	43	225	203	367	298	113	175	234	572
黑龙江 Heilongjiang	106	461	203	783	513	340	347	591	901
上　海 Shanghai	79	517	18	201	700	408	339	899	89
江　苏 Jiangsu	239	634	193	685	916	619	1067	1026	320
浙　江 Zhejiang	56	242	44	270	460	294	359	403	306
安　徽 Anhui	33	224	119	274	257	167	159	306	352
福　建 Fujian	35	234	70	154	247	202	222	243	208
江　西 Jiangxi	41	147	116	410	259	158	208	435	300
山　东 Shandong	157	854	416	1536	1384	459	1004	1414	1377
河　南 Henan	214	571	273	1097	764	309	722	1287	434
湖　北 Hubei	183	488	223	813	853	478	604	734	1029
湖　南 Hunan	127	299	138	582	605	380	335	705	665
广　东 Guangdong	211	551	191	698	744	402	624	787	624
广　西 Guangxi	50	337	60	341	447	359	327	514	366
海　南 Hainan	2	29	4	44	32	17	34	30	33
重　庆 Chongqing	72	153	66	167	596	152	207	608	166
四　川 Sichuan	77	505	113	438	800	518	489	529	851
贵　州 Guizhou	16	142	61	162	228	167	195	217	206
云　南 Yunnan	34	142	60	150	325	241	233	171	372
陕　西 Shaanxi	75	368	93	325	555	338	358	438	515
甘　肃 Gansu	19	131	21	131	210	84	109	107	230
青　海 Qinghai	8	38	11	41	60	56	53	59	56
宁　夏 Ningxia	13	26	18	55	48	27	14	23	111
新　疆 Xinjiang	35	166	104	239	309	157	230	429	150

11－3　分地区技工学校经费情况

ACCOUNTING OF VOCATIONAL SCHOOLS BY REGION

(1997)

单位：万元　　　　(10 000 yuan)

地　区 Region	经　费　来　源 Resourses				
	合　计 Total	事业经费 Operating Funds	正常经费 Normal Funds	专项经费 Special Funds	基建经费 Capital Construction Funds
全国总计 National	**683974**	**241208**	**193519**	**16517**	**31167**
北　京 Beijing	23400	11545	9965	749	831
天　津 Tianjin	16635	6110	5707	163	240
河　北 Hebei	36861	11853	9457	1114	1282
山　西 Shanxi	17113	7409	6340	232	836
内蒙古 Inner Mongolia	13804	6024	5388	241	395
辽　宁 Liaoning	38830	12608	11273	548	787
吉　林 Jilin	19576	7226	6133	473	620
黑龙江 Heilongjiang	25022	18407	17268	395	745
上　海 Shanghai	27676	8511	7332	659	520
江　苏 Jiangsu	47352	13135	7774	888	4473
浙　江 Zhejiang	39304	14168	4099	1711	8358
安　徽 Anhui	17754	4839	3719	614	506
福　建 Fujian	15231	5439	4375	257	807
江　西 Jiangxi	11560	4782	4251	301	230
山　东 Shandong	70345	18778	16126	899	1753
河　南 Henan	25291	7516	6564	445	507
湖　北 Hubei	33228	11939	9146	1079	1714
湖　南 Hunan	22033	7557	6384	733	439
广　东 Guangdong	49609	16686	11898	2046	2741
广　西 Guangxi	17381	5140	3789	402	948
海　南 Hainan	3239	1458	1433		25
重　庆 Chongqing	12183	2806	2330	276	200
四　川 Sichuan	27366	7744	6805	571	368
贵　州 Guizhou	8239	3813	3228	357	228
云　南 Yunnan	16767	6834	5851	539	444
陕　西 Shaanxi	15834	5773	5200	438	133
甘　肃 Gansu	8338	1725	1579	29	117
青　海 Qinghai	3405	1268	851	105	312
宁　夏 Ningxia	4933	1377	1248	89	40
新　疆 Xinjiang	15665	8738	8006	164	568

11－3 续表1 continued

单位：万元 (10 000 yuan)

地　　区 Region	经　费　来　源 Resourses					
	公司经费 Company Funds	营业外支出 Nonoperat－ingoutlay	其他收入 Others	实习厂（场店）上交学校 Contributed by School－run Factories	校办产业上交学校 Contributed by School－run Industry	培训费 Training
全国总计 National	**52504**	**102713**	**289342**	**6616**	**3890**	**98491**
北　京 Beijing	3449	1998	6406	291	609	902
天　津 Tianjin	1538	1095	7891	1120	251	899
河　北 Hebei	2806	3444	18756	121	161	4335
山　西 Shanxi	523	5190	3991	89	22	827
内蒙古 Inner Mongolia	1696	1482	4600	15	44	1024
辽　宁 Liaoning	3663	11857	10702	453	256	1809
吉　林 Jilin	531	4765	7053	63	82	961
黑龙江 Heilongjiang	893	1445	4278	82	74	529
上　海 Shanghai	2662	8656	7847	227	171	2571
江　苏 Jiangsu	4961	6150	23104	381	233	12548
浙　江 Zhejiang	1616	2512	21008	143	132	7615
安　徽 Anhui	475	4311	8129	79	36	2327
福　建 Fujian	2194	1375	6223	188	6	2318
江　西 Jiangxi	654	2132	3990	38	6	2319
山　东 Shandong	6860	6211	38495	822	496	18188
河　南 Henan	1880	5254	10639	348	157	5738
湖　北 Hubei	1976	4264	15049	505	313	6122
湖　南 Hunan	805	2593	11077	112	143	2009
广　东 Guangdong	1564	4494	26864	92	175	2776
广　西 Guangxi	559	2140	9540	94	64	1311
海　南 Hainan	522		1258	4		77
重　庆 Chongqing	990	2358	6029	269	137	4239
四　川 Sichuan	1616	4673	13333	550	113	8966
贵　州 Guizhou	418	1858	2147	35	13	957
云　南 Yunnan	1543	3331	5057	28	58	2123
陕　西 Shaanxi	1467	2124	6470	206	106	2485
甘　肃 Gansu	2094	2557	1961	190	11	559
青　海 Qinghai		1483	654	43	1	539
宁　夏 Ningxia	529	1378	1649	12		123
新　疆 Xinjiang	2020	1583	5142	16	20	1295

11－3 续表2 continued

单位：万元 (10 000 yuan)

地　区 Region				经　费　支　出 Expenditure			
				合 计 Total	人员经费For Personal		
	学　费 Tution	集　资 Raised Funds	其　他 Others			教职工工资 Wages	离退休金 Pensions
全国总计 National	**134607**	**649**	**32053**	**663119**	**283780**	**214496**	**30122**
北　京 Beijing	3806	468	327	21924	9489	6618	824
天　津 Tianjin	4460	262	897	15606	8224	6125	851
河　北 Hebei	12005	981	1152	34906	13623	10374	1505
山　西 Shanxi	2746	20	286	16963	7970	6148	638
内蒙古 Inner Mongolia	3151	96	269	14596	6797	5285	844
辽　宁 Liaoning	7433	41	710	37833	19038	14761	2379
吉　林 Jilin	5540		407	18535	9577	7481	1027
黑龙江 Heilongjiang	3268	44	280	23236	12537	9899	1298
上　海 Shanghai	3797	31	1050	27280	14238	10165	1618
江　苏 Jiangsu	6682	1118	2140	45402	16178	12176	1501
浙　江 Zhejiang	5182	1862	6074	37470	9228	6197	938
安　徽 Anhui	5322	51	312	17274	7616	5561	1054
福　建 Fujian	3293	49	369	14065	5385	3588	628
江　西 Jiangxi	1484		141	11732	4922	3516	573
山　东 Shandong	9862	1404	7721	67951	25808	20850	2167
河　南 Henan	3656	218	521	24404	12106	9181	1266
湖　北 Hubei	6213	818	1078	32856	13729	10786	1464
湖　南 Hunan	7944	256	610	22260	10182	7739	917
广　东 Guangdong	19992	752	3075	47516	15624	11549	1180
广　西 Guangxi	3778	2867	1423	18064	5323	3747	699
海　南 Hainan	1003	55	119	3119	1017	698	44
重　庆 Chongqing	1010	149	225	10862	5228	4208	404
四　川 Sichuan	1824	677	1203	27215	12183	9854	1660
贵　州 Guizhou	888		252	7414	3805	2937	501
云　南 Yunnan	2132	156	557	15259	6887	4645	934
陕　西 Shaanxi	3038	255	378	15789	8433	6131	1107
甘　肃 Gansu	1067	41	91	7861	4139	3181	564
青　海 Qinghai	54		17	3309	1830	1465	247
宁　夏 Ningxia	1364	11	138	4677	2170	1671	268
新　疆 Xinjiang	2613	967	231	17741	10494	7960	1022

11－3 续表3 continued

单位：万元 (10 000 yuan)

地　区 Region	其他费用 Others	行政经费 For Adminis－trative	#修缮费 Repair－ing	教学经费 For Teaching	生产实习 Production Practice	设备购置 Buying Equipment	其他费用 Others	基建投资 Investment Capital Construc－tion	其 他 Others
全国总计 National	**39146**	**106914**	**3296**	**141047**	**39472**	**49120**	**52441**	**107034**	**24306**
北　京 Beijing	2046	4227	1604	4905	1300	1942	1663	2659	641
天　津 Tianjin	1247	2532	580	3583	1369	1081	1133	844	422
河　北 Hebei	1743	6153	1809	7977	1830	3115	3031	6326	825
山　西 Shanxi	1184	2901	827	3611	825	1296	1489	1893	586
内蒙古 Inner Mongolia	666	2436	533	3643	768	1380	1494	1274	445
辽　宁 Liaoning	1898	7181	2079	6779	2283	1806	2690	2188	2647
吉　林 Jilin	1068	2890	1060	3557	775	1060	1721	1696	814
黑龙江 Heilongjiang	1340	4499	1477	4919	1062	924	2934	631	649
上　海 Shanghai	2455	5429	768	5151	1922	1435	1794	992	1470
江　苏 Jiangsu	2499	6927	2024	8328	2480	3401	2446	13020	946
浙　江 Zhejiang	2093	4862	1550	7290	1761	3018	2511	14908	1182
安　徽 Anhui	1000	2956	910	3563	1137	1024	1402	2617	520
福　建 Fujian	1169	2388	843	2494	589	1022	883	3071	727
江　西 Jiangxi	832	2197	620	2775	704	982	1088	1091	745
山　东 Shandong	2791	11360	3193	12477	3329	4553	4595	15116	3188
河　南 Henan	1659	3483	1143	4888	1294	1709	1884	3532	393
湖　北 Hubei	1479	5632	1719	6729	2030	2021	2678	5780	986
湖　南 Hunan	1525	3623	1477	5078	1311	1706	2060	2768	606
广　东 Guangdong	2894	7074	2555	12355	2910	5502	3942	10669	1792
广　西 Guangxi	877	2777	894	4123	1162	1358	1602	4443	1395
海　南 Hainan	275	477	50	722	318	259	145	879	22
重　庆 Chongqing	616	1808	495	2314	801	926	587	1229	283
四　川 Sichuan	669	2287	1022	7881	3530	2206	2145	4361	503
贵　州 Guizhou	366	1292	359	1855	691	456	706	275	185
云　南 Yunnan	1307	2376	867	4030	966	1637	1427	1422	543
陕　西 Shaanxi	1194	2594	825	3373	861	1414	1098	898	490
甘　肃 Gansu	393	1309	401	1727	446	583	697	463	223
青　海 Qinghai	118	585	104	500	158	163	179	361	33
宁　夏 Ningxia	231	793	245	1233	195	347	689	355	124
新　疆 Xinjiang	1512	1866	932	3187	665	794	1728	1273	921

11－4 技工学校按行业分类学生和教师情况

STUDENTS AND TEACHERS OF VOCATIONAL SCHOOLS BY INDUSTRY

(1997)

单位：人 (person)

行业	Sector	招生数合计 New Students Enrolled	#劳动部门技校 Technical schools of Labour Depts	#国务院部委技校 Central Technical Schools	在校生数合计 Number of Students inSchls	#劳动部门技校 Technical Schools of Labour Department	#国务院部委技校 Central Technical Schools
总计	**Total**	**734147**	**238890**	**111065**	**1931605**	**611428**	**325334**
一、农、林、牧、渔、水利业	Farming, Forestry, Animal Husbandry, Fishery and Water Conservancy	16467	3558	1888	43815	6457	7952
二、机械制造、加工业小计	Machinery Manufacturing and processing	139991	53500	25403	378315	147965	78008
#车工	Turner	50896	16465	8533	135612	47693	26315
钳工	Fitter	54885	25807	8003	145564	66674	25997
铣工	Miller	3849	1161	1323	15644	4953	4902
铸、锻工	Forger	10065	3585	1735	26475	10157	5259
铆、焊工	Welder	20296	6482	5809	55020	18488	15535
三、地质矿产业	Geological Prospecting	5640	941	4272	15347	3032	10502
四、冶金工业	Metallurgical Industry	15700	1236	1067	50067	5268	3302
五、煤炭工业	Coal Industry	26943	2892	16725	76986	9155	43442
六、电力工业	Electric Power Industry	12832	2379	7265	44468	6477	26419
七、石油工业	Petroleum Industry	6262	373	4740	23544	453	18794
八、化学工业	Chemical Industry	23887	4857	2799	73941	15795	8921
九、有色金属工业	Nonferrous Metals Industry	5078	527	1983	14329	868	6991
十、轻工业(食品、烟草、造纸、皮毛、印刷、服装等)	Light Industry(Food, Tobacco, Papermaking, Leather and Furs, Printing, Garments, etc, .)	29427	10173	1066	73181	23683	2904
十一、纺织工业	Textile Industry	34774	11989	562	73357	26895	803
十二、电子、仪器、仪表	Electronic, Instruments and Appearances making Industry	56950	27906	3084	132752	56457	6891
十三、电工、电气	Electric engineering	58456	31825	6708	155009	81150	17509
十四、医药、医疗	Medicine and Medical Treatment	7701	2447	11	23463	6032	413
十五、建材、建工、城建	Building Materials, Building Engineering and Construction	29180	5760	3022	81234	17461	8430
十六、交通运输	Transportation	63868	9989	13019	163556	23332	37050
十七、邮电通讯	Telecommunication	4479	1117	1874	9369	2168	4431
十八、商业、饮食、旅游、服务业	Commerce, Catering, Tourism and Service	80206	32361	2275	188458	63772	6851
十九、其它	Others	116315	35060	13302	310414	115008	35721

11－4 续表1 continued

单位：人 (person)

行业	Sector	毕业生数合计 Number of Graduates	#劳动部门技校 Technical Schools of Labour Department	#国务院部委技校 Central Technical Schools	专业技术课教师数 Number of Technical Teachers	生产实习指导教师数 Number of Production-guide
总　　计	**Total**	**699411**	**217815**	**125002**	**86140**	**39444**
一、农、林、牧、渔、水利业	Farming, Forestry, Animal Husbandry, Fishery and Water Conservancy	18634	2955	2503	2096	619
二、机械制造、加工业小计	Machinery Manufacturing and processing	144523	51694	29395	15114	10072
#车工	Turner	51928	16737	10099	5623	3754
钳工	Fitter	55161	23488	10542	5366	3759
铣工	Miller	6353	2424	1192	1184	716
铸、锻工	Forger	11960	4028	1882	1232	734
铆、焊工	Welder	19121	5017	5680	1709	1109
三、地质矿产业	Geological Prospecting	5583	1277	3571	1218	456
四、冶金工业	Metallurgical Industry	21090	2251	1252	2831	1047
五、煤炭工业	Coal Industry	25386	3625	15577	3669	1466
六、电力工业	Electric Power Industry	17399	1810	11006	3418	1210
七、石油工业	Petroleum Industry	10389	140	9213	2137	798
八、化学工业	Chemical Industry	26421	5771	3570	4013	965
九、有色金属工业	Nonferrous Metals Industry	5372	430	2789	988	375
十、轻工业（食品、烟草、造纸、皮毛、印刷、服装等）	Light Industry(Food, Tobacco, Papermaking, Leather and Furs, Printing, Garments, etc,.)	23779	8290	1110	2955	1194
十一、纺织工业	Textile Industry	27751	10322	286	2564	914
十二、电子、仪器、仪表	Electronic, Instruments and Appearances making Industry	37513	15182	2227	4093	1902
十三、电工、电气	Electric engineering	52071	27475	6121	5345	2698
十四、医药、医疗	Medicine and Medical Treatment	8272	2535	75	1168	293
十五、建材、建工、城建	Building Materials, Building Engineering and Construction	32142	8334	3058	4025	1350
十六、交通运输	Transportation	55216	9155	13323	7926	5082
十七、邮电通讯	Telecommunication	8481	595	5863	1322	489
十八、商业、饮食、旅游、服务业	Commerce, Catering, Tourism and Service	69595	27409	2206	6816	2134
十九、其它	Others	109794	38565	11857	14442	6380

11－5　分地区技工学校培训多种人员情况

PERSONNEL GRADUATED FROM VOCATIONAL SCHOOLS BY REGION

(1997)

单位：人　　　　(person)

地　区	Region	合　计 Total	在职工人培训 Trainees of Workers				企业富余人员转岗培训 Trainees of Post－transferring Workers	失业职工转业培训 Trainees of Unemploy－ment from Employment
			培训人数 Enrollment	半年以下 <1/2 Year	半年以上 >1/2 Year	结业人数 Graduates		
全国总计	**National**	**1375132**	**1046043**	**920219**	**125824**	**777957**	**50239**	**23676**
北　京	Beijing	74336	57312	51504	5808	39938	5183	554
天　津	Tianjin	88173	73185	70541	2644	57682	3328	730
河　北	Hebei	88507	59732	52727	7005	37551	4751	1645
山　西	Shanxi	14404	12901	11985	916	6174	263	90
内蒙古	Inner Mongolia	21291	20075	18073	2002	16175	160	25
辽　宁	Liaoning	132249	101974	98412	3562	82351	4105	7033
吉　林	Jilin	29134	24260	21097	3163	15799	1080	774
黑龙江	Heilongjiang	30704	25999	19896	6103	18038	257	345
上　海	Shanghai	90224	80454	72133	8321	64501	1465	2655
江　苏	Jiangsu	84132	58432	49170	9262	43900	4945	2580
浙　江	Zhejiang	56464	44691	41347	3344	40450	616	297
安　徽	Anhui	27718	18154	14251	3903	12130	890	434
福　建	Fujian	29594	27494	25683	1811	23058		71
江　西	Jiangxi	27568	25161	22718	2443	16250	980	34
山　东	Shandong	127332	83504	66712	16792	58687	2155	1107
河　南	Henan	62828	44663	37984	6679	32929	5475	2543
湖　北	Hubei	61390	48457	44713	3744	33791	2299	534
湖　南	Hunan	38978	24723	22359	2364	20040	1864	644
广　东	Guangdong	70563	48503	39003	9500	32396	2414	176
广　西	Guangxi	18356	11716	9532	2184	6462	1755	31
海　南	Hainan	8471	8169	7335	834	8169	88	
重　庆	Chongqing	13325	10625	9497	1128	8601	386	
四　川	Sichuan	71076	52467	45441	7026	41858	1152	36
贵　州	Guizhou	7062	6595	6241	354	4688	43	
云　南	Yunnan	24897	20677	16892	3785	14370	3405	
陕　西	Shaanxi	19185	13876	11349	2527	12522	187	35
甘　肃	Gansu	14503	10002	8323	1679	5763	343	138
青　海	Qinghai	5752	5013	5013		4647	110	
宁　夏	Ningxia	7721	5099	3813	1286	4164	70	1128
新　疆	Xinjiang	29195	22130	16475	5655	14873	470	37

11－5 续表1 continued

单位：人 (person)

地区 Region	军地两用人才培训 Trainees Both for Military and Civilian	城镇青年就业前培训 Trainees of Urban Youth Pre－employment	乡镇企业人员培训 Trainees of Township Enterprises	农村青年就业前培训 Trainees of Rural Youth Pre－employment	残疾人员培训 Trainees of Disabled	其他 Others
全国总计 National	**14484**	**82137**	**27250**	**35815**	**1209**	**94279**
北京 Beijing	747	157		1161		9222
天津 Tianjin	510	2504	2799	802	22	4293
河北 Hebei	1369	7102	2898	6695	57	4258
山西 Shanxi	146	812		134		58
内蒙古 Inner Mongolia	204	426	18	130		253
辽宁 Liaoning	977	6949	3445	2497	370	4899
吉林 Jilin	133	1381		439		1067
黑龙江 Heilongjiang	1327	1796	136	237	1	606
上海 Shanghai	414	1194	993	527	77	2445
江苏 Jiangsu	492	5829	3879	3384	1	4590
浙江 Zhejiang	504	1818	549	997	45	6947
安徽 Anhui	516	5600	975	475		674
福建 Fujian	102	870	171	659		227
江西 Jiangxi	317	733	36	81		226
山东 Shandong	1423	8241	4543	3679		22680
河南 Henan	926	7180	324	1421		296
湖北 Hubei	444	3935	924	1002	12	3783
湖南 Hunan	118	4687	505	2808		3629
广东 Guangdong	2020	7346	2551	2598	580	4375
广西 Guangxi	101	2425	115	546		1667
海南 Hainan	65	149				
重庆 Chongqing		1603	181	321		209
四川 Sichuan	182	2809	484	1249	44	12653
贵州 Guizhou	12	303		109		
云南 Yunnan	70	311	357	43		34
陕西 Shaanxi		2371	447	1824		445
甘肃 Gansu	248	2144	359	929		340
青海 Qinghai	8	621				
宁夏 Ningxia	8	159				1257
新疆 Xinjiang	1101	682	561	1068		3146

11－6 分地区技工学校实习工厂(场店)和校办产业生产情况
SCHOOL－RUN WORKSHOPS AND OTHER ENTERPRISES OF VOCATIONAL SCHOOLS BY REGION
(1997)

地区 Region	实习工厂(场店)基本情况 School－run Workshops							
	实习工厂(场店)个数(个) Numberof School－run Factories	产业构成 Grouped by Industry			职工总数(人) Numberof Workers and Em－ployees	人员构成 Grouped by Occupation		
		第一产业 Primary Industry	第二产业 Secondary Industry	第三产业 Teritiary Industry		专业技术人员 Technical Personnel	销售人员 Salesman	工人 Workers
全国总计 National	**2294**	**379**	**1009**	**906**	**38854**	**9721**	**5033**	**24100**
北京 Beijing	57	17	23	17	2222	565	119	1538
天津 Tianjin	31	6	12	13	452	78	20	354
河北 Hebei	160	25	66	69	2396	535	208	1653
山西 Shanxi	66	14	35	17	882	257	106	519
内蒙古 Inner Mongolia	57	16	22	19	584	174	49	361
辽宁 Liaoning	121	20	72	29	1984	458	209	1317
吉林 Jilin	178	5	29	144	832	140	90	602
黑龙江 Heilongjiang	106	21	25	60	1757	416	908	433
上海 Shanghai	72	12	34	26	1131	383	97	651
江苏 Jiangsu	110	15	54	41	1603	408	137	1058
浙江 Zhejiang	79	3	41	35	591	120	39	432
安徽 Anhui	50	7	19	24	496	174	48	274
福建 Fujian	18	4	5	9	213	93	8	112
江西 Jiangxi	49	6	23	20	673	199	106	368
山东 Shandong	241	33	112	96	7829	1390	1037	5402
河南 Henan	98	19	48	31	2344	468	276	1600
湖北 Hubei	116	19	56	41	1931	511	438	982
湖南 Hunan	85	8	48	29	1161	198	160	803
广东 Guangdong	87	2	42	43	1701	721	148	832
广西 Guangxi	34	6	16	12	247	79	10	158
海南 Hainan	2		1	1	10	2		8
重庆 Chongqing	77	8	38	31	2208	393	285	1530
四川 Sichuan	112	20	61	31	1619	414	136	1069
贵州 Guizhou	43	4	36	3	389	150	19	220
云南 Yunnan	40	4	16	20	1509	719	254	536
陕西 Shaanxi	93	27	51	15	1436	504	84	848
甘肃 Gansu	39	19	11	9	146	37	6	103
青海 Qinghai	3			3	30	3		27
宁夏 Ningxia	8	2	2	4	80	15	17	48
新疆 Xinjiang	62	37	11	14	398	117	19	262

11－6 续表1 continued

地　区 Region	校办产业基本情况 Other School－run Enterprises						
	产值(营业额)(万 元) Output Value (Turnover) (10000 yuan)	纳税额(万元) Tax Paid (10000 yuan)	利　润(万 元) Profits (10000 yuan)	校办产业个数(个) Number of School－run Industry	产业构成 Grouped by Industry		
					第一产业 Primary Industry	第二产业 Secondary Industry	第三产业 Teritiary Industry
全国总计 National	**123645**	**7403**	**5286**	**1497**	**150**	**501**	**846**
北　京 Beijing	32230	1643	196	65	2	18	45
天　津 Tianjin	1967	121	11	72	6	18	48
河　北 Hebei	4457	127	284	78	15	26	37
山　西 Shanxi	1334	122	115	15		3	12
内蒙古 Inner Mongolia	1204	74	143	28	1	3	24
辽　宁 Liaoning	4441	358	386	109	23	43	43
吉　林 Jilin	1403	95	112	40	2	18	20
黑龙江 Heilongjiang	10142	184	169	80	7	20	53
上　海 Shanghai	5714	401	218	53	7	17	29
江　苏 Jiangsu	5756	590	－309	106	12	34	60
浙　江 Zhejiang	4031	213	207	64	6	31	27
安　徽 Anhui	6510	440	460	31	1	14	16
福　建 Fujian	256	4	13	13		1	12
江　西 Jiangxi	2375	144	149	28	4	4	20
山　东 Shandong	40928	2081	1655	247	22	86	139
河　南 Henan	4757	301	183	56	5	15	36
湖　北 Hubei	4253	212	452	87	9	20	58
湖　南 Hunan	3203	381	83	25	2	5	18
广　东 Guangdong	3063	221	741	29		14	15
广　西 Guangxi	517	27	－24	31	4	8	19
海　南 Hainan	14		4				
重　庆 Chongqing	6187	619	－200	76	7	38	31
四　川 Sichuan	3542	279	390	54	5	21	28
贵　州 Guizhou	302	60	31	8		5	3
云　南 Yunnan	4295	222	52	14	1	4	9
陕　西 Shaanxi	3660	259	208	43	5	15	23
甘　肃 Gansu	380	22	22	9	1	4	4
青　海 Qinghai	136		40	6			6
宁　夏 Ningxia	400	13	25	4		1	3
新　疆 Xinjiang	1054	65	61	26	3	15	8

11－6 续表2 continued

地　　区 Region	职工总数(人) Number of Workers and Employees	人员构成 Grouped by Occupation			产　值(营业额) Output Value (Turnover) (10000 yuan)	纳税额(万元) Tax Paid (10000 yuan)	利　润(万　元) Profits (10000 yuan)
		专业技术人员 Technical Personnel	销售人员 Salesmen	工　　人 Workers			
全国总计　National	**17643**	**3637**	**2318**	**11688**	**98060**	**10930**	**6107**
北　　京　Beijing	1002	215	131	656	46541	2581	3906
天　　津　Tianjin	426	70	102	254	3458	121	－17
河　　北　Hebei	940	220	147	573	4167	135	493
山　　西　Shanxi	157	38	27	92	684	26	40
内 蒙 古　Inner Mongolia	208	49	27	132	1101	56	115
辽　　宁　Liaoning	897	213	121	563	4888	271	483
吉　　林　Jilin	353	86	42	225	694	41	97
黑 龙 江　Heilongjiang	677	156	82	439	2702	5367	318
上　　海　Shanghai	702	179	61	462	3136	155	228
江　　苏　Jiangsu	1464	338	161	965	10456	555	815
浙　　江　Zhejiang	1228	265	152	811	8469	406	157
安　　徽　Anhui	361	89	47	225	5860	463	621
福　　建　Fujian	420	88	41	291	6139	282	94
江　　西　Jiangxi	240	55	27	158	1322	437	111
山　　东　Shandong	3487	467	477	2543	21167	1195	1212
河　　南　Henan	609	107	104	398	2564	73	115
湖　　北　Hubei	888	227	151	510	3775	187	287
湖　　南　Hunan	176	49	36	91	780	44	66
广　　东　Guangdong	463	127	63	273	6186	350	321
广　　西　Guangxi	777	170	33	574	2069	60	－6
海　　南　Hainan							
重　　庆　Chongqing	339	62	91	186	653	321	－65
四　　川　Sichuan	412	70	62	280	1954	112	77
贵　　州　Guizhou	176	34	15	127	443	47	39
云　　南　Yunnan	103	29	4	70	429	17	16
陕　　西　Shaanxi	624	91	75	458	1713	125	205
甘　　肃　Gansu	103	29	4	70	1984	179	396
青　　海　Qinghai	33	3	1	29	186	12	11
宁　　夏　Ningxia	39	14	5	20	149	10	1
新　　疆　Xinjiang	339	97	29	213	1555	46	46

11－7 制造企业工人工时利用情况

(国有经济单位，1997年4 季度)

HOURS OF WORK OF WORKERS IN STATE－OWNED MANUFACTURING ENTERPRISES

(the 4th quarter of 1997)

单位：千工时 (1 000 hours of work)

城 市 City	调查单位数 (个) Number of Units	本季工人平均人数 (人) Average Workers (person)	本季日历工时 Calendar Hours of Work	制度公休工时 Legal Public Holiday Hours of Work	制度工作工时 Legal Hours of Work
合 计 Total	**111**	**139604**	**84308.7**	**23713.9**	**60594.8**
上 海 Shanghai	27	23769	17473.7	5341.9	12131.8
天 津 Tianjin	32	7633	5693.0	1656.0	4037.0
青 岛 Qingdao	26	27497	19590.0	5555.0	14035.0
重 庆 Chongqing	26	80705	41552.0	11161.0	30391.0

11－7 续表1 continued

单位：千工时 (1 000 hours of work)

城 市 City	停工工时 Hours Stopping Work	由于原材料缺乏 For Lack of Raw Materials	由于动力不足 For Lack of Power	由于没有生产任务 For Haven't Productive Task	由于设备检修 For Equipments Being Repaired	停工工时中被利用工时 Hours of Work During Downtime
合 计 Total	**3712.6**	**945.3**	**493.0**	**1933.2**	**295.6**	**249.2**
上 海 Shanghai	419.6	29.3	8.0	333.2	47.6	39.2
天 津 Tianjin	140.0	62.0	2.0	42.0		
青 岛 Qingdao	1032.0	492.0	90.0	393.0	47.0	
重 庆 Chongqing	2121.0	362.0	393.0	1165.0	201.0	210.0

11－7 续表2 continued

单位：千工时 (1 000 hours of work)

城 市 City	缺勤工时 Absence Hours of Work	病假 Sick Leave	事假 Private Aff－airs Leave	探亲假丧假 Home Leave, Marrige or Funeral Leave	工伤假 Occupational Injury Leave	产假 Maternity Leave
合 计 Total	**1557.2**	**652.1**	**292.7**	**182.1**	**158.9**	**178.3**
上 海 Shanghai	430.2	248.1	77.7	31.1	12.9	24.3
天 津 Tianjin	72.0	39.0	20.0	2.0	10.0	1.0
青 岛 Qingdao	438.0	164.0	55.0	24,0	55.0	83.0
重 庆 Chongqing	617.0	201.0	140.0	125.0	81.0	70.0

11－7 续表3 continued

单位：千工时 (1 000 hours of work)

城 市 City	非生产工时 Non－productive Hours of Work	实际工作工时 Hours Actually Worked	加班工时 Overtime	出勤率(%) Attendance Rate (%)	制度工时利用率 (%) Utilized Rate of Legal Hours of Work
合 计 Total	**579.7**	**56756.0**	**1761.5**	**97.4**	**90.8**
上 海 Shanghai	350.7	11584.0	613.5	96.5	90.4
天 津 Tianjin	5.0	3941.0	121.0	98.2	94.6
青 岛 Qingdao	19.0	12643.0	97.0	96.9	89.4
重 庆 Chongqing	205.0	28588.0	930.0	98.0	91.0

11－8 建筑企业工人工时利用情况

(国有经济单位，1997年第4季度)

HOURS OF WORK OF WORKERS IN STATE－OWNED CONSTRUCTION ENTERPRISES

(the 4th quarter, 1997)

单位：工日 (days of work)

城　市　City	调查单位数 (个) Number of Units	本季工人平均人数 (人) Average Workers (person)	本季日历工时 Calendar Hours of Work	制度公休工时 Legal Public Holiday Hours of Work	制度工作工时 Legal Hours of Work
合　计　Total	**11**	**15433**	**1386495**	**427213**	**959282**
上　海　Shanghai	3	4588	403583	111994	291589
天　津　Tianjin					
青　岛　Qingdao	4	1370	126040	38360	87680
重　庆　Chongqing	4	9475	856872	276859	580013

11－8 续表1 continued

单位：工日 (days of work)

城　市　City	停工工时 Hours Stopping Work	由于原材料缺乏 For Lack of Raw Materials	由于动力不足 For Lack of Power	由于没有生产任务 For Haven't Productive Task	由于设备检修 For Equipments Being Repaired	停工工时中被利用工时 Hours of Work During Downtime
合　计　Total	**66650**	**889**	**21773**	**43988**		
上　海　Shanghai	18656	68		18588		
天　津　Tianjin						
青　岛　Qingdao	4110			4110		
重　庆　Chongqing	43884	821	21773	21290		

11－8 续表2 continued

单位：工日 (days of work)

城　市　City	缺勤工时 Absence Hours of Work	病假 Sick Leave	事假 Private Aff－airs Leave	探亲假　丧假 Home Leave, Marrige or Funeral Leave	工伤假 Occupational Injury Leave	产假 Maternity Leave
合　计　Total	**29371**	**12829**	**5246**	**10132**	**2597**	**1898**
上　海　Shanghai	4763	4879	2381	139	539	156
天　津　Tianjin						
青　岛　Qingdao	5020	3882	370	48	550	170
重　庆　Chongqing	19588	4068	2495	9945	1508	1572

11－8 续表3 continued

单位：工日 (days of work)

城　市　City	非生产工时 Non－productive Hours of Work	实际工作工时 Hours Actually Worked	加班工时 Overtime	出勤率(%) Attendance Rate (%)	制度工时利用率 (%) Utilized Rate of Legal Hours of Work
合　计　Total	**4490**	**913673**	**54902**	**96.9**	**89.5**
上　海　Shanghai	1640	269281	2751	98.4	91.4
天　津　Tianjin					
青　岛　Qingdao		83670	5120	94.3	89.6
重　庆　Chongqing	2850	560722	47031	96.6	88.6

十二、工会工作

Trade Union Works

12－1　分地区基层工会组织数及工会会员人数

NUMBER OF GRASSROOT TRADE UNIONS AND TRADE UNION MEMBERS BY REGION

(1997)

地　区　Region		基层工会组织数(个) Number of Grassroot Trade Utions	国有经济单位 State－owned Units	城镇集体经济单位 Urban Collective owned Units	私营经济单位 Private Enter－prises	个体经济单位 Indivi－duals	联营经济单位 Joint Owned Units	股份制经济单位 Share Holding Units
全　国	**National**	**510276**	**383882**	**93483**	**5006**	**391**	**739**	**12932**
北　京	Beijing	10948	8085	2034	67	22	10	270
天　津	Tianjin	4045	3111	634	30	2	7	30
河　北	Hebei	27467	19607	6198	621	28	14	556
山　西	Shanxi	13826	10096	2916	75	4	33	621
内蒙古	Inner Mongolia	11922	10318	1034	153	36	4	323
辽　宁	Liaoning	24324	17033	5613	216	15	21	407
吉　林	Jilin	10813	8615	1755	15	1	9	226
黑龙江	Heilongjiang	20325	16838	2924	24	9	14	423
上　海	Shanghai	15388	10088	3172	155	1	48	700
江　苏	Jiangsu	31662	18894	9585	523	17	105	1335
浙　江	Zhejiang	25900	17052	5862	732	72	103	1326
安　徽	Anhui	15649	11664	3110	32	1	6	731
福　建	Fujian	22688	14487	4474	793	54	101	202
江　西	Jiangxi	17630	15109	2278	24	2	9	166
山　东	Shandong	29372	20028	7472	218	29	35	825
河　南	Henan	25425	20440	4351	34	9	7	445
湖　北	Hubei	20151	15779	3570	10	2	10	697
湖　南	Hunan	19555	15520	3621	18	7	5	260
广　东	Guangdong	30266	19235	6976	231	38	108	768
广　西	Guangxi	14482	12602	1585	26	6	8	135
海　南	Hainan	5065	4058	604	132	3	15	145
重　庆	Chongqing	9592	7416	1656	37	1	8	257
四　川	Sichuan	26819	21966	3544	83	9	25	1093
贵　州	Guizhou	13878	12490	1200	77	3	9	81
云　南	Yunnan	18354	15415	2478	25	4	7	372
西　藏	Tibet							
陕　西	Shaanxi	14421	11962	2241	21	8	3	122
甘　肃	Gansu	10596	8749	1045	14	1	2	185
青　海	Qinghai	3737	3279	352	27		2	72
宁　夏	Ningxia	3118	2591	413	20	2	1	72
新　疆	Xinjiang	11535	10052	783	573	5	10	76

12－1 续表1 continued

地　区　Region	外商投资单　位 Foreign Funded Units	港、澳、台投资单位 Overseas Chinese from Hongkong, Macao and Taiwan Founded Units	其他经济单　位 Other Units	工会会员数（人） Trade Union Members (person)	#女会员 Female	#少数民族会员 Members with Minority Nationality
全　国　National	**9118**	**3133**	**1592**	**91309843**	**35794155**	**3911113**
北　京　Beijing	412	44	4	2550817	1110237	82723
天　津　Tianjin	190	41		2179022	924844	52496
河　北　Hebei	333	45	65	4610282	1778847	151261
山　西　Shanxi	30	5	46	2988398	925747	16715
内蒙古　Inner Mongolia	22	7	25	1864012	690285	236626
辽　宁　Liaoning	960	40	19	7188082	2957956	378034
吉　林　Jilin	122	59	11	2740122	1082903	184300
黑龙江　Heilongjiang	72	4	17	5121962	1873834	119723
上　海　Shanghai	1063	151	10	3615203	1535810	19619
江　苏　Jiangsu	940	246	17	5246421	2154479	31771
浙　江　Zhejiang	589	85	79	3252473	1341848	8472
安　徽　Anhui	57	18	30	2967470	1093953	30849
福　建　Fujian	1057	1469	51	2275054	882807	11752
江　西　Jiangxi	36	5	1	2232026	817216	5056
山　东　Shandong	641	100	24	6243713	2481081	62656
河　南　Henan	111	9	19	5081655	1925629	97217
湖　北　Hubei	69	13	1	4197278	1688900	78270
湖　南　Hunan	64	33	27	3647430	1421254	178913
广　东　Guangdong	1888	663	359	3609621	1544047	16026
广　西　Guangxi	105	10	5	2046841	805793	532711
海　南　Hainan	91	13	4	749661	305105	60398
重　庆　Chongqing	53	37	127	1663482	657007	39951
四　川　Sichuan	46	7	46	3925502	1509368	71315
贵　州　Guizhou	17	1		1469490	532084	275912
云　南　Yunnan	41	8	4	2142919	817161	383631
西　藏　Tibet						
陕　西　Shaanxi	57	3	4	2558851	948033	28345
甘　肃　Gansu	11	2	587	1558213	544646	65857
青　海　Qinghai	4		1	459783	178356	65348
宁　夏　Ningxia	11	3	5	519070	184141	72100
新　疆　Xinjiang	23	9	4	2205989	932020	540275

12－2 分地区职工社会保险情况

FORMAL EMPLOYEES TAKEN PART IN SOCIAL INSURANCE BY REGION

(1997)

单位：个

(number)

地 区 Region	参加养老社会保险的基层单位数 Units in Pension Insurance Net	参加医疗体制改革的基层单位数 Units in Medical Care Insurance Net	参加工伤社会保险的基层单位数 Units in Work Injury Insurance Net	参加失业社会保险的基层单位数 Units in Unemployment Insurance Net	参加生育社会保险的基层单位数 Units in Fertility Insurance Net
全 国 National	**310781**	**286777**	**106772**	**133348**	**80858**
北 京 Beijing	6486	7548	781	5120	425
天 津 Tianjin	2205	2710	247	1505	181
河 北 Hebei	15036	13147	4993	6762	4555
山 西 Shanxi	6320	4656	2200	2579	2029
内蒙古 Inner Mongolia	5932	4717	1175	1557	756
辽 宁 Liaoning	12479	11117	6008	6084	3701
吉 林 Jilin	4899	5462	2462	2212	1775
黑龙江 Heilongjiang	9300	8033	1794	2611	1263
上 海 Shanghai	14745	13036	1220	8087	488
江 苏 Jiangsu	24097	20827	10027	11657	9892
浙 江 Zhejiang	16840	14382	8265	10031	7389
安 徽 Anhui	7251	8443	1855	3134	627
福 建 Fujian	12780	13238	6133	5421	4927
江 西 Jiangxi	8812	10732	4055	3614	4051
山 东 Shandong	23365	21155	6801	9909	8196
河 南 Henan	14327	11323	3504	5009	2439
湖 北 Hubei	11344	9096	4597	4761	4125
湖 南 Hunan	13826	12207	3075	4236	1698
广 东 Guangdong	22870	18337	14782	10766	7500
广 西 Guangxi	11008	9938	4202	3652	3070
海 南 Hainan	3621	2299	1747	1536	244
重 庆 Chongqing	5217	4496	1009	2568	902
四 川 Sichuan	18403	16751	6716	6858	5026
贵 州 Guizhou	6578	11832	910	1390	264
云 南 Yunnan	12979	11300	3979	5708	2835
西 藏 Tibet					
陕 西 Shaanxi	7591	7283	1445	2372	805
甘 肃 Gansu	4287	3198	740	1347	411
青 海 Qinghai	1295	933	315	376	250
宁 夏 Ningxia	1376	874	473	449	309
新 疆 Xinjiang	5053	6924	1228	1768	709

12-3 分地区工会扶贫工作情况
CONDITION OF TRADE UNIONS IN POVERTY ALLEVIATION WORK BY REGION

(1997)

地区 Region	开展扶贫工作的基层单位(个) Number of Units in Poverty Allevia-tion Work	贫困职工(人) Formal Employees in Poverty (person)	本年度被扶助的贫困职工(人) Alleviated Poverty Formal Employees (person)	本年度已脱贫职工(人) Formal Employees Out of Poverty (person)	建立送温暖基金组织(个) Number of Funds	筹集扶贫帮困基金总额(万元) Raised Funds (10 000 yuan)	扶助贫困职工的资金总额(万元) Borrowed to Poverty Formal Employees (10 000yuan)
全国 National	**140891**	**2966661**	**1284960**	**488636**	**48128**	**99872**	**27483**
北京 Beijing	3671	15067	18628	13500	903	931	314
天津 Tianjin	1497	42185	31058	6972	490	2225	504
河北 Hebei	7741	116290	53469	17452	2867	3399	1335
山西 Shanxi	3789	104246	42930	18161	1606	3237	964
内蒙古 Inner Mongolia	3202	65901	38755	12398	1260	1745	812
辽宁 Liaoning	8591	207077	99921	19125	3559	11592	2197
吉林 Jilin	5458	126758	55346	32978	1630	2731	947
黑龙江 Heilongjiang	7856	314592	104750	30685	2867	5027	2114
上海 Shanghai	6972	29431	36551	6769	2297	19362	3842
江苏 Jiangsu	10132	108835	65005	29002	3848	4703	1671
浙江 Zhejiang	3892	16382	10210	6593	1490	2430	587
安徽 Anhui	4234	107232	52990	9729	1382	1634	632
福建 Fujian	4452	43488	48743	12402	1170	1431	566
江西 Jiangxi	5068	88336	35732	14549	1512	1391	512
山东 Shandong	8501	189534	75307	37291	2694	6586	1545
河南 Henan	7548	187571	62273	37935	3005	2497	832
湖北 Hubei	7470	121406	54206	26450	2803	6000	852
湖南 Hunan	5473	244479	53329	24800	2273	2987	1185
广东 Guangdong	7170	70947	32729	26563	1631	5503	1018
广西 Guangxi	4701	60388	19667	18709	1008	1477	395
海南 Hainan	792	46506	11489	4564	282	635	397
重庆 Chongqing	2282	131058	20708	6891	751	549	155
四川 Sichuan	6148	127786	76881	21095	2220	2481	816
贵州 Guizhou	1675	58476	28789	8106	502	531	167
云南 Yunnan	2703	48540	32745	11796	1024	1900	290
西藏 Tibet							
陕西 Shaanxi	3573	133838	41132	10587	934	1126	435
甘肃 Gansu	2264	58949	21259	5296	620	740	151
青海 Qinghai	890	18235	6626	1022	361	1313	72
宁夏 Ningxia	657	10796	5727	1957	224	632	64
新疆 Xinjiang	2249	72093	46693	14813	871	2915	2075

12－4 分地区基层工会职工生活困难补助情况

CONDITION OF TRADE UNIONS IN WORKS OF PROVIDING STRAITENED LIVING ALLOWANCE OF FORMAL EMPLOYEES BY REGION

(1997)

地区 Region	开展职工生活困难补助的基层单位（个）Number of Units in Implementing Straitened Living Allowance	定期补助人数（人）Persons Getting Regular Allowance (person)	定期补助金额（万元）Amount of Regular Allowance (10 000 yuan)	临时补助人次数（人次）Person－times in Temporary Allowance	临时补助金额（万元）Amount of Temporary Allowance (10 000 yuan)
全　国 National	**180754**	**1057133**	**36861**	**7767243**	**94386**
北　京 Beijing	5319	12169	384	160441	2794
天　津 Tianjin	2503	55739	866	482338	1752
河　北 Hebei	7454	43492	790	158863	2055
山　西 Shanxi	2783	109677	2216	102055	2129
内蒙古 Inner Mongolia	3123	27698	450	77718	1910
辽　宁 Liaoning	9777	63907	2884	981998	9005
吉　林 Jilin	4712	40178	3967	303943	3643
黑龙江 Heilongjiang	7717	100641	2884	286040	5226
上　海 Shanghai	11197	37302	2480	859933	8976
江　苏 Jiangsu	16141	72149	1907	912894	7699
浙　江 Zhejiang	8716	16680	1243	164301	13818
安　徽 Anhui	5560	46836	1623	301841	5390
福　建 Fujian	7465	19322	562	166836	1921
江　西 Jiangxi	7040	34816	1037	175787	1395
山　东 Shandong	10153	62566	2450	266727	4346
河　南 Henan	7908	38759	999	167709	1985
湖　北 Hubei	8380	35344	2145	345086	2712
湖　南 Hunan	7148	30779	766	369166	2631
广　东 Guangdong	10965	19855	900	365667	4833
广　西 Guangxi	4729	13760	270	143590	1598
海　南 Hainan	1417	6014	180	56375	535
重　庆 Chongqing	2566	21581	531	82975	640
四　川 Sichuan	8614	34634	859	301766	1855
贵　州 Guizhou	3023	15592	432	80828	697
云　南 Yunnan	4743	13525	403	86158	806
西　藏 Tibet					
陕　西 Shaanxi	4159	30902	1307	186624	1542
甘　肃 Gansu	2186	16698	329	52214	633
青　海 Qinghai	732	3992	133	11403	153
宁　夏 Ningxia	793	4507	106	16223	139
新　疆 Xinjiang	3015	26103	1637	81658	1231

12－5 分地区基层工会劳动竞赛和评先活动情况

CONDITION OF BASIC TRADE UNIONS IN LABOR EMULATION AND CHOSEN ADVANCED ACTIVITIES BY REGION

(1997)

地 区 Region	开展劳动竞赛的单位(个) Units of Implement Labor Emulation	参加劳动竞赛的人次数(人次) Person－times of Joining Labor Emulation	劳动竞赛创造的经济效益(万元) Economic Efficiency Created by Labor Emulation (10 000yuan)	参加技术比赛的人次数(人次) Person－Times of Joining Skill Emulation	县以上先进集体(个) Model Groups Above County Level	#先进班组 Model Teams	县以上劳动模范(人) Model Workers above County Level (person)	省级技术能手(人) Skill Dabin Provincial Level (person)
全 国 National	**103927**	**51472160**	**1922702**	**17037989**	**127320**	**64667**	**92682**	**6697**
北 京 Beijing	4004	2553290	91333	567294	5339	2743	2393	13
天 津 Tianjin	1196	1205070	30213	394306	190	190	925	100
河 北 Hebei	6087	3279297	118280	2766580	7621	3674	6400	408
山 西 Shanxi	3532	1807965	78773	519388	4383	1463	5931	1719
内蒙古 Inner Mongolia	2183	987304	39460	242813	1389	456	2039	
辽 宁 Liaoning	5799	4164029	137015	1422810	11260	8494	6663	430
吉 林 Jilin	2883	1639304	45325	569976	2170	960	12480	182
黑龙江 Heilongjiang	3910	2344566	70239	681634	10476	5361	12527	1835
上 海 Shanghai	3875	1573557	62177	382294	4489	3364	256	26
江 苏 Jiangsu	9433	4092807	147500	1132254	4400	2804	2788	93
浙 江 Zhejiang	3442	1200056	34059	411196	1875	460	824	8
安 徽 Anhui	3208	1742373	78468	563901	4655	2310	1996	113
福 建 Fujian	2860	622786	33156	343571	2454	1157	2136	70
江 西 Jiangxi	2936	957234	62722	251358	2759	1010	2478	94
山 东 Shandong	8967	4160392	230170	1458857	16617	5650	5973	351
河 南 Henan	5406	2608719	74198	984285	9025	6681	3429	664
湖 北 Hubei	3957	1800189	73985	765301	5294	2141	4883	142
湖 南 Hunan	4793	1942139	83911	531433	6286	4016	3873	156
广 东 Guangdong	4291	1290458	70373	350192	5736	2184	2231	97
广 西 Guangxi	2741	1111012	51131	320775	4117	2644	505	6
海 南 Hainan	318	330921	11567	69801	276	115	202	1
重 庆 Chongqing	1977	1143719	21895	241688	1563	760	604	19
四 川 Sichuan	6392	2422108	80148	753789	4853	1666	2174	
贵 州 Guizhou	1014	424988	34025	90403	1134	437	711	
云 南 Yunnan	1892	945445	28527	194263	1184	205	960	5
西 藏 Tibet								
陕 西 Shaanxi	2645	1536388	56189	344130	3245	1499	2569	45
甘 肃 Gansu	1500	951314	22121	264850	1478	741	1374	75
青 海 Qinghai	418	167157	4984	58887	754	229	1007	18
宁 夏 Ningxia	468	135566	4308	43483	203	83	213	
新 疆 Xinjiang	1680	2167925	41870	307652	2075	1166	2138	27

12－6 分地区企业单位劳动争议调解委员会组成情况

CONDITION OF LABOR DISPUTE MEDIATION COMMITTEES IN ENTERPRISES BY REGION

(1997)

地区 Region		建立劳动争议调解委员会(个) Number of Labor Dispule Mediation Committees	劳动争议调解委员会人数(人) Person in Labor Dispule Mediation Committees (person)	职工代表 Formal Employees Delegates	企业代表 Enterprise Delegates	工会代表 Trade Union Delegates
全 国	**National**	**127039**	**1058458**	**487449**	**293405**	**277604**
北 京	Beijing	4210	29752	12898	8726	8128
天 津	Tianjin	1385	20817	9489	5756	5572
河 北	Hebei	9901	67184	30431	19425	17328
山 西	Shanxi	2622	26141	11846	7718	6577
内蒙古	Inner Mongolia	3538	24036	10868	6824	6344
辽 宁	Liaoning	6650	64783	31971	17240	15572
吉 林	Jilin	2986	28297	14152	7539	6606
黑龙江	Heilongjiang	3864	37395	18153	10738	8504
上 海	Shanghai	4492	27212	11328	8098	7786
江 苏	Jiangsu	12255	93277	43043	25056	25178
浙 江	Zhejiang	6253	36757	15563	10395	10799
安 徽	Anhui	4445	37131	17170	10973	8988
福 建	Fujian	3684	27175	12093	7670	7412
江 西	Jiangxi	3437	26949	12597	7344	7008
山 东	Shandong	9771	87053	41553	24046	21454
河 南	Henan	5779	55576	25537	16114	13925
湖 北	Hubei	4913	56623	31653	12679	12291
湖 南	Hunan	4165	39911	17807	11635	10469
广 东	Guangdong	7439	55120	23829	15195	16096
广 西	Guangxi	3605	27581	12547	7431	7603
海 南	Hainan	474	4807	2140	1403	1264
重 庆	Chongqing	1974	19418	7260	4725	7433
四 川	Sichuan	6232	59020	25535	16848	16637
贵 州	Guizhou	2170	15334	6961	4121	4252
云 南	Yunnan	2729	21550	9482	6028	6040
西 藏	Tibet					
陕 西	Shaanxi	2935	22461	9718	6588	6155
甘 肃	Gansu	1414	12385	5853	3402	3130
青 海	Qinghai	491	4510	2013	1324	1173
宁 夏	Ningxia	665	6176	2896	1710	1570
新 疆	Xinjiang	2409	22973	10561	6375	6037

12－7 分地区企业单位劳动争议调解委员会受理劳动争议情况

LABOR DISPUTE ACCEPTED BY LABOR DISPUTE MEDIATION COMMITTEES IN ENTERPRISES BY REGION

(1997)

地 区 Region	劳动争议调解委员会受理劳动争议（件）Number of Accepted Cases	#受理集体劳动争议 Collective	受理劳动争议涉及职工人数（人）Involved Formal Employees (person)	#集体劳动争议涉及 Collective
全 国 National	**72594**	**14529**	**311706**	**204489**
北 京 Beijing	1641	196	6280	4162
天 津 Tianjin	997	121	3695	2094
河 北 Hebei	2162	522	12352	8216
山 西 Shanxi	2012	498	12676	10024
内蒙古 Inner Mongolia	1249	213	7264	3722
辽 宁 Liaoning	4443	961	23904	18342
吉 林 Jilin	1417	334	17013	13533
黑龙江 Heilongjiang	1920	515	14667	7930
上 海 Shanghai	1337	118	3475	2133
江 苏 Jiangsu	8070	1567	32669	22663
浙 江 Zhejiang	2192	214	3790	1949
安 徽 Anhui	2597	620	10789	6656
福 建 Fujian	908	225	5163	4175
江 西 Jiangxi	1027	305	4267	2816
山 东 Shandong	5977	1151	26497	16535
河 南 Henan	3861	828	16146	10170
湖 北 Hubei	4852	1117	19355	11592
湖 南 Hunan	3014	856	14132	10038
广 东 Guangdong	3342	542	12409	7409
广 西 Guangxi	1911	405	10180	7048
海 南 Hainan	538	81	2462	1976
重 庆 Chongqing	1879	339	4121	2523
四 川 Sichuan	4900	957	12014	6580
贵 州 Guizhou	875	133	4548	1991
云 南 Yunnan	1790	220	3042	1657
西 藏 Tibet				
陕 西 Shaanxi	1946	332	9577	6942
甘 肃 Gansu	1317	215	4140	2784
青 海 Qinghai	230	31	1140	925
宁 夏 Ningxia	651	269	1519	927
新 疆 Xinjiang	3484	635	12352	6931

12－8 分地区企业单位劳动争议调解委员会调解劳动争议情况

LABOR DISPUTES MEDIATED BY LABOR DISPUTE MEDIATION COMMITTEES IN ENTERPRISES BY REGION

(1997)

地 区 Region	#调解成功劳动争议件数(件) Number of Mediated Cases	#集体劳动争议 Collective	调解成功涉及职工人数(人) Involved Formal Employees in Successed Cases	#集体劳动争议涉及 Collective	调解不成申请仲裁件数(件) Number of Cases in Applying for Arbitration Due to Mediation Failure	#集体劳动争议 Collective
全 国 National	**47528**	**11478**	**256212**	**166398**	**3579**	**884**
北 京 Beijing	1121	150	5380	3994	124	15
天 津 Tianjin	697	136	3223	1897	46	4
河 北 Hebei	1668	403	8998	5542	90	20
山 西 Shanxi	1231	402	8424	6251	98	44
内蒙古 Inner Mongolia	619	180	5755	3581	63	19
辽 宁 Liaoning	2383	747	18998	14624	281	85
吉 林 Jilin	819	256	11316	9066	67	20
黑龙江 Heilongjiang	1262	400	10507	6646	91	39
上 海 Shanghai	871	104	2587	1619	192	5
江 苏 Jiangsu	5374	1369	28306	20511	285	79
浙 江 Zhejiang	1142	156	3377	1773	119	13
安 徽 Anhui	1556	491	9423	5683	97	21
福 建 Fujian	673	178	4712	3730	56	20
江 西 Jiangxi	685	240	3468	2527	58	25
山 东 Shandong	4093	866	23998	10576	232	53
河 南 Henan	2766	717	13206	8259	170	55
湖 北 Hubei	3501	887	16820	10417	216	63
湖 南 Hunan	2144	618	10342	7437	173	66
广 东 Guangdong	2355	468	11517	6449	122	19
广 西 Guangxi	1218	358	9585	7074	118	42
海 南 Hainan	294	75	2389	1819	4	3
重 庆 Chongqing	970	231	3606	2279	106	18
四 川 Sichuan	3325	655	11387	6804	223	40
贵 州 Guizhou	724	118	4029	1794	18	1
云 南 Yunnan	832	167	2768	1706	111	23
西 藏 Tibet						
陕 西 Shaanxi	1421	260	7362	5916	105	25
甘 肃 Gansu	669	155	3355	2195	75	29
青 海 Qinghai	158	25	1070	785	13	6
宁 夏 Ningxia	407	228	1331	834	22	7
新 疆 Xinjiang	2521	429	8920	4582	200	25

十三、香港资料

Part XIII Indicators of Hong Kong

13－1 分行业全部就业人数
EMPLOYMENT BY INDUSTRY

单位：千人 (1 000 persons)

项 目	Item	1989	1990	1991	1992	1993	1994	1995	1996
总 计	**Total**	**2723.1**	**2711.5**	**2753.7**	**2737.6**	**2800.1**	**2872.8**	**2905.1**	**3007.7**
农林牧渔业	Agriculture, Hunting, Forestry and Fishing	30.5	23.4	22.2	18.8	17.9	17.8	16.5	11.9
采掘业	Mining and Quarrying	0.6	0.6	0.4	0.4	0.3	0.3	0.2	0.5
制造业	Manufacturing	808.9	751.0	717.0	650.5	594.0	562.6	534.6	482.1
电力、天然气及水	Electricity,Gas and Water	17.0	18.6	18.2	20.0	19.1	18.9	20.4	21.4
建筑业	Construction	229.6	226.0	224.9	231.2	221.1	220.5	229.3	269.6
批发零售和餐饮、旅馆业	Wholesale and Retail Trade and Restaurants and Hotels	679.0	703.2	732.1	747.9	795.8	827.6	824.9	887.4
交通运输和仓储业	Transport, Storage and Communication	260.8	268.4	273.6	294.7	314.9	340.0	327.7	331.8
金融保险、房地产和商业服务	Financing, Insurance, Real Estate and Business Services	200.9	208.6	229.1	231.9	289.2	326.2	341.7	353.6
团体、社会和个人服务	Community, Social and Personal Services	495.7	511.8	536.1	542.1	547.7	558.8	609.8	649.5
其 他	Activities not Adepuately Defined	–	–	–	–	–	0.1	–	–
男	**Male**	**1731.5**	**1724.7**	**1722.3**	**1730.7**	**1758.9**	**1781.2**	**1778.2**	**1828.9**
农林牧渔业	Agriculture, Hunting, Forestry and Fishing	19.8	16.4	15.7	14.5	14.0	13.8	12.2	8.8
采掘业	Mining and Quarrying	0.5	0.6	0.4	0.4	0.3	0.3	0.2	0.4
制造业	Manufacturing	459.1	436.5	424.8	395.3	369.3	360.2	338.0	304.8
电力、天然气及水	Electricity, Gas and Water	15.6	17.0	17.0	18.5	17.1	16.6	17.9	19.1
建筑业	Construction	220.1	216.0	214.0	220.4	211.2	209.6	217.3	254.2
批发零售和餐饮、旅馆业	Wholesale and Retail Trade and Restaurants and Hotels	412.9	426.2	431.8	442.2	457.1	454.7	463.5	491.2
交通运输和仓储业	Transport, Storage and Communication	226.0	228.9	233.1	248.6	263.6	282.3	267.5	270.9
金融保险、房地产和商业服务	Financing, Insurance, Real Estate and Business Services	117.7	119.4	127.2	130.8	173.7	193.1	202.2	210.1
团体、社会和个人服务	Community, Social and Personal Services	259.7	263.7	258.1	260.0	252.5	240.5	259.5	269.4
其 他	Activities not Adepuately Defined	–	–	–	–	–	0.1	–	
女	**Female**	**991.6**	**986.9**	**1031.4**	**1006.9**	**1041.2**	**1091.6**	**1126.9**	**1178.9**
农林牧渔业	Agriculture, Hunting, Forestry and Fishing	10.7	7.0	6.5	4.4	3.9	4.1	4.3	3.1
采掘业	Mining and Quarrying	0.1	–	–	–	–	–	–	0.1
制造业	Manufacturing	349.7	314.4	292.7	255.2	224.7	202.4	196.6	177.3
电力、天然气及水	Electricity, Gas and Water	1.5	1.7	1.2	1.5	2.0	2.3	2.5	2.3
建筑业	Construction	9.5	10.0	10.9	10.8	9.9	10.9	12.0	15.4
批发零售和餐饮、旅馆业	Wholesale and Retail Trade and Restaurants and Hotels	266.1	277.0	300.3	305.7	338.7	362.8	361.5	396.1
交通运输和仓储业	Transport, Storage and Communication	34.7	39.4	40.5	46.1	51.3	57.7	60.2	60.9
金融保险、房地产和商业服务	Financing, Insurance, Real Estate and Business Services	83.2	89.2	101.8	101.1	115.5	133.1	139.5	143.5
团体、社会和个人服务	Community, Social and Personal Services	236.0	248.1	278.0	282.1	295.2	318.3	350.4	380.1
其 他	Activities not Adepuately Defined	–	–	–	–	–	–	–	–

13－2A 分职业全部就业人数
EMPLOYMENT BY OCCUPATION

单位：千人 (1 000 persons)

职业	Occupation	1986	1987	1988	1989	1990	1991	1992	1993
总计	**Total**	**2623.7**	**2680.8**	**2725.0**	**2723.1**	**2711.5**	**2748.5**	**2738.3**	**2816.1**
专业技术人员	Professional, Technical and Related Workers	180.4	189.3	204.2	209.1	220.3	232.8	249.2	272.4
行政管理人员	Administrative and Managerial Workers	81.5	89.2	96.2	106.0	115.7	140.3	134.3	131.3
办公室工作人员	Clerical and Related Workers	428.0	463.7	479.7	513.1	520.6	542.3	558.4	591.3
销售人员	Sales Workers	289.3	293.7	306.7	328.3	343.0	343.0	349.7	382.4
服务人员	Service Workers	444.3	451.2	476.7	461.3	470.6	504.4	512.9	538.0
农林牧渔业工人	Agriculture, Animal Husbandry and Forestry Workers, Fishermen and Hunters	43.3	42.8	36.0	32.3	24.4	24.2	20.6	17.8
生产工人	Production and Related Workers, Transport Equipment Operators and Labourers	1156.7	1150.8	1125.5	1073.0	1016.8	961.5	913.1	882.9
其他	Workers not Classifiable by Occupation	–	–	0.1	0.1	0.1	–	–	–

13－2B 分职业全部就业人数
EMPLOYMENT BY OCCUPATION

单位：千人 (1 000 persons)

年份 Year	总计 Total	高级管理人员 Legislators, Senior Officials & Managers	科学技术人员 Professionals	工程技术人员 Technicians & Associate Professionals	办公室职员 Clerks	服务性工作人员及售货员 Service Workers & Shop & Market Sales Workers	农渔业技术人员 Skilled Agricultural & Fishery Workers	手工制造业及销售人员 Craft and Related Trade Workers	机械设备操作人员 Plant and Machine Operators & Assemblers	从事初级职业人员 Elementary Occupations	其他 Others
1994	2872.8	261.2	128.6	333.1	557.8	97.2	14.9	351.0	343.4	485.3	0.2
1995	2905.1	247.6	141.0	391.3	540.2	408.8	13.5	345.0	320.9	496.8	0.1
1996	3007.7	288.2	154.7	414.6	551.1	426.0	11.5	337.7	298.7	525.3	–

注：(A)采用1968年国际职业分类标准；(B)采用1988年国际职业分类标准。

(A) ISCO－68; (B) ISCO－88.

13－3 按年龄分组的失业人数

UNEMPLOYMENT BY AGE

单位: 千人 (1 000 persons)

分组 Group		1989	1990	1991	1992	1993	1994	1995	1996
总计	**Total**	**29.7**	**36.6**	**50.4**	**54.7**	**56.3**	**56.2**	**95.6**	**86.1**
男	**Male**	**19.1**	**23.3**	**33.8**	**35.3**	**35.8**	**37.7**	**62.3**	**58.0**
15－19		3.3	4.2	5.4	4.0	4.8	4.3	6.0	6.0
20－24		5.2	5.1	6.1	7.1	6.5	7.2	10.9	10.4
25－29		3.2	3.8	5.6	5.6	5.7	5.6	8.2	7.5
30－34		1.5	1.9	3.9	4.1	4.3	4.5	7.4	7.1
35－39		1.4	1.7	2.7	3.7	3.2	4.2	7.9	6.5
40－44		1.1	1.6	3.1	3.2	3.2	2.9	6.3	6.3
45－49		0.8	1.5	2.2	2.4	2.2	3.1	5.8	5.5
50－54		1.0	1.8	2.1	1.8	2.1	2.3	3.7	4.2
55－59		1.0	1.1	2.0	2.4	2.4	2.4	4.2	3.2
60－64		0.4	0.5	0.5	0.7	0.9	0.9	1.4	1.2
65＋		0.1	0.2	0.4	0.3	0.5	0.2	0.6	0.1
女	**Female**	**10.6**	**13.3**	**16.6**	**19.4**	**20.6**	**18.6**	**33.3**	**28.1**
15－19		2.1	3.1	3.8	2.8	2.8	3.0	4.7	4.6
20－24		3.9	4.7	4.7	5.7	6.1	4.8	7.4	6.6
25－29		2.1	2.2	3.1	3.9	4.1	3.0	5.8	5.0
30－34		1.0	1.4	1.9	2.3	3.0	2.4	4.6	3.9
35－39		0.5	0.8	1.1	1.9	1.4	1.8	2.8	2.6
40－44		0.4	0.5	1.2	1.3	0.9	1.8	2.9	2.1
45－49		0.2	0.2	0.3	0.4	0.9	1.1	3.0	2.1
50－54		0.1	0.2	0.3	0.5	0.6	0.3	1.0	0.6
55－59		0.2	－	0.1	0.3	0.4	0.3	0.8	0.5
60－64		0.1	－	0.1	0.2	0.1	0.1	0.2	0.1
65＋		－	－	－	0.1	0.2	－	0.1	－

13－4 按行业分组的失业人数
UNEMPLOYMENT BY INDUSTRY

单位：千人 (1 000 persons)

行业	Industry	1989	1990	1991	1992	1993	1994	1995	1996
总计	**Total**	**29.7**	**36.6**	**50.4**	**54.7**	**56.3**	**56.2**	**95.6**	**86.1**
初次失业	Unemployed for the First Time	4.1	4.4	5.0	5.8	7.8	7.0	11.9	9.6
农林牧渔业	Agriculture, Hunting, Forestry and Fishing	0.2	0.1	0.1	0.2	0.1	–	0.1	0.2
采掘业	Mining and Quarrying	–	–	–	–	–	0.1	–	–
制造业	Manufacturing	8.3	10.4	13.4	16.0	14.8	14.7	23.3	18.6
电力、天然气及水	Electricity, Gas and Water	0.1	0.1	–	0.1	–	0.2	0.1	–
建筑业	Construction	2.3	3.1	5.6	6.5	6.4	6.4	14.0	10.9
批发零售和餐饮、旅馆业	Wholesale and Retail Trade and Restaurants and Hotels	8.2	9.8	14.2	14.5	15.6	16.2	26.0	26.5
交通运输和仓储业	Transport, Storage and Communication	2.4	3.9	5.0	4.8	3.9	4.4	8.0	8.0
金融保险、房地产和商业服务	Financing, Insurance, Real Estate and Business Services	1.6	1.6	2.8	2.9	3.1	3.3	5.0	5.2
团体、社会和个人服务	Community, Social and Personal Services	2.6	3.1	4.3	3.9	4.5	3.9	7.1	7.1
其他	Activities not Adepuately Defined	–	–	–	–	–	–	–	–
男	**Male**	**19.1**	**23.3**	**33.8**	**35.3**	**35.8**	**37.7**	**62.3**	**58.0**
初次失业	Unemployed for the First Time	2.0	2.3	2.6	3.0	3.9	3.8	5.9	4.6
农林牧渔业	Agriculture, Hunting, Forestry and Fishing	0.1	0.1	0.1	0.2	–	–	0.1	0.1
采掘业	Mining and Quarrying	–	–	–	–	–	0.1	–	–
制造业	Manufacturing	5.5	6.6	8.1	10.0	9.5	9.7	14.0	12.1
电力、天然气及水	Electricity, Gas and Water	0.1	–	–	0.1	–	0.2	–	–
建筑业	Construction	2.1	3.0	5.3	6.4	6.2	6.2	13.8	10.6
批发零售和餐饮、旅馆业	Wholesale and Retail Trade and Restaurants and Hotels	4.4	5.0	8.6	7.6	8.2	9.5	14.6	15.9
交通运输和仓储业	Transport, Storage and Communication	2.2	3.4	4.6	4.3	3.5	3.7	6.6	7.0
金融保险、房地产和商业服务	Financing, Insurance, Real Estate and Business Services	0.9	1.0	1.7	1.6	1.7	2.1	3.0	3.5
团体、社会和个人服务	Community, Social and Personal Services	1.8	1.9	2.8	2.2	2.7	2.5	4.2	4.2
其他	Activities not Adepuately Defined	–	–	–	–	–	–	–	–
女	**Female**	**10.6**	**13.3**	**16.6**	**19.4**	**20.6**	**18.6**	**33.3**	**28.1**
初次失业	Unemployed for the First Time	2.1	2.0	2.5	2.8	3.9	3.2	6.0	5.0
农林牧渔业	Agriculture, Hunting, Forestry and Fishing	0.1	–	–	–	–	–	–	0.1
采掘业	Mining and Quarrying	–	–	–	–	–	–	–	–
制造业	Manufacturing	2.8	3.8	5.3	6.0	5.3	5.0	9.3	6.5
电力、天然气及水	Electricity, Gas and Water	–	–	–	–	–	–	0.1	–
建筑业	Construction	0.2	0.2	0.2	0.1	0.2	0.2	0.2	0.3
批发零售和餐饮、旅馆业	Wholesale and Retail Trade and Restaurants and Hotels	3.8	4.8	5.7	6.9	7.5	6.7	11.4	10.6
交通运输和仓储业	Transport, Storage and Communication	0.2	0.5	0.4	0.5	0.4	0.7	1.4	1.0
金融保险、房地产和商业服务	Financing, Insurance, Real Estate and Business Services	0.7	0.7	1.0	1.3	1.5	1.2	2.1	1.7
团体、社会和个人服务	Community, Social and Personal Services	0.7	1.2	1.5	1.7	1.8	1.4	2.8	2.9
其他	Activities not Adepuately Defined	–	–	–	–	–	–	–	–

13－5A 按职业分组的失业人数
UNEMPLOYMENT BY OCCUPATION

单位: 千人

(1 000 persons)

职业	Occupation	1986	1987	1988	1989	1990	1991	1992	1993
总计	**Total**	**76.2**	**47.4**	**37.7**	**29.7**	**36.6**	**50.3**	**54.6**	**56.9**
初次失业	Unemployed for the First Time	12.4	7.2	5.9	4.1	4.4	5.0	5.8	8.0
专业技术人员	Professional, Technical and Related Workers	2.7	2.0	1.4	1.2	1.3	2.2	2.2	2.6
行政管理人员	Administrative and Managerial Workers	0.6	0.4	0.4	0.1	0.6	0.5	0.6	0.6
办公室工作人员	Clerical and Related Workers	9.6	6.1	6.5	5.2	6.3	7.1	8.8	9.2
销售人员	Sales Workers	6.1	4.0	3.6	3.1	3.1	5.5	5.3	6.0
服务人员	Service Workers	12.1	7.3	5.6	4.5	5.9	8.0	8.2	8.2
农林牧渔业工人	Agriculture, Animal Husbandry and Forestry Workers, Fishermen and Hunters	0.3	0.2	0.1	0.2	0.1	0.1	0.2	–
生产工人	Production and Related Workers, Transport Equipment Operators and Labourers	32.3	20.2	14.4	11.2	14.9	21.9	23.6	22.3
其他	Workers not Classifiable by Occupation	–	–	–	–	–	–	–	–

13－5B 按职业分组的失业人数
UNEMPLOYMENT BY OCCUPATION

单位: 千人

(1 000 persons)

年份 Year	总计 Total	初次失业 Unemployed for the First Time	高级管理人员 Legislators, Senior Officals & Managers	科学技术人员 Professionals	工程技术人员 Technicians&Associate Professionals	办公室职员 Clerks	服务性工作人员及售货员 Service Workers&Shop & Market Sales Workers	农渔业技术人员 Skilled Agricultural & Fishery Workers	手工制造业及销售人员 Craft and Related Trade Workers	机械设备操作人员 Plant and Machine Operators & Assemblers	从事初级职业人员 Elementary Occupations
1994	56.2	7.0	1.4	0.9	3.8	7.8	8.9	–	9.2	8.8	8.4
1995	95.6	11.9	2.9	1.0	6.9	12.2	16.4	0.1	17.2	11.6	15.4
1996	86.1	9.6	2.7	1.2	7.6	11.5	16.3	0.2	14.0	10.4	12.7

注: A)采用1968年国际职业分类标准。

B)采用1988年国际职业分类标准。

A) ISCO－68; B) ISCO－88.

13－6 非农行业周工作时间

HOURS OF WORK PER WEEK BY NONAGRICALTURAL INDUSTRY

单位：小时/周 (hours/per week)

行业	Industry	1989	1990	1991	1992	1993	1994	1995	1996
总计	**Total**	**46.2**	**45.6**	**46.1**	**44.5**	**45.7**	**45.8**	**45.1**	**46.1**
制造业	Manufacturing	44.8	44.2	45.4	43.2	44.9	44.6	43.7	45.0
电力、天然气及水	Electricity, Gas and Water	41.6	42.2	42.0	41.8	42.5	42.6	41.7	42.6
建筑业	Construction	45.5	44.8	44.9	42.2	43.0	43.3	41.5	43.4
批发零售和餐饮、旅馆业	Wholesale and Retail Trade and Restaurants and Hotels	50.0	48.9	49.2	47.4	48.2	48.1	47.4	48.1
交通运输和仓储业	Transport, Storage and Communication	47.6	46.8	47.2	45.7	46.6	46.6	45.7	46.8
金融保险、房地产和商业服务	Financing, Insurance, Real Estate and Business Services	42.0	41.7	42.0	41.6	43.1	43.2	42.8	44.1
团体、社会和个人服务	Community, Social and Personal Services	44.8	44.5	44.8	43.6	45.2	45.6	45.6	46.0
男	**Male**	**47.7**	**46.9**	**47.5**	**45.6**	**46.7**	**46.7**	**46.0**	**47.1**
制造业	Manufacturing	46.9	45.9	47.3	44.7	46.3	46.0	45.3	46.6
电力、天然气及水	Electricity, Gas and Water	41.9	42.5	42.2	42.0	42.8	42.9	42.2	42.9
建筑业	Construction	45.7	45.0	45.0	42.2	43.1	43.3	41.6	43.5
批发零售和餐饮、旅馆业	Wholesale and Retail Trade and Restaurants and Hotels	52.0	50.6	51.2	49.1	49.9	49.8	49.3	50.1
交通运输和仓储业	Transport, Storage and Communication	48.6	47.8	48.8	46.7	47.7	47.7	47.0	48.0
金融保险、房地产和商业服务	Financing, Insurance, Real Estate and Business Services	43.8	43.6	43.8	43.3	44.6	44.8	44.9	46.2
团体、社会和个人服务	Community, Social and Personal Services	45.3	45.1	45.1	44.2	45.0	45.4	44.8	45.1
女	**Female**	**43.6**	**43.3**	**43.9**	**42.6**	**44.2**	**44.2**	**43.7**	**44.6**
制造业	Manufacturing	42.1	41.8	42.7	40.8	42.6	42.1	41.1	42.3
电力、天然气及水	Electricity, Gas and Water	38.8	39.8	38.9	38.8	40.4	40.5	38.3	40.3
建筑业	Construction	41.1	41.2	42.3	41.2	41.5	42.1	40.5	41.5
批发零售和餐饮、旅馆业	Wholesale and Retail Trade and Restaurants and Hotels	46.8	46.3	46.3	44.8	45.8	45.9	45.0	45.6
交通运输和仓储业	Transport, Storage and Communication	40.6	40.7	41.0	40.2	41.3	41.4	40.3	41.6
金融保险、房地产和商业服务	Financing, Insurance, Real Estate and Business Services	39.4	39.3	39.8	39.3	40.9	40.9	39.8	41.1
团体、社会和个人服务	Community, Social and Personal Services	44.2	43.9	44.6	43.4	45.3	45.7	46.2	46.6

13－7　制造业细行业周工作时间

HOURS OF WORK PER WEEK IN MANUFACTURING

分　组 Group	1989	1990	1991	1992	1993	1994	1995	1996
总　计 Total	**44.8**	**44.2**	**45.2**	**43.2**	**44.9**	**44.6**	**43.7**	**45.0**
男 Men	**46.9**	**45.9**	**47.3**	**44.7**	**46.3**	**46.0**	**45.3**	**46.6**
女 Women	**42.1**	**41.8**	**42.7**	**40.8**	**42.6**	**42.1**	**41.1**	**42.3**
食品、饮料及烟草加工业 Manufacture of Food, Beverages and Tobacco	47.7	47.5	47.7	45.8	47.3	46.9	45.0	46.5
纺织、服装及皮革制品业 Textile, Wearing Apparel and Leather Industries					44.2	44.0	42.8	44.3
家具及木制品加工业 Manufacture of Wood and Wood Products, Including Furniture	46.7	46.0	45.3	46.1	45.1	45.3	43.5	46.5
纸制品、印刷及出版业 Manufacture of Paper and Paper Products, Printing and Publishing	46.2	45.0	46.5	45.2	46.0	46.0	45.6	46.2
化工制品业 Manufacture of Chemicals and Chemical, Petroleum, Coal, Rubber, and Plastic Products					45.1	45.2	44.3	45.4
非金属矿物制品业 Manufacture of Non－Metallic Mineral Products, except Products of Petroleum and Coal					46.9	46.4	47.4	48.3
基础金属工业 Basic Metal Industries					44.5	45.9	44.1	44.4
合金机械、设备及制品业 Manufacture of Fabricated Metal Products, Machinery and Equipment					45.0	44.3	43.5	44.8
其他 Other					45.6	44.9	43.9	44.9

13－8　非农行业工人日工资率

WAGE RATE OF WORKERS BY NONAGRICULTURAL INDUSTRY

单位：元　　(yuan)

分　组 Group	1989	1990	1991	1992	1993	1994	1995	1996
总　计 Total	**160.3**	**183.7**	**207.0**	**227.7**	**256.8**	**290.5**	**307.3**	**333.0**
制造业 Manufacturing	157.0	179.5	200.7	218.6	241.7	266.6	278.0	296.9
建筑业 Construction	310.5	358.1	389.3	423.6	465.9	505.7	562.3	614.1
交通运输和仓储业 Transport, Storage and Communication					356.5	404.0	421.9	443.1
金融保险、房地产和商业服务 Financing, Insurance, Real Estate and Business Services					325.0	343.2	377.4	404.1
团体、社会和个人服务 Community, Social and Personal Services	255.4	275.8	318.9	371.5	409.5	433.7	478.8	510.4
男 Male	**192.9**	**224.5**	**251.9**	**280.0**	**327.5**	**357.9**	**386.0**	**415.7**
制造业 Manufacturing	191.7	224.5	249.9	274.8	313.8	333.5	357.7	386.3
交通运输和仓储业 Transport, Storage and Communication					357.5	406.4	422.9	443.4
金融保险、房地产和商业服务 Financing, Insurance, Real Estate and Business Services					325.0	343.2	377.4	406.1
团体、社会和个人服务 Community, Social and Personal Services	255.4	275.8	318.9	371.5	409.5	433.7	478.7	510.4
女 Female	**140.3**	**156.1**	**173.9**	**190.1**	**207.3**	**227.2**	**235.0**	**247.6**
制造业 Manufacturing	140.3	155.8	173.6	189.6	206.8	226.3	233.5	245.3

13－9 非农行业管理人员月工资率
WAGE RATE OF ADMINISTRATIVE MEMBER BY NONAGRICULTURAL INDUSTRY

单位：元 (yuan)

分组	Group	1989	1990	1991	1992	1993	1994	1995	1996
总计	Total	4960.7	5865.3	6533.0	7042.2	8468.9	9017.6	9861.4	10301.3
制造业	Manufacturing	4954.9	5685.8	6382.8	7163.5	7897.5	8780.4	9508.3	10323.8
批发零售和餐饮、旅馆业	Wholesale and Retail Trade and Restaurants and Hotels	5001.1	5708.4	6449.9	7190.5	8340.2	9193.7	10047.4	10659.5
交通运输和仓储业	Transport, Storage and Communication	5561.8	6467.5	7304.6	7944.1	8676.8	9872.5	10942.0	11823.3
金融保险、房地产和商业服务	Financing, Insurance, Real Estate and Business Services	6392.1	7509.9	8147.1	9064.3	8665.7	9096.1	10297.4	10345.5
团体、社会和个人服务	Community, Social and Personal Services	2669.1	3150.5	3705.3	3965.5	4657.7	5656.3	5907.9	5904.1
男	**Male**	**5553.3**	**6480.2**	**7255.7**	**7948.1**	**8752.1**	**9443.1**	**10344.9**	**10820.2**
制造业	Manufacturing	5481.1	6262.3	7020.7	7878.2	8677.8	9499.6	10421.4	11260.0
批发零售和餐饮、旅馆业	Wholesale and Retail Trade and Restaurants and Hotels	5635.9	6404.4	7305.0	8190.8	9119.9	9935.7	10764.2	11390.8
交通运输和仓储业	Transport, Storage and Communication	5839.6	6819.7	7687.6	8465.2	9119.9	10415.4	11819.6	12667.4
金融保险、房地产和商业服务	Financing, Insurance, Real Estate and Business Services	6742.5	7832.5	8520.7	9596.8	8290.5	8398.6	9657.0	9532.9
团体、社会和个人服务	Community, Social and Personal Services	3168.6	3702.1	4444.8	4822.0	5369.4	6302.1	6709.2	7032.3
女	**Memale**	**4210.8**	**5106.4**	**5721.7**	**6063.5**	**7507.1**	**8526.8**	**7327.1**	**9717.4**
制造业	Manufacturing	4332.7	5022.6	5718.4	6445.4	7180.2	8098.4	8684.2	9390.4
批发零售和餐饮、旅馆业	Wholesale and Retail Trade and Restaurants and Hotels	4122.4	4790.0	5424.9	6021.4	7489.5	8415.1	9311.4	9930.1
交通运输和仓储业	Transport, Storage and Communication	4728.3	5536.0	6442.2	6836.8	8063.2	9129.9	9882.8	10700.0
金融保险、房地产和商业服务	Financing, Insurance, Real Estate and Business Services	6089.5	7252.4	7890.8	8676.4	9216.8	10168.5	11185.7	11828.3
团体、社会和个人服务	Community, Social and Personal Services	2248.0	2642.9	2963.7	3237.4	3948.7	4838.7	4972.9	4935.5

13－10 消费价格指数
CONSUMER PRICES INDICES

项目	Item	1987	1988	1989	1990	1991	1992	1993	1994	1995	1996
总指数	General Indices	77.1	82.9	91.1	100.0	111.6	122.2	132.6	143.3	155.7	165.0
总指数(不含住房)	General Indices (excl. shelter)	75.8	82.2	90.9	100.0	111.2	120.6	129.5	139.0	149.6	156.8
食品指数	Food Indices	73.9	80.9	91.0	100.0	111.2	121.0	129.9	138.2	148.1	153.9
用电及燃料指数	Fuel and Light Indices	86.6	87.5	90.2	100.0	105.3	110.7	115.0	118.8	128.2	134.8
服装指数	Clothing Indices	78.2	85.3	93.2	100.0	106.3	115.4	124.1	135.0	146.7	160.7
租金指数	Rent Indices	83.0	86.0	91.9	100.0	113.5	128.2	144.4	160.7	180.0	…

13－11　分行业职业伤害情况
PERSONS INJURED IN OCCUPATIONAL INJURIES BY INDUSTRY

项　目	Item	1990	1991	1992	1993	1994	1995	1996
一、受伤害人数(人)	**Persons Injured (person)**	**94938**	**87827**	**75593**	**67662**	**62585**	**59375**	**59465**
农林牧渔业	Agriculture, Hunting, Forestry and Fishing	54	42	46	33	36	121	
采掘业	Mining and Quarrying	80	69	54	60	25	38	
制造业	Manufacturing	25069	21590	17386	13130	10452	10167	
电力、天然气及水	Electricity, Gas and Water	491	425	348	249	210	155	
建筑业	Construction	27345	23462	19113	16847	16716	15544	
批发零售和餐饮、旅馆业	Wholesale and Retail Trade and Restaurants and Hotels	19518	20486	18997	16951	16493	15592	
交通运输和仓储业	Transport, Storage and Communication	6459	6499	5847	5469	5188	4929	
金融保险、房地产和商业服务	Financing, Insurance, Real Estate and Business Services	1873	1731	2033	2299	2340	2913	
团体、社会和个人服务	Community, Social and Personal Services	8312	8696	7899	7643	7636	7239	
其　他	Activities not Adepuately Defined	5737	4827	3870	4981	3489	2677	
1、损失工时人数	**With Lost Worktime**	**94694**	**87600**	**75347**	**67375**	**62330**	**59128**	**59187**
农林牧渔业	Agriculture, Hunting, Forestry and Fishing	54	41	46	33	35	121	
采掘业	Mining and Quarrying	80	68	53	60	25	38	
制造业	Manufacturing	25027	21558	17345	13093	10410	10133	
电力、天然气及水	Electricity, Gas and Water	489	422	345	249	209	155	
建筑业	Construction	27262	23396	19047	16744	16640	15455	
批发零售和餐饮、旅馆业	Wholesale and Retail Trade and Restaurants and Hotels	19501	20471	18980	16930	16478	15571	
交通运输和仓储业	Transport, Storage and Communication	6423	6456	5788	5406	5145	4881	
金融保险、房地产和商业服务	Financing, Insurance, Real Estate and Business Services	1838	1691	2003	2264	2290	2877	
团体、社会和个人服务	Community, Social and Personal Services	8283	8670	7870	7615	7609	7220	
其　他	Activities not Adepuately Defined	5737	4827	3870	4981	3489	2677	
2、重伤人数(人)	**Fatally Injured (person)**	**244**	**227**	**246**	**287**	**255**	**247**	**278**
农林牧渔业	Agriculture, Hunting, Forestry and Fishing		1			1		
采掘业	Mining and Quarrying		1	1				
制造业	Manufacturing	42	32	41	37	42	34	
电力、天然气及水	Electricity, Gas and Water	2	3	3		1		
建筑业	Construction	83	66	66	103	76	89	

13－11 续表1 continued

项　　目	Item	1990	1991	1992	1993	1994	1995	1996
批发零售和餐饮、旅馆业	Wholesale and Retail Trade and Restaurants and Hotels	17	15	17	21	15	21	
交通运输和仓储业	Transport, Storage and Communication	36	43	59	63	43	48	
金融保险、房地产和商业服务	Financing, Insurance, Real Estate and Business Services	35	40	30	35	50	36	
团体、社会和个人服务	Community, Social and Personal Services	29	26	29	28	27	19	
其 他	Activities not Adepuately Defined							
二、每千人重伤率（‰）	**Rates of Fatal Injuries Per 1000 persons employed (‰)**	**0.099**	**0.092**	**0.1**	**0.117**	**0.109**	**0.106**	
农林牧渔业	Agriculture, Hunting, Forestry and Fishing							
采掘业	Mining and Quarrying		2.123	1.773				
制造业	Manufacturing	0.057	0.048	0.07	0.072	0.095	0.087	
电力、天然气及水	Electricity, Gas and Water	0.176	0.256	0.255		0.008		
建筑业	Construction	1.167	1.04	1.061	1.832	1.273	1.357	
批发零售和餐饮、旅馆业	Wholesale and Retail Trade and Restaurants and Hotels	0.021	0.017	0.019	0.022	0.015	0.021	
交通运输和仓储业	Transport, Storage and Communication	0.278	0.326	0.415	0.415	0.266	0.285	
金融保险、房地产和商业服务	Financing, Insurance, Real Estate and Business Services	0.129	0.14	0.097	0.106	0.14	0.097	
团体、社会和个人服务	Community, Social and Personal Services	0.067	0.058	0.065	0.062	0.093	0.064	
其 他	Activities not Adepuately Defined							
三、损失工日人数（人）	**Workdays Lost (person)**	**753773**	**690445**	**643307**	**615923**	**583491**	**614880**	
农林牧渔业	Agriculture, Hunting, Forestry and Fishing	564	306	321	422	587	923	
采掘业	Mining and Quarrying	625	665	391	370	253	640	
制造业	Manufacturing	194761	173346	165820	129869	119582	116226	
电力、天然气及水	Electricity, Gas and Water	3593	3296	2686	1928	1587	1628	
建筑业	Construction	281802	235948	194830	199449	196313	210035	
批发零售和餐饮、旅馆业	Wholesale and Retail Trade and Restaurants and Hotels	137604	137580	141158	134599	129909	131193	
交通运输和仓储业	Transport, Storage and Communication	58373	54412	57358	56856	51365	56841	
金融保险、房地产和商业服务	Financing, Insurance, Real Estate and Business Services	17212	12118	17994	20349	20121	30443	
团体、社会和个人服务	Community, Social and Personal Services	58182	46846	56551	54908	54989	62646	
其 他	Activities not Adepuately Defined	1057	25925	6198	17173	8785	4305	

13－12　分行业罢工及闭厂情况

STRIKES AND LOCKOUTS BY INDUSTRY

分　组	Group	1989	1990	1991	1992	1993	1994	1995	1996
一、发生件数	**Total**	**7**	**15**	**5**	**11**	**10**	**3**	**9**	**17**
制造业	Manufacturing	1	8		6	2		1	
建筑业	Construction	2	3			2	2	7	15
批发零售、汽车摩托车修理及个人或家庭用品修理业	Wholesale and Retail Trade, Repair of Motor Vehicles, Motorcycles and Personal and Household Goods	1	1	1	1				1
旅馆餐饮业	Hotels and Restaurants	1			1			1	
交通运输和仓储业	Transport, Storage and Communication	1	1	4	1	5	1		1
房地产、出租业及商业活动	Real Estate, Renting and Business Activities				2				
卫生及社会工作	Health and Social Work	1	2			1			
二、涉及工人数(人)	**Workers Involved(person)**	**4059**	**1490**	**127**	**1832**	**1479**	**129**	**1347**	**1763**
制造业	Manufacturing	108	691		229	89		50	
建筑业	Construction	90	456			75	49	1247	1403
批发零售、汽车摩托车修理及个人或家庭用品修理业	Wholesale and Retail Trade, Repair of Motor Vehicles, Motorcycles and Personal and Household Goods	1000	100	18	87				60
旅馆餐饮业	Hotels and Restaurants	42			450			50	
交通运输和仓储业	Transport, Storage and Communication	2800	27	109	54	1205	80		300
房地产、出租业及商业活动	Real Estate, Renting and Business Activities				1012				
卫生及社会工作	Health and Social Work	19	216			110			
三、未工作日数(天)	**Days not Works (day)**	**3270**	**3495**	**202**	**3296**	**16204**	**355**	**1018**	**2709**
制造业	Manufacturing	324	1102		337	434		25	
建筑业	Construction	130	1980			112	35	973	2349
批发零售、汽车摩托车修理及个人或家庭用品修理业	Wholesale and Retail Trade, Repair of Motor Vehicles, Motorcycles and Personal and Household Goods	850	100	9	43				60
旅馆餐饮业	Hotels and Restaurants	42			850			20	
交通运输和仓储业	Transport, Storage and Communication	1867	108	193	54	15438	320		300
房地产、出租业及商业活动	Real Estate, Renting and Business Activities				2012				
卫生及社会工作	Health and Social Work	57	205			220			

附录一、国外有关资料

Appendix I Indicators of Other Countries

附录 1－1　全部就业人数
A1－1　EMPLOYEES

单位: 万人　　　　(10 000 persons)

国　别	Country	1989	1990	1991	1992	1993	1994	1995	1996
加 拿 大	Canada	1248.6	1257.2	1234.0	1224.0	1238.3	1329.2	1350.6	1367.6
墨 西 哥	Mexico			3053.4		3283.3		3388.1	3522.6
美　　国	United States	11734.2	11879.3	11771.8	11849.2	12025.9	12306.0	12490.0	12670.8
印度尼西亚	Indonesia	7342.5	7585.1	7642.3	7810.4				8570.2
日　　本	Japan	6128.0	6249.0	6369.0	6436.0	6450.0	6453.0	6457.0	6486.0
韩　　国	Korea, Rep	1756.0	1808.5	1861.2	1896.1	1925.3	1983.7	2037.7	2076.4
马来西亚	Malaysia	639.1	668.5		704.8	738.3		764.5	840.0
巴基斯坦	Pakistan	2989.5	3082.2	2982.8	3105.0	3210.8	3304.7	3333.7	
菲 律 宾	Philippines	2184.9	2253.2	2297.9	2391.7	2444.3	2516.6	2569.8	2744.2
新 加 坡	Singapore	139.4	153.7	152.4	157.6	159.2	164.9	170.2	174.8
泰　　国	Thailand	3061.6	3084.4	3113.8	3238.5	3215.3	3209.5		
奥 地 利	Austria	334.6	342.0	348.2	354.7	357.6	374.2	375.9	371.0
丹　　麦	Denmark	264.5	267.0	264.7	265.2	258.4	255.5	261.0	262.7
法　　国	France	2214.6	2239.6	2244.2	2230.8	2207.8	2211.0	2229.6	
德　　国	Germany			3744.5	3694.0	3638.1	3607.6	3604.8	3598.2
意 大 利	Italie	2115.4	2145.4	2159.5	2160.9		2000.2	1994.2	
荷　　兰	Netherland	615.5	635.6	652.1	659.7	664.8	669.2	683.5	697.1
挪　　威	Norway	204.9	203.0	201.0	200.4	200.4	203.5	207.9	213.7
葡 萄 牙	Portugal	461.3	471.8	485.7	458.7	449.3	448.2	444.2	446.7
瑞　　典	Sweden	444.2	448.5	439.6	420.9	396.4	392.8	398.6	396.3
英　　国	United Kingdom	2668.4	2719.1	2630.5	2572.8	2531.7	2569.7	2597.3	2621.9
澳大利亚	Australia	772.0	785.9	767.6	763.7	768.0	792.1	823.5	834.4
新 西 兰	New Zealand	146.8	148.1	146.1	146.7	149.6	156.0	163.3	168.8

注: 1)资料来源: 1997年国际劳工组织《 劳工统计年鉴》(下同)。

2)英国1992年以前资料为官方预计数,以后为劳动力调查数(下同)。

3)瑞典1993年以后统计口径有所调整。

a) Date resources:ILO'96　Yearbook of Labour Statistics(the　same as below).

b) United Kingdom:Official estimates before 1992, Labour Force Survey after 1992.

c) Swedcn:Methodolody revised since 1993.

附录 1-2　全部女性就业人数

A1-2　FEMALE EMPLOYEES

单位:万人　　　　(10 000 persons)

国别	Country	1989	1990	1991	1992	1993	1994	1995	1996
加拿大	Canada	550.8	562.4	558.9	556.8	563.0	600.2	610.9	619.7
墨西哥	Mexico			927.7		1008.5		1085.4	1145.9
美国	United States	5302.7	5368.9	5349.6	5405.2	5491.0	5661.0	5752.3	5850.1
印度尼西亚	Indonesia	2931.6	2942.3	2919.4	3046.0				3271.2
日本	Japan	2474.0	2536.0	2592.0	2619.0	2610.0	2614.0	2614.0	2627.0
韩国	Korea, Rep	715.2	737.6	753.5	763.9	773.8	800.5	822.4	843.4
马来西亚	Malaysia	223.6	237.4		249.4	253.0		258.8	288.5
巴基斯坦	Pakistan	348.4	359.2	375.8	447.6	449.9	480.9	405.1	
菲律宾	Philippines	792.7	818.5	833.7	877.0	897.5	918.1	950.5	1013.4
新加坡	Singapore	54.9	62.0	60.7	63.2	64.0	66.2	65.8	72.5
泰国	Thailand	1433.1	1438.7	1428.8	1489.8	1470.1	1474.4		
奥地利	Austria	135.6	139.6	142.7	147.1	149.7	159.5	159.6	157.9
丹麦	Denmark	119.9	122.2	121.8	122.5	120.1	116.3	116.1	118.7
法国	France	938.2	952.7	961.8	966.0	963.0	967.6		
德国	Germany			1557.0	1531.7	1508.5	1508.8	1510.9	1527.6
意大利	Italie	722.7	742.7	749.1	758.8		703.0	705.5	
荷兰	Netherland	227.9	240.5	251.7	259.7	266.8	271.3	278.7	286.2
挪威	Norway	91.3	91.5	91.4	91.4	91.8	93.2	95.3	98.0
葡萄牙	Portugal	192.4	199.4	209.3	199.4	197.2	197.6	196.8	198.6
瑞典	Sweden	213.0	215.2	211.8	204.5	193.8	191.1	192.5	190.5
英国	United Kingdom	1162.2	1191.1	1170.5	1162.6	1157.6	1152.6	1159.9	1177.3
澳大利亚	Australia	315.4	325.9	322.3	323.1	325.9	337.5	354.6	359.6
新西兰	New Zealand	62.9	64.6	64.3	64.6	65.7	68.9	72.0	75.2

附录 1-3 第一产业就业人数

A1-3 EMPLOYEES IN PRIMARY INDUSTRY

单位: 万人 (10 000 persons)

国别	Country	1989	1990	1991	1992	1993	1994	1995	1996
加拿大	Canada	53.7	53.1	55.4	53.3	55.0	54.6	55.4	56.5
墨西哥	Mexico			819.0		884.3		837.8	792.2
美国	United States	337.8	339.4	342.9	342.1	330.0	358.6	359.2	357.0
印度尼西亚	Indonesia	4128.4	4237.8	4120.6	4285.3				3772.0
日本	Japan	463.0	451.0	427.0	411.0	383.0	373.0	367.0	356.0
韩国	Korea, Rep	343.8	323.7	306.4	299.1	282.8	269.9	254.1	240.6
马来西亚	Malaysia	183.3	173.8		153.6	155.9		152.7	162.6
巴基斯坦	Pakistan	1529.1	1576.5	1415.2	1498.6	1526.7	1653.5	1559.9	
菲律宾	Philippines	985.2	1018.5	1040.3	1086.9	1119.4	1124.9	1132.3	1145.1
新加坡	Singapore	0.6		0.4	0.5	0.4	0.5	0.4	0.3
泰国	Thailand	2040.2	1972.6	1877.7					
奥地利	Austria	26.6	26.9	25.6	25.0	24.7	26.9	27.8	26.9
丹麦	Denmark	14.8	14.7	14.9	13.6	13.2	12.7	13.5	10.3
法国	France	130.9	124.8	119.6	115.0	110.1	104.8		
德国	Germany			157.5	137.9	125.5	119.0	116.3	107.6
意大利	Italie	194.6	189.5	182.3	174.9		157.2	148.9	
荷兰	Netherland	28.6	28.9	29.3	25.8	25.5	26.4	24.4	25.9
挪威	Norway	13.2	12.9	11.6	11.0	11.1	10.7	10.7	10.9
葡萄牙	Portugal	87.7	84.6	84.8	52.2	51.5	52.3	50.9	54.6
瑞典	Sweden	16.1	15.4	14.5	13.9	13.8	13.6	12.4	11.5
英国	United Kingdom	56.6	60.3	60.7	57.6	54.7	53.4	53.4	51.2
澳大利亚	Australia	42.9	43.9	42.2	40.5	40.9	40.4		
新西兰	New Zealand	15.1	15.7	15.7	15.9	15.8	16.2	15.8	16.0

注: 1) 美国1994年后调查方法有所调整, 故和以前数字不可比(下同)。

2) 加拿大1994年以后行业标准有所调整(下同)。

a) United States:Survey Method Changed since 1994.(the same as below)

b) Canada:Industry Classification Standard Changed since 1994.(the same as below)

附录 1-4 第二产业就业人数
A1-4 EMPLOYEES IN SECONDARY INDUSTRY

单位: 万人 (10 000 persons)

国 别	Country	1989	1990	1991	1992	1993	1994	1995	1996
加拿大	Canada	320.3	309.5	272.0	277.5	275.2	300.0	309.9	311.6
墨西哥	Mexico			704.7		722.7		721.4	791.1
美国	United States	3155.7	3141.6	3003.5	2947.4	2925.8	2986.4	3030.0	3051.9
印度尼西亚	Indonesia	973.8	1041.6	1109.9	1097.9				1550.8
日本	Japan	2099.0	2129.0	2193.0	2227.0	2211.0	2196.0	2167.0	2158.0
韩国	Korea, Rep	617.4	640.6	667.6	661.5	645.4	658.3	676.5	674.3
马来西亚	Malaysia	162.2	184.0		222.9	236.6		247.2	270.8
巴基斯坦	Pakistan	592.5	610.8	591.6	610.3	602.9	577.8	617.4	
菲律宾	Philippines	344.6	338.6	368.6	381.6	379.3	397.0	400.8	456.7
新加坡	Singapore	50.4		53.6	54.6	53.9	54.0	52.7	52.9
泰国	Thailand	365.1	432.1	480.8					
奥地利	Austria	123.8	126.0	128.4	126.1	125.5	121.5	120.3	115.0
丹麦	Denmark	71.4	72.6	72.3	71.5	66.8	67.3	70.4	70.1
法国	France	658.4	662.8	653.9	632.3	603.2	587.5		
德国	Germany			1507.3	1440.0	1387.7	1338.9	1294.5	1258.3
意大利	Italie	675.3	684.5	691.5	685.1		647.8	827.0	
荷兰	Netherland	160.7	164.6	164.5	158.7	157.4	152.5	154.0	155.7
挪威	Norway	51.0	49.4	46.6	46.2	45.5	46.8	47.6	49.0
葡萄牙	Portugal	161.2	162.5	163.0	150.0	145.9	145.2	141.5	138.5
瑞典	Sweden	130.9	130.9	124.4	111.8	101.3	98.6	103.2	103.4
英国	United Kingdom	775.6	780.6	724.2	684.4	656.5	708.9	708.0	715.1
澳大利亚	Australia	202.3	196.5	182.5	179.0	180.3	185.2		
新西兰	New Zealand	37.3	36.4	34.3	33.4	35.1	39.0	40.9	41.6

附录 1－5 第三产业就业人数

A1－5 EMPLOYEES IN TERTIARY INDUSTRY

单位:万人 (10 000 persons)

国 别	Country	1989	1990	1991	1992	1993	1994	1995	1996
加拿大	Canada	874.6	894.6	891.8	893.3	908.2	974.6	985.3	999.5
墨西哥	Mexico			1529.8		1676.3		1828.8	1939.4
美国	United States	8240.7	8398.2	8425.5	8559.7	8770.0	8961.0	9100.9	9261.9
印度尼西亚	Indonesia	2240.3	2305.7	2411.9	2427.2				3247.4
日本	Japan	3567.0	3668.0	3747.0	3798.0	3854.0	3883.0	3922.0	3971.0
韩国	Korea, Rep	794.9	845.1	886.9	935.5	997.1	1055.6	1107.4	1161.6
马来西亚	Malaysia	293.7	310.7		328.4	346.1		364.6	406.5
巴基斯坦	Pakistan	867.9	894.9	976.0	996.1	1081.2	1073.4	1156.4	
菲律宾	Philippines	855.2	896.1	889.1	923.1	945.7	994.7	1036.5	1142.4
新加坡	Singapore	88.3		98.4	102.5	104.9	110.4	117.1	121.6
泰国	Thailand	656.2	679.6	755.2					
奥地利	Austria	184.3	189.2	194.2	203.6	207.4	225.8	227.8	229.1
丹麦	Denmark	178.3	179.7	177.5	180.1	178.4	175.4	179.2	182.3
法国	France	1425.3	1452.0	1470.7	1483.4	1494.5	1518.7		
德国	Germany			2080.0	2116.2	2124.8	2149.6	2201.6	2232.4
意大利	Italie	1245.5	1271.4	1285.4	1300.9		1195.1	1201.9	
荷兰	Netherland	426.3	441.9	458.3	475.2	481.8	490.4	504.6	515.0
挪威	Norway	140.7	140.9	142.6	143.1	143.9	146.0	148.8	153.5
葡萄牙	Portugal	212.5	224.7	238.0	256.5	251.8	250.7	251.8	253.4
瑞典	Sweden	297.1	302.2	300.8	295.2	281.3	280.7	283.1	281.4
英国	United Kingdom	1836.2	1878.2	1845.6	1830.8	1820.5	1807.4	1836.0	1855.6
澳大利亚	Australia	526.5	453.2	542.1	541.7	543.3	563.0		
新西兰	New Zealand	94.5	96.1	96.1	97.3	98.7	100.8	106.5	111.2

附录 1-6 失业人数

A1-6 UNEMPLOYEES

单位:万人 (10 000 persons)

国别	Country	1989	1990	1991	1992	1993	1994	1995	1996
加拿大	Canada	106.5	116.4	149.2	164.0	164.9	154.1	142.2	146.9
墨西哥	Mexico			69.5		81.9		167.7	135.5
美国	United States	652.8	704.7	862.8	961.3	894.0	799.6	740.4	723.6
印度尼西亚	Indonesia	208.3	195.2	203.2	219.9				362.5
日本	Japan	142.0	134.0	136.0	142.0	166.0	192.0	210.0	225.0
韩国	Korea, Rep	46.3	45.4	43.6	46.5	55.0	48.9	41.9	42.5
马来西亚	Malaysia	46.0	35.6	31.4	27.4	23.1	22.8	22.5	21.7
巴基斯坦	Pakistan	96.6	99.6	199.9	192.8	159.5	167.9	189.3	
菲律宾	Philippines	200.9	199.3	226.7	226.3	237.9	231.7	234.2	219.5
新加坡	Singapore	3.1	2.5	3.0	4.3	4.4	4.4	4.7	5.4
泰国	Thailand	43.3	71.0	86.9	45.6	49.4			
奥地利	Austria	10.9	11.5	12.5	13.2	15.9	13.8	14.4	16.0
丹麦	Denmark	25.4	24.2	26.5	26.2	30.9	22.2	19.6	19.5
法国	France	232.3	220.5	234.9	259.1	292.9	311.7	295.0	316.2
德国	Germany			264.2	318.6	379.9	416.0	403.5	347.3
意大利	Italie	286.5	262.1	265.3	279.9	236.0	267.8	279.2	281.4
荷兰	Netherland	55.8	51.6	49.0	38.6	43.7	49.2	52.3	48.9
挪威	Norway	10.6	11.2	11.6	12.6	12.7	11.6	10.7	10.9
葡萄牙	Portugal	24.3	23.1	20.8	19.4	25.8	32.4	33.8	34.4
瑞典	Sweden	6.6	7.5	13.4	23.3	35.6	34.0	33.3	34.7
英国	United Kingdom	207.5	197.4	241.4	276.9	293.6	273.6	245.4	233.6
澳大利亚	Australia	50.8	58.5	81.5	92.5	93.9	85.6	76.6	78.3
新西兰	New Zealand	11.3	12.5	16.7	16.9	15.7	13.8	11.0	11.0

注: 1)美国1990年后为根据人口普查推算数; 1994年以后方法有所调整。

2)瑞典、意大利1993年后调查方法有所调整。

3)澳大利亚自1989年始根据1991年人口和住房普查计算。

4)丹麦1994年以前劳动力调查中的失业人员年龄界限为15-74岁人口,1994 年后为15-66岁人口。

a) United States: Beginning 1990 estimates based on 1990 census benchmarks; Methodolody revised since 1994.

b) Sweden and Italie: Methodolody revised since 1993.

c) Australia: Beginning 1989 estimates based on the 1991 census of population and housing.

d) Denmark: Prior to 1994 persons aged 15-74 and 15-66 after 1994.

附录 1－7 制造业平均工资

A1－7 AVERAGE WAGES IN MANUFACTURING

国 别 Country		单 位 unit		1990	1991	1992	1993	1994	1995	1996
加拿大 Canada	(A)	元/小时	C$/h.	14.2	14.9	15.4	1.6	16.0	16.2	
	(B)	元/周	C$/w.	599.0	624.4	652.5	669.0	685.1	693.9	
墨西哥 Mexico	(A)	比索/小时	Mex$/h.	4.2	5.2	6.4	6.6	7.2	8.3	10.0
美 国 United States	(A)	美元/小时	US$/h.	10.8	11.2	11.5	11.7	12.1	12.4	12.8
日 本 Japan	(B)	日元/月	¥/m.	352020	368011	372594	371356	276700	278800	283700
韩 国 Korea, Rep	(B)	元/月	W/m.	590.8	690.3	798.6	885.4	1022.5	1123.9	1261.2
马来西亚 Malaysia	(B)	林吉特/月	M$/m.	660	719	794	848	928		
巴基斯坦 Pakistan	(B)	卢比/月	PRs/m.	1735			1501			
菲律宾 Philippines	(B)	比索/月	P/m.	4263	4831	5386	5584			
新加坡 Singapore	(B)	元/月	S$/m.	1395.0	1551.8	1686.2	1817.8	1995.3	2157.3	2319.5
泰 国 Thailand	(B)	铢/月	B/m.	3357	3688	3986	4138	4229	5000	
奥地利 Austria	(A)	先令/月	S/m.	20496	21547	22784	23758	24743	25898	
	(B)	先令/月	S/m.	25151	26583	28183	29572	30790	32173	
丹 麦 Denmark	(A)	克朗/小时	DKr/h.	99.9	104.6	108.3				
法 国 France	(A)	法郎/小时	FF/h.	45.5	47.5	49.4	50.6			
德 国 Germany	(A)	马克/小时	DM/h.		9.4	11.9	13.9	15.5	17.0	18.0
意大利 Italy	(A)	小时工资率	R.T./h.	100.0	109.5	115.7	120.5	124.3	128.7	101.8
	(B)	小时工资率	R.T./h.	100.0	110.2	116.8	121.9	126.1	131.3	102.2
荷 兰 Netherlands	(A)	盾/小时	F/h.	18.9	19.5	20.5	21.2			
	(B)	盾/小时	F/h.	21.5	22.3	22.7	23.4	23.9		
挪 威 Norway	(A)	克郎/小时	NKr/h.	92.5	97.4	100.4	103.2	106.1	109.8	114.4
葡萄牙 Portugal	(A)	埃斯库多/小时	Esc/h.	324	370	419	436		470	498
	(B)	埃斯库多/月	Esc/m.						118900	127200
瑞 典 Sweden	(A)	克朗/小时	SKr/h.	87.3	91.7	98.3	98.5	102.4	107.0	115.0
英 国 United Kingdom	(B)	英镑/小时	£/h.	6.1	6.7	7.1	7.5	7.6	7.9	8.2
澳大利亚 Australia	(B)	元/小时	$A/h.	12.9	13.3	13.7	14.0	14.7	15.6	
新西兰 New Zealand	(B)	元/小时	NZ$/h.	13.4	13.9	14.1	14.2	14.5	14.9	15.4

注：1) (A) 工人工资。

(B) 管理人员工资。

2) 日本1994年后工资不含半年、年终奖和家庭补贴。

a) (A) Wage earners.

(B) Salaried employees.

b) excluded half－year/all－year bonus and family allowances after 1994.

附录 1－8 消费价格指数

A1－8 CONSUMER PRICE INDEX

(1990＝100)

国 别	Country	1989	1990	1991	1992	1993	1994	1995	1996
加拿大	Canada	95.4	100.0	105.6	107.2	109.1	109.4	111.7	113.5
墨西哥	Mexico	79.0	100.0	122.7	141.7	155.5	166.3	224.5	301.8
美国	United States	94.9	100.0	104.2	107.3	110.6	113.4	116.6	120.0
印度尼西亚	Indonesia		100.0	109.3	117.5	129.0	139.9	153.2	165.3
日本	Japan	97.0	100.0	103.2	104.9	106.3	107.1	107.0	107.1
韩国	Korea, Rep	92.1	100.0	109.3	116.1	121.7	129.3	135.1	141.8
马来西亚	Malaysia	97.0	100.0	104.3	109.3	113.1	117.4	121.4	125.6
巴基斯坦	Pakistan	91.7	100.0	111.8	100.0	110.0	123.6	138.8	153.2
菲律宾	Philippines	87.6	100.0	118.7	129.3	139.1	151.7	163.9	177.8
新加坡	Singapore	96.7	100.0	103.4	105.8	108.2	111.5	113.5	115.1
泰国	Thailand	94.4	100.0	105.7	110.0	113.7	119.5	126.4	133.8
奥地利	Austria	96.8	100.0	103.3	107.5	111.3	114.7	117.3	119.5
丹麦	Denmark	97.5	100.0	102.4	104.6	105.9	108.0	110.3	112.6
法国	France	96.7	100.0	103.2	105.7	107.9	109.7	111.6	113.8
德国	Germany			100.0	105.1	109.8	112.8	114.8	116.5
意大利	Italie	93.9	100.0	106.3	111.7	116.7	121.4	127.7	132.6
荷兰	Netherland	97.6	100.0	103.1	106.4	109.2	112.2	114.4	116.8
挪威	Norway	96.1	100.0	103.4	105.8	108.3	109.8	112.5	113.9
葡萄牙	Portugal	88.2	100.0	111.4	108.9	116.0	122.1	127.1	131.1
瑞典	Sweden	90.6	100.0	109.4	111.9	117.1	119.7	122.7	123.3
英国	United Kingdom	91.4	100.0	105.9	109.8	111.6	114.3	118.2	121.1
澳大利亚	Australia	93.2	100.0	103.2	104.3	106.1	108.1	113.2	116.1
新西兰	New Zealand	94.3	100.0	102.6	103.7	105.1	106.9	110.9	113.4

注：1. 葡萄牙1992年以后数字以1991年为100。

2. 巴基斯坦1993年以后数字以1992年为100。

a) Portugal Series (base 1991＝100) replacing former series.

b) Pakistan Series (base 1992＝100) replacing former series.

附录二、主要统计指标解释

Appendix II Explanatory Notes for Major Indicators

主要统计指标解释

劳动力资源 指在劳动年龄内，具有劳动能力，在正常情况下，可能或实际参加社会劳动的人口数。劳动力资源的范围为：在劳动年龄内(16周岁以上)，有劳动能力，实际参加社会劳动和未参加社会劳动的人员。劳动力资源也可划分为：经济活动人口和非经济活动人口。劳动力资源不包括在押犯人，在劳动年龄内丧失劳动能力的人员，以及16岁以下实际参加社会劳动的人员。

从业人员 指从事一定社会劳动并取得劳动报酬或经营收入的人员。从业人员按就业身份分组包括：

(1)职工 (2)再就业的离退休人员 (3)私营业主 (4)个体户主 (5)私营企业和个体从业人员 (6)乡镇企业从业人员 (7)农村从业人员 (8)其他从业人员(包括现役军人)。

职工 指在国有经济、城镇集体经济、联营经济、股份制经济、外商和港、澳、台投资经济、其他经济单位及其附属机构工作，并由其支付工资的各类人员。职工中不包括下列人员：(1)乡镇企业从业人员 (2)私营企业从业人员 (3)城镇个体劳动者 (4)离休、退休、退职人员 (5)再就业的离、退休人员 (6)民办教师 (7)其他按有关规定不列入职工统计范围的人员

职工按使用期限可分为：

1、长期职工 指用工期限在一年以上(含一年)的职工。包括原固定职工、合同制职工、长期临时工以及国有单位使用的城镇集体经济单位的人员和其他使用期限在一年以上的原计划外用工。各单位中的长期职工与临时职工之和为该单位的全部职工。

2、临时职工 指用工期限不超过一年的职工。包括各单位根据国家有关规定招用的，签定一年以内的劳动合同或使用期限不超过一年的临时性、季节性用工。

合同制职工 指单位根据国务院国发(1986)77号文件和国务院第99号令的规定，通过签定有固定期限劳动合同、无固定期限劳动合同或以完成一项工作为期限劳动合同所使用的职工。包括实行全员劳动合同制单位的全部职工。合同制职工是各单位全部职工中的其中项。

下岗职工 指由于用人单位的生产和经营状况等原因，已经离开本人的生产或工作岗位，并已不在单位从事其他工作，但仍与用人单位保留劳动关系的职工。包括放长假，下岗待工，退出工作岗位休养等职工，不包括下岗后仍在企业参加转岗等培训的职工。

其他从业人员 各单位其他从业人员是指劳动统计制度规定不作职工统计，但实际参加各单位生产或工作并取得劳动报酬的人员。包括：再就业的离退休人员、民办教师以及在各单位中工作的外方人员和港、澳、台方人员。但不包括在各单位中工作并领取劳动报酬的在校学生、兼职人员和从事第二职业的人员。单位其他从业人员与职工之和为该单位全部从业人员。

年末人数 指年末最后一天的实有人数。

国有经济单位 是指生产资料归国家所有的一种经济类型，是社会主义公有制经济的重要组成部分。包括中央和地方各级国家机关、事业单位和社会团体使用国有资产投资举办的企业，也包括实行企业化经营，国家不再核拨经费或核拨部分经费的事业单位和从事经营性活动的社会团体，以及上述企业、事业单位和社会团体使用自有资金投资举办的企业。

集体经济单位 是指生产资料归公民集体所有的一种经济类型，是社会主义公有制经济的组成部分。包括城乡所有使用集体投资举办的企业，以及部分个人通过集资自愿放弃所有权并依法经工商行政机关认定为集体所有制的企业。

其他经济单位 包括联营经济、股份制经济、外商投资经济、港澳台投资经济等其他经济单位。

私营企业和个体从业人员 指在私营企业或个体经营者所经营的机构中劳动，并领取了劳动报酬的人员。包括在私营或个体经营机构中劳动的帮工、学徒、雇用人员。

农村从业人员 指户口在农村，并参加各种社会劳动，以取得相应实物或现金收入的人员。不包括农村个体劳动者、私营企业、乡镇企业工作的人员、16 岁以上的在校学生和农村家务劳动者。

工程技术人员 是指担负工程技术和工程技术管理工作并具有工程技术能力的人员，不包括已取得工程技术职称或大学、中专理工科系毕业，但未担负任何工程技术工作的人员。

使用的农村劳动力 指户粮关系在农村的职工。

第一产业 指农业(包括林、牧、渔业等)。

第二产业 指工业、建筑业。

第三产业 指上述第一、第二产业以外的其他行业。

企业 指从事商品生产、流通、经营和服务性经济活动，以营利为目的并在工商行政管理部门登记的独立核算单位。包括：农业企业，工业企业，建筑企业，交通运输和邮电通讯企业，商业企业，公共饮食企业，物资供销和仓储企业，房地产企业、居民服务企业和市内公共交通企业、文化企业，金融、保险企业(不包括中国人民银行总行)，其他企业。

事业 指从事为生产和生活服务以及提高人民科学、文化水平和素质服务的独立核算单位。包括：农、林、牧、渔、水利事业，地质普查和勘探事业，勘察、建筑设计事业，交通运输事业，房地产管理、公用事业和咨询服务事业，卫生、体育和社会福利事业，教育、文化艺术和广播电影电视事业，科学研究和综合技术服务事业，其他事业。

机关 指具有代表国家权力和行使国家行政、检察、审判职能，组织协调社会、政治、经济、科技等活动的独立核算单位。包括：国家机关，政党机关和社会团体。

工资总额 指各单位在一定时期内直接支付给本单位全部职工的劳动报酬总额。工资总额的计算应以直接支付给职工的全部劳动报酬为根据。各单位支付给职工的劳动报酬以及其他根据有关规定支付的工资，不论是计入成本的还是不计入成本的，不论是以货币形式支付的还是以实物形式支付的，均应列入工资总额的计算范围。工资总额包括计时工资、计件工资、奖金、津贴和补贴、加班加点工资、特殊情况下支付的工资。现行统计制度将"特殊情况下支付的工资"分列在"计时工资"、"其他工资"两项指标中。

计时工资 是指按计时工资标准和工作时间支付给个人的劳动报酬。包括：

(1) 对已做工作按计时工资标准支付的工资；

(2) 实行岗位技能工资制的单位支付给职工的技能工资和岗位工资；

(3) 新参加工作职工的见习工资(学徒的生活费)；

(4) 运动员体育津贴；

(5) 根据国家法律、法规和政策规定，因病、工伤、产假、计划生育假、婚丧假、事假、探亲假、定期休假、停工学习、执行义务国家或社会义务等原因按计时工资标准或计时工资标准的一定比例支付的工资；

(6)合同制职工按规定缴纳的不超过本人标准工资3%的退休养老基金、职工受处分期间的工资等。

计件标准工资 指实行计件工资的单位按照批准的计件单价和规定的劳动定额或工作量应支付给计件工人的劳动报酬。

奖金 指支付给职工的超额劳动报酬和增收节支的劳动报酬。包括:

(1)生产(业务)奖:包括超产、质量奖、安全(无事故)奖、考核各项经济指标的综合奖、提前竣工奖、外轮速遣奖、年终奖(劳动分红)等;

(2)节约奖:包括各种动力、燃料、原材料等节约奖;

(3)劳动竞赛奖:包括发给劳动模范、先进个人的各种奖金和实物奖励;

(4)机关、事业单位的奖励工资;

(5)其他奖金:包括从兼课酬金和业余医疗卫生服务收入提成中支付的奖金,运输系统的堵漏保收奖,学校教师的教学工作量超额酬金,运动员、教练员的年度训练奖,教练员的输送成绩奖,从各项收入中以提成的名义发给职工的奖金等。

计件超额工资:指计件工人超额完成定额任务后所得的工资。即计件工人实得的全部计件工资减去应得的计件标准工资后的数额。某些企业的工人由于从事生产的工作物等级高于本人工资等级,因而其计件标准工资高于本人标准工资,其计件超额工资也是全部工资减去应得的计件标准工资后的数额。

津贴和补贴 指为了补偿职工特殊或额外的劳动消耗和因其他特殊原因支付给职工的津贴,以及为了保证职工工资水平不受物价影响支付给职工的物价补贴。

其他从业人员劳动报酬 指各单位在一定时期内直接支付给本单位其他从业人员的全部劳动报酬。

平均工资 指企业、事业、机关等单位的职工在一定时期内平均每人所得的货币工资额。

计算公式:

$$平均工资=\frac{报告期实际支付的全部职工工资总额}{报告期全部职工平均人数}$$

平均实际工资 指扣除物价变动因素后的职工平均工资。

计算公式:

$$平均实际工资=\frac{报告期职工平均工资}{报告期城市居民消费价格指数}$$

劳动生产率 是劳动者在单位时间内的生产效率,用劳动者的生产成果与相应的劳动消耗量之间的比率表示。

计算公式:

$$劳动生产率=\frac{总工作量}{劳动者平均人数}$$

按国内生产总值计算的社会劳动生产率、农业全员劳动生产率、工业全员劳动生产率、建筑业全员劳动生产率、运输业全员劳动生产率等,均可按上述公式计算。例如:

$$社会全员劳动生产率=\frac{国内生产总值}{全社会从业人员平均人数}$$

$$工业全员劳动生产率 = \frac{工业净产值(或工业增加值)}{工业全部从业人员平均人数}$$

其他以此类推。

城镇失业人员 指城镇常住人口中一定年龄以上,有劳动能力,在调查期间无工作,当前有就业可能并以某种方式寻找工作的人员。在城镇劳动力调查中对城镇16岁及以上,具有劳动能力并同时符合以下各项条件的人员列为失业人员:

(1)在调查周内未从事为取得劳动报酬或经营利润的劳动,也没有处于就业定义中的暂时未工作状态;

(2)在某一特定期间内采取了某种方式寻找工作;

(3)当前如有工作机会可以在一个特定期间内应聘就业或从事自营职业。

城镇登记失业人员 指有本地非农业户口,在一定的劳动年龄内(16岁以上及男50岁以下、女45岁以下),有劳动能力,无业而要求就业,并在当地就业服务机构进行求职登记的人员。

城镇失业率 是城镇失业人数同城镇在业人数加城镇失业人数之比。计算公式为:

$$城镇失业率 = \frac{城镇失业人数}{城镇就业人数 + 城镇失业人数}$$

离休人员 指1949年9月30日以前参加革命工作、符合1982国务院发布“关于老干部年离职退养的几项规定”的离休条件的人员,包括本期和本期以前离职休养的干部人数。不包括建国前参加革命工作,退休前在工人岗位工作的退休工人和已经死亡的人数。

退休人员 指职工因老或因工致残,因病致残完全丧失劳动能力,退出原工作岗位,按国家养规定的退休条件办理了退休手续的人员。不包括退休后改办手续转为离休干部的人员和已经死亡的人员。

退职人员 指不具备退休条件的职工,经医院证明(或经劳动鉴定委员会确认)完全丧失劳动能力,退离工作岗位,符合国家规定的退职条件,办理退职手续的人员。

保险福利费用总额 指各单位在工资以外支付给职工和离休、退休、退职人员个人和用于集体的保险福利费用,不包括用于职工的劳动保护费用,由保险福利费用开支的医务人员工资,集体福利机构工作人员和病伤休息期满6个月以上人员的工资。包括:

(一)职工保险福利费用:

医疗卫生费 指实行医疗保险企业的职工及供养的直系亲属的医疗费、医务经费、职工因工负伤就医路费以及住院伙食补助费等;卫生部门开支的事业及机关职工的公费医疗经费,未实行医疗保险的企业和未参加公费医疗的事业和机关单位职工的医疗费。

丧葬抚恤救济费 指职工死亡的丧葬费、丧葬补助费和所遗供养直系亲属的抚恤费、救济费、生活补助费以及职工供养直系亲属死亡时的丧葬补助等。

职工生活困难补助 指单位对于因各种原因造成的生活困难的职工,在经济上给予临时的或定期的补助。

文体宣传费 指企业、事业及机关实际支付的文体宣传费,不包括学习费。

集体福利设施费和集体福利事业补贴费 指对职工浴室、理发室、洗衣店、哺乳室、托儿所等集体福利设施各项支出收支相抵后的差额补助费以及职工所在单位为满足本单位职工的共同物质生活需要,按照国家规定开支的集体福利设施费用,如职工食堂炊事用具的购置费、修理费、职工宿舍的修缮费用,但不包括由企业、事业、机关自筹经费开支的职工福利设施的基本建设费用。

计划生育补贴 指发给职工的独生子女补贴、保健费。

其他 指上述费用以外用于职工保险福利的支出。

(二)离休、退休、退职人员的保险福利费用:

除医疗卫生费、丧葬抚恤救济费外,还包括:

离休费 指发给离休干部的工资和按1982年国务院《关于老干部离职休养制度的几项规定的通知》发给符合规定的离休干部相当于一至两个月标准工资的生活补贴及1988年增发的生活补贴。

退休费 指按照国家有关规定发给退休职工的退休费和1988年增发的生活补贴。

退职生活费 指按照1978年国务院《关于工人退休、退职的暂行办法》发给退职人员的生活费用和1988年增发的生活补贴。

以上离退休、退职人员的离退休金、退职生活费还应包括发给离退休、退职人员的生活补贴和物价补贴。

交通费补贴 指按月发给离休干部的交通补贴。

其他 指上述费用以外支付给离休、退休、退职人员的保险福利费。

制度工时利用率 是实际工作工时(工日)数减去加班工时(工日)数之差与制度工作工时(工日)的比例。计算方法为:

$$制度工时(工日)利用率 = \frac{实际工作工时(工日) - 加班工时(工日)}{制度工作工时(工日)} \times 100\%$$

Explanatory Notes for Major Indicators

Labour Force Resources refers to all persons who are able to work and potentially or actually engaged in social economic activities.

Employees refers to total number of persons engaged in socialeconomic activities that generate income, including:

(1) Total formal employees

(2) Reemployed retirees

(3) Employees in urban private enterprises

(4) Urban individual laborers

(5) Employees in urban private enterprises and individual households

(6) Employment in township and village enterprises

(7) Rural laborers

(8) Other social laborers

Servicemen included in other social laborers.

Formal Employees refers to those who work in (and receive income therefrom) units with state ownership, urban collective ownership, joint ownership, share holding stock ownership, foreign and Hong Kong, Macao, and Taiwan Chinese fund or other ownership and their affiliated units.

Long-term Employees refers to that whose employment period is one year or above.

Temporary Employees refers to those who are employed less than one year.

Contractual Employees refers to those who are employed by enterprises and institutions under contract for a fixed term, non-fixed term or a term of a project.

Laid-off Formal Employees refers to those who has left his/her post as well not engaged in other works in the same unit with non-private reasons, but still keep the labour relationships with the unit which he/she worked for.

Other Employees refers to those who are not reported as Formal employees by statistical classification but who are actually involved in social labor generating income.

Year-end Number refers to those who are employed on the last day of the year.

State-owned Units refers to various enterprises, institutions, and government administrative organizations at various levels, social organizations, etc., with state ownership of production means.

Collective-owned Units refers to various enterprises and institution with collective ownership of production means, including various rural economic organizations engaging in agriculture, forestry, animal husbandry and fishery, enterprises and institutions run by townships and villages; collective enterprises and institutions run by cities, counties, towns, and neighbourhood committees.

Other Ownership Units involve joint owned units, share holding units, foreign funded units, overseas Chinese from Hong Kong, Macao, and Taiwan funded units, etc.

Employees in Private Enterprises and Individuals refers to those who take part in registered production and operation and have their residence record in urban area, and production means and products belong to themselves.

Primary Industry refers to farming, forestry, animal husbandry and fishery.

Secondary Industry refers to mining and quarrying, manufacturing, electricity, gas and water production and supply and construction.

Tertiary Industry refers to the sectors except primary industry and secondary industry.

Enterprises refers to those units engaged in economic activities such as production, circulation, operation or service, etc.

Institutions refers to those units engaged in service activities for production and daily life, such as transportation, real estate, public affairs, health care, sports, education, social welfare, communication, science research, etc.

Organizations refers to those units engaged in organizing and coordinating activities on society, politics, economics and science, such as government and Party agencies, communities, social and personal services, etc.

Total Wage Bill of formal employees refers to total remuneration payment to all formal employees in various units during a certain period of time. The calculation of total wage bill is based on the total remuneration payment. Therefore, wages and salaries and other payments to formal employees should be included at all and regardless of its resource, category, both in kind or cash.

Time Wage refers to Wages paid according to the standards of time wage and working time.

Piece Rate Standard Wage refers to wages paid by units where piece rate wage is applied according to approved standard of piece rate and labour quota.

Above-norm Piece Rate Wage refers to the payment to workers for their extra work beyond labor quota, i.e, total piece rate wage bill minus standard piece rate wage bill.

Bonus refers to remuneration payment to workers for extra work and improvement in profitability.

Allowances and Subsidies refers to compensating special or extra workings of formal employees or for other reasons (such as inflation).

Labour Remuneration to Other Employees refers to total wages paid by various units to other employees during a certain period of time.

Average Wage of formal employees refers to the average wage in money terms per person during a certain period of time for formal employees of enterprises, institutions, and government agencies, which reflects the general level of wage income during a certain period of time and is calculated as follows:

$$\text{Averate Wage of Formal Employees} = \frac{\text{Total Wage Bill of Formal Employees in Reference Period}}{\text{Average Number of Formal Employees in Reference Period}}$$

Average Real Wage of Formal Employees refers to the average wage of formal employees after deducting consumer price index, which is calculated as follows:

$$\text{Average Real Wage of Formal Employees} = \frac{\text{Average Wage of Formal Employees in Reference Period}}{\text{Urban Consumer Price Index in Reference Period}}$$

Urban Unemployees refers to those urban inhabitants who (1) aged 16 or above, (2) be able to but not work, (3) meanwhile looking for job, and (4) be able to work at once.

Urban Registered Unemployees refers to those who (1) possessing nonagricultural residence cards, (2) within a certain working age scope(16−50 for male and 16−45 for female), (3) be able to but not work, (4) want to work and have registered in the local labour exchanges for looking for jobs.

Urban Unemployment Rate refers to the radio of unemployees in urban area to total employees and unemployees in urban area, which is calculated as follows:

$$\text{Urban Unemployment Rate} = \frac{\text{Urban Unemployes}}{\text{Urban Employees} + \text{Urban Unemployees}} \times 100\%$$